경매박사 황경진 신한銀 마산역지점장

"집값 떨어질 때 경매 최적기"

매일경제 2005. 10.8

경남 마산에 위치한 신한은행 마산역지점 1층 로비는 매주 목요일 저녁만 되면 발 디딜 틈이 없을 정도로 붐빈다. 황경진 지점장이 직접 강의하는 '법원 경매 무료 특강'을 듣기 위해 100여 명이 몰려들기 때문이다.

"최근 경매시장 참여자들의 상당수가 노년층이고 여성이나 젊은 층들도 참여가 늘고 있는데 지방에서는 아직 경매가 뭔지 잘 모르는 곳도 있어요. 하지만 요즘같이 부동산 시장에 거품이 빠지는 때가 경매에도 최적기죠."

'경매박사 지점장'으로 통하는 황경진 지점장은 부동산 경매의 달인이다.

변호사들도 부동산 경매에 관해 문의를 해올 정도. 황 지점장은 지난 7년간 서울 신한은행 본점 여신관리부에서 법원경매를 담당했다. 이때부터 경매 공부를 시작한 황 지점장은 공인중개사, 경매분석사 등 부동산 관련 자격증을 따고 부동산 포털 사이트에서 경매관련 동호회의 회장직도 맡아 왔다. 주말이면 새벽부터 지방 경매현장과 전문가들을 찾아 다녔고, 밤에는 법률지식 과 씨름했다. 어쩌다가 지방에 출장 갈 일이 생기면 휴게소 식당에서라도 명함을 꼭 챙겨와 명함에 새겨진 주소를 보고 인근 경매물건을 먼저 확인했다고 한다.

황 지점장의 강의가 '부동산 경매는 얼마나 매력적인 투자수단일까' '또 어떻게 하면 돈을 벌 수 있을까' 등을 알기 쉽게 설명해준다는 평을 받고 있는 것도 이렇게 힘들게 얻은 실무 지식을 바탕으로 하기 때문이다. '경매'라고 하면 일단 딱딱한 법률 용어부터 떠올리기 쉬운데 황 지점장의 강의는 일반인들도 이 해하기 쉽다는 것.

황 지점장은 "처음에는 지점 홍보 차원에서 강의를 해볼까 마음을 먹기도 했지만 고객들의 관심이 하루가 다르게 커져 요즘에는 책임감을 느끼고 있다"며 "경매를 해서 대박을 터뜨리겠다는 생각보다는 '경매도 재테크 수단의 하나'라고 생각하고 공부했으면 좋겠다"고 밝혔다. 그렇다면 황 지점장이 생각하는 성공 경매의 기본은 무엇일까? 그는 '철저한 분석'을 잊어서는 안 된다고 조언했다. 권리와 물건에 대한 분석을 꼼꼼하게 해야 실패하지 않지 괜히 분위기에 휩쓸려 뛰어 들었다가는 낭패를 볼 수도 있다는 것이다.

황 지점장은 "경매물건에 하자가 있다고 해서 법원이 책임지는 것은 아니다"며 "경매물건에 대한 수익성과 근저당권·지상권 등 각종 권리 분석을 누가 얼마나 열심히 했느냐가 성패를 좌우한다"고 밝혔다. 결국 현장답사·시세조사 등 으로 발품을 많이 판 사람만이 성공할 가능성이 높아진다는 얘기다.

[한예경 기자]

• 2003.11.23. "LBA 홈페이지(www.lba21.com) "이틀이면 경매박사" 사이트를 개설
당시 '법원 경매를 바로 알고, 평생 국민연금을 경매로 취득하여 행복한 노후를 준비하는 클럽을 만들고자 함' 으로 클럽을 소개하면서…..''

• 2005.8.25. "신한은행 마산역 지점장 재임 시 고객 대상 법원경매 무료특강을 개최하면서…..''

• 2006.11.2. "법원경매 강좌를 수강할 신한은행 고객 맞이 준비를 하면서…..''

• 2007.4.5. "신한은행 내 이틀이면 경매박사 Cop 창립대회를 개최하면서….."

• 2007.5.2. "대출 시장의 블루오션인 '경매잔금대출 증대 추진방안' 을 위한 직원 대상 경매강좌를 개최 하면서……"

• 2007.9.15. "고객 대상 경매 강좌에 약 130여명 수강하고 있는 장면……"

• 2007.10.16. "2개월 과정의 강의 안내장(주최:마창 교차로신문, 주관: 신한은행 마산역지점)"

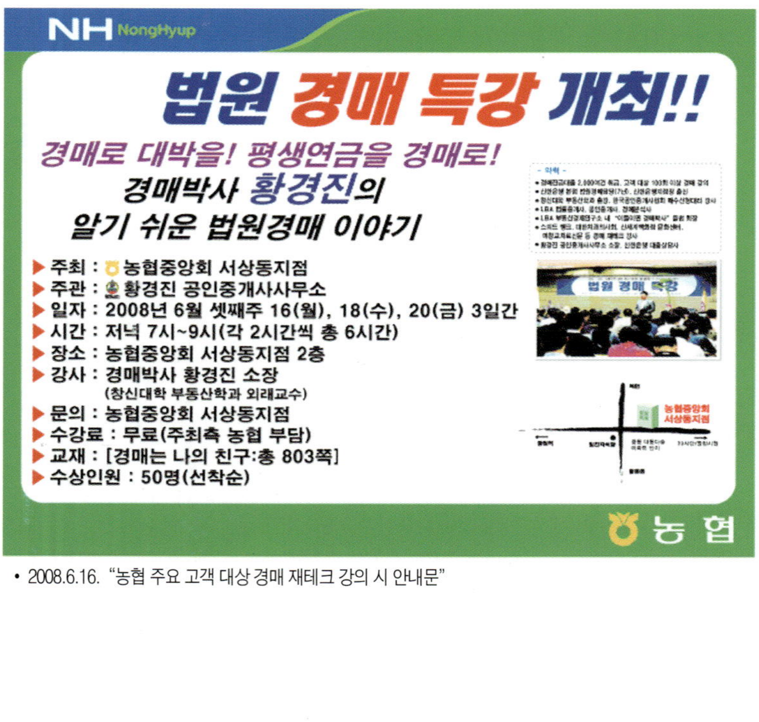

• 2008.6.16. "농협 주요 고객 대상 경매 재테크 강의 시 안내문"

신한은행지점장 출신, 대학출강 공인중개사가 쓴

부동산경매 권리분석과 실전 노하우

창신대학 부동산학과 외래교수/ LBA겸임교수
한국공인중개사협회(매수신청대리)전임교수
저자 황경진

반값경매!
이 한권으로
끝내자

사례연구 538건 수록(사례의 집대성)

신아사

본서를 출간하면서…

오늘이 2009년 새해 구정 연휴 마지막 날이다. 지금부터 34년전인 1975년 조흥은행에 첫 입행하여 본점 여신관리부에서 IMF 전·후 7년간 비가 오나 눈이 오나 전국 경매법정이 내 직장인 것 처럼 배당표를 받아가며 경매실무 경험을 쌓을 기회가 있었다. 그 후 나는 2005년 고향인 신한은행 마산역지점장 발령을 받고 설레이며 부임하였다. 그러나 인근 25개 점포 중 실적은 최하위 꼴찌 영업점이었다. 문제는 고객을 모으는 것이 급선무였다. 만회를 위하여 매주 목요일 저녁마다 지점에서 "법원경매 무료특강"이라는 경매강좌로 고객을 끌어 모았다.

2005. 10. 8. 매일경제신문에 <경매박사 황경진 조흥銀 마산역지점장 "집값 떨어질 때 경매 최적기">라는 기사가 대문짝만하게 기사화 된 적도 있었다. 매주 강의는 계속되었고, 수강생은 매주 120명 정도 지점에 모였고, 경매강의 회차도 100회차를 돌파하였다. 꼴찌 점포에서 최상위 점포로 변신하였다.

최고가매수인(낙찰자)을 위한 경매잔금대출도 2,000회를 넘어섰고, 대출실적도 약 500억 이상 증가하였다. 찜질방, 모텔에 유치권 2~3건씩 몇 억씩 신고되어 있어도 과감히 취급하였다. 유치권 신고자의 온갖 민원 우려에도 유치권에 자신 있는 지점장으로서 매수인(낙찰자)의 입장을 감안하여 과감히 취급하였다. "전국에서 유치권신고 된 물건에 경매잔금대출 취급하는 지점장은 신한은행 마산역지점장 뿐이다."라고 한국공인중개사협회에 함께 매수신청대리 출강하는 어느 교수님의 말씀이 잘 대변해 주고 있는 것 같다.

금융이 있으면 어차피 채무 과다로 부실과 경매는 계속 진행되는 것이고, 최고가매수인의 잔대금 90% 마련에 경매자금대출이 필요한데 가짜 유치권이 있다고, 민원을 우려 해 주저할 수가 없었다. 매수인은 잔금을 못 치루면 보증금 10%를 떼이고, 임차인 경우 전세보증금도 모두 떼이는 경우가 허다 했다. 나는 경·공매 낙찰 받고 경매잔금대출을 받으러 지점에 방문하는 고객에 대하여는 고객이 아니라 내 친구·친척 이상으로 적극적으로 친절히 응대하고 상담하였다.

본서는 고객 대상 경매 강의 100회 차를 넘기며, 신한은행 내 "이틀이면 경매박사 Cop"리더로 활약하며, LBA법률중개사 수료한 약 7,000여명의 질의에 응답하면서, 창신대학 부동산학과에 출강하며, 법원정문 앞에서 경매컨설팅 전문 공인중개사사무소를 개설한 후 온갖 경매실무와 부닥치면서 느끼고, 메모하고, 기록한 완전 경매 실무교재이다.

그동안 강의 시 교재 제목도 <경매부동산의 함정과 대처방안> → <이틀이면 경매박사> → 신한은행지점장 출신 대학출강 공인중개사가 쓴 <경매는 내 친구> → <경·공매 권리분석> 등으로 7번째나 수정 보완하였고, 본서가 사실상 8번째 수정판으로 금반 출판사를 통하여 전국 서점에 선을 보이게 되었다.

2007년말 신한은행지점장 퇴직 후 창신대학 부동산학과 출강하면서 후학을 양성하고, LBA 경제연구소 인기클럽인 "이틀이면 경매박사" 회장으로 인정받아 LBA 경제연구소 겸임교수로 위촉 받았고, 현재 창원지방법원 정문 앞 (경매컨설팅 전문) LBA 황경진공인중개사 개업, 경남대학교 행정대학원 법무학과(부동산전공) 재학 등 아직도 나는 경매와 공매 공부를 계속하고 있는 셈이다.

본서는 특히,

1. 경 · 공매 비교 연구
2. 법원에서 보낸 각종 통지서 해설
3. 인터넷에서 대박물건 찾기
4. 경매 사례연구(538건)와 경매 실전사례(390건)
5. 등기부에 나타나는, 나타나지 않는 인수권리
6. 강제집행 전반 및 배당절차
7. 농지경매, 경매함정
8. 고수익 경매물건 찾기, 우선매수신고, 매각물건명세서
9. 경매참가 및 경매취하
10. 명도(인도명령), 나홀로 소유권이전등기
11. 경매잔금대출
12. 경매부동산과 세금
13. 가압류 · 가처분, 경매관련 소송
14. 특수한 경매물건, 미등기건물의 경매신청,
15. 상가낙찰 시 허가 · 승계문제
16. 공인중개사의 경매관련 업무(매수신청대리) 등

총 1,070페이지가 넘는 경 · 공매전문 서적이다.

경매시장에서 진주를 찾아 경 · 공매 공부하는 실수요자와 투자자, 금융기관 임직원, 부동산전공 대학생, 전국 공인중개사사무소 근무직원으로 수입을 배가하려는 소장, 실장, 중개보조원, 경매 부동산의 함정과 대처방안을 알고 싶어하는 모든 분한테 본서가 귀중한 나침반이 되길 바라 마지 않는다.

특히, 본서가 출간되기 까지 나를 이끌어준 신한은행 임직원 여러분과 우리 가족, 기꺼이 추천사를 보내 주신 LBA 경제연구소 김점수 소장님, 신아사 출판사 등 나를 아는 모든 분께 감사의 말씀을 전하고 싶다.

2009. 1. 27.

창원지방법원 정문 앞에서

기축년 새해, 구정 연휴

황경진(黃京鎭) 씀

추 천 사

LBA경제연구소 김점수 소장

경매사례의 집대성!

저자 황경진 선생은 신한은행 여신관리부에서 7년간 경매를 담당하고 신한은행 및 대학, 각 금융기관, 기업체 등에서 100회가 넘는 경매강의를 진행하였고, 마침내 그 간의 경매현장 경험과 강의 경험을 통해 쌓아온 폭 넓은 지식을 본서에 집대성하였습니다.

최근 국내외의 금융위기와 실물경제로의 전이로 인하여 부동산 시장도 많은 혼란과 부침을 맞고 있습니다. 위기일수록 보통 때 준비한 자의 노고는 빛나는 법이고 올해 2009년은 경매를 통한 내 집 마련과 재테크에 있어서는 기회라고 할 것입니다.

이러한 시점에 본서는 저자의 풍부한 경험과 경매의 방대한 자료를 집대성하였기에 올해 펼쳐질 경매시장에서 좋은 나침반 역할을 할 것입니다.

본서는 경매절차와 각종 양식, 인터넷 활용, 사례연구, 경매관련 소송, 특수 경매물건에 이르기까지 경매를 통해 재테크를 꿈꾸는 사람들이라면 참고서로 꼭 가지고 있어야 할 주옥같은 내용들이 한 권에 모두 모아져있어 독자 여러분의 일독을 권하는 바이며, 저자께서 그 간의 열정을 엮어 또 한 권의 역저를 출판하게 됨을 축하드리는 바입니다.

목 차

5. 경 · 공매 실전 사례(390건) ■ 142

6. 등기부에 나타나지 않는 인수권리 ■ 222

12. 경매함정 ■ 533

23. 명 도 ■ 694

24. 소유권이전등기 ■ 715

30. 경매잔금대출 증대 및 대출수수료 ■ 825

31. 경매부동산 세금 ■ 837

당부 말씀

※ 교재 수정분은 LBA 홈페이지(www.lba21.com)>클럽커뮤니티>
인기클럽> 이틀이면 경매박사> **교재 수정 페이지** 메뉴에 게시합니다.

☑ 교재 구입하신 후 수정해야 될 내용이 있으면 **교재 독자란** 메뉴 또는
메일(hwangtrio@hanmail.net)로 의견 주시면 적극 반영하겠습니다.
감사합니다.

저자 황경진

부동산경매
권리분석과 실전 노하우

사례연구 538건 수록

평생 연금을 경매로 취득하자!

-신한은행지점장 퇴직 전 LBA경제연구소 저널 기고 글에서-

최근의 경제난과 평생직장 개념의 실종을 반영하여 직장인 10명중 7명이 제2의 직업(세컨드 잡, 겸업)을 가질 필요성을 느끼고 있는 것으로 나타났다. 또 10명중 4명은 현재 다니고 있는 직장에 만족 못하고 있으며 언제든 이직할 생각을 가진 것으로 조사됐다. 그러나 전혀 그럴 필요가 없다. 당신도 이틀이면 경매박사가 될 수 있다. 채권, 채무가 되풀이 되고 경제가 살아 움직이는 한 법원 경매물건은 무수히 쌓이고, 새 주인을 찾아 가곤 한다.

경매업무는 고도의 지식이 요구되는 것도 아니며, 선물, 옵션, 미적분을 전혀 몰라도 되며, 영어에 능통하여야 하는 것도 아니다. 오직, 경매업무를 사랑하고, 발품을 팔고, 경매강좌 등을 통하여 경매지식을 업그레이드만 하여 준다면 누구든지 경매박사가 될 수 있다. 경매강사로 초빙을 받을 수 있고, 경매관련 서적도 발행할 수 있다. 오히려, 석・박사가 아닌 평범한 주부나 직장인의 실전강의가 계속 요구된다. 최근 가정주부가 경매강사로 초빙되어 경매 대박 사례를 가끔 발표하는 것을 볼 수 있다. 주5일제로 충분한 시간적 여유도 경매 현장 답사하기에는 좋은 환경이다. 평생 연금을 경매로 취득하여야 할 시기이다. 국민연금은 내 당대에 끊기지만 경매로 취득한 평생 연금(상가 월 수입금 등)은 자식대대로 물려줄 수도 있다.

LBA부동산법률중개사(www.LBA21.com)에서 클럽커뮤니티를 클릭하면 “이틀이면 경매박사”가 나타나는데 회장(시샵, 클럽짱)이 필자이다. 금융기관에서 경매업무를 맡은 게 계기가 되어 “평생 연금을 경매로 취득하자”는 취지로 어느 토요일 휴무 날 만들어본 클럽이 여러 회원들의 가입으로 때 아닌 호황을 누리고 있는 것도 다 시대의 흐름이라고 생각한다.

내가 부동산과 첫 만남은 스무살쯤 토요일 오후 3~4시경 은행 출납 마감업무가 끝나는 한가한 시간에 나타난 어느 철학가(관상?)가 나에게 옆모습이 좋다며 귀 옆 모습을 그려주고는 왕초(王草)라는 호를 부쳐주며, 하는 말인 즉 “은행을 그만두고, 부동산을 직업으로 삼아라”는 말씀이었다. 그 도인이 해준 그 말이 무엇을 의미하는지 그때는 큰 의미를 알 수 없었지만 도인의 지나가는 말이겠지 하며 지나쳐 버리곤 하였으나 가끔은 생각이 나고 30여 년이 지난 아직 실천을 못하고 있으면서 내공만 쌓고 있는 것 같다. 내가 경매(공매)업무와 최초로 접하였던 것은 군 복무를 마치고, 80년 초 지방본부에서 고교동기생이 은행 경매업무를 총괄하고 있었는데, 그때는 은행이 유입취득 후 성업공사(현, 한국자산관리공사)에 자산매각 위임을 하던 시절이었다. 당시에는 속칭 브로커가 공매 낙찰 후 은행(또는 성업공사) 매매계약서를 손에 쥔 후 바로 신문에 매수자를 수배하여 매수자명의 갱개계약 후 거액을 챙기고 빠지던 그런 시절이었다. 지금 생각하니 양도소득세도 한 푼도 물지 않고… (당시 6개월 균등분할상환조건으로 중도금 중 1회차중 3개월만 선납하여도 제3자 앞 은행 발급 동액계약서가 발급되어 동액 명의 변경이 가능하였다)

당시 주택, 상가는 주로 3년, 공장은 5년(6개월 균등분할상환조건)으로 중도금은 원금만 내고 무이자로 매우 좋은 조건이었다. 나는 그 이상한 자리로 계이동을 원했고, 업무를 볼 수 있었고, 은행에 출근하면 법원, 성업공사(현, 한국자산관리공사), 법무사, 변호사 사무실이 매일 나의 주요 방문장소가 되었다. 당시에 법원경매는 호가주의로 집행관 앞에서 브로커들이 날뛰던 시절로 경매 이미지가 좋지 않았고, 경매정보도 경매신청채권자인 은행실무자, 채무자, 소유자, 법원 경매계장 정도 알고 있었던 시절이니 속칭 브로커들이 살판나는 시절이었다.

반면 현재는 인터넷에서 모든 매물정보를 한눈에 볼 수 있는 반면 일반인 아마추어도 쉽게 접근하고 있어 경쟁이 치열해 졌지만 잘 찾아보면 진흙 속에 진주를 캘 수도 있고, 평생 대박을 터 트릴수도 있는 게 법원경매이다.

인터넷 유료사이트로는 www.ggi.co.kr(지지옥션), www.taein.co.kr(디지털태인),

www.infocare.co.kr (인포케어), www.topauction.co.kr(탑옥션) 등을 추천할 수 있다. 언제든지 전국 경매물건을 검색할 수 있는 보물창고가 옆에 있어도 모르는 사람은 평생 모르고 지나칠 수 밖에 없다. IMF때 경매에 입문한 사람치고 대박을 터트리지 않은 사람이 없었을 것이다. 나는 손에 가진 게 별로 없어 주로 구경파, 감상파로 지냈지만, 나의 주변 친인척들은 그 당시 대부분 많은 시세차익을 올린 것으로 기억된다.

여관과 목욕탕을 찾던 밀양아줌마(A)는 밀양시가 되기 전 성업공사 물건(밀양군청 앞 상업은행 유입물건인 양초공장으로 대지 220평 정도)을 매입하여 밀양시 승격과 동시에 도로가 나면서 횡재를 하였던 일, 형님(B)은 당시 멋진 구한옥(대지 160평에 한옥 2채)을 공매참가 후 큰 시세차익을, 친구녀석(C)은 주식 깡통계좌 되었으나 그 당시 세무서 압류물건을 낙찰 받아, (D)누님 친구는 2층 주택을 낙찰 받아, 누님(E)도 2층 주택을 3년 분할 상환조건으로 낙찰 받아, 우리 집(F)에서도 2층 주택을 낙찰 받아, (G)님은 독산역 인근 지하상가를 낙찰 받아, (H)님은 3층 상가와 강남 도곡동 상가를 낙찰 받아… 등등의 많은 세월이 흘러 그 시세차익을 딱 계산하기는 어렵지만 최소 십 수억 이상은 되었지 않나 하는 생각이 든다. 그러므로 경매업무를 알고 지내는 것과 모르고 지나치는 것과는 분명 큰 차이가 있는 법이다.

돌이켜보면 저금리시대에 살고 있는 현실에서 IMF라는 큰 벽에 부딪쳐서 수많은 선, 후배들이 직장을 떠나고, 노후 보장은 어려운 시기에 법원경매를 통하여 경매고수라는 든든한 아군을 옆에 두고 있으면, 언제 어디서든 준비된 자로 두려울 것이 없다고 느껴진다. 나도 아직 본격적으로 법원경매에 매달릴 수는 없지만 언제가는 직장에서도 법원경매 전문강사로, 경매부동산의 재테크 부장으로, 직장을 떠나서는 성공한 선배로서 이름을 남기고 싶다. 얼마 전 필자가 논문 작성한 "경매부동산의 함정과 대처방안"은 두고두고 '이틀이면 경매박사' 회원들의 경매바이블이 되고 있다. 공인중개사, 법률중개사, 경매분석사를 획득하면서 나름대로 내공을 쌓고 있으면서 대고객 응대나 업무 시 큰 힘이 되고 있지만 계속 내공을 쌓아 가는 것이 내 가족과 내 직장, 내 이웃을 위하는 길이라 믿고 싶다.

직장인의 세컨드 잡으로 경매가 최고!, 평생 연금을 경매로! …잊지 말고 지금부터라도 경매 책을 한권 구입하여 정독을 하여 보자. 당신도 이틀이면 경매박사의 회원이 된다면(www.LBA21.com/클럽커뮤니티/인기클럽/이틀이면 경매박사) 조만간, 언젠가는 대박을 터뜨릴 수 있을 것이다.

끝

Ⅰ. 서 론

부동산 경매가 재테크의 하나로 급부상하면서 사회적으로 부동산 경매에 관한 교육의 필요성이 높아졌으나 경매부동산의 함정에 빠진 후 경매사고로 이어져 경제적 손실을 입는 경우가 있어 경매물건을 회피하는 경향도 있다. 하지만 철저한 권리분석으로 대박을 터트릴 수도 있어 법원 경매부동산의 함정과 그 대처방안은 일반인들의 꾸준한 관심의 대상이 되어 왔다.

채권, 채무는 주로 근저당권 설정을 하거나 또는 신용으로 빌려주게 되며, 채권 변제기가 도래하였으나 회수되지 않으면 설정된 담보물건은 법원에 임의경매 신청 후 경매절차 종결 후 배당금을 수령하여 부실채권을 회수하면 된다. 반면, 신용으로 빌려준 채권은 부동산 가압류 등을 조치 후 동 가압류결정문과 소송 등을 통하여 획득한 채무명의(판결문 등)를 취득하여 강제경매를 신청하여야 한다.

법원 경매물건의 특징은 1차 유찰시 마다 최저경매가격이 보통 20%씩 저감되고, 매도물건은 항상 경매정보를 제공하는 인터넷사이트 대법원경매(www.courtaction.go.kr), 인포케어(www.infocare.co.kr), 지지옥션(www.ggi.co.kr), 태인경매(www.taein.co.kr), 굿옥션(www.goodauction.co.kr), 탑옥션(www.topauction.co.kr) 등에서 매각물건명세서, 현황조사서, 감정평가서가 출력되며, 특히, 토지거래허가구역에서 일반 토지 매매거래는 허가절차가 매우 까다로우나 법원경매는 국토의 계획 및 이용에 관한법 특례(법제121조 민사집행법에 의한 경매, 국세 및 지방세의 체납처분 또는 강제집행 등)에 의거 허가절차 없이 응찰하여도 되는 큰 잇점이 있다.

즉, 2005년 10월 13일 이후부터는 토지거래허가구역에서 토지 매입시 전세대원 사전거주 1년(2008. 9. 27. 6개월 이상으로 변경), 매입후 토지의 이용의무기간(전매제한기간)을 농지의 경우 2년, 임야 3년, 개발사업용 토지 4년, 기타 5년 후 매매가 허용되나, 경매물건은 비록 토지거래허가구역 내의 농지, 임야이더라도 허가없이 낙찰로 취득하고, 매도시에도 당초 거래허가가 없이 받은 토지이므로 바로 매도할 수 있다는 점이 경・공매의 큰 장점으로 꼽힌다.

과거에는 경매관련 서적이 부족하고, 동 실무를 접한 전문가들만 숙지한 경우가 많아 경매물건을 취득하려는 일반인에게는 경매물건의 권리분석에 대하여 높은 지식이 요구되어 왔다. 이에 접근할 수 있는 방법으로는 국가공인자격증인 공인중개사와 민간자격증인 LBA 법률중개사(www.lba21.com)와 경매분석사(한국능률협회 등) 등에 도전하여 수료 및 민간자격증 취득으로 실력을 배양하는 것도 필자의 경험으로 보아 지름길로 보인다.

특히, 인수주의(등기부상에 나타나지 않는, 나타나는 권리로서 매각으로 인하여 소멸되지 않는 것)와 소멸주의, 주택임대차보호법, 상가건물임대차보호법, 민사집행법, 대법원 판례 등과 관련된 경매함정과 그 대처방안에 대하여 경・공매 사례연구 중심으로 찾아보고자 한다.

Ⅱ. 본 론

경매진행중인 부동산의 등기부등본, 매각물건명세서, 경매정보지 등에 '대항력있는 임차인 있음, 법정지상권 성립여지 있음, 유치권신고 있음, 말소되지 않는 가처분등기(또는 가등기) 있음, 예고등기 있음, 대지권 없음, 토지 별도등기 있음' 등과 같은 문구들이 기재되어 있으면 특히 경계를 하면서 접근하여야 한다.

권리분석 중 많은 시간을 할애하는 주택임대차보호법은 1981년 3월 5일 국민의 주거생활의 안정을 보장하기 위한 취지로 특별법으로 제정된 후 임차인의 보호를 확대 강화하는 방향으로 계속 개정되어 오면서 많은 대법원 판례를 탄생시켰다. 특히, 대항요건(전입과 점유)을 갖추면 등기가 없어도 대항력을 갖춘 그 다음날 오전 0시부터 대항력을 가지며, 확정일자까지 함께 구비하면 물권과 같이 우선변제권을 갖는다.

2002. 11. 1.부터 상가건물임대차보호법도 시행되고 있어 상가, 사무실, 공장 등을 포함한 모든 상가건물의 임차인은 등기가 없어도 대항요건(부동산 소재지 관할세무서에 사업자등록신청과 점유)을 갖추면 그 다음날 오전 0시 부터 대항력이 있어 매수인이 추가로 부담해야 할 인수임대차가 된다. 소재지 관할 세무서장의 확정일자를 함께 구비하면 물권과 같은 우선변제권을 부여하며, 임차보증금 중 일정액(소액 임차보증금)에 대하여는 설정보다 앞서 최우선 배당한다.

경매가 종결된 후 부동산상의 모든 권리는 경매절차의 대원칙인 소멸주의에 따라 낙찰에 의한 소유권이전과 함께 그 권리가 소멸됨이 원칙이다. (1996.12.13 선고 94다 51819호)

소멸주의의 기준은 부동산 등기부등본에서 말소기준등기(갑구에 압류, 가압류, 담보가등기, 강제경매등기와 을구의 근저당권, 저당권 총 6가지 등기)중에서 시간적으로 가장 앞선 등기로서 그 등기를 포함해서 그 이후의 모든 등기가 말소되는 등기이나 약 90% 이상은 1번 근저당권이 말소기준권리가 된다.

만약, 부동산 등기부등본에 복잡한 8개의 등기(지상권, 근저당권등기, 환매등기 가압류등기, 압류등기, 담보가등기, 강제경매등기)가 순차적으로 되어 있다고 가정할 경우 말소기준등기 에 해당하는 근저당권보다 앞서는 지상권만 인수되고, 근저당권 포함한 그 이후의 모든 등기는 소멸주의에 의거 모두 말소된다.

유의하여야 하는 등기부상 나타나지 않는 권리로써 대표적인 것으로 대항력 있는 임차인의 전세보증금(주로 1번 근저당권 설정일자 보다 앞서 전입한 임차인)과 유치권, 법정지상권, 분묘기지권 등도 인수주의에 따라 매수인이 인수하여야 하며, 등기부상에 말소기준등기보다 앞선 권리(지상권, 지역권, 전세권, 환매등기, 처분금지가처분등기, 임차권등기, 보전가등기 등)가 있다면 낙찰자는 인수하여야 한다. 단, 소유권말소 예고등기는 말소기준권리 전, 후에 있던 말소되지 않는다. 다음 인수주의와 소멸주의 요약표를 자세히 살펴보자.

인수주의와 소멸주의 요약표		
	등기부에 나타나지 않는 인수권리	**등기부에 나타나는 인수권리**
인수주의 ↑ 선순위 (인수)	1. 주택임대차보호법상 대항력있는 (전입신고를 하고 점유를 갖춘) 임차인 2. 상가건물임대차보호법상 대항력있는 (사업자등록하고 점유를 갖춘) 임차인 3. 법정지상권 4. 유치권 5. 분묘기지권 6. 공법상의 제한 7. 체납관리비 8. 대지권미등기	1. (선순위) 배당요구하지 않은 전세권 2. (선순위) 가처분 3. (선순위) 가등기 4. (선순위) 지상권 6. (선순위) 토지 별도등기 7. (선순위) 환매특약 등기 8. (선순위) 예고등기 9. (선순위) 주택임차권, 상가임차권 10. (선순위) 지역권 11. (구법사건) 전소유자의 가압류
말소기준 권리	- 갑구 : 압류, 가압류, 담보가등기, 강제경매등기 - 을구 : 근저당권, 저당권	
	등기부에 나타나는 인수권리	**등기부에 나타나는 소멸권리**
소멸주의 ↓ 후순위 (소멸)	단, 아래 3개는 말소기준권리보다 후순위라도 말소 되지 않으므로 요주의 1. 예고등기(근저당권말소 아닌 소유권말소) 2. 가처분(원인무효로 인한 소유권말소등기 청구권 3. 가처분(건물철거 및 토지인도청구권) ⇒ 가처분등기의 피보전권리가 토지소유자의 그 지상 건물 소유자에 대한 건물철거 및 토지인도청구권인 건물에 관한 처분금지가처분인 경우 그 집행이 강제경매신청 기입등기 또는 담보권설정등기이후에 이루어진 때에도 매각으로 그 효력이 소멸되지 아니한다.	아래 11개는 매각으로 모두 말소 1. 근저당권, 저당권 , 압류, 가압류 2. (후순위) 가등기 3. (후순위) 지상권 4. (후순위) 지역권 5. (후순위) 전세권 6. (후순위) 가처분 7. (후순위) 환매등기 8. (후순위) 주택임차권, 상가임차권 9. (후순위) 토지 별도등기 10. (채권신고한) 담보가등기 11. (신법사건, 인수조건없는) 전소유자의 가압류

※ 민사집행법 제91조 (인수주의와 잉여주의의 선택 등)

제① 항 압류채권자의 채권에 우선하는 채권에 관한 부동산의 부담을 매수인에게 인수하게 하거나, 매각대금으로 그 부담을 변제하는 데 부족하지 아니하다는 것이 인정된 경우가 아니면 그 부동산을 매각하지 못한다.

제② 항 매각부동산 위의 모든 저당권은 매각으로 소멸된다.

제③ 항 지상권·지역권·전세권 및 등기된 임차권은 저당권·압류채권·가압류채권에 대항할 수 없는 경우에는 매각으로 소멸된다.

제④ 항 제3항의 경우 외의 지상권·지역권·전세권 및 등기된 임차권은 매수인이 인수한다. 다만, 그중 전세권의 경우에는 전세권자가 배당요구를 하면 매각으로 소멸된다.

제⑤ 항 매수인은 유치권자에게 그 유치권으로 담보하는 채권을 변제할 책임이 있다.

1. 민사집행법과 경매흐름도

1-1. 민사집행법 주요 개정내용

2002. 7. 1 시행된 민사집행법의 제정 이유는 다음과 같으며 구 민사소송법 강제집행 절차와 현 민사집행법 경매절차를 비교하면 더욱 쉽게 알 수 있다.

① 채무자 등의 제도 남용에 의한 민사집행절차의 지연을 방지
② 불량채무자에 대한 철저한 책임추궁을 통하여 효율적이고 신속한 권리구제방안을 마련
③ 법률용어를 국민의 법 감정에 맞도록 순화
④ 민사집행부분을 민사소송법에서 분리하여 별도의 법률로 제정

민사집행법 주요 개정 내용

1. 경매절차(강제집행)의 안전성과 효율성 제고

구 분	구 민사소송법(구법사건)	현 민사집행법(신법사건)	비 고
근거법규	○민사소송법(제7편 강제집행) 2002.7.1 이전 경매신청사건	○민사집행법 2002.7.1 이후 경매신청사건	2002. 7. 1 기준
배당요구	○종기 : 경락기일(낙찰기일)까지 (605①)	○종기 : 첫 매각기일 이전으로 결정 공고(배당요구종기일 이내 배당요구해야 됨) -배당요구를 한 채권자는 배당요구종기 이후 철회불가(84① ,②)	매각조건확정 후 경매진행 매수인의 담저감
	○존속기한의 정함이 없거나 경매신청등기 후 6개월 이내에 그 기간이 만료하는 전세권은 경락으로 인하여 소멸	○전세권자의 경우 배당요구를 하면 매각으로 소멸	
매각방법	○경매방식(기일입찰)	○아래의 3가지 방식 중 집행법원이 정함 -호가경매 -기일입찰 : 매각기일에 입찰 및 개찰 -기간입찰 : 입찰기간 이내에 입찰하여 매각기일에 개찰(103)	경매브로커 근절 원격지 거주자의 매수참가
	○1일1회 경매(입찰)실시	○기일입찰 또는 호가경매의 경우 1기일 2회 매각기일 실시(가격저감 없음)	절차 신속화 1기일 2회 입찰

구 분	구 민사소송법(구법사건)	현 민사집행법(신법사건)	비 고
매수신청의 보증	ㅇ매수가격의 1/10(625)	ㅇ최저매각가격의 1/10(113, 규 63)	
즉시항고	ㅇ항고보증금(경락대금의 1/10) 납부대상 : 채무자, 소유자, 경락인(임차인 미포함) ㅇ항고 기각시 항고보증금의 반환 : －채무자, 소유자는 전액반환불가 －경락인은 항고한 날로부터 기각 결정시까지 지연이자 반환불가(642④)	ㅇ항고보증금(매각대금의 1/10) 납부대상은 모든 항고권자(임차인 포함) ㅇ항고 기각・취하시 항고보증금 반환 －채무자, 소유자 : 전액 반환 불가 －기타 : 항고한 날로부터 항고기각・취하시 까지 지연이자(연 20%)반환 불가(130③)	항고 남발 방지 및 절차 신속화
대금의 지급	ㅇ대금지급기일에 경락대금납부(654)	ㅇ대금지급기한까지 매각대금 납부(채무자의 채무변제후 집행취소 신청 방지) ⇒납부와 동시 소유권취득(142)	매수자 지위 인정
특수한 지급방법	ㅇ상계신청(대금지급기일까지)(660②	ㅇ차액지급신고(매각결정기일이 끝날 때 까지) (143②)	
부동산 인도명령	ㅇ대금납부 후 6개월이내에 채무자, 소유자 또는 압류의 효력 발생 후 부동산 점유자에게 인도명령(647①)	ㅇ 대금납부 후 6개월이내에 채무자, 소유자 또는 부동산점유자에 대하여 인도명령(점유자가 매수인에게 대항할 수 있는 권원에 의거 점유시 제외)(136①)	절차 신속화
외국송달 특례	<신 설>	ㅇ외국송달 시 국내에 송달・통지 받을 장소와 영수인 신고의무 ⇒신고 없는 경우 송달・통지를 안함.	절차 신속화
미등기건물 강제집행	<추 가>	ㅇ건축신고 및 건축허가를 마쳤으나 미등기인 건물에 대해 강제집행 가능	절차 신속화
배당표에 대한 이의	ㅇ기일에 출석 구술로 이의	ㅇ채무자는 배당표원안이 비치된 이후 배당기일이 끝날 때까지 서면으로 이의 가능	

2. 집행의 실효성강화

구 분	민사소송법	민사집행법	비 고
재산명시 절차	○ 3년 이하의 징역 또는 500만원 이하 벌금 －명시기일 불출석 －재산목록의 제출 거부 －선서 거부 －허위의 재산목록제출	○ 20일 이내의 감치 －명시기일 불출석 －재산목록의 제출 거부 －선서 거부 ○ 허위의 재산목록 제출시 3년 이하의 징역 또는 500만원 이하 벌금	불이행에 대한 제재강화
채무 불이행자 명부 비치 및 재산조회 방법 개선	<추 가>	○ 채무불이행자 명부의 부본을 일정한 금융기관장에게 보내 채무자에게 대한 신용정보로 활용 ○ 신청에 따라 공공기관 · 금융기관 · 단체 등에 채무자 명의의 재산에 관하여 조회 가능⇒단, 강제집행 이외의 목적 사용불가	재산의 투명성 확보

3. 부동산 외의 재산에 대한 집행절차 개선

구 분	민사소송법	민사집행법	비 고
압류금지물건	<추 가>	○ 자동차관리법이 정하는 바에 따른 장애인용 경형자동차	
제3채무자의 공탁	<추 가>	○ 압류에 관련된 금전채권 전액을 공탁가능	경합없이 공탁. 채무에서 해방

4. 보전절차의 정비

구 분	민사소송법	민사집행법	비 고
가압류 취소	○ 보전처분 집행 후 10년간 본안의 소 미제기시 신청에 따라 취소	○ 보전처분 집행 후 5년간 본안의 소 미제기시 신청에 따라 취소	기간 단축
채권압류의 집행법원	○ 채무자의 보통재판적 소재지 지방법원	○ 가압류에서 이전되는 압류명령의 경우 가압류를 명한 법원 관할 지방법원	채권자 편의도모

5. 경매용어 순화

문장구조의 개선 및 한자어의 순화 목적

변 경 전	변 경 후	변 경 전	변 경 후
경매	매각	재경매	재매각
경매기일(입찰기일)	매각기일	일괄경매	일괄매각
경락기일(낙찰기일)	매각결정기일	경매(입찰)물건명세서	매각물건명세서
경매조서(입찰조서)	매각기일조서	경락조서(낙찰조서)	매각결정기일조서
경락(낙찰)허가결정	매각허가결정	경락인(낙찰인)	매수인
신경매	새매각	경매장소	매각장소
최저입찰가격	최저매각가격	입찰보증금	매각보증금
입찰절차	매각절차	입찰부동산	매각부동산
입찰불능	매각불능	입찰가격	매각가격
입찰명령	매각명령	낙찰불허가결정	매각불허가결정
경락대금(낙찰대금)	매각대금	취하의제	취하간주
최고가입찰자	최고가매수신고인	경매계사무실	집행과사무실
입찰희망자	매수희망자	유산	상속재산
배당기일소환장	배당기일통지서	경매신청기입등기	경매개시결정등기
담당 법원주사등	담당 법원사무관	경락허부결정	매각허부결정
채무명의	집행권원	민사소송법	민사집행법
농지경매절차	농지매각절차	경매절차	매각절차
수통(數通)	여러 통	차순위입찰신고인	차순위매수신고인
계쟁(係爭)	다툼이 있는	공무소	공공기관
녹음대	녹음테이프	도과하다	넘기다
불요증사실	증명이 불필요한 사실	소환장	기일통지서,
오기(誤記)	잘못된 기록	유치	보관, 맡아둠, 놓아둠
익일(翌日)	다음날	인하여	말미암아
지체없이	바로	직근	바로 위
명기(명기)	적어야	탈루	누락
하자(瑕疵)	흠	환가	현금화
해태(懈怠)	소홀	경락받은 때	민사집행절차에서 매수한 때

대법원(www.scourt.go.kr)>종합법률정보>규칙/예규/선례에서 검색어에 "재판예규" 클릭 후 나타난 "경매용어 순화는 민사집행법 등의 제・개정에 따른 재판예규(강제집행 및 임의경매편)의 정비에 관한 예규(재민2002-2)"를 참조하면 도움이 된다.

〈사례연구 1〉 [민사집행법 주요 개정내용 해설]

1) 매각부동산의 안전성 보장과 압류채권자의 보호(제84조 및 제88조).
배당요구 및 철회의 종기를 첫 매각기일 이전으로 앞당김으로써 압류채권자가 채무자의 재산 발견과 집행에 노력하고도 다른 채권자, 심지어 가장채권자가 다수 출현함으로 말미암아 그 노력이 수포로 돌아가는 일이 없도록 배려하고 또한 배당요구의 종기를 매각기일 이전으로 앞당기고, 전세권·주택임차권의 소멸여부를 매각기일 이전에 확정할 수 있게 하여 경매참가자들이 매각조건이 확정된 상태에서 매각에 참여할 수 있게 함으로써 매각부동산도 안전하다는 인식을 확산시켜 경매제도의 활성화를 도모함.
2) 매각방법의 다양화 마련(제103조)
입찰방법을 매각기일에 하는 호가경매, 기일입찰(현행 방법) 또는 입찰기간에 입찰하게 하여 매각기일에 개찰하는 기간입찰의 세 가지 방법을 도입하고 각 집행법원이 이를 정하도록 함.
3) 매수보증금을 최저매각가격의 1/10으로 함.
4) 항고의 남용, 절차 지연의 방지(제15조 및 제130조)
항고이유서 제출규정을 강화하고(사후심, 10일 이내 항고이유서 제출), 매각허가결정에 대한 항고시 보증공탁을 하여야 하는 항고인을 모든 항고인으로 확대하여 항고의 남발이나 절차를 지연시킬 목적의 항고를 방지함으로써 집행절차가 신속하게 진행될 수 있도록 함.
5) 대금지급기한 제도 도입(제136조 및 제142조, 종전 대금지급기일)
매각허가 및 항고결정 확정 즉시 대금지급이 가능하도록 함.
종전 구법의 잔대금지급기일(2002년6월30일 오후 14 : 00등)에서 잔대금지급기한으로 도입하여 대금지급기한통지서를 받으면 기일을 기다리지 않고 즉시 납부하여 소유권 이전 효과(최근 대금지급기한 통지서를 보면 대금지급기한 2008.12.28 10 : 00 경매4계, 발송일자 2008.12. 8 법원주사보 홍길동)
6) 부동산의 인도명령 범위확대
매수부동산의 인도명령 대상을 권원이 없는 모든 점유자로 확대하여 매각허가결정이 확정되면 즉시 대금을 지급하고 간이한 방법으로 부동산을 인도받을 수 있도록 하는 등 경매제도를 개선함.
7) 미등기건물의 집행(제81조)
미등기 건물 중 건축법에 의한 건축신고 또는 건축허가를 마쳤으나 사용승인을 받지 아니하여 보존등기를 마치지 못한 건물에 대하여 그 실체를 인정하여 부동산집행방법에 의한 강제집행을 가능하게 함.
8) 선순위전세권에 대한 소멸, 인수여부의 단순화 도모(선순위전세권자가 배당요구종기일 이내에 배당 요구하면 소멸)
9) 공동입찰시 집행관의 허가제도 폐지

※ 대법원(www.scourt.go.kr)>종합법률정보>법령에 민사집행법 입력 후 검색 클릭하여 아래 민사집행법 중 78조부터 162조를 특히 살펴보자.

〈민사집행법 주요조문〉

제1편 총칙
제1조 (목적)
제2편 강제집행
제1장 총칙
제2장 금전채권에 기초한 강제집행

제127조 매각허가결정의 취소신청
제128조 매각허가결정
제129조 이해관계인 등의 즉시항고
제130조 매각허가여부에 대한 항고
제131조 항고심의 절차
제132조 항고법원의 재판과 매각허가여부결정

제1절 재산명시절차 등
제2절 부동산에 대한 강제집행
제1관 통칙
제78조 집행방법
제79조 집행법원
제2관 강제경매
제80조 강제경매신청서
제81조 첨부서류
제82조 집행관의 권한
제83조 경매개시결정 등
제84조 배당요구의 종기결정 및 공고
제85조 현황조사
제86조 경매개시결정에 대한 이의신청
제87조 압류의 경합
제88조 배당요구
제89조 이중경매신청 등의 통지
제90조 경매절차의 이해관계인
제91조 인수주의와 잉여주의의 선택 등
제92조 제3자와 압류의 효력
제93조 경매신청의 취하
제94조 경매개시결정의 등기
제95조 등기부등본의 송부
제96조 부동산의 멸실 등으로 말미암은 경매취소
제97조 부동산의 평가와 최저매각가격의 결정
제98조 일괄매각결정
제99조 일괄매각사건의 병합
제100조 일괄매각사건의 관할
제101조 일괄매각절차
제102조 남을 가망이 없을 경우의 경매취소
제103조 강제경매의 매각방법
제104조 매각기일과 매각결정기일 등의 지정
제105조 매각물건명세서 등
제106조 매각기일의 공고내용
제107조 매각장소
제108조 매각장소의 질서유지
제109조 매각결정기일
제110조 합의에 의한 매각조건의 변경
제111조 직권에 의한 매각조건의 변경
제112조 매각기일의 진행
제113조 매수신청의 보증
제114조 차순위매수신고
제115조 매각기일의 종결
제116조 매각기일조서
제117조 조서와 금전의 인도
제118조 최고가매수신고인 등의 송달영수인신고
제119조 새 매각기일
제120조 매각결정기일에서의 진술
제133조 매각을 허가하지 아니하는 결정의 효력
제134조 최저매각가격의 결정부터 새로 할 경우
제135조 소유권의 취득시기
제136조 부동산의 인도명령 등
제137조 차순위매수신고인에 대한 매각허가여부결정
제138조 재매각
제139조 공유물지분에 대한 경매
제140조 공유자의 우선매수권
제141조 경매개시결정등기의 말소
제142조 대금의 지급
제143조 특별한 지급방법
제144조 매각대금 지급 뒤의 조치
제145조 매각대금의 배당
제146조 배당기일
제147조 배당할 금액 등
제148조 배당받을 채권자의 범위
제149조 배당표의 확정
제150조 배당표의 기재 등
제151조 배당표에 대한 이의
제152조 이의의 완결
제153조 불출석한 채권자
제154조 배당이의의 소 등
제155조 이의한 사람 등의 우선권 주장
제156조 배당이의의 소의 관할
제157조 배당이의의 소의 판결
제158조 배당이의의 소의 취하간주
제159조 배당실시절차·배당조서
제160조 배당금액의 공탁
제161조 공탁금에 대한 배당의 실시
제162조 공동경매
제3관 강제관리
제3절 선박 등에 대한 강제집행
제4절 동산에 대한 강제집행
제1관 통칙
제2관 유체동산에 대한 강제집행
제3관 채권과 그 밖의 재산권에 대한 강제집행
제4관 배당절차
제3장 금전채권 외의 채권에 기초한 강제집행
제3편 담보권 실행 등을 위한 경매
제265조 경매개시결정에 대한 이의신청사유
제266조 경매절차의 정지
제267조 대금완납에 따른 부동산취득의 효과
제268조 준용규정
제269조 선박에 대한 경매
제270조 자동차 등에 대한 경매
제271조 유체동산에 대한 경매
제272조 준용규정

第121조 매각허가에 대한 이의신청사유 第122조 이의신청의 제한 第123조 매각의 불허 第124조 과잉매각되는 경우의 매각불허가 第125조 매각을 허가하지 아니할 경우의 새 매각기일 第126조 매각허가여부의 결정선고	第273조 채권과 그 밖의 재산권에 대한 보권의 실행 第274조 유치권 등에 의한 경매 第275조 준용규정 **제4편 보전처분** 第312조 (재판장의 권한) 끝.

1-2. 법원 경매 · 온비드 공매 흐름도

순서	주요 흐름도	법원 경매	온비드 공매(압류재산)
1	경매신청 및 등기	등기부등본에 '임의경매' '강제경매'등기 기재	등기부등본에 '압류' 등기 기재 (주로 ○○세무서)
2	현황조사명령과 평가명령	현황조사명령(부동산의 현황 및 점유관계 조사서)과 평가명령 (감정평가서)	현황조사명령 없고 감정평가만 실시
3	배당요구종기일 지정	배당요구종기일 내 임차인, 임금채권자 등기 후 압류채권자 등 배당요구종기일이내 <권리신고 및 배당요구신청서> 제출	대금 납부 후 약 30일이내 배분기일 지정되며 배분기일까지 배분요구
4	매각기일, 매각결정기일 공고, 현장답사	인터넷에서 경매물건 검색 및 현장답사, 권리분석과 보증금 준비, 매각기일에 경매법정 참가(또는 공인중개사에게 매수신청 대리 위임)	좌동 현장 공매가 아닌 인터넷입찰만 실시한다. (대리인 공매 참가 안됨)
5	매각기일(경매참가)	매각기일(10 : 00) 경매법정에서 기일입찰표로 경매 참가	공인인증서 등록 후 인터넷 공매참가
6	매각결정기일 (매각허가결정)	매각기일 7일 후 매각결정기일(14 : 00)에 (최고가)매각허가결정(농지취득자격증명 접수, 남을 가망이 없을 경우 경매취소 등 검토 후 매각허가결정)	(보통 2박3일간 월, 화, 수) 인터넷입찰 시작 및 인터넷 입찰 마감 (17 : 00) 후 다음 날(목) 11 : 00 개찰(개함) 후 그 다음날(금) 14 : 00 공매결정통지서 발송
7	대금납부기한 통지서	경매잔금대출 등 잔금 준비 및 소유권이전 서류 작성의뢰, 경매계에 소유권이전 촉탁 및 당일 이전과 근저당 설정	매각결정통지서 발송시 대금지급기한 기재 (1천만원 이상은 60일 이내 납부)
8	인도명령신청	대금 납부 후 6개월이내 건물명도를 위한 인도명령 신청 (점유이전금지가처분 신청 병행)	인도명령 제도가 없다. 건물명도소송을 하여야 한다.
9	건물명도	명도확인서(매수인의 인감증명서 첨부)에 인감도장 날인하여 주던지 또는 위임장 2부, 임차인 인감증명서 2부 및 주민등본과 임대차계약서 받아 매수인이 소액보증금 수령	
10	배당기일	잔대금 납부 후 4주 안에 배당기일 지정, 동 배당기일까지 원금과 연체이자를 합산하여 다시 채권계산서 제출	배분기일에 배분. 동 배분기일까지 원금과 연체이자를 합산하여 다시 배분요구서 제출

경매절차 도해(흐름도)

숫자 : 민사집행법의 조문

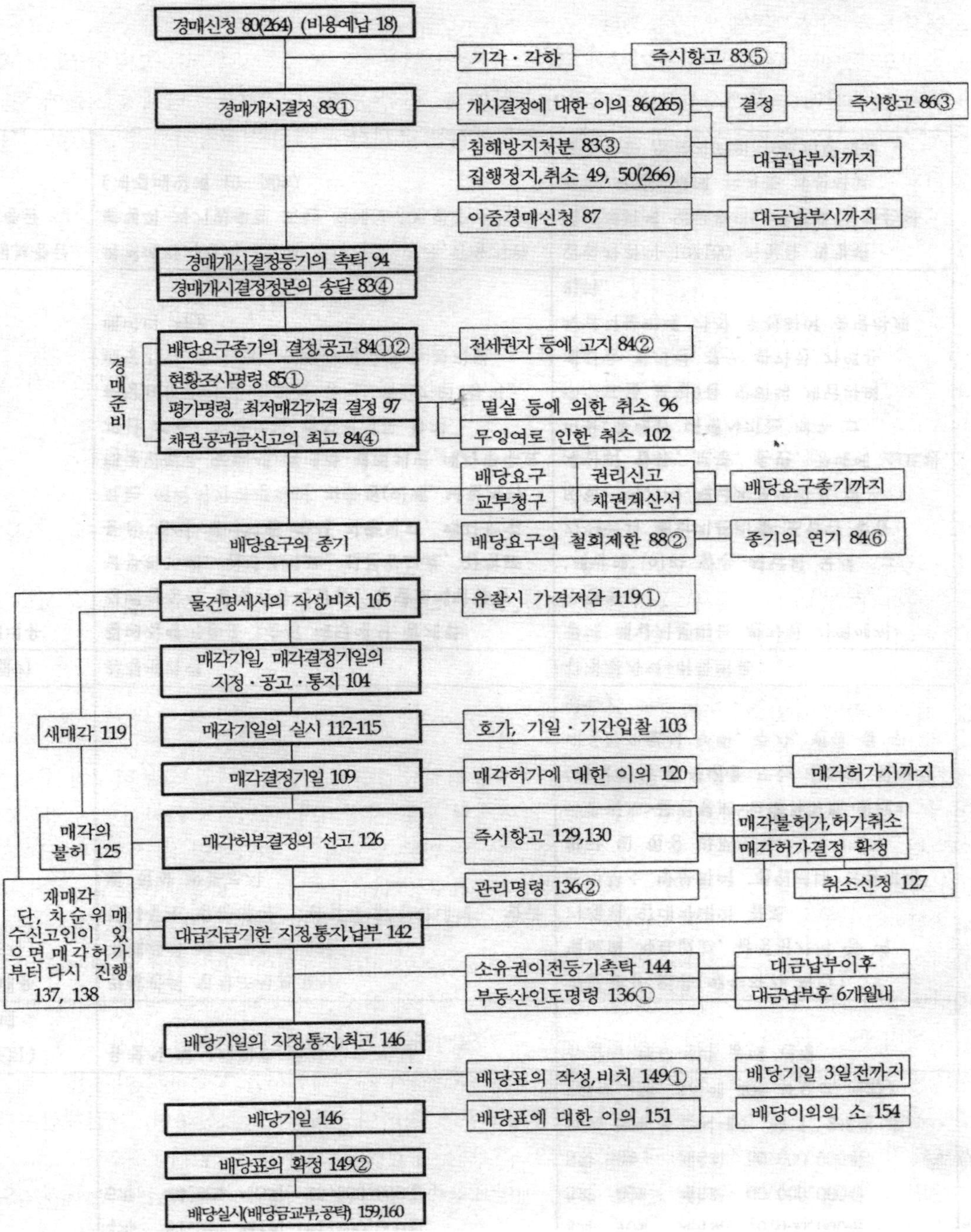

1. 등기부등본에 임의경매, 강제경매 등기 기재(공매는 압류등기 기재)

경매가 신청되면 등기부등본 갑구에 임의경매 또는 강제경매 등기 기재된다. 이를 경매개시결정등기일로 소액보증금 지급기준일이 되며 등기부 기재 이전에 전입(또는 사업자등록)하여야 소액보증금 최우선변제가 가능하다.

온비드 공매(압류재산)는 등기부에 '압류'로 등기된다(주로 ○○○세무서). 공매 소액보증금 지급기준은 경매는 경매개시결정등기일이나 공매는 ('압류'등기일이 아니라) 국세청 예규에 의거 최초 신문공고일을 기준으로 하여 임차인 입장에서는 유리하나 채권자(금융기관 등) 입장에서는 불리한 면이 있다.

2. 현황조사명령과 평가명령

① 경매법원 사법보좌관은 집행관에게 현황조사보고서 제출을 명하며, 집행관은 동사무소를 방문하여 <전입세대 열람내역>을, 세무서를 방문하여 <등록사항 등의 현황서>를 발급받고, 경매물건지를 3~4차례 방문하여 현황조사를 한 후 <부동산의 현황 및 점유관계조사서>를 경매계에 제출하고,

② 감정인에게 감정 평가명령을 명하며 경매 감정평가서를 작성하게 되며 통상 대출감정가보다 10~ 20% 높게 책정되고 있는 실정이다.

③ 관세청, 세무서, 시장에게 조세 그 밖의 공과의 미납금 유무 등을 법정기일, 본세, 가산세 등 표시하여 배당요구종기일 내 신고하도록 최고한다.

온비드 공매(압류재산)는 위 ①번 현황조사 절차가 없어 매수희망자는 선순위 권리 파악에 애로사항이 많다.

3. 배당요구종기일 내 〈권리신고 및 배당요구신청서〉 제출

배당요구종기일은 배당요구종기결정일(경매등기필증접수일로부터 3일안)로부터 2월 후 3월 안에 지정된다. 경매개시결정등기후 통상 2~3개월 후로 지정되며, 배당요구통지서를 수령하던, 미수령하던 모든 임차인의 전세보증금과 임금을 못 받은 근로자의 임금채권(통상 3개월 급여와 3년 퇴직금), 경매 후 등기한 가압류채권자는 배당요구종기일 내 <권리신고 및 배당요구신청서>에 채권원인서류 사본 또는 임대차계약서와 주민등록등본, 등록사항 등의 현황서, 체불임금확인서, 가압류된 등기부등본 등을 첨부하여 해당 경매계에 제출하여야 이해관계인이 되며, 각종 통지서를 받고 배당도 받을 수 있다. (공매는 잔대금 납부 후 배분계산서 작성전까지 배분요구 신청하여야 한다)

민사집행법에는 각 채권자는 배당요구의 종기일까지 법원에 그 채권의 원금, 이자, 비용 기타 부대채권의 채권계산서를 제출하여야 한다. 만일 채권자가 채권계산서를 제출하지 아니한 때에는 법원은 배당요구서 기타 기록에 첨부된 증빙서류에 의하여 채권액을 계산하며, 채권계산서를 제출하지 아니한 채권자는 배당요구종기일 후에는 채권액을 보충할 수 없다.

반면, 온비드 공매(압류재산)는 경매처럼 배당요구종기일이 없고 공매 잔대금 납부 후 배분기일까지 배분요구하여야 한다.

4. 매각기일 및 매각결정기일

1차(최초) 경매일자를 1차 매각기일이라고 하며, 통상 경매등기 후 4~5개월 소요된다.

경매 감정평가액이 1차 매각가격이 되며, 통상 1개월 유찰시마다 20%~30%씩 저감된다.

법원 경매 저감비율 (매월 20~30% 저감)	1차 매각기일	2차 매각기일	3차 매각기일	4차 매각기일	5차 매각기일
	100%	80%	64%	51.2	40.49%
	100,000,000	80,000,000	64,000,000	51,200,000	40,960,000
	약 1개월 후	약 2개월 후	약 3개월 후	약 4개월 후	약 5개월 후
온비드(공매) 체감비율 (매주 10% 체감)	1회	2회	3회	4회	5회
	100,000,000	90,000,000	80,000,000	70,000,000	60,000,000
	금주	1주일 후	2주일 후	3주일 후	4주일 후

(온비드 공매(압류재산)은 매주 10%씩 체감되다가 50% 이하가 되면 5%씩 체감된다)

5. 매각기일(경매참가)

매각기일 당일 주민등록증, 도장, 매수신청보증금조 10% 자기앞수표를 지참한 후 오전 10시까지 경매법정에 도착하여 집행관의 설명(경매연기, 취하, 주의할 사항 등 소개)을 잘 듣고

① 입찰표에 사건번호(예 : 2008타경 12345호)와 물건번호(물건번호가 있으면 해당 물건번호 기재, 없으면 1로 기재), 입찰자 란의 본인란에 성명(도장도 날인하여야 하며, 도장이 없으면 무인을 찍어도 된다), 주민등록번호, 전화번호, 주소를 기재하고 입찰가액, 보증금액(최저매각가격의 10%) 기재 후

② 매수신청보증봉투(작은 흰 봉투)에 최저매각가격의 10% 해당액 현금(또는 자기앞수표)를 넣고 풀칠 후(또는 호치키스로 찍고) 도장 3곳 날인 및 사건번호, 물건번호, 입찰자란에 기재한 후 날인하고,

③ 입찰표와 흰봉투를 모두 대봉투에 넣어 통상 11시 10분 까지(또는 11시 40분 등 조금씩 다름) 집행관에게 주면 입찰자수취증(대봉투의 윗 부분을 절단하여 준다)을 주면 잘 보관하고 결과를 기다린다.

④ 1등 최고가매수신고인과 차순위매수신고인을 제외한 나머지 떨어진 사람은 작은 흰 봉투를 그대로 반환 받는다.

⑤ 만약 대리인(법무사, 공인중개사 등)에게 법원경매 매수신청 대리 위임시(입찰대행 의뢰시)에는 위임장(입찰표 뒷면양식 또는 별도 한국공인중개사협회에서 제공한 양식) 본인란에 위임자의 성명, 직업, 주민등록번호, 전화번호, 주소를 기재한 후 인감증명서를 첨부하여 주면 되고 의뢰인의 인감도장과 주민등록증은 따로 줄 필요가 없다. (결국, 입찰표에 첨부서류로는 위임장, 인감증명서, 매수신청대리인 등록증 사본을 첨부한다) 대리인은 자기도장과 주민등록증을 지참하여 법정에 가야 한다. 의뢰인은 인감도장을 날인하여야 하며, 대리인은 막도장(또는 무인처리)을 날인하여도 된다.

⑥ 최고가매수신고인(1등)이 되면 영수증만 받아오면 되고, 농지(전, 답, 과수원)를 낙찰받으면 집행관이 발급해 준 <최고가매수신고인 증명>을 발급받아 해당읍・면사무소(산업계)에 제

출하고(주말체험영농과 달리 농지 1,000㎡이상 낙찰 받았다면 농지취득자격증명신청서에 농업경영계획서도 함께 제출하여야 한다) "농지취득자격증명"(또는 반려증명서와 최고가매수신고인의 농지전용확인서)을 받아 매각결정기일(7일 이내 14 : 00 이내)에 집행관사무실 (또는 경매계)에 제출하여야 한다. 미제출시 보증금 몰수(배당재단에 합산) 되고 매각불허가결정이 된다(⇒11. 농지경매 참조).

가끔은 반려증명서를 제출하고 매각허가결정을 받는 경우도 있다. 분묘가 많은 농지로 농지취득자격증명서 대신 농지취득자격증명 반려통지서 와 낙찰자의 확인서 제출(내용 : 위 번지의 부동산에 대하여 형질변경한 부분에 대한 복구의무가 있을 수 있음을 잘 알고 있으므로 이건 매각허가결정을 해 주시기 바랍니다)로 매각허가결정된 사례도 있다.(창원 2007－34001호)

〈매각기일의 변경〉

신청채권자 또는 채무자(또는 소유자)가 신청채권자의 동의서를 첨부하여 변제에 관한 협의가 진행 중이라는 등의 사유로 매각기일 변경(연기)을 신청하는 경우 2회 정도(법원에 따라 3회도 있을 수 있음)에 한하여 이를 허용하는 것이 보통이다.

온비드 공매(압류재산)는 공인인증서에 의한 인터넷 입찰만 실시하므로 현장입찰이 없고 2박 3일간(보통 월, 화, 수요일) 공매 인터넷 입찰 후 그 다음날(목요일) 11시 개찰하며 또, 그 다음날(금요일) 14 : 00에 오후 2시 매각결정을 하고 매각결정통지서를 낙찰자에게 발송한다.(지분공유자는 공매매각결정 14 : 00까지 공유자 우선매수신청할 수 있다.)

6. 매각결정기일

매각결정기일에 농지의 농지취득자격증명 접수여부, 남을 가망이 없을 경우의 경매(너무 낮게 낙찰되어 경매신청채권자가 무배당 되지 않는지) 등 확인 후 매각허가결정을 하며 그날로부터 1개월쯤 되는 날이 대금납부기한(잔대금납부기일 아님)이 되어 대금지급기한통지서를 접수하면 (또는 인터넷 대법원 법원경매정보에서 알았다면) 기한이전이라도 언제든지 납부하면 된다.

상계신청도 매각결정기일이내에 하여야 잔대금납부일과 배당기일이 같은 날 지정되므로 채권자나 임차인이 최고가매수신고인이 되었다면 바로 상계신청(채권상계신청서와 차액지급신고서를 함께 제출) 하여야 한다. 즉시항고는 원결정을 고지한 날로부터 1주일 내에 제기하여야 하는 바, 위 1주일의 기간은 낙찰허부결정 선고일로부터 일률적으로 진행된다.

채무자・소유자 또는 최고가매수신고인이 매각허가결정에 대하여 즉시항고를 할 때에는 보증으로 매각대금의 10분의 1에 해당하는 현금 또는 유가증권을 공탁하여야 한다. 보증의 제공이 없으면 원심법원(집행법원)은 항고장을 접수한 날로부터 7일 이내에 결정으로 이를 각하하게 되며, 원심법원은 이후의 절차를 진행할 수 있다.

채무자나 소유자의 즉시항고가 기각된 때에는 항고인은 보증으로 제공한 금전이나 유가증권의 반환을 청구하지 못하고, 이는 배당재단에 편입되어 배당의 대상이 된다. 낙찰자의 항고가 기각된 때에는 매각대금에 대한 항고일로부터 항고기각 확정일까지의 법정이자 (2003.07.31까지는 연 25%, 그 이후 확정일 까지는 소송촉진등에관한특례법제3조1항에 의하여 현재 연20%의 비율에 의한 이자)의 한도에서(법정이자가 보증을 초과하면 보증의 한도에서) 반환청구하지 못한다.

온비드 공매(압류재산)는 2박3일간 입찰 후 다음날 11시 개찰, 또 그 다음 날 14 : 00에 매각결정을 한다.

7. 대금납부기한통지서

매각결정기일 일주일 후 항고가 없으면 그 다음 날 이후 대금지급기한통지서를 발송하므로 (대법원홈페이지(www.scourt.go.kr) >경매사건검색 >기일검색에서 검색 가능) 매수인은 만약 경매취하가 우려된다면 대금지급기한까지 기다리지 말고 대금지급기한통지서를 받는 즉시 대금을 납부시 소유권이전 효과가 있다.

민사집행법에 매수인은 대금지급기한이내 언제든지 매각대금을 납부할 수 있다. 대금은 지정된 기일에 법원에서 발급하는 납부명령서와 함께 은행에 납부하여야 한다. 납부할 금액은 매수가격에서 입찰보증금으로 제공한 금액(현금 또는 자기앞수표)을 제외한 금액이다. 다만, 최고가매수신고인은 배당표의 실시에 관계되는 채권자들이 승낙하면 매각대금의 한도에서 매각대금의 납부에 대신하여 채무를 인수할 수 있다. 또한 배당 받을 채권자가 동시에 최고가매수신고인 경우에는 최고가매수신고인은 자기가 수령할 배당액과 매수대금을 배당액에서 상계할 수 있다. 매각금액이 배당액보다 클 경우에는 상계한 잔액을 현금으로 납부하여야 한다. 채무인수를 위하여는 미리(가능하면 대금납부기일이 지정되기 전에 하는 것이 좋음) 법원에 신청서를 제출하여야 하나 대부분 금융기관에서 실무상 처리한 경우가 거의 없다. (왜냐하면 부실채권으로 대부분 미회수 잔존채권이 아직 남아 있는데 동일물건에 다시 대출을 하는 것을 꺼리고, 대부분 이제도를 잘 모르고 있기 때문이다.) 민사집행법에 따라 대금지급기한이 지정된 경우에는 매수인은 그 기한 내에 언제든지 매각대금을 납부할 수 있다.

특히, 조심해야 될 사항은 채권자가 매수인인 경우 상계신청은 매각결정기일이 끝날 때까지 법원에 신고하여야 한다. 온비드 공매(압류재산)는 매각결정통지서에 대금납부일(약 2개월 후)이 지정되나 그 이전에 납부가능한 것은 경매와 같다.

8. 인도명령신청과 부동산점유이전금지가처분신청

인도명령신청과 부동산점유이전금지가처분신청을 병행한다.

매수인은 건물명도를 위하여 집행법원에 인도명령 신청 및 부동산점유이전금지가처분 신청을 동시에 하는 것이 좋다. (가처분신청 후 만약 15백만원 담보제공명령이 나오면 84,450원 보험료를 서울보증보험주식회사에 납부하고 공탁보증보험증권을 제출하면 가처분결정이 나온다. 다시 집행관에게 점유상대방에게 고지신청을 하도록 요구하여야 한다) 점유이전금지가처분을 하지 않아 점유권원없는 상대방이 바뀐 경우에는 강제집행을 할 수가 없고 다시 처음부터 시작하여야 한다. 단, 유치권신고자와 최선순위 저당권보다 앞선 인수임대차 임차인은 인도명령 대상이 아니나 유치권신고자 등은 신문절차를 통하여 다시 인도명령 여부 등을 결정하는 경우가 많다.

매수인이 매각대금 전액을 납부한 후에는 채무자에 대하여 직접 자기에게 매수부동산을 인도할 것을 구할 수 있으나, 채무자가 임의로 인도하지 아니하는 때에는 대금완납 후 6월 이내에 집행법원에 대하여 집행관으로 하여금 매수부동산을 강제로 매수자에게 인도케 하는 내용의 인도명령을 신청하여 그 명령에 의하여 부동산을 인도받을 수 있다.

인도명령의 상대방은 ① 채무자 ② 채무자의 일반승계인 ③ 소유자 ④ 부동산점유자 다만, 그 점유자가 매수인에게 대항할 수 있는 권원을 가진 자는 제외된다.

민사집행법에서는 매수인이 용이하게 경매목적물을 인도받을 수 있도록 하기 위하여 인도명령의 상대방을 확정하여 점유자가 매수인에게 대항 할 수 있는 권원을 가진 경우 이외에는 인도명령을 발할 수 있고, 인도명령을 발할 때는 상대방을 필요적으로 심문하되 그에 대한 예외로서 채무자 또는 소유자가 점유할 때, 매수인에게 대항할 수 있는 권원에 의하여 점유하고 있지 아니함이 명백한 때, 이미 그 사람을 심문한 때에는 심문을 생략할 수 있도록 하였다. 그러나 공매 압류재산은 명도책임이 매수자로, 인도명령신청이란 제도가 없고, 건물명도소송을 해야 하는 부담이 있어 경매보다 명도가 쉽지 않다.

9. 건물명도

건물명도는 협상이 최고이다. 협상 후 일부 이사비용을 부담하면서 키를 넘기는 경우가 대부분이다. 통상 채무자, 소유자 만 점유시에는 이사비용 지급문제가 대두 된다.

그러나 건물명도시 임차인이 소액보증금 전부 또는 일부 배당금을 수령할 때에는 매수인의 명도확인서에 인감증명서를 첨부하여야 가능하다. 임차인이 소액보증금을 받고 며칠 내 명도하여 준다면 문제는 없지만 그렇지 않은 경우가 많다. 그냥 명도확인서와 인감증명서를 떼 주기 보다는 임차인의 소액보증금 배당금 수령용 위임장(물론 임차인의 인감증명서, 주민등본, 전세계약서가 첨부되어야 한다) 또는 건물명도합의각서(인감증명서 첨부)를 받고 맞교환하는 것이 좋다.

임차인이 소액보증금 등 수령하려면 매수인의 명도확인서(인감증명서 첨부)를 제출하여야 경매계에서 배당금을 지급한다. 임차인중 소액보증금(2001. 9.15일 이후 2008.8.20 까지 설정일 때 서울지역은 40백만원이하 임차인은 소액보증금 16백만원)을 일부 수령하는 임차인은 매수인이 명도확인서에 인감증명서를 첨부하여 주어야 배당기일에 배당금 수령할 수 있다. 만약, 매수인이 임차인 대신 수령하려면 임차인으로 부터 위임장 2부(인감증명서 2통 첨부)과 주민등록등본(전입유지 확인), 전세계약서 원본 등을 받아 배당기일에 대신 수령할 수는 있다. (또는 임차인의 인감증명이 첨부된 건물명도합의각서를 받는 것이 후일 분쟁 예방에 도움이 된다.) 온비드 공매(압류재산)는 가급적 원만한 합의로 명도하는 것이 최선책이다.

10. 배당기일

잔대금 납부 후 4주 안에 배당기일을 지정하며 모든 채권자는 동 배당기일까지의 원금과 연체이자를 합산하여 다시 채권계산서를 제출하여야 한다. 배당기일 3일전까지 배당표를 작성하여 열람할 수 있도록 되어 있으므로 이해관계인(소액임차인 등)은 예상배당표를 미리 확인하는 것이 좋다. 그렇지 않고 배당기일 당일에 무배당 등 되었을 때 경매사건 기록을 보지 않는 한 무배당된 사유를 체크할 수 없고 대응하기가 어려워진다.

배당기일에 배당표에 대해 이의가 있으면 구두 또는 서면으로 배당이의 신청을 하면 되고, 7일이내에 배당이의의 訴(소장) 접수 후 '소제기증명원'을 경매계장한테 제출하여야 한다. 그 후 소송중 동 소송변론기일에 출석하지 않으면 패소한 것으로 본다.

온비드 공매(압류재산)는 잔대금 납부 후 약 30일 이내 배분기일을 지정하여 배분한다.

2. 경매 · 공매 비교 연구

2-1. 온비드 공매 (한국자산관리공사(KAMCO) 압류재산)

한국자산관리공사(KAMCO)에서 매각하는 공매물건은 법원 경매물건에 비해 물건 수는 적지만 응찰 인원, 매각가는 법원경매보다 비교적 낮아 고 수익은 경매보다 공매에서 자주 보인다. 특히, 1~2천만원 등 적은 종자돈으로도 쉽게 접근할 수 있어 온비드 공매는 인기가 높다.

경매·공매의 차이점 중 주요내용만 우선 살펴보면

NO	경 · 공매 주요사항 비교 해설
1	경매는 등기부등본에 임의경매 또는 강제경매로 기재되면서 사건번호도 함께 기재되나 공매는 압류로만 기재된다. (주로 ○○세무서, ○○시)
2	경매물건 검색은 대법원 법원경매정보(www.courtauction.go.kr)에서 공매는 온비드(www.onbid.co.kr)에서 물건 검색을 할 수 있다.
3	경매 임대차현황은 집행관이 작성한 부동산의 현황 및 점유관계조사서, 경매계에서 작성한 매각물건명세서 등이 있고 유료사이트가 있어 동사무소를 굳이 방문하지 않아도 "전입세대열람내역"을 알 수 있으나 공매는 별도 자료가 없고 단지 감정평가서에 기재된 임대차내역을 참조할 뿐이다. 특히, 공매는 동사무소를 방문하여 "전입세대열람내역"을 발급하여야 알 수 있으나 최근 지지옥션(www.ggi.co.kr) 등에서는 전입세대 열람내역을 제공하고 있다.
4	경매의 보증금 중 일정액에 대한 소액보증금 최우선변제는 경매개시결정등기일 이전에 전입(또는 사업자등록)하고 점유를 하면서 배당요구종기일까지 배당요구한 자에 한하여 최우선변제되나, 공매는 공매공고일 이전 대항요건(전입과 점유, 사업자등록과 점유)을 갖춘 경우 최우선배분한다.
5	경매의 퇴거 전에 주민등록 전입 및 점유 유지(주민등록 전입과 사업자등록 유지)는 배당요구종기일까지 전입(사업자등록) 하여야 하나 공매는 인터넷 입찰 후 개함 다음 날 14 : 00 공매결정일까지 전입(사업자등록) 유지 및 점유하여야 한다
6	경매 권리신고 및 배당요구는 배당요구종기일까지, 공매는 배분계산서를 작성하기 전까지 배분요구 하여야 한다.
7	경매 입찰은 기일입찰 또는 기간입찰이나 공매는 전자입찰방식으로 공인인증을 받아야 한다.
8	매각예정가격 체감은 통상 전차가격의 20%~30%씩 매월 저감되나, 공매는 최초매각 예정가격의 10%씩 매주 체감 후 50% 이하가 되면 매주 5%씩 체감한다.
9	경매 매수신청보증금은 최저매각가격의 10%이나 공매 입찰보증금은 입찰가격의 10%
10	경 · 공매 모두 공유자우선매수신고 할 수 있으나, 차순위매수신고, 낙찰대금과의 채권상계신청 등은 경매는 가능하나 공매는 할 수 없다.
11	경매는 농지취득자격증명서 제출 기한이 매각결정기일 이내이며 공매는 소유권이전등기촉탁신청 전까지 농취증을 제출하면 된다.

NO	경 · 공매 주요사항 비교 해설
12	경매의 매각허가결정은 매각기일이후 7일 이내이나 공매는 보통 2박 3일간(월, 화, 수) 인터넷입찰 후 다음 날(목) 11 : 00 개찰(개함) 후 최고입찰자로 결정된 후 다음 날(금) 14 : 00시에 매각결정통지서 교부한다.
13	경매 잔대금지급은 대금지급기한통지서 받고 일시불(매각허가결정 확정일로부터 1월안)로 기한전이라도 언제든지 납부가능하며, 공매는 매각결정일로부터 1천만원 미만은 7일이내, 1천만원 이상은 60일 이내 납부하면 되나(미납시 10일간은 지연이자 연 20% 부담 없음) 매각결정통지서 받고 기한전이라도 경매와 마찬가지로 즉시 납부 가능하다.
14	경매는 대금미납시 전 낙찰자의 매수자격 제한으로 재입찰 불가하나 공매는 재입찰 가능하다
15	잔대금미납시 10% 보증금은 배당할 금액에 포함(배당재단에 합산)되나 공매는 국고, 지방자치단체 등에 귀속된다.
16	경매는 잔대금납입시 4주안에 배당기일 지정되어 배당기일까지 연체이자 계산하여 다시 제출하여야 하며, 공매는 잔대금 완납일로부터 30일 이내 배분기일 지정되므로 연체이자 계산 후 배분요구서 다시 제출하여야 한다.
17	경매나 공매(압류재산)도 토지거래허가 모두 불필요하나 공매 수탁재산 등은 3회이상 유찰시에만 가능하다.
18	경매는 공인중개사 등이 매수신청대리 가능하나 공매 압류재산은 매수신청대리 불가능하여 조속히 입법이 요구된다.
19	경매는 경매당일 공동입찰자목록 등 첨부하여 공동입찰 가능하나 공매는 인터넷 입찰마감 1영업일전까지 대표입찰자가 공동입찰신청서 제출(인감증명서 첨부한 위임장 첨부)하여야 된다.
20	경매는 인도명령신청제도가 있어 명도가 쉬운 반면, 공매는 건물 명도소송 후 (3~6개월 이상 소요) 판결문이 있어야 강제집행신청이 되어 명도가 어렵다.

1) 최근 1년간(2007년도) 전국 경매 처리건수는 133,654건, 공매는 8,565건 합계 142,219건(2008년도 1월부터 9월 까지는 91,322건+5,373건=96,695건)으로 2009년도는 부동산경기의 계속 침체로 크게 증가할 것으로 보인다.

구 분		2007년 1년간 전국 처리건수(매달)	2008년1월부터 9월까지(매달)	비고
경매	경매(전국)	133,654건(매달 11,138건)	91,322건(매달 10,146건)	
	경남지역	9,574건(매달 798건)	6,491건(매달 721건)	
	(창원지방법원)	4,209건(매달 350건)	3,010건(매달 334건)	
공매	공매(전국)	8,565건(매달 714건)	5,373건(매달 597건)	
	경남지역	835건(매달 70건)	459건(매달 51건)	
합계	전국 경매, 공매	142,219건(매달 11,851건)	96,695건(매달 10,743건)	
	경남지역	10,409건(매달 868건)	6,950건(매달 772건)	

2) 2007년도 1년간 법원 경매로 117,005건 접수되어 133,654건 매각 처리되었다.

법 원	계		
	접 수	처 리	진행중
서울중앙지방법원	3,843	4,868	2,272
서울동부지방법원	1,913	1,962	1,126
서울서부지방법원	2,191	2,536	1,390
서울남부지방법원	2,808	3,622	1,557
서울북부지방법원	2,906	3,770	1,428
의정부지방법원	4,514	5,823	3,016
고양지원	2,589	2,939	1,559
인천지방법원	7,603	10,570	4,340
부천지원	2,564	3,364	1,354
수원지방법원	5,625	6,551	3,634
성남지원	2,041	2,386	1,188
여주지원	1,425	1,411	997
중 략			
제주지방법원	2,167	2,242	1,770
전체	117,005	133,654	80,323

3) 2007년 1년간 한국자산관리공사 세무서 압류 등 압류재산의 공매 낙찰가율(평균 66.1%)과 낙찰건수(8,565건)는 다음과 같다.

지역	총 감정가(백만원)	총 낙찰가(백만원)	낙찰가율	낙찰건수
전체	848,157	561,076	66.1	8,565
서울	149,632	116,565	77.9	674
인천/경기	337,530	221,149	65.5	2,075
인천	66,036	47,752	72.3	497
경기	271,494	173,397	63.8	1,578
강원	31,218	19,958	63.9	752
충북	55,763	29,252	52.4	551
대전/충남	45,461	30,606	67.3	640
대전	11,647	7,585	65.1	65
충남	33,814	23,021	68	575
대구/경북	38,815	28,305	72.9	787
대구	10,718	7,863	73.3	129
경북	28,097	20,442	72.7	658
부산/울산/경남	124,473	75,854	60.9	1,216
부산	70,650	39,444	55.8	278
울산	6,880	5,560	80.8	108
경남	46,943	30,850	65.7	830
전북	39,743	22,620	56.9	894
광주/전남/제주	25,486	16,743	65.6	975

광주	7,088	4,262	60.1	99
전남	14,854	9,655	64.9	766
제주	3,544	2,826	79.7	110

※ 본 자료는 한국자산관리공사의 압류재산 낙찰물건(부동산)을 대상으로 산출된 자료이며, 일부 물건(낙찰가율 200% 이상, 낙찰가율 25% 미만인 물건)은 통계의 신뢰성을 높이기 위해 대상에서 제외함.

4) 최근 동일한 모텔 물건인데 공매와 경매가 경합된 경남 마산시 소재 3층 모텔 (숙박시설)을 비교하여 보자.

구분	경매 사건번호/ 공매 물건관리번호	마지막 매각일자	(최초감정가) 최저법사가	매각가 (낙찰가)	응찰자수
경매	사건번호 창원2007타경3588	2007.10.26. 5차 매각	(421,424,320) 172,615,000	230,110,000	11명
공매	물건관리번호 2006-22076-001	2007.10.11 9회차 매각	(472,467,840) 141,741,000	141,800,000	1명
공매가 경매보다 88,310,000원 낮게 낙찰하였고, 경쟁률도 경매보다10명이나 적은 공매 단독입찰로 매각되어 큰 수익을 올린 사례이다.					

※ 위와 같이 동일한 물건이 경합한 경우 먼저 잔대금 납부자가 소유권을 취득하며 공매 낙찰자가 먼저 잔대금 납부 후 소유권 이전하여 큰 수익을 올린 사례이다. 단지 경매 뿐만 아니라 공매를 숙지한 대가로 경매보다 88백만원 이상 저렴하게 원하는 부동산을 구입할 수 있었던 사례이다.

5) 경매와 공매의 전입과 점유는 언제까지 하여야 보증금 중 일정액의 배당(소액보증금 최우선 변제권)을 받을 수 있는지, 임차인의 배당요구는 언제까지 하여야 하는지, 임차인의 대항력 유지는 언제까지 유지 후 퇴거하여도 되는지, 매수인(낙찰자)의 추가부담이 되는 인수임대차 범위 등을 비교 분석할 수 있어야 경·공매 부동산의 함정에서 피할 수 있다.

6) 법원의 경매물건과 한국자산관리공사의 공매물건(특히, 세무서, 시청 체납된 압류물건)의 차이점을 잘 알아야 고수익을 얻을 수 있으며 정확한 권리분석을 할 수 있다.

7) 공매를 더욱 잘 이해하려면 한국자산관리공사(KAMCO)의 온비드(www.onbid.co.kr)와 국세징수법(제10절 압류재산의 매각 제61조 공매~제79조 매각재산의 권리이전절차, 제11절 청산 제80조 배분금전의 범위~제84조 배분금전의 예탁)도 잘 숙지하여야 한다.

8) 공매관련 판례와 예규 등은 어디에서 접할 수 있을까?

공매는 매각결정일까지 주민등록을 유지하여야 한다는 조세심판원(전, 국세심판원) 심판청구번호 국심 2006부 1228호(2006. 7.10) 와 국세채권보다 우선하는 소액임차보증금은 공매공고일 이전에 대항력을 갖춘 경우에 국세보다 우선하여 배분한다는 국세기본법예규 징세 46101-1516호(2000.10.24) 는 어디에서 검색이 가능할까?

전자는 조세심판원(www.ntt.go.kr)>심판결정례>결정문검색>청구번호 : 2006 부1228 결정기간에 2006.3.10 부터 2006 8.10 하여 4페이지 판례를 살펴보면 되며, 후자는 www.etaxkorea.net 등에서 검색어에 소액임차보증금 입력 후 클릭하여 국세기본법 예규(징세 46101-1516 공매시 소액임차보증금 우선 배부 2000.10.24) 등 검색하면 상세히 알 수 있다.

1. 경매 · 공매 비교표(요약)

구 분	법원 경매	온비드 공매(압류재산)
법적 성격(근거)	민사집행법	국세징수법
개시결정 기입 등기	경매개시결정 후 기입등기 (등기부등본에 임의경매 또는 강제경매 기재)	압류 등기 (등기등본에 압류 기재, 주로 ○○세무서, ○○시청)
경 · 공매 물건 검색	대법원 법원경매정보 (www.courtauction.go.kr)>경매물건검색 : 경매결과검색 : 경매사건검색>	① 공매물건 검색은 www.onbid.co.kr>물건정보>물건상세검색>소재지(예 : 경남 마산시 등)
임대차내용(현황조사)	① 집행관이 동사무소를 방문하여 '전입세대열람 내역"을 세무서를 방문하여 '등록사항 등의 현황서'를 발급받아 작성한 부동산현황조사보고서 (부동산의 현황 및 점유관계 조사서)와 ② 경매계장이 작성 후 공개하는 매각물건명세서를 참조하고 ③ 직접 현장 발품 팔아 방문조사	① 온비드> 물건정보>물건상세검색> 물건정보>임대차정보란 참조 ② 별도의 자료 없고, 감정평가서 '건물감정평가요항표' 등에 기재된 임대차내역 참조 ③ 원매자가 동사무소 직접 방문하여 '전입세대 열람내역' 발급 ④ 직접 현장 발품 팔아 방문조사
(동사무소 발급) 전입세대열람 내역(세무서 발급) 등록사항 등의 현황서	동사무소 전입세대열람 내역 발급 가능(세무서의 등록사항 등의 현황서 발급 불가능)	동사무소 전입세대열람 내역 발급 가능 (세무서의 등록사항 등의 현황서 발급 불가능)
주택임대차보호법, 상가건물임대차보호법 적용	대항력, 우선변제권, 최우선변제권 모두 적용	대항력, 우선변제권, 최우선변제권 모두 적용
소액 임차보증금 지급대상	경매개시결정등기일 이전에 전입(또는 사업자등록)하여야 한다.	공매공고일 이전 대항력을 갖춘 경우 인정. 단, 법원경매와 동시에 진행 중인 경우는 경매개시결정등기일 기준으로 함.
점유 유지 (전입과 사업자등록 유지)	(연기된) 배당요구종기일까지 전입(사업자등록) 유지 및 점유하여야 한다.	공매결정일(공매매각결정)까지 전입(사업자등록) 유지 및 점유하여야 한다.
권리신고 및 배당요구 신청 마감기일	배당요구종기일까지 권리신고 및 배당요구신청 하여야 한다.	배분계산서를 작성하기 전까지 배분요구 하여야 한다.
입찰방법/처분방법	부동산은 기일입찰, 기간입찰, 동산은 호가경매	기간입찰 ⇒2004.10월부터 인터넷입찰방식으로 진행(온비드에 회원가입 및 공인인증서 등록)

구 분	법원 경매	온비드 공매(압류재산)
매각예정가격 저감/체감	통상 전차가격의 20%~30% 저감(100%, 80%, 64%, 51.2% 등)	1차 공매예정가격의 50%를 한도로 매회마다 1차 공매예정가격의 10%씩 체감(50% 이하는 매 회마다 5%씩 체감하여 45%, 40%, 35%로 진행)
매수신청보증금/입찰보증금	매수신청보증금은 최저매각가격의 10% 또는 경매보증보험증권(재매각시 보통 10~20% 보증금)	입찰보증금은 입찰가격의 10%
공유자 우선매수	있음	있음(시행일자 : 2006.10.27) 매각결정일(14 : 00)이내 공유자우선매수신고서와 1등 낙찰가의 보증금 10% 제출
차순위매수신고	있음	없음
저당권부채권의 상계(낙찰대금과의 채권상계)	상계가능(대금상계신청서와 차액지급신고서를 매각결정기일까지 제출)	상계불허(대법원 1996.4.23 선고 95누6052)
농지취득자격증명서 제출 기한	매각결정기일 이내(낙찰허가 결정전에 미제출시 낙찰 불허)	소유권이전등기촉탁 신청시까지(미제출시 매각결정취소사유에 해당되지 아니하나, 소유권이전등기 불가)
매각허가결정	매각기일이후 7일 이내(그 후 7일 이내 즉시항고 없으면 매각결정 확정)	2박3일간 인터넷 입찰(보통 월, 화, 수) 다음날 11 : 00 개찰(개함) 후 최고입찰자로 결정된 후 다음 날 14 : 00시에 매각결정통지서 교부
취하 · 취소	① 임의경매는 최고가매수신고인의 인감증명서 첨부한 경매취하동의서 또는 근저당권 설정이 말소된 등기부등본 첨부 후 경매개시결정에 대한 이의신청 ② 강제경매는 채무 변제(또는 채무액을 공탁)하고, 청구이의의 소를 제기하여 승소판결을 받은 후 집행법원에 경매개시결정에 대한 이의신청을 하면 집행법원은 경매사건에 대한 취소기각 결정(소송 중 경매절차 종결 방지위하여 강제집행신청하면 보증공탁조건으로 집행정지결정)	① 매각결정을 교부한 후에 매각결정을 취소하기 위하여는 매수인의 동의를 얻어야 한다(서울행정법원 2004구합18078 2004.12.31선고). ② (매수자의 인감증명서 첨부된 매각결정취소동의서 징구하고) 관할세무서에 세금완납 후 (체납세액 전부) “공매해제통지서”를 한국자산관리공사 ○○지사에 제출 ⇔ 대법원 2001.11.27선고 2001두6746 판결 참조

구 분	법원 경매	온비드 공매(압류재산)
남을 가망이 없을 경우의 경매취소/공매중지	최저매각가격으로 남을 것이 없다고 인정시 경매취소 (민사집행법 제102조)	압류재산을 매각하더라도 체납처분비와 선순위채권을 충당하고 잉여가 없을 경우 압류재산의 공매를 중지 (국세징수법 제85조)
대금지급기한	매각허가결정 확정일 로부터 1월 안 －대금지급기한통지서 받고 기한전이라도 즉시 납부가능 －미납시 재매각기일 3일전까지 연 20% 연체이자 부담시 납부	매각결정일로부터 낙찰금액 1천만원 미만 납부기한은 7일 이내, 1천만원 이상은 60일 이내) －매각결정통지서 받고 기한전이라도 즉시 납부가능 －미납시 납부최고일(10일간)내 납부시 연체이자 없이 납부
대금불납시 전 낙찰자의 매수자격 제한	매수 제한(재입찰 불가)	매수제한 규정없음(재입찰 가능)
잔대금불납시 입찰보증금 처리	배당할 금액(배당재단)에 포함	국고, 지방자치단체 등에 귀속됨
배당기일/배분기일 전에 채권계산서 다시 제출	대금납부 후 4주안에 배당기일 지정되므로 다시 연체이자 계산 후 채권계산서 제출하여야 한다	매각대금 완납일로부터 30일 이내로 배분기일 지정되므로 다시 연체이자 계산 후 배분요구서 제출
3일전 배당표 열람여부 및 7일 이내 배당이의 소제기	가능	가능
소유권이전 등기촉탁 서비스	법무사에게 대행의뢰 또는 매수인이 나홀로 등기 처리(매수인이 촉탁관련 제비용 부담)	법무사에게 대행의뢰 또는 공사 등기촉탁 서비스 제공(낙찰자는 부속서류만 준비). 2008. 6월부터 인터넷 등기대행 서비스 실시 중
토지거래허가	불필요	불필요(압류재산만, 수탁재산 등은 3회이상 유찰 시)
인도명령/명도책임	점유권원 없는 모든 점유자 (6개월 이내 신청)	인도명령제도 없음. 명도책임 매수자(명도소송으로 해결)
대리입찰	매수신청대리 가능	압류재산은 매수신청대리 불가능(단, 유입, 국유, 수탁재산은 가능)
공동입찰	가능	가능하나 입찰마감 1영업일전까지 대표입찰자가 공동입찰신청서 제출(인감증명서 첨부한 위임장 첨부)

2. 경매 · 공매 비교표(상세)

구 분	법원 경매(競賣)	온비드 공매(公賣) : 압류재산
관련법규	근거 : 민사집행법(특히, 민사집행법 제2편 제2장 제2절 부동산에 대한 강제집행 제78조부터 제162조와 제3편 담보권실행을 위한 강제집행 제265조부터 제275조가 부동산관련으로 매우 중요) 민사집행법 시행령 민사집행규칙	근거 : 국세징수법(특히, 제2장 제10절 압류재산의 매각 제61조부터 제79조가 매우 중요) 국세징수법 시행령 국세징수법 시행규칙 지방세법, 한국자산관리공사의 "압류재산 인터넷공매입찰 참가자준수 규칙"
법적성격	채권, 채무 당사자간의 합의를 전제로 한 공권력의 개입	공법상의 행정처분
개시결정기입등기	경매개시결정 후 경매개시결정등기(등기부등본에 임의경매 또는 강제경매 기재) 후 경매처분	압류등기(등기부등본갑구에 압류등기)
경(공)매개시기입등기	경매신청을 받은 집행법원에서 경매개시결정 후 등기소에 경매개시기입등기 촉탁 의뢰하므로 등기소에서는 경매등기를 하고 있음(등기부등본에 임의경매 또는 강제경매로 등기, ○○지방법원 2008타경12345호)	압류 등기 후 공매처분 (등기부등본에 압류 기재, 주로 ○○세무서, ○○시청, 국민건강보험공단 등)
법원/본사	대법원(서초동)	서울특별시 강남구 역삼동 814(강남역 7번 출구에서 500미터 지점에 위치) 문의처 : 온비드콜센터(TEL 1588-5321)
지방법원/지사	서울중앙지방법원, 서울동부지방법원, 서울서부지방법원, 서울남부지방법원, 서울북부지방법원, 의정부지방법원, 인천지방법원, 수원지방법원, 창원지방법원 등 포함한 전국 법원 및 각 지원	부산지사, 광주전남지사, 대전충남지사, 대구경북지사, 인천지사, 전북지사, 경남지사, 충북지사 및 온비드사업부 운영팀 (전화 02-2103-6937 또는 6939 및 배분담당 : 02-3420-5168)
공고 방법	법원 경매부동산의 매각공고 차량 매각공고	압류재산 공매공고
이해관계인의 범위	-압류채권자와 집행력 있는 정본에 의하여 배당을 요구한 채권자 -채무자, 소유자 -등기부에 기입된 부동산 위의 권리자 (전세권자, 지상권자, 지역권자, 임차권등기를 한 임차권자 저당권자, 질권자 부동산공유지분 소유자, 담보가등	-전세권자, 질권자, 저당권자 -담보가등기권자 -공유자 -체납자 -납세담보물소유자 -등기된 임차권자 -지상권자

구 분	법원 경매(競賣)	온비드 공매(公賣) : 압류재산
	기권자 -부동산 위의 권리자로서 그 권리를 증명한 자(유치권자, 대항력을 갖춘 주택(상가건물)임차인, 경매신청 후 소유권자·담보권자로서 배당요구종기까지 그 권리를 증명한자, 우선변제권 있는 임금채권자 <단, 가압류채권자, 처분금지가처분자, 가등기권자, 예고등기권리자, 공유자는 이해관계인 아니지만 매각기일통지서 등 예규에 의거 발송해 주고 있음>	-교부청구권자 -압류권자 및 참가압류권자
매각(공매)재산의 표시 및 매각조건	<매각물건의 표시 및 매각조건> 사건번호/물건번호/소재지 및 면적(평방미터)/용도/감정평가액, 최저매각가격(단위 : 원)/ 비고 사건번호 : 진주 2008타경4369호	<공매재산의 표시 및 매각조건> 관리번호/소재지/용도/종별/수량/매각예정가격 물건관리번호 2008-08563-001
경·공매 물건 인터넷 검색	법원경매정보 (http : //www.courtauction.go.kr)에 접속한 후에 상단메뉴에서 경매물건 메뉴에 마우스를 대면>물건상세검색, 매각결과검색, 경매사건검색>3개 메뉴가 나타난다. ① 물건상세검색은 각 법원 별, 경매계 별 물건검색이 가능하고(매각물건명세서, 현황조사서, 감정평가서 검색가능), 소재지 별, 용도별 검색도 가능하다. ② 매각결과검색은 법원 별 매각여부(낙찰)를 알려주며 ③ 경매사건검색은 법원과 사건번호를 입력하면 <사건내역>은 경매계 전화번호, 청구금액, 배당요구종기일, 항고내역 물건내역, 당사자내역 등 <기일내역>은 매각기일, 최저매각가격, 대금납부 등 <문건/송달내역>은 문건접수, 송달내역, 임차인의 권리신고 및 배당요구여부, 유치권신고 여부 등 확인 가능하다(문건처리내역과 송달내역 별도 확인 가능하다).	① 공매물건 검색은 www.onbid.co.kr>물건정보>물건상세검색>소재지(예 : 충남 아산시 또는 경남 마산시) 입찰일자(9/1~9/14 등) 조건을 주어 검색하면 된다. ㉠ 용도(㉠부동산 대분류→㉡토지 중분류→㉢임야 소분류 등 소분류까지도 선택 가능) ㉡ 소재지(시, 군, 구, 읍, 면, 동까지 선택 가능) ㉢ 입찰일자(기본설정 14일이나 원하는 연장일자로 검색 가능) 지정 후 검색버튼 클릭 ② 각 지역 지사별, 회차별 공매공고 확인은 www.onbid.co.kr>입찰공고>KAMCO공매> 각 지역 지사별, 회차별 공매공고 확인 가능하다. 집행기관이 한국자산관리공사(KAMCO)인 공매물건에 대한 전체 공고 및 공매정보를 확인하실 수 있으므로 여기에서 각 지역 지사별 자산별로 검색 가능하다. ③ 물건관리번호로 찾는 방법은 www.onbid.co.kr>물건정보>물건상세검색에서

구 분	법원 경매(競賣)	온비드 공매(公賣) : 압류재산
		㉠ 물건관리번호 ㉡ 검색버튼으로 찾을 수 있다. 압류재산의 경우에는 관리번호 앞에 '2'를 붙여 입력하여야 한다. ④ 공매물건 입찰결과 검색은 www.onbid.co.kr>입찰결과>KAMCO입찰결과>부점명(해당 지사) 개찰일시 클릭하여 결과 확인한다.
매각공고/공매공고	**법원 경매부동산의 매각공고** 매각물건의 표시 및 매각조건 공고된 부동산의 면적표시는 실제와 다소간의 차이가 있을 수 있습니다. **※ 특별매각조건** 농지법상 농지취득자격증명을 제출해야 하는 최고가매수신고인이 매각결정기일까지 농지취득자격증명을 제출하지 아니함으로써 매각이 불허가 될 때에는 매수신청보증금을 반환하지 않고 이를 배당 시 매각대금에 산입	**압류재산공매공고** 국세 및 지방세 등 체납에 의한 압류재산을 아래와 같이 공매공고 ※ 위 공매재산의 표시 및 매각조건은 2008. 12. 31. 한국자산관리공사 게시판 및 전자자산처분시스템(www.onbid.co.kr, 이하 "온비드"라 함)에 일괄 공매 공고한 내용 중 최초 공매대상 물건(26회차)에 대한 공매실시 조건입니다. 기타 공매재산 및 공매회차별 매각조건(유의사항 등 포함)은 한국자산관리공사 게시판 및 온비드에 공고한 공매재산의 표시 목록에서 확인
법원경매부동산의 매각공고 및 압류재산 공매공고에 나타난 주의사항	① 매각된 주택 또는 상가에 최선순위의 저당권이 설정된 날짜보다 먼저 주민등록전입신고를 마치고 거주하고 있는 임차인이나, 사업자등록신청을 마친 임차인이 있을 때에는 그 임차보증금을 매수인이 인수하여야 하는 경우가 생길 수 있다. ② 일반인들의 열람에 제공하기 위하여 매각기일 1주일 전부터 매각물건명세서, 현황조사보고서 및 평가서의 사본 등을 법원 민사집행과에 비치하여 열람에 제공하고 있으므로 미리 필요한 정보를 얻으신 후 응찰여부를 판단하여야 한다. ③ 특별매각조건의 내용은 매각물건명세서의 열람을 통하여 확인하여야 한다. ④ 입찰법정에 갈 때에는 입찰표의 기재 및 입찰보증금의 반환에 필요한 신분증과 도장을 가져가야 하며, 타인의 대	① 부동산의 표시는 등기부등본 기준이며 수량은 법정계량단위 기준이다. ② 공매재산에 있어 물건의 특성상 매각에 의하여 소멸되지 아니하는 부동산의 권리와 공부 및 지적부상 표시의 상이나 행정상의 규제 또는 수량 등의 상이에 대하여 입찰자 책임 하에 공부의 열람, 현지답사 등으로 물건을 확인하여야 한다. ③ 공매재산 중 농지(전, 답, 과수원 등)에 대해서는 농지법 제8조의 규정에 의거 농지취득자격증명을 발급 받을 수 있는 자만이 소유권 이전등기를 받을 수 있고, 농지취득자격증명을 발급 받지 못하여 소유권이전등기를 할 수 없는 경우에도 매각결정은 취소되지 않으므로 입찰자 책임 하에 사전 조사하고 입찰에 참가. ④ 주거용 건물(또는 상가건물)의 경우 등

구 분	법원 경매(競賣)	온비드 공매(公賣) : 압류재산
	리인으로 응찰하려고 하는 사람은 인감증명을 첨부한 위임장을 반드시 입찰표와 함께 제출하여야 한다. ⑤ 소유권이전에 농지취득자격증명이 요구되는 농지의 경우에는 최고가 매수인으로 결정된 후 매각결정기일까지 농지취득자격증명을 제출하여야 매각이 허가. 단, 도시계획확인원 등에 의하여 농지취득자격증명이 필요하지 않음이 소명된 경우에는 매각이 허가될 수 있다. ⑥ 신문에 공고되는 물건은 최초의 매각기일에 해당되는 물건이며, 속행사건에 대해서는 별도로 신문공고를 하지 않으므로 법원 게시판의 공고나 법원에 비치된 매각물건명세서를 참조 ⑦ 매각대금을 납부하기 전까지 채무자가 채무를 변제하면 입찰이 취소될 수 있다. 이때에는 매수신청인이 제출한 매수신청보증을 반환한다. 매각기일 공고의 요지는 대법원홈페이지에서 열람할 수 있다. 주소 : http//www.courtauction.go.kr [법원공고→법원경매정보선택]대법원 홈페이지에서 공고내용 외의 열람 가능한 정보는 법률상 제공하도록 정하여져 있지 아니한 것을 국민편의를 위하여 따로 제공한 것으로서, 혹시 그 중에 사실과 다른 내용이 있더라도 이를 이유로 매각불허가 신청이나 항고, 대금감액신청이나 손해배상의 청구를 할 수 없으므로, 관심 있는 물건에 관하여는 반드시 법원에 나오셔서 게시된 매각기일의 공고나 비치된 매각물건명세서를 직접 확인하신 후 입찰하여야 한다.	기부상 최선순위 권리자(근저당권, (가)압류권 등)보다 먼저 주민등록 전입신고 및 거주의 요건을 갖추고 있는 임차인(상가건물의 경우는 건물의 인도와 사업자등록 신청한 임차인)이 있을 때에는 낙찰자는 매각대금 외에 임차보증금을 별도로 인수하여야 하는 경우가 생길 수 있으므로 임대차 관계 등에 대하여는 입찰자 책임 하에 사전 조사하고 입찰에 참가하여야 한다. ⑤ 공매재산에 대한 실물확인 및 상태점검은 공매재산 소재지 현장에서 입찰자 책임 하에 확인하여야 한다. ⑥ 대리인이 입찰자를 대리하여 입찰에 참가할 수 없다. ⑦ 입찰하려는 자가 미성년자일 경우 친권자(법정대리인)의 동의서를 인터넷 입찰마감 1영업일전까지 제출하여야 한다. ⑧ 공동명의로 입찰하려는 자는 인터넷 입찰마감 1영업일 전까지 대표입찰자가 공사 소정의 공동입찰신청서(인감증명서를 첨부한 위임장 포함)를 공사에 제출하여야 한다. 기한 내 공동입찰신청서 미제출시 대표입찰자 명의로 입찰하였다 하더라도 입찰은 무효 처리. ⑨ 본 공고문상의 내용 외에 준수할 사항은 국세징수법, 지방세법 등 관련법과 우리 공사 압류재산 인터넷공매 입찰참가자준수규칙에 의한다.
매각기일과 매각결정기일 /입찰 및 개찰의 일시와 장소	1차 매각기일 : 2008.7.18[금]10 : 00 매각결정기일 : 2008.7.25[금]14;00 2차 매각기일 : 2008.8.18[월]10 : 00 매각결정기일 : 2008.8.25[월]14;00	회차 및 인터넷 입찰기간 23회차2008.06.09 10 : 00~06.11 17 : 00 24회차2008.06.16 10 : 00~06.18 17 : 00 25회차2008.06.23 10 : 00~06.25 17 : 00

구 분	법원 경매(競賣)	온비드 공매(公賣) : 압류재산
	3차 매각기일 : 2008.9.18[목]10 : 00 매각결정기일 : 2008.9.25[목]14:00 4차 매각기일 : 2008.10.17[금]10 : 00 매각결정기일 : 2008.10.25[금]14:00 ※ 매각장소 : 00지방법원 제000호 입찰법정	26회차2008.06.30 10 : 00~07.02 17 : 00 27회차2008.07.07 10 : 00~07.09 17 : 00 28회차2008.07.14 10 : 00~07.16 17 : 00 ※ 입찰 및 개찰은 인터넷(온비드)으로만 실시
입찰방법	① 입찰법정에 비치된 기일입찰표에 사건번호, 입찰자의 성명, 주소, 입찰가격, 보증금액 등을 기재하고 날인하여 보증금을 함께 입찰봉투에 넣어 입찰함에 투입하면 된다. 매수신청의 방법으로는 최저매각가격의 1할에 해당하는 금융기관 발행의 자기앞수표 또는 현금을 준비하거나 지급보증위탁계약을 체결한 문서[경매보증보험증권]을 준비 ② 2인 이상이 공동으로 입찰하고자 하는 경우에는 공동입찰신고서와 공동입찰자 목록에 각자의 지분을 명확하게 표시 ③ 입찰봉투의 투입이 완료되면 곧 바로 개찰을 실시하여 최고의 가격으로 응찰한 사람을 최고가매수인으로 정하고, 최고의 가격으로 입찰한 사람이 2인 이상인 경우에는 그 입찰자들만을 상대로 추가입찰을 실시 ④ 최고가매수인과 차순위매수신고인을 제외한 다른 매수신청인들의 매수신청 보증금은 입찰절차가 종결되는 즉시 바로 반환	① 입찰에 참가하려는 자는 반드시 온비드에 회원가입 및 실명확인을 위한 공인인증기관의 공인인증서를 등록 ② 입찰기간 내에 온비드에 입찰서를 제출하고 입찰가격의 10%이상을 지정된 예금계좌에 입금하여야 유효 ③ 입찰결과 유찰자의 입찰보증금과 입찰 후 개찰일시 전 공매취소사유가 발생할 경우 입찰자의 입찰보증금은 입찰서 제출시 지정된 환불계좌로 이자 없이 환불되며, 별도의 송금수수료가 발생될 경우에는 입찰보증금에서 이를 공제 ④ 온비드의 장애 및 기타 사유로 인하여 입찰진행이 어려운 경우에는 입찰이 연기 또는 중지될 수 있다.
매각방법	기일입찰, 기간입찰, 호가	압류재산은 인터넷입찰, 비업무용부동산은 입찰 또는 수의계약
입찰참여 (공인인증)	회원가입, 공인인증서 등록 불필요	온비드에 회원가입, 실명확인을 위한 공인인증기관의 공인인증서를 등록하여야 함
입찰하려는 자가 미성년자인 경우	친권자(법정대리인)의 동의서를 기일입찰표와 함께 첨부	친권자(법정대리인)의 동의서를 인터넷 입찰마감 1영업일전까지 제출하여야 한다.
대리입찰	가능(공인중개사, 법무사, 변호사만 매수신청 대리 가능/매수신청대리인 등록증 게시 후 영업)	압류재산은 대리인이 입찰자를 대리하여 입찰에 참가할 수 없다. (압류재산을 제외한 수탁재산 등은 가능하나 대리입찰은 입

구 분	법원 경매(競賣)	온비드 공매(公賣) : 압류재산
	개인이 부부간, 친인척, 지인간 대리입찰 가능하나 영업의 목적으로 할 수 없다. ※ 개인이 영업의 목적(영리목적)으로 수수료를 받으면 변호사법 위반으로 형사처벌 받는다.	찰집행기관에서 이를 허용한 경우 가능하며 입찰참가 방법은 회원이 입찰대리인이 되어 입찰자(본인)를 대신하여 입찰자(본인) 명의로 입찰서를 제출한다. 입찰서 제출과 별도로 입찰기간 중에 대리입찰신청서를 입찰집행기관에 제출하여야 유효한 입찰로 처리되나 입찰기관이 별도로 정한 경우에는 그에 따른다)
공동입찰	가능. 기일입찰표 외에 공동입찰신고서와 공동입찰자목록을 추가 작성하여 투입하여야 한다.	가능. 공동명의로 입찰하려는 자는 인터넷 입찰 마감 1영업일 전까지 대표입찰자가 한국자산관리공사 소정의 공동입찰신청서(인감증명서를 첨부한 위임장 포함)를 제출하여야 한다. 기한 내 공동입찰신청서 미제출시 대표입찰자 명의로 입찰하였다 하더라도 입찰은 무효 처리된다.
인터넷 입찰기간, 개찰일시 매각결정일	인터넷 입찰 없음 매각기일(예) 2008.7.11 10 : 00 매각결정기일 2008.7.18 14 : 00	인터넷 입찰기간은 2~3영업일간 입찰실시하며(예 : 2008. 7.11 10 : 00~2008. 7.13 17 : 00) 개찰일시(익일) (예 : 2008. 7.14 11 : 00) 매각결정(또 다음 날) (예 : 2008.7.15 14 : 00)
사건번호 물건관리번호 가격인하율 (저감비율 /체감비율)	사건번호 2008타경12345호 (유찰시 최초감정가의 20% 매월 저감) 1차 100% 제1회 100,000,000원 2차 80% 제2회 80,000,000원 3차 64% 제3회 64,000,000원 4차 51.2% 제4회 51,200,000원 5차 40.96% 제5회 40,960,000원…	물건관리번호 2008-08536-001 (유찰시 최초감정가의 10% 매주 저감) 1차 100% 제1회 100,000,000원 2차 90% 제2회 90,000,000원 3차 80% 제3회 80,000,000원 4차 70% 제4회 70,000,000원 5차 60% 제5회 60,000,000원 6차 50% 제6회 50,000,000원 (6차 50% 유찰시에는 약 1~2개월 후 7차에 45%, 8차에 40% 등으로 체감)
다음(NEXT) 경・공매	유찰 시 약 1개월 후 매각일자 지정	유찰시 매주마다 공매 진행
임대차내용 (현황조사)	집행관의 현황조사보고서(부동산의 현황 및 점유관계조사서) 경매계의 매각물건명세서를 참조한 후 동사무소 방문하여 '전입세대열람 내역'	명문규정 없음(매수자가 확인) 별도의 자료없고, 감정평가서 등 에 기재된 임대차내역 참조. 동사무소 방문하여 '전입세대열람 내역'

구 분	법원 경매(競賣)	온비드 공매(公賣) : 압류재산
	발급 및 현장 방문조사 (세무서에 '등록사항 등의 현황서'는 개인 사생활 보호차원에서 열람, 발급 안됨)	발급 및 현장 방문조사 ⇒ 온비드>물건정보>임대차정보공개> (감정서상 표시내용 또는 신고된 임대차 내용 등으로서 누락, 추가, 변동될 수 있음)
최초입찰가	감정평가액	감정평가액+ 취득비용
경・공매비용	경매집행비용은 1순위 배당에서 공제함. 경매신청시 집행비용예납금, 송달료예납금을 납부하는데, 현황조사료, 신문공고료, 감정료 등은 경매 개시되면 즉시 지출되고, 매각수수료는 매각허가확정되면 지출됨(이때, 낙찰자가 대금납입을 못해서 재매각 결정되면 매각수수료 계산 취소) 송달료는 개시결정문 통지, 배당요구종기일 최고서 통지, 매각기일 통지, 배당기일 통지 등 이해관계자에게 통지될 때마다 사용	공매 체납처분비는 환가한 가액에서 우선 충당. '체납액'이라 함은 체납된 국세, 그 가산금과 체납처분비를 포함한 것을 말함. 여기서 체납처분비라고 함은 재산의 압류, 보관, 운반, 공매에 소요된 비용(공매를 대행시키는 경우 그 수수료를 포함)을 말하며 체납자의 재산을 환가한 경우 환가한 가액은 체납처분비에 가장 우선하여 충당하게 된다.
매수신청보증금/입찰보증금	최저매각가격의 1할에 해당하는 현금, 금융기관 발행의 자기앞수표 또는 경매보증보험증권 (재경매일 때 10~ 20%)	입찰가격의 10/100 이상을 지정된 예금계좌에 입금된다. 사전에 신한은행 또는 외환은행에 계좌를 개설하고 보증금을 입찰가격의 10% 해당액 이상을 예치하고 있어야 한다.
입찰보증금에 대한 이자지급	경매절차(기일입찰)에서 예탁된 보관금에 대하여는 연2%의 이자를 지급한다. 다만, 기간입찰에서 반환되는 매수신청보증금에 대하여는 이자를 지급하지 아니함.	한국자산관리공사의 압류재산 공매절차에서 납부받은 입찰보증금에 대하여 이자를 지급하지 않음(입찰결과 유찰자의 입찰보증금은 입찰서 제출시 지정한 환불계좌로 이자없이 환불되며, 별도의 송금수수료가 발생될 경우에는 입찰보증금에서 공제)
주택 및 상가건물 임대차보호법 적용	대항력 인정 우선변제권 인정 최우선변제권 인정	대항력 인정 우선변제권 인정 최우선변제권 인정
소액 임차보증금지급대상 시기 ⇒ 대항요건(전입 또는 사업자등록신청과 점유)을 갖추어야 하는	경매개시결정등기일 이전에 대항요건(전입 또는 사업자등록과 점유)을 갖추어야 한다. (즉, 등기부등본에 임의경매, 강제경매 기입되기 이전에 대항요건 갖추어야 한다)	국세청 예규(2000.10.24 징세 46101-1516)에 의하여 공매공고일 이전 대항력을 갖춘 경우 인정. 단, 법원경매와 동시에 진행중인 경우는 경매개시결정기입등기일 기준으로 함(선순위 권리 없는 경우 소액보증금 우선변제 받고 나머지 인수임대차임). ※ 그러나 아래와 같이 반대판결(1심) 있

구 분	법원 경매(競賣)	온비드 공매(公賣) : 압류재산
최소 시기		어 향후 유사 사건 대법원 판결이 주목된다. 서울행정법원 2006.4.18. 선고 2005구합27734 판결 ⇒ 국세징수법에 의한 공매시 소액임차인이 보증금의 일정액을 최우선변제받기 위하여 대항요건을 갖추어야 하는 '경매신청의 등기 전'의 의미는 등기부등본에 압류등기 전 즉, '체납처분에 의한 압류등기'전에 대항요건(전입 또는 사업자등록) 갖추어야 한다. 즉, 고가의 매수청약 유도하는 것에 불과한 '압류재산공매공고'가 아니라는 것이다.
대항요건 유지 시기 ⇒대항력 유지(전입과 사업자등록 유지)	(연기된)배당요구종기일까지 전입(사업자등록) 유지 및 점유하여야 한다. ⇒전출(퇴거)하거나 사업자등록을 말소하여서는 안 된다(구법사건은 연기된 최종 경락기일⇒ 대법원 2002. 8.13 선고 2000다61466호).	심판청구번호 국심2006부 1228 (2006. 7. 10) ⇒공매결정일(공매매각결정)까지 주민등록(또는 사업자등록) 유지해야 한다. (인터넷 입찰마감일 다음 날 11 : 00 개찰일시에 최고입찰자로 결정된 후 또 그 다음 날 14 : 00시 매각결정 및 매각결정통지서 교부시 까지 유지해야 한다)
배당요구종기일	배당요구종기일까지 배당요구 신청하여야 한다. ① 배당요구종기일 이후 배당요구 철회 불가(배당요구 철회하여도 철회하지 않은 것으로 봄) ② 배당요구종기일 이후 배당요구시 배당요구하지 않은 것으로 본다. ③ 말소기준권리 이전에 전입과 확정일자를 갖춘 확정일자부 임차인이 배당요구종기일 이후 배당요구시에는 배당요구하지 않은 것으로 보고 무배당 예상하여 인수임대차로 보아야 한다.	국세징수법 제83조 (배분계산서의 작성) ① 금전의 배분을 할 때에는 배분계산서를 작성하고 이를 체납자에게 교부하여야 한다. 이 경우 배분대상자는 배분계산서를 작성하기 전까지 배분요구를 하여야 한다. ② 체납처분은 배분계산서를 작성함으로써 종결된다. ③ 매각재산에 대하여 전세권 · 질권 또는 저당권을 가진 자는 세무서장에게 배분계산서의 열람을 청구할 수 있다. ④ 열람의 청구가 있는 때에는 이에 응하여야 한다. 배당신청 후에도 배당신청을 취소할 수 있다. ⇒체납압류재산 공매의 경우 민사집행법에 의한 경매절차와는 달리 국세징수법상 배분요구의 종기가 명시되지 않아 공사 배분업무 실무지침상 배분계산서 작성 전까지 이를 허용하고 있는바 자세한 사항은 배분담당 실무자와 협의 요함.

구 분	법원 경매(競賣)	온비드 공매(公賣) : 압류재산
매각허가결정	매각기일에 최고가매수신고 후 7일 후 매각결정기일이며, 그 다음 7일 이내 즉시항고 없으면 매각허부결정됨.	최고입찰자로 결정된 후 다음 날 14 : 00시 이후에 매각결정통지서 교부
매각허가/낙찰자의 결정	최고의 가격으로 응찰한 사람에 대하여 매각결정기일에 매각허가 여부를 최종적으로 결정하고, 매각허가결정이 확정되면 대금지급기한까지 매각대금을 납부하여야 하며 대금납부기한은 통상 매각허가결정이 확정된 날로부터 1개월 이내로 지정	① 일반경쟁입찰(단독입찰도 가능)로서 매각물건 별 매각예정가격 이상인 최고액의 입찰자를 낙찰자로 하며 ② 낙찰이 될 동일가격 입찰자가 2인 이상인 때에는 즉시 온비드에 의한 무작위 추첨으로 낙찰자를 결정하며 ③ 공매재산이 공유물의 지분인 경우 국세징수법 제73조의2에 따라 공유자가 우선매수를 신고하는 경우 공유자에게 우선매수권이 있다.
대금납부	지정된 대금납부기한까지 기다리지 말고 납부하면 되며, 대금을 납부하지 아니하면 재매각을 실시한다. 다만, 재매각기일로 지정된 날의 3일전까지(실무상 1일전까지) 종전 매수인이 매각대금 및 지연이자, 비용을 납부하면 대금납부로서 유효하며, 따라서 재매각은 실시하지 아니함.	① 낙찰자는 매각결정 통지서를 교부 받아 납부기한까지 매수대금을 지정된 입금계좌로 납부하여야 하며 ② 납부기한 : 낙찰가격 1,000만원 이상은 매각결정일로부터 60일 이내, 낙찰가격 1,000만원 미만은 매각결정일로부터 7일 이내
명도책임 및 인도	부동산의 명도책임은 매수인이며, 동산은 물건 소재지에서 인수시점 상태대로 인도	부동산의 명도책임은 매수인이며, 동산은 물건 소재지에서 인수시점 상태대로 인도
소유권이전 및 인도/매각재산의 권리이전	① 매각대금을 납부함으로써 당해 부동산의 소유권이 매수인에게 이전되며, 각종 저당권, 가압류 등은 순위에 관계없이 원칙적으로 소멸. 소유권이전등기 및 저당권이나 가압류의 말소등기를 위해서는 등록세와 지방교육세를 낸 영수증을 첨부하고, 국민주택채권 발행번호를 기재한 신청서를 법원에 제출하면 법원이 위 등기를 촉탁하여 준다. ② 매각대금을 납부하였음에도 불구하고, 채무자, 소유자 또는 대항력없는 부동산 점유자가 매수인에게 부동산을 인도하여 주지 아니하면 법원에 인도명령을 신청할 수 있다.	① 매수인은 매수대금을 납부한 때에 매각재산을 취득하며, 매수인이 인수하지 않는 부담의 등기는 모두 말소. ② 매각재산의 권리이전에 따르는 제비용은 매수인이 부담.

구 분	법원 경매(競賣)	온비드 공매(公賣) : 압류재산
잔대금 미납시 경매보증금	대금지급기한통지서를 받음. 잔대금 미납시 배당에 합산(채권자에게 유리)	① 매수대금납부최고서를 받음. 잔대금 미납시 입찰보증금은 국고 또는 지방자치단체 등에 귀속(1개월소요)(매수대금납부최고서에 기한까지 납부하지 아니하는 때에는 국세징수법 제78조 제1항의 규정에 의하여 매각결정을 취소하고 계약보증금은 국고에 귀속됨. ② 매각결정취소통지서에 계약보증금은 국세징수법 제78조제2항 전단의 규정에 의하여 반환 또는 국세징수법 제78조제2항 후단의 규정에 의하여 국고에 귀속)
가압류권자에 대한 배당	가압류권자에 안분배당	체납세금은 법정기일로 순위결정(순환배분으로 가압류에 배분 후 다시 세금이 우선 배분되며, 2001년부터 가압류권자도 배분에 참여시킴). ⇒ 조세채권과 근저당권보다 앞선 가압류채권간 경합이 있는 경우 배분 (국세체납처분에 의한 매각대금의 배분대상에는 같은 법 제81조 제1항 제3호에 규정된 담보권뿐만 아니라 법령의 규정이나 법리해석상 그 담보권보다 선순위 또는 동순위에 있는 채권도 포함된다) ⇒ 대법원 2002. 3. 26. 선고 2000두7971 국세징수법상 공매대금 배분에 있어서 근저당권보다 앞선 가압류채권이 배분대상이 되는 채권인지 여부(적극)
권리분석	현황조사서, 매각물건명세서 등에 기록 유지	입찰자 자신이 모든 등기부상의 권리관계 임대차를 조사, 분석해야 한다.
사전점유, 선납이자감면, 명의변경허용	불허	압류재산은 불허 단, 그 외 재산은 사전점유사용 허용. 선납에 다른 이자 감면. 명의변경 허용, 수의계약 허용 ⇒ 비업무용부동산은 권리분석의 위험성이 적고 명도책임이 없으며 명의변경, 사전점유사용, 분납가능, 수의계약 등이 가능
경(공)매 개시기입등기	경매신청을 받은 집행법원에서 경매개시결정 후 등기소에 경매개시기입등기 촉탁 의뢰하므로 등기소에서는 경매등기를 하고 있음(임의경매 또는 강제경매)	주로 국세청(세무서) 압류 등기 후 일정기간경과 후 공매하므로 별도의 개시기입등기 없음.

구 분	법원 경매(競賣)	온비드 공매(公賣) : 압류재산
대금지급기한 통지서	대금지급기한통지서 별도 발송	매각결정통지서에 대금지급기한 동시 기재하여 발송
대금 납부	약 1개월 후 지정일 완납(대금납부기한 이내 납부 가능)	일시불(압류재산, 대금납부기한 이내 납부 가능), 분할납부도 가능(비업무용부동산)
명도책임	매수인	압류재산은 매수자, 비업무용 부동산은 매도자
소유권이전 서류제출 /매각재산의 권리이전	법무사에 위임 또는 나홀로 등기촉탁 등기촉탁서(부동산의 표시, 등기권리자, 등기의무자, 등기원인과 그 연월일, 등기목적, 과세표준, 등록세액) 첨부서류(매각허가결정등본, 등기권리자의 주소를 증명하는 서면(주민등록등・초본), 국민주택채권매입필증, 토지대장등본, 건축물대장등본, 등록세영수필통지서・영수필확인서)	법무사에 위임 또는 낙찰자가 한국자산관리공사 또는 공매위임 관청에(보통 세무서 총무과) 등기서류 제출(주민등록등본 2통, 토지대장 2통, 등기부등본 2통, 건축물관리대장 2통, 주택채권 및 인지를 첨부하면 공매위임 관청은 부동산 소재지에 등기를 촉탁한다. 기간은 약 2주 걸리며, 약 3주 후에 공매위임관청에 가서 등기권리증을 찾으면 된다)
특별매각 조건	매각물건명세서에 특별매각조건으로 매수보증금 명시 : 최저매각가격의 10%~30%	부대조건에 전소유자에 대한 말소되지 않는 가압류 있음. 제시외건물 소재함(공매제외) 등 표시된 경우 인수권리 또는 낙찰자 추가 부담으로 보아야 한다.
장점	매물물량이 많고 매회 20%씩 저감되고 있어 선택의 폭이 넓고 농지취득자격증명 제출 이외 허가절차가 면제되며, 인도명령신청으로 명도가 간편해졌다.	입찰 응찰자수가 법원보다 적어 경쟁률이 적으며, 매주 10%씩 저감되어 신속하게 진행된다. 대금납부조건 유리(장기할부, 선납감액 등 비업무용 부동산)하고 비업무용부동산의 경우 한국자산관리공사가 인도 책임으로 비교적 안전하다.
단점	많이 홍보되어 경쟁자가 많고, 권리분석이 까다롭고, 분쟁의 소지가 많으며 유치권신고 등 변수가 많아 매수인의 추가 인수 부담이 많다.	압류부동산의 경우 낙찰자가 명도소송해야 명도 가능(인도명령신청제도 없음)하며, 지분 경매가 많고, 체납액이 적은 경우 경매취소가 잦으며, 압류재산은 토지거래허가 문제가 없지만 비업무용 부동산의 경우 토지거래허가가 면제되지 않는다(3회 이상 유찰 시 면제)
외국인의 취득여부	외국인도 경매를 통해서 토지를 취득할 수 있으며, 이 경우 6월 이내에 시장, 군수, 구청장에게 신고하여야 한다.	
낙찰자의 결정	① 기일입찰봉투의 투입이 완료되면 곧	① 일반경쟁입찰(단독입찰도 가능)로서

구 분	법원 경매(競賣)	온비드 공매(公賣) : 압류재산
	바로 개찰을 실시하여 최고의 가격으로 입찰한 사람을 최고가매수신고인으로 정한다. ② 최고의 가격으로 입찰한 사람이 2인 이상인 경우에는 그 최고가매수신고인들만을 상대로 추가입찰을 실시. ③ 최고가매수신고인을 제외한 다른 매수신고인의 매수신청보증금은 입찰절차가 종결되는 즉시 반환.	매각물건별 매각예정가격이상인 최고액의 입찰자를 낙찰자로 한다. ② 낙찰이 될 동일가격 입찰자가 2인 이상인 때에는 즉시 온비드 등에 의한 무작위 추첨으로 낙찰자를 결정한다.
저당권부채권의 상계(낙찰대금과의 채권 상계)	상계가능(대금상계신청서와 차액지급신고서를 매각결정기일까지 제출) (민사집행법 제143조②)	상계불허(대법원 95누6052 1996.4.23)
매각허가 및 대금납부/ 대금납부 방법	① 최고의 가격으로 입찰한 사람에 대하여 매각결정기일에 매각허가 여부를 최종적으로 결정하고, 매각허가결정이 확정되면 대금지급기한(대금지급기일이 아님)이내 언제든지 매각대금을 납부하면 소유권이전효과가 있다. 대금지급기한은 통상 매각허가결정이 확정된 날로부터 1개월 이내로 지정. ② 지정된 대금지급기한까지 대금을 납부하지 아니하면 재매각을 실시. 다만, 재매각기일로 지정된 날의 3일전까지 종전 매수인이 매각대금 및 지연이자(연20%), 경매 추가비용을 납부하면 재매각을 실시하지 않는다.	① 낙찰자는 매각결정통지서를 교부받아 납부기한까지 매수대금을 지정된 입금계좌로 납부하여야 한다. ⇒ 낙찰자가 매각결정통지서를 체납정리부에서 발급받았을 경우엔 대금납부기한 내에 언제든지 대금을 납부할 수 있다. 납부절차는 매각결정통지서를 가지고 체납정리부에 가서 잔대금 납부의사를 통지하면 담당자가 입금은행과 입금계좌를 쓴 무통장 입금의뢰서를 주는데, 그때 입금하면 된다. 입금 후 낙찰자는 소유권을 취득하게 된다. ② 대금납부기한 －낙찰가격 1,000만원 이상 : 매각결정일로부터 60일이내 －낙찰가격 1,000만원 미만 : 매각결정일로부터 7일이내
잔대금 미납시 연체이자	대금지급기한 지나 납부시 연20% 일수계산하여 납부(재매각 3일전까지 납부하면 되나 실무상 하루 전이라도 가능하며 만약 재매각에도 유찰되었다면 그 후 납부일까지 연체이자 부담하면 종전 매수신고인의 납부를 받아준다)	지연손해금의 가산금 없이 10일간의 대금납부 유예기간을 주고 그래도 대금을 납부치 못할 때에는 매각결정이 취소되며 보증금은 국고에 귀속된다.
법정	서울중앙지방법원 민사신청과 경매계 등	한국자산관리공사(취급점 : 인천지사) 조세팀 등

구 분	법원 경매(競賣)	온비드 공매(公賣) : 압류재산
통지서	매각 및 매각결정기일통지서 제1회 매각기일 2008.10.23 10 : 30 매각결정기일 2008.10.30 14 : 00	공매통지서 인터넷 입찰기간 : 2008.07.14 10 : 00 ~ 2008.07.16 17 : 00 개찰일시 : 2008.07.17 11 : 00 매각결정통지 : 2008.7.18 14 : 00
공유자 우선매수	공유자 우선매수권 있음 →채무자의 공유물 지분을 강제집행을 통해 매각하는 경우 채무자 외 공유자에게 채무자의 공유지분에 대한 우선적인 매수권을 인정하는 제도	공유자 우선매수권 있음 (시행일자 : 2006.10.27) 매각결정통지 전까지 공매재산의 공유자가 개찰(개함) 다음 날 14 : 00 공매보증금을 제공하고 최고입찰가격과 같은 가격으로 우선매수하겠다고 신고한 경우 공유자에게 매각결정하고, 우선매수 신고한 공유자가 매각대금을 납부하지 아니한 때에는 당초 최고액의 입찰자에게 매각결정을 할 수 있다. ⇒국세징수법 제73조의2 제1항 (공유자의 우선매수권) 공매재산이 공유물의 지분인 경우 공유자는 매각결정통지 전까지 공매보증금을 제공하고 매각예정가격 이상인 최고입찰가격과 같은 가격으로 공매재산을 우선매수하겠다는 신고를 할 수 있다.
인도명령신청	인도명령신청제도 있음 채무자, 소유자, 점유자, 후순위임차인 (대항력 임차인 제외)	인도명령신청제도 없음 (명도책임 : 매수자, 모든 점유자에 대해 건물명도소송으로 진행, 통상 3~6개월 내외소요)
농지취득 자격증명	낙찰 후 실무상 '최고가 매수신고인 증명'을 집행관으로부터 받아 읍, 면사무소에 제출하여 농취증을 받아 매각기일로 부터 5일 이내 제출하도록 되어 있음(그러나 신문매각공고 및 민사집행편에는 7일 이내인 매각결정기일까지 법원에 제출)	잔금완납 후 등기서류 제출시에 농지라면 농지취득자격증명서를 첨부하여야 이전이 된다.
잔대금 납입효과	등기 없어도 소유권이전 효과 있음	소유권이전이 불확실함 ⇒공매 낙찰자가 대금을 완납하였으나, 농지취득자격증명을 발급받지 못해서 소유권이전등기를 하지 못하고 있는 사이에 공매대상 농지의 원소유자가 체납세금을 납부하고 이를 제3자 명의의 소유권 이전등기가 경료된 경우 유효하므

구 분	법원 경매(競賣)	온비드 공매(公賣) : 압류재산
		로 조속 등기 요함 (대법원 2002. 7.26 선고 2000다 65147 판결)
토지거래 허가 여부	경매낙찰시 토지거래허가 불필요 (국토의 계획 및 이용에 관한 법률 특례. 그러나 그 낙찰물건을 재 매수하고자 하면 전세대 사전 거주 1년 이상인자 만 가능)	국세 체납으로 공매시 토지거래허가구역의 부동산은 허가를 받은 것으로 의제되나 (압류재산은 국토의 계획 및 이용에 관한 법률 시행령 제121조 제12호에 의거 토지거래허가 절차가 필요하지 않음), 유입 및 수탁재산은 3번 이상 유찰된 뒤 매수하면 허가가 면제된다.
주택거래 신고여부	주택거래신고지역 내 주택을 취득하는 경우 주택거래신고 대상(지방은 주택거래신고지역이 거의 없음)	주택거래신고지역 내 주택을 취득하는 경우 주택거래신고 대상
항고	항고시 매각대금의 10% 항고보증금 필요(채권자, 임차인 등의 항고는 항고기간에 대한 이자만 연 20% 공제하고 환불하나 소유자, 채무자는 환불 불가)	항고제도 없음(불가능)
배당표	배당표 교부(14 : 00)	배분계산서 교부
배당표 열람	배당기일 3일전부터 배당액 확인 열람 가능	배분기일전 배분액 확인 열람 가능
명도책임 및 인도	매각대금을 납부하였음에도 불구하고 채무자, 소유자 또는 대항력없는 부동산 점유자가 매수인에게 부동산을 인도하여 주지 아니하면 법원에 인도명령을 신청할 수 있다. ⇒ 경매법원에서 매수자가 대금을 납부한 후 6월내에 매수인의 신청이 있는 경우에 채무자, 소유자 또는 부동산 점유자에 대하여 부동산을 매수인에게 인도 할 것을 법원이 명하도록 하고 있는 바, 이때 법원이 발하는 명령을 통상 인도명령(민사집행법 136조제1항)이라고 한다.	부동산의 명도책임은 매수자이며, 동산은 물건소재지에서 현 상태 대로 인도 ⇒ 유입자산, 수탁재산인 경우 세입자의 문제나 부동산을 넘겨주는 책임은 대부분 KAMCO가 부담하고 있지만, 매수자가 명도책임을 지는 경우도 있음(압류재산인 경우 명도는 매수자 책임)
경 · 공매 취하	① 임의경매는 최고가매수신고인의 인감증명서 첨부한 경매취하동의서 또는 근저당권 설정이 말소된 등기부등본 첨부 후 경매개시결정에 대한 이의신청 ⇒ 말소된 등기부 등본을 첨부하여경매개시결정에 대한 이의신청매각기일전에는 경매신청채권자 단독으로 경매취하 가능하나 매각이 되고 대금납부 전 경우는 최고가매수신고인과 차순위매수신고인	공매 매각결정통지서(국세징수법 제75조 제1항) 발급 후 체납자가 공매 취하하려면 ① 매수자의 인감증명서 첨부된 매각결정취소동의서 징구(서울행정법원 2004. 12.31 선고 2004구합 18078호 2004. 12.31선고 매각결정취소) ② 매수자의 인감증명서 첨부된 매각결정취소동의서 징구하고 관할 세무서에서 세금완납 후 (체납세액 전부) "공매해

구 분	법원 경매(競賣)	온비드 공매(公賣) : 압류재산
	의 동의가 있어야 취하 가능하다. 경매취하요청서와 최고가매수신고인의 인감증명이 첨부된 취하동의서가 필요하나 현실적으로 쉽지 않다. 매수인 동의를 받지 못할 경우는 채무를 전액 변제하고 채권자의 변제증명서(대위변제증서), 말소된 부동산등기부등본을 첨부하여 채무자나 소유자가 『경매개시결정에 대한 이의』를 신청하는 수 밖에 없다. 경매취하 가능시한은 잔대금납부 완납전까지이다. ② 강제경매는 채무 변제(또는 채무액을 공탁)하고, 청구이의의 소를 제기하여 승소판결을 받은 후 집행법원에 경매개시결정에 대한 이의신청을 하면 집행법원은 경매사건에 대한 취소기각결정/일반적으로 청구이의의 소를 제기한 경우에는 소송 중 경매절차가 종결되는 것을 방지하기 위하여 강제집행 정지신청(경매절차가 정지됨으로써 채권자가 입게 될 손해를 담보하는 의미의 보증공탁을 조건으로 집행정지결정) 채무자가 집행법원에 위 결정 정본을 제출함으로써 경매절차는 통상 본안소송 판결선고시까지 정지된다.	제통지서"를 한국자산관리공사 ○○지사에 제출
경·공매 취소	① 채무자가 부채를 청산할 경우 ② 한국자산관리공사의 공매가 법원경매에 앞서서 진행될 경우 공매가 경매보다 앞서 낙찰허가확정 후 잔대금납부되면 후행절차는 취소된다. ③ 남을 가망이 없을 경우의 경매취소 ⇒ 법원은 최저매각가격으로 압류채권자의 채권에 우선하는 부동산의 모든 부담과 절차비용을 변제하면 남을 것이 없겠다고 인정한 때에는 압류채권자에게 이를 통지하여야 한다. 압류채권자가 통지를 받은 날부터 1주 이내에 부담과 비용을 변제하고 남을 만한 가격을 정하여 그 가격에 맞는 매수신고가 없을 때에는 자기가 그 가격으로 매수	① 매각결정을 교부한 후에 매각결정을 취소하기 위하여는 매수인의 동의를 얻어야 한다(서울행정법원 2004구합 18078 2004.12.31 선고 매각결정취소) ② (매수자의 인감증명서 첨부된 매각결정취소동의서 징구하고) 관할세무서에 세금완납 후 (체납세액 전부) "공매해제통지서"를 한국자산관리공사 ○○지사에 제출 ⇔ 대법원 2001.11.27선고 2001두6746 판결 ① 체납세금의 납부, 이의신청 등의 사유로 위임기관의 요청이 있거나, 공매공고 내용이 체납자 또는 이해관계자 등에게 송달이 되지 아니하였을 경우 및

구 분	법원 경매(競賣)	온비드 공매(公賣) : 압류재산
	하겠다고 신청하면서 충분한 보증을 제공하지 아니하면, 법원은 경매절차를 취소하여야 한다. 취소 결정에 대하여는 즉시항고를 할 수 있다(민사집행법 제102조).	기타 공매를 진행할 수 없는 사유 발생 시 공매가 취소될 수 있다. ② 다음 각 호의 1에 해당하는 경우에는 공매중지 또는 매각결정이 취소 ㉠ 매각결정통지 전에 체납자 또는 제3자가 압류의 원인인 체납세금(가산금과 체납처분비 포함)을 완납하거나 압류해제 사유의 발생으로 위임기관에서 공매중지를 요청하는 경우 또는 그러한 사실이 추후 확인될 경우 ㉡ 매각결정을 한 후 매수인이 매수대금을 납부하기 전에 체납자가 매수인의 동의를 얻어 압류와 관련된 체납액 및 체납처분비를 납부하고 매각결정의 취소를 신청하는 경우 ㉢ 법원에서 민사집행중인 재산을 우리 공사 공매에서 낙찰받은 경우에 법원 경매 매수자가 매각대금을 먼저 집행법원에 납부하는 경우 ㉣ 매수인이 매수대금을 지정된 기한까지 납부하지 않는 경우 ③ 위 ㉠, ㉡, ㉢의 경우 입찰보증금은 매수인에게 반환하며 ㉣의 경우 입찰보증금은 국고 또는 지방자치단체 등에 귀속 ④ 매각결정통지 전까지 공매재산의 공유자가 공매보증금을 제공하고 최고입찰가격과 같은 가격으로 우선 매수하겠다고 신고한 경우 공유자에게 매각결정하고, 우선매수 신고한 공유자가 매각대금을 납부하지 아니한 때에는 당초 최고액의 입찰자에게 매각결정을 할 수 있다.
기타 주의사항	① 일반인들의 열람에 제공하기 위하여 매각기일 1주일 전부터 매각물건명세서, 감정평가서, 현황조사보고서 등을 법원 민사신청과에 비치하여 열람에 제공하고 있으므로 미리 필요한 정보를 얻은 후 입찰여부를 판단. ② 특별매각조건의 내용은 매각물건명세	① 부동산의 표시는 등기부등본 기준. 공매재산에 있어 물건의 특성상 매각에 의하여 소멸되지 아니하는 부동산의 제 권리와 공부상 표시가 실제와 상이한 경우 그 실제현황 등은 한국자산관리공사 게시판 및 인터넷 홈페이지에 공매공고된 공고재산의 표시목록에서 확인.

구 분	법원 경매(競賣)	온비드 공매(公賣) : 압류재산
	서의 열람을 통하여 확인. ③ 입찰법정에 나올 때에는 기일입찰표의 기재 및 매수신청보증의 반환에 필요하므로 신분증과 도장을 지참하고, 타인의 대리인으로 입찰하려고 하는 사람은 인감증명을 첨부한 위임장을 반드시 기일입찰표와 함께 제출. ④ 소유권이전에 농지취득자격증명이 요구되는 농지의 경우에는 최고가매수신고인으로 결정된 후 매각결정기일까지 농지취득자격증명을 제출하여야 매각이 허가. 단, 도시계획확인원 등에 의하여 농지취득자격증명이 필요하지 않음이 소명된 경우에는 매각이 허가될 수 있다. ⑤ 매각된 주택 또는 상가에 최선순위의 저당권이 설정된 날짜보다 먼저 주민등록전입신고를 마친 후 거주하고 있는 임차인이나, 사업자등록 신청을 마친 임차인이 있을 때에는 그 임차보증금을 매수인이 인수하여야 하는 경우가 생길 수 있다.	② 공매재산에 대한 공부 및 지적공부상 하자나 행정상의 규제 또는 수량 등의 상이에 대하여 입찰자 책임하에 공부의 열람, 현지답사 등으로 물건을 확인. ③ 공매재산 중 농지(전, 답, 과수원 등)에 대해서는 농지법 제8조의 규정에 의거 농지취득자격증명을 발급 받을 수 있는 자만이 소유권 이전등기를 받을 수 있고, 농지취득자격증명을 발급 받지 못하여 소유권이전등기를 할 수 없는 경우에도 매각결정은 취소되지 않으므로 입찰자 책임하에 사전 조사하고 입찰에 응찰. ④ 주거용 건물(또는 상가건물)의 경우 등기부상 최선순위권리자(근저당권,(가)압류권 등)보다 먼저 주민등록 전입신고 및 거주의 요건을 갖추고 있는 임차인(상가건물의 경우는 건물의 인도와 사업자등록 신청한 임차인)이 있을 때에는 낙찰자는 매각대금 외에 임차보증금을 별도로 인수하여야 하는 경우가 생길 수 있으므로 임대차 관계 등에 대하여는 입찰자 책임하에 사전 조사하고 입찰에 응찰해야 한다.
문의사항	각 집행법원 경매계	한국자산관리공사 온비드 센터 및 각 지사에 온비드 이용 불편사항 처리를 위한 "온비드 도우미 제도"를 실시하고 있다. ⇒ 매각상담실을 운영하며 공매물건과 공매절차 뿐 아니라 권리분석, 법률, 세무 상담을 하여주고 있다. ⇔ 수신자 부담전화 080－347－5000 또는 (02) 3420－5555로 KAMCO에서 취급하고 있는 부동산에 대하여 상담직원 연결.
권리분석	① 등기부상 나타나는 권리(지상권, 지역권, 배당요구하지 않은 전세권, 임차권등기, 가처분, 매매예약가등기, 환매특약 등기, 예고등기) ② 등기부상에 나타나지 않는 권리 선순위 임차인, 유치권, 법정지상권, 분묘기지권)	압류재산의 경우에는 처분 절차가 국가 공권력의 행사로서 압류일 이후의 모든 권리와 담보물권은 말소되지만 압류에 대항할 수 있는 권리는 말소되지 않는다. 예컨대, 압류에 우선하는 용익물권인 지상권, 지역권, 전세권(단, 전세권자가 배분요구를 하여 전세금 전액을 받은 경우는

구 분	법원 경매(競賣)	온비드 공매(公賣) : 압류재산
	③ 말소기준권리(근저당권, 압류, 가압류, 담보가등기, 강제경매개시결정 등기보다 앞선 경우 위 모두 인수대상권리, 늦은 경우는 모두 소멸대상권리(단, 예고등기와 가처분 중 원인무효로 인한 소유권말소등기청구권과 건물철거 및 토지인도청구권 가처분은 제외)	말소됨)은 말소되지 않고 낙찰자가 인수하여야 하며, 압류에 우선하는 가등기가 소유권이전등기청구권 보존을 위한 경우에는 인수를 하고, 채권담보를 위한 가등기인 경우에는 저당권으로 취급되므로 낙찰자가 인수하지 아니한다. 단, 비업무용 부동산(수의계약으로 매도) 금융기관의 유입물건(은행이 경락하여 매수한 비업무용부동산)으로 한국자산관리공사에 의뢰한 물건은 대부분 등기부에 얽힌 권리들을 정리한 상태에서 매도하여 비교적 안전
임차권등기 배당여부	① 대항력(말소기준권리보다 앞선 임차인) 있는 임차인의 임차권등기(법원의 강제 명령에 의한) ⇒ 임차인이 임차권등기를 하면 권리신고 및 배당요구를 하지 않아도 실무상 배당실시 ② 건물 등기부등본에 등기된 주택(또는 상가)임차권은 말소기준권리보다 전·후라 하더라도 전입일자나 확정일자가 순위배당에 해당된다면 배당해 주지만 매각잔대금 납부 후 즉시 말소촉탁되지 않고 배당기일에 배당이 확정된 후 배당표를 첨부하여 경매계장이 관할 등기소에 말소의뢰 후 직권말소 한다(일부 배당시에는 변경등기한다) 만약, 대항력있는 임차권이라면(확정일자가 없다든지) 매수인의 추가부담이 된다.	배분요구 기일까지 임차인이 권리신고 및 배분요구를 하지 않았을 때 임차인의 보증금은 매수인(낙찰인)이 인수하여야 하는지? ⇒ 자산관리공사의 공매 진행 과정에서 배분요구 기일까지 임차인이 권리신고 및 배분요구를 하지 않았을 때 임차인의 보증금은 매수인(낙찰인)이 인수할 수 도 있다.
전자입찰	없음	① 인터넷으로 입찰하시기 전에는 반드시 온비드 회원가입 후에 공인인인증서를 나의 온비드에서 등록하여야 한다. 통상 인터넷입찰은 일정기간 동안 입찰할 수 있는 기간입찰로 진행된다. ② 인터넷입찰기간이 되면 온비드상 물건 상세내역의 입찰정보에 "입찰참가"버튼이 보여지며 이 버튼을 클릭하시면 전자입찰서 작성 화면이 나타난다. ③ 전자입찰서에는 원하시는 입찰금액과 유찰 시 보증금을 환급받을 계좌번호를 입력하면 된다.

구 분	법원 경매(競賣)	온비드 공매(公賣) : 압류재산
		④ 입찰서 제출시에는 "입찰참가자 준수규칙"에 동의하여야 하며 공인인증서 확인과정을 거치게 된다. 이 절차를 마치시면 보증금을 입금할 수 있는 "보증금 납부계좌"를 부여 받게 되며, 입찰마감일까지 이 계좌로 입금하면 된다. ⑤ 보증금을 입금한 후에는 "나의온비드 >입찰내역관리" 메뉴에서 보증금 "완납" 상태가 되었는지 확인하여야 한다. ⑥ 보증금납부는 인터넷뱅킹, ATM, 은행창구 입금 등 모든 방법이 가능하다. 인터넷입찰은 사전에 공고된 마감시간에까지만 가능하며, 이 시간 이후에는 입찰서제출, 보증금납부 등 일체의 입찰절차는 진행할 수 없다.
할부구입	불가	압류재산은 불가. ① 유입자산인 경우 매매금액에 따라 1개월에서 최장 5년기간 내 6개월균등분할로 구입할 수 있고, 계약체결 후 1회에 한하여 원하면 계약연장도 가능.(단, 할부시 기금채권 발행금리에 해당하는 이자 가산하여 납부하여야 한다.) ② 수탁재산인 경우 위임기관에 따라 1개월에서 5년까지 분할로 구입할 수 있다.
매매대금 전액 납부 전 소유권이전	불가	압류재산은 불가. ① 유입자산인 경우 계약체결 후 매매대금의 1/2이상을 납부하고 근저당권을 설정하는 조건으로 소유권이전을 요청하거나 매매대금에 상응하는 은행지급보증서 등 납부보장책을 제출하면 소유권이전이 가능. ② 수탁재산인 경우 계약체결 후 금융기관의 지급보증서 예금, 적금증서, 국·공채나 금융채를 제출하시면 매매대금 완납전이라도 소유권이전이 가능.
사전입주	불가	압류재산은 불가. (여타 재산은 매매대금

구 분	법원 경매(競賣)	온비드 공매(公賣) : 압류재산
허용		의 1/3 이상을 선납하는 경우에는 소유권 이전 전이라도 입주사용이 가능.(공장인 경우에는 물건에 따라 조건이 다를 수 있다)
명의변경	불가	압류재산은 불가. (여타재산을 할부로 부동산을 매입한 후 매매대금을 계속 납부할 수 없는 경우 등에는 제3자가 계약을 이어 받아 이행할 수 있도록 명의를 변경하여 준다)
매매대금 선납시 이자감면	불가	압류재산은 불가. (여타 재산은 계약이행 중 매매대금을 선납하는 경우에는 이자를 감면)
대금미납시 전낙찰자 매수 자격제한	매수제한(재매각시 입찰불가)	매수제한규정 없음(전 낙찰자가 다시 응찰 가능)
부당한 배당(또는 배분) 처분에 대한 이의방법	① 경매절차의 배당이의소송 절차에 의해 이의 ② 배당기일에 이해관계인은 구두로 배당이의할 수 있으며(보통 배당기일 3일 전 배당표 열람하여 사전 연구검토하는 것이 도움됨) 배당이의된 금액은 당일 지급되지 않고 공탁되며 배당이의 7일 이내에 "배당이의의 소"를 제기하고(일명 소장을 제출하고) 소제기증명원을 경매계장한테 제출하여야 한다. 미제출시 8일째 채권자에게 공탁금을 지급할 수 있다.	자산관리공사의 공매에 따른 매각대전을 배분하는 과정에서 부당한 배분처분이 이루어진 때에 이의있는 채권자는 행정심판과 행정소송 절차에 따라 이의해야 한다. 먼저 매각처분과 배분처분을 한 관할 세무서장에게 이의하거나 관할 세무서장을 경유하여 지방국세청장에게 이의하여야 한다. 관할 세무서장이나 지방국세청장의 결정에 대하여 불복하는 경우에는 국세청장에게 이의하고 국세청장의 결정에 대하여 불복하는 경우에는 국세청장을 경유하여 조세심판원(구, 국세심판소)에 행정심판을 제기한다. 행정심판에 대하여 불복하고자 하는 경우에는 비로소 고등법원에 행정소송을 제기할 수 있다. 다만, 세무관서에 이의하지 아니하고 감사원에 이의(심사청구 : 감사원법 제34조 참조)하여 그 결정에 대하여 불복하는 경우에 행정소송을 제기하는 방법을 택할 수도 있다.

한국자산관리공사(KAMCO) 공매재산의 차이점

구분	압류재산	유입자산	수탁재산	국유재산
종류	국세징수법 등에 근거한 공매로서, 국세, 지방세의 체납자의 재산을 압류한 후 체납된 세금을 징수하기 위해서 국가기관, 지방자치단체가 한국자산관리공사에 공매대행을 의뢰하여 행하는 공매	부실채권정리기금으로 매입한 인수자산을 매각하는 공매(금융기관의 구조개선 을 위해 KAMCO가 법원경매를 통하여 취득한 재산 및 부실징후기업체를 지원하기 위해 기업체로부터 취득한 재산을 일반인에게 다시 매각)	금융기관 및 기업체가 소유하고 있는 비업무용 부동산을 KAMCO에 매각을 위임하여 일반인에게 매각하는 공매	KAMCO가 국가소유 잡종재산의 관리와 처분을 위임받아 입찰의 방법으로 일반인에게 임대하는 부동산
소유자	체납자	KAMCO	금융기관, 기업체	국(재정경제부)
명도책임	매수자	매도자(KAMCO)	매도자	매수자
대금납부 방법 및 기한	매각금액 기준 1,000만원 미만(7일 이내), 1,000만원 이상(60일 이내)	일시급 또는 낙찰금액에 따라 최장 5년 기간 내 할부로 납부 가능	금융기관 및 기업체제시조건	매각 : 매매계약 체결일로부터 60일 이내 일시납 임대 : 원칙 : 연간 대부료 전액 선납 예외 : 연간대부료 100만원 초과 시 연 4회 이내 분납
유찰계약	불가능	다음 공매공고 전일까지 가능	다음 공매공고 전일까지 가능(단, 예외 있음)	
계약체결	별도계약 없음(매각결정에 의함)	낙찰 후 5일 이내	낙찰 후 5일 이내	낙찰 후 5일 이내
명의변경 가능여부	불가	가능(일정요건 충족 시)	가능(일정요건 충족 시)	원칙적으로 불가(다만, 계약자 사망시 상속인으로 가능)
대금선납 시 이자감면	불가	기금채권 발행금리에 해당하는 이자액	금융기관 정기예금에 해당하는 이자감면	불가
권리분석	필요	불필요	불필요	–

구분	압류재산	유입자산	수탁재산	국유재산
대금완납 전 점유사용	불가	가능(일정요건 충족 시)	가능(일정요건 충족 시)	불가
소유권이전 등기촉탁신청	KAMCO	매수자	매수자	매수자
매각예정가격	감정가액	KAMCO유입가격	감정가액	매각 : 2개 이상의 감정평가법인의 평가액을 산술평균한 금액 임대 : 재산가액에 사용요율을 곱한 금액
유찰계약 (수의계약)	불가	다음 공매공고 전일까지 가능	다음 공매공고 전일까지 가능	2회차 유찰 이후 차기 공고까지 가능

〈사례연구 1〉 [공매물건 및 공매결과 검색방법]

공매물건 검색은

1) www.onbid.co.kr>물건정보>물건상세검색>소재지(예 : 충남 아산시 또는 경남 마산시) 개찰일(9/1~9/14 등) 조건을 주어 검색하면 된다.
   ① 용도(㉠부동산 대분류→ ㉡토지 중분류→ ㉢임야 소분류 등 소분류까지도 선택 가능)
   ② 소재지(시, 군, 구, 읍, 면, 동까지 선택 가능)
   ③ 입찰일자(기본설정 14일이나 원하는 연장일자로 검색 가능)
   ④ 검색버튼 클릭하여 찾을 수 있다.
2) 각지역 지사별, 회차별 공매공고 확인은 www.onbid.co.kr>입찰공고>KAMCO공매> 각 지역 지사별, 회차별 공매공고 확인 가능하다. 집행기관이 한국자산관리공사(KAMCO)인 공매물건에 대한 전체 공고 및 공매정보를 확인하실 수 있으므로 여기에서 각지역 지사별 자산별로 검색 가능하다
3) 물건관리번호로 찾는 방법은 www.onbid.co.kr>물건정보>물건상세검색에서
   ① 물건관리번호 ② 검색버튼으로 찾을 수 있다.
4) 압류재산의 경우에는 관리번호 앞에 '2'를 붙여 입력하셔야 합니다.
   예) 물건관리번호가 2008－12345－001은 2200812345001 (압류재산)로 검색한다.
   ※ 남해군 미조면 송정리 산 363번지 해안 공매물건 중
   물건관리번호 2008－08536－001은 2200808536001로 검색하여 보자
5) 공매물건 입찰결과 검색은 www.onbid.co.kr>입찰결과>KAMCO 입찰결과>부점명(해당 지사) 개찰일시 클릭하여 결과 확인한다.
6) 입찰공고로 찾는 방법은 www.onbid.co.kr>입찰공고>공고상세검색에서 기관명, 공고명, 온비드 공고번호, 검색어 중에서 알 고 있는 내용만으로도 검색이 가능하다.

〈사례연구 2〉 [압류재산 공매 공고]

제09회 압류재산공매공고

국세 및 지방세 등 체납에 의한 압류재산을 아래와 같이 공매공고 합니다.

1. 공매재산의 표시 및 매각조건 : 『공고재산의 표시』목록과 같습니다. (단위 : 천원)

관리번호	소 재 지	용 도	종 별	수 량(㎡)	매각예정가격
	" 붙임 목록과 같음"				

※ 위 공매재산의 표시 및 매각조건은 2008.05.07. 우리 공사 게시판 및 전자자산처분시스템(www.onbid.co.kr, 이하 "온비드"라 함)에 일괄 공매공고한 내용 중 최초 공매대상 물건(23회차)에 대한 공매실시 조건입니다. 기타 공매재산 및 공매회차별 매각조건(유의사항 등 포함)은 우리 공사 게시판 및 온비드에 공고한 공매재산의 표시 목록에서 확인하시기 바랍니다.

2. 입찰 및 개찰의 일시와 장소

회차	인터넷 입찰기간	개찰일시	입찰 및 개찰의 장소	비고
23	2008.06.09 10 : 00 ~ 2008.06.11 17 : 00	2008.06.12 11 : 00	온비드 (www.onbid.co.kr)	
24	2008.06.16 10 : 00 ~ 2008.06.18 17 : 00	2008.06.19 11 : 00		
25	2008.06.23 10 : 00 ~ 2008.06.25 17 : 00	2008.06.26 11 : 00		
26	2008.06.30 10 : 00 ~ 2008.07.02 17 : 00	2008.07.03 11 : 00		
27	2008.07.07 10 : 00 ~ 2008.07.09 17 : 00	2008.07.10 11 : 00		
28	2008.07.14 10 : 00 ~ 2008.07.16 17 : 00	2008.07.17 11 : 00		

※ 입찰 및 개찰은 인터넷(온비드)으로만 실시합니다.

3. 입찰방법

가. 입찰에 참가하려는 자는 반드시 온비드에 회원가입 및 실명확인을 위한 공인인증기관의 공인인증서를 등록하여야 합니다.

나. 입찰기간 내에 온비드에 입찰서를 제출하고 입찰가격의 10% 이상을 지정된 예금계좌에 입금하여야 유효합니다.

다. 입찰결과 유찰자의 입찰보증금과 입찰 후 개찰일시 전 공매취소사유가 발생할 경우 입찰자의 입찰보증금은 입찰서 제출시 지정된 환불계좌로 이자없이 환불되며, 별도의 송금수수료가 발생될 경우에는 입찰보증금에서 이를 공제합니다.

라. 온비드의 장애 및 기타 사유로 인하여 입찰진행이 어려운 경우에는 입찰이 연기 또는 중지될 수 있습니다.

4. 낙찰자의 결정

가. 일반경쟁입찰(단독입찰도 가능)로서 매각물건별 매각예정가격 이상인 최고액의 입찰자를 낙찰자로 합니다.

나. 낙찰이 될 동일가격 입찰자가 2인 이상인 때에는 즉시 온비드에 의한 무작위 추첨으로 낙찰자를 결정합니다.

다. 공매재산이 공유물의 지분인 경우 국세징수법 제73조의2에 따라 공유자가 우선매수를 신고하는 경우 공유자에게 우선매수권이 있습니다.

5. 대금납부

가. 낙찰자는 매각결정 통지서를 교부 받아 납부기한까지 매수대금을 지정된 입금 계좌로 납부하여야 합니다.

나. 납부기한 : 낙찰가격 1,000만원 이상 ⇒ 매각결정일로부터 60일 이내
낙찰가격 1,000만원 미만 ⇒ 매각결정일로부터 7일 이내

6. 명도책임 및 인도

부동산의 명도책임은 매수인이며, 동산은 물건 소재지에서 인수시점 상태대로 인도합니다.

7. 매각재산의 권리이전

가. 매수인은 매수대금을 납부한 때에 매각재산을 취득하며, 매수인이 인수하지 않는 부담의 등기는 모두 말소됩니다.

나. 매각재산의 권리이전에 따르는 제비용은 매수인이 부담합니다.

8. 공매의 취소, 중지 및 매각결정취소

가. 체납세금의 납부, 이의신청 등의 사유로 위임기관의 요청이 있거나, 공매공고 내용이 체납자 또는 이해관계자 등에게 송달이 되지 아니하였을 경우 및 기타 공매를 진행할 수 없는 사유 발생시 공매가 취소될 수 있습니다.

나. 다음 각 호의 1에 해당하는 경우에는 공매중지 또는 매각결정이 취소됩니다.

① 매각결정통지 전에 체납자 또는 제3자가 압류의 원인인 체납세금(가산금과 체납처분비 포함)을 완납하거나 압류해제 사유의 발생으로 위임기관에서 공매중지를 요청하는 경우 또는 그러한 사실이 추후 확인될 경우

② 매각결정을 한 후 매수인이 매수대금을 납부하기 전에 체납자가 매수인의 동의를 얻어 압류와 관련된 체납액 및 체납처분비를 납부하고 매각결정의 취소를 신청하는 경우

③ 법원에서 민사집행중인 재산을 우리 공사 공매에서 낙찰 받은 경우에 법원경매 매수자가 매각대금을 먼저 집행법원에 납부하는 경우

④ 매수인이 매수대금을 지정된 기한까지 납부하지 않는 경우

다. 위 나의 ① ② ③의 경우 입찰보증금은 매수인에게 반환하며 ④의 경우 입찰보증금은 국고 또는 지방자치단체 등에 귀속됩니다.

라. 매각결정통지 전까지 공매재산의 공유자가 공매보증금을 제공하고 최고입찰가격과 같은 가격으로 우선 매수하겠다고 신고한 경우 공유자에게 매각결정하고, 우선매수 신고한 공유자가 매각대금을 납부하지 아니한 때에는 당초 최고액의 입찰자에게 매각결정을 할 수 있습니다.

9. 주의사항

가. 부동산의 표시는 등기부등본 기준이며 수량은 법정계량단위 기준입니다.

나. 공매재산에 있어 물건의 특성상 매각에 의하여 소멸되지 아니하는 부동산의 권리와 공부 및 지적부상 표시의 상이나 행정상의 규제 또는 수량 등의 상이에 대하여 입찰자 책임 하에 공부의 열람, 현지답사 등으로 물건을 확인하시기 바랍니다.

다. 공매재산 중 농지(전, 답, 과수원 등)에 대해서는 농지법 제8조의 규정에 의거 농지취득자격증

명을 발급 받을 수 있는 자만이 소유권 이전등기를 받을 수 있고, 농지취득자격증명을 발급 받지 못하여 소유권이전등기를 할 수 없는 경우에도 매각결정은 취소되지 않으므로 입찰자 책임 하에 사전 조사하고 입찰에 참가하시기 바랍니다.

라. 주거용 건물(또는 상가건물)의 경우 등기부상 최선순위 권리자(근저당권, (가)압류권 등)보다 먼저 주민등록 전입신고 및 거주의 요건을 갖추고 있는 임차인(상가건물의 경우는 건물의 인도와 사업자등록 신청한 임차인)이 있을 때에는 낙찰자는 매각대금 외에 임차보증금을 별도로 인수하여야 하는 경우가 생길 수 있으므로 임대차 관계 등에 대하여는 입찰자 책임 하에 사전 조사하고 입찰에 참가하시기 바랍니다.

마. 공매재산에 대한 실물확인 및 상태점검은 공매재산 소재지 현장에서 입찰자 책임 하에 확인하시기 바랍니다.

바. 대리인이 입찰자를 대리하여 입찰에 참가할 수 없습니다.

사. 입찰하려는 자가 미성년자일 경우 친권자(법정대리인)의 동의서를 인터넷 입찰마감 1영업일 전까지 제출하여야 합니다.

아. 공동명의로 입찰하려는 자는 인터넷 입찰마감 1영업일 전까지 대표입찰자가 우리공사 소정의 공동입찰신청서(인감증명서를 첨부한 위임장 포함)를 우리공사에 제출하여야 합니다. 기한 내 공동입찰신청서 미제출시 대표입찰자 명의로 입찰하였다 하더라도 입찰은 무효 처리됩니다.

자. 본 공고문상의 내용 외에 준수할 사항은 국세징수법, 지방세법 등 관련법과 우리 공사 압류재산인터넷공매입찰참가자준수규칙에 의합니다.

2008년 05월 07일

한국자산관리공사 ○○지사장

641－030 경남 창원시 중앙동 94－3
공사 홈페이지 : http : //www.kamco.or.kr
온비드 콜센터 : TEL 1588－5321, TEL 02) 3420 － 5382

안 내	1. 다음 공매공고는 2008년 5월21일 경남신문에 게재할 예정입니다. 2. 압류재산은 국토의계획및이용에관한법률 시행령 제121조 제12호에 의거 토지거래허가 절차가 필요하지 않습니다. 3. 주택거래신고지역 내 주택을 취득하는 경우에는 주택거래신고 대상입니다.(주택을 취득한 자가 신고) 4. 매각물건에 관하여 궁금하신 사항은 평일 09시 30분부터 17시30분 사이에 전화 또는 온비드(www.onbid.co.kr) 콜센터로 연락하시면 친절히 안내해 드립니다.

〈사례연구 3〉 [공매관련 주요 판례]

판례, 판결, 예규 등	주 요 내 용
국세기본법 예규 징세 46101－1516 2000.10.24 "공매 소액 임차보증금은 공매 공고일 이전에 전입과 점유를 갖추어야" ※이텍스코리아 (www.etaxkorea.net) 에서 확인하여 보자	공매시 소액임차보증금 우선 배분 [요약] 국세채권보다 우선하는 소액임차보증금은 국세징수법 제67조의 공매공고일 이전에 주택임대차보호법 제3조에 의한 대항력을 갖춘 경우에는 국세보다 우선하여 배분하는 것임. [질의] 1. 최근 국세심판소 결정(국심 98서2010, 1999.10.14) 에 따르면 소액임차인 보호와 관련하여 소액임차보증금 중 일정액에 대하여는 임차인의 주민등록 전입신고일이 세무서의 압류등기일 이후라고 할지라도 당해 임대주택에 대한 경매신청의 기입등기일 이전인 경우에는 주택매각 대금에서 국세보다 우선하여 변제받을 수 있다고 하였는바, 위 결정일(1999.10.14) 이후 국세징수법에 의한 매각대금 배분시 반드시 위 결정이 적용되는지 2. 전항과 달리 당해 임대주택에 대한 경매신청의 기입등기 없이 국세징수법에 의하여 매각된 경우에 전입 신고한 임차인이 소액임차보증금 중 일정액에 대하여 주택매각대금에서 항상 국세보다 우선하여 받을 수 있는지 ※ 참고사항 2000.10.7 국세예규심사위원회 의결 사항임 (종전 관련 법규해석) － 재기법 46019－194, 1996.6.27 주택의 압류 후에 임대차계약이 체결된 경우에는 주택임대차보호법에 해당하는 소액임대차 보증금이라 하더라도 동 주택의 매각대금에서 우선 변제 받을 수 없음. (새로운 법규해석의 적용시기 및 적용례) 새로운 예규시행일(2000.10.19) 이후 국세징수법 제81조에 의해 최초로 공매대금을 배분하는 분부터 적용함. [회신] 국세기본법 제35조 제1항 제4호의 규정에 의거 국세채권보다 우선하는 주택임대차보호법 제8조에 의한 소액임차보증금은 국세징수법 제67조의 공매공고일 이전에 주택임대차보호법 제3조에 의한 대항력을 갖춘 경우에는 국세보다 우선하여 배분하는 것입니다.
서울행정법원 2005구합27734 판결 2006.4.18. 선고 "위 국세청 예규와는 달	[1] 상가건물 임대차보호법 제5조 제2항에서 말하는 국세징수법에 의한 공매란 민사집행법상의 경매에 대응하는 개념으로 사용된 것으로 국세체납처분절차 중의 환가의 한 방법만을 뜻하는 것이 아니라 국세체납처분절차를 포괄적으로 지칭하는 것으로서 국세징수법의 체납처분의 예에 의하여 임차

판례, 판결, 예규 등	주 요 내 용
리 체납처분에 의한 압류등기 전에 전입과 점유를 갖추어야 한다는 판결" ※서울행정법원 (http : // sladmin.scourt.go.kr) >알림마당>우리법원 주요판결>공매에서 확인하여 보자)	건물을 체납처분하는 모든 경우를 포함한다. 따라서 같은 법 제14조 제1항 후문에서 말하는 '경매신청의 등기'란 국세징수법에 의한 공매에 있어서는 조세채권의 내용을 실현하고 그 만족을 얻기 위한 체납처분의 최초의 절차로서 납세자의 특정재산을 강제적으로 확보하기 위하여 처분을 금지하는 '체납처분에 의한 압류등기'를 뜻하는 것으로 해석함이 상당하고, 공매대상재산의 매수 수요를 유발하여 고가의 매수청약을 유인하는 것에 불과한 '압류재산공매공고'를 뜻하는 것은 아니다. [2] 상가건물 임대차보호법 제5조 제2항은 같은 법 제3조 제1항의 대항요건(상가건물의 인도와 사업자등록)을 갖추고 관할 세무서장으로부터 임대차계약서상에 확정일자를 받은 상가건물임차인은 후순위권리자 그 밖의 채권자보다 우선하여 보증금을 변제받을 권리가 있음을 규정하고 있는바, 이는 임대차계약서에 확정일자를 갖춘 경우에는 부동산 담보권과 유사한 권리를 인정하여 우선변제권을 인정한다는 취지이므로, 같은 법 제5조 제2항에서 규정한 '후순위권리자 그 밖의 채권자'에는 조세채권자도 포함된다고 봄이 상당하다. 따라서 확정일자를 받은 임차인과 조세채권자와의 우선순위는 국세기본법 제35조 제1항 제3호에 의하여 결정되어야 하고, 그 중 당해세가 아닌 조세와는 임차인이 대항요건과 확정일자를 갖춘 최종시점과 조세의 법정기일의 선후에 따라 우선순위를 결정하여 배분하여야 한다.
국세심판원 심판청구번호 국심 2006부1228 2006.7.10선고 "대항력유지는 공매결정일까지 전입유지해야" ※조세심판원 (www.ntt.go.kr)에서 확인하여 보자	주택임대차보호법 제3조 제1항에서 주택임차인에게 주택의 인도와 주민등록을 요건으로 명시하여 등기된 물권에 버금가는 강력한 대항력을 부여하고 있는 취지에 비추어 볼 때 달리 공시방법이 없는 주택임대차에 있어서 주택의 인도 및 주민등록이라는 대항요건은 그 대항력 취득시에만 구비하면 족한 것이 아니고 그 대항력을 유지하기 위해서는 계속 존속하고 있어야 할 것인 바, 민사집행법 제84조 제1항의 규정에 의하면, 경매개시결정에 따른 압류의 효력이 생긴 때에는 집행법원은 절차에 필요한 기간을 감안하여 배당요구를 할 수 있는 종기를 첫 매각기일 이전으로 정한다고 규정하고 있고 우선배분의 대항력을 유지하기 위해서는 경매개시일 이전부터 매각결정일까지 주민등록을 요하고 있음을 알 수 있다. 공매의 경우 대항력을 언제까지 유지하여야 하는지에 대한 특별한 규정을 두고 있지 아니하다면 경매와 다르게 볼 이유가 없다고 보여지며, 공매개시결정일 이전부터 공매결정일까지 쟁점부동산에 주민등록이 등재되어 있었다면 임차보증금 중 일정액의 범위인 소액임차보증금(광역시의 경우 1400만원)에 대하여는 국세보다 우선하여 배분받을 수 있는 대항력이 있다고 보여진다.
국세기본법 판례 국심2000전 1653 생산일자 2000.10.24	**[국가의 압류등기 이후에 전입 신고한 임차인의 임차보증금의 우선배분 여부]** **쟁점** : 주택의 공매대금을 배분함에 있어서 국가의 압류등기 이후에 전입 신고한 임차인의 임차보증금 중 일정액이 국세 및 근저당권에 의하여 담보된 채권에 우선하여 배분되는지 여부

판례, 판결, 예규 등	주 요 내 용
	→ 쟁점주택의 공매공고일 이전에 주택임대차계약을 체결하고 전입한 청구인들의 경우 주택임대차보호법 제8조의 규정에 의한 금액에 대하여는 국세기본법 관련규정에 의거하여 쟁점주택의 공매대금에서 국세 및 근저당 채권에 우선하여 변제받을 수 있음.
서울행정법원 2002구합39835 판결 2003.5.14. 선고	[1] 공매절차가 개시되어 매각결정이 있은 후 매수인이 매수대금을 납부하기 전에 체납자가 체납된 국세 등을 모두 납부하여 압류해제 사유가 생긴 경우, 매각결정을 취소하여야 하는지 여부(적극) [2] 체납자가 체납 국세 등을 모두 납부한 후 공매절차의 매수인이 그 매수대금을 납부한 경우 그 매수대금의 납부가 국세징수법 제77조 제1항에서 말하는 매수대금의 납부에 해당하는지 여부(소극) 및 이 경우 매각결정을 취소하여야 하는지 여부(적극)
대법원 4293민사124판결 1961.2.9선고 경매・공매 경합사건 문제점	경매절차가 먼저 종료하여 경락인에게 소유권이 이전되면 경매법원으로서는 체납처분에 의한 압류등기에 대하여는 이를 민사소송법 제661조1항2호「경락인이 인수하지 아니한 부동산 위의 부담의 기입」에 준하여 소유권이전등기와 동시에 압류등기의 말소를 위탁해야 할 것이며, 한편 공매절차에서 먼저 매수인이 목적물을 취득하여 체납처분이 종료되었을 때에는 경매법원은 민사소송법 제613조에 의하여 직권으로 경매개시결정을 취소하고 경매신청을 기각하여야 할 것이다.
대법원 2006두8464 판결 2007.7.27. 선고	국세징수법 제74조 제4항에 따라 재공매하는 경우, 최초 매각예정가격의 100분의 50 미만의 가격으로 재공매할 수도 있는지 여부(적극)
부가가치세법 예규 재부가－28 2006.8.21	공인중개사의 업무 및 부동산 거래신고에 관한 법률에 의한 중개수수료 등의 한도와는 별도로 공인중개사는 중개의뢰인으로부터 중개수수료 등에 대한 부가가치세를 징수하여야 함
[문서번호] 서면5팀 －758 [생산일자] 2008.04.08	**[경매처분에 의한 소유권 이전시 양도소득세 과세여부]** 양도소득세가 과세되는 자산의 양도라 함은 소득세법 제94조의 규정에 따라 자산에 대한 등기 또는 등록에 관계없이 매도 ・교환 ・법인에의 현물출자 등으로 인하여 그 자산이 사실상 유상으로 이전되는 것을 말하는 것으로, 법원의 경매처분에 의하여 소유권이 이전되는 경우에도 유상양도에 해당하여 양도소득세가 과세되는 것임.
국세심판원 국심 2005서 2092 2005.8.17	**[매각대금을 전혀 받지 아니하였어도 양도소득세 부과 당연]** 매각대금을 전혀 받지 아니하였으므로 양도소득세를 과세하는 것은 부당하다고 주장하나, 관계법령에서 양도소득세가 과세되는 자산의 양도라 함은 자산에 대한 등기・등록에 관계없이 매도・교환・법인에 대한 현물출자 등으로 인하여 그 자산이 유상으로 사실상 이전되는 것을 말한다고 규정하고 있는 바, 담보권 실행으로 법원의 경매처분에 의하여 소유권이 이전된

판례, 판결, 예규 등	주 요 내 용
	이 건의 경우 청구인이 매각대금을 받지 아니하였다고 하여도 매각대금이 채무 변제에 사용되었다고 할 것이므로 이는 유상양도에 해당하여 양도소득세를 과세한 처분은 잘못이 없다고 판단된다.
[문서번호]심사기타 2005－5 [생산일자]2005.03.09	소액임차보증금 중 일정금액을 우선변제 받기 위해서는 진정한 주택임차사실에 근거하여야 하고 법 소정의 대항요건(최초 공매공고일 이전에 당해 주택에 전입 하여 주민등록을 마친 경우)을 갖추고 임대차계약서상의 확정일자를 갖추어야 하는 것임.
[문서번호]심사기타 2004－7046 [생산일자]2004.11.29	**[소액임차인으로서의 대항력 요건 유지기간]** 체납처분절차에 의한 쟁점주택 공매시 청구인이 소액임차보증금을 배분받기 위해서는 최초의 공매공고일 이전에 소액임차인으로서 청구인이 대항력을 갖추고 공매대금 배분일까지 이를 계속 유지하여야 함. 청구인이 소액임차보증금을 배분받기 위해서는 공매대금 배분일까지 대항력 요건(주민등록의 전입과 주택의 인도를 마친 경우)을 갖추고 이를 유지하여야 하나, 청구인은 국세청장의 질의회신문을 받은 1994.5.28. 이후인 1994.11.1. 쟁점주택에서 이사를 함으로써 전세권만을 유지하게 되어 이때부터 청구인은 대항력 요건을 상실하여 쟁점주택의 공매대금 배분일인 2004.10.12. 현재 결국 배분에서 제외된 것으로 보여짐. 소액임차보증금 우선은 당초 압류등기 전에 대항력을 갖춘 경우에 우선시키다가(기법 46019－194, 1996.6.27), 현행 재경부에서 예규를 변경하여 공매공고일전에 대항력을 갖춘 경우에 우선시키는 것으로 함(조세46019－248, 2000.10.19).
[문서번호]심사기타 2005－5 [생산일자]2005. 3. 9	최초공매공고일 이전에 주택으로 전입하여 주민등록을 마쳤으므로 대항력은 갖춘 것으로 보이나, 제출된 임대차계약서는 진정한 계약서로 보여지지 아니하므로 임차보증금을 공매대금 배분대상에서 제외한 처분은 정당함 국세징수법 제67조의 공매공고일 이전에 주택임대차보호법 제3조에 의한 대항력을 갖춘 경우에는 국세보다 우선하여 배분한다.
소득세법예규 서면4팀 －864 2008.03.31	**[경매 입찰대리비용으로 지급한 수수료의 필요경비 해당여부]** 토지를 양도하여 실지거래가액으로 양도차익을 산정함에 있어서 당해 토지의 취득가액은 경락가액에 취득세·등록세 등 기타 부대비용을 가산한 금액으로 하는 것으로 당해 비용이 양도가액에서 공제되는 필요경비에 해당하는지 여부는 지출증빙을 확인하여 사실판단할 사항임.
소득세법예규 서면4팀 －2991 2006.08.28	**[경락인이 지급한 대항력 있는 전세보증금 필요경비 인정 여부]** 소득세법시행령 제166조 제4항의 규정에 의하여 양도가액 및 취득가액을 실지거래가액으로 결정함에 있어서 주택을 경락 받음으로 인하여 경락대금에 포함되지 아니한 임차인의 전세보증금을 반환할 의무가 발생하여 매수인(경락인)이 이를 이행한 경우 동 전세보증금은 매수인(경락인)의 취득가액에 포함되는 것임.

판례, 판결, 예규 등	주 요 내 용
국세심판원 2003서2990 2004.02.16	○○○지방법원이 쟁점부동산 임의 경매절차의 일환으로 경매물건의 이해관계자인 임차인으로부터 확인한 임대차관계조사서를 근거로 쟁점부동산의 임대수입금액을 산정하여 과세한 처분의 당부
대법원 99다26085 1999.09.21	후순위 근저당권자가 경매를 신청한 경우, 선순위 근저당권자의 피담보채권이 확정되는 시기(= 경락대금 완납시)
서울고법 2002누13873 2003.09.19	경매신청시 등록세의 과세표준이 되는 채권금액에 원금 이외에 원금에 대한 이자도 포함되는지 여부(적극)
국세기본법 예규 재기법 46019－105 1997.03.12	임대인의 동의를 얻는 소액임차인의 전차권도 '소액임차권'에 포함되나, 당해 주택압류 후 전차한 경우에는 우선변제 대상 아님
대법원 2005다27935 판결 2006.1.27. 선고	우선변제권 있는 임금채권이 국세징수법상 압류재산 매각대금의 분배대상에 포함된 경우, 체납처분절차 주관기관은 임금채권자에게 배분할 금액을 직권으로 확정하여 배분계산서를 작성하여야 하는지 여부(적극) 및 그 매각대금 배분시까지 배분요구를 하지 아니한 임금채권자가 그에게 배분되어야 할 금액 상당의 금원을 배분받은 후순위권리자를 상대로 부당 이득반환청구를 할 수 있는지 여부(적극)
대법원 2001두6746 판결 2001.11.27. 선고	공매절차가 개시되어 매각결정이 있은 후 매수인이 매수대금을 납부하기 전에 체납자가 체납국세 등을 완납한 경우, 매각결정을 취소하여야 하는지 여부(적극)
대법원 2002.7.26. 선고 2000다65147 판결	낙찰자가 대금을 완납한 매수인이 농지취득자격증명 미징구로 인한 소유권이전등기 미완료시 원소유자(체납자)가 제3자에게 소유권이전등기를 경료한 경우 무효의 등기가 아님
국세청 예규 [문서번호] 서면5팀 －846 [생산일자] 2008.04.22	**[유치권자에게 유치권 상당금액을 지급한 경우 필요경비 공제 여부]** 거주자가 양도하는 부동산의 양도차익을 실지거래가액으로 산정하는 경우로서 유치권으로 담보하는 채권을 변제할 책임이 있는 부동산을 공매로 취득하면서 유치권자에게 유치권으로 담보하는 채권 상당액을 변제한 경우 동 금액은 양도가액에서 공제할 필요경비에 해당하는 것임

〈사례연구 4〉 [한국자산관리공사가 채권자, 임차인 등에게 보낸 각종 통지서]

한국자산관리공사가 채권자, 체납자, 임차인, 낙찰자에게 보낸 1) 공매대행통지서, 2) 공매통지서, 3) 권리신고 및 배분요구서, 4) 매각결정통지서, 5) 영수증을 살펴보자.

1) 공매대행통지서

수 신	성 명	㈜ ○○은행 ○○지점장		
	주 소	경남 마산시 석전동 123		
체납자	성 명	김○○	주민등록번호	550430-2123456
	상 호		사업자등록번호	
	주 소	경남 마산시 합성동 1234		
압류재산의 표시		경상남도 함안군 칠북면 이령리 1234 대지 315㎡, 건물 60.2㎡		
압류년월일		2007.08.05		
인터넷 입찰기간 및 개찰일시와 매각예정가격				

※ 국세징수법 제61조 제1항 단서규정에 따라 2007.12.13 마산세무서로부터 위 압류재산의 공매를 의뢰 받았기 통지합니다. 아울러 귀사(하)가 본건 압류재산에 대하여 가지는 채권에 대한 계산서(붙임 서식 참조)를 공매대행 통지서 수령일로부터 10일 이내에 당 공사에 제출하여 주시기 바랍니다.

※ 체납 국세 내용

세목명	납부기한	국세	가산금	계
부가가치세	1998.03.31	1,586,930	859,920	2,446,850

2008. 08. 07.

한국자산관리공사 사장 (인)

취급점 : ○○지사

문의 : 055-269-1234

㈜ ○○은행 ○○지점장 귀하

※ 집합건물 등기부등본 갑구에 접수일자(2006년6월14일 제34166호), 등기원인(2006년 6월13일 압류 징세과-7276), 권리자 및 기타사항(권리자 국 처분청 ○○세무서), 그 후 약 8개월 후 1차 공매가 진행되었다.

마산세무서 관리번호 2007-12345-006

2) 공매통지서

수 신	성 명	하 소 유		
	주 소	경남 마산시 내서읍 삼계리 4321		
체납자	성 명	㈜ 미래주택건설	주민등록번호	690111-1234567
	상 호	김 체 납	사업자등록번호	
	주 소	마산시 양덕동 123		

공매재산의 표시	경상남도 마산시 내서읍 삼계리 1234 빌아파트 제11층 제1104호 대지 지분 55.901㎡, 건물 127.793㎡
일괄공고년월일	2008.01.17 공고게시판 인터넷(www.onbid.co.kr)

인터넷 입찰기간 및 개찰일시와 매각예정가격			
회차	인터넷 입찰기간	개찰일시	매각예정가격
1회차	2008.02.19 10 : 00 ~ 2008.02.21 17 : 00	2007.02.22.11 : 00	200,000,000
2회차	2008.02.26 10 : 00 ~ 2008.02.28 17 : 00	2007.03.02 11 : 00	180,000,000
3회차	2008.04.16 10 : 00 ~ 2008.04.18 17 : 00	2007.04.19 11 : 00	160,000,000
4회차	~		
5회차	~		
6회차	~		

수 의 계 약			
공 매 장 소	www.onbid.co.kr	공 매 방 법	일반경쟁입찰

압류에 관계된 체납액의 내용				
세목	납부기한	국세, 지방세	가산금	계
부가가치세외 5건	2007.07.31	301,621,560	25,202,820	326,824,380

현재까지 귀하의 임대차 내용을 신고치 아니한 경우는 본 통지서 수령일로부터 10일 이내에 권리신고 및 배분요구서(주거용건물의 임차인은 주민등록등본 1통과 임대차(전세)계약서 사본 1통, 상가건물의 임차인은 사업자등록증 사본 1통 및 사업자등록증명원 1통과 임대차(전세)계약서 사본 1통 또는 세무서 발급의 '등록사항 등의 현황서'1통 첨부)를 제출하시어 향후 공매대금의 배분시 불이익을 받는 일이 없도록 하시기 바랍니다.

한국자산관리공사 사장 (인)

하소유 귀하

2008. 01. 17 ○○지사

주의 : 1. 일괄공고의 내용을 통지한 경우에는 매 회차별 공매통지서는 별도로 발송하지 아니합니다.
2. 통지내용에 변경이 있는 경우에는 새로운 통지를 합니다.
3. 매각결정통지 전에 체납자 또는 제3자가 체납액을 완납하는 경우에는 국세징수법 제71조의 규정에 의하여 공매를 중지합니다.
4. 이 통지서는 국세징수법 시행령 제69조 제2항의 규정에 의한 수의계약에 관한 통지에 갈음합니다.

공사 홈페이지 : www.kamco.or.kr 온비드(OnBid) : www.onbid.co.kr

3) 권리신고 및 배분요구서

관리번호	2006－20899－001	처분청	
체 납 자	박○○	주민등록번호	450111－1234567
압류재산의 표시	진해시 두동 1296－15, 청안프리존빌딩 제1층 101호		

권리현황							
담보권자 설정일자	설정금액	대출일자	실채권액(2007 년 7 월 1 일)				
			원금	이자	가지급금	계
2004. 12. 6	금일억원정	2004. 12. 6	금일억원	9,863,013원		109,863,013원
합 계			금일억원	9,863,013원		109,863,013원

이자 및 가지급금 산출근거
100,000,000× (2008. 2. 1.부터 2008. 6.30까지 150일×연24%=9,863,013원 이자)

임대차(전세) 계약현황					
임차인	전입일자 (사업자등록신청일)	확정일자	계약일자	보증금	비고(월세)
	해당사항 없음				

귀사의 공매(공매대행) 통지에 따라 위와 같이 권리신고서 및 배분요구서를 제출합니다.

붙임 : 권리입증서류(채권원인서류) 사본 1부 끝.

2008년 7월 1일

신고인 :
주　소 : 경남 창녕군 남지읍 용산리 1234
성　명 : 김 부 자 (인)　(핸드폰 : 011－234－5678)

한국자산관리공사 귀중

<권리(배분)요구서 작성시 주의사항>

* 임차인은 채권원인증서로서 임대차(전세)계약서 및 주민등록등본(상가임차인인 경우에는 사업자등록증 사본과 사업자등록증명원)을 첨부하여야 합니다.
* 월세가 있는 상가임차인인 경우에는 비고란에 월세를 기재하시기 바랍니다.
* 채권현황 및 이자, 가지급금 산출근거 기재란이 부족할 경우는 별지 첨부바람.
* 전화번호는 핸드폰 등 실제 연락 가능한 전화번호를 기재바람(법인인 경우에는 전화번호 우측에 담당자명 기재바람)
* 법정 배분순위에 따라 배분금이 없는 경우도 있음
* 권리신고 누락 시 공매진행 내용의 통지 및 배분대상에서 제외 등 불이익이 있을 수 있사오니 이점 유의하시기 바랍니다.　끝.

4) 매각결정통지서

KAMCO 한 국 자 산 관 리 공 사
수신자 정 낙 찰
(경유)
제 목 : 체납자 조체납 매각결정통지서(창원세무서 2005-1234-001)
관리번호 : 2005-12345-001 신한은행
위임기관 : 00세무서 입금계좌번호 : 391-81-1234567

매수자	성 명	정 낙 찰	주민등록번호	50430-1820520
	주소 또는 거소	경남 창원시 도계동 1234		
체납자	성 명	조 체 납	주민등록번호	631234-1820190
	주소 또는 거소	경남 창원시 도계동 4567		
매각자산	소재지; 경남 창원시 도계동 789			
	대 지 : 25.4050㎡ 지분(총면적 : 924.800㎡)			
	건 물 : 71.0550㎡			
매각대금	금 81,120,000원(보증금 : 금 8,150,000원, 잔대금 : 금 72,970,000원)			
매각대금납부 연월일	2008년 07월 24일			

국세징수법 제75조의 규정에 의하여 위와 같이 통지하오니 매수대금을 납부하시고 매각재산을 취득하시기 바랍니다. 다만, 매수대금 납부 전에 체납자가 매수인의 동의를 얻어 체납액을 완납하는 경우 매각결정이 취소될 수 있음에 유념하시기 바랍니다.

2008. 5. 25

한국자산관리공사 ○○지사장 (인)

정 낙 찰 귀하

5) 영수증

금삼백사십팔만팔천팔백원정 (3,488,800원)

체 납 자	창원세무서(2005-31917-001) 김체납
매각물건	경남 창원시 도계동 357
내 역	매각대금 중 보증금

위 공매물건 대금을 정히 영수함. 입금은행 : ○○ 은행
입금계좌번호 : 123456789***

200 년 월 일

한국자산관리공사 00지사장

이 낙 찰 귀하

(매수자 교부용)

〈사례연구 5〉 [경매 · 공매 경합사건에서의 문제점]

1. 경매 입찰 준비 중 공매절차에서 먼저 낙찰이 되어 해당물건에 응찰할 수 없는 경우가 있다. 이는 강제집행(경매)과 체납처분(공매)이 각기 다른 법령과 기관에 의하여 별개의 독립 절차로써 행해지고 있기 때문에 동일한 재산에 대하여 강제집행에 의한 경매절차와 체납처분의 공매절차가 경합하는 경우가 생기기 때문이다.

   이러한 경우를 방지하고 국가권력에 의한 강제적 환가절차의 중복이나 지연 또는 비용의 낭비가 없이 합리적 조정을 꾀하는 특별법의 제정이나 또는 장기적으로 통일된 환가절차에 관한 법률을 제정하는 등의 입법적인 해결책이 마련되어야 할 것이다.

   대법원판례(1961.2.9선고 4293민사124판결)를 보면 「만일 체납처분에 의한 공매절차가 진행중임에도 불구하고 별도로 경매절차를 진행한다고 하면 환가처분에 있어서는 동일함에도 불구하고 이중의 시간과 노력 비용을 낭비하게 되고 그간에 있어서의 혼란을 야기케 하여 불합리하다는 점은 없지 않으나 체납처분에 의한 공매절차와 경매절차는 그 집행기관이 다를 뿐 아니라 그 의거할 법리가 다르므로 민사소송법 제604조의 기록첨부 방식의 규정을 준용할 수 없음은 물론 만일 경매절차를 불허한다면 일반채권자는 수수방관하고 체납처분에 의한 압류의 해제를 기다릴 수 밖에 없고 또 공매절차를 진행하지 않는 경우에 일반채권자로서는 그 진행을 강제할 방도가 없을 뿐만 아니라 채무자가 국세징수자측과 협의하여 채권자의 채권실현을 불가능하게 하는 폐단이 없다고 할 수 없고 더욱이 경매절차를 진행한다고 하더라도 그 경락후의 배당절차에 있어서 국세를 우선적으로 징수할 수 있으므로 국세의 우선원칙에 위반된다고 할 수 없으며 또 이를 금지하는 규정이 없을 뿐만 아니라 이상의 단점과 장점을 비교한다고 할지라도 그 단점보다 장점이 많다고 할 수 있으므로 비례의 원칙에도 위배된다고 할 수 없다」라고 판시하고 있어 양절차의 조정을 꾀하는 입법적 장치가 없는 우리 법제 아래서는 어쩔 수 없는 결론이라고 보겠다.

   위의 경우와 반대로 민사소송법에 의하여 압류된 재산에 대하여 다시 체납처분에 의한 압류를 하여 공매절차를 집행할 수 있는가에 관하여도 명문의 규정이 없고 판례도 없는 실정이다. 그러나 상기 대법원판례에서 보듯이 체납처분이 개시된 후에도 다시 경매개시결정을 할 수 있다고 하는 이상 그 반대의 경우도 허용이 되는 것이 형평의 원리에도 맞는다고 할 것이다. 이렇게 같은 경우는 계속 발생할 것으로 보여 양 절차의 합리적 조정을 꾀하는 특별법의 제정 등 입법적인 해결책이 마련돼야 하겠다.

2. 경매진행중인 담보물건에 대하여 국세징수법상의 공매통지를 받은 경우에는 다음과 같이 처리한다.
   1) 우선채권의 신고 : 당사의 담보물건이 국세 또는 기타 공과금의 체납으로 인하여 압류 및 공매통지를 받은 경우에는 통지서 수령일로부터 10일 이내에 저당권(질권, 전세권도 같음) 설정계약서, 등기부등본, 공정증서 및 계산서로써 우선채권이 있음을 한국자산관리공사(또는 세무서장)에 신고하여야 한다.(국세징수법 제48조 제2항)
   2) 경매진행 사실 통보 및 공매 참가
      - 체납처분 의뢰 기관 또는 공매를 진행하는 기관에 대하여 경매가 진행중인 사실의 증빙을 붙여 공매중지 요청공문을 발송하고, 공매 중지한 회답을 받는다.
      - 당사의 공매중지 요청에도 불구하고 공매가 계속 진행될 때에는 경매절차에 준하여 공매에 참가한다.

〈사례연구 6〉 [토지거래허가구역에서의 공매 낙찰]

토지거래허가구역이라도 압류재산은 "국토의계획및이용에관한 법률시행령 제121조12항"에 따라 토지거래허가의 면제를 받는다.

아래는 국토의계획및이용에관한법률시행령 제121조 내용이며 압류재산은 12항에 해당되며, 유입자산 및 수탁재산은 16항에 해당된다.

제121조 (토지거래계약허가제에 관한 규정을 적용하지 아니하는 경우) 법 제121조제2항의 규정에 의하여 법 제118조의 규정을 적용하지 아니하는 경우는 다음 각호와 같다.

2항. 민사집행법에 의한 경매

⇒ 법원에서 진행하는 경매물건이 해당

12항. 국세 및 지방세의 체납처분 또는 강제집행의 경우(예, 압류재산)

⇒ 한국자산관리공사에서 진행하는 압류재산이 해당

16항. 한국자산관리공사에 매각이 의뢰되어 3회 이상 공매하였으나 유찰된 토지를 매각하는 경우

⇒ 유입자산 및 수탁재산은 16항에 해당

〈사례연구 7〉 [공매 시 등기부상 권리 중 인수되는 권리]

1) 말소기준권리보다 먼저 등기된 가처분 · 지상권 · 지역권 · 소유권이전청구권가등기 등 최선순위 가처분 및 소유권이전청구권가등기 등재 시 대부분 공매진행 하지 않고 있다.

2) 예고등기

실무에서는 등기원인 자체가 무효 및 취소가 될 수 있는 예고등기가 등재된 물건은 대부분 공매 진행하지 않고 있다.

3) 배분요구를 하지 않은 최선순위 전세권

배분요구 한 최선순위 전세권도 배분절차에서 보증금전액을 배분 받지 못하고 부족분이 발생했을시 잔존 보증금에 대해서는 매수자가 낙찰금액 외 추가로 부담해야 한다.

〈사 례〉

- 지상권 >압류 >근저당 >전세권 순으로 등재 시 지상권 말소불가
- 가처분 >압류 >임차권 >가압류 순으로 등재 시 가처분 말소불가

⇒ 말소기준권리(압류) 보다 먼저 등기되었으므로 말소 불가

4) 기타 등기부외 인수되는 권리

① 배분요구 하지 않은 대항력(전입일자가 선순위 권리 등기일자 보다 빠른 경우)있는 임차인

② 대항력 있는 임차인으로 배분요구 하였으나 임차보증금 일부만 배분 받은 경우 잔존 보증금

③ 법정지상권, 분묘기지권, 유치권

〈사 례〉

① 임차인(대항력 있으나 배분요구 하지 않음) > 압류 >가압류 순 (등기부상 권리는 전부 말소되나 대항력 있는 임차인의 보증금은 매수자(낙찰자)에게 인수된다.)

② 임차인 A(대항력 있으며 배분요구함)>근저당>임차인 A(확정일자)>압류순 (임차인의 확정일자가 근저당보다 늦고 전입일은 근저당보다 빠른 경우, 임차보증금 전액배분시에는 문제없으나 임차인이 보증금 중 일부만 배분 받는다면 잔존보증금은 매수자에게 인수된다.)

〈사례연구 8〉 [공매 권리분석 사례]

* 공통조건 : 근저당권 채권금액은 설정 최고액, 압류는 국세를 기준으로 하였으며, 공매 집행비용은 편의상 배분대상에 포함하지 않았음.
* 대항력은 선순위권리 등기일자와 임차인의 주민등록 전입일자를 기준으로 비교함.

1) 확정일자 없으나 대항력 있는 임차인(인도/점유 +주민등록)

사례1) 수도권 중 과밀억제권역(성남시) 아파트, 매각금액 3억원 (단위 : 백만원)

등기순위	권리자	권리일자	권리내용	배분순위	배분금액	인수여부
	임차인(A)	전입 2007.1.13 확정	임차보증금 65		0	65인수
1	근저당권(B)	등기 2007.9.22	설정채권액 270	1	270	소 멸
2	압류(C)	등기 2008.7.19	법정기일 2008.4.11 체납세액 35	2	30	소 멸
계			(낙찰자의 추가부담) 인수임대차 65		300	

☞ 해설

- 임차인 A의 임차보증금은 주택임대차보호법 시행령 제4조(우선변제를 받을 임차인의 범위)에서 정하고 있는 "수도권 중 과밀억제권역" 임차보증금 상한액인 4천만원을 초과하므로 최우선변제 소액임차인에 해당되지 않으며, 또한 확정일자를 받지 아니하여 배분절차에 참여할 수 있는 대상에 포함되지 않는다.
- 다만, 임차인 A는 말소기준이 되는 권리인 근저당권 B의 등기일보다 주민등록전입일이 앞서므로 대항력있는 임차인에 해당되어 임차보증금 6,500만원 전액에 대해서 매수인에게 대항력을 주장할 수 있으며, 임차보증금 전액 반환시 까지 명도를 거부할 수 있다.⇒ 매수인은 대항력 있는 임차인 A의 임차보증금 전액(65백만원)을 매각대금 3억원 이외에 추가로 부담해야 한다.

2) 대항력 및 확정일자 있는 확정일자부 임차인(인도/점유 + 주민등록 + 확정일자)

사례2-1) 서울특별시 소재 아파트, 매각금액 2억원 (단위 : 백만원)

등기순위	권리자	권리일자	권리내용	배분순위	배분금액	인수여부
	임차인(A)	전입 2004.3.18 확정 2004.3.21	임차보증금 150 (배분요구)	2	150	소 멸
1	근저당권(B)	등기 2004.3.25	설정최고액 40	3	30	소 멸
2	압류(C)	등기 2004.8.29	법정기일 2001.2.11 체납세액 20	1	20	소 멸
계			인수임대차 0		200	

☞ 해설

- 임차인 A는 임대차계약서상 확정일자가 근저당권의 설정등기일 보다 앞서나, 압류의 원인인 체납세액 법정기일 보다 늦어 선순위인 압류권자의 조세채권이 먼저 배분되고 남은 금액에서 임차보증금을 배분 받는다.
- 임차인 A가 배분요구하지 않았다면, 임차인 A는 전입일자가 1순위 근저당권 B보다 빨라 대항력있는 임차인에 해당되어 임차 보증금 150백만원 전액에 대하여 낙찰자에게 대항력을 행사할 수 있다.⇒ 낙찰자는 임차인의 배분요구 여부를 확인 할 필요가 있다.

사례 2-2) 안양시 평촌 소재 아파트, 매각금액 4억원 (단위 : 백만원)

등기순위	권리자	권리일자	권리내용	배분순위	배분금액	인수여부
	임차인(A)	전입 2004.3.21 확정 2004.4.02	임차보증금 120 (배분요구)	3	50	70인수
1	근저당권(B)	등기 2004.3.23	설정최고액 300	2	300	소 멸
2	압류(C)	등기 2004.8.29	법정기일 2004.2.11 체납세액 50	1	50	소 멸
계			인수임대차 70		400	

☞ 해설

- 배분요구 한 임차인 A는 확정일자가 압류 C의 체납세액, 근저당권 B의 설정 등기일자 보다 늦기 때문에 압류 C 및 근저당권 B의 선순위 채권을 배분하고 남은 잔액 70백만원을 배분 받게 되고 나머지 임차보증금 50백만원은 임차인 A의 전입일이 1순위 근저당권 B의 설정등기일 보다 빨라 대항력있는 임차인에 해당되므로 낙찰자에게 대항력을 행사 할 수 있다.
  ⇒ 낙찰자는 낙찰대금 이외에 임차인A의 임차보증금 중 배분 받지 못한 70백만원을 추가로 부담해야 한다. 이유는 대항력있는 임차인이 존재하는 경우는 임차인이 배분요구 하였더라도 임차보증금 전액을 배분 받지 못하면 낙찰자에게 요구할 수 있기 때문이다.

3) 소액임차인(인도/점유 + 주민등록 + 소액보증금) : 확정일자 없는 소액임차인

■ 선순위 권리 및 확정일자 없는 소액임차인

사례3) 수도권 과밀억제권역 수원시 다세대주택, 매각금액 1억원 (단위 : 백만원)

등기순위	권리자	권리일자	권리내용	배분순위	배분금액	인수여부
	임차인(A)	전입 2003.9.21 확정 －	임차보증금 40 (배분요구)	1	16	24인수
1	근저당권(B)	등기 2004.9.12	설정채권액 60	2	60	소 멸
2	담보가등기(C)	등기 2005.6.21	담보채권액 30	4	4	소 멸
3	압류(D)	등기 2005.11.1	법정기일 2005.4.8 체납세액 20	3	20	소 멸
계			인수임대차 24		100	

☞ 해설

- 임차인 A는 임대차계약서에 확정일자가 없어 임차보증금 전액을 변제 받지는 못하나, 주택임대차보호법 제8조의 "최우선변제 소액임차인(수도권 과밀억제권역 40백만원이하)"에 해당되어 임차보증금 40백만원 중 일부금액 16백만원을 1순위로 배분 받게 되며,
- 나머지 잔존 임차보증금 24백만원은 임차인 A의 전입일이 1순위 근저당권 B보다 빨라 낙찰자(매수자)에게 대항력을 행사하여 잔존 임차보증금 24백만원을 낙찰자에게 요구 할 수 있다. ⇒ 낙찰자는 낙찰대금 이외에 임차인 A의 임차보증금 중 배분 받지 못한 24백만원을 추가로 부담해야 한다.

4) 확정일자 있는 소액임차인

사례4) 서울특별시 소재 아파트, 매각금액 2억원 (단위 : 백만원)

등기순위	권리자	권리일자	권리내용	배분순위	배분금액	인수여부
1	근저당권(A)	등기 2004.2.29	설정채권액 70	2	70	소 멸
	임차인(B)	전입 2004.6.11 확정 2004.12.1	임차보증금 40	1	16	소 멸
2	근저당권(C)	등기 2004.9.12	설정채권액 100	4	100	소 멸
	임차인(B)	전입 2004.6.11 확정 2004.12.1	임차보증금 40	5	4	소 멸
3	압류(D)	등기 2005.2.15	법정기일 2004.7.9 체납세액 10	3	10	소 멸
계			인수임대차 0		200	

☞ 해설

- 임차인 B는 소액임차인으로서 임차보증금 중 최우선변제금액 16백만원을 1순위로 배분 받으며, 나머지 임차보증금은 확정일자(2004.12.1) 가 근저당설정 등기일자(2004.2.29, 2004.9.12) 및 압류 세금 법정기일보다(2004. 7. 9) 늦어 선순위 권리자 C, D의 채권을 배분하고 남은 4백만에 대해서만 추가로 배분된다.
- 임차인(B)는 근저당권 A의 설정등기 이후에 전입되어 있으므로 대항력이 없어 배분절차에서 받지 못한 임차보증금 20백만원을 낙찰자에게 청구할 수 없다.

⇒ 낙찰자는 임차인 B의 나머지 임차보증금을 부담하지 않으며 나머지 권리(근저당권,압류)들도 배분여부와 관계없이 모두 소멸된다.

5) 다수 소액임차인 존재(인도 + 전입신고 + 소액보증금 +확정일자) 임차인이 1명 이상일 때

사례5) 서울특별시 소재 다가구주택, 매각금액 150백만원 (단위 : 백만원)

등기순위	권리자	권리일자	권리내용	배분순위	배분금액	인수여부
1	가처분(A)	등기 2003.2.08	처분금지가처분		0	인 수
2	근저당권(B)	등기 2003.2.12	설정채권액 120	3	106	소 멸
3	지상권(C)	등기 2003.2.22	설정기간 20년		0	소 멸
4	압류(D)	등기 2003.6.15	법정기일 2003.1.19 체납세액 12	2	12	소 멸
	임차인(E)	전입 2003.7.13 확정 2003.7.13	임차보증금 30	1	16	소 멸
	임차인(F)	전입 2004.1.15 확정 2004.1.15	임차보증금 20	1	16	소 멸
5	예고등기(G)	등기 2003.12.10	소송 중			인 수
계			인수임대차 0		150	

☞ 해설

- 임차인(E,F)는 전입일자가 말소기준권리인 근저당권 B의 설정등기일 보다 늦어 대항력이 없는 임차인이다.
- 소액임차인(E, F)는 임차보증금 중 최우선변제금 16백만원을 각각 1순위로 배분 받으며, 나머지 임차보증금은 임대차계약서상 확정일자가 근저당설정 등기일자, 압류 세금 법정기일 보다 늦어 선순위채권자(B,D)에게 배분하고 나머지 배분대상금액이 있을 시 배분되나 나머지 금액이 없어 임차인에게 추가배분금이 없이 종결되었다.
- 본건 공매물건은 말소기준권리인 근저당권 B의 설정등기일 보다 먼저 등기된 가처분 A와 예고등기는 말소되지 않는다.

⇒ 공매로 말소되지 않는 가처분, 예고등기가 존재하므로 낙찰자는 상당한 위험을 부담해야 한다.

주택임대차보호법

1) 상가건물임대차

<기타>
배분요구를 하지 않은 최선순위 전세권
※ 배분요구 한 최선순위 전세권도 배분절차에서 보증금전액을 배분 받지 못하고 부족분이 발생 했을시 잔존 보증금에 대해서는 매수자가 낙찰금액 외 추가로 부담해야 한다.

〈사 례〉

■ 지상권 〉압류 〉근저당 〉전세권 순으로 등재시 지상권 말소불가

■ 가처분 〉압류 〉임차권 〉가압류 순으로 등재시 가처분 말소불가

⇒ 말소기준권리(압류) 보다 먼저 등기되었으므로 말소 불가

〈사 례〉

① 임차인(대항력 있으나 배분요구 하지 않음) > 압류 > 가압류 순
- 등기부상 권리는 전부 말소되나 대항력 있는 임차인의 보증금은 매수자(낙찰자)에게 인수된다.

② 임차인 A(대항력 있으며 배분 요구함) > 근저당> 임차인 A(확정일자) > 압류 순
- 임차인의 확정일자가 근저당보다 늦고 전입일은 근저당보다 빠른 경우, 임차보증금 전액 배분 시에는 문제없으나 임차인이 보증금 중 일부만 배분 받는다면 잔존보증금은 매수자에게 인수된다.

※ 말소기준권리란 – 공매결과 말소되는 권리와 인수되는 권리가 있는데, 이걸 정하는 기준이 되는 권리가 말소기준권리이며 등기부등본상 갑구, 을구 통틀어서 등기 접수순서대로 나열해서 근저당권, 저당권, 압류, 가압류, 경매기입등기, 담보가등기 등의 권리들 중 가장 먼저 등기된 권리가 말소기준권리가 된다. 이 말소기준권리를 포함해서 그 이후에 등기된 것은 대부분 말소되고, 기준권리보다 먼저 등기된 권리는 낙찰자가 인수하게 된다.

■ 인수할 권리가 있는지 찾아본다.

■ 말소기준권리 보다 늦으면 대부분의 권리는 말소된다.

구분	등기부 권리	등기부 이외의 권리
선순위 (인수되는 권리)	지상권, 지역권, 배분 요구하지 않은 전세권, 가처분, 가등기, 예고등기	법정지상권, 유치권, 분묘기지권, 배분요구 하지 않은 선순위의 대항력 있는 임차인 등
후순위 (말소되는 권리)	저당권, 근저당권, 압류, 가압류, 담보가등기, 말소기준보다 후에 설정된 지상권, 지역권, 전세권, 임차권, 환매등기, 가등기, 가처분	–

2) 전입세대 확인 방법

- 조사장소 : 해당물건 소재지 읍・면・동사무소
- 지참서류 : 온비드 입찰목록이나 신문 공매공고문, 신분증
- 조사가능 내용 : 세대별 주민등록색인부에 등재된 사람의 전입일과 세대주 열람
- 근거법령 : 주민등록법 시행규칙 제12조

※ 감정평가서상 임대차 현황, 인터넷공매사이트인 온비드(wwww.onbid.co.kr) 개별입찰 물건정보화면을 통해 권리신고 및 배분 요구한 임대차 내역을 참고하여 입찰자 본인 책임하에 전입세대 확인 및 현장조사를 하여야 한다.

[임차인 구분]

구 분	대항력있는 임차인 주택임대차보호법 제3조	확정일자 임차인 동법 제3조의2(3)	최우선변제 소액임차인 동법 제8조
조 건	인도+주민등록	인도+주민등록+확정일자	인도+주민등록
효 력	낙찰자에게 대항력 있음	배분절차에서 우선변제청구권이 있음.	배분절차에서 최우선변제청구권이 있음.
기 타	○ 배분시 보호(변제) 받는 권리자가 아님 ○ 근저당권 등 타인의 권리설정 이후 요건을 갖춘 권리라면 소멸될 권리로서 보호 받을 수 없음	○배분시 매각대금에서 확정일자 순위에 따라 우선변제 받을 권리	○ 경매개시결정이나 공매공고일 이전에 대항요건을 구비해야 함. ○보증금 중 일정액만 최우선 변제 받음.

〈사례연구 9〉 [배분요구를 하지 아니한 임금채권자가 부당이득반환청구 여부]

대법원 2006.1.27. 선고 2005다27935 판결

【판시사항】

우선변제권 있는 임금채권이 국세징수법상 압류재산 매각대금의 분배대상에 포함된 경우, 체납처분 절차 주관기관은 임금채권자에게 배분할 금액을 직권으로 확정하여 배분계산서를 작성하여야 하는지 여부(적극) 및 그 매각대금 배분시까지 배분요구를 하지 아니한 임금채권자가 그에게 배분되어야 할 금액 상당의 금원을 배분받은 후순위권리자를 상대로 부당이득반환청구를 할 수 있는지 여부(적극)

〈사례연구 10〉 [체납처분 절차 상 공매에서 채권 간 경합]

1. 일반 채권자와 체납처분 간에 경합이 있는 경우 배분

체납처분 담당 공무원은 국세체납처분에 의하여 환가한 돈을 관계 국세 등에 우선변제 충당하고 잔여액이 있으면 체납처분 전에 이미 가압류한 채권자를 위해 공탁하지 아니하고 체납자에게 반환한다.

⇒ 따라서 조세에 충당하고 남을 금액이 있다고 예상되는 경우 가압류채권자는 동 금액에 대한 채무자(체납자)의 반환 청구권에 대하여 새로이 채권가압류 하는 등 적절한 채권보전조치를 취하여야 한다.

그러나 저당권보다 선행된 가압류로써 저당권과 동순위인 경우는 그러하지 아니하며, 가압류로써 금액이 확정되지 않은 때는 한국은행(국고대리점 포함)에 예탁할 수도 있을 것이다.

〈판례〉 대법원 1974.2.12. 선고 73다1905 판결

【판시사항】

국세징수법에 의한 체납처분에도 민사소송법 제589조 제3항의 규정이 적용되는지 여부

【판결요지】

체납처분 담당공무원은 국세체납처분에 의하여 환가한 돈을 관계국세 등에 우선 변제충당하고, 잔여액이 있으면 체납자에게 반환할 것이요, 우선주의원칙에 의하여 규율되는 체납처분에 민사소송법 제589조 3항을 적용할 수는 없으므로 잔여액을 가압류 채권자를 위하여 공탁할 것이 아니다.

2. 조세채권과 근저당권보다 앞선 가압류채권간 경합이 있는 경우의 배분

〈판례〉 대법원 2002. 3. 26. 선고 2000두7971 판결

【판시사항】

국세징수법상 공매대금 배분에 있어서 근저당권보다 앞선 가압류채권이 배분대상이 되는 채권인지 여부(적극)

【판결요지】

국세징수법 제81조 제1항 제3호의 규정은 체납처분절차에서 압류재산에 관계되는 담보권의 우선변제권을 보호하기 위하여 그 절차를 행하는 세무서장에 대하여 압류재산의 매각대금을 압류 전후를 불문하고 위 법 소정의 담보권자에게 우선순위에 따라 배분할 공법상의 의무를 부과한 것이고, 압류재산의 매각대금을 배분받을 수 있는 채권을 예시한 것에 불과할 뿐 이를 한정적으로 열거한 것이 아니라고 할 것이므로, 국세체납처분에 의한 매각대금의 배분대상에는 같은 법 제81조 제1항 제3호에 규정된 담보권뿐만 아니라 법령의 규정이나 법리해석상 그 담보권보다 선순위 또는 동순위에 있는 채권도 포함된다고 봄이 상당하다고 할 것인바, 이러한 채권이 가압류채권인 관계로 그 채권액이 아직 확정되지 아니한 경우에는 같은 법 제84조 제1항에 의하여 그에게 배분할 금액을 한국은행(국고대리점 포함)에 예탁할 수도 있을 것이다.

〈사례연구 11〉 [이용기관 공매물건에 대한 공동입찰, 대리입찰 시행]

온비드는 이용기관이 집행하는 공매물건에 대한 공동입찰 및 대리입찰 제도를 시행합니다.
(온비드 공매 압류재산은 대리입찰 아직 안됨)

1. 시 행 일 : 2007.12.6(목)
2. 시행내용 :
   그동안 한국자산관리공사 공매물건에 대하여만 제한적으로 허용되던 공동입찰 및 대리입찰 제도가 이용기관이 집행하는 공매물건에 대하여도 확대 시행됩니다(단 이용기관이 허용하는 경우에 한하여 가능합니다).

   1) **공동입찰**

○ 공동입찰이란 2인 이상이 공동으로 입찰에 참가하는 것입니다.

○ 공동입찰을 하고자 하는 경우에는 대표입찰자 명의로 입찰에 참가하여야 하며, 입찰기간 중에 공동입찰참가신청서를 이용기관에 제출하여야 유효한 입찰로 처리됩니다.
(※ 이용기관이 별도로 정하는 경우에는 그에 따릅니다)

○ 공동입찰참가신청서를 공인인증서에 의한 전자서명 방식을 이용하여 전자적으로 제출할 수 있도록 이용기관이 허용하는 경우에는 공동입찰자 전원이 입찰기간 중에 각자 공인인증서에 의한 전자서명을 완료하여야 유효한 입찰로 처리됩니다.

2) 대리입찰

○ 대리입찰이란 회원이 입찰대리인이 되어 입찰자(본인)를 대신하여 입찰자(본인) 명의로 입찰서를 제출하는 것입니다.

○ 대리입찰을 하고자 하는 경우에는 입찰서 제출과 별도로 입찰기간 중에 대리입찰신청서를 이용기관에 제출하여야 유효한 입찰로 처리됩니다.
(※ 이용기관이 별도로 정하는 경우에는 그에 따릅니다)

※ 주의사항

○ 공동입찰 대리입찰은 전자보증서를 통한 입찰보증금 납부가 불가능합니다.

○ 수의계약(최고가방식, 시담방식)은 공동입찰 및 대리입찰이 불가능합니다.

○ 입찰참가 후 공동입찰참가신청서 또는 대리입찰신청서를 제출하지 않거나 허위로 작성하여 낙찰 받은 경우에는 낙찰을 무효로 하고, 입찰보증금은 대표입찰자 또는 대리입찰자가 입찰서 제출시 지정한 입찰보증금 환불계좌로 이자없이 환불하며, 환불시 별도의 수수료가 발생하는 경우 납부한 금액에서 이를 공제합니다.
(다만 이용기관이 별도로 정하는 경우에는 그에 따릅니다)

○ 이용기관이 공동입찰, 대리입찰을 허용하였어도 신청서식과 제출기한, 제출방법 등을 별도 정하는 경우에는 그에 따르므로 공고문을 참고하시고, 자세한 사항은 공고기관 담당자에게 문의하시기 바랍니다.

3. 문　의 : 온비드 콜센터(☎1588－5321)

〈사례연구 12〉 [전자자산처분시스템 입찰참가자 준수규칙]

전자자산처분시스템 입찰참가자 준수규칙

제 정 : 2003. 1.21, 개정(5) : 2007.11.29

제1조(목적 및 적용범위) 이 준수규칙은 한국자산관리공사(이하 "공사"라 합니다)가 관리 · 운영하는 전자자산처분시스템인 온비드(ONBID)에서 이용기관회원이 실시하는 재산 및 물품의 관리 · 처분을 위한 전자입찰에 참가하고자 하는 자가 입찰서를 제출함에 있어서 준수하여야 할 규칙을 정함을 목적으로 합니다.

제2조(정의) 이 준수규칙에서 사용하는 용어의 정의는 다음 각호와 같습니다.

1. "이용기관회원"이라 함은 온비드에 자신의 정보를 제공하여 회원가입을 한 자로서 온비드의 정보 서비스를 제공받고 이용하며, 보유 또는 관리중인 재산과 물품의 처분을 위한 입찰공고를 등록하고, 전자입찰을 통해 매각 또는 구매할 수 있는 기관 또는 법인으로서, 공공기관회원과 이용법인회원을 말합니다.

중 략

제13조(계약체결 등) 낙찰자는 이용기관에서 정하는 소정 기일 내에 계약을 체결하여야 하며, 대금납부기한, 제세공과금부담 및 기한 내 계약을 체결하지 않을 경우 입찰보증금의 처리 등 계약체결과 관련한 제반 사항 및 사후처리는 이용기관이 정하는 바에 따릅니다.

제14조(입찰서 제출시기 등에 대한 특약) 전자거래기본법 제6조 내지 제9조의 적용과 관련하여서는 동법 제10조의 규정에 의하여 이 준수규칙을 우선 적용합니다.

제15조(준용법규) 이 준수규칙이 정하고 있지 아니한 사항에 대하여는 온비드이용약관, 입찰공고문, 전자거래기본법령 및 전자서명법령 등 관련법령에서 정하는 바에 따릅니다.

부 칙

이 준수규칙은 2007. 11.29 부터 적용합니다.

[별지 제1호서식] 공동입찰참가신청서

[별지 제2호서식] 대리입찰신청서

[별지 제1호서식]

공동입찰 참가 신청서

1. 입찰에 참가하고자 하는 재산
   - ㅇ 공고기관 :
   - ㅇ 공고일자/공고번호 :
   - ㅇ 물건관리번호 :
   - ㅇ 물건명 :
   - ㅇ 입찰정보

   입찰번호 : 입찰회차 : 입찰차수 :

2. 공동입찰 참가 신청인

성 명	주민등록번호	주 소	전화번호	지분(%)	날인

공동입찰 참가신청인 일동은 전자자산처분시스템 온비드에 의해 실시하는 귀 기관의 공매물건 입찰에 위 신청인 중 을(를) 대표 입찰자로 선정하여 입찰에 관한 제반사항을 위임하며 동 대표 입찰자가 입찰서를 제출하고자 합니다.

년 월 일

첨부 : 공동입찰 참가 신청인의 인감증명서 및 위임장 각1부. 끝.

귀중

[별지 제2호서식]

대 리 입 찰 신 청 서

1. 입찰에 참가하고자 하는 재산
   - ○ 공고기관 :
   - ○ 공고일자/공고번호 :
   - ○ 물건관리번호 :
   - ○ 물건명 :
   - ○ 입찰정보

   입찰번호 : 입찰회차 : 입찰차수 :

2. 대리입찰자
   - ○ 성 명 :
   - ○ 주민등록번호 :
   - ○ 주 소 :
   - ○ 전 화 번 호 :

본인은 전자자산처분시스템 온비드에 의해 실시하는 귀 기관의 공매물건 입찰에 위 사람을 대리입찰자로 지정하여 참가하고자 본 신청서를 제출합니다.

년 월 일

대리입찰 신청인(위임인) 성 명 : (인)
주민등록번호 :
주 소 :
전 화 번 호 :

첨부 : 대리입찰 신청인(위임인)의 인감증명서 및 위임장 각1부. 끝.

한국자산관리공사 귀중

〈사례연구 13〉 [공유자우선매수신고서]

공유자우선매수신고서

위임기관		관리번호	
체납자		개찰일자	
매각예정가격		최고입찰가격	
납부공매보증금		보증금납부일	
매각재산의 표시			

위 압류 재산에 대하여 다음과 같이 국세징수법 제73조의2 제1항의 규정에 따라 체납자 지분을 최고 입찰 가격과 같은 가격으로 우선매수 하겠다는 신고를 합니다.

-다　　음-

개찰일자에 매각예정가격 이상의 최고액입찰자가 없는 경우에는 매각예정가격과 동일한 가격으로 매수할 것을 신고합니다.

1. 공유자로서 우선매수 신고를 함에 있어 귀사에서 정한 납부 방법에 따라 매각결정통지 전까지 국세징수법 제65조에서 정한 공매보증금을 납부하겠으며, 동기한까지 공매보증금을 납부하지 않을 경우 공유자로서 우선매수신고를 포기한 것으로 봅니다.
2. 귀사에 제출한 우선매수신고에 대해 취소나 철회를 하지 않겠으며, 공유자로서 우선매수권을 부여받은 이후에는 납부된 공매보증금이 반환되지 않음을 확인합니다.
3. 공매보증금 환급용 계좌번호 신고

은행명	예금주	계좌번호	비고
			예금계좌사본

(첨부서류)

1.주민등록등본 또는 초본 1통.

2.기타 관련서류()

우선매수신고인 공유자(인) (매수지분 :　　　/　　　)

공유자(인) (매수지분 :　　　/　　　)

한국자산관리공사 귀중

〈사례연구 14〉 [체납처분에 의한 부동산압류와 공매·경매의 차이]

1. 체납처분에 의한 한국자산관리공사 공매와 법원 경매

국세징수법에 의하여 세무서장(지방세는 지방자치단체의 장)은 체납세금을 징수하기 위하여 부동산을 압류할 수 있으며 한국자산관리공사에 매각 위임하여 공매하도록 할 수도 있다(국세징수법24조). 체납처분에 의한 압류등기가 되어 있고 공매가 진행 중인 부동산에 대해서 경매절차가 진행될 수 있으며 반대의 경우도 가능하다. 두 절차는 진행 중에는 서로 영향을 받지 아니한다. 다만, 하나의 절차가 먼저 종료되면 다른 하나의 절차는 효력이 없어져 종료하게 된다.(경락대금 납부 기준) 이와 관련하여 양 절차의 조정에 관한 법률안에 따르면 선행절차 우선주의가 채택되어 후행절차는 선행절차의 종료시까지 중지하는 것을 원칙으로 하고 있다고 한다.

2. 체납처분의 예에 의하는 공과금

의료보험, 산업재해보상보험, 국민연금은 그 제도의 특수목적에 의하여 체납된 보험료나 납입액의 징수절차를 국세징수절차에 준한다. 이러한 체납액으로 참가압류한 경우에는 담보권에 의하여 담보된 채권에 우선할 수 없으나 국세나 지방세 다음의 우선권이 있으므로 일반채권에 대하여는 우선할 수 있음에 주의를 요한다

국세나 지방세, 의료보험료, 산업재해보상보험료, 국민연금 등의 체납에 의하여 참가압류통지서가 송달되었을 경우에는 각 각의 체납된 보험료나 납입액의 우선권 여부나 내역을 파악하여 놓아 추후에

진행될 경매절차 등에서 각 채권과의 우선 여부를 면밀하게 확인하는 것이 바람직하다.

3. 부당한 배분처분에 대한 이의방법

한국자산관리공사의 공매에 따른 매각대전을 배분하는 과정에서 부당한 배분처분이 이루어진 때에 이의있는 채권자는 경매절차의 배당이의소송 절차에 의해 이의하는 것이 아니고 행정심판과 행정소송 절차에 따라 이의해야 한다.
먼저 매각처분과 배분처분을 한 관할 세무서장에게 이의하거나 관할 세무서장을 경유하여 지방국세청장에게 이의하여야 한다. 관할 세무서장이나 지방국세청장의 결정에 대하여 불복하는 경우에는 국세청장에게 이의하고 국세청장의 결정에 대하여 불복하는 경우에는 국세청장을 경유하여 국세심판소에 행정심판을 제기한다. 행정심판에 대하여 불복하고자 하는 경우에는 비로소 고등법원에 행정소송을 제기할 수 있다. 다만, 세무관서에 이의하지 아니하고 감사원에 이의(심사청구 : 감사원법 제34조 참조)하여 그 결정에 대하여 불복하는 경우에 행정소송을 제기하는 방법을 택할 수도 있다.

※ 체납처분에 대한 구제 절차 (부과처분의 경우에도 동일함)

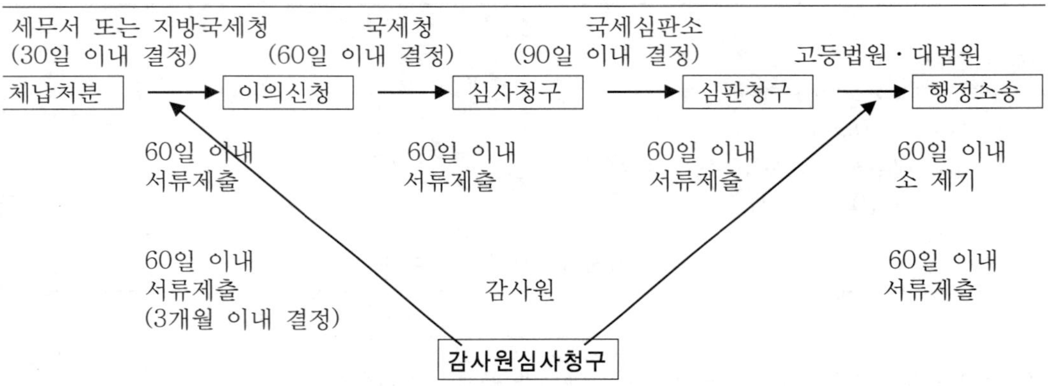

〈사례연구 15〉 [경 · 공매 부동산의 소유권이전등기 촉탁시 구비서류 비교]

1. 경매 소유권이전등기 촉탁시 구비서류

구분	서류명	통수	발급관서 등	비 고
1	매수인의 주민등록등본	2	동, 읍, 면사무소	법인은 본 · 지점소재지 상업등기소에서 법인등기부등본을 발급
2	토지대장 등본	2	토지, 건물 부동산소재지 시, 군, 구청	토지만 등기할 경우 건축물관리대장 불필요
	건축물관리대장 등본	2		
3	(개별) 공시지가확인서	1	토지소재지 시, 군, 구청	토지대장등본에 개별공시지가가 표시되어 있는 경우에는 필요없음

4	부동산 등기부등본	1	대법원 인터넷등기소 (www.iros.go.kr) 또는 법원 1층 등기과에서 발급	말소할 등기의 확인을 위하여
5	등록세납부영수증(이전, 말소등기)	영수필증	부동산 소재지 군청에서 발급받은 후 금융기관에 납부한 후 납부자용 영수증을 제외한 영수필증 첨부	과세시가표준액이 나타나는 등록세영수증을 발급받을 것
6	대법원 수입증지(등기신청수수료)	이전등기	각 부동산 1필지당 9,000원 (신한은행 각 지점 및 법원지점)	
		말소등기	말소 건당 2,000원(각 은행 지점 및 법원지점)	
7	국민주택채권 ⇒주택법시행령 [별표 12] 제1종국민주택채권 매입대상자와 매입기준 참조	토지	개별공시지가확인서의 토지가격에 토지의 면적에 의하여 산출	국민은행, 우리은행, 농협에서 매입. 토지는 500만원 이상, 주택은 2,000만원 이상일 경우에만 매입
		건물	개별공시지가확인서의 토지가격과 건물의 구조, 용도, 면적, 건축연도 등에 의하여 산출	
8	매각허가결정등본	1	매각잔대금을 납부하면 담당 법원경매계에서 교부	
9	매각잔대금 또는 대금납부영수증 사본 (대금완납증명원 등)	1	매각잔대금을 법원에 있는 신한은행 법원지점 등에 납부하면 영수증을 발급함.	
10	부동산의 목록	5	매각허가결정 정본 뒷장의 부동산의 표시를 1층 종합민원실에서 5부 복사	
11	우표		부동산소재지가 창원지방법원인 경우 본원이 있는 창원시 이외(마산, 의령, 진해, 김해, 함안 등)의 경우 1층 우체국에서 5,920원 매입할 것	
12	회신용 봉투	1	소유권이전등기 후 등기필증을 우편으로 교부 받기를 원하는 경우에는 별도의 회신용 봉투를 구입한 후 첨부하면 됨	1층 법원우체국에서 판매

· 주의

1) 등록세 면제사유(창업 후 2년 내 취득한 사업용자산에 대한 등록세 면제⇒조세특례제한법제6조③항 참조) 및 국민주택채권매입 면제사유 (제조업 등의 중소기업이 부동산담보대출을 위하여 2천만원 초과 저당권을 설정하는 경우 등은 면제 ⇒주택법시행령 [별표 12] 부표 제19호 다목 참조)에 해당되는 경우에는 그 증빙자료를 첨부하여야 합니다.
2) 소유권이전에 필요한 등기서류를 구비하여 법원1층 접수계에 접수하시기 바랍니다.

2. 공매(압류재산) 소유권이전등기 촉탁시 구비서류

○ 잔대금 납부 후 잔대금 영수증 수령 후에 아래의 서류를 준비하시어 우리공사로 제출하여 주시기 바랍니다.(매각결정통지서와 보증금, 잔대금 영수증은 사본으로도 모든 서류가 준비 가능함. 원본을 받으신 분은 재발급 불가하오니 분실에 유의바람)

○ 잔대금 납부는 별도 통보없이 1,000만원 미만은 7일 이내, 1,000만원 이상 60일 이내 납부

발행기관	서 류	수 량	지참서류 및 참조사항
한국자산관리공사	등기청구서 및 등기필증수령요청서	각 1부	매각결정통지서 참고 작성 날인제출
	매각결정통지서 원본	1부	
	보증금 및 잔대금 납입영수증 원본(무통장입금증)	각 1부	잔대금 납부 : 매각결정통지서 참조 잔대금 납입영수증 1부(원본)는 무통장입금 후 무통장입금증 지참(예금주 : 한국자산관리공사).
등기소	토지, 건물등기부등본	각 2부	인터넷으로 발급받을 경우 제출용으로 출력 후 제출(www.iros.go.kr)
법원 내 은행(신한, 농협, 우리 등)	대법원 수입증지 (구입처 : 법원 내 신한은행 등)		촉탁물건당(매각부동산 필지별 건수+ 건물1건당)9,000원, 단, 말소1건당 2,000원 예) 토지 2필지, 건물 1, 말소 건수 5건 : =9,000×3 +2,000×5= 37,000 원
관할 시, 군, 구청세무 및 재무과	토지(임야), 건축물대장	각 2부	공유자연명부 포함
	토지가격확인원	각 2부	토지대장상 공시지가 확인 안 될 경우
	등록세, 취득세 고지서 발급 및 납부(등기소용 제출)	영수증	매각결정통지서, 보증금, 잔대금납부영수증 사본지참(등록세 영수증에 과세시가표준액을 기재받을 것, 국민주택채권 매입액 계산시 필요함)
	말소등록세 고지서 발급 및 납부	영수증	등기부등본 지참(말소 건당 3,600원)
읍, 면, 동	매수자 주민등록등본	2부	필히 주민등록등본 제출(초본이 아님)
	농지취득자격증명(관할 읍·면·동)	1부	농지(전, 답, 과수원)인 경우만 주민등록등본 1통, 농지원부, 도장 지참
국민은행 우리은행 농협중앙회	국민주택채권매입영수증 (채권발급 번호기재)		☞ 과세시가표준액(공시지가*면적)×매입비율 ❶ 등록세납부고지서상의 토지 및 건물, 기타부동산에 따라 다르며 시가표준금액을 기준으로 매입함. －시가표준액 500만원 이상은 전화문의 바람. (토지 500만원 이상, 기타부동산 1,000만원 이상, 주택 2,000만원 이상 해당) － 과세시가표준액 500만원 미만은 면제됨 ☞ 농지원부 제출시 면제(농지일 경우만 해당)
참고	☞ 등기필증 교부비용 : 5,000원 준비 요함		
(우 641－749) 경남 창원시 중앙동 94－3 한국자산관리공사 경남지사 대표전화 055－269－8000(문의전화 : 055－269－8044～8)			

☞ 모든 서류는 1개월안에 발급받은 것으로 준비하시기 바람
☞ 등록세, 취득세는 잔대금 납부 후 30일 이내 고지서 발급받아 납부해야 함
☞ 잔대금 납부일로부터 60일 이내 등기소에 신청해야 함(10일 전에 당사로 제출)
☞ 등기필증 수령 소요기간 : 3주에서 5주 정도 소요
☞ 농지취득자 농지취득증명이 필요 없는 경우(토지이용계획확인원 1통 제출)

❶ 도시계획내의 농지의 경우(단, 녹지지역내의 농지는 도시계획사업에 필요한 농지에 한함)

☞ 본인 도장, 주민등록증(운전면허증) 지참, 대리인이 오실 때는 인감증명서와 위임장 추가 지참 바랍니다.
☞ 대토(환토)인 경우 취·등록세 감면혜택이 있으므로 사전조사 후 납부바랍니다
☞ 소유권이전 준비과정으로 인하여 부득이하게 준비서류 준비서류 발급 등을 법무사에게 위임하고자 하는 경우에는 대함법무사협회(www.kjaa.dr.kr)에서 법무사를 확인하시기 바랍니다.
☞ 위에서 준비된 모든 서류와 등기청구서 작성 후 제출

〈사례연구 16〉 [공매 낙찰에 따른 소유권이전등기촉탁 신청]

등 기 청 구 서

등기청구인	성 명	홍 길 동	주민등록번호	
	주 소			
체납자	성 명	김 체 납	주민등록번호	
	주 소			
재산의 표시	(물건지 주소, 지목, 수량)			
매각결정 년월일	2008년 9월 7일(낙찰일)			
대금납부 년월일	2008년10월12일(잔대금 납부일)			
납부금액	금34,888,000원(보증금3,488,800원, 잔금 : 31,399,200원)			
등록세	금418,650원			

위와 같이 공매에 의하여 본인이 매수하는 바 국세징수법 제79조에 의하여 소유권이전등기의 촉탁을 청구합니다.

2008년 10월 12일

청구인 홍 길 동(서명 또는 인) (연락처 :)

한국자산관리공사 ○○지사장 귀하

한국자산관리공사

수 신 : 창원지방법원 00등기소장
참 조 : 등기과장
제 목 : 공매물건 낙찰에 따른 소유권이전등기촉탁신청

국세징수법 제61조(공매)에 의거한 공매대행기관으로서 근로복지공단에서 공매 의뢰 받은 체납자 김체납 소유물건에 대하여 2007. 7. 7자로 공매하여 낙찰되고, 잔대금이 완납되었으므로 국세징수법 제79조(매각재산의권리이전절차)에 따라 소유권이전 등기 촉탁신청하오니 경료된 등기필증은 당사로 송부하여 주시기 바랍니다.

첨 부 1. 공매처분에 의한 소유권이전 등기촉탁서 3부
2. 등기필증 회송용 봉투 1매. 끝.

한국자산관리공사 ○○지사장

창원지방법원 ○○등기소 귀중

공매처분에 의한 소유권이전 등기 촉탁서

부동산의 표시	별지 참조			
등기원인과 년 월 일	2006년 11월 30일 공매 2006년12월01일 대금납부			
등기의 목적	소유권 이전 및 말소			
등기권리자	성 명		주민등록번호	
	주 소			
등기의무자 (등기부상주소)	성 명		주민등록번호	
	주 소			
과세표준액	부동산 가격 금29,890,000원정			
등록세	금 322,810원정(교육세 포함)			

○○지방법원 ○○등기소 귀중

2006년 12월 6일

촉탁공무원 한국자산관리공사 사장 ○○○

위 대리인 ○○지사 지사장 ○○○ (인)

부속서류	
	1. 말소할 등기내역 2. 국민주택채권매입 산출 내역 및 소유권이전 등록세 산출 내역 3. 소유권이전등록세 영수증 4. 기타권리말소 등록세 영수증 5. 매각결정통지서 및 보증금, 잔대금영수증 6. 등기청구서 7. 부동산등기부등본 8. 토지(임야)대장 9. 건축물관리대장 10. 주민등록등본(열람등기부등본)

부동산의 표시 : 생 략

① 말소할 등기내역 :

경남 진해시 경화동 경화주공아파트 제105동 제 5층 5 호

말소등기내역	권리자	등기일	접수번호	세액	등기순위번호
가압류	㈜신한은행	2003. 5.17	제10477호	3,600원	갑구2호
압류	근로복지공단	2004.10.29	제24027호	3,600원	갑구3호
이 하 생 략					

② 국민주택채권매입 산출 내역

채권 발행번호 : 0606－10－11551221

구분	과세시가표준액	비율	매입금액	실제매입금액	비고
건물	31,000,000	13/1,000	403,000	400,000	
계	31,000,000	13/1,000	403,000	400,000	

(첨부) 국민주택채권 일반고객 조회결과표
국민은행>국민주택기금>주택채권>제1종국민주택채권>채권매입 정보조회>일반고객에서 조회결과 출력
<채권발행번호(0606－10－11551221), 주민(사업자)등록번호(600110－1******)>

③ 소유권이전 등록세 산출 내역

구 분	수량(㎡)	낙찰대금	이전등기 등록세 산출내역		
대 지	21,198㎡	34,888,000	등록세	348,880	매각금액×(10/1000)
건 물	48,22㎡		교육세	69,770	등록세액×(20/100)
합 계		34,888,000		418,650	

확 인 서

아래 표시 부동산에 대한 소유권이전등기 촉탁서류 일체를 본인이 직접 관할 등기소에 전달코자 확인하오며, 소유권이전 촉탁등기 서류를 분실 등 기타 사유가 발생할 시 일체의 책임을 본인이 부담할 것을 확약합니다.

부동산의 표시: 생략

위 확인자 성명 : 김 낙 찰 (인)

주민등록번호 :
주 소 :
연락처 :
첨 부 : 인감증명 및 신분증사본 각 1부

한국자산관리공사 ○○지사 귀중

등기필증 수령 요청서

(관리번호 :　　　－　　　－　　　)

* 매수물건의 표시 :

귀사의 공매에서 매수한 위 물건의 소유권이전등기촉탁 완료 후 「등기필증」을 다음과 같이 수령하고자 합니다.

－ 다　음 －

수령방법	확　인
본인이 귀사에서 직접수령	
배달증명우편으로 송부요청	

단, 배달증명우편으로 송부 요청할 경우에는 1회 발송을 원칙으로 하고 반송될 경우에는 신청인이 귀사에 직접 방문하여 수령하도록 하겠으며, 「등기필증」의 발송에서 발생될 수 있는 분실 및 훼손 등의 사유로 야기될 수 있는 민・형사상의 모든 문제에 대하여는 귀사에 책임을 묻지 않겠습니다.

등기필증 수령지	
연　락　처	
배달증명 우편료	

년　　월　　일

신청인　　　　(인)

〈사례연구 17〉 [공매 부대조건에서 인수라면 가압류는 인수]

공매에서는 전소유자의 가압류를 부대조건에서 인수하도록 공고하였을 때에는 인수가 된다.
(대법원 2007. 4. 13. 선고 2005다8682 판결 참조요함)

한국자산관리공사 공매물건관리번호 : 2004－06444－001
소재지 : 경남 창녕군 창녕읍 술정리 62번지 대지(지분) 357㎡
☆ 부대조건 : 전소유자에 대한 말소되지 않는 가압류 있음. 제시외 건물 소재함(공매 제외)

〈사례연구 18〉 [공매는 저당권부 채권과 상계 불허]

대법원 1996. 4. 23. 선고 95누6052 판결

【판시사항】

국세징수법에 의한 부동산 공매절차에서 압류에 관계되는 국세의 법정기일보다 앞서 근저당권설정등기를 경료한 자가 부동산의 매수인이 된 경우, 그 매수인이 근저당권부 채권에 기하여 배당받을 채권과 납부하여야 할 매수대금을 상계할 수 있는지 여부(소극)

【판결요지】

국세징수법상의 체납처분절차를 통하여 압류재산을 매각한 후 그 매각대금을 배분함에 있어서 국세와 다른 채권 간의 우선 순위는 압류재산의 매각대금을 배분하기 위하여 국세징수법상의 배분계산서를 작성한 때에 비로소 확정되고, 국세징수법에 의한 부동산 공매절차에서 압류에 관계되는 국세의 법정기일보다 앞서 근저당권설정등기를 경료한 자가 당해 부동산의 매수인이 된 경우에도 매수대금 납부기일에는 그 근저당권부 채권과 다른 채권 간의 우선 순위 및 배분액이 확정되지 아니하므로 매수인은 그 근저당권부 채권에 기하여 배분받을 채권이 있음을 전제로 이를 자동채권으로 하여 납부하여야 할 매수대금과 대등액에서 상계할 수는 없다.

〈사례연구 19〉 [경 · 공매 비교표 종합문제]

경 · 공매 비교하면서 빈칸을 채우시오.

구 분	법원 경매	한국자산관리공사 공매
법적 성격(근거)	채권 채무 당사자간의 합의를 전제로 한 공권력의 개입(근거 : 민사집행법)	공법상의 행정처분 (근거 : 국세징수법)
개시결정 기입 등기	경매개시결정 후 기입등기 (등기부등본에 (임의)경매 또는 (강제)경매 기입등기 됨)	압류 후 공매(별도의 임의경매나 강제경매 등 개시기입등기 없음), 등기부에 "압류"만 기재
임대차내용(현황조사)	집행관의 (부동산현황조사서) 있음. 경매계의 매각물건명세서와 전입세대열람내역 참조	명문규정 없음(매수자가 확인) 현황조사서, 매각물건명세서 등 별도의 자료없고, 감정평가서 등 참조 및 탐문조사
정보지로 전입세대열람	(가능)	가능
주택임대차보호법, 상가건물 임대차보호법 적용 여부	대항력 (우선변제권) (최우선변제권)모두 적용	대항력, 우선변제권, 최우선변제권 모두 적용
최우선변제권	(경매개시)결정등기일 이전에 전입(또는 사업자등록)하여야 한다 (임의경매, 강제경매 등 경매개시 기입등기일 이전에 대항요건 갖추어야 한다)	실무상 최초공매공고 전(前)에 주민등록전입과 점유를 하고 있으면 소액보증금 배당(국세청 예규)
점유유지(전입과 사업자등록 유지)	(연기된)(배당요구종기일)까지 전입(사업자등록) 유지 및 점유하여야 한다	공매결정일(공매매각결정)까지 주민등록(또는 사업자등록) 유지해야 한다.
배당요구종기일	첫 매각기일 이전까지이며, 실무상(배당요구종기일)까지 배당요구 신청하여야 한다	배분계산서를 작성하기 전까지 배분요구를 하여야 한다.
입찰방법	현장입찰, 우편입찰, (기일)입찰, 기간입찰	전자입찰방식(Onbid에 회원가입 및 공인인증서 등록)현장에서 하는 기일입찰방식은 폐지되었음

구 분	법원 경매	한국자산관리공사 공매
공유자 우선매수 제도	(있음)	있음(시행일자 : 2006.10.27)
매각예정가격 체감	통상 전차가격의 매회 (20~30)% 저감	최초매각 예정가격의 10%씩 체감하여 50%까지 진행
매수신청보증금/입찰보증금	(최저매각가격)의 (10) %에 해당하는 현금, 자기앞수표, 경매보증보험증권(재매각 10~20% 보증금)	최저매각가격이 아닌 입찰가격의 10%
차순위 매수신고	(있음)	없음
대금불납시 전낙찰자의 매수자격 제한	매수자격 제한함 재입찰 (불가)	매수자격제한 없음 재입찰 가능
매각허부결정/공매매각결정	매각기일이후 7일 이내. 그 후 7일 이내 (즉시항고) 없으면 매각결정 확정	최고입찰자로 결정된 후 다음 날 14 : 00시 매각결정통지서 교부
농지취득자격증명서 제출 기한	(7)일 이내 제출, 실무상 5일 이내 제출 요구함 낙찰허가 결정 전 (미제출시 낙찰 취소)	KAMCO 소유권이전등기촉탁 신청 전까지
취하・취소	임의경매는 최고가매수 신고인의 인감증명서 첨부된 경매 취하동의서 첨부 또는 말소된 (등기부등본) 첨부시 경매취하 가능	낙찰자가 낙찰대금 납부 전 체납자가 체납세액을 완납한 경우 매각결정 취소 (2001.11.27. 2001두6746 판결) 등기부등본과 무관
낙찰대금과의 채권상계	(상계가능)	상계불허(대법원 1996. 4.23 선고 96누6052 판결)
대금납부방법	매각허가결정 확정일로부터 (1) 월안	매각결정기일로부터 1천만원 미만은 7일이내, 이상은 60일 이내
대금납부 기한	일시불(매각허가결정 확정일로부터 1개월 이내) 잔대금지급(기한)통지서 받고 즉시 납부가능	일시불. 매각결정일로부터 1천만원 미만은 7일이내, 1천만원 이상은 60일 이내 매각결정통지서 받고 잔대금지급기한 전 납부가능
소유권이전 등기촉탁 서비스	낙찰자가 처리(낙찰자가 촉탁관련 제비용 부담)	공사 등기촉탁 서비스 제공. 낙찰자는 부속서류만 준비
잔대금 불납시 입찰보증금 처리	(배당재단) 금액에 포함	국고, 지방자치단체 등에 귀속됨
토지거래허가	(불필요)	불필요
인도명령/명도책임	매수인은 대금납부 후 (6)개월 내, 점유권원없는자에게 인도명령 신청	명도책임 매수자. 명도소송으로 해결, 인도명령제도 없음
매수신청 대리입찰	(가능)	불가능. 압류재산
공동입찰	(가능)	가능

〈사례연구 20〉 [공매 최근 1년간 낙찰 통계]

2007.8월부터 2008.7월말 통계를 보면 전국 공매 낙찰건수는 7,396건(감정평가총액 8,408억원에 낙찰가액은 5,518억원)에 평균 낙찰가율 65.6%임을 알 수 있다.

지역별 통계분석 ('03.7월부터의 자료입니다)

기간	2007년 8월 ~ 2008년 7월	검색

선택하신 기간에 대한 조회결과입니다. 수치

지역	총 감정가(백만원)	총 낙찰가(백만원)	낙찰가율	낙찰건수
전체	**840,857**	**551,836**	**65.6**	**7,396**
서울	**158,742**	**119,725**	**75.4**	**594**
인천/경기	**318,104**	**210,742**	**66.2**	**1,842**
인천	46,936	36,397	77.5	395
경기	271,168	174,345	64.2	1,447
강원	**31,775**	**19,829**	**62.4**	**555**
충북	**46,171**	**24,300**	**52.6**	**462**
대전/충남	**56,309**	**39,076**	**69.3**	**712**
대전	19,299	12,790	66.2	80
충남	37,010	26,286	71	632
대구/경북	**29,398**	**20,532**	**69.8**	**626**
대구	7,230	5,457	75.4	100
경북	22,168	15,075	68	526
부산/울산/경남	**128,860**	**76,972**	**59.7**	**1,133**
부산	77,471	42,400	54.7	334
울산	15,591	12,793	82	114
경남	35,798	21,779	60.8	685
전북	**47,037**	**25,103**	**53.3**	**664**
광주/전남/제주	**24,461**	**15,557**	**63.5**	**808**
광주	9,349	4,965	53.1	97
전남	12,598	8,744	69.4	649
제주	2,514	1,848	73.5	62

〈사례연구 21〉 [국세징수법 중 공매관련]

제10절 압류재산의 매각

제61조(공매)

① 압류한 부동산을 공매에 붙인다. 「금융기관부실자산 등의 효율적 처리 및 한국자산관리공사의 설립에 관한 법률」에 의하여 설립된 한국자산관리공사로 하여금 이를 대행하게 할 수 있으며 이 경우의 공매는 세무서장이 한 것으로 본다.

제65조(공매보증금)

② 입찰보증금은 입찰가격의 100분의 10이상으로 한다.

④ 낙찰자 또는 경락자가 매수계약을 체결하지 아니한 때에는 입찰보증금은 국고에 귀속한다.

제66조(매수인의 제한) 체납자 또는 세무공무원은 직접 간접을 불문하고 압류재산을 매수하지 못한다.

중 략

제11절 청산

제83조(배분계산서의 작성)

① 배분계산서를 작성하고 이를 체납자에게 교부하여야 한다. 이 경우 배분대상자는 배분계산서를 작성하기 전까지 배분요구를 하여야 한다.

② 체납처분은 배분계산서를 작성함으로써 종결된다.

③ 매각재산에 대하여 전세권·질권 또는 저당권을 가진 자는 배분계산서의 열람을 청구할 수 있다.

〈사례연구 22〉 [알아두면 편리한 국유재산 일반상식]

국유재산을 대부(임대)받아 이용하거나 매수하는 절차를 살펴보자

제공 : 한국자산관리공사(2006.11)

잡종재산 대부 안내

1. 국유재산 대부

- 법률의 규정에 의하여 국가가 국가 이외의 자에 대하여 사법상의 계약을 체결하여 사용·수익하게 하는 것.
- 민법상의 임대차와 유사한 것이며, 잡종재산의 임대를 말함

2. 대부 방법

원칙 : 공개경쟁입찰방식

예외 : 수의계약방식

- 주거용으로 대부하는 경우
- 경작의 목적으로 실경작자에게 대부하는 경우
- 2회에 걸쳐 유효한 입찰이 성립되지 아니한 경우
- 기타 법률 등의 규정에 의하여 대부하는 경우

3. 국유재산 관리기관

한국자산관리공사	지방자치단체	한국토지공사
1. 일단의 면적이 5,000㎡ 이하인 토지 2. 건물과 그 부속토지 3. 매각을 위하여 용도폐지한 재산 4. 국세물납으로 인하여 취득한 재산 5. 한국자산관리공사에 위탁하는 것이 필요하다고 재정경제부가 결정한 재산	1. 농업진흥구역내 농경지 2. 상수원보호구역, 국립공원구역 등 개발제한구역내에 위치하거나 기타 관계법령에 의한 사용 또는 개발이 부적합한 재산 3. 지방자치단체에 위임하는 것이 필요하다고 재정경제부가 결정한 재산	1. 일단의 면적이 5,000㎡ 를 초과하는 토지 2. 한국토지공사에 위탁하는 것이 필요하다고 재정경제부가 결정한 재산

4. 대부기간 및 대부료

1) 대부기간은 다음 각호의 기간 이내에서 재산의 유형에 따라 결정
   - 10년 이내 : 조림을 목적으로 하는 토지와 그 정착물
   - 5년 이내 : 조림목적 이외의 토지와 그 정착물(상업 · 주거 · 경작용)
   - 1년 이내 : 기타의 물건

2) 대부료 산정 : 연간대부료 = 재산가액 × 사용요율

재산가액	사용요율
▪ 토지 : 당해 년도 개별공시지가 ▪ 건물 : 1개 감정평가법인의 평가금액	▪ 주거용 : 1천분의 25이상 ▪ 경작용 : 1천분의 10이상 ▪ 기타(상업용) : 1천분의 50이상

5. 잡종재산 매각 안내

1) 국유재산 매각
   - 국유재산은 재산의 위치, 규모, 형상, 용도 등으로 보아 매각하는 것이 유리하다고 판단되는 경우에 「관리계획 심의」를 거쳐 매각
   - 국유재산의 매각은 사법상의 계약이지만, 성격상 공법상의 제약이 있을 수 있음.

2) 매각 방법

   원칙 : 공개경쟁입찰방식

   예외 : 수의계약방식

   ① 국가지분면적이 특별시 · 광역시 : 300㎡, 기타 시지역 : 500㎡, 시 이외의 지역 : 1,000㎡ 이하의 토지를 공유지분권자에게 매각할 때

   ② 2회에 걸쳐 유효한 입찰이 성립되지 아니한 경우

   ③ 좁고 긴 모양의 폭이 5m이하로서 국유지 이외의 토지와 합필이 불가피한 토지

   ④ 좁고 긴 모양의 폐도, 폐구거, 폐하천으로서 인접 사유토지와 합필이 불가피한 토지

   ⑤ 시 이외의 지역에 위치한 농업진흥지역 안의 농지로서 10,000㎡이하의 범위 안에서 동일인이 5년 이상 계속 경작한 실경작자에게 매각하는 경우

   ⑥ 일단의 토지면적이 시 지역에서는 1,000㎡ 시 이외의 지역은 2,000㎡이하로서 1989.01.24 이전부터 국유 이외의 건물이 있는 토지

   ⑦ 건축법 제49조제1항의 규정에 의한 최소분할면적에 미달하는 일단의 토지로서 그 경계선의 2분의 1이상이 사유토지와 접하여 있는 경우 등

6. 자주 묻는 질문 (FAQ)

① 국유재산 대부 입찰이란?

국유재산의 사용자를 경쟁의 방법으로 선정하는 방식을 입찰이라 하며, 국유재산 대부는 사유재산의 임대와 같은 개념으로, 매각과는 별도입니다.

② 정보공개 및 대부 입찰은 어디에서 하는지?

국유 잡종재산에 대한 대부 입찰은 한국자산관리공사의 온비드시스템(www.onbid.co.kr)을 통하여 일반경쟁입찰로 피대부자를 결정하게 됩니다.

③ 전자입찰에 참가하기 위한 사전준비 사항은?

한국자산관리공사 온비드(www.onbid.co.kr)에 회원 가입 후 공인 인증기관으로부터 전자 입찰용(범용) 공인인증서를 발급받아 온비드에 등록하셔야 합니다.

④ 국유재산 대부계약 체결방법은?

정보공개, 입찰공고, 입찰참가 및 낙찰자 결정은 한국자산관리공사의 온비드시스템(www.onbid.co.kr)에서 일괄적으로 이루어지며, 대부계약은 낙찰된 금액 중 보증금을 제외한 잔대금 및 주민등록등본 등 관련서류를 지참하여 입찰 공고에서 정한 기일(5일) 이내에 공사를 방문하여 체결하여야 합니다.

- 한국자산관리공사 위탁재산 : 한국자산관리공사 국유재산관리1.2부
- 시 · 군 · 구 위임재산 : 관할 시 · 군 · 구청 재무과 · 회계과 등
- 한국토지공사 위탁재산 : 한국토지공사 국유재산관리처

⑤ 개인도 국유재산을 대부 받을 수 있는지?

대부를 받기 위한 자격에는 제한이 없으며, 자연인(개인)은 물론이고 법인, 외국인의 구분없이 누구든지 국유재산을 대부 받을 수 있습니다.

단, 종전 대부료 체납자, 국유재산에 관한 사무에 종사하는 공무원 및 공사직원 등 입찰참가가 제한되는 사람은 입찰에 참여하실 수 없습니다.

⑥ 대부료의 납부방법은?

대부료는 1년 단위로 선납함을 원칙으로 합니다.(국유재산법시행령 제27조제1항) 다만, 연간 대부료가 100만원을 초과하는 경우에는 연 4회 이내에서 분할 납부할 수 있으며 이 경우 잔액에 대하여 연 6퍼센트의 이자가 추가되며 또한, 연간대부료가 1,000만원 이상의 경우에는 연간 대부료의 100분의 50에 해당하는 금액을 대부계약일까지 보증금으로 예치하거나 이행보증조치를 하여야 합니다.

⑦ 국유재산을 대부 받기 위하여 반드시 입찰에 참여하여야 하는지?

대부방법에는 일반경쟁입찰 및 수의계약이 있는데, 원칙적으로 일반경쟁입찰로 대부하고 있으며, 법률에서 정한 일정한 요건하에서 수의계약으로 대부가 가능합니다.

〈수의계약 대상 예〉

- 주거를 목적으로 대부하는 경우
- 경작을 목적으로 실경작자에게 대부하는 경우
- 2회에 걸쳐 유효한 입찰이 성립되지 아니한 경우

〈참고사항〉

사유건물로 점유된 국유지를 주거용으로 대부하는 경우 건물소유자에게 수의계약으로 대부하고 있으나, 토지와 건물이 모두 국유재산인 경우에는 일반인에게 공평한 기회를 제공하고자 경쟁입찰에 의한 대부계약을 체결하고 있습니다.

⑧ 대부예정가격은 어떻게 결정되는지?

대부예정가격이란 연간대부료의 최저금액으로서 응찰자가 대부예정가격 이상으로 입찰하여야 낙찰을 받을 수 있습니다. 대부예정가격은 재산가액을 기준으로 10/1,000~50/1,000 요율을 곱한 금액으로 정하며 이 때, 재산가액은 토지의 경우 해당 공시지가에 면적을 곱하여 산정하고, 건물은 1개 감정평가법인이 평가한 감정평가액으로 합니다.

- 경작용의 경우 : 재산가액의 10/1,000 이상
- 주거용의 경우 : 재산가액의 25/1,000 이상

- 기타(상업용 등)의 경우 : 재산가액의 50/1,000 이상

2회이상 경쟁입찰을 실시하여도 낙찰자가 결정되지 아니하는 경우에는 3회부터 경쟁입찰을 실시할 때마다 최초 대부예정가격의 100분의 10에 해당하는 금액을 체감하여 최고 50%까지 체감할 수 있습니다.

⑨ 대부료가 고액일 경우 가격조정이 가능한지?

대부료는 국유재산법시행령 제26조의 방법에 의하여 산정되며, 재산관리기관이 임의로 조정 할 수 없습니다. 다만, 경쟁입찰을 2회 이상 실시하여 사용료 예정가격을 체감하여도 사용·수익자가 결정되기 어렵다고 인정되는 때에는 감정평가법인의 평가액을 사용료 예정가격으로 하여 새롭게 경쟁입찰을 실시 할 수 있습니다.

⑩ 대부기간이 종료되어 대부재산을 반환하는 경우 사용한 그대로 반환해도 되는지?

원칙적으로 대부재산을 원상회복하여 반환하여야 합니다. 다만 관리청이 사전에 원상의 변경을 승인한 경우에는 변경된 상태로 반환할 수 있습니다.

⑪ 인터넷 전자입찰 온비드(www.onbid.co.kr) 계약체결 시 본인이 직접 와야 하는지?

대리인을 통하여 계약체결이 가능하며 이 경우 위임장이 별도로 요구됩니다. 위임의 범위에는 계약체결에 관한 일체의 내용이 포함되어야 하며, 자연인의 경우에는 본인의 인감증명(법인의 경우에는 법인등기부등본 또는 초본과 대표이사 인감증명)이 첨부되어야 합니다.

※ 서식은 온비드 홈페이지 부가정보 > 자료실 > 서식자료 내에서 열람하실 수 있으니 참고하시기 바랍니다.

⑫ 대부물건을 낙찰 받아 1년 대부기간 종료 후 연장하여 사용하고자 할 경우 다시 입찰을 통하여 낙찰을 받아야 하는지?

모든 물건이 다 적용되는 것은 아니지만 대부분 경쟁입찰에 의하여 낙찰된 대부 물건은 첫해의 대부료는 최고입찰가로 결정하고, 최장 5년까지 대부계약을 체결할 수 있으며 1년 단위로 재 산정된 대부료를 납부합니다. 또한, 주거용 및 경작용으로 대부받은 재산을 제외하고는 5년 대부계약기간 종료 후 재산을 반납하고 다시 입찰을 통하여 낙찰을 받아야 사용하실 수 있습니다.

〈1년 단위 대부료 재산정 방법〉

- "당해연도의 재산가액 × [(입찰에 의하여 결정된 첫해의 사용료) ÷ (입찰당시의 재산가액)]"의 방식으로 산정함

⑬ 대부료를 체납하면 대부계약이 해지되는지?

대부료를 연체하였을 경우에는 납부하여야 할 대부료에 대하여 최고 연15%의 연체료를 가산하여 납부하여야 하며, 정당한 사유없이 원래의 납부기한을 3개월이상 경과하는 때에는 대부계약이 해지됩니다.

〈기타 대부계약 해지사유〉

- 공용·공공용 또는 공익사업에 필요한 때
- 대부계약자가 대부재산을 전대하거나 권리를 처분한 때
- 기타 국유재산 관계법령 및 계약조항을 위반한 경우
  (예 : 대부목적의 변경, 대부재산의 원상변경, 대부료 연체 등)

⑭ 대부재산상에 건물 등을 설치할 수 있는지?

국유지상에 건물, 기타 영구시설물의 축조는 허용되지 않습니다. 다만, 대부계약자가 토지 이용을 위한 최소한의 가설물을 설치하고자 할 경우 반드시 관할 행정기관에 허가 가능여부를 확인한 후 대부자(자산관리공사)와 사전 협의를 하여야 합니다.

이 경우에도 원상회복을 위한 조건(이행보증조치를 위한 증권 제출 또는 보증금납부)을 이행하여야 하며, 즉시 철거가 가능한 가설건축물 등에 한하여 설치를 허용하고 있습니다.

⑮ 대부기간 중 대부계약자가 사망한 경우 대부계약자를 변경할 수 있는지?

호적등본, 제적등본 등으로 사망사실이 확인된 경우에 한하여 상속인으로 명의를 변경할 수 있습니다. 이 경우 대부기간은 당초 대부받은 자의 잔여기간으로 합니다.

⑯ 대부계약을 체결하지 않고 국유재산을 사용할 경우 어떠한 불이익이 있는지?

당해 국유재산 대부료의 100분의 120에 상당하는 변상금을 납부하여야 하며, 대부계약이 만료된 후 다시 대부계약을 체결하지 아니하고 계속 사용하는 자에게도변상금을 부과・징수하고 있습니다. 변상금을 자진 납부하지 아니할 경우 체납자의 재산에 대한 압류 등의 법적 절차를 진행하여 체납변상금을 회수합니다.

⑰ 국유재산에 대해 1인이 응찰한 경우 어떻게 되는지?

국유재산은 입찰예정가격 이상의 유효한 입찰이 성립된 경우에 한하여 그 중 최고가액의 입찰자를 낙찰자로 결정하므로 1인이 응찰하여도 무방합니다.

다만, 2회에 걸쳐 유효한 입찰이 성립되지 않은 경우 입찰자가 원하는 경우에 응찰한 금액으로 수의계약을 체결할 수 있습니다. 동일한 최고가격으로 응찰한 자가2인 이상일 경우에는 온비드시스템에 의한 무작위 추첨으로 결정합니다.

⑱ 입찰에 참가하여 낙찰되었으나 대부계약을 체결하지 않는 경우 어떻게 되는지?

낙찰자는 입찰공고에서 정한 기일(5일) 이내에 주민등록등본 1통을 지참하여 대부계약 체결과 동시에 잔대금을 납부하여야 합니다. 만일 낙찰자가 이에 응하지 않을 경우에는 낙찰을 무효로 하고 입찰보증금은 국고에 귀속됩니다.

⑲ 주거용 건물을 2개 이상 낙찰 받을 수 있는지?

현실적으로 1인이 2개 이상의 건물에서 거주할 수 없으므로 거주를 목적으로 하는 주거용 건물에 있어서는 1인이 1주택에 한하여 낙찰 받을 수 있습니다. 만일, 1인이 수개의 주택에 대하여 동시에 입찰에 참여한 경우에는 본인 의사를 확인한 후 1주택만 유효한 입찰로 처리합니다.

⑳ 대부입찰시 유의사항은?

입찰물건 중 관련 법령 등의 규제와 구조, 품질, 수량 등이 입찰내용과 상이한 경우에도 현 상태로 대부하는 것이므로 사전에 공부열람과 현장확인을 충분히 하여야 합니다. 입찰물건은 공고한 용도대로 사용하여야 하며, 변경 가능한 동종의 용도로 변경사용을 원할 경우 사전에 대부자(자산관리공사)의 승인을 얻어야 합니다.

㉑ 낙찰 받은 대부재산을 타인이 사용할 수 있는지?

대부재산은 대부계약자만이 사용하여야 하며 타인으로 하여금 사용하게 할 수 없습니다. 만일, 대부계약자가 타인에게 대부재산을 사용하게 할 경우에는 대부자(자산관리공사)는 즉시 대부계약을 해지하게 됩니다.

㉒ 대부재산의 사용 용도를 변경할 수 있는지?

국유재산은 계약서의 사용목적대로 사용하여야 하고, 대부계약자가 개축 또는 목적 변경을 하고자 하는 경우에는 반드시 사전에 대부자(자산관리공사)와 협의하여야 하며, 이를 위반할 경우에는 대부계약이 해지됩니다.

㉓ 건물이 노후화된 경우 대부자가 보수공사를 해주는지?
건물의 보수는 수익자(사용자)가 부담함을 원칙으로 합니다. 다만, 건물의 안전에 지장이 있는 경우 건물의 외관이나 기본설비에 이상이 있어 대부계약자가 재산을 사용하기 어려운 경우에는 대부자(자산관리공사)의 부담으로 건물을 수리할 수 있습니다.

㉔ 대부기간 중에 발생한 각종 공과금은 누가 부담하는지?
대부재산의 사용과 관련하여 발생하는 제반 공과금(수도료, 전기료, 단전·단수복구비용, 가스료, 환경개선부담금, 관리비, 화재보험료 등)은 대부계약자가 부담하여야 합니다.

㉕ 매각 결정된 경우 기존 대부계약자에게 우선 매수권이 있는지?
기존 대부계약자에게 수의계약 등 우선권은 부여하지 않고 있으며, 입찰공고를 통하여 일반경쟁입찰방식에 따라 매각하고 있습니다.

㉖ 국세물납 비상장주식 매수시 납부해야 하는 제세공과금은 무엇이 있는지?
국세물납 비상장주식 매수시 매수자가 납부해야 할 제세공과금은 없습니다.

㉗ 온비드를 통해 공개된 매각가능재산은 모두 매수 가능한지?
일반적으로 매각절차는 매수신청서 접수 후 국유재산법에서 정하는 바에 따라 [국유재산 관리계획] 계상 절차를 거쳐 진행하게 됩니다.
그러나 정보공개 대상재산에 대해서는 매수신청서를 접수했다 하더라도 [국유재산 관리계획]에 부합하지 아니한 경우에는 매각절차를 진행할 수 없습니다.

〈사례연구 23〉 [국유재산공매공고]

공고제목 : 2008년도 제7회 국유재산 매각 공고

1. 매각대상 재산의 표시

■ 기본정보

공고기관	한국자산관리공사	담당부점	국유재산관리1부
담당자	박성호	담당자 E－mail	park35@kamco.or.kr
소속부서	국유정책기획실	전화번호	02－3420－5761

공고종류	일반공고	공고번호	200807－00862－00
공고일자	2008/07/11	기관공고번호	
공고년도	2008	공고회차	007
자산구분	국유재산		
공고대상자산	국유재산		
공고매체	지정정보처리장치(온비드),지정정보처리장치(ON－BID)		

입찰방식	일반경쟁	처분방식	매각
총액단가구분	총액	참가자격	
재공고가능여부		재입찰가능여부	불가능
공동입찰 허용	가 능(서류제출방식)	대리입찰 허용	가 능
기타사항			

물건목록과 같음

■ 입찰정보

입찰방식	공매 (2회 이상 입찰서 제출불가)
전자보증서 사용	모든 물건에 전자보증서를 사용하실 수 있습니다.

입찰일시 및 장소(입찰시작 : 2008. 7.21 10 : 00－ 2008.7.22 18 : 00, 개찰일시 : 2008.7.23 10 : 00, 참가수수료 10%

공 고 문

1. 매각대상 재산의 표시

물건목록과 같음

2. 입찰참가 자격

가. 모든 사람 (내·외국인 및 법인 포함)의 참여가 가능합니다. 단. 입찰번호3번은 연접토지소유자로서 입찰참가대상통지를 받은 자로 제한합니다.

나. 대리인이 입찰에 참가하고자 하는 경우에는 입찰기간 중에 대리입찰신청서 (입찰자의 날인 및 인감증명이 첨부된 위임장)를 작성하여 한국자산관리공사 국유정책기획실에 제출하여야 합니다.

다. 2인 이상이 공동명의로 입찰에 참가하고자 하는 경우에는 대표입찰자 1인의 명의로 입찰에 참가하여야 하며, 입찰기간 중에 공동입찰신청서를 한국자산관리공사 국유정책기획실에 제출하여야 합니다.

* 대리입찰신청서 및 공동입찰신청서는 온비드(http : //www.onbid.co.kr)의 부가정보－자료실－서식 자료란의 국유재산서식을 참조하시기 바랍니다.

라. 민법상 만20세 미만의 미성년자 명의로 입찰에 참가하고자 하는 경우에는 입찰 기간 중에 법정대리인의 미성년자 입찰 참가 동의서(법정대리인 인감증명서 및 주민등록등본 첨부)를 한국자산관리공사 국유정책기획실에 제출하여야 합니다.

3. 입찰일시 및 낙찰자발표

－ 입 찰 일 시 : 2008.7.21 10 : 00 ~ 2008.7.22 18 : 00

－ 낙찰자 발표 : 2008.7.23 13 : 00 이후, 전자자산처분시스템(http : //www.onbid.co.kr)

4. 입찰방법

일반경쟁입찰에 의합니다. 단, 입찰번호 3번은 지명경쟁입찰에 의합니다.

5. 입찰참가 전 준비사항

입찰자는 입찰참가 전까지 온비드(www.onbid.co.kr) 회원 가입 후 공인인증기관으로부터 전자입찰용(범용)공인인증서를 발급받아 온비드에 등록하여야 합니다.

6. 입찰보증금

가. 입찰자는 매수하고자 하는 금액의 10%이상에 해당하는 금액(현금, 입금창구 은행이 발행한 즉시 현금화가 가능한 수표 또는 보증보험증권)을 인터넷입찰 마감 전까지 온비드에 지정된 예금계좌에 입금하여야 합니다.

나. 입찰결과 무효 또는 유찰된 경우 입찰보증금은 입찰자가 지정한 환불계좌로 이자없이 환불되며, 별도의 송금 수수료가 발생될 경우에는 입찰보증금에서 이를 공제합니다.

7. 입찰의 무효 및 취소

가. 입찰보증금을 납부하지 아니한 입찰, 동일물건에 대하여 동일인이 2통 이상의 유효한 입찰서를 제출한 입찰, 기타 입찰공고에 고지한 내용을 위반한 입찰은 무효로 처리하며, 계약체결 이후 위반사실이 발견될 경우에도 계약을 취소할 수 있습니다.

나. 공고일 이후 입찰 종료 시까지 공고물건에 대하여 불가피하게 취소사유가 발생한 경우에는 해당 물건의 입찰을 무효 처리합니다.

다. 입찰 진행 시 온비드 장애 및 기타 사유로 인하여 입찰 진행이 어려운 경우에는 인터넷 입찰을 연기 또는 중지할 수 있습니다.

라. 입찰번호 3번에 대하여 입찰참가통지를 받지 않은 자의 입찰은 무효로 처리합니다.

8. 낙찰자 결정방법

가. 한국자산관리공사는 온비드 시스템에서 전자적 방법으로 일괄 개찰하여 매각예정가격 이상으로 유효한 입찰이 성립한 경우에 한하여 그 중 최고가액의 입찰자를 낙찰자로 결정합니다.

나. 동일한 최고가격으로 입찰한 자가 2인 이상인 경우에는 온비드 시스템에 의한 무작위 추첨으로 낙찰자를 결정합니다.

9. 계약체결 및 대금납부방법

가. 낙찰자는 낙찰일로부터 5일 이내에 주민등록등본 1통 및 인장을 지참하여 매매계약을 체결해야 하며, 이에 응하지 않을 경우에는 낙찰을 무효로 하고 입찰보증금은 국고에 귀속됩니다.

나. 매매계약 체결일로부터 60일 이내에 잔대금 전액을 납부해야 하며, 미납 시 매매계약은 해지(해제)되고 입찰보증금은 국고에 귀속됩니다.

다. 외국인 등이 「외국인토지법」제4조제2항의 규정에 의하여 토지거래허가를 받아야 하는 경우에는 시장·군수 또는 구청장에게서 토지취득허가증을 교부 받은 날로부터 5일 이내에 매매계약을 체결하여야 하며, 외국인 등이 토지취득허가증을 받지 못한 경우에는 낙찰취소 또는 수의계약 요청을 무효로 하고 보증금은 낙찰자 또는 수의계약 요청자에게 반환됩니다.

라. 농지법 등 관계 법령에 의하여 농지취득자격증명이 필요한 경우 등 취득(소유권 등기)이 제한되는 사항은 매수자가 갖추어야 할 요건이므로 사전 확인 후 응찰하시기 바랍니다.

10. 물건별 부대조건

매매계약 내용이나 기타조건 등 상세사항은 물건기본정보에 표시된 담당부서에 필히 문의(확인)하시고 입찰하시기 바랍니다.

11. 공통조건

가. 입찰물건 중 관련 법령 등의 규제, 구조, 규격, 품질, 수량 등이 입찰내용과 상이한 경우에도 현 상태대로 매각하는 것이므로 사전에 공부의 열람과 현장을 충분히 답사하시고 사실확인 후 입찰하시기 바랍니다.

나. 매매목적물에 표시되지 않은 물건(쓰레기, 산업폐기물 포함)의 명도나 철거는 매수자 책임이며, 매매목적물에 표시된 미등기건물에 대한 행정관청의 무허가 건물철거 명령에 따른 철거 책임(이행강제금, 벌과금 등 제비용 부담 포함)과 철거에 따른 매매목적물의 감소로

인한 손해도 매수자가 부담하여야 합니다.

다. 매매계약 체결 이후 계약이 해약되는 경우에는 과납금 중에서 계약보증금(국고귀속 사유 발생시), 원상회복비용, 제세공과금 등을 공제한 잔액만을 이자 가산 없이 반환합니다.

라. 기타 조건은 국유재산 관련 법령, 입찰참가자준수규칙에 의하며 동 법령, 규칙, 국유재산 매매계약서 및 감정평가서는 담당부서에 항상 비치되어 있사오니 사전에 열람하시기 바랍니다.

마. 매매계약의 당사자는 공인중개사의 업무 및 부동산 거래신고에 관한 법률 제27조에 의거 매매계약체결일로부터 60일 이내에 부동산의 관할 기초자치단체의 장에게 부동산 거래 내용을 신고할 의무가 있습니다.

12. 수의계약 안내

금번 매각 입찰결과 2회에 걸쳐 유효한 입찰이 성립되지 아니한 물건에 대해서는 입찰종료 후 차기 입찰공고 전일까지 공고된 매각예정가격 이상으로 수의계약이 가능합니다.

2008.7.11

한국자산관리공사 국유정책기획실장

135－752 서울특별시 강남구 역삼동 814

2-2. 폐교재산

"폐교"라 함은 「초·중등교육법」제2조의 규정에 의한 학교로서 학생수의 감소, 학교의 통폐합 등의 사유로 폐지된 공립학교를 말하며, "폐교재산"이라 함은 폐교되기 전에 직접 또는 간접으로 당해 학교의 교육활동에 사용되던 시설 기타 재산 중 공유재산을 말한다.

"애물단지 폐교가 보물단지 와인공장으로" 충북 영동군 와인코리아㈜ 관련기사가 2006. 9. 7 조선경제에 기사로 나왔다. 주요기사 내용으로는 당초 2001. 9월 공장을 폐교로 옮긴 뒤 건물 6동 6,000평 땅을 월200만원에 임차하다가 급성장하여 5년만에 매출50억, 폐교 9억원에 매입, 주민들에게는 포도납품 30억 이상 소득과 50여명의 일자리를 제공하였고, 이같이 애물단지 취급 받던 폐교시설들이 화려하게 변신하는 사례가 늘고 있다. 최근 서울 서초구는 2006년 3월 자매결연관계인 충남 태안군의 폐교부지를 매입 지상7층 건물의 휴양시설(객실 47개 규모)을 세웠다. 강원화천교육청도 2006년3월 화천읍에 있는 폐교를 지역주민을 위한 영어학습센터로 개조했다. 경북 의성군의 폐교를 농촌생태공원으로 개발한 이영훈씨는 "2010년이면 전국폐교가 5,000여개로 급격히 늘어난다"며 "폐교들은 대개 좋은 위치에 있어 요긴하게 활용할 수 있는 용도가 많다"고 논한다.

폐교자산은 온비드(www.onbid.co.kr)> 입찰공고> 공고상세검색에서 "000교육청 공유재산(폐교) 매각계획공고"를 통하여 많은 공고를 접할 수 있다(예, 경상남도 의령교육청공고, 충청남도 논산교육청 공고 등 통하여 매각하고 있음). 공고문(매각대상 재산의 표시, 매각사유, 공고기간, 매각예정시기, 공고목적, 매각예정가격, 매각용도지정 및 사업계획서 제출, 매각방법, 문의처 기재)을 살펴보면 전국각지의 폐교가 매각중임을 알 수 있고 아래와 같이 여러시설로 탈바꿈 되어가고 있는 실정이다.

〈전국 폐교시설 현황〉 2006년 3월말 기준 — 자료 교육인적자원부 —

총 폐교 수	처분(매각, 철거 등)	임대(교육,복지,산업시설 등)	미활용	비 고
3,032개	1,579	1,018	435	
여러 가지 시설로 탈바꿈 교육시설 229, 청소년 수련시설 114, 종교시설 17, 사회복지시설 70, 기업체 연수시설 27, 산업생산 시설 114, 주민복지 시설 151, 기타 286				

폐교재산은 전라북도교육청 (www.jbe.go.kr) 홈페이지 >폐교재산안내에서 또는 경상남도교육청(www.gne.go.kr) 홈페이지 >폐교활용안내 등에서 많은 자료를 접할 수 있다.

경남도교육청에 의하면 경남도내 초등학교가 26년간 절반이 폐교되었다. 1982년 농촌학교 통폐합 후 1006개에서 529개로 감소되어 결국, 2개교 중 1개교가 폐교되면서 477개 폐교(△47.5%)가 줄었다.

경남 통영(△45개), 합천(△36개), 거창(△35개), 함양(△35개), 진주(△35개), 거제(△34개) 등 섬 지역과 농촌지역의 폐교비중이 높아 농어촌 공동화 현상이 갈수록 심화되는 것으로 나타났다. 더욱이 앞으로 폐교될 가능성(전교생 60명 이하,그러나 1면 1교유지가 교육과학기술부 방침이다))이 있는 학교도 60개 정도로 예상되어 농어촌지역의 폐교가 더 늘어날 전망이다. 폐교가 크게 늘어나는 것은 저출산 현상 심화와 농촌 공동화로 인한 인구감소 등이 주요 원인인 것으로 분석되고 있다.

경남도교육청 도내 폐교 501개 중 243개는 매각, 35개는 교육청에서 학교, 유치원, 학생야영수련원 등으로 활용하고 있고, 223개는 자체 관리하고 있다. 이 중 유상대부 141개와 무상대부 8개를 제외한 74개가 미활용 폐교로 남아 있다. 그 동안 (유상)대부된 폐교는 수련시설 11개, 문화시설 28개, 학습(교육) 38개, 복지(복리) 27개, 기타 37개 로 사용중이다. 경남도교육청 재무과 폐교담당자는 미활용폐교 74개중 19개를 향후 매각하고36개를 유상 대부할 계획이며, 지역주민 의견 최대한 반영할 계획이라고 한다.

경남도 교육청 관내 폐교현황(2008.7.1.현재)

교육청	총폐교수 [A=B+C]	처리 종결[B]			관리하고 있는 폐교[C=D+E]	대부(임대) 중인 폐교[D]	활용계획 (미활용)[E]
		매각	자체활용	계			
창원	8	5		5	3	3	
마산	15	2	1	3	12	7	5
진주	35	14	3	17	18	9	9
진해	3	2		2	1	1	

통영	45	26	1	27	18	12	6
사천	22	11	2	13	9	7	2
김해	6	1	1	2	4	4	
밀양	26	12		12	14	13	1
거제	34	10	4	14	20	14	6
양산	2	2		2			
의령	27	18	1	19	8	4	4
함안	18	9	1	10	8	5	3
창녕	31	20	3	23	8	5	3
고성	31	16	2	18	13	8	5
남해	30	15	3	18	12	1	11
하동	31	10	2	12	19	15	4
산청	31	18	4	22	9	9	
함양	35	23	3	26	9	5	4
거창	35	14	2	16	19	11	8
합천	36	20	1	21	15	12	3
합계	501	248	34	282	219	145	74

※참고사항

① '매각', '자체활용' 중인 폐교는 매매 및 대부(임대)의 대상이 될 수 없어 탑재하지 않음.
② '미활용 폐교 향후 계획'의 계획은 변경될 수 있음.
③ '자체활용'은 교육청에서 학교, 유치원, 학생야영수련원 등으로 사용하고 있음.

〈폐교재산 활용 우수사례〉

교육청별	폐교명	우 수 사 례
마산	상북초등	○ 삼진미술관으로 운영하면서 지역문화 센타로서의 그 역할을 하고 있음. ○ 마산교육청으로부터'Artspool 삼진미술관 쉼터 조성 계획'을 승인 받아 마산시로부터 문화예술진흥기금 5천만원을 지원받아 지역주민들의 휴식공간을 마련함.
	양촌초등	○ 문화관광부와 마산시로부터 예산 지원받고 부족한 재원은 자체 조달하여 마산 아트 센타 건립 ○ 2004년 개관 기념전을 시작으로 야외조각 전시장과 실내 전시장, 창작스튜디오, 판화공방, 도예공방 등을 운영하여 지역문화 센타로서의 그 역할을 다하고 있음.
진주	대암초등	○ 경상남도에서 경상남도소방안전교육장으로 활용, 지역의 학생 및 일반인에게 안전교육의 기회제공과 소방서 자체교육 및 훈련 등을 통한 국민의 생활안전을 보장할 수 있도록 최선을 다하고 있음.
거제	동령분교	○ 문화예술품 전시, 천연염색, 서양화 및 도예체험 교육장으로 활용하고 있고 또한, 유아 및 초・중 학생들의 도예현장체험, 전통천연염색 실습, 공예품 및 도예전시 등 연중 15,000여명이 관람 및 체험

교육청별	폐교명	우 수 사 례
창녕	남곡초등	ㅇ남곡 복지문화원으로 활용하고자 8천만원을 투자, 교실 리모델링하여 물리치료실을 갖춘 보건소 의료시설, 각종 급식소 등 후생복리시설, 서화각연구소, 서예실, 체력단련실, 야외운동장, 게이트볼장 등을 갖춘 지역 주민과 동창생들의 쉼터로 활용되고 있음.
고성	대장분교	ㅇ안정공단조선단지 협의회에서 조선관련 직업훈련원으로 유상대부 중에 있어 조선인력 양성에 이바지하여 지역경제 활성화에 기여하고 있음[1기당 60명 정원 수료 후 조선업계 100% 취업].
	삼오초등	ㅇ15명의 정신 지체장애를 보호관리하며 오전 9시부터 오후 5시까지 부모들의 경제활동을 자유롭게 할 수 있도록 지원하는 시설로 장애인 종일 및 주간보호, 직업재활교육, 물리치료 및 언어치료교육, 일상생활훈련 및 자립교육 등을 실시함.
하동	안심분교	ㅇ하동지역 특산 공예품(도자기) 등 지역특산물 및 문화 활성화에 기여하고 있으며, 하동지역의 흙으로 찻잔을 빚어 하동 차와 어울림(궁합)을 널리 홍보하며, 하동 특산물(녹차, 차 사발) 홍보 및 판매를 촉진하고 이를 널리 알리는 계기 마련함. ㅇ상설도예 교실도 운영하여 도예 교육을 활성화하고 있음.
산청	운리분교	ㅇ다물민족연구소가 운영하는 평생교육연수 시설로 활용하고 있으며, 개원 이래 총 14만7천여명 연수 수료 ㅇ식당과 청소 등 마을과 진주지역 주민 6명을 임시직으로 10명은 정규 직원으로 채용하고 현지에서 생산되는 특산물과 농산물을 구매하는 등 지역주민들과 함께하는 공동체로서의 역할을 다하고 있음.
거창	석강초등	ㅇ거창군에서 예술창작스튜디오와 정보화 시범마을로 운영하고 있으며 건물을 리모델링하여 재산관리 효율성을 제고하였고 폐교활용에 대한 새로운 이미지를 보여줌으로 지역주민 정서는 물론 출신 동문들로부터 좋은 반응을 얻음 ㅇ농촌지역 주민의 정보화 격차해소 및 마인드 제고, 정보화 마을을 통한 주민 정보화 역량강화 및 소득증대에 기여함.
합천	자양분교	ㅇ국민기초생활수급 대상자의 소득증대 및 생활환경 개선을 위한 영농사업과 교육 및 연수 장소로 활용하여 현재 12명의 기초생활 수급자와 교육생들이 농작물을 직접 생산·판매하여 재활에 대한 의욕과 삶의 보람을 찾게 하고 있음.
	낙진분교	ㅇ황토체험 학교를 운영하며 방학기간을 이용 지역 주민과 학생들에게 일상생활 속 황토의 중요성을 일깨워 주며 폐지학교의 새로운 모습으로 누구나 한번 찾아가서 배우고 여가생활을 즐기고 싶은 곳으로 승화시키고 있음.

〈사례연구 1〉 [폐교 매각공고]

전라남도여수교육청 공고 제 2006- 47호
폐교재산 매각계획 공고

1. 매각대상 재산의 표시

<table>
<tr><th>건 명</th><th>구 분</th><th>소 재 지</th><th>면적(㎡),수량</th><th>예정가격(원)</th></tr>
<tr><td rowspan="4">폐지학교 매각
('구'화정초제도분교장)</td><td>토 지</td><td>여수시 화정면 제도리 284외
3필지</td><td>5,576</td><td rowspan="4">118,101,300</td></tr>
<tr><td>건 물</td><td>같은 곳</td><td>449.1(6동)</td></tr>
<tr><td>공작물</td><td>같은 곳</td><td>게양대</td></tr>
<tr><td>입목죽</td><td>같은 곳</td><td>은행나무
외4종34주</td></tr>
</table>

2. 매각사유 :
   '구'화정초제도분교장은 1946. 3. 20.설립되어 1995. 3. 1.자 폐지된 학교로써 향후 교육 목적으로 다시 활용할 계획이 없고, 현재 미활용 상태에 있어 노후화된 건물은 주변 자연 환경을 저해하고 있으며 무단침입에 무방비 상태로 노출되어 있어 화재 및 붕괴 등의 안전사고 발생의 우려가 제기되고 있기에 폐교가 건전한 목적으로 사용되어 위와 같은 문제점을 해소할 뿐만 아니라 토지의 활용도를 높일 수 있도록 매각하고자 함.
3. 공고목적 : 폐교 재산 매각 일정 안내 및 지역주민 의견 수렴
4. 매각예정시기 : 2006년 8월 이후
5. 공고기간 : 2006.07.06일 - 2006.08.07일
6. 매각가격 결정 :
   지가공시및토지등의평가에관한법률에 의한 감정평가법인 2개 이상 평가한 감정평가 금액을 산술 평균한 금액 이상의 최고가
7. 사업계획서 제출 :
   폐교재산의활용촉진을위한특별법시행령 제3조제1항 각호의 목적 및 해당자로서 매입을 희망하는 자는 붙임의 매입 의향서 사업계획서를 2006.08.07(월)까지 제출
8. 매각방법
   가. 관련근거
      폐교재산의활용촉진을위한특별법 제5조 및 동법시행령 제3조
      공유재산및물품관리법 제36조
   나. 매각방법
      · 7번항 조건의 1인 매입의향서 제출 시 수의계약
      · 7번항 조건의 2인 이상 시 매입의향서 제출 시 공개경쟁입찰
      · 매입의향서 미제출시 재산관계법령에 의함
9. 기타사항 :
   가. 본 폐교는 위락 또는 향락시설, 오폐수시설, 혐오시설 등 지역주민들의 위화감을 조성하는 업종은 경쟁입찰에 참가할 수 없습니다.
   나. 본 매각공고 기간 중 의견수렴 결과에 따라 매각여부 및 매각일정은 변동 가능

본 공고사항에 이의 사항이 있으면 반드시 서면으로 공고 기간 내 전라남도여수교육청 관리과 경리담당부서(061－690－5587) 로 의견서를 제출하여 주시기 바랍니다.

위와 같이 공고합니다.

2006년 7월 6일

전라남도 여수교육청 교육장

공유재산 매입 신청서

구 분	내 용				비 고
성 명					
주민등록번호					
주 소					
연 락 처	전화번호		핸드폰		
매입대상공유재산					
매 입 희 망 일 자					
매입목적(구체적으로)					
기타사항					

년 월 일

신청인 : (인)

전라남도여수교육청교육장 귀하

사 업 계 획 서

폐교명				
사업명				
대표자	성 명		주민등록번호	
	주 소		전화번호	
사업개요	1. 사업계획 가. 사업시기 : 년도부터 나. 사업목적(구체적으로 기재) 다. 운영계획 라. 투자계획 마. 기대효과			

본인은 귀 기관의 공유재산 매각 공고에 따라 낙찰이 되면 본 사업계획서의 사용목적에 위배하여 사용하지 않을 것과, 동 계획서가 허위로 작성된 경우 귀청의 어떠한 요구에도 응할 것을 확약하며, 위와 같이 계획서를 제출 합니다.

2006. . .

대표자 (인)

전라남도여수교육청교육장 귀하

매 각 재 산 목록

(화정초제도분교장)

1. 부지현황

연번	소재지	지번	지목	면적(㎡)	비고
1	여수시 화정면 제도리	284	학	2,179	
2	“	224-1	학	2,761	
3	“	331-1	도로	240	
4	“	284-1	학	396	
소계				5,576	

2. 건물현황

연번	소재지	지번	용도	구조	면적(㎡)	비 고
1	여수시 화정면 제도리	284	교사	시멘트벽돌조	357.7	
2	“	224-1	관사	시멘트벽돌조	28	
3	“	224-1	창고	경량철골조	22	
4	“	224-1	화장실	시멘트벽돌조	9.9	
5	“	224-1	샤워장	시멘트벽돌조	5.6	
6		224-1	숙직실	시멘트벽돌조	25.9	
소계					449.1	

3. 공작물

연번	종목	소재지	지번	용도	구조	수량(식)	비고
1	수도	여수시 화정면 제도리	산291	우물	기타	1	멸실
	국기게양대		224-1	게양대	철제	1	
계						1	

4. 입목죽

연번	수종	수량	비고	연번	수종	수량	비고
1	은행나무	11		4	삼나무	2	
2	가이스카향나무	19		5	돈나무	1	
3	동백나무	1		계	은행나무외 4종34주		

〈사례연구 2〉 [폐교재산의활용촉진을위한특별법 질의]

고령회원의 노인성질환에 대한 서비스를 제고하기 위하여 폐교된 학교시설에 노인요양시설을 설립·운영하고자 하는『국가유공자 등 단체설립에 관한 법률』의 규정에 의한 단체(대한민국상이군경회·대한민국전몰군경유족회·대한민국전몰군경미망인회 등)에 대해서도 폐교재산을 우선하여 매각할 수 있는지 여부

⇒『국가유공자 등 단체설립에 관한 법률』의 규정에 의한 단체가 고령회원의 노인성질환에 대한 서비스를 제고하기 위하여 폐지된 학교시설에 노인요양시설을 설립·운영하고자 하더라도 동 법률에 의한 단체에 대하여는 폐교재산을 수의계약에 의하여 매각할 수 없습니다.

『폐교재산의 활용촉진을 위한 특별법』

제5조(대부등에 관한 특례)

① 시·도 교육감은 폐교재산을 교육용시설·사회복지시설·문화시설·공공체육시설로 활용하고자 하는 자 또는 소득증대시설로 활용하고자 하는 지역주민에게는 당해 폐교재산의 용도와 그 용도에 사용하여야 할 기간을 정하여 수의계약에 따라 대부 또는 매각할 수 있다.

– 중 략 –

③ 시·도 교육감은 사용료를 감액하여 대부할 수 있다.

1. 국가 또는 지방자치단체가 폐교재산을 교육용시설·사회복지시설·문화시설·공공체육시설 또는 소득증대시설로 사용하고자 하는 경우
2. 단체 또는 사인이 폐교재산을 교육용시설·사회복지시설·문화시설 또는 공공체육시설로 사용하고자 하는 경우
3. 영농조합법인, 지역주민이 공동으로 폐교재산을 소득증대시설로 사용 하는 경우

– 중 략 –

⑤ 시·도 교육감은 폐교재산이 5년 이상 활용되지 않은 상태로 3회 이상 대부 또는 매각 공고를 하였으나 대부 또는 매수하려는 자가 없는 때에는 그 폐교재산을 무상으로 대부할 수 있다.

1. 국가 또는 지방자치단체
2. 당해 폐교가 소재한 지역의 영농조합법인, 농업회사법인
3. 폐교재산을 전부 기부한 자 또는 그 일부를 소유하고 있는 자
4. 폐교재산이 소재한 지역으로서 주민등록이 되어 있는 자 5인 이상

『폐교재산의 활용촉진을 위한 특별법시행령』 제3조 (수의계약에 의한 대부 및 매각 등)

① 폐교재산의 매각 또는 대부 공고일 이전에 1년 이상 폐교 당시 해당 학교의 학생통학구역 안에 주민등록이 되어 있는 자로서 실제로 거주하여 온 주민을 말한다.

② 연간 대부료율은 해당 폐교재산평정가격의 1천분의 10을 하한으로 하여 해당 특별시·광역시·도 및 특별자치도의 조례로 정한다.

③ 대부기간은 10년 이내로 하되, 이를 갱신할 수 있다. 이 경우 갱신기간은 갱신할 때마다 10년을 초과할 수 없다.

중 략

〈사례연구 3〉 [공유재산(폐지학교) 수의계약 매각계획 공고]

경상남도하동교육청공고 제 2008- 15호
공유재산(폐지학교) 수의계약 매각계획 공고

1. 건명 : (폐)고전초등 고하분교장 매각
2. 매각재산의 표시

학교명	구분	소재지	지번(용도)	수량	매각용도	비고(조건)
고전초등 고하분교장	토지	하동군 고전면 고하리	151-7번지 외 2필지	11,496㎡	사회(노인) 복지시설	사회(노인) 복지시설로 활용토록 특약등기
	건물		위 지상 교사 외 6동	1,285.14㎡		
	공작물		위 지상 담장외 4식	5식		
	입목죽		위지상 목련 외 6종	30그루		

3. 매각사유 : 보건복지부의 2008년도 노인복지시설 기능보강 국고보조사업 계획에 의거 하동군 고전면 고하리 124번지 추○○0(지역주민)이 폐교를 리모델링하여 노인 복지시설을 설치하고자 신청하여 대상 사업이 확정 통보됨에 따라, (폐)고전초등 고하분교장을 노인 복지시설로 활용하고자 매수신청을 하여 폐교재산을 매각하여 교육재정에 재투자코자 함.
4. 매각방법 : 폐교재산의활용촉진을위한특별법 제5조 제1항에 의한 수의계약
5. 매각예정자 : 하동군 고전면 고하리 124번지 추○○
6. 매각 예정가격 : 「부동산 가격공시 및 감정평가에 관한 법률」에 의한 2개 이상의 감정평가법인에 의뢰하여 평가한 감정평가액을 산술평균한 금액 이상으로 하며 감정평가 비용을 포함함.
7. 공고기간 : 2008.06. 09. ~ 2008.07. 09.까지(30일)
8. 매각시기 : 공고게시 완료일 이후
9. 본 공고사항에 이의가 있으면 공고 기간 내에 경상남도하동교육청 관리과 경리담당 부서(055-880-1974) 로 반드시 서면으로 아래 의견서를 제출하여 주시기 바랍니다.

위와 같이 공고합니다.

2008년 06월 09일

경상남도하동교육청 교육장

의 견 서

<table>
<tr><td>구 분</td><td colspan="4">내 용</td><td>비 고</td></tr>
<tr><td>성 명</td><td colspan="4"></td><td></td></tr>
<tr><td>주민등록번호</td><td colspan="4"></td><td></td></tr>
<tr><td>주 소</td><td colspan="4"></td><td></td></tr>
<tr><td>연 락 처</td><td>전화번호</td><td></td><td>핸드폰</td><td></td><td></td></tr>
<tr><td colspan="6">의 견 내 용</td></tr>
</table>

2008년 월 일

신청인 : (인)

경상남도하동교육청교육장 귀하

3. 법원에서 보낸 통지서

3－1. 법원에서 임차인 · 채권자에게 보낸 통지서

법원에서 주택 및 상가 임차인, 각 채권자 등 이해관계인에게 각종 통지서를 발송하는데 가령, 임차인이 통지서를 못 받아 배당요구종기까지 배당요구신청을 놓쳤다고 후회한 들 버스 지난 뒤 손 흔들기에 지나지 않는다.

먼저 경매가 진행되면 신문에 1차 매각기일을 알리면서 경매부동산의 매각공고를 하고, 이해관계인에게 최고서(채권의 유무, 그 원인 및 액수 내역을 배당요구종기까지 이 법원에 신고요청)를 보낸다. 임차인에게도 통지서를 보내어 경매사건의 배당요구종기까지 만일 배당요구를 하지 아니하거나 임차권등기를 경료함이 없이 배당요구 종기 이전에 임차주택에서 다른 곳으로 이사가거나 주민등록을 전출하여 대항요건을 상실한 경우에는 우선변제를 받을 수 없다는 통지서를 발송하는데 꼼꼼히 읽어 자기 권리를 찾아야 한다. 임차인과 임금채권자, 경매 후 가압류등기자 등은 잘 살펴보아야 하며 배당기일 배당이 안되어 후회하는 일이 없도록 하여야 하겠다.

〈사례연구 1〉 [경매절차진행사실의 주택임차인에 대한 통지]

(개정 2007.09.28 재판예규 제1151호)

경매법원은 집행관의 현황조사보고서 등의 기재에 의하여 주택임차인 또는 상가건물임차인으로 판명된 자, 임차인인지 여부가 명백하지 아니한 자, 임차인으로 권리신고를 하고 배당요구를 하지 아니한 자에 대하여 전산양식 통지서를 송부하여 주택임대차보호법 제3조 제1항 또는 제2항이 정하는 대항요건과 임대차계약서(제3조제2항의 경우에는 법인과 임대인 사이의 임대차계약서를 말함)상의 확정일자를 구비한 임차인 또는 같은 법 제8조 제1항이 정하는 소액임차인이거나, 상가건물임대차보호법 제3조 제1항이 정하는 대항요건을 갖추고 임대차계약서상의 확정일자를 받은 임차인 또는 같은 법 제14조 제1항이 정하는 소액임차인이라도 배당요구종기까지 배당요구를 하여야만 우선변제를 받을 수 있음을 고지하시기 바랍니다.

〈사례연구 2〉 [법원 경매부동산의 매각공고]

법원 경매부동산의 매각공고

1. 매각물건의 표시 및 매각조건

〈경매2계〉

사건번호	매 각 물 건			감정평가액 최저매각가격 (단위;원)	비 고
	물건 번호	소재지 및 면적	용도		

[아파트]

2006타경 42548	1	창원시 천선동 1234 성원아파트 1층 101호 84.9643㎡	아파트	170,000,000 170,000,000	토지별도등기있음
	2	동소 1157 성원아파트 1층 102호 84.9643㎡	아파트	170,000,000 170,000,000	토지별도등기있음

[단독주택]

2006타경 23073 2006타경 39641 [병합]	1	김해시 진례면 담안리 1023 360㎡	목장용지	44,946,000 44,946,000	일괄매각 제시외건물포함. 3목록 현황 일부 "구거"임. 농지취득자격증명요
	1	동소 1024　724㎡	답		
	1	동소 1023　110㎡ 제시외작업장 50.0㎡	축사		

[연립주택/다세대/빌라]　　— 생 략 —
[대지/전답/임야]　　— 생 략 —
[상가, 오피스텔, 근린시설]　　— 생 략 —
[자동차, 중기]　　— 생 략 —

• 공고된 부동산의 면적표시는 실제와 다소간의 차이가 있을 수 있습니다.

※ 특별매각조건

농지법상 농지취득자격증명을 제출해야 하는 최고가매수신고인이 매각결정기일까지 농지취득자격증명을 제출하지 아니함으로써 매각이 불허가 될 때에는 매수신청보증금을 반환하지 않고 이를 배당시 매각대금에 산입한다.

2. 매각기일　　: 2008.7.18[목] 10 : 00

3. 매각결정기일 : 2008.7.24[목] 14 : 00

4. 매각장소 : 00지방법원 제　　호 입찰법정

5. 매각방법

① 입찰법정에 비치된 기일입찰표에 사건번호, 입찰자의 성명, 주소, 입찰가격, 보증금액 등을 기재하고 날인하여 보증금을 함께 입찰봉투에 넣어 입찰함에 투입하면 됩니다. 매수신청의 방법으로는 최저매각가격의 1할에 해당하는 금융기관 발행의 자기앞수표 또는 현금을 준비하거나 지급보증위탁계약을 체결한 문서[일면 보증서]를 준비해야 합니다.

② 2인 이상이 공동으로 입찰하고자 하는 경우에는 입찰표에 각자의 지분을 명확하게 표시하여야 합니다.

③ 입찰봉투의 투입이 완료되면 곧 바로 개찰을 실시하여 최고의 가격으로 응찰한 사람을 최고가매수인으로 정하고, 최고의 가격으로 입찰한 사람이 2인 이상인 경우에는 그 입찰자들만을 상대로 추가입찰을 실시합니다.

④ 최고가매수인을 제외한 다른 매수신청인들의 매수신청보증금은 입찰절차가 종결되는 즉시 반환합니다.

6. 매각허가 및 대금납부

① 최고의 가격으로 응찰한 사람에 대하여 매각결정기일에 매각허가 여부를 최종적으로 결정하

고, 매각허가결정이 확정되면 대금지급기한까지 매각대금을 납부하여야 합니다. 대금납부기한은 통상 매각허가결정이 확정된 날로부터 1개월 이내로 지정합니다.

② 지정된 대금납부기한까지 대금을 납부하지 아니하면 재매각을 실시합니다. 다만, 재매각기일로 지정된 날의 3일전까지 종전 매수인이 매각대금 및 지연이자, 비용을 납부하면 대금납부로서 유효하며, 따라서 재매각은 실시하지 아니합니다.

7. 소유권이전 및 인도

① 매각대금을 납부함으로써 당해 부동산의 소유권이 매수인에게 이전되며, 각종 저당권, 가압류 등은 순위에 관계없이 원칙적으로 소멸됩니다. 소유권이전등기 및 저당권이나 가압류의 말소등기를 위해서는 등록세와 지방교육세를 낸 영수증을 첨부하고, 국민주택채권발행번호를 기재한 신청서를 법원에 제출하면 법원이 위 등기를 촉탁하여 줍니다.

② 매각대금을 납부하였음에도 불구하고, 채무자, 소유자 또는 대항력없는 부동산 점유자가 매수인에게 부동산을 인도하여 주지 아니하면 법원에 인도명령을 신청할 수 있습니다.

8. 주의사항

① 매각된 주택 또는 상가에 최선순위의 저당권이 설정된 날짜보다 먼저 주민등록전입신고를 마치고 거주하고 있는 임차인이나, 사업자등록신청을 마친 임차인이 있을 때에는 그 임차보증금을 매수인이 인수하여야 하는 경우가 생길 수 있습니다.

② 일반인들의 열람에 제공하기 위하여 매각기일 1주일 전부터 매각물건명세서, 현황조사보고서 및 평가서의 사본 등을 우리법원 민사집행과에 비치하여 열람에 제공하고 있으므로 미리 필요한 정보를 얻으신 후 응찰여부를 판단하시기 바랍니다.

③ 특별매각조건의 내용은 매각물건명세서의 열람을 통하여 확인할 수 있습니다.

④ 입찰법정에 나오실 때에는 입찰표의 기재 및 입찰보증금의 반환에 필요하오니 신분증과 도장을 가져 오시기 바라며, 타인의 대리인으로 응찰하려고 하는 사람은 인감증명을 첨부한 위임장을 반드시 입찰표와 함께 제출하여야 합니다.

⑤ 소유권이전에 농지취득자격증명이 요구되는 농지의 경우에는 최고가 매수인으로 결정된 후 매각결정기일까지 농지취득자격증명을 제출하여야 매각이 허가됩니다. 단, 도시계획확인원 등에 의하여 농지취득자격증명이 필요하지 않음이 소명된 경우에는 매각이 허가될 수 있습니다.

⑥ 공고된 물건 중에 매각기일전에 집행신청이 취하되거나 정지된 경우, 또는 매각기일이 변경된 경우에는 별도의 공고없이 입찰에서 제외됩니다.

⑦ 신문에 공고되는 물건은 최초의 매각기일에 해당되는 물건이며, 속행사건에 대해서는 별도로 신문공고를 하지 않으므로 우리법원 게시판의 공고나 법원에 비치된 매각물건명세서를 참조하시기 바랍니다.

⑧ 매각대금을 납부하기 전까지 채무자가 채무를 변제하면 입찰이 취소될 수 있습니다. 이때에는 매수신청인이 제출한 매수신청보증을 반환합니다. 매각기일 공고의 요지는 대법원홈페이지에서 열람할 수 있습니다.

주소 : http//www.courtauction.go.kr[공고→부동산매각공고]대법원 홈페이지에서 공고내용외의 열람 가능한 정보는 법률상 제공하도록 정하여져 있지 아니한 것을 국민편의를 위하여 따로 제공한 것으로서, 혹시 그 중에 사실과 다른 내용이 있더라도 이를 이유로 매각불허가 신청이나 항고, 대금감액신청이나 손해배상의 청구를 할 수 없으므로, 관심 있는 물건에 관하여는 반드시 법원에 나오셔서 게시된 매각기일의 공고나 비치된 매각물건명세서를 직접 확인하신 후 입찰하시기 바랍니다.

2008. 7. 3

○○지방법원 사법보좌관 ○○○

〈사례연구 3〉 [가압류채권자에게 보낸 최고서]

○○지방법원 ○○지원 [경매 1계]

최 고 서

가압류권자 주식회사 ○○은행 귀하

사 건 2006타경5418 부동산임의경매
채 권 자 ○○농업협동조합
채 무 자 김채무
소 유 자 김소유(630123-1820910)
경남 창녕군 남지읍 마산리 1234

별지 기재 부동산에 대하여 2008. 6.18 경매개시결정을 하였는바. 귀하가 채무자 또는 소유자에 대하여 가진 채권의 유무, 그 원인 및 액수(원금, 이자, 비용 그 밖의 부대채권포함)내역을 배당요구종기인 2008.10.19까지 이 법원에 신고하시기 바랍니다.

2008. 7. 20.

법원주사보 김○○

법원소재지	밀양시 내이동 428번지
전화[장소]	350-2531(구내;531)

주 의 : 1. 배당요구종기까지 신고하지 않을 경우 배당에서 배제될 수 있습니다.
2. 귀하가 채권을 전부 변제받은 때에는 계산서에 갈음하여 그와 같은 내용을 담은 서면 (소관지점, 담당자, 담당자 전화번호를 병기)을 제출하여 주십시오.

부 동 산 의 표 시

1. 경상남도 창녕군 남지읍 마산리 1234
매각지분 김소유 지분 15830분의 10106
2. 경상남도 창녕군 남지읍 마산리 1235
위 지상
목조 아연지붕 단층주택
42.98㎡
목조 아연지붕 단층주택 33.06㎡

〈사례연구 4〉 [현황조사 명령 및 부동산현황조사보고서]

현황조사 명령

○○ 지방법원소속 집행관 귀하

사건 2008타경 4667 부동산강제경매
소유자 채무자와 같음

별지 기재 부동산에 대한 다음사항을 조사하여 기재한 현황조사보고서를 2008. 3.14.까지 제출하되(열람·비치용 사본 1부 포함), 야간·휴일 현황조사를 실시한 때에는 그 사유를 기재하여 주시기 바랍니다.

1. 부동산의 현황 및 점유관계

가. 부동산의 위치, 현황, 사용용도 및 내부구조 등(현장 도면 및 사진을 첨부하고, 특히 등기부상 지목은 농지이나 현황이 농지에 해당하는지 여부에 의문이 있는 경우에는 즉시 이를 집행법원에 보고한다)

나. 현황조사 대상건물이 멸실되고 다른 건물이 신축되어 있는 경우에는 관계인의 진술과 신·구 건물의 동일성 상실 여부에 대한 집행관의 의견(구 건물에 대한 멸실등기가 경료되었으면 그 등기부등본을 첨부한다.)

다. 부동산의 점유자와 소유자가 다른 경우에는 점유자, 점유권원, 점유기간, 점유부분(일부를 점유하는 경우에는 점유부분을 도면에 특정하여 표시한다.)

라. 감정평가에 중대한 영향을 미칠 수 있는 부합물, 종물, 구성부분(제시외 건물, 고가의 정원석, 건축 중인 건물 등)이 잇는 경우에는 그 내용 및 제시외 건물의 보존등기 여부(제시외 건물의 본건물에의 부합여부와 종물성을 판단할 수 있는 제시외 건물 부분에 대한 사진을 첨부한다.)

2. 임대차관계

가. 임차목적물의 용도, 주민등록(또는 상가건물인 경우 등록사항 등의 현황서) 상의 동·호수와 등기부 등 공부상에 표시된 동·호수가 상이한 경우에는 실제 동·호수와 공부상의 동·호수, 주민등록(또는 등록사항 등의 현황서)상의 동·호수와 공부상의 동·호수(용도가 주거와 영업의 겸용인 경우에는 주거부분 및 영업용부분을 명확히 도면에 구분하여 표시한다.)

나. 임대차계약의 내용(임차인 성명, 임차보증금, 임차기간, 확정일자 유무 등)

다. 매각부동산에 여러 명의 임차인이 거주하는 경우에는 각 임차인의 해당 임차부분, 입주인원수, 임차목적물이 주택인 경우 임차인 본인 및 그 가족들의 전·출입 상황(건물의 내부구조와 각 부분별로 임차인을 표시한 도면을 첨부한다.)

라. 매각부동산이 주택인 경우 그 소재지에 전입신고된 새대주 전원에 대한 주민등록 등·초본, 상가건물인 경우 임차인 전원에 대한 등록사항 등의 현황서 및 건물도면의 등본 첨부

3. 기타현황 채권자 : ○○○

채무자 : ○○○
소유자 : ○○○(600501－2××××××)
청구금액 : 금 원

4. 야간 · 휴일 현황조사를 실시한 사유

5. 배당요구종기일 : 2008. 5. 2

2008년 2월 29일

사법보좌관 ○○○ (인)

부동산현황조사보고서

○○ 지방법원 사법보좌관 ○○○ 귀하

2008타경 4567 부동산경매사건에 관하여 다음과 같이 부동산의 현황을 조사 · 보고 합니다.

1. 부동산의 표시 : 별지참조
2. 조사의 일시 2008년 3월 20일 09시 50분
   2008년 4월 14일 12시 55분
   2008년 4월 16일 19시 50분
3. 조사의 장소 : 부동산 소재지 현장
4. 조사의 방법 : 현지출장 및 임차인
5. 야간 · 공휴일에 실시한 경우, 그 사유

첨부 : 1. 부동산의 현황 및 점유관계조사서
2. 임대차관계조사서

2008. 4. 28

집행관 ○○○ (인)

(수수료 원)

부동산의 현황 및 점유관계조사서

1. 부동산의 점유관계

소재지	경상남도 창원시 상남동 25 네스트빌딩 10층 1013호
점유관계	임차인(별지)점유
기타	

2. 부동산의 현황

현황 업무시설

임대차관계조사서

1. 임차 목적물의 용도 및 임대차 계약 등의 내용

[소재지] 경상남도 창원시 상남동 25 네스트빌딩 10층 1013호				
1	점유인	박○○(○○건설)	당사자구분	임차인
	점유부분	전체	용도	점포
	점유기간		2006년 01월21일~현재	
	보증(전세)금	2000만원	차임	60만원
	전입일자	사업자등록일자 (2006.1.30)	확정일자	미확인

2. 기타

위 조사된 임차인(박○○)은 전임차인 임○○로부터 전전세라고 함.

〈사례연구 5〉 [감정평가 명령]

평 가 명 령

감정인 ○○ 평가법인 ○○지사 ○○○ 귀하

사건 2008타경 12345 부동산강제경매
소유자 이 부 자

위 소유자 소유의 별지 기재 부동산에 대한 평가를 하여 2008. 3.14 까지 그 평가서를 제출하되(열람, 비치용 사본 1부 첨부), 평가서에는 다음 각 호의 사항을 기재하고, 부동산의 형상 및 그 소재지 주변의 개황을 알 수 있는 도면을 첨부하여야 합니다.

1. 사건의 표시
2. 부동산의 표시(아파트, 다세대주택 등 집합건물의 경우 평형 표시)
3. 부동산의 평가액 및 평가연월일
   가. 집합건물인 경우에는 건물 및 토지의 배분가액 표시
   나. 제시외 건물이 있는 경우에는 반드시 그 가액을 평가하고, 제시외 건물이 경매대상에서 제외되어 그 대지가 소유권 행사를 제한 받는 경우에는 그 가액도 평가
   다. 등기부상 지목과 현황이 다른 토지의 경우는 등기부상 지목 및 현황에 따른 각 평가액을 병기
4. 평가의 목적이 토지인 경우에는 국토이용관리법, 도시계획법, 기타 법령에 의한 규제의 유무 및 그 내용과 공시지가 기타 평가에 참고가 된 사항(도시계획확인원 등 첨부)
5. 평가의 목적이 건물인 경우에는 그 종류, 구조, 평면적(공부상 및 실제면적), 추정되는 잔존 내구년수 등 평가에 참고가 된 사항
6. 평가액의 구체적 산출과정

7. 대지권 등기가 되어 있지 아니한 집합건물인 경우에는 분양계약금액, 분양대금 납부 여부, 등기되지 아니한 사유
8. 기타 집행법원이 기재를 명한 사항

2008년 2월 29일

사법보좌관 ○○○ (인)

주의 : 감정인은 감정평가서를 제출할 때 원본 이외에 열람·비치용 사본 1부를 첨부하여 주십시오.

〈사례연구 6〉 [주택임차인에 대한 통지서]

○○ 지방법원 [경매9계]

통 지 서(주택임차용)

귀하

사　건 2008타경 38382 부동산임의경매
채권자 주식회사 ○○은행
채무자 김채무
소유자 채무자와 같음

부동산의 표시 별지와 같음

1. 별지 기재 부동산에 관하여 위와 같이 매각절차가 진행중임을 알려 드립니다.
2. 귀하가 소액임차인 또는 확정일자를 갖춘 임차인인 때에는 다음 사항을 유의하시기 바랍니다.
   가. 귀하의 임차보증금이 수도권정비계획법에 의한 수도권 중 과밀억제권역(서울특별시를 제외한다. 수도권정비계획법시행령 제9조 별표1 참조)에서는 6,000만원, 광역시(군지역과 인천광역시지역을 제외한다)에서는 5,000만원, 그 밖의 지역에서는 4,000만원 이하이고, 주택임대차보호법 제8조 제1항 소정의 소액임차인으로서의 요건을 갖추고 있는 경우에는 배당요구종기인 2008.10.10 까지 이 법원에 배당요구를 하여야만 매각대금으로부터 보증금 중 일정액을 우선변제 받을 수 있습니다.
   나. 귀하가 주택임대차보호법 제3조 제1항의 소정의 대항요건과 임대차계약서상의 확정일자를 갖춘 임차인인 경우에는 이 법원에 배당요구종기인 2008.10.10까지 배당요구를 하여야만 매각대금으로부터 후순위권리자 기타 채권자에 우선하여 보증금을 변제 받을 수 있습니다
   다. 배당요구는 임대차계약서(확정일자를 갖춘 임차인의 경우에는 임대차계약서가 공정증서로 작성되거나 임대차계약서에 확정일자가 찍혀 있어야 한다)사본, 주민등록표 등본(임차인 본인의 전입일자 및 임차인의 동거가족이 표시된 것이어야 한다) 및 연체된 차임 등이 있을 때에는 이를 공제한 잔여보증금에 대한 계산서를 첨부하여 위 경매사건의 배당요구종기까지 이 법원에 제출하여야 하고, 만일 배당요구를 하지 아니하거나 배당요구를 하더라도 임차권등기를 경료함이 없이 배당요구 종기 이전에 임차주택에서 다른 곳으로 이사가거나 주민등록을 전출하여 대항요건을 상실한 경우에는 우선변제를 받을 수 없습니다. 다만, 배당요구의 종기가 연기된 경우에는 연기된 배당요구의 종기까지 대항요건을 계속 구비하여야 합니다.

3. 귀하가 소액임차인 또는 확정일자를 갖춘 임차인에 해당되지 않는 때에는 일반채권자와 마찬가지로 첫 경매개시결정등기 후의 가압류채권자 또는 집행력 있는 정본을 가진 채권자로서 가압류등기된 등기부등본 또는 집행력 있는 사본을 첨부하여 배당요구종기까지 배당요구를 하거나 첫 경매개시결정등기 전에 가압류집행을 한 경우에 한하여 배당을 받을 수 있습니다.
4. 임대주택법 제15조의 규정에 의하여 우선분양전환 받을 수 있는 임차인은 매각기일까지 민사집행법 제113조(구 민사소송법 제625조)에 따른 보증을 제공하고 최고매수신고가격과 같은 가격으로 채무자인 임대사업자의 임대주택을 우선 매수하겠다는 신고를 할 수 있습니다(임대주택법 제15조의2 제1항)

2008. 9. 11.

법원주사 홍 길 동

주택임대차보호법 3의2, 8
(주의) 2008.8.21 이후 담보물권에 대해서는 위 가)4,000만원⇒6,000만원, 3,500만원⇒5,000만원, 3,000만원⇒4,000만원으로 변경되었다.

〈사례연구 7〉 [상가건물임차인에 대한 통지서]

○○ 지방법원[경매9계]

통 지 서(상가건물임차용)

사　건 2008타경 38382 부동산임의경매
채권자 주식회사 신한은행
채무자 김채무
소유자 채무자와 같음

부동산의 표시 별지와 같음
1. 별지 기재 부동산에 관하여 위와 같이 매각절차가 진행중임을 알려 드립니다.
2. 귀하가 소액임차인 또는 확정일자를 갖춘 임차인인 때에는 다음 사항을 유의하시기 바랍니다.
   가. 귀하의 임차보증금(차임이 있는 경우에는 월단위 차임액에 1분의 100을 곱하여 산출한 금액과 보증금을 합한 금액)이 서울특별시에서는 4,500만원, 수도권정비계획법에 의한 수도권 중 과밀억제권역(서울특별시를 제외한다. 수도권정비계획법시행령 제9조 별표1 참조)에서는 3,900만원, 광역시(군지역과 인천광역시지역을 제외한다)에서는 3,000만원, 그 밖의 지역에서는 2,500만원 이하이고, 상가건물임대차보호법 제14조 제1항 소정의 소액임차인으로서의 요건을 갖추고 있는 경우에는 배당요구종기인 2008.10.10까지 이 법원에 배당요구를 하여야만 매각대금으로부터 보증금 중 일정액을 다른 담보물권자보다 우선하여 변제받을 수 있습니다.
   나. 귀하가 상가건물임대차보호법 제3조 제1항의 소정의 대항요건과 임대차계약서상의 확정일자를 갖춘 임차인인 경우에는 이 법원에 배당요구종기인 2008.10.10 까지 배당요구를 하여야만 매각대금으로부터 후순위권리자 그 밖의 채권자보다 우선하여 보증금을 변제 받을 수 있습니다.

다. 배당요구는 임대차계약서(확정일자를 갖춘 임차인의 경우에는 임대차계약서에 세무서장으로부터 받은 확정일자가 찍혀 있어야 한다)사본, 상가건물임대차보호법시행령 제3조 제2항 소정의 등록사항 등의 현황서 등본 및 연체된 차임 등이 있을 때에는 이를 공제한 잔여보증금에 대한 계산서를 첨부하여 위 경매사건의 배당요구종기까지 임차권등기를 경료하여야 하고, 만일 배당요구를 하지 아니하거나 배당요구를 하더라도 임차권등기를 경료함이 없이 배당요구종기 이전에 임차건물에서 다른 곳으로 옮기거나 사업자등록이 말소되어 대항요건을 상실한 경우에는 우선변제를 받을 수 없습니다. 다만, 배당요구의 종기가 연기된 경우에는 연기된 배당요구의 종기까지 대항요건을 계속 구비하여야 합니다.

3. 귀하가 소액임차인 또는 확정일자를 갖춘 임차인에 해당되지 않는 때에는 일반채권자와 마찬가지로 첫 경매개시결정등기 후의 가압류채권자 또는 집행력 있는 정본을 가진 채권자로서 가압류등기된 등기부등본 또는 집행력 있는 정본을 첨부하여 배당요구종기까지 배당요구를 하거나 첫 경매개시결정등기 전에 가압류집행을 한 경우에 한하여 배당을 받을 수 있습니다.

2008. 9. 11.

사법보좌관 강 길 동

상가건물임대차보호법 5②, 14

〈사례연구 8〉 [부동산 경매사건에 대한 안내문]

부동산 경매사건에 대한 안내문

입주민 귀하

사건번호 : 2008타경 25205호(경매 10계)
채 권 자 : 한국채권주식회사
채 무 자 : 주식회사 부실
소 유 자 : 김소유

1. 귀하가 점유하고 있는 부동산이 현재 ○○지방법원 경매사건으로 진행 중에 있는 바, 민사집행법 제82조, 제85조에 의거, ○○지방법원 집행관사무소에서 현황(임대차관계) 조사를 위해 귀댁을 방문하였으나 폐문부재로 조사를 완료하지 못하였습니다.

2. 본 사건 부동산에 거주하시는 임차인 또는 이해관계인(소유자)께서는 안내문을 보는 즉시 2~3일 내 조사담당자에게 연락하시어 조사에 협조하여 주시고 이 사건에 대한 권리신고 및 배당요구 신청방법을 안내 받으시기 바랍니다.

※ 이미 권리신고를 한 경우라도 현황조사에 응하지 않아 신고한 내용과 현황 조사보고가 다를 경우 불이익을 당할 수도 있으니 필히 연락 바랍니다.

***임차인의 권리신고 및 배당요구에 대한 안내**

1. 접수처 : ○○지방법원 민사신청과(2층)
2. 필요서류 : 가. 주택- 주민등록등(초)본 / 임대차계약서 사본
   나. 상가(공장) - 사업자등록증 사본 / 임대차계약서 사본

※ 권리신고 겸 배당요구 신청서는 민사신청과 내 비치되어 있음
(배당요구종기일 : 2008.8.27.)

☎(055) 123-4567 fax : 055-234-5678
조사담당자 김 조 사 H.P. : 011-123-4567
2008. 7. 4.

○○ 지방법원 집행관(인)

〈사례연구 9〉 [권리신고 및 배당요구신청서(주택임대차 및 상가임대차)]

권리신고 및 배당요구신청서(주택임대차)

수입인지 500원

사건번호 타경 부동산강제(임의)경매
채 권 자
채 무 자
소 유 자

임차인은 이 사건 매각절차에서 임차보증금을 변제받기 위하여 아래와 같이 권리신고 및 배당요구 신청을 합니다.

-아 래-

1.	임차부분	전부, 일부(층 방 칸), (※ 건물 일부를 임차한 경우 뒷면에 임차부분을 특정한 내부 구조도를 그려 주시기 바랍니다.)
2.	임차보증금	보증금 원에 월세 원
3.	점유(임대차)기간	20 . . .부터 20 . . .까지
4.	전입일자(주민등록전입일)	20 . . . ※전입신고한 날짜
5.	확정일자 유무	유(20 . . .), 무 ※ 확정일자 받았으면 날짜를 적으시오
6.	임차권·전세권등기	유(20 . . .), 무 ※ 별도의 등기를 신청한 경우
7.	계약일	20 . . . ※ 계약서 작성한 날짜
8.	계약당사자	임대인(집주인) : , 임차인(세입자) :
9.	입주한 날(주택인도일)	20 . . . ※집에 이사 들어간 날짜

첨 부 서 류

1. 임대차계약서 사본　　1통
2. 주민등록표 등(초)본　1통

20　년　　월　　일

권리신고 겸 배당요구 신청인　　　　　　(날인 또는 서명)

(주소 :)

(연락처 :　　　　　　　　　　)

○○ 지방법원　경매 ○계 귀중

※ 빈칸이 없도록 기재하여 주시고 없으면 무에 동그라미 쳐 주세요

※ 임차인은 기명날인에 갈음하여 서명을 하여도 되며, 연락처는 언제든지 연락 가능한 전화번호나 휴대전화 번호 등(팩스, 이메일 주소 등 포함)을 기재하시기 바랍니다.

권리신고 및 배당요구신청서(상가임대차)

수입인지 500원

사건번호　　　　타경　　부동산강제(임의)경매

채 권 자

채 무 자

소 유 자

임차인은 이 사건 매각절차에서 임차보증금을 변제받기 위하여 아래와 같이 권리신고 및 배당요구 신청을 합니다.

아　　래

1.	임차부분	전부,　일부(　층 전부),　일부(　층 중　㎡) (※건물 일부를 임차한 경우 뒷면에 임차부분을 특정한 내부 구조도를 그려 주시기 바랍니다)	
2.	임차보증금	보증금　　　　원에 월세　　　　원	
3.	점유(임대차)기간	20　.　.　. 부터 20　.　.　. 까지	
4.	사업자등록신청일	20　.　.　.	※ 사업자등록증에 나타남
5.	확정일자 유무	유(20　.　.　.), 무	※ 세무서에서 받은 확정일자
6.	임차권·전세권등기	유(20　.　.　.), 무	※ 별도의 등기를 신청한 경우
7.	계약일	20　.　.　.	※ 계약서 작성한 날짜
8.	계약당사자	임대인(건물주) :	임차인(세입자) :
9.	건물의 인도일	20　.　.　.	※ 건물에 입주한 날짜

첨부서류

1. 임대차계약서 사본 1통
2. 등록사항 등의 현황서 등본 1통
3. 건물 도면의 등본 1통(건물일부를 임차한 경우)

20 년 월 일

권리신고 겸 배당요구 신청인 **(날인 또는 서명)**

(주소 :)

(연락처 :)

○○ 지방법원 경매 ○ 계 귀중

※ 빈칸이 없도록 기재하여 주시고 없으면 무에 동그라미 쳐 주세요

※ 임차인은 기명날인에 갈음하여 서명을 하여도 되며, 연락처는 언제든지 연락 가능한 전화번호나 휴대전화 번호 등(팩스, 이메일 주소 등 포함)을 기재하시기 바랍니다.

〈사례연구 10〉 [권리신고 및 배당요구 대비표]

권리신고 및 배당요구 대비표

구 분	권리신고	배당요구신청
권리신고·신청할 수 있는 권리자의 범위	경매절차의 이해관계인 ① 압류채권자와 집행력 있는 정본에 의하여 배당을 요구한 채권자 ② 채무자 및 소유자 ③ 등기부에 기입된 부동산 위의 권리자 ④ 부동산 위의 권리자로서 그 권리를 증명한 사람(민사집행법 제90조)	배당요구할 수 있는 자 ① 집행력 있는 정본을 가진 채권자 ② 경매개시결정이 등기된 뒤에 가압류를 한 채권자 ③ 민법·상법, 그 밖의 법률에 의하여 우선변제청구권이 있는 채권자는 배당요구를 할 수 있다. ⇒ 배당요구에 따라 매수인이 인수하여야 할 부담이 바뀌는 경우 배당요구를 한 채권자는 배당요구의 종기가 지난 뒤에 이를 철회하지 못한다.(민사집행법 제88조)
종기	매각허가결정이 있을 때까지 그러한 사실을 증명하여야 한다(대법원 1994.9.13 선고 94마1342 결정)	첫 매각기일 이전으로 정한 배당요구의 종기까지 (민사집행법 제84조)
효과	① 권리신고하면 매각절차의 이해관계인이 되는 것이고 ② 권리신고하지 않으면 매각절차의 이해관계인이 될 수 없는 것이다(대법원 1994.9.14선고 94마	① 배당요구신청하면 배당받을 수 있고, 부당이득반환청구도 할 수 있으나 ② 배당요구종기일까지 배당요구가 필요한 배당요구채권자가 실체법상 우선변제청구권이 있다 하더라도 적법한 배당요구를

구 분	권리신고	배당요구신청
	1455 결정)	하지 아니하여 배당에서 제외된 경우, 배당받은 후순위채권자를 상대로 부당이득의 반환을 청구할 수 있는지 여부(소극)(대법원 1998. 10. 13. 선고 98다12379 판결)

〈사례연구 11〉 [교부청구서]

교 부 청 구 서

문서번호	징세－2345	사건번호	2008타경 17453		
체납자	성 명	최체납	주민등록번호	650123－2821120	
	상 호		사업자등록번호		
	주소(소재지)	경기 시흥 대야 1234			
교부청구금액		금 16,818,280			
교부청구에 관계된 국세 체납액의 내용					
세목코드	관리번호	법정기일	년도 / 기분	내국세	농특세
세목명		납부기한	계	교육(방위)세	가산금
200608－5－10 03060 종합소득세		2006. 5.31 2006. 8.31	200601 정기분고지 11,327,970	9,649,140 0	0 1,678,830
200411－7－10 04534 종합소득세		2006.11. 1 2006.11.30	200601 중간예납/예 5,490,310	4,824,570 0	0 665,740
		합 계	2건 16,818,280	14,473,710 0	0 2,344,570
배당액입금 의뢰 계좌	개설은행	○○은행 ○○지점	예・적금 명칭	보통예금	
	계좌번호	309－02－123456			
	사용인감		예금명의인	○○세무서	

1. 국세징수법 제56조의 규정에 의하여 위 금액의 교부를 청구합니다.
2. 민사집행법 제82조 제2항 규정에 의거 배당액을 입금할 예금계좌를 신고하오니 배당액이 발생하면 위의 계좌로 송금 조치하여 주시기 바랍니다.

2008. 7. 27

○○ 세무서장

서울○○지방법원 민사신청과 경매○계 귀중

*[국세기본법] 제35조 제1항 제3호 각목외의 부분 괄호의 그 재산에 대하여 부과된 국세와 가산금인 경우에는 비고란에 "당해 세금"이라고 기재합니다.

(주의) 위 법정기일과 설정일자 선후에 따라 우선배당된다. (법정기일이 설정일자 보다 바르면 위 교부청구액(체납액 등)이 우선 배당된다.

〈사례연구 12〉 [매각기일 및 매각결정기일통지서]

○○ 지방법원 [경매5계]

매각기일 및 매각결정기일통지서

사　　건　2008타경4550 부동산임의경매
채 권 자　주식회사 신한은행
채 무 자　이 채 무
소 유 자　신나라주식회사

1. 매각기일 및 매각결정기일과 장소를 다음과 같이 정하였으므로 통지합니다.

매각기일 및 매각결정기일
가. 제1회 매각기일 2008.06.19 10 : 00 매각결정기일 2008.06.26. 14 : 00
나. 제2회 매각기일 2008.07.24 10 : 00 매각결정기일 2008.07.31. 14 : 00
다. 제3회 매각기일 2008.08.21 10 : 00 매각결정기일 2008.08.28. 14 : 00
라. 제4회 매각기일 2008.09.21 10 : 00 매각결정기일 2008.09.28. 14 : 00

2. 최저매각가격

매각물건	제1회	제2회	제3회	제4회
1	100,000,00	80,000,000	64,000,000	51,200,000
2	1,000,000,000	800,000,000	640,000,000	512,000,000

매각 및 매각결정장소 창원지방법원 (매각) 제127호 법정 (매각결정) 제127호 법정

2008. 6. 4

법원주사 홍 길 동 (직인생략)

주의 :

1. 제2회 이후의 매각기일은 선행매각기일에서 호가할 매수가격의 신고없이 매각기일이 최종적으로 마감된 때에 실시된다는 사실을 유의하시기 바랍니다.
2. 마지막 매각기일에서도 허가할 매수가격의 신고가 없이 매각기일이 최종적으로 마감된 때에는 다시 매각 및 매각결정기일을 지정하여 통지서를 송달합니다.
3. 일괄 지정된 매각기일 중 한기일을 변경하는 경우에는 새로 매각기일 및 매각결정기일을 지정하여 통지서를 송달합니다.
4. 사건진행ARS는 지역번호 없이 1588－9100입니다. 바로 청취하기 위해서는 안내음성에 관계없이 '1'+'9'+[열람번호 000420 2007 013 4550]+'*'를 누르세요.

법 원 소 재 지	경남 창원시 사파동 1번지
전 화 [장소]	055－234－5678(구내 : 2115)

◎ 주차시설이 협소하오니 대중교통을 이용하여 주시기 바랍니다.

〈사례연구 13〉 [매각허가결정]

○○ 지방법원
매각허가결정

사건	2007타경32531 부동산임의경매
최고가 매수신고인	김정자(660320-2511111) 창원시 사파동 124번지
매각가격	70,700,000원

별지 기재 부동산에 대하여 최고가로 매수신고한 위 사람에게 매각을 허가한다.
정본입니다.

200 년 월 일

창원지방법원

법원주사 ○○○ (인)

200 년 월 일

사법보좌관 홍 길 동

부동산의 표시
생 략

〈사례연구 14〉 [대금지급기한통지서]

최고가매수인 이매수 진해시 이동 1234 민사신청과 경매4계
2008-013-28481-07-09-03-10-00-111 [경매4계]

○○ 지방법원
대금지급기한통지서

사 건	2007타경28481 부동산임의경매 2007타경28252(중복)
채 권 자	○○신협
채 무 자	김 채 무
소 유 자	채무자와 같음
매 수 인	이 매 수
차순위매수신고인	김차수
매각대금	73,160,000원
대금지급기한	2008.09.03 10 : 00 경매4계

위와 같이 대금지급기한이 정하여졌으니 매수인께서는 위 지급기한까지 이 법원에 출석하시어 매각대금을 납부하시기 바랍니다.

해당물건번호 : 4(73,160,000)

2008. 8. 14

법원주사보 박 길 동 (직인생략)

주의 : 1. 사건진행ARS는 지역번호 없이 1588-9100입니다. 바로 청취하기 위해서는 안 관계없이 '1'+'9'+ [열람번호 000420 2007 013 28481]+'*'를 누르세요

법원소재지 경남 창원시 사파동 1번지

전화[장소] (055) 239-2114(구내 : 2114)

◎ 주차시설이 협소하오니 대중교통을 이용하여 주시기 바랍니다.

◎ 매각대금을 납부하실 때에는 매수인과 직원들의 편의를 위해 최소한 하루 전에 담당경매계에 전화를 주시면 감사하겠습니다.

〈사례연구 15〉 [법원보관금 납부명령서, 법원보관금 영수증서(납부자용)]

법원보관금 납부명령서

법원코드	과코드	재판부번호
000420		1003

사건번호	2008타경 12834	물건번호	1
납부금액	금116,290,000원		
보관금 종류	매각대금		
납부기한	2008.11.06 까지		
납 부 자	성 명	원납부	전 화 :
	주민등록번호(사업자등록번호)	670123-2123456	우편번호 :
	주 소	김해시 전하동 123번지	
대 리 인	성 명		전 화 :
	주민등록번호(사업자등록번호)		우편번호 :
	주 소		

위의 보관금을 납부하시기 바랍니다.

2008.10.19.

○○지방법원

사법보좌관 이 보 좌 (인)

※ 법원보관금 납부시 실명확인을 위하여 필요하오니 주민등록증을 지참하시기 바랍니다.

법원보관금 영수증서(납부자용)

은행번호 : 2008－011923

법원명	○○지방법원		
사건번호	2007－타경－ 035628	물건번호	
납부금액	32,101,500	보관금 종류	매각대금
납부자 성명	황매수	주민등록번호(사업자등록번호)	550430－2123456
납부자 주소	경남 마산시 회원1동 1234		
잔액환급 계좌번호	은행 지점 계좌번호	예 금 주	

위의 금액을 보관금으로 영수합니다.

2008년 9월 6일

주식회사 ○○ 은행　　지점　(출납인)

〈사례연구 16〉 [배당기일통지서]

○○지방법원 [경매9계]
배당기일통지서

사 건	2007타경 38382 부동산임의경매
채권자	주식회사 ○○은행
채무자	김채무
소유자	채무자와 같음
배당기일	2008. 7. 12. 14 : 00 제313호 법정

위와 같이 배당기일이 지정되었으니 이 법원에 출석하시기 바랍니다.

2008. 6. 2.

법원주사보 박주사(직인생략)

◇ 유의사항 ◇

1. 임차인을 제외한 채권자는 채권의 원금・배당기일까지의 이자, 그 밖의 부대채권 및 집행비용을 적은 계산서를 이 통지서를 받은 날로부터 1주 안에 법원에 제출하시기 바랍니다. 채권계산서 양식은 아래 1) 과 같습니다(임차인은 아래 3.의 서류만 제출하시면 됩니다). 채권자가 채무자로부터 전부 변제 받은 경우에도 채권계산서를 제출하여 주시기 바랍니다(이 경우 원금, 이자, 비용, 합계를 각 "0원"으로 기재합니다).
2. 계산서에는 채권원인증서의 사본을 첨부하고, 채권원인증서의 원본은 배당요구서에 첨부한 경우가 아니면 배당당일에 제출하여야 합니다.
3. 임차인이 배당금을 수령하려면 ① 임대차계약서 사본 ② 주택임차인은 주민등록등본, 상가건물임차인은

등록사항 등의 현황서 등본 ③ 매수인의 인감이 날인된 임차목적물명도(퇴거)확인서 ④ 매수인의 인감증명서를 각 1통씩 배당당일에 제출하셔야 합니다(단, 배당요구종기 까지 배당요구한 임차인에 한하여 배당받을 수 있습니다) 명도(퇴거)확인서 작성요령은 아래 2)에 있습니다.

4. 대리인이 배당금을 수령할 때에는 주민등록증 기타 신분증을 지참하시고 위임장 2통, 위임자의 인감증명서 2통, 법인인 경우에는 법인 등(초)본 2통, 기타 자격증명서면(재직증명서 등)을 제출하셔야 합니다. 위임장 작성요령은 아래 3) 에 있습니다.
5. 대리인이 배당기일에 출석하여 배당이의를 할 때에는 개인의 경우 배우자 또는 4촌 이내의 친족, 법인의 경우 피고용자로서 소송대리허가신청서와 관계 소명자료(주민등록등본, 호적등본, 재직증명서 등)를 작성, 제출하여 집행법원의 허가를 받아야 합니다.
6. 배당기일통지서를 받은 이해관계인일지라도 배당순위에 의하여 배당금이 없는 경우도 있습니다. 배당금 유무는 배당기일 3일 전부터 집행계에 확인하실 수 있습니다.
7. 채권자가 배당액을 입금할 예금계좌(예금통장사본 첨부) 및 채권자의 주민등록번호(법인인 경우 사업자등록번호)를 신고하면 그 예금계좌에 입금하여 드릴 수 있습니다. 이 경우 입금에 소요되는 수수료는 채권자 부담입니다
8. 배당이의는 지정된 배당장소에서 배당기일 당일에 한하여 구술로만 가능합니다.(단, 채무자는 배당기일 3일전부터 서면으로도 가능)
9. 배당이의를 한 경우에는 배당기일로부터 7일 이내에 집행계에 배당이의의 소 제기증명서 및 그 소장 사본을 제출하거나 또는 청구이의의 소 제기증명서, 그 소장 사본 및 집행정지재판의 정본을 제출하여야 합니다.
10. 배당금이 공탁된 이후에는 본인이 직접 배당금을 수령하는 경우에도 인감도장을 지참하고, 인감증명서(관공서인 경우와 배당금 300만원 이하를 청구하는 경우는 제외)를 공탁공무원에게 제출하여야 합니다(주소 변동이 있는 경우 주민등록초본 등도 필요)
11. 사건진행ARS는 지역번호 없이 1588－9100입니다. 바로 청취하기 위해서는 안내음성에 관계없이 1+9+[열람번호 000420 2007 013 38382]+'*'를 누르면 됩니다.

법원소재지	경남 창원시 사파동 1번지	담 당	경매9계
		전 화	(055) 234－1234

1) 사건번호 2007타경 38382

	채 권 원 금	이 자 (20 . . .부터 배당기일까지)	기타 (비용, 부대채권)	합 계
채권계산서				

2008. . .

채권자 (날인 또는 서명)

2) 문서제목을 명도(퇴거)확인서로 하여 배당기일통지서상의 『사건번호, 사건명, 채권자, 채무자의 표시와 퇴거대상 부동산의 표시』를 한 다음, 『임차인 000는 매수인 000에게 위 부동산을 00년 00월 00일 틀림없이 비워주었다』는 사실을 기재하시고 매수인의 인감 날인을 받으시면 됩니다. (임차인은 위 서류를 미리 준비해 두셨다가 배당기일 당일에 제출하거나, 일단 본인의 배당금(배당표)을 최종 확인하신 후 이를 준비하여 배당기일로부터 가능한 한 1주일 내에 담당계에 들러 위 서류들을 제출하여 배당금출급명령을 수령하셔도 됩니다.)
3) 배당기일통지서상의 『사건번호, 사건명, 채권자, 채무자, 채무자의 표시와 위임을 한 사람과 위임받은 사람을 기재하시고, 위임인 000는 0년0월0일 수임인000에게 '배당금 출급 및 수령에 관한 권한일체를 위임해 주었다』는 사실을 기재하고 인감도장을 날인한 위임장 2통을 작성하시면 됩니다.

〈사례연구 17〉 [인도명령 결정]

창원지방법원

결 정

사 건 2008 타기 813 경락부동산인도명령
신 청 인 윤매수 : 경남 의령군 의령읍 하리 1234
피신청인 박임차 : 경남 의령군 의령읍 서동리 1234
주 문 피신청인은 신청인에게 별지목록기재 부동산을 인도하라

이 유 이 법원은 2007타경 54080호 부동산임의경매에 관하여 신청인의 인도명령 신청이 이유 있다고 인정되므로 주문과 같이 결정한다.

2008. 7. 26

위 정본입니다.

○○지방법원

법원주사보 박주사

판 사 오 판 사 (인)

부동산의 표시(생략)
박임차 점유 배치도(생략)

4. 인터넷에서 대박물건 찾기

4-1. 매일 보아야 할 경·공매 사이트 3개

매일 보아야 할 경·공매 사이트 3개(대박물건 찾는 나침반)

1 대법원 법원경매정보(**www.courtauction.go.kr**)>에서 감정평가서, 현황조사서, 매각물건명세서 3개는 꼭 확인하여야 한다.

① 법원별, 지역별 최근 경매물건을 검색하고 싶을 때
⇒**www.courtauction.go.kr**>경매물건>물건상세검색에서 법원/담당계 에서 법원(예 : 서울중앙지방법원) 클릭 또는 소재지에서 "서울특별시 강남구"를 입력 후 검색 클릭>사건번호 클릭>사건내역 최하단의 감정평가서 본 후 현황조사서 확인한다.

> ① 사건내역 ⇒ <사건기본내역>에서 [현황조사서] 내 (현황조사내역과 부동산표시목록) 확인
> [감정평가서] (감정평가서내 위치도, 사진 등) 확인
> <배당요구종기내역>에서는 배당요구종기일 확인한다.
> <물건내역>에서 물건번호 확인, 상세내역 클릭 후 [매각물건명세서] 확인
> <목록내역> 부동산목록을 확인한다.
> <당사자내역>에서 임차인의 권리신고 및 배당요구신청제출 여부를 확인
> ② 기일내역 ⇒기일과 최저매각가격을 확인한다.
> ③ 문건/송달내역 ⇒문건처리내역(임차인 권리신고 및 배당요구 등)과 송달내역을 확인한다.

※ 단, 매각물건내역서는 매각기일 7일 이전만 확인됨⇒경매물건>물건내역>물건상세조회 클릭 후 확인

② 최근일자의 경매물건을 알고 싶을 때
⇒경매물건>기일별검색>기일입찰에 점찍고, 법원 확인 후 검색 클릭한다.
매각기일 우측 경매계를 클릭 기일별 경매계별 확인하는데 경매사건번호를 클릭하여 확인한다.

③ 경매 사건번호 알고 있을 때⇒경매물건>경매사건검색>법원과 사건번호를 입력 후 검색 클릭한다.

2 공매 온비드(**www.onbid.co.kr**)>물건정보>물건상세검색>처분방식을 매각, 용도를 부동산, 소재지를 서울(또는 경기, 인천 등) 하여 검색 클릭> 감정평가서보기

3 인포케어(**www.infocare.co.kr**)> 통합검색에서
① 홈에서 일자별 서울중앙지방법원 경매(3)계 등 찾아 클릭
② (좌측 하단)통합검색> 주소에→서울 강남구(또는 수원시 등)하여 검색 또는 지지옥션(**www.ggi.co.kr**)에서

〈사례연구 1〉 [경·공매 인터넷 사이트]

<경매>대법원(**www.scourt.go.kr**)내 법원경매정보(**www.courtauction.go.kr**)
인포케어(**www.infocare.co.kr**)　　굿옥션(**www.goodauction.co.kr**)
계약경제일보, 지지옥션(**www.ggi.co.kr**)　　태인경매(**www.taein.co.kr**)
경매공매가이드(**www.kyungmaeguide.co.kr**)　　한국경매(**www.hkauction.co.kr**)

한국부동산경매정보(www.auction119.co.kr)　　나이스경매(www.niceauction.co.kr)
탑옥션(www.topauction.co.kr)　　스피드옥션(www.speedauction.co.kr) 등
<공매> 온비드 공매(www.onbid.co.kr)

※ 토지는 용도지역, 도시계획 저촉여부, 최근 10년간 개별공시지가 흐름 등이 매우 중요하다.
토지이용규제서비스(Http : //luris.moct.go.kr)>토지이용계획열람 또는 온나라(www.onnara. go.kr) 홈페이지 > (우측)토지이용계획확인서>주소까지 입력 후 검색 클릭> 지역지구 등 지정여부 와 지적도를 살펴본다 > 그 후 상단 메뉴 중 개별공시지가 클릭 > 검색 클릭 후 년도별 개별공시지가 흐름을 알아본다.

〈사례연구 2〉 [유익한 인터넷 사이트]

토지이용규제시스템>토지이용계획>토지이용계획열람에서 공시지가, 지역지구 등 지정여부, 확인도면, 지역지구 등에서의 건축제한내용　http : //luris.moct.go.kr
토지이용계획확인서(온나라, 무료 발급 등)　www.onnara.go.kr
판례, 법령, 규칙, 예규 등(대법원)　www.scourt.go.kr
대한민국 전자정부(토지대장 등)　www.egov.go.kr
국토해양부 아파트실거래가　www.mltm.go.kr
아파트 시세(국민은행 kb시세)　www.kbstar.com
지자치 조례(자치법규정보시스템)　www.elis.go.kr
전자관보(행정자치부)　www.mogaha.go.kr
양도소득세 자동계산　www.hometax.go.kr
부동산・법인 등기부등본 발급(인터넷등기소)　www.iros.go.kr
조세심판원, 공매 국세징수법 판결문　www.ntt.go.kr
대한법률구조공단 법률상담사례　…　www.klac.or.kr
대한민국의 모든 법들은 여기에(법제처)　www.moleg.go.kr
투기과열지구, 주택거래신고제 지역등은　www.moct.go.kr
판례전문, 국세(투기지역지정 등)　www.netlaw.co.kr
농지취득자격증명 등 농지...　www.nongji114.com
국세청(세금계산 및 국세청 기준시가 등 조회)　www.nts.go.kr
양도소득세신고서, 자동프로그램, 부가세　www.hometax.go.kr
경매물건 주소의 지도를 찾으려면　www.altools.com
부동산 시세정보 및 가격 동향…스피드뱅크　www.speedbank.co.kr
나홀로등기를 해 보고 싶으시다면...　www.deungki.com
채권 매입 및 할인　www.bond114.co.kr
아파트 매매,시세 (스피드뱅크 외)　www.speedbank.co.kr,
교통지도　www.whereis.co.kr

[위성사진]

서울, 경기지역은 지오피스(www.geopis.co.kr)를 이용하고 그 외 지방은
① 콩나물사이트로 이동(www.congnamul.com)→주소검색→ 확대 및 위치조정 후 복사→ PDF로 출력(가로설정) 및 저장
② 네이버 등 검색창에서 "주소로 mmap 검색" 입력 후 클릭하여 mmap 사이트(http : //mmap.tistory.com)

로 이동→ 주소검색 란에 ○○동과 ○○번지 넣고 클릭→ 위도, 경도 밑에 있는 복잡한 숫자 복사 → 구글(http : //earth.google.com) 프로그램 실행→ 검색창 붙여넣기→ 위치확인, 확대 및 이동 후 캡쳐 및 저장

〈사례연구 3〉 [유익한 인터넷사이트 해설]

① 경매 법률상담사례는 대한법률구조공단 홈페이지에서 대한법률구조공단(www.klac.or.kr) 홈페이지에서 많은 경매관련 법률상담사례를 구할 수 있다. 홈페이지 하단에 위치한 SEARCH(검색)내에 "경매", "법정지상권" "지료" "공매" "공인중개사" 등을 입력하여 보자. 많은 법률상담사례를 구할 수 있다.

② 대법원(www.scourt.go.kr) 홈페이지에서도 많은 자료를 구할 수 있다.
대법원>종합법률정보>규칙/예규/선례 클릭> 검색어에 "경매","민사집행법", "공인중개사" 등 입력후 ENTER(엔터)하여 자료를 추출하여 보자.

③ 경매물건 주소의 지도를 찾으려면 www.congnamul.com 또는 www.altools.com

④ 국토해양부(www.mltm.go.kr)의 아파트실거래가조회, 토지거래허가구역, 주택거래 신고지역, 투기과열지구 등

⑤ 토지이용규제시스템(http : //luris.moct.go.kr)>토지이용계획>토지이용계획열람에서 공시지가, 지역지구 등 지정 여부, 확인도면, 지역지구 등에서의 건축제한내용을 한편, 온나라부동산(www.onnara.go.kr)은 토지이용계획확인서, 개별공시지가, 아파트 실거래가, 부동산중개사무소, 내 토지찾기 서비스, 개별주택공시가격, 공동주택공시가격 등 검색시 편리하다.

⑥ 중개대상물확인・설명서[I] (주거용 건축물)에 건물의 공시가격은 기준시가를 확인하여 기재함. 국토해양부>부동산공시가격,개별공시지가,표준주택가격,공동주택가격, 개별주택 가격 등을 참고하여 작성함.

⑦ 인터넷법률신문(www.lawtimes.co.kr), 신한은행 프라이빗뱅크(www.shinhan.com/pb) 등에서 많은 정보를 접할 수 있다.

〈사례연구 4〉 [나의 부동산 목록 조회]

나의 토지와 아파트를 찾으려면 온나라(www.onnara.go.kr>내 "내토지찾기서비스"에서 검색하면 된다. 공인전자인증서를 통하여 본인의 재산(토지와 아파트)을 찾는데 유익하다. 본인의 토지(상가 집합건물의 대지권 포함),공동주택(아파트 포함)에 한하여 조회가 된다. 본인 명의 재산 이외에 돌아가신 조부모님, 부모님의 재산은 어떻게 알아볼 수 있는가?

① 조부모님, 부모님 주민등록번호 있는 경우 : 본인의 신분증, 돌아가신 분과 본인의 관계를 입증할 서류(호적등본, 가족관계등록부), 돌아가신 분의 제적등본을 지참한 후 가까운 시군구청이나 시도청 지적부서에 신청하면 즉시 자료제공이 가능하다.

② 조부모님, 부모님 주민등록번호 없는 경우 : 토지가 있을 것으로 추정되는 지역의 관할 시도청 지적부서에 신청하면 된다.

※ 돌아가신 분의 예금과 주식 등은 금융감독원에 문의하면 해답을 얻을 수 있다.

〈사례연구 5〉 [아파트 낙찰 전에 국토해양부 "APT 실거래가 조회" 후 낙찰가를 결정해야]

① 국토해양부(http : //rt.moct.go.kr) 홈페이지에서 아파트 실거래가 조회하여 낙찰가를 결정하자. (만약 대단지임에도 단지명에 해당 아파트단지가 나타나지 않으면 최근 매매거래가 없어 나타나지 않은 것이므로 분기를 소급하면서(현재 4분기면 3분기로) 검색하면 나타난다.)
창원 2008－9583 경남 김해시 1504－1번지 구지마을 3단지 푸르지오 308동 1104호 30.52평)

② 통영 2007－10223(2) 강제경매건은 경남 거제시 신현읍 고현리 963－3번지 고현주공아파트의 경우(대지권 50.64 m²(15.32평), 건물39.69m²(전용 : 12.01평) 1차 경매감정가격이 75백만원이나 국토해양부 아파트실거래가는 벌써 90백만원을 넘고 있어 응찰시 최소 85백만원 이상 되어야 최고가 매수신고인에 접근이 가능하다. 1차 경매가격 75백만원만 생각하고 적당히 응찰예상가(예 : 78백만원)를 추정시 항상 꼴찌 면하기 어렵다.

국토해양부 부동산거래관리시스템(RTMS)을 활용한 아파트 가격자료를 제공합니다 Statistics

실거래 가격 아파트실거래정보 – 실거래 가격

2008년 | 2분기 | 경남 | 거제시 | 신현읍 고현리 | 고현주공 | 검색
비교표검색

기준 : 2008년

경남 거제시 신현읍 고현리 고현주공 목록

단지상세정보

주소	경남 거제시 신현읍 고현리 고현주공		
전용면적(m²)	40	종류(m²)	[40] [47] [48]

개별실거래가격정보 (※기간 : 계약기간, ※금액 : 만원)

2008.01		2008.02		2008.03		2008.04		2008.05		2008.06	
기간	거래금액(층)	기간	거래금액(층)	기간	거래금액(층)	기간	거래금액(층)	기간	거래금액(층)	기간	거래금액(층)
1~10	8,350(1)	1~10	10,000(4)	11~20	8,400(1)	1~10	8,340(1)	1~10	9,100(3)	1~10	9,700(4)
21~31	8,100(3)	11~20	8,800(5)	21~31	9,000(2)	21~30	9,000(3)		9,000(1)		
		21~29	8,300(2)		8,800(4)				9,100(1)		
								21~31	9,300(5)		

4-2. 인터넷(대법원, 온비드, 인포케어) 경매물건 검색

봄 3월말 경 또는 4월 초 외국인이 한국에 왔다면 적극 추천하고 싶은 곳이 경남 하동 섬진강변의 벚꽃, 매화, 산수유 등이 만개한 하동군 화개장터와 화엄사, 쌍계사 등 이다. 가는 도중 집어온 식당 명함에 씌어진 경남 하동군 화개면 123번지에서 맛본 음식점 주변 경매물건은(창원지방법원 진주지원 관할) 어디에서, 어떻게 검색할 수 있는가?

① 대법원(www.scourt.go.kr)>법원경매정보(www.courtauction.go.kr)>경매물건>물건상세검색>법원/소재지 클릭하여 찾을 수 있으며, 법원/담당계 점찍고 서울중앙지방법원 선택 후 검색 클릭하여 또는 소재지를 경상남도, 하동군으로 선택하고, 용도를 지목>토지>임야로 선택한 후 검색 클릭하면 하동군 경매물건 중 임야만 수십개 나오며, 소재지를 화개면까지 축소하면 몇 개만 볼 수 있다(반대로 건물>주거용건물>아파트 선택한 후 클릭하면 아파트경매물건이 나온다).

② 유료인 인포케어(www.infocare.co.kr)>통합검색>주소에 경남, 하동군, 화개면 입력하고, 매각일자에 현재가 11월이면 지난달(예 : 10월)부터 다음달(예 : 12월)을 입력 후 클릭하여 찾는다(예, 주소에 경상남도 하동군, 매각일자에 2개월 정도(현재 2008년 11월이면 2008년10월부터 12월 입력하면 약 9페이지×15개=135개 정도 검색됨)/ 또 주소에 화개면으로 축소하면 입력하면 약17개 정도 검색됨).

③ 또는 지지옥션(www.ggi.co.kr) 태인(www.taein.co.kr), 굿옥션(www.goodauction.co.kr), 탑옥션(www.topauction.co.kr), 경매공매가이드(www.kyungmaeguide.co.kr) 등 아래 유료사이트에 가입하여 경매물건을 찾는다.

-창원지방법원 경우- (2009. 1월 현재, 단위 : 원)

구분	사이트	이용료	장단점	창원지방법원 월 이용료 인터넷(연간)	인터넷+ PDF정보지 배달시
경매	대법원(www.scourt.go.kr)	무료	유찰물건은 찾기 어렵다	무료	-
	인포케어 (www.infocare.co.kr)	유료	권리분석 간단 명료하다	18,000 (1년치에 35% 할인)	+10,000 (120,000)
	굿옥션 (www.goodauction.co.kr)	유료	권리분석이 상세하다	22,000 (176,000)	-
	지지옥션 (www.ggi.co.kr)	유료	전입세대열람 등 상세하다, 온비드공매도 제공	17,250 (150,870)	+11,400 (99,730)
	태인경매(www.taein.co.kr)	유료	권리분석 상세하다	17,100 (133,300)	+10,800 (84,200)
	탑옥션 (www.topauction.co.kr)	유료	2등 낙찰금액도 제공	10,000 (100,000)	-
	한국경매(www.hkauction.co.kr), 한국부동산경매정보(www.auction119.co.kr) 나이스경매(www.niceauction.co.kr) 등				
공매	온비드 (www.onbid.co.kr)	무료	공매물건이 적고 권리분석 어렵다	무료	-

④ 온비드(www.onbid.co.kr)에서 공매물건을 찾는다.

〈참고〉 (2007. 10. 2 현재)

창원지방법원	인터넷 사용료	1개월	3~5개월	6~11개월	12개월 이상
인포케어	www.infocare.co.kr	18,000	10% 할인	25%할인	35% 할인
굿옥션	www.goodauction.co.kr	22,000	3개월55,000	6개월99,000	12개월176,000

서울지방법원(중앙, 서부, 동부, 남부, 북부지방법원 5곳) 월 28,000원(단, PDF정보지를 매달 받으려면 월 44,000원), 창원지방법원 관할만 보면 위와 같이 매월 18,000원만 부담하면 매각물건명세서, 감정평가서, 권리분석표 등 프린터 출력이 된다.

〈사례연구 1〉 [추천할 만한 부동산 특강 사이트와 경매강좌]

1. 한국부동산의 명가(名家) LBA경제연구소 김점수 소장이 직접 작성한 www.lba21.com〉부동산교육〉대국민특강〉 대국민특강 중

제36강 3.30조치 5대 정책방향
제31강 새로운 임야법 시대 개막,
제26강 토지 경매투자 체크리스트 프로그램,
제13강 바로 이런 부동산이 돈 된다!
제6강 바로 이런 땅이 돈 된다
제4강 향후 3년간 가장 투자성 높은 부동산 종목은?
제3강 강남아파트 지금이라도 사야 하나? 등 유료로 수강

그리고 경매 외에 본인의 부동산에 관한 전반적인 지식을 높이고, 전국 네트워크 망과 전국공인중개사들과 호흡을 함께 하고 싶다면 LBA경제연구소(www.lba21.com) 의 LBA 법률중개사과정(현, 27기 개강 중)을 수강하면 부동산 업계의 흐름과 부동산고수들을 쉽게 접근할 수 있을 것으로 확신한다. "당신의 인생을 바꿔 드립니다"라는 www.LBA21.com을 방문하여 둘러보는 순간 여러분의 부동산 안목은 크게 띄여 있을 것이다.

2. 추천할 만한 경매강좌는?

경매강좌 추천 (2008.11월 현재)

경매 추천 강좌명	연락처, 경매강의 기간	홈페이지, 수강료
건국대학교 부동산아카데미 제101기 부동산경매 모집	02-450-3278, 02-458-3262 2008.11.5~2009.1.21 매주 월, 수 7시-10시	www.ikonkuk.ac.kr 780,000원
명지대학교 부동산대학원 제106기 부동산 경매실무 모집	02-558-3005 3개월강좌 2008.11.7 매주 월, 목 7시-10시	www.mjauction.co.kr 920,000원
한국공인중개사협회 경매 강좌	02-879-2060 7시-10시 2008.9.23~11.10 매주 월, 화 7주과정	www.kar.or.kr 270,000원
태인 제103기 경매 강좌	2008.11.17~12.19 7시-10시 월, 수, 금 5주 과정	www.taein.co.kr 485,000원
지지옥션 경매강좌	2008.11.8 토요일반 9 : 30-PM 1시 2개월간(매주 월, 수, 금 7시-10시 별도운영)	www.ggi.co.kr 420,000원

1. 대법원 법원경매정보(www.courtauction.go.kr) 방문

대법원(www.scourt.go.kr)홈페이지에서 >법원경매정보>경매물건>물건상세검색

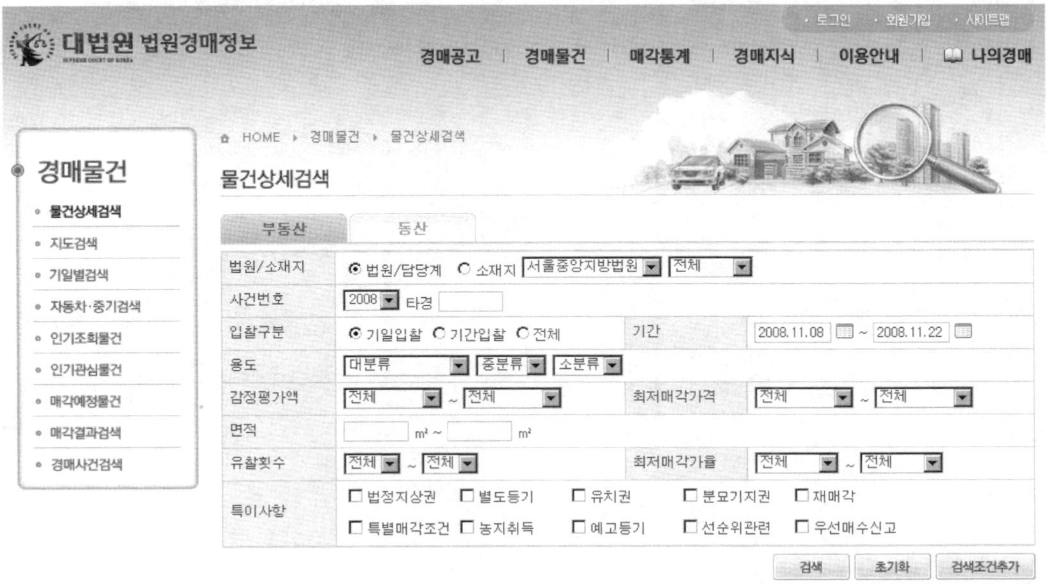

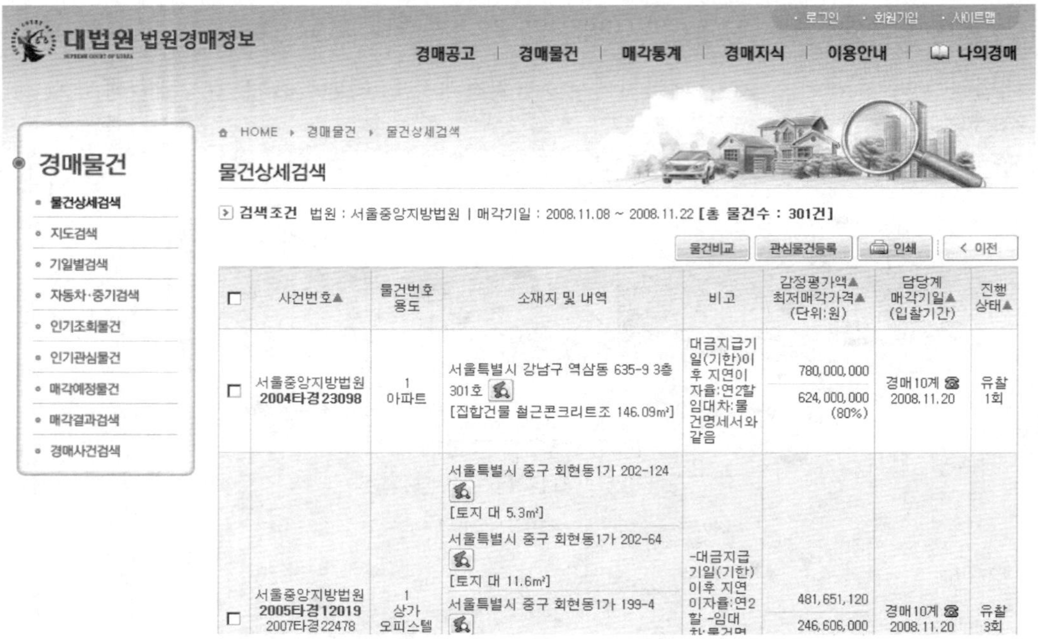

대법원 법원경매정보

· 로그인 · 회원가입 · 사이트맵

경매공고 | 경매물건 | 매각통계 | 경매지식 | 이용안내 | 나의경매

경매물건

- 물건상세검색
- 지도검색
- 기일별검색
- 자동차·중기검색
- 인기조회물건
- 인기관심물건
- 매각예정물건
- 매각결과검색
- 경매사건검색

HOME › 경매물건 › 물건상세검색

물건상세검색

검색조건 법원 : 서울중앙지방법원 | 매각기일 : 2008.11.08 ~ 2008.11.22 **[총 물건수 : 301건]**

물건비교 | 관심물건등록 | 인쇄 | < 이전

□	사건번호▲	물건번호 용도	소재지 및 내역	비고	감정평가액▲ 최저매각가격▲ (단위:원)	담당계 매각기일▲ (입찰기간)	진행 상태▲
□	서울중앙지방법원 **2004타경23098**	1 아파트	서울특별시 강남구 역삼동 635-9 3층 301호 [집합건물 철근콘크리트조 146.09㎡]	대금지급기일(기한)이후 지연이자율:연2할 임대차:물건명세서와 같음	780,000,000 624,000,000 (80%)	경매10계 2008.11.20	유찰 1회
□	서울중앙지방법원 **2005타경12019** 2007타경22478	1 상가 오피스텔	서울특별시 중구 회현동1가 202-124 [토지 대 5.3㎡] 서울특별시 중구 회현동1가 202-64 [토지 대 11.6㎡] 서울특별시 중구 회현동1가 199-4	-대금지급기일(기한)이후 지연이자율:연2할 -임대	481,651,120 246,606,000	경매10계 2008.11.20	유찰 3회

대법원 법원경매정보

경매공고 | 경매물건 | 매각통계 | 경매지식 | 이용안내 | 나의경매

경매물건

- 물건상세검색
- 지도검색
- 기일별검색
- 자동차·중기검색
- 인기조회물건
- 인기관심물건
- 매각예정물건
- 매각결과검색
- 경매사건검색

HOME › 경매물건 › 물건상세검색

물건상세검색

검색조건 법원 : 서울중앙지방법원 | 사건번호 : 2004타경23098

사건내역 | 기일내역 | 문건/송달내역

인쇄 | < 이전

사건기본내역

사건번호	2004타경23098	사건명	부동산임의경매
접수일자	2004.06.29	개시결정일자	2004.06.30
담당계	경매10계 전화 : 530-2714		
청구금액	675,000,000원	사건항고/정지여부	
종국결과	미종국	종국일자	

현황조사서 | 감정평가서 | 관심사건등록

배당요구종기내역

목록번호	소재지	배당요구종기일
1	서울특별시 강남구 역삼동 635-9 3층 301호	2005.08.12 (연기)

2. 온비드 공매(www.onbid.co.kr) 방문

온비드(www.onbid.co.kr)에서 공매물건을 찾는다(회원 가입하여야 됨).

www.onbid.co.kr>물건정보>물건상세검색>소재지에 경남 마산시 입력, 입찰일자에 2008년 11/1~11/15입력하여 검색 클릭하면 마산시 공매진행 물건을 볼 수 있다.

3. 기타 유료 경매사이트 방문

① 인포케어(www.infocare.co.kr) 방문

② 지지옥션(www.ggi.co.kr) 방문

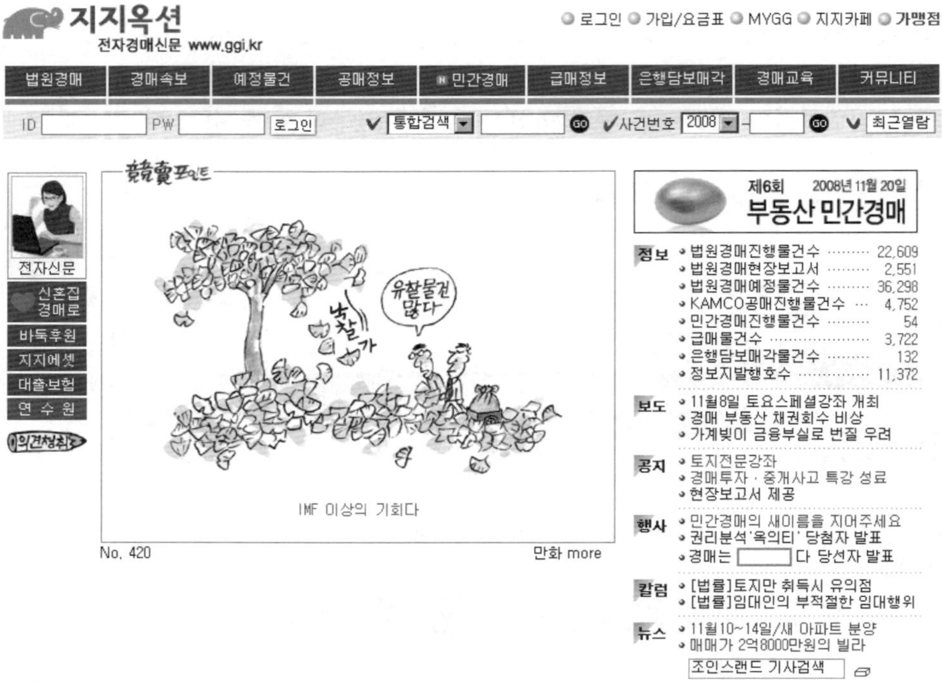

③ 경매가이드(www.kyungmaeguide.co.kr) 방문

④ 디지털 태인(www.taein.co.kr) 방문

⑤ 굿옥션(www.goodauction.co.kr) 방문

⑥ 탑옥션(www.topauction.co.kr) 방문

⑦ 스피드옥션(www.speedauction.co.kr) 방문

4. 집행관사무소(동산경매) 방문

대법원(www.scourt.go.kr)홈페이지에서 >법원경매정보>경매물건>물건상세검색>동산

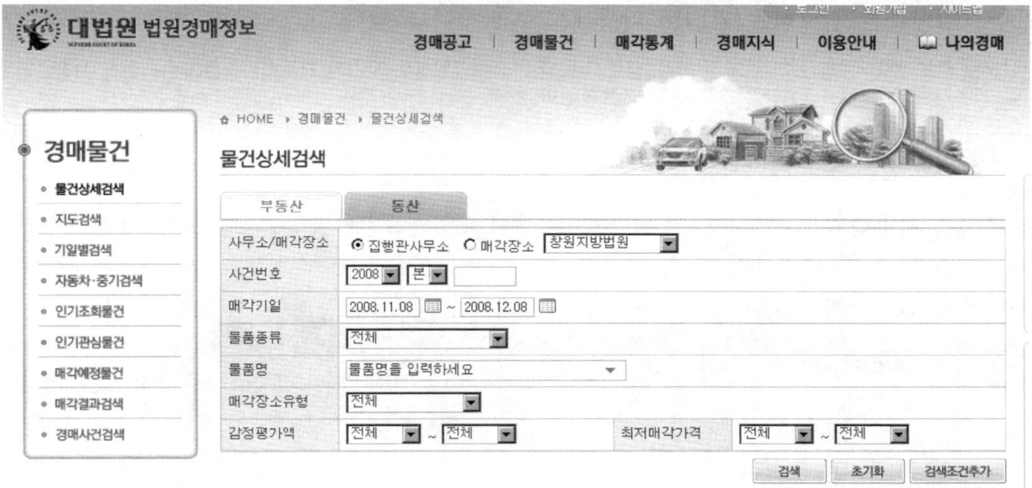

4-3. "이틀이면 경매박사" 되는 비법

그 동안 100회차 이상 경매강의를 하면서 매우 중요하다고 느낀 대법원, 온비드 공매, 인포케어 등에서 경매물건 검색하는 방법을 나름대로 기술하여 보았다.

☞ 아래는 주로 창원지방법원과 경남 마산시, 창원시 등을 언급하였으므로 자기가 거주하는 지역(예 서울은 서울중앙지방법원과 서울시 강남구 등으로 변경하여) 검색하여야 한다.

1. 대법원(www.courtauction.go.kr) 방문

서울중앙지방법원 2008타경 20943호(또는 29421호), 창원지방법원 2008타경 18556호(또는 24568호) 등 검색하여 보자.

※ 본서 4-1. 매일 보아야 할 경·공매 사이트 3개 먼저 참조한 후 보도록 한다.

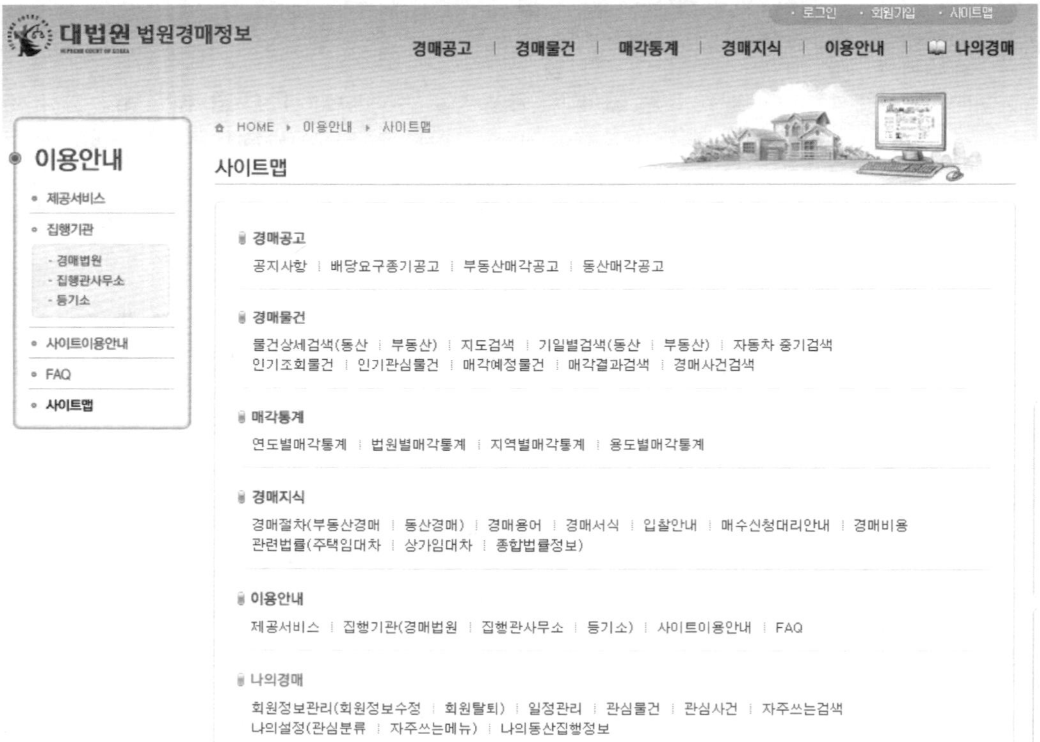

1	단독주택이 경매되어 등기부등본상 기재된 "임의경매 창원지방법원 2008타경 26366호" 경매 진행상황을 대법원사이트에서 검색하는 방법은?
	법원경매정보(www.courtauction.go.kr)>경매물건>경매사건검색> 법원에 창원지방법원, 사건번호에 2008 타경 26366호 입력후 클릭하여 ① 사건기본내역(년 월 일 경매 개시된 경매 0계 사건으로 청구금액을 먼저 확인)⟹ 현황조사서와 감정평가서를 먼저 확인한다. 배당요구종기내역, 항고내역, 물건내역(상세조회 클릭하여

	매각물건명세서를 확인한다) 목록내역, 당사자내역을 확인한다. ② 기일내역(매각기일이 언제 인지 등 확인) ③ 문건/송달내역(문건처리내역에서는 임차인 000의 권리신고 및 배당요구신청 제출이 있었는지, 각 채권자의 교부청구된 내용, 가등기담보권자의 채권계산서의 제출여부 등 파악하여야 한다)
2	경매물건 검색하기
	① 창원지방법원의 각 경매계별 경매물건 검색하기 ② 경상남도 아파트 경매지정된 것 몇 개이며, 좁혀서 창원시 아파트 경매는 몇 개인지? ③ 경남 마산시 상가, 오피스텔, 근린시설 경매건 ④ 김해시 대지, 전답, 임야 경매건 ⑤ 진해시 연립주택, 다세대, 빌라 경매건 알아보기 창원지방법원의 경매예정물건은 다음과 같이 찾는다. ① 법원경매정보(www.courtauction.go.kr)>경매물건>경매물건검색>기일별검색에서 법원에 창원지방법원 선택하여 검색 클릭 후 경매()계를 클릭하여→ 좌측 사건번호와 우측 감정평가서를 클릭하면서 몇 건만 살펴본다. ② (다시 이전 클릭하여) 경매물건>물건상세검색>소재지 점 찍고 경남 마산시 변경 후 용도대분류를 "지목"으로, 중분류를 "토지로", 소분류를 "전"하여 클릭하여 확인한다.
3	임차인이 권리신고 및 배당요구 하였는지, 배당요구종기일 알아보기(사건번호를 알고 있을 때)
	법원경매정보(www.courtauction.go.kr)에서 >경매물건>경매사건검색>법원과 사건번호 입력 후 클릭>배당요구종기내역에서 확인할 수 있다.
4	주택이 경매되어 법원에 "권리신고 및 배당요구"를 하라고 하는데 경매서식은 어디에서 구할 수 있나?
	법원경매정보(www.courtauction.go.kr)>경매지식>경매서식 內 7번 서식 프린터 하면 된다(첨부파일 저장 후 사용) ① 추가하여 8건(No.26 기일입찰표 및 위임장 No.30 공동입찰신고서 및 공동입찰자목록 No.28 공유자 우선매수신고서, No.23 부동산 인도명령신청 No.22 명도확인서 No.9 경매취하서 No.7 권리신고 겸 배당요구신청서 No.5 채권계산서) 확인하여 본다 ② 서식 없으면 www.LBA21.com>클럽커뮤니티>이틀이면 경매박사>서식메뉴에서 찾는다.(농지취득자격증명신청서, 농업경영계획서 등)
5	경매당일 입찰절차에 대하여 알아본다.
	법원경매정보(www.courtauction.go.kr)>경매지식>입찰안내에서 알아본다.
6	입찰 하루 전 경매물건이 연기, 취하 되었는지 사건번호만으로 알아보기
	경매법정 입찰하기 하루 전 매각기일이 변경(연기 또는 취하) 되었는지 사전에 알아보고 경매법정에 가야 하는데 그 방법은?

	⇒경매물건>경매사건검색>창원지방법원 입력 후 사건번호 넣고 기일내역에서 확인한다.
7	현황조사서, 감정평가서,매각물건명세서는 어디에서 확인할 수 있나?
	>경매물건>물건상세검색> 법원에 창원지방 법원하여 검색 클릭하여 경매계 클릭 후 사건번호를 클릭하여 ① 현황조사서와 감정평가서 확인하고 ② 물건내역의 “상세조회” 클릭하여매각물건명세서 확인한다.
8	매각물건명세서도 못 믿겠다. 문건처리내역에서 다시 확인하기.
	매각물건명세서에 임차인, 전세권자 등의 배당요구여부(배당요구일자)에 공란으로 되어 있더라도(즉, 배당요구가 없어 인수임대차로 오인) 경매물건>경매사건검색> 법원과 사건번호 입력 후 클릭하여 문건/송달내역에서 임차인, 전세권자 들이 배당요구신청 제출로 기재되어 있어 있다면 사실상 배당 요구한 것으로 권리분석하여 입찰에 참가하여야 한다.
9	엊그제 진행한 경매계 유찰, 낙찰된 경매결과를 탐색하기
	경매물건>매각결과검색>법원에 창원지방법원 선택 후 검색 클릭 경매()계 선택 클릭하여 매각결과(매각대금)에 낙찰금액(단위 : 원)이 적정한지 사건번호를 클릭하면서 조사한다. 인포케어, 지지옥션,탑옥션 등은 당일 경매물건의 최고가 매수신고인(낙찰자) 성명과 2등 낙찰금액을 당일 오후에 전산게시 하고 있어 낙찰자를 파악하기가 한결 편리해졌다.
10	컴퓨터, 냉장고, TV, 에어컨 등 동산경매 알아보기
	법원경매정보(www.courtauction.go.kr)>경매물건>물건상세검색>동산 클릭하여 사건번호를 클릭한다. ① 전국에 BC등 연체되어 압류된 동산을 매각하는 집행관 집행물건이 총 몇 건인지 알아본다(2007. 5. 9일 조회시 5,746건, 575쪽, 2008. 6. 30일 조회시 3,728건, 373쪽으로 축소되었지만 전국 동산경매가 많이 진행됨) 동산경매정보>동산경매검색 하단에 검색 클릭하여 ② 소재지에 경상남도 창원시하여 검색 클릭하여 몇 건인지 알아본다. (39건, 4쪽) ③ 매각물조회 클릭 후 매각물품에 컴퓨터, 삼성 세탁기, LG 입식 에어컨, 딤채 김치 냉장고 등 낙찰 후 베트남 등에 수출하였을 때 높은 수익이 가능한지 알아본다. ④ 감정가 1백만원 이하만 매각물조회 클릭하여 매각물품을 살펴본다.
11	일자별 동산매각 공고는?
	법원경매정보(www.courtauction.go.kr)>경매공고>동산매각공고>원하는 날짜 클릭하여 매각물품 확인한다.
12	대법원판례, 법령, 규칙,예규 등 1페이지만 프린터 하기
	대법원(www.scourt.go.kr)> 홈페이지 좌측하단의 종합법률정보 클릭하여> 검색어에 ① ⓐ 99다9981 입력 후 하단의 검색 클릭하여 출력

	ⓑ 98다43601 입력 후 출력(법정지상권 변경된 판례로 대박 판례임) ⓒ 2006다19986 판결(전소유자 가압류 낙찰자 인수가 아니다 판례)출력한다 ② 우측 법령 클릭하여 법령명에 ⓐ "주택임대차보호법" 입력 후 클릭 시 전문 나타남(일부개정 2008.3.21) ⓑ 또 검색어에 공인중개사를 입력 후 "공인중개사의업무 및 부동산거래신고에관한 법률" 및 시행령, 시행규칙 1페이지만 프린터하여 공인중개사의 관련 법을 알아본다. ③ 우측 규칙/예규/선례 클릭하여 ⓐ 검색어에 "경매" 입력 후 검색 클릭하여 4페이지에 있는 ⇒ 재판예규 제1047호<부동산 등에 대한 경매절차 처리지침(재민2004－3) > 클릭 1페이지만 프린터 ⓑ 검색어에 "공인중개사" 입력 후 검색 클릭하여 ⇒<공인중개사의 매수신청대리인 등록 등에 관한 예규> 1페이지만 프린터 함
13	나의 집 부동산 등기부등본을 출력한다
	대법원사이트(www.scourt.go.kr)에서 인터넷등기소 클릭하여> 발급>등본발급>부동산구분에서 단독주택은 토지+ 건물을 ,아파트(다세대, 빌라 등)는 집합건물을 클릭하고, 시/도에 경상남도, 리/동에 주소동 입력 , 지번 입력 후 클릭하여 신용카드 번호와 유효기일 등 입력하여 나의 집 부동산등기부등본을 출력하여 설정, 가압류 등을 확인해 본다.
14	경매 "부동산표시의 목록내역"은 어디서 확인할 수 있는가?
	경매 매각기일 14일전부터 확인되는 매각물건명세서, 현황조사서, 감정평가서 중 현황조사서에서만 볼 수 있다. 특히, 지분경매인 경우도 많으므로 필히 확인해야 한다. 법원경매정보(www.courtauction.go.kr)>경매물건>물건상세검색>소재지 및 내역(주소)를 클릭하여 목록내역을 확인한다.
15	최선순위의 가등기가 "권리신고 및 배당요구신청" 하였는지 확인할 수 없나?
	법원경매정보(www.courtauction.go.kr)>경매물건>경매사건검색에서 사건번호 입력>문건/송달내역에서 말소기준권리보다 앞선 가등기권자 000 권리신고 및 배당요구신청 제출로 말소되는 담보가등기임을 알 수 있다.
16	임차인 앞 법원에 "인도명령" 신청을 하였는데 그 후 진행사항은 어디서 확인할 수 있는가?
	통상 인포케어 등 경매정보지에 사건번호 입력하면 인도명령 번호(예 2007타기 567 등)를 파악하여 대법원(www.scourt.go.kr)>하단의 "나의 사건 검색"에서 법원선택 후 사건번호 입력, 당사자명에(채무자, 소유자, 임차인, 낙찰자 중 1명)하여 클릭하면 →사건일반내역에는 관련사건내역, 신청인(낙찰자), 피신청인(임차인) 등 파악되며 사건진행내역을 클릭하면 진행내역에 2007. 월 일 접수. 2007. 월 일 피신청인에게 신문기일소환장 발송하였다는 내용 등이 파악된다.
17	유치권 신고된 전체명단은 어디서 확인할 수 있는가?
	경매 전에 매각물건명세서 비고란에 간혹 기재하는 것도 있으나, 법원경매정보(www.courtauction.go.kr)>경매물건>경매사건검색>사건내역의 하단 당사자 내역란 또는 문건/송달내역의 문건처리내역 등을 확인해 보아야 유치권신고된 전체 내역을 알아볼 수 있다.

18	2008. 월 일 경매잔금대출 당일 경매계 경유 잔대금 납부여부 및 당일소유권이전, 1순위 근저당권 설정 확인방법은?
	은행에 납부 여부는 알 수 없지만(법원보관금 지정은행만 가능) ① 법원경매정보(www.courtauction.go.kr)>경매물건>경매사건검색> 법원과 사건번호 입력 후 클릭하여 기일내역에서(2008.월 일 대금납부, 대금지급기한 후 납부 등으로 기재), 문건처리내역 내 문건접수에서는 2008. 월 일 최고가매수신고인 등기촉탁신청 제출로 기재되어 있어 대금 납부한 사실을 확인할 수 있고 ② 대법원 인터넷등기소(www.iros.go.kr)>기타정보조회 내 등기신청사건처리현황조회>소재지번으로 검색>부동산구분, 시도, 리/동, 지번 입력 후 검색> 접수일자와 접수번호를 당일인지 확인하고, 부동산소재지번도 확인 후, 등기목적(소유권이전), 처리상태(접수완료), 등기목적(근저당권설정), 처리상태(접수완료) 등 확인하면 소유권이전과 설정이 당일 잘 진행되었음을 알 수 있다.

2. 온비드(www.onbid.co.kr)방문

종자돈이 너무 작다면 온비드에서 승부를 거는 것도 좋은 방법이 될 것이다. 낮은 경쟁률과 높은 수익률을 원한다면 온비드 공매를 잘 숙지하여야 한다. 공매낙찰가는 대부분 3천만원 이하이다.

1	온비드 압류재산 공매물건 중 "경남"에서 조회 300회 넘은 것 감정평가서 표지만 출력하고, 공매물건관리번호 2008－08536－001, 2006－12001－001 감정평가서 확인하여 본다
	공매 사이트 온비드(www.onbid.co.kr)에서 >물건정보>물건상세검색에서>처분방식을 매각, 용도를 부동산으로 입력 후 ① 소재지에 경남 입력 후 검색 클릭 시 Total 몇 건 공매 중인지 알 수 있고(약 000건 검색됨) ⇒ 조회수가 300회 넘은 물건만 감정평가서 확인하여 본다. ② 물건관리번호에(2006－12001－001 대신 2를 추가하고 －를 없앤) 2200612001001 입력하여 검색하면 경남 창원 주남저수지 인근 일반주거지역 2필지 검색됨⇒ (창원시 동읍 월잠리 52－3번지와 52－4번지 2필지 1차 공매가 69,760 천원으로 2필지 각 약90평 1종일반주거지역임) 2006.12. 7. 개찰된 감정평가서를 확인한다. ③ 물건관리번호에 (당초 2008－01813－001 이지만 2추가하고 －를 뺀) 2200801813001를 입력하여 경남 남해군 남면 평산리 1973 전422㎡(관리지역)을 확인한다. ④ 2008－08536－001도 확인하여 본다(52명 응찰)
2	매각결정통지서(사하구청 200530884001) 를 받았는데 감정가격과 낙찰금액, 잔대금 납부기한 등 알아보려면?
	공매 사이트 온비드(www.onbid.co.kr)>물건정보>물건상세검색> ① 물건관리번호에 2를 추가한 "2200530884001" 입력 후 검색 클릭하면 물건정보가 나타나며 소재지/물건명 아래 주소를 클릭하면 물건정보(기본정보, 물건정보, 감정정보, 임대차정보, 일괄감정평가서 등 출력할 수 있고, 입찰상세 보기를 클릭하면 감정가격은 43백만원이

	며 24,600,000원에 낙찰되었고, 대금납부기한은 2007. 3.12 임을 알 수 있다. (회원가입 후) 아이디와 비밀번호를 입력하여 로그인후 "물건상세정보"를 확인할 수 있고 ② 물건관리번호 : 2005-26157-003(창원시 북면물건)의 감정평가서를 확인할 수 있다. ⇒ 물건관리번호에 "2"를 추가하여 검색함 : 2200526157003 ③ 물건관리번호 : 2006-08662-001도 마찬가지 요령으로 감정평가서를 확인하여 본다.
3	최근 경남지사의 공매된 물건들과 유찰된 물건 검색은?
	경남지사의 최근 압류재산에 대한 공매 결과(낙찰 또는 유찰)을 검색하려면 공매 온비드(www.onbid.co.kr)>입찰결과>KAMCO입찰결과>입찰결과검색>검색 클릭
4	경남 마산시 소재 동일 모텔로 공매 2008-22078-001(141,800,000원 낙찰/1명 응찰)와 창원지방법원 2007타경 3588호(230,110,000원 낙찰/11명 응찰)을 비교하여 보자

3. 인포케어(www.infocare.co.kr) 방문

1	아래 하나를 선택 인터넷 유료사이트 회원 가입
	인포케어(www.infocare.co.kr), 굿옥션(www.goodauction.co.kr), 지지옥션(www.ggi.co.kr), 태인(www.taein.co.kr) 탑옥션(www.topauction.co.kr), 스피드옥션(www.speedauction.co.kr) 등 유료사이트에서 택1 가입하여(3개월 유료 약 6만원) 대박 물건을 찾는다.
2	신한은행 마산역지점(마산시 석전동) 부근 경매물건, 창원시 동읍과 부산시 사상구 경매물건 몇 개인지? 나의 고향 경매물건이 몇 개인지?
	예 : 인포케어(www.infocare.co.kr)>통합검색에서⇒ 주소에 경남, 마산시, 석전동(또는 경남, 창원시, 동읍, 부산시 사상구)을 입력하여 검색하면 된다. 만약 나의 고향이 "경남 하동군"이라도 위와 같이 검색하면 된다.
3	'거가대교' 2010년 완공(8.2㎞, 2조2천억 투입, 2시간10분대에서 50분대로) 으로 대폭 단축하는 구간은 경남 거제시 장목면 유호리⇔ 부산 강서구 천성동 부근 경매물건 검색은?
	인포케어(www.infocare.co.kr)>통합검색에서 검색하면 된다.
4	창원지방법원의 ① 창원(본원) 경매물건은 몇 페이지 인지 알아보자. ② 마산시내 경매 "진행""유찰"물건이 각 몇 페이지 인지 알아오기? ③ 부산시내 경매물건은 총 몇 건인가?
	예 : 인포케어(www.infocare.co.kr)>통합검색 클릭⇒ ① 법원에 창원지방법원(창원) 선택 후 검색 클릭하면 약 00페이지(×15건=약 1,000여건)나타남. ② 물건검색을 클릭하던지 또는 인포케어 홈에서(www.infocare.co.kr)>통합검색 > 주소에 경남, 마산시 입력하여 클릭하면 00페이지 경매물건이 나타나며, 결과에 진행을 입력하면

	00페이지분량, 유찰을 입력하면 00페이지 분량, 낙찰을 입력하면 0페이지 분량이 나온다. ③ 부산 입력 후 검색하면 약 150페이지(낙찰, 유찰, 진행 모두 포함)나타남
5	경매 사건번호 창원 2007 타경 23230(물건번호 2번) 입력하여 감정평가서(표지1장만), 매각물건명세서, 등기부등본 등 확인 및 프린터 하여 본다.
	인포케어(www.infocare.co.kr)> 우측 상단의 사건번호 입력하여 감정평가서(표지1장만), 매각물건명세서, 등기부등본을 출력한다. ② 상단의 상세정보 옆 권리분석을 클릭하여 예상순위배당표를 보고 낙찰자 추가부담 인수임대차가 있는지 알아본다.
6	숙박시설(모텔)중 경남지역, 부산지역 몇 개 진행중인지? 7~8회 이상 유찰된 경매물건은 몇 개인지? 알아보기
	예 : 물건검색 눌러 주소에 경남, 용도에 숙박시설로 클릭, 주소에 부산하면 15개 정도 중 2개가 낙찰된 것을 알 수 있다. ② 경남은 유찰횟수에 7~8회 넣고 검색하니 7페이지 분량, 부산은 약 5페이지로 75개 정도 나온다.
7	감정가 5억이상 50억이하 2007년 4월 중 낙찰건수 조회는
	인포케어(www.infocare.co.kr)>통합검색에서 주소에 부산, 결과에 낙찰, 감정가에 5억, 50억 입력 후 검색하면 약20여건 나온다.
8	경매물건의 권리분석을 알고 싶을 때, 배당내역을 알고 싶을 때?(창원 2005-17927, 2006-31128 등)
	인포케어(www.infocare.co.kr)> 우측 상단의 사건번호 입력하여 상단의 상세정보 옆 권리분석을 클릭하여 내가 풀어본 배당표와 인포케어에서 권리분석한 임차인별 배당내용을 비교하고, 특히, 낙찰자 추가부담(인수임대차)이 있는지 알아본다.
9	1차에 142명 응찰한 경남 사천시 서포면 조도리 산20-1번지 임야 경매인 진주지원 2008-4369호 검색하여 보자.

4. LBA경제연구소(www.LBA21.com) 방문

1	LBA부동산 법률중개사 교육장소 참관 및 유, 무료 동영상 둘러보기
	www.LBA21.com에서 27기 등 정규과정 모집(자세히 보기) 클릭하여 알아보며 매주 일요일반 오후2시~9시까지 개강 중으로 하루만 무료참관하기(또는 매주 토요일반 오후2시~9시 참관)
2	LBA 이틀이면경매박사 회원 가입하여 온갖 경매관련 자료를 알아본다.
	① www.LBA21.com >무료회원(일반회원)가입 후 또는

	② 클럽커뮤니티> 이틀이면 경매박사 >무료회원 가입 후> －자유게시판의 No.739 “전소유자의 가압류는 말소다”라는 판례 프린터하고 －자료실 No.673 <수도권 과밀억제권역 외의 지역에서 창업하는 중소기업은 취득세, 등록세, 인지세 면제>를 프린터하고 ⇒<본건 프린터 하려면 자료실 801번 파일을 프린터 하면 된다> －서식(48개중) N0.11번 “권리신고 및 배당요구신청서” 프린터 한다.
3	자료실 802번(60% 낙찰 받아 감정가 110%에 되팔기) 프린터 하여 오기
	① www.lba21.com > 클럽 커뮤니티> 이틀이면 경매박사 > 자료실 802번(60% 낙찰 받아 감정가 110%에 되팔기(대한주택공사) 첨부파일(주택매입신청서.hwp) 프린터 하기 ※ 대한주택공사(www.jugong.co.kr)홈페이지>주거복지>매입>알려 드립니다>번호151번 “다가구주택 등 매입공고(2008.10.15) “에서도 출력가능함. ② 인포케어 등에서 해당 대박 경매물건 검색하여 오기

5.기타 사이트 방문

1	창업제조업(2년이내) 취득자산의 취득세, 등록세 면제가능 여부?
	국세청 홈페이지(www.nts.go.kr)>국세청 홈> 검색어에 “창업” 클릭하여 “중소기업 창업과 알기쉬운 세금” 작성일 2005. 4. 1자 파일 저장 후 27부터 29페이지만 프린트한다.
2	마산시내 제조업체인데 최저 대출금리 3.5%(보통은 6.5%)정도로 매우 낮은 대출금리로 융자를 받을 수 있는 방법?
	❶ 마산시청(www.masan.go.kr)>마산라이프>산업경제>종합지원정보>중소기업자금지원에서 <중소기업자금지원신청서>에 사업자등록증사본과 사업장약도 첨부하여 신청 (마산시청 6층 경제통상과 ❶단점 : 담보가 있어야 은행에서 취급) 주1) : 한국은행 경남본부 C2한도 우선지원부문 대상업체(경상남도 전략산업 관련업체)추천신청서 ❶ 담당자 : 경남도청 미래산업과 (055－211－3227) 주2) : 중소기업진흥공단에서도 저금리대출제도 있으며 주3) : 담보가 없으면 신용보증기금(www.kodit.co.kr)의 보증서 발급 ❶보증금액 1억원 이하는 도,소매업종도 간편한 심사로(1억원 초과는 심층심사) 발급해줌
3	대한법률구조공단에서 법률상담사례를 알아본다.
	대한법률구조공단(www.klac.or.kr) 하단에 위치한 검색어를 입력하세요SEARCH에 “경매” “공매” “법정지상권” “유치권” “공인중개사” 등을 입력 후 SEARCH를 클릭하여 법률상담사례를 알아본다.
4	애물단지 폐교가 보물단지 와인공장으로 ? 폐교재산을 알아보기
	폐교재산은 전라북도교육청(www.jbe.go.kr) 홈페이지에서 검색어에 폐교 입력 후 클릭하여 폐교 매각예정이 몇 개인지 알아보기 (26개) 그리고 경상남도교육청(www.gne.go.kr)홈페이지에서> 폐교활용안내> 마산, 밀양, 거제, 하

	동교육청에 폐교가 몇 개인지? 알아보기
5	농지(전, 답, 과수원 등)를 낙찰 받았는데 토지이용계획, 지적도, 개별공시지가, 위치를 알려면?
	① 창원 2008타경 410호(경남 함안군 칠원면 오곡리 산 86 임야 8,522.00m²(2,577.91평)은 관리지역으로 49명이나 응찰(1차 61백만원인데 179백만원에 낙찰)한 사례가 있다 ② 토지이용규제시스템(http : //luris.moct.go.kr)>토지이용계획>토지이용계획열람에서 공시지가, 지역지구 등 지정여부, 확인도면, 지역지구등에서의 건축제한내용을 확인한다. 또는 온나라(www.onnara.go.kr) 토지이용계획확인서 등 확인한다. ③ 위치 검색하려면⇒ 콩나물지도(http : //www.congnamul.com) 등에 주소 입력 후 클릭(위성지도를 확인)
6	토지를 낙찰 받았는데 토지이용계획확인원에 나타난 용도지역(관리지역 등)의 건축가능, 행위제한, 건폐율, 용적율 등 알아보려면?

	토지이용규제정보시스템(http : //luis.mcot.go.kr)>토지이용계획에서 확인은 필수이고 해당 지자체(김해시청 등)의 홈페이지에서 도시계획조례와 건축조례를 프린터 하려면
	① 해당 시청의 홈페이지에서 >자치법규> 현행자치법규>도시계획조례를 클릭한다.
	⇒도시계획조례에서는 제31조 용도지역 안에서의 행위제한(예. 관리지역 안에서 건축할 수 있는 건축물 : 별표23 등), 용도지역안에서의 건폐율, 용도지역안에서의 용적율, 시가지경관지구에서의 용도제한 등을 나열하고 있어 1페이지만 프린터 한다.
	② 각 시청의 홈페이지에서 >자치법규> 현행자치법규> 건축조례를 클릭한다.
	⇒대지안의 조경, 건축물의 용도, 대지의 분할제한, 일조권 등의 확보를 위한 건축물의 높이제한 등 나열하고 있으며 1페이지만 프린터 한다.
	③ 국토해양부(www.realtyprice.co.kr)>부동산공시가격알리미> 표준지공시지가를 참고하면 인근 시세 파악됨.

7	마산시 양덕동에 재개발 소문이 있는데 공람공고 등 고시는 어디에서?
	마산시청(www.masan.go.kr)>알려드립니다>고시공고 No.1627 "양덕3구역주택재개발정비구역지정및계획안" 공람공고(Hwp) 파일 프린터 하여 재개발지역 경매물건을 검색하여 본다.

6. 직접 발품팔기

'경매법정이 나의 직장이다'라고 한다. 직접 방문하여 낙찰자의 모습을 보도록 하자

1	경매입찰법정, 민사신청과(경매계), 집행관실을 방문하여 본다.
	대법원 법원경매정보(www.courtauction.go.kr)>경매공고>부동산매각공고> 법원에 창원지방법원 선택, 검색 클릭하여 며칠 후 경매(○○)계 물건을 살펴본다. ① 경매일 7일전부터는 법원 민사신청과 경매계장들 앞 책상 열람대에 3개(감정평가서, 현황조사서, 매각물건명세서) 원본 비치하고 있으므로 방문하여 찾고, 방문가능일 오전10 : 00 이전

	경매법정에 도착하여 경매정보지 1권(3,000원)을 구입한 후 집행관 설명을 잘 듣고, 낙찰가를 적고 낙찰가 적정여부를 나름대로 검토한다. 그리고 3개(대봉투(입찰봉투), 흰봉투(매각보증금 봉투), 기일입찰표)를 받은 후 최고가 매수신고인, 차순위매수신고인, 낙방 후 보증금을 찾아가는 모습 등 살펴본다. ② 창원지방법원 민사신청과(2층 경매계) 앞 열람대에 놓여진 경매기록철 중 감정평가서, 임대차현황조사서, 매각물건명세서를 확인하고, 책상 위 각종 서식 1장씩 가져온다. ③ 아래 1층 집행관사무실을 방문하여 서식 1장씩 가져오며, 포스터 등 살펴본다.
2	동사무소를 방문하여 "전입세대 열람내역(동거인 포함)"을 발급받는다.
	경매정보지 출력하여 경매물건 소재지의 동사무소 방문 "전입세대 열람내역(동거인 포함)"을 발급받아 전입일자가 매각물건명세서와 일치하는지 1번 근저당권 설정일자보다 앞선 전입일자 임차인이 있어 인수임대차는 없는지 대조 확인한다.
3	경매신청채권자(금융기관)에 유치권신고서 팩스 받는다.
	창원지방법원 2006타경 13045(160백만원 유치권 신고 등 유치권 신고된 내용을 경매신청채권자(등기부등본에 1순위 근저당권 설정한 소재지의 금융기관)에 전화로 유치권성립여부 등 문의하고, 경매신청채권자가 법원에서 복사해온 유치권신고서사본을 팩스 받아 유치권성립여부를 검토한다.

〈사례연구 1〉 [마산, 창원, 진해 인근 급매물 조사 방법]

주소창에 마창교차로(www.mctown.co.kr)> 부동산타운> 매물검색에서 전체매물검색을 클릭 (또는 상세검색)

〈사례연구 2〉 [매일경제에 경매관련 기사]

www.naver.com> 매일경제> 통합검색에
① "황경진"→ PDF검색결과 ⇒ 2005.10. 8. 매일경제 A섹션 4면
"집값 떨어질 때 경매 최적기"
② "한정희" → 2006.12.16 매일경제
"2년간 경매로만 20억 벌었죠"

5. 경 · 공매 실전 사례(390건)

필자가 전 조흥은행 본점 여신관리부(경매 담당 7년)와 조흥은행 지점장과 신한은행지점장 재임 시 고객 대상 "법원경매 무료특강" 경매 강의 100회차 이상 강의하면서 경매물건을 낙찰받은 매수인(낙찰자)을 위한 경매잔금대출 2,000여건 이상 취급 시, LBA 부동산 법률중개사 1년 과정 수료 및 "이틀이면 경매박사" 클럽의 시샵(회장)을 맡으면서 수료한 8,000여명 전국 LBA 법률중개사의 질의 응답을 하면서, 창신대학 부동산학과에 출강, 창원대학교(평생교육원), 마창교차로신문사(문화센터) 등 강의하면서 접한 경 · 공매 실전사례 중 390건을 사례별로 구분하여 기록하여 보았다.

특히, 본 서적에는 경 · 공매 사례연구 538건 수록 및 실전 경 · 공매 실전사례 390건 총 928건 수록하였는데 그 자원은

1) (조흥)신한은행과 인연을 맺으면서

- (구, 조흥) 신한은행 본점 여신관리부에서 경매담당 7년하면서 수집한 방대한 경매 실무자료,
- (구, 조흥) 신한은행지점장 재임시 고객 대상 "법원경매 무료특강" 경매 강의 100회차 이상하면서
- 낙찰 받은 매수인(낙찰자)을 위한 경매잔금대출 2,000여건 이상 취급하면서,
- 신한은행 내 경매부문 최초 지식전문가로 임명장을 받고 신한은행 내 "이틀이면 경매박사 Cop"리더를 맡으면서 전국 직원들의 질의응답을 하면서,

2) LBA 부동산 법률중개사와 함께 하면서

LBA 경제연구소 내 2002년도 LBA 부동산 법률중개사 9기 1년과정 수료 후 2003년11월 만든 클럽 "이틀이면 경매박사" 개설 및 시샵(회장) 5년을 맡으면서 8,000여명 전국 LBA 법률중개사의 경 · 공매 질의응답을 하면서 클럽 사이트에 게시 및 계속 업그레이드하면서 기록된 자료들

3) 대학 출강하면서

최근 1년간 창신대학 부동산학과 정규과정에 외래교수로 출강하면서 강의 및 학생들의 질의응답을 하면서

4) 공인중개사협회 매수신청대리 전임강사로 강의하면서

2006.1.30. 공인중개사 배수신청대리권이 부여되면서 한국공인중개사협회 경남지부에서 매수신청대리 경매과정 전속 전임강사로 20회차 이상 강의 및 공인중개사의 질의 응답하면서

5) 각 금융기관, 대학교, 기업체 등에서 경매강사로 초빙되면서

신한은행, 농협, 현대캐피탈 등 금융기관
창신대학, 창원대학교(평생교육원), 가야대학교 (최고경영자과정)
대한치과의사회(경남지부), 스피드뱅크, 신세계백화점(문화센터), 마창교차로신문(문화센터) 등 강의하면서

6) 창원법원 정문 앞 경매컨설팅 전문 공인중개사사무소 개업과 소장직을 맡으면서

2008년 3월 창원지방법원 정문 앞 (경매컨설팅 전문) LBA황경진 공인중개사사무소 개업과

소장직을 맡으면서 법원 출입 고객들의 권리분석 및 상담을 하면서 기록 남기고, 연구하고, 찾아보면서 체험한 실전 경·공매 실무 사례들이다. 아래 경·공매 사례별 연구는 경매 유료사이트에서 경매정보지를 출력하여 보아야 이해가 쉽다. 예로 탑옥션(www.topauction.co.kr)은 전국지역 1년간 사용료 10만원 등 선택하여 감정평가와 매각물건명세서, 현황조사서, 등기부등본 등을 살펴보면서 살펴보아야 한다.

경매 사건번호를 알고 있으나, 인터넷 경매 유료사이트 회원이 아닌 경우에는 법원경매정보(www.courtauction.go.kr)에서 검색하여도 보통 경매 종결된 사건이므로 법원경매정보에서 알아보기 어렵다. 공매(압류재산)은 온비드(www.onbid.co.kr)에서 검색이 가능하며, 지지옥션(www.ggi.co.kr) 회원도 더욱 쉽게 공매 조회를 할 수 있다.

경매 사건번호를 알고 있으며, 유료사이트 회원인 경우

⇒경매 유료사이트인 지지옥션(www.ggi.co.kr), 탑옥션 (www.topauction.co.kr), 인포케어(www.infocare.co.kr) 등 유료사이트 홈페이지 우측의 사건번호에 경매 사건번호를 입력하면 쉽게 모든 정보가 검색되며 편리하게 볼 수 있다. 권리분석 및 예상배당표는 물론 감정평가서, 형황조사서, 매각물건명세서, 등기부등본, 전입세대 열람내역(지지옥션, 태인 경매 만) 등 쉽게 열람할 수 있다.

경매 사건번호를 알고 있으며, 유료사이트 회원이 아닌 경우

⇒ 대법원 법원경매정보(www.courtauction.go.kr)>에서 경매 사건번호 알고 있을 때 검색하려면

⇒ 법원경매정보(www.courtauction.go.kr)>경매물건>경매사건검색>법원과 경매 사건번호를 입력 한 후 검색 클릭하여 확인한다.

① 사건내역 ⇒ <사건기본내역>에서 [현황조사서] 내 (현황조사내역과 부동산표시목록) 확인
[감정평가서] (감정평가서내 위치도, 사진 등) 확인
<배당요구종기내역>에서는 배당요구종기일 확인한다.
<물건내역>에서 물건번호 확인, 상세내역 클릭 후 [매각물건명세서] 확인
<목록내역> 부동산목록을 확인한다.
<당사자내역>에서 임차인의 권리신고 및 배당요구신청제출 여부를 확인
② 기일내역 ⇒기일과 최저매각가격을 확인한다.
③ 문건/송달내역 ⇒문건처리내역(임차인 권리신고 및 배당요구 등)과 송달내역을 확인한다.

공매(압류재산) 물건관리번호를 알고 있을 때

⇒① 온비드(www.onbid.co.kr)>물건정보>물건상세검색>처분방식을 매각, 용도를 부동산으로 하고 공매 물건관리번호를 알고 있는 경우에는 물건관리번호에 2+물건관리번호로 검색한다.

예) 물건관리번호 : 2007－04757－002 이라면 ⇒ 온비드(www.onbid.co.kr)>물건정보>물건상세검색>물건관리번호에 "2200704757002"로 검색한다.

⇒지지옥션 회원인 경우

② 유료사이트 중 유일하게 지지옥션(www.ggi.co.kr)만 공매 사건검색이 가능하며, 물건소재지 동사무소에 직접 가지 않아도 세대조사원본란을 클릭하면 "전입세대 열람내역"도 자료 제공하고 있어 매우 유용한 경·공매 유료사이트이다.
지지옥션 홈페이지(www.ggi.co.kr> 공매정보> 자산관리공사>하단 관리번호에 공매 물건관리번호 그대로 입력하고 검색 클릭하면 된다.

예) 물건관리번호 : 2007－04757－002 이라면 ⇒ 200704757002로 검색한다.

5-1. 경 · 공매 사례별 연구(390건 해설)

1. 주제별 경매물건(262건) : 건수가 많아 1부에서 4부로 구분한다.
   ① 주제별 경매물건 1부(1번 ~72번 까지)
   ② 주제별 경매물건 2부(73번 ~142번 까지)
   ③ 주제별 경매물건 3부(143번 ~184번 까지)
   ④ 주제별 경매물건 4부(185번 ~262번 까지)
   ※ 262건 ① 1부, ② 2부 중 밑줄 친 35건 해설을 꼭 참조하여야 한다.
2. 섬 경매물건(4건)
3. 특수한 경매물건(84건)
4. 조심해야 될 경매물건(18건)
5. 특수한 공매물건(22건)
   합계 (262건+4건+84건+18건+22건) 총 390건 수록하였다.

1. 주제별 경매물건(262건)

1) 주제별 경매물건 1부(1번~72번)

아래 <양호한 낙찰물건> 중 창원지방법원 진주지원 2008타경4369호로 경남 사천시 서포면 조도리 산20-1번지 임야 경매를 살펴보자. 사천대교 개통 전 · 후 지가가 급등한 지역으로 8미터 포장도로와 접하는 해안가 관리지역 임야(1,456평)로 1차 매각기일에 142명이 응찰하여 1차 매각가격이 21백만원이나 151백만원에 낙찰된 물건이다.

사천대교 18일 개통

사천만을 가로질러 경남 사천시 서포~용현면을 연결하는 사천대교가 오는 18일 개통된다.〈지도 참조〉

사천대교 건설에는 1467억원의 사업비가 투입됐으며, 길이 2.2㎞ 너비 11.2m의 교량과 교량 양쪽 5㎞의 접속도로가 건설됐다. 사천대교 개통으로 서포~용현간 거리가 32㎞ 단축돼 이 구간 운행 시간이 40분에서 10분으로 크게 줄어들게 됐다.

또 사천만 서쪽의 하동, 남해와 동쪽의 사천 고성 등 연안 시·군이 연결돼 서남부 경남의 균형발전과 인근 진사지방산업단지 사남농공단지 등의 물류수송 활성화가 기대된다.

김수영 사천시장은 "사천대교 개통으로 지역 교통환경 개선은 물론 10㎞ 떨어진 창선~삼천포대교와 연계돼 해안관광 투어의 명소로 자리잡을 것으로 기대된다"고 밝혔다.

2006. 12. 8 강인범기자

진주5계 2008-4369 / 강제						
	용 도	임야	감정기관	제일감정(2008.05.16)	채권자	신용보증기금 영등포
	매각방법	일괄	감정가	20,938,000원	채무자	박정숙
	접수일자	2008/03/31	최저가	20,938,000원 (100.0%)	소유자	박정숙
	유찰/진행	0회/1회	최종결과	낙찰 (낙찰일: 2008/07/21, 낙찰가: 151,230,000(722%))		

소재지/특성면적		감정가외기타정보
경남 사천시 서포면 조도리 산20-1(임야)		·토지이용계획 ·공시지가
관리지역 비행안전구역 *북동측으로 하향완경사를 이루는 부정형 토지 ※ 일괄소재지 공통정보 *조도마을 북서측인근 위치 *주위 순수산림 및 해안가주변 농경지대 *차량진입 가능 *제반 교통사정 보통 *북동측으로 노폭 약8m 아스팔트포장도로 접함	임야 4,437.00m²(1,342.19평)	총감정평가: ₩20,410,200 ·토지감정: ₩20,410,200 표준공시지가 : ₩1,200 감정지가 : ₩4,600
경남 사천시 서포면 조도리 산20-21(임야)		·토지이용계획 ·공시지가
관리지역 비행안전구역 *인근지와 대체로 등고평탄한 토지	임야 377.00m²(114.04평) :(현:도로)	총감정평가: ₩527,800 ·토지감정: ₩527,800 표준공시지가 : ₩1,200 감정지가 : ₩1,400

진행사항 ·상세보기	임차내역	등기내역
낙찰 2008/07/21 (20,938,000원) 151,230,000 (낙찰율: 722%) 이권락 (총입찰 142명) 낙찰허가(2008/07/28)	※ 서포면사무소 관할 (조사된 임차내역 없음)	※ 토지등기(산20-1번지, 발급: 2008/07/04) 소유이전 1989/12/15 매매

번호	구 분	사건번호
〈말소기준권리〉 소멸주의가 대원칙		
	1. 중앙 2008타경14467, 서부 2008－5659, 창원 2007－34766	
1	압류가 말소기준권리인 경우	창원 2005－25362(2)
2	가압류가 말소기준권리인 경우	고양 2007－10647 창원 2005－36379 창원 2006－2670 창원 2006－11186
3	담보가등기가 말소기준권리인 경우	천안 2003－7721
4	강제경매가 말소기준권리인 경우	창원 2004－51227 창원 2007－13295
5	근저당권이 말소기준권리인 경우(95% 이상)	밀양 2006－2914 창원 2005－49115(8)
6	저당권이 말소기준권리인 경우(아직 한번도 본적 없고 실무상 거의 없음)	없음
7	전세권이 말소기준권리인 경우(구분건물만 해당, 단독주택 등은 아님)	창원 2006－2823
〈양호한 낙찰물건〉		
8	양호한 낙찰물건	▪ 진주 2008－4369 (사천시 서포면 임야 4,814 m²로 1차 20백만원 142명 응찰⟹ 151백만원

		낙찰) ▪ 통영 2004 타경 119호(물건번호2번)(1차 매각기일에 49명이나 응찰 낙찰시점 일반상업지역 용도 변경) ▪ 진주 2006-11622 (1차 70명 응찰하여 530%에 낙찰) ▪ 통영 2007-1878(2번, 40명 응찰) ▪ 창원 2004-465(8명 응찰) ▪ 창원 2006-31128(12명 응찰) ▪ 창원 2006-34783(34명 응찰) ▪ 진주 2006-12908(4명 응찰) ▪ 창원 2006-12899(3) (1명 응찰) ▪ 창원 2005-38986(2명 응찰) ▪ 밀양 2004-5476(1) (13명 응찰) ▪ 창원 1999-51285(1명 응찰) ▪ 진주 2006-12908 (4명 응찰) ▪ 통영 2007-1694(28명 응찰) ▪ 통영 2006-11793(4명 응찰) ▪ 동부 2005-3643(15명 응찰)
〈정확한 권리분석〉		
9	정확한 권리분석	창원 2005-17927 창원 2005-18401 창원 2005-21674 진주 2004-10847 창원 2006-29675 창원 2006-31128
〈구법사건〉		
10	2002. 7. 1 이전 신청사건(민사소송법 절차) 입찰보증금 최저매각가가 아닌 낙찰가의 10%, 인도명령이 아닌 명도소송으로 해결	창원 2001-34986(1) 창원 1996-32351(25)
〈신법사건〉		
11	2002. 7. 1 이후 신청사건(민사집행법 절차) 채무자(소유자)만 점유하는 물건이 대다수	중앙 2005-36374 중앙 2005-44801 창원 2007-8910 통영 2005-826 창원 2005-28606
〈인수임대차〉		
12	선순위 인수임대차 있어 요주의 (인수임대차는 낙찰자의 추가 부담) 창원 2005-36881, 창원 2004-50477(6) 창원 2005-5696, 창원 2006-41255 진주 2004-10847, 진주 2004-10847 통영 2005-17, 창원 2001-7731(2)	중앙 2005-39151 2. 중앙 2006-39066 북부 2004-773 부산 2006-7180 창원 2005-5696 창원 2005-5896 통영 2005-9922 창원 2005-45052(2) 창원 2006-2670 창원 2006-2670 창원 2005-5948 창원 2006-26027(1) 창원 2005-45052(2) 창원 2005-29111
13	인수임대차로 계속 유찰된 사례	3.통영 2005-9922 창원 2005-5696

		창원 2006－11186	창원 2007－22411
14	1번 설정보다 앞서 전입자 있어(권리신고 및 배당요구 없음) 계속 유찰 후 저가 낙찰된 사례	4. 동부 2003－7153	
15	전입, 확정이 말소기준권리보다 앞선 경우에도 배당요구종기일까지 배당요구하지 않으면 인수임대차(낙찰자 추가부담)	중앙 2005－39151	
16	말소기준권리보다 전입만 빠르고 확정이 늦은 경우 배당요구 하였더라도 인수임대차	창원 2005－13215	
17	1번 설정일자 보다 앞선 전입일자 임차인의 못 받은 전세보증금은 인수임대차(낙찰자 추가부담)	통영 2005－17 창원 2006－14826	창원 2005－38405
18	1번 설정일자 보다 앞선 전입일자 임차인이 배당요구 하였으나 확정일자가 없어 못 받은 보증금은 인수임대차	창원 2005－19183	
19	말소기준권리 보다 전입 빠른 임차인이 배당요구종기일 이후에 권리신고 시 낙찰자의 추가부담(인수임대차)	5. 중앙 2003－2971	
20	전입 빠른 임차인이 강제경매신청 후 못 받은 전세금은 인수임대차(낙찰자 추가부담)	북부 2004－773	창원 2006－35342
21	가압류 후 강제경매 시 가압류 이전 전입한 임차인은 대부분 인수임대차가 많음	창원 2005－18104	
22	전입 빠른 대항력있는 임차인의 전세금보다 더 낮게 낙찰시 나머지도 인수임대차(낙찰자 추가부담)	창원 2005－5948	
23	설정 전 전입만 되어 있는 무서운 전입자로 계속 유찰(대출시 금융기관에서 징구한 무상거주자의 “각서” 또는 “임대차내용 및 주민등록 전입상황확인서”로 전세금 유무 확인), 은행 유리한 판례(86다카1852) 와 은행 불리한 판례(87다카1708,97다12211, 99마4307) 참조	6. 인천 2005－84961	동부 2003－7153
24	경매정보지에 “조사된 임차내역 없음” 즉, 소유자만 거주로 선순위임대차 없다고 판단하면 큰 위험, 가압류, 설정보다 앞선 전입자 있음(전입세대 열람내역 조사 철저한 경매 우수 사이트인 지지옥션(www.ggi.co.kr)에 2005. 8. 24일 김○○ 전입한 것으로 나타남).	부산 2006－4761(41)	
25	선순위 전입자가 있어 인수임대차로 보이나 전세보증금 준 사실이 없는 사실상 허수(점유권원없는 임차인)인 것 같은 물건	창원 2003－31169(6)	

26	전입은 되어 있으나(대체로 경매 전 5년 전 이상 전입된 임차인) 실제 임대차가 없는 경우도 많다	창원 2005－31169(6) 창원 2005－36881 창원 2007－1926
27	인수도 있고, 순위배당도 있는 물건	7. 창원 2007－411
28	전입이 1번 설정보다 훨씬 빨라 인수임대차로 보이나 전소유자로 후순위임차인인 경우(전소유자는 소유권이전한 다음 날 0시 부터 임차인이 되므로 소유권이전 당일에 1번 설정 근저당권자 보다는 후순위임)	창원 2006－42302
〈우선변제권 : 배당 받고 소멸〉		
29	주택 우선변제권(순위배당)의 대표적인 사례	창원 2006－31128 창원 2006－14505, 창원 2005－36713 창원 2005－31404
30	선순위(인수)로 보이나 실제는 확정일자 있어 순위배당받는 임차인	창원 2006－21282
〈주택 소액보증금〉		
31	2차개정 1987.12. 1.～ 1990.2.18 설정과 소액보증금 서울특별시,직할시 : 5백만원이하 5백만원 기타지역(수원 등) : 4백만원이하 4백만원	창원 2005－19169
32	3차개정 1990.2.19～ 1995.10.18 설정과 소액보증금 서울특별시, 직할시 2천만원이하 : 7백만원 기타지역(수원 등) 15백만원이하 : 5백만원	창원 2005－837 창원 2005－40354 창원 2005－17927 창원 2007－1209
33	4차개정 1995.10.19～ 2001.9.14 설정과 소액보증금 특별시,광역시 3천만원이하 : 12백만원 기타지역(수원 등) 2천만원이하 : 8백만원	창원 2005－19763(3) 창원 2005－10971 창원 2005－46437 창원 2005－48518 창원 2005－837 밀양 2005－935 창원 2005－27849
34	5차개정 2001. 9.15～ 2008.8.20.까지 설정과 소액보증금 과밀억제권역 4천만원이하 : 16백만원, 광역시(군 지역, 인천광역시 지역 제외) 3천5백만원이하 : 14백만원 기타지역(수원 등) 3천만원이하 12백만원	8. 중앙 2005－12873 9. 진주 2005－21332 서부 2005－18265 창원 2005－42718 동부 2006－47 창원 2005－19763(3) 창원 2005－49436 창원 2004－54875
35	한 푼도 못 받는 소액임차인	창원 2005－46437
36	전입하면 받고, 미전입은 소액보증금 못받는다.	창원 2006－544
37	대부분 소액보증금 받는 물건	진주 2005－21332
38	1명(5,500만원)만 인수, 나머지는 일부라도 소액보증금 받음	창원 2005－19183
39	낮게 낙찰 시 임차인 많은 주택은 낙찰가 1/2 범위 내에서 소액보증금 나누어야	창원 2005－20619

40	주택 소액보증금(최우선변제권)은 월세와 무관	창원 2005－20541(35)
41	전입 없으면 무배당	창원 2005－12021
42	소액보증금도 받고 순위배당도 받고	창원 2005－36713
43	경매 이후 전입 시 소액보증금 없음(무배당)	창원 2004－54363
〈무배당, 소멸〉		
44	말소기준권리보다 후 순위(한 푼도 못 받는 임차인)	창원 2006－42548(1) 창원 2003－39213(85)
45	설정과 설정 중간에 확정일자 없이 전입만 한 중간임차인(샌드위치임차인)은 무배당	<u>10. **창원** 2007－18344</u>
46	전입없이 점유만 하고 있으면 무조건 무배당	창원 2006－15195(6)
47	전입했어도 배당요구종기일 이내 권리신고 및 배당요구 하지 않으면 무배당	<u>11. **창원** 2005－17927</u>
48	전입일자 없으면 무조건 무배당	창원 2005－46420
49	다른 임차인보다 전입과 확정일자(또는 전세권 설정일)가 늦으면 대부분 무배당	창원 2005－37044
50	다가구주택 계속 유찰 시 전입과 확정이 늦을수록 무배당에 가까움	창원 2005－37044
51	임차인 전입일자와 금융기관 설정일자가 같으면 설정이 우선한다.	창원 2004－50477(8)
52	보증금 중 일정액 초과시 소액보증금 한 푼도 못 받고 무배당	창원 2007－2370
53	동일주택에 대한 경매가 2차에 걸친 경우 (최)우선변제권은 매각으로 소멸, 2중 청구 안되며(2001.3.27 98다4552판결) 당초 대항력있는 임차인만 주택임대차보호법상 대항력 인정	창원 2005－15228 ▪ 2차에 걸친 경매(창원 2003－44802→2005－28279) ▪ 3차에 걸친 경매(창원 2002－12204→2003－45157→2005－1946)
54	주택 매도 후 몇 년 전 부인 전입을 가지고 부인명의(임차인) 배당요구 신청 시 배당은 의문시 됨.	창원 2006－10770
55	금융기관 설정보다 전입이 앞서 인수임대차로 보이나 확정일자 없거나, 있어도 전입일자와 상당한 시간차 있는 경우 가장임차인인 경우도 많음.	창원 2005－29111
56	오래 전 전입한 임차인이 전소유자라면 전입일자가 아닌 소유권 이전해 준 다음 날 0시부터 임차인이 되며 이전 당일 설정보다는 후순위가 된다	창원 2006－.42302
〈특수주소변경〉		
57	문패대로 전입한 임차인은 그 후 특수주소 변	중앙 2004－49113(1)

	경 시 정정한 전입일자로 전입 계산(대부분 설정보다 후 순위로 무배당), 매각물건명세서 잘 살펴야	
〈가장임차인〉		
58	경매2개월 전 동일자에 3명이 전입하여 배당 요구	통영 2005-6077
59	거액 3억 가압류 후 전입한 임차인으로 당초 배당하여 주었으나 배당기일 불참하자 가압류권자에 수정 배당	창원 2006-43008
〈경매 후 전입하여 배당〉		
60	경매개시결정 후 전입한 임차인의 순위배당 (대학생이 전입·확정 중 일시 타지역으로 퇴거한 후 경매되자 다시 전입하여 "권리신고 및 배당요구"후 보증금 17백만원중 약90% 배당금 순위배당받은 사례)	창원 2005-36881(1)
〈대지와 건물의 설정일자가 다른 경우〉		
61	대지와 건물의 설정일자가 다른 경우 인수임대차, 소액보증금 등 계산에 주의	창원 2006-11186 창원 2004-38903 창원 2004-38903
62	토지 설정일자(앞선 경우)와 건물 설정일자가 다른 경우(늦고 건물추가설정인 경우) 임차인은 대부분 인수임대차가 많음	북부 2004-2427
63	토지, 건물의 설정일자가 다른 경우 건물설정일자보다 앞서 전입한 임차인은 인수임대차	창원 2006-11643 창원 2006-10824
64	토지, 건물의 설정일자가 다른 경우 토지, 건물 별도 소액보증금 계산해야	창원 2004-38903
〈매각물건명세서를 잘 따져야〉		
65	매각물건명세서와 감정평가서는? (대법원 www.courtauction.go.kr> 경매물건> 물건상세검색> 사건번호 클릭>물건내역 내 상세조회 클릭하여>매각물건명세서, 감정평가서 참조 (매각물건명세서는 매각기일 7일 이내인 경우에만 열람됨)	창원 2007-12346 창원 2007-11923
66	매각물건명세서의 임차인의 "현황조사"는 참고로만 보고, "권리신고"를 확실히 따져 보아야 함.	창원 2005-43872 창원 2005-20619
67	경매정보지에 임차인이 배당 요구하지 않은 것으로 보여 소액보증금 12백만원 무배당으로 보이지만 매각물건명세서에는 2005. 8.23 배당 요구하여 소액보증금 배당됨	통영 2005-11093
68	매각물건명세서에는 현황조사보다 권리신고가	중앙 2004-49113(3) 창원 2005-36690

	중요, 전입・사업자등록신청 정정일자로 계산		
69	집행관이 경매 후 임대차조사한 기록은? (대법원 법원경매정보 www.courtauction.go.kr>경매물건>물건상세검색>사건번호 클릭>현황조사서 내 부동산의 현황 및 점유관계조사서서를 잘 살펴보아야 한다.	창원 2005－21414	창원 2006－42302
70	배당 종결 후에는 대법원 경매정보검색 하여도 감정평가서, 매각물건명세서 등 여타 자료를 찾을 수 없고 유료사이트에서만 기록 볼 수 있음.	창원 2004－21264	
71	배당요구 하였음에도 누락된 경우 있다.	밀양 2005－935	
72	매각물건명세서에는 공란으로 되어 있으니 매각물건명세서도 못 믿겠다(전세권자가 2006. 6. 7. 배당요구 하였는데도 배당요구 여부란에는 공란)	창원 2006－18309	

2) 주제별 경매물건 2부(73번 ~142번)

〈상가〉			
73	상가 근저당권 설정이 2002.11.1 이전이면 상가 임차인 대부분 전혀 보호 안됨.	창원 2004－48535 창원 2005－19442 거창 2005－3920 창원 2005－45052(3)	창원 2005－23823 진주 2005－9592 창원 2005－17095 창원 2006－42920
74	2001.11.1 이후 상가 설정으로 말소기준권리 이후 사업자등록은 대부분 말소(무배당)	창원 2005－13987	창원 2005－14485
〈상가 인수임대차〉			
75	상가 선순위 인수임대차는 매수인 추가부담. 상가, 공장 등은 상가건물임대차보호법 적용 대상으로 그 밖의 지역은 1차 개정(2002.11.1 ~2008.8. 20기간) 중 설정에는 보증금 적용범위가 1억 4,000만원 이하라야 보호, 1억 4,000만원에서 보증금이 1원이라도 초과시 전액 무배당)	12.창원 2005－10377 창원 2006－11186 창원 2006－26067(1)	창원 2006－9107 창원 2005－29111
76	상가 사업자등록신청 시 사업장소재지가 등기부지번과 동일하여야 인수임대차	창원 2005－9827	
77	상가이며 인수, 우선변제권 갖춘 물건	창원 2005－1670	
〈상가 우선변제권〉			
78	사업자등록 및 확정일자 구비 시 우선변제	창원 2005－33073 창원 2005－33073	밀양 2005－6056

〈상가 소액보증금〉			
79	2002.11.1일 이후 설정과 상가 소액보증금 그 밖의 지역(수원 등 25백만원 이하) : 7.5백만원	13.**창원** 2006－308	창원 2006－2786
80	상가는 사업자등록이 앞서더라도 환산보증금(보증금+ 월세×100)이 일정금액 (그 밖의 지역 : 마산 등 140백만원) 초과하면 전혀 보호 안됨.	창원 2005－48556 창원 2006－308	진주 2005－6180
81	상가 소액보증금 (최우선변제권)은 (보증금+ 월세×100)을 합산한 환산보증금으로 계산	창원 2004－53094 창원 2005－28033(2)	창원 2005－37662, 창원 2006－308
〈상가 무배당〉			
82	설정과 설정 중간임차인(사업자등록 유, 확정일자 무) 즉, 샌드위치 임차인은 무배당	창원 2006－15638(1)	
83	설정 이후 상가 후 순위 보증금은 대부분 무배당	창원 2006－23615 창원 2004－48535	창원 2006－27532
84	공시가 다르면 무배당(경매물건 외 옆 인근 번지에 사업자등록 신청)	14.**창원** 2005－9827	
〈전세권〉			
85	거액 설정 뒤 후순위 전세권은 말소	창원 2005－2567	동부 2006－19058
86	말소기준권리보다 앞선 전세권 중 배당요구종기일 이내 배당요구하지 않아 낙찰자 인수 (잔대금 납부 시 전세권 말소 안됨)	중앙 2004－50380 통영 2006－13843 창원 2006－15195(6)	창원 2005－44547 창원 2005－19800 창원 2006－9107(2)
87	오래된 전세권으로 인수로 보일 뿐 사실상 전세금 지급받고 말소등기만 안 된 전세권 10백만원(2007.10.18.낙찰자는 전세권 말소등기 청구의 소 제기 원고 : 최○○, 피고 : 신○○(전세권자)	창원 2006－24175	
88	선순위 전세권 배당요구 없어 인수로 보이나 전세권 설정일자가 10년 전 등 상당한 기간이 경과한 전세권은 인수가 아닌 경우도 많음	창원 2004－54080	
89	배당요구 한 전세권 무조건 말소	창원 2005－14683 창원 2004－54080	창원 2006－3079
90	전세권이나 목적물의 범위가 건물에만 한정 건물배당금에만 참여, 토지배당금에는 무배당(전세권 설정 범위 : 2층 동측 43㎡ 전부)	15.**창원** 2005－44547	창원 2006－3079
91	전세권이나 목적물의 범위가 대지까지 포함 토지, 건물 배당금 모두 참여 (전세권 설정 범위 : 토지전부 및 건물 일부 중 지하전부)	제주 2005－23416	진주 2005－23352

92	근저당권 뒤 전세권은 대부분 일부 배당 또는 무배당	창원 2005－17453
93	전입·확정 후 별도 전세권등기는 불필요 (경매 중 배당요구종기일내 배당 요구하면 됨)	창원 2005－9230 창원 2005－46420
94	전세권자가 배당요구 하였는데도(2006.11. 8) 인수라니? 권리분석 오류 가끔 보임.	창원 2006－30507
95	부동산이 아닌 전세권저당에 의한 '전세권' 경매	중앙 2003－38116
96	전입·확정일자 갖춘 후 전세권등기까지 마쳤으나 저가낙찰로 못 받은 전세금은 인수임대차	16.창원 2007－1292
〈가압류〉		
97	가압류등기촉탁으로 소유권이전 및 가압류등기	창원 2005－31169(3)
98	확정일자부 임차인과 가압류는 채권액 안분배당해야	17.창원 2006－11186
〈가등기〉		
99	선순위 가등기(인수)	18.통영 2006－5323(1) 19.창원 2005－33202
100	후순위(소유권보존)가등기 (말소)	진주 2005－23352 창원2006－13885(1)
101	후순위 가등기(말소)	대구 2006－63549
〈가처분〉		
102	경매개시결정이후 가처분(원인무효로 인한 소유권말소등기청구권)이나 말소되지 않음.	여주 2006－10038 (1)
103	대지권없이 건물만 경매 중으로 말소 촉탁 되지 않는 가처분(토지 소유권에 기한 건물철거청구권 : 가처분권자가 강제경매신청 중)	중앙 2006－37251(2)
104	말소되지 않는 소유권이전등기청구권 가처분등기 있음(피보전권리 : 명의신탁 해지를 원인으로 한 소유권이전등기청구권)	창원 2005－6507
105	가처분일자와 설정일자가 같으면 접수번호로 따져야(선순위 가처분으로 보일 뿐 말소되는 가처분) 동순별접(동구는 순위번호, 별구는 접수번호로 따져야)	20.창원 2005－37426
106	말소기준권리(근저당권) 보다 후순위 가처분(말소)	창원 2006－2724 창원 2005－48822
107	가처분등기촉탁으로 소유권이전 및 가처분등기	서부 2005－22226
108	제3자(형제간 등) 명의 이전해도 가처분(사	통영 2007－1694

	해행위)후 소유권 말소되고 경매 당한 사례	
109	소유자가 A→B로 변경 후 상호저축은행에서 B에 가처분(소유권이전등기 말소등기 청구권)하였으나 말소되는 가처분	창원 2007－13714 통영 2004－4371
〈지상권〉, 〈지역권〉, 〈분묘기지권〉		
110	선순위 지상권(인수)	**21.창원 2006－957** 창원 2005－16979 성남 2005－12508(1) 진주 2005－328(1)
111	선순위 지역권(인수)	창원 2005－20893
112	분묘기지권은 인수(매각이 어려움)	창원 2005－19673(2) 통영 2005－512(3) 창원 2007－17082
〈예고등기〉		
113	(선,후순위) 예고등기(인수)	창원 2006－25857 밀양 2005－5510, 부천 2004－12610 진주 2006－16825 창원 2006－25857 창원 2006－25857(1) 창원 2005－35970
114	등기부등본을 잘 살펴보아야(예고등기 있음에도 경매정보지에는 누락)	밀양 2005－5510
115	예고등기는 대부분 인수이나 저당권말소 예고등기는 인수 아님	고양 2004－15412(2)
〈지분경매 , 공유자 우선매수신고〉		
116	지분경매 시 공유자는 공유자우선매수신고로 고수익 경우 많다.	**22.창원 2006－41576(2)**
117	공유물 분할 판결에 의한 경매에는 공유자 우선매수신청할 수 없음.	**23.창원 2008－5635**
118	지분경매만 우선매수신고 가능하고, 전체가 경매 시에는 우선매수신고 불가함에도 임의경매 등기 6일 후 1/85지분 소유권 일부 이전 후 공유자 우선매수신고한 경우 (경매목적물이 지분이 아니므로 우선매수신청 인정 안됨)	창원 2004－26481
119	공유지분 낙찰, 소유권이전 후 지적현황측량 성과도 첨부 후 공유물분할소송(공유물분할 조정조서)	창원 2005－13239
120	건물 지분 9/10만 경매	창원 2006－41514(3)
121	일부 건물지분만 경매 요주의	창원 2005－6675
122	아파트 1/2 지분만 경매 요주의	창원 2005－35956(28)
〈전소유자의 가압류〉		
123	전 소유자의 가압류(구법사건)	창원 1996－32351(25)
124	전소유자 가압류, 근저당권, 임차인이 있는 경우	창원 2005－12687
125	전 소유자의 설정 (경매신청채권자) + 가압류	진주 2005－9356

	+소유권이전 = 전부 말소	
126	전 소유자의 가압류는 배당하고 말소한다. 가압류+소유권이전+현 소유자의 채권자가 경매신청	24.여주 2005－9840
127	전 소유자의 가압류(신법사건 : 말소)+소유권 이전+현소유자의 경매신청=전부말소(가압류금액 공탁)	여주 2005－9840
128	공매 부대조건 : 전 소유자에 대한 말소되지 않는 가압류 있음(인수)	물건 관리번호 2004－06444－001
〈담보가등기〉		
129	채권 신고한 담보가등기(말소)	천안 2003－7721　　창원 2005－39569
130	가등기권자 채권계산서 제출	창원 2006－43220　　창원 2005－39569
	<주택임차권>	
131	말소기준권리보다 전입이 빠른 주택임차권은 인수(또는 순위배당)로 잔대금 납부 시 바로 말소 촉탁 안됨. 전입이 늦은 후 순위 임차권은 바로 말소	중앙 2005－8089　　북부 2005－38690
132	임차권 등기일자 아님(전입과 확정일자로 배당)	창원 2007－3984(2)　　창원 2006－780
133	주택임차권 2개중 하나만 소유권이전 시 말소(김준명 임차권 26백만원 중 14백만원 인수)	창원 2005－11325
134	임차권자 2명 100% 배당 받음에도 일부 받는 것으로 오류 권리분석	창원 2006－18200
135	임차권등기 후 배당요구 하지 않았더라도 배당하여 준다. 임차권자는 배당요구 없어도 배당	25.창원 2005－34106　　창원 2006－13045
136	임차권등기 후 전출해도 안전, 배당요구 없었더라도 배당함.	창원 2006－18200
137	100% 배당되는 임차권 등기도 배당기일 100% 배당되어야 등기부에서 말소(일부 배당은 변경등기)	창원 2005－36881
138	임차권자가 경매 신청한 경우도 많다	창원 2005－36157
139	등기부상 "주택임차권"은 전입일자, 확정일자를 잘 따져야 (대부분 인수임대차가 많음)	26.창원 2006－18200　27.창원2006－14826 28.창원 2006－35342　　창원 2005－10971
140	전입·확정 후 별도 임차권등기는 불필요 (배당요구종기일이내 배당 요구하면 됨)	창원 2005－578
141	경매 이후 임차권등기 후 이사해야 (권리신고 및 배당요구 시 배당)	동부 2005－3643
142	경매 이후 임차권등기 (배당요구 없으면 무배	29.북부 2005－38690

	당) 경매 이후 이사 시에는 임차권 등기 후 전출하도록	

3) 주제별 경매물건 3부(143번 ~184번)

〈법정지상권〉			
143	법정지상권 성립(대출이 어려움)	30.창원 2005-6590 남부 2004-17921 창원 2004-21264	중앙 2004-33989 남부 2004-30894
144	법정지상권 성립 안 함(토지만 경매 중)	서부 2003-24532 중앙 2004-33989	남부 2004-30894
145	구 가옥 멸실 후 신축건물 법정지상권 성립 안 함(대법원 2003.12.18 선고 98다43601 판결 참조)	31.창원 2006-13014	광주 2005-13682
146	유치권신고 중 10%에 해당하는 권리만 인정한다(유치권부존재확인소송 : 2005가합 1401호 태산0000㈜와 글로벌하나 제십육차 유동화 전문회사) 피고가 점유하고 있는 2층 "가" 부분에 한하여 유치권을 인정한다.	대전 2004-24069	32.부산 2004-40015(2)
〈유치권〉			
147	유치권부존재확인 소에서 원고(국민은행) 승소된 사건(거창지원 2006가합 120 유치권부존재확인소송 부산고등법원 2006나16703 -2007년6월13일 항소기각 대법원 2007다43672 -2007년8월23일 심리불속행기각)	거창 2004-8126	
148	신축건물로 유치권 성립하는 것으로 보이는 물건(공사 대물변제로 받은 아파트를 점유 중)	창원 2006-51927	
149	유치권신고 된 물건(대출이 어려움)	진주 2005-23352 창원 2005-6056 창원 2004-47396	중앙 2005-41697 부천 2004-12610
150	유치권 신고한 물건이나 유치권부존재확인의 소에서 패소 판결(2005가합2912호 고○○)(서○○ 패소)	창원 2003-49494(2)	창원 2001-34986(1)
151	신청채권자의 유치권배제신청서 제출된 경우	창원 2006-9091	
152	유치권(대부분 성립 안 되는 유치권이 많다)	33.부산 2006-29555	
153	유치권자가 경매신청→(유치권에 기한) 임의경매 중이나 의문시 됨	원주 2005-4378 부산 2006-54865	창원 2007-2721

154	유치권확인소송(피고 신0 0)	부산 2007가합4175
155	경남 양산시 물건으로 유치권 공사관련 당시 발주인 A(황00)는 소유자 전체 지분 중 30%(지분 242/806) 로 유치권 성립여부 의문시 됨	대구 2005-30858
156	유치권신고 물건(배관설비 등)	창원 2004-32028(3)
〈토지 별도등기〉		
157	매각물건명세서 비고란 '토지 별도등기 부담부분은 매수인이 인수함'의 경우 토지 지번 해당 폐쇄등기부등본(토지) 발급하여 확인해야	창원 2005-20626
158	후순위 토지별도등기(말소)	창원 2005-31169(3) 창원 2005-12144(4) 창원 2003-39213(85)
159	토지 근저당권자(국민은행)가 채권계산서 제출하고 매각대금 배당 받고 대지권 일부 포기 (토지매각대금수령 시 토지별도등기 말소 확약서 제출)	34.통영 2006-13096 의정부 2004-67250
160	토지별도등기 있다고 정보지에 나와 있으나 실제는 없음	창원 2005-20541(2) 안동 2005-11162 남부 2004-38614
161	토지에 대한 별도등기 있으나 가등기권자 채권계산서 제출 후 권리신고 및 배당요구 신청함	35.창원 2006-43220
162	토지 별도등기 있어 배당 시 토지배분금액에 대하여는 토지 근저당권자에게 배당된 사례 (토지 지분 일부 포기)	의정부 2004-33073
〈배당요구종기일까지 권리신고 및 배당요구〉		
163	변경된 배당요구종기일까지 배당요구 시 배당	창원 2005-38702(1)
164	경매 전 전입했어도 권리신고 및 배당요구 없으면 무배당	창원 2005-19763(3) 창원 2005-19673(3) 창원 2005-22363
165	배당요구 하였다가 철회 시 배당요구 안 한 것으로 인수임대차 39백만원 / 2005. 6.22일 배당요구 하였으나 2005. 7. 6 철회(배당요구종기일 2005. 8. 1)	창원 2005-18104
166	배당요구종기일도 변경된 경우도 있음 (당초2006.1.15, 변경 후 2006.4.15)	진주 2005-15184 창원 2005-38702(2)
167	배당요구종기이후에 배당요구 신청(인정안함, 무배당)	여주 2004-1634 창원 2006-15195 창원 2005-31084 창원 2006-15195(6)
168	확정일자부 임차인이 배당요구종기이후에 배당요구 신청하여 인수임대차로 낙찰자 추가부담	중앙 2003-2971

169	배당요구 후 배당철회, 다시 배당요구 시(인정함)	창원 2005－18104
170	배당요구 하였음에도 경매정보지에는 누락되어 있는 경우도 있음(2005. 8.23 배당요구)	통영 2005－11093
〈특수주소 변경〉		
171	특수주소 변경 시점부터 대항력 있음	중앙 2004－49113(3) 창원 2005－19022(5) 창원 2005－19022(5)
172	문패가 아닌 등기부상 동호수로 전입하여야	북부 2005－6594(7)
173	문패대로 전입하면 낭패 본다	중앙 2004－49113(1, 3)
〈경매 이후 전입, 가압류 등〉		
174	가압류보다 전입이 늦어면 가압류채권자와 안분 배당해야	창원 2006－1745
175	경매개시결정 이후 전입자(무배당)	창원 2006－17238
176	전입유지는 (연기된)배당요구종기일까지 유지하여야 한다. (경매 전이 아닌 경매 후 임차권등기 시에는 배당요구종기일까지 유지하여야 함)	창원 2005－21414
〈공장〉		
177	공장은 기계기구 감정가를 뺀 후 계산해야	창원 2005－25195 창원 2004－10608
178	공장 대출 감정가격(탁상감정)은 제시외 감정, 기계기구 공제한 후 90% 정도	창원 2005－25195
179	기계기구 감정가 많은 공장은 금융기관에서 경비회사에 연락 후 경비원들이 지키고 있음(수직원 파견)	창원 2006－5273
180	경비원 파견 배치된 공장은 명도문제 걱정 없음	창원 2006－5273
〈임금채권자 경매〉		
181	임금채권 가압류(선정당사자) 선배당	창원 2006－3208
〈차량, 선박, 어업권〉		
182	차량경매	창원 2006－15249 창원 2006－6375 창원 2005－16210 창원 2005－15528 창원 2005－35000
183	선박경매	진주 2006－2901 창원 2003－49968
184	어업권 경매	진주2006－1175 통영 2005－12546

4) 주제별 경매물건 4부(185번 ~262번)

〈기타 특수한 경우〉		
185	경매신청 후 몇 년 경과한 상가는 체납관리비가 엄청난 부담(약 80백만원)	창원 2003-44468 중앙 2004-23555
186	임대차조사는 확실히 해야(설정 하루 전 전입한 임차인의 전세보증금 50백만원 인수임대차)	창원 2007-12186
187	등기부에 기재된 부동산의 표시가 건축물대장과 부합하지 아니한 경우 공매로 인한 소유권이전등기 촉탁이 가능한지 여부(적극)(2003. 6. 3 부등 3402-301질의응답, 참조예규 등기예규 제556, 제1018호 참조)	창원2005-14355
188	토지만 경매 시 저가낙찰 우려되어 건물에 소유자임을 증명하여 보존등기 후 가압류하여 일괄경매로 높게 낙찰	중앙 1999-15260
189	기간입찰(2007.11.1~2007.11.8) 2007.11.14 입찰일(2007/11/01~11/08) 동안 기간입찰표 등을 집행관사무실에 직접 또는 등기우편 제출	서부 2007-11145 북부 2005-6594(7)
190	가장임차인은 경매방해죄 (경매 전 같은날 3명 전입)	통영 2005-6077
191	다시 경매가 나온 물건(전 낙찰가 따져야)	밀양 2006-2914
192	계속 유찰로 2006. 7.24취하 후 2007. 1. 5 다시 경매진행 후 계속 유찰된 물건	창원 2007-305
193	2번이나 연속 경매된 아파트	창원 2003-40800 창원 2005-15228
194	3번이나 연속 경매된 주택	창원 2002-12204 창원 2003-45157 창원 2005-1946
195	3층인데 공부는 아파트지만 실제는 1층 상가	부산 2007-4195
196	법당이 있는 종교용지 경매(대출문제)	진주 2006-1113 밀양 2006-5241
197	강제경매 취하는 집행정지 신청하여야	밀양 2006-5241
198	보증금 20%(입찰보증금 10% 떼인 경우))	동부 2000-19902 부산 2005-33250
199	입찰보증금 20%는 매각물건명세서 비고란에서	수원 2004-47034
200	숙박시설 경매(모텔)	창원 2006-2243 대구 2006-16796
201	후순위 근저당권자의 경매신청	서부 2004-29190(3)
202	대지, 설정일자 다르면 소액보증금 별도 계산	창원 2004-38903
203	경매신청 후 몇 달 동안 진행이 없음(대법원확인)	통영 2005-11031
204	건축법상 사용승인 받지 않은 건물로 강제경매개시결정의 촉탁으로 건물 소유권보전등기 후 강제경매개시결정 후 낙찰(그 후 낙찰자가 사용 승인받음)	서부 2002-13368
205	수 차례 유찰된 후 경매 취하되었음.	통영 2005-8264

206	180억 낙찰된 공장(사천 공장)	진주 2004-26842
207	자금부족 시 수많은 채권자의 가압류가 쏟아진다.	광주 2004-55719
208	원거리 시골 물건은 임장 활동 전 근저당권자(금융기관인 도산농협 055- 114로 연락처 파악 후)에게 문의를 하면 쉽게 파악	통영 2005-10755(1)
209	재개발구역 내 낙찰	동부 2005-3643
210	지목은 전, 답이나 1종 일반주거지역 물건	창원 2006-18873(6)
211	최근 1년 낙찰가 율이 중요(낙찰율은 불필요)	창원 2005-40804(2)
212	2명이 2번이나 낙찰가 똑같아 제비뽑기로 추첨	창원 2005-34335
213	재매각 중 낙찰되었으나 정상화로 기각	부산 2005-33250
214	대한주택공사 등 매입해주는 부동산 낙찰	부산 2005-52251
215	개별공시지가 아닌 감정평가액으로 보상	창원 2006-29859
216	제시외 감정은 등록세 낼 필요 없다.	통영 2005-1034
217	소유자도 일부 배당될 수도 있다.	창원 2005-16122
218	경매정보지의 말소기준권리(1번 설정일자 2004. 4.14 아니고 2003.12.9, (1번 설정2004.4.14 아니고 2004. 4. 8) 가 잘못 기재되는 경우도 있다	창원 2005-20541(2) 창원 2005-20541
219	물건번호 누락하면 무효처리	창원 2005-14867(2)
220	계속 수차례 유찰되면 취하되기 쉽다(취하 경매)	창원 2004-53773　　창원 2005-9230 창원 2005-40996
221	20%, 30%대 상가는 낙찰가의 90% 대출가능	창원 2005-22592
222	채무 인수된 근저당권(채무자 백○○→허○○로 변경)으로 대위변제가능성 없고, 가압류 채무자(백○○)과는 별개	대구 2006-63549
223	근저당권, 가압류 등 아무것도 없는데 임의경매	창원 2005-39682
224	잔금 미납으로 재매각시 유찰되면 종전 최고가매수인이 납부를 원하면 받아준다.	창원 2006-32923
225	임차인이 낙찰 후 상계 신청한 경우(2007.11.28 대금지급 및 배당기일이 같은 날짜임)	창원 2007-9975
226	인도명령	창원 2006-13618(6)
227	인도명령대상(분양계약자 점유)	창원 2005-31169(3)
228	대형건물(사우나 찜질방 등)은 체납 관리비 파악하여야(약 8천만원 체납)	창원 2003-44468
229	지분 1/2 경매로 유의	서부 2005-16832(1)
230	부동산 경매가 아닌 전세권 경매	중앙 2003-38116
231	도곡동 상가, 오피스텔 수십개 동시 경매	중앙 2002-1704(2)
232	'가처분 등기의 촉탁으로 인하여 소유권보존' 및 가처분 등기	창원 2007-7696

233	소액임차인에게 임대차보증금을 배당함에 있어 경매절차 진행기간 동안의 연체차임을 공제한 나머지 금액을 배당하여야 하는지 여부 (서울동부지법 2007.4.24 선고 2006가단 62400 판결⇒아파트 보증금 1,600만원에 차임 월 70만원이나 경매 진행되자 지급중단 및 배당요구하자 경매진행기간 중 연체한 차임을 공제한 나머지 임대차보증금을 배당하여야 한다는 판결)	동부 2005－19099
〈전, 답, 임야 경매〉		
234	지목 전, 답이나 용도지역이 더 중요(제1종일반주거지역 등으로 양호한 물건)	진주 2005－12697 진주 2006－14423(3) 창원 2006－957 창원 2007－9036(6) 통영 2005－15989
〈농지취득자격증명〉		
235	농지취득자격증명 필요(단, 보증금몰수조항 있음)	창원 2006－3376(3)
236	(잔디식재로 농취증 발급불가에) '농지원상복구계획서' 제출 후 농취증 받은 사례	성남 2005－12508(1)
〈대지권 미등기〉		
237	대지권 미등기(감정평가액에 대지가격도 포함)	중앙 2004－43764 창원 2004－43771 창원 2006－9077 창원 2006－22469 중앙 2002－17648
238	대지 지분이 아예 없는 집합건물 경매 (감정평가액에 대지가격이 없음)	서부 2003－12515 중앙 2005－7024, 2002－11374(1) 2006－1887(1) 남부 2004－26598(1)
239	대지권 매각제외	밀양 2003－856
〈경매와 공매 동시 경매〉		
240	경매 참가하려는데 공매에서 선 종결된 사례	창원 2006－3635
241	경매와 공매가 동시에 경매진행	창원 2007－10647과 공매 2007－02980－002 경합 창원 2007－9197과 공매 2007－01749－001 경합 중 공매가 먼저 낙찰
〈건물만 경매〉		
242	건물만 경매	밀양 2005－5510 창원 2006－25024 밀양 2006－284
〈매각제외 내역 있는 경매〉		
243	매각제외 건물이 있는 경우(요주의)	창원 2006－22902
244	매각제외 내역(수목)이 있는 경우(요주의)	창원 2007－10708(1) 창원 2007－6723 통영 2005－5548(2)

245	제시외는 포함되나 '매각제외' '경매 외' '매각제외 내역 : 제시외주택 소재, 법정지상권 성립여지 있음' 등은 포함 안됨. 즉, 1차 매각가격에 포함 안 된 건물 등은 요주의	창원 2005-16412 창원 2005-16412 창원 2004-10608 광주 2005-13682 창원 2006-13104
246	매각제외(종교시설)	진주 2004-16593
247	제시외 건물 소재함(공매제외)	물건관리번호 2004-06444-001
〈상계 신청 경매〉		
248	상계신청(대금지급 및 배당기일이 같은 날 지정)	부산 2006-20022 창원 2005-36713
〈대납〉		
249	대금 미납으로 재경매지정 후 연20% 지연이자 부담하면서 늦게 대금 납부한 경우(대납)	창원 2006-6436
〈동시배당〉		
250	동시배당(근저당권자, 경매신청채권자 동일)	창원 2006-24311(1,2)
〈공매〉		
251	경남 마산시 소재 동일 물건(숙박시설)으로 경매는 11명 응찰 후 230,110,000원에 낙찰, 공매는 2007.10.11일 1명 단독 응찰 141,800,000원에 약90백만원 낮게 낙찰	경매(창원 2007-3588)와 공매(관리번호 2006-22076-001)
252	한국자산관리공사 매각결정통지서를 받으면 관리번호로 온비드에서 낙찰가 조회	관리번호 30884-003-2005
253	낙찰 후 2007. 4. 6 대금지급기한통지서를 받고 잔대금 납부 직전 등기부 발급하니 공매에서 2007. 3.16 이미 제3자(주식회사 000)명의로 소유권이전 된 상태	창원 2006-29804
254	경매와 공매가 경합하는 경우 잔대금납부 후 소유권 이전한 낙찰자가 최후 승자	중앙 2004-7744 창원 2007-3588
255	김해시 부원동 609-7 숙박시설	창원 2007-9197 물건관리번호 2007-01749-001
256	연립주택(대지권 보유)	물건관리번호 2007-06249-003
257	아파트로 건물만 경매	물건관리번호 2006-20400-001
258	타인소유 제시외 건물 소재함(공매 제외)	물건관리번호 2005-07341-001
259	공매에 유치권 신고 및 유치권 배제신청 있다.	물건관리번호 2006-26150-001
260	폐교 공매자주 보인다 : 경상남도 산청교육청 등	공유재산 매각 전자입찰 재공고
261	선순위 대항력있는 듯한 거액(1억) 임차인 있음	물건관리번호 2005-28232-001
262	수탁재산으로 본건 지상에 통행목적의 요역지 지역권 설정됨(요역지 : 남양주군 화도읍 금남리 136-2외6필지, 승역지 : 동소 198-13)	물건관리번호 32000-00250-002

35건 해설

(주제별 경매물건(262건) 중 1부(1번 ~72번)와 2부(73번 ~142번) 중 밑줄 친 것)

1. 중앙 2008타경 14467 (경·공매는 소멸주의(소제주의)가 대원칙이다, 말소기준권리 6개(압류, 가압류, 담보가등기, 강제경매, 근저당권, 저당권)보다 앞선 일자의 권리는 인수주의, 늦은 일자의 권리는 소멸주의가 대원칙이다.>

중앙1계 2008-14467 상세정보

경매구분	임의(기일)	채권자	우리은행	경매일시	08.12.30 (10:00)
용도	아파트	채무/소유자	효성일렉트	다음예정	09.02.03 (245,760,000원)
감정가	600,000,000	청구액	450,000,000	경매개시일	08.05.19
최저가	307,200,000 (51%)	토지총면적	55.2 m² (16.7평)	배당종기일	08.07.21
입찰보증금	10% (30,720,000)	건물총면적	119.49 m² (36.15평)	조회수	금일8 공고후2,783 누적3,417

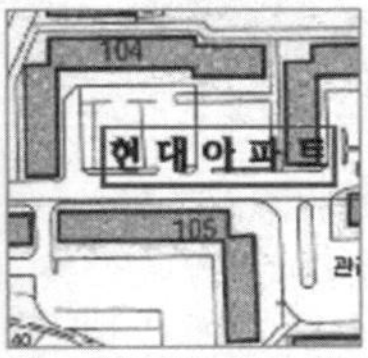

■ 물건사진 11
■ 지번·위치 3
■ 구조도 2

우편번호및주소/감정서	물건번호/면적 (m²)	감정가/최저가/과정	임차조사	등기권리
151-010 서울 관악구 신림동 ●감정평가서정리 - 신림2동자치센터서측인근 - 주위아파트,다세대및단독주택,소규모상가등혼재한약간고지주거지대 - 자동차출입가능 - 버스(정)도보3-5분소요및인근마을버스버스(정)및지하철2호선신림역연계운행 - 중앙공급식난방설비 - 도시지역 - 3종일반주거지역 - 역사문화미관지구(일반미관지구(입안)) - 도로접함 - 대공방어협조구역 - 정비구역(신림1재정비촉진구역) - 학교환경위생정화구역(상대,절대정화구역최종확인동작교육청반드시확인요함) - 진입표면구역	물건번호: 단독물건 대지 55.2/65306.5 (16.7평) 건물 119.49 (36.15평) 방4,욕실2 15층-94.6.8보존 현장보고서 열람 GO	감정가 600,000,000 대지 180,000,000 (30%) 건물 420,000,000 (70%) 최저가 307,200,000 (51.2%) ●경매진행과정 600,000,000 유찰 2008-09-16 20%↓ 480,000,000 유찰 2008-10-21 20%↓ 384,000,000 유찰 2008-11-25	●법원임차조사 임봉 전입 1998.03.25 *2회 방문하였으나 폐문부재이고방문한 취지 및 연락처를 남겼으나 아무런 연락이 없으므로 주민등록 전입된 세대만 임차인으로 보고 ●지지옥션세대조사 전입 1998.03.25 임봉 동사무소확인:08.09.04	소유권 효성일렉트 2004.12.29 전소유자:김영 저당권 우리은행 하안동 2005.05.17 450,000,000 저당권 국민은행 디지털밸리기 2007.11.28 390,000,000 저당권 기업은행 하안동 2008.04.08 200,000,000 가압류 기술신용보증 충주기술평가 2008.04.21 200,000,000 가압류 지에스플라텍 2008.05.06 219,218,090 임의 우리은행 여신관리부 2008.05.19 *청구액:450,000,000원 등기부채권총액 1,459,218,090원 열람일자 : 2008.06.05

현장보고서
감정평가서
등기(집합)
물건명세서
세대조사원본
토지이용계획
지도
공시지가정보
실거래가조회
법원문건접수
법원송달내역
권리분석
수익률분석

⊃ 해설

〈말소기준권리 6개〉 등기부상 갑구 4개(압류, 가압류, 담보가등기, 강제경매) 을구 2개(근저당권, 저당권) 중 90% 이상이 1번 금융기관 근저당권(설정)이 대부분 말소기준권리가 된다. 본건은 2005.5.17 근저당권 우리은행 450백만원 이전 1998.3.25 전입한 임봉○의 진정한 임대차계약과 점유가 있다면 인수임대차로 매수인의 추가부담이 되므로 3차 매각에서도 유찰 되었다. 그러나 1번 설정(말소기준권리) 부터 가압류 등 모두 말소된다.(1번 우리은행 설정 450백만원 말소기준권리 포함한 근저당권 3건 1,040백만원과 가압류 2건 419백만원 모두 말소된다.)

2. 중앙 2006-39066호 (1번 설정보다 전입만 빠르고 확정일자가 늦은 임차인이 권리신고 및 배당요구한 경우 인수임대차가 된다)

중앙3계 2006-39066 상세정보

경매구분	임의(기일)	채 권 자	신한은행	경매일시	낙찰물건
용 도	아파트	채무/소유자	이정	다음예정	낙찰물건
감 정 가	600,000,000	청 구 액	216,290,402	경매개시일	06.11.14
최 저 가	384,000,000 (64%)	토지총면적	44.45 ㎡ (13.45평)	배당종기일	06.11.21
입찰보증금	낙찰물건	건물총면적	114.94 ㎡ (34.77평)	조 회 수	금일1 공고후1,076 누적1,339

- 물건사진 7
- 지번·위치 2
- 구 조 도 2

우편번호및주소/감정서	물건번호/면 적 (㎡)	감정가/최저가/과정	임차조사	등기권리
156-090 서울 동작구 사당동 ●감정평가서정리 -신남성초등학교서측 인근 -인근아파트단지,단독 및다세대주택등 혼재 -차량출입가능,대중교통편보통 -인근노선버스(정)및 남동측근거리남성역 위치 -도시가스개별난방 -남동측하향완경사의 부정형토지 -2종일반주거지역 -도시계획시설도로접합 06.12.15 미래새한감정	물건번호: 단독물건 대지 44.45/24688.8 (13.45평) 건물 114.94 (34.77평) (42평형) 16층-2000.1.15보존 *9개동172세대	감정가 600,000,000 대지 180,000,000 (30%) 건물 420,000,000 (70%) 최저가 384,000,000 (64.0%) ●경매진행과정 600,000,000 유찰 2008-09-10 20%↓ 480,000,000 유찰 2008-10-15 20%↓ 384,000,000 낙찰 2008-11-19 439,990,100 (73.3%) -응찰수:5명 -낙찰자:권이 허가 2008-11-26	●법원임차조사 이주 , 전입 2005.04.29 정명 확정 2006.11.08 배당 2007.01.23 (보) 150,000,000 점유 2005.1.5- 정명숙의자:이주 이은 전입 2006.11.08 정명 의자 이정 전입 (보) 150,000,000 정명 과부부 *임대차계약은 부친이 체결하였기 때문에 위 이은혜는 구체적 내용을 모른다고 함. ●지지옥션세대조사 전입 2006.11.08 이** 동사무소확인:08.08.29	소유권 이정 2004.01.26 전소유자:조진 저당권 신한은행 개인여신관리 2005.06.21 252,000,000 저당권 고려상호저축 2005.10.26 340,000,000 가압류 으뜸상호저축 2006.02.07 542,287,671 가압류 대우캐피탈 2006.09.21 3,461,703 압 류 동작구 2006.11.14 임 의 신한은행 2006.11.17 *청구액:216,290,402원 이 전 한국자산관리 2007.01.23 신한은행(05.06.21) 가압류 국민은행 수원여신관리 2007.02.16 463,744,231 압 류 시흥시 2007.03.12 가압류 케이비제 팔차유동화전 2007.12.21 264,964,510 등기부채권총액 1,866,458,115원 열람일자 : 2008.08.27

⊃ 해설 말소기준권리(1번 설정 2005. 6. 21, 신한은행 근저당권 252,000,000원과 2번 설정) 보다 임차인은 전입일자(2005. 4. 29)만 빠르고 확정일자(2006. 11. 8)가 늦어 150백만원은 매수인(439,990,000원 낙찰)의 추가 부담인 인수임대차가 된다).

3. **통영 2005-9922** (인수임대차로 계속 유찰된 사례, 1번 설정보다 앞서 전입한 임차인이 배당요구 않으면 인수임대차이다)

통영2계 2005-9922 / 임의 先임차인

용 도	단독주택	감정기관	글로벌감정(2005.07.20)	채권자	거제수협
매각방법	일괄	감정가	185,440,250원	채무자	남상○
접수일자	2005/07/15	최저가	60,766,000원 (32.8%)	소유자	남상○
유찰/진행	5회/6회	최종결과	낙찰 (낙찰일: 2007/01/26, 낙찰가:64,100,000(35%))		

사건/항고내역

▫ 관련사건내역

관련법원	관련사건번호	관련사건구분
창원지방법원 통영지원	2006카기52	

소재지/특성면적		감정가외기타정보
경남 통영시 태평동 ○(대지)		·토지이용계획 ·공시지가
*제2종일반주거지역 ※ 일괄소재지 공통정보 *(구)충렬여상 남측 인근에 위치 *부근은 간선도로변 후면주택지대로서 주위환경은 보통 *차량출입 불가능하며, 대중교통사정은 양호함 *부정형의 주거용건부지로서 평탄하나 북서측 인접도로보다 약 1.5-2m 낮고, 북동측 인접지보다 약 1m 낮으며, 지반은 보통시됨 *남측으로 약 2.5-3m, 북서측으로 약 1.5m 폭의 세멘포장도로와 접함 *기름보일러에 의한 난방임	대지 298.00m²(90.15평) 제시외 내역: 총 13.6m²(4.12평) -현관및베란다: 11.5m²(3.48평) -주택일부: 2.1m²(0.64평)	총감정평가: ₩143,040,000 ·토지감정: ₩143,040,000 표준공시지가 : ₩300,000 감정지가 : ₩480,000
경남 통영시 태평동 ○(단독주택)		·토지이용계획 ·공시지가
벽돌조, 슬래브(평)	건물내역: -1층 80.36m²(전용:24.31평) -2층 51.11m²(전용:15.46평) -지하 19.44m²(전용:5.88평) 총 2층	총감정평가: ₩42,400,250 ·건물감정: ₩41,500,250 ·제시외감정:₩900,000 보존등기일 : 2001/02/27

진행사항 ·상세보기	임차내역	등기내역
변경 2006/03/29 (185,440,250) 유찰 2006/04/28 (185,440,250) 유찰 2006/05/26 (148,352,000) 유찰 2006/06/23 (118,682,000) 유찰 2006/07/21 (94,946,000) 변경 2006/08/25 (75,957,000) 유찰 2006/12/28 (75,957,000) 낙찰 2007/01/26 (60,766,000원) 64,100,000 (낙찰률: 35%) 김난○ (총입찰 3명) 낙찰허가(2007/02/02)	전입 1997/03/17 2,500만 여순○(일부(1층 방2칸)) ·확정 2005/06/09 점유 02.12.8 ~ 2년 전입 2005/02/07 2,300만 정수○(일부(2층 방3칸)) ·배당신청요구 2005/10/18 점유 04.10.7 ~ 2년 전입 2005/02/28 500만 (월:10만) 김옥○(일부(1층 방1칸)) ·배당신청요구 2005/10/05 점유 04.11.24 ~ 2년 **대항력있는 임차인 있으나 배당요구하였음 ♧ 배당요구종기일 : 2005/10/19	※ 건물등기(발급: 2006/03/15) 소유이전 2003/01/29 매매,전소유자:김건○ 저당 2003/01/29 1억5,000만 거제수협/고현지점 압류 2005/06/30 국민건강보험공단통영지사 임의 2005/07/18 거제수협 청구액 : 97,617,666원

⊃ 해설 1번 설정일자(2003. 1.29 1억5,000만원 거제수협)보다 앞선 임차인 보증금(1997. 3.17 전입하고 배당요구를 하지 않은 임차인 여순○ 보증금 2천5백만원)은 낙찰자(김난0)가 낙찰가액(64백만원)에 추가 25백만원 부담해야 하는 인수임대차이다.

4. **동부 2003－7153호** (1번 설정보다 앞서 전입자 있어(권리신고 및 배당요구 없음) 계속 유찰한 물건을 저가 낙찰받아 고수익 실현하는 사례가 많다.)

서울동부지방법원 3계 ☎ 02-2204-2407 ▸Acrobat Reader 다운받기

입찰일 : 2004.11.15 (월) 오전 10시 00분 태인 동부지사 ☎ 02-448-1221 경매대행문의

물 건 번 호	1				진행여부: 배당
사 건 번 호	2003-7153 임의	물 건 용 도	아파트	조 회 수	오늘 1 전체 1535
감정평가액	380,000,000원	채 권 자	우리은행	개시결정일	2003.06.02
최저경매가	(51%) 194,560,000원	채 무 자	안홍○	감 정 기 일	2003.12.17
입찰보증금	(20%) 38,912,000원	소 유 자	안홍○	배당종기일	2003.09.01
청 구 금 액	295,000,000원	유 찰 횟 수	3회	차 기 예 정	2004.12.20
경 매 대 상	토지, 건물 일괄 매각	건물총면적	99.63m²(30.14평)	토지총면적	40.17m²(12.15평)

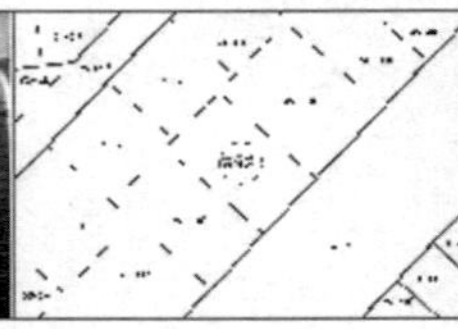
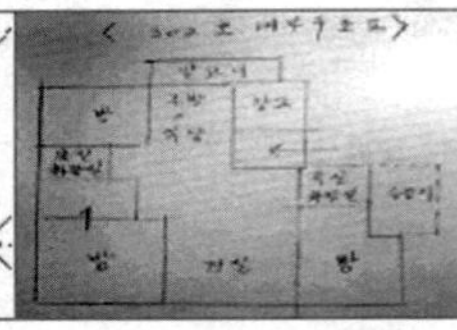

투자상담 | 무료법률상담 | 무료실전상담 | 오류신고 | 관심물건등록 | 인쇄 | 상호등록 | 목록보기

소 재 지	면적(단위:m²)	경매진행결과	임차관계	등기부상권리관계
(138-200) 서울 송파구 문정동 ▦ 감정평가서 요약 ▦ ·철근콘크리트조 ·슬래브(평) ·문덕초등교남동측인근 ·단독주택,다세대,연립혼재 ·대중교통사정편리,문정역다소원거리 ·도시가스개별난방 ·남동측20m도로접함 ·도시지역, 2종일반주거지역 ▦ 부동산 규제사항 ▦ 주택투기지역 토지투기지역 투기과열지구 주택거래신고지역	대 지 ·40.17/475.9 (12.15평) 건 물 ·99.63 (30.14평, 48평형) (방4,욕실겸화장실2) 총 7층 중 3층 보존등기 2002.05.07 대지감정 152,000,000 건물감정 228,000,000 감정기관 삼상감정	유찰 2004.02.02 80% ↓304,000,000 유찰 2004.03.22 64% ↓243,200,000 낙찰 2004.04.26 263,100,000 (69.24%) 안장○ 응찰 1명 불허가 유찰 2004.08.02 51% ↓194,560,000 유찰 2004.09.06 41% ↓155,648,000 유찰 2004.10.11 33% ↓124,518,000 낙찰 2004.11.15 165,900,000 (43.66%) 강봉○ 응찰 8명 허가 ▦ 종국 결과 ▦ 배당 2005.02.18	안장○ 전입 2002.06.07 배당종기일 2003.09.01 ▦ 관할동사무소 ▦ 장지동사무소 장지동 114-4 ☎ 02-410-3561	* 집합건물 등기 근 저 우리은행 (방이역) 2002.06.15 3억5400만 소 유 안홍○ 2002.06.15 전소유자:송재석 압 류 송파구 2002.11.23 근 저 박 민 2002.12.27 3000만 가 압 국민카드 (강동관리영업) 2003.02.06 2200만 임 의 우리은행 (여신관리팀) 2003.06.07 청구액 295,000,000 **열람일 2004.01.16**

⊃ 해설 소유자 안○○ 물건에 2002. 6.15 우리은행 설정하였으나 임차인인 듯한 안장○ 2002.6.7 전입되어 전세금이 얼마인지 확인 어려워 계속 유찰된 후 낙찰된 건으로 고수익 실현(1차 감정가 3억8,000만원, 낙찰가 1억6,590만원)한 물건이다.

유사사례 : 서울 2003－9210호(1차 245백만원, 낙찰가 176백만원) 및 서울 2003－36837호(1차 240백만원, 낙찰가 163백만원)

5. **중앙 2003-2971호** (말소기준권리 보다 전입 빠른 임차인이 배당요구종기일 이후에 권리신고 시 매수인은 낙찰가에 별도 추가부담이 되는 인수임대차를 계산해야 한다)

중앙1계 2003-2971 [ ] 상세정보

경매구분	임의(기일)	채권자	한중상호저축	경매일시	종결물건
용도	다세대	채무/소유자	최순	다음예정	종결(종결)
감정가	130,000,000	청구액	20,000,000	경매개시일	03.02.07
최저가	13,958,000 (11%)	토지총면적	31.92 ㎡ (9.66평)	배당종기일	03.04.08
입찰보증금	종결(종결)	건물총면적	68 ㎡ (20.57평)	조회수	금일1 공고후5 누적4,343
주의사항	·재경매물건				

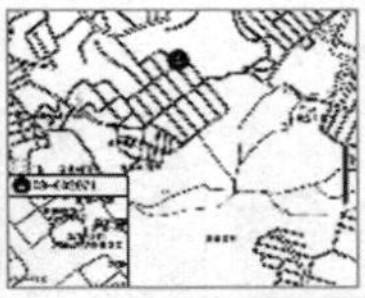

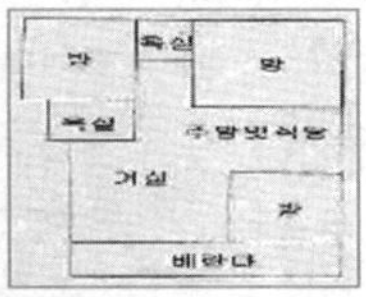

■ 물건사진 1
■ 지번·위치 1
■ 구 조 도 1

우편번호및주소/감정서	물건번호/면 적 (㎡)	감정가/최저가/과정	임차조사	등기권리
156-030 서울 동작구 상도동 ●감정평가서정리 -일반주거지역 -철근콘크리트조슬래브(평) -9세대 -상도초등교남측인근 -마을버스정류장인근 -도시가스보일러난방 -용도지역세분변경결정입안 감정평가액 대지:52,000,000원 건물:78,000,000원 03.02.21 에이원감정	물건번호: 단독물건 대지 31.924/264 (10평) 건물 68 (20.57평) 방3,화장실2 4층-2001.11.16보존	감정가 130,000,000 대지 52,000,000 (40%) 건물 78,000,000 (60%) 최저가 13,958,000 (10.7%) ●경매진행과정 130,000,000 유찰 2003-08-22 20%↓ 104,000,000 유찰 2003-09-26 20%↓ 83,200,000 낙찰 2003-10-31 84,000,000 (64.6%) -응찰수:1명 -낙찰자:권순 0% 83,200,000 유찰 2004-03-26 20%↓ 66,560,000 유찰 2004-04-30 20%↓ 53,248,000 유찰 2004-06-04 20%↓ 42,598,000 유찰 2004-07-09 20%↓ 34,078,000 유찰 2004-08-13 20%↓ 27,262,000 유찰 2004-09-17 20%↓ 21,810,000 유찰 2004-10-22 20%↓ 17,448,000 낙찰 2004-11-26 26,000,099 (20%) -응찰수:3명 -낙찰자:전혜 0% 17,448,000 유찰 2005-02-25 20%↓ 13,958,000 낙찰 2005-04-01 13,960,000 (10.7%) -응찰수:1명 -낙찰자:이예 0% 13,958,000 낙찰 2005-07-15 20,000,000 (15.4%) -응찰수:1명 -낙찰자:이희 종결 2005-09-09	●법원임차조사 권순 전입 2002.08.02 확정 2002.08.02 배당 2003.04.26 (보) 110,000,000 (배당요구종기이후에권리신고)	소유권 최순 2001.12.11 전소유자:한연 저당권 한중상호저축 2002.10.01 30,000,000 임 의 한중상호저축 2003.02.13 *청구액:20,000,000원 가압류 국민카드 남부관리영업실 2003.03.14 14,960,000 가압류 정덕 2003.03.20 2,000,000 가압류 삼성캐피탈 관악채권센타 2003.03.27 25,380,000 가압류 기업은행 상도동 2003.04.18 10,110,000 가압류 농협 상도동 2003.06.26 3,030,000 등기부채권총액 85,480,000원 열람일자 : 2003.08.07

6. 인천 2005-84961호

(1번 설정 전에 전입한 임차인이 있어 계속 유찰된 후 매각된 사례)

인천2계 2005-84961 상세정보

경매구분	임의(기일)	채권자	조흥은행	경매일시	종결물건
용도	아파트	채무/소유자	최진	다음예정	종결(종결)
감정가	300,000,000	청구액	230,755,760	경매개시일	05.08.10
최저가	147,000,000 (49%)	토지총면적	44.02 m² (13.32평)	배당종기일	05.11.28
입찰보증금	종결(종결)	건물총면적	138.65 m² (41.94평)	조회수	금일1 공고후6 누적594

■ 물건사진 6
■ 지번·위치 3
■ 구조도 0

우편번호및주소/감정서	물건번호/면 적 (m²)	감정가/최저가/과정	임차조사	등기권리
406-120 인천 연수구 청학동 ●감정평가서정리 - 철근콘크리트조슬래브(평) - 문학터널남서측인근 - 아파트,다세대,학교및근린시설소재 - 버스정류장인근 - 도시가스난방 05.08.13 다솔감정	물건번호: 단독물건 대지 44.019/19749.8 (13.32평) 건물 138.65 (41.94평)(50평형) 16층-2000.8.5보존	감정가 300,000,000 대지 90,000,000 (30%) 건물 210,000,000 (70%) 최저가 147,000,000 (49.0%) ●경매진행과정 300,000,000 유찰 2005-12-28 30%↓ 210,000,000 유찰 2006-01-25 30%↓ 147,000,000 낙찰 2006-02-24 203,456,700 (67.8%) -응찰수:14명 -낙찰자:유호 종결 2006-05-12	●법원임차조사 최승 전입 2001.03.02 *소유자점유	소유권 최진 2000.11.29 전소유자:대동주택종합건설 저당권 조흥은행 연수 2002.02.04 240,000,000 저당권 이옥,천숙 2004.03.19 70,000,000 압 류 연수구 2004.11.16 압 류 국민건강보험 인천남부 2005.06.01 임 의 조흥은행 여신관리부 2005.08.11 *청구액:230,755,760원 등기부채권총액 310,000,000원 열람일자 : 2005.09.30

➲ 해설

설정 전 전입만 되어 있는 무서운 전입자로 계속 유찰(대출시 금융기관에서 징구한 무상거주자의 "무상거주 각서" 또는 "임대차내용 및 주민등록 전입상황확인서"로 전세금 유무를 확인한다.

은행에 유리한 판례(86다카1852)와 은행 불리한 판례(87다카1708,97다12211, 99마4307)를 참조한다.

7. 창원 2007-411호 (인수도 있고, 순위배당도 있는 물건, 1번 설정전 임차인은 인수임대차로 보이지만 허수인 경우에는 그만큼 고수익 발생한다.)

창원1계 2007-411 / 임의 先임차인

용 도	단독주택	감정기관	가람동국감정(2007.01.19)	채권자	김만○
매각방법	일괄	감정가	340,918,000원	채무자	강채○
접수일자	2007/01/05	최저가	174,550,000원 (51.2%)	소유자	강채○
유찰/진행	3회/4회	최종결과	낙찰 (낙찰일: 2007/10/05, 낙찰가:196,999,000(58%))		

현황조사서내역	♣ 부동산현황 본건1.토지는 현"대"로 이용중이며 위 지상 본건2의 제시건물 외 일부 종물 및 부합물 소재함.

소재지/특성면적		감정가외기타정보
경남 창원시 신월동 ○○(대지)		·토지이용계획 ·공시지가
1종전용주거지역 1종지구단위계획구역 ※ 일괄소재지 공통정보 *소로2류(접합), 국가산업단지 *신월동 인근에 소재 *주위는 단독주택, 학교, 상가 *차량출입 가능, 교통사정 보통 *대체로 평탄하게 조성된 정방형 토지 *남서측으로 노폭 약8m 내외의 포장도로와 접함 *난방시설되어 있음	대지 245.80m²(74.35평)	총감정평가: ₩167,144,000 · 토지감정: ₩167,144,000 표준공시지가 : ₩460,000 감정지가 : ₩680,000
경남 창원시 신월동 ○○(단독주택)		·토지이용계획 ·공시지가
1종전용주거지역 시멘트벽돌조, 슬래브(평)	건물내역: -1층 121.55m²(전용:36.77평) -2층 107.52m²(전용:32.52평) -단층화장실 1m²(전용:0.3평) -지하층/주차장 55.47m²(전용:16.78평)(현:창고) 제시외 내역: 총 2.8m²(0.85평) -창고: 2.8m²(0.85평) 총 2층	총감정평가: ₩173,774,000 · 건물감정: ₩173,662,000 · 제시외감정:₩112,000 보존등기일 : 1997/03/28

진행사항 ·상세보기	임차내역	등기내역
유찰 2007/07/05 (340,918,000) 유찰 2007/08/07 (272,734,000) 유찰 2007/09/05 (218,187,000) 낙찰 2007/10/05 (174,550,000원) 196,999,000 (낙찰율: 58%) 박영○ (총입찰 10명) 낙찰허가(2007/10/12)	※ 신월동 사무소 관할 전입 1996/10/22 5,500만 공병○(1층안체)(1층내 방3칸) 점유 97.3.25 ~ (현황조사서상) 전입 1996/10/22 1,200만 공성○(지하층 전체) 점유 97.3.25 ~ (현황조사서상) 전입 2003/10/30 3,000만 (월:10만) 서인○(2층방2칸) · 확정 2003/10/30 · 배당신청요구 2007/01/29 점유 03.10.19 ~ 05.10.18 전입 2005/01/29 2,000만 (월:15만) 조은○(2층방2칸) · 확정 2005/02/11 · 배당신청요구 2007/01/26 점유 05.2.7 ~ 07.2.6 *차동○의 처 전입 2005/09/22 2,500만 김옥○(1층내 방2칸) · 확정 2005/09/22 · 배당신청요구 2007/01/26 점유 05.9.26 ~ *부동산임대차계약서상 임차인 김옥○는 박효○과 계약함	※ 건물등기(발급: 2007/06/19) 소유보존 1997/03/28 저당 2003/08/12 9,000만 김만○ 가압 2006/07/10 4억4,380만 경남은행/여신관리부 가압 2006/12/07 1,936만 경남은행/신용채권관리팀 임의 2007/01/09 김만○ 청구액 : 80,000,000원

* 대항력있는 임차인 있을 수 있음

♧ 배당요구종기일 : 2007/03/13

➲ 해설

2003. 8.12. 1번 설정 9천만원(김만○) 이전에 전입한 2명 임차인 6,700만원은 인수임대차로 낙찰자 추가부담 해야 하지만 허수인 경우가 많고(전입 후 점유를 이탈하였다면) 허수 발견시 그만큼 고수익이 발생한다. (공병○ /5,500만원, 공성○/ 1,200만원 합계 6,700만원)

8. **중앙 2005-12873호** (2001.9.15~2008.8.20까지 설정과 과밀억제권역 4천만원 이하 보증금 임차인은 16백만원 소액보증금은 최우선 배당한다)

중앙8계 2005-12873 상세정보

경매구분	임의(기일)	채권자	우리은행	경매일시	기각물건
용도	단독주택	채무/소유자	주	다음예정	종결(기각)
감정가	881,361,000	청구액	550,000,000	경매개시일	05.04.21
최저가	564,071,000 (64%)	토지총면적	426 m² (128.86평)	배당종기일	05.08.09
입찰보증금	종결(기각)	건물총면적	310.58 m² (93.95평)	조회수	금일1 공고후76 누적2,553
주의사항	· 재경매물건				

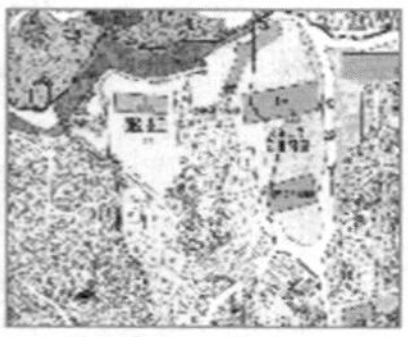
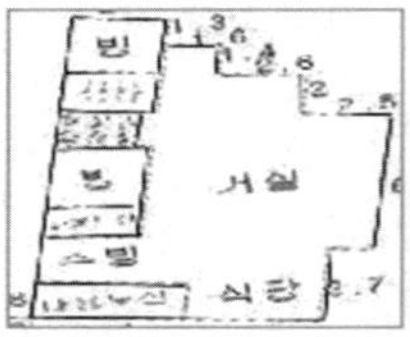

- 물건사진 6
- 지번·위치 4
- 구조도 1

우편번호및주소/감정서	물건번호/면 적 (m²)	감정가/최저가/과정	임차조사	등기권리
136-020 서울 성북구 성북동 ●감정평가서정리 - 조적조슬래브(평) - 성북초등교남서측인근 - 남측서울성관,주변단독및다세대,소규모점포,학교혼재 - 차량출입가능 - 버스및마을버스정류장인근 - 도시가스난방 - 사다리형북하향완경사지 - 북측4m도로접함 - 1종전용주거지역 - 일부자연경관지구 - 일부문화재보호구역 05.06.23 동국감정 표준공시지가 : 1,360,000 감정지가 : 1,500,000	물건번호: 단독물건 대지 426 (128.87평) 건물 · 1층 113.32 (34.28평) 방2 · 2층 113.46 (34.32평) 방3 · 지층주택 54.1 (16.37평) 방1 · 주차장 15.6 (4.72평) 이상 실:101.4 제시외건물 · 다용도실 7.9 (2.39평) · 정자 6.2 (1.88평) 94.1.20보존	감정가 881,361,000 대지 639,000,000 (72.5%) 건물 240,162,000 (27.25%) 제시 2,199,000 (0.25%) 최저가 564,071,000 (64.0%) ●경매진행과정 881,361,000 유찰 2006-01-18 20%↓ 705,089,000 유찰 2006-02-23 20%↓ 564,071,000 낙찰 2006-03-23 713,330,000 (80.9%) -응찰수:3명 -낙찰자:김선 0% 564,071,000 변경 2006-06-01 0% 564,071,000 변경 2006-07-06 0% 564,071,000 낙찰 2006-08-10 651,777,000 (74%) -응찰수:3명 -낙찰자:정남 -2위응찰액: 633,300,000 기각 2007-03-14	●법원임차조사 김복 전입 2001.08.29 김옥 전입 2003.05.21 장기 전입 2003.05.21 배당 2005.08.09 (보) 40,000,000 (월) 1,000,000 (김옥 의 처) 김칭 전입 2003.07.15 확정 2003.07.15 배당 2005.07.18 (보) 14,000,000 (월) 80,000 지층방1 이승 전입 2004.06.02 확정 2004.06.02 배당 2005.07.29 (보) 16,000,000 (월) 40,000 지층방1 (2003.12.28자 계약서상: 1000만/월10만 이나동계약서상 특약사항에 2004.8.31 자로1600만/월4 만원 으로한다고되있음) 김강 전입 2004.12.27 확정 2004.12.27 배당 2005.07.25 (보) 20,000,000 1층7평 ●지지옥션세대조사 전입 2001.08.29 김복 전입 2003.05.21 김옥 전입 2003.07.15 김칭 전입 2004.06.02 이승 전입 2004.12.27 김강 전입 2005.09.14 금영 전입 2005.10.31 권형 동사무소확인:06.01.23	소유권 주 2003.04.08 전소유자:김복순 저당권 우리은행 돈암동 2003.04.08 660,000,000 저당권 손형 2004.01.19 45,000,000 저당권 손형 2004.06.30 100,000,000 임 의 우리은행 여신관리팀 2005.04.26 *청구액:550,000,000원 등기부채권총액 805,000,000원 열람일자 : 2005.05.27 토지등기부확인

9. 진주 2005-21332 (2001. 9.15~2008.8.20까지 담보물권(설정)과 기타지역(청주, 진주 등) 3천만원이하 주택 보증금에는 12백만원 소액보증금(최우선변제권) 최우선 배당한다)

진주4계 2005-21332 / 임의

용도	근린주택	감정기관	부동산써브감정 (2005.12.12)	채권자	진주축협
매각방법	일괄	감정가	306,826,030원	채무자	김남
접수일자	2005/11/25	최저가	196,369,000원 (64.0%)	소유자	김남
유찰/진행	2회/3회	최종결과	낙찰 (낙찰일: 2006/06/19, 낙찰가:265,100,000(86%))		

소재지/특성면적		감정가외기타정보
경남 진주시 상봉동 (대지)		·토지이용계획 ·공시지가
*제2종일반주거지역, 시가지경관지구임 ※ 일괄소재지 공통정보 *진주보건대학 남동측 인근에 위치 *부근은 일반주택지대로서 1,2층 규모의 단독주택이 주류를 이루고 있음 *차량접근 가능하고 관내 제반교통사정은 보통 *인접지와 등고평탄한 부정형의 토지 *서측으로 약6m, 북측으로 약 8m 폭의 포장도로와 접함 *가스보일러 및 유류보일러(4층부분)에 의한 난방설비임	대지 142.80m²(43.20평)	표준공시지가 : ₩430,000 감정지가 : ₩630,000
경남 진주시 상봉동 (근린주택)		·토지이용계획 ·공시지가
철근콘크리트조, 슬래브(평) *1층부분은 일반건축물대장상 "제2종근린생활시설" 로 등재되어 있으나, 현황 주택으로 이용중임	건물내역: -4층제2종근린생활시설및단독주택(다가구) -1층 70.74m²(전용:21.4평) -2층 84.06m²(전용:25.43평)(다가구:원룸형) -3층 84.06m²(전용:25.43평)(다가구:원룸형) -4층 79.83m²(전용:24.15평)(방3) 제시외 내역: 총 12.8m²(3.87평) -단층가추: 12.8m²(3.87평)	총감정평가: ₩306,826,030 · 토지감정: ₩89,964,000 · 건물감정: ₩216,682,830 · 제시외감정:₩179,200 보존등기일 : 2002/08/26

진행사항 ·상세보기	임차내역	등기내역
유찰 2006/04/10 (306,826,030) 유찰 2006/05/15 (245,461,000) 낙찰 2006/06/19 (196,369,000원) 265,100,000 (낙찰율: 86%) (총입찰 6명) 낙찰허가(2006/06/26)	※ 상봉서동 사무소 관할 전입 2002/08/27 3,000만 정종 (4층 전부) · 확정 2005/02/28 · 배당신청요구 2006/02/14 점유 04.8.26 ~ 전입 2002/09/04 2,800만 주점 (202호 전부) · 확정 2005/12/30 · 배당신청요구 2005/12/30 점유 03.9.18 ~ 전입 2002/09/05 2,500만 김종 (301호 전부) · 확정 2005/02/21 · 배당신청요구 2006/02/15 (임차권 2005/06/20) 점유 02.8.26 ~ 전입 2004/03/05 1,000만 (월:27만) 최현 (1층 방2칸) · 확정 2005/08/23 · 배당신청요구 2006/01/26 점유 03.10.5 ~ 전입 2005/02/28 1,000만 (월:20만) 박지 (일부(2층 왼쪽방 1칸)) · 확정 2005/02/28 · 배당신청요구 2006/01/10 점유 05.2.28 ~ 전입 2005/03/14 2,800만 김경 (302호 전부) · 확정 2005/03/14 · 배당신청요구 2006/01/06 점유 05.3.11 ~ 전입 2005/09/02 1,000만 송기 (일부(1층 방1칸)) · 확정 2005/09/02 · 배당신청요구 2006/02/15 점유 05.8.30 ~ ♧ 배당요구종기일 : 2006/02/20	※ 건물등기(발급: 2006/03/27) 저당 2002/08/26 2억6,000만 진주축협/평거지점 가압 2005/02/24 4,657만 동부농협 저당 2005/02/28 3,000만 홍민 임차권 2005/06/20 2,500만 김종 (전입:2002.9.5. 확정:2005.2.21.) 임의 2005/12/02 진주축협 청구액 : 217,127,458원 가압 2006/01/13 5,000만 진주상호저축은행 *최선순위 설정 일자 (1) 2002.05.02. 근저당권 (2)2002.08.26. 근저당권

➲ 해설 주택 최우선변제권(순위배당)의 대표적인 사례

10. **창원 2007-18344** (설정과 설정 중간에 확정일자 없이 전입만 한 중간임차인 즉, 샌드위치임차인은 순위배당에서 무배당된다. 물론 소액보증금 해당이 된다면 최우선변제는 받을 수 있다.)

창원4계 2007-18344 / 임의

용도	연립	감정기관	태평양감정(2007.07.02)	채권자	경남은행 합성동
매각방법	일반	감정가	100,000,000원	채무자	(주)동양
접수일자	2007/06/15	최저가	80,000,000원 (80.0%)	소유자	(주)동양
유찰/진행	1회/2회	최종결과	낙찰 (낙찰일: 2007/12/26, 낙찰가:80,000,000(80%))		
현황조사서내역	♣ 부동산현황 공동주택(동양빌라):방3칸,거실,부엌.				

소재지/특성면적		감정가외기타정보
경남 창원시 안민동 (연립)		·토지이용계획 ·공시지가
1종일반주거지역 알씨조, 슬래브(평) *성주사역 남측에 위치 *부근은 연립주택 및 각종 상가들로 형성 *차량 출입가능하며 대중교통사정은 보통 *가스보일러 난방	대지 1,034(3,560/103,400)m²(10.77평) 건물내역: -건물 82.98m²(전용:25.1평)(분양면적:111.37m²) 총 6층 중 6층	총감정평가: ₩100,000,000 · 토지감정: ₩50,000,000 · 건물감정: ₩50,000,000 보존등기일 : 1998/07/29

진행사항 ·상세보기	임차내역	등기내역
유찰 2007/11/30 (100,000,000) 낙찰 2007/12/26 (80,000,000원) 80,000,000 (낙찰율: 80%) 김철 (총입찰 1명) 낙찰허가(2008/01/02) 대납 2008/03/25 (80,000,000)	전입 1999/01/30 5,000만 김양 (본건전부) · 확정 2007/06/07 · 배당신청요구 2007/07/09 점유 99.1월 ~ ♧ 배당요구종기일 : 2007/10/25	※ 집합건물등기(발급: 2007/11/14) 소유보존 1998/07/29 저당 1998/08/28 4,000만 경남은행/합성동 저당 2007/04/27 3,900만 박민 가압 2007/06/13 1억4,840만 경남은행/합성동 가압 2007/06/18 3억6,525만 신용보증기금/마산 임의 2007/06/19 경남은행/합성동 청구액 : 40,000,000원

⊃ 해설

1번 설정(1998.8.28)과 2번 설정(2007.4.27) 중간에 1999. 1. 30 전입만 하고 확정일자가 늦은 2007년 6월 7일 5,000만원 김양○ 중간임차인(일명 샌드위치 임차인)은 무배당 됨.

11. **창원 2005-17927호** (임의경매 개시결정등기 이전에 전입했어도 배당요구종기일 이내 권리 신고 및 배당요구 하지 않으면 무배당)

관심등록 | 목록보기 | 감정평가 | 물건명세 | 등기등본 | 현황조사 | 지도 | 사진 | 인쇄

창원3계 2005-17927 / 임의 再경매

용 도	단독주택	감정기관	새한감정(2005.05.17)	채권자	국제종합기계(주)
매각방법	일괄	감정가	126,573,470원	채무자	송수○
접수일자	2005/05/11	최저가	64,806,000원 (51.2%)	소유자	김기○
유찰/진행	3회/5회	최종결과	낙찰 (낙찰일: 2006/03/28, 낙찰가: 75,280,000(59%))		

현황조사서내역	♣ 부동산현황 현황 주택으로 이용중이며 일부 부합물 소재함. ♣ 임대차현황 1. 기호1임차인은 김순자세대의 동거인으로 등재되어 있으며 김순자세대는 임차인의 지인 (명확한 관계는 밝히지 않음)으로 별도의 임대차 관계없이 같이 점유사용함. 2. 기호2 임차인은 장기부재중으로 위 임차인 성명 및 임차내용은 기호1임차인의 세대주 김순자가 구술한 내용임(기호2임차인의 친척이라 함).

소재지/특성면적		감정가외기타정보
경남 마산시 회원동 ○○○ (단독주택)		·토지이용계획 ·공시지가
*제1종일반주거지역 ※ 일괄소재지 공통정보 *마산동중교 북측인근에 위치하는 일반주택지대로서, 제반 주위환경은 보통시됨 *차량통행이 가능하며, 제반 교통사정은 보통시됨 *세장형의 토지로서 지면은 북측노변과 대체로 등고평탄하며 주택부지로 이용중임 *북측으로 광로변에 접함 *제반 위생설비되어있으며, 유류보일러 난방임	대지 127.60m²(38.60평) 제시외 내역: 총 4.8m²(1.45평) -보일러실: 3.4m²(1.03평) -보일러실: 1.4m²(0.42평)	표준공시지가 : ₩620,000 감정지가 : ₩650,000
경남 마산시 회원동 ○○○(단독주택)		·토지이용계획 ·공시지가
시멘트벽돌조, 슬래브(평)	건물내역: -2층주택 -1층 75.17m²(전용:22.74평) -2층 69.34m²(전용:20.98평) -단층부속 1m²(전용:0.3평)	총감정평가: ₩126,573,470 · 토지감정: ₩82,940,000 · 건물감정: ₩43,057,470 · 제시외감정:₩576,000 보존등기일 : 1988/01/13

진행사항 ·상세보기	임차내역	등기내역
유찰 2005/10/19 (126,573,470) 유찰 2005/11/30 (101,259,000) 유찰 2005/12/20 (81,007,000) 낙찰 2006/01/20 (64,806,000원) 75,198,000 (낙찰율: 59%) (총입찰 4명) 낙찰 2006/03/28 (64,806,000원) 75,280,000 (낙찰율: 59%) (총입찰 3명) 낙찰허가(2006/04/04)	※ 회원2동 사무소 관할 전입 2000/08/01 500만 (월:37만) 이영○ (2층방3칸) · 배당신청요구 2005/06/23 점유 00.8.1 ~ 전입 2002/06/11 1,000만 (월:15만) 주상○ (1층방2칸) · 배당신청요구 2005/07/12 점유 02.5.10 ~ 전입 2003/12/23 300만 (월:5만) 주진○ (1층 내 방1칸 부엌1칸) 점유 03.12월 ~ (현황조사서상) ♧ 배당요구종기일 : 2005/08/23	※ 건물등기(629-19번지, 발급: 2005/10/05) 소유이전 1991/11/27 김기○ 매매 저당 1992/03/20 1억5,000만 국제종합기계(주) 가압 2004/10/16 1,200만 기술신용보증기금/마산지점 임의 2005/05/16 국제종합기계(주) 청구액 : 141,417,059원

자동분석정보 (※ 반드시 [권리분석] 에서 임차인 정보를 확인/수정 하세요)

낙찰통계	마산시(용도:단독주택) 최근1년 평균 낙찰가율 67.1% 낙찰율(건수기준) 63.9%
말소기준권리	말소 기준권리는 국제종합기계(주) 의 저당권(1992.03.20)입니다.
선순위전입	선순위 전입인이 없습니다.
인수금액	낙찰자가 인수할 금액이 없습니다.

해설 임의경매 개시결정등기일(2005. 5.16) 이전인 2003.12.23 전입한 임차인 주진○ 보증금 3백만원은 배당요구종기일(2005.8.23) 이내 권리신고 및 배당요구 신청하지 않아 무배당.

12. **창원 2005-10377** (상가, 공장 등은 상가건물임대차보호법 적용 대상으로 그 밖의 지역(마산, 창원 등)은 1차 개정(2002.11.1~2008.8.20) 기간 중 설정에는 보증금 적용범위가 1억 4,000만원 이하라야 보호되나 보증금이 1원이라도 초과시 전액 무배당되므로 임차인은 전세권 또는 근저당권 설정을 하던지 하였어야 한다)

진행사항 ▸상세보기	임차내역	등기내역
유찰 2005/08/22 (3,078,933,700) 유찰 2005/09/27 (2,463,147,000) 낙찰 2005/10/27 (1,970,518,000원) 2,052,000,000 (낙찰율: 67%) (총입찰 1명) 낙찰허가(2005/11/03)	※ 석전2동 사무소 관할 사업자등록 2004/11/29 14,000만 유상○(마이마트)(1층내 점포1칸(별첨도) 점유 04.11.23 ~ 36개월 (현황조사서상) 사업자등록 2004/12/06 14,000만 박둘○(마이마트원)(1층내 점포1칸(별첨도) 점유 04.12.3 ~ 24개월 (현황조사서상) 사업자등록 2004/12/07 14,000만 김덕○(마이마트투)(1층내 점포1칸(별첨도) 점유 04.12.4 ~ 24개월 (현황조사서상) 사업자등록 2005/01/27 20,000만 (월:60만) 박○(의성한의원)(2층내 점포1칸) · 배당신청요구 2005/05/19 점유 04.9.24 ~ 사업자등록 2005/01/31 40,000만 김영○(아모레양덕특약점)(2층내 사무실1칸(2층) 점유 05.1.20 ~ 36개월 (현황조사서상) 사업자등록 2005/01/31 10,000만 김영○1(아모레양덕특약점)(2층내 사무실1칸(2층) 점유 05.1.20 ~ 24개월 (현황조사서상) 사업자등록 2005/04/08 (월:100만) 남우○(뉴 마이마트)(1층내 점포1칸(별첨도) 점유 05.4.7 ~ 24개월 (현황조사서상) 전입 3,000만 김성○(3층내 사무실1칸(약2/) 점유 05.3.11 ~ 24개월 (현황조사서상) ♧ 배당요구종기일 : 2005/07/05	※ 집합건물등기(259-2번지, 발급: 2005/08/07) 저당 2004/12/07 16억8,000만 농협중앙회/팔용동지점 저당 2004/12/08 4억 임채○ 저당 2004/12/08 2억 박○ 가압 2004/12/14 1,000만 안경○ 가압 2004/12/15 1억 김상○ 저당 2004/12/27 2억5,000만 윤종○ 압류 2004/12/30 마산시 외 3건 저당 2005/01/12 1억 김영○ 임의 2005/03/24 농협중앙회 청구액 : 1,400,000,000원

⊃ 해설

상가 선순위 유상○, 박둘0 각 1억4,000만원 인수임대차(낙찰자 추가부담)으로 낙찰자의 추가 부담이 되고 인도명령 대상이 아니지만 임차인 김덕○ 보증금1억4,000만원은 설정일자와 동일자로 다음날 0시부터 대항력이 있어 농협 설정보다는 후순위로 인도명령 대상이 된다.

13. **창원 2006－308호** (2002.11.1일 이후 설정과 그 밖의 지역(전주, 김해 등 25백만원 이하)은 상가 소액보증금 7.5백만원 최우선변제한다. 주택은 월세 개념이 필요없으나 상가는 월세에 요주의 : 상가의 환산보증금= 보증금＋(월세×100) 합산 계산한다)

창원5계 2006-308 / 임의

	용 도	상가	감정기관	나라감정(2006.01.31)	채권자	경남은행 반송동
	매각방법	일반	감정가	130,000,000원	채무자	황계○
	접수일자	2006/01/05	최저가	66,560,000원 (51.2%)	소유자	황계○
	유찰/진행	3회/4회	최종결과	낙찰 (낙찰일: 2006/09/21, 낙찰가:67,900,000(52%))		
현황조사서내역	♣ 부동산현황 현황, 근린생활시설(일류세탁소)로 이용중임.					

소재지/특성면적		감정가외기타정보
경남 김해시 장유면 대청리 (상가)		·토지이용계획 ·공시지가
철근콘크리트조, 슬래브(평) *도시지역, 제2종일반주거지역, 도시계획구역, 도시계획시설보행자전용도로(접함)·중로1류(접함)·중로2류(접함), 제1종지구단위계획구역(공동)임 *차량접근 가능함 *본건 부근은 대규모 아파트단지 지역임 *세탁소(일류세탁)로 이용중임	대지 29,863.4(33.9516/29,863.4)m²(10.27평) 건물내역: -건물 27.225m²(전용:8.24평, 10.95평형) 총 2층 중 1층	총감정평가: ₩130,000,000 · 토지감정: ₩72,000,000 · 건물감정: ₩58,000,000 보존등기일 : 2002/07/27

진행사항 ·상세보기	임차내역	등기내역
유찰 2006/06/21 (130,000,000) 유찰 2006/07/19 (104,000,000) 유찰 2006/08/22 (83,200,000) 낙찰 2006/09/21 (66,560,000원) 67,900,000 (낙찰율: 52%) 강성○ (총입찰 1명) 낙찰허가(2006/09/28)	※ 장유면사무소 관할 사업자등록 2005/09/26 1,000만 (월:55만) 김진○(본건전부) · 확정 2005/09/26 · 배당신청요구 2006/03/10 점유 05.6.26 ~ 07.6.25 ♧ 배당요구종기일 : 2006/04/10	※ 집합건물등기(발급: 2006/06/07) 소유이전 2002/11/21 매매,전소유자:(주)○영 저당 2002/11/26 1억2,000만 경남은행/반송동 임의 2006/01/10 경남은행/반송동 청구액 : 100,000,000원

⊃ 해설

2002.11.1일 이후 설정과 상가 소액보증금문제로 그 밖의 지역(마산, 창원 등)은 25백만원 이하는 7.5백만원 소액보증금 지급되나 본건은 임차인 김진○은 보증금 1천만원에 월세 55만원으로 환산보증금은 6천5백만원으로 2천5백만원 초과하여 7,500,000원 소액보증금 최우선변제 대상이 아니다.

14. **중앙 2004-50380호** (말소기준권리보다 앞선 전세권 중 배당요구종기일 이내 배당요구하지 않아 낙찰자 인수해야 한다. 잔대금 납부 시 전세권 말소 안됨)

서울중앙지방법원 7계 ☎ 02-530-1819 관할법원안내

입찰일 : 2006.01.26 (목) 오전 10시 00분 — 태인 서초지사 ☎ 02-591-1988 경매대행문의

물건번호	1			진행여부: 배당	
사건번호	2004-50380 임의	물건용도	근린상가	조회수	오늘 1 전체 1337
감정평가액	6,467,189,560원	채권자	조흥은행	게시결정일	2005.01.03
최저경매가	(80%) 5,173,752,000원	채무자	에이징	감정기일	2005.01.18
입찰보증금	(10%) 517,375,200원	소유자	에이징	배당종기일	2005.04.18
청구금액	5,019,195,729원	유찰횟수	1회	차기예정	2006.03.09
경매대상	토지, 건물 일괄 매각	건물총면적	2559.11㎡(774.14평)	토지총면적	415.7㎡(125.75평)
특이사항	★김은순,이태영,이철호,김정순으로부터 시설공사및인테리어대금 1,973,460,000원에대한 유치권신고있으나 성립여부불명				

투자상담 | 무료법률상담 | 무료실전상담 | 오류신고 | 관심물건등록 | 인쇄 | 상호등록 | 목록보기

소재지	면적(단위:m²)	경매진행결과	임차관계	등기부상권리관계
(135-270) 서울 강남구 도곡동 감정평가서 요약 · 철근콘크리트조 · 슬래브(평) · 노화방지메디칼센터 · 매봉역남서측인근 · 근린,업무용빌딩,아파트단지,단독및다세대혼재 · 차량출입가능 · 버스정류장및매봉역인근 · 중앙공급식냉난방, 도시가스설비 · 세장형등고평탄지 · 북서측40m,남동측8m도로접함 · 도시계획소로접함 · 3종일반주거지역 · 1종지구단위계획구역입안 · 건축선지정(도로경계선에서3m후퇴) · 일반미관지구 · 지구단위계획구역	대 지 · 415.7 (125.75평) 건 물 · 1층근린및경비실 228.2 (69.03평) · 2층진료실,피부레이져실 230.63 (69.77평) · 3층종합검사센터,방사선과등 237.11 (71.73평) · 4층피부관리과등 237.11 (71.73평) · 5층사무실 237.11 (71.73평) (에이징스탑) · 6층스포츠의학센터등 237.11 (71.73평) · 7층회원전용휴게실등 234.62 (70.97평) · 8층물탱크실,기계실등 43.74 (13.23평) · 지하1층강의실,한사랑약국등 270.84 (81.93평) · 지하2층주차장및발전기실등 91.02 (27.53평) · 주차장및발전기실등 229.5 (69.42평) · 지하3층주차장,기계실 62.28 (18.84평) · 주차장,기계실 219.84 (66.5평) 총 8층 보존등기 1998.07.08 표준공시 6,000,000 감정지가 9,000,000 대지감정 3,741,300,000 건물감정 2,725,889,560 감정기관 동국감정	변경 2005.10.20 100% ↓ 6,467,189,560 유찰 2005.11.24 80% ↓5,173,752,000 변경 2005.12.22 80% ↓5,173,752,000 낙찰 2006.01.26 6,472,000,000 (100.07%) 데이타 응찰 14명 허가 종국 결과 배당 2006.03.30	배철 사업 2003.03.13 점유 2-4층전부/라쥬네스의원 2억/월 336만 김현 전입 전세권 점유 1층 2억5000만 배당종기일 2005.04.18 관할동사무소 도곡2동사무소 도곡2동 459 ☎ 02-571-8471	* 건물등기 전세권 김현 2002.10.16 2억5000만 -존속기간:2005.11.09 소 유 에이징 2002.12.24 전소유자:윤수일 근 저 조흥은행 (여의도서기업) 2003.01.20 58억5000만 근 저 조흥은행 (여의도서기업) 2003.03.24 13억 근 저 대웅개발 2003.03.24 13억 가 압 이엠에스트레이드 2004.10.14 871만 가 압 기술신용보증 (서초) 2004.10.27 4억2500만 가 압 기업은행 (삼성역) 2004.10.28 1632만 가 압 대우캐피탈 2004.11.08 3억1592만 가 압 권오철 2004.11.12 380만 가 압 오유능

15. **창원 2005-44547** (말소기준권리보다 앞선 전세권은 배당요구 없으면 인수해야 한다. 등기부상 전세권의 목적물 범위가 건물에만 한정하여 건물 배당금에는 참여 되나 토지배당금에는 무배당 된다). (등기부 전세권 설정 범위 : 2층 동측 43㎡ 전부)

창원9계 2005-44547 / 임의 先임차인

용 도	근린상가	감정기관	부동산써브감정 (2005.12.16)	채권자	진해시수협 경화
매각방법	일괄	감정가	224,345,600원	채무자	안승
접수일자	2005/11/18	최저가	143,581,000원 (64.0%)	소유자	안승
유찰/진행	2회/3회	최종결과	낙찰 (낙찰일: 2006/10/27, 낙찰가:161,982,500(72%))		

특이사항	*매각으로 인하여 말소되지 아니하는 최선순위전세권 (이정애:1994.1.24.설정일)이 있으며,배당요구는 하지 아니함
현황조사서내역	♣ 부동산현황 현황, 근린생활시설 및 일부 주택으로 이용중이며 종물 및 부합물 소재함. *본건2의 제시건물(가)중 지하 및 (나)건물은 소재불명함. ♣ 임대차현황 *주민등록 주소별 세대열람 내역상으로 본건 임차인 전입 세대외 박미정 세대가 전입되어 있어 탐문한 바 약2004년 9월경 이사가고 현재 거주하지 않는다고함. 임 차 인 점 유 위 치 도

소재지/특성면적		감정가외기타정보
경남 진해시 성내동 (대지)		·토지이용계획 ·공시지가
일반주거지역 토지거래허가구역 ※ 일괄소재지 공통정보 *도시계획시설도로접합 *기존주택지대및 상가지대로 제반주위환경은 보통 *차량출입가능하며 대중교통사정은 보통 *세장형의 토지로 인접지와 대체로 등고평탄하며 건부지로 이용중 *서측으로 약6m도로와 접함 *난방설비 되어있음	대지 246.00m²(74.42평) 제시외 내역: 총 27.5m²(4.08평) -부엌: 13.5m²(4.08평) -화장실겸창고: 14m²(0평)	총감정평가: ₩150,350,000 · 토지감정: ₩147,600,000 · 제시외감정:₩2,750,000 표준공시지가 : ₩510,000 감정지가 : ₩600,000
경남 진해시 성내동 (근린상가)		·토지이용계획 ·공시지가
일반주거지역 시멘트벽돌조, 슬래브(평)	건물내역: -1층/점포 138.6m²(전용:41.93평) -2층/점포 123.76m²(전용:37.44평)(방1) -지하 14.04m²(전용:0평)(소재불명-평가외) -화장실 2.2m²(전용:0.67평)(소재불명-평가외) 총 2층	총감정평가: ₩73,995,600 · 건물감정: ₩73,995,600 보존등기일 : 1990/01/17

진행사항 ·상세보기	임차내역	등기내역
변경 2006/07/26 (224,345,600) 유찰 2006/08/23 (224,345,600) 유찰 2006/09/27 (179,476,000) 낙찰 2006/10/27 (143,581,000원) 161,982,500 (낙찰율: 72%) 장익회 (총입찰 2명)	전입 2004/03/19 1,300만 (월:10만) 김정 (1층 일부) · 확정 2004/03/22 · 배당신청요구 2005/12/29 점유 04.3.20 ~ 06.3.20 사업자등록 2004/09/23 1,000만 (월:10만) 장익 (1층중 13평방미터) · 확정 2005/12/30 · 배당신청요구 2006/01/09 *점유 04.9.24 ~ 06.9.24 *조사서상:사업자등록증상 남편:이경 주등록(2005-12-30) *조사서상:보증금1000만/11만 사업자등록 2005/07/13 1,750만 (월:8만) 신소 (1층1칸) · 확정 2005/11/29 · 배당신청요구 2006/01/04 점유 05.6.1 ~ 07.6.1 사업자등록 2006/01/02 3,000만 (월:8만) 김형 (2층전부) · 확정 2006/01/02 · 배당신청요구 2006/01/02 *2004.11.01.(주민등록전입일) *점유 04.10.20 ~ 06.10.20 ♧ 배당요구종기일 : 2006/02/07	※ 집합건물등기(발급: 2006/06/14) 소유이전 1990/01/17 소유보존 전세권 1994/01/24 2,300만 이정 -존속기간:1996.02.01 저당 2001/07/13 9,750만 진해시수협/경화 전세권 2003/02/28 3,000만 김형 -존속기간:2005.02.25 저당 2004/12/31 1,950만 외환은행/마산중앙 가압 2005/05/18 2억6,550만 기술신용보증기금/진주 압류 2005/05/23 진주세무서 가압 2005/09/01 4,800만 중소기업은행/기업/부산경남지역본부 가압 2005/09/02 2,620만 중소기업은행/기업/부산경남지역본부 가압 2005/10/28 5,823만 웅천농협 임의 2005/11/25 진해시수협/경화 청구액 : 84,850,706원

⊃ 해설 1번 설정(2001.7.13) 진해시수협 말소기준권리보다 앞선 전세권자(1994.1.24) 이정○ 2,300만원은 배당요구종기일(2006. 2. 7) 이내 배당요구하지 않아 낙찰자의 인수권리이다. (잔대금 납부 시 전세권 말소 안됨) 반면, 김형○ 전세권 3,000만원은 1번 설정 말소기준권리보다 후순위로 말소된다.

16. **창원 2007-1292호** (전입 · 확정일자 갖춘 후 전세권 등기까지 마쳤으나 저가 낙찰로 못 받은 전세금은 임차인 입장에서 유리한 대항력 있는 인수임대차가 된다. 임차인이 경매신청 후 못받은 보증금은 대부분 인수임대차가 많다)

창원9계 2007-1292 / 임의 先임차인

	용 도	아파트	감정기관	동국감정(2007.01.30)	채권자	심영
	매각방법	일반	감정가	100,000,000원	채무자	최호
	접수일자	2007/01/12	최저가	8,590,000원 (8.6%)	소유자	최호
	유찰/진행	11회/12회	최종결과	낙찰 (낙찰일: 2008/04/30, 낙찰가:12,000,000(12%))		
현황조사서내역	♣ 부동산현황 아파트(방3칸 거실 부엌)					

소재지/특성면적		감정가외기타정보
경남 마산시 (아파트)		·토지이용계획 ·공시지가 ·기준시가
철근콘크리트조, 철근콘크리트 *☆총1개동14세대 *마산소방서 남서측 인근 위치 *기존주택지대 및 상가 혼용지대 *주차장까지 차량출입 가능, 인근 시내버스정류장 소재, 마산시청까지 차량 약 10분 내외 소요 거리 *도시가스 개별난방 방 향 : 남서향	대지 482.1(36,318/482,100)m²(10.99평) 건물내역: -건물 72.69m²(전용:21.99평, 28평형) 총 8층 중 3층	총감정평가: ₩100,000,000 · 토지감정: ₩30,000,000 · 건물감정: ₩70,000,000 보존등기일 : 2004/03/26

진행사항 ·상세보기	임차내역	등기내역
유찰 2007/04/30 (100,000,000) 유찰 2007/05/30 (80,000,000) 유찰 2007/06/28 (64,000,000) 유찰 2007/07/26 (51,200,000) 유찰 2007/08/30 (40,960,000) 유찰 2007/09/18 (32,768,000) 변경 2007/10/31 (26,214,000) 유찰 2007/11/29 (26,214,000) 유찰 2007/12/28 (20,971,000) 유찰 2008/01/30 (16,777,000) 유찰 2008/02/28 (13,422,000) 유찰 2008/03/28 (10,738,000) 낙찰 2008/04/30 (8,590,000원) 12,000,000 (낙찰율: 12%) 김호 (총입찰 2명) 낙찰허가(2008/05/07)	전입 2004/07/28 8,000만 심영 (방3칸) · 확정 2004/07/31 · 배당신청요구 2007/02/02 (전세권 2004/08/13) 점유 04.8.10 ~ 06.8.9 *대항력 있는 임차인(신청채권자) 있을 수 있음 ♧ 배당요구종기일 : 2007/03/26	※ 집합건물등기(발급: 2007/04/09) 소유보존 2004/03/26 전세권 2004/08/13 8,000만 심영 -존속기간:2006.08.09 전세저당 2004/08/13 8,000만 새마산(새) (2004.08.13,심영순저당) 가압 2005/12/06 1,973만 박부 가압 2005/12/30 4,290만 합자회사대일방재산업 가압 2006/02/24 10억 정리금융공사 압류 2006/09/27 마산시 임의 2007/01/16 심영 청구액 : 80,000,000원

자동분석정보 (※ 반드시 [권리분석] 에서 임차인 정보를 확인/수정 하세요)

낙찰통계	마산시(용도:아파트) 최근1년 평균 낙찰가율 79.7% 낙찰율(건수기준) 69.8%
말소기준권리	말소 기준권리는 심영순 의 전세권(2004.07.31)입니다.
선순위전입	심영순(전입:2004.07.28), 심영순(전입:2004.07.28)
인수금액	낙찰자가 인수할 금액은 69,230,460원 입니다.

➲ 해설 본건은 아파트로 확정일자부 임차인 심영○ (2004.7.28 전입, 204.8.31 확정일자 구비, 보증금 80백만원)은 전세권 설정(2004. 8.13일 8,000만원)도 하여 임의경매 신청한 경매신청채권자 입장이다. 또한 전입일자(2004. 7.28)와 확정일자(2004. 7.31) 을 득한 확정일자부 임차인으로 유리한 쪽으로 배당되며 낙찰가 1,200만원에서 경매비용(1,230,400원) 공제한 나머지 10,769,540원 배당받고, 못받은 나머지 전세금 69,230,460원 낙찰자가 인수하여야 한다.

17. **창원 2006－11186** (전입과 확정일자를 갖춘 임차인과 가압류(강제경매)는 채권액 안분배당 한 후 전입일자가 가압류보다 앞선 임차인이 못 받은 보증금은 매수인의 인수임대차가 된다)

창원5계 2006-11186 / 강제 再경매 先임차인

용 도	기타부동산	감정기관	주앙감정(2006.04.12)	채권자	신용보증기금 창원
매각방법	일괄	감정가	145,868,800원	채무자	(주)대
접수일자	2006/04/03	최저가	59,748,000원 (41.0%)	소유자	(주)대
유찰/진행	4회/6회	최종결과	낙찰 (낙찰일: 2007/02/20, 낙찰가: 75,192,000(52%))		

경남 김해시 진영읍 하계리 (공장용지)		·토지이용계획 ·공시지가
일부도시지역, 일부자연녹지지역 *지반은 인근 토지대비 계단식 평지임 *구내식당 및 방 및 화장실용 건부지로 이용함	공장용지 330.00m²(99.83평)	총감정평가: ₩52,800,000 · 토지감정: ₩52,800,000 표준공시지가 : ₩115,000 감정지가 : ₩160,000

경남 김해시 진영읍 하계리 (기타부동산)		·토지이용계획 ·공시지가
일부도시지역, 일부자연녹지지역 경량철골조, 샌드위치판넬 *의뢰목록상 1,2,3층으로 되어있으나 실제로는 단층(1층)구조로 되어있음	건물내역: -1층/구내식당 151.2m²(전용:45.74평) -2층/방 11.55m²(전용:3.49평) -3층/화장실 5.28m²(전용:1.6평) 매각제외 내역: 제시외 이동식컨테이너박스1층,2층소재 (감정가:2,000,000원) 총 3층	총감정평가: ₩38,478,800 · 건물감정: ₩38,478,800 보존등기일 : 2000/04/26

진행사항 ·상세보기	임차내역	등기내역
유찰 2006/08/22 (145,868,800) 유찰 2006/09/21 (116,695,000) 유찰 2006/10/19 (93,356,000) 낙찰 2006/11/21 (74,685,000원) 95,000,000 (낙찰율: 65%) 이수 외4 (총입찰 1명) 유찰 2007/01/24 (74,685,000) 낙찰 2007/02/20 (59,748,000원) 75,192,000 (낙찰율: 52%) 박순 (총입찰 3명) 낙찰허가(2007/02/27)	※ 진영읍사무소 관할 전입 2000/07/31 5,000만 이순 (1층 전부) · 확정 2006/06/01 · 배당신청요구 2006/06/01 점유 05.6.15 ~ 07.6.14 ♧ 배당요구종기일 : 2006/06/15	※ 건물등기(발급: 2006/08/08) 소유보존 2000/04/26 가압 2004/08/30 5,695만 신용보증기금/창원 가압 2004/09/02 8,690만 신용보증기금/창원 강제 2006/04/05 신용보증기금/창원 청구액 : 87,590,283원 압류 2006/05/16 김해시

⊃ 해설

본건의 채권자는 임차인 이순○ 보증금 5,000만원(전입 2000.7.31, 2006. 6. 1 확정)과 가압류 관련 강제경매 청구액 87,590,283원 합계 137,590,238원으로 보인다. 낙찰가(75,192,000원)에서 경매비용공제(2,347,000원) 후 매각대금 72,844,000원에서 임차인 이순○ 전세보증금 50,000,000/ (보증금50,000,000 + 강제경매 청구액 87,590,283) = 임차인 배당액은 27,324,600(나머지 22,675,400원은 인수임대차로 낙찰자의 추가부담이 된다.

18. **통영 2006-5323(1)** (말소기준권리보다 앞선 소유권 가등기는 인수권리로 응찰하여서는 안되는 무서운 권리이다)

통영2계 2006-5323(1) / 강제 소유가등 先가등기

	용 도	전	감정기관	새한감정(2006.05.18)	채권자	이영
	매각방법	개별	감정가	16,148,000원	채무자	이영
	접수일자	2006/05/01	최저가	16,148,000원 (100.0%)	소유자	이영
	유찰/진행	0회/1회	최종결과	기각 (물건매각일: 2007/02/23)		
현황조사서내역	♣ 부동산현황(사건 전체에 대한 요약) *87-3번지 현황 묵전임. *25-9,120,122현황 묵답임.					
물건번호	1 2 3 4 5 6					

소재지/특성면적		감정가외기타정보
1)경남 고성군 동해면 외산리 (전)		·토지이용계획 ·공시지가
관리지역 *=농지취득자격증명필요 *말소되지않은 가등기있음 *돈막마을북동측근거리위치 *해안마을주변농경지대 *소형차량통행가능 *제반교통및영농교통사정보통 *부정형토지 *서측하향완경사지세 *휴경지상태 *북측노폭약3m세멘포장도로와접함	전 1,468.00m²(444.07평)	총감정평가: ₩16,148,000 ·토지감정: ₩16,148,000 표준공시지가 : ₩13,000 감정지가 : ₩11,000

진행사항 ·상세보기	임차내역	등기내역
낙찰 2006/12/28 (16,148,000원) 26,800,000 (낙찰율: 166%) 최영 (총입찰 1명) 기각 2007/02/23 (16,148,000)	※ 동해면사무소 관할 채무자(소유자)점유 ♧ 배당요구종기일 : 2006/08/09	※ 토지등기(발급: 2006/11/09) 소유이전 1981/08/26 매매 소유가등 1981/08/26 이병 매매예약 가압 1998/06/16 2억7,000만 이영 가압 2003/07/29 2,263만 진주축협/반성 가압 2003/07/29 567만 진주축협/반성 저당 2003/10/07 1억8,000만 이영 가압 2003/10/10 955만 동부농협/동해 가압 2003/10/16 3,387만 농림수산신용보증 가압 2004/09/15 1,606만 새고성(새) 강제 2006/05/04 이영 청구액 : 150,000,000원

⊃ 해설

말소기준권리(1998.6.16일 1번 가압류 2억7,000만원) 보다 앞선 가등기는 인수됨. 낙찰시 잔대금 납부 후 말소촉탁 안됨

19. **창원 2005-33202호** (가등기일자와 근저당일자가 같아 가등기가 인수권리처럼 보이나 등기부 별구(갑구와 을구)끼리 같은 날이면 등기 접수번호가 빠른 것이 선순위이므로 본건 가등기는 말소되는 후순위권리이다)

창원2계 2005-33202 / 임의 再경매 先가등기

용 도	아파트상가	감정기관	태평양감정(2005.09.09)	채권자	인베스트상호저축은행
매각방법	일괄	감정가	593,000,000원	채무자	조송
접수일자	2005/09/02	최저가	124,361,000원 (21.0%)	소유자	조송
유찰/진행	7회/8회	최종결과	취하 (물건매각일: 2006/10/10)		

특이사항	본건기호1~10.을 통합하여 정글집(어린이놀이시설)으로 사용했으나 현 "공실" 상태이며 관리사무소직원에게 탐문한결과 약2~3년전부터 점유자없이 방치되어 있다고함
현황조사서내역	♣ 부동산현황 본건기호1~10.현일단의"판매시설"

소재지/특성면적		감정가외기타정보
경남 마산시 해운동 (아파트상가)		토지이용계획 / 공시지가
일반상업지역 철근콘크리트조, 슬래브(평) ※ 일괄소재지 공통정보 *남부시외버스터미널 북동측 인근에 위치* 아파트단지,근린생활시설,업무시설등으로 형성 *차량출입용이,대중교통사정무난 *공실(JUNGLE IN) 및 통행로 등	대지 8.23/4,297.50m²(2.49평) 건물내역: -건물 40.5m²(전용:12.25평, 26.6평형) 총 21층 중 2층	총감정평가: ₩48,000,000 · 토지감정: ₩14,400,000 · 건물감정: ₩33,600,000 보존등기일 : 1994/01/27
경남 마산시 해운동 37-4 대동씨.코아상가 2층 206호(아파트상가)		토지이용계획 / 공시지가

진행사항 상세보기	임차내역	등기내역
유찰 2006/01/13 (593,000,000) 유찰 2006/02/08 (474,400,000) 유찰 2006/03/08 (379,520,000) 유찰 2006/04/11 (303,616,000) 유찰 2006/05/10 (242,893,000) 유찰 2006/06/13 (194,314,000) 낙찰 2006/07/11 (155,451,000원) 171,200,000 (낙찰율: 29%) (총입찰 1명) 유찰 2006/09/12 (155,451,000) 취하 2006/10/10 (124,361,000)	※ 해운동 사무소 관할 (조사된 임차내역 없음) ♧ 배당요구종기일 : 2005/11/09	※ 건물등기(37-4번지 205호, 발급: 2005/12/30) 소유이전 2003/07/03 매매,전소유자:강면 가등기 2003/07/03 김휘 *소유권이전청구권가등기 저당 2003/07/03 6억7,000만 인베스트상호저축은행 압류 2003/11/15 마산시 가압 2004/10/14 113만 대동씨코아상가관리사무소 임의 2005/09/08 인베스트상호저축은행 청구액 : 670,000,000원 가압 2005/10/10 1,984만 서울보증보험/부산지점

⊃ 해설 가등기(또는 가처분)와 설정일자가 같은 일자이면 즉, 별구끼리는 접수번호 빠른게 선순위권리이다. 경남 마산시 해운동 소재 상가로 경매정보지에 가등기(2003. 7. 3), 저당(2003. 7. 3) 6억7천만원으로 얼핏 보기엔 가등기가 앞서므로 인수권리로 보이나 가등기 접수번호 43283에 비하여 근저당권 접수번호는 43282로 앞서므로 가등기는 후순위로 말소된다.

순위번호	등기목적	접수	등기원인	권리자 및 기타사항
갑구 5순위	소유권이전 청구권가등기	2003년7월3일 제43283호	2003년7월2일 매매예약	권리자 김○○ 430623-1******
을구 3순위	근저당권설정	2003년7월3일 제43282호	2003년7월2일 설정계약	채권최고액 금 670,000,000원 저축은행

20. 창원 2005-37426호 (가처분 뒤에 근저당이 등기되어 외관상 가처분이 설정보다 앞선 인수 권리로 보이지만 동일자는 접수일자와 접수번호를 따져 보아야 한다)

창원9계 2005-37426 / 임의 先가처분

용 도	임야	감정기관	에이원감정(2005.10.18)	채권자	오흥
매각방법	일반	감정가	48,608,000원	채무자	김귀
접수일자	2005/10/05	최저가	48,608,000원 (100.0%)	소유자	김귀
유찰/진행	0회/1회	최종결과	낙찰 (낙찰일: 2006/02/28, 낙찰가:56,110,000(115%))		

현황조사서내역	♣ 부동산현황 자연림 상태임.

소재지/특성면적		감정가외기타정보
경남 김해시 구산동 (임야)		·토지이용계획 ·공시지가
자연녹지지역 *장신대학 동측 인근에 위치한 토지로서 부근은 도시 주변임야지대임 *본건까지 차량출입 불가능하며, 인근에 시내버스 정류장이 소재하여 대중교통 및 제반교통사정은 보통임 *본건은 동측으로 다소 하향 경사진 임야로서 현황 소나무 및 참나무가 자생하는 자연림상태임 *본건은 맹지임 *도시계획구역, 중로1류(저촉), 학교(저촉), 고등학교(저촉)	임야 992.00㎡(300.08평)	총감정평가: ₩48,608,000 ·토지감정: ₩48,608,000 표준공시지가 : ₩27,000 감정지가 : ₩49,000

진행사항 ·상세보기	임차내역	등기내역
낙찰 2006/02/28 (48,608,000원) 56,110,000 (낙찰율: 115%) (총입찰 5명) 낙찰허가(2006/03/07)	※ 구산동 사무소 관할 (조사된 임차내역 없음) ♧ 배당요구종기일 : 2005/12/17	※ 토지등기(발급: 2006/02/14) 소유이전 1992/04/17 매매,소유보존 가처분 1992/12/23 배홍 저당 1992/12/23 3,000만 오흥 저당 1994/12/12 6,000만 나정 임의 2005/10/10 오흥 청구액 : 30,000,000원

⊃ 해설

외관상 볼때 가처분이 빨라 인수로 보인다. 그러나 같은 날은 별구의 접수번호 빠른 것이 우선되는 권리이며 설정보다 갑구 가처분이 접수번호 늦어 가처분은 말소 된다.

1) 갑구 가처분 1992년12월23일(접수번호 제4179호)
채권자 배홍○의 가처분결정(92카단105호 금지사항 : 매매 양도 임차권 저당권, 전세권의 설정 기타 일체의 처분행위금지)

2) 을구 1순위 근저당권설정 접수일자 1992년12월23일(접수번호 제4146호)

21. 창원 2006-957호 (선순위 지상권으로 보이지만 매각으로 말소되는 권리이다)

창원6계 2006-957 / 임의 先지상권

	용 도	답	감정기관	대한감정(2006.02.15)	채권자	진북농협
	매각방법	일반	감정가	188,040,000원	채무자	서규
	접수일자	2006/01/10	최저가	77,022,000원 (41.0%)	소유자	서규
	유찰/진행	4회/5회	최종결과	낙찰 (낙찰일: 2006/10/30, 낙찰가:99,500,000(53%))		
현황조사서내역	♣ 부동산현황 현황 "답"으로 이용중임.					

소재지/특성면적		감정가외기타정보
경남 마산시 진전면 오서리 (답)		·토지이용계획 ·공시지가
일부자연녹지지역, 일부도시지역, 일부2종 일반주거지역 도시계획구역 *=농지취득자격증명필요 *단,보증금몰수조항있음 **매각으로인하여 말소되지않은 지상권있음 *하천저촉 *동대마을 북동측 인근에 위치 *인근에 농가주택,농경지 등이 소재 *농기계 출입 가능, 제반교통사정 보통 *부정형의 토지, 지적도상 맹지 *인접필지를 통해 출입가능	답 4,701.00㎡(1,422.05평) :(현:일부하천(제방등),답)	총감정평가: ₩188,040,000 ·토지감정: ₩188,040,000 표준공시지가 : ₩20,500 감정지가 : ₩40,000

진행사항 ·상세보기	임차내역	등기내역
유찰 2006/05/30 (188,040,000) 유찰 2006/06/29 (150,432,000) 유찰 2006/07/31 (120,346,000) 유찰 2006/08/29 (96,277,000) 변경 2006/09/29 (77,022,000) 낙찰 2006/10/30 (77,022,000원) 99,500,000 (낙찰율: 53%) 진북농협 (총입찰 6명) 낙찰허가(2006/11/06)	※ 진전면사무소 관할 (조사된 임차내역 없음) ♧ 배당요구종기일 : 2006/03/27	※ 토지등기(발급: 2006/05/16) 소유이전 1997/11/03 매매 지상권 2002/04/08 진북농협 30년 저당 2003/08/25 1억3,000만 진북농협 가압 2004/06/10 3,229만 진동수협 가압 2004/06/10 2,193만 진동수협 가압 2004/06/17 4,140만 경남은행/진동 가압 2004/07/09 1억9,550만 신용보증기금/마산 가압 2004/12/13 5,422만 이상 가압 2005/03/21 3,065만 농림수산신용보증 임의 2006/01/13 진북농협 청구액 : 111,737,054원

⊃ 해설 선순위 지상권으로 보이나 말소되는 권리이다. 2002.4.8 진북농협 지상권 30년, 2003.8.25 저당 진북농협 1억3,000만원 순서로 말소기준권리(진북농협)보다 앞서는 지상권 있으나 등기부등본을 살펴보면 지상권 설정 당시에 함께 설정된 근저당권(2억8,000만원)만 말소하고 지상권은 그냥 둔 상태임(왜냐하면 해지 후 지상권 또 설정시 많은 비용이 발생 : 1억 정도면 약 50만원, 본건과 같이 2억 정도면 약 80만원 : (등록세=공시지가 ×0.2%)+ 제반 수수료 부담)
농협 등 금융기관은 나대지 설정 시 건축을 하지 말라는 경고성 지상권을 설정하지 지상권을 목적으로 하지 않는다.

22. **창원 2006 - 41576(2)** (지분경매 시 공유자는 공유자우선매수신고 및 공유물분할청구 소송으로 고수익 얻는 경우가 많다)

창원2계 2006-41576(2) / 강제 지분경매

용도	답	감정기관	태평양감정(2007.01.10)	채권자	한국자산관리공사 신용관리부
매각방법	개별	감정가	18,020,000원	채무자	박희
접수일자	2006/12/15	최저가	4,724,000원 (26.2%)	소유자	박희 외 3
유찰/진행	6회/7회	최종결과	낙찰 (낙찰일: 2007/12/11, 낙찰가:6,211,000(34%))		

현황조사서내역	♣ 부동산현황(사건 전체에 대한 요약) 본건1.2 현황 "임야" 본건3~5 현황"답"으로 이용중임.
물건번호	1 2

소재지/특성	면적	감정가외기타정보
2)경남 마산시 진전면 오서리 (답)		·토지이용계획 ·공시지가
생산녹지지역 농업진흥구역 *=농지취득자격증명필요 (미제출시 보증금 몰수) *진전중학교 남측 인근 *인근까지 차량 출입 가능 *대중교통사정은 보통 *인접토지와 대체로 등고 평탄한 장방형의 토지 *맹지 ※ 일괄소재지 공통정보 ★지분경매	답 1,217.00m²(1/4)(92.04평) :(박희찬지분)	총감정평가: ₩12,160,000 · 토지감정: ₩12,160,000 표준공시지가 : ₩30,000 감정지가 : ₩40,000
2)경남 마산시 진전면 오서리 답)		·토지이용계획 ·공시지가
자연녹지지역 농업보호구역 *=농지취득자격증명필요 (미제출시 보증금 몰수) *오서저수지 남측 인근 *경운기 출입 가능 *대중교통사정은 보통 *완경사지에 평탄하게 조성된 부정형의 토지 *남서측으로 폭 약2미터의 농로가 개설	답 825.00m²(1/4)(62.39평) :(박희찬지분)	총감정평가: ₩2,884,000 · 토지감정: ₩2,884,000 표준공시지가 : ₩11,000 감정지가 : ₩14,000
2)경남 마산시 진전면 오서리 3(답)		·토지이용계획 ·공시지가
생산녹지지역 농업진흥구역 *=농지취득자격증명필요 (미제출시 보증금 몰수) *못골소류지 남동측 인근 *인근까지 차량 출입 가능 *대중교통사정은 보통 *인접토지와 대체로 등고 평탄한 사다리형에 가까운 토지 *맹지	답 744.00m²(1/4)(56.27평) :(박희찬지분)	총감정평가: ₩2,976,000 · 토지감정: ₩2,976,000 표준공시지가 : ₩18,000 감정지가 : ₩16,000

진행사항 ·상세보기	임차내역	등기내역
유찰 2007/06/12 (18,020,000) 유찰 2007/07/12 (14,416,000) 유찰 2007/08/10 (11,533,000) 유찰 2007/09/11 (9,226,000) 유찰 2007/10/12 (7,381,000) 유찰 2007/11/13 (5,905,000) 낙찰 2007/12/11 (4,724,000원) 6,211,000 (낙찰율: 34%) 윤명희 (총입찰 1명) 낙찰허가(2007/12/18)	※ 진전면사무소 관할 (조사된 임차내역 없음) ♧ 배당요구종기일 : 2007/03/12	※ 토지등기(791-4번지, 발급: 2007/05/25) 소유이전 1994/07/18 매매 가압 2006/06/29 654만 한나라상호저축은행 강제 2006/12/21 한국자산관리공사/신용관리부 청구액 : 14,902,429원

⊃ 해설 지분 경매시 공유자는 공유자우선매수신고를 할 수 있다. 우선매수 신고 및 보증제공의 시한은 집행관의 입찰종결선언 전까지이다. 매회 매각기일마다 경매법정에 참석하여 기일입찰표(입찰가격은 공란으로 두고 보증금액은 10% 해당액 기재한다), 공유자 우선매수신청서 (첨부 : 주민등록등본과 등기부등본), 10% 입찰보증금은 가지고 있으면서 누가 응찰시에 집행관한테 공유자 우선매수신청을 그 자리에서 바로 즉시(입찰종결선언 전까지) 하여야 한다. 그리고 만약 3필지의 어느 한필지에만 공유자일 때, 공유물분할청구소송에 의한 경매일 때 등은 공유자 우선매수신청 할 수 없다.

23. **창원 2008-5635호** (공유물 분할 판결에 의한 경매에는 공유자 우선매수신청 못함)

창원4계 2008-5635 / 임의 先가처분

용 도	전	감정기관	써브감정(2008.03.19)	채권자	홍현
매각방법	일반	감정가	193,950,000원	채무자	도종
접수일자	2008/02/26	최저가	155,160,000원 (80.0%)	소유자	홍현 외 1
유찰/진행	1회/2회	최종결과	낙찰 (낙찰일: 2008/07/16, 낙찰가:183,966,000(95%))		
현황조사서내역	♣ 부동산현황 본건토지는 휴경지 상태임.				

소재지/특성면적		감정가외기타정보
경남 김해시 흥동 (전)		·토지이용계획 ·공시지가
일부도시지역, 일부2종일반주거지역 *청호그린피아 동측 인근 *차량출입 가능, 교통사정 보통 *대체로 평탄한 정방형 토지 *남동측과 남서측으로 노폭 약8m 도로와 접함 *최고고도지구(45M), 소로2류(접함)	전 431.00㎡(130.38평) :(현:주거나지)	총감정평가: ₩193,950,000 ·토지감정: ₩193,950,000 표준공시지가 : ₩250,000 감정지가 : ₩450,000

진행사항 ·상세보기	임차내역	등기내역
유찰 2008/06/17 (193,950,000) 낙찰 2008/07/16 (155,160,000원) 183,966,000 (낙찰율: 95%) 도종이 (총입찰 3명) 낙찰허가(2008/07/23)	(조사된 임차내역 없음) ♧ 배당요구종기일 : 2008/05/06	※ 토지등기(발급: 2008/05/14) 소유이전 2004/09/16 매매,전소유자:도종남,도영숙 가처분 2007/08/20 홍현 (도종 지분) 임의 2008/02/29 홍현 (도종 지분)

경매사건검색

검색조건 법원 : 창원지방법원 | 사건번호 : 2008타경5635

인쇄 < 이전

사건내역

사건기본내역

사건번호	2008타경5635	사건명	공유물분할을 위한 부동산임의경매
접수일자	2008.02.26	개시결정일자	2008.02.27
담당계	경매4계 전화 : (055)239-2114(구내:2114)		
청구금액	0원	사건항고/정지여부	
종국결과	배당종결	종국일자	2008.09.23

※ 사건이 종국되고 30일 경과한 경우 기본사항만 확인이 가능합니다.

⊃ 해설 지분경매에만 공유자 우선매수신청이 되고, 지분경매가 아니라 공유물 분할청구소송에 의한 동 판결에 기한 경매에는 공유자 우선매수권은 인정되지 않는다. 본건처럼 등기부등본 등기목적에 "도종이 지분 임의경매개시결정" 등기원인에 "공유물분할을 위한 경매개시결정"으로 표시되어 약간의 혼동은 예상되나 판례에는 공유물 분할 판결에 기하여 공유물 전부를 경매에 부쳐 그 매득금을 분배하기 위한 경우이므로 공유자의 우선매수권은 인정하지 않는다.(대법원 1991. 2.15 91마 239결정)

24. 여주 2005-9840호 (신법사건으로 전 소유자의 가압류(일명, 할아버지 가압류)는 100% 배당하고 말소한다)

여주1계 2005-9840 / 강제 대지無 前가압

용 도	근린주택	감정기관	한국감정(2005.09.21)	채권자	원용
매각방법	일반	감정가	2,840,400원	채무자	이동
접수일자	2005/09/01	최저가	2,840,400원 (100.0%)	소유자	이동
유찰/진행	0회/1회	최종결과	낙찰 (낙찰일: 2006/03/03, 낙찰가:5,111,000(180%))		

소재지/특성면적		감정가외기타정보
경기 이천시 중리동 468-19(근린주택)		▸토지이용계획 ▸공시지가
준주거지역 수질보전특별대책구역 세면블록조, 슬래브(평) *건물만입찰 *미란다호텔서측도로월편위치 *상가지대 *간이연탄보일러난방 *도시계획시설도로접함	대지권 없음 건물내역: -사무실 16.74m²(전용:5.06평) -주택 12.96m²(전용:3.92평) 제시외 내역: 총 14.4m²(4.36평) -창고: 14.4m²(4.36평) 전체 총 1층	총감정평가: ₩2,840,400 · 건물감정: ₩2,732,400 · 제시외감정:₩108,000 보존등기일 : 1989/03/25

진행사항 ▸상세보기	임차내역	등기내역
낙찰 2006/03/03 (2,840,400원) 5,111,000 (낙찰율: 180%) 원용 (총입찰 5명) 낙찰허가(2006/03/10)	※ 중리동 사무소 관할 ♧ 배당요구종기일 : 2005/12/01	※ 건물등기(발급: 2005/09/13) 가압 1994/07/20 석송 소유이전 1994/07/30 전소유자:조영 압류 2003/08/02 근로복지공단/이천 강제 2005/09/06 원용 청구액 : 24,066,649원

⊃ 해설

전소유자의 가압류는 과거 구법사건(2002. 7. 1. 이전 사건)은 인수라고 하였으나, 신법사건(2002. 7. 1 이후 경매사건)은 배당하고 말소하는 것으로 변경되었다.

구분	가압류는 말소되지 않는다.	가압류는 말소된다.	가압류는 말소되나, 인수조건인 경우에는 말소되지 않는다.
이유	가압류의 처분금지의 효력이 미치는 범위에서 배당에 참가할 수 없다.	가압류 결정 당시의 청구금액을 한도로 배당하고 말소한다.	가압류인수를 전제로 하였는지 여부에 따라 가압류 소멸여부를 판단한다.
근거	대법원 1997. 8.26 선고 97다8410판결 ⇒	대법원 2006. 7.28 선고 2006다19986 판결 ⇒	대법원 2007.4.13 선고 2005다8682 판결

최근 2003.3.20 법원행정처 발행된 법원실무제요 민사집행편(Ⅳ권중) Ⅱ권 제389페이지에 의하면 "부동산에 다른 선순위의 부담이 없는 상태에서 가압류등기 후 소유권이 이전되어 현 소유자의 채권자가 경매신청을 하여 매각이 된 경우, (전자)전소유자에 대한 가압류는 말소되어야 하고 다만 그 가압류권자에 대한 배당액은 공탁되어야 한다는 견해와 (후자) 가압류권자는 배당에 가입할 수 없으므로 그 가압류등기는 말소할 수 없다는 견해가 대립되어 있는데 전자의 견해에 의하는 것이 타당하다"라고 기술되어 ⇒전소유자에 대한 가압류는 말소되어야 하고 다만 그 가압류권자에 대한 배당액은 공탁되어야 한다는 것이 실무예로 변경되었다. 인수조건인 공매 2004-06444-001호(경남 창녕군 물건)를 찾아보자.

25. 창원 2005-34106호(경매개시결정 전 등기부에 주택임차권등기 후 설혹 배당요구 하지 않았다 하더라도 순위배당한다)

창원4계 2005-34106 / 강제 先임차인

	용 도	단독주택	감정기관	새한감정(2005.09.29)	채권자	조순
	매각방법	일괄	감정가	129,422,265원	채무자	이강
	접수일자	2005/09/09	최저가	53,011,000원 (41.0%)	소유자	이강
	유찰/진행	4회/5회	최종결과	낙찰 (낙찰일: 2006/07/28, 낙찰가:63,880,000(49%))		

특이사항	**대항력 있는 임차인 있을수 있음 1.별지 임차인 점유부분을 제외한 나머지 부분 중 1층내 방2칸 부엌1칸은 현, "공실"(별첨 사진참조)이며 2층전부(방2칸 다락방1칸 거실 부엌)는 소유자가 점유사용하나 병원에 입원하여 현,장기부재 중인 것으로 탐문조사 됨
현황조사서내역	♣ 부동산현황 1. 현황 주택으로 이용중이며 종물 및 부합물 수 동 소재함. ♣ 임대차현황 1. 임차인 김정 는 소유자의 처제이며 별도의 임대차관계가 있다고 구술함. 2. 주소별 세대열람 내역서 상 소유자 및 임차인세대 외에 최준 ,김양 세대가 전입신고 되어 있으나 최준 는 임차인 김정 의 아들로서 별도의 임대차관계는 없고 김양 는 현, 거주하지 않는것으로 탐문조사 됨.

소재지/특성면적		감정가외기타정보
경남 창원시 소계동 (대지)		·토지이용계획 ·공시지가
※ 일괄소재지 공통정보 *제1종일반주거지역 *경상고등학교에서 남측으로 약200m거리에 위치 *일반주택가로서 주거환경은 보통 *차량통행이 불가능, 제반교통사정 보통 *부정형의 토지로 지면은 인접지와 대체로 등고평탄하며 지반의 견고도는 보통 *북측으로 폭 약 3미터의 진입로에 접함 *유류보일러 난방임	대지 143.20m²(43.32평)	총감정평가: ₩78,760,000 ·토지감정: ₩78,760,000 표준공시지가 : ₩350,000 감정지가 : ₩550,000
경남 창원시 소계동 (단독주택)		·토지이용계획 ·공시지가
시멘트벽돌조, 슬래브(평)	건물내역: -2층주택 -1층 82.105m²(전용:24.84평) -2층 68.28m²(전용:20.65평) 제시외 내역: 총 12.9m²(3.91평) -창고및화장실: 2.4m²(0.73평) -다용도실: 5m²(1.51평) -보일러실: 2m²(0.61평) -창고: 3.5m²(1.06평)	총감정평가: ₩50,662,265 ·건물감정: ₩49,938,265 ·제시외감정:₩724,000 보존등기일 : 1990/08/31

진행사항 ·상세보기	임차내역	등기내역
유찰 2006/03/09 (129,422,265) 유찰 2006/04/06 (103,538,000) 유찰 2006/05/02 (82,830,000) 유찰 2006/06/01 (66,264,000) 변경 2006/06/30 (53,011,000) 낙찰 2006/07/28 (53,011,000원) 63,880,000 (낙찰율: 49%) (총입찰 2명) 낙찰허가(2006/08/04)	※ 소계동 사무소 관할 전입 1999/11/22 1,000만 (월:20만) 김정 (1층내 우측편 방2칸) 점유 99.10월 ~ (현황조사서상) 전입 2002/03/18 2,100만 조순 (일부(1층바깥채약50평) ·확정 2002/03/18 (임차권 2004/07/02) ♧ 배당요구종기일 : 2005/12/09	※ 건물등기(발급: 2006/02/23) 소유이전 1996/07/22 매매,소유보존 가압 2004/03/26 1,200만 이은 가압 2004/04/22 2,050만 조순 임차권 2004/07/02 2,100만 조순 (전입:2002.3.18 확정:2002.3.18) 가압 2004/07/23 2,100만 이성 가압 2004/08/02 1,200만 최연 강제 2005/09/13 조순 청구액 : 20,500,000원

⊃ 해설 임차권등기는 등기부(을구)에 주택임차권(또는 상가임차권)으로 등기되며 비록 타처로 점유를 상실(또는 퇴거)하고 배당요구하지 않아도 경매전 등기된 경우에는 배당하여 준다. 단, 주택임차권 등기된 방이 비어 있어 제3자가 임차한 경우에는 제3자에게 소액보증금은 지급하지 않지만 순위배당에 해당되면 순위배당은 받을 수 있다. 주택임차권은 잔대금 납부 후 바로 말소촉탁되지 않고 4주 이내 배당기일에 배당표에 배당된 경우 경매계장이 말소촉탁 등기를 등기소에 보내 주어야 비로소 주택임차권 등기가 말소된다.(일부 배당시에는 변경등기)

⇒ [참고] 주택임대차보호법 제3조의3 (임차권등기명령)

제⑤항 임차인은 임차권등기명령의 집행에 따른 임차권등기를 마치면 대항력과 우선변제권을 취득하며. 임차인이 임차권등기 이전에 이미 대항력이나 우선변제권을 취득한 경우에는 그 대항력이나 우선변제권은 그대로 유지되며, 임차권등기 이후에는 대항요건을 상실하더라도(퇴거나 전출) 이미 취득한 대항력이나 우선변제권을 상실하지 아니한다.

제⑥항 임차권등기명령의 집행에 따른 임차권등기가 끝난 주택을 그 이후에 임차한 임차인은 보증금 중 일정액을 다른 담보물권자(담보물권자)보다 우선하여 변제받을 권리가 없으므로 그 방에 임차를 (중개)하여서는 안된다.

26. 창원 2006-18200 (등기되어 있는 주택임차권은 등기부에 등기된 일자가 아닌 당초 전입 및 확정일자를 따져 순위배당 되도록 임차 내역에 포함하여 배당표를 작성해야 한다)

창원5계 2005-11325 / 임의 先임차인

용 도	단독주택	감정기관	동아감정(2005.04.06)	채권자	중소기업은행
매각방법	일괄	감정가	198,810,400원	채무자	임종
접수일자	2005/03/19	최저가	101,790,000원 (51.2%)	소유자	임종
유찰/진행	3회/4회	최종결과	낙찰 (낙찰일: 2006/02/16, 낙찰가:101,809,000(51%))		

특이사항	**대항력있는임차인있을수있으나배당요구는하였음 *주민등록상 소유자 및 임차인세대 외에 김준명,조남철,길윤석세대 등재되어 있으며 소유자 임종자의 구술에 의하면 김준명,조남철세대는 2층(현황 전부 "공실"임) 내 임차인이었으나 임차보증금을 반환 받지 못한 채 이사갔으며 길윤석세대는 임차인 및 소유자에게 탐문해 보았으나 아는바가 없고 본건 내 거주자는 아닌것으로 조사됨
현황조사서내역	♣ 부동산현황 현황 주택(1,2층) 및 근린생활시설(지하)로 이용중이며 제시외건물 (ㄱ)조적조 슬라브지붕 지하층 주택 및 창고외 일부 종물 및 부합물 소재함. ♣ 임대차현황 1. 기호1 임차인 점유부분은 제시목록상 근린생활시설이나 현황 창고 및 방으로 이용중임. 2. 기호3 임차인은 점유부분 내 세간살이는 있으나 현, 거주는 하지 않고 있음. 3. 주민등록상 소유자 및 임차인세대 외에 김준명,조남철,길윤석세대 등재되어 있으며 소유자 임종자의 구술에 의하면 김준명,조남철세대는 2층(현황 전부 "공실"임) 내 임차인이었으나 임차보증금을 반환 받지 못한 채 이사갔으며 길윤석세대는 임차인 및 소유자에게 탐문해 보았으나 아는바가 없고 본건 내 거주자는 아닌것으로 조사됨.

소재지/특성면적		감정가외기타정보
경남 마산시 합성동 (단독주택)		·토지이용계획 ·공시지가
*제2종일반주거지역 ※ 일괄소재지 공통정보 *합성초등학교 북동측 인근에 위치 *주위는 단독주택 등으로 형성된 기존 주택지대로서 제반 주위환경 보통시됨 *차량출입은 가능하며 남동측 인근에 위치하는 시내버스 정류장 까지는 도보로 약3~4분 이내의 거리로서 제반 교통사정 보통시됨 *사다리형의 토지로서 지면은 인접지와 등고 평탄하며 건부지(주택)로 이용중임 *북서측으로 약 8m 내외의 포장도로와 접함 *유류보일러에 의한 난방설비 되어 있음	대지 200.50m²(60.65평)	표준공시지가 : ₩510,000 감정지가 : ₩610,000
경남 마산시 합성동 (단독주택)		·토지이용계획 ·공시지가
시멘트벽돌조, 슬래브(평)	건물내역: -2층주택및근린생활시설 -지하 39.15m²(전용:11.84평)(근린생활시설) -1층 101.16m²(전용:30.6평)(주택) -2층 81.48m²(전용:24.65평)(주택) -단층부속건물 1m²(전용:0.3평) 제시외 내역: 총 64.5m²(19.51평) -주택및창고: 55.4m²(16.76평) -다용도실: 5.4m²(1.63평) -다용도실: 3.7m²(1.12평)	총감정평가: ₩198,810,400 · 토지감정: ₩122,305,000 · 건물감정: ₩63,392,400 · 제시외감정:₩13,113,000 보존등기일 : 2001/02/07

진행사항 ·상세보기	임차내역	등기내역
변경 2005/09/21 (198,810,400) 유찰 2005/11/24 (198,810,400) 유찰 2005/12/27 (159,048,000) 유찰 2006/01/19 (127,238,000) 낙찰 2006/02/16 (101,790,000원) 101,809,000 (낙찰율: 51%) (총입찰 1명) 낙찰허가(2006/02/23)	※ 합성1동 사무소 관할 전입 1994/10/24 2,700만 김영 (1층 방2칸) · 확정 2003/09/29 · 배당신청요구 2005/05/02 점유 94.10.24 전입 2001/02/07 1,700만 (월:6만) 이정 (1층 방 2칸) · 배당신청요구 2005/07/29 점유 01.6.30 ~ 05.7.29 전입 2001/11/15 2,600만 김준 (2층 81.48평방미터 중) · 확정 2001/11/23 · 배당신청요구 2005/05/20 (임차권 2004/04/16) 점유 01.11.15 ~ 전입 2003/01/16 1,200만 조남 (2층 방1칸) · 확정 2003/01/16 · 배당신청요구 2005/05/18 (임차권 2004/06/28) 점유 02.4.28 ~ 전입 1,000만 김황 (반지하층 점포 및 방1) · 확정 2003/12/15 · 배당신청요구 2005/05/06 *2004.5.17.(재등록) *점유 02.10.15 *김황 : 주민등록상 등재되어있는 길윤 은 현황조사에 의하면 본건내의 거주자가 아닌것으로 조사됨 ♧ 배당요구종기일 : 2005/08/08	※ 건물등기(73-26번지, 발급: 2005/09/07) 소유이전 2001/06/27 임종 매매 저당 2002/09/19 8,400만 중소기업은행/안락동지점 저당 2003/03/31 3,000만 김현 가압 2003/07/23 346만 삼성카드 가압 2003/08/19 543만 경남은행/합성동지점 외 3건 임차권 2004/04/16 2,600만 김준 *전입일자:2001.11.15일 *확정일자:2004.03.05일 임차권 2004/06/28 1,200만 조남 *전입일자:2003.01.16일 *확정일자:2003.01.16일 임의 2005/03/30 중소기업은행 청구액 : 83,963,207원 저당 2005/05/03 5,000만 임종

⊃ 해설 주택임차권, 상가임차권 등은 등기내역에는 기록이 있는데 임차내역에 없다면 임차내역에 포함한 후 배당 계산해야 하고, 임차권등기명령신청 후 퇴거(도는 점유이탈)로 방이 비어 있으므로 그 방에 임차하면 소액보증금 배당 안되지만 높게 낙찰되어 순위배당(전입과 확정일자 있는 우선변제권)은 받을 수 있음. 부대비용과 총매입가액과 예상순위 배당표는 다음페이지 참조(인수임대차20백만원)

27. 창원 2006-14826호 (임차권등기는 전입일자와 확정일자를 잘 따져야 한다)

창원1계 2006-14826 / 임의 유치권 再경매

	용 도	근린주택	감정기관	나라감정(2006.05.26)	채권자	마창진축협
	매각방법	일괄	감정가	165,680,130원	채무자	김경○
	접수일자	2006/05/03	최저가	54,290,000원 (32.8%)	소유자	김경○
	유찰/진행	5회/7회	최종결과	낙찰 (낙찰일: 2007/06/05, 낙찰가:68,600,000(41%))		
특이사항	*유치권신고(김봉준,금25,000,000원,성립여부는 불분명)					
현황조사서내역	♣ 부동산현황 본건2.3 토지는 현2필 일단의 "대"로 이용중이며 위 지상 본건1.의 제시건물 (가)~(다)((다)부분은 "멸실"상태임)및 제시외건물 (ㄱ)블록조 슬라브지붕단층 화장실 (ㄴ)블록조 슬라브지붕단층 창고 (ㄷ)샷시조 샷시지붕2층평 보일러실 소재함.					

소재지/특성면적		감정가외기타정보
경남 마산시 덕동동 (근린주택)		·토지이용계획 ·공시지가
세면블록조, 슬래브(평) ※ 일괄소재지 공통정보 *도시계획시설 소로2류(국지도로)(저촉), 제1종지구단위계획구역, 토지거래허가구역 *덕동마을 내 위치 *차량접근 가능, 제반교통사정 보통 *기존주택지, 소규모 점포 및 농경지 등 혼재한 지역 *인접필지와 등고평탄한 2필 일단의 제형 토지 *북서측으로 노폭 약6m, 북동측 및 남서측으로 노폭 약3-4m 도로 접함 *유류보일러 난방	건물내역: -1층 67.51m²(전용:20.42평)(실:79.1m²) -2층 49.59m²(전용:15평) -단층창고 29.16m²(전용:8.82평)(현:식당및주택) -단층화장실 3m²(전용:0.91평)(멸실) 총 2층	총감정평가: ₩58,812,130 ·건물감정: ₩58,812,130 보존등기일 : 2001/02/10
경남 마산시 덕동동 (대지)		·토지이용계획 ·공시지가
1종일반주거지역 도시계획구역 *하천(저촉)	대지 44.00m²(13.31평)	총감정평가: ₩17,600,000 ·토지감정: ₩17,600,000 표준공시지가 : ₩300,000 감정지가 : ₩400,000
경남 마산시 덕동동 (대지)		·토지이용계획 ·공시지가
1종일반주거지역 도시계획구역 *하천(저촉)	대지 212.00m²(64.13평) 제시외 내역: 총 33m²(9.98평) -변소: 7.5m²(2.27평) -창고: 20.5m²(6.2평) -보일러실: 5m²(1.51평)	총감정평가: ₩89,268,000 ·토지감정: ₩84,800,000 ·제시외감정:₩4,468,000 표준공시지가 : ₩300,000 감정지가 : ₩400,000

진행사항 ·상세보기	임차내역	등기내역
유찰 2006/10/02 (165,680,130) 유찰 2006/11/02 (132,544,000) 유찰 2006/12/05 (106,035,000) 유찰 2007/01/05 (84,828,000) 낙찰 2007/03/07 (67,862,000원) 70,100,000 (낙찰율: 42%) 김말○ (총입찰 2명) 유찰 2007/05/04 (67,862,000) 낙찰 2007/06/05 (54,290,000원) 68,600,000 (낙찰율: 41%) 김옥○ (총입찰 1명) 낙찰허가(2007/06/12)	전입 2005/01/19 1,000만 강미○(1층방1칸) ·확정 2005/02/03 ·배당신청요구 2006/07/05 점유 01.11.6 ~ 03.11.5 *조사서상:보증금1000만/10만 전입 2005/01/21 1,500만 김봉○(2층전부) ·확정 2006/03/07 ·배당신청요구 2006/07/05 점유 04.12.13 ~ 06.12.12 전입 2006/04/20 1,000만 정진○(1층방1칸) ·확정 2006/04/20 ·배당신청요구 2006/07/05 점유 06.4.18 ~ 08.4.17 전입 임경○ (임차권 2004/05/11) *대항력있는 임차인 있을수 있음 ♧ 배당요구종기일 : 2006/07/06	※ 건물등기(발급: 2006/09/18) 저당 1996/02/08 6,500만 마산지구축협/봉암 소유이전 1999/10/08 매매 저당 2000/02/01 3,250만 마산상호신용금고 가압 2000/09/27 3,000만 이수○ 가압 2000/11/11 1,502만 하동군수협 가압 2001/04/18 929만 서울보증보험/창원 가압 2001/04/30 1억 건설공제조합/마산 임차권 2004/05/11 5,500만 임경○ (전입:1983.05.31 확정:기재 없음) 압류 2005/05/02 마산세무서장 임의 2006/05/10 마창진축협 청구액 : 47,277,769원

⊃ 해설 선순위 대항력있는 임차인인지, 우선변제권 있는 임차인인지, 최우선변제권있는 임차인인지 여부를 확인하여야 하며, 본건은 .임경○ 임차인이 1983. 5.31 전입으로 1번 말소기준권리인 설정(1996.2. 8 마산지구축협)보다 앞서 낙찰자는 낙찰가에 5,500만원 인수임대차(추가부담)으로 판단하고 응찰하여야 한다.

28. **창원 2006-35342호** (전입과 확정이 빠른 확정일자부 임차인이 경매신청한 후 계속 유찰되자 매수신청하여 낙찰받은 사례)

창원9계 2006-35342 / 강제 再경매 先임차인

용도	아파트	감정기관	태평양감정(2006.11.14)	채권자	고은
매각방법	일반	감정가	105,000,000원	채무자	최호
접수일자	2006/10/26	최저가	43,008,000원 (41.0%)	소유자	최호
유찰/진행	4회/6회	최종결과	낙찰 (낙찰일: 2007/10/31, 낙찰가:53,000,000(50%))		

현황조사서내역	♣ 부동산현황 아파트(방3칸 거실 부엌)"공실"상태임(별지첨부 사진참조바람).

소재지/특성면적		감정가외기타정보
경남 마산시 장군동 (아파트)		·토지이용계획 ·공시지가 ·기준시가
2종일반주거지역 철근콘크리트조, 철근콘크리트 *☆1개동 14세대 *마산시청 남서측 인근에 위치 *일반주택 및 소규모점포 등 형성 *차량출입 가능, 대중교통사정 보통 *가스보일러 난방	대지 482.1(36,318/482,100)m²(10.99평) 건물내역: -건물 72.69m²(전용:21.99평, 28평형) 총 8층 중 4층	총감정평가: ₩105,000,000 ·토지감정: ₩42,000,000 ·건물감정: ₩63,000,000 보존등기일 : 2004/03/26

진행사항 ·상세보기	임차내역	등기내역
유찰 2007/03/29 (105,000,000) 유찰 2007/04/30 (84,000,000) 유찰 2007/05/30 (67,200,000) 유찰 2007/06/28 (53,760,000) 낙찰 2007/07/26 (43,008,000원) 45,120,000 (낙찰율: 43%) 오영 (총입찰 2명) 낙찰 2007/10/31 (43,008,000원) 53,000,000 (낙찰율: 50%) 고은 (총입찰 1명) 낙찰허가(2007/11/07)	전입 2004/10/22 8,000만 고은 (전부) · 확정 2004/11/01 · 배당신청요구 2007/01/04 (임차권 2006/08/24) 점유 04.10.22 *대항력있는 임차인있음 (본건신청채권자가대항력있는임차인임) ♧ 배당요구종기일 : 2007/01/09	※ 집합건물등기(발급: 2007/03/13) 소유보존 2004/03/26 가압 2005/12/06 1,973만 박부 가압 2005/12/30 4,290만 합자회사대일방재산업 가압 2006/02/24 10억 정리금융공사 임차권 2006/08/24 8,000만 고은 (전입:2004.10.22 확정:2004.11.01) 강제 2006/11/01 고은 청구액 : 80,000,000원

자동분석정보 (※ 반드시 [권리분석] 에서 임차인 정보를 확인/수정 하세요)

낙찰통계	마산시(용도:아파트) 최근1년 평균 낙찰가율 79.7% 낙찰율(건수기준) 68.0%
말소기준권리	말소 기준권리는 박부웅 의 가압류(2005.12.06)입니다.
선순위전입	고은자(전입:2004.10.22)
인수금액	낙찰자가 인수할 금액은 28,803,060원 입니다.
주의사항	▶ 선순위 전입자는 인수/배당관계에 밀접한 관련이 있으니 반드시 입찰당일에 경매물건목록를 확인하여 배당신청여부/청구액를 확인하시기 바랍니다. ▶ 전소유자와 현소유자의 등기/임차내역이 있으며, 현소유자의 채권자가 경매를 신청했습니다.

⊃ 해설 최초전입자 고은○(전입 2004.10.22, 확정 2004.11. 1)는 퇴거는 해야 되는 데 전세보증금 반환 못받자 주택임차권등기명령신청 후 2006.8.24일 주택임차권 을구에 등기후(전입일자 2004.10.22, 확정일자 2004.11.1) 타처로 점유 이탈(전출) 하였고 2006.11. 1 임차인이 강제경매 신청하여 2007.7.26 오영○ 응찰 후 45백만원에 낙찰 하였으나 잔대금 미납으로 재매각되었다(잔대금 납부시 35백만원 낙찰자의 인수임대차로 100% 보증금 회수됨). 경매신청채권자이며 확정일자부 임차인인 고은○ 임차인이 53백만원에 매수한 아파트로 보증금 80백만원 합하면 133백만원에 낙찰받아 1차 감정가 105백만원 아파트와 바꾼 사례로 채권자 상계신청은 매수신청 후 7일 이내 신청하여야 상계신청을 받아준다.
본건은 경매비용 정도만 준비하여 "대금지급기한 및 배당기일통지서" 일자에 오전 10시 납부 후 오후 2시 배당시 배당이의 없으면 모든 게 종결된다. 2007.12.21 배당종결된 사건

29. **북부 2005－38690호** (경매 이후 등기부에 주택임차권등기 하였더라도 배당요구종기일 이내 배당요구하지 않았다면 무배당된다)

북부4계 2005-38690 상세정보

경매구분	임의(기간)	채권자	국민은행	경매일시	종결물건
용도	다세대	채무/소유자	박상	다음예정	종결(종결)
감정가	70,000,000	청구액	25,971,065	경매개시일	05.12.02
최저가	44,800,000 (64%)	토지총면적	19.75 m² (5.97평)	배당종기일	06.03.28
입찰보증금	종결(종결)	건물총면적	39.43 m² (11.93평)	조회수	금일1 공고후5 누적226

- ■ 물건사진 1
- ■ 지번·위치 2
- ■ 구조도 1

우편번호및주소/감정서	물건번호/면 적 (m²)	감정가/최저가/과정	임차조사	등기권리
130-100 서울 동대문구 장안동 ●감정평가서정리 - 철근콘크리트조슬래브(평) - 장안삼거리북동측인근 - 단독및다세대혼재 - 차량출입용이 - 버스및마을버스정류장인근 - 사각형등고평탄지 - 도시가스보일러개별난방 - 도시계획시설도로접합 - 2종일반주거지역 05.12.30 캐피탈감정	물건번호: 단독물건 대지 19.75/159.8 (5.97평) 건물 39.43 (11.93평) 방3 3층-86.7.14보존	감정가 70,000,000 대지 28,000,000 (40%) 건물 42,000,000 (60%) 최저가 44,800,000 (64.0%) ●경매진행과정 70,000,000 유찰 2006-06-27 20%↓ 56,000,000 유찰 2006-08-01 20%↓ 44,800,000 낙찰 2006-09-05 61,555,500 (87.9%) -응찰수:8명 -낙찰자:이성 종결 2006-11-14	●지지옥션세대조사 전입세대없음 동사무소확인:06.06.08	소유권 박성 1994.09.05 저당권 국민은행 장안 1999.09.27 30,000,000 가등기 조현 2005.05.24 소유이전청구가등 가압류 우리은행 여신관리센터 2005.09.28 4,930,260 임 의 국민은행 경매소송관리 2005.12.07 *청구액:25,971,065원 임차권 김명 2006.01.10 53,000,000 전입:2003.09.01 확정:2003.09.01 등기부채권총액 87,930,260원 열람일자 : 2006.05.26

⊃ 해설

경매 이후 등기부에 주택임차권(또는 상가건물임차권) 등기시 배당요구종기일 이내 배당요구하여야 한다. 경매개시결정 이후 이사할 때에는 주택임차권 등기 후 전출하더라도 배당요구종기일 이내 권리신고 및 배당요구하여야 하며, 등기한날 기준이 아닌 본인의 주민등록전입과 확정일자에 다른 순위배당을 받는다.

30. **창원 2005-6590호** (법정지상권 성립하는 건물 소재시 대출이 어려워 100% 자기자금을 준비해야 한다. 지료 청구는 가능하지만 오랜 시간이 소요된다)

창원3계 2005-6590 / 임의 법정지상

용도	답	감정기관	제일감정(2005.06.22)	채권자	새마산(새)
매각방법	일괄	감정가	136,024,000원	채무자	김영
접수일자	2005/02/28	최저가	55,715,000원 (41.0%)	소유자	김영
유찰/진행	4회/5회	최종결과	낙찰 (낙찰일: 2006/02/23, 낙찰가:63,000,000(46%))		

현황조사서내역

♣ 부동산현황

본건1,2.제시목록상"답"이나 현 일단의 "건부지"로 이용중이며 위지상 제시외건물 (ㄱ)조적조 슬래브 지붕 2층 근린생활시설 및 주택(방2칸,부엌)및 부합물 소재함.

♣ 임대차현황

위 내용은 1층 "대한상회"에 대한 임대차의 진술을 회피하여 가게 내부에 비치된 사업자등록증사본에 의한 조사임.

소재지/특성면적		감정가외기타정보
경남 함안군 가야읍 말산리 (답)		▸토지이용계획 ▸공시지가
일반상업지역 ※ 일괄소재지 공통정보 *가야시장내에 위치하는 토지로서, 주위는 시장및 기존주택 등이 혼재하며, 제반 주위환경은 보통시됨 *인근까지 차량출입 가능하며, 제반 교통사정은 보통시됨 *공히 장방형의 토지로서, 지면은 인근지와 대체로 평탄하며, 지반은 보통시되고, 주상용 건부지로 이용중임 *지적도상 맹지이나, 서측으로 진입도로와 접함 *도시계획구역(시장)	답 173.00㎡(52.33평) :(현황:대지)	감정지가 : ₩560,000
경남 함안군 가야읍 말산리 (답)		▸토지이용계획 ▸공시지가
일반상업지역	답 174.00㎡(52.64평) :(현황:대지) 매각제외 내역: 건물(339.8㎡) 소재 =법정지상권성립여부불명	감정지가 : ₩560,000

진행사항 ▸상세보기	임차내역	등기내역
유찰 2005/10/19 (136,024,000) 유찰 2005/11/30 (108,819,000) 유찰 2005/12/20 (87,055,000) 유찰 2006/01/20 (69,644,000) 낙찰 2006/02/23 (55,715,000원) 63,000,000 (낙찰율: 46%) (총입찰 2명) 낙찰허가(2006/03/02)	※ 가야읍사무소 관할 전입 박진 (본건1,2 지상 제시외) (현황조사서상) ♧ 배당요구종기일 : 2005/08/31	※ 토지등기(466-25번지, 발급: 2005/10/05) 소유이전 2001/11/29 김영 낙찰 저당 2002/11/08 2억6,000만 새마산(새) 지상권 2002/11/13 새마산(새)/30년 강제 2004/10/13 이수 임의 2005/03/03 새마산(새) 청구액 : 200,000,000원

➲ 해설

본건은 법정지상권이 성립하는 건물(철거를 하라고 할 수 없는 건물)로 토지만 경매시 낙찰받았으나 대출이 되지 않아 자기자금으로 모두 충족하여야 하고 지료 청구 소송중이나 상당한 시간과 노력이 필요하다.

31. 창원 2006-13014호 (구 건물 멸실 후 신축건물에 법정지상권 성립하지 않는다)

창원8계 2006-13014 / 강제 법정지상

용 도	대지	감정기관	프라임감정(2006.07.13)	채권자	정영
매각방법	일반	감정가	36,400,000원	채무자	천일
접수일자	2006/04/18	최저가	23,296,000원 (64.0%)	소유자	천일
유찰/진행	3회/3회	최종결과	취하 (물건매각일: 2007/11/16)		

현황조사서내역	
	♣ 부동산현황 본건1.토지는 현"대"로 이용중이며 위 지상 본건2.의 제시건물(가)((제시건물(가) 부분은 현"멸실")및 제시외건물 (ㄱ)블록조 스레트 및 슬라브지붕2층 주택소재함. ♣ 임대차현황 현황 및 점유관계조사를 위해 수차례 방문하여 부동산 경매사건의 안내문게시 및 소유자와 전화조사를 실시 한결과 소유자 가족외 임차인 한세대가 거주하는것 으로 조사되나 임차인의 성명은 밝히기를 거부함. *위 조사된 임대차관계는 소유자의 구술에 의한 내용으로 조사보고하며 전입세대 열람 내역서상 소유자 가족외 등재자 없음*

소재지/특성면적		감정가외기타정보
경남 마산시 상남동 대지)		·토지이용계획 ·공시지가
2종일반주거지역 도시계획구역 *제시외 건물로 인해 영향받은 토지가액임 *주위는 동류형의 단독주택등 혼재 *차량출입 불가능 *도보로 약5분거리 노선버스정류장 위치, 제반 교통사정 보통 *자체지반 대체로 평탄한 부정형 토지 *지적도상 맹지,남측으로 세로와 접함	대지 104.00㎡(31.46평) 매각제외 내역: 제시외 주택104.9 소재 (감정가:38,393,400원) =법정지상권불명	총감정평가: ₩36,400,000 · 토지감정: ₩36,400,000 표준공시지가 : ₩440,000 감정지가 : ₩500,000

진행사항 ·상세보기	임차내역	등기내역
유찰 2007/08/16 (36,400,000) 유찰 2007/09/13 (29,120,000) 유찰 2007/10/18 (23,296,000) 변경 2007/11/15 (18,637,000) 취하 2007/11/16 (23,296,000)	※ 상남1동 사무소 관할 (조사된 임차내역 없음) ♧ 배당요구종기일 : 2006/07/15	※ 토지등기(발급: 2007/07/26) 소유이전 1987/02/05 경락,전소유자:권삼 저당 1990/10/12 4,500만 마산시농협 가처분 1996/12/06 조부 압류 1997/10/17 1,900만 서순 천일 지분 가압 1997/11/10 1,200만 박옥 가압 1998/03/05 1,270만 대한보증보험/마산 압류 1998/08/21 마산시의료보험조합 가압 1998/09/15 750만 한국보증보험/마산 가압 2003/04/04 2,000만 정영 강제 2006/04/21 정영 청구액 : 7,522,042원 가압 2006/09/21 210만 현대캐피탈/마산채권센터

⊃ 해설

대법원 판례 변경(동일인 소유의 토지와 그 지상건물에 대하여 공동저당권을 설정한 후 건물을 철거하고 그 토지상에 새로이 건물을 축조 한 경우 법정지상권 성립안 함). 대법원 종전입장은 법정지상권 인정하였으나 대법원의 현재 입장은 법정지상권 부인함.(대법원 2003.12.18 선고 98다43601 판결)
본건은 당초 토지와 공동담보제공한 1층(43.24㎡)이 멸실되고, 2층(104.9㎡)이 축조된 경우로 법정지상권이 성립하지 않아 철거해야 될 물건이다(감정평가서 가와(ㄱ) 참조).

32. 부산 2004-40015(2)호 (유치권신고 2건 있어 경매잔금대출 어렵다. 실제 유치권신고액에서 유치권 소가는 전체건물면적에서 점유부분면적 비율에 따르므로 유치권확인의 소에서 유치권신고자가 승소하더라도 1/50점유하고 있어 그 실효성 의문시 됨)

부산12계 2004-40015(2) / 임의 유치권

해당사진있음 	용 도	목욕시설(찜질방)	감정기관	중앙감정(2004.09.15)	채권자	농협중앙회 부산지점
	매각방법	개별	감정가	2,828,400,000원	채무자	(주) 씨엔씨
	접수일자	2004/07/14	최저가	926,810,000원 (32.8%)	소유자	(주) 씨엔씨
	유찰/진행	5회/6회	최종결과	낙찰 (낙찰일: 2005/11/24, 낙찰가:1,043,000,000(37%))		
경합사건	2005-12437(중복)					
특이사항	*등기부상 분리되어 있으나 현황은 일체로 사용되고 있음					
물건번호	1 2					
재건축 정보	암남-재개발-①(재개발 인근), 암남-재개발-2(재개발 인근)					

소재지/특성면적		감정가외기타정보
2)부산 서구 암남동 (목욕시설)		·토지이용계획 ·공시지가
철근철골콘크리트조, 슬래브(평) ※ 일괄소재지 공통정보 *676.28평형 - *등기부상 분리되어 있으나 현황은 일체로 사용되고 있음 *4층 402호, 403호, 404호의 경우일반건축물대장상 2004년 4월 19일 402호로합병되었으며, 현황 4층 전체는 찜질방으로 사용 -- <물건1~2공히> *송도초등학교 남동측 인근에 위치 *주위는 중.소규모 점포, 상가 및 공동주택 등으로 형성되어 있는 지역이며,남동측으로 송도해수욕장이 위치하는 지역으로서, 주위환경 보통 *차량접근 가능하며, 시내버스정류장인근에 소재하여 제반 교통사정 보통 *인접지와 등고평탄한 5필일단의 부정형의 토지 *서측으로 약 13미터 폭의 포장도로와 접함	대지 19.13/2,716.00m²(5.79평) 건물내역: -건물 111.97m²(전용:33.87평) 총 19층 중 4층	
2)부산 서구 암 403호(목욕시설)		·토지이용계획 ·공시지가
철근철골콘크리트조, 슬래브(평)	대지 29.24/2,716.00m²(8.85평) 건물내역: -건물 171.15m²(전용:51.77평) 총 19층 중 4층	
2)부산 서구 암 404호(목욕시설)		·토지이용계획 ·공시지가
철근철골콘크리트조, 슬래브(평) **2004.10.27. 이길호,이하섭,임정애,김승민,송경섭,박윤배,나경원,이정호, (주)탑시스템,소원건설(주),표용완,전충권,(주)보스텍,(주)휴먼에이텍, (주)이쏘드,김춘화,김용윤,신애희,정은주,배민효,신영식,화인테크(주), (주)광개토,조현무,이갑식,고종열,윤현숙의 유치권신고(공사대금 합계금 500,536,355원)있음. *2005.5.19.장원 의 유치권신고(공사대금*2,590,285,188원)가 있고,2005.5. 26. 첨부 *경매신청채권자이길 외 26의 대리인 변호사 박원 이 이 사건 부동산 전체에 대한 유치권배제신청이있고, 2005. 7.14. 채권자 농업협동조합중앙회이이 사건 부동산에대한 유치권배제신청이 있음 *402호~404호가 합병되어 402호임.(송원씨엔씨에서 임대계약한 각 코너 영업장 부분은 제외) *위 임차인들에 의하면 찜질방(2)부분 스포츠마사지는 황현정이 임차인 이라고 하나 서류제출하지 않아 조사불능임. *임차인 강미주는 PC방 업주겸 임차인 박승화와 임대차계약을 맺은 전차인임. *관할세무서에 사업자등록사항등의현황서 확인한바 신청외 조영호 외 12명이 확정일자 등록하였음.	대지 213.82/2,716.00m²(64.68평) 건물내역: -건물 1251.505m²(전용:378.58평) 총 19층 중 4층	총감정평가: ₩2,828,400,000 · 토지감정: ₩848,520,000 · 건물감정: ₩1,979,880,000

진행사항 ·상세보기	임차내역	등기내역
유찰 2005/06/02 (2,828,400,000) 유찰 2005/07/07 (2,262,720,000) 유찰 2005/08/11 (1,810,176,000) 유찰 2005/09/15 (1,448,141,000) 유찰 2005/10/20 (1,158,513,000) 낙찰 2005/11/24 (926,810,000원) 1,043,000,000 (낙찰율: 37%) (총입찰 2명) 낙찰허가(2005/12/01)	※ 암남동 사무소 관할 사업자등록 2004/05/24 1,500만 임기 (4층 일부(남탕내 이발) · 확정 2004/05/24 · 배당신청요구 2004/09/10 점유 04.6.4 ~ 사업자등록 2004/06/29 70,000만 정수 (찜질방 부분) 점유 04.5.18 ~ (현황조사서상) 사업자등록 2004/06/30 8,000만 (월:50만) 조웅 (4층 일부(남탕세신실)) · 배당신청요구 2004/09/10 점유 04.3.1 ~	※ 건물등기(354-1번지 402호) 저당 2001/11/22 402호 저당 2002/09/27 403호,404호 *청구액 : 1,734,250,145원 ·대표등기보기

⊃ 해설 유치권은 점유하면서 주장하여야 하고(점유를 하더라도 부분 점유는 유치권소송에서 소가가 점유비 비율만큼 축소됨. 실제 유치권 5억 인정하더라도 건물 1/50 만 점유중이라면 10백만원 유치권 인정된다.

33. **부산 2006-29555호**(유치권신고 3건 있어 경매잔금대출 쉽지 않고, 유치권성립하지 않는 경우가 많다)

부산10계 2006-29555 / 임의 유치권

용 도	숙박시설	감정기관	미래감정(2006.07.24)	채권자	우리은행 여신관리센터
매각방법	일괄	감정가	1,340,050,800원	채무자	유종
접수일자	2006/06/23	최저가	686,106,000원 (51.2%)	소유자	유종
유찰/진행	3회/4회	최종결과	낙찰 (낙찰일: 2007/02/28, 낙찰가: 752,999,000(56%))		

사건/항고내역	ㅇ 관련사건내역 관련법원: 부산지방법원 / 관련사건번호: 2007타기1928 / 관련사건구분: 인도명령
특이사항	**유치권신고((주)서라벌건설,2006.7.21.자,신고금액-523,000,000원)
현황조사서내역	♣ 부동산현황 *본건 옥상부분에 한층이 증축되어 있으나 정확한 면적은 알 수 없으며 마찬가지로 모텔로 사용함. ♣ 임대차현황 *상기 임차인 박 은 임대차계약은 빅 이름으로, 사업자등록 및 관할세무서 등록사항등의현황서에는 장숙 (박 의 처)로 되어있음. *관할동사무소 및 세무서에 발급한 전입세대열람내역서 및 등록사항등의현황서 확인한바 박 (2004.2.27.자전입), 장숙 (빅토리아모텔)가 등록되어 있었음. *모텔부분의 임차내용은 임대차계약서상 임차보증금과 등록사항등의현황서상 임차보증금이 상이함.(임대차계약서상 임차보증금:200,000,000원 등록사항등의현황서상 임차보증금 100,000,000원, 월3,500,000원)
재건축 정보 N	엄궁-재개발-1(재개발 인근)

소재지/특성면적		감정가외기타정보
부산 사상구 엄궁동 (대지)		·토지이용계획 ·공시지가
★ **보증금 : 20%** 2종일반주거지역 ※ 일괄소재지 공통정보 #재매각 *남태평양호텔 북동측 인근 위치 *주위는 노변을 따라 각종 근린생활 시설등으로 형성,제반주위환경 보통 *차량접근 가능,대중교통사정 보통 *시내버스정류장 인근 소재 *자체지반 대체로 평탄,장방형 유사한 토지,남동측으로 상향석축 구축 *북서측 광대로와 등고한 상태 *북서측으로 왕복6차선 낙동로변에 접함 *심야전기보일러난방설비	대지 351.00m²(106.18평)	총감정평가: ₩737,100,000 · 토지감정: ₩737,100,000 표준공시지가 : ₩1,850,000 감정지가 : ₩2,100,000
부산 사상구 엄궁동 (숙박시설)		·토지이용계획 ·공시지가
2종일반주거지역 철근콘크리트조, 슬래브(평) *공부상은 4층 건물이나 실제현황은 5층으로 무단증축한 형태임	건물내역: -1층/근린생활시설 85.8m²(전용:25.95평) -1층/숙박시설 110.99m²(전용:33.57평) -2층/숙박시설 195m²(전용:58.99평) -3층/숙박시설 195m²(전용:58.99평) -4층/숙박시설 195m²(전용:58.99평) -지하/보일러실 17.69m²(전용:5.35평) -지하/근린생활시설 137.01m²(전용:41.45평) 제시외 내역: 총 117.9m²(35.66평) -숙박시설: 109.1m²(33평) -보일러실: 8.8m²(2.66평) 총 4층	총감정평가: ₩602,950,800 · 건물감정: ₩532,422,800 · 제시외감정: ₩70,528,000 보존등기일 : 1988/09/14

진행사항 ·상세보기	임차내역	등기내역
유찰 2006/11/16 (1,340,050,800) 유찰 2006/12/21 (1,072,041,000) 유찰 2007/01/25 (857,633,000) 낙찰 2007/02/28 (686,106,000원) 752,999,000 (낙찰율: 56%) 윤 (응입찰 2명) 낙찰허가(2007/03/07) 대납 2007/04/27 (686,106,000)	※ 엄궁동 사무소 관할 전입 2003/10/17 2,000만 (월:85만) 이순 (일부 지하층) · 확정 2003/12/30 · 배당신청요구 2006/07/20 점유 03.12.30 ~ 2년 전입 2005/07/01 20,000만 (월:800만) 박 (일부1층부터5층까지) · 확정 2004/02/20 · 배당신청요구 2006/07/20 (전세권 2004/03/19) 점유 04.1.12 ~ 2년 전입 2006/08/21 500만 (월:15만) 임문 (5층 501호) · 확정 2006/08/21 · 배당신청요구 2006/09/28 점유 06.8.21 ~ 2년 ♧ 배당요구종기일 : 2006/09/28	※ 건물등기(발급: 2006/08/23) 저당 2002/08/26 10억7,250만 우리은행/용호동 저당 2003/04/09 3억6,750만 우리은행/용호동 소유이전 2003/12/29 매매,전소유자:유선자 전세권 2004/03/19 2억 박 -존속기간:2006.2.10. 압류 2006/02/09 부산광역시/동구청 저당 2006/03/06 2억5,000만 유희 가압 2006/04/21 643만 엘지카드/부산 가압 2006/04/26 4,694만 현대캐피탈/부산중앙채권센터 가압 2006/05/24 5,228만 삼성카드/부산콜렉션지점할부에스지 임의 2006/06/28 우리은행/여신관리센터 청구액 : 1,165,484,595원

⊃ 해설 소유자는 자기건물에 유치권을 주장 할 수 없으며, 임차인의 시설비, 리모델링비용 등은 오히려 원상회복의무 있어 유치권 부존재함.

34. 통영 2006-13096호 ("토지만에 관하여 별도등기 있음"은 경매된 옆 호수의 등기부 대지권 살펴야)

통영3계 2006-13096 / 임의 토지별도

용 도	아파트	감정기관	미래새한감정(2006.11.30)	채권자	국민은행 창원여시관리센터
매각방법	일반	감정가	40,000,000원	채무자	김미
접수일자	2006/11/20	최저가	32,000,000원 (80.0%)	소유자	김미
유찰/진행	1회/2회	최종결과	낙찰 (낙찰일: 2007/05/29, 낙찰가:36,011,000(90%))		

사건/항고내역

◎ 관련사건내역

관련법원	관련사건번호	관련사건구분
창원지방법원 통영지원	2007타기350	인도명령

부동산규제 : ▪ 토지투기지역(2006/09/29 지정)

소재지/특성면적		감정가외기타정보
경남 거제시 하청면 하청리 (아파트)		▸토지이용계획 ▸공시지가 ▸기준시가
철근콘크리트조, 슬래브(평) *☆총1개동38세대 *하청초등학교 북동측 근거리에 위치 *아파트, 주택 및 농경지가 혼재 *차량진입 가능, 제반교통사정 보통 *유류보일러난방	대지 2,259(55.876/2,259)m²(16.90평) 건물내역: -건물 59.57m²(전용:18.02평, 20평형) 총 6층 중 1층	총감정평가: ₩40,000,000 · 토지감정: ₩16,000,000 · 건물감정: ₩24,000,000 보존등기일 : 1997/05/09

진행사항 ▸상세보기	임차내역	등기내역
유찰 2007/04/24 (40,000,000) 낙찰 2007/05/29 (32,000,000원) 36,011,000 (낙찰율: 90%) 차옥 (총입찰 3명) 낙찰허가(2007/06/05)	※ 하청면사무소 관할 전입 2005/06/04 2,500만 김태 (전부) · 확정 2005/06/04 · 배당신청요구 2007/01/02 점유 05.5.6 ~ 07.5.6 ♧ 배당요구종기일 : 2007/03/06	※ 집합건물등기(발급: 2007/04/04) 저당 1997/05/09 5억4,600만 국민은행/거제 (구: 주택은행) 저당 1997/07/31 1,560만 국민은행/고 소유이전 2003/07/18 매매,전소유자:정순근 전세권 2005/06/21 2,500만 김태 -존속기간:2007.05.06 임의 2006/11/24 국민은행/창원여시관리센터 청구액 : 15,600,000원 ** 토지별도등기있음 (-열람바랍니다)

⊃ 해설

107호 집합건물 등기부에 대지권의 목적인 【표제부】(대지권의 표시) 등기원인 및 기타사항란에 "토지만에 관하여 별도등기 있음" 으로 표시되어 있어 동소 하청리 478번지 토지 등기부를 발급하여 보면 1순위 설정(1996년 7월22일 채권최고액 546백만원 주택은행)이 되어 있다(또, 을구 순위번호 1-16(2007. 7. 5)에 1번 근저당권 변경되어 있고(과거 302호, 402호도 지분 포기한 바 있음) 본건 경매 107호 지분(2259분의 55.876) 도 근저당권자인 주택은행이 경매신청채권자(주택은행→현 국민은행)로 토지부분에 배당 받을 수 있음을 알 수 있어 본건 토지별도등기는 매수인과는 무관한 것을 알 수 있다).

⇒ 토지 근저당권자(국민은행)가 채권계산서 제출하고 매각대금 배당 받고 대지권 일부 포기 (토지매각대금 수령 시 토지별도등기 말소 확약서 제출)

35. **창원 2006-43220호**("토지 별도등기 있음"은 토지 지번 등기부, 폐쇄등기부, 권리신고 등 모두 살펴야)

창원5계 2006-43220 / 임의 토지별도 소유가등

	용 도	아파트	감정기관	태평양감정(2007.01.22)	채권자	삼성생명보험 부산채권관리센터
	매각방법	일반	감정가	80,000,000원	채무자	이상
	접수일자	2006/12/29	최저가	80,000,000원 (100.0%)	소유자	이상
	유찰/진행	0회/1회	최종결과	낙찰 (낙찰일: 2007/05/22, 낙찰가:88,880,000(111%))		
현황조사서내역	♣ 부동산현황 본건1. 현황 아파트(방3칸 거실겸부엌).					

소재지/특성면적		감정가외기타정보
경남 창원시 도계동 (아파트)		·토지이용계획 ·공시지가 ·기준시가
1종일반주거지역 철근콘크리트조, 슬래브(평) *도계초교 북측 근거리 위치 *아파트, 빌라, 일반주택 등 형성지역 *차량 접근 가능, 대중교통 사정 보통 *가스보일러 난방	대지 2,284.2(154,218/9,709,000)m²(10.98평) 건물내역: -건물 84.885m²(전용:25.68평, 31평형) 총 8층 중 6층	총감정평가: ₩80,000,000 · 토지감정: ₩32,000,000 · 건물감정: ₩48,000,000 보존등기일 : 1992/02/18

진행사항 ·상세보기	임차내역	등기내역
낙찰 2007/05/22 (80,000,000원) 88,880,000 (낙찰율: 111%) 김현 (총입찰 9명) 낙찰허가(2007/05/29) 대납 2007/07/24 (80,000,000)	※ 도계동 사무소 관할 채무자(소유자)점유 조사된 임차내역 없음 ♧ 배당요구종기일 : 2007/03/13	※ 집합건물등기(발급: 2007/04/02) 소유보존 1992/02/18 저당 2000/07/04 5,200만 삼성생명보험/부산 저당 2001/12/31 650만 신한은행/창원 압류 2003/07/09 근로복지공단/양산 소유가등 2003/10/15 박래 압류 2004/05/13 창원세무서 가압 2005/03/21 1억4,700만 신용보증기금/창원 압류 2005/03/25 창원시 압류 2006/01/13 근로복지공단/창원 압류 2006/02/13 국민연금관리공단/창원 가압 2006/04/07 1,014만 국민은행/창원여신관리센터 압류 2006/06/19 국민건강보험공단/창원 임의 2007/01/02 삼성생명보험/부산채권관리센터 청구액 : 52,000,000원 ** 토지별도등기있음 (-열람바랍니다,토지에 대한 별도등기 있으나 가등기권자가 채권계산서를 제출했음)

자동분석정보 (※ 반드시 [권리분석] 에서 임차인 정보를 확인/수정 하세요)

낙찰통계	창원시(용도:아파트) 최근1년 평균 낙찰가율 89.1% 낙찰율(건수기준) 68.3%
말소기준권리	말소 기준권리는 삼성생명보험 부산 의 저당권(2000.07.04)입니다.
선순위전입	선순위 전입인이 없습니다.
인수금액	낙찰자가 인수할 금액이 없습니다.
주의사항	▶ 본 물건은 토지별도등기가 있습니다. 이 경우 특별매각조건으로 토지에 대한 저당권을 낙찰자가 인수하도록하여 토지위의 저당권은 말소되지 않고 낙찰자가 인수하여야 합니다. 최근엔 토지저당에 대한 인수조건을 붙이는 대신 토지의 저당권자도 채권신고를 하게 하고, 해당 대지권비율만큼 배당을 해주고 말소 시키는 경우도 있으니 반드시 확인 후 응찰하시기 바랍니다. 응찰하시기 전에 등기부초본을 열람하여 저당채권의 존부,원인,수액등을 반드시 확인하세요 ▶ 가처분, 보전가등기, 예고등기는 낙찰자의 소유권을 상실할 수 있기 때문에 응찰에 주의를 요 합니다.

⊃ 해설 토지에 대한 별도등기 있으나 토지에 가등기권자가 집행법원에 채권계산서 제출 후 권리신고 및 배당요구 신청한 담보가등기로 배당받고 말소되므로 낙찰자와는 무관하다.

2. 섬 경매물건(4건)

매일경제 2007년 2월 23일 금요일

호기심인가…섬 경매 인기

'대박의 꿈일까, 호기심 때문일까.' 경매로 나오는 물건 중 섬에 대한 관심이 끊이지 않고 있다.

상당수 섬 물건은 무인도로 투자가치가 없음에도 수십 명의 입찰자가 몰리거나 감정가를 웃도는 고가 낙찰을 기록하기도 한다.

오는 26일 감정가 5885만원에 첫 경매로 나오는 전남 신안군 하의면 후광리에 위치한 간암도는 '김대중 전 대통령 생가'라는 후광을 등에 업은 물건이다.

총면적 2만5431.78평으로 김 전 대통령의 생가가 있는 하의도 북단에서 약 4㎞ 떨어져 있다.

이 섬은 지난해 9월 홍익상호저축은행이 약 5000만원의 근저당 채권을 회수하고자 경매 신청한 물건이며, 광주지방법원 목포지원에서 경매가 진행된다.

이 물건은 그 동안 나왔던 섬 경매 물건과는 투자가치 면에서 차이가 있다는 분석이다.

이영진 디지털태인 이사는 "섬

의 지형·지세가 완만한 구릉을 이루고 있고 공법상으로도 관리지역, 준보전산지로 지정돼 있어 개발 가치가 충분하다"고 말했다.

문일호기자

번호	사건번호, 섬	소재지	면적	지역, 지구	낙찰일자, 감정가, 낙찰가
1	목포지원 2006-15381 간암도	전남 신안군 하의면 후광리 산104번지	임야84,072㎡	관리지역, 준보전산지토지거래계약에 관한허가구역	2007. 4. 16 42명 응찰 1차 감정가 58,850,400원 ⇒ 낙찰가(330,000,000)
	섬의 지형이 완만한 구릉을 이루고 있고 공법상으로도 관리지역, 준보전산지로 지정돼 있어 섬 전체의 공원화 등 개발가치가 있는 물건이며, 김대중 전 대통령의 생가가 있는 하의도 북단에서 4킬로미터 떨어진 하의도 분섬으로 생가 후광 덕택에 관심의 초점이 되었던 섬이다.				
2	해남지원 2006-4304 대동소도	전남 진도군 조도면 가사도리 산396번지	임야12,298㎡	농림지역, 임업보전산지	2007. 1.29 19명 응찰 1차 감정가 3,689,400원 ⇒ 낙찰가(39,550,000원)
	가사도 남단에서 170미터 떨어진 무인도다. 원뿔형태로 솟아있어 경관이 좋다는 점 외에 활용가치는 크지 않다.				
3	통영지원 2006-3983 (물건2번) 대덕도	경남 통영시 한산면 매죽리 산51-1번지	대지, 전, 임야 142,933㎡ 제시외 58㎡ (주거가능)	자연환경보전지역, ⊙공익임지(산림법), 국립공원(자연공원법)	2007. 1. 26. 1명 응찰 1차 감정가 193,433,100원 ⇒ 낙찰가(210,500,000원)
	아래 소덕도와 함께 경매에 나온 물건으로 대지, 전, 임야 등으로 구성되어 있으나 공익임지로(현 산지관리법의 공익용산지에 해당 단지, 증·개축만 130% 이내 가능) 신축은 금지된 지역이다. 최근 감성돔, 참돔, 농어 등을 낚으려는 낚시꾼들에게 인기가 많은 곳이다.				
4	통영지원 2006-3983 (1) 소덕도	경남 통영시 한산면 매죽리 산5-1번지	임야 22,017㎡	자연환경보전지역, 수산자원보호구역, 보전임지,	2007. 1. 26. 15명 응찰 1차 감정가 13,210,200원

					공원구역	⇒1차 유찰 2차 낙찰가(14,870,000원)
	곧 개통될 대교 인근 경매물건을 검색하여 떠나보자. ① 추봉대교(통영시 한산면 한산도⇔추봉도 2007년7월 개통), ② 해간도연륙교(통영시 용남면⇔해간도 2009년12월 개통 예정), ③ 가조연륙교(거제시 사등면⇔가조도 2008.12월 개통 예정), ④ 거가대교(거제시 장목면⇔가덕도 2010.12월 개통 예정)					

※ 공익임지(산림법)는 산지관리법에서 검색어에 "공익용산지"로 찾아 행위제한을 확인해야 한다. 사실상 건축이 전면 제한되는 임야로 후손에게 물려주어야 산이다. 종교시설과 농가주택의 신축은 금지, 증축(130%)이나 개축(100%) 정도만 가능하여 활용도가 거의 없으며 소유하는데 의미를 부여할 뿐 투자대상으로는 매우 부적합한 임야로 낙찰받아도 대출이 되지 않아 자기자금 100%로 해결하여야 한다.

3. 특수한 경매물건(83건)

번호	구 분	사건번호	경 매 해 설
1	전입은 빠르나 확정일자가 설정보다 늦어 인수임대차	진주 2004－10847	진주시 칠암동 소재 연립주택으로 임차인 보증금 60백만원은 전입이 2002. 6.10, 확정 2002. 7.22일(배당요구종기일 2004. 9.13 전인 2004. 6.24 배당요구) 이나 1번 설정이 말소기준권리로 2002.7.16 동부농협 72백만원으로 낙찰가 45백만원과 본건 인수임대차 60백만원 합한 105백만원에 낙찰한 결과임.
2	온비드 아닌 ㈜정리금융공사에서 공매물건 낙찰		예금보험공사 및 ㈜정리금융공사의 매각대리인 나라신용정보㈜에서 매각대행한 경남 마산시 석전동 소재 물건으로 2005년 공매감정가는 6억원, (2007년 대출감정가 8억, 국민주택채권 구입시 시가표준액 882백만원) 수 차례 유찰 후 235백만원에 낙찰 후 소유권이전 후 환산보증금 4억 수준 생명보험사에 임대한 고수익 물건(www.naracredit.com > 알림마당 >공매업무에서 확인)
3	토지별도등기있는 집합건물로 1순위 전세권도 토지에는 무배당	동부 2006－19058 (1번)	서울 송파구 방이동 소재 토지별도등기 있는 다세대에 1순위 전세권설정(2003. 3. 6 80백만원)하였으나 토지감정가격(32백만원)의 낙찰가에 대하여는 배당을 못받는 경우임. 신한은행 2002년 토지에 208백만원 설정, 건물에는 2004. 7.16 추가설정, 2006.12.13일 신한은행 채권계산서 제출로 토지는 신한은행에 배당되니 전세권자는 건물에만 배당(토지별도등기 있는 물건이라도 본건은 낙찰자와는 무관)
4	인도명령	창원 2006－12783	마산시 월영동 주택으로 대법원 홈페이지에서 "나의 사건검색"에서 경락부동산 인도명령된 내용파악 가능 창원지방법원 2007타기595호～602호(신청인 낙찰자 김○○, 피신청인 임차인)
5	말소기준권리만	창원	복잡한 등기내역이 있어도 권리분석은 너무 쉽다.

번호	구 분	사건번호	경 매 해 설
	찾으면 권리분석은 너무 쉽다	2005－48822	1번 근저당권 뒤의 가처분, 압류, 가압류 등 등기부상 모든 권리는 1번 근저당권과 함께 소멸
6	경매개시결정이후 점유한 건축업자인 유치권자도 인도명령결정 받다	창원 2005－23878	건축업자 5명 유치권신고 및 점유 중이나 경매 후 전입신고와 점유 중으로 낙찰 후 인도명령 결정된 사례임. 마산시 교방동 즉, 2005. 6.30 임의경매결정 후 2005. 9.9부터 2006. 4.26 사이 전입신고 및 유치권신고한 물건으로 2007. 4.11 2007타기 625 경락부동산인도명령 후 항고 중 사건으로 유치권성립 인정받기가 어려울 것으로 보임
7	임차인이 리모델링(시설비)를 유치권 신고한 경우 성립 안됨	창원 2006－18682	김해시 진영읍 소재 물건으로 임차인이 시설비를 유치권신고한 물건. 경매잔금대출 시에 인감증명서와 당초 유치권신고한 서류 일체 첨부한 유치권포기각서(공정증서) 또는 확약서(대출해주어도 좋다) 등을 임차인(유치권신고자)으로 부터 징구하면 좋으나 실무상 쉽지는 않다. 임차인이 저가 낙찰을 위해 또는 건물명도 대비하여 리모델링 및 영업용 시설비를 유치권신고하고 있으나 유치권 성립여부는 의문시 되다
8	유치권배제 신청	부산 2006－29555	부산시 사상구 소재 모텔로 유치권신고 3건에 대하여 한국자산관리공사가 유치권 배제신청서 제출한 물건. 유치권배제신청서가 접수되어야 낙찰가를 높일 수 있음(과감하게 낙찰)
9	상계신청	창원 2006－21541	경남 마산시 산호동물건으로 너무 높게 낙찰 받았다고 의아해 할 필요 없다. 1순위 근저당권자가 할 수 없이 낙찰 받고(설정액은 어차피 허수 되니까) 상계신청을 한 경우
10	집행정지결정신고 경매 취소	창원 2006－28757	창원시 도계동 물건이며 강제경매(신청액 소액) 낙찰되었으나 잔대금 납부 전 채무자겸 소유자가 집행정지결정신고로 경매가 취소될 위기에 처한 경우.
11	매각일자가 상당히 지난 경매는 기각, 취소, 취하된 물건	창원 2006－28498	오랫동안 경매진행이 없는 물건은 대법원 사이트에서 기각여부 등 찾아보아야 한다. 2007. 1.24 기일 변경 후 조용하여 대법원(법원경매정보(www.courtauction.go.kr)>경매물건>경매사건검색>기본내역 내 기본사건내역의 종국결과가 기각(2007.1.31) 으로 나타남
12	중복경매는 대법원에서 중복사건 따로 보아야	북부 2006－29785 북부 2006－30068	중복경매는 모두 대법원 사건검색을 하여야 한다. 대법원> 사건검색>문건처리내역 중 임차인의 권리신고 및 배당요구를 잘 보아야 돈이 보인다. 매각물건명세서에는 임차인 권리신고 및 배당요구 없는 것으로 보이나 대법원사이트에서 2사건 모두 검색하니 임차인이 배당요구 하였음. 중복경매사건에서 인수임대차 아닌 것이 발견됨(20백만원 추가 이익)

번호	구 분	사건번호	경 매 해 설
			(서울북부지방법원 강제경매 2건으로 2006.10.23 강제경매 2006－29785 현대캐피탈, 2006.10.27 강제경매 2006－30068호 신용보증기금)
13	배당요구(채권계산서제출)로 말소되는 담보가등기	창원 2004－51227 천안 2003－7721	① 김해시 홍동물건으로 말소기준권리 이전에 가등기는 인수되므로 주의하여야 하나 다행히 매각물건명세서에 2006.1.26 가등기권자(정리금융공사) 채권계산서 제출한 것으로 기록되어 있으면 말소되는 담보가등기로 쉽게 파악됨. ② 등기부상 인수 가등기권자(승주○○주식회사)가 있으면 대법원내 경매물건>경매사건검색> 대전지방법원 천안지원> 사건번호 2003타경 7721호> 문건처리내역> 2003. 6.26 가등기권자 승주○○주식회사 배당요구신청서 제출⇒ 말소되는 담보가등기로 권리분석하면 된다.
14	즉시항고	창원 2006－20593	김해시 진영읍 소재 물건으로 2007. 3. 20 최고가 매각허가결정 후 채무자 겸 소유자가 즉시 항고한 물건
15	70명이 응찰한 해안가 임야	진주 2006－11622	경남 사천시 서포면 비토리 소재 임야 1,983.00㎡(=599.86평) 섬은 아니지만 70명이 응찰한 바닷가 임야 감정평가액은 8,328,600원이나 2006.12.8 사천대교 개통 이후인 2006.12.11 입찰에 44,100,000원에 낙찰되어 낙찰율(530%) 높은 물건
16	111명 응찰한 다세대 주택	동부 2004－3325	2007. 7. 2일 서울 송파구 방이동 소재 지하층 102호 다세대로 대지권 29.30㎡(8.85평), 건물 전용면적 43.96㎡(13.3평)이 1차 법원사정가격 64백만원에서 111대 1 경쟁률로 최고가 매수신고인에게 223,700,000원에 매각되었다. 롯데그룹이 추진 중인 잠실 제2롯데월드 예정부지 및 송파신도시 등과 가까워 높은 개발가치를 기대한 투자자들이 대거 응찰한 물건이다.
17	아래층도 모텔인데 낙찰 받기가	창원 2005－48556	마산시 오동동 소재 5층 601호(전용 1,063.43㎡)로 계속 유찰 중이나(1차 14억→6차 458백만원) 아래층 4층 501호도 같은 평수의 모텔로 2005년 273백만원에 낙찰된바 있고, 한 빌딩에 모텔 2개로 수익성 의문시
18	경매진행 중에 공유자 우선매수신고	창원 2004－26481 창원 2007－6952	① 김해시 장유면 소재 모텔로 2004. 1.20 후순위 전세권자가 경매개시결정 기입등기(2004.7.8)하고 6일 후에 소유권일부이전 후(매매 공유자 지분 85분의 1) 공유자 우선매수신고 한 사례 ⇒공유자우선매수청구권은 지분경매에만 가능하므로 본건과 같이 지분이 아닌 전체 경매 건은 신청이 있더라도 공유자우선매수청구권 발생하지 않는 것으로 판단됨.

번호	구 분	사건번호	경 매 해 설
			② 2007. 3.14 경매개시결정 후 2007. 3.22 지분 중극 소수 일부 이전한 경우도 있으나 경매 후 지분이전은 의미가 없는 것으로 보임.
19	배당요구종기일 이후에 권리신고는 안한 것과 같다.	중앙 2003－2971	동작구 상도동 다세대주택으로 임차인(보증금110백만원)이 2002. 8. 2전입과 확정을 갖추고 1순위 근저당권도 2003.2.13일로 선순위임차인으로 배당요구종기일(2003. 4. 8) 지난 2003. 4.26 배당요구 하였으므로 하지 않은 것과 같아 100% 낙찰자가 인수해야 되며 낙찰자 추가부담이 됨
20	대지권만 경매	남부 2005－3608 2006－3568	건물 제외한 대지권부분만 경매중임. 서울 강서구 화곡동 소재 201호 63.57㎡(토지에 관한 대지권 231분의 28.875 부분) 1차 감정평가액 47백만원 ×8세대(201호, 202호부터 502호까지) 전부 토지 근저당권자가 경매 신청한 특이한 경매이다. 건물소유자는 향후 대지권을 매입하여야 할 것으로 보인다.
21	주택임차권은 잔대금 납부 시 말소 안됨	창원 2005－11325	경남 마산시 합성동 단독주택으로 등기부 갑구에 주택임차권 2건 모두 배당은 되지만 잔대금 납부 시 말소는 안되고 배당기일에 배당 시 경매계에서 배당표 첨부하여 등기소에 말소촉탁 의뢰
22	가처분이 저당보다 빠른 것처럼 보일 뿐 말소됨	창원 2005－37426	김해시 구산동 임야로 정보지 등기내역에 보면 가처분 1992.12.23, 저당 1992.12.23 3천만원, 저당 1994. 12. 12. 6천만원, 임의 2005.10.10일로 말소되지 않는 가처분으로 보이나 갑구 가처분(접수번호 4179) 보다 을구 저당(접수법호 4146) 빨라 저당 뒤 가처분으로 말소됨
23	동일 주택으로 3회씩이나 강○○ 집안에서 경매입찰에 참가	창원 2006－32923	1차 2003. 6.23 창원 2003－20233, 2차 2005. 8.22 창원 2005－31312, 3차 2006.10.13 창원 2006－32923
24	4번이나 낙찰 후 잔대금 내지 않고 보증금 떼이고도 5번째 재매각(보증금30% ⇒40%로 인상)	창원 2006－24977	김해시 한림면 안하리 소재 임야 16,295㎡(4,929.24평) 관리지역으로, 부근은 조성중인 안하농공단지 인근 1차 감정평가액 73,327,500원 1순위 근저당권자 설정 4억으로 높게 팔릴 때 까지 현혹되게(?), 결국 떼인 매수신청보증금은 배당재단에 쌓이니 1순위 근저당권자는 별 문제없음(6회 낙찰건) 2007. 1. 25 603백만원 낙찰, 2007. 3. 28 1,900백만원 낙찰 2007. 5. 29 1,650백만원 낙찰, 2007. 7. 27 700백만원 낙찰, 2007. 9. 27 400백만원 낙찰,

번호	구 분	사건번호	경 매 해 설
			2007.11. 27 199백만원 낙찰(낙찰허가) : 2008. 1. 29 배당종결
25	미전입임차인이 경매 당하자 가압류 후 배당요구 후 일부 배당 받은 사례	창원 2007－6938	경남 마산시 양덕동 소재 33평형 아파트. 강제경매 건으로 모두 가압류한 채권자 뿐이며, 1차 감정가 160백만원에서 2차에서 143백만원에 낙찰 후 배당요구종기일 이내 미전입임차인 80백만원에 대하여 가압류 후 일반채권으로 배당 요구하여 절반인 약 40백만원 배당 받는 사례 (여러 유료사이트 중 태인경매(www.taein.co.kr) 권리분석 정확하였음)
26	설정도 없는데 웬 임의경매?	창원 2005－39682	김해시 삼방동 소재물건 2005.10.24 임의경매(경매신청채권자는 3/17 지분 소유자인 김○○)만 있고, 설정도 없는데 임의경매 진행중임. 공유물분할을 위한 경매인가?
27	2001. 9. 15 이전 설정에 소액보증금 유의	창원 2005－47843	말소기준권리가 2000.11.28일 설정(59.8백만원)으로 2005. 8.31 전입하였지만(보증금 12백만원) 소액보증금 계산시 기타지역으로 8백만원 계산 후 다시 4백만원 추가 소액보증금 계산해야 됨
28	단독주택 3번이나 경매진행 시 임차인보증금 배당	창원 2005－1946	당초 2002－12204호로, 2003－45157호(2005.1.26 취하), 그 후 3번째로 2005－1946으로 경매 시 임차인의 소액보증금에 유의 참고판례 : 2001.3.27 선고(98다4552판결), 1998.7.10 선고(98다15545판결)
29	배당요구 후 철회, 다시 배당요구	창원 2005－18104	창원시 소재 아파트로 임차인(보증금 39백만원)이 배당요구종기일(2005. 8. 1) 이전인 2005. 6. 2 권리신고 및 배당 요구하였으나 2005. 7. 6 배당요구 철회. 2005. 7. 19 다시 배당 요구하여 결국, 배당 요구한 것으로 보고 인수임대차로 계산
30	설정과 설정 중간에 전입한 확정일자 없는 중간임차인은 순위배당 없음(소액보증금 해당 시 배당)	창원 2006－15638	마산시 내서읍 소재 부동산으로 임차인은 2003. 4.21 전입하여 1억에 임차하여 142백만원 낙찰 후 배당요구종기일 이내 배당요구 하였으나 1번 설정 1997. 1.29 (140백만원), 2번 설정 2001.1.15 (42백만원), 2003. 4.21 임차인 전입 및 임차(1억) 후 2003.10.20 가압류 1억 조치, 3번설정 2005. 9. 9(100백만원) 순으로 전입만 있고 확정일자가 없어 무배당 (2003.10.20 가압류 조치에 따른 가압류 가배당(23백만원)되었으나 오히려 확정일자를 받았다면 3순위 저당권자 (후순위)의 몫 31백만원 흡수 배당하였을 것임).
31	주택으로 토지, 건물의 설정일자가 다를 경우	창원 2006－15638	경남 마산시 내서읍 소재 주택으로 임차인들이 2006.3월 3명 전입 및 확정을 구비 후 2006.5월 경매 신청된 물건으로(사실 배당해줄지 의문)토지에만 2001. 9.15.

번호	구 분	사건번호	경 매 해 설
	소액보증금 계산에 유의		설정 112백만원 토지, 건물에 2000. 3. 2 공동설정 169백만원으로 2001. 9.15 이전 설정에 해당하는 기타지역의 소액보증금(20백만원 이하는 8백만원) 배당(건물 설정일자보다 앞서 전입한 임차인은 인수임대차로 보아야 함)
32	선순위 가등기 있음	광주 2003-40406(2)	전남 화순군 소재 전, 답으로 1998. 2. 6 가등기 된 물건으로 2003. 3.21 신용보증기금 가압류 후 2003. 8. 9 강제경매 신청 건으로 가등기권자가 배당요구 없으면 말소되지 않는 가등기물건으로 입찰 요주의
33	건물만 경매	창원 2006-278	경남 의령군 정곡면 소재 단독주택으로 가압류촉탁에 기한 소유권이전으로 강제경매신청으로 건물만 경매중이며(1차 감정가 17.122천원) 향후 대지 소유자로부터 매입 (또는 매각), 지료 부담 등으로 8회 차 유찰 후 9회차에서 19%(3,270천원)선에 매우 저가 낙찰되었다.
34	배당요구종기일도 연기(변경)되는 경우 있음	창원 2005-38702(1)	2005-38702(물건번호 1번)은 201호 임차인(30백만원)와 202호 임차인(25백만원)의 경우 2006. 2.21 배당신청요구 하여 배당요구종기일(경매정보지상 2006. 1.15일로 표시) 이후라 무배당으로 보았으나 혹시나 싶어 대법원(www.courtauction.go.kr)>경매물건>경매사건검색>기본내역> 배당요구종기내역에서 당초 2006.1.16일에서 2006.4.15로 변경 변경되었으므로 각각 소액보증금 배당(12백만원)됨
35	소유권이전 되기 전에 가처분 있지만 말소됨	통영 2006-6722(1)	경남 거제시 사등면 소재 임야로 1989.2.14 가처분(가처분권자 김○○)된 후 1989.5.30 소유권이전(김○○, 매매), 1989. 9.25 소유권이전(허○○) 1996. 4.23 소유권이전(김○○) 가압류 후 강제경매로 가처분권자가 소유권 취득하였으므로 인수가 아닌 말소되는 후 순위 권리임
36	매각물건명세서에 배당요구여부(배당요구일자)란에 "공란"이라면 경매사건검색 내 "문건처리내역"에서 임차인의 권리 신고한 내용을 잘 살펴보아야 실수가 없다	남부 2005-11159(2) 남부 2005-11159(1)	① 서울시 강서구 화곡동 소재 빌라로 임차인(보증금 60백만원)이 2001. 8.20 전입과 확정을 구비하여 말소기준권리(2002. 6.14 국민은행 설정)보다 앞서므로 경매정보지에 "배당금 없음(전액 낙찰자 인수)"라고 표시되어 매각물건명세서를 보니 배당요구여부(배당요구일자)에 공란으로 인수로 생각하던 중 혹시나 싶어 대법원 경매사건검색(문건처리내역)을 살펴보니 "2005. 6.20 임차인 이○○ 권리신고 및 배당요구신청 제출"로 기재되어 있어 인수가 아니고 확정일자부 임차인으로 순위배당 받음. ② 말소기준권리(2002. 6.14 국민은행 설정 13백만원)보다 앞선 전세권(2000.10. 9일 27백만원)이 있어

번호	구 분	사건번호	경 매 해 설
			매각물건명세서에 전세권자 이○○ 배당요구여부에 공란으로 되어 인수로 볼 수 있으나, 문건처리내역을 다시 살펴보니 "2005. 4. 8. 전세권자 이○○ 권리신고 및 배당요구신청 제출"로 되어 있어 배당 요구한 전세권으로 보아 말소되는 권리로 분석하여야 함(여타 경매정보지 권리분석란에 인수로 나타나 있으면 오류 권리분석임)
37	임금채권자의 경매신청	창원 2006-9879	김해시 봉황동 소재 아파트로 임금채권자가 가압류 후 경매신청채권자임(경매정보 사이트에 가압류 무배당으로 권리분석은 잘못된 것이며, 임금채권자는 담보물권자(1번 근저당권 설정 금융기관 등)보다 통상 최종3개월 임금(3년치 퇴직금 등)은 근저당권자보다 최우선 배당 받음)
38	전세권경매임 (부동산은 매각대상 아님)	창원 2005-37013	김해시 안동 소재 상가로 전세권(2000.10.27 전세권자 ㈜○○)에 국민은행에서 2001.2.28. 1번 전세권 근저당권설정 후 동 전세권에 압류 2건 등 추가되자 국민은행에서 순위번호(1-2) "1번 전세권 임의경매개시결정"되어 1차 300백만원에서 유찰 후 3차 경매에서 215,100,000원에 낙찰(2006. 6.27 낙찰자 박○○)후 2006.8.22 "1번 전세권이전 전세권자 박○○"로 당초 전세권자 ㈜○○에서 낙찰자 명의로 변경됨.
39	<토지 별도등기 있음>토지등기부를 잘 살펴야 한다	서부 2005-20251(1)	서울 서대문구 홍은동 오피스텔 집합건물 등기부(대지권의 표시란에 별도등기 있음)의 396-24번지 토지 등기부등본을 발급 받아보니(대지 310.4㎡) 2003.11.10 소유권대지권되기 전인 2002.10.29일 신한은행에서 2002.10.29 채권최고액 600백만원 설정 후 2003.11.20부터 지분포기 중으로 토지 별도등기권자와 배당문제이지 낙찰자 입장에서는 무관한 것임
40	설정 전 전입 임차인 보증금 낙찰자 추가부담	중앙 2005-39151	서울 강남구 대치동 소재 삼성아파트로 2000.11.17일 전입한 임차인의 전세보증금 4억은 낙찰자의 추가부담인 인수임대차임 말소기준권리(1번 근저당권은 2000.12. 6부터 계속 설정이 이어짐)보다 앞선 임차인으로 요주의
41	임차권 등기된 방에 전입한 임차인은 소액보증금 무배당	창원 2006-14826	경남 마산시 덕동동 다가구로 2004. 5.11 임차권등기(임차보증금 55백만원 범위 : 2층 49.59㎡ 전부, 주민등록일자 및 점유개시일자 : 1983. 5.31, 확정일자 : 기재 없음, 임차권자; 임○○)후 2005. 1.21 전입한 임차인 김○○ 보증금 15백만원, 확정일자 2006. 3. 7. 배당요구신청 2006. 7. 5(배당요구종기일 2006. 7. 6)하여 말소기준권리(1순위 설정)가 2001. 9.15일 이전

번호	구 분	사건번호	경 매 해 설
			인 1996. 2. 8 설정으로 소액보증금 기타지역으로 20백만원 이하 8백만원 가능하나 임차권 등기된 부분에 임차하여 무배당 대상임
42	소유자가 매도 후 임차인 되는 시기는 소유권이전 다음 날"0"시 이후	창원 2006-14505	경남 마산시 회원동 단독주택으로 소유자 신○○가 2001.12.22일 매도 당일 1순위 저당(신협) 52백만원 하였으므로 비록 소유자의 전입일자가 매우 앞서지만(1991. 6.13 40백만원, 배당요구종기일 이내 배당요구하였음) 신협보다 후순위이며, 임차인으로 되는 시점은 매도 당일 밤 "0"시로 보아 낙찰자 입장에서는 인수임대차가 아니고, 전혀 문제가 없으며 인도명령대상자가 된다.
43	전입, 확정 후 전세권설정까지 하였다면 유리한 것 택하면 됨	창원 2006-10664	경남 김해시 외동 다가구로 2004. 9. 1 전입하고 2004. 8.29 확정일자 득한 후(임차인 정○○, 보증금 40백만원) 2004. 9.14 경남단감원예농협에서 84백만원 설정 후 다시 임차인이 2004. 9.22 전세권 설정하여 말소기준권리보다 늦지만 전입확정이 빨라 본인이 유리한 우선변제권 권리신고 및 배당요구 시(주장 시) 100% 배당 가능함.
44	등기부상 별구는 접수번호를 잘 따져야(접수번호 앞서면 우선권리, 늦으면 말소)	창원 2007-16171(1) 창원 2006-13885(1)	① 경매정보지에 가등기가 먼저 있고 그 다음 근저당권 순서라면 가등기는 인수라 여기고 본 사건번호는 그냥 넘기는 경우가 많다. (그러나 정반대인 경우가 많다.) 살펴보면, 2004.12.20. 같은 날 등기부 갑구에는 소유권이전청구권가등기(접수번호 72408호, 2004.12.20 매매예약, 가등기권자 : 조○○)와 을구에는(접수번호 72286호, 등기원인 2004.12.17 설정계약 채권최고액 1,404백만원, 근저당권자 농협)인 경우 접수번호 빠른 것 우선한다. ② 통칭 동순별접이라 하여 등기부상 같은 구(區)는 순위번호, 별구는 접수번호 순서로 우열이 갈라지므로 본건은 별구로 접수번호가 앞선 근저당권(설정)이 우선하므로 말소기준권리에 해당하므로 순서가 늦은 가등기는 당연히 말소된다. ※금융기관이 1순위 설정인 경우에는 앞선 인수권리는 거의 없다.
45	가등기, 저당 순이지만 동일자는 접수번호 따져야	창원 2005-33202	경남 마산시 해운동 소재 아파트로 경매정보지에 가등기(2003. 7. 3) , 저당(2003. 7. 3 6억7천만원)으로 얼핏 보기엔 가등기가 앞서 인수권리로 보이나 접수번호가 43283, 43282로 저당의 설정일자 접수번호(43282)가 앞서 가등기는 말소된다.
46	말소기준권리보	창원	마산시 완월동 소재 단독주택으로 말소기준권리보다

번호	구 분	사건번호	경 매 해 설
	다 앞선 확정일자부 임차인들이 있으면 고가 낙찰이 유리	2006-41996	앞선 확정일자부 선순위 임차인 3세대 전세보증금 86백만원으로 저가낙찰이나 고가낙찰이나 전혀 차이가 없음(예 76백만원 낙찰 시 10백만원 인수임대차, 36백만원 낙찰 시 50백만원 인수임대차가 된다) 따라서 필히 낙찰을 원한다면 높게 낙찰 받는 것이 유리하다.
47	경매 전 주택임차권 등기만 되어 있으면 배당요구 안 해도 무관	창원 2007-3984(2)	창원시 소답동 소재 단독주택으로 임차인 중 전입과 확정을 갖추고 주택임차권 등기 후 배당 요구한 임차인(배○○ 25백만원)과 주택임차권 등기만하고 배당요구도 안 한 임차인(전○○ 30백만원)은 모두 경매 전에 주택임차권등기를 하였으므로 100% 순위 배당을 받을 수 있다.
48	3차 유찰 4차에 26명 응찰	창원 2006-42586	경남 마산시 회원동 소재 물건으로 1차 감정가 150백만원, 2차 120백만원, 3차 96백만원 유찰 후(1명도 응찰자 없다가) 4차에 26명 응찰하여 105백만원에 낙찰된 사건
49	은행에서 <법원 경매물건 매각 관련 안내>를 신문에 적극 공고하여 높게 낙찰 유도한 사례	거창 2004-8126(1)	경남 거창군 거창읍 대동리 지하1,2층 B101호(1,246.31㎡) 유치권부존재확인 소송에서(거창지원 2006가합 120호 유치권부존재확인, 원고 : 국민은행, 피고 : 주식회사**미건외 4명) 2006. 8.24 원고승소 및 부존재확인 소송에서 승소하였으며, 당초 법원 감정가대비 현 최저 입찰가 11.76%로 안내하오니 많은 참여 바란다는 기사가 ㈜국민은행 창원여신관리센터장 명의로 신문에 공고되어 적극적으로 매각 홍보하는 기사화 된 물건(최저가 6차 436백만원 유찰 된 후 7차 305백만원 이나 516백만원에 5명 응찰 후 낙찰된 물건임
50	배당기일 3일전에 배당여부 열람해 보아야 도움	서부 2005-17453	서울 마포구 성산동 소재 오피스텔로 66백만원에 매각되자 2순위 전세권자(낙찰자이며, 50백만원)는 1순위 설정(채권최고액 36백만원)과 경매비용(약2백만원) 공제하더라도 약 28백만원 배당예상하였으나 마포구청(당해세 등) 7,000,000, 우리에스비 38,000,000원, 서울시 8,000,000, 나머지 양촌세무서 배당으로 배당기일에 배당표에 아예 표시가 없어(무배당) 당황하였고, 내용을 전혀 모르는 가운데 배당이의 후 소장 제출한 사건으로 배당기일 3일전에는 배당표 열람 하여 배당이의사유를 사전 파악하여야 함
51	경매기입등기 후 주택임차권등기는 배당 요구해야	북부 2005-38690	서울시 서대문구 장안동 소재 3층 1호 물건으로 임의경매가 2005.12. 7 등기되었고, 주택임차권등기는 그 이후인 2006. 1.10 등기 시 배당요구종기일 이내(2006.3.28)

번호	구 분	사건번호	경 매 해 설
			권리신고 및 배당 요구하여야 배당가능하며, 만약 배당 요구 없었다면 무배당 된다.
52	1/3 이하로 유찰된 물건 중 1차 매각가격보다 높게 낙찰 받은 사례 ⇒근저당권이전(원인 : 계약양도) 받은 회사에서 원매자 물색 후 상상을 초월한 낙찰가로 유입취득하여 채무인수 신청한 경우	창원 2006－9091 창원 2006－12530	① 경남 마산시 석전동 소재 오피스텔 201호~206호 일괄경매물건으로 당초 2003.2.21 근저당권자 우리은행 설정(채권최고액 871백만원) 후 대출금 부실로 2006.3.22 임의경매신청 후(청구금액 670백만원) 2006.8.31 1차 1,260백만원에서 계속 유찰 중 ⇒ 2006. 7.11일 우리유동화 채권자변경신고 및 2007.10.23 근저당권 이전 받아 ⇒ 당일 2007.10.23 주식회사○○로 근저당권 이전 후 2007.11. 2일 8차(최저매각가 211,394,000원)에서 원매자 물색 후 높게 낙찰(청구금액 670백만원 연체이자 합산한 871백만원)하여 유입 취득한 경우로 원매자(낙찰자)가 2007.11. 6 최고가 매수신고인 채무인수에 의한 낙찰대금상계신청한 경우 ② 경남 김해시 장유면 소재 물건(청구액 990백만원)으로 1차 920백만원에서 계속 유찰 후 7차(최저매각가 310,378,000원)에서 1차보다 높게 낙찰(1,150,000,000원)후 2007.11. 7 최고가매수신고인 채무인수에 의한 낙찰대금상계신청 제출
53	동일주택에 경매가 2차에 걸친 경우	창원 2005－15228 창원 2005－28279	동일주택이 창원 2003－40800호로 1차 경매 후 다시 2차 경매(2005－15228) 가 진행된 경우 대항력과 우선변제권을 겸유한 임차인이 1차 경매에서 배당요구하였다면(즉, 우선변제권의 행사) 2차 경매에서는 그 우선변제권은 매각으로 소멸하고 임차인에게 남아있는 권리는 대항력뿐이다(대법원 2001. 3.27 선고 98다4552판결 참조)(창원 2005－28279도 창원 2003－44802의 2차 경매이다)
54	미등기건물의 가압류 후 일괄경매	대전 2004－5037	대전시 서구 용문동 소재 3층 미등기건물(다가구주택)이며, 대지 근저당권자(조흥은행)가 2004. 6.23 '임의경매신청등기의 촉탁'으로 인한 소유권보존 후 2004. 6.22 임의경매개시결정 2004. 6.30 가압류(2억)하여 토지와 일괄경매 진행하여 높게 낙찰 유도한 경우임.
55	강제경매개시결정의 촉탁으로 인하여 소유권보존	서부 2002－13368	서울 서대문구 창천동 소재 7층 건물로 건축법상 사용승인받지 않은 건물이며 당초 미등기로 소유자임을 증명하는 서류를 첨부하여 '강제경매개시결정의 촉탁으로 인하여 소유권보존'후 강제경매개시결정으로 경매진행 및 그 후 여러 건 가압류되어 경매진행
56	건물등기부와 건축물관리대장의	창원 2005－14355	① 경남 마산시 자산동 소재 건물 등기부(① 목조 와즙 단층주택 58.18㎡)뿐이나 건축물관리대장은 ① + ②

번호	구 분	사건번호	경 매 해 설
	불일치로 등기 시각하	부산 2004-40015(2)	시멘트 블록 조/ 슬레이트(근린생활시설 일반음식점) 29.44㎡+ ③시멘트 블록 조/ 슬레이트(부속건물) 3.36㎡함께 기록되어 불일치하므로 건축물관리대장을 2개로 나누어(①과 ② + ③) 소유권이전 및 1순위 설정을 마친 사례 ② 부산시 서구 암남동 402호(등기부는 402호 하나뿐이나 건축물 관리대장은 402호, 403호, 404호로 나누어져 있었지만 402호로 등기한 사례)
57	선순위 가처분으로만 보일 뿐 사실상 말소되는 후순위 가처분	통영 2004-4371	경남 통영시 광도면 안정리 소재 건물만의 경매이며, 갑구 1번(2001.10.16 소유자 윤○○) 2번(2001. 11. 22 소유권이전 김○○), 3번(가처분 신용보증기금 : 사해행위취소에 기한 소유권이전등기말소등기청구권), 4번(2003.10.10 통영시 압류), 5번(2004. 3. 9. 2번 소유권이전등기 말소), 6번(신용보증기금의 강제경매)
58	예고등기 있는 물건 낙찰 후 매각불허가신청	창원 2006-25857(1)	경남 함안군 칠서면 대치리 소재 물건으로 2007.11.27 4명 응찰 후 최고가매수신고인이 되었으나 1984.11. 30 등기부에 소유권말소예고등기되어 있는 물건으로(매각물건명세서에도 명시되어 있음) 낙찰 후 3일 후 농취증 제출 후 1987. 6.26 소유권보전등기말소 판결문(사건 86나 316호 원고(항소인) 이○○, 피고(피항소인) 현 소유자 배○○)사본 발급 후 살펴보니 피고(현 소유자)가 패소하여 잔금을 납부 후 소유권이전하여도 무효화 될 수 있어 매각결정기일전에 법원에 매각결정 불허가 신청 후 매각보증금(10%) 환급
59	경매절차 진행기간의 연체차임을 임차보증금에서 공제하고 나머지 금액만 배당하여야 하는지 여부에 대한 배당이의소송이 있은 경매	동부 2005-19099	서울 성동구 행당동 소재 아파트로 배당 시 소액임차인에게 임대차보증금을 배당함에 있어서 경매절차 진행기간 동안의 연체차임을 임차보증금에서 공제하고 나머지 금액만 배당하여야 하는지 여부에 대한 배당이의 소송(임의경매로 차임 월 70만원 5개월 지급중단 후 배당 시 3.5백만원 공제한 12.5백만원만 배당 받아야 하는지 여부) ⇒ 부동산임의경매절차에서 경매개시결정으로 인한 압류 후의 차임의 처리에 관하여, 부동산의 소유자인 임대인이 이를 수취하거나 임대차보증금에서 당연히 공제되는 것이 아니라 경매절차에서 부동산과 함께 매각되어 환가되거나 별도로 수취된 후 피담보채권의 변제에 충당되는 방법으로 처리되어야 한다 (서울동부지법 2007.4.24. 선고 2006가단62400 판결)
60	대출 당시 감정평가기관에 의뢰하	제주 2006-10769(1)	제주 서귀포시 안덕면 소재 공장으로 법원경매감정평가서는 2006.8.23 ㈜글로벌감정평가법인 제주지사

번호	구 분	사건번호	경 매 해 설
	여야 높은 대출감정평가서 받는다.		(현, 하나글로벌감정평가법인)에서 감정한 것이며, 경매잔금대출을 하려면 경매감정평가액보다 대출감정가격이 대부분 20~30% 낮게 책정되는데, 여타 감정평가기관보다 경매 당시 감정한 평가법인에 의뢰하는 것이 경매감정가(최초법사가)에 최대한 접근할 수 있다.
61	미등기건물을 촉탁으로 보존등기 후 대지와 함께 경매	서부 2002－13368	서울 서대문구 창천동 소재 대지 경매 동시 경매진행건으로 당초 건물은 건축법상 사용승인 받지 않은 건물로(미등기) 동시에 경매진행을 위하여 2002.10.24 강제경매개시결정의 촉탁으로 인하여 소유권보존 등기 및 부동산강제경매개시결정 기입등기 후(신청채권자 신촌새마을금고) 경매진행
62	구청에서 임차인에게 임대주택 알선	동부 2003－13899	서울 송파구 석촌동 소재 빌라로 4번째 낙찰 시 잔금납부 후 소유권이전한 물건임(2004. 9. 6 낙찰자(최고가매수인)는 대금 불납, 2005. 2.21 2번째 낙찰자는 잔대금납부기한 통지서를 받지 못한 상태에서 3번째 경매 2005. 5.16 C가 낙찰 받았으나 낙찰자의 이의신청을 받아 주어 2005. 6.20 다시 C가 재낙찰받음. 임차인 앞 명도요청 내용증명 우편물을 구청에 제시하여 저렴한 임대주택 알선 받고 명도가 쉽게 해결된 사례
63	조세채권은 설정일자와 법정기일 우선여부로(당해세 제외)	대전 2004－5037	당해세에 해당하는 재산세(4,769,430, 법정기일 2003. 7.10) , 종합토지세(3,894,530, 법정기일 2003.10.10)는 1번 설정 2002.10.17, 2번 설정은 2003.7.11 보다 우선 배당되나 나머지는 법정기일과 설정 우선순위 따지면 우선 못함(당해세 아닌 부가가치세 25,780,140 법정기일 2003. 7.25, 증여세 11,876,880원 2003. 8.10)
64	농취증 받기가 어려우면 '원상복구계획서'를 제출하여야	성남 4계 2005－12508호 (1번)	경기도 광주시 퇴촌면 소재 답이며(현 ; 전) 토지거래허가구역이며, 농지취득자격증명 필요한 불법 전용된 농지 **농림부 의견** ⇒농지로 원상 복구한 이후에 취득하여야 함이 원칙이지만, 경매의 경우 실질적인 소유권이 없어 원상회복이 불가능하다고 보아 시, 구, 읍 면에 원상복구계획을 제출하여 그 원상복구가 실현 가능하다고 인정되는 경우 먼저 농지취득자격증명을 발급하고, 그 이후에 이행여부를 조사하여 그대로 아니하였다고 판단되는 경우에는 당해 농지에 대해 농지처분통지 등의 사후관리를 하도록 운영하고 있습니다. 귀하께서도 시구읍면사무소에 '원상복구계획서'을 제출하여 그 실현 가능성을 판단 받아야 할 것으로 사료됩니다라는 답변
65	보증금 40% (근저당권자의 지위를 이용하여	창원 2006－24977	김해시 한림면 안하리 소재 임야 16,295㎡(4,929.24평, 1차 감정가 73백만원)로 1순위 4억 근저당권자가 높게 6번 낙찰 유도 중(?) (2007년 1월 1차에 6억, 3월

번호	구 분	사건번호	경 매 해 설
	5차례나 상상 초월한 낙찰참가)		19억, 5월 16억, 7월 7억, 9월 4억 낙찰 후 모두 미납, 6번째 경매시 적절하게 낙찰(5회 차 까지 낙찰자가 근저당권자 지인, 친인척들이라면 1순위 근저당권자에 떼인 입찰보증금은 전부 배당금에 합산되니 근저당권자는 별 문제 없음)
66	건물만 매각	창원 2006－25024	토지 없이 건물만 경매(김해시 진례면). 대지 지료부담 및 매도시 문제
67	대항력있는 임차인은 인도명령 기각	창원 2006－24731	인수임대차(낙찰자 추가부담)가 있어 인도명령 신청도 기각(예상) 최선순위 임차인이 임차권등기 및 강제경매신청한(마산시 완월동 맨션) 임차인 2003.12. 3 65,000,000원 임차 후 1번 압류 2004. 6.11이후 압류, 가압류된 사건으로 임차인이 못 받은 전세보증금은 낙찰자가 추가부담하여야 하며(아직 판례는 없음), 낙찰자가 인도명령 신청하여도 기각 결정될 것으로 보임
68	공매 낙찰자가 먼저 대금 납부한 사례	창원 2006－29804 공매 2006－19076－001	2007.2.28 5명이 응찰 후 낙찰된 후 2007. 4. 6 대금지급기한통지서를 받고 잔대금 납부 직전에 등기부 발급하여 보니 한국자산관리공사 공매(온비드)에서 단독응찰 한 후 2007. 3.16 이미 제3자(주식회사)명의로 소유권이전 된 상태. 허탈
69	2순위 근저당권자가 높게 낙찰받은 경우	창원 2006－24298	주유소(감가 520백만원)로 1순위(약 450백만원) 뒤 후순위 근저당권자(4억)가 높게 낙찰 받는 경우(또한, 향후 뒤로 새 도로가 나오면 구 도로 주유소는 수익성 급 하강할 수 있음(감가 521백만원, 2006. 11.27 800백만원에 낙찰 후 2007. 3.29 재경매시 681백만원에 다시 낙찰)
70	배당요구신청 후 배당요구종기일 이내 철회 시 인수임대차	창원 2005－18104	창원시 대방동 소재 아파트로 임차인이 2005. 6.22 배당요구신청 후 2005. 7. 6 배당요구철회(배당요구종기일 : 2005. 8. 1), 결국 배당요구 안 한 것으로 보아 인수임대차 (낙찰자 추가부담 39백만원) 및 대지권 미등기임
71	재매각시에는 경쟁자가 준다.	창원 2005－17668(2)	9명 입찰 참여 후 낙찰(71,770,000원)후 대금미납으로 재매각에는 1명만 참여(51,862,000원) 11층 꼭대기 층으로 상가는 활용방안, 수익성이 큰 문제
72	모텔은 온천공이 중요	창원 2005－39965	마산시 진북면 소재 온천목욕탕으로 매각 제외된 온천공이 중요(소유권 분쟁 문제) 4층 일부, 5층, 6층이 종교시설(○○사)로 대출시 문제점 대두
73	대금지급기한 후 대납 시 연 20% 부담하여야	창원 2006－20593	김해시 진영읍 의전리 소재 공장으로 대납(잔대금 납부시 지연료 연20% 및 기타 비용 부담), 낙찰 후 기계 감액 요청하다가 기일 변경 후 대납한 건이며, 인도명

번호	구 분	사건번호	경 매 해 설
			령 후 임차인(유치권신고자)이 항고한 사건으로 명도가 어려우면 자금부담 큼
74	대출시 임대차없다는 무상임대차 확인서 제출하였더라도 제3자 낙찰자는 요주의	중앙 2007-17940	강남구 도곡동 소재 타워팰리스로 1번 설정(2006.11.7. 채권최고액 1,029,000,000원 설정) 전 2005.10.26 전입자로부터 금융기관이 임대차관계가 없다는 무상임대차확인서를 제출하였다고 하나 근저당권자인 금융기관에서 낙찰 후 유입취득시에는 신의원칙에 어긋나 당연히 명도하여야 하지만, 낙찰자가 제3자이고, 임차인여부를 어느 정도 파악하였다면, 실제 3억 자금이동이 있는 임대차가 있었다면 대항력있는 임차인으로 보아 상당한 주의를 하여야 한다. 이런 물건은 근저당권자가 낙찰(유입취득) 소유권이전 후 매매하여야 할 것이다.
75	전세권경매임 (부동산은 매각대상 아님)	창원 2005- 37013	[부동산은 매각대상이 아니며 전세권(건물)만 진행된 사건으로 을구에 1번 전세권임의경매개시결정으로 경매진행 후 매각되어 매수인으로 전세권자가 변경된 사건으로 김해시 안동 소재 2층 건물 전세권만 경매. 2층 전세권(전세권자 A ㈜웹뷰)에 대하여 1번 전세권 근저당권설정 (근저당권자 B 국민은행) 이후 1번 전세권임의경매개시결정(2005.10.18) 된 후 2006. 8.22 임의경매로 인한 매각(1번 전세권자 당초 ㈜웹뷰에서 전세권자 C 박병기)되어 1번 전세권 이전된 전세권 임의경매사건이다.
76	말소기준권리보다 앞선 가처분도 말소된 경우	통영 2006-6722 (1번)	가처분 후 가처분권자 앞 소유권 이전된 경우이며, 임의경매 매각물건명세서 비고란에 "가처분은 매각시 말소됨" 으로 기록된 사건으로 임의경매 종결 후 가처분은 말소된 경우이다. 애당초 1989.2.14 김진주 지분 18942중661 가처분된 상태(권리자 김홍도)에서 1989.5.30 소유권이전(소유자 김홍도)된 사건이었으나 가처분등기는 말소되지 않고 있었다. 1988.12.16 소유권이전 A 김진주→ 1989. 2.14 B 김홍도 가처분(금지사항 매매, 양도, 저당권, 임차권, 전세권의 설정 등 일체의 처분행위 금지)에서 1989.5.30 김홍도 소유권이전 후 2002. 2.28 김홍도 B 앞 가압류 2건 및 강제경매 신청된 경우로 2007.1. 9. 매각으로 인한 2007. 1. 9 접수번호 927번으로 소유권 이전(임문숙) 및 당일 동시에 2번 가처분, 6번 가압류, 7번 가압류, 10번 강제경매개시결정등기말소 된 사건이다.
77	선순위 가등기물	창원	김해시 진영읍 물건으로 선순위 1999.12.1 가등기 후

번호	구 분	사건번호	경 매 해 설
	건	2005-36379	가압류 3건 2005.10.11 강제경매로 대법원>사건검색>문건처리내역에 "2005.11.17 가등기권자 김○○ 신고서 제출"로 경매계에 확인하니 채권계산서가 아닌(담보가등기가 아님) 신고서임. 따라서 인수권리로 향후 낙찰 이전 후 소유권 잃을 수 도 있다.
78	정보지에 월세가 오류로 작게 입력한 경우도 있고 배당시 월세 안낸 경우 공제 후 배당한다.	창원 2007-23230	창원시 상남동 34-3번지 403호 물건으로 사업자등록이 2003. 5.14일로 보증금 2천만원에 월10만원으로 월세가 적다고 낙찰 기피한 물건으로 보이나 실제 월세 100만원으로 낙찰자가 큰 도움이 된 경우이며, 배당시 월세 12개월치 공제한 8백만원만 배당받음
79	아파트 대지권 면적계산시 등기부 나타난 임야 지번, 면적이 아닌 환지 후 지번, 면적을 잘 따져야 한다.	창원 2007-37581	(변경 전) 아파트 등기부상 창원시 도계동 산 143-5 임야 3,382㎡×3531/106490=대지권 112.14㎡, 건물 121.41㎡ 아님. (변경 후) 환지 후 지번인 창원시 도계동 396-7번지 1,058.9㎡×3531/106490=대지권 35.11㎡, 건물 121.41㎡(삼 호빌라 1001호)이므로 등기부등본만 과신하면 안되며 환지 후 면적을 토지이용계획확인서, 대지권등록부, 집합건축물대장전유부를 발급 후 계산하여야 한다.
80	대항력있는 임차인도 잔금납부 전에 퇴거 시 대항력 상실된다.	울산 2007-15648(3)	소유권이전(1987. 7.28 전입후 소유하다가 2006. 4.17 매매하여 전 소유자가 임차인이 된 경우이지만 1번 설정일자가 2006. 9.14일로 대항력만 있는데(2007.10. 8 배당요구종기일 이내 전입만 되어 잇고 확정일자가 없어도 배당요구종기일내 배당 요구하여 대항력 있는 임차인임) 잔대금 납부 기일인 2008. 7.14일 이전에 퇴거하여 대항력 상실됨(그러나 소액보증금금 14백만원은 배당 예상)
81	거액 임금채권 가압류되었다면 (등기부에 가압류권자가 다수인경우 등) 임차인 배당에 요주의	창원 2006-41804	임금채권과 임차인 소액보증금은 배당 때 동순위임. 가압류된 임금채권이 거액일 때 임차인은 후 순위로 밀리는 경우가 많고, 설정이나 압류전 전입한 임차인은 인수임대차가 되므로 배당금 계산에 주의해야 한다. 2006. 4.17 가압류 김○○외 19명 가압류는 임금채권으로 1번 설정일자가 앞서지만(200.12.20) 보다 선순위이며, 소액보증금과 동순위로 최우선배당 받으므로 결국, 임차인 우선순위에 의한 순위배당금이 적어지므로 인수임대차가 많아진다.
82	'토지 별도등기있음' 근저당권자 일부포기중으로 매수인과는 무관	창원 2007-27584(2)	토지 등기부(경남 마산시 양덕동 150-14)에 2002.1. 11일 경남은행에서 근저당권 설정(채권최고액 144백만원)되어 있으나 근저당권 경정하면서 목적지분 중 일부를 포기하고(토지배분금액은 배당 받아가므로) 있어 토지별도등기는 매수인과는 무관. 임차인 52백만원 사

번호	구 분	사건번호	경 매 해 설
			행행위 취소소송 패.
83	담보가등기권자가 경매 신청한 경우	창원 2007－32546	2007. 6. 8 소유권가등기권자가 2007.10.31 경매 신청한 경우이다.
84	"건축법상 사용승인 받지 않은 건물임"은 경매잔금대출 어렵다	창원 2005－25362(2) 창원 2005－13567	건물등기부에 "건축법상 사용승인 받지 않은 건물임"(즉, 준공미필의 미등기 건물로 가압류, 가처분 등기의 촉탁으로 인하여 소유권보존 등기는 되어 있으나 건축허가신청서와 다르게 건축하여 준공이 나지 않은 건물)으로 나타나 있으면 대출을 제한하고 있으므로 낙찰 전 대출 확약 받은 후(근저당권 설정 은행이 경매신청채권자인 경우 가끔 취급하는 경우가 있음) 응찰하여야 한다(창원 2005－25362호 경남 김해시 삼방동 579－13번지 다세대주택과 창원 2005－13567호 경남 마산시 회원동 248－12번지 다세대주택 등)

4. 조심해야 될 경매물건(18건 ⇒ 조심해야 될 경매물건과 권리분석 오류사례 해설)

번호	사건번호	경 매 해 설
1	창원 2006－24977	김해시 한림면 안하리 소재 임야 16,295㎡(4,929.24평, 1차 감정가 73백만원)로 1순위 4억 근저당권자가 높게 낙찰 유도 중(?) (2007년 1월 1차에 6억, 3월 19억, 5월 16억, 7월 7억, 최근 9월27일 4억 낙찰 후 11.7일 대금납부기한으로 대금납부 의문시됨(만약 근저당권자 지인, 친인척들이 낙찰 받았다면 1순위 근저당권자는 나중에 떼인 입찰보증금은 전부 배당금에 합산되니 별무)
2	창원 2006－25024	토지 없이 건물만 경매(김해시 진례면 청천리 954－1). 대지 지료부담 및 매도시 문제
3	창원 2006－24731	인수임대차(낙찰자 추가부담)가 있어 인도명령 신청도 기각(예상)최선순위 임차인이 임차권등기 및 강제경매신청한(마산시 완월동 소재 맨션) 강제경매로 임차인 2003.12.3. 65,000,000원 임차 후 1번 압류 2004. 6.11이후 압류, 가압류된 사건으로 임차인이 못 받은 전세보증금은 낙찰자가 추가 부담하여야 하며(아직 판례는 없음), 낙찰자가 인도명령 신청하여도 기각 결정될 것으로 보임.
4	창원 2006－29804	공매가 먼저 종결. 2007.2.27 낙찰 후 2007. 4. 6 대금지급기한통지서를 받고 잔대금 납부 직전에 등기부 발급하여 보니 한국자산관리공사 공매(온비드)에서 2007. 3.16 이미 제3자(주식회사○○○)명의로 소유권이전 된 상태. 허탈
5	창원 2006－24298	2순위 근저당권자가 높게 낙찰 받는 경우 감가 520백만원으로 1순위(약 450백만원) 뒤 후순위 근저당권자(4억)가 높게 낙찰 받는 경우(또한, 향후 뒤로 새 도로가 나오면 구 도로 상가

번호	사건번호	경 매 해 설
		는 수익성 급감 할 수 있음(감가 521백만원, 2006. 11.27 800백만원에 낙찰 후 2007. 3.29 재경매시 681백만원에 다시 낙찰)
6	창원2005－46666(9)	유치권신고(8차 경매에서 6차이상 가격에 낙찰, 유치권포기각서 징구가 관건)
7	창원 2005－18104	창원시 대방동 아파트로 임차인이 2005. 6.22 배당요구신청 후 2005. 7. 6 배당요구철회(배당요구종기일 : 2005. 8. 1), 결국 배당요구 안 한 것으로 보아 인수임대차 (낙찰자 추가부담 39백만원) 및 대지권 미등기임.
8	창원 2005－17668(2)	9명 응찰 후 낙찰(71,770,000원)된 후 대금미납으로 재매각에는 1명만 참여(51,862,000원) 11층 꼭대기 층으로 상가는 활용 방안, 수익성이 큰 문제
9	창원 2005－39965	마산시 진북면 망곡리 소재 목욕탕으로 매각 제외된 온천공이 중요(소유권 분쟁 문제) 4층일부, 5층, 6층이 종교시설(각○○)로 대출시 문제점 대두
10	창원 2006－20593	김해시 진영읍 의전리 347－6 공장으로 대납(잔대금 납부 시 지연료 연20% 및 기타 비용 부담), 낙찰 후 기계 감액 요청하다가 기일 변경 후 대납한 건이며, 인도명령 후 임차인(유치권신고자)이 항고한 사건으로 명도가 어려우면 자금부담 큼.
11	창원 2006－9077	대지권 미등기(창원시 대방동 소재 아파트로 19명 입찰 1차 180백만원, 3차에서 140백만원 낙찰)
12	창원 2006－13045 (권리분석오류사례)	경매 유료사이트 권리분석 중 일부 오류가 가끔 발견되고 있으므로 응찰 전에 전문가 도움을 받아 정확한 권리분석을 요하며, 입찰보증금을 떼이고, 향후 큰 경매사고로 이어져서는 안 된다. 경매유료사이트도 2개 이상 비교하면서 권리분석하여 보면 더욱 경매부동산의 함정을 피해 갈 수 있다. 임차인 17명 모두 권리분석 이상 없지만 건물등기부 을구에 2006. 2.28 주택임차권 15백만원 등기한 8번 임차인 정○○(전입 및 확정일자 모두 2003. 8.19) 은 경매개시결정 기입등기(2006. 4.21) 전에 등기하여 소액보증금 8백만원 최우선변제금 수령하는데도(1번설정인 말소기준권리는 2001. 7.19일 신협 450백만원) 한 푼도 못 받는 것으로 잘못 분석함.
13	창원 2006－30507 (권리분석 오류사례)	전세권자 서부새마을금고의 배당요구 여부(3억, 인수임대차로 권리분석되어 있음) 를 대법원사이트(www.scourt.go.kr)에서 >법원경매정보 >경매물건 >물건상세검색> 창원 2006타경30507호 입력하여 문건처리내역을 살펴보니 <2006.11. 8 권리신고 및 배당요구> 하여 100% 배당받을 수 있음에도 배당요구 없어 인수임대차(낙찰자 추가부담)로 잘못 권리분석한 사례
14	창원 2006－24311 (물건번호 1번,2	경매물건이 2개가 동시에 진행되어 경남은행 1순위 설정최고액 69,600,000원은 1번 물건과 2번 물건에서 2번 모두 배당금전액받는것으로 권리분석(오류)하였으나, 담보물건 2개의 공동저당으로 낙찰 후

번호	사건번호	경 매 해 설
	번)(권리분석 오류사례)	동시배당시 1번 물건과 2번 물건으로부터 동시에 절반정도씩 배당 받아 임차인 몫이 1번, 2번 모두 없는 것으로 배당 권리 분석하였으나 낙찰일자가 다르더라도 동시 배당하여야 하며, 따라서 1번 물건 임차인 및 2번 물건 임차인이 약간씩 배당 받을 수 있다.
15	창원 2006-18200(권리분석 오류사례)	임차인 이○○와 조○○을 2번씩 배당 받는 것으로 잘못 권리분석하여, 김○○(23백만원), 정○○(23백만원)이 100% 배당됨에도 인수임대차 있는 것으로 오류 분석한 사례
16	창원 2006-21282(권리분석 오류사례)	확정일자가 있어 인수임대차가 아님에도 인수임대차로 오류 권리분석해 주어 나한테 낙찰이 되었던 사례로 창원 2006-21282 (창원시 명서동 주택), 2002. 3.28 임차인 장00(보증금 37백만원)의 전입 2002.3.28이며, 확정일자가 2002. 7. 2일로 배당됨에도 매각물건명세서에 확정일자 누락되어 인수로 오류 권리분석한 사례
17	통영 2004-4371(권리분석 오류사례)	2002. 4.16 가처분(신용보증기금), 2003.10.10 압류(통영시), 2004. 3.24 강제경매(신용보증기금)로 정보지에 선순위 가처분 인수로 되어 있으나 가처분권자와 경매신청채권자가 동일하고, 2001.10.16 소유자 윤00에서 2001.11.22 김○○명의로 소유권 이전되자 신보에서 가처분하여 소유권 말소시키고 경매한 사건으로 선순위가처분 아님.
18	김천 2007-1776(1,2) (권리분석 오류사례)	등기부상 가압류채권자가 여러 명인 경우 선정당사자 등 표기 시 임금채권으로 1순위 선배당을 하여야 한다. 소액임차인과 1순위 배당 후 나머지로 배당하니 전세권자 임차인은 후순위로 배당 못받는 경우가 있다. 전세권 40백만원 일부 배당액 27백만원 후 나머지 13백만원과 증액보증금 5백만원은 인수임대차이다. 경북 구미시 구포동 528외 6필지 성원 102동1107호 2번 물건 아파트는 90백만원에 낙찰) 1번 물건 아파트는 54백만원에 낙찰 합 계 144백만원 등기부상 가압류 2건 113백만원(선정당사자 주○○ 91백만원+ 선정당사자 정○○ 22백만원)은 최선순위 임금채권(소액보증금과 동순위 배당됨)으로 총 낙찰가 144백만원에서 경매비용 4백만원 및 임금채권 113백만원 공제하면 잔여액 27백만원으로 40백만원 전세권자 부족분인 13백만원과 증액한 5백만원 합계 18백만원은 인수하여야 한다. 2번 물건 낙찰자가 잔대금 납부 동시 배당요구한 전세권도 직권말소되었다. ⇒말소기준권리(2003.6.19 압류)보다 앞선 전세권자(2001.4.24 40백만원)는 전입(2001.4.14) 과 확정일자(2001.4.23) 를 보유한 45백만원 확정일자부 임차인(2차 5백만원 증액한 보증금은 45백만원 포함)도 겸하고 있으며 말소기준권리(2003. 6.19 근로복지공단 압류일)보다 앞서 증액하였고 배당요구종기일(2007. 5. 4) 이내 배당요구신청(2007.4.18) 하였다.

5. 특수한 공매물건 해설(22건)

공매물건 검색은 공매 온비드 홈페이지 (www.onbid.co.kr)> 물건정보> 물건상세검색> 처분방식을 매각, 용도를 부동산 ,소재지를 고향 또는 서울(또는 경기, 인천 등) 하여 검색 클릭> 감정평가서 등 보면서 물건을 검색하면 된다.

그러나 아래 공매(압류재산) 22건의 공매 물건관리번호를 알고 있는 경우에는

① 온비드(www.onbid.co.kr)>물건정보>물건상세검색>물건관리번호에 2+물건관리번호로 검색한다.

예) 물건관리번호 : 2007－04757－002 이라면 ⇒ 온비드(www.onbid.co.kr)>물건정보>
물건상세검색>물건관리번호에 "2200704757002"로 검색한다.

② 그 다음 <물건정보>에서 기본정보, 물건정보, 감정정보, 임대차정보(임차인성명, 보증금, 전입, 확정), 관련정보(내 감정평가서)를 잘 살펴보아야 한다.

※ 온비드 압류재산 공매 중 아래 물건관리번호(2008－08536－001) 의 감정평가서와 낙찰가와 응찰한 인원수(52명) 등을 알아보자.

경남 남해군 남해군 미조면 송정리 산363번지
임야 지분 약 370평(1차 공매가 3,967,000원)

번호	물건관리번호	공 매 해 설
1	공매는 경매보다 권리분석에 더욱 주의를 하여야 물건관리번호 2007－02823－002	경남 마산시 동성동 소재 오피스텔로 1차 62백만원으로 등기부를 보면 말소기준권리(압류 마산시 : 취득세, 재산세 등으로 소액으로 보임), 소유권이전청구권가등기, 압류(마산세무서), 가압류 3건(295백만원) 강제경매(근로복지공단)으로 말소기준권리가 금액이 소액이어서 잔금납부시 선 말소가 되어 버리면 가등기가 인수권리가 되므로 상당한 주의가 요구된다.
2	경매(창원 2007－3588)와	경남 마산시 산호동 소재 3층 여관으로 경매는 2007.10.

번호	물건관리번호	공 매 해 설
	공매(물건관리번호2006－22076－001) 경합한 동일한 물건으로 공매가 경매보다 경쟁률, 낙찰가에서 매우 낮아 고수익을 실현할 수 있다는 것을 알 수 있다.	26. 5차 매각기일(최저매각가격 172,615,000원)에 11명이 응찰하여 230,110,000원에 낙찰한 반면 공매는 그 이전인 2007.10.11 매각 결정되어 (매각금액 141,800,000원, 납부기한 2007.12.10일) 공매가 경매보다 경쟁인원도 적고, 낮은 금액으로 낙찰된다는 사실을 입증한 셈이다.
3	매각결정통지서 접수 물건관리번호 : 2007－04757－002	경남 창원시 소답동 소재 답 69.068㎡ 지분(총면적 848㎡)건물 96.990㎡(추어탕 상가) (매각대금 133,320,000원)
4	매각결정통지서 접수 물건관리번호 : 2005－31917－001 (2200531917001로 검색)	경남 창원시 도계동 소재 제602호 대 지 : 25.4050㎡ 지분(총면적 : 924.800㎡) 건 물 : 71.0550㎡(매각대금 120,000,100원)
5	매각결정통지서 접수 물건관리번호 : 30884－001－2005 (사하구청 : 200530884001) (2200530884001로 검색)	부산광역시 사하구 당리동 소재 제205호 대지 : 지분(총면적 : 426.900㎡) 7.5300㎡ 건물 26.6400㎡(매각대금 24,600,000원)
6	경매와 공매의 경합 시 잔금을 먼저 납부한 자가 소유권이전효과 있다. 공매 3건 물건관리번호 : 2007－02823－002, (003, 004)	창원 2007－10647(경매신청채권자는 임의경매(우리은행)과 근로복지공단. 강제경매로 마산시 동성동 소재 물건과 온비드공매 4건이 경합 중으로 2007. 9.27 한국자산관리 공사에서 법원에 경매절차 중지요청 하였으나 경매, 공매 중 잔금을 먼저 납부한 자가 소유권이전 효과가 있다.
7	지목은 전이나 현황은 잡종지로 농지취득자격증명 발급 어려운 경우 소유권이전에 문제 있다. 물건관리번호 2007－05105－001	경남 김해시 진영읍 소재 답 지분 152.5㎡로 농취증 발급(또는 반려증명)이 있어야 소유권이전가능하나 발급기관에서는 반려증명대상도 아니다. (불법으로 농지를 공장부지로 사용 등) 이전 의문시
8	한국자산관리공사 유입취득 자산으로 그 후 3년뒤 KAMCO 공매로 되판 온비드 공매기록 및 감정평가서 검색	진주 2002－20314 법원경매에서 한국자산관리공사가 유입 취득한 유입자산(관리번호 61232949)으로 KAMCO 매각시 7회 차 유찰 후 수의계약하여 준 물건(경남 하동군 적량면 고절리 소재 근린생활시설)
9	공매도 공유자우선매수신고할 수 있다. 물건관리번호 2007－05125－003	경남 마산시 합성동 소재 답 지분 136.315㎡ 지분 공유자 중 우선매수를 원하면 매각결정통지전까지 공매재산의 공유자가 공매보증금을 제공하고 최고입찰가격과 같은 가격으로 우선 매수하겠다고 신고한 경우 공유자에게 매각결정을 하고, 우선매수 신고한 공유자가 매각대금을 납부하지 아니한 때에는 당초 최고액의 입찰자에게 매각결정을 할 수 있다.(공매재산이 공유물의 지분인 경우 국세징수법 제73조의 2에 따라 공유

번호	물건관리번호	공 매 해 설
		자가 우선매수 신고하는 경우 공유자에게 우선매수권이 있다.
10	공매시세는 과거 인근 소재지의 경매낙찰가 등 먼저 파악하여야 공매 낙찰예정가를 파악할 수 있다. ① 물건관리번호 2007-06247-002 ② 물건관리번호 2005-28232-001	① 창원시 북면 신촌리 소재 물건(감정가 117,360,000원)은 경매사이트에서 소재지 검색을 하여보면 창원 2005-41265(3)로 경매(1차 89,487,000원 유찰 후 71,590,000원에서 기각)된 적 있으며, ② 공매 물건관리번호 2005-28232-001⇒ 경남 마산시 자산동 28-2번지 성은빌라 702호(전용 151.2㎡, 인수임대차 1억, 1차 190,000,000원에서 유찰 후 2008.2.21 최저입찰가 95,000,000원 진행 시)는 마산시 자산동 성은빌라 702호로 경매 창원 2001-7731(성은빌라 1001호로 1차 210백만원 유찰 후 135백만원 낙찰)와 창원 2002-28780(성은빌라 801호로 1차 190백만원에서 유찰 후 141백만원에 낙찰)를 비교하면 예상 낙찰가를 알 수 있다.
11	공매 전소유자의 가압류 말소 안 된다(2003. 6. 5 가압류 채권자 성00 청구금액 14,287,808원) 물건관리번호 2004-06444-001	경남 창녕군 창녕읍 소재 대지 지분 357㎡ 공매로 애당초 공매정보란 부대조건에 '전소유자에 대한 말소되지 않는 가압류 있음. 제시외 건물 소재함(공매제외)'로 공고되어 전 소유자의 가압류 말소 안됨. (2004.8.19 45,517천원 낙찰)
12	상가는 감정가보다 체납관리비, 철거비, 리모델링비용과 향후 수익성과 미래가치를 면밀히 검토 후 응찰하여야 한다. 물건관리번호 2007-01464-004	경남 김해시 외동 힐튼상가 401호, 501호, 601호 전체로 감정가 1,401백만원에서 2008.6.12 제14회(최저입찰가 350,250,000원)에서 438,989,000원에 낙찰된 물건임. 찜질방으로 당초 창원지방법원 2004- 53759(1차 감정가 18억, 2006.3.27 7차 최저가 471,859천원 유찰) 진행중 경매취하 후) 다시 공매진행되나 센터빌딩에 의하면 체납관리비가 약 1억원으로(2007년말) 공용부분만 약 40% 예상시 낙찰자 추가부담 약 40백만원과 찜질방 기존시설 철거비와 사무실 리모델링 소요비용 약 2억원 감안하여야 한다.
13	경매(창원 2007-22299) 와 물건관리번호 2006-26186-001 동시진행중인 물건으로'토지별도등기 있음' 해결이 관건 ⇒과거 5년 전 동일한 주소지의 빌딩 경매진행 물건의 모든 흐름을 파악 후 권리분석 및 응찰가를 산정하여야 한다.	경남 김해시 삼계동 삼계위너스타운 405호로 2007.12.12일 경매 1차(1차 260백만원)유찰 및 공매는 2008. 1. 9일 12회차 공매 진행 중으로 1차 공매가 260백만원에서 계속 유찰 후 12회 공매 최저입찰가 65백만원에서 5명이 응찰, 11회차보다 높게 86,700,000원에 낙찰(나머지 4명은 71,890,000원, 71,360,000원, 67,600,000원, 65,169,000원에 응찰)된 물건임. 임대차는 보증금 20백만원에 월90만원 체육관 임차중임. 토지별도등기 3건 발견⇒ 그러나 본건은 한국자산관리공사에서

번호	물건관리번호	공 매 해 설
		공매진행 중이며, 근저당권자도 한국자산관리공사이므로 채권계산서 제출 후 대지권에 배당참여가 예상되므로 토지별도등기는 낙찰자 입장에서는 별무임(한국자산관리공사는 대지권일부 포기하면서 배당금 수령) 왜냐하면 경매 2007－24790호(1003호 경매), 2007－23391(704호 경매) 대법원사이트를 보면 한국자산관리공사와 가압류권자가 2007.10.16 법원에 채권계산서 제출하였음.
14	건물만 공매(14회차 공매에서 낙찰) 물건관리번호 2007－03820－001	경남 거창군 위천면 소재 건물 3,331㎡로 건물만 공매 1차 774백만원, 14회차(최저입찰가 193,547,000원)에서 195백만원에 낙찰
15	압류 전 선순위 전세권은 인수 물건관리번호 2006－23226－004	경남 마산시 대창동소재 근린생활시설로 2006.10.20 창원세무서 압류 전인 2005. 7. 1 전세권설정(전세금 48백만원)된 물건으로 선순위 인수임대차 권리(낙찰자 추가부담)로 1차 60백만원에서 2007.12.27일 12회차(최저입찰가 15백만원) 유찰 중으로 계속 유찰 예상된다.
16	대항력있는 선순위임대차로 보이나(전입일자 1996.2.14) 대항력을 부정하는 판결문 접수 물건관리번호 2005－28232－001	경남 마산시 자산동 소재 빌라로 임차인의 1억 보증금에 대하여 채권자로부터 대항력을 부정하는 판결문 접수(1차 190백만원 아파트)되어 있으나 2008.2.21 최저입찰가 95백만원 지정중 해제된 공매물건
17	공매와 경매 경합 중 보류된 물건 물건관리번호 2007－01749－001	경남 김해시 부원동 모텔로 공매감정가 435백만원, 2007.10.11 먼저 낙찰(250백만원)와 경매(창원 2007－9197, 감정가 464백만원, 2007.11.6 3차 최저가 297백만원 지정) 경합 중 공매 선 낙찰로 경매는 2007.11.6 별도 경매 취하함.
18	공매 진행 중 취소 물건관리번호 2007－04596－001 2007－15470－001	서울 성북구 길음동 소재 아파트, 서울 용산구 한남동 소재 한남동리첸시아도 진행 중 보류
19	공매 전입자 파악은 해당물건소재지 동사무소 방문 '전입세대 열람 내역(동거인포함)'을 발급받아 임대차 조사해야 물건관리번호 2007－07369－001	서울 양천구 신정동 소재 신정5차 현대아파트 502동 902호는양천구 신정3동사무소 방문하여 '전입세대 열람 내역(동거인포함)'발급한다. (99.12.29 한00 소유자만 전입 중)
20	경매가 먼저 낙찰되다. 물건관리번호 2007－06247－003	경매 창원 2007－33206 창원시 북면 신촌리 산 192번지 임야로 공매는 2007.7.24 43,636천원 유찰 중, 경매는 2008.7.15 3차(40,145천원)에서 51,210천원에 낙찰 2008.8.20 대금납부기한 납부되어 2008.9.25 배당종결되어 경매가 선 종결된 물건

번호	물건관리번호	공 매 해 설
21	한국자산관리공사의 물건을 검색하실 때에는 '-'와 같은 특수문자는 제외하고 숫자로만 입력하는데 압류재산의 경우에는 관리번호앞에 '2'를 국유재산의 경우에는 관리번호 앞에 '5'를 입력하면 된다.	물건정보>재산종류에 국유재산 일 때 검색방법? 국유재산 물건관리번호가 2008-081212-065은 ⇒ 52008081212065로 입력 후 검색
22	공매 물건정보의 부대조건을 잘 읽어 보아야 한다. 경매에서 권리신고 된 것(특히, 유치권신고 등) 잘 살펴야 한다. 물건관리번호 2008-05007-002	압류재산으로 부산 연제구 소재 아파트 1003호로 "소유권이전등기 전 가등기(2004.9.17 조00)에 의한 본등기시 매각결정취소 조건이오니 사전 조사 후 입찰바람.(그러나 1번 설정 2004.8.20 정리금융공사 있어 별문제 없다) 부산지법 2004타경 76694호 (물건번호 25번) 감정서 인용함. (2006.8.1일 154백만원, 2006.11.14일 78,848,000원 기일 변경). 유치권신고 있음.(유치권자 ㈜리드 외 9인)

6. 등기부에 나타나지 않는 인수권리

6-1. 주택임대차보호법상의 대항력 있는 임차인의 권리

부동산 경매사고의 대부분이 주택임대차보호법과 관련하여 발생한다고 해도 지나친 말이 아닐 정도로 주택임대차보호법의 권리분석은 대단히 중요하다. 경매계에 비치된 매각물건명세서에 '최선순위 설정일자 보다 대항요건을 먼저 갖춘 주택 · 상가 임차인의 임차보증금은 매수인에게 인수되는 경우가 발생할 수 있고, 대항력과 우선변제권이 있는 주택 · 상가 임차인이 배당요구하였으나 보증금 전액에 관하여 배당을 받지 아니한 경우에는 배당 받지 못한 잔액이 매수인에게 인수될 수 있다'라는 문구를 유의하여야 한다.

1. 대항력

주택, 아파트 등의 임대차는 그 등기가 없는 경우에도 주택의 인도와 주민등록을 마친 때에는 그 다음날부터 제3자에 대하여 효력이 생긴다. 제3자에 대하여 효력이 생긴다 함은 임대인 이외의 자에 대하여도 세든 사람은 그 주택의 임대차 관계를 주장할 수 있다는 의미이며, 이것은 결국 임대차기간 중 주택의 소유자가 변경되더라도 임대인의 지위가 신 소유자에게 포괄적으로 승계되어 임차인은 계약기간 동안(보증금을 준 경우 에는 그 보증금을 반환 받을 때까지) 그 집에서 쫓겨나지 않고 생활할 수 있다는 것이다.

그러나 주의할 일은 임차인이 입주와 전입신고를 하기 전에 그 집에 이미 근저당권등기나 가압류, 압류등기, 가등기 등이 행하여졌고 그 결과로 경매나 가등기에 의한 본등기에 의하여 소유권자가 변경된 경우에는 임차권은 소멸되어 임차인은 신 소유권자에게 대항할 수 없다. 따라서 주택을 임차하고자 할 때에는 최소한 등기부를 열람하여 근저당권설정이나 가등기 여부 등을 확인할 필요가 있다.

주택임차권의 대항력 발생시기는 주택의 인도와 주민등록전입신고를 모두 갖춘 다음날을 의미하는 것으로 대법원 판례는 "대항요건을 갖춘 그 다음날 오전 0시부터 대항력이 생긴다"고 판시하고 있다. (대법원 1999. 5. 25. 선고, 99다9981 참조)

그 다음날로 규정한 취지는 주택의 인도 및 주민등록을 마친 날과 제3자 명의의 소유권이전등기나 저당권설정등기 등이 같은 날 이루어진 경우에 그 선후관계를 명확히 하여 불완전한 공시방법을 갖춘 임차인 보다 원칙적 공시방법인 등기를 마친 자를 우선시키고자 함에 있다. 즉, 제3자가 인도와 주민등록을 마친 임차인이 없음을 확인하고 등기까지 경료하였음에도 그 후 같은 날 임차인이 인도와 주민등록을 마침으로 인하여 입을 수 있는 불측의 피해를 방지하기 위해 임차인 보다 등기를 경료한 권리자를 우선시키고자 함에 있다.

<대항력, 우선변제권, 최우선변제권 비교>

구 분	정 의	요 건	효 과
대항력	경매로 소유자가 바뀌어도 임차기간을 보장받고 보증금을 반환 받을 때까지 계속 거주 할 수 있는 권리	주택의 인도와 주민등록(다음날 0시부터 인정)(말소기준권리 이전에 전입)	보증금 전액을 매수인에게 대항
우선변제권	후순위권리자보다 우선하여 보증금을 변제 받을 수 있는 권리 (물권화)	대항요건(전입+ 점유)과 확정일자 중 늦은 날. 설정과 같은 권리 부여	보증금 전액을 순위에 따라 우선변제
최우선변제권	보증금 중 일정액을 선순위 권리자보다 우선하여 변제 받을 수 있는 권리	소액임차인중 경매신청 전까지 대항요건 구비 (전입+ 점유)구비 확정일자와는 무관	보증금 중 일정액을 최우선 변제

※ 주택임대차보호법과 상가건물임대차보호법의 최우선변제액(소액보증금)

담보물권 → 주1)	임차인 거주지역	주택임대차보호법		비 고
		우선변제를 받을 보 증금 중 일정액의범위	최우선변제	
1981. 3. 5	(대항력도입)			① 81. 3. 5.~대항력 도입 ② 1984.6.14.부터 소액보증금 우선변제(최우선변제권) 시행 ③ 1990.2.19부터 확정일자에 우선변제권 부여 ④ 1999.3.1부터 임차권등기명령제도시행(민법상 임차권 등기에 우선변제권 부여)
1984. 1 .1 ~1987.11.30	서울특별시, 직할시	3,000,000 이하	3,000,000	
	기타지역	2,000,000 이하	2,000,000	
1987.12. 1 ~1990. 2.18	서울특별시, 직할시	5,000,000 이하	5,000,000	
	기타지역	4,000,000 이하	4,000,000	
1990. 2.19 ~1995.10.18	서울특별시, 직할시	20,000,000 이하	7,000,000	
	기타지역(수원시 등)	15,000,000 이하	5,000,000	
1995.10.19 ~2001. 9.14	특별시, 광역시 (군 지역 제외)	30,000,000 이하	12,000,000	
	기타지역	20,000,000 이하	8,000,000	
2001. 9.15 ~2008. 8.20.	수도권 중 과밀억제권역	40,000,000 이하	16,000,000	
	광역시(군 지역과 인천광역시지역 제외)	35,000,000 이하	14,000,000	
	기타지역	30,000,000 이하	12,000,000	
2008. 8.21. ~향후 개정시까지	수도권 중 과밀억제권역	60,000,000 이하	20,000,000	
	광역시(군 지역과 인천광역시지역 제외)	50,000,000 이하	17,000,000	
	기타지역	40,000,000 이하	14,000,000	

★ 상가건물임대차보호법(2002.11.1 시행)				
2002.11.1 ~2008. 8.20.	서울특별시	45,000,000 이하	13,500,000	적용범위 보증금 240,000,000이하
	수도권 중 과밀억제권역(서울특별시 제외)	39,000,000 이하	11,700,000	190,000,000 이하
	광역시(군 지역과 인천광역시지역을 제외)	30,000,000 이하	9,000,000	150,000,000 이하
	그 밖의 지역	25,000,000 이하	7,500,000	140,000,000 이하
2008. 8.21. ~향후 개정시까지	서울특별시	상 동	상 동	적용범위 보증금 260,000,000 이하
	수도권 중 과밀억제권역(서울특별시 제외)	상 동	상 동	210,000,000 이하
	광역시(군 지역과 인천광역시지역 제외)	상 동	상 동	160,000,000 이하
	그 밖의 지역	상 동	상 동	150,000,000 이하

구 분	주택임대차보호법	상가건물임대차보호법
임차보증금 적용범위	무제한	월세도 환산한 상기 최고한도 이하만 보호
임차인 모두의 최우선변제금 총액범위	주택의 경락가액(대지가액을 포함)의 2분의 1의 범위 안에서	임대건물의 경락가액(임대인 소유의 대지가액을 포함)의 3분의 1의 범위 안에서
차임 또는 보증금의 증액 청구 한도	약정한 차임 또는 보증금의 20분의 1의 금액을 초과하지 못한다.(연5% 이하	청구 당시 차임 또는 보증금의 100분의 12이하(연12%)에서 100분의 9이하(연9%)로 축소함 (2008.8.21 시행)
보증금의 월차임 전환시 산정률 제한	연 14% 이하	연 15% 이하
최단 존속기간의 보장	2년 (임차인은 2년미만 유효 주장 가능)	1년 (최장 5년이내 계약갱신요구권)
계약갱신요구권 (묵시적 갱신가능)	법정갱신 계약의 갱신요구권은 없다 (합의에 의하여 갱신)	법정갱신 계약의 갱신요구권 있다 (5년 범위 내) ⇒ 그러나 수원, 성남지역 220백만원 보증금 경우 5년 기간의 임대차 보장 적용을 받을 수 없다 (최고한도 초과 시 비보호)
경매에 의한 임차권의 소멸	임차권은 임차주택에 대하여 민사집행법에 따른 경매가 행하여진 경우에는 그 임차주택의 경락(경락)에 따라 소멸한다. 다만, 보증금이 모두 변제되지 아니한, 대항력이 있는 임차권은 그러하지 아니하다(주임법 제3조의5 참조).	임차권은 임차건물에 대하여 민사집행법에 의한 경매가 행하여진 경우에는 그 임차건물의 경락에 의하여 소멸한다. 다만, 보증금이 전액 변제되지 아니한 대항력이 있는 임차권은 그러하지 아니하다(상임법 제8조 참조).

계약의 해지	임대인 : 임대차기간 만료 전 6월부터 1월까지 갱신거절 및 조건변경의 통지가 없는 경우 임차인 : 임대차 기간 만료 전 1월까지 갱신거절 조건변경의 통지가 없는 경우	임대인 : 좌동 임차인 : 임대차 기간 만료 전 6월부터 1월까지 사이에 계약갱신요구 행사 가능
묵시적 갱신	묵시적 갱신 시 기한의 정함이 없는 것으로 본다. 이 경우 임차인은 언제든지 해지가능 임대인이 통고 받은 날로부터 3월이 경과하면 효력발생	좌 동
대항력	대항요건(건물의 인도+ 주민등록전입을 마친 그 다음날 오전 0시부터 대항력인정	대항요건(건물의 인도+ 관할세무서에 사업자등록을 신청)을 마친 그 다음날 오전 0시부터 대항력인정
우선변제권 인정여부	대항요건(주택의 인도+ 주민등록전입)+ 확정일자(동사무소, 등기소, 공증사무소)를 받은 임차인(90.2.19부터 도입)	대항요건(건물의인도+ 사업자등록신청)+ 확정일자(건물 소재지 관할 세무서장)를 받은 임차인 (2002. 11. 1부터 도입)
확정일자 부여방법	동사무소, 법원, 등기소, 공증인사무소	건물소재지 관할 세무서장으로부터 임대차계약서상의 확정일자를 받은 임차인
임차권등기명령제도 소액사건심판법 준용	인정	인정
보증금 반환청구소송	보증금 액수에 관계없이 소액심판법 적용	보증금 관계없이 소액심판법 적용
계약해지 사유	2회 이상의 차임연체 시	3회 이상의 차임연체 시
계약갱신거절의 통지기간	임대차 기간 만료 전 6월부터 1월까지 갱신거절 가능	좌동(5년간 갱신 후)
적용범위	자연인에게만 적용, 일부 법인 허용	자연인, 법인, 법인이 아닌 단체에도 적용
등록사항 등의 열람 및 제공	불가	가능
주택임차권의 승계	인정	불인정
보증금 최고한도	의미가 전혀 없음	큰 의미(최고한도액 제한)
월세(부가세)의 개념	의미가 전혀 없음	큰 의미(월세+ 부가세)×100 하여 보증금에 합산하여 환산보증금 계산

주1) 담보물권에 저당권이나 가등기담보권은 포함되나 가압류는 포함되지 않는다. 확정일자를 갖춘 임차인이 포함되는지에 대하여는 견해가 나뉘나, 확정일자를 갖춘 임차인은 부동산담보권자에 유사한 지위에 있다는 판례(대판 1992.10.13 92다30597)를 근거로 긍정하는 견해가 다수설이다(법원행정처 민사집행 2권 469P. 참조)

[참고] 수도권 중 과밀억제권역, 광역시 및 기타지역의 범위

수도권정비계획법상 과밀억제권역 (수도권정비계획법시행령 9조 및 별표1)

구 분	2001. 9.15 ~ 임차인 거주지역 세분
수도권 중 과밀억제권역	서울특별시, 인천광역시(강화군, 옹진군, 중구, 운남동 · 운북동 · 운서동 · 중산동 · 남북동 · 덕교동 · 을왕동 · 무의동 · 서구대곡동 · 불노동 · 마전동 · 금곡동 · 오류동 · 왕길동 · 당하동 · 원당동 · 연수구 송도매립지(인천광역시장이 송도신시가지조성을 위하여 1990년 11월 12일 송도 앞 공유 수면매립공사면허를 받은 지역을 말한다) · 남동유치 지역을 제외한다.) · 남양주시(호평동 · 평내동 · 금곡동 · 일패동 · 이패동 · 삼패동 · 가운동 · 수석동 · 지금동 및 도농동에 한한다) · 하남시 · 의정부시 · 구리시 · 고양시 · 수원시 · 성남시 · 안양시 · 부천시 · 광명시 · 과천시 · 의왕시 · 군포시 · 시흥시(반월특수지역을 제외) ⇒단, 경기도 화성시 · 평택시 · 오산시 등은 과밀억제권역 아닌 기타지역임
광역시(군 지역과 인천광역시 지역 제외)	(군 지역 및 인천광역시 지역 제외) 부산광역시, 대구광역시, 대전광역시, 광주광역시
기타지역	위 이외 지역(화성시 · 평택시 · 양평군 · 춘천시 · 경남 마산시 · 창원시 · 진해시 등)

주택 및 상가건물 임대차보호법 적용 조견표(2008. 8.21)

	시행일자	항목	서울특별시	수도권 (과밀억제권역)	광역시	기타지역
주택임대차보호법	1984.06.14	소액보증금 우선변제금액	300만원 이하 → 300만원	–	300만원 이하 → 300만원	200만원 이하 → 200만원
	1987.12.01	소액보증금 우선변제금액	500만원 이하 → 500만원	–	500만원 이하 → 500만원	400만원 이하 → 400만원
	1990.02.19	소액보증금 우선변제금액	2,000만원 이하 → 700만원	–	2,000만원 이하 → 700만원	1,500만원 이하 → 500만원
	1995.10.19	소액보증금 우선변제금액	3,000만원 이하 → 1,200만원	–	3,000만원 이하 → 1,200만원	2,000만원 이하 → 800만원
	2001.09.15	소액보증금 우선변제금액	4,000만원이하 → 1,600만원		3,500만원이하 → 1,400만원	3,000만원 이하 → 1,200만원
	2008.08.21	소액보증금 우선변제금액	6,000만원 이하 → 2,000만원		5,000만원 이하 → 1,700만원	4,000만원 이하 → 1,400만원
상가건물임대차보호법	2002.11.01	적용금액	2억4천만원 이하	1억9천만원 이하	1억5천만원 이하	1억4천만원 이하
		소액보증금 우선변제금액	4,500만원 이하 → 1,350만원	3,900만원 이하 → 1,170만원	3,000만원 이하 → 900만원	2,500만원 이하 → 750만원
	2008.08.21	적용금액	2억6천만원 이하	2억1천만원 이하	1억6천만원 이하	1억5천만원 이하

		소액임차보증금 우선변제금액	4,500만원 이하 → 1,350만원	3,900만원 이하 → 1,170만원	3,000만원 이하 → 900만원	2,500만원 이하 → 750만원

* 수도권과밀억제권역 : 인천광역시(강화군, 남동유치지역등 제외), 의정부시, 구리시, 남양주시(호평동 등), 하남시, 고양시, 수원시, 성남시, 안양시, 부천시, 광명시, 과천시, 의왕시, 군포시, 시흥시(반월특수지역 제외)
* 기 담보물권 취득자는 시행일 기준 적용

임차인의 전입(또는 사업자등록), 확정, 배당 조견표

1. (설정전보다 앞서, 말소기준권리 이전 전입한 임차인) 대항력있는 선순위 임차인의 배당

① 소액임차인의 경우(일정액 이하) (예 보증금 2천만원)

요 건				낙찰가 여부 (높게, 낮게 낙찰)	배당 및 결과
거주	전입 (사업자)	확정일자	배당요구		
O	O	O	O	높게 낙찰시	전액배당
				낮게 낙찰시	일부배당, 임차인부족액:매수인 인수
			×	높게 낙찰시	매수인 전액 인수
				낮게 낙찰시	
O	O	×	O	높게 낙찰시	일부배당(소액), 임차인부족액:매수인 인수
				낮게 낙찰시	
			×	높게 낙찰시	전액 매수인 인수
				낮게 낙찰시	
O	×	O 또는 ×	O	높게 낙찰시	무배당, 임차인부족액:매수인과 무관
				낮게 낙찰시	
			×	높게 낙찰시	
				낮게 낙찰시	
×	O	O 또는 ×	O	높게 낙찰시	
				낮게 낙찰시	
			×	높게 낙찰시	
				낮게 낙찰시	

② 소액이상 임차인(일정액 이상) : (예 보증금 3억원)

요 건				낙찰가 여부 (높게,낮게 낙찰)	배당 및 결과
거주	전입 (사업자)	확정일자	배당요구		
O	O	O	O	높게 낙찰시	전액배당
				낮게 낙찰시	일부배당, 임차인부족액:매수인 인수
			×	높게 낙찰시	매수인 전액 인수

				낮게 낙찰시	
O	O	×	O	높게 낙찰시	매수인 전액 인수
				낮게 낙찰시	
			×	높게 낙찰시	
				낮게 낙찰시	
O	×	O 또는 ×	O	높게 낙찰시	무배당, 임차인부족액:매수인과 무관
				낮게 낙찰시	
			×	높게 낙찰시	
				낮게 낙찰시	
×	O	O 또는 ×	O	높게 낙찰시	
				낮게 낙찰시	
			×	높게 낙찰시	
				낮게 낙찰시	

2. (1번 큰 설정있는, 말소기준권리 이후) 후순위 임차인의 배당

① 소액임차인의 경우(일정액 이하): (예 보증금 2천만원)

요 건				배당관계		
거주	전입(사업자등록)	확정일자	배당요구	최우선변제	순위배당	매수인 인수
O	O	O	O	O	확정일자에 따라 순위배당	없음
O	O	O	×	×	×	
O	O	×	O	O		
O	×	×	O	×	×	
O	×	O	O	×	×	
×	O	O	O	×	×	

② 소액이상 임차인(일정액 이상) : (예 보증금 3억원)

요 건				배당관계		
거주	전입(사업자등록)	확정일자	배당요구	최우선변제	순위배당	매수인 인수
O	O	O	O	×	확정일자에 따라 순위배당	없음
O	O	O	×	×	×	
O	O	×	O	×	×	
O	×	×	O	×	×	
O	×	O	O	×	×	
×	O	O	O	×	×	

<주택임대차보호법 대항력 관련 27건 해설>

1) 대항력의 의미

주택임대차보호법 제3조의 임차인이 주택의 인도와 주민등록을 마친 때에는 그 다음 날부터 제3자에 대하여 효력이 생긴다고 함은 그 다음날 오전 0시부터 대항력이 생긴다는 취지이다.

따라서 주택의 인도와 주민등록을 모두 마친 다음날 이후에 최선순위 저당권이 설정되었으면 그 임차인은 대항력을 구비한 선순위임차인이 되어 매수인은 선순위 임차인의 임차보증금을 전액 추가 부담하여야 한다. 이를 인수임대차라고 부르며 매수인의 추가 부담이 된다.

(사례1) 임차인이 1996. 8. 16. 보증금 50백만원에 주택을 임차하여 1996. 8. 27. 주민등록상 전입신고를 마친 경우 그 다음 날인 1996. 8. 28. 0시부터 대항력이 있어 그 후 1996. 8.28. 자로 주간에 경료된 저당권에 기한 경락인에게 대항할 수 있다. 즉, 대항력은 그 다음날 오전 0시부터 발생하고 근저당권은 아무리 빨라도 오전 9시 전에는 이루어질 수 없으므로 주택임차인의 대항력에는 지장이 없다 할 것이다. (대법원 1999. 5.25 선고 99다9981 판결)

☞ 대법원 판례는 대법원(www.scourt.go.kr) 홈페이지 좌측하단의 종합법률정보 클릭 후 판례를 클릭하고 검색어에 99다9981 입력 후 검색 클릭하면 판례 검색됨

(사례2) : 창원지방법원 2005 타경 29111호(1998. 6. 8 전입 2002. 1. 9 확정 보증금 100백만원 1998. 9.28 설정 140백만원)⇒1억 전부 매수인 추가부담인 인수임대차

(사례3) : 진주지방법원 2004 타경 10847호(2002. 7.10 전입 2002. 7.22 확정 보증금 60백만원 2002. 7.16 설정 72백만원)⇒60백만원 전부 매수인 추가부담인 인수임대차

2) 전입세대열람 내역

가. 경 · 공매참가자는 주민등록법 시행규칙 제14조(주민등록전입세대의 열람)에 의거 전입세대 열람을 할 수 있다.

①항 열람 또는 등 · 초본 교부기관의 장은 다음 각 호의 어느 하나에 해당하는 경우로서 별지 제15호 서식에 따라 전입세대 열람을 신청한 자에게는 해당 물건소재지에 주민등록이 되어 있는 세대주와 동일 세대별 주민등록표 상의 동거인(말소된 사람을 포함한다)의 성명과 전입일자만 열람하게 할 수 있다. 다만, 동일 세대별 주민등록표 상의 세대원이 세대주보다 전입일자가 빠른 경우에는 그 세대원의 성명과 전입일자를 열람하게 할 수 있다.

① 법 제29조제2항 제2호에 따라 경매참가자가 경매에 참가하기 위하여 신청하는 경우
② 신용정보업자 또는 감정평가업자가 임차인의 실태 등을 확인하기 위하여 신청하는 경우
③ 금융기관 등이 담보주택의 근저당 설정을 이유로 신청하는 경우
④ 해당 물건의 소유자 본인 또는 그 세대원이 신청하는 경우
⑤ 해당 물건의 임차인 본인 또는 그 세대원이 신청하는 경우
⑥ 해당 물건의 매매계약자 또는 임대차계약자가 신청하는 경우
⑦ 법원의 현황조사명령서에 따라 집행관이 신청하는 경우

나. 중개업자는 주민등록법시행령 제47조 ③항 [별표2호] 2에 의거 정당한 이해관계가 있는 자로서 부동산 권리의 설정 · 변경 · 소멸에 관계되는 자(령47조)이다. 즉, 중개업자는 중개대상물건 임차권 확인설명의무가 있는 권리관계 설정 · 변경 · 소멸 이해당사자임.

다. 경매물건에 대한 임차인의 조사는 철저히 하여야 하며, 그 방법으로 경매정보지 등을 출력하여 경매부동산 소재지 읍 · 면 · 동사무소 방문 시 주민등록법 시행규칙 제14조(주민등록전입세대의 열람)에 의거 "전입세대열람 내역(동거인포함)"을 출력하여 주도록 요청할 수 있다, 특히,

동거인 유무를 철저히 하여야 하며, 만약 조카와 함께 전입을 하였다면 전입세대열람 내역(동거인 포함) 동거인사항에 조카의 성명과 전입일자가 기재된다. 말소기준권리보다 전입일자가 앞선 동거인이 있을 때 낙찰된 후 대항력 있는 임차보증금(선순위 전세보증금) 요구가 있을 것으로 예상하여 매각가가 하락하고, 매수를 꺼리고 있는 실정이다 (대법원 1992. 7.14 선고, 92다12827, 대법원 1988. 6.14 선고 87다카3093, 3094호 판결)

(양식) 전입세대열람 내역(동거인포함)에는 동거인(처남)의 전입일자가 2006. 4.24로 되어 있는데, 주민등록등본에는 처남의 전입일자가 2000. 7.14로 앞서 전입되어 있더라도 2006. 4.24일과 근저당권 설정일자와 비교하여 전입일자가 빠르면 대항력이 있는 무서운 인수임대차가 된다.
동사무소에서 출력 받은 <전입세대열람 내역(동거인포함)> 소개한다.

전입세대열람 내역

기관 : 경상남도 진해시 웅천동 작업일시 : 2007년3월28일 13 : 30
경상남도 진해시 제덕동 123번지 해성빌라 301호 페 이 지 : 1

세대주성명	전입일자	거주상태	최초전입자	전입일자	거주상태	동거인수	동거인사항	
주 소							성 명	전입일자
홍길동	2006.4.24	거주자	홍○○	2006.4.24	거주자	1	김○○	2006.4.24
경상남도 진해시 제덕동 123번지 해성빌라 301호								

<주민등록등본>에는 홍길동이가 전입한 것과 같은 2000. 7.14일 전입한 것으로 보인다.

번호	세대부 관계	성명	전입일/변동일	변동사유	비고
5	처남	김처남	2000-07-14/2000-07-14	전입	

3) 동거인 조사

전입세대열람 내역(동거인포함)출력 요청 시 해당 번지에 세대합가 된 전입자도 있는지 확인하여야 한다. 세대합가 된 전입자의 주민등록등(초)본 상의 전입일/변동일과 말소기준권리와 선, 후 비교 확인하여 앞선 일자인지 여부를 필히 확인하여야 하며, 앞선 경우에는 선순위 전세보증금으로 보고 그 금액만큼 낮게 유찰된 후에 매수하여야 한다. 왜냐하면 그 부분은 선순위전세보증금으로 매수인이 추가 부담하여야 한다(예, 세대합가를 조심하여야 한다. 아들이 전세계약 및 전입 후 아버지가 그 후 전입시 세대합가로 아들의 전입일자가 숨어 있어 설정일자와 아버지의 전입일자 다툼이 아닌 아들의 전입일자와 설정일자와의 선・후를 따져야 한다.)

4) 전입주소지는 등기부등본 소재지와 동일한 지 확인

1	공시가 상실된 경우 대항력이 없다. 4층 다세대빌라 집합건물의 반지하층 분양시 분양을 우려하여 지층은 빼고 문패에는 101호로 게시되어 있고, 임차인도 101호로 주민등록 전입한 경우가 많다. 그 후 준공 후 건축주는 등기시에는 '지층 1호'로 등기하면 전입주소 101호와 불일치하여 공시가 상실된 경우에 대항력 없어 전세보증금을 날린 경우가 많았다.

	(대법원 1995.8.11 선고, 95다177 판결 / 1996.4.12 선고 95다55474 선고) (사례연구) 서울중앙지방법원 경매 8계 2004타경 49113(물건번호 : 1) 서울특별시 강남구 신사동 550-4 소재 6개 물건으로 2003. 1.22 101호에 보증금 55백만원 당초 전입하였다가 2005. 9.14 지층1호로 정정 전입하여(통상 특수주소 변경이라고 부른다) 2003. 5. 2 조흥은행 1순위 444백만원 설정일자 보다 후 순위로 전혀 배당을 받을 수 없다.
2	건물외벽 표시대로 "봉화연립 라동 103호"로 주민등록 전입신고, 등기부등본상은 "디동 103호" 일 때 공시효력이 없고 대항력이 없다(대법원 1999. 4.13 선고 99다4207 판결) ⇒그러나 A동을 가동으로 전입 신고한 경우 공시방법으로 유효(대법원 2003. 6.10 선고 2002다59351 선고)
3	주민등록전입은 산53으로 전입, 등기부등본은 산 53-6일 때 임대차를 공시하는 효력이 없어 대항력없다(대법원 2000. 6. 9 선고 2000다8069 판결).
4	단독, 다가구주택은 다른 부분으로 옮겨도 유효(대법원 1998. 1.23. 선고 97다47828 선고) 그러나 집합건물의 경우 호수가 없이 주소만 전입한 경우에도 대항력 없다.
5	임차 및 전입 후 전출한 후 재 전입한 경우 재 전입일자에 대항력을 갖고(대법원 1998. 1.23 선고 97다43468 판결)
6	법인이 주택을 임차한 경우 주민등록을 구비할 수 없어 인정되지 않는다(대법원 1997. 7.11 선고 96다7236판결)
7	주거용 건물 여부는 공부상의 표시에 불구하고 그 실지용도에 따라서 가려져야 한다. 겸용건물이 주거용으로 인정된 판례로는 -휴게실의 절반을 주거용으로 사용하는 경우(대법원 1987. 8.25 선고 87다카 793 판결) -인쇄소와 수퍼에 방이 있는 경우(대법원 1995. 3.10 선고 94다52522 판결) -미장원과 제과점안에 방이 있는 경우(대법원 1988.12.27 선고 87다카2024 판결)가 있다. ⇒그러나 다방에 방이 있는 경우에 전체를 다방으로 보아 주택임대차보호법이 부정된 판례 (대법원 1996. 3.12 선고 95다51953 판결)도 있다. 주택임대차보호법 적용을 받는 건물의 범위는 등기된 건물, 미등기건물, 무허가건물, 불법건축물(옥탑을 주거용으로 개조하여 사용하는 경우 등), 가건물(비닐하우스는 해당 안 됨), 건물의 구조나 용도를 변경해서 주거용으로 사용하는 건물(업무용 오피스텔을 주거용으로 임차하여 일상 생활하는 경우 등) 등이다.
8	임차인이 임차 후 주거용으로 개조하였다면 임대차계약 체결 당시를 기준으로 하여야 하며, 임대인이 그 개조를 승낙하였다는 특별한 사정이 없는 한 주택임대차보호법 적용 대상이 아니다 (대법원 1986. 1.21 선고 85다카1367 판결) 그러나 임대기간 중에 임대인의 동의하에 주거용건물로 개조한 경우에는 개조한 때부터 주택임대차보호법의 적용을 받을 수 있다. 임대인의 동의여부가 핵심요소이다.
9	강제경매에서 가압류 후 임차인 전입한 경우(81. 2.21 가압류, 81. 5. 2 입주, 전입신고 후에 가압류권자의 확정판결에 기한 강제경매신청, 매수인이 명도 청구한 경우) ⇒ 부동산에 가압류등기가 마쳐진 후에 그 채무자로부터 그 부동산을 임차한 자는 가압류집행으로 인한 처분금지의 효력에 의하여 가압류사건의 본안판결의 집행에 의하여 그 부동

	산을 취득한 경락인에게 그 임대차의 효력을 주장할 수 없다(대법원 1983. 4. 26 선고 83다카 116판결)
10	대금납부 전에 선순위 저당권이 말소된 경우 (91.11.29 근저당, 92. 5.10 임대차계약(4,000만원, 5.10부터 1년), 92. 6.13 입주, 전입신고, 93. 5.10 묵시갱신, 93. 6. 8 강제경매, 93. 7. 2 위 근저당이 말소된 후 매각, 대금납부) ⇒ 임차권이 대항요건을 갖춘 후 강제경매에 의한 매각 이전에 대항력을 갖게 되었고 그 대항력이 존속하여도 담보가치가 손상될 저당권이 없는 이상, 부동산의 매각을 이유로 위 임차인의 대항력이 상실되지 않았다(대법원 1996. 2. 9 선고 95다 49523 판결)

5) 중간임차인의 대항력

전입과 주택의 인도와 점유를 갖추었으나 확정일자가 없이 설정과 설정 중간에 위치한 중간임차인(흔히, 샌드위치 임차인)은 전혀 대항력이 없는 경우가 많다.

즉, 임의경매에서 확정일자가 없이 전입신고만 한 중간임차인 경우(95. 2.23 1번 근저당, 96. 2.12 입주, 전입신고에서(보증금 5,000만원, 확정일자 무, 96. 4. 6 2번 근저당에서 2번 근저당권자가 경매 신청한 경우) 무배당인 경우가 많다. 그런 경우 임차권이 선순위 저당권과 함께 소멸하는 것은 확정적인 것으로서 그 임차주택의 매각대금에서 임차권자가 경락인에게 대항할 수 있다고 할 수 없고, 가사 임차권자가 확정일자를 받아두지 아니한 탓으로 선순위 저당권자에게 배당하고 남은 금액을 후 순위 저당권자가 배당 받았다고 하더라도 이는 오로지 임차인의 책임으로 돌릴 수 밖에 없다. (대법원 1999. 7. 9 선고 99다 20377 판결)

통상 말하는 말소기준권리보다 선순위일 때 선 순위임차인에 해당되며, 후순위일 때는 대항력이 없다. (대법원 2000. 2.11 선고 99다 59306 판결)

6) 임차권의 소멸

임차주택이 임대차기간의 만료 전에 민사집행법에 의한 경매가 행하여지는 경우 임차권은 그 임차주택의 경락에 의하여 소멸한다. 다만, 보증금이 전액 변제되지 아니한 대항력이 있는 임차권은 그러하지 아니한다(주택임대차보호법 3조의 5).

7) 연기된 " 배당요구 종기일" 까지 대항요건(주택인도와 주민등록)을 유지

임차인은 주택의 인도와 주민등록을 갖추어야 한다. 이를 대항요건이라 하는데 대항요건을 갖춘 임차인이 경매법원에 매각결정기일까지 그 권리를 증명하면 경매절차의 이해관계인이 되며(90조 4호) 권리신고 및 배당요구는 배당요구종기일까지 하여야 하며 대항력도 배당요구종기일까지 전입을 유지하여야 한다. 구 민사소송법은 배당요구의 종기인 경락기일까지 갖추고 있어야 대항력 또는 우선변제권이 인정되고, 현행 민사집행법은 배당요구의 종기와 매각결정기일을 분리하고 있어 현행법하에서는 법원이 정한 "배당요구의 종기"까지 위 요건을 유지하여야 할 것이다. 만약 배당요구의 종기가 연기된 경우에는 연기된 배당요구종기일까지 유지하여야 한다. 다만, 주택임차권등기를 한 경우에는 그러하지 아니하다. (대법원 1997.2.25 선고 96다10263호 판결)

(구법사건은 연기된 최종 경락기일까지 : 대법원 2002. 8.13 선고 2000다61466호)

8) 나대지인 토지 설정일자와 그 후 신축건물 추가설정으로 설정일자가 다른 경우

임차인의 전입일자가 토지보다는 늦고, 건물의 추가설정일자보다 앞선 경우 토지만의 경매에서 매수인에 대하여는 대항력을 주장할 수 없으므로 토지만의 매수인은 양수인에 해당하지 아니한다. 그러나 토지, 건물 동시 경매진행 시 매수인은 건물추가설정전의 임차인이 못 받은 대항력있는 부분의 임차보증금은 결국 낙찰자의 추가 부담이 될 것이다.

가. 창원지방법원 3계 2004타경 38903호 임의경매에서 대지설정은 1991. 9.12부터, 건물 추가설정은 2004. 9.10부터 이며, 그 중간인 2003.10.24 전입한 임차인은 대지에 대하여는 후순위이나 건물설정에 대하여는 선순위이므로 인수임대차로 계산하여야 한다.

나. 상가 중 창원지방법원 1계 2006타경 10824호에서는 대지 2002. 3.20 설정, 건물 2002. 9.24 추가설정일 경우 임차인의 사업자등록일은 2002. 5.25 보증금 1억원(월세 10만원)으로 대지보다는 후순위이지만 건물 추가설정보다는 앞서므로 인수임대차(낙찰자 추가부담)로 권리분석하여야 한다.

9) 법인 대항력 불인정

법인이 사원주택으로 사용하기 위하여 그 명의로 임차하고 소속직원이 입주, 전입신고를 하였더라도 대항력이 인정되지 아니한다(대법원 1997. 7.11 선고 96다7236호 판결)

10) 주민등록의 말소

주민등록이 주택임차인의 의사에 기하지 아니하고 주민등록법 등 관련 규정에 따라 직권말소된 경우 원칙적으로 그 대항력은 상실된다고 할 것이지만, 직권말소 후 같은 규정 소정의 이의절차에 따라 그 말소된 주민등록이 회복되거나 재등록이 이루어짐으로써 주택임차인에게 주민등록이 유지할 의사가 있다는 것이 명백히 드러난 경우에는 소급하여 그 대항력이 유지된다.
(대법원 2002.10.11. 선고 2002다 20957호 판결, 대법원 2008.3.13 선고 2007다54023판결)

⇒ 임차인이 기간만료 후 보증금을 반환 받지 못한 상태에서 어머니의 병간호로 가재도구 일부를 남겨둔 채 문을 잠그고 이사한 후 동사무소의 주민등록일제정리계획에 따라 직권말소된 다음 그 사실을 뒤늦게 알고 이의를 제기하여 재등록이 이루어진 사안임.

11) 대항력 여부는 매각물건명세서의 배당요구여부 란이 매우 중요

경매정보지에도 임차인 보증금 60백만원은 대항력 없음, 전액 낙찰자 인수라고 하여 인수임대차로 보이나 사실상 대항력이 없는 경우도 있다.

남부지방법원 2005타경 11159호(물건번호 2번) 서울 강서구 화곡동 빌라물건으로 재개발 등으로 관심 고조되는 지역인데 말소기준권리 (1순위 2002. 6.14 국민은행 근저당권)보다 앞서 2001. 9. 5 전입한 보증금 60백만원 선순위임차인이 대법원사이트에서 게시된 매각물건명세서에는 배당요구 여부가 공란으로 대항력 있는 것으로 당초 보았다. 그러나 대법원사이트>법원경매정보>경매물건>경매사건검색>남부 2005타경 11159호>문건/송달내역>문건처리내역에 보면 2005. 6.20 임차인 ○○○ 권리신고 및 배당요구신청 제출로 기록되어 있어 대항력이 없는 것으로 보고 입찰하여야 할 것으로 보여지며 매각물건명세서만 보고 결론을 지어도 안될 것이다.

12) 제3자(임대인)의 임의이전

예컨대, 92.11.23 전입신고, 95.6.23 1번 근저당등기 후, 임대인이 추가대출을 받기 위해 임차인의 주민등록을 다른 곳에 95. 7.18 전출신고, 95. 7.22 2번 근저당등기, 95. 8.21 재 전입 신고한 경우

⇒ 주민등록이 임차인의 의사에 의하지 아니하고 제3자에 의하여 임의로 이전되었고 이와 같이 주민등록이 잘못 이전된 데 대하여 임차인에게 책임을 물을 사유도 없는 경우는 임차인이 이미 취득한 대항력은 주민등록 이전에도 불구하고 그대로 유지된다(대법원 2000. 9.29 선고 2000다

37012호 판결)

13) 낙찰자의 대금납부 전 선순위 근저당권이 소멸된 경우

1번 근저당권, 임차인 전입, 2번 근저당권, 경매신청 後 매수신고인의 대금완납 전에 채무자가 임차인의 요청에 의하여 1순위 근저당권을 말소시켜 임차인이 낙찰자에게 대항할 수 있게 되었는데 낙찰자는 추가 인수부담으로 채무자가 배상해주라는 판결이다. 이때에는 채무자(대부분 무자력)를 상대로 손해배상청구소송을 할 것이 아니라 경매진행절차에 따라 매각불허가신청 또는 매각허가결정의 취소신청 또는 매매계약의 해제신청 및 경매대금의 반환청구 등의 방법을 택하는 것이 좋을 것이다(선순위 근저당권의 존재로 후순위 임차권이 소멸하는 것으로 알고 부동산을 낙찰 받았으나, 그 후 채무자가 후순위 임차권의 대항력을 존속시킬 목적으로 선순위 근저당권의 피담보채무를 모두 변제하고 그 근저당권을 소멸시키고도 이 점에 대하여 낙찰자에게 아무런 고지도 하지 않아 낙찰자가 대항력 있는 임차권이 존속하게 된다는 사정을 알지 못한 채 대금지급기일에 낙찰대금을 지급하였다면, 채무자는 민법 제578조 제3항의 규정에 의하여 낙찰자가 입게 된 손해를 배상할 책임이 있다 할 것이다. (경매에 참가하고자 하는 자는 자기의 책임과 위험부담하에 경매공고, 경매물건명세서 및 집행기록 등을 토대로 경매목적물에 관한 권리관계를 분석하여 경매참가 여부 및 매수신고가격 등을 결정하여야 하나, 경매기일이 지난 후에 발생한 위에서 본 바와 같은 사정변경에 대하여는 그로 인한 부담을 최고가매수신고인 또는 경락인에게 귀속시킬 수는 없다 할 것이다.)
(대법원 2003. 4.25 선고 2002다70075 판결) (대법원 1998. 8.24 선고 1998마1031 결정)

14) 대항력 있는 임차인의 점유부분이 선순위 전세권자와 다른 경우

선순위의 전세권은 2층 부분을 목적으로 하고 전세권등기 후에 대항요건을 갖춘 임차인은 1층 부분을 목적으로 한 경우, 전세권이 매각으로 소멸하더라도 임차권이 매각으로 소멸한다고 볼 수 없다(대법원 1997. 8.22 선고 96다53628 판결).

15) 채권회수 목적의 임대차계약

대여금, 공사대금 등 지급받지 못한 채무자의 채권자가 그 채권의 회수를 위한 방법으로 대여금, 공사대금 등을 임대차보증금으로 전환하여 채무자 소유의 주택을 임차하는 계약을 체결하고 대항요건을 갖춘 경우에 담보채권을 해 할 수 있는 여지가 있다. 경매잔금대출 취급시나 응찰자의 입장에서는 이와 같은 경우에 주택임대차보호법의 적용대상으로 볼 것인지 여부가 대두된다.

주택임대차보호법 시행 초기에 선고된 하급심 판결에서는 채권담보의 목적으로 임대차계약의 형식을 빌려 주택의 인도와 주민등록을 마친 경우에는 주택임대차보호법의 적용대상이 되는 임대차에 해당하지 않는다고 한 판시가 주류를 이루어 왔고, 대법원 또한 주택에 대한 사용. 수익을 완전히 배제하고 오로지 기존 채권의 회수만을 위한 방편으로 주택임대차계약을 체결한 경우에는 주택임대차보호법상 소액임차인으로 보호할 수 없다는 취지로 판시하였다.

그러나 이와 같이 기존채권을 회수 또는 담보하기 위한 임대차계약이라도 채권자가 임차인으로서 주택을 실제로 사용. 수익하는 경우가 얼마든지 있을 수 있다 할 것이므로 아래 대법원 판례의 태도를 통해 임대차계약의 주된 목적이 기존 채권을 회수하려는 것에 있는 경우에 있어서 어떤 경우에 주택임 임대차보호법상 보호를 받을 수 있는지 살펴보자.

아래 판례 중 5번째 판례(대법원 2002. 1. 8 선고 2001다 47535 판결)는 대항력을 갖는다는 인정하는 판례이다.

기존채권 회수를 목적으로 한 주택임대차계약의 효력에 관한 대법원 판례

부정하는 판례 4건

1. 대법원 2001. 5. 8. 2001다14733 판결(최우선변제권×, 무)

【판시사항】

임대차계약의 주된 목적이 주택을 사용 수익하려는 데 있는 것이 아니고 소액임차인으로 보호받아 기존채권을 회수하려는 데에 있는 경우, 주택임대차보호법상의 소액임차인으로 보호받을 수 있는지 여부(소극)

【판결요지】

주택임대차보호법의 입법목적은 주거용건물에 관하여 민법에 대한 특례를 규정함으로써 국민의 주거생활의 안정을 보장하려는 것이고(제1조), 주택임대차보호법 제8조 제1항에서 임차인이 보증금 중 일정액을 다른 담보물권자보다 우선하여 변제받을 수 있도록 한 것은, 소액임차인의 경우 그 임차보증금이 비록 소액이라고 하더라도 그에게는 큰 재산이므로 적어도 소액임차인의 경우에는 다른 담보권자의 지위를 해하게 되더라도 그 보증금의 회수를 보장하는 것이 타당하다는 사회보장적 고려에서 나온 것으로서 민법의 일반규정에 대한 예외규정인 바, 그러한 입법목적과 제도의 취지 등을 고려할 때, 채권자가 채무자 소유의 주택에 관하여 채무자와 임대차계약을 체결하고 전입신고를 마친 다음 그곳에 거주하였다고 하더라도 실제 임대차계약의 주된 목적이 주택을 사용수익하려는 것에 있는 것이 아니고, 실제적으로는 소액임차인으로 보호받아 선순위 담보권자에 우선하여 채권을 회수하려는 것에 주된 목적이 있었던 경우에는 그러한 임차인을 주택임대차보호법상 소액임차인으로 보호할 수 없다.

⇒ 채무자(주택소유자)에 대하여 7,000만원의 채권을 가지고 있는 채권자가 이를 변제하지 못하자 채무자 소유의 주택 중 방 1칸에 관하여 그 채권 중 일부를 회수하기 위하여 임차보증금을 소액임차인에 해당하는 1,500만원으로 정하여 임대차계약을 체결하고는, 실제 임차보증금은 지급함이 없이 실제로 입주하여 전입신고를 마치고 거주하여 온 사안으로서, 대항요건을 갖추기 이전에 이미 그 주택에 관하여 근저당권이 설정되어 있었으므로 소액임차인으로서의 최우선변제권 인정여부만이 문제된 사안에서,

1) 대법원의 판단

"주택임대차보호법의 입법목적은 주거용 건물에 관하여 민법에 대한 특례를 규정함으로써 국민의 주거생활의 안정을 보장하려는 것이고, 주택임대차보호법 제8조 제1항에서 임차인이 보증금 중 일정액을 다른 담보물권자보다 우선하여 변제 받을 수 있도록 한 것은 소액임차인의 경우 그 임차보증금이 비록 소액이라고 하더라도 그에게는 큰 재산이므로 적어도 소액임차인의 경우에는 다른 담보권자의 지위를 해하게 되더라도 그 보증금의 회수를 보장하는 것이 타당하다는 사회보장적 고려에서 나온 것으로서 민법의 일반규정에 대한 예외 규정인 바, 그러한 입법목적과 제도의 취지 등을 고려할 때, 채권자가 채무자 소유의 주택에 관하여 채무자와 임대차계약을 체결하고 전입신고를 마친 다음 그곳에 거주하였다고 하더라도 실제 임대차계약의 주된 목적이 주택을 사용 수익하려는 것에 있는 것이 아니고, 실제적으로는 소액임차인으로 보호받아 선순위 담보권자에 우선하여 채권을 회수하려는 것에 주된 목적이 있었던 경우에는 그러한 임차인을 주택임대차보호법상 소액임차인으로 보호할 수 없다고 할 것이다" 라고 판시한 사례입니다.

2) 판단 기준

위 사안은 임대차계약의 주된 목적이 주택을 사용. 수익하려는 데 있는 것이 아니고 소액임차인으로 보호받아 기존채권을 회수하려는 데에 있는 경우, 주택임대차보호법상의 소액임차

인으로 보호받을 수 있는지 여부가 쟁점이 되었으나, 대법원은 대항력 없는 소액임차인의 경우 임대차계약의 주된 목적이 무엇인지 여부를 판단기준으로 설정하여 주택임대차보호법상의 보호대상이 되는 소액임차인을 제한적으로 해석하여 판단함.

2. 대법원 2002. 3. 12. 2000다 24184,24191 판결(우선변제권×,무)

【판시사항】

[1] 가장 임대차의 주택임대차보호법상의 대항력 유무(소극)

【판결요지】

[1] 임대차는 임차인으로 하여금 목적물을 사용·수익하게 하는 것이 계약의 기본 내용이므로, 채권자가 주택임대차보호법상의 대항력을 취득하는 방법으로 기존 채권을 우선변제 받을 목적으로 주택임대차계약의 형식을 빌려 기존 채권을 임대차보증금으로 하기로 하고 주택의 인도와 주민등록을 마침으로써 주택임대차로서의 대항력을 취득한 것처럼 외관을 만들었을 뿐 실제 주택을 주거용으로 사용·수익할 목적을 갖지 아니 한 계약은 주택임대차계약으로서는 통정허위표시에 해당되어 무효라고 할 것이므로 이에 주택임대차보호법이 정하고 있는 대항력을 부여할 수는 없다.

⇒ 채무자(주택소유자)에 대하여 2억8천만원의 채권을 갖고 있는 채권자가 채무자가 신축한 미등기 다가구주택에 관하여 기존 채권을 임차보증금으로 대체하기로 하고 임차보증금을 1억원과 1억8천만원으로 한 각 임대차계약을 체결하고 각 주택의 열쇠만 건네 받고는 전입신고를 마쳐 주택임대차보호법상의 대항요건을 갖추었으나 실제 거주하면서 생활하지는 아니한 사안에서,

1) 대법원 판단

"임대차는 임차인으로 하여금 목적물을 사용. 수익하게 하는 것이 계약의 기본 내용이므로, 채권자가 주택임대차보호법상의 대항력을 취득하는 방법으로 기존 채권을 우선변제 받을 목적으로 주택임대차계약의 형식을 빌려 기존 채권을 임대차보증금으로 하기로 하고 주택의 인도와 주민등록을 마침으로써 주택임대차로서의 대항력을 취득한 것처럼 외관을 만들었을 뿐 실제 주택을 주거용으로 사용·수익 할 목적을 갖지 아니한 계약은 주택임대차계약으로서는 통정허위표시에 해당되어 무효라고 할 것이므로 이에 주택임대차보호법이 정하고 있는 대항력을 부여할 수는 없다"고 판시한 사례임.

2) 위 사안의 시사점

이 사안도 변제 받지 못한 기존 채권을 임대차보증금으로 전환하고 형식상 대항요건을 갖춘 부분은 앞에서 본 사안들과 크게 다를 바 없다. 다만 대항력 유무에 관하여 임차인에게 실제 주거용을 사용. 수익할 목적이 있는지 여부를 기준으로 통정허위표시에 의해 해결하였다는 점이 중요하다.

3. 대법원 2003. 7.22 선고 2003다21445 판결(우선변제권×,무)
⇒ 남부 2001-17760호로 판례 탄생함

【판시사항】

[1] 주택임대차로서의 우선변제권을 취득한 것처럼 외관을 만들었을 뿐 실제 주택을 주거용으로 사용·수익할 목적을 갖지 아니한 계약에 주택임대차보호법이 정하고 있는 우선변제권이 있는지 여부(소극)

[2] 주택과 그 대지에 관한 자기의 공유지분을 다른 공유자에게 명의신탁한 공동소유자로서

그 주택의 일부분을 사용·수익해 오던 자가 그 주택 등이 경매되는 경우 자기의 지분을 제3자에게 대항할 수 없게 되는 것에 대비하여 다른 공유자와 사이에 임대차계약서를 작성하고 확정일자를 받아두었을 뿐인 경우에는 주택임대차보호법이 정하고 있는 우선변제권이 인정되지 않는다고 한 사례

【판결요지】

[1] 주택임대차로서의 우선변제권을 취득한 것처럼 외관을 만들었을 뿐 실제 주택을 주거용으로 사용·수익할 목적을 갖지 아니한 계약에는 주택임대차보호법이 정하고 있는 우선변제권을 부여할 수 없다.

[2] 주택과 그 대지에 관한 자기의 공유지분을 다른 공유자에게 명의신탁한 공동소유자로서 그 주택의 일부분을 사용·수익해 오던 자가 그 주택 등이 경매되는 경우 자기의 지분을 제3자에게 대항할 수 없게 되는 것에 대비하여 다른 공유자와 사이에 임대차계약서를 작성하고 확정일자를 받아두었을 뿐인 경우에는 주택임대차보호법이 정하고 있는 우선변제권이 인정되지 않는다고 한 사례.

4. 대법원 2007.12.13 선고 2007다55088 판결(대항력×, 무)

【판시사항】

[1] 임대차계약의 주된 목적이 주택을 사용·수익하려는 것이 아니고 대항력 있는 임차인으로 보호받아 기존 채권을 회수하려는 것에 있는 경우, 주택임대차보호법상의 대항력이 있는지 여부(소극)

[2] 부모가 삼촌에 대하여 가지는 대여금채권을 임대차보증금으로 대체하기로 하고 삼촌이 건축한 빌라에 관하여 임대차계약을 체결한 사안에서, 그 주된 목적이 대항력 있는 임차인으로 보호받아 부모의 대여금채권을 우선변제받으려는 것인지에 관하여 더 심리해야 한다는 이유로 원심판결을 파기한 사례

인정하는 판례 1건

5. 대법원 2002. 1. 8. 선고 2001다47535 판결(대항력 O, 유)

【판시사항】

기존 채권을 임대차보증금으로 전환하여 임대차계약을 체결한 경우, 그 사정만으로 임차인의 주택임대차보호법상의 대항력이 부정되는지 여부(소극)

【판결요지】

주택임차인이 대항력을 갖는지 여부는, 주택임대차보호법 제3조 제1항에서 정한 요건, 즉 임대차계약의 성립, 주택의 인도, 주민등록의 요건을 갖추었는지 여부에 의하여 결정되는 것이므로, 당해 임대차계약이 통정허위표시에 의한 계약이어서 무효라는 등의 특별한 사정이 있는 경우는 별론으로 하고 임대차계약 당사자가 기존 채권을 임대차보증금으로 전환하여 임대차계약을 체결하였다는 사정만으로 임차인이 같은 법 제3조 제1항 소정의 대항력을 갖지 못한다고 볼 수는 없다.

⇒ 채무자에게 금1억5천만원의 대여금채권을 갖고 있는 채권자가 이를 변제 받지 못하자 채무자 아파트에 관하여 기존 채권액을 임차보증금으로 전환하여 임대차계약을 체결하고 아파트를 인도받아 전입신고를 마쳐 대항요건을 갖춘 것인데, 임차권에 우선하는 선순위 저당권 등이 없었고, 임차인이 실제 임차주택에서 거주하여 온 사안으로서, 임차주택의 양수인에게 대항할 수 있는지 여부에 관한 사안에서,

	1) 대법원의 판단 "주택임차인의 대항력을 갖는지 여부는 주택임대차보호법 제3조 제1항에서 정한 요건, 즉 임대차계약의 성립, 주택의 인도, 주민등록의 요건을 갖추었는지 여부에 의하여 결정되는 것이므로 당행 임대차계약이 통정허위표시에 의한 계약이어서 무효라는 등의 특별한 사정이 있는 경우는 별론으로 하고 임대차계약 당사자가 기존 채권을 임대차보증금으로 전환하여 임대차계약을 체결하였다는 사정만으로 임차인이 같은 법 제3조 제1항 소정의 대항력을 갖지 못한다고 볼 수는 없다"고 판시함. **2) 위 사안의 시사점** 위 사안은 최우선변제권으로 보호되는 대항력 없는 소액임차인과는 달리 대항력 있는 임차인은 당해 임대차계약이 통정허위표시에 의한 계약이 아니라면 기존 채권을 임대차보증금으로 전환하여 임대차계약을 체결하였더라도 대항력을 가진다고 판시한 점에서 중요한 의미가 있다 할 것임.
결론	소액임차인 보호에 관한 판단 기준과 대항력 유무에 관한 판단기준이 서로 다르다는 점을 알 수 있다. 즉, 대항력 없이 최우선변제권만을 행사하는 소액임차인의 경우에는 주택을 사용. 수익할 목적이 있더라도 임대차계약의 주된 목적이 기존 채권을 회수하려는 것에 있는 경우 소액임차인으로 보호할 수 없다는 입장이고, 반면, 대항력 있는 임차인의 경우에는 위 사례 대법원 판례 3에서와 같이 임대차계약의 주된 목적이 기존채권을 회수하려는 것에 있는 경우에도 당해 임대차계약이 통정허위표시에 의한 계약이 아니라면 기존 채권을 임대차보증금으로 전환하여 임대차계약을 체결하였더라도 대항력을 가진다고 판시한 반면, 실제 주택을 주거용으로 사용. 수익할 목적을 전혀 갖지 않고 기존 채권의 회수만으로 목적으로 하는 경우에 한하여 그 임대차계약을 통정허위표시로서 무효로 보아 주택임대차보호법의 적용 대상이 되지 않는다는 것을 알 수 있다.

16) 대항력과 우선변제권을 겸유하는 임차인이 배당요구를 한 후 배당요구종기 지나 철회

허용되지 아니한다(민집 88조2항). 그러나 실무상 배당요구종기일 이내에 배당요구 철회하는 경우가 있다. 그런 경우에는 배당요구 하지 않은 것으로 보아 대항력이 인정되므로 주의하여야 한다.

(사례) 창원지방법원 2005타경18104호(2003. 3.26 전입 및 2004.10.25 확정, 배당요구종기일 2006. 8. 1, 2005. 6.22 배당요구신청, 2005. 7. 6 배당요구 철회하여 인수임대차로 보아야 한다.

17) 선순위 가압류등기와 주택임차인의 선후 관계

임차인이 대항요건을 이미 갖추었더라도 확정일자를 가압류보다 나중에 갖추었다면 확정일자에 의한 우선변제권으로서 선순위 가압류에 대항할 수 없고, 따라서 평등배당을 받게 되는 것이다. (대법원 1992.10.13 선고 92다30597 선고)

18) 동일일자(전입일자=확정일자=설정일자)인 경우 설정이 우선

2004. 8.26 전세계약, 2004. 9.26 잔금지불 및 전입, 확정일자(대항력 발생일과 확정일자 발생일은 2004. 9. 27 오전 0시) 및 이사(점유)한 경우 같은 날 2005. 9.26 설정 시에는 근저당권이 우선

⇒ 대항력발생일은 2004. 9.27 오전 "0"시 이므로 근저당권 효력일 2005. 9.27 낮(주간) 설정보다 늦어 임차인은 대항력 없음(대법원 1998. 9. 8 선고, 98다26002 판결)
만약, 익일인 2005. 9.27일 설정 시에는 설정이 후순위가 된다.

19) 대항요건(전입과 점유)은 점유일까지 계산

2005. 8.26 전세계약과 전입신고, 2005. 9.10 설정(또는 2005. 9.26일 설정). 2005. 9.26 잔금지불 전 임차인 이사가고, 새 임차인 당일 이사(점유)들어옴)

⇒ 대항력은 2005. 9.27일 "0"시부터 이므로 후순위임차인이 된다.

20) 전입일자는 빠르지만 확정일자와 설정일자가 같은 경우 안분배당

감정가 2억원 주택이 1억원에 낙찰 시(경매비용 제외 후 매각대금이 1억원이라고 가정) 2004. 8.31점유, 2004. 9. 1 전입(보증금 1억), 2004. 9. 2 확정, 2004. 9. 2. 저당(1억)시 각 50백만원씩 안분배당한다.

21) 채무자와 소유자가 다른 경우의 채무자 부인의 대항력 인정 여부

채무자와 소유자가 같은 경우에는 채무자의 부인이 최선순위 세입자인 경우에 대항력을 인정하지 않으나, 채무자와 소유자가 다른 경우(제3자 물상보증인의 부동산 담보제공 시) 대항력을 인정한다.

즉, 물상보증인의 주택경매에서 채무자를 임차인의 범위에서 제외하는 규정은 없으나, 가장임차인일 개연성이 높으므로 일단 배당에서 제외하고, 채무자는 배당이의의 소를 제기하여 적극적으로 임차권의 존재를 주장, 입증하여 배당 받도록 하여야 할 것이다(1997. 7.14 전국민사집행판사회의).

〈친, 인척간 임대차의 경우 대항력 여부〉

대항력 인정되는 경우	대항력이 인정되는 시점	대항력 인정안되는 경우
형제간, 성년의 부자지간, 처남, 동서, 사위 및 친인척 간의 임대차로 실체적이고 구체적인 사안에 따라	부부간의 경우 협의 이혼한 시점부터, 점유개정(소유자에서 임차인으로 신분이 바뀐 경우)의 경우 소유권 이전 해 준 익일 "0시"부터 임차인 신분(통상 말소기준등기 이후로 낙찰자에게 대항력주장을 할 수 없다)	부부사이, 부모와 미성년 자녀간, 부모가 자식 집에 전세 사는 경우
	소유자 배우자인 경우 협의 이혼한 시점부터	채무자 겸 소유자 배우자인 경우

22) 확정일자부 임차인이 배당요구종기일 이후에 권리신고 및 배당요구

배당에서 제외되고 대항력있는 임차인으로 남는다(즉, 매수인의 추가부담이 된다)

(사례) 중앙 1계 2003타경2971호 2002. 8. 2 전입 및 확정 보증금 110백만원, 2002.10. 1 30백만원 설정, 배당요구종기일 2003. 4. 8, 2003. 4.26 임차인 배당요구신청 하였으므로 인수임대차(낙찰자의 추가부담)가 된다.

23) 임차인의 처나 자녀만 전입신고를 한 경우의 대항력

처, 자녀, 동생 등 가족과 함께 입주하였으나 자신의 주민등록은 사업상의 필요에 의하여 다른 곳에 그대로 둔 채 동생을 세대주로 하고 처와 자녀를 그의 동거가족으로 하여 건물의 소재지에 주민등록 전입신고를 마쳤다가 그 후 자신의 주민등록까지도 위 주소지에 전입신고를 마친 경우 주택임대차보호법 제3조 제1항에서 규정하고 있는 주민등록이라는 대항요건은 임차인 본인뿐아니라 그 배우자나 자녀 등 가족의 주민등록을 포함한다고 보아야 할 것이다 (대법원 1988. 6.14 선고,

87다카3093, 3094호 판결)

주택 임차인이 그 가족과 함께 그 주택에 대한 점유를 계속하고 있으면서 그 가족의 주민등록을 그대로 둔 채 임차인만 주민등록을 일시 다른 곳으로 옮긴 경우라면, 전체적으로나 종국적으로 주민등록의 이탈이라고 볼 수 없는 만큼, 임대차의 제3자에 대한 대항력을 상실하지 아니한다. (대법원 1996. 1/26 선고 95다30338 판결)

24) 소유자가 주택을 매도 후 계속 거주하는 경우 대항력 발생시기

소유권이전 등기 익일부터 발생하는 것으로 되어 있는 바, 소유권이전과 동시에 근저당권 설정시 저당권이 우선하게 된다. 따라서 매도인이 매수인 앞 소유권이전등기와 은행 저당권 설정이 같은 날 이루어지고 매도인이 임차인의 지위를 동시에 가질 때에는 저당권설정을 선순위로 보아야 한다.
전소유자가 임차인이 되는 시점은 종전 주민등록일이 아니고 소유권이전과 저당권 설정이 동시에 된 다음날 0시로 보기 때문이다. (대법원 2000. 2.11선고 99다 59306호 판결, 대법원 1999. 4.23선고 98다 32939호 판결), 금융기관에서 경락 잔대금 대출 때 소유권이전과 동시에 당일 1순위 설정하는 것도 그러한 이유이다. 결국, 주택임대차보호법에서 규정하는 대항요건 중 하나인 주민등록은 주택임차인으로서의 주민등록을 의미하는 것이지, 소유자로서의 주민등록은 주택임대차보호법에 의한 보호 대상이 될 수 없다

25) 외국인과 재외동포 보호

외국인	출입국관리법(2002.12.5. 제88조의2 개정으로) 규정에 따라 90일을 초과하여 국내 체류하는 외국인은 외국인 등록을 하여야 하는데 이 때 한 외국인등록을 주민등록으로 본다. 외국인이 체류지를 변경할 때는 변경신고를 전입신고로 본다. 따라서 외국인도 출입국관리법에 따른 외국인 등록을 하면 법의 보호를 받을 수 있다.
재외동포	재외동포의출입국과법적지위에관한법률(1999.9.2. 제3조, 제9조)에 의해 국내에 30일 이상 거주할 목적으로 체류하는 재외동포는 국내거소신고를 할 수 있고, 거소신고를 주민등록으로 보기 때문에 역시 재외동포도 이 법의 보호를 받을 수 있다.

26) 잔대금 납입 후 다음 날에 소유권이전과 1번 설정을 한 경우 ⇒ 낙찰대금을 납부하여 소유권을 취득하는 즉시 임차권의 대항력을 취득한다.

(대법원 2002. 11. 8. 선고 2002다38361, 38378 판결)

⇒ 경매절차에서 낙찰인이 주민등록은 되어 있으나 대항력은 없는 종전 임차인과의 사이에 새로이 임대차계약을 체결하고 낙찰대금을 납부한 경우, 종전 임차인의 주민등록은 낙찰인의 소유권취득 이전부터 낙찰인과 종전 임차인 사이의 임대차관계를 공시하는 기능을 수행하고 있었으므로, 종전 임차인은 당해 부동산에 관하여 낙찰인이 낙찰대금을 납부하여 소유권을 취득하는 즉시 임차권의 대항력을 취득한다.

1997. 7. 28. 이 사건 부동산을 낙찰 받아 1997. 10. 9. 그 대금을 완납하고, 1997. 10. 10. 그 명의로 소유권이전등기를 마친 후 같은 날 이 사건 부동산에 대해 채무자 김말순, 채권최고액 금 156,000,000원, 근저당권자 주식회사 한신상호신용금고(이하 '한신금고'라 한다)로 하는 근저당권 설정등기(이하 '이 사건 근저당권설정등기'라 한다)를 마쳤다.

⇒ 해설(위와 같이 통상적으로 금융기관에서 경매잔대금 대출시 잔대금을 납부한 일자에 잔대금납부와 동시에 소유권이전 및 1순위설정을 동시에 하고 경매잔대금대출을 하고 있으나 본건은 잔대금납부한 후 익일에 소유권이전과 동시에 설정한 건으로 위 판시사항과 판결요지만 보면 통상적인 경매

잔금대출과 달라 달리 해석을 할 수 있는 사안임)
1997. 7. 28. 낙찰
1997. 10. 9. 그 대금을 완납(본건은 경매잔금대출시 당일 소유권이전과 1순위 설정을 하는 통상적인 은행 경매잔금대출 업무와는 달리 잔대금 완납일자에 소유권이전 및 설정이 없는 특수한 경우임)
1997. 10. 10. 그 명의로 소유권이전등기를 마친 후 채권최고액 금 156,000,000원 근저당설정등기

27) 수분양권자인 임차인으로부터 임차한 경우 소유권이전등기 즉시 대항력이 생긴다.

(대법원 2001. 1. 30. 선고 2000다58026,58033 판결)

【판시사항】

갑이 병 회사 소유 임대아파트의 임차인인 을로부터 아파트를 임차하여 전입신고를 마치고 거주하던 중, 을이 병 회사로부터 위 아파트를 분양받아 자기 명의로 소유권이전등기를 경료한 후 근저당권을 설정한 사안에서, 갑은 을 명의의 소유권이전등기가 경료되는 즉시 임차권의 대항력을 취득하였다고 본 사례

【판결요지】

갑이 병 회사 소유 임대아파트의 임차인인 을로부터 아파트를 임차하여 전입신고를 마치고 거주하던 중, 을이 병 회사로부터 위 아파트를 분양받아 자기 명의로 소유권이전등기를 경료한 후 근저당권을 설정한 사안에서, 비록 임대인인 을이 갑과 위 임대차계약을 체결한 이후에, 그리고 갑이 위 전입신고를 한 이후에 위 아파트에 대한 소유권을 취득하였다고 하더라도, 주민등록상 전입신고를 한 날로부터 소유자 아닌 갑이 거주하는 것으로 나타나 있어서 제3자들이 보기에 갑의 주민등록이 소유권 아닌 임차권을 매개로 하는 점유라는 것을 인식할 수 있었으므로 위 주민등록은 갑이 전입신고를 마친 날로부터 임대차를 공시하는 기능을 수행하고 있었다고 할 것이고, 따라서 갑은 을 명의의 소유권이전등기가 경료되는 즉시 임차권의 대항력을 취득하였다고 본 사례.

〈사례연구 1〉 [배당요구종기일은 어디서 확인하는가?]

1) 배당요구종기일은 어디서 확인하는가?

대법원 법원경매정보(www.courtauction.go.kr)>경매물건>경매사건검색>사건내역>
배당요구종기내역에서 확인하여야 하며, 간혹 배당요구종기일이 연기된 경우도 있어 권리분석시 신중을 기하여야 한다.

(사례) 창원지방법원 2005타경 38702호(물건번호 1, 2) 는 배당요구종기일이 당초 2006.1.16일에서 2006.4.15일로 변경되어 임차인들의 지위가 바뀜

2) 재판예규 제1119호 부동산등에 대한 경매절차 처리지침(재민 2004－3)

제6조(배당요구의 종기 결정 등)
① 배당요구의 종기는 특별한 사정이 없는 한 배당요구종기결정일부터 2월 이상 3월 이하의 범위 안에서 정하여야 한다.
② 배당요구의 종기는 인터넷 법원경매공고란(www.courtauction.go.kr; 이하 같다) 또는 법원게시판에 게시하는 방법으로 공고한다.
③ 전세권자 및 채권자에 대한 고지는 기록에 표시된 주소에 등기우편으로 발송하는 방법으로 한다.
④ 배당요구의 종기가 정하여진 때에는 법령에 정하여진 경우(예 : 법 제87조 제3항)나 특별한 사정이 있는 경우(예 : 채무자에 대하여 경매개시결정이 송달되지 아니하는 경우, 감정평가나 현황조사가 예상보다 늦어지는 경우 등)가 아니면 배당요구의 종기를 새로 정하거나 정하여진 종기를 연기하여서는 아니된다. 이 경우 배당요구의 종기를 연기하는 때에는 배당요구의 종기를 최초의 배당요구종

기결정일부터 6월 이후로 연기하여서는 아니된다.
⑤ 배당요구의 종기를 새로 정하거나 정하여진 종기를 연기한 경우에는 제1항 내지 제3항의 규정을 준용한다. 다만, 이미 배당요구 또는 채권신고를 한 사람에 대하여는 새로 정하여지거나 연기된 배당요구의 종기를 고지할 필요가 없다.

〈사례연구 2〉 [대항력의 효과]

1	의의	주택임대차보호법상의 대항력이란 임차인이 임차권 등기를 하지 않아도 대항요건(주택의 인도와 주민등록)을 구비하면 당초 임대인이 체결한 계약내용을 제3자(매수인)에게 주장할 수 있는 효력을 말한다. 따라서 주택의 소유자가 바뀐 경우에도 당초 계약기간에 따라 계속 거주할 수 있고 계약해지 시에는 임차보증금을 매수인에게서 반환받을 수 있다.
2	대항요건	**〈주택의 인도와 주민등록〉** 주택의 인도와 주민등록은 대항력을 행사하기 위한 요건이고, 우선변제권(소액임차보증금, 확정일자부 임차보증금)의 요건이기도 하다.
3	주민등록 명의	**〈임차인 본인 뿐만 아니라 그 가족인 배우자나 자녀의 주민등록을 포함〉** 주민등록은 임차인 본인이 하여야 하는 것이 원칙이다. 그러나 주택임대차보호법의 입법취지 등에 비추어 임차인 본인뿐만 아니라 그 가족인 배우자나 자녀의 주민등록을 포함한다. 주택임대차보호법에서 주택의 인도와 더불어 대항력의 요건으로 규정하고 있는 주민등록은 거래의 안전을 위하여 임차권의 존재를 제3자가 명백히 인식할 수 있게 하는 공시방법으로 마련된 것이라고 볼 것이므로 주민등록이 어떤 임대차를 공시하는 효력이 있는가의 여부는 일반사회통념상 그 주민등록으로 당해 임대차건물에 임차인이 주소 또는 거소를 가진 자로 등록되어 있는지를 인식할 수 있는가의 여부에 따라 결정된다. 따라서 전입신고시 지번을 잘못 기재하거나, 공동주택의 동, 호수(아파트, 연립주택과 같이 세대별 구분등기가 되는 경우)를 잘못 기재한 경우에는 유효한 대항력을 행사할 수 없으나, 다가구 주택과 같이 공동주택이 아니고 단독주택인 경우에는 지번만 기재하고 호수의 기재가 없어도 무방하다. **〈임대차계약서에 동, 호수 표시를 누락한 경우의 효력〉** 주택임대차보호법에서 확정일자의 요건을 규정한 것인 임대인과 임차인 사이의 담합으로 임차보증금의 액수를 사후에 변경하는 것을 방지하고자 하는 취지일 뿐, 대항요건으로 규정된 주민등록과 같이 당해 임대차의 존재 사실을 제3자에게 공시하고자 하는 것은 아니므로, 확정일자를 받은 임대차계약서가 당사자 사이에 체결된 당해 임대차계약에 관한 것으로서 진정하게 작성된 이상, 위와 같이 임대차계약서에 임대차 목적물을 표시하면서 아파트의 명칭과 그 전유부분의 동, 호수의 기재를 누락하였다는 사유만으로 주택임대차보호법 제3조의 제2항에 규정된 확정일자의 요건을 갖추지 못하였다고 볼 수는 없다.
4	대항요건	**〈배당요구종기까지 대항요건이 존속하여야 대항력과 우선변제권 행사〉** 주택

	의 계속 존속	임차인에게 주택의 인도와 주민등록을 요건으로 명시하여 등기된 물권에 버금가는 강력한 대항력을 부여하고 있는 취지에 비추어 볼 때 달리 공시방법이 없는 주택임대차에 있어서 주택의 인도와 주민등록이라는 대항요건은 그 대항력 취득 시에만 구비하면 족한 것이 아니고 그 대항력을 유지하기 위하여서도 계속 존속하고 있어야 하며 적어도 배당요구종기까지 대항요건이 존속하여야 대항력과 우선변제권을 행사할 수 있다. 단, 임차인이 임차권등기 이전에 이미 대항력 또는 우선변제권을 취득한 후 임차권등기명령을 신청하여 임차권등기가 된 경우에는 그 대항력 또는 우선변제권은 그대로 유지되며, 임차권등기 이후에는 대항요건을 상실하더라도 이미 취득한 대항력 또는 우선변제권을 상실하지 아니하며, 주민등록이 군수 또는 구청장에 의하여 직권 말소된 경우에도 원칙적으로 그 대항력은 상실되지만 잘못 직권 말소되어 소정의 이의절차에 따라 주민등록이 회복되거나 재등록이 이루어짐으로써 주택임차인에게 주민등록을 유지할 의사가 있었다는 것이 명백히 드러난 경우에는 소급하여 그 대항력이 유지된다. 그리고 임차인이 그 가족과 함께 그 주택에 대한 점유를 계속하고 있으면서 그 가족의 주민등록을 그대로 둔 채 임차인만 주민등록을 일시 다른 곳으로 옮긴 경우라면 임대차의 제3자에 대한 대항력은 존속한다.
5	최선순위 저당권보다 먼저 대항요건 구비	**〈1순위 저당권이 대금지급기일 이전에 변제 등으로 소멸한 경우 임차인 대항력〉** 예를 들어 1순위 근저당권이 설정된 뒤에 임차인이 대항요건을 구비하였고 그 다음에 2순위 저당권이 설정된 경우 부동산을 경매하여 매각되면 1순위 저당권은 현실로 배당 받았는지 여부에 관계없이 소멸하므로 2순위 근저당권자에게는 대항할 수 있는 임차권이더라도 소멸된 1순위 저당권보다 뒤에 등기되었거나 대항력을 갖춘 임차인은 함께 소멸하므로 매수인에게 대항력을 행사할 수 없다. 같은 이유로 가압류, 담보가등기, 배당요구로 말소되는 전세권 뒤에 주택의 인도와 주민등록을 한 임차인도 대항력을 행사할 수 없을 것이다. 그러나 1순위 저당권이 대금지급기일 이전에 변제 등으로 소멸한 경우에는 임차인이 대항력을 행사할 수 있다. 이 경우 매수인은 매각허가결정의 취소신청을 하거나 늘어난 부담만큼 고의 또는 과실이 있는 채무자에게 손해배상을 청구할 수 있을 것이다.
6	유효한 임대차계약	**〈기존채권을 임차보증금으로 전환한 경우〉** 주택임차인이 대항력을 갖는지 여부는 주택임대차보호법 제3조 제1항에서 정한 요건은 임대차계약의 성립, 주택의 인도, 주민등록을 갖추었는지 여부에 의하여 결정되는 것이므로 임대차계약 당사자가 기존채권을 임대차보증금으로 전환하여 임대차계약을 체결한 경우에도 대항력이 있다. 그러나 통정허위표시에 의하여 기존채권을 임차보증금으로 전환한 경우에는 임대차계약이 무효이므로 대항력이 없다.
7	보증금 완납여부	대항력을 행사하기 위해서는 적법하게 임대차계약을 체결하여 임대차관계가 유지되면 족하며, 반드시 새로운 이해관계인이 생기기 전까지 임대인에게 보증금의 전부를 지급하여야 하는 것은 아니다.
8	대항력의 효력발생 시기	**〈대항요건 구비일 다음날 오전 영시〉** 임차인이 주택의 인도와 주민등록을 마친 때에는 그 익일부터 제3자에게 대하여 효력이 생기며, 전입신고를 한때에 주민등록이 된 것으로 본다. 구 주민등록법에

		서는 "변동일란"에 기재된 일자가 전입신고일이고 현행 주민등록법에서는 "전입일란"에 기재된 일자가 전입신고일이다. "익일부터 효력이 발생한다"함은 익일 오전 영시부터 대항력이 생긴다는 의미이다. 주택의 인도일이 주민등록일과 다른 경우에는 그 중 늦은 날을 기준으로 해야 할 것이다. 예를 들어 임차인 A가 주택인도를 2003.10.10 하고 주민등록 전입신고를 2003.10.11 했는데 2003.10.12에 B가 근저당권을 설정한 경우에는 A의 대항력은 2003.10.12 오전영시에 발생하므로 B보다 선순위가 되어 대항력이 있고 A가 2003.10.12 주민등록전입신고를 한 경우에는 대항력이 없다. **〈실제거주자의 주민등록을 기준〉** 간접점유자인 임차인도 대항력을 취득할 수 있으나 직접 점유자가 주민등록을 마친 경우에 한하여 대항력을 행사할 수 있으며 임차인이 임대인의 승낙을 받아 전대한 경우에는 전차인이 주택의 인도를 받아 자신의 주민등록을 마친 때에 대항력을 취득한다.
9	대항력의 내용	**〈임대차관계의 승계〉** 임차주택의 양수인 기타 임대할 권리를 승계한자(상속, 경매 등으로 소유권을 취득한자)는 임대인의 지위를 승계한 것으로 본다. 따라서 임대주택의 소유권이 이전된 경우에는 임대차보증금반환채무도 부동산의 소유권과 결합하여 일체로서 임대인의 지위를 승계한 양수인에게 이전되는 것이므로 양도인의 보증금반환채무는 소멸하며 대항력있는 임차인이 당행 임차주택을 경매에서 매입하여 그 대금을 납부함으로써 임차주택의 소유권을 취득한 때에는 그 주택임차인은 임대인의 지위를 승계함으로 임대차계약에 기한 채권이 혼동으로 인하여 소멸하게 되고 임대차관계는 종료된다.
10	대항력과 우선변제권을 겸유한 경우 효력	**〈대항력과 우선변제권 있는 경우 선택적 행사 가능〉** 최선순위로 주택의 인도와 주민등록을 하여 대항력을 갖추고 우선변제권도 있는 경우에는 두 권리를 겸유하고 있으므로 그 중 하나를 선택하여 행사할 수 있으며 배당요구를 하여 일부만 변제받은 경우 나머지 보증금은 대항력을 행사할 수 있으나 그 금액은 "대항력 있는 임차보증금"에서"정당하게 배당 받을 금액"을 차감한 금액이지 "현실로 배당 받은 금액"을 차감한 금액이 아니다. 예를 들어 보증금이 40백만원인 임차인이 최선순위로 대항요건을 갖추고 경매절차에서 배당요구를 하여 12백만원을 우선배당받은 경우(정당하게 배당 받았으면 16백만원이나 잘못 배당하여 일부만 배당 받음) 대항력을 행사하여 매수인에게 받을 보증금은 28백만원이 아니라 24백만원(40백만원－16백만원)이 된다. 그러나 대항력과 우선변제권을 겸유하고 있는 임차인이 우선변제권을 선택하여 제1경매절차에서 보증금 전액에 대하여 배당요구를 하였으나 보증금 전액을 배당받을 수 없었던 때에는 매수인에게 대항하여 이를 반환받을때까지 임대차관계의 존속을 주장할 수 있을 뿐이고 임차인의 우선변제권은 매각으로 인하여 소멸하는 것이므로 제2경매절차에서 우선변제권에 의한 배당을 받을 수 없다. 보증금 중 일부는 우선변제 받고 임차목적물 전부를 계속 점유하고 있는 경우에 배당 받은 해당부분에 대한 사용, 수익으로 얻은 이익은 부당이득이 된다. 그러나 임차인이 임대차계약관계가 소멸된 이후에 임차건물 부분을 계속 점유하기

		는 하였으나 이를 본래의 임대차계약상의 목적에 따라 사용, 수익하지 아니한 경우에는 부당이득이 되지 않는다.
11	금반언의 원칙	**〈배당요구종기가 지난 뒤에 철회하지 못한다〉** 대항력과 우선변제권을 겸유한 임차인이 배당요구 종기까지 배당요구를 한경우에도 배당요구종기 전에 철회를 할 수 있으나, 배당요구종기가 지난 뒤에 철회하면 매수인이 인수하여야 할 부담이 증가하므로 철회하지 못한다. 임대차가 종료된 경우에 배당요구를 한 임차인이 매각허가결정이 확정된 후 배당요구시의 주장과는 달리 임대차기간이 종료되지 않았음을 주장하면서 매수인에게 대항력을 행사하는 것은 금반언 및 신의칙에 위배되어 허용되지 않는다.

〈사례연구 3〉 [대항력을 갖춘 임차권의 양도·양수와 전차인의 대항력]

임차주택과 전대차 문제에서 아래와 같은 경우 설정보다 후순위 전입자이자만 선순위 임차인으로 대항력을 갖는 특수한 경우가 있다.

1. 순서

1) 확정일자 받은 임차인이 전대차 후 퇴거
2) 은행에서 근저당권 설정
3) 전대차인이 전입
4) 경매기입 등기(은행)

대항력을 갖춘 주택임차인이 임대인의 동의를 얻어 임차권을 양도하거나 전대하고 임차인이 퇴거한 날부터 주민등록법상 전입신고기간(14일)내 전차인이 전입신고를 마쳤다면 전차인은 임차인의 대항력을 승계 받았다고 할 수 있다 이때 반드시 계약서 원본 소지하여야 한다.

① 대법원 94.6.24 선고 94다3155 판결

【판시사항】
주택임차인이 임대인의 승낙을 받아 임대주택을 전대하고 그 전차인이 주택을 인도받아 자신의 주민등록을 마친 경우 임차인이 대항력을 취득하는지 여부

【판결요지】
주택임차인이 임차주택을 직접 점유하여 거주하지 않고, 간접 점유하여 자신의 주민등록을 이전하지 아니한 경우라 하더라도 임대인의 승낙을 받아 임차주택을 전대하고 그 전차인이 주택을 인도받아 자신의 주민등록을 마친 때에는 그 때로부터 임차인은 제3자에 대하여 대항력을 취득한다.
즉, 임대인의 동의를 받아 대항력있는 임차인으로부터 임차권을 양도 또는 전대 받아 입주와 전입신고를 마친 경우 전차인은 자신의 대항력 구비일이 아닌 원래의 임차인이 대항력을 취득한 시기를 자신의 대항력 취득시기로 주장 할 수 있다. 반면, 대항력을 갖추지 않은 임차권의 양도시 전차인의 대항력은 전차인이 대항력을 취득한 날부터 시작한다. 임차인이 임차주택에 입주하지도 않고 주민등록전입도 하지 않은 상태에서 임대인의 동의를 받아 그 임차권을 양도 또는 전차 하였을 경우, 전차인이 그 주택에 입주하여 주민등록까지 마치면 전차인은 그때부터 대항력을 취득하게 된다.
소멸기준보다 먼저 대항력을 갖추었던 임차인이 임대인의 동의를 구한 후 전대차계약을 체결하고 퇴거한 경우 대항력 유지한 사례로 2005. 8. 1 임차인 A 50백만원, 2006. 5. 1 근저당 100백만원, 2006. 9. 1 임차인 B 50백만원(⇒소유자 임대인 동의 후 임차권양도·양수계약서 후 임차인 A퇴거 및 임차인 B동시 전입)

2006.12. 1 근저당 70백만원 설정한 경우 임차인이 말소기준권리 보다 먼저 전입을 하였고, 전대차계약 체결 후 퇴거하였더라도 임대인의 동의 하에 적법하게 체결된 전대차계약이었다면, 대항력은 소멸되지 않아 낙찰자는 대항력 있는 임차인의 보증금 전액을 부담하여야 한다. 전대차계약이 체결된 임차부분에 대한 분석은 임차인(=전대인)의 전입신고일이 언제 인지를 확인하여야 할 것이다. 만약 임차인이 말소기준권리보다 먼저 전입신고를 하였다면 비록 그 임차인의 주민등록이 다른 곳으로 이전되었다 하더라도 임차인으로서의 대항력이 소멸되지 않고 낙찰자가 보증금을 인수해야 하기 때문이다.
결국, 전차인의 지위 (적법한 임차권양도 또는 전대차)는

=> 대항력을 갖춘 주택임차인이 임대인의 동의를 얻어 적법하게 임차권을 양도 또는 전대한 경우 : 양수인이나 전차인이 임차인의 주민등록 퇴거일로부터 주민등록법상 전입신고기간(14일) 내에 전입신고를 마치고 주택을 인도 받아 점유를 계속하고 있다면 원래의 임차인이 갖는 임차권의 대항력은 소멸되지 아니하고 동일성을 유지한 채로 존속한다.

임차권 양도나 전대에 의하여 임차권의 공시방법인 점유와 주민등록이 변경되었더라도 원래의 임차인이 갖는 임차권의 대항력은 임차권양도나 전대 이후에도 소멸되지 않고 동일성을 유지한 채 존속한다. 따라서 전차인은 임차인의 동시이행항변권을 원용하여 임차인의 보증금을 반환 받을 때까지 주택을 적법하게 점유, 사용할 권리가 있다.

또한 최근 판례에는 간접점유에도, 임대인의 부도로 승낙이 없어도 대항력을 인정하고 있다.

② 대법원 2007.11.29. 선고 2005다64255 판결

【판시사항】

[1] 간접점유의 경우에도 주택임대차보호법상 대항요건이 인정되는지 여부(적극)
[2] 주택임차인이 임대인의 승낙을 받아 임차주택을 전대하고, 그 전차인이 주택을 인도받아 자신의 주민등록을 마친 경우, 임차인이 주택임대차보호법상 대항력을 취득하는지 여부(적극)
[3] 임차인이 임대인의 승낙 없이 제3자에게 임차물을 사용·수익하도록 한 행위가 임대인에 대한 배신적 행위라고 인정할 수 없는 특별한 사정이 있는 경우, 임대인이 동의 없는 전대차라는 이유만으로 임대차계약을 해지할 수 있는지 여부(소극)
[4] 주택의 전대차가 임대인에 대하여도 적법, 유효하다고 평가되는 경우, 전차인이 주택을 인도받아 자신의 주민등록을 마침으로써 임차인의 대항요건이 유지, 존속하는지 여부(적극)

임차권양도 · 양수 계약서

부동산의 표시
주소 :
토지 : (지목)　　　　　　　　(면적)
건물(구조, 용도)　　　　　　　(면적)
임대부분 :
양도금액 : 전세보증금(임차보증금) 금　　　　　　　원(₩　　　　　　)
임차도면 : 별첨

제1조 : 상기 표시의 부동산에 대하여 임대인의 동의 하에 첨부된 임대차계약서와 동일한 조건으로 임대차양도양수계약을 체결한다.
제2조 : 임차대상물의 점유이전은　　년　월　　일로 한다.
제3조 : 제세공과금과 사용료 등의 정산은 제2조의 기준일자 이전은 임차인이 부담하고 이후는

임차권양수인이 부담한다.

제4조 : 임차권 양도대상 계약서를 임차권 양수인에게 인계한다.

제5조 : 본 계약에 대하여 양도인, 양수인 및 임대인은 이의 없음을 확인하고 각자 서명, 날인 후 양도인, 양수인, 임대인이 각 1통씩 보관한다.

－동의사항 : 임대인은 임차권 양도양수에 동의함.

－특약사항 : 양도인은 계약일로부터 7일 내에 주민등록 퇴거신고를, 양수인은 그날로부터 7일 이내(즉, 오늘로부터 14일 이내)에 주민등록 전입신고를 하도록 한다.

2008년 월 일

임차권 양도인 : 주소
성명 (인)
주민등록번호 연락처

임차권 양수인 : 주소
성명 (인)
주민등록번호 연락처

임 대 인 : 주소
성명 (인)
주민등록번호 연락처

※ 동의사항 : 임대인 ( )는 위 임차권 양도·양수에 동의함.

임대인 (인)

첨부서류 : 1. 임대차계약서 원본 1통
2. 임차권양도인 인감증명서 1통
3. 임대인 인감증명서 1통
4. 보증금 영수증 1통
5. 임차도면 1통

임차권 양수인 ○ ○ ○ 귀하

본건은 실무상 "임대차양도·양수계약서"에 당초 원 임대차계약서 원본에 임대인의 인감증명서 1통과 보증금영수증을 첨부하여 양도인, 양수인, 임대인(소유자)의 3명 연서 및 양도인의 퇴거와 더불어 양수인(신임차인)의 주민등록법상의 전입신고기간(현, 14일 이내) 전입신고를 마쳐야 한다(대법원 1988. 4.25 선고 87다카 2509 판결).

〈사례연구 4〉 [1순위 설정 전 전입한 임차인이 있어 계속 유찰된 사례]

1순위 설정 전에 전입한 임차인이 있어 계속 유찰된 후 낮게 낙찰된 사례
(대항력 있을 수도 있는 선순위 임차인 경매연구)

1	동부지법 2003타경 7153호	감정가 380,000,000원→ 2004.11.15일 165,900,000원에 낙찰 서울 송파구 문정동 96−12 삼형아파트 302호(대지권 12.15, 건물 전용면적 30.14평/48평형) 임차 및 설정 내역 : 2002. 6. 7. 안○○ 전입 / 2002. 6.15 우리은행 방이역 3억 5,400만원(소유자 안○○)
2	동부지법 2003타경 9210호	감정가 245백만원→ 2004.11.22일 176,300,000원에 낙찰 서울 송파구 방이동 39−2 신동아타워 21층 2101호(대지권 3.37평, 전용 24.24평/34평형) 임차 및 설정 내역 : 2001. 6. 1. 7,500만원 박○○ 전입(소유자의 동생으로 실제 임차인인지 여부 불분명, 실제 임차인일 경우 매수인은 보증금을 인수할 수 있음) / 2001. 7.11 기업은행 삼성역지점 3억 설정(소유자 박○○)
3	중앙지법 2003타경 36837호	서울 중구 신당동 840 현대아파트 206호(대지권 12.76평, 건물 전용 25.4평/33평형) 임차 및 설정 내역 : 2001. 7.24 김○○ 전입(채무자의 처남, 무상거주) 및 2002. 3.28 하00, 전입(소유자의 친구, 비거주)/ 2002. 9.17 우리은행 광명지점 설정 1,2순위 합계 3억2,240만원(소유자 임○○)

대출 당시 그 전입자에 대하여 금융기관이 1번 설정 전에 무상거주자에 대하여 징구한 양식을 살펴보자. 금융기관들은 통상 각서(1)과 각서(2)를 동시에 징구하든지 또는 임대차내용 및 주민등록 전입상황확인서(3) 양식만 징구하고 있다.

〈사례연구 5〉 [무상임차 각서 양식 3가지]

각　　서 (1)

부동산의 표시 : 서울시 강남구 도곡동 529−25
소　　유　　자 : 홍 길 동

1. 본인의 위 표시 부동산에 대하여 아래와 같은 사유로 소유자와 임대차계약("전세계약" 포함)을 체결하지 않고 본인 가족과 함께 거주하고 있습니다.
2. 따라서 본인과의 임대차계약이 없는 상태로 위 표시 부동산을 소유자가 귀 은행에 대한 채무자의 채무의 담보로 제공하여 채권최고액 금 이억육천만원정의 근저당권을 설정함에 있어서 「주택임대차보호법」에 의한 보호를 받지 못함을 알고 있습니다.
3. 후일 귀 은행이 상기 부동산에 대하여 저당권실행 등 법적 절차를 진행할 경우 임차인으로서의 권리 행사를 하지 않겠으며, 부득이 권리행사를 하게 되는 경우에는 귀행의 다음 순위로 행사하

겠습니다.

4. 만일 위 조항에 위배하여 권리행사를 한 경우, 귀행이 이의제기를 할 때에는 즉시 권리행사를 취하 또는 포기하겠습니다.
5. 경락 등으로 인하여 상기 부동산에 대한 주택인도 요청 시 전세금 미지급 등을 사유로 인도를 거부하지 않을 것을 부동산 소유자와 연서로 확약합니다.

– 아 래 –

1. 거주사유(소유자와의 관계 등) : 홍길동의 처제
2. 거주면적 : 약 20 평 (㎡) (방 2 칸 및 부대시설)

2002 년 5 월 5 일

본 인 (거주자) 주 소 : 서울시 강남구 도곡동 529－25
성 명 : 홍 길 동 처제(인)
(소유자) 주 소 : 서울시 강남구 도곡동 529－25
성 명 : 홍 길 동 형부(인)

본인 확인함.

책임자 직명 : 과장
성명 : 김 갑 수 (인)

위 각서내용의 설명을 잘 들었음 본인 성명 : 홍 길 동 처제(인)

주식회사 ○○은행 귀 중

각 서 (2)

부동산의 표시 : 서울시 강남구 도곡동 529－25
소 유 자 : 홍 길 동 형부(인)

1. 위 표시 부동산을 소유자가 귀 은행에 대한 채무자(홍길동)의 채무의 담보로 제공하여 채권최고액 금 이억사천만 원정의 근저당권을 설정함에 있어서 소유자 본인은 위 부동산에 대하여 설정일 현재 귀행에 제시한 임대차계약('전세계약' 포함) 이외의 다른 계약체결이 없음을 확인합니다.
2. 후일 귀 은행이 상기 부동산에 대하여 권리를 행사함에 있어서 전혀 이의를 제기하지 않을 것을 약속하며, 만일 전항의 확인내용이 허위일 경우에 발생하는 문제에 대하여는 민・형사상의 모든 책임을 질 것을 확약합니다.

20 년 월 일

소 유 자

주 소 : 서울시 강남구 도곡동 529-25

성 명 : 홍 길 동 형부(인)

본인 확인함.

책임자 직명 : 성 명 : (인)

주식회사 ○○은행 귀 중

임대차내용 및 주민등록 전입상황 확인서(3)

부동산소재지 소유자

용 도 구 조

1. 임대차내용의 확인

상기 부동산이 소유자에 의해 은행에 담보물건으로 제공됨을 알고, 동 부동산의 임차인(또는 무상거주자)으로서 아래와 같이 임차(또는 무상거주)내용을 확인합니다.

(단위 : 천원)

임 차 부 분		임대차 계약기간	임 차 내 역		확인자의 서명 날인		
층별	면적(방수)		보증금	월세	확인자	(인)	임차인과의관계

주) 임대차계약의 유무 및 임차보증금액의 확인은 임차인(무상거주자 포함) 본인으로부터 자서 확인을 받아야 함. 임차인(무상거주자 포함)의 부재 등 경우에는 임차인의 주민등록상 세대원(미성년자 등 행위무능력자 제외)으로부터 자서확인 가능.

2. 주민등록전입상황

(동사무소에서 주민등록전입세대를 열람, 확인한 경우에 한하여 작성)

세대주성명	세대원성명	주민등록번호	전입신고일	동사무소명	열람일자

임대차조사일자 조사자 직위 성 명 (인)

〈사례연구 6〉 [무상임차 각서 및 판례]

은행직원의 임대차조사에서 임차사실을 숨긴 임차인의 대항력은 신의칙에 반하나 매수희망자의 입장에서 무상임차각서의 효력에 대하여는 신중하게 검토하여야 한다.

① 금융기관 등에서 주택 등을 담보로 대출을 할 경우 대부분 담보목적물의 담보가치를 파악하기 위하여 임대차조사를 하게 된다. 그런데 대출을 받는 소유자로서는 임대차관계가 밝혀질 경우 담보가치가 낮아져 대출을 받는 데 어려움이 있거나 대출금액이 줄어들 것으로 예상하고 임차인에게 임대차 사실을 숨겨 주도록 부탁하는 경우가 종종 있다. 그리하여 임차인은 임대인간의 원만한 관계유지 등 여러 가지 사정 때문에 은행직원이나 은행의 위임을 받은 재산조사업체 직원 등에게 임대차사실이 없다는 내용의 확인서(무상임차 각서)를 작성해 주는 경우가 있다. 은행에서는 임차인으로부터 징구한 "무상임차각서"를 근거로 위 임차인에 대해서는 선순위 공제를 하지 않고 대출실행을 하게 된다.
② 한편, 위 대출이 부실이 생겨 은행이 담보권실행을 위한 경매(임의경매) 진행시 임차인은 종전의 무상임차인이라는 주장과 달리 자신의 임차권의 대항력을 주장하면서 권리신고 및 배당요구를 할 경우 은행이나 이와 같은 사정을 알고 있는 채권자는 당초 은행에 제공한 "무상임차각서"를 근거로 주택임차인이 금반언 또는 신의칙을 위반하였다는 주장을 하게 된다.
③ 이와 같이 대항력 있는 주택임차인이 일시적으로 임차권의 존재를 속였다가 나중에 대항력을 주장하면서 권리신고 및 배당요구하는 경우 과연 이러한 주장이 금반언의 원칙 또는 신의칙의 원칙과 관련하여 용납될 것인지가 문제된다. 아래에서는 위에서와 같이 주택임차인의 주장이 신의칙에 위반된다고 한 대법원 판례 및 하급심 판결을 예시하고 나아가, 임차인으로부터 무상임차각서를 직접 징구하지 않고 각서의 가공(작성)에 임차인이 직접 개입하지 아니한 경우에 있어서 하급심 판결에 대해 예시한다.

그러나 이러한 모든 것은 매수희망자 입장에서는 은행과 "무상임차각서"를 써준 임차인과의 관계이지 매수희망자와의 관계에서 무상임차각서를 써 준 것이 아니라는 점을 특히 유의하여 후술하는 "은행에 불리한 판례" (대법원 86다카 1852판결) 와 같이 인수임대차라고 본 후 응찰하여야 한다.

구 분	해 설
은행에 유리한 판례 4개	1. 전세보증금반환을 내세워 건물명도를 거부하는 것이 금반언 내지 신의칙에 위반된다고 한 사례(갑이 을의 소유 건물을 보증금 34,000,000원에 채권적 전세를 얻어 입주하고 있던 중 을이 은행에 위 건물을 담보로 제공함에 있어 을의 부탁으로 은행직원에게 임대차계약을 체결하거나 그 보증금을 지급한 바가 없다고 하고 그와 같은 내용의 각서까지 작성해 줌으로써 은행으로 하여금 위 건물에 대한 담보가치를 높게 평가하도록 하여 을에게 대출하도록 하였고, 은행 또한 위 건물에 대한 경매절차가 끝날 때까지도 을과 갑 사이의 위와 같은 채권적 전세관계를 알지 못하였다고 한다면 갑이 은행의 명도청구에 즈음하여 이를 번복하면서 위 전세금반환을 내세워 그 명도를 거부하는 것은 특단의 사정이 없는 한 금반언 내지 신의칙에 위반된다)(대법원 1987. 1.20. 선고 87다카1738 판결)
	2. 사실관계 ① 1994. 4. 2. 임차인 乙이 임대인 甲과의 사이에 이 사건 임차목적물에 대해 임차보증금을 22,000,000원으로 위 임차주택에 입주함과 동시에 주민등록 전입신고를 하였고, 같은 해 8. 19. 임대인 甲과 사에 작성한 임대차계약서상에 확정일자를 득함.

구 분	해 설
	② 乙은 甲이 A은행으로부터 대출을 받는 데 있어서 그 담보가치를 높이기 위하여 1994. 9. 26. 경 "이 사건 건물의 소재지에 피고의 주민등록이 마쳐져 있으나, 실제로는 거주하지 아니할뿐더러 임대차계약을 체결한 바가 없으며 향후 A은행이 담보권을 실행할 때 임차보증금에 관한 권리를 주장하지 않겠다" 는 내용의 확인서를 작성한 후, 인감증명서를 첨부하여 A은행에 제출하였고, A은행은 위 확인서의 내용을 믿고 이 사건 임차목적물의 담보가치를 높게 평가하여 대출을 실행함. ③ 乙은 이 사건 임차목적물에 대한 경매절차에서 확정일자부 임차인으로서 위 보증금에 대한 배당요구를 하였고, 이에 집행(경매)법원은 乙에게 전액 배당하는 것으로 하는 배당표가 작성되자 A은행이 배당기일에 이의제기를 하여 배당이의소송을 제기한 사안이다. **〈대법원의 판단〉은** "임차인 乙(피고)은 이 사건 건물을 보증금 22,000,000원에 임차한 후, 인도 및 전입신고를 마쳐 대항력 있는 임차인의 지위에 있음에도 이 사건 건물의 소유자 겸 임대인 甲이 원고 A은행으로부터 금원을 대출받기 위하여 이 사건 건물을 물상담보로 제공하려고 하자 「임대차계약을 체결하거나 보증금을 지급한 바가 없을 뿐더러 향후 임차보증금에 대한 권리주장을 하지 않겠다」는 내용의 확인서를 직접 작성하여 피고의 인감증명서와 함께 원고 은행에 제출함으로써 위 확인서의 내용을 믿은 원고 은행으로 하여금 이 사건 건물에 대한 담보가치를 높게 평가하여 금21,000,000원을 대출하도록 하였음에도 불구하고 이 사건 경매절차에서 이를 번복하여 대항력을 갖춘 임대차의 존재를 주장함과 아울러 원고보다 우선적 지위를 가지는 확정일자부 임차인임을 내세워 그 임차보증금반환채권에 대한 배당요구를 하는 것은 특별한 사정이 없는 한 금반언 및 신의칙에 위반되어 허용될 수 없다"고 판시한 사례이다. (대법원 1997. 6.27. 선고 97다12211 판결)
	3. 근저당권자가 담보로 제공된 건물에 대한 담보가치를 조사할 당시 임차인이 그 임대차 사실을 부인하거나 임차보증금의 액수에 관하여 스스로 불리한 진술을 하고 이에 관한 확인서 등을 작성하여 준 경우, 그 후 그 건물에 대한 경매절차에서 이러한 진술을 번복하여 임대차의 대항력 또는 위 진술상의 액수를 초과하는 임차보증금 반환채권의 존재를 주장하면서 그 임차보증금 반환채권에 대한 배당요구를 하는 것은 특별한 사정이 없는 한 금반언 및 신의칙에 위반되어 허용될 수 없다 할 것이다(서울동부지방법원 2000. 11. 30. 선고 2000가단8695 판결)
	4. 채무자가 동생 소유의 아파트에 관하여 근저당권을 설정하고 대출을 받으면서 채권자에게 자신은 임차인이 아니고 위 아파트에 관하여 일체의 권리를 주장하지 않겠다는 내용의 확인서를 작성하여 준 경우, 그 후 대항력을 갖춘 임차인임을 내세워 이를 낙찰 받은 채권자의 인도명령을 다투는 것은 금반언 및 신의칙에 위배되어 허용되지 않는다고 본 사례(채무자가 동생 소유의 아파트에 관하여 근저당권을 설정하고 대출을 받으면서 채권자에게 자신은 임차인이 아니고 위 아파트에 관하여 일체의 권리를 주장하지 않겠다는 내용의 확인서를 작성하여 준 경우, 그 후 대항력을 갖춘 임차인임을 내세워 이를 낙찰 받은 채권자의 인도명령을 다투는 것은 금반언 및 신의칙에 위배되어 허용되지 않는다고 본 사례) (대법원 2000. 1. 5. 선고 99마4307 판결)
은행에 불리한 판례 1개	**(주택 임차인의 배당요구 주장이 신의칙에 위반되지 않는다고 한 사례)** 은행직원이 행한 담보물건에 대한 임대차조사에서 임차인이 임대차 사실을 숨겼으나 그 경매절차에서는 임대차 관계의 존재를 분명히 한 경우, 은행의 건물명도청구에 대한 임차인의 임차보증금 반환과의 동시이행의 항변이 신의칙에 반하는지 여부 (은행직원이 근저당권 실행의 경매절차와는 아무런 관련도 없이 행한 담보건물에 대한 임대차 조사에서 임차인이 그 임차사실을 숨겼다고 하더라도 그 후의 경매절차에서 임대

구 분	해 설
	차 관계가 분명히 된 이상은 은행이 경매가격을 결정함에 있어서 신뢰를 준 것이라고는 할 수 없는 것이므로, 위와 같이 일시 임대차 관계를 숨긴 사실만을 가지고서 은행의 건물명도청구에 대하여 임차인이 주택임대차보호법 제3조 소정의 임차권의 대항력에 기하여하는 임차보증금 반환과의 동시이행의 항변이 신의성실의 원칙에 반하는 것이라고는 볼 수 없다.)(대법원 1987. 1.20. 선고 86다카1852 판결)

〈금반언 및 신의칙 위반의 판단기준〉

임대차 사실을 숨긴 경우에 있어서 임차인이 직접 적극적으로 개입하여 임대차사실이 없다는 내용의 확인서(무상임차 각서)를 작성해 준 이 후, 경매절차에서 임대차의 대항력을 주장하면서 선행하는 행위와 모순되는 행위를 한 경우 금반언 및 신의칙에 위반됨을 알 수 있고, 대법원 판례도 이를 확인시켜 주었다고 할 수 있다, 반대로 임대차사실이 없다는 내용의 확인서(무상임차 각서)를 임차인의 개입(가공) 없이 임차목적물의 담보제공자로부터 징구를 한 후, 경매절차에서 대항력 있는 임차인으로서 배당요구를 한 경우에 있어서는 금반언 및 신의칙에 위반되지 않는다 할 것이다. 따라서 임차인의 전후 모순된 대항력 주장이 금반언 또는 신의칙에 위반되는지 여부를 판단함에 있어서는 무상임차각서를 임차인이 직접 자서하여 제공하였는지가 중요한 요소로 작용하고 있다.

〈응찰자의 입장에서 본 무상임차각서〉

그러나 위 무상임차각서는 금융기관에 대해 임차인이 제출한 것이고(낙찰자를 위하여 작성하여 준 것이 아님) 낙찰자의 입장에서는 진정한 임차인에 대하여는 비록 무상임차각서를 작성하여 주었다고 하더라도 그 정황을 다시 잘 살펴보아야 한다.

(문) 낙찰자가 은행이 아닌 제3자(일반인)의 입장에서 대항력있는 임차인이 동 경매가 끝날 때까지 밝혀지지 않아 은행대출 시 징구하였던 무상거주자의 별첨서식 "각서"와 주민등록증 사본 등을 입수하여 낙찰 후 명도요청 시 승소 가능한지요?

(답) 민법 제2조의 신의성실 조항에 의거 권리의 행사와 의무의 이행은 신의에 좇아 성실히 하여야 한다. 라고 되어 있는 바, 여기서 신의성실의 원칙에 위배된다는 이유로 그 권리의 행사를 부정하기 위하여는 상대방에게 신의를 공여하였다거나, 객관적으로 보아 상대방이 신의를 가짐이 정당한 상태에 이르러야 하는 것이다. (대법원 2001다 67126호외 다수)

따라서 판례 중 은행(개인채권자도 마찬가지)이 대출을 하기 전에 담보현황 파악에서 임대차 없음의 각서를 써 준 경우에 은행 등 채권자가 그것을 믿고 담보가치를 평가하였다고 보여질 때는 채권자의 근저당권을 해하면서 우선 배당받지는 못할 것이다.

단, 그렇다고 해서 주택임대차보호법상의 대항력이 절대적으로 소멸하는 것은 아니므로 다른 제3채권자 및 낙찰자에 대하여는 대항할 수 있을 것이다. (대법원 86다카1852호)

즉, 담보채권자라고 하더라도 담보설정 이후에 임대차 없음 각서를 받은 경우에는 채권자가 낙찰 받더라도 임차인에 대해 금반언을 주장할 수 없을 것이고, 임대차 없음 각서를 받아 이를 믿고 담보설정을 한 경우 담보설정 채권자가 낙찰(유입)받으면 그 임차인은 금반언 원칙에 따라 낙찰자인 채권자에게 임차금의 반환을 요구할 수 없고 주택을 명도해야 할 것이다. 다시 정리하여 보면 임대차 없음의 "각서"만을 가지고서 다른 제3자에 대한 대항력이 절대적으로 소멸하는 것은 아니므로, 담보채권자가 아닌 일반 개인이 집행관 현황조사 보고서상 임차인의 전입신고 등이 있음을 알고서 낙찰을 받을 경우는 임대차 없음의 각서만을 가지고 임차금의 반환없이 건물명도를 요구할 수는 없을 것이다. 왜냐하면, 경매절차에서 인수 임차인이 있음을 알고 있는 상태이므로 경매가격을 결정하는데 신뢰를 주었다고 보기는 어렵기 때문이다.

그렇지만, 다른 제3 낙찰자에 대하여도 임차금의 주장을 하지 않겠다는 권리포기 조항을 적어서 작성된 각서인 경우는 그러한 각서를 적법하게 믿고서 낙찰 받은 경우라면(나중에 이러한 "각서"를 입수하여 알고 있고서 낙찰 받았다는 것을 입증해야 할 것이다) 임차금 반환 없이 건물명도 청구가 가능할 것으로 판단된다. 은행직원의 임대차조사에서 임차사실을 숨긴 임차인의 대항력은 금반언 내지 신의칙에 반한다는 것이 최근 판례인 것 같다. 그런데, 대항력 있다고 보여지는 자가 최초 저당권 설정일자에 앞서 전입이 되어 있다면 무한정 계속 유찰될 수 밖에 없다. 따라서 무상거주자의 "각서"를 징구하였던 채권자(금융기관)가 집행법원에 "임차인의 권리신고 및 배당요구에 대한 채권자의견서"("각서" 첨부)를 제출 하도록 요청한 후 낙찰 받았을 때 건물명도소송시 유리한 고지를 점할 수 있을 것으로 보인다.

☞ **금반언의 원칙**

자신의 선행행위와 모순되는 행위는 허용되지 않는다는 것으로서 신의성실의 원칙에서 파생된 원칙이며, 판례도 여러 분야에서 이를 인정하고 있음.

☞ **신의칙의 원칙**

민법 제2조 제1항에서 「권리의 행사와 의무의 이행은 신의에 좇아 성실히 하여야 한다」라고 하여 권리행사와 의무이행의 한계를 규정하고 있는 데 이를 "신의성실의 원칙" 또는 줄여서 "신의칙"이라고 함.

2. 우선변제권

구 법률에서는 임차인의 입주시 보다 후에 설정된 담보물권 등이 임차인보다 우선변제를 받는 일이 있어 임차인의 보호에 미흡하였는데, 1989. 12. 30. 개정된 주택임대차보호법에서는 임차인에게 대항력을 인정하는데 그치지 않고 일정한 요건을 갖춘 임차인에게 순위에 의한 우선변제권을 인정하였다. (1990. 2.19부터 확정일자에 우선변제권 시행)

즉, 주택의 임차인은 주택의 인도(입주)와 주민등록(전입신고)을 마치고 임대차계약증서상의 확정일자를 갖추었을 때, 경매 또는 공매 시 임차주택의 환가대금에서 후순위권리자 기타 채권자보다 우선하여 보증금을 변제 받을 권리가 있다.

후순위권리자 기타 채권자보다 우선하여 보증금을 변제 받을 권리가 있을 뿐이므로 임차인이 인도, 주민등록 및 계약서상의 확정일자를 갖추기 전에 설정된 담보물권에는 우선하지 못한다. 임대차계약증서상의 확정일자란 공증인 또는 법원서기가 그 날짜 현재에 임대차계약서가 존재하고 있다는 것을 증명하기 위하여 확정일자부의 번호를 써넣거나 일자 인을 찍는 것을 말하며, 통상 등기소에서 받기 보다는 동사무소에서 전출입신고하면서 전세계약서에 학정일자를 받는 경우가 많다. 확정일자 인을 받기 위하여는 임대인의 동의가 필요 없다.

임대차계약서의 확정일자는 법원 또는 공증인에게 일정액의 수수료(통상 1,000원)를 납부하면 법원서기, 공증인으로부터 즉시 받을 수 있으며, 이때 다른 권리자와의 우선순위를 결정하는 것은 임대차계약체결일이 아니라 확정일자를 받는 날이므로 임차인은 임대차계약체결 후 가능한 빠른 시일 내에 확정일자를 받는 것이 자신의 권리보호를 위해 필요하다.

순위에 의한 우선변제권이 인정되는 보증금은 그 금액의 범위에 제한이 없으므로 다액의 보증금의 경우에도 그 적용이 있다.(그러나 상가건물임대차보호법에는 서울특별시 2억4천만원이하 등 지역별 적용금액 제한이 있어 주의해야 한다.)

주택임대차보호법 제3조 1항의 대항요건과 임대차계약서상의 확정일자를 갖춘 임차인은 임대차 가 종료된 경우가 아니더라도 배당요구 종기까지 배당요구 신청을 하면 매각대금에서 후 순위 권리자 기타 채권자보다 우선하여 보증금을 변제 받을 권리가 있다. 다만, 임차인은 임차주택을 매수인에게 인도하지 아니하면 보증금을 수령할 수 없다.

임차인이 임차보증금반환채권의 확정판결 기타 이에 준하는 집행권원에 기하여 경매신청을 하는 경우에는 반대의무의 이행 또는 이행의 제공을 집행개시의 요건으로 보지 아니하므로 임차인이 주택을 비우지 아니하고도 경매를 신청할 수 있다(법 제3조의2 제1항).

(1) 확정일자부 임차인, 소액임차인은 배당요구종기일까지 권리신고 및 배당요구신청 및 전입 유지해야 한다.

확정일자부 임차인, 소액임차인은 민사집행법에 의한 경매 또는 국세징수법에 의한 공매 시 우선변제권을 가진다(주보법 3조의2 2항, 8조 1항). 임차인의 우선변제권은 경매와 공매에서만 인정되고, 확정일자를 갖춘 임차인은 부동산담보권에 유사한 권리를 취득한다. 이러한 우선변제권은 대항력과 마찬가지로 배당요구의 종기까지 권리신고 및 배당요구를 하여야 하고, 배당요구 종기일까지 계속하여 대항요건을 구비하고 있어야 인정된다.

확정일자 임차인은 대항요건과 임대차계약서상의 확정일자를 구비하여야 하고, 소액임차인은 보증금이 일정범위 내이어야 하고 또 경매개시결정등기 전에 대항요건을 갖추어야 한다. 우선변제권은 확정일자임차인 또는 소액임차인에게만 인정된다. 경매절차에서는 다른 우선변제청구권자와의 사이에 우선순위가 주요문제이다.

(2) 보증금이 4천1백만원이라면 소액보증금 대상이 아니다.

예컨대, 담보설정일자가 2001. 9.15 이후부터 2008.8.20.까지이고 서울에서 보증금이 4,000만원을 초과하는 경우(예 : 4,100만원 임차인) 소액임차인에 해당하지 않는다. 만약, 이 사람이 확정일자를 갖추었다면 확정일자임차인으로서 우선변제권이 있으나, 확정일자가 없는 경우에는 우선변제권을 인정할 수 없고 배당요구를 하여도 배당 받을 수가 없다.

다른 예로, 서울에서 보증금이 4,000만원 이하인 경우 임차인은 소액임차인에 해당하므로 소액우선변제권이 있다. 그런데 이 사람이 확정일자를 갖추었다면 보증금 전액에 대하여 우선변제권을 가지게 되어 소액임차인 겸 확정일자임차인이 된다. 그러나 만약 확정일자가 없다면 소액임차인일 뿐이므로 소액보증금의 범위를 넘는 부분의 보증금은 우선변제권이 없고 따라서 배당요구를 하여도 그 채권에 관한 별도의 집행권원이 없는 한 배당받을 수 없다.

(3) 소액보증금 계산시 담보권 설정일자에 유의해야 한다. 만약
1987.11.30 1번 근저당. 1990. 2.18 2번 근저당,

1995.10.18 3번 근저당.　　2001. 9.14 4번 근저당이 있고, 그 후 몇 년 뒤 경매되어 2007. 8. 1 배당함에 있어서 임차인의 보증금이 4,000만원(서울거주)인 경우

⇒ 1번 근저당에 대하여는 300만원(300만원), 2번 근저당에 대하여는 500만원(500만원), 3번 근저당에 대하여는 2,000만원(700만원), 4번 근저당에 대하여는 3,000만원(1,200만원) 이하의 보증금이어야 괄호 안의 금액만큼 소액임차인으로서 최우선변제를 받게 되므로, 임차인은 위 사례에서 소액임차인에 해당하지 아니한다.

(4) 다시 말하면, 임차인은 주택의 인도와 주민등록 전입시에는 대항력을 가지며, 추가하여 확정일자도 부여 받으면 물권과 같이 배당 시 우선변제권이 주어진다. 우선변제권의 기준시점은 대항력 기준시점과 확정일자 중 나중의 일시이며 저당권을 설정한 것과 같은 막강한 우선변제권을 갖는다. 우선변제권 기준시점은 주민등록+ 인도+ 확정일자 순이라면 확정일자일에, 그리고 인도+ 확정일자+ 주민등록 순이라면 주민등록일 다음날 오전 0시를 기준으로 우선변제권이 발생하는 기준시점이 된다.

(5) 잘못된 배당표와 매수인과의 관계

임차인 전입 및 확정일자(보증금 5천만원)후 근저당권설정 후 강제경매 시 2천만원 잘못 배당 시 임차인은 그 차액에 관하여는 과다 배당 받은 후 순위 배당채권자를 상대로 부당이득의 반환을 구하는 것은 별론으로 하고 매수인을 상대로 그 반환을 구할 수는 없다

<주택임대차보호법 우선변제권 관련 8건 해설>

1) 대항력과 우선변제권의 차이

첫째, 대항력은 경매, 공매 외에 매매, 대물변제, 증여, 상속 등에도 인정되나, 우선변제권은 경매, 공매에만 인정된다.

둘째, 대항력은 임대인 지위의 당연승계, 즉 임대기간 동안 계속 거주할 수 있고 기간만료 후에는 임차주택의 양수인에 대하여 보증금반환시까지 주택명도를 거부할 수 있는 권리를 의미하고, 우선변제권은 매각대금에서 순위에 따라 우선변제 즉 배당 받을 수 있는 권리를 의미한다.

따라서 대항력만을 가진 임차인, 예컨대 최선순위 저당권(예 : 2001.9.15～2008.8.20) 보다 먼저 대항요건을 갖추었으나 임차보증금이 4,000만원을 초과(서울)하고 확정일자가 없는 경우의 임차인이 경매절차에서 배당요구를 한다고 하여 배당 받을 수 없고, 대항력과 우선변제권을 겸유한 임차인, 예컨대 보증금액수에 관계없이 확정일자를 갖추었거나 또는 보증금액수가 소액범위 내인 경우의 임차인이 경매법원에 배당요구를 하는 것은 우선변제권을 행사하는 것이다.

셋째, 동일주택에 대한 경매가 2차에 걸친 경우 대항력과 우선변제권을 겸유한 임차인이 1차 경매에서 배당요구를 하였다면(즉, 우선변제권의 행사) 2차 경매에서는 그 우선변제권은 매각으로 소멸하고 임차인에게 남아 있는 권리는 대항력뿐이다. 주택임대차보호법상의 임차권은 경매절차에서 매각으로 소멸하나, 다만 대항력이 있는 경우에는 보증금 전액을 받을 때까지 소멸하지 않는 것으로 하였다. (주보법 3조의 5)

(대법원 2006.2.10 선고 2005다21166판결 참조)

즉, 두 번째의 낙찰자가 전액 부담하여야 한다.

⇒ 자료출처 : <2008 민사집행실무(1) > 법원공무원교육원 발간 484페이지 참조
91. 5. 1 토지의 1순위 근저당권,
91.10.30 임차인 입주 전입신고(확정일자는 93.11.30),
92.12.31 건물의 1순위 근저당권,
93,12,22 1차 경매(임의)에서 임차인은 소액임차인도 아니고 순위가 늦어 배당 받지 못함,
94. 9.12 설정된 근저당권자가 2차 경매(임의)를 신청한 경우

대항력과 우선변제권의 2가지 권리를 겸유하고 있는 임차인이 우선변제권을 선택하여 제 1경매 절차에서 보증금전액에 대하여 배당요구를 하였으나 보증금전액을 배당 받을 수 없었던 때에는 경락인에 대항하여 이를 반환 받을 때까지 임대차관계의 존속을 주장할 수 있을 뿐이고, 임차인의 우선변제권은 경락으로 소멸하는 것이므로 제 2경매에서 우선변제권에 의한 배당을 받을 수 없다(대법원 2001. 3.27 선고 98다 4552 판결)

(사례) (강릉 2006－967호 경매와 2008－5195호 경매는 동일한 아파트로 2005.5.31 전입된 박 ○○은 1번 경매의 1번 설정 이후 전입하여 동일한 아파트의 2차 경매에서 대항력 주장이 어려울 것으로 보인다.
창원 2005－15228호 창원 2003－40800호 임차인이 동일한 경우이다)

즉, 대항력은 영속적인 권리이고, 우선변제권은 소멸성 권리로 보아야 하며, 임차인이 1차 경매 낙찰자와 새로운 임대차 계약을 작성하지 않았다는 전제가 있어야 한다. 낙찰자와 새로운 임대차 계약서가 작성되면 그 계약서에 준해 확정일자를 득할 수 있고, 이런 경우 우선변제권의 효력이 새로 발생되기 때문이다.
(창원 2008타경9767호와 창원 2005타경578호도 마찬가지)
(창원 2006－4744호와 창원 2007－37246호도 마찬가지)

2) 확정일자와 설정일자가 같은 날이면 채권액 안분배당

1억 낙찰 시
2004. 9.10 전입, 전세보증금 50백만원
2004. 9.11 점유, 2004. 9.12 확정
2004. 9.12 설정 200백만원일 때 안분배당(1억×50/250)=임차인 20백만원 배당 받는다.
그리고 전입일자와 설정일자가 같은 날이면 저당권이 우선 배당받는다.

(사례) : 전입일자와 설정일자가 같은 날이면 설정보다 후순위(다음 날 "0"시부터 대항력)
(창원지방법원 5계 2004타경 50477(물건번호 8번)

임의경매에서 전입일자 1998. 1.26 임차인 2,550만원 보증금, 저당일자 : 1998. 1.26일로 기타지역(2001. 9.15이전)은 2,000만원에 800만원 최우선변제 받으므로 임차인은 보증금이 2,000만원 초과하므로 최우선변제권 지급(소액보증금)대상도 아니며 저당보다 후순위로 무배당된다.

3) 설정과 설정 중간에 위치한 중간(샌드위치)임차인의 운명

확정일자가 없다면 우선변제권은 없고, 보증금 중 일정액에 대한 최우선변제권만 배당됨.

(사례) : 창원지방법원 2006타경 15638호(물건번호 1번)1997. 1.29 설정 140백만원, 2001. 1.15 설정 42백만원, 2003. 4.21 전입 1억원(확정일자 없음), 2005. 9. 9 설정 1억원

4) 증액된 보증금

임차보증금을 증액한 경우 그 증액부분은 기존의 근저당권자에 우선하여 배당받을 수 없고, 따라서 임차인은 그 증액부분을 가지고 매수인에게도 대항할 수 없다. 임차인의 보증금을 증액하는 경우 재 계약서를 작성하지 아니하고 임대인작성의 증액부분에 대한 영수증에 확정일자를 받은 때에는 그 효력을 인정할 수 없어 우선변제를 받을 수 없다. 이때에는 반드시 임대차관계(당사자, 기간, 보증금 등)를 확인할 수 있는 방법(예컨대 재 계약서를 작성)으로 작성한 후 그 서면에 확정일자를 받아야 한다. 근저당권설정 후에 보증금을 증액한 경우에는 임차인은 증액부분에 관하여 근저당권자에게 대항할 수 없고, 따라서 매수인도 증액부분에 대하여는 인수할 의무도 없다(대법원 2001. 3.23 선고 2000다 30165)

예컨대, 임차인(보증금 2,100만원)이 대항력을 갖춘 후 근저당권이 설정되고 그 후 보증금을 2,400만원으로 증액하기로 합의하고 300만원을 지급한 경우, 보증금 증액의 합의는 당사자 사이에만 효력이 있고 근저당권에게는 대항할 수 없으므로 그 임의경매의 매수인의 명도청구에 대하여 증액전의 보증금을 상환 받을 때까지 건물명도를 거절할 수 있을 뿐이고 증액된 보증금으로써는 매수인에게 대항할 수 없다(대법원 1990. 8.24. 선고 90다카11377 판결)

5) 임차인은 배당요구종기일까지 권리신고 및 배당요구 신청서 제출 및, 전입유지도 해야

경매중인 주택에 거주하는 임차인은 필히 집행법원에 '배당요구 및 권리신고'를 신법에 따라 배당요구종기일까지(구법은 제1회 입찰기일 이전)에 제출하여야 하며, 또한 퇴거하지 말고 주민등록전입도 배당요구종기일까지는 물론 연기된 배당요구종기일 까지 대항요건(전입과 점유)을 갖추어야 한다. 구법사건은 잔대금 납부 시까지 유지(구법은 보통 경락기일까지로 알고 있으나 낙찰자가 잔대금 미납으로 재경매될 경우도 있으므로 경락 잔대금 납부 시 까지는 주민등록전입을 유지하여야 보증금에 대하여 배당에 참가할 수 있다)하는 것이 후일 후한을 없앨 수 있다.

(사례) 창원지방법원 2005타경 38702(배당요구종기일 2006. 1.16에서 2006. 4.15로 변경되면서 임차인중 2명은 2006.6.21 권리신고 및 배당요구 신청하여 소액보증금 각 1,200만원씩 배당받게 되었다.)

6) 배당요구를 하지 않아 배당에서 제외된 임차인의 지위

경매가 종료된 후에는 배당요구를 하지 않은 임차인과 임금채권자 등은 경락대금에서 배당 받아간 채권자에 대하여 부당이득반환청구를 할 수 없으므로 배당요구종기일까지 배당요구를 하여야 한다. (대법원 1997. 2.25 선고 96다 10263호 판결/ 1998.10.13 선고 98다12379 판결)

7) 경매개시결정 후의 대항력을 갖춘 확정일자부 임차인도 배당 요구하여야

경매개시결정 후의 대항력을 갖춘 확정일자부 임차인에 대하여 경매개시결정 후에 저당권을 취득한자와 마찬가지로 취급하여 배당요구를 허용하는 견해가 다수설이다.

<구, 실무제요(상) 2002년판 820면 법원행정처 발행>

① 확정일자를 갖춘 임차보증금 채권의 우선변제권에서도 첫 경매개시결정등기 이후에 갖추어도 된다는 것이 다수설이다. <법원실무제요 민사집행(Ⅱ)권 460면, 법원행정처 발행>

② 배당요구의 종기 전까지 배당요구가 있으면 압류후의 확정일자부 임차인에게도 배당할 수 있다 <경매부동산의 배당과 권리분석의 연구, 김진호 저>

(사례) 창원 2005타경 36881호 경매개시결정(2005.10.4) 후 재 전입한 임차인 나영자(보증금 1,750만원) 2005.11.16 재전입 및 2005. 5.23확정(2005.12. 7 배당요구 신청, 배당요구종기일 2006. 1. 7) →결국, 2006.7.26 임차인 라영자 17,500,000원 중 금15,393,826원 배당 받음.

8) 기타 주요 판례

1	**[임대아파트 전차인의 대항력 발생시기]** 전차인 전입신고 후 임차인 명의로 소유권이전등기 및 근저당권 설정시 임대아파트 전차인의 대항력은 낙찰자에게 대항할 수 있다(대법원 2001. 1.30 선고 2000다58026 판결)
2	**[전세권자도 우선변제권 요건 갖춘 경우 순위배당]** 집합건물이 아닌 지상건물과 그 부지중 건물에만 전세권설정 등기를 한 경우라도 전세권자가 주택임대차보호법이나 상가건물임대차보호법상의 우선변제권의 요건을 갖춘 경우가 있고, 나아가 전세권설정계약서에 날인된 등기소의 일부인도 확정일자로 보아야 하므로(대법원 2002.11. 8 선고 2001다51725 판결) 부지의 매각대금에 대한 배당순위도 전세권등기일자를 기준으로 판단하여야 하는 경우가 있을 수 있다.
3	**[대항력있는 임차인이 보증금 중 일부를 배당 받고 계속 점유 사용한 경우]** 임차인이 5천만원 중 3천만원을 배당 후 2천만원을 받기 위해 주택을 점유·사용하였다면 낙찰자로부터 반환 받을 때까지 임차목적물을 점유·사용할 수 있어 불법점유에는 해당되지 않아 손해배상청구의 대상이 되지 않으나, 임차인이 보증금 중 일부만을 배당 받은 후 임차목적물 전부를 계속하여 사용·수익하여 현실적으로 이득을 얻었다면 배당 받은 보증금에 해당하는 부분에 대하여는 부당이득을 취한 결과가 되어 그 반환을 해야 한다(대법원 1998. 7.10 선고 98다15545 판결).
4	**[가압류일자가 확정일자보다 빠른 경우에는 선순위]** 주택임대차보호법 제3조의2 제1항은 대항요건(주택인도와 주민등록전입신고)과 임대차계약증서상의 확정일자를 갖춘 주택임차인은 후 순위권리자 기타 일반채권자보다 우선하여 보증금을 변제 받을 권리가 있음을 규정하고 있는바, 이는 임대차계약증서에 확정일자를 갖춘 경우에는 부동산 담보권에 유사한 권리를 인정한다는 취지이므로, 부동산 담보권자보다 선순위의 가압류채권자가 있는 경우에 그 담보권자가 선순위의 가압류채권자와 채권액에 비례한 평등배당을 받을 수 있는 것과 마찬가지로 위 규정에 의하여 우선변제권을 갖게 되는 임차보증금채권자도 선순위의 가압류채권자와는 평등배당의 관계에 있게 된다. 가압류채권자가 주택임차인보다 선순위인지 여부는, 주택임대차보호법 제3조의2의 법문상 임차인이 확정일자 부여에 의하여 비로소 우선변제권을 가지는 것으로 규정하고 있음에 비추어, 임대차계약서상의 확정일자 부여일을 기준으로 삼는 것으로 해석함이 타당하므로, 대항요건을 미리 갖추었다고 하더라도 확정일자를 부여 받은 날짜가 가압류일자보다 늦은 경우에는 가압류채권자가 선순위라고 볼 수밖에 없다.(대법원 1992.10.13. 선고 92다30597 판결)

〈사례연구 1〉 [중개업자는 선순위 임차인의 존재를 확인 · 설명서에 언급해야]

1. 중개업자는 선순위 임차인의 존재를 확인 · 설명 의무 위반 시 손해배상 책임이 있다고 한 사례(서울지법 남부지원 2000. 2. 11. 선고 99가합11831)

【판시사항】

부동산 중개업자가 의뢰인에게 선순위의 확정일자를 갖춘 선순위 임차인의 존재를 확인 · 설명하지 아니한 채 전세권만 설정하면 임차보증금을 확보할 수 있다고 잘못 설명을 하여 이를 믿고 의뢰인이 임대차 계약을 체결하였으나 해당 주택의 경매 시 임차보증금을 전혀 배당받지 못한 경우, 부동산 중개업자에게 중개 대상물의 확인, 설명 의무 위반으로 인한 손해배상책임이 있다고 한 사례

2. 계약을 체결한 과실이 있다는 이유로 공인중개사의 책임을 70%로 제한한 사례(제주지법 1997. 10. 22. 선고 96나2019 판결)

【판시사항】

임차용 주택을 중개한 공인 중개사에게 부동산 중개업법 제19조에 기한 손해배상책임을 인정하면서도 임차인의 과실을 이유로 공인중개사의 책임을 70%로 제한한 사례

【판결요지】

공인중개사가 부동산 중개업법 소정의 중개 대상물 확인서의 작성 및 그를 통한 설명의무를 전혀 이행하지 않고 등기부등본조차도 제시하지 않았을 뿐만 아니라 당해 부동산은 아무런 법률적 문제가 없으니 자신을 믿고 계약을 체결하라는 잘못된 설명을 하는 등 업무상 주의의무를 현저히 위반함으로써 임차인이 전세금 일부를 반환 받지 못하게 되는 손해를 입은 경우, 중개업자는 임차인에게 같은 법 제19조 제1항에 기한 손해배상 책임이 있으나, 한편 임차인이 생면부지의 사람과 비교적 고액의 보증금을 지급하고 전세 계약을 체결함에 있어서 나름대로 부동산에 관한 등기부등본을 발급받아 봄으로써 이에 대한 권리관계 사항을 미리 조사하는 등으로 손해 방지를 위한 대비를 하였어야 함에도 불구하고 공인중개사의 말만을 믿고 섣불리 계약을 체결한 과실이 있다는 이유로 공인중개사의 책임을 70%로 제한한 사례.

〈사례연구 2〉 [확정일자있는 임차보증금]

1) 의 의

대항요건과 임대차계약증서에 확정일자를 갖춘 임차인은 민사집행법에 의한 경매 또는 국세징수법에 의한 공매 시 임차주택(대지를 포함한다)의 환가대금에서 후순위권리자 기타 채권자보다 우선하여 보증금을 변제 받을 권리가 있다.

2) 우선변제의 요건

가. 대항요건구비

확정일자를 갖춘 임차인이 우선변제를 받기 위해서는 소액보증금의 우선변제권과 달리 제한규정이 없으므로 경매개시결정등기 이후에 대항요건을 갖추어도 무방할 것이나, 배당요구종기 전일까지는 대항요건을 갖추어야 할 것이다.

나. 확정일자

주택임대차보호법에서는 임대차계약증서에 확정일자를 갖추어야 한다고 되어 있으나 임대차계약서를 공정증서로 작성하거나 사서증서인 임대차계약서를 인증 받아도 우선변제의 요건을

갖춘 것으로 보며 임대차계약서와 별도로 전세권설정계약서를 작성하고 그 계약서에 등기관의 접수인이 찍혀 있는 경우에는 전세권설정계약서를 원래의 임대차 계약에 관한 증서로 볼 수 있으므로 전세권설정계약서가 첨부된 등기필증에 찍힌 접수인이 주택임대차보호법 소정의 확정일자에 해당한다.

다. 배당요구종기까지 배당요구

확정일자있는 임차보증금도 배당요구종기까지 배당요구를 하여야 배당 받을 수 있으며 배당요구를 하지 아니하여 배당에서 제외된 경우 배당 받은 후순위 채권자를 상대로 부당이득으로 반환을 청구할 수도 없다.

라. 대항요건의 배당요구종기까지 존속

확정일자를 갖춘 임차인도 배당요구종기까지 대항요건이 존속되어야 하며, 임차권 등기를 한 경우에 예외인 점은 소액보증금에서 설명한 것과 같다.

마. 양수인에게 주택의 인도

임차인은 임차주택을 양수인에게 인도하지 아니하면 보증금을 수령할 수 없다.

3) 우선변제내용

가. 순위에 따라 우선변제

확정일자를 갖춘 주택임차인은 후 순위권리자 기타 일반채권자보다 우선하여 보증금을 변제받을 권리가 있으므로 담보권과 유사한 권리를 인정한다는 취지다. 그러므로 선순위의 가압류채권자가 있는 경우에 확정일자를 갖춘 임차보증금 채권자는 선순위 가압류채권자와 평등하게 배당을 받게 된다.

우선변제권은 대항요건과 확정일자를 모두 구비한 경우에 발생하며 대항요건 구비일 다음날 오전 0시와 확정일자를 받은 날 중 늦은 시점을 기준으로 한다. 예를 들어 2003.10.01 주택의 인도와 주민등록을 하고 같은 날 확정일자를 받은 임차인과 2003.10.01 저당권을 취득한 채권자 사이에는 임차인의 우선변제권은 2003.10.02 오전영시를 기준으로 하므로 저당권자가 우선하나 2003.10.02에 저당권을 취득한 채권자보다는 우선한다.

나. 우선변제범위

소액보증금은 주택가액의 1/2 범위 내에서 우선변제를 받을 수 있으나 확정일자에 따른 우선변제권은 금액의 제한이 없다.

다. 소액보증금 요건과 확정일자를 같이 갖춘 경우

임차인이 소액보증금의 우선변제권과 확정일자를 같이 갖춘 경우에는 소액보증금 중 일정액을 소액임차인으로 우선 변제받고 나머지는 확정일자에 따라 순위에 따라 우선변제 받는다.

〈사례연구 3〉 [외국인의 주택임대차보호법 적용 여부]

① 일본국적의 외국인으로 주택을 임차하여 입주하였으나 주민등록법상의 전입신고를 할 수 없기 때문에 주택소재지를 신체류지로 하는 전입신고를 하였는데 이러한 경우 주민등록을 갖추지 못하였는데 주택임대차보호법상 주택임차인으로서 보호받을 수 있는지 여부?

⇒ 보호받을 수 있다. 왜냐하면 출입국관리법 제31조 제1항 본문은 90일을 초과하여 국내에 체류하는 외국인은 그의 체류지를 관할하는 출입국관리사무소장 또는 출입국관리사무소 출장소장에게 외국인등록을 하여야 하고, 등록을 한 외국인이 그의 체류지를 변경한 때에는 전입한 날부

터 14일 이내에 신체류지의 시·군·구의 장 또는 신체류지를 관할하는 출입국관리사무소장·출입국관리사무소 출장소장에게 전입신고를 하여야 한다고 규정하고 있으며, 출입국관리법 제88조의 2는 법령에 규정된 각종 절차와 거래관계 등에 있어서 주민등록증 또는 주민등록등·초본을 요하는 경우에는 외국인등록증 또는 외국인등록사실증명으로 이에 갈음한다고 규정하고 있으므로, 귀하의 경우에는 대항요건인 주민등록을 갖추었다고 볼 수 있기 때문이다.

② A은행은 甲 소유의 서울 용산 소재 다가구주택을 담보로 대출을 실행하기 위하여 감정을 한 결과, 일본인 乙이 주택의 일부를 보증금 5천만원에 임차하여 사용하고 있는 것으로 확인되었다. 이 경우 乙의 임대보증금을 A은행이 설정할 근저당권보다 우선순위로 차감한 후, 대출가능금액을 산정하여야 하는지 여부?

⇒ 외국인과의 주택임대차계약에도 주택임대차보호법이 적용되는지가 문제된다.

주택임대차 보호법 제1조에는 "이 법은 주거용건물의 임대차에 관하여 민법에 대한 특례를 규정함으로써 국민의 주거생활의 안정을 보장함을 목적으로 한다"고 규정되어 있어 외국인의 경우에는 동법이 적용되지 않는다고 볼 여지도 있다.

현재 이 문제에 관해 대법원의 확립된 판례는 없고, 다만 해당 주택에 전입하여 거주하면서 출입국관리법에 의한 거류지 변경신고를 한 경우에는 외국인에게도 주택임대차 보호법을 적용하여야 한다는 하급심 판례가 있다.

"국내에 거류하고자 하는 외국인은 입국한 날로부터 90일 이내에 그 거류지를 관할하는 출입국관리사무소장에게 거류신고를 한 후 그로부터 14일 이내에 거류지를 관할하는 시, 군, 구의 장에게 외국인등록을 하여야 하며 --(중략)-- 외국인이 위와 같이 출입국관리법에 의한 거류지 변경신고를 함으로써 거래의 안전을 위하여 임차권의 존재를 제3자가 명백히 인식할 수 있는 공시의 방법으로 마련된 주택임대차보호법 제3조의 2, 제3조의 제1항 소정의 주민등록을 마쳤다고 볼 것이다"(서울민사지법 1993.12.16. 선고. 93가합73367)

따라서 사례의 경우에는 乙의 외국인등록증 상의 거류지신고를 하고, 실제로 거주하면서 임대차계약서상에 확정일자를 받았다면 대항력과 우선변제권 모두를 인정받았다고 보아야 한다.

3. 최우선변제권

임차인은 보증금 중 일정액을 다른 담보물권자보다 우선하여 변제 받을 권리(우선변제권)가 있다. 이 경우 임차인은 주택에 대한 경매신청의 등기 전에 요건(전입과 점유)을 갖추어야 한다. 소액임차인은 경매개시결정등기 전까지 대항력 요건(전입과 점유는 필수, 확정일자는 없어도 무관)을 갖추어야 최우선변제권이 인정된다.

주택임대차보호법 제8조의 규정에 의하여 보증금 일정액을 다른 담보권자보다 우선하여 변제 받을 수 있는 권리로, 소액임차인을 보호하기 위한 제도이며 5차 개정인 2001. 9.15 이후 설정된 담보물권에 대한 최우선변제를 살펴보면

- 보증금이 4,000만원 이하일 때 1,600만원 (수도권)
- 보증금이 3,500만원 이하일 때 1,400만원 (광역시<군 지역 및 인천시 제외>)
- 보증금이 3,000만원 이하일 때 1,200만원 (기타지역)을 설정 담보물권자보다 앞서 최우선 배당한다. (6차 개정시 2002.8.21 보증금 6,000만원 이하(소액 2,000만원), 5,000만원(1,700만원), 4,000만원(1,400만원)으로 인상되었다)

최우선 변제금액은 주택가액의 1/2을 초과하지 못하며 하나의 주택에 임차인이 2인 이상이고, 그 각 보증금 중 일정액의 합산액이 주택의 가액의 2분의 1을 초과하는 경우에는 그 각 보증금 중 일정액의 합산액에 대한 각 임차인의 보증금 중 일정액의 비율로 그 주택의 가액의 2분의1에 해당하는 금액을 분할한 금액을 각 임차인의 보증금 중 일정액으로 본다. 단, 하나의 주택에 임차인이 2인 이상이고 이들이 그 주택에서 가정공동생활을 하는 경우에는 이들을 1인의 임차인으로 보아 이들의 각 보증금을 합산한다.

경매기입등기 전에 임대인과의 합의로 감액함으로써 소액임차인에 해당하게 된 경우에는 소액보증금의 최우선변제를 인정할 수 있을 것이다.

<주택임대차보호법 최우선변제권 관련 12건 해설>

1) 주택임차인의 소액보증금 범위

주택임차인은 주택에 대한 경매개시결정의 등기 전에 주택의 인도와 주민등록을 갖춘 때에는 보증금 중 일정액을 다른 담보물권자보다 우선하여 변제받을 권리가 있는데(주택임대차보호법 제8조 1항), 우선 변제를 받을 임차인 및 보증금 중 일정액의 범위와 기준은 주택가액의 2분의 1의 범위 안에서 수차 변동 되었다(주택임대차보호법시행령 4조).

주택가액의 2분의 1이란? 주택임대차보호법 제8조 소정의 우선변제권의 한도가 되는 주택가액의 2분의 1에서 '주택가액'이라 함은 낙찰대금에다가 입찰보증금에 대한 배당기일까지의 이자, 몰수된 입찰보증금 등을 포함한 금액에서 집행비용을 공제한 실제 배당할 금액이라고 봄이 상당하다(대법원 2001. 4.27 선고 2001다8974 판결).

2) 소액보증금은 담보설정일자와 따져야

배당절차에서 경매개시결정의 등기 전에 전입과 주택의 인도와 주민등록을 갖춘 때에는 확정일자와 상관없이 진정한 소액임차인은 비록 담보물권설정일자(예, 2001. 9.15일 이후 설정한 근저당권자)보다 늦더라도 일정액의 임차보증금(예, 서울특별시 40,000,000원 이하 소액임차인)에 대하여 최우선 배당(예, 소액보증금조 16,000,000원)을 받을 수 있다.

3) 주택에서 가족공동생활을 영위하는 경우 각 보증금을 합산

소액임차인은 주택가액(대지의 가액을 포함한다)의 2분의 1을 한도로 최우선변제를 받게 되고 (주보법 8조 3항, 같은 법 시행령 3조 2항), 하나의 주택에 임차인이 2인 이상이고 이들이 그 주택에서 가족공동생활을 영위하는 경우에는 이들을 1인의 임차인으로 보아 이들의 각 보증금을 합산하여야 한다(같은 법 시행령 3조 4항)

즉, 모 40백만원, 자녀 20백만원일 때 합계 60백만원으로 보아 배당에서 완전 제외 된다.
(대법원 2001. 5.15 선고 2001다18513 판결)

여기서 주택가액이란 매각대금에다가 입찰보증금에 대한 배당기일까지의 이자(연 2%), 몰수된 입찰보증금 등을 포함한 금액에서 집행비용을 공제한 실제 배당할 금액이라고 봄이 상당하다

4) 임차권등기명령에 의한 주택임차권 해당 주택(방)은 최우선변제 소액보증금 배당 안됨

은행에서 대출시 담보가 산정하면서 소액임차인의 최우선변제(소액보증금)를 감안하여 방 3칸이

면 통상 마산, 창원 등 기타지역은 방 1칸인 12,000,000원(주택평가액 2억 초과는 1.5칸인 18,000,000원)을 담보평가액에서 공제하고 있다.(현재는 방 1칸에 1,400만원 공제)

각 담보물권 설정 당시의 법규에 따라 개별 계산한다. 1995. 10.19이후부터 2001. 9.15일 이전까지 설정된 담보물권에는 서울특별시에는 보증금30백만원에 소액보증금 12백만원 최우선배당하고, 2001. 9.15일 이후 현재까지 설정에는 40백만원 이하에 16백만원 최우선변제조 소액보증금을 집행비용 다음으로 설정보다 우선 배당한다. 그러나 임차권등기명령에 의한 주택임차권 해당 주택(방)은 최우선변제 소액보증금 배당을 하지 않는다.(2008.8.21 이후는 6,000만원 이하에 2,000만원으로 증액되었다)

5) 소액임차인도 배당요구종기일까지 배당요구를 하여야 배당

소액임차인이 경매절차에서 배당요구를 하지 않고 있다가 배당 받은 채권자들을 상대로 부당이득반환청구를 하는 것은 허용되지 않는다(대법원 2005. 8. 25. 선고 2005다14595 판결).

구 민사소송법상 배당요구가 필요한 배당요구채권자가 적법한 배당요구를 하지 아니한 경우, 배당에서 제외되는지 여부(적극)(대법원 2002. 1. 22. 선고 2001다70702 판결)

민사소송법 제605조 제1항 소정의 배당요구가 필요한 배당요구채권자가 실체법상 우선변제청구권이 있다 하더라도 적법한 배당요구를 하지 아니하여 배당에서 제외된 경우, 배당 받은 후순위채권자를 상대로 부당이득의 반환을 청구할 수 있는지 여부(소극)

주택임대차보호법상의 소액보증금반환채권이 민사소송법 제605조 제1항 소정의 배당요구가 필요한 배당요구채권에 해당하는지 여부(적극)

6) 대지만의 매각대금에서 최우선변제

소액임차인은 대지와 주택의 소유자가 동일한 경우에는 대지만의 매각대금에서 우선변제를 받을 수 있고, 대지와 주택이 시기를 달리하여 경매되는 경우에는 각 경매절차에서 우선변제를 받을 수 있다(주보법 제8조에 관한 질의응답 : 1998. 4.15 송무예규 제596호)

그러나 이와 같은 법리는 대지에 관한 저당권설정 당시에 이미 그 지상 건물이 존재하는 경우에만 적용될 수 있는 것이고, 저당권설정 후에 비로소 건물이 신축된 경우에 까지 공시방법이 불완전한 소액임차인에게 우선변제권을 인정한다면 저당권자에게 예측할 수 없는 손해를 입게 되는 범위가 지나치게 확대되어 부당하므로, 이러한 경우에는 소액임차인은 대지의 환가대금에 대하여 우선변제를 받을 수 없다(대법원 1999. 7.23 선고 99다25532 판결).

7) 소액보증금 사례 계산문제

서울지역 2층 다가구가 40백만원 낙찰 시 설정이 2001. 9.15일 이후인 2003. 10.17. 일 때 임차보증금이 1층 50백만원(소액보증금 없음), 2층 30백만원(12백만원), 10백만원(10백만원), 2백만원(2백만원) 소액보증금 해당시 소액보증금 합계는 낙찰가액의 1/2인 20백만원으로 12백만원인 임차인의 소액보증금은 20백만원×12/24= 10백만원으로, 나머지 10백만원은 20백만원×10/24=약 8.3백만원, 나머지 2백만원 임차인은 20백만원×2/24=1.7백만원 합계 20백만원이 소액보증금조로 최우선 배당된다.

8) '주택임차권'등기된 방 임차시 소액보증금 불가, 확정일자에 따른 우선변제 가능

주택임차권등기가 경료된 주택에 새로 입주해 온 임차인에 대하여는 주택임대차보호법상 소액임차인의 최우선변제권 등을 인정하지 않는다(주택임대차보호법 제3조의 3 제6항)

그러나 확정일자에 따른 우선변제는 가능하다.

(사례) 건물등기부등본에 표기한 "주택임차권" 내용(창원지방법원 2006타경 18200호)
임차보증금 : 23,000,000원, 차임 : 없음
범위 : 2층 113.15㎡ 중 동쪽 60㎡
임대차계약일자 2003년 4월30일, 주민등록일자 2003년 5월 6일
점유개시일자 2003년 5월 6일, 확정일자 2003년 5월 6일
임차권자 ○○○ 김해시 삼방동 123번지 202호

9) 전차한 소액전차인에게도 우선변제권 여부

소액전차권자도 보증금반환청구권에 관하여 소액임차권자와 동일한 권리를 가진다. 다만, 전대인(임차인)자신이 제8조에 의한 우선변제권있는 소액임차인인 경우에 한한다(주택임대차보호법 제8조에 관한 질의회답(송민84-10) / 1998. 4.15 송무심의 0414-62호).

10) 확정일자부 임차인은 경매기입등기 후에 대항요건 갖추어도 우선변제권 인정

소액임차인은 경매기입등기 전까지 대항요건을 갖추어야 우선변제권이 인정되나, 확정일자임차인은 경매기입등기 후에 대항요건을 갖추어도 우선변제권을 가지는 것으로 해석한다(윤경 저, 부동산경매(입찰)의 실무(하) 339면, 손창환 민사집행법 실무연구 351면, 김진호 저, 경매부동산의 배당과 권리분석의 연구, 법원실무제요 민사집행[Ⅱ]권 460페이지).

11) 공동임대인 중 일부의 공유지분이 경매되는 경우 임차보증금 전액을 기준

공동임대인 중 일부의 공유지분이 경매되는 경우에 공동임대인의 보증금반환채무는 성질상 불가분채무로 보는 것이 통설이므로 공동임대인 중 1인의 공유지분에 대하여 경매절차가 진행되는 경우 소액임차인에 해당하는지 여부는 경매대상 공유지분에 상응하는 금액이 아니라 임차보증금 전액을 기준으로 하여 판단하여야 하고, 배당절차에 있어서도 임차보증금 전액을 기준으로 배당하는 것이 실무이다(법원실무제요 민사집행(Ⅱ)권 470~471쪽).

12) 미등기 건물의 임차 보증금 보호 여부

미등기 전의 분양아파트, 준공검사를 받지 못한 건물, 준공검사는 받았으나 보존등기가 안된 건물, 무허가 건물 등에 임대차 계약을 했을 경우에도 임차인의 임차금이 보호될 수 있을까?

① 미등기 건물도 임차금을 보호받을 수 있다.
대법원 1996.5.31 선고 96다 5971 판결은 이에 대해 [주택임대차보호법상의 주거용 건물은 공부상으로 판단할 것이 아니고, 건물의 용도, 실제이용관계, 주변상황 등으로 실제적으로 판단해야 한다] 고 명시하고 있으므로 미등기 건물이나 무허가 건물이라 하더라도 실제 거주 목적으로 사용되고 있다면 임차인의 보증금은 보호받을 수 있게 된다.

② 전입신고(실 거주)와 확정일자를 받아야
건물이 경매가 되었을 경우 다른 채권자들에 비해 우선적으로 임차금을 보호 받기 위해서는 전입신고와 확정일자를 받아 두어야 하는데 미등기 건물이라도 전입신고와 확정일자를 받을 수 있다. 확정일자는 동사무소와 등기소에서 받을 수 있는데 동사무소에서는 전입신고를 한 사람에게 확정일자를 해 주는데 반해 등기소는 전입신고 전이라도 계약서만 있으면 확정일자를 해 준다.

③ 반드시 실제 건물 소유자와 계약해야
임대차 계약은 건물에 대한 사용. 수익에 대한 권리이므로 건물 소유자와 계약을 해야 하나

미등기 건물이므로 실제 건물 소유자를 확인 하는 데는 어려움이 있다.
일반적으로 미등기 건물의 소유자 확인은 가옥대장, 준공검사증, 건축허가서, 지방세 과세대장의 세금납부자 등을 통해 할 수 있다.

주택임대차보호법과 주택임대차보호법시행령

주택임대차보호법(2008.8.21)

제1조 (목적) 이 법은 주거용 건물의 임대차(임대차)에 관하여 「민법」에 대한 특례를 규정함으로써 국민 주거생활의 안정을 보장함을 목적으로 한다.

제2조 (적용 범위) 이 법은 주거용 건물(이하 "주택"이라 한다)의 전부 또는 일부의 임대차에 관하여 적용한다. 그 임차주택(임차주택)의 일부가 주거 외의 목적으로 사용되는 경우에도 또한 같다.

제3조 (대항력 등) ① 임대차는 그 등기(등기)가 없는 경우에도 임차인(임차인)이 주택의 인도(인도)와 주민등록을 마친 때에는 그 다음 날부터 제삼자에 대하여 효력이 생긴다. 이 경우 전입신고를 한 때에 주민등록이 된 것으로 본다.
② 국민주택기금을 재원으로 하여 저소득층 무주택자에게 주거생활 안정을 목적으로 전세임대주택을 지원하는 법인이 주택을 임차한 후 지방자치단체의 장 또는 그 법인이 선정한 입주자가 그 주택을 인도받고 주민등록을 마쳤을 때에는 제1항을 준용한다. 이 경우 대항력이 인정되는 법인은 대통령령으로 정한다.
③ 임차주택의 양수인(양수인)(그 밖에 임대할 권리를 승계한 자를 포함한다)은 임대인(임대인)의 지위를 승계한 것으로 본다.
④ 이 법에 따라 임대차의 목적이 된 주택이 매매나 경매의 목적물이 된 경우에는 「민법」 제575조제1항 · 제3항 및 같은 법 제578조를 준용한다.
⑤ 제4항의 경우에는 동시이행의 항변권(항변권)에 관한 「민법」 제536조를 준용한다.

제3조의2 (보증금의 회수)
① 임차인(제3조제2항의 법인을 포함한다. 이하 같다)이 임차주택에 대하여 보증금반환청구소송의 확정판결이나 그 밖에 이에 준하는 집행권원(집행권원)에 따라서 경매를 신청하는 경우에는 집행개시(집행개시) 요건에 관한 「민사집행법」 제41조에도 불구하고 반대의무(반대의무)의 이행이나 이행의 제공을 집행개시의 요건으로 하지 아니한다.
② 제3조제1항 또는 제2항의 대항요건(대항요건)과 임대차계약증서(제3조제2항의 경우에는 법인과 임대인 사이의 임대차계약증서를 말한다)상의 확정일자(확정일자)를 갖춘 임차인은 「민사집행법」에 따른 경매 또는 「국세징수법」에 따른 공매(공매)를 할 때에 임차주택(대지를 포함한다)의 환가대금(환가대금)에서 후순위권리자(후순위권리자)나 그 밖의 채권자보다 우선하여 보증금을 변제(변제)받을 권리가 있다.
③ 임차인은 임차주택을 양수인에게 인도하지 아니하면 제2항에 따른 보증금을 받을 수 없다.
④ 제2항에 따른 우선변제의 순위와 보증금에 대하여 이의가 있는 이해관계인은 경매법원이나 체납처분청에 이의를 신청할 수 있다.
⑤ 제4항에 따라 경매법원에 이의를 신청하는 경우에는 「민사집행법」 제152조부터 제161조까지의 규정을 준용한다.
⑥ 제4항에 따라 이의신청을 받은 체납처분청은 이해관계인이 이의신청일부터 7일 이내에 임차인을 상대로 소(소)를 제기한 것을 증명하면 해당 소송이 끝날 때까지 이의가 신청된 범위에서 임차인에 대한 보증금의 변제를 유보(유보)하고 남은 금액을 배분하여야 한다. 이 경우 유보된 보증금은 소송의 결과에 따라 배분한다.

제3조의3 (임차권등기명령) ① 임대차가 끝난 후 보증금을 반환받지 못한 임차인은 임차주택의 소재지를 관할하는 지방법원 · 지방법원지원 또는 시 · 군 법원에 임차권등기명령을 신청할 수 있다.
② 임차권등기명령의 신청서에는 다음 각 호의 사항을 적어야 하며, 신청의 이유와 임차권등기의 원인이 된 사실을 소명(소명)하여야 한다.

1. 신청의 취지 및 이유
2. 임대차의 목적인 주택(임대차의 목적이 주택의 일부분인 경우에는 해당 부분의 도면을 첨부한다)
3. 임차권등기의 원인이 된 사실(임차인이 제3조제1항 또는 제2항에 따른 대항력을 취득하였거나 제3조의2 제2항에 따른 우선변제권을 취득한 경우에는 그 사실)
4. 그 밖에 대법원규칙으로 정하는 사항

③ 다음 각 호의 사항 등에 관하여는 「민사집행법」 제280조제1항, 제281조, 제283조, 제285조, 제286조, 제288조제1항·제2항 본문, 제289조, 제290조제2항 중 제288조제1항에 대한 부분, 제291조 및 제293조를 준용한다. 이 경우 "가압류"는 "임차권등기"로, "채권자"는 "임차인"으로, "채무자"는 "임대인"으로 본다.
1. 임차권등기명령의 신청에 대한 재판
2. 임차권등기명령의 결정에 대한 임대인의 이의신청 및 그에 대한 재판
3. 임차권등기명령의 취소신청 및 그에 대한 재판
4. 임차권등기명령의 집행

④ 임차권등기명령의 신청을 기각(기각)하는 결정에 대하여 임차인은 항고(항고)할 수 있다.
⑤ 임차인은 임차권등기명령의 집행에 따른 임차권등기를 마치면 제3조제1항 또는 제2항에 따른 대항력과 제3조의2제2항에 따른 우선변제권을 취득한다. 다만, 임차인이 임차권등기 이전에 이미 대항력이나 우선변제권을 취득한 경우에는 그 대항력이나 우선변제권은 그대로 유지되며, 임차권등기 이후에는 제3조제1항 또는 제2항의 대항요건을 상실하더라도 이미 취득한 대항력이나 우선변제권을 상실하지 아니한다.
⑥ 임차권등기명령의 집행에 따른 임차권등기가 끝난 주택(임대차의 목적이 주택의 일부분인 경우에는 해당 부분으로 한정한다)을 그 이후에 임차한 임차인은 제8조에 따른 우선변제를 받을 권리가 없다.
⑦ 임차권등기의 촉탁(촉탁), 등기공무원의 임차권등기 기입(기입) 등 임차권등기명령을 시행하는 데에 필요한 사항은 대법원규칙으로 정한다.
⑧ 임차인은 제1항에 따른 임차권등기명령의 신청과 그에 따른 임차권등기와 관련하여 든 비용을 임대인에게 청구할 수 있다.

제3조의4 (「민법」에 따른 주택임대차등기의 효력 등)
① 「민법」 제621조에 따른 주택임대차등기의 효력에 관하여는 제3조의3제5항 및 제6항을 준용한다.
② 임차인이 대항력이나 우선변제권을 갖추고 「민법」 제621조제1항에 따라 임대인의 협력을 얻어 임대차등기를 신청하는 경우에는 신청서에 「부동산등기법」 제156조의 사항 외에 다음 각 호의 사항을 적어야 하며, 이를 증명할 수 있는 서면(임대차의 목적이 주택의 일부분인 경우에는 해당 부분의 도면을 포함한다)을 첨부하여야 한다.
1. 주민등록을 마친 날
2. 임차주택을 점유(점유)한 날
3. 임대차계약증서상의 확정일자를 받은 날

제3조의5 (경매에 의한 임차권의 소멸) 임차권은 임차주택에 대하여 「민사집행법」에 따른 경매가 행하여진 경우에는 그 임차주택의 경락(경락)에 따라 소멸한다. 다만, 보증금이 모두 변제되지 아니한, 대항력이 있는 임차권은 그러하지 아니하다.

제4조 (임대차기간 등) ① 기간을 정하지 아니하거나 2년 미만으로 정한 임대차는 그 기간을 2년으로 본다. 다만, 임차인은 2년 미만으로 정한 기간이 유효함을 주장할 수 있다.
② 임대차기간이 끝난 경우에도 임차인이 보증금을 반환받을 때까지는 임대차관계가 존속되는 것으로 본다.

제5조 삭제<1989.12.30>

제6조 (계약의 갱신) ① 임대인이 임대차기간이 끝나기 6개월 전부터 1개월 전까지의 기간에 임차인에게 갱신거절(갱신거절)의 통지를 하지 아니하거나 계약조건을 변경하지 아니하면 갱신하지 아니한다는 뜻의 통지를 하지 아니한 경우에는 그 기간이 끝난 때에 전 임대차와 동일한 조건으로 다시 임대차한 것으로 본다. 임차인이 임대차기간이 끝나기 1개월 전까지 통지하지 아니한 경우에도 또한 같다.
② 제1항의 경우 임대차의 존속기간은 정하지 아니한 것으로 본다.
③ 2기(기)의 차임액(차임액)에 달하도록 연체하거나 그 밖에 임차인으로서의 의무를 현저히 위반한 임차인에 대하여는 제1항을 적용하지 아니한다.

제6조의2 (묵시적 갱신의 경우 계약의 해지)

① 제6조제1항의 경우 임차인은 언제든지 임대인에게 계약해지(계약해지)를 통지할 수 있다.

② 제1항에 따른 해지는 임대인이 그 통지를 받은 날부터 3개월이 지나면 그 효력이 발생한다.

제7조 (차임 등의 증감청구권) 당사자는 약정한 차임이나 보증금이 임차주택에 관한 조세, 공과금, 그 밖의 부담의 증감이나 경제사정의 변동으로 인하여 적절하지 아니하게 된 때에는 장래에 대하여 그 증감을 청구할 수 있다. 다만, 증액의 경우에는 대통령령으로 정하는 기준에 따른 비율을 초과하지 못한다.

제7조의2 (월차임 전환 시 산정률의 제한) 보증금의 전부 또는 일부를 월 단위의 차임으로 전환하는 경우에는 그 전환되는 금액에 「은행법」에 따른 금융기관에서 적용하는 대출금리와 해당 지역의 경제 여건 등을 고려하여 대통령령으로 정하는 비율을 곱한 월차임(월차임)의 범위를 초과할 수 없다.

제8조 (보증금 중 일정액의 보호) ① 임차인은 보증금 중 일정액을 다른 담보물권자(담보물권자)보다 우선하여 변제받을 권리가 있다. 이 경우 임차인은 주택에 대한 경매신청의 등기 전에 제3조제1항의 요건을 갖추어야 한다.

② 제1항의 경우에는 제3조의2제4항부터 제6항까지의 규정을 준용한다.

③ 제1항에 따라 우선변제를 받을 임차인 및 보증금 중 일정액의 범위와 기준은 주택가액(대지의 가액을 포함한다)의 2분의 1의 범위에서 대통령령으로 정한다.

제9조 (주택 임차권의 승계) ① 임차인이 상속인 없이 사망한 경우에는 그 주택에서 가정공동생활을 하던 사실상의 혼인 관계에 있는 자가 임차인의 권리와 의무를 승계한다.

② 임차인이 사망한 때에 사망 당시 상속인이 그 주택에서 가정공동생활을 하고 있지 아니한 경우에는 그 주택에서 가정공동생활을 하던 사실상의 혼인 관계에 있는 자와 2촌 이내의 친족이 공동으로 임차인의 권리와 의무를 승계한다.

③ 제1항과 제2항의 경우에 임차인이 사망한 후 1개월 이내에 임대인에게 제1항과 제2항에 따른 승계 대상자가 반대의사를 표시한 경우에는 그러하지 아니하다.

④ 제1항과 제2항의 경우에 임대차 관계에서 생긴 채권·채무는 임차인의 권리의무를 승계한 자에게 귀속된다.

제10조 (강행규정) 이 법에 위반된 약정(약정)으로서 임차인에게 불리한 것은 그 효력이 없다.

제11조 (일시사용을 위한 임대차) 이 법은 일시사용하기 위한 임대차임이 명백한 경우에는 적용하지 아니한다.

제12조 (미등기 전세에의 준용) 주택의 등기를 하지 아니한 전세계약에 관하여는 이 법을 준용한다. 이 경우 "전세금"은 "임대차의 보증금"으로 본다.

제13조 (「소액사건심판법」의 준용) 임차인이 임대인에 대하여 제기하는 보증금반환청구소송에 관하여는 「소액사건심판법」 제6조, 제7조, 제10조 및 제11조의2를 준용한다.

주택임대차보호법 시행령(2008.8.21 대통령령 제20971호)

제1조 (목적) 이 영은 「주택임대차보호법」에서 위임된 사항과 그 시행에 관하여 필요한 사항을 정함을 목적으로 한다.

제1조의2 (대항력이 인정되는 법인) 「주택임대차보호법」(이하 "법"이라 한다) 제3조제2항 후단에서 "대항력이 인정되는 법인"이란 다음 각 호의 법인을 말한다.

1. 「대한주택공사법」에 따른 대한주택공사
2. 「지방공기업법」 제49조에 따라 주택사업을 목적으로 설립된 지방공사

제2조 (차임 등 증액청구의 기준 등) ① 법 제7조에 따른 차임이나 보증금(이하 "차임등"이라 한다)의 증액청구는 약정한 차임등의 20분의 1의 금액을 초과하지 못한다.

② 제1항에 따른 증액청구는 임대차계약 또는 약정한 차임등의 증액이 있은 후 1년 이내에는 하지 못한다.

제2조의2 (월차임 전환 시 산정률) 법 제7조의2에서 "대통령령으로 정하는 비율"이란 연 1할4푼을 말한다.

제3조 (보증금 중 일정액의 범위 등) ① 법 제8조에 따라 우선변제를 받을 보증금 중 일정액의 범위는 다음 각 호의 구분에 의한 금액 이하로 한다.

1. 「수도권정비계획법」에 따른 수도권 중 과밀억제권역 : 2천만원
2. 광역시(군지역과 인천광역시지역은 제외한다) : 1천700만원
3. 그 밖의 지역 : 1천400만원

② 임차인의 보증금 중 일정액이 주택가액의 2분의 1을 초과하는 경우에는 주택가액의 2분의 1에 해당하는 금액까지만 우선변제권이 있다.

③ 하나의 주택에 임차인이 2명 이상이고, 그 각 보증금 중 일정액을 모두 합한 금액이 주택가액의 2분의 1을 초과하는 경우에는 그 각 보증금 중 일정액을 모두 합한 금액에 대한 각 임차인의 보증금 중 일정액의 비율로 그 주택가액의 2분의 1에 해당하는 금액을 분할한 금액을 각 임차인의 보증금 중 일정액으로 본다.

④ 하나의 주택에 임차인이 2명 이상이고 이들이 그 주택에서 가정공동생활을 하는 경우에는 이들을 1명의 임차인으로 보아 이들의 각 보증금을 합산한다.

제4조 (우선변제를 받을 임차인의 범위) 법 제8조에 따라 우선변제를 받을 임차인은 보증금이 다음 각 호의 구분에 의한 금액 이하인 임차인으로 한다.

1. 「수도권정비계획법」에 따른 수도권 중 과밀억제권역 : 6천만원
2. 광역시(군지역과 인천광역시지역은 제외한다) : 5천만원
3. 그 밖의 지역 : 4천만원

부 칙

제1조(시행일) 이 영은 공포한 날부터 시행한다.

제2조(경과조치) 이 영 시행 전에 임차주택에 대하여 담보물권을 취득한 자에 대하여는 종전의 규정에 따른다.

〈사례연구 1〉 [소액보증금(보증금 중 일정액)]

소액보증금(보증금 중 일정액)

1) 의의

소액보증금은 다른 담보물권자보다 우선하여 변제받을 권리가 있다. 즉 제3취득자가 지출한 필요비, 유익비, 다음순위로 우선 변제받으며, 우선변제받는 임금채권(최종 3개월임금, 최종 3년간퇴직금, 재해보상금)과 같은 순위로 배당 받는다.

"소액보증금"과 "보증금 중 일정액"

주택임대차보호법과 상가건물임대차보호법에서는 "소액보증금"을 보증금 중 일정액"으로 표현하고 있다. 엄밀한 의미에서 "소액보증금"은 우선 변제받기 위한 요건으로서의 임차보증금을 말하고 "보증금 중 일정액"은 우선변제받는 금액을 말한다. 예컨대, 현재 서울특별시에서는 40백만원이하인 경우 16백만원까지 우선변제받는데(2008.8.21 이후 60백만원 이하 20백만원) 40백만원 이하인 임차보증금은 '소액보증금"이 될 것이고 우선 변제받는 16백만원까지는 "보증금 중 일정액"이 된다.

2) 우선변제의 요건

1	〈임차보증금은 소액〉 현행 주택임대차보호법 및 시행령의 규정에 의해 소액보증금 해당 여부를 판단하되, 법개정 전에 담보물권을 취득한자에 대하여는 그 당시의 규정에 따른다. (주택임대차보호법, 시행령부칙2항)

	주의할 것은 위 시행령부칙 2항은 소액임차인과 담보권자 간의 관계를 규정한 것이지 다른 우선채권자와의 관계를 규정한 것이 아니다. 예를 들어 국세 또는 지방세와 임차인의 관계에서는 조세채권의 법정기일 당시의 주택임대차보호법 규정에 따라 소액 여부를 판단하는 것이 아니고 현행규정에 따라 소액보증금 해당여부를 판단하여야 할 것이다. 임차보증금이 소액보증금을 초과하는 경우에는 그 전체에 대하여 우선변제권이 인정되지 아니한다.
2	**〈경매신청등기 전에 대항요건(주택인도 및 주민등록)구비〉** 소액임차보증금으로 우선변제를 받기 위해서는 주택에 대한 경매신청의 등기 전에 주택의 인도와 주민등록을 하여야 한다. 만약 경매신청등기 당일에 주택의 인도와 주민등록을 한 경우에는 그 다음날 효력이 발생하고 주택임대차보호법에서도 "경매신청 등기 이전" 이라고 규정하지 않고 "경매신청의 등기 전"이라고 규정하고 있으므로 우선배당 받지 못할 것이다.
3	**〈배당요구종기까지 배당요구〉** 소액보증금은 실체법상 우선변제권이 있어도 배당요구종기까지 적법한 배당요구를 하지 않은 경우에는 배당받을 수 없으며, 배당요구를 하지 아니하여 배당에서 제외된 경우 배당받은 후순위 채권자를 상대로 부당이득으로 반환을 청구할 수도 없다. 소액임차인이 권리신고만 한 경우에는 배당요구로 볼 수 없으나 제목이 권리신고라고 되어 있어도 채권의 원인과 수액을 기재한 서면에 의하여 집행법원에 배당요구하는 취지가 표시되어 있으면 배당요구로 본다.
4	**〈대항요건의 배당요구종기까지 존속〉** 주택의 인도와 주민등록이라는 우선변제의 요건은 우선변제권을 취득할 당시에만 구비하면 족한 것이 아니고 배당요구종기까지 계속 존속하여야 한다. 예를 들어 갑이 소액임차인으로 배당요구종기 전에 배당요구를 하고 다른 곳으로 이사를 간 후에 동일한 주택에 대하여 을이 임차인으로 들어와 주택의 인도와 주민등록을 하고 임대차계약서에 확정일자를 받아 배당요구종기까지 이중으로 배당요구를 한다면 경매절차상의 다른 이해관계인들에게 피해를 입힐 수 있기 때문이다. 그러나 임차권등기명령을 신청하여 임차권등기가 된 경우에는 배당요구종기 전에 대항요건을 상실하더라도 우선변제를 받을 수 있다. 단 이 경우에도 위의 예에서 본 바와 같이 다른 채권자의 피해를 막기 위하여 임차권등기명령에 의하여 임차권등기가 된 주택을 그 이후에 임차한 임차인은 우선변제를 받을 권리가 없다.
5	**〈임대차의 목적이 주택의 사용수익에 있을 것〉** 임대차계약의 주된 목적이 주택을 사용 수익하려는 것이 아니고 실제적으로는 소액임차인으로 보호를 받아 채권을 회수하려는 것에 주목적이 있었을 경우에는 주택임대차보호법상의 소액임차인으로 우선변제를 받을 수 없다.
6	**〈우선변제의 범위는 주택가액의 1/2 범위 내〉** 우선 변제받는 소액보증금이 주택가액(대지가액 포함)의 2분의1을 초과하는 경우에는 주택가액의 2분의1에 해당하는 금액에 한하여 우선변제권이 있다. 주택가액은 실제배당할금액(매각금액+ 몰수된 매수보증금+ 몰수된 항고보증금 + 배당일까지의 이자(연%)－ 집행비용)을 말한다. 주택가액은 대지가액을 포함하므로 대지와 건물을 경매 신청하였다가 건물부분은 경매신청을 취하하고 대지부분만 매각된 경우 또는 대지만 경매 신청한 경우에도 대지매각대금에 대하여 우선변제권이 있다. 그러나 대지에 대한 저당권 설정 후 주택을 신축하고 일괄 매각된 경우 소액보증금은 대지가격에서 우선 변제받지 못하며, 미등기 건물의 임차인은 임대차후에

	라도 소유권등기가 거쳐져 경매신청의 등기가 되는 경우에는 우선변제권이 있으나 대지와 등기건물만 경매되고 미등기건물은 경매에서 제외된 경우에는 대지의 매각대금에서는 우선변제권을 받을 수 없다. 하나의 주택에 임차인이 2인 이상이고 (임차인들이 가정공동생활을 하는 경우에는 이들을 1인의 임차인으로 보고 각 보증금을 합산함) 우선 변제받는 소액보증금 합산액이 주택가액의 2분의1을 초과하는 경우에는 우선 변제받는 소액보증금(보증금 중 일정액)합산액에 대한 각 임차인이 우선 변제 받는 소액보증금(보증금 중 일정액)의 비율로 그 주택가액의 2분의1에 해당하는 금액을 분할한 금액을 각 임차인의 소액보증금으로 본다. 예를 들어 서울특별시 소재 주택에 대하여 실제 배당할 금액이 60백만원이고 임차인이 갑(보증금 40백만원), 을(보증금30백만원), 병(보증금20백만원)인 경우 주택가액의 1/2인 30백만원을 각 임차인의 임차보증금 비율인 40 : 30 : 20으로 배분하는 것이 아니라 우선변제 받는 소액보증금 비율인 16 : 16 : 16으로 배분하므로 각자 10백만원을 우선 배당받는다.

〈사례연구 2〉 [소액임차인에 대한 소액보증금 배당]

배당 시 낙찰가 162백만원 중 경매집행비용 2백만원을 공제한 경매배당액이 160백만원 일 때 (서울 경우)
A 근저당권 1억원 설정일(91. 5.10) . B임차권 30백만원(전입일 95.10.21, 확정일자 없음)
C임차권 20백만원(전입일 95.10.22, 확정일자 없음), D근저당권 70백만원(등기일자 95.10.29)

배당표

1순위	C임차인 소액보증금 7백만원 배당 (말소기준권리인 최선순위 근저당권 91. 5.10일은 1990. 2.19~1995.10.18사이 설정으로 당시 규정인 서울특별시 지역은 20백만원 이하 임차인에게만 7백만원을 적용하므로 B임차인은 해당이 안되고, C임차인만 해당)
2순위	A근저당권(말소기준권리) 100백만원
3순위	① B임차인 12백만원 소액보증금 배당 (D근저당권 70백만원 1995.10.29 설정은 1995.10.19일 ~2001.9.14 사이 설정으로 그 당시 해당되는 임차인은 30백만원 이하 소액임차인만 12백만원 소액보증금 최우선변제 받기 때문에 B임차인이 D 근저당권 보다 소액보증금 12백만원 최우선 배당된다) ② C임차인은 추가 5백만원 배당 (B임차인과 같은 경우로 12백만원 소액보증금 받아야 하는데 기 7백만원 먼저 배당 받았으므로 나머지 5백만원 최우선 배당)
4순위	D근저당권이 잔액 36백만원 배당

※ 만일 이때 B와 C가 같은 날짜에 확정일자를 각각 받았다면, 즉 확정일자부 임차인이라면 최우선변제 받지 못한 잔액 B임차인 18백만원, C임차인 8백만원에 대하여는 확정일자부 순위에 따른 배당에 참가할 수 있고, 그 대신 D근저당권은 무배당 되었을 것이다.

〈사례연구 3〉 [공동임대인 중 일부의 공유지분이 경매되는 경우 소액보증금?]

공동임대인 중 일부의 공유지분이 경매되는 경우 소액보증금 배당여부에 대하여 알아보자.

공동임대인 중 일부의 공유지분이 경매되는 경우에, 공동임대인의 보증금반환채무는 성질상 불가분채무로 보는 것이 통설이므로 공동임대인 중 1인의 공유지분에 대하여 경매절차가 진행되는 경우 소액임차인에 해당하는지 여부는 경매대상 공유지분에 상응하는 금액이 아니라 임차보증금 전액을 기준으로 하여 판단하여야 하고, 배당절차에 있어서도 임차보증금 전액을 기준으로 배당하는 것이 실무이다. ⇒ 법원실무제요 민사집행(Ⅱ) 2권 470P~471P

공유자 전원과 전세계약을 체결하지 않은 경우 배당은?

(예, 공유자 6/8과 전세계약시)

甲(3/8), 乙(3/8), 丙(2/8) 3인의 공유인 주택의 2층 전부를 甲과 乙로부터 전세보증금 4,000만원에 전세계약을 체결하고 전세권설정등기는 하지 않고 입주와 주민등록전입신고를 하고 확정일자도 받아 두었는데, 주변에서는 이 경우 공유자 전원과 전세계약을 체결하여야만 주택임차권이 유효하다고 말하고 있는데 정당한 임차인으로서 주택임대차보호법의 보호를 받을 수 있는지?

공유자전체지분의 과반수[즉, 甲 지분(3/8) + 乙지분(3/8) =6/8]의 결의에 의하여 위 목적물을 임차한 경우로서 임차권은 유효하나, 경매 시에 甲 · 乙의 공유지분의 매각대금에서만 배당 받을 수 있을 것으로 보인다.

중 략

위 사안에 있어서도 甲 · 乙과 위 임대차계약을 체결할 때 전세보증금은 甲 · 乙이 보관하고 있다가 반환하기로 특별히 약정한 경우에는 당연히 甲 · 乙에게만 보증금반환청구를 할 수 있고, 경매 시에도 甲 · 乙의 공유지분의 매각대금에서만 배당 받을 수 있을 것으로 보이고, 특별히 정한 바가 없다고 하여도 丙을 제외하고 甲 · 乙과만 위 임대차계약을 체결한 것이므로 보증금반환은 甲 · 乙이 하기로 하는 의사로서 위 계약을 체결한 것으로 볼 여지가 있다.

따라서 전세보증금반환은 甲과 乙에게만 청구할 수 있을 것으로 보이고, 경매 시에도 甲과 乙의 공유지분의 매각대금에서만 배당 받을 수 있다고 하여야 할 것이다. 다만, 甲과 乙의 전세보증금반환 책임에 있어서는 판례가 "채권적인 전세계약에 있어 전세물건의 소유자가 공유일 경우에는 그 전세계약과 관련하여 받은 전세금반환채무는 성질상 불가분의 것이다."라고 하였으며(대법원 1967. 4. 25. 선고 67다328, 카1155 판결), 또한 "건물의 공유자가 공동으로 건물을 임대하고 보증금을 수령한 경우, 특별한 사정이 없는 한 그 임대는 각자 공유지분을 임대한 것이 아니고 임대목적물을 다수의 당사자로서 공동으로 임대한 것이고 그 보증금반환채무는 성질상 불가분채무에 해당된다고 보아야 할 것이다."라고 하였으므로(대법원 1998. 12. 8. 선고 98다43137 판결), 甲 · 乙 누구에게나 전세보증금전액의 반환을 청구할 수 있을 것이다.

〈사례연구 4〉 [소액보증금 한도의 변동과 선순위 담보물권]

소액보증금 한도의 변동과 선순위 담보물권

– 법원행정처 발행 민사집행[Ⅱ]권 P.468~ P.469 참조 –

1. 소액보증금의 우선변제권을 인정하는 법률이 제정되기 전에 이미 성립한 담보권에 대해서까지 우선변제권의 소급효가 미치는 것이 아님은 당연하다(대판 1990. 7.10 89다카13155참조). 또한 주택임대차보호법 및 같은 법 시행령 부칙 ② 항은 위와 같이 변동되기 전의 담보물권 취득자에 대하여는 종전의 규정에 의하도록 하는 경과규정을 두고 있다. 따라서 현행법하에서는 소액임차인에 해당하나 구법 하에서는 소액임차인에 해당하지 아니하는데 담보물권은 구법 하에서 발생한 경우에는 구법을 기준으로 소액임차인 여부를 판단하여야 하므로 그 담보물권자에 대하여는 소액임차인임을 주장할 수 없다.

담보물권에 저당권(근저당권)이나 가등기담보권은 포함되나 가압류는 포함하지 않는다.

확정일자를 갖춘 임차인이 포함되는지에 대하여는 견해가 나뉘나, 확정일자를 갖춘 임차인은 부동산담보권자에 유사한 지위에 있다는 판례(대판 1992.10.13 92다 30597) 를 근거로 긍정하는 견해가 다수설이다.

2. 예컨대 아래 표는 서울특별시 소재 주택으로 갑에 대하여 병은 소액임차인임을 주장할 수 있으나 정은 소액임차인임을 주장할 수 없고 을에 대하여는 병, 정 모두 소액임차인임을 주장할 수 있는 경우

구 분	설정·임차일자	소액보증금 범위
(4차 개정)	(1995.10.19 ~ 2001. 9.14까지)	(서울특별시 3,000만원이하 임차인중 소액보증금 1,200만원)
1순위 근저당권의 권리자 갑(甲)	1997. 1. 3 설정	배당후 나머지 2,000만원인 경우와 1,500만원인 경우
대항력을 갖춘 보증금 2,500만원 임차인 병	1998. 1. 3 전입	
대항력을 갖춘 보증금 3,500만원 임차인 정	1998. 1. 3 전입	
(5차 개정)	(2001. 9.15 ~ 2008.8.20까지)	(4,000만원 이하 임차인중 소액보증금 1,600만원)
2순위 근저당권의 권리자 을(乙)	2001.10. 1 설정	
그 후 부실되어 경매신청	2006.10. 5	임의경매

가) 위의 경우에서 만약 매각대금이 1억이라면(경매비용 공제 후) 병에게 1,200만원 최우선배당하고 나머지 8,800만원중 갑(甲)에게 6,800만원 배당 후 잔액이 2,000만원 일 때 병에게 400만원, 정에게 1,600만원 배당하고 을(乙)은 무배당된다.

나. 만약 갑(甲)에게 배당하고 남은 잔액이 2,000만원 미만이어서(예 : 1,500만원 이라면) 병과 정의 동 순위(3순위) 채권을 동시에 만족시킬 수 없는 경우에는 병과 정에게 평등하게 배당하여야 하는데, 이 경우 구체적인 배당방법에 관하여는 아래와 같이 안분배당설과 제한적 평등배당설로 견해가 나뉜다.

순위	갑, 을 병, 정	① 보통의 경우 (충분한 경우)	② 안분배당설	② 제한적 평등배당설	
조건		갑 배당 후 잔여액 2,000만원으로 임차인 소액보증금 충분할 경우	갑(甲) 배당 후 잔여액이 1,500만원이어서 병, 정의 동순위 (3순위) 채권을 동시에 만족시킬 수 없는 경우 평등배당(그 1,500만원을 병의 400만원과 정의 1,600만원의 비율로 안분한다. 이에 따르면 3순위에서 병은 300만원, 정은 1,200만원 배당받게 되어 병과 정의 최종배당액은 병은 1,500만원, 정은 1,200만원이 된다)	갑(甲) 배당 후 잔여액이 1,500만원이어서 병, 정의 동 순위(3순위) 채권을 동시에 만족시킬 수 없는 경우 병과 정이 평등배당을 받되 병은 그 어떠한 경우에도 1순위로 우선 배당 받는 1,200만원보다 적은 금액을 배당 받는 일이 없어야 한다는 제한을 받을 뿐이라는 설이다. 나머지 잔액(300만원)에 대하여 1/2씩 공평하게 나누면 된다.	
1순위	병(소액보증금)	1,200만원	1,200만원	1,200만원	
2순위	갑	100% 전액배당(배당후 잔액 2,000만원인 경우)	100% 전액배당(배당후 잔액이 1,500만원인 경우)	100% 전액배당(배당후 잔액이 1,500만원인 경우)	
공동3순위	병(소액보증금 부족분)	400만원	평등배당 300만원 (1,500만원×400만원/2,000만원)	잔액 300만원×1/2=150만원	150만원 (300×400만원/800만원)
공동3순위	정(소액보증금 1,600만원)	1,600만원	평등배당 1,200만원 (1,500만원×400만원/2,000만원)	병에게 1,200만원배당(잔액 300만원으로 다시 배분) 잔액 300만원×1/2 = 150만원 추가배당	150만원 (300×400만원/800만원)
4순위	을	무배당	무배당	무배당	
소액보증금 배당액		병=1,600만원 정=1,600만원	병=1,500만원 정=1,200만원	병=1,350만원 정=1,350만원	

〈사례연구 5〉 [임차인의 배당요구의견서]

창원 2005타경 36881호
(매각대금 182백만원, 매각일자 2005.10. 4, 배당요구종기일 : 2006. 1. 7

임차인의 배당요구의견서

사건 2005타경 36881 부동산강제경매
채권자 서 ○○
채무자 김 ○○
소유자 채무자와 같음
위 당사자간 상기 부동산임의경매사건에 관하여 다음과 같이 배당요구 신청합니다.

- 다 음 -

1. 본인(나영자 임차인)과 박○○ 임차인은 경매개시결정 후 (재)전입하여 아래와 같이 배당요구 하였습니다.

임차인	경매일자	전입일자	확정일자	배당요구일	배당요구 종 기 일	안분배당 (추정)	흡수배당
나영자	2005.10.4	(2004.3. 5) 2005.11.16	2004. 3. 5	2005.12. 7	2006.1. 7	7,600천원	7,8000천원
박○○		2005.11.17	2005.11.17	2005.11.17		7,800천원	0
2명		합 계				15,400천원	

2. 경매개시결정 후의 대항력을 갖춘 확정일자부 임차인에 대하여
   ① 경매개시결정 후에 저당권을 취득한 자와 마찬가지로 취급하여 배당요구를 허용하는 견해가 다수설입니다(실무제요 (상) 2002년판 820면 참조).
   ② 확정일자를 갖춘 임차보증금 채권의 우선변제권에서도 첫 경매개시결정등기 이후에 갖추어도 된다는 것이 다수설입니다. (법원실무제요 민사집행[Ⅱ]권 460페이지 참조)
   ③ 배당요구의 종기 전까지 배당요구가 있으면, 압류후의 확정일자부 임차인에게도 배당할 수 있다고 하였습니다(경매부동산의 배당과 권리분석의 연구 －김진호 저－)
3. 위와 같이 2명의 임차인은 가압류권자와 안분배당 후 본인(나영자)에게 박재석 안분배당액을 전액 흡수배당하여 주시기 바랍니다. 끝

붙임 : 1. 배당표(예상)
2. 경매부동산의 배당과 권리분석의 연구(김진호 저) 275페이지
3. 법원실무제요 민사집행[Ⅱ]권 460페이지,
4. 주민등록초본 1통

2006. 7. .

채권자(임차인) 주소 : 경남 창원시 사림동 136－15

성 명 나 영 자 (인)

○○지방법원(경매1계) 귀중

배당표 (2006. 7.26)

구 분	전입일자	확정일자	배당요구일	배당액	잔여액	비 고
배당할 금액 (a+b)				182,379,182		
매각대금(a)				+182,000,000		
매각대금이자(b)				+ 379,182		
경매신청비용				−3,138,340		집행비용
실제 배당할 금액				179,240,842		
소액임차인 정○○	2005. 5.23	2005. 5.23	2005.12. 5	12,000,000	167,240,842	소액보증금
소액임차인 이○○	2005. 2.22	2005.2.22	2005.11.18	11,000,000	156,240,842	소액보증금
소액임차인 서○○	2004. 2.25	2004. 2.25	2005.11.16	12,000,000	144,240,842	소액보증금
당해세 창원시	2005. 4.21	(추정)	교부청구	428,600	143,812,242	당해세
임차권등기 하○○	2002. 8. 8	2002. 8. 8		40,000,000	103,812,242	순위배당
소액임차인 서○○	2004. 2.25	2004. 2.25	2005.11.16	11,000,000	92,812,242	순위배당
근저당권자 중앙(새)		2004.11.12	설정 6천만원	58,560,333	34,251,909	순위배당
가압류 이후 (안분배당 전)			나머지잔액	34,251,909	34,251,909	
가압류권자 (경매신청채권자) 서○○	2005. 3.15		3천만원 가압류	13,374,270	20,877,639	안분배당
확정일자부 정○○	2005. 5.23	2005. 5.23	2005.12. 5	2,000,000	18,877,639	안분배당
가압류권자 동창원농협	2005. 7.27			3,483,813	15,393,826	안분배당
경매후임차인 확정일자부 나영자	2005.11.16	2004. 3. 5	2005.12. 7	15,393,826	0	박○○몫까지 흡수배당
경매 후 임차인 확정일자부 박○○	2005.11.17	2005.11.17	2005.11.17	18,000	0	흡수당함

〈사례연구 6〉 [임대차 계약기간, 차임증액청구권, 월차임 전환, 임차권 승계]

1. 주택임대차계약기간의 2년 보장

주택임대차의 기간은 당사자간에 자유로이 정할 수 있으나 기간의 정함이 없거나 기간을 2년 미만으로 정한 임대차는 그 기간을 2년으로 본다. 다만, 임대차기간을 2년 이하로 약정한 경우 임대인은 2년 이하의 약정기간을 주장할 수 없으나 임차인은 이를 주장할 수 있다(법 제4조 제1항).

임대인이 임대차기간 만료 전 6월부터 1월까지에 임차인에 대하여 갱신거절의 통지 또는 조건을 변경하지 아니하거나 갱신하지 아니한다는 뜻의 통지를 하지 아니한 경우에는 그 기간이 만료된 때에 전 임대차와 동일한 조건으로 다시 임대차 한 것으로 본다.(법 제6조 제1항).

다만, 임대차 기간을 2년으로 정하여 임차인을 보호하려는 것은 임차인 자신의 의무를 다하지 않았을 때에도 무조건 보호해 준다는 취지는 아니므로 임차인이 2기의 차임을 연체하거나 기타 의무를 현저히 위반한 때에는 보호받지 못한다.

2. 임대인의 차임증액청구권 제한

민법상 임대차계약의 당사자는 임대물에 대한 공과부담의 증감 기타 경제사정의 변동으로 인하여 약정한 차임이 상당하지 아니할 때에는 증액이나 감액을 상대방에게 청구할 수 있다.그러나 주택임대차보호법은 위와 같은 차임증감청구권을 인정하되, 임대인의 차임증액 청구권을 제한하여 임차인을 보호하고 있다.

즉 차임의 증액청구는 임대차계약 또는 약정한 차임의 증액이 있은 후 1년 이내에는 하지 못하도록 하였고, 설사 1년 후 올리는 경우에도 기존차임의 연5%를 초과할 수 없도록 하고 있다.(상가는 연 12%이하에서 2008.8.21일 연9%로 축소 개정되었다.)

보증금의 전부 또는 일부를 월 단위의 차임으로 전환하는 경우에는 그 전환되는 금액의 연 14%의 비율을 곱한 월차임의 범위를 초과할 수 없다.

3. 월차임 전환시 산정률의 제한

보증금의 전부 또는 일부를 월 단위의 차임으로 전환하는 경우에는 그 전환되는 보증금에 곱할 비율은 연 14%를 초과할 수 없도록 하여 임대인의 과도한 월세 요구를 제한하고 있다.
예를 들면 보증금 1,000만 원을 월세로 전환하는 경우는 월 116,666원을 초과하여 받을 수 없다.(1,000만 원 × 0.14 × 1/12 = 116,666원)

다만, 본 조항은 계약 존속 중에 보증금의 전부 또는 일부를 월세로 전환하는 경우에 적용되는 조항으로서 최초 계약에는 적용되지 아니한다.

4. 임차권의 승계

임차인과 사실상 혼인관계에 있는 자는 민법상 재산상속권이 없으므로 임차인이 상속권자 없이 사망한 경우에는 민법 제1058조의 규정에 따라 당해 주택임차권 및 보증금 등 반환청구권은 국가에 귀속되고 상속권자가 있는 경우에는 그 상속권자가 주택임차권 및 보증금 등 반환청구권을 상속하게 된다. 따라서 사실상 혼인관계에 있는 자는 임차인의 사망으로 인하여 그 임차주택에서 쫓겨나는 신세가 되고 만다.

이러한 불합리를 제거하고 임차인과 사실상 혼인관계에 있는 자의 주거생활의 안정을 보장하기 위하여 임차인이 상속권자 없이 사망한 경우에는 임차권은 그 주택에서 임차인과 함께 살고 있던 사실상 혼인관계에 있는 자에게 승계되도록 하고, 한편으로 상속권자가 있는 경우에도 그 상속권자가 임차인과 함께 살고 있지 않을 때에는 임차권은 사실상 혼인관계에 있는 자와 비동거자인 상속권자 중 2촌 이내의 친족이 공동으로 승계토록 하고 있다(법 제9조).

"사실상 혼인관계에 있는 자"라 함은 혼인예식 등 실체상의 혼인절차는 밟았으나 다만 민법 및 호적법에서 정하는 혼인신고 절차만을 밟지 아니한 부부관계에 있는 자를 의미한다.

〈사례연구 7〉 [내부구조 변경된 건물의 주택임대차보호 등 제반 질의응답]

1	건축물관리대장에는 공장으로 되어 있으나 건물의 내부구조를 변경하여 사실상 주거로 사용하고 있는 건물도 주택임대차보호대상이 되는지요?
	주택임대차보호법의 대상이 되는 주거용 건물은 등기부나 건축물대장 등 공부상 용도를 기준으로 할 것이 아니라 임차의 목적, 건물의 위치 구조 등에 관한 실지 용도에 따라 결정하여야 합니다. 따라서 공부상으로 상가, 공장으로 되어 있더라도 건물의 내부구조를 변경하여 사실상 주거용으로 사용하고 있으면 주택임대차보호 대상이 되는 주거용 건물이라고 할 수 있습니다.
2	회사 명의로 전세 계약한 아파트에 회사 직원이 살다가 퇴사했습니다. 이 회사 직원은 확정일자를 받지 않은 소액 임차인입니다. 만약 집이 경매되면 회사 명의로 계약한 소액 전세금도 주택임대차보호법에 따라 우선 변제를 받을 수 있는 지요?
	법인의 경우 주택임대차보호법의 적용 대상이 아니라는 것이 대법원의 판결입니다. (97년7월) 왜냐하면 서민의 주거 안정이라는 입법 취지에 어긋나는 데다 주택임대차보호법이 요구하는 주민등록을 갖출 수도 없기 때문입니다. 따라서 전세 보증금이 소액이어도 우선 변제권을 인정받을 수 없습니다.
3	저는 전세금 3,500만원에 조그마한 점포가 딸린 주택을 임차하여 입주와 동시에 전입신고를 마치고, 가족과 그곳에서 살면서 장사를 하고 있습니다. 그런데 얼마 전에 집주인은 은행에서 돈을 차용하고 근저당권을 설정해주었다고 합니다. 저의 경우 점포가 있기 때문에 나중에 일이 잘못되어 소유주가 바뀌는 날에는 주택임대차보호법의 보호를 받지 못한다는 이야기가 있는데, 정말 보호를 받을 수 없는지요?
	주택임대차보호법 제2조는 "이 법은 주거용 건물의 전부 또는 일부의 임대차에 관하여 이를 적용한다. 그 임차주택의 일부가 주거 외의 목적으로 사용되는 경우에도 또한 같다"라고 규정하고 있습니다. 그리고 판례는 주택임대차보호법 제2조 소정의 주거용건물에 해당하는지 여부는 임대차목적물의 공부상의 표시만을 기준으로 할 것이 아니라 그 실지용도에 따라서 정하여야 하고, 건물의 일부가 임대차의 목적이 되어 주거용과 비 주거용으로 겸용되는 경우에는 구체적인 경우에 따라 그 임대차의 목적, 전체 건물과 임대차 목적물의 구조와 형태 및 임차인의 임대차 목적물 이용관계 그리고 임차인이 그 곳에서 일상생활을 영위하는지 여부 등을 아울러 합목적적으로 결정하여야 한다고 하고 있습니다(대법원 1996.3.12. 선고, 95다51953 판결). 따라서 여기에서 주거용건물과 비 주거용건물의 구분은 일반적으로 사실상의 용도를 기준으로 하고 있으므로, 주거용건물은 그것이 사회통념상 건물로 인정하기에 충분한 요건을 구비하고 주거용으로 사용되고 있는 것이면, 공부(건축물관리대장 등)상 용도란에 [주거용]으로

	기재되어 있지 않더라도 주택임대차보호법의 적용을 받게 된다고 보고 있습니다. 참고로 판례는 “1층이 공부상으로는 소매점으로 표시되어 있으나 실제로 그 면적의 절반은 방 2칸으로, 나머지 절반은 소매점 등 영업을 하기 위한 홀로 이루어져 있고, 임차인이 이를 임차하여 가족들과 함께 거주하면서 음식점영업을 하며 방부분은 영업시에는 손님을 받는 곳으로 사용하고, 그 때 외에는 주거용으로 사용하여 왔다면, 위 건물은 주택임대차보호법의 보호대상인 주거용건물에 해당한다”고 한 사례가 있으며(대법원1996. 5. 31. 선고, 96다5971 판결). 그러나 “방 2개와 주방이 딸린 다방이 영업용으로서 비 주거용건물이라고 보여지고, 설사 그 중 방 및 다방의 주방을 주거목적에 사용한다고 하더라도 이는 어디까지나 다방의 영업에 부수적인 것으로써 그러한 주거목적 사용은 비 주거용건물의 일부가 주거목적으로 사용되는 것일 뿐, 주택임대차보호법 제2조 후문에서 말하는 [주거용건물의 일부가 주거 외의 목적으로 사용되는 경우]에 해당한다고 볼 수 없다”고도 하였습니다(대법원 1996.3.12. 선고, 95다51953 판결). 귀하의 경우에는 사안의 내용으로 보아 주택에 딸린 가게에서 소규모 영업을 하는 것으로 보여지고, 그곳이 귀하의 유일한 주거라면, 이는 주택임대차보호법 제2조 후단에 해당하여 주택임대차보호법의 보호대상이 될 수 있다고 할 수 있을 듯합니다.
4	확정일자를 받아 우선변제권 최우선순위자가 주민등록법에 의하여 14일 이상 거주의 목적으로 이주할 수 밖에 없어 주민등록법에 의하여 전출신고를 하였는데, 이후 부동산(주택)이 경매되어, 위의 전출신고로 인하여 우선변제권이 최우선 순위에서 최하위 순위로 밀린다고 합니다. 순위변동은 어떻게 되는 것입니까?
	대법원 1998. 1. 23. 선고 97다43468 판결 [1] 주택임대차보호법이 제3조 제1항에서 주택임차인에게 주택의 인도와 주민등록을 요건으로 명시하여 등기된 물권에 버금가는 강력한 대항력을 부여하고 있는 취지에 비추어 볼 때 달리 공시방법이 없는 주택임대차에 있어서 주택의 인도 및 주민등록이라는 대항요건은 그 대항력 취득 시에만 구비하면 족한 것이 아니고 그 항력을 유지하기 위하여서도 계속 존속하고 있어야 한다. [2] 주택의 임차인이 그 주택의 소재지로 전입신고를 마치고 그 주택에 입주함으로써 일단 임차권의 대항력을 취득한 후 어떤 이유에서든지 그 가족과 함께 일시적이나마 다른 곳으로 주민등록을 이전하였다면 이는 전체적으로나 종국적으로 주민등록의 이탈이라고 볼 수 있으므로 그 대항력은 그 전출 당시 이미 대항요건의 상실로 소멸되는 것이고, 그 후 그 임차인이 얼마 있지 않아 다시 원래의 주소지로 주민등록을 재 전입하였다 하더라도 이로써 소멸되었던 대항력이 당초에 소급하여 회복되는 것이 아니라 그 재 전입한 때부터 그와는 동일성이 없는 새로운 대항력이 재차 발생하는 것이다.

〈사례연구 8〉 [토지분할로 등기부와 주민등록 상이할 때 유효한 공시방법?]

대법원 2001 12. 27. 선고 2001다63216 판결

[1] 주택임대차보호법 제3조 제1항 소정의 대항요건으로서의 주민등록의 유효 여부에 관한 판단 기준

[2] 주택의 소유권보존등기가 이루어진 후 토지의 분할 등으로 인하여 지적도, 토지대장, 건축물대장 등의 주택의 지번 표시가 등기부상 지번과 상이하게 된 경우, 토지대장 및 건축물대장상의 지번에 따른 주민등록이 유효한 임대차의 공시방법으로 되는지 여부(적극)

〈사례연구 9〉 [증액보증금, 무상각서, 일시적 이전, 동거인 명의 전입]

<table>
<tr><td rowspan="2">1</td><td>설정이전 주민등록 전입과 주택의 인도를 마친 후 근저당권 설정 다음에 전세금액을 증액하였을 경우 경락인에게 증액된 금액을 청구 할 수 있는가?</td></tr>
<tr><td>증액된 금액을 청구 할 수 없다. 증액금액 인정 시 담보가 하락되어 근저당권자가 불이익을 받기 때문이다.</td></tr>
<tr><td rowspan="2">2</td><td>무상임차인 각서를 징구 하였으나 배당에 참가하여 선순위 배당을 받는 경우 조치는?</td></tr>
<tr><td>임차인의 배당금교부청구권을 가압류한 후에 임차인을 상대로 손해배상청구소송 제기</td></tr>
<tr><td rowspan="2">3</td><td>임차인이 실수로 전입신고를 다른 호수로 한 경우 대항요건을 취득 할 수 있는가?</td></tr>
<tr><td>없음</td></tr>
<tr><td rowspan="2">4</td><td>동거가족과 함께 임차주택에 대한 점유를 유지하고 있으면서 그 가족은 주민등록을 그대로 둔 채로 임차인만 특별한 사유에 의하여 일시적으로 이전한 경우 대항력이 있는가?</td></tr>
<tr><td>대항력 있음</td></tr>
<tr><td rowspan="2">5</td><td>주택임차인이 본인이 아닌 동거인인 가족명의로 주민등록을 전입한 경우나 대항력 있는 임차인으로부터 전대한 전차인이 있는 경우 대항력 있는지?</td></tr>
<tr><td>대항력 있음. 주민등록전입은 임차인 본인의 주민등록이 원칙이나 그 배우자나 자녀 등 가족명의의 주민등록도 포함되며 그 점유 또한 본인이 직접 점유함이 원칙이나 전차인 등을 통하여 간접점유 할 수 있음이 대법원 견해이다.</td></tr>
<tr><td rowspan="2">6</td><td>명의 신탁자와의 사이에 체결한 주택임대차 보호 되는지?</td></tr>
<tr><td>보호됨. 등기부상의 명의수탁자와 다른 사실상의 소유권을 행사하는 자가 있는 경우에 주택에 관하여 적법하게 임대차계약을 체결할 수 있는 권한이 있는 명의 신탁자와의 사이에서 체결한 임대차계약도 유효하고, 주택임대차보호법에 의한 보호도 받을 수 있다 함이 대법원 견해이다.</td></tr>
</table>

〈사례연구 10〉 [임대차보호법 관련 판례]

<table>
<tr><td rowspan="2">1</td><td>매도인이 임차하여 계속 거주 시 대항력 발생시점은?</td></tr>
<tr><td>대법원 2000. 2. 11. 선고 99다59306 판결
갑이 주택에 관하여 소유권이전등기를 경료하고 주민등록 전입신고까지 마친 다음 처와 함께 거주하다가 을에게 매도함과 동시에 그로부터 이를 다시 임차하여 계속 거주하기로 약정하고 처 명의의 임대차계약을 체결한 후에야 을 명의의 소유권이전등기가 경료된 경우, 갑의 처가 주택임대차보호법상 임차인으로서 대항력을 갖는 시기(始期) (=을 명의의 소유권이전등기 익일부터)</td></tr>
<tr><td rowspan="2">2</td><td>적법하게 전대차 한 임차인의 대항력 취득여부?</td></tr>
<tr><td>대법원 1994.6.24. 선고 94다3155, 판결
주택임차인이 임대인의 승낙을 받아 임대주택을 전대하고 그 전차인이 주택을 인도받아 자신의 주민등록을 마친 경우 임차인이 대항력을 취득하는지 여부</td></tr>
</table>

<table>
<tr><td></td><td>【판결요지】
주택임차인이 임차주택을 직접 점유하여 거주하지 않고, 간접 점유하여 자신의 주민등록을 이전하지 아니한 경우라 하더라도 임대인의 승낙을 받아 임차주택을 전대하고 그 전차인이 주택을 인도받아 자신의 주민등록을 마친 때에는 그 때로부터 임차인은 제3자에 대하여 대항력을 취득한다.</td></tr>
<tr><td rowspan="2">3</td><td>임차인이 법인인 경우 주택양수인의 임대인지위 승계여부?</td></tr>
<tr><td>대법원 2003. 7. 25. 선고 2003다2918 판결
주택 임차인이 법인인 경우 주택 양수인(신임대인)이 임대인의 지위를 당연히 승계하는지 여부(소극)
⇒ 법인이 주택 임차인일 경우 전세권 등기를 하여야 한다.

주택 임대차 보호법은 주택에 주거하는 사람에 한해 등기가 없더라도 점유, 전입신고, 확정일자에 의해 보증금을 보호받을 수 있게 하고 있다. 법인은 사람이 아닌 단체이므로 주택임대차보호법 제3조 제1항 소정의 대항요건인 주민등록을 구비할 수 없으므로 이 법의 보호를 받을 수 없다. 따라서 반드시 법인 명의로 전세권 등기를 해야 이후의 저당권 등 다른 권리보다 앞서 보호를 받을 수 있다. 즉 이 경우 법인임차인과 구 임대인 간의 채권채무 관계일 뿐이며, 이를 신임대인에게 임대인의 지위를 승계시키기 위해서는 별도의 물권행위(전세권 설정 등)가 필요한 것이다.</td></tr>
<tr><td rowspan="2">4</td><td>대지에 관한 저당권 설정 후 지상에 건물이 신축된 경우, 건물의 소액임차인에게 우선변제권?</td></tr>
<tr><td>대법원 1999. 7. 23. 선고 99다25532 판결
대지에 관한 저당권 설정 후 지상에 건물이 신축된 경우, 건물의 소액임차인에게 그 저당권 실행에 따른 환가대금에 대한 우선변제권이 있는지 여부(소극)</td></tr>
<tr><td rowspan="2">5</td><td>대항요건과 확정일자를 갖춘 임차인과 소액임차인의 임차주택 대지에 대한 우선변제권에 관한 법리는 임차주택이 미등기인 경우에도 적용여부?</td></tr>
<tr><td>(변경 전 2001다39657판결 : 경매개시결정등기의 요건을 갖추지 못하기 때문이다⇒(변경 후 2004다26133판결)우선특권은 보호된다→가장임대차를 방지하기 위하여 대항요건 구비시기를 제한한 것이다)
대법원 2007. 6.21 선고 2004다26133 판결(전원합의체)
[1] 주택임대차 성립 당시 임대인의 소유였던 대지가 타인에게 양도되어 임차주택과 대지의 소유자가 서로 달라지게 된 경우, 임차인이 대지의 환가대금에 대하여 우선변제권을 행사할 수 있는지 여부(적극)
[2] 미등기 또는 무허가 건물도 주택임대차보호법의 적용대상이 되는지 여부(적극)
[3] 미등기 주택의 임차인이 임차주택 대지의 환가대금에 대하여 주택임대차보호법상 우선변제권을 행사할 수 있는지 여부(적극)
⇒ 기존 미등기 주택 대지의 환가대금에 대한 소액임차인의 우선변제권을 부정하였던 판례(2001.10.30 선고 2001다39657) 를 변경하여 '대항요건과 확정일자를 갖춘 임차인과 소액임차인의 임차주택 대지에 대한 우선변제권에 관한 법리는 임차주택이 미등기인 경우에도 적용된다'라고 판시하여 미등기 주택임차인의 대지매각대금에 대한 우선변제권을 인정한 판례</td></tr>
<tr><td>6</td><td>전세권설정계약서를 임대차계약서로 볼 수 있는지 여부?</td></tr>
</table>

	대법원 2002. 11. 8. 선고 2001다51725 판결 [1] 주택에 관하여 임대차계약을 체결한 임차인이 자신의 지위를 강화하기 위한 방편으로 따로 전세권설정계약서를 작성하고 전세권설정등기를 한 경우, 전세권설정계약서를 임대차 계약서로 볼 수 있는지 여부(적극) 및 전세권설정계약서가 첨부된 등기필증에 찍힌 접수인이 주택임대차보호법 소정의 확정일자에 해당하는지 여부(적극) [2] 주택임대차보호법상의 대항력과 우선변제권의 두 가지 권리를 겸유하고 있는 임차인이 확정일자를 기재하여 배당요구를 하였다가 입찰기일 전날 경매법원에 "확정일자 없음"이라고 기재된 배당요구서를 다시 제출함으로써 경매법원이 최고가매수인에게 낙찰을 불허하고 신경매가 진행된 경우 신경매 절차에서의 낙찰자는 임차인의 보증금을 인수한다고 본 사례
7	주택임대차보호법 제3조에 의한 대항력이 생기는 시점인 '익일'의 의미?
	대법원 1999. 5. 25. 선고 99다9981 판결 **【판시사항】** 주택임대차보호법 제3조에 의한 대항력이 생기는 시점인 '익일'의 의미(=익일 오전 영시)
8	주택의 인도와 전입신고를 마친 당일, 이전에 확정일자를 갖춘 경우, 우선변제권 발생시기?
	대법원 1998. 9. 8. 선고 98다26002 판결 주택임차인이 주택의 인도와 주민등록을 마친 당일 또는 그 이전에 임대차계약증서상에 확정일자를 갖춘 경우, 우선변제권 발생 시기는 주택의 인도와 주민등록을 마친 다음 날을 기준으로 발생한다.
9	대항력은 임차인이 타인의 점유를 매개로 하여 이를 간접 점유하는 경우에도 인정되는가?
	인정되지만 임차인이 임차주택을 간접점유의 방법으로 인도 받은 경우 주민등록은 간접점유자인 임차인의 주민등록이 아니라 직접점유자의 주민등록을 요한다. **대법원 2001. 1. 19. 선고 2000다55645 판결** 간접점유자의 주민등록이 주택임대차의 유효한 공시방법이 되는지 여부(소극)
10	대항력있는 임차인이 일부만 배당 받은 경우 대항력의 범위는?
	대법원 2001. 3. 23. 선고 2000다30165 판결 대항력과 우선변제권을 겸유하고 있는 임차인이 보증금 전액을 배당 받지 못한 경우 경락인에게 대항할 수 있는 보증금 잔액의 범위(=보증금에서 올바른 배당순위에 따른 배당이 실시될 경우의 배당액을 공제한 나머지 금액)

〈사례연구 11〉 [대법원 홈페이지(www.scourt.go.kr)에서 판례 찾는 방법]

대법원 홈페이지 좌측하단의 종합법률정보 클릭 후 법령(주택임대차보호법과 주택임대차보호법시행령)도 출력하여 보자

판례	(www.scourt.go.kr)>종합법률정보>판례에서 검색어에 가령 "99다9981" 등 입력 후 검색 클릭하면 판례 검색됨.
법령, 시행령,	(www.scourt.go.kr)>종합법률정보>법령에서 상가건물임대차보호법 등 입력 후

시행규칙	검색 클릭하면 됨. (간혹 한자혼용 나오면 왼편 상단의 한글/한자를 한번 더 클릭하면 한글전용 나타남)
규칙, 예규, 선례	(www.scourt.go.kr)>종합법률정보>규칙/예규/선례에서 민사집행규칙, 공인중개사 등 입력 후 검색 클릭

〈사례연구 12〉 [전입신고는 등기부 소재지와 일치하여야]

임차주택의 실제 지번과 임차인이 전입신고를 한 지번이 서로 일치하지 않으면 대항력을 취득할 수 없다.

① 분할 이전의 토지에 주민등록을 이전했더라도 분할 이후 토지 중 오로지 하나의 지번에만 주택이 건축된 경우에는 대항력이 인정된다.

② 임차인이 당시의 지번에 따라 올바르게 전입신고를 마친 뒤 사후적으로 주택의 대지가 임야에서 대지로 등록전환 되면서 지번이 변경되거나 분할 합병된 경우에는 임차인의 착오에 기인한 것이 아니고 변경 전후의 동일성이 인정되는 경우에는 이미 취득한 대항력에는 영향이 없다. 이러한 법리는 건축중인 건물에 입주한 후 준공검사와 보존등기가 나면서 지번이 변경되는 경우에는 적용되지 않는다. (1996. 3.12 선고 46104호)

③ 결국 임차인의 입장에서 준공검사와 보존등기가 난 주택에 임차하는 것이 중요하다. 임차인의 주민등록전입주소와 부동산 등기부등본상 주소는 무조건 일치하여야 대항력을 유지할 수 있다. (1995. 8.11 95다 177호)

〈사례연구 13〉 [중개업자의 주택 대항력 임차권 확인에 대하여]

공인중개사는 대항력 등 임차권 설명을 위반하였다면 의뢰인이 입은 손해의 최고 70%까지 손해배상의무를 질 수도 있다.

『공인중개사의 업무 및 부동산 거래신고에 관한 법률』 시행령 제21조 (중개대상물의 확인 · 설명)에 의하면

① 중개업자가 확인 · 설명하여야 하는 사항은 다음 각 호와 같다.

1. 중개대상물의 종류 · 소재지 · 지번 · 지목 · 면적 · 용도 · 구조 및 건축연도 등 중개대상물에 관한 기본적인 사항
2. 소유권 · 전세권 · 저당권 · 지상권 및 임차권 등 중개대상물의 권리관계에 관한 사항
3. 거래예정금액 · 중개수수료 및 실비의 금액과 그 산출내역

이하 중략

『주민등록법』 시행령 제47조 제③항

제47조 (주민등록표의 열람 또는 등 · 초본의 교부) ③ 채권 · 채무관계 등 정당한 이해관계가 있는 자의 범위는 별표 2(부동산 또는 이에 준하는 것에 관한 권리의 설정, 변경, 소멸에 관계되는 자)와 같다.

이하 생략

따라서 중개업자는 매매(또는 임대차)계약서에 날인하는 중요 이해당사자로 매매(또는 임대차)를 중개할 경우에 법적 의무로써 주민등록법상의 이해관계자 정도가 아니라 직접적 손해배상 책임이 있는 "이해당사자"로서

거래부동산에 대한 전입신고 내용(주민등록표)을 확인하여 대항력 있는 임차인(선순위 임차인) 등 권리관계를 규명하여 중개대상물의 확인·설명서에 기록을 남길 수 있도록 행정자치부의 유권해석이 요구된다.

〈사례연구 14〉 [금융기관의 임차보증금, 소액보증금 공제]

1. 임차보증금

가. 주거용건물(주택 등)인 담보물건이 임차되어 있는 경우에는 다음의 방법에 의해 임차보증금을 확인한 후, 해당 금액을 담보가액에서 차감하여 유효담보가액을 산출한다.

(1) 주거용건물의 범위

1. 건물의 일부 또는 전부가 주거용으로 사용되는 건물
2. 공부상 용도가 주거용 이외의 목적(공장, 사무실, 점포, 무허가건물 등)으로 기재되었다 하더라도 임차인이 실제 거주하고 있고 주민등록 전입신고가 되어 있는 경우. 주택임대차보호법 제2조에 의한 "주거용건물"에 해당하는지 여부는 임대차목적물의 공부상의 표시만을 기준으로 할 것이 아니라 실제용도에 따라 정하여야 하고, 주거용과 비 주거용으로 겸용되는 경우에는 그 임대차의 목적, 전체건물과 임대차 목적물의 구조와 형태 및 임차인의 임대차 목적물의이용관계 그리고 임차인이 그곳에서 일상생활을 영위하고 있는지 여부 등을 고려하여 합목적으로 판단하여야 함.

(2) 임대차관계 확인

시가추정을 하는 경우와 정식(약식)감정을 한 경우

나. 임차보증금이 소액보증금보다 작은 경우에는 해당 소액보증금을 차감하여야 한다.

다. 2002.11.1 「상가건물임대차보호법」시행일 이후 상가건물을 담보 취득하는 경우로서 상가건물이 임대되어 있는 경우에는 다음의 방법에 의해 임차보증금을 확인한 후, 해당금액을 담보인정가액에서 차감하여 유효담보가액을 산정한다.

(1) 상가건물의 범위

부가가치세법상 사업자등록을 할 수 있는 모든 영업용 임차건물(제조·도소매, 서비스업 등 포함)로서, 상가건물의 여부는 공부상 용도뿐만 아니라 건물의 구조와 형태, 전체건물 중 영업용건물의 면적, 실제용도, 임대차의 목적, 임차인의 이용상태 등을 종합 감안하여 판단하되 미등기·무허가건물도 포함한다.

(2) 선순위 인정 임차보증금의 범위

(가) 건물의 일부 또는 전부가 영업용으로 사용되는 건물로서 임차인이 관할 세무서에 사업자등록을 신청하고

(나) 해당 임차보증금이 다음의 지역별 임차보증금(보증금+ 월세 환산액)이하인 경우

지역구분	임차보증금(1차개정) (2002.11.1~2008.8.20)	임차보증금(2차개정) (2008.8.21~향후 개정시까지)
서울특별시	240백만원 이하	260백만원
과밀억제권역(서울특별시 제외)	190백만원 이하	210백만원
광역시(군 지역과 인천 제외)	150백만원 이하	160백만원
기타 지역	140백만원 이하	150백만원

☞ 임차보증금 중 일부 등이 월세(차임)인 경우에는 월세에 100을 곱하여 더함.
단, 선순위로 차감하는 금액은 순수 임차보증금만 공제대상임.
(월세 환산액은 선순위에서 제외)
(임차보증금 환산방법)
보증금이 50백만원이고 월세(차임)가 1백만원이면 임차보증금은 150백만원임.
<산식 : 50백만원(보증금)+ 1백만원(월세)×100 = 150백만원>

(3) 임대차관계 확인
관할 세무서에 임대차내용을 열람
1. 소유자로부터 위임장 등을 징구하여 임대차내용을 열람
2. 열람 방법 : 열람자가 본인의 신분증, 위임장 등을 지참하여 관할 세무서에 비치된 「등록사항 등의 열람 · 제공 요청서」 및 도면(사본) 요청서 등을 작성하여 열람 신청
3. 세무서에서 제공하는 서류 : 세무서장이 발급하는 「등록사항 등의 현황서」및 도면 사본(단, 임차보증금이 불분명한 경우에는 임차인에게 직접 임차보증금을 확인하여야 함)

라. 임차보증금이 소액보증금보다 작은 경우에는 해당 소액보증금을 차감하여야 한다.

2. 주거용건물의 소액보증금

가. 주거용건물로서 임대가 되지 않은 방이 있는 경우에는 방수에 다음의 지역별 소액보증금을 곱하여 산출한 금액을 차감한다.
<지역별 소액보증금 적용기준>
☞ 소액임차보증금은 타행의 저당권설정 일자와 관계없이 당행의 저당권설정일자를 기준으로 해당지역별 소액임차보증금을 공제하여야 함.

나. 소액보증금의 차감한도는 주거용건물(토지+ 건물)의 담보인정가액의 1/2 범위 내로 한다.

3. 상가건물의 소액보증금

가. 상가건물 중 전부 또는 일부가 임대되지 않은 경우 및 임차보증금이 상가건물임대차보호법 적용 대상이 아닌 경우(해당 지역별 임차보증금을 초과하는 경우 즉, 서울특별시의 경우 임차보증금이 240백만원 초과)에는 그 면적에 해당되는 소액보증금을 다음과 같이 차감하여야 한다. 단, 2002.10.31 이전에 설정된 당행 근저당권에 대해서는 적용하지 아니할 수 있다.
1. 점포의 수에 해당 지역별 최우선 변제금을 곱하여 산출된 금액과 해당 부동산 (대지 포함)의 담보인정가액의 1/ 6에 해당하는 금액 중 큰 금액(백만원 미만 절사)

☞ 부가가치세법에 따라 사업자등록 신청 대상이 되는 모든 건물(공장, 병원, 숙박 시설 등 포함)은 소액임차보증금을 차감하여야 함.

〈지역별 소액보증금 적용기준〉 (2002.11.1이후 향후 개정시까지 담보취득 분에 한함)

지역구분	최우선변제금액	최우선변제를 받을 수 있는 임차인의 범위
서울특별시	1,350만원 이하	4,500만원 이하
과밀억제권역(서울특별시 제외)	1,170만원 이하	3,900만원 이하
광역시(군 지역과 인천제외)	900만원 이하	3,000만원 이하
기타지역	750만원 이하	2,500만원 이하

☞ 임차보증금은 월세(차임) 환산액 포함임.

나. "가"항의 소액보증금 차감한도는 해당 부동산(토지+ 건물)의 담보인정가액의 1/3 범위내로 한다. 단, 해당 부동산이 일부는 주거용으로 일부는 상가로 이용 중인 경우에는 담보인정가액의 1/2 범위 내로 한다.

☞ 그 외 상세한 내용은 국세청(www.nts.go.kr) 방문하여 보도자료 및 질의응답 참조

〈사례연구 15〉 [법인에 대하여도 일부 대항력, 우선변제권 부여]

현재 전세주택의 임대차계약 시 법인은 제3자에 대한 대항력 및 최우선변제의 대상이 되지 아니하여 전세보증금의 보존 및 확보가 어려운 실정이므로 법인이 국민주택기금을 재원으로 하여 저소득층의 무주택자에게 주거생활안정을 목적으로 전세임대주택을 지원하는 경우에 법인에게 대항력 및 우선변제권을 부여하려는 것임.

☞ 주택임대차보호법 제3조 (대항력 등)

① 임대차는 그 등기가 없는 경우에도 임차인이 주택의 인도와 주민등록을 마친 때에는 그 익일부터 제3자에 대하여 효력이 생긴다. 이 경우 전입신고를 한 때에 주민등록이 된 것으로 본다.
② 국민주택기금을 재원으로 하여 저소득층의 무주택자에게 주거생활안정을 목적으로 전세임대주택을 지원하는 법인이 주택을 임차한 후 지방자치단체의 장 또는 해당 법인이 선정한 입주자가 그 주택에 관하여 인도와 주민등록을 마친 때에는 제1항을 준용한다. 이 경우 대항력이 인정되는 법인은 대통령령으로 정한다.(대한주택공사 등) <신설 2007.8.3> 중략

〈사례연구 16〉 [경매절차 진행기간의 연체차임을 임차보증금에서 공제하고 배당]

경매절차 진행기간의 연체차임을 임차보증금에서 공제하고 나머지만 배당하여야 하는지 여부
동부6계 2005－19099 임의경매(서울 성동구 행당동 아파트) 배당 시 소액임차인에게 임대차보증금을 배당함에 있어서 경매절차 진행기간 동안의 연체차임을 임차보증금에서 공제하고 나머지 금액만 배당하여야 하는지 여부에 대한 판례입니다. (즉, 당초 보증금 4천만원인데 임의경매로 차임 월 70만원 5개월 지급중단 후 배당이 실시된다면 소액보증금 16백만원받아도 문제가 없지만, 당초 보증금이 16백만원이라면 3.5백만원 공제한 2.5백만원만 배당 받아야 한다는 판결임)

서울동부지법 2007.4.24. 선고 2006가단62400 판결

【판결요지】

[1] 민법 제359조에 의하면 저당권의 효력은 저당부동산에 대한 압류가 있은 후에 저당권설정자가 그 부동산으로부터 수취한 과실 또는 수취할 수 있는 과실에 미치고, 부동산의 차임은 법정과실이므로 부동산의 차임에도 저당권의 압류의 효력이 미쳐서 저당권설정자가 이를 수취할 수 없고, 저당부동산에 포함되어 저당부동산과 함께 경매절차에서 환가되거나 수취된 후 피 담보채권의 변제에 충당되어야 한다.
[2] 부동산임의경매절차에서 경매개시결정으로 인한 압류 후의 차임은 임대차보증금에서 당연히 공제되는 것이 아니라 경매절차에서 저당부동산과 함께 매각되어 환가되거나 별도로 수취된 후 피 담보채권의 변제에 충당되어야 한다고 한 사례.
① 사안의 개요(피고는 이 사건 아파트를 임대차보증금 1,600백만원, 차임 월70만원으로 정하여 임차하였는데, 이 사건 아파트에 관하여 임의경매절차가 진행되자 차임 지급을 중단하고 배당요구를 하였고, 경매

법원은 피고를 소액임차인으로 인정하여 임차보증금 1,600백만원을 배당하였다.)
② 원고의 주장(원고는 경매절차 진행기간 중 피고가 연체한 차임을 공제한 나머지 임대차보증금을 배당하여야 함에도 임대차보증금 전액을 배당한 것은 위법 하다고 주장함.)
③ 쟁점(임의경매절차에서 민법 제359조의 효력이 미치는 차임의 처리방법)
④ 법원의 판단(민법 제 359조에 의하면 저당권의 효력은 저당부동산에 대한 압류가 있은 후에 저당권설정자가 그 부동산으로부터 수취한 과실 또는 수취할 수 있는 과실에 미치고, 부동산의 차임은 법정과실이므로, 부동산의 차임에도 저당권의 압류의 효력이 미쳐서 저당권설정자가 이를 수취할 수 없고, 저당부동산에 포함되어 저당부동산과 함께 경매절차에서 매각되어 환가되거나 별도로 수취된 후 피 담보채권의 변제에 충당되어야 하며, 이와 달리 임대차보증금에서 공제되어야 하는 것은 아니다.)
⑤ 판결의 의미(이 사건 판결은, 근저당권의 실행으로 인한 부동산임의경매절차에서 경매개시결정으로 인한 압류 후의 차임의 처리에 관하여, 부동산의 소유자인 임대인이 이를 수취하거나 임대차보증금에서 당연히 공제되는 것이 아니라 경매절차에서 부동산과 함께 매각되어 환가되거나 별도로 수취된 후 피 담보채권의 변제에 충당되는 방법으로 처리되어야 한다는 점을 밝힌 데 의미가 있다.)
⑥ 결론(따라서 근저당권자는 배당 시 임차인에게 보증금을 선 배당할 때 보증금과 차임을 잘 확인하여 배당을 받아야 한다.)
⇒2007. 4.24 선고 2006가단62400판결(소송 중 임차인이 소유자에게 차임을 지급하여 원고 패하였으나 의미 있는 판결임)

〈사례연구 17〉 [대항요건, 확정일자 및 저당권설정일자와의 관계]

1	**대항요건을 갖춘 날(1월 5일)이 저당권설정일(1월 6일)보다 하루 빠른 경우?**
	6일 오전 0시부터 대항요건의 효력이 발생함으로 1월6일 오전 9시 이후에 이루어지는 저당권설정일자보다 빠르기 때문에 임차권은 저당권보다 우선(대항력)한다.
2	**대항요건을 갖춘 날(1월 5일)이 저당권설정일(1월 5일)과 같은 경우?**
	주택인도와 주민등록 전입신고 중 가장 늦게 갖춘 일자(1월 5일)와 저당권설정일자(1월 5일)이 같은 날 일 때에는 6일 오전 0시부터 대항력을 확보함으로 저당권이 우선한다.
3	**대항요건 갖춘 날(1월 5일), 확정일자(1월 5일), 저당권설정일(1월 5일)과 같은 경우?**
	6일 오전 0시부터 대항력을 확보함으로 임차인의 대항력이 없고, 6일 오전 0시부터 확정일자에 의한 우선변제권을 확보함으로 저당권이 우선한다.
4	**대항요건 갖춘 날(1월 4일) 확정일자(1월 5일)는 저당권설정일(1월 5일)과 같은 경우?**
	주택인도와 주민등록 전입신고를 마친 다음날(1월 5일 0시)부터 대항요건의 효력이 발생함과 동시에 그 날(1월 5일) 부터 확정일자의 우선변제권의 효력 발생되기 때문에 순위가 저당권설정일(1월 5일)과 동 순위가 되어 임차인과 저당권자는 그 채권액에 비례하여 안분배당을 받는다.
5	**대항요건 갖춘 날(1월 5일)과 확정일자(1월 5일)가 저당권설정일(1월 6일)보다 하루 빠른 경우?**
	6일 오전 0시부터 대항력을 확보하고, 1월 5일 확정일자에 따른 우선변제권은 대항력을 확보한 1월 6일 오전 0시 이므로 1월 6일 오전 9시 30분 이후에 하는 저당권보다 우선한다.

〈사례연구 18〉 [소액임차인의 지위]

[주택임대차보호법 제8조에 관한 질의회답(재민 84－10), 재판예규 제866－41호]

1	**소액임차권자는 민사집행법 제90조 제4호의 이해관계인에 해당되는지 여부?**
	소액임차권자는 보증금반환청구권에 관하여 담보권자보다도 우선하는 일종의 선취특권과 같은 물권적 권리를 가지는 자이므로 그에 관한 권리신고를 하면 위 각 법조에 의한 이해관계인으로 됨이 이론상 당연하다.
2	**소액임차권자가 경매절차에서 소액보증금의 우선변제를 받기 위하여는 반드시 배당요구를 하여야 하는지 여부?**
	임대차조사만으로 소액임차권의 여부를 분명히 알 수 없고, 달리 경매법원이 경매절차상 소액임차권의 존재를 확실히 알 수 있는 방법이 없고, 경매절차 진행 중에 소액임대차 관계가 소멸 또는 종료되는 경우가 많으며, 대항력 있는 소액임차권자는 임대차가 종료한 경우 보증금의 우선변제청구를 할 수도 있고 양수인에게 보증금의 반환청구를 할 수도 있으므로 소액임차권자도 배당요구를 하여야만 경매절차에서 우선 배당을 받을 수 있다.
3	**이해관계인으로 권리신고를 한 경우에는 배당요구를 한 것으로 볼 수 있는지 여부?**
	⇒ ※ 갑설(적극설) 소액임차권자로서의 권리신고가 있으면 우선변제의 권리가 있음이 명백히 되므로 그로써 배당요구가 있는 것으로 볼 것이고 따로 이 배당요구를 할 필요가 없다. ※ 을설(적극설) 권리신고가 있더라도 다시 배당요구를 하여야 한다. 답. 을설이 타당하다.
4	**임차인으로부터 목적물을 적법하게 전차한 소액전차인에게도 제8조에 의한 우선변제의 권리가 있는지 여부?**
	소액보증금에 관한 우선변제의 권리는 제8조에 의하여 물권적 성질을 가지는 강력한 권리로 승격되었다 할 것인바, 서민보호를 위한 이러한 강력한 입법취지에 비추어 소액전차권자도 보증금반환청구권에 관하여 소액임차권자와 동일한 권리를 가진다고 해석하여야 한다.
5	**소액임차인에게 배당액을 교부하는 방법 여하?**
	임차보증금의 반환은 임차목적물의 인도와 동시이행관계에 있으므로 임차권자의 의무 이행 전에 배당액을 지급할 수는 없고, 정지조건부 채권에 대한 배당액 교부 방법과 마찬가지로 임차물의 인도를 조건으로 배당액을 공탁하고 임차인이 목적물의 인도를 증명한 때에 이를 지급하도록 한다(임차인이 미리 목적물을 인도한 때에는 공탁함이 없이 바로 배당금을 지급할 수 있음은 물론임).
6	**소액보증금의 우선변제권의 한도가 되는 주택가액의 1/2의 산정기준 여하?**
	주택가액은 매각대금에 입찰보증금에 대한 배당기일까지의 이자, 몰수된 입찰. 항고보증금 등을 포함한 금액에서 집행비용을 공제한 실제 배당할 금액을 말한다.
7	**소액임차인은 임차건물의 대지의 매각대금에 대하여도 우선변제를 청구할 수 있는지 여부?**
	입법취지 및 제8조가 소액보증금의 범위를 정함에 있어 대지의 가액을 포함하는 주택가액의 1/2을 기준으로 하도록 정한 명문의 취지에 비추어 주택과 대지의 소유자가 동일한 경우에

	는 주택뿐만 아니라 대지의 매각대금 중에서도 우선변제를 받을 수 있는 것으로 보아야 한다.
8	**질의 7. 에서 대지의 매각대금 중에서도 우선변제를 받을 수 있다는 견해에 설 경우?**
	건물과 대지가 시기를 달리하여 따로 경매되는 경우에 소액임차권자는 각 경매절차에 모두 참가하여 우선변제를 받을 수 있는지 여부 만일 각 절차에 모두 참가할 수 없다면 건물과 대지 중 어느 하나에 대하여 먼저 담보권실행 또는 강제집행을 함으로써 쉽게 소액임차권자의 권리를 무력화 또는 약화시킬 수 있으므로 건물과 대지에 대한 경매절차가 따로 진행되는 때에는 소액보증금반환청구권이 남아있는 한 소액임차권자는 각 경매절차에 모두 참가하여 우선변제를 구할 수 있다 할 것이다.
9	**질의 8. 에서 갑설을 취하는 경우 각 경매절차에 모두 참가한 소액임차인이 우선변제를 받는 방법 여하?**
	먼저 경매되는 목적물의 매각대금의 1/2 한도안에서 우선변제를 받고, 만일 잔여보증금이 있으면 후에 경매되는 목적물의 매각대금의 1/2의 한도안에서 다시 우선변제를 받는다.

〈사례연구 19〉 [확정일자 있는 임차인의 우선변제 사례]

1	**구 주택임대차보호법상 주택의 임차인이 주택의 인도와 주민등록을 마친 당일 또는 그 이전에 임대차계약증서상에 확정일자를 갖춘 경우, 같은 법 제3조의2제1항에 의한 우선변제권의 발생시기는 언제인가?**
	미리 확정일자를 받았다 하더라도 대항력과 마찬가지로 주택의 인도와 주민등록을 마친 다음날을 기준으로 발생한다.
2	**전 가족이 일시적으로 주민등록을 옮겼다가 재 전입한 경우?**
	만약 주택의 임차인이 그 주택의 소재지로 전입신고를 마치고 그 주택에 입주함으로써 일단 임차권의 대항력을 취득한 후 어떤 이유에서든지 그 가족과 함께 일시적으로나마 다른 곳으로 주민등록을 이전하였다면 이는 전체적으로나 종국적으로 주민등록의 이탈이라고 볼 수 있으므로 그 대항력은 그 전출 당시 이미 대항요건의 상실로 소멸될 것이고, 그 후 그 임차인이 얼마 있지 않아 다시 원래의 주소지로 주민등록을 재 전입하였다 하더라도 이로써 소멸되었던 대항력이 당초에 소급하여 회복되는 것이 아니라 그 재 전입한 때부터 그와는 동일성이 없는 새로운 대항력이 재차 발생하는 것이다.
3	**확정일자를 받은 임대차계약서에 임대차 목적물을 표시하면서 지번, 구조, 용도만 기재하고 아파트의 명칭과 그 전유부분의 동, 호수의 기재를 누락한 경우, 주택임대차보호법 제3조의2제2항 소정의 확정일자의 요건을 갖추었다고 볼 수 있는가?**
	임대차계약서에 임대차 목적물을 표시하면서 아파트명칭과 그 전유부분의 동, 호수의 기재를 누락하였다 하더라도 당사자 사이에 진정하게 작성된 경우에는 효력이 있다.
4	**주택의 임차인이 임차권의 대항력을 취득하고 임대차계약서상에 확정일자를 갖춘 후 다른 곳으로 주민등록을 이전하였다가 재 전입한 경우, 임차인이 재 전입 이후에 그 주택에 관하여 담보물권을 취득한 자보다 우선하여 보증금을 변제 받을 수 있는가?**
	재 전입한 때로부터 새로운 대항력이 다시 발생하며, 이미 임대차계약서상에 확정일자를

	갖추었고 임대차계약도 재 전입 전후를 통하여 그 동일성을 유지한다면, 재 전입 이후에는 그 주택에 관하여 담보물권을 취득한 자보다 우선하여 보증금을 변제 받을 수 있다.
5	**선순위가압류권자와 확정일자 있는 임차인간의 권리관계는 어떠한가?**
	선순위의 가압류채권자와 채권액에 비례한 평등배당을 받을 수 있다.
6	**주택양수인에게 대항할 수 있는 확정일자가 있는 임차인 또는 소액임차인은 임대차계약 기간 만료전이라도 집행법원에 배받요구할 수 있는가?**
	주택은 제3자가 양수한 경우 임차인이 그 양수인에게 대항할 수 있는 때에는 임대차가 종료된 후가 아니라 하더라도 보증금의 우선변제를 청구할 수 있다.
7	**임차인이 임대차계약서와 별도로 전세권설정계약서를 작성하고 그 계약서에 등기관의 접수인이 찍혀 있는 경우, 원래의 임대차계약서에 관하여 확정일자가 있는 것으로 볼 수 있는가?**
	주택에 관하여 임대차계약을 체결한 임차인이 자신의 지위를 강화하기 위한 방편으로 따로 전세권설정계약서를 작성하고 전세권설정등기를 한 경우, 따로 작성된 전세권설정계약서가 원래의 임대차계약서와 계약일자가 다르다고 하여도 계약당사자, 계약목적물 및 보증금액(전세금액) 등에 비추어 동일성을 인정할 수 있다면 그 전세권설정계약서 또한 원래의 임대차계약에 관한 증서로 볼 수 있고, 등기필증에 찍힌 등기관의 접수인은 첨부된 등기원인계약서에 대하여 민법 부칙 제3조 제4항 후단에 의한 확정일자에 해당한다고 할 것이다.

6-2. 상가건물임대차보호법상의 대항력 있는 임차인의 권리

상가건물의 임대차에서 일반적으로 경제적·사회적 약자인 임차인들이 임대료 인상문제, 임대인의 해지권한 남용, 임대차기간의 불안정성, 월세산정 시 고율의 이자율 적용문제, 임대보증금의 미 반환문제, 임차건물에 대한 등기의 어려움 등 각종 형태의 불이익을 감수하고 있지만 정작 이들 임차인들을 사회적으로 보호하기 위한 법적 장치가 없는 현실을 고려하여, 이러한 상가건물의 임차인들을 보호함으로써 임차인들의 경제생활의 안정을 도모하기 위하여 상가건물임대차보호법이 제정되었다.

상가건물임대차보호법의 적용범위로는 상가건물의 임대차에 한하여 적용된다(법 제2조 1항 본문). 상가건물은 부가가치세법 제5조, 소득세법 제168조 또는 법인세법 제111조의 규정에 의한 사업자등록의 대상이 되는 건물이다. 따라서 사업자등록의 대상이 되는 상가·사무실·공장·창고 등 영업용 건물만 해당되며, 사업자등록의 대상이 되지 않는 동창회사무실, 교회 등의 비영리단체의 건물은 이 법의 적용을 받지 않는다. 여기서 말하는 건물의 영업성은 임대차 목적물의 주된 부분이 영업용으로 사용되는 경우에 인정된다. 한편 일시 사용을 위한 상가건물임대차임이 명백한 경우에는 이 법이 적용되지 않는다(제16조).

상가건물의 임대차 중에서 보증금이 대통령령이 정하는 보증금액 이하인 임대차만이 이 법의 적용을 받는다(법 제2조 1항 단서). 대통령령이 정하는 보증금액은 당해 지역의 경제여건 및 상가규모 등을 고려하여 서울특별시는 2억 4천만원(2008.8.21 개정하여 2억6천만원), 수도권정비계획법에 의한 수도권 중 과밀억제권역은 1억 9천만원(개정이후 2억1천만원), 광역시(군 지역 및 인천광역시지역 제외)는 1억 5천만원(개정이후 1억6천만원), 그 밖의 지역은 1억 4천만원(개정이후 1억5천만원)이다. 보증금 외에 차임이 있는 경우에는 그 차임 액에 100을 곱한 금액을 보증금에 합산해야 한다. 즉 환산보증금 = 보증금 + 월세 × 100이다. 여기서 100이라는 숫자는 월세산정률을 연 12%로 보는 것으로 금융기관의 대출금리 등을 감안하여 도출된 것이다. 임대차계약을 갱신하는 경우에 연 12%(2008. 8. 21. 개정 이후 연9%)까지 보증금을 인상할 수 있는데, 보증금 인상의 결과 보증금액이 대통령령이 정하는 범위를 초과하는 경우에는 이 법의 적용대상에서 제외된다.

1. 대항력

대항력이란 임대차관계를 계약당사자 이외의 자에게도 주장할 수 있는 것을 말하며, 예컨대 건물의 소유권이 이전되는 경우 임차인이 새로운 소유자에게 임차권을 주장할 수 있다. 임대차는 그 등기가 없는 경우에도 임차인이 건물의 인도와 부가가치세법 제5조, 소득세법 제168조 또는 법인세법 제111조의 규정에 의한 사업자등록을 신청한 때에는 그 다음 날부터 제3자에 대하여 효력이 생긴다(제3조). 여기서 그 '다음 날부터'라 함은 '다음 날 오전 0시 부터'를 의미한다. 다만 임차인이 건물의 인도와 사업자등록신청을 하기 전에 그 상가에 이미 저당권등기나 가압류, 가등기 등이 행하여졌고 그 결과 경매나 가등기에 의한 본등기로 소유권자가 새로이 변경된 경우에는 임차권은 소멸한다.

대항력이 생기려면 임대차계약서상 내용이 사업자등록사항과 일치하고 임대차계약서상 임대차 목적물이 등기부등본 등 공부와 일치하여야 대항력이 보장되므로 이를 일치시키도록 하여야 한다. 임대인의 인적 사항, 보증금, 차임, 임대차기간, 면적, 임대차 목적물, 건물 일부 임차 시 해당 도면 등이 변경되는 경우 사업자등록정정신고를 하여야 한다.

(사례) 창원5계 2005타경 10377호, 임의경매(배당요구종기일 2005년 7월5일)를 살펴보면 1번 근저당권(말소기준권리) 전일과 당일에 사업자등록 신청한 상가임차인의 권리? 말소기준권리 2004.12. 7. 금융기관 1) 순위 16억8천만원 근저당권 설정되어 있으며, 2004.11.29일과 2004.12. 6 사업자등록 후 각각 140백만원씩 임차한 임차인의 경우에는 인수임대차(즉, 낙찰자의 추가부담)이며, 설정당일인 2004.12. 7 사업자등록 후 140백만원 임차한 임차인은 후 순위 임차인이 된다(다음날 "0"시 대항력 발생)

2. 우선변제권

우선변제권은 특정채권자가 채무자의 재산으로부터 다른 채권자보다 우선하여 변제 받을 수 있는 권리이다. 이 법에 의하면 상가임차인은 대항요건을 갖추고 관할 세무서장으로부터 임대차계약서상의 확정일자를 받은 경우 경매나 공매 시 임차한 대지를 포함한 상가건물의 환가대금에서 후순위권리자 그 밖의 채권자보다 우선하여 변제 받을 수 있다.

즉, 상가임차인은 건물의 인도와 사업자등록신청으로 대항요건을 갖추고 나아가 관할세무서장으로 부터 임대차 계약서상 확정일자를 받은 경우에 확정일자를 기준으로 그 이후에 설정되는 담보권에 대하여 우선변제권을 취득한다. 또한 우선변제권의 성립시기와 관련하여 유의할 점은 상가임차인이 대항력취득 요건을 구비할 것이 전제되어야 한다는 점이다. 그러므로 상가임차인이 사업자등록신청과 확정일자를 이사하는 당일에 하였더라도 같은 날 담보물권이 설정될 경우 담보물권이 우선한다. 왜냐하면 임차인이 건물인도를 받고 사업자등록신청을 한 그 다음 날부터 대항력이 발생하나 담보권은 설정등기를 경료한 날에 우선변제권이 발생하기 때문이다.

확정일자를 받는 경우에 이 법 시행 전에 사업자등록을 한 기존사업자와 새로이 사업자등록을 신청하려는 신규사업자 사이에는 첨부서류에 차이가 있다. 먼저 기존사업자는 '사업자등록정정 신고서'에 사업자등록증 원본, 임대차계약서 원본, 건물의 일부를 임차한 경우에는 해당부분의 도면, 본인 신분증(대리인은 위임장 및 대리인 신분증)을 첨부하여 관할 세무서에 제출하여야 한다. 반면에 신규사업자는 '사업자등록신청서'에 사업허가증·등록증·신고필증 사본, 임대차 계약서 원본, 건물의 일부를 임차한 경우 해당부분의 도면, 본인 신분증(대리인은 위임장 및 대리인 신분증)을 첨부하여 관할세무서에 제출하여야 한다. 대항력요건과 관할 세무서장으로부터의 임대차계약서상의 확정일자를 받은 임차인은 우선변제권을 행사할 수 있다. (동법 제5조 제2항)
배당요구의 종기까지 "권리신고 및 배당요구 신청" 및 대항요건(사업자등록 및 점유)을 유지하여야 한다.

3. 최우선변제권

최우선변제권은 임차건물이 경매 또는 공매절차를 통해 환가되는 경우에 임차인이 매각대금 등의 환가대금에서 보증금 중 일정액을 모든 권리자에 최우선하여 변제 받을 수 있는 권리이다. 소액임차인이 갖는 최우선변제권은 확정일자를 요하지 않고 임차목적물에 대한 경매신청의 등기 전에 대항력을 갖추면 성립한다. (즉, 임의(또는 강제)경매결정등기일 이전에 사업자등록과 점유)
소액임차인의 최우선변제권은 임대건물가액의 3분의 1의 범위 안에서 보증금 중 일정액의 범위 내에서 인정된다. 구체적으로는 서울특별시의 경우에는 4천 500만원 이하의 보증금으로 입주하고 있는 임차인에 한해서만 임대건물가액(임대인 소유의 대지 가액 포함) 1/3의 범위 안에서 1천 350만원까지, 과밀억제권역(서울특별시 제외)은 3천 900만원 이하의 보증금으로 입주하고 있는 임차인에 한해서만 1천 170만원까지, 광역시는 3천만원 이하의 보증금으로 입주하고 있는 임차인에 한해서만 900만원까지, 그 밖의 지역은 2천 500만원 이하의 보증금으로 입주하고 있는 임차인에 한해서만 750만원까지 최우선변제권이 인정된다.

예컨대 2002.11.1일 이후 담보 설정된 상가에 대하여만 서울특별시에 소재하고 있는 상가건물에 보증금 4천만원으로 입주하고 있는 임차인은 1천 350만원까지 최우선변제권을 주장할 수 있을 뿐이므로 나머지 부분에 대해서는 확정일자를 구비하여 우선변제권을 주장하도록 하여야 한다.

상가건물임차인도 상가건물에 대한 경매개시결정의 등기 전에 건물의 인도와 사업자등록신청을 갖춘 때에는 보증금 중 일정액을 다른 담보물권자보다 우선하여 변제 받을 권리가 있는데(상가건물임대차보호법 14조 1항), 우선변제를 받을 수 있는 매각대금은 주택과 달리 임대건물가액(임대인 소유의 대지가액을 포함한다)의 3분의 1(같은 조 3항)이다. 우선변제를 받을 임차인은 보증금과 차임이 있는 경우 월세에 100을 곱한 금액을 합한 환산보증금으로 계산한다.

〈기타 특기사항〉

(1) 등록사항 등의 열람·제공

건물의 임대차에 이해관계가 있는 자는 건물의 소재지 관할 세무서장에게 일정한 자료의 열람 또는 제공을 요청할 수 있으며, 이때 관할 세무서장은 정당한 사유 없이 이를 거부할 수 없다.(제4조). 열람 또는 제공하는 사항은 ① 임대인·임차인의 성명, 주소, 주민등록번호(단, 2006. 4. 5부터 국세청(02-397-1547 납세자보호과)은 건물소재지 관할 세무서장이 '등록사항 등의 현황서' 교부 시 개인신용정보 보호를 위하여 임대인, 임차인의 주민등록번호를 뒷 부분 둘째 자리까지(예 : 550430-18×××××)만 표시되도록 변경하였음), ② 건물의 소재지, 임대차 목적물 및 면적, ③ 사업자등록 신청일, ④ 사업자등록 신청일 당시의 보증금 및 차임, 임대차기간, ⑤ 임대차 계약서상의 확정일자를 받은 날, ⑥ 임대차계약이 변경 또는 갱신된 경우에는 변경된 일자, 보증금 및 차임, 임대차기간, 새로운 확정일자를 받은 날, ⑦ 임대차의 목적이 건물의 일부분인 경우 해당부분의 도면이다. 열람 또는 제공의 요청방법은 본인 신분증과 이해관계인임을 증명하는 서류를 첨부하고, '등록사항 등의 열람제공 요청서'를 작성·제출하는 것에 의한다.

(2) 계약갱신요구권

임차인이 거액의 시설비를 투자하고 단기간에 명도 당하는 불이익을 배제하기 위하여 임차인에게 최초의 임대차 기간을 포함한 전체 임대차 기간이 5년을 초과하지 않는 범위 내에서 임대인에 대해 갱신요구권을 행사할 수 있다. 이에 대해 임대인은 정당한 사유 없이는 이를 거절하지 못한다(제10조). 따라서 임차인은 재계약을 원할 경우 임대차기간 만료 전 6월부터 1월까지 사이에 내용증명 등을 발송하여 임대차계약의 갱신을 요구할 수 있다. 그러나 ① 3기의 차임 액에 달하도록 차임을 연체한 사실이 있는 경우, ② 임차인이 거짓 그 밖의 부정한 방법으로 임차한 경우, ③ 쌍방 합의하에 임대인이 임차인에게 상당한 보상을 제공한 경우, ④ 임차인이 임대인의 동의 없이 목적 건물의 전부 또는 일부를 재차 임대한 경우, ⑤ 임차한 건물을 고의 또는 중대한 과실로 파손한 경우, ⑥ 임차한 건물의 전부 또는 일부가 멸실되어 임대차의 목적을 달성하지 못하는 경우, ⑦ 임대인이 목적 건물의 전부 또는 대부분을 철거하거나 재건축하기 위하여 목적 건물의 점유회복이 필요한 경우, ⑧ 그밖에 임차인이 임차인으로서의 의무를 현저히 위반하거나 임대차를 존속하기 어려운 중대한 사유가 있는 경우 등에 해당하면 임대인은 임차인의 갱신요구를 거절할 수 있다. 이 법 시행일 이전에 계약한 임차인에게는 갱신요구권이 인정되지 않는다. (단 제2조의 적용범위를 초과시 계약갱신요구권이 인정되지 않는다. 서울특별시에 2008.8.21 이전은 2억 4천만원 초과시 , 2008.8.21 이후는 2억 6천만원 초과시 등)

(3) 차임 등의 증감청구권

차임 또는 보증금이 임차건물에 관한 조세, 공과금 그 밖의 부담의 증감이나 경제사정의 변동으로 인하여 상당하지 아니하게 된 때에는 당사자는 장래에 대하여 그 증감을 청구할 수 있다. 그러나 증액의 경우에는 대통령령이 정하는 기준에 따른 비율인 청구 당시의 차임 또는 보증금의 100분의 12의 금액을 초과하지 못한다(제11조). (2008.8.21 개정 100분의 9, 즉 연12% 이하에서 연9% 이하로)

(4) 임차권등기명령

임차권등기명령제는 임대차가 종료한 후에 보증금을 반환 받지 못한 임차인이 이사를 가거나 사업자등록을 옮기더라도 기존의 임차권의 대항력과 우선변제권을 유지되도록 임차인 단독으로 임차권의 등기신청을 가능하도록 하고 이에 의하여 임차권등기가 경료되도록 하는 제도이다. 이는 등기권리자와 등기의무자의 공동신청에 의할 것을 요하는 부동산등기원칙에 대한 예외이다.

임대차가 종료된 후 보증금을 반환 받지 못한 임차인은 임차건물의 소재지를 관할하는 지방법원·지방법원지원 또는 시·군법원에 임차권등기명령신청의 취지 및 이유, 임대차의 목적인 건물 및 임차권등기의 원인이 된 사실 등을 기재한 임차권등기명령신청서를 제출하여야 한다.

(5) 월차임 전환시 산정률

보증금을 월차임으로 전환하는 경우에는 대통령령이 정하는 월차임의 범위인 연 15%를 초과할 수 없다(제12조). 이는 임대인의 과다한 월세로 인한 임차인의 피해를 방지하고 안정된 임대차계약을 조성하여 상인의 경제생활을 보다 안정적으로 유지하고자 하는 목적에서 규정되었다.

(6) 전대차관계에 대한 적용

전차인은 전대인에게 계약갱신요구권, 차임 등의 증감청구권, 월차임 전환시 산정율의 제한의 권리를 주장할 수 있다. 다만 임대인의 동의를 받고 전대차계약을 체결한 전차인은 임차인의 계약갱신요구권 행사기간 범위 내에서 임차인을 대위하여 임대인에게 계약갱신요구권을 행사할 수 있다(법 제13조). 전차인은 전대인에 대하여 권리를 행사할 수 있을 뿐이며 임대인에게는 그 권리를 주장할 수 없다.

(7) 시행일 및 경과조치

이 법은 2002. 11. 1. 부터 시행되었다(법 부칙 제1항). 따라서 이 법 시행 후에 체결되거나 갱신된 임대차부터 적용된다. 이 법 시행 당시 존속중인 기존세입자에 대하여는 이 법 소정의 요건을 구비한 경우 대항력, 우선변제권 및 최우선변제권을 보장하되, 이 법 시행일 이전에 담보권 등 물권을 취득한 제3자에 대하여는 효력이 없다.

<table>
<tr><td rowspan="4">2002.11.1
~향후 개정시 까지
(보증금의 30%)</td><td>서울특별시</td><td>45,000,000 이하</td><td>13,500,000</td><td>비 고</td></tr>
<tr><td>수도권 중 과밀억제권역</td><td>39,000,000 이하</td><td>11,700,000</td><td rowspan="3"></td></tr>
<tr><td>광역시(군 지역과 인천광역시 지역을 제외)</td><td>30,000,000 이하</td><td>9,000,000</td></tr>
<tr><td>그밖의 지역</td><td>25,000,000 이하</td><td>7,500,000</td></tr>
</table>

☞ 2002.10.31까지 설정된 담보물권에는 대항력, 우선변제권 등 해당 없음. (주장 못함)

(8) 상가건물임대차보호법 부칙 ②항은 임차보증금의 우선변제에 관한 같은 법 5조, 14조의 규정을 위 법 시행 당시 존속중인 임대차에 대하여도 적용하되, 위 법 시행 전에 물권을 취득한 제3자에 대하여는 효력이 없다고 규정하고 있으므로, 주택임대차에 관한 기술내용(안분배당설과 제한적 평등배당설)이 적용될 수 있을 것이다.

결국, 경매개시결정등기 전까지 대항력요건을 구비한 소액임차인은 건물가액(대지를 포함한다)의 1/3범위 내에서 최우선변제권을 행사할 수 있다. (동법 제14조)

기타지역(마산, 창원 등)은 상가보증금 2,500만원 이하는 소액보증금 750만원(부산광역시는 3,000만원 이하 9백만원)을 최우선변제 받을 수 있다.

보증금은 환산보증금으로 보증금과 월세에 100을 곱한 금액을 합산(임차인 부담 부가가치세도 합산)하므로 소액보증금 계산시 주의를 하여야 한다. (2002.10월 국세청은 월세를 환산보증금으로 환산할 때 부가가치세를 포함하여야 하는지 여부에 대하여 혼선이 빚어지자 부가가치세를 포함하여 계산하라는 지침을 전국 세무서에 보냈다고 함)

(사례) 마산소재 호프집의 상가 보증금 1,000만원에 월세 20만원이면 환산보증금이 3,000만원으로 2,500만원을 초과하여 소액보증금 750만원을 최우선배당 받을 수 없다.
그리고 마산소재 약국의 보증금이 1억5,000만원이면 보증금 최고한도 1억4,000만원을 초과하여 담보물권 설정과 비교하여 사업자등록일이 앞서더라도 전혀 보호 받을 수 없다. (2008.8.21 개정으로 1억5천만원 초과시 비보호)
설혹 보증금이 1억 3,000만원으로 보호대상이 되더라도(예, 보증금 3,000만원에 월세 100만원도 마찬가지) 2002.11.1일 이전 근저당권자에는 대항할 수 없으나 2002.11. 1 약국 사업자등록 신청후의 근저당권자에는 대항할 수 있다(관할 세무서장 확정일자도 먼저 득하였다면 우선변제도 가능하다)

① 사업자등록신청서(개인사업자용) 양식

[별지 제3호 서식] <2008.4.22개정> (앞 쪽)

접수번호	**사업자등록신청서(개인사업자용)** (법인이 아닌 단체의 고유번호 신청서)	처리기간
		5일(보정기간은 불산입)

귀하의 사업자등록 신청내용은 영구히 관리되며 납세성실도를 검증하는 기초자료로 활용됩니다. 아래 해당 사항을 사실대로 작성하시기 바라며, 신청서에 본인이 자필로 서명하여 주시기 바랍니다.

1. 인적사항

상호(단체명)		전화번호	(사업장)
			(자 택)
성명(대표자)			(휴대전화)
주민등록번호		FAX번호	
사 업 장 (단 체) 소 재 지		전자우편주소	
		국세청이 제공하는 국세정보수신동의 여부	동의함 ( ) 동의하지 않음 ( )

2. 사업장 현황

<table>
<tr><td rowspan="4">업종</td><td rowspan="2">주업태</td><td colspan="3" rowspan="2"></td><td rowspan="2">주종목</td><td rowspan="2"></td><td>주업종코드</td><td colspan="2" rowspan="2">개업일</td><td colspan="2" rowspan="2">종업원수</td></tr>
<tr><td></td></tr>
<tr><td rowspan="2">부업태</td><td colspan="3" rowspan="2"></td><td rowspan="2">부종목</td><td rowspan="2"></td><td>부업종코드</td><td colspan="2" rowspan="2"></td><td colspan="2" rowspan="2"></td></tr>
<tr><td></td></tr>
<tr><td rowspan="3">사업장구분</td><td rowspan="2">자가</td><td colspan="2" rowspan="2">타가</td><td colspan="3">사업장을 빌려준 사람
(임 대 인)</td><td colspan="5">임대차 내역</td></tr>
<tr><td>성명
(법인명)</td><td>사업자
등록번호</td><td>주민(법인)
등록번호</td><td colspan="2">임대차
계약기간</td><td colspan="2">(전세)
보증금</td><td>월세</td></tr>
<tr><td>㎡</td><td colspan="2">㎡</td><td></td><td></td><td></td><td colspan="2"></td><td colspan="2">원</td><td>원</td></tr>
<tr><td rowspan="2">인허가
사업여부</td><td colspan="5" rowspan="2">신고( ) 등록( ) 허가( ) 해당없음( )</td><td rowspan="2">주류면허</td><td colspan="2">면허번호</td><td colspan="3">면허신청</td></tr>
<tr><td colspan="2"></td><td colspan="3">여( ) 부( )</td></tr>
<tr><td>개별소비세
해당여부</td><td colspan="11">제조( ) 판매( ) 장소( ) 유흥( )</td></tr>
<tr><td>사업자금 내역(전세보증금포함)</td><td colspan="2">자기자금</td><td colspan="3">원</td><td>타인자금</td><td colspan="5">원</td></tr>
<tr><td>연간 공급대가예상액</td><td colspan="5">원</td><td>간이과세 적용 신고여부</td><td colspan="5">여( ) 부( )</td></tr>
<tr><td rowspan="2">그 밖의
신청사항</td><td colspan="3">확정일자
신청여부</td><td colspan="2">공동사업자
신청여부</td><td>사업장소 외
송달장소
신청여부</td><td colspan="2">양도자의 사업자
등록번호(사업양
수의 경우에 한함)</td><td colspan="3">사업자단위과
세사업자의 종
된사 업장의 신
설여부</td></tr>
<tr><td colspan="3">여( )부( )</td><td colspan="2">여( ) 부( )</td><td>여( ) 부( )</td><td colspan="2"></td><td colspan="3">여( ) 부( )</td></tr>
</table>

가로210㎜×세로297㎜[신문용지 54g/㎡(재활용품)]

(뒤 쪽)

3. 사업자등록신청 및 사업 시 유의사항 (아래 사항을 반드시 읽고 확인하시기 바랍니다)

가. 귀하가 다른 사람에게 사업자명의를 빌려주는 경우 사업과 관련된 각종 세금이 명의를 빌려준 귀하에게 나오게 되어 다음과 같은 불이익이 있을 수 있습니다.
  (1) 소득이 늘어나 국민연금 및 건강보험료를 더 낼 수 있습니다.
  (2) 명의를 빌려간 사람이 세금을 못 내게 되면 체납자가 되어 소유재산의 압류·공매처분, 체납내역의 금융기관 통보, 출국규제 등의 불이익을 받을 수 있습니다.
나. 귀하가 다른 사람의 명의로 사업자등록을 하고 실제 사업을 영위하는 것으로 확인되는 경우 다음과 같은 불이익이 있습니다.
  (1) 「부가가치세법」 제22조제1항 제2호에 따라 사업개시일부터 실제 사업을 영위하는 것으로 확인되는 날이 속하는 예정신고기간(예정신고기간이 경과한 경우에는 그 과세기간)까지의

공급가액에 대하여 100분의 1에 상당하는 금액을 납부세액에 가산하여 납부하여야 합니다.

(2) 「주민등록법」 제21조제2항 제9호에 따라 다른 사람의 주민등록번호를 부정 사용한 자는 3년 이하의 징역 또는 1천만원 이하의 벌금에 처해집니다.

다. 귀하가 실물거래 없이 세금계산서 또는 계산서를 교부하거나 받는 경우 「조세범처벌법」 제11조의2에 따라 해당 법인 및 대표자 또는 관련인은 3년 이하의 징역이나 공급가액 및 그 부가가치세액의 2배 이하에 상당하는 벌금에 처하는 처벌을 받을 수 있습니다.

라. 신용카드 가맹 및 이용은 반드시 사업자 본인명의로 하여야 하며 사업상 결제목적 외의 용도로 신용카드를 이용할 경우 「여신전문금융업법」 제70조제2항에 따라 3년 이하의 징역이나 2천만원 이하의 벌금에 처하는 처벌을 받을 수 있습니다.

신청인의 위임을 받아 대리인이 사업자등록신청을 하는 경우에는 아래 사항을 적어 주시기 바랍니다.

대리인 인적사항	성명	주민등록번호	전화번호	신청인과의 관계

위에서 작성한 내용과 실제 사업자 및 사업내용 등이 일치함을 확인하며, 「부가가치세법」 제5조제1항 · 제25조제3항, 같은 법 시행령 제7조제1항 · 제74조제4항, 같은 법 시행규칙 제2조제1항 및 「상가건물임대차보호법」 제5조제2항에 따라 사업자등록 [□일반과세자 □간이과세자 □면세사업자 □그 밖의 단체] 및 확정일자를 신청합니다.

년 월 일

신청인 **(서명)**

위 대리인 **(서명)**

세무서장 귀하

〈첨부서류〉

1. 사업허가증 사본 · 사업등록증 사본 또는 신고필증 사본 중 1부(법령에 따라 허가를 받거나 등록 또는 신고를 하여야 하는 사업인 경우에 한합니다)
2. 임대차계약서사본(사업장을 임차한 경우에 한합니다) 1부
3. 「상가건물임대차보호법」이 적용되는 상가건물의 일부분을 임차한 경우에는 해당부분의 도면 1부
4. 자금출처명세서(08년 7월부터 도 · 소매업 및 과세유흥장소에의 영업을 영위하려는 경우에 한합니다) 1부

사업자등록 신청 시 다음과 같은 사유에 해당하는 경우 붙임의 서식 부표에 추가로 적어 주시기 바랍니다.

① 공동사업자에 해당하는 경우
② 종업원을 1명 이상 고용한 경우
③ 사업장 외의 장소에서 서류를 송달 받고자 하는 경우

<table>
<tr><td colspan="2"></td><td colspan="2">사 업 장 도 면
[사업자등록신청(정정신고)시 첨부서류]</td><td></td></tr>
<tr><td rowspan="3">임
차
인</td><td>상 호
(법인명)</td><td></td><td>사업자등록번호</td><td></td></tr>
<tr><td>성명
(대표자)</td><td>(서명 또는 인)</td><td>주민등록번호
(법인등록번호)</td><td></td></tr>
<tr><td>임차건물
소재지</td><td colspan="3"></td></tr>
<tr><td colspan="2">사업자등록신청
(정정신고)접수번호</td><td colspan="3"></td></tr>
<tr><td colspan="5">[도 면]</td></tr>
<tr><td colspan="5">작성요령 1) 건물의 전체면적(㎡)과 해당임차부분의 일부 면적(㎡) 등을 표시할 것
2) 평면도 등으로 작성하며, 통로・주 출입구 등 표시할 것
3) 해당임차부분을 빗금으로 표시할 것
4) 임대차목적물의 면적이 변동된 경우 최종 총면적과 위치를 표시
5) 건물의 형상, 길이, 위치 등을 기재하여 상기 도면으로 제3자가 해당임차건물의 위치를 정확히 인지할 수 있도록 작성해야 함</td></tr>
<tr><td colspan="5">[도면제출 대상자]
☞ 임차한 상가건물이 공부상 등기 표시된 부분의 일부만 해당되는 경우 및 건물소유자가 공유자인 건물을 임차한 경우 등
예) 1. 건물공부상 등기 표시된 00빌딩 5층(330㎡) 중 2층(60㎡) 임차
2. 건물공부상 등기 표시된 00상가 1층 101호(100㎡) 중 (2㎡) 임차
3. 건물공부상 등기 표시된 건물(500㎡) 중 소유자 000지분 5/50 임차
4. 건물이 공동소유지분으로 표시되어 당해 임대차목적물 위치가 명확하지 아니한 경우</td></tr>
</table>

② 확정일자신청서 양식

<table>
<tr><td colspan="2" rowspan="2">접수번호 :</td><td colspan="4" rowspan="2">확 정 일 자 신 청 서</td><td>처리기간</td></tr>
<tr><td>즉 시</td></tr>
<tr><td rowspan="5">임 차 인
(임차법인)</td><td>상 호
(법인명)</td><td></td><td>사업자등록번호</td><td colspan="3"></td></tr>
<tr><td>성 명
(대표자)</td><td></td><td>주민등록번호
(법인등록번호)</td><td colspan="3"></td></tr>
<tr><td>사 업 장</td><td></td><td></td><td colspan="3"></td></tr>
<tr><td rowspan="2">주 소
(본점소재지)</td><td rowspan="2"></td><td rowspan="2">전화번호</td><td>휴대전화</td><td>사업장</td><td>주소지</td></tr>
<tr><td></td><td></td><td></td></tr>
</table>

임 대 인 (임대법인)	상 호 (법인명)		사업자등록번호			
	성 명 (대표자)		주민등록번호 (법인등록번호)			
	사 업 장					
	주 소 (본점소재지)		전화 번호	휴대전화	사업장	주소지

임대차 계약 내용				
임차부동산	소재지(상가 및 빌딩명, 동, 열, 층, 호수까지 구체적으로 기재)			면적(㎡)
계 약 일	계 약 기 간	보증금	차임(월세)	확정일자번호
20. .	20. . ~ 20 . .	원	원	

상가건물임대차보호법 제5조 제2항의 규정에 의하여 확정일자를 신청합니다.

20 년 월 일

신청인 (서명 또는 인)

세무서장 귀하

구비서류 : 1. 상가건물 임대차계약서 원본
2. 사업자등록증 원본(사업자등록신청 중에 있는 자는 제외)
3. 대리신청인은 확정일자 신청 위임장 1부

유의사항 : 1. 임차한 건물이 주로(총면적의 50%초과 등) 사업에 이용되는 경우만 신청대상이며 주로 주거에 이용되는 경우에는 주택임대차보호법에 의하여 신청하여야 합니다.
2. 상가건물임대차보호법의 적용을 받기 위해서는 임차부동산의 소재지를 사업자 등록상 사업장소재지 및 건축물관리대장 등의 공부상 소재지와 일치되도록 기재하여야 합니다.

③ 등록사항 등의 열람·제공 요청서 양식

[별지 제1호서식] 〈개정 2006.6.12〉

접수번호		등록사항 등의 열람 · 제공 요청서			처리기간 즉시
요 청 인	상호 (법인명)		사업자등록번호		
	성명 (대표자)		주민등록번호 (법인등록번호)		
	주소 또는 본점소재지		전화 번호	휴대전화 / 사업장 / 주소지	
	이해관계인 해당사유	1. 임대인 2. 임차인 3. 근저당설정권자 등 4. 그 밖의 이해관계인( )			

<table>
<tr><td rowspan="11">요
청
내
용</td><td colspan="2">열람(제공) 범위</td><td colspan="3">임차인 전부, 임차인 일부</td></tr>
<tr><td colspan="5">건물소재지(건물명, 동, 열, 층, 호수까지 구체적으로 기재)</td></tr>
<tr><td colspan="5"></td></tr>
<tr><td colspan="3">임대인</td><td colspan="2">임차인</td></tr>
<tr><td>구분</td><td>사업자등록
번호</td><td>주민등록번호
(법인등록번호)</td><td>사업자등록
번호</td><td>주민등록번호
(법인등록번호)</td></tr>
<tr><td rowspan="3">등기부상
소유자</td><td rowspan="3"></td><td rowspan="3"></td><td></td><td></td></tr>
<tr><td></td><td></td></tr>
<tr><td></td><td></td></tr>
<tr><td colspan="2">사용용도</td><td colspan="3"></td></tr>
<tr><td colspan="2">구분</td><td colspan="3">1. 열람 2. 제공</td></tr>
</table>

「상가건물임대차보호법」 제4조에 따라 위 상가건물의 임대차내용에 대한 등록사항 등의 열람(제공)을 요청합니다.

20 년 월 일

요청인 (서명 또는 인)

세무서장 귀하

<table>
<tr><td rowspan="2">구
비
서
류</td><td>요청인(대표자) 제출서류</td><td>담당 공무원 확인사항
(부동의하는 경우 요청인이 직접 제출하여야 하는 서류)</td></tr>
<tr><td>1.요청인의 신분을 확인할 수 있는 서류 1부 (주민등록증 등 신분증의 제시로 갈음할 수 있음)
2. 그 밖의 이해관계인인 경우에는 이해관계를 입증할 수 있는 서류 1부
3. 요청인의 대리인이 요청하는 경우에는 위임장 1부 (요청인의 인감증명서가 첨부되어야 함)</td><td>등기부등본(근저당설정권자 등이 요청하는 경우에 한한다)(1부)</td></tr>
</table>

본인은 이 건 업무처리와 관련하여 「전자정부구현을 위한 행정업무 등의 전자화촉진에 관한 법률」 제21조제1항에 따른 행정정보의 공동이용을 통하여 담당 공무원이 위의 담당 공무원 확인사항을 확인하는 것에 동의합니다.

요청인(대표자) (서명 또는 인)

유의사항 : 등록사항 등의 열람 또는 제공은 「상가건물임대차보호법」 제4조에 따라 이해관계인에게만 허용됩니다.

210×297㎜(일반용지 60g/㎡(재활용품))

④ 등록사항 등의 열람(제공)요청 위임장 양식

<table>
<tr><td colspan="5">등록사항 등의 열람(제공)요청 위임장</td></tr>
<tr><td rowspan="4">위임하는 자
(임대인, 임차인
기타 이해관계인)</td><td>성명(대표자)</td><td></td><td>주민등록번호</td><td></td></tr>
<tr><td>상호(법인명)</td><td></td><td>사업자등록번호</td><td></td></tr>
<tr><td rowspan="2">주 소(본 점)</td><td rowspan="2"></td><td>전화번호</td><td></td></tr>
<tr><td>휴대전화</td><td></td></tr>
<tr><td colspan="5">상기 본인은 아래의 위임 받은 자에게 상가건물임대차보호법 제4조 1항의 규정에 의한 사업자등록사항 등의 열람(제공)요청 및 수령에 관한 일체의 권리와 의무를 위임합니다.

년 월 일

위임하는 자 (인)
(인대인, 임차인, 기타 이해관계인)

(※ 위임하는 자의 인감증명서상 인감을 날인하여야 합니다)

세무서장 귀하</td></tr>
<tr><td rowspan="2">위임받은자</td><td>성명</td><td>(인)</td><td>주민등록번호</td><td></td></tr>
<tr><td>위임하는 자
와의 관계</td><td></td><td>전화번호</td><td></td></tr>
<tr><td>제출처</td><td></td><td>용도</td><td colspan="2"></td></tr>
<tr><td>첨부서류</td><td colspan="4">위임하는 자의 인감증명서 1부</td></tr>
<tr><td colspan="5">1. 위임 받은 자의 신분증(주민등록증, 운전면허증 등)을 제시하여야 하며, 신분증 사본을 세무서에서 보관하게 됩니다.
2. 다른 사람의 인장 도용 등으로 허위 위임장을 작성하여 요청할 경우에는 형법 제231조와 제232조의 규정에 의하여 사문서 위·변조죄로 5년 이하의 징역 또는 1천만원 이하의 벌금에 처하게 됩니다.</td></tr>
</table>

⑤ 등록사항 등의 현황서 양식

[별지 제2호서식] (앞쪽)

<table>
<tr><td colspan="2">발급번호</td><td colspan="2" rowspan="2">등록사항 등의 현황서</td><td>처리기간</td></tr>
<tr><td colspan="2"></td><td>즉시</td></tr>
<tr><td rowspan="3">현재의
임대인
(임대법인)</td><td>상호(법인명)</td><td colspan="3"></td></tr>
<tr><td>성명(대표자)</td><td></td><td>주민등록번호
(법인등록번호)</td><td></td></tr>
<tr><td>사업장소재지</td><td colspan="3"></td></tr>
</table>

	주소 (본점소재지)						
임대차 부동산		건물소재지(번지 · 호수까지 표시)					
임차인별 현황(임차인 전부, 임차인 일부)							
구분	상호 (법인명)	성명 (대표자)	주소 (본점소재지)				주민(법인)등록번호
	사업자등록신청 (정정신고)일	위치(건물명 · 층 · 열 · 호수)	면적 (m²)	임대차 기간	보증금	월차임	계약서상임대인의 주민(법인)등록번호
	확정일자를 받은 날						
1							
2							
3							
4							

상가건물임대차보호법 제4조의 규정에 의하여 요청한 상가건물에 대한 등록사항 등의 현황은 위와 같습니다,

20 년 월 일

세무서장 [인]

(뒷면)

임대차 부동산			건물소재지(번지 · 호수까지 표시)				
임차인별 현황							
구분	상호(법인명)	성명(대표자)	주소(본점소재지)				주민등록번호 (법인등록번호)
	사업자등록신청 (정정신고)일	위치(건물명 · 층 · 열 · 호수)	면적 (m²)	임대차 기간	보증금	월차임	계약서상임대인의 주민(법인)등록번호
	확정일자를 받은 날						

6						
7						
8						
9						
10						
11						
12						
13						
14						
15						

상가건물임대차보호법과 상가건물임대차보호법시행령 (2008.8.21 개정)

1. 상가건물임대차보호법

제1조 (목적) 이 법은 상가건물 임대차에 관하여 민법에 대한 특례를 규정함으로써 국민 경제생활의 안정을 보장함을 목적으로 한다.

제2조 (적용범위) ① 이 법은 상가건물(제3조제1항의 규정에 의한 사업자등록의 대상이 되는 건물을 말한다)의 임대차(임대차 목적물의 주된 부분을 영업용으로 사용하는 경우를 포함한다)에 대하여 적용한다. 다만,

대통령령이 정하는 보증금액을 초과하는 임대차에 대하여는 그러하지 아니하다.

② 제1항 단서의 규정에 의한 보증금액을 정함에 있어서는 당해 지역의 경제여건 및 임대차 목적물의 규모 등을 감안하여 지역별로 구분하여 규정하되, 보증금외에 차임이 있는 경우에는 그 차임액에 은행법에 의한 금융기관의 대출금리 등을 감안하여 대통령령이 정하는 비율을 곱하여 환산한 금액을 포함하여야 한다.

제3조 (대항력 등) ① 임대차는 그 등기가 없는 경우에도 임차인이 건물의 인도와 부가가치세법 제5조, 소득세법 제168조 또는 법인세법 제111조의 규정에 의한 사업자등록을 신청한 때에는 그 다음 날부터 제3자에 대하여 효력이 생긴다.

② 임차건물의 양수인(그 밖에 임대할 권리를 승계한 자를 포함한다)은 임대인의 지위를 승계한 것으로 본다.

③ 민법 제575조제1항·제3항 및 제578조의 규정은 이 법에 의하여 임대차의 목적이 된 건물이 매매 또는 경매의 목적물이 된 경우에 이를 준용한다.

④ 민법 제536조의 규정은 제3항의 경우에 이를 준용한다.

제4조 (등록사항 등의 열람·제공) ① 건물의 임대차에 이해관계가 있는 자는 건물의 소재지 관할 세무서장에게 다음 각호의 사항의 열람 또는 제공을 요청할 수 있다. 이때 관할 세무서장은 정당한 사유없이 이를 거부할 수 없다.

1. 임대인·임차인의 성명, 주소, 주민등록번호(임대인·임차인이 법인 또는 법인아닌 단체인 경우에는 법인명 또는 단체명, 대표자, 법인등록번호, 본점·사업장소재지)
2. 건물의 소재지, 임대차 목적물 및 면적
3. 사업자등록 신청일
4. 사업자등록 신청일 당시의 보증금 및 차임, 임대차기간
5. 임대차계약서상의 확정일자를 받은 날
6. 임대차계약이 변경 또는 갱신된 경우에는 변경된 일자, 보증금 및 차임, 임대차기간, 새로운 확정일자를 받은 날
7. 그 밖에 대통령령이 정하는 사항

② 제1항의 규정에 의한 자료의 열람 및 제공과 관련하여 필요한 사항에 대하여는 대통령령으로 정한다.

제5조 (보증금의 회수) ① 임차인이 임차건물에 대하여 보증금반환청구소송의 확정판결 그 밖에 이에 준하는 집행권원에 기한 경매를 신청하는 경우에는 민사집행법 제41조의 규정에 불구하고 반대의무의 이행 또는 이행의 제공을 집행개시의 요건으로 하지 아니한다.

② 제3조제1항의 대항요건을 갖추고 관할 세무서장으로부터 임대차계약서상의 확정일자를 받은 임차인은 민사집행법에 의한 경매 또는 국세징수법에 의한 공매시 임차건물(임대인 소유의 대지를 포함한다)의 환가대금에서 후순위권리자 그 밖의 채권자보다 우선하여 보증금을 변제받을 권리가 있다.

③ 임차인은 임차건물을 양수인에게 인도하지 아니하면 제2항의 규정에 의한 보증금을 수령할 수 없다.

④ 제2항의 규정에 의한 우선변제의 순위와 보증금에 대하여 이의가 있는 이해관계인은 경매법원 또는 체납처분청에 이의를 신청할 수 있다.

⑤ 민사집행법 제152조 내지 제161조의 규정은 제4항의 규정에 의하여 경매법원에 이의를 신청하는 경우에 이를 준용한다.

⑥ 제4항의 규정에 의하여 이의신청을 받은 체납처분청은 이해관계인이 이의신청일부터 7일 이내에 임차인을 상대로 소를 제기한 것을 증명한 때에는 당해 소송의 종결시까지 이의가 신청된 범위안에서 임차인에 대한 보증금의 변제를 유보하고 잔여금액을 배분하여야 한다. 이 경우 유보된 보증금은 소송의 결과에 따라 배분한다.

제6조 (임차권등기명령) ① 임대차가 종료된 후 보증금을 반환받지 못한 임차인은 임차건물의 소재지를 관할하는 지방법원·지방법원지원 또는 시·군법원에 임차권등기명령을 신청할 수 있다.

② 임차권등기명령의 신청에는 다음 각호의 사항을 기재하여야 하며, 신청의 이유 및 임차권등기의 원인이 된 사실은 이를 소명하여야 한다.

1. 신청의 취지 및 이유
2. 임대차의 목적인 건물(임대차의 목적이 건물의 일부분인 경우에는 그 도면을 첨부한다)

3. 임차권등기의 원인이 된 사실(임차인이 제3조제1항의 규정에 의한 대항력을 취득하였거나 제5조제2항의 규정에 의한 우선변제권을 취득한 경우에는 그 사실)

4. 그 밖에 대법원규칙이 정하는 사항

③ 민사집행법 제280조제1항, 제281조, 제283조, 제285조, 제286조, 제288조제1항・제2항 본문, 제289조, 제290조제2항중 제288조제1항에 대한 부분, 제291조, 제293조의 규정은 임차권등기명령의 신청에 대한 재판, 임차권등기명령의 결정에 대한 임대인의 이의신청 및 그에 대한 재판, 임차권등기명령의 취소신청 및 그에 대한 재판 또는 임차권등기명령의 집행 등에 관하여 이를 준용한다. 이 경우 "가압류"는 "임차권등기"로, "채권자"는 "임차인"으로, "채무자"는 "임대인"으로 본다.

④ 임차권등기명령신청을 기각하는 결정에 대하여 임차인은 항고할 수 있다.

⑤ 임차권등기명령의 집행에 의한 임차권등기가 경료되면 임차인은 제3조제1항의 규정에 의한 대항력 및 제5조제2항의 규정에 의한 우선변제권을 취득한다. 다만, 임차인이 임차권등기 이전에 이미 대항력 또는 우선변제권을 취득한 경우에는 그 대항력 또는 우선변제권이 그대로 유지되며, 임차권등기 이후에는 제3조제1항의 대항요건을 상실하더라도 이미 취득한 대항력 또는 우선변제권을 상실하지 아니한다.

⑥ 임차권등기명령의 집행에 의한 임차권등기가 경료된 건물(임대차의 목적이 건물의 일부분인 경우에는 해당 부분에 한한다)을 그 이후에 임차한 임차인은 제14조의 규정에 의한 우선변제를 받을 권리가 없다.

⑦ 임차권등기의 촉탁, 등기관의 임차권등기 기입 등 임차권등기명령의 시행에 관하여 필요한 사항은 대법원규칙으로 정한다.

⑧ 임차인은 제1항의 규정에 의한 임차권등기명령의 신청 및 그에 따른 임차권등기와 관련하여 소요된 비용을 임대인에게 청구할 수 있다.

제7조 (민법의 규정에 의한 임대차등기의 효력 등) ① 제6조제5항 및 제6항의 규정은 민법 제621조의 규정에 의한 건물임대차등기의 효력에 관하여 이를 준용한다.

② 임차인이 대항력 또는 우선변제권을 갖추고 민법 제621조제1항의 규정에 의하여 임대인의 협력을 얻어 임대차등기를 신청하는 경우에는 신청서에 부동산등기법 제156조에 규정된 사항 외에 다음 각호의 사항을 기재하여야 하며, 이를 증명할 수 있는 서면(임대차의 목적이 건물의 일부분인 경우에는 해당부분의 도면을 포함한다)을 첨부하여야 한다.

1. 사업자등록을 신청한 날

2. 임차건물을 점유한 날

3. 임대차계약서상의 확정일자를 받은 날

제8조 (경매에 의한 임차권의 소멸) 임차권은 임차건물에 대하여 민사집행법에 의한 경매가 행하여진 경우에는 그 임차건물의 경락에 의하여 소멸한다. 다만, 보증금이 전액 변제되지 아니한 대항력이 있는 임차권은 그러하지 아니하다.

제9조 (임대차기간 등) ① 기간의 정함이 없거나 기간을 1년 미만으로 정한 임대차는 그 기간을 1년으로 본다. 다만, 임차인은 1년 미만으로 정한 기간이 유효함을 주장할 수 있다.

② 임대차가 종료한 경우에도 임차인이 보증금을 반환받을 때까지는 임대차 관계는 존속하는 것으로 본다.

제10조 (계약갱신 요구등) ① 임대인은 임차인이 임대차기간 만료전 6월부터 1월까지 사이에 행하는 계약갱신요구에 대하여 정당한 사유없이 이를 거절하지 못한다. 다만, 다음 각호의 1의 경우에는 그러하지 아니하다.

1. 임차인이 3기의 차임액에 달하도록 차임을 연체한 사실이 있는 경우

2. 임차인이 거짓 그 밖의 부정한 방법으로 임차한 경우

3. 쌍방 합의하에 임대인이 임차인에게 상당한 보상을 제공한 경우

4. 임차인이 임대인의 동의 없이 목적 건물의 전부 또는 일부를 전대한 경우

5. 임차인이 임차한 건물의 전부 또는 일부를 고의 또는 중대한 과실로 파손한 경우

6. 임차한 건물의 전부 또는 일부가 멸실되어 임대차의 목적을 달성하지 못할 경우

7. 임대인이 목적 건물의 전부 또는 대부분을 철거하거나 재건축하기 위해 목적 건물의 점유 회복이 필요한 경우

8. 그 밖에 임차인이 임차인으로서의 의무를 현저히 위반하거나 임대차를 존속하기 어려운 중대한 사유가 있는 경우

② 임차인의 계약갱신요구권은 최초의 임대차 기간을 포함한 전체 임대차 기간이 5년을 초과하지 않는

범위 내에서만 행사할 수 있다.

③ 갱신되는 임대차는 전 임대차와 동일한 조건으로 다시 계약된 것으로 본다. 다만, 차임과 보증금은 제11조의 규정에 의한 범위안에서 증감할 수 있다.

④ 임대인이 제1항의 기간 이내에 임차인에 대하여 갱신거절의 통지 또는 조건의 변경에 대한 통지를 하지 아니한 경우에는 그 기간이 만료된 때에 전임대차와 동일한 조건으로 다시 임대차한 것으로 본다. 이 경우에 임대차의 존속기간은 정함이 없는 것으로 본다.

⑤ 제4항의 경우 임차인은 언제든지 임대인에 대하여 계약해지의 통고를 할 수 있고, 임대인이 그 통고를 받은 날부터 3월이 경과하면 그 효력이 발생한다.

제11조 (차임 등의 증감청구권) ① 차임 또는 보증금이 임차건물에 관한 조세, 공과금 그 밖의 부담의 증감이나 경제사정의 변동으로 인하여 상당하지 아니하게 된 때에는 당사자는 장래에 대하여 그 증감을 청구할 수 있다. 그러나 증액의 경우에는 대통령령이 정하는 기준에 따른 비율을 초과하지 못한다.

② 제1항의 규정에 의한 증액청구는 임대차계약 또는 약정한 차임등의 증액이 있은 후 1년 이내에는 이를 하지 못한다.

제12조 (월차임 전환시 산정률의 제한) 보증금의 전부 또는 일부를 월 단위의 차임으로 전환하는 경우에는 그 전환되는 금액에 은행법에 의한 금융기관에서 적용하는 대출금리 및 당해 지역의 경제여건 등을 감안하여 대통령령이 정하는 비율을 곱한 월차임의 범위를 초과할 수 없다.

제13조 (전대차관계에 대한 적용 등) ① 제10조 내지 제12조의 규정은 전대인과 전차인의 전대차관계에 적용한다.

② 임대인의 동의를 받고 전대차계약을 체결한 전차인은 임차인의 계약갱신요구권 행사기간 범위내에서 임차인을 대위하여 임대인에게 계약갱신요구권을 행사할 수 있다.

제14조 (보증금중 일정액의 보호) ① 임차인은 보증금중 일정액을 다른 담보물권자보다 우선하여 변제받을 권리가 있다. 이 경우 임차인은 건물에 대한 경매신청의 등기 전에 제3조제1항의 요건을 갖추어야 한다.

② 제5조제4항 내지 제6항의 규정은 제1항의 경우에 이를 준용한다.

③ 제1항의 규정에 의하여 우선변제를 받을 임차인 및 보증금 중 일정액의 범위와 기준은 임대건물가액(임대인 소유의 대지 가액을 포함한다)의 3분의 1의 범위안에서 당해 지역의 경제여건, 보증금 및 차임 등을 고려하여 대통령령으로 정한다.

제15조 (강행규정) 이 법의 규정에 위반된 약정으로서 임차인에게 불리한 것은 그 효력이 없다.

제16조 (일시사용을 위한 임대차) 이 법은 일시사용을 위한 임대차임이 명백한 경우에는 이를 적용하지 아니한다.

제17조 (미등기전세에의 준용) 이 법은 목적건물의 등기하지 아니한 전세계약에 관하여 이를 준용한다. 이 경우 "전세금"은 "임대차의 보증금"으로 본다.

제18조 (소액사건심판법의 준용)

소액사건심판법 제6조 · 제7조 · 제10조 및 제11조의2의 규정은 임차인이 임대인에 대하여 제기하는 보증금반환청구소송에 관하여 이를 준용한다.

2. 상가건물임대차보호법시행령(2008.8.21)

제1조 (목적) 이 영은 「상가건물임대차보호법」에서 위임된 사항과 그 시행에 관하여 필요한 사항을 정하는 것을 목적으로 한다.<개정 2008.8.21>

제2조 (적용범위) ① 「상가건물임대차보호법」(이하 "법"이라 한다) 제2조제1항 단서에서 "대통령령이 정하는 보증금액"이라 함은 다음 각호의 구분에 의한 금액을 말한다.<개정 2008.8.21>

1. 서울특별시 : 2억6천만원
2. 「수도권정비계획법」에 따른 수도권중 과밀억제권역(서울특별시를 제외한다) : 2억1천만원
3. 광역시(군지역과 인천광역시지역을 제외한다) : 1억6천만원
4. 그 밖의 지역 : 1억5천만원

② 법 제2조제2항의 규정에 의하여 보증금외에 차임이 있는 경우의 차임액은 월 단위의 차임액으로 한다.

③ 법 제2조제2항에서 "대통령령이 정하는 비율"이라 함은 1분의 100을 말한다.

제3조 (등록사항 등의 열람 · 제공) ① 상가건물의 임대차에 이해관계가 있는 자는 법 제4조제1항의 규정에 의하여 등록사항 등의 열람 또는 제공을 요청하는 때에는 별지 제1호서식에 의한 요청서에 이해관계가 있는 자임을 입증할 수 있는 서류를 첨부하여 당해 건물의 소재지를 관할하는 세무서장에게 제출하여야 한다.

② 법 제4조제1항의 규정에 의한 등록사항 등의 열람 또는 제공은 사업자등록신청서 · 사업자등록정정신고서 및 그 첨부서류와 확정일자를 기재한 장부중 열람을 요청한 사항을 열람하게 하거나, 별지 제2호서식에 의한 현황서나 건물도면의 등본을 교부하는 방법에 의한다.

③ 법 제4조제1항의 규정에 의한 등록사항 등의 열람 또는 제공은 전자적 방법에 의할 수 있다.

④ 법 제4조제1항제7호에서 "그 밖에 대통령령이 정하는 사항"이라 함은 임대차의 목적이 건물의 일부분인 경우 그 부분의 도면을 말한다.

제4조 (차임 등 증액청구의 기준) 법 제11조제1항의 규정에 의한 차임 또는 보증금의 증액청구는 청구당시의 차임 또는 보증금의 100분의 9의 금액을 초과하지 못한다.<개정 2008.8.21>

제5조 (월차임 전환시 산정률) 법 제12조에서 "대통령령이 정하는 비율"이라 함은 연 1할5푼을 말한다.

제6조 (우선변제를 받을 임차인의 범위) 법 제14조의 규정에 의하여 우선변제를 받을 임차인은 보증금과 차임이 있는 경우 법 제2조제2항의 규정에 의하여 환산한 금액의 합계가 다음 각호의 구분에 의한 금액 이하인 임차인으로 한다.<개정 2008.8.21>

1. 서울특별시 : 4천500만원
2. 「수도권정비계획법」에 의한 수도권중 과밀억제권역(서울특별시를 제외한다) : 3천900만원
3. 광역시(군지역과 인천광역시지역을 제외한다) : 3천만원
4. 그 밖의 지역 : 2천500만원

제7조 (우선변제를 받을 보증금의 범위 등) ① 법 제14조의 규정에 의하여 우선변제를 받을 보증금중 일정액의 범위는 다음 각호의 구분에 의한 금액 이하로 한다.<개정 2008.8.21>

1. 서울특별시 : 1천350만원
2. 「수도권정비계획법」에 의한 수도권중 과밀억제권역(서울특별시를 제외한다) : 1천170만원
3. 광역시(군지역과 인천광역시지역을 제외한다) : 900만원
4. 그 밖의 지역 : 750만원

② 임차인의 보증금중 일정액이 상가건물의 가액의 3분의 1을 초과하는 경우에는 상가건물의 가액의 3분의 1에 해당하는 금액에 한하여 우선변제권이 있다.

③ 하나의 상가건물에 임차인이 2인 이상이고, 그 각 보증금중 일정액의 합산액이 상가건물의 가액의 3분의 1을 초과하는 경우에는 그 각 보증금중 일정액의 합산액에 대한 각 임차인의 보증금중 일정액의 비율로 그 상가건물의 가액의 3분의 1에 해당하는 금액을 분할한 금액을 각 임차인의 보증금중 일정액으로 본다.

부칙 <제20970호, 2008.8.21>

제1조(시행일) 이 영은 공포한 날부터 시행한다.

제2조(경과조치) 이 영 시행 당시 존속 중인 상가건물임대차계약에 대하여는 종전의 규정에 따른다. 다만, 제4조의 개정규정은 그러하지 아니하다.

〈사례연구 1〉 [금융기관이 상가임대차조사시 설정 전 설정계약서만으로 열람가능]

금융기관이 상가임대차조사시 설정 전 설정계약서 첨부만으로도 열람 가능하다.
금융기관이 상가임대차조사시 설정후 설정 등기된 등기부등본을 첨부하여야 세무서에서 임대차조사를 하여주는가? 금융기관에서 ○○신용정보주식회사에 상가 임대차 열람을 위하여 '등록사항 등의 열람・제공요청서'의뢰 시 2006. 6.12 시행령 개정으로 근저당권 설정계약서 첨부만으로도 열람 가능함에도 아직까지'근저당설정권자 등이 요청하는 경우에는 등기부등본 1부(즉, 설정된 등기부등본)'을 요구하는 정보회사가 있다면 즉시 시정하여야 한다.
(상가건물임대차보호법시행령 별표 1 양식 참조)
2006. 6.12 개정전에는 관할세무서에 <등록사항 등의 열람・제공요청서> 제출시에는 설정된 등기부등본을 첨부하여야 이해관계인이 되어 세무서에서 임대차확인을 하여 주기 때문에 설정계약서만으로는 이해관계인에 해당되지 않아 임대차 사전 조사가 어려웠으나 개정되었다.
대부분 금융기관은 수수료를 지급하면서 0 0 신용평가정보㈜에 임대차조사를 대행의뢰하는데 "상가 등록사항 및 임대차조사서(등록사항 등의 현황서 첨부)"를 제공받아 임대차조사를 하고 있는 실정이다. 상가건물임대차보호법" 제4조 및 시행령과 [별표 1] 양식을 검토하여 보면 아래표와 같이 작년 2006. 6.12 <근저당설정권자 등이 요청하는 경우에는 등기부등본 1부> 첨부가 삭제(개정) 되어 설정계약서만으로도 세무서에서 "등록사항 등의 현황서"를 발급하여 주어야 한다.

상가건물임대차보호법(일부 개정 2005.01.27)

제4조 (등록사항 등의 열람・제공) ① 건물의 임대차에 이해관계가 있는 자는 건물의 소재지 관할 세무서장에게 다음 각호의 사항의 열람 또는 제공을 요청할 수 있다. 이때 관할 세무서장은 정당한 사유 없이 이를 거부할 수 없다.

상가건물임대차보호법시행령 (일부 개정 2006.06.12 (대통령령 제19507호) 법무부)

제3조 (등록사항 등의 열람・제공) ① 상가건물의 임대차에 이해관계가 있는 자는 법 제4조제1항의 규정에 의하여 등록사항 등의 열람 또는 제공을 요청하는 때에는 별지 제1호서식에 의한 요청서에 이해관계가 있는 자임을 입증할 수 있는 서류를 첨부하여 당해 건물의 소재지를 관할하는 세무서장에게 제출하여야 한다.
② 법 제4조제1항의 규정에 의한 등록사항 등의 열람 또는 제공은 사업자등록신청서・사업자등록정정신고서 및 그 첨부서류와 확정일자를 기재한 장부 중 열람을 요청한 사항을 열람하게 하거나, 별지 제2호서식에 의한 현황서나 건물도면의 등본을 교부하는 방법에 의한다.
중 략

[별지 제1호서 식] <개정 2006.6.12>

등록사항 등의 열람·제공요청서

중 략

개정 전(2002.10.14)	개정 후(2006. 6.12)
구비서류 – 요청인(대표자)제출서류 1. 요청인의 신분을 확인할 수 있는 서류 1부 (주민등록증 등 신분증의 제시로 갈음할 수 있음) **2. 근저당설정권자 등이 요청하는 경우에는**	구비서류 – 요청인(대표자)제출서류 1. 요청인의 신분을 확인할 수 있는 서류 1부(주민등록증 등 신분증의 제시로 갈음할 수 있음) ← 삭 제

등기부등본 1부 3. 그 밖의 이해관계인인 경우에는 이해관계를 입증할 수 있는 서류 1부 4. 요청인의 대리인이 요청하는 경우에는 위임장 1부 (요청인의 인감증명서가 첨부되어야 함)	2. 그 밖의 이해관계인인 경우에는 이해관계를 입증할 수 있는 서류 1부 3. 요청인의 대리인이 요청하는 경우에는 위임장 1부 (요청인의 인감증명서가 첨부되어야 함)
공 란	담당공무원 확인사항(부동의하는 경우 요청인이 직접 제출하여야 하는 서류) : 등기부등본(근저당설정자 등이 요청하는 경우에 한한다) 1부

〈사례연구 2〉 [확정일자 신청 안내]

임차사업자가 확정일자를 받으면 우선변제권이 생기며 임차건물이 경매 등으로 넘어갈 경우 보증금을 후순위권리자 보다 우선변제 받을 수 있어 안심하고 생업에 종사할 수 있다. 확정일자는 전세권등기와 대등한 효력을 가지는 것으로 전세권등기에 비하여 임대인의 동의가 필요 없고, 비용부담이 전혀 필요 없다.

확정일자 신청 시 구비서류

① 사업자등록증 원본
② 임대차계약서 원본
③ 사업자등록정정신고서(서식 붙임)
④ 건물의 일부를 임차한 경우 해당부분의 도면(서식 붙임)
⑤ 본인 신분증(대리인은 위임장 및 대리인 신분증)

☞ 건물의 일부를 임차한 경우 「도면」을 제출하는 이유

가) 임대차의 목적물이 명확히 표시되지 않을 경우 임차사업자는 상가건물임대차보호법에서 규정한 권리를 주장할 수 없습니다. (상가건물임대차보호법 시행령 및 부가가치세법 시행령에 「도면의 제출)을 규정하고 있음)
나) 도면은 건축설계도면을 말하는 것이 아니라, 임차인이 붙임 서식에 그려서 작성하면 됩니다.

〈작성방법 예시〉

5층 건물 중 3층 일부(50㎡)를 임차하고 있는 경우, 3층 전체 면적을 그린 후 임대차목적물의 위치를 알 수 있도록 통로・출입구 등을 나타내고 임차부분을 빗금으로 표시한 후 『3층 중 50㎡』라고 기재하면 됨.

☞ 「사업자등록정정신고」를 하여야 하는 이유

– 사업자등록사항이 이해관계자에게 열람・제공되므로 사업자등록사항과 임대차계약내용이 일치되어야 한다.
– 현재 사업중인 기존사업자의 경우 사업자등록사항에는 최초 사업자등록시의 보증금 등이 기록되어 있고, 임대차계약기간 등이 누락되어 현재의 임대차계약내용과 일치되지 아니한다.

– 따라서 임차인이 대항력(제3자에 대하여 임차권 주장)·우선변제권·최우선변제권을 주장하기 위해서는 사업자등록정정신고를 하여야 한다.

<서식 1> 사업자등록정정신고서(개인사업자)
<서식 3> 사업장도면(서식)
<서식 4> 사업자등록신청서(개인사업자)[*최초 사업자등록신청시 사용]
< 문의 : 국세청 납세자보호과 >

〈사례연구 3〉 [상가건물임대차보호법 2002.11.1 첫 시행과 관련하여]

<table>
<tr><td rowspan="2">1</td><td>상가건물임대차보호법이란 무엇인가?</td></tr>
<tr><td>상가건물 임대차의 공정한 거래질서를 확립하고 영세상인들이 안정적으로 생업에 종사할 수 있도록 과도한 임대료 인상 방지와 세입자의 권리를 보장하기 위해 의원입법으로 제정, 2001.12.29. 공포되어 2002.11.1. 부터 시행되는 법률입니다.
이 법률의 핵심은 일정요건을 갖춘 임차인에게 다음과 같은 권리를 부여한데 있습니다.
① 임대차 존속기간 보장 : 최대 5년간의 계약갱신요구권 보장
② 대항력 발생 : 임차인이 건물을 인도받고 사업자등록을 신청하면 이후 건물소유주가 바뀌어도 새로운 소유주에 대해 임차권을 주장
③ 우선변제권 보장 : 대항력 취득하고 확정일자를 받은 경우 전세권등기와 같은 효력을 인정하여 경매·공매 시 후 순위 채권자보다 우선 변제
④ 임대료 인상상한선 설정 : 연 12%의 범위 내 인상 가능(2008.8.21 개정 연 9% 이하)</td></tr>
<tr><td rowspan="2">2</td><td>이 법의 효력발생시기는 언제부터 인가?</td></tr>
<tr><td>이 법은 2002.11.1. 부터 효력을 발생합니다.
다만, 법 시행일인 2002.11.1. 현재 존속중인 임대차에 대하여는 법적 요건을 갖춘 경우 대항력, 우선변제권, 최우선변제권이 발생하나, 계약갱신요구권 및 기타 사항은 2002.11.1. 이후 새로 체결되거나 갱신되는 임대차부터 적용됩니다.</td></tr>
<tr><td rowspan="2">3</td><td>모든 상가용 건물에 적용되나?</td></tr>
<tr><td>사업자등록의 대상이 되는 영업용 건물만 해당되며 동창회사무실 등 비영리 단체의 건물 임대차에는 이 법이 적용되지 않습니다.</td></tr>
<tr><td rowspan="2">4</td><td>모든 상가건물임차인은 이 법의 보호를 받을 수 있는가?</td></tr>
<tr><td>상가건물임차인 중에서 보증금이 일정금액 이하인 영세상인만이 이 법의 적용을 받습니다.</td></tr>
<tr><td rowspan="2">5</td><td>보호대상 보증금액은?</td></tr>
<tr><td>보호대상 금액은 당해 지역의 경제여건 및 상가 규모를 고려하여 시행령에서 구체적으로 정하고 있으며, 환산보증금이 아래에 해당하는 상가건물의 임차인은 이 법의 적용을 받습니다.
○ 서울특별시 : 2억4천만원 이하(2008.8.21 개정후 2억6천만원 이하)
○ 수도권정비계획법에 의한 과밀억제권역(서울시 제외) : 1억9천만원 이하(개정후 2억1천만원 이하)
○ 광역시(군 지역과 인천광역시 제외) : 1억5천만원 이하(개정후 1억6천만원 이하)
○ 기타 지역 : 1억4천만원 이하(개정후 1억 5천만원 이하)</td></tr>
</table>

	예) 지역분류 사례 – 인천광역시 강화군 : 기타지역, – 인천광역시 서구 금곡동 : 기타 지역 – 수원 · 안양 · 군포 · 의왕시 : 과밀억제권역 – 안산시 : 기타지역 * 환산보증금이란 보증금과 월세환산액(월세를 연 12%의 금리를 적용하여 보증금으로 환산 : 월세× 100)을 합한 금액을 말합니다.
6	**상가 권리금도 보호를 받을 수 있는가?**
	아닙니다. 권리금은 관행상 기존 임차인과 새로운 임차인 사이에 주고받는 것으로 이 법과 무관합니다. 다만, 권리금과 시설비를 상당부분 회수할 수 있도록 임대차를 5년간 존속하도록 보장하고 있습니다.
7	**보호대상 보증금액은 어떻게 계산하나?**
	보호대상 보증금액은 보증금과 월세환산액(연 12%의 금리를 적용해 보증금으로 환산한 액수)를 더한 금액입니다. 월세를 보증금으로 환산할 때는 100을 곱하면 됩니다. **(예)** 보증금 1,000만원에 월세 100만원으로 상가를 임차한 경우 보호대상보증금 = 1,000만원(보증금) + 100만원(월세) × 100 = 1억1,000만원
8	**이 법 시행일 이전 계약한 경우에도 임차인은 5년간 임대차 기간이 보장되는가?**
	보장되지 않습니다. 계약갱신요구권은 2002.11.1. 이후 임대차 계약을 한 경우에 적용됩니다. **예)** 2002.10.25. 1년 계약 체결 ⇒ 2003.10.25. 새로 체결된 계약부터 5년간 임대차존속기간이 보장됨(단위 5번의 적용금액 이하만)
9	**임대차계약기간은 5년 단위로 하여야 하나?**
	아닙니다. 계약기간은 자유로이 정할 수 있습니다. 다만, 1년 미만으로 정한 임대차는 그 기간을 1년으로 보게 되나, 이때에도 임차인은 1년 미만으로 정한 기간이 유효함을 주장할 수 있습니다. 임차인은 최초의 임대차 기간을 포함한 전체 임대차 기간이 5년을 초과하지 않는 범위 내에서 계약갱신을 요구할 수 있습니다.
10	**임차인이 재계약을 원할 경우 해야 할 사항은?**
	임차인은 재계약을 원하면 임대차기간 만료 전 6월부터 1월까지 사이에 계약갱신 요구(내용증명 등 발송)를 하여야 합니다. 임대인은 임차인이 임대료를 3회 이상 연체, 임대인의 동의 없이 건물을 전대하는 경우 등 8가지 요건에 해당되는 경우 재계약을 거부할 수 있습니다.
11	**건물주도 계약갱신을 거절할 수 있는가?**
	임차인이 임대료 3회연체, 허위 또는 기타 부정한 방법으로 임차, 임대건물주의 동의 없이 전대한 경우 등 다음 8가지 사유의 하나에 해당하는 경우에는 건물주가 계약을 거절할 수 있습니다. ① 임차인이 3기의 차임 액에 달하도록 차임을 연체한 사실이 있는 경우 ② 임차인이 거짓 그 밖의 부정한 방법으로 임차한 경우 ③ 쌍방의 합의하에 임대인이 임차인에게 상당한 보상을 제공한 경우

	④ 임차인이 임대인의 동의 없이 목적 건물의 전부 또는 일부를 전대한 경우 ⑤ 임차인이 임차한 건물의 전부 또는 일부를 고의 또는 중대한 과실로 파손한 경우 ⑥ 임차한 건물의 전부 또는 일부가 멸실되어 임대차의 목적을 달성하지 못할 경우 ⑦ 임대인이 목적 건물의 전부 또는 대부분을 철거하거나 재건축하기 위해 목적 건물의 점유 회복이 필요한 경우 ⑧ 그밖에 임차인이 임차인으로서의 의무를 현저히 위반하거나 임대차를 존속하기 어려운 중대한 사유가 있는 경우
12	**이 법이 시행일 이전에 이미 계약을 한 사람은 어떻게 해야 하나?** 동법 시행령이 공포된 날부터(2002.10월) 임차건물소재지 관할세무서를 찾아가 사업자등록정정 신고 및 임대차계약서원본상 확정일자를 받으면 2002.11.1. 부터 보호를 받습니다. 다만, 임차인의 계약갱신요구권은 2002.11.1. 이후 체결된 임대차계약부터 적용됩니다.
13	**전대차계약을 체결한 전차인도 계약갱신요구권이 있는가?** 임대인의 동의를 받고 전대차계약을 체결한 전차인은 임차인의 계약갱신요구권 행사기간 범위 내에서 임차인을 대위하여 임대인에게 계약갱신요구권을 행사할 수 있습니다.
14	**대항력이란 무엇이며 어떤 요건을 갖추어야 하는가?** 대항력은 임차인이 대항요건 취득 이후에 매매 등으로 임차건물의 소유권을 취득하는 제3자에 대하여 대항할 수 있는 권리를 말합니다. 따라서 임차인은 임대차계약기간 동안은 건물주가 바뀌더라도 임차권 자로서의 지위를 유지하여, 임대차계약기간 동안 거주할 수 있음은 물론 임대차기간이 끝나더라도 보증금을 반환 받을 때까지 계속 거주할 수 있습니다. 임차인은 임대인으로부터 건물을 인도받고, 세무서에 사업자등록을 신청한 경우 신청일의 다음 날부터 대항력이 발생합니다. 임대차계약서상 내용이 사업자등록사항과 일치하고, 임대차계약서상 임대차 목적물이 등기부등본 등 공부와 일치하여야 대항력이 보장되므로 이를 일치시키도록 하여야 합니다. 또한 사업자등록정정신고 사유에 임대차계약의 내용이 변경되는 경우를 포함시켰으므로 계약변경시 반드시 사업자등록정정신고를 하여야 합니다.
15	**사업자등록을 하지 않은 임차인은 어떻게 해야 하나?** 현재 상가를 임차하여 사업을 하고 있으나 사업자등록을 하지 않은 임차인의 경우 이 법의 보호를 받으려면 반드시 사업자등록신청을 하여야 합니다. 확정일자는 사업자등록신청과 동시에 받을 수 있습니다.
16	**이 법 시행 전 사업자등록을 한 임차인이 이 법의 보호를 받으려면 반드시 사업자등록정정신고를 하여야 하나?** 사업자등록정정신고를 하여야 합니다. 건물소재지가 등기부등본(또는 건축물관리대장), 사업자등록신청서, 임대차계약서상에서 일치하지 아니하는 경우 보호를 받지 못 할 수도 있습니다. 따라서 임대차의 목적물이 사실과 일치하도록 하여야 하므로 차이가 나는 경우 사업자등록정정신고 등을 통하여 일치시켜야 합니다. 한편, 임차인은 임대인의 인적 사항, 보증금, 차임, 임대차기간, 면적, 임대차 목적물, 건물 일부 임차 시 해당 도면 등이 변경되는 경우 사업자등록정정신고를 하여야 이 법의 보호를 받을 수 있습니다.

	이 법 시행 전 사업자등록을 한 임차인의 경우에도 부가가치세법시행령 등의 개정으로 위의 내용이 새로 사업자등록정정사항에 포함되었으므로 이를 포함한 사업자등록정정신고서를 작성하여 신고하여야 이 법의 보호를 받을 수 있습니다.
17	**임차인에게 대항력과 우선변제권이 발생하는 시점은 언제부터인가?**
	대항력은 건물의 인도(입주) 및 사업자등록의 두 가지 요건을 모두 갖추어야 하고, 두 가지 요건 중 가장 늦은 날을 기준으로 대항력이 생깁니다. 확정일자 순위에 따른 우선변제권은 건물의 인도(입주), 사업자 등록, 확정일자라는 세 가지 요건을 모두 갖추어야 하고, 3가지 요건 중 가장 늦은 날을 기준으로 순위가 결정됩니다.
18	**우선변제권이란 무엇을 말하며 어떠한 경우 발생하는가?**
	경매 또는 공매 시 임차건물의 환가대금에서 후순위권리자나 그 밖의 채권자에 우선하여 보증금을 변제 받는 권리를 말합니다. 임차인이 건물의 인도와 사업자등록 신청으로 대항력 요건을 갖추고 관할세무서장으로부터 임대차계약서상 확정일자를 받은 경우 확정일과 다른 담보물권 설정일을 비교하여 우선순위를 가리게 됩니다. 결국 이 법은 확정일자를 등기와 대등한 효력을 갖도록 한 것입니다.
19	**이 법 시행 전에 금융기관 등이 상가건물에 저당권을 설정했다면 우선변제권은 어떻게 되나?**
	이 법 시행 전에 설정한 저당권 등 우선채권이 있는 경우에는 임차인이 우선변제권을 요구할 수 없습니다.
20	**최우선변제권이란 무엇인가?**
	임차건물이 경매 또는 공매에 의하여 소유권이 이전되는 경우에도 경매절차에서 보증금 중 일정액을 모든 권리자보다 최우선하여 배당을 받을 수 있는 권리를 말합니다. 최우선변제권은 임차인이 대항력을 갖추면(건물을 인도받고 사업자등록 신청) 생기는 것으로 확정일자와는 상관이 없습니다. 확정일자 없이도 대항력을 갖추면 당연히 우선변제권이 생깁니다.
21	**최우선변제권의 보호 범위 및 액수는?**
	임차인이 보증금 중 일정액을 다른 담보물권자보다 우선하여 변제 받을 수 있는 보증금의 범위 및 액수는 제한이 있습니다. 최우선변제권을 주장하려면 건물에 대한 경매신청의 등기 전에 대항력을 갖추어야 합니다.
22	**이 법 시행 이전에 계약 체결한 자의 최우선변제권은?**
	건물인도·사업자등록으로 대항력을 갖추면 최우선변제권이 생깁니다. 다만, 법 시행일인 2002.11.1. 이전에 물권을 취득한 제3자에 대하여는 효력이 없습니다.
23	**이 법에서 정한 소액임차인으로서 대항력만 갖추면 일정액의 우선변제를 받을 수 있는가?**
	최우선 변제권은 상기의 요건 외에 배당요구종기일 이전까지 권리신고 및 배당요구신청을 하여야 합니다.
24	**임대료는 얼마나 인상할 수 있는가?**
	임대료는 계약당사자간에 자유롭게 정할 수 있으나 연 12%를 한도로 인상할 수 있습니다. 다만, 감액의 경우 제한이 없습니다. (2008.8.21 개정으로 차임 또는 보증금의 증액청구는 청구당시의 차임 또는 보증금의 100분의 9를 초과하지 못하므로 연 9% 이하 인상 가능합니다.)

25	**이 법의 적용을 받으려면 어떻게 해야 하나?**
	건물을 인도받고 사업자등록신청을 하고 임대차계약서상 확정일자를 받아야 합니다. 본법 시행령 공포일 현재 사업자등록이 되어 있는 임차사업자는 관할세무서에 사업자등록정정신고서(확정일자신청 겸용서식) 및 임대차계약서 원본을 지참하고 관할세무서에서 확정일자를 받으면 됩니다. (확정일자의 효력은 2002.11.1. 부터 발생) 본법 시행령 공포일(10.14일 예정) 이후 사업자등록을 신청하는 신규사업자는 사업자 등록신청서 및 임대차계약서 원본을 세무서에 제출하고 확정일자를 받으면 됩니다.
26	**상가건물임대차보호법 시행일인 2002.11.1. 이전에 임차인이 받은 확정일자는 언제부터 효력이 있나?**
	이 법 시행일인 2002.11.1. 이전이라도 시행령이 공포되는 날(2002.10월)부터 기존 임차인을 대상으로 세무서에서 확정일자를 부여합니다. 그러나 확정일자의 효력은 이 법 시행일인 2002.11.1. 부터 발생하며 그 이전에 금융기관의 저당권 등이 설정되었다면 후 순위로 변제 받게 됩니다.
27	**임차사업장이 넓어 여러 임대인과 각각 계약한 경우 확정일자를 별도로 받아야 하는가?**
	각자의 계약서를 별도로 확정일자 신청을 하여야 하며 각자의 계약서에 별도의 확정일자를 부여 받아야 합니다.
28	**전차인도 확정일자 신청이 가능한가?**
	전차인은 확정일자 신청하여도 상가건물임대차보호법상 우선변제권이 발생하지 않습니다.
29	**계약연장시 원 계약서의 보증금만 증가되는 경우, 연장된 기간과 증가된 보증금의 증액부분만 별도의 계약서를 작성하였다면 이 별도의 계약서에만 확정일자를 받아도 되나?**
	계약 연장기간과 추가 증액된 부분만 표기된 별도의 계약서에 확정일자를 받아도 됩니다.
30	**동일 건물 내 1층에서 사업을 하다가 2층으로 이전하였다. 임대인이 동일인인 경우 이 밥상 기존에 취득한 권리가 그대로 유지되는가?**
	1층과 2층은 별개의 목적물로 인식되며, 2층으로 이전시 1층의 보호받을 권리는 상실되며 2층의 권리가 이전시점(점유와 사업자등록정정신고 다음날)에 새롭게 발생하게 됩니다. 임차인은 사업자등록정정신고 및 새로운 임대차계약서상에 확정일자를 받아야 합니다.
31	**기존임차인의 확정일자 신청 시 2002.10.15. 신청자와 2002.10.31. 신청자는 우선순위에 차이가 있는가?**
	기존임차인이 이 법 시행 전에 확정일자를 받은 경우 확정일자는 신청일로 찍히지만, 2002.10.31. 이전에 확정일자를 신청한 자는 신청순위와 상관없이 모두 법 시행일인 2002.11.1. 동일자로 효력이 발생합니다.
32	**이 법이 시행되는 2002.11.1. 이전에 이미 계약을 한 임차인의 경우 확정일자를 받으려면 어떻게 해야 하나?**
	본법 시행령 공포일(10.14일 예정)로부터 임차건물소재지 관할세무서를 찾아가 사업자등록정정신고 및 임대차계약서원본상 확정일자를 받으면 2002.11.1. 부터 보호를 받습니다. (대항력, 우선변제권 및 요건에 해당되는 자는 최우선변제권) 다만, 임차인의 계약갱신요구권은 2002.11.1. 이후 맺어진 임대차 계약부터 적용됩니다
33	**확정일자를 받는 것과 전세권등기의 차이는 무엇인가?**
	확정일자를 받아 두면 임차건물이 경매 또는 공매되는 경우 확정일자보다 후 순위 담보

	권자나 일반채권자보다 우선하여 배당을 받을 수 있습니다. 대항력과 확정일자를 갖추어 우선변제권을 취득한 임차인과 전세권등기를 한 전세권자는 배당의 우선순위에 있어 동등한 지위를 갖게 됩니다. 전세권등기가 임대인의 협력 없이는 불가능하고 등기비용이 소요되며 절차가 복잡한 반면, 확정일자는 임대인의 동의가 필요 없으며 신속·간편하게 받을 수 있는 장점이 있습니다.
34	**사업자등록신청을 하기 전에 확정일자 신청을 먼저 할 수 있는가?**
	할 수 있습니다. 이 경우 임차인의 우선변제권은 사업자등록의 신청, 건물의 인도(입주), 확정일자의 3가지 요건 중 가장 늦은 날을 기준으로 순위가 결정됩니다. 그러므로 확정일자신청을 사업자등록보다 먼저 하더라도 실익이 없다고 하겠습니다. 사업자등록신청(정정신고)과 확정일자신청을 동시에 하시기 바랍니다.
35	**임차인이 건물소재지 관할세무서장에게 확정일자 신청 시 구비할 서류는?**
	① 사업자등록을 한 임차인의 경우 · 임대차계약서 원본, 사업자등록정정신고서(확정일자 신청겸용서식) 사업자등록증 원본, 임대차의 목적이 건물의 일부인 경우에는 해당부분의 도면 1부 ② 신규사업자로 등록하는 임차인의 경우 · 임대차계약서 원본, 사업자등록신청서(확정일자 신청겸용서식) 임대차 목적물이 건물의 일부인 경우에는 해당부분의 도면 1부 ③ 현재 미등록사업자로서 확정일자만 우선 신청하는 경우 · 임대차계약서 원본, 확정일자신청서 위의 구비서류를 준비하여 세무서를 방문하실 때에는 본인 여부를 확인 가능한 신분증(주민등록증, 운전면허증 등)을, 대리인인 경우는 위임장, 대리인 신분증을 소지하여야 합니다.
36	**확정일자 신청 시 사업자등록정정신고서를 함께 제출하는 이유는?**
	임차인의 사업자등록 사항 등이 임대차계약서상의 내용과 다를 경우에는 정확한 공시가 불가능하고, 임차인의 권리인 대항력 등의 효력에 중대한 문제가 발생할 수 있습니다. 위와 같은 문제를 사전에 방지하기 위하여 임차인이 확정일자 신청 시 임대차계약내용을 사업자등록사항과 일치시키기 위하여 사업자등록정정신고를 함께 하도록 안내하고 있습니다.
37	**확정일자 신청은 세무서에서 발송한 안내문에 기재된 지정된 날자에 반드시 해야 하는가? 그렇다면 그 이유는?**
	기존사업자의 확정일자 신청은 본법 시행령 공포일(10.14일 예정) 이후 언제든지 할 수 있습니다. 다만, 10.25. 이 부가가치세 예정신고 마감일인 관계로 10월 하순에는 세무서 접수창구가 대단히 혼잡할 것으로 예상되므로 세무서에서 정해준 날짜에 세무서를 방문하시면 짧은 시간에 접수를 끝낼 수 있으며 궁금증에 대하여 친절한 상담서비스도 받으실 수 있습니다.
38	**기존임차인은 확정일자 신청을 2002.10.31. 이후에는 할 수 없는가?**
	기존임차인의 확정일자 신청은 10.31. 이후에도 가능합니다. 그러나 기존임차인이 2002.10.31. 까지 확정일자를 받은 경우 그 효력은 법 시행일인 2002.11.1. 부터 발생합니다. 따라서 10.31. 까지 확정일자를 신청하지 아니하고 그 이후에 하게 되면 우선변제권 등 권리의 순위 결정시 10.31. 까지 확정일자를 받은 사람보다 후 순위로 밀리게 됩니다.
39	**사업자등록 사항 등은 누구에게 제공이 되는가?**
	상가건물임대차보호법시행령 제3조 (등록사항 등의 열람·제공)

	① 상가건물의 임대차에 이해관계가 있는 자는 법 제4조제1항의 규정에 의하여 등록사항 등의 열람 또는 제공을 요청하는 때에는 별지 제1호서식에 의한 요청서에 이해관계가 있는 자임을 입증할 수 있는 서류를 첨부하여 당해 건물의 소재지를 관할하는 세무서장에게 제출하여야 한다. 중 략
40	**이해관계자에게 열람 · 제공되는 사항은 어떠한 것인가?**
	상가건물임대차보호법(일부 개정 2005.01.27) 제4조 (등록사항 등의 열람 · 제공) ① 건물의 임대차에 이해관계가 있는 자는 건물의 소재지 관할 세무서장에게 다음 각호의 사항의 열람 또는 제공을 요청할 수 있다. 1. 임대인 · 임차인의 성명, 주소, 주민등록번호(임대인 · 임차인이 법인 또는 법인 아닌 단체인 경우에는 법인명 또는 단체명, 대표자, 법인등록번호, 본점 · 사업장소재지) 2. 건물의 소재지, 임대차 목적물 및 면적 3. 사업자등록 신청일 4. 사업자등록 신청일 당시의 보증금 및 차임, 임대차기간 5. 임대차계약서상의 확정일자를 받은 날 6. 임대차계약이 변경 또는 갱신된 경우에는 변경된 일자, 보증금 및 차임, 임대차기간, 새로운 확정일자를 받은 날 중 략
41	**특정 상가건물에 대한 이해관계인이 사업자등록사항 등 열람 · 제공을 신청하는 절차는?**
	세무서 납세서비스센터에 비치된 등록사항 등의 열람(제공)요청서를 작성하여 건물소재지 관할세무서장에게 신청 하시면 되며, 이해관계인의 적정 여부를 확인하는데 필요한 입증서류와 신분증(주민등록증 등), 대리인의 경우는 위임장(인감증명서 첨부)과 대리인 신분증을 소지하여야 합니다. **【이해관계인의 범위와 입증방법】**

이해관계인의 범위	입 증 방 법
1. 당해 상가건물의 임대인 및 임차인	임대차계약서
2. 채권 또는 채무관계에 의하여 당해 상가건물의 등기부등본상 기재된 권리자	등기부등본 등 권리를 입증할 수 있는 서류
3. 열람 또는 제공과 관련하여 법원의 판결을 받은 자	판결문
4. 위 1,2호의 자가 부재자인 경우 민법 제22조의 규정에 의한 재산관리인	입증서류
5. 제1호 내지 제4호에 준하는 자로서 이해관계가 있다고 세무서장이 인정하는 자	입증서류

42	**건물 도면은 왜 필요하며 어떻게 작성하여 신고하는가?**
	건물도면은 임대차 목적물이 불명확하여 임차인이 이 법에 의한 보호를 받지 못하는 일이 없도록 하기 위하여 임대차 목적물이 건물의 일부분으로서 등기부등본상의 건물표시로서는 임대차 목적물을 정확히 나타낼 수 없는 경우 이를 명확히 표시하도록 한 것입니다. 또한 상가건물임대차보호법 제4조 제1항 제7호 및 동법시행령 제3조 제5항에서 임대

	차의 목적이 건물의 일부분인 경우에는 해당부분의 도면을 열람·제공의 항목으로 정하고 있습니다. 도면 제출은 세무서 납세서비스센터에 비치된 사업장 도면서식(기존 임차인에 대하여는 세무서에서 안내문에 동봉하여 발송)을 작성하여 사업자등록신청(정정)시 제출하면 됩니다.
43	**상가건물을 임차하는 과정에서 법보다 불리한 약정을 맺어도 효력이 있는가?**
	이 법을 위반하여 임차인에게 불리하게 정한 약정은 효력이 없습니다.
44	**임차인이 확정일자 신청을 위해 세무서에 제출한 임대차계약서상 보증금·월세가 임대인이 이미 신고한 금액보다 클 경우 그 차액에 대하여 세무서에서는 어떻게 처리하는가?**
	세무서에서 임차사업자에 대하여 확정일자를 부여하는 것은 상가건물임대차보호법상 일정한 요건을 갖춘 자에게 우선변제권을 부여하여 영세임차사업자를 보호하기 위한 것이므로 임대인의 부가가치세 신고의무와는 별개의 사안입니다.
45	**전차인의 경우에도 이법의 보호를 받을 수 있는가?**
	전차인은 전대인에게 계약갱신요구권, 차임 등의 증감청구권 및 월차임시 산정율 제한 등의 권리가 적용됩니다. 하지만 전대인에 대하여 권리를 행사할 수 있을 뿐이며 임대인에게는 그 권리를 주장할 수 없습니다. 다만 임대인의 동의를 받고 전차한 경우에는 임차인의 계약갱신 요구권 기간 내에서 임차인을 대위하여 계약갱신권을 주장할 수 있습니다.
46	**전차인도 확정일자를 받을 수 있는가?**
	확정일자의 부여대상이 아닙니다. 전차인은 제3자에 대한 대항력 및 우선변제권 등의 권리가 상가건물임대차보호법에 규정되어 있지 않습니다. 다만 전차인은 전대인이 임차인으로서 사업자등록 및 확정일자를 받아 우선변제권을 득한 경우 임차인의 임대보증금에 대하여 민법 규정의 채권자대위권을 행사하여 적극적으로 채권(임차보증금)을 변제 받을 수 있습니다. 업무처리 과정에서 전차인과 임차인을 구별할 수 없어 확정일자를 부여 한 경우에도 전차인은 대항력이 발생하지 않으므로 우선변제권을 얻을 수 없습니다.

〈사례연구 4〉 [폐업한 경우의 대항력, 우선변제권 요건]

〈대법원 2006.10.13. 선고 2006다56299 판결〉

【판시사항】

상가건물의 임차인이 임대차보증금 반환채권에 대하여 상가건물 임대차보호법상 대항력 또는 우선변제권을 가지기 위한 요건 및 사업자등록을 마친 사업자가 폐업신고를 한 후에 다시 같은 상호 및 등록번호로 사업자등록을 한 경우, 상가건물 임대차보호법상의 대항력 및 우선변제권이 존속하는지 여부(소극)

〈대법원 2006.1.13. 선고 2005다64002 판결〉

【판시사항】

[1] 상가건물의 임차인이 임대차보증금 반환채권에 대하여 상가건물 임대차보호법상 대항력 또는 우선변제권을 가지기 위한 요건

[2] 상가건물을 임차하고 사업자등록을 마친 사업자가 임차 건물의 전대차 등으로 당해 사업을 개시하지 않거나

사실상 폐업한 경우, 임차인이 상가건물 임대차보호법상의 대항력 및 우선변제권을 유지하기 위한 방법

【판결요지】

[1] 상가건물의 임차인이 임대차보증금 반환채권에 대하여 상가건물 임대차보호법 제3조 제1항 소정의 대항력 또는 같은 법 제5조 제2항 소정의 우선변제권을 가지려면 임대차의 목적인 상가건물의 인도 및 부가가치세법 등에 의한 사업자등록을 구비하고, 관할세무서장으로부터 확정일자를 받아야 하며, 그 중 사업자등록은 대항력 또는 우선변제권의 취득요건일 뿐만 아니라 존속요건이기도 하므로, 배당요구의 종기까지 존속하고 있어야 한다.

[2] 부가가치세법 제5조 제4항, 제5항의 규정 취지에 비추어 보면, 상가건물을 임차하고 사업자등록을 마친 사업자가 임차 건물의 전대차 등으로 당해 사업을 개시하지 않거나 사실상 폐업한 경우에는 그 사업자등록은 부가가치세법 및 상가건물 임대차보호법이 상가임대차의 공시방법으로 요구하는 적법한 사업자등록이라고 볼 수 없고, 이 경우 임차인이 상가건물 임대차보호법상의 대항력 및 우선변제권을 유지하기 위해서는 건물을 직접 점유하면서 사업을 운영하는 전차인이 그 명의로 사업자등록을 하여야 한다.

〈해설〉

상가건물임대차보호법은 2002년 11월1일부터 시행되었다.

따라서 아직은 이 법과 관련한 대법원 판례를 찾아보기 쉽지 않다. 그런데 이번에 상가건물임차인의 대항력과 관련한 주목할 판결이 나왔다.

상가건물임대차보호법 제3조 제1항에 의하면 "임대차는 그 등기가 없는 경우에도 임차인이 건물의 인도와 부가가치세법 제5조, 소득세법 제168조 또는 법인세법 제111조의 규정에 의한 사업자등록을 신청한 때에는 그 다음날부터 제3자에 대하여 효력이 생긴다."라고 규정하고 있다.

또한 상가건물이 경매되는 경우에도 상가임차인의 대항요건이 구비되어야 상가건물임대차보호법의 우선변제나 최우선변제도 받을 수 있다.

상가건물임대차보호법의 보호를 받는 임차인이 처음에는 대항요건을 구비하였다가 사정상 폐업을 하고 사업장을 정리하였다면 대항력을 상실하게 된다.

상가건물임대차보호법이나 주택임대차보호법의 대항요건은 대항력 또는 우선변제권의 취득요건일 뿐만 아니라 존속요건이기도 하기 때문이다. 물론 상가건물임대차보호법에는 구비 대항요건이 언제까지 존속하여야 하는가에 대한 규정은 두고 있지 않다. 그러나 민사집행법상 배당요구종기까지는 대항요건이 존속되어야 한다.

사업을 하다가 여러 가지 사정으로 휴, 폐업을 하게 되는 경우에는 관할세무서장에게 휴, 폐업신고서를 제출해야 한다. 폐업신고를 하지 않으면 세무처리상의 불이익은 물론 기타 행정규제를 받을 수 있다. 따라서 정식으로 폐업신고를 하고 사업장을 정리하였다면 폐업신고를 하지 않음으로써 받는 불이익에서는 해방되지만, 상가건물임대차보호법에 의한 대항요건을 상실하게 될 것이다.

폐업을 했다가 다시 시작하는 경우에도 1997년 이전에는 사업자등록번호를 새로 부여 받았었다. 1997년부터 사업자등록번호를 한 번 부여 받으면 특별한 경우 외에는 평생 그 사업자등록번호를 사용하게 되어 있다. 그러나 동일한 사업자등록번호를 그대로 사용한다고 해서 상가건물임대차보호법에 의한 대항요건이 유지 존속되는 것은 아니다.

평생 동일 사업자등록번호를 사용하도록 하는 것은 세적 관리라고 하는 행정목적에서 비롯되는 것으로 대항요건과는 별개의 문제이다.

그런데 문제는 상가임차인이 사업자등록을 하고 사업을 하다가 잘 안돼서 사실상 폐업을 하고 전대차를 한 경우이다. 임대인의 동의를 얻은 적법한 전대차를 한 경우에는 전차인이 대항요건을 갖추면, 임차인의 폐업과 전차인명의의 사업자등록을 전제로 한 것이라고 보아야 할 것이다.

임차인이 사실은 폐업을 했으면서도 이를 신고하지 않아 형식상은 자기 명의로 사업을 하는 것처럼 되어 있더라도 전대차를 하여 타인이 대신 사업을 하고 있다면 대항요건은 상실됐다고 보아야 할 것이다. 임차인의 대항요건이 유지되려면 건물을 직접 점유하면서 사업을 하는 전차인이 그 명의로 사업자등록을 하여야 한다.

이 판례는 상가임차인이 전대차를 한 경우 대항요건의 유지 존속에 대한 요건을 정립하였다는 점에서 그 의의가 있다.

다만 이 판례의 사안과 달리 임차인이 종전업종을 폐업하고 같은 날 다른 업종으로 사업자등록을 하였다면 이는 어떻게 볼 것인가가 문제될 수 있다. 그러나 이 경우에는 일종의 공시방법인 임차인의 점유와 사업자등록이 계속된 것으로 볼 수 있기 때문에 대항요건은 유지 존속된다.

이와 관련하여 업종변경임에도 폐업신고를 한 경우, 부가가치세를 과세하는지 여부에 대하여 이는 사업이 실질적으로 계속된 것으로 폐업으로 볼 수 없다는 하급심판례가 있다. 즉 "음식점업에 대하여 폐업신고를 하고 같은 날 부동산임대업으로 사업자등록을 하였다 하더라도 청구인이 계속하여 상가를 사업장으로 제공하고 당해 상가의 임차인이 동 일자부터 같은 업종을 영위한 사실이 확인되는 이 건은 폐업신고하기 전까지는 청구인이 상가에서 음식점업을 영위하다가 폐업 신고한 날로부터 부동산임대업을 영위한 경우이므로 폐업신고일을 기준으로 하여 업종이 변경된 것일 뿐이고, 사업이 실질적으로 폐지된 것으로 볼 수 없다"고 한다.
(참고 : 부산고등법원 2005.9.23. 선고 2005나5348 판결)

〈사례연구 5〉 [2008.8.21 주택·상가건물임대차보호법 시행령 개정에 따른 Q&A]

주택임대차 제도 개선

법무심의관실

질의1)

2007년 1월부터 수원에서 2년 계약으로 보증금 5,000만원의 전세를 살고 있습니다. 주민등록 전입신고는 하였지만 법률을 잘 알지 못하여 계약서에 확정일자를 받지 못하였습니다. 혹시 제가 사는 주택에 경매가 들어오더라도 전세 보증금을 모두 돌려받을 수 있을까요?

답변1)

○ 주택의 인도와 전입신고를 마치고 확정일자까지 받았을 경우에는 그 이후에 성립한 담보권자에 우선하여 임대차 보증금을 돌려받을 수 있습니다.

○ 그러나 임대차 보증금이 3,000~4,000만원 이하인 소액임차인은 확정일자를 받지 않았더라도, 그 주택이 경매되었을 경우 1,200~1,600만원을 우선적으로 변제받을 수 있었습니다.

○ 이러한 우선변제금 제도는 임차주택이 불의의 경매를 당하더라도 서민층의 주거안정을 위하여 조세채권, 담보권 등에 우선하여 최소한의 보증금을 받을 수 있도록 법률적으로 마련한 장치입니다.

○ 이번에 법무부는 주택 경매시 우선적으로 변제받을 수 있는 임차인의 범위를 현행 보증금 3,000~4,000만원에서 4,000~6,000만원까지로 확대하고, 우선변제금액도 현행 1,200~1,600만원에서 1,400~2,000만원으로 올리는 내용으로 주택임대차보호법 시행령을 개정하였습니다. [※별표1, 2 참조]

※ 별표 1 : 우선변제를 받는 임차인 범위 확대

	현행	개정안
수도권 과밀억제지역	4,000만원	6,000만원
광역시	3,500만원	5,000만원
그 밖의 지역	3,000만원	4,000만원

※ **별표 2 : 우선변제금액 상향**

	현행	개정안
수도권 과밀억제지역	1,600만원	2,000만원
광역시	1,400만원	1,700만원
그 밖의 지역	1,200만원	1,400만원

○ 종전 시행령에 의하면 수도권 과밀억제지역에 해당하는 수원에서 5,000만 원의 보증금은 우선변제를 받는 임차인에 포함되지 않았지만 시행령 개정으로 혜택을 받게 되어 불의의 경매가 있더라도 최소 2,000만 원의 보증금을 우선변제 받을 수 있습니다.

질의2)

2007년 3월부터 부산에서 2년 계약으로 보증금 4,000만원의 전세를 살고 있습니다. 2007년 3월에 주민등록 전입신고를 마친 다음 바빠서 5월이 되어서야 계약서에 확정일자를 받았는데, 집주인이 2007년 4월에 주택을 담보로 은행에서 돈을 빌렸다가 갚지 못하여 최근에 갑자기 경매가 들어왔습니다. 이번 시행령의 개정으로 소액보증금을 받을 수 있게 되었는지, 그리고 그 액수가 늘어났는지 알고 싶습니다.

답변2)

○ 종전 시행령에 의하면 광역시에서 4,000만 원의 보증금은 우선변제를 받는 임차인에 포함되지 않았지만 시행령 개정으로 우선변제를 받는 권리를 갖게 되었습니다.

○ 그러나 시행령은 부칙 2조에 경과규정으로 "이 영 시행 전에 임차주택에 대하여 담보물권을 취득한 자에 대하여는 종전의 규정에 따른다" 라고 하고 있으므로,

○ 비록 시행령의 개정으로 우선변제권을 갖게 되었다고 하더라도 담보물권을 가진 은행에 대하여는 종전의 시행령이 적용되어 소액보증금을 주장할 수는 없습니다.

상가건물임대차 제도 개선

질의1)

2007년 10월부터 서울에서 1년 계약으로 보증금 2억 원에 상가를 빌려 사업자등록을 내고 영업을 하고 있습니다. 그런데, 건물주가 벌써부터 보증금을 10% 올려주지 않으면 재계약을 해주지 않겠다고 하는데 이번 시행령의 개정으로 달라지는 점이 있는지요?

답변1)

○ 종전 상가건물임대차보호법령에서는 영세 임차상인의 영업권을 보호하기 위해 5년 기간의 임대차를 보장하고, 임대료 인상한도를 년 12% 이내로 제한하고 있었습니다.

○ 그러나 적용범위가 좁고 소액 임차상가의 임대료 인상한도(연 12%)가 높아 영세 자영업자들이 고충을 겪고 있어 적용범위를 확대하고 임대료 인상한도를 9%로 낮추는 방향으로 시행령을 개정하였습니다.

[※별표 참조]

	현행	개정안
서울특별시	2억 4천만원	2억 6천만원
수도권 중 과밀억제지역	1억 9천만원	2억 1천만원

광역시	1억 5천만원	1억 6천만원
그 밖의 지역	1억 4천만원	1억 5천만원

○ 종전 시행령에 의하더라도 상가 임대차 보증금 2억 원의 경우에는 임차인의 계약갱신 요구에 따라 5년 기간의 임대차가 보장되고 있었으나, 임대인이 보증금 12%까지 증액을 요청할 수 있었습니다.

○ 그러나 이번 시행령 개정으로 보증금은 9% 증액만이 가능하게 되었으므로 임대인이 10% 증액을 요청하더라도 이에 따를 필요가 없습니다.

질의2)

2007년 9월부터 성남에서 1년 계약으로 보증금 2억 원에 상가를 빌려 사업자등록을 내고 영업을 하고 있습니다. 그런데, 최근 건물주에게 1년 더 계약을 연장하고 싶다고 하였으나 거절을 당하였습니다. 이번 시행령의 개정으로 혜택을 받을 수 있을까요?

답변2)

○ 이번에 개정된 상가건물임대차보호법 시행령의 부칙은 경과조치로 "이 영 시행 당시 존속 중인 상가건물 임대차계약에 대하여는 종전의 규정에 따른다. 다만, 제4조의 개정규정은 그러하지 아니하다"라고 하고 있습니다.

○ 즉, 개정된 시행령이 관보에 게재되어 효력이 발생한 이후에 새로이 체결된 상가임대차 계약에만 적용되는 것이며, 기존에 체결된 계약에는 적용되지 않는 것입니다.

○ 그렇기 때문에 종전에 1억9,000만 원까지의 보증금만 적용되는 수도권 중 과밀억제지역에 해당하는 성남 지역에서 2억원의 보증금을 갖고 있었을 경우에는 5년 기간의 임대차 보장 적용을 받을 수는 없습니다.

6-3. 법정지상권

1. 지상권

지상권이라 함은 건물 기타 공작물이나 수목을 소유하기 위하여 타인의 토지의 이용가치를 독점적으로 지배하는 것을 내용으로 하는 용익물권으로, 토지소유자와 지상권이라는 물권을 부동산 등기부상에 설정하는 것으로서, 이는 약정지상권이라 한다. 즉, 지상권 설정기간(목적 : 견고한 건물 도는 수목의 소유, 존속기간 : 2008. 8. 1 부터 만 30년), 지료(무료), 지상권의 성립범위(토지의 전부) 등을 쌍방간 합의하여 이를 등기부상에 등기하기에 약정지상권이라고도 한다. 등기부상 지상권등기가 되어 있는 경우로 2가지 축면이 있다. 첫째, 금융기관에서 나대지를 담보 취득 시 근저당권 설정과 동시에 지상권 설정도 하고 있다. 담보된 나대지에 소유자가 임의대로 건축을 하는 것을 제한하는 조치의 일환으로 지상권설정도 당일 동시에 하도록 각 행 여신지침에 보수적으로 운용하고 있으나 지상권설정비용이 과다하게 발생되고 설령 지상권을 설정하지 않았다고 하더라도 그 건물은 근저당권자를 해치는 행위이므로 법정지상권이 성립하지 않고 철거해야 될 운명인데 굳이 해야 되는지는 의문스럽지만 각행 공히 설정과 지상권을 동시에 하고 있는 실정이다. 둘째, 순수하게 타인 토지를 이용할 목적으로 설정하는 경우(예 : 한국전력공사에서 철탑 및 송전선을 건설할 때 등) 등이다.

민법 제4장 지상권을 살펴보면

제279조 (지상권의 내용) 지상권자는 타인의 토지에 건물 기타 공작물이나 수목을 소유하기 위하여 그 토지를 사용하는 권리가 있다.

제280조 (존속기간을 약정한 지상권) ① 계약으로 지상권의 존속기간을 정하는 경우에는 그 기간은 다음 연한보다 단축하지 못한다.

1. 석조, 석회조, 연와조 이와 유사한 견고한 건물이나 수목의 소유를 목적으로 하는 때에는 30년
2. 전호 이외의 건물의 소유를 목적으로 하는 때에는 15년
3. 건물 이외의 공작물의 소유를 목적으로 하는 때에는 5년

② 전항의 기간보다 단축한 기간을 정한 때에는 전항의 기간까지 연장한다.

제281조 (존속기간을 약정하지 아니한 지상권) ① 계약으로 지상권의 존속기간을 정하지 아니한 때에는 그 기간은 전조의 최단존속기간으로 한다.

② 지상권설정 당시에 공작물의 종류와 구조를 정하지 아니한 때에는 지상권은 전 조제2호의 건물의 소유를 목적으로 한 것으로 본다.

제282조 (지상권의 양도, 임대) 지상권자는 타인에게 그 권리를 양도하거나 그 권리의 존속기간 내에서 그 토지를 임대할 수 있다.

제283조 (지상권자의 갱신청구권, 매수청구권) ① 지상권이 소멸한 경우에 건물 기타 공작물이나 수목이 현존한 때에는 지상권자는 계약의 갱신을 청구할 수 있다.

② 지상권설정자가 계약의 갱신을 원하지 아니하는 때에는 지상권자는 상당한 가액으로 전항의 공작물이나 수목의 매수를 청구할 수 있다.

제284조 (갱신과 존속기간) 당사자가 계약을 갱신하는 경우에는 지상권의 존속기간은 갱신한 날로부터 제280조의 최단존속기간보다 단축하지 못한다. 그러나 당사자는 이보다 장기의 기간을 정할 수 있다.

제285조 (수거의무, 매수청구권) ① 지상권이 소멸한 때에는 지상권자는 건물 기타 공작물이나 수목을 수거하여 토지를 원상에 회복하여야 한다.

② 전항의 경우에 지상권설정자가 상당한 가액을 제공하여 그 공작물이나 수목의 매수를 청구한 때에는 지상권자는 정당한 이유 없이 이를 거절하지 못한다.

제286조 (지료증감청구권) 지료가 토지에 관한 조세 기타 부담의 증감이나 지가의 변동으로 인하여 상당하지 아니하게 된 때에는 당사자는 그 증감을 청구할 수 있다.

제287조 (지상권소멸청구권) 지상권자가 2년 이상의 지료를 지급하지 아니한 때에는 지상권설정자는 지상권의 소멸을 청구할 수 있다.

제288조 (지상권소멸청구와 저당권자에 대한 통지) 지상권이 저당권의 목적인 때 또는 그 토지에 있는 건물, 수목이 저당권의 목적이 된 때에는 전조의 청구는 저당권자에게 통지한 후 상당한 기간이 경과함으로써 그 효력이 생긴다.

제289조 (강행규정) 제280조 내지 제287조의 규정에 위반되는 계약으로 지상권자에게 불리한 것은 그 효력이 없다.

제289조의2 (구분지상권) ① 지하 또는 지상의 공간은 상하의 범위를 정하여 건물 기타 공작물을 소유하기 위한 지상권의 목적으로 할 수 있다. 이 경우 설정행위로써 지상권 행사를 위하여 토지의 사용을 제한할 수 있다.

② 제1항의 규정에 의한 구분지상권은 제3자가 토지를 사용 · 수익할 권리를 가진 때에도 그 권리자 및 그 권리를 목적으로 하는 권리를 가진 자 전원의 승낙이 있으면 이를 설정할 수 있다. 이 경우 토지를 사용 · 수익할 권리를 가진 제3자는 그 지상권의 행사를 방해하여서는 아니 된다.

<지상권 관련 사례>

－지상권자 : 한국전력공사
－지상권 설정내용
－목적 : 철탑 및 송전선의 건설과 소유
－범위 : 송전선이 지나는 부분 동쪽으로 496평방미터
－존속기간 : 철탑 및 송전선이 존속하는 기간
－특약 : 지상권 존속기간의 총 지료 일금 44,888,000원정을 일시에 지급하고 지상권 존속기간을 지료를 증액하지 아니한다. 본 지료에는 지상권자가 본 토지상의 공간에 송전선을 건설하고 소유하는 데 따른 지료도 포함되어 있다

(질의) 위와 같이 선순위 지상권이 설정되어 있는 경우 담보제공 대지면적 814평방미터(약 250평) 중 496평방미터(약 150평)에 포함되어 있는 상태에서 지상권 후 순위로 담보취득 가능여부 및 담보평가는 어떻게 하나요?

(답변) 지상권은 타인의 토지에서 건물 기타 공작물이나 수목을 소유하기 위하여 그 토지를 사용할 수 있는 물권으로 지상권은 배타성을 가지며 직접 토지를 지배할 수 있는 물권 제3자에게 대항가능 토지 소유자 변경 시 신 소유자는 지상권에 귀속 양도성이 있어 자유로이 양도, 임대, 담보제공 가능, 존속기간의 최장기간 없고, 최단기간의 제한 있으며 2년 이상의 지료 지급이 연체된 때에만 소멸청구 가능함. 따라서 위와 같이 담보취득 시 저당권 및 지상권을 설정하여야 하며, 담보감정 시 선순위 지상권 부분은 감정에서 제외하여 평가하여야 하며 선순위 지상권 설정에 따른 담보가치 하락이 있을 수 있으므로 보수적인 입장에서 감정평가 하여야 함.

2. 법정지상권

법정지상권은 어떤 사정으로 인해 토지 소유자와 건물 소유자가 달라지게 된 경우 건물소유자에게 대지이용의 권한이 없다는 형식 논리에 의하여 그 건물이 철거 당하도록 방치 한다면 사회, 경제적으로 커다란 손실이 발생되므로 일정한 조건하에서 건물 소유자를 위한 토지이용권을 보장하기 위해 건물 소유자를 위하여 법률상 당연히 지상권이 설정된 것으로 보는 권리이다. 경매에서 접하는 법정지상권은 민법 제366조에 의한 것과 관습법상의 법정지상권이 대부분을 차지하고 있다.

법원 경매부동산의 매각공고란 "비고"에 법정지상권 성립여지 있음" 등이 표시된 경매물건은 그 성립여부에 주의하여야 하며, 가급적 건물 낙찰은 피하여야 하고 토지를 낙찰 받아야 지료수입 (2년 이상의 지료지급이 연체된 때에 채무명의 득하여 강제경매 신청), 지가상승 등 최대의 고수익을 얻을 수 있을 것이다.

가. 의 의

동일인 소유에 속하였던 토지와 건물이 각각 그 소유자를 달리하게 된 때에 건물 소유자에게 그의 건물소유를 위하여 법률상 당연히 생기는 지상권

나. 법정지상권 인정이유

토지와 건물을 각각 별개의 부동산으로 취급하는 우리 법제하에서 토지와 건물의 당사자가 미처 이용권을 설정할 기회가 없이 소유자가 달라진 경우 법률이 토지 이용관계의 조절을 꾀함으로써 우리 법제의 특수성에 기인하는 결함을 구제하고자 인정된 제도이다.

다. 취지, 작용

－토지와 건물이 별개의 부동산

토지 이용에 관한 합의(지상권, 전세권, 임차권)가 없는 경우 건물소유자의 대지 이용에 관한 권원이 없어 건물이 철거될 운명

－건물 철거를 막는 사회 경제적 측면

라. 법정지상권 종류

법정지상권은 다음의 다섯 가지 경우에만 인정되는 제도이다.

구분	해 설	관련법(판례)조항	법 조문
1. 저당권과 법정지상권	동일인의 소유에 속하는 토지와 그 지상의 건물에 저당권이 설정된 후(어느 한 쪽에만 설정된 경우와 양쪽에 다 설정된 경우 모두 포함) 저당권의 실행으로 경매됨으로써 토지와 건물의 소유자가 달라진 때	민법 제366조 (법정지상권) 제1항	저당물의 경매로 인하여 토지와 그 지상건물이 다른 소유자에 속한 경우에는 토지소유자는 건물소유자에 대하여 지상권을 설정한 것으로 본다. 그러나 지료는 당사자의 청구에 의하여 법원이 이를 정한다.
2. 판례에 의한 관습법상의 법정지상권	토지와 건물이 같은 소유자에게 속하는 경우 토지, 건물 중 어느 하나가 매각 또는 기타의 원인(증여, 국세징수법에 의한 공매, 강제경매 등)으로 인하여 토지 소유자와 건물 소유자가 다르게 된 때. 특히 그 건물을 철거한다는 특약이 없는 경우	대법원 1988.04.12 선고 87다카2404 판결	동일인의 소유에 속하였던 토지와 건물이 매매, 증여, 강제, 경매, 국세징수법에 의한 공매 등으로 그 소유권자를 달리하게 된 경우에 그 건물을 철거한다는 특약이 없는 한 건물소유자는 그 건물의 소유를 위하여 그 부지에 관하여 관습상의 법정지상권을 취득하는 것이고 그 건물은 건물로서의 요건을 갖추고 있는 이상 무허가건물이거나 미등기건물이거나 가리지 않는다.
3. 전세권과 법정지상권	토지와 지상건물이 같은 소유자에게 속하는 경우 건물에 대하여만 전세권을 설정한 후 경매 등 사유로 토지 소유자가 변경된 때	민법 제305조 (건물의 전세권과 법정지상권) 제1항	대지와 건물이 동일한 소유자에 속한 경우에 건물에 전세권을 설정한 때에는 그 대지소유권의 특별승계인은 전세권설정자에 대하여 지상권을 설정한 것으로 본다. 그러나 지료는 당사자의 청구에 의하여 법원이 이를 정한다.

4. 등기담보등에 관한 법률과 법정지상권	토지와 지상건물이 같은 소유자에게 속하는 경우 그 토지 또는 건물에만 가등기담보권·양도담보권 또는 매도담보권이 설정된 후, 이들 담보권의 실행으로 토지와 건물의 소유자가 다르게 된 때	가등기담보등에 관한법률 제10조(법정지상권)	토지 및 그 지상의 건물이 동일한 소유자에게 속하는 경우에 그 토지 또는 건물에 대하여 제4조제2항의 규정에 의한 소유권을 취득하거나 담보가등기에 기한 본등기가 행하여진 경우에는 그 건물의 소유를 목적으로 그 토지 위에 지상권이 설정된 것으로 본다. 이 경우 그 존속기간 및 지료는 당사자의 청구에 의하여 법원이 정한다.
5. 입목법과 법정지상권	토지와 입목이 같은 소유자에게 속하는 경우 경매 기타의 사유로 토지와 입목이 각각 다른 소유자에게 속하게 된 때	입목에 관한 법률 제6조(법정지상권) 제1항	입목의 경매 기타 사유로 인하여 토지와 그 입목이 각각 다른 소유자에게 속하게 되는 경우에는 토지소유자는 입목소유자에 대하여 지상권을 설정한 것으로 본다.

마. 법정지상권의 성립시기(성립요건)

토지 또는 건물이 매수인에게 이전하는 때(매각대금 완납)
등기를 요하지 않는다. 단, 제3자에게 처분하려면 등기 요함(187조)

3. 저당권과 법정지상권

민법 366조(법정지상권) 제1항 저당물의 경매로 인하여 토지와 그 지상건물이 다른 소유자에 속한 경우에는 토지소유자는 건물소유자에 대하여 지상권을 설정한 것으로 본다. 그러나 지료는 당사자의 청구에 의하여 법원이 이를 정한다. 특약의 배제(강행규정)

〈법정지상권의 성립요건〉

<table>
<tr><td rowspan="2">1</td><td>최선순위의 저당권 설정 당시 건물이 존재할 것</td></tr>
<tr><td>저당권이 설정될 당시 건물이 존재하여야 한다. 왜냐하면 건물이 없는 토지에 저당권을 설정하였는데 후에 건축된 건물을 위해 법정지상권이 인정된다면 그 만큼 토지의 교환가치는 떨어지게 되어 토지 저당권자에게 불측의 피해를 줄 수 있기 때문이다. 이와 관련하여 검토되어야 할 사항은 다음과 같다.
<table><tr><td rowspan="2">1</td><td>대법원 2004. 2. 13. 선고 2003다29043 판결 (O)</td></tr><tr><td>민법 제366조의 법정지상권은 저당권설정 당시 동일인의 소유에 속하던 토지와 건물이 경매로 인하여 양자의 소유자가 다르게 된 때에 건물의 소유자를 위하여 발생하는 것으로서, 토지에 관하여 저당권이 설정될 당시 토지 소유자에 의하여 그 지상에 건물을 건축 중이었던 경우 그것이 사회관념상 독립된 건물로 볼 수 있는 정도에 이르지 않았다 하더라도 건물의 규모, 종류가 외형상 예상할 수 있는 정도까지 건축이 진전되어 있었고, 그 후 경매절차에서 매수인이 매각대금을 다 낸 때까지 최소한의 기둥과 지붕 그리고 주벽이 이루어지는 등 독립된 부동산으로서 건물의 요건을 갖추어야 법정지상권의 성립이 인정된다.</td></tr></table></td></tr>
</table>

<table>
<tr>
<td></td>
<td>
<table>
<tr><td></td><td>⇒ 이 경우 저당권자는 완성될 건물을 예상할 수 있으므로 법정지상권을 인정하여도 불 측의 손해를 입는 것이 아니며, 사회가 경제적으로도 건물을 유지할 필요가 인정되기 때문에 법정지상권을 인정함이 상당하다.</td></tr>
<tr><td rowspan="2">2</td><td>대법원 1997.1. 21. 선고 96다 40080 판결 (O)</td></tr>
<tr><td>토지 또는 건물이 동일한 소유자에게 속하였다가 그 건물 또는 토지가 매매 기타의 원인으로 인하여 양자의 소유자가 다르게 된 때에 그 건물을 철거한다는 조건이 없는 이상 건물소유자는 토지소유자에 대하여 그 건물을 위한 관습상의 법정지상권을 취득하는 것이고, 자기의 의사에 의하여 건물만의 소유권을 취득하였다고 하여 관습상의 법정지상권을 취득할 수 없는 것은 아니다.</td></tr>
</table>
건물 없는 토지에 저당권이 설정된 후 저당권설정자가 그 위에 건물을 건축하였다가 담보권의 실행을 위한 경매절차에서 경매로 인하여 그 토지와 지상 건물이 소유자를 달리하였을 경우에는, 민법 제366조의 법정지상권이 인정되지 아니할 뿐만 아니라 관습상의 법정지상권도 인정되지 아니한다.(대법원 1995. 12. 11. 자 95마1262 결정)(×)
법정지상권이 인정되지 않는 대표적인 사례 2가지 판례에는(×는 법정지상권 성립안함, 건물 철거해야 된다로 해석)
『토지와 건물의 소유자가 동일하지 않은 경우(대법원 66나 1213 & 2000다9660호(×)⇒저당권 설정 당시에 토지와 건물이 동일인에게 귀속하고 있어야 하므로 저당권 설정 당시에 토지와 건물이 각각 다른 자의 소유에 속하고 있으면 법정지상권은 성립하지 않는다)』와 『건물의 신축(대법원 78다 630 & 2003다26051(×)⇒토지에 저당권이 설정된 당시에는 건물이 존재하지 않았지만 그 후 저당권설정자가 건물을 신축한 경우에는 저당권자가 불 측의 손해를 받기 때문에 법정지상권의 성립을 인정하지 않는다』가 있다.
대법원 2003. 9. 5. 선고 2003다26051 판결)(×)를 다시 살펴보면
지상건물이 없는 토지에 관하여 근저당권 설정 당시 근저당권자가 건물의 건축에 동의한 경우 민법 제366조의 법정지상권의 성립하지 않는다. 민법 제366조의 법정지상권은 저당권 설정 당시부터 저당권의 목적되는 토지 위에 건물이 존재할 경우에 한하여 인정되며, 토지에 관하여 저당권이 설정될 당시 그 지상에 토지소유자에 의한 건물의 건축이 개시되기 이전이었다면, 건물이 없는 토지에 관하여 저당권이 설정될 당시 근저당권자가 토지소유자에 의한 건물의 건축에 동의하였다고 하더라도 그러한 사정은 주관적 사항이고 공시할 수도 없는 것이어서 토지를 낙찰 받는 제3자로서는 알 수 없는 것이므로 그와 같은 사정을 들어 법정지상권의 성립을 인정한다면 토지 소유권을 취득하려는 제3자의 법적 안정성을 해하는 등 법률관계가 매우 불명확하게 되므로 법정지상권이 성립되지 않는다.
</td>
</tr>
<tr>
<td rowspan="2">2</td>
<td>저당권 설정 당시 토지소유자와 건물소유자가 동일 소유자에게 속할 것</td>
</tr>
<tr>
<td>
저당권 설정 당시 토지와 건물소유자가 동일한 소유자에게 속하고 있어야 한다.
저당권 설정 당시 토지와 건물의 소유자가 다르다면 그 건물을 위한 용익권이 설정되어 있을 것이므로 그 건물을 위하여 다시 법정지상권을 인정할 필요가 없거나 이를 설정할 수 있었음에도 불구하고 이를 설정하지 아니한 건물 소유자나 강제집행에 의한 매수인에게 법정지상권의 보호를 줄 필요가 없기 때문이다. 이 요건과 관련하여 살펴보아야 할 점은 다음의 것이다.
– 소유자가 다른 경우 : 건물소유자가 토지소유자에 대하여 대항할 수 있는 용익권이 설정되어 있을 것이므로 인정할 필요 없음
– 저당권 설정 당시 소유자가 동일하기만 하면 저당권설정 후 소유자가 다르게 되더라도 법정지상권은 성립한다.
</td>
</tr>
</table>

	① 민법 제366조 소정의 법정지상권은 저당권 설정 당시 동일인의 소유에 속하던 토지와 그 지상건물이 경매로 인하여 각기 그 소유자가 다르게 된 때에 건물의 소유자를 위하여 발생하는 것이므로, 토지와 그 지상건물이 각기 소유자를 달리하고 있던 중 토지 또는 그 지상건물만이 경매에 의하여 다른 사람에게 소유권이 이전된 경우에는 위 법조 소정의 법정지상권이 발생할 여지가 없다고 할 것이며, 또 건물의 등기부상 소유명의를 타인에게 신탁한 경우에 신탁자는 제3자에게 그 건물이 자기의 소유임을 주장할 수 없고, 따라서 그 건물과 부지인 토지가 동일인의 소유임을 전제로 한 법정지상권을 취득할 수 없다고 할 것이다(대법원 1995.5.23. 선고 93다47318 판결) (×) ② 토지에 저당권을 설정할 당시 토지의 지상에 건물이 존재하고 있었고 그 양자가 동일 소유자에게 속하였다가 그 후 저당권의 실행으로 토지가 낙찰되기 전에 건물이 제3자에게 양도된 경우, 민법 제366조 소정의 법정지상권을 인정하는 법의 취지가 저당물의 경매로 인하여 토지와 그 지상 건물이 각 다른 사람의 소유에 속하게 된 경우에 건물이 철거되는 것과 같은 사회경제적 손실을 방지하려는 공익상 이유에 근거하는 점, 저당권자로서는 저당권설정 당시에 법정지상권의 부담을 예상하였을 것이고 또 저당권설정자는 저당권설정 당시의 담보가치가 저당권이 실행될 때에도 최소한 그대로 유지되어 있으면 될 것이므로 위와 같은 경우 법정지상권을 인정하더라도 저당권자 또는 저당권설정자에게는 불측의 손해가 생기지 않는 반면, 법정지상권을 인정하지 않는다면 건물을 양수한 제3자는 건물을 철거하여야 하는 손해를 입게 되는 점 등에 비추어 위와 같은 경우 건물을 양수한 제3자는 민법 제366조 소정의 법정지상권을 취득한다(대법원 1999. 11. 23. 선고 99다52602 판결) (O) ③ [1] 공유로 등기된 토지의 소유관계가 구분소유적 공유관계에 있는 경우에는 공유자 중 1인이 소유하고 있는 건물과 그 대지는 다른 공유자와의 내부관계에 있어서는 그 공유자의 단독소유로 되었다 할 것이므로 건물을 소유하고 있는 공유자가 그 건물 또는 토지지분에 대하여 저당권을 설정하였다가 그 후 저당권의 실행으로 소유자가 달라지게 되면 건물 소유자는 그 건물의 소유를 위한 법정지상권을 취득하게 되며, 이는 구분소유적 공유관계에 있는 토지의 공유자들이 그 토지 위에 각자 독자적으로 별개의 건물을 소유하면서 그 토지 전체에 대하여 저당권을 설정하였다가 그 저당권의 실행으로 토지와 건물의 소유자가 달라지게 된 경우에도 마찬가지라 할 것이다. [2] 민법 제366조의 법정지상권은 저당권 설정 당시 동일인의 소유에 속하던 토지와 건물이 경매로 인하여 양자의 소유자가 다르게 된 때에 건물의 소유자를 위하여 발생하는 것으로서, 토지에 관하여 저당권이 설정될 당시 토지 소유자에 의하여 그 지상에 건물을 건축 중이었던 경우 그것이 사회관념상 독립된 건물로 볼 수 있는 정도에 이르지 않았다 하더라도 건물의 규모·종류가 외형상 예상할 수 있는 정도까지 건축이 진전되어 있었고, 그 후 경매절차에서 매수인이 매각대금을 다 낸 때까지 최소한의 기둥과 지붕 그리고 주벽이 이루어지는 등 독립된 부동산으로서 건물의 요건을 갖추면 법정지상권이 성립하며, 그 건물이 미등기라 하더라도 법정지상권의 성립에는 아무런 지장이 없는 것이다(대법원 2004. 6. 11. 선고 2004다13533 판결) (O) ④ [1] 민법 제366조의 법정지상권은 저당권 설정 당시에 동일인의 소유에 속하는 토지와 건물이 저당권의 실행에 의한 경매로 인하여 각기 다른 사람의 소유에 속하게 된 경우에 건물의 소유를 위하여 인정되는 것이므로, 미등기건물을 그 대지와 함께 매수한 사람이 그 대지에 관하여만 소유권이전등기를 넘겨받고 건물에 대하여는 그 등기를 이전 받지 못하고 있다가, 대지에 대하여 저당권을 설정하고 그 저당권의 실행으로 대지가 경매되어 다른 사람의 소유로 된 경우에는, 그 저당권의 설정 당시에 이미 대지와 건물이 각각 다른 사람의 소유에 속하고 있었으므로 법정지상권이 성립될 여지가 없다. (×) [2] 관습상의 법정지상권은 동일인의 소유이던 토지와 그 지상건물이 매매 기타 원인으로 인하여 각각 소유자를 달리하게 되었으나 그 건물을 철거한다는 등의 특약이 없으면 건물 소유자로 하여금 토지를 계속 사용하게 하려는 것이 당사자의 의사라고 보아 인정되는 것이므로 토지의 점유·사용에 관하여 당사자 사이에 약정이 있는 것으로 볼 수 있거나 토지 소유자가 건물의 처분권까지 함께 취득한 경우에는 관습상의 법정지상권을 인정할 까닭이 없다 할 것이어서, 미등기건물을 그 대지와 함께 매도하였다면 비록 매수인에게 그 대지에 관하여만 소유권이전등기가 경료되고 건물에 관하여는 등기가 경료되지 아니하여 형식적으로 대지와 건물이 그 소유 명의자를 달리하게 되었다 하더라도 매도인에게 관습상의 법정지상권을 인정할 이유가 없다. (대법원 2002. 6. 20. 선고 2002다9660 전원합의체 판결) (×)
3	**토지와 건물의 어느 한 쪽 또는 둘 위에 저당권 성립**

4	**경매로 인하여 소유자가 달라질 것, 담보권실행, 강제경매 모두 인정**
	여기서의 경매에 일반채권자의 집행권원에 의한 경매도 포함된다는 견해도 있으나 민법 제366조가 저당권 실행에 의하여 경매되는 경우를 전제로 한 점을 고려한다면 부정될 것이다. 따라서 동일인에게 속하였던 토지와 그 지상의 건물이 담보권실행 경매 외의 방법, 가령 강제경매에 의하여 소유자를 달리하게 되었다면 관습법상의 법정지상권이 성립될 뿐이다.

※ 민법 제366조 소정의 법정지상권이 성립하려면 저당권 설정 당시 저당권의 목적이 되는 토지 위에 건물이 존재하여야 하는데, 저당권 설정 당시의 건물을 그 후 개축・증축한 경우는 물론이고 그 건물이 멸실되거나 철거된 후 재건축・신축한 경우에도 법정지상권이 성립하며, 이 경우 신 건물과 구 건물 사이에 동일성이 있거나 소유자가 동일할 것을 요하는 것은 아니라 할 것이지만, 그 법정지상권의 내용인 존속기간・범위 등은 구 건물을 기준으로 하여야 할 것이다. (대법원 2001. 3. 13. 선고 2000다48517,48524,48531 판결)라고 하였으나 최근 입장을 바꾸어 단독저당과 공동저당의 경우 아래와 같이 법정지상권의 인정을 달리하고 있다.

단독 저당의 경우	동일인의 소유에 속하는 토지와 건물 중 토지만이 저당권의 목적이 된 후 기존건물을 철거하고 새 건물을 신축한 경우 민법 제366조 소정의 법정지상권이 성립하려면 저당권의 설정 당시 저당권의 목적이 되는 토지 위에 건물이 존재하여야 하고, 저당권 설정 당시 건물이 존재한 이상 그 이후 건물을 개축, 증축하는 경우는 물론이고 건물이 멸실되거나 철거된 후 재축, 신축하는 경우에도 법정지상권이 성립하며, 이 경우의 법정지상권의 내용인 존속기간, 범위 등은 구 건물을 기준으로 하여 그 이용에 일반적으로 필요한 범위 내로 제한된다. (대법원 1991.4.26. 선고 90다19985 판결) (O)
공동 저당의 경우	기존 건물 철거 후 신축건물에 대한 법정지상권 성립여부에 대하여 대법원의 종전입장은 법정지상권 인정하였으나 대법원의 현재 입장은 법정지상권 부인함 <판례변경⇒(대법원 2003.12.18. 선고 98다 43601 건물철거 등>(×)

〈사례연구 1〉 [저당권취득 유형별 법정지상권 성립여부에 관한 표]

〈법정지상권 성립 않음 : ×(철거), ○(성립)〉

구 분	건물신축자	건물소유자	법정 지상권	대법원 참조판례
1. 나대지에 저당권설정 후 건물 신축 시	설정자 (대지소유자)	설정자 (대지소유자)	×(철거)	철거(일괄경매 가능)
	설정자 (대지소유자)	제3자	×(철거)	94. 1.24 선고(93마1736)
	제3자	제3자	×(철거)	
	제3자	설정자 (대지소유자)	×(철거)	
2. 건물 축조중인 나대지에 저당권을 설정한 경우	설정자 (대지소유자)	설정자 (대지소유자)	○(성립)	92. 6.18 선고(92다7221)[주1)]
	설정자 (대지소유자)	제3자	○(성립)	
	제3자	제3자	×(철거)	
	제3자	설정자	×(철거)	

		(대지소유자)		
3. 대지소유자가 축조한 미등기건물이 존재하는 대지를 저당권 설정했을 경우	A	대지설정자 A	○(성립)	88.10.25 선고(87다카1564)[주2] 89. 5. 9 선고(88다카15338) 91. 5.28 선고(91다6658)[주3] 91.10.11 선고(91다23462)[주4]
	A	대지설정자 B	×(철거)	88. 9.27 선고(88다카4017)
4. 저당권설정토지상에 미등기건물이 존재할 경우	설정자 (대지소유자)	설정자 (대지소유자)	×(철거)	2002. 6.20선고(2002다9660)[주5]
	제3자	제3자	○(성립)	
5. 동일인 소유의 토지와 그 지상건물에 대하여 공동저당권을 설정한 후 건물을 철거하고 그 토지상에 새로이 건물을 축조한 경우	설정자 (대지소유자)	설정자 (대지소유자)	○(성립)	(일괄경매 가능)
	설정자 (대지소유자)	제3자	○(성립)	90. 7.10 선고(90다카6399)[주6] 91. 4.26 선고(90다19985)
	제3자	제3자	○(성립)	92. 6.26 선고(92다9388)
	제3자	설정자 (대지소유자)	○(성립)	2000.12.12 선고 (2000다19007)
	⇒5.는 기존 대법원 판례 변경됨 (성립에서 성립하지 않는 것으로) (대법원 2003.12.18. 선고 98다43601 판결)			2000.12.12선고(2000다19007) 2001. 3.13선고(2000다 48517, 48254, 48531)

대법원 판례 변경 내용(동일인 소유의 토지와 그 지상건물에 대하여 공동저당권을 설정한 후 건물을 철거하고 그 토지상에 새로이 건물을 축조 한 경우 법정지상권 성립 안 함)

대법원 종전입장은 법정지상권 인정하였으나 대법원의 현재 입장 : 법정지상권 부인함.

주1) (92다7221) (○)⇒토지저당권 설정 당시 건물은 완성되지 않았지만 건축공사가 개시되어 건물의 규모·종류를 외형상 예상할 수 있는 정도까지 진전된 경우에는 법정지상권이 성립한다.

주2) (87다카1564) (○)⇒법정지상권 배제의 약정을 하더라도 그 특약은 원칙상 효력이 없다고 할 것이고, 다만 저당권설정 당사자간에 채권적인 효력이 있을 뿐이다.

주3) (91다6658) (○)⇒토지에 저당권을 설정할 당시 토지와 건물이 동일인 소유이지만 지상건물이 미등기인 경우에도 법정지상권의 성립을 인정한다.

주4) (91다23462) (○)⇒건물 철거 등의 특약이 없는 경우에는 당연히 지상 미등기건물에 대하여 법정지상권이 성립한다.

주5) (2002다9660) (×) ⇒저당권설정 당시에 토지와 건물이 동일인에게 귀속하고 있어야 하므로 저당권설정 당시에 토지와 건물이 각각 다른 자의 소유에 속하고 있으면 법정지상권은 성립하지 않는다.

주6) (90다카6399) (○) ⇒동일인의 소유에 속하는 토지와 그 지상건물에 관하여 공동저당권이 설정된 후 그 지상건물이 철거되고 새로 건물이 신축된 경우에도 그 후 저당권의 실행에 의하여 토지가 경락됨으로써 대지와 건물의 소유자가 달라지면 언제나 토지에 관하여 신축건물을 위한 법정지상권이 성립한다.
⇒기존 대법원 판례 성립에서 2003.12.18 성립하지 않는 것으로 변경

〈사례연구 2〉 [공동저당 건물의 재건축과 법정지상권]

공동저당 건물의 재건축과 법정지상권

- 안승문 석사논문(p.69 제5장 결론)에서 발췌
(2003. 7월 영산대학교 법무대학원 석사논문 중) -

제5장 결론

이상 살펴 본 바와 같이, 동일인의 소유에 속하는 토지와 건물에 공동저당권을 설정한 후 구 건물이 멸실하여 신 건물을 축조하였을 경우 신 건물을 위한 법정지상권의 성립을 인정할 것인지 여부에 관하여, 일본의 최고재판소는 소화(昭和)13(1938) . 5.25판결에서 구 건물을 기준으로 하여 법정지상권의 성립을 인정하다가 반세기가 훨씬 지난 구 건물을 기준으로 하여 법정지상권의 성립을 부정하는 쪽으로 위 판결을 일부 변경한 바 있다. 우리 대법원은 1990. 7.10 선고 90다카6399판결 이후 계속하여 구 건물을 기준으로 하여 법정지상권의 성립을 인정하여 왔는데, 1998. 9.7 접수 98다43601 사건에서 판례의 변경을 신중하게 검토하고 있는 중이라고 한다. 벌써 5년이 다 되어 간다. 우리 대법원의 조속한 판례 변경을 기대한다. 다만 앞서 검토한 바와 같이 일본의 판례를 그대로 수용하지 않았으면 한다.

※ 위 안승문 석사논문 제출된 그 해 연말에 아래 판례가 5년여 만에 탄생하여 의미가 크다.

⇒ 대법원 2003. 12. 18. 선고 98다43601 전원합의체 판결 【건물철거 등】 (×)

【판시사항】

- 동일인 소유의 토지와 그 지상 건물에 관하여 공동저당권이 설정된 후 그 건물이 철거되고 다른 건물이 신축된 경우, 저당물의 경매로 인하여 토지와 신축건물이 서로 다른 소유자에게 속하게 되면 민법 제366조 소정의 법정지상권이 성립하는지 여부(소극) = 성립안함(철거)

【판결요지】

[다수의견] 동일인의 소유에 속하는 토지 및 그 지상 건물에 관하여 공동저당권이 설정된 후 그 지상 건물이 철거되고 새로 건물이 신축된 경우에는 그 신축건물의 소유자가 토지의 소유자와 동일하고 토지의 저당권자에게 신축건물에 관하여 토지의 저당권과 동일한 순위의 공동저당권을 설정해 주는 등 특별한 사정이 없는 한 저당물의 경매로 인하여 토지와 그 신축건물이 다른 소유자에 속하게 되더라도 그 신축건물을 위한 법정지상권은 성립하지 않는다고 해석하여야 하는바, 그 이유는 동일인의 소유에 속하는 토지 및 그 지상 건물에 관하여 공동저당권이 설정된 경우에는, 처음부터 지상 건물로 인하여 토지의 이용이 제한 받는 것을 용인하고 토지에 대하여만 저당권을 설정하여 법정지상권의 가치만큼 감소된 토지의 교환가치를 담보로 취득한 경우와는 달리, 공동저당권자는 토지 및 건물 각각의 교환가치 전부를 담보로 취득한 것으로서, 저당권의 목적이 된 건물이 그대로 존속하는 이상은 건물을 위한 법정지상권이 성립해도 그로 인하여 토지의 교환가치에서 제외된 법정지상권의 가액 상당 가치는 법정지상권이 성립하는 건물의 교환가치에서 되찾을 수 있어 궁극적으로 토지에 관하여 아무런 제한이 없는 나대지로서의 교환가치 전체를 실현시킬 수 있다고 기대하지만, 건물이 철거된 후 신축된 건물에 토지와 동일 순위의 공동저당권이 설정되지 아니 하였는데도 그 신축건물을 위한 법정지상권이 성립한다고 해석하게 되면, 공동저당권자가 법정지상권이 성립하는 신축건물의 교환가치를 취득할 수 없게 되는 결과 법정지상권의 가액 상당 가치를 되찾을 길이 막혀 위와 같이 당초 나대지로서의 토지의 교환가치 전체를 기대하여 담보를 취득한 공동저당권자에게 불 측의 손해를 입게 하기 때문이다.

〈사례연구 3〉 [공동저당권이 설정된 건물철거 후에 신축된 경우 법정지상권 성립여부]

【질 의】

A소유의 토지와 그 지상의 건물에 공동저당권을 설정하고 부동산담보 대출을 취급하였는데 그 후 A가 은행 몰래 그 건물을 철거하고 다른 건물을 신축하였다. 이때 A의 신축건물에 법정지상권이 성립하는가?

【답 변】

법정지상권의 성립을 부정하는 것이 최근 대법원 판례이다(대판 2003.12.18 98다43601 전원합의체). 이는 종래에 법정지상권의 성립을 인정하던 판례를 변경한 경우로 토지와 건물에 대한 「공동저당권」을 설정한 경우에 법정지상권성립을 부정하고(×), 토지나 건물에 「단독저당권」을 설정한 경우에는 법정지상권의 성립을 인정하고 있다.

【해 설】

1. 법정지상권의 성립요건 (민법 제366조)

가. 저당권설정 당시에 토지 위에 건물이 존재할 것

나. 토지와 건물을 동일인이 소유하고 있을 것

다. 경매로 인하여 토지와 건물의 소유자가 달라 질 것

☞ 매각 또는 그 외의 원인(증여, 국세징수법에 의한 공매, 강제경매 등)으로 인하여 토지와 건물의 소유자가 다르게 된 때, 특히 그 건물을 철거한다는 특약이 없는 경우에 한함

라. 판례에 의한 관습법상의 법정지상권

2. 「저당권설정 당시에 토지 위에 건물이 존재할 것」의 의미

가. 나대지에 저당권설정 후 설정자가 그 신축건물을 신축 후 경매로 토지와 건물의 소유자가 달라진 경우에는 그 신축건물을 위한 법정지상권의 성립을 부정하는 것이 판례·통설이다. 이는 건물보호라는 공익적 요청을 고려하여 법정지상권의 성립을 허용하면 당초 건물 없는 토지의 교환가치를 기대한 저당권자의 기대 내지 의사에 반하기 때문이다.

나. 저당권을 설정할 당시에 토지 위에 존재하는 건물은 미등기이거나 무허가 건물이라도 무방하며 건축 중에 있었던 건물(동 건물이 사회관념상 독립된 건물로 볼 수 있는 정도에 이르지 않았다고 하더라도 건물의 규모, 종류가 외형상 예상할 수 있는 정도까지 건축이 진행된 경우 - 대판 1992.06.12. 92다카7221) 에 관하여도 법정지상권의 성립을 인정한다.

다. 다만 법정지상권의 내용인 존속기간·범위 등은 구 건물을 기준으로 그 이용에 일반적으로 필요한 범위로 제한된다. 이는 공동저당권자가 원래 토지에 대하여 파악하였던 담보가치 즉 구 건물을 위한 법정지상권 가치를 제외한 토지의 담보가치를 그대로 유지한다고 보아야 하기 때문이다.

3. 공동저당권을 설정한 경우와 토지에 단독저당권을 설정한 경우

가. 토지와 건물에 공동저당권을 설정한 경우

동일인의 소유에 속하는 토지와 건물에 공동저당권을 설정한 후 그 지상의 건물이 철거되고 건물이 신축된 경우에는, 그 신축건물의 소유자가 토지의 소유자와 동일하고 토지의 저당권자에게 신축건물에 관하여 토지의 저당권과 동일한 순위의 공동저당권을 설정해 주는 등의(이 경우는 법정지상권 성립함) 특별한 사정이 없는 한, 저당물의 경매로 인하여 토지와 그 신축건물의 소유자가 달라지더라도 그 신축건물을 위한 법정지상권은 성립하지 않는다(대판 2003.12.18. 98다43601).

1) 토지와 건물에 공동저당권을 설정한 공동저당권자는 토지 및 건물 각각의 교환가치 전부를 담보로 취득한 것으로 저당권이 목적이 된 건물이 존속하는 경우에는 건물을 위한 법정지상권이 성립해도 이로 인한 토지의 교환가치에서 제외된 법정지상권의 가액상당 가치는 법정지상권이 성립한 건물의 교환가치에서 되찾을 수 있어 궁극적으로 토지에 관하여 전혀 제한이 없는 나대지의 교환가치 전부를 담보로 취득한 것으로 볼 수 있다.

2) 신축건물에 법정지상권의 성립한다고 해석한다면 공동저당권자가 법정지상권이 성립하는 신축건물의 교환가치를 취득할 수 없게 되어 당초 나대지로서 토지의 교환가치 전부를 기대하여 담보를 취득한 공동저당권자에게 불측의 손해를 입게 하기 때문이다.

☞ **반대의견 – 기존판례**

민법 제366조가 법정지상권제도를 규정하는 근본취지는 저당물의 경매로 인하여 토지와 그 지상건물의 소유자가 달라진 경우 건물이 철거됨으로써 생길 수 있는 사회경제적 손실을 방지하려는 공익상의 이유에 있고 당사자 어느 한편의 이익을 보호하려는 데 있는 것이 아니다.
법정지상권은 그 성질상 건물에 부수하는 권리에 불과하므로 구 건물이 멸실되거나 철거됨으로써 건물저당권 자체가 소멸하면 공동저당권자는 건물 자체의 담보가치는 물론 건물저당권을 통하여 파악한 법정지상권의 담보가치도 잃게 되고, 이에 따라 토지 소유자는 건물저당권의 영향에서 벗어나게 된다. 그러므로 토지소유자는 그 소유권에 기하여 토지에 건물을 신축할 수 있고 그 후 토지저당권이 실행되면 신축 건물을 위해 법정지상권이 성립한다.

나. 토지에 단독저당권을 설정한 경우

동일인의 소유에 속하는 토지와 건물이 있음에도 불구하고 토지에 대해서만 저당권을 설정한 경우는 처음부터 그 지상건물로 인하여 토지의 이용이 제한 받는 것을 용인하고 건물을 위한 법정지상권의 가치만큼 감소된 토지의 교환가치를 담보로 취득하였기 때문에 그 지상의 건물이 철거되고 건물이 신축된 경우에는 법정지상권이 성립한다.

〈사례연구 4〉 [그 후 공동저당 건물의 재건축과 법정지상권 판례 들]

대법원 2004. 3. 25. 선고 2003다1359, 1366, 1373 판결 (×)

동일인의 소유에 속하는 토지 및 그 지상 건물에 관하여 공동저당권이 설정된 후 그 지상 건물이 철거되고 새로 건물이 신축된 경우에는, 그 신축건물의 소유자가 토지의 소유자와 동일하고 토지의 저당권자에게 신축건물에 관하여 토지의 저당권과 동일한 순위의 공동저당권을 설정해 주는 등 특별한 사정이 없는 한, 저당물의 경매로 인하여 토지와 그 신축건물이 다른 소유자에 속하게 되더라도 그 신축건물을 위한 법정지상권은 성립하지 아니한다 할 것이다

서울동부지법 2007.7.10 선고 2006가단64789 판결(×)

이 사건 각 대지와 그 지상의 구 주택에 관하여 공동저당권이 설정된 후 그 구 주택이 철거되고 새로이 이 사건 구분건물을 포함한 이 사건 신축건물이 축조되었고, 이 사건 신축건물에 대하여는 동일한 순위의 공동저당권이 설정된 바 없어 이 사건 각 대지에 대한 경매로 인하여 이 사건 각 대지와 신축건물이 다른 소유자에게 속하더라도 이 사건 구분건물을 포함한 신축건물에는 법정지상권이 성립하지 아니한다고 할 것이므로 이 사건 신축건물의 일부인 이 사건 구분건물도 법정지상권을 취득할 수 없다. 따라서 당초부터 법정지상권을 취득하지 못하는 이 사건 구분건물의 일부 지분권자에 불과한 소외 3이 그 지분에 관하여 가등기에 기한 본등기를 경료하였다고 하여 법정지상권을 취득할 수는 없는 것이므로 피고의 위 주장은 더 나아가 살필 필요 없이 이유 없다.

대구지법 2007.1.12 선고 2006가단56326 판결(×)
대지 및 지상 건물의 소유자가 기존 건물의 멸실 후 신 건물을 신축하고 등기를 하지 않은 상태에서 채권자들에게 대지와 함께 담보로 제공할 의사로 대지와 구 건물에 근저당권설정등기를 마쳤는데, 경매절차에서 이러한 사실이 밝혀져 대지만 매각된 경우, 위 신 건물의 소유자가 법정지상권을 취득하지 못한다고 한 사례.

4. 관습법상의 법정지상권

관습법에 의한 법정지상권은 같은 사람이 소유하고 있던 토지와 건물 중 어느 하나가 다른 사람에게 귀속하게 되고 그 당사자 사이에 그 대지사용권에 관하여 아무런 합의가 없을 때 건물소유자가 아무런 권리 없이 다른 사람의 토지를 사용하는 것이라 하여 건물을 철거하도록 한다면 사회경제상의 불이익을 가져오게 할 경우가 많으므로 이러한 불이익을 제거하기 위하여 건물소유자에게 그 대지를 적법하게 이용할 수 있도록 함으로써 건물이 철거되는 것을 막기 위하여 인정된 제도이다.

〈사례연구 5〉 [관습법상의 법정지상권 성립요건]	
1	**토지와 건물이 동일한 소유자에게 속하고 있어야 한다.**
	ⓐ 관습법상의 법정지상권이 성립되기 위하여는 토지와 건물 중 어느 하나가 처분될 당시에 토지와 그 지상건물이 동일인의 소유에 속하였으면 족하고 원시적으로 동일인의 소유였을 필요는 없다. (대법원 1995.7.28. 선고 95다9075,9082(반소) 판결) ⓑ 미등기 건물을 그 대지와 함께 양수한 사람이 그 대지에 관하여서만 소유권이전등기를 넘겨받고 건물에 대하여는 그 등기를 이전 받지 못하고 있는 상태에서 그 대지가 경매되어 소유자가 달라지게 된 경우에는 미등기 건물의 양수인은 미등기 건물을 처분할 수 있는 권리는 있을지언정 소유권은 가지고 있지 아니하므로 대지와 건물이 동일인의 소유에 속한 것이라고 볼 수 없어 법정지상권이 발생할 수 없는 것이고(대법원 1987. 12. 8. 선고 87다카869 판결, 1989. 2. 14. 선고 88다카2592 판결, 1991. 8. 27. 선고 91다16730 판결 등 참조) (×), 원소유자로부터 대지와 건물이 한 사람에게 매도되었으나 대지에 관하여만 그 소유권이전등기가 경료되고 건물의 소유 명의가 매도인 명의로 남아 있게 되어 형식적으로 대지와 건물이 그 소유 명의자를 달리하게 된 경우에 있어서는 그 대지의 점유·사용 문제는 매매계약 당사자 사이의 계약에 따라 해결할 수 있는 것이므로 양자 사이에 관습에 의한 법정지상권을 인정할 필요는 없다고 할 것이다. (대법원 1998. 4. 24. 선고 98다4798 판결) (×) ⓒ 토지와 건물이 동일인의 소유이었다가 매매 기타의 원인으로 그 소유자가 달라지게 된 경우에는 특히 그 건물을 철거한다는 특약이 없는 이상 건물소유자는 토지소유자에 대하여 관습상의 법정지상권을 취득하게 되는 것이나 토지의 소유자가 건물을 건축할 당시 이미 토지를 타에 매도하여 소유권을 이전하여 줄 의무를 부담하고 있었다면 토지의 매수인이 그 건축행위를 승낙하지 않는 이상 그 건물은 장차 철거되어야 하는 운명에 처하게 될 것이고 토지소유자가 이를 예상하면서도 건물을 건축하였다면 그 건물을 위한 관습상의 법정지상권은 생기지 않는다고 보아야 할 것이다. (대법원 1994.12.22. 선고 94다41072,94다41089(반소) 판결) (×)
2	**토지, 건물 중 하나가 매매 기타의 원인으로 처분되어 토지 소유자와 건물 소유자가 다르게 되었을 것**
	ⓐ 원인 행위로는 매매, 증여, 귀속재산의 불하, 강제경매, 공유물의 분할, 공매 등이 있다(판례에 의한 사유)

	ⓑ 소유자가 다르게 되려면 토지 또는 건물에 관하여 소유권이전등기를 경료해야 한다. ⓒ 관습상의 법정지상권의 성립 요건인 해당 토지와 건물의 소유권의 동일인에의 귀속과 그 후의 각기 다른 사람에의 귀속은 법의 보호를 받을 수 있는 권리변동으로 인한 것이어야 하므로, 원래 동일인에게의 소유권 귀속이 원인무효로 이루어졌다가 그 뒤 그 원인무효임이 밝혀져 그 등기가 말소됨으로써 그 건물과 토지의 소유자가 달라지게 된 경우에는 관습상의 법정지상권을 허용할 수 없다. (대법원 1999. 3. 26. 선고 98다64189 판결) (×) ⓓ 토지와 그 지상의 건물이 동일한 소유자에게 속하였다가 토지 또는 건물이 매매나 기타 원인으로 인하여 양자의 소유자가 다르게 된 때에는 그 건물을 철거하기로 하는 합의가 있었다는 등의 특별한 사정이 없는 한 건물소유자는 토지소유자에 대하여 그 건물을 위한 관습상의 지상권을 취득하게 되는 것이고, 그 건물은 반드시 등기가 되어 있어야만 하는 것이 아니고 무허가건물이라고 하여도 상관이 없다. (대법원 1991.8.13. 선고 91다16631 판결) 그러나 미등기건물을 대지와 함께 양도받아 소유하다가 대지의 소유권만이 이전된 경우에, 미등기 무허가건물의 양수인이라 할지라도 그 소유권이전등기를 경료받지 않는 한 건물에 대한 소유권을 취득할 수 없고, 그러한 건물의 취득자에게 소유권에 준하는 관습상의 물권이 있다고 볼 수 없다. (대법원 1996. 6. 14. 선고 94다53006 판결) (×)
3	**당사자 사이에 건물을 철거한다는 특약이 없어야 한다**
	ⓐ 당사자 사이에 건물을 철거한다는 특약이 없어야 한다. 이때에는 당사자 사이에 건물의 소유를 위하여 계속 토지를 사용케 하려는 묵시적 합의가 있는 것으로 볼 수 있기 때문이다. ⓑ 대지와 건물의 소유자가 건물만을 양도하고 동 양수인과 대지에 대하여 임대차계약을 체결하였다면 특별한 사정이 없는 한 동 양수인은 본건 대지에 관한 관습상의 법정지상권을 포기하였다고 볼 것이다. (대법원 1968.1.31. 선고 67다2007 판결) (×)
4	**관습법상 지상권은 관습법에 의해 성립하기 때문에 당연히 성립하는 것으로서 등기를 요하지 않는다(취득 당시 소유자, 전득자 모두에게 주장 가능)**
	관습상의 지상권은 관습법에 의한 부동산물권의 취득이므로 이를 취득한 당시의 토지소유자나 그 토지소유권을 전득한 제3자에 대하여는 등기 없이도 그 지상권을 주장할 수 있는 것이고 다만 그 지상권을 등기하지 아니하면 이를 처분할 수 없을 뿐이다. (대법원 1971.1.26. 선고 70다2576 판결) 단, 제3자에게 처분할 때 : 지상권 등기를 하고 지상권 이전등기 요함. (예외)경매에 의하여 법정지상권 있는 건물의 소유권 이전 받는 경우 등기 없이도 취득 가능

5. 관습상의 법정지상권 성립 후의 토지 또는 건물의 양도와 법정지상권의 효력

1	토지가 양도된 경우 지상권자는 그 대지의 소유자가 변경되었을 때 그 지상권의 등기 없이도 그 대지의 신 소유자에게 대하여 지상권을 주장할 수 있다 할 것이며(대법원 1967.11.28. 선고 67다1831 판결)
2	무릇 건물 소유를 위하여 법정지상권을 취득한 자로부터 경매에 의하여 그 건물의 소유권을 이전받은 경락인은 경락 후 건물을 철거한다는 등의 매각조건 하에서 경매되는 경우 등 특별한 사정이 없으면 위 지상권도 건물의 이전과 불가분 관계에서 당연히 이전되었다고 할 것이고 이렇듯 경매에 의하여 이전된 지상권은 그에 대한 등기가 없어도 그 후의 당해 토지의 전득자에 대하여도 당연히 유효하다 할 것이다. (대법원 1979.8.28. 선고 79다1087 판결) (O)
3	저당물의 경매로 인하여 토지와 그 지상건물이 소유자를 달리하게 되어 토지상에 법정지상권을 취득한 건물소유자가 법정지상권 설정등기를 경료함이 없이 건물을 양도하는 경우에 특별한 사정이 없는 한 건물과 함께 지상권도 양도하기로 하는 채권적 계약이 있었다고 할 것이므로 지상권자는 지상권설정등 기를 한 후에 건물양수인에게 이의 양도등기절차를 이행하여 줄 의무가 있다. 따라서 건물 양수인은 건물양도인을 순차 대위하여 토지 소유자에 대하여 건물소유자였던 법정지상권자에의 법정지상권설정등기절차 이행을 청구할 수 있다. (대법원 1981.9.8. 선고 80다2873 판결) 그리고 건물소유자가 건물의 소유를 위한 법정지상권을 취득하기에 앞서 건물을 양도한 경우에도 특별한 사정이 없는 한 건물과 함께 장차 취득하게 될 법정지상권도 함께 양도하기로 하였다고 보지 못할

	바 아니므로 건물 양수인인 위 피고는 채권자대위의 법리에 따라 양도인 및 그로부터 이 사건 토지를 매수한 대지 소유자인 원고에 대하여 차례로 지상권설정등기 및 그 이전등기절차의 이행을 구할 수 있다 할 것이고, 법정지상권을 취득할 지위에 있는 건물 양수인에 대하여 대지 소유자가 건물의 철거를 구하는 것은 지상권의 부담을 용인하고 지상권설정등기절차를 이행할 의무가 있는 자가 그 권리자를 상대로 한 것이어서 신의성실의 원칙상 허용될 수 없다. (대법원 1996. 3. 26. 선고 95다45545 판결)

6. 범 위

법정지상권이 성립할 경우 법정지상권자의 토지사용권 범위는 건물의 대지에 한정되지 않고 건물의 유지 및 사용에 일반적으로 필요한 범위 내에서 건물의 대지 이외의 대지에도 미친다.

⇒법정지상권이 미치는 토지는 반드시 그 건물의 기지만에 한하는 것이 아니고 이 건물의 본래의 용도인 창고로서 사용하는데 일반적으로 필요한 그 둘레의 기지에도 미친다 할 것이다. (대법원 1977.7.26. 선고 77다921 판결)

7. 지 료

지료수입이 양호한 경매물건은 대형쇼핑센타 등 상업용지 등 비싼 토지에 법정지상권이 있는 물건이며, 그 다음은 다세대(10세대 등)물건 등이다. 반면 지료수입이 미약한 물건은 농지 등의 경우이다 (지상권은 2년 이상의 지료지급이 연체된 때에만 소멸청구 가능함)

지료는 당사자간의 협의에 의하여 결정하고, 당사자의 협의가 성립하지 않는 경우에는 법원에 청구하여 법원이 결정하게 되는 데 지료는 임대사례비교법이 적정하지 않는 경우에는 아래 적산법에 의하여 지료를 산정하고 있다.

감정평가기관의 토지보상평가지침 제5장(기타 토지에 관한 평가) 제49조(토지사용료의 평가)에 의하면 공익사업의 시행으로 인하여 토지를 사용하는 경우에 사용료의 평가는 임대사례비교법에 의한다. 다만, 적정한 임대사례가 없거나 대상토지의 특성으로 보아 임대사례비교법으로 평가하는 것이 적정하지 아니한 경우에는 적산법으로 평가할 수 있다.

적산법에 의한 적산임료를 구하는 경우에 적용할 기대이율은 당해 지역 및 대상토지의 특성을 반영하는 이율로 정하되 이의 산정이 사실상 곤란한 경우에는 별표7의2에서 정하는 율 등을 참고로 하여 실현 가능한 율로 정한다.

〈별표 7의2〉 기대이율적용기준율표〈제49조제4항 관련〉

토 지 용도		실제이용상황		
		최유효이용	임시적이용	나지
상업용지	업무, 판매시설 등	7－10%	3－6%	3－4%
	근린생활시설(주택, 상가겸용 포함)	5－8%	2－55	2－35
주거용지	아파트, 연립주택, 다세대주택	4－7%	2－4%	1－2%
	다중주택, 다가구주택	3－6%	2－3%	1－25
	일반 단독주택	3－5%	1－3%	1－2%

공업용지	아파트형 공장	4－7%	2－4%	1－2%
	기타공장	3－5%	1－3%	1－2%
농지	경작여건이 좋고 수익성이 있는 순수농경지	3－4%	－	－
	도시근교 및 기타농경지	2%이내	－	－
임지	조림지, 유실수단지, 죽림지	1.5%이내	－	－
	자연림지	1%이내	－	－

注) 1. 이 표는 토지용도 및 실제이용상황에 따른 일반적인 기대이율의 범위를 정한 것이므로 실제 적용 시에는 지역여건이나 당해 토지의 상황 등을 고려하여 그 율을 증감 조정할 수 있다.
2. 토지용도는 당해 토지의 최 유효이용을 기준으로 분류된 것이므로, 당해 토지가 최 유효이용 외의 다른 용도로 이용되고 있는 경우로서 가격시점 당시의 이용상황이 임시적인 것이 아닌 경우에는 가격시점 당시의 현실적인 이용상황을 기준으로 토지용도를 분류하되, 최 유효이용률을 적용한다.
3. 실제이용상황에서 "임시적 이용"은 최 유효이용과 유사한 용도로 이용되고 있으나 현재의 이용방법이 임시적인 것을 말한다.

〈사례연구 6〉 [지료관련 자료]

1	민법 제286조 (지료증감청구권) 지료가 토지에 관한 조세 기타 부담의 증감이나 지가의 변동으로 인하여 상당하지 아니하게 된 때에는 당사자는 그 증감을 청구할 수 있다.
2	민법 제287조 (지상권소멸청구권) 지상권자가 2년 이상의 지료를 지급하지 아니한 때에는 지상권설정자는 지상권의 소멸을 청구할 수 있다.
3	토지보상평가지침 제5장(기타토지에 관한 평가) 제49조(토지사용료의 평가)④ 적산법에의 한(적정한 임대사례가 없거나 임대사례비교법으로 평가하는 것이 적정하지 아니한 경우) 적산임료를 구하는 경우에 적용할 기대이율은 당해 지역 및 대상토지의 특성을 반영하는 이율로 정하되 이의 산정이 사실상 곤란한 경우에는 별표 7의 2에서 정하는 율 등을 참고로 하여 실현 가능한 율로 한다.
4	타인 소유의 토지 위에 소재하는 건물의 소유자가 법률상 원인 없이 토지를 점유함으로 인하여 토지의 소유자에게 반환하여야 할 토지의 차임에 상당하는 부당이득금액을 산정하는 경우에 특별한 사정이 없는 한 토지 위에 건물이 소재함으로써 토지의 사용권이 제한을 받는 사정은 참작할 필요가 없고(대법원 1992.6.23. 선고 91다40177 판결 참조), 또 법원은 법정지상권자가 지급할 지료를 정함에 있어서 법정지상권 설정 당시의 제반 사정을 참작하여야 하나 법정지상권이 설정된 건물이 건립되어 있음으로 인하여 토지의 소유권이 제한을 받는 사정은 이를 참작하여 평가하여서는 안 된다고 할 것이다.(출처 : 대법원 1995.9.15. 선고 94다61144 판결)
5	법정지상권의 경우 당사자 사이에 지료에 관한 협의가 있었다거나 법원에 의하여 지료가 결정되었다는 아무런 입증이 없다면, 법정지상권자가 지료를 지급하지 않았다고 하더라도 지료 지급을 지체한 것으로는 볼 수 없으므로 법정지상권자가 2년 이상의 지료를 지급하지 아니하였음을 이유로 하는 토지소유자의 지상권소멸청구는 이유가 없고(대법원 1994. 12. 2. 선고 93다52297 판결, 1996. 4. 26. 선고 95다52864 판결 등 참조), 지료액 또는 그 지급시기 등 지료에 관한 약정은 이를 등기하여야만 제3자에게 대항할 수 있는 것이고, 법원에 의한 지료의 결정은 당사자의 지료결정청구에 의하여 형식적 형성소송인 지료결정판결로 이루어져야 제3자에게도 그 효력이 미친다고 할 것이다. 또한 민법 제287조가 토지소유자에게 지상권소멸청구권을 부여하고 있는 이유는 지상권은 성질상 그 존속기간 동안은 당연히 존속하는 것을 원칙으로 하는 것이나, 지상권자가 2년 이상의 지료를 연체하는 때에는 토지소유자로 하여금 지상권의 소멸을 청구할 수 있도록 함으로써 토지소유자의 이익을 보호하려는 취지에서 나온 것이라고 할 것이므로, 지상권자가 그 권리의 목적이 된 토지의

	특정한 소유자에 대하여 2년분 이상의 지료를 지불하지 아니한 경우에 그 특정의 소유자로 하여금 선택에 따라 지상권의 소멸을 청구할 수 있도록 한 것이라고 해석함이 상당하다. (출처 : 대법원 2001. 3. 13. 선고 99다17142 판결)
6	법정지상권 또는 관습에 의한 지상권이 발생하였을 경우에 토지의 소유자가 지료를 청구함에 있어서 지료를 확정하는 재판이 있기 전에는 지료의 지급을 소구할 수 없는 것은 아니고, 법원에서 상당한 지료를 결정할 것을 전제로 하여 바로 그 급부를 구하는 청구를 할 수 있다 할 것이며, 법원도 이 경우에 판결의 이유에서 지료를 얼마로 정한다는 판단을 하면 족한 것이므로(대법원 1964. 9. 30. 선고 64다528 판결 참조), 토지 소유자와 관습에 의한 지상권자 사이의 지료급부이행소송의 판결의 이유에서 정해진 지료에 관한 결정은 그 소송의 당사자인 토지 소유자와 관습에 의한 지상권자 사이에서는 지료결정으로서의 효력이 있다고 보아야 할 것이고, 한편, 지료증감청구권에 관한 민법 제286조의 규정에 비추어 볼 때, 특정 기간에 대한 지료가 법원에 의하여 결정되었다면, 당해 당사자 사이에서는 그 후 위 민법규정에 의한 지료증감의 효과가 새로 발생하는 등의 특별한 사정이 없는 한, 그 후의 기간에 대한 지료 역시 종전 기간에 대한 지료와 같은 액수로 결정된 것이라고 봄이 상당하다. (대법원 2003. 12. 26. 선고 2002다61934 판결)

8. 존속기간

민법상 지상권의 최단기간이 법정지상권의 존속기간이 되며, 소유권이 변경된 시점(잔금 완납일)을 기산으로 하여 30년(석조, 석회조, 연와조 또는 이와 유사한 견고한 건물이나 수목의 소유를 목적으로 하는 경우 등), 15년(그 밖의 건물의 소유를 목적으로 하는 때), 5년(건물 이외의 공작물의 소유를 목적으로 하는 때)이 존속기간이다. 단, 건물소유자가 토지소유자와 임대차계약을 체결한 경우에는 법정지상권의 포기로 간주된다.

⇒법정지상권의 존속기간은 성립 후 그 지상목적물의 종류에 따라 규정하고 있는 민법 제280조 제1항 소정의 각 기간으로 봄이 상당하고 분묘기지권과 같이 그 지상에 건립된 건물이 존속하는 한 법정지상권도 존속하는 것이라고는 할 수 없다(대법원 1992.6.9. 선고 92다4857 판결)

9. 성립시기와 등기여부

법정지상권의 성립시기는 낙찰자가 낙찰대금을 완납한 때이고, 이 때로부터 최장 30년간 법정지상권이 유지되며 법률의 규정(민법 제366조)에 의한 물권취득으로서 등기를 필요로 하지 않는다.

10. 기타 주요 법정지상권 관련 판례

① 대법원 1988.9.27. 선고 87다카279 판결

법정지상권을 취득한 건물소유자가 법정지상권의 설정등기를 경료함이 없이 건물을 양도하는 경우에는 특별한 사정이 없는 한 건물과 함께 지상권도 양도하기로 하는 채권적 계약이 있었다고 할 것이므로 법정지상권자는 지상권설정등기를 한 후에 건물양수인에게 이의 양도등기절차를 이행하여 줄 의무가 있는 것이고 따라서 건물양수인은 건물양도인을 순차대위하여 토지소유자에 대하여 건물소유자였던 최초의 법정지상권자에의 법정지상권설정등기절차이행을 청구할 수 있다.

② 대법원 1999. 12. 10. 선고 98다58467 판결

토지와 건물이 동일한 소유자에게 속하였다가 건물 또는 토지가 매매 기타 원인으로 인하여 양자의 소유자가 다르게 되었더라도, 당사자 사이에 그 건물을 철거하기로 하는 합의가 있었던 경우에는 건물 소유자는 토지 소유자에 대하여 그 건물을 위한 관습상의 법정지상권을 취득할 수 없다. 이와 같이 건물 철거의 합의가 관습상의 법정지상권 발생의 소극적 요건이 되는 이유는 그러한 합의가 없을 때라야 토지와 건물의 소유자가 달라진 후에도 건물 소유자로 하여금 그 건물의 소유를 위하여 토지를 계속 사용케 하려는 묵시적 합의가 있는 것으로 볼 수 있다는 데 있고, 한편 관습상의 법정지상권은 타인의 토지 위에 건물을 소유하는 것을 본질적 내용으로 하는 권리가 아니라, 건물의 소유를 위하여 타인의 토지를 사용하는 것을 본질적 내용으로 하는 권리여서, 위에서 말하는 '묵시적 합의'라는 당사자의 추정 의사는 건물의 소유를 위하여 '토지를 계속 사용한다'는 데 중점이 있는 의사라 할 것이므로, 건물 철거의 합의에 위와 같은 묵시적 합의를 깨뜨리는 효력, 즉 관습상의 법정지상권의 발생을 배제하는 효력을 인정할 수 있기 위하여서는, 단지 형식적으로 건물을 철거한다는 내용만이 아니라 건물을 철거함으로써 토지의 계속 사용을 그만두고자 하는 당사자의 의사가 그 합의에 의하여 인정될 수 있어야 할 것이다.

③ 대법원 2008.2.15. 선고 2005다41771, 41788 판결

[1] 동일인이 소유하던 토지와 그 지상건물이 매매 기타 원인으로 각각 소유자를 달리하게 되었으나 그 토지의 점유·사용에 관하여 당사자 사이에 약정이 있는 것으로 볼 수 있는 경우, 관습법상의 법정지상권이 성립하는지 여부(소극)

[2] 갑이 건물을 제외한 채 그 대지와 부근의 토지들을 함께 을에게 매도하여 건물과 대지가 소유자를 달리하게 되었더라도 갑이 위 대지 부분을 다시 매수하고 그 대신 을에게 위 토지와 인접한 다른 토지를 넘겨주기로 하는 특약을 맺었다면, 당사자 사이에 매수인으로 하여금 아무런 제한 없는 토지를 사용하게 하려는 의사가 있었다고 보아야 하므로, 위 특약이 매도인측의 귀책사유로 이행불능 된 이상 매도인은 위 건물을 위한 관습상의 법정지상권을 주장하지 못하고 건물을 철거하여 매수인에게 아무런 제한 없는 토지를 인도할 의무가 있다고 한 사례

※ 통상 토지는 공유, 건물은 단독소유일 때 법정지상권은 성립하지 않으며, 토지는 단독소유, 건물은 공유일 때 법정지상권은 성립할 수 있는 등 많은 판례 별 연구가 필요하다.

〈사례연구 7〉 [저당권자에 의한 신축공사의 중단 청구]

나대지상태에서 저당권설정후 동 대지에 건물신축중 대출이 연체되어 저당권이 실행되는 상태에서도 신축공사가 계속 진행되는 경우 저당권자에 의한 신축공사의 중단 청구

【질 의】

- 2001.5 A은행은 채무자 갑의 나대지에 근저당권을 설정하고 대출을 취급함
- 2001.7 갑은 나대지에 20층 규모의 오피스텔 공사를 착공하고 이를 분양함
- 2002.7 지하층공사를 한 상태에서 갑이 부도를 내자, 오피스텔 분양자조합(이하 "분양자조합" 이라 함) 에서 갑 건축사업시행권을 양수하고 공사를 속행함
- 2002.9 A은행은 갑의 근저당권부 대출채권을 B에게 양도하고, B는 나대지에 대하여 경매를 신청함
- B의 경매통지에도 불구하고 분양자조합은 공사를 강행함. 건축공사의 계속 진행은 저당권을 침해하는 행위임을 주장하여 B가 분양자조합을 상대로 공사중지를 청구할 수 있는가

【답 변】

대지의 소유자가 나대지 상태에서 저당권을 설정한 다음 대지상에 건물을 신축하기 시작하였으나 피담보채무를 변제하지 못함으로써 저당권이 실행에 이르렀거나 실행이 예상되는 상황인데도 소유자 또는 제3자가 신축공사를 계속한다면 신축건물을 위한 법정지상권이 성립하지 않는다고 할지라도 경매절차에 의한 매수인으로서는 신축건물의 소유자로 하여금 이를 철거하게 하고 대지를 인도받기까지 별도의 비용과 시간을 들여야 하므로, 저당목적 대지상에 건물신축공사가 진행되고 있다면, 이는 경매절차에서 매수희망자를 감소시키거나 매각가격을 저감시켜 결국 저당권자가 지배하는 교환

가치의 실현을 방해하거나 방해할 염려가 있는 사정에 해당한다. 그러므로 분양자조합은 B의 청구에 응하여 공사를 중지하여야 한다. (대법원판결 2003다58454)

【해 설】

1. 저당권자는 저당권 설정 이후 환가에 이르기까지 저당물의 교환가치에 대한 지배권능을 보유하고 있으므로 저당목적물의 소유자 또는 제3자가 저당목적물을 물리적으로 멸실·훼손하는 경우는 물론 그 밖의 행위로 저당부동산의 교환가치가 하락할 우려가 있는 등 저당권자의 우선변제청구권의 행사가 방해되는 결과가 발생한다면 저당권자는 저당권에 기한 방해배제청구권을 행사하여 방해행위의 제거를 청구할 수 있다. (민법 제370조, 제214조).

2. 저당권은 목적 부동산의 사용·수익을 그대로 설정자에게 맡겨 두었다가 경매 절차를 통하여 경매목적물을 환가하고 그 대금에서 피담보채권을 우선 변제받는 것을 본질적인 내용으로 하는 담보물권으로서(민법 제356조) 저당부동산의 소유자 또는 그로부터 점유권원을 설정받은 제3자에 의한 점유가 전제되어 있으므로 소유자 또는 제3자가 저당부동산을 점유하고 통상의 용법에 따라 사용·수익하는 한 저당권을 침해한다고 할 수 없다. 그러나 저당권자는 저당권 설정 이후 환가에 이르기까지 저당물의 교환가치에 대한 지배권능을 보유하고 있으므로 저당목적물의 소유자 또는 제3자가 저당목적물을 물리적으로 멸실·훼손하는 경우는 물론 그 밖의 행위로 저당부동산의 교환가치가 하락할 우려가 있는 등 저당권자의 우선변제청구권의 행사가 방해되는 결과가 발생한다면 저당권자는 저당권에 기한 방해배제청구권을 행사하여 방해행위의 제거를 청구할 수 있다.

3. 대지의 소유자가 나대지 상태에서 저당권을 설정한 다음 대지상에 건물을 신축하기 시작하였으나 피담보채무를 변제하지 못함으로써 저당권이 실행에 이르렀거나 실행이 예상되는 상황인데도 소유자 또는 제3자가 신축공사를 계속한다면 신축건물을 위한 법정지상권이 성립하지 않는다 고 할지라도 경매절차에 의한 매수인으로서는 신축건물의 소유자로 하여금 이를 철거하게 하고 대지를 인도받기까지 별도의 비용과 시간을 들여야 하므로, 저당목적 대지상에 건물신축공사가 진행되고 있다면 이는 경매절차에서 매수희망자를 감소시키거나 매각가격을 저감시켜 결국 저당권자가 지배하는 교환가치의 실현을 방해하거나 방해할 염려가 있는 사정에 해당한다.

〈사례연구 8〉 [법정지상권 성립하지 않는 경매사례 (철거)]

① 대전지방법원 2004-42005 임의경매
법정지상권 성립하지 않아 2년치 질료 부담하지 못하면 강제 경매하여 대지 낙찰자가 건물도 낙찰 받을 때 수익률 높으나 다시 상가를 분양 하여야 하므로 기대 분양률을 감안하여야 한다
② 남부 2계 2004 타경 30894호
③ 중앙 8계 2004 타경 33989호
④ 남부 2계 2002 타경 59호

반면, 법정지상권 성립하는 것으로 주의를 요하는 경매물건(낙찰 받으면 어려움)으로 남부 2004타경 17921호 및 남부 2004타경 30894호를 살펴보자.

〈사례연구 9〉 [지료청구의 소(법정지상권자에 대하여 청구)]

지료청구의 소

지료청구의 소

〈청구취지〉

1. 피고는 원고에게 금 ○○○○원 및 이에 대한 20○○. ○○. ○○. 부터 이 사건 소장부본 송달 다음날부터 다 갚는 날까지 연 20%의 비율에 의한 지연손해금 및 20○○. ○○. ○○. 부터 ○○시 ○○구 ○○동 ○○○ 대 151㎡를 원고에게 인도할 때까지 매월 금 ○○○원의 비율에 의한 돈을 지급하라.
2. 소송비용은 피고의 부담으로 한다.
3. 위 제1항은 가집행 할 수 있다.

라는 판결을 원합니다.

〈청구원인〉

1. 원고는 20○○. ○. ○. 피고소유인 ○○시 ○○구 ○○동 ○○○ 대 151㎡(다음부터 위 토지라고 함)를 소외 000가 신청한 근저당권실행을 위한 경매절차에서 매수하여 매수대금을 모두 납부하고 위 토지에 대한 소유권을 취득하였습니다.
2. 그런데 위 토지의 지상에는 피고가 건축하여 원시적으로 소유권을 취득한 철근콘크리트조 슬래브지붕 단층주택 107.6㎡(다음부터 위 건물이라고 함)가 있는데, 위 건물은 미등기건물로서 소외 000가 근저당권을 설정 받지 못하였고 위 건물을 제외한 위 토지에 대하여서만 경매를 신청하였으므로 원고는 위 경매절차에서 위 건물은 매수하지 못하였습니다.
3. 그러므로 피고는 민법 제366조에 의하여 위 토지에 대하여 위 건물의 사용을 위한 법정지상권을 취득하였다고 할 것이지만, 법정지상권자라 할지라도 대지 소유자에게 지료를 지급할 의무는 있는 것이므로, 원고는 피고에게 원고가 위 토지에 대한 소유권을 취득한 때로부터 임차료상당의 지료를 지급할 것을 요구하였으나 피고는 2년이 지나도록 단 한 푼의 지료도 지급하지 않고 있습니다.
4. 따라서 피고는 원고에게 원고가 위 토지의 소유권을 취득한 20○○. ○. ○. 부터 24개월이 되는 20○○. ○○. ○. 까지의 위 토지에 대한 차임상당의 금 ○○○○원(금 ○○○원×24개월) 및 이 사건 소장부본 송달 다음날부터 다 갚는 날까지는 소송촉진등에관한특례법에서 정한 연 20%의 비율에 의한 지연손해금 및 20○○. ○○. ○○. 부터 위 토지를 원고에게 인도할 때까지 월 금 ○○○원의 비율에 의한 돈을 지급할 의무가 있다고 할 것이므로 이를 구하기 위하여 이 사건 청구에 이른 것입니다.

〈지료관련 법령과 판례〉

- 저당물의 경매로 인하여 토지와 그 지상건물이 다른 소유자에 속한 경우에는 토지소유자는 건물소유자에 대하여 지상권을 설정한 것으로 본다. 그러나 지료는 당사자의 청구에 의하여 법원이 이를 정함(민법 제366조).
- 법정지상권 또는 관습에 의한 지상권이 발생하였을 경우에 토지소유자는 법원이 상당한 지료를 결정할 것을 전제로 하여 바로 그 급부를 구하는 청구를 할 수 있음(대법원 1964. 9. 30. 선고 64다528 판결).

· 관습상의 법정지상권에 대하여는 다른 특별한 사정이 없는 한 민법의 지상권에 관한 규정을 준용하여야 할 것이므로 지상권자가 2년 분 이상의 지료를 지급하지 아니하였다면 관습상의 법정지상권도 민법 제287조에 따른 지상권소멸청구의 의사표시에 의하여 소멸함(대법원 1993. 6. 29. 선고 93다10781 판결).

· 법정지상권의 경우 당사자 사이에 지료에 관한 협의가 있었다거나 법원에 의하여 지료가 결정되었다는 아무런 입증이 없다면, 법정지상권자가 지료를 지급하지 않았다고 하더라도 질료 지급을 지체한 것으로는 볼 수 없으므로 법정지상권자가 2년 이상의 지료를 지급하지 아니하였음을 이유로 하는 토지소유자의 지상권소멸청구는 이유가 없고, 지료액 또는 그 지급시기 등 지료에 관한 약정은 이를 등기하여야만 제3자에게 대항할 수 있는 것이고, 법원에 의한 지료의 결정은 당사자의 지료결정청구에 의하여 형식적 형성소송인 지료결정판결로 이루어져야 제3자에게도 그 효력이 미침(대법원 2001. 3. 13. 선고 99다17142 판결).

· 법원은 법정지상권자가 지급할 지료를 정함에 있어서 법정지상권설정 당시의 제반 사정을 참작하여야 하나, 법정지상권이 설정된 건물이 건립되어 있음으로 인하여 토지의 소유권이 제한을 받는 사정은 이를 참작하여 평가하여서는 아니 됨(대법원 1989. 8. 8. 선고 88다카18504 판결, 1975. 12. 23. 선고 75다2066 판결).

· 대지와 건물이 원고의 소유인데 그 중 건물만을 피고가 경락 받음으로 인하여 법정지상권이 성립된 경우에 있어서의 지료청구권은 경락건물 소유자의 법정지상권이 성립됨과 동시에 발생하는 것이고, 그 지상권자가 경락건물의 점유권을 취득함으로써 비로소 발생되는 것은 아님(광주고법 1967. 3. 3. 선고 66나413 판결).

〈사례연구 10〉 [저당목적물의 멸실 · 훼손과 저당권자의 권리]

【질 의】

은행이 저당권을 설정하고 대출을 취급한 낡은 상가부동산을 채무자겸 저당부동산의 소유자인 A가 은행에 동의도 구하지 않고 철거하였다. 동 사실을 은행은 건물이 완전히 철거된 후에야 알게 되어 A에게 신축건물에 대하여 은행에 제1순위 저당권을 설정하여 줄 것을 요청하였으나 대답이 없는 상황이다. 은행이 취할 수 있는 조치는 무엇인가?

【답 변】

은행으로서는 건물이 철거된 나대지에 대한 담보가치를 재평가하여 피담보채권을 담보할 수 있는지 여부를 파악하여야 한다. 담보가치가 부족한 경우에는 담보물보충청구권을 행사하여 은행의 피담보채권을 충족할 수 있는 추가담보의 제공을 받든가 기한이익의 상실을 통보하여 즉시 변제를 청구하여 채권회수 조치를 취하야 한다. 만약 채무자가 나대지에 건물을 신축하고 이에 대하여 담보제공하겠다는 의사를 표시하면 소위 저당권설정의 예약을 받아 두어야 한다.

【해 설】

1. 저당권의 침해

저당권자가 담보로서 가지는 저당목적물에 대하여 위법하게 해를 가하는 것을 저당권의 침해라고 한다. 대표적인 경우가 저당목적물의 소유자나 제3자가 저당권자의 동의없이 저당목적물을 훼손함으로써 저당권자가 저당목적물의 교환가치로부터 우선변제를 받지 못하게 되거나 지장을 초래하는 것이다.

2. 저당권침해에 대한 저당권자의 권리

가. 물권적청구권

저당권은 물권이므로 저당권의 침해에 대하여 이러한 물권에 기초하여 저당권자는 저당권을 침해하는 자에 대하여 그 침해의 제거를 청구할 수 있고(저당목적물방해제거청구권), 침해의 염려가 있는 행위를 하는 자에 대하여 그 예방이나 손해배상의 담보를 청구할 수 있다(저당목적물방해예방청구권, 민법 제370조, 제214조).

다만, 저당권은 목적물의 점유를 요건으로 하지 않으므로 저당목적물반환청구권은 인정되지 않는다.

나. 손해배상청구권

침해자의 고의・과실로 저당목적물로부터 채권의 실현을 만족하지 못할 때에는 침해자에 대하여 불법행위로 인한 손해배상을 청구할 수 있다(민법 제750조).

다. 담보물보충청구권

저당권설정자의 책임있는 담보물의 가액이 현저하게 감소한 때에는 저당권자는 설정자에 대하여 담보물의 원상회복 또는 상당한 담보제공을 청구할 수 있다(민법 제362조). 저당권자가 이 담보물보충권을 행사하는 경우에는 손해배상청구권이나 기한이익상실에 의한 즉시변제청구권은 행사할 수 없다.

라. 기한이익의 상실

채무자가 담보를 손상・감소・멸실하게 한때는 기한의 이익을 잃는다(민법 제388조제1항). 따라서 저당권자는 곧 변제를 청구할 수 있고, 채무자가 이에 응하지 않으면 저당권을 실행할 수 있게 된다.

3. 실무적 처리방법

가. 담보가치의 재평가

저당건물이 멸실 된 나대지에 대한 담보가치를 재평가하여 피 담보채권의 우선변제를 받는데 지당이 없는가를 먼저 검토하여야 한다. 유의할 사항은 저당토지에 대한 담보가치를 평가할 때 법정지상권에 의하여 제한을 받는 토지의 가액을 기준으로 평가하여야 안전하다.

최근 대법원 전원합의체판결(대판 2003.12.18. 98다43601) 로「동일인의 소유에 속하는 토지와 건물에 공동저당권을 설정한 후 그 지상의 건물이 철거되고 건물이 신축된 경우에는, 그 신축건물의 소유자가 토지의 소유자와 동일하고 토지의 저당권자에게 신축건물에 관하여 토지의 저당권과 동일한 순위의 공동저당권을 설정해 주는 등의 (이 경우는 법정지상권 성립함) 특별한 사정이 없는 한, 저당물의 경매로 인하여 토지와 그 신축건물의 소유자가 달라지더라도 그 신축건물을 위한 법정지상권은 성립하지 않는다」라고 법정지상권의 성립을 부인하였으나 동 신축건물에 대하여 환가하는 것이 현실적으로 쉽지 않기 때문이다.

나. 권리행사방해죄 고소

형법 제323조(권리행사방해)에서「타인의 점유 또는 권리의 목적이 된 자기의 물건 또는 전자기록 등 특수매체기록을 취거, 은닉 또는 손괴하여 타인의 권리행사를 방해한 자는 5년이하의 징역 또는 700만원이하의 벌금에 처한다」라고 정하고 있다. 따라서 저당권자는 저당건물의 멸실행위자를 형법 제323조에 따라 형사처벌하여 줄 것을 검사 또는 사법경찰관에게 고소할 수 있다.

〈사례연구 11〉 [법정지상권의 중요성과 성립요건]

【질 의】

은행거래에 있어서 법정지상권이 갖는 중요성과 그 성립요건은 어떻게 되는가?

【답 변】

법정지상권이 성립으로 은행의 담보가치가 감소되어 채권회수에 악영향을 미친다. 토지와 건물 모두에 저당권을 설정하고자 하나 건물의 전부 또는 일부가 미등기 상태에 있어 건물에 대한 저당권설정이 곤란하다거나, 지상건물이 없는 토지에 저당권을 설정하였으나 후에 저당토지에 건물이 축조되었다거나 또는 토지와 지상건물 모두에 저당권을 설정하였으나 후에 지상건물을 개축·증축·신축하는 등의 경우가 발생되어 채권보전에 지장을 초래하게 되기 때문에 나대지에 저당권을 설정하는 경우 등에는 반드시 현황을 정확하게 확인함으로써 불측의 손실이 발생치 않도록 주의 해야 한다.

【해 설】

1. 법정지상권의 인정이유

우리나라의 법제에서는 토지 및 건물이 각각 독립·별개의 권리객체로 되어 각각 거래의 대상이 될 수 있는 데 반하여, 건물은 그 성질상 토지의 이용권이 수반되지 아니하고는 존재할 수 없으므로 일정한 사유에 의하여 토지와 건물의 소유자가 달라진 경우 건물의 소유자에게 법률로써 토지이용권을 부여하여 건물의 존재기반을 보장하고자 하는 것이다.

2. 법정지상권이 성립하는 경우

① 토지와 건물이 동일소유자에 속하는 경우에 건물에 대해서만 전세권을 설정한 후 토지소유자가 변경된 때(민법 제305조)

② 동일인의 소유에 속하는 토지와 그 지상의 건물에 저당권이 설정된 후(어느 한쪽에만 설정된 경우와 양쪽에 다 설정된 경우 모두 포함) 저당권의 실행으로 경매됨으로써 토지와 건물의 소유자가 달라진 때(민법 제366조)

③ 토지와 그 지상의 건물이 동일 소유자에게 속하는 경우에 그 토지 또는 건물에만 가등기담보권·양도담보권 또는 매도담보권이 설정된 후 이들 담보권의 실행으로 토지와 건물의 소유자가 다르게 된 때(가등기담보등에관한법률 제10조)

④ 토지와 입목이 동일인에 속하고 있는 경우에 경매 기타의 사유로 토지와 입목이 각각 다른 소유자에게 속하게 된 때(입목에관한법률 제6조)

⑤ 이외에 토지와 건물이 같은 소유자에게 속하였다가 그 건물 또는 토지가 매각 또는 그 외의 원인(증여, 국세징수법에 의한 공매, 강제경매 등)으로 인하여 양자의 소유자가 다르게 된 때 특히 그 건물을 철거한다는 특약이 없는 경우(소위 판례에 의한 관습법상의 법정지상권) 등이 있다.

3. 은행 실무상 법정지상권이 갖는 중요성

은행 실무에서 법정지상권이 중요한 의미를 갖는 것은 토지와 건물 모두에 저당권을 설정하고자 하나 건물의 전부 또는 일부가 미등기 상태에 있어 건물에 대한 저당권설정이 곤란하다거나, 지상건물이 없는 토지에 저당권을 설정하였으나 후에 저당토지에 건물이 축조되었다거나 또는 토지와 지상건물 모두에 저당권을 설정하였으나 후에 지상건물을 개축·증축·신축하는 등의 경우가 발생되어 채권보전에 지장을 초래하게 되기 때문이다.

또한 여신사후관리 측면에서 저당토지상에 법정지상권이 인정되는 건물이 존재하게 되면 저당토지의 경락가액은 크게 저하되어 예상치 못하는 손실이 생기는 경우가 있다.

〈사례연구 12〉 [저당권이 설정된 나대지상에 건물이 신축된 경우 법정지상권 성립여부]

1. 나대지에 대한 저당권이 건물에 미치는지 여부
2. 법정지상권의 성립여부
3. 일괄경매청구권행사 가능여부

【질 의】

은행에서 채무자 A에게 대출을 하면서 B의 나대지에 저당권을 설정하였다(이때 지상권 설정을 받았음). 그런데 저당권설정자인 B가 은행에 연락없이 저당권이 설정된 그 나대지상에 건물을 신축하고 소유권보존등기를 완료하였다. 이에 은행은 신축건물에도 저당권을 설정할 것을 요청하였으나 설정자인 B는 거부하고 있다. 이 경우 법정지상권이 성립되는지 여부와 은행의 담보권실행에 유의할 점은 무엇인가?

【답 변】

법정지상권은 저당권설정 당시에 그 토지상에 건물이 존재해야 성립하므로 인정되지 않는다. 위 사례의 경우 먼저 은행은 채무자 A에게 담보보충을 요청하고 A와의 계속거래 유무를 검토하여야 하며, 담보보충이 되지 않으면 은행여신거래기본약관 제7조제5항에 의거 기한의 이익을 상실시켜 저당권실행을 통한 채권회수 조치를 취해야 한다. 이때 사례에서 저당권설정자인 B가 건물을 신축하고 소유권보존등기를 하였으므로 은행으로서는 저당권이 설정된 나대지와 건물을 일괄경매신청하여 담보가치의 하락을 최대한 줄여야 한다.

【해 설】

1. 나대지에 대한 저당권이 건물에 미치는지 여부

토지와 건물은 독립한 부동산이므로 나대지에 설정한 저당권의 효력은 건물에 미치지 않고 건물에는 별도의 저당권을 설정하여야 한다.

2. 법정지상권의 성립여부

민법 제366조(법정지상권)에 의하면 「저당물의 경매로 인하여 토지와 그 지상건물이 다른 소유자에 속한 경우에는 그 지상건물이 다른 소유자에 속한 경우에는 토지소유자는 건물소유자에 대하여 지상권을 설정한 것으로 본다」라고 정하고 있다.

그런데 법정지상권이 성립하려면, 법문상 명백히 표현되지 않았지만, 저당권설정 당시에 지상에 건물이 존재할 것이 요구된다. 왜냐하면 나대지에 저당권을 설정하는 경우 저당권자는 그 토지의 담보가치를 높게 파악하고 있는데 반하여 그 후 신축된 건물에 법정지상권의 성립을 인정하면 그 토지의 담보가치가 하락하게 되고 저당권자는 불측의 손해를 입게 되기 때문이다.

이러한 경우 법정지상권이 인정되지 않는다는 것만으로는 나대지 저당권자의 이익을 충분히 보호할 수 없다. 법률적으로는 저당권의 실행으로 인하여 토지를 경락 받은 자가 지상물의 철거를 요구할 수 있겠으나 실제적으로는 그 철거의 어려움 등을 예상하여 원매자가 제한되어 경락가의 하락으로 나대지 저당권자는 실질적으로 손해를 입게 된다. 따라서 민법은 저당권자 보호를 위하여 저당권의 목적이 아닌 건물에 대하여도 토지와 함께 경매를 청구할 수 있는 일괄경매청구권을 인정하고 있다(민법 제365조 저당지상의 건물에 대한 경매청구권).

3. 일괄경매청구권행사 가능여부

가. 성립요건

1) 토지에 저당권을 설정할 당시에 그 지상에 건물이 없어야 한다. 이 경우 건물은 미등기건물, 무허가건물, 불법건물, 건축중인 건물도 포함된다.
2) 토지상의 건물은 저당권설정자가 축조한 것이어야 한다. 제3자가 축조한 경우에는 일괄경매청구를 하지 못한다. 또한 저당권을 실행하기 전에 저당권설정자가 지상건물을 제3자에게 양도한 경우에도 일괄경매청구가 허용되지 않는다. 반면 제3자가 축조한 건물을 저당권설정자가 양수한 경우에는 일괄경매청구를 할 수 있는 것으로 보아야 한다. 그리고 제1순위의 저당권이 설정된 후에 그 지상에 건물이 신축되고 제2순위 저당권이 설정된 경우에 제1순위 저당권자는 물론 제2순위 저당권자도(다만, 제1순위 저당권이 존재하여야 함) 일괄경매청구를 할 수 있는 것으로 보아야 한다.
3) 축조건물에 대하여 소유권 보존등기가 되어 있어야 한다. 미등기라 하더라도 그 건물에 관하여 부동산등기법 제131조에 의한 소유권보존등기신청의 서류를 구비할 수 있는 경우에는 이 서류를 첨부하여 일괄경매신청을 할 수 있다(민사집행법 제81조 제1항 제2호).

나. 일괄경매의 효력

토지저당권자가 토지와 지상건물을 일괄 경매한 경우에 토지저당권자는 그 건물의 경매대가에 대해서는 우선변제를 받을 수 없다. 다만 이 경우 건물의 경매대가로부터 일반채권자의 지위에서 배당을 받을 수 있는가 하는 점은 견해가 나뉜다. 일괄경매 신청한 사유만으로는 배당 받을 수 없다는 견해와 다른 채권자의 배당참여가 없거나 배당에 참가한 채권자의 채권을 배당하고도 잉여가 있는 부분에 대하여는 배당 받을 수 있다는 견해가 있다.

〈사례연구 13〉 [법정지상권 물건에 대한 Check Point 및 법정지상권 관련된 경매 물건별 사례연구]

– 한국공인중개사협회 법원경매 매수신청대리 송창식 교수 강의록에서 발췌 -

〈법정지상권 물건에 대한 Check Point〉

① 왜 토지만이 경매가 진행되고 있는지? 과연 법정지상권이 성립되는지를 정확히 파악해야 한다.
② 토지소유권을 취득한 후 어떻게 할 것인지 결정한 후에 응찰하여야 한다.
③ 지상건물의 상태는 어떤지? 나중에 건축물에 대한 보존등기가 가능한지 파악하여야 한다.
④ 건물 소유자에 대한 사전 분석이 있어야 한다.
⑤ 건물 임차인에 대한 권리분석을 하여야 한다(건물 경매시 인수할 임차보증금 파악 목적)
⑥ 자금조달 문제 : 은행 융자가 어렵기 때문에 2~3년간 투자할 자금이 있어야 한다.
⑦ 건물까지 취득할 수 있는 법적 절차에 대한 이해가 요구된다.

〈법정지상권 관련된 경매 물건별 사례연구〉

수원 2003－21987(경기도 용인시 기흥구 언남동 161－7 매각제외 뉴현대빌라 2동 19가구 제외)
동부 2000－26382(서울 강동구 둔촌동 46－29 매각제외 3층 다가구주택 소재),
동부 2004－3462(서울 강동구 둔촌동 46－29 건물만 입찰, 대지권 없음)
평택 2005－3661(경기 평택시 지제동 456－1 매각제외 소유자 미상의 신축중인 2동 건물 소재)

〈법정지상권 집중분석〉

1) 소유자가 가족인 경우

친자, 부부간에 토지, 건물을 각각 소유하는 때에는 가족간에는 통상 용익권을 설정하지 않는 경우가 많은데 경매로 인하여 소유자가 바뀐 경우에는 성립요건이 결여되어 인정되기 어렵다.

2) 공유관계와 법정지상권

① 토지공유자의 한 사람이 다른 공유자의 지분 과반수의 동의를 얻어 건물을 건축한 후 토지와 건물의 소유자가 달라진 경우 토지에 관하여 관습법상의 법정지상권이 성립되는 것으로 보게 되면 이는 토지공유자의 1인으로 하여금 자신의 지분을 제외한 다른 공유자의 지분에 대하여서까지 지상권설정의 처분행위를 허용하는 셈이 되어 부당하다. (×) (대법원 1993.4.13. 선고 92다55756 판결)

② 대지소유자가 그 지상건물을 타인과 함께 공유하면서 그 단독소유의 대지만을 건물철거의 조건 없이 타에 매도한 경우에는 건물공유자들은 각기 건물을 위하여 대지 전부에 대하여 관습에 의한 법정지상권을 취득한다. (대법원 1977.7.26. 선고 76다388 판결) (○)

③ 공유로 등기된 토지의 소유관계가 구분소유적 공유관계에 있는 경우에는 공유자 중 1인이 소유하고 있는 건물과 그 대지는 다른 공유자와의 내부관계에 있어서는 그 공유자의 단독소유로 되었다 할 것이므로 건물을 소유하고 있는 공유자가 그 건물 또는 토지지분에 대하여 저당권을 설정하였다가 그 후 저당권의 실행으로 소유자가 달라지게 되면 건물 소유자는 그 건물의 소유를 위한 법정지상권을 취득하게 되며, 이는 구분소유적 공유관계에 있는 토지의 공유자들이 그 토지 위에 각자 독자적으로 별개의 건물을 소유하면서 그 토지 전체에 대하여 저당권을 설정하였다가 그 저당권의 실행으로 토지와 건물의 소유자가 달라지게 된 경우에도 마찬가지라 할 것이다. (대법원 2004. 6. 11. 선고 2004다13533 판결) (○)

3) 저당권설정 후의 소유권 변동

토지 또는 건물에 저당권을 설정할 당시에는 토지와 건물이 동일 소유자에게 속하였지만, 매각이전에 그 어느 하나가 제3자에게 양도된 경우 법정지상권은?

⇒ 토지에 저당권을 설정할 당시 토지의 지상에 건물이 존재하고 있었고 그 양자가 동일 소유자에게 속하였다가 그 후 저당권의 실행으로 토지가 낙찰되기 전에 건물이 제3자에게 양도된 경우, 민법 제366조 소정의 법정지상권을 인정하는 법의 취지가 저당물의 경매로 인하여 토지와 그 지상 건물이 각 다른 사람의 소유에 속하게 된 경우에 건물이 철거되는 것과 같은 사회경제적 손실을 방지하려는 공익상 이유에 근거하는 점, 저당권자로서는 저당권설정 당시에 법정지상권의 부담을 예상하였을 것이고 또 저당권설정자는 저당권설정 당시의 담보가치가 저당권이 실행될 때에도 최소한 그대로 유지되어 있으면 될 것이므로 위와 같은 경우 법정지상권을 인정하더라도 저당권자 또는 저당권설정자에게는 불측의 손해가 생기지 않는 반면, 법정지상권을 인정하지 않는다면 건물을 양수한 제3자는 건물을 철거하여야 하는 손해를 입게 되는 점 등에 비추어 위와 같은 경우 건물을 양수한 제3자는 민법 제366조 소정의 법정지상권을 취득한다(대법원 1999. 11. 23. 선고 99다52602 판결)(○)

4) 미등기건물과 법정지상권

① 대지와 그 지상의 건물이 원래 갑의 소유이었는데, 갑이 대지와 건물을 을에게 매도하고, 을은 건물에 관하여는 소유권이전등기를 하지 아니하고 대지에 관하여만 그 이름으로 소유권이전등기를 경료함으로써 건물의 소유명의가 갑 명의로 남아 있게 되어 형식적으로 대지와 건물이 그 소유명의자

를 달리하게 된 것이라면 대지와 건물의 점유사용 문제는 그 매매계약 당사자 사이의 계약에 따라 해결할 수 있는 것이므로 갑과 을 사이에 있어서는 관습에 의한 법정지상권을 인정할 필요는 없다. (대법원 1993.12.28. 선고 93다26687 판결) (×)

② 위의 경우 대지소유권이 강제경매로 제3자에게 이전된 경우 을은 법정지상권을 취득하는가?
민법 제366조의 법정지상권이나 관습상의 법정지상권은 토지와 그 지상건물이 동일인의 소유로 있다가 그 중 하나가 저당권의 실행이나 매매 등으로 그 소유자가 달라진 경우에 그 건물소유자에게 인정되는 것이므로 대지에 관한 근저당권설정등기시나 갑이 그 소유권을 경락 취득한 당시에 을이 위 대지에 대하여는 소유권을 취득하였으나 그 지상건물에 대하여는 미등기건물이어서 그 소유권을 취득하지 못하였다면 을은 갑에 대하여 위 대지에 관한 민법 제366조의 법정지상권이나 그밖에 관습상의 법정지상권을 취득할 수 없다. (대법원 1987.12.8. 선고 87다카869 판결) (×)

③ 위의 경우 을에게 건물을 양도하기 전에 대지에 관하여 이미 설정되어 있던 저당권에 의하여 대지의 경매가 이루어진 경우 갑 또는 을은 법정지상권을 취득하는가?
이 사건 대지와 건물은 위 근저당권설정 당시는 동일인인 소외 김순자의 소유에 속하였다가 그 후 대지의 경매로 인하여 대지와 건물이 다른 소유자에게 속하게 된 것이니 위 건물의 소유자인 소외 김순자는 민법 제366조에 의하여 이 사건 대지에 대하여 건물의 소유를 목적으로 하는 법정지상권을 취득하였다 할 것이고, 법정지상권자는 물권으로서의 효력에 의하여 이를 취득할 당시 의 대지소유자나 이로부터 소유권을 전득한 제삼자에 대하여도 등기 없이 위 지상권을 주장할 수 있는 것이므로 소외 김순자는 위 대지의 전득자인 원고에 대하여 지상권설정등기청구권이 있다 할 것이며, 위 법정지상권을 양도받기로 한 피고 김○○은 채권자대위의 법리에 의하여 원고 및 소외 김순자에 대하여 차례로 지상권설정등기 및 이전등기절차의 이행을 구할 수 있다 할 것이다.
그리고 이와 같이 이 사건 대지에 대한 법정지상권을 취득할 지위에 있는 위 피고에 대하여 원고가 대지소유권에 기하여 건물철거를 구함은 지상권의 부담을 용인하고 또한 그 설정등기절차를 이행할 의무 있는 자가 그 권리 자를 상대로 한 청구라 할 것이어서 신의성실의 원칙상 허용될 수 없다(대법원 1985.4.9. 선고 84다카1131,1132 전원합의체판결)
⇒ 민법 제366조의 법정지상권이 성립되려면 대지와 건물이 저당권 설정 당시 동일인의 소유에 속하고 있었으면 족하므로 그 후 경매에 의하여 소유가 분리된 경우 비록 경매 이전에 어떤 사유로 그 소유가 이미 분리되어 있었더라도 갑은 제366조에 의한 법정지상권을 취득하고, 을은 법정지상권을 취득할 수는 없으나 갑을 대위하여 차례로 지상권설정등기 및 이전등기절차의 이행을 구할 수 있다. (×)

5) 환지처분으로 인한 법정지상권
환지로 인하여 새로운 분할지적선이 그어진 결과 환지 전에는 동일인에게 속하였던 토지와 그 지상건물의 소유자가 달라졌다 하더라도, 환지의 성질상 건물의 부지에 관하여 소유권을 상실한 건물 소유자가 그 환지된 토지(건물부지)에 대하여 건물을 위한 관습상의 법정지상권을 취득한다거나 그 환지된 토지의 소유자가 그 건물을 위한 관습상 법정지상권의 부담을 안게 된다고는 할 수 없다(대법원 1996. 3. 8. 선고 95다44535 판결) (×)

〈사례연구 14〉 [대지에 대한 담보취득과 법정지상권]

• 토지에 지상건물이 있는 경우의 담보취득

1. 금융거래상의 실무

① 토지와 지상건물 모두에 근저당권 설정해야 한다.
－건물에만 근저당권을 설정하는 경우의 문제점 : 건물철거의 위험이 있다.
－토지에만 근저당권을 설정하는 경우의 문제점 : 건물소유자의 법정지상권 성립한다.

2. 지상권의 특징

① 타인의 토지에서 건물 기타의 공작물이나 수목을 소유하기 위하여 그 토지를 사용할 수 있는 물권을 말한다.
② 당사자간의 지상권설정계약과 지상권설정등기에 의하여 성립한다.
③ 최단존속기간 : 견고한 건물과 수목 30년, 기타 건물 15년, 건물 이외의 공작물 5년
④ 지상권자에게 계약 갱신청구권과 지상물 매수청구권이 있다.

3. 법정지상권

(1) 의의 및 취지
① 당사자간의 지상권설정계약과 지상권설정등기 없이 일정한 사실관계에 기초하여 법률상 당연히 성립한다.
② 토지소유자와 지상건물소유자의 의사 여하에 관계없이 토지와 지상건물의 소유자가 달라지는 경우 건물이 철거되어야 하는 불합리한 결과의 발행을 방지할 목적이다.
(2) 법정지상권의 성립요건
① 저당권설정 당시에 토지 위에 건물이 존재할 것
토지 위에 존재하는 건물의 의미는 미등기 건물, 무허가 건물, 건축 중인 건물, 개축·증축 건물, 재축·신축건물, 토지와의 공동저장 건물을 헐고 신축한 경우
② 저당권설정 당시 토지와 건물이 동일인 소유일 것
③ 경매로 인하여 토지와 건물의 소유자가 달라지게 되었을 것
제1순위 근저당권 설정 시 나대지, 제2순위 근저당권 설정 시 건물존재의 경우에도 적용
(3) 법정지상권의 효력
① 성립시기- 매수인이 대금을 완납하고 소유권을 취득한 때
- 등기 없이 토지소유자 또는 그 전득자에 대항 가능하다.
- 다른 자에게 처분하려면 등기가 필요하다.
② 법정지상권의 등기
-건물소유자와 토지소유자가 공동으로 등기소에 신청하여 하는 것이 원칙이다.
- 토지소유자가 공동신청에 불응하는 경우 지상권설정등기청구소송 제기해야 한다.
- 법정지상권을 등기함이 없이 건물을 양도한 경우의 법률관계
·양도인은 양수인에 대하여 지상권설정 등기 후 이전의무를 부담한다.
·토지의 매수인은 양수인에 대하여 건물철거청구가 불가하다
③ 법정지상권의 내용
건물의 이용에 필요한 범위내의 대지에 대하여 법정지상권을 인정한다.
- 구 건물철거 이후 신축 시 구 건물 기준으로 법정지상권을 인정한다.
- 법정지상권의 존속기간은 기간의 약정이 없는 것으로 취급(최단존속기간 적용)
- 질료(당사자간 합의로 결정 -> 합의 불가시 청구에 의하여 법원이 결정한다)

4. 토지 또는 건물에만 저당권을 설정하는 경우의 대응책

(1) 토지에만 저당권을 설정하는 경우
① 경매결과 토지와 건물의 소유자가 달라지게 되면 건물소유자의 법정지상권이 발생한다.
② 토지의 담보가치를 정상적인 토지의 가액이 아니라 지상권에 의하여 제한 받는 토지의 가액으로 파악하게 된다.

(2) 건물에만 저당권을 설정하는 경우

① 경매결과 토지와 건물의 소유자가 달라지게 되면 건물소유자의 법정지상권이 발생한다.

② 법정지상권 : 건물의 종 된 권리로서 건물을 대상으로 하는 근저당권의 효력이 미친다.

* 토지와 지상건물의 소유자가 서로 다른 상태에서 건물에 대하여만 저당권을 설정한 후 건물의 경매가 이루어지는 경우는 법정지상권이 발생하지 않는다.

• 지상건물이 없는 토지의 담보취득

1. 문제의 소재

- 저당권자의 동의 없이도 저당권설정자는 자유로이 저당토지상에 건물을 축조할 수 있다.
- 저당권설정 후 저당토지상에 토지의 소유자가 건물을 축조한 경우 독립건물로 인정 시(주벽과 지붕 완성) 별개의 부동산으로 취급하며, 독립건물로 미인정시 토지의 부합물로 본다.

2. 토지와 건물에 대한 일괄경매청구권

① 일괄경매청구권의 의의 및 인정취지

- 토지저당권자가 저당목적물이 아닌 건물까지 경매 청구할 수 있는 권리
- 저당권의 실행을 용이하게 하여 토지의 교환가치를 높이려는

② 일괄경매청구권의 성립요건

- 토지에 저당권을 설정할 당시에 그 지상에 건물이 존재하지 않았을 것
- 건물은 저당권설정자가 축조한 것이어야 한다
  - ·저당권실행 전에 저당권설정자가 지상건물을 타인에게 양도한 경우 : 불성립
  - ·제3자가 축조한 건물을 저당권설정자가 양수한 경우 : 성립
  - ·제1순위설정(토지)->건물축조->제2순위설정(토지) : 제2순위권자도 일괄경매청구 가능
- 축조건물에 대하여 소유권보존등기가 되어 있을 것
  미등기인 경우도 소유권보존등기신청의 서류를 구비할 수 있는 때에는 그 서류를 첨부하여 일괄경매신청 가능하다

③ 일괄경매의 효력

- 토지근저당권자 : 건물의 경매대가로부터 우선변제권 없음
- 일반채권자로서 배당참가하기 위하여 배당요구가 필요한지 여부
  - · 다른 일반채권자의 배당참가가 없는 경우 : 배당요구 불필요
  - · 다른 일반채권자의 배당참가가 있는 경우 :
    필요설 - 다른 채권자와의 형평성 도모를 위하여 필요하다.
    불필요설 - 민사집행법상 배당요구의 종기까지 경매를 신청한 채권자는 당연히 배당요구한 것으로 취급되는 점)
- 법정지상권은 성립하지 않는다.

3. 저당토지상에 지상권을 설정 받은 경우의 법률관계

(1) 지상권을 설정 받는 취지

저당권자가 원하지 않는 건물의 축조를 방지할 수 있다.

(2) 지상권자의 토지사용승낙

① 승낙의 법률적 의미(채권자는 축조된 건물에 대하여도 저당권을 설정할 것을 약정하고

사용승낙을 해주는 것이 보통이다)

② 금융거래에 있어서 축조 건물에 대한 저당권설정의무 불이행시 채권자는 그로 인하여 채권보전에 상당한 지장이 초래되지 않는 한 지상건물의 철거를 요구할 수 없다.

(3) 지상권자의 승낙 없는 건물 축조

- 승낙 없이도 건물 축조 가능하다.
- 승낙 없이 건물을 축조하는 경우의 대응방안 : 저당권자의 채권보전에 지장이 초래될 수 있는 건물을 축조하려고 할 때에 사전에 저지할 수 있다.
- 축조건물이 완공된 경우 지상권 자로서 건물의 철거를 요구할 수 없다.

• 저당토지상의 공동저당 건물을 헐고 신축한 경우의 법률관계

1. 근저당권자의 채권보전에 미치는 영향

- 구 건물의 대한 근저당권의 소멸한다.
- 구 건물에 대한 근저당권의 효력 신 건물에 미치지 않는다.
- 토지저당권 실행시 건물소유자의 법정지상권은 인정하지 않는다(대법원판례).

  * 채권자의 대응
- 토지의 매각가액만으로 담보채권의 우선변제에 충분한 경우 : 별도의 대책 불필요
- 토지의 매각가액만으로 담보채권의 우선변제에 부족한 경우 : 별도의 대책 필요

2. 채무자가 멸실시키고 신축한 경우

① 담보의 보충을 청구한다.
- 신축건물을 토지를 대상으로 하는 근저당권에 공동담보로 추가한다.
- 공동담보 추가에 불응하는 경우 신축건물에 대한 처분금지가처분 신청, 근저당권설정등기청구의 소를 제기한다.

② 채무자의 다른 재산에 대한 가압류를 한다.

③ 형법상의 권리행사방해죄로 고소한다.

3. 제3취득자가 멸실시키고 신축한 경우

① 채무자에 대한 대응방안
- 담보의 보충을 청구한다.
- 신축건물의 담보제공요구 불가, 권리행사방해죄 고소 불가하다.

② 제3취득자에 대한 대응방안
- 손해배상청구, 손해배상청구권에 기하여 신축건물 등 가압류를 한다.
- 형법상의 권리행사방해죄로 고소한다.

〈사례연구 15〉 [토지에 설정 시 미등기건물 존재 경우 담보권 실행 후 건물 철거 여부]

법정지상권의 성립요건에 관한 주요쟁점

– 중소기업은행 일산중앙지점장 법학박사 이상진 금융판례산책 기고 글에서 일부 발췌 –

[토지에 대한 저당권설정 시 동 지상에 미등기건물이 존재한 경우 담보권 실행 후 동 건물을 철거할 수 있는지 여부]

토지 위에 미등기건물이 존재 하였으나 등기부상으로는 나대지 상태이므로 동 대지에 대하여 저당권설정과 아울러 지상권을 취득하였다. 이후 동 대지에 대한 경매절차가 종료된 경우 지상건물의 철거가 가능한 것인지?

⇒ 미등기건물에 대하여도 민법 제366조 소정의 법정지상권이 인정되는 것이므로 동 건물의 철거는 원칙상 허용되지 않는다 할 것이다.

(1) 법정지상권이 인정되는 지상건물은 반드시 등기를 거친 것임을 필요로 하지 아니하고 건물로서의 요소를 갖추고 있는 한 미등기건물에 대하여도 인정되며(대법원 1964. 9.22 선고 63마62 판결), 토지에 대하여는 단순히 저당권만을 설정하는 경우는 물론 저당권설정과 동시에 지상권을 설정하는 경우에도 미등기건물에 대하여 법정지상권이 성립하는 데에 지장이 없다는 것이 판례의 입장이다. 그리고 저당권설정 당시 이미 건물이 건축중인 때에는 법정지상권이 인정된다는 것이 통설이며, 그 기준은 저당권설정시에 건물이 존재를 예측할 수 있고 또한 사회 경제적으로 그 완성을 용이하여야 할 정도로 축조 되었으면 족하다고 할 것이다(대법원 1987. 4.28 선고 86다카2856 판결)

(2) 그러면 저당권자가 지상권을 설정하면서 건물철거 등의 약정을 하여 법정지상권 배제의 특약을 한 경우에는 어떻게 되는가? 이와 관련된 판례는 그 취지가 명확한 것은 아니나, 민법 제366조의 규정이 강행규정이라는 학설을 고려할 때에 다음과 같은 의미로 해석될 수 있을 것이다.

(가) 건물 철거 등의 특약이 없는 경우에는 당연히 지상 미등기건물에 대하여 법정지상권이 성립한다(대법원 1977. 7.12 선고 1078, 1079 판결, 1991.10.11. 선고 91다23462 판결)

(나) 법정지상권 배제의 특약을 하더라도 그 특약은 원칙상 효력이 없다고 하여야 할 것이고, 다만 저당권설정 당사자간에 채권적인 효력이 있을 뿐이다. (대법원 1988. 10.25 선고 87다카1564 판결)

(3) 상기 (2) (나)의 '채권적인 효력'의 의미가 명확한 것은 아니나, 저당권자가 경락자로 되어 소유권을 취득한 때에는 건물철거 등의 특약에 근거하여 건물철거이행의 소송절차를 취할 수 있다는 의미로 해석할 수 있을 것이다. 결국 등기부상으로는 나대지이나 그 지상에 미등기건물이 존재하는 때에는 법정지상권 성립과 관련하여 그 토지 이용가치가 제한되어 토지 환가시 현저한 가치하락이 전제되는 것이므로, 은행에서 부득이 담보를 취득하는 경우에는 이를 충분히 감안하여야 할 것이다

〈사례연구 16〉 [토지와 건물의 소유자가 다를 때 법정지상권 성립 여부]

대구지법 2007.7.19. 선고 2006나15203 판결

【판시사항】

토지에 저당권이 설정될 당시 토지 소유자가 그 지상에 건물을 건축 중이었고, 그것이 사회관념상 독립된 건물로 볼 수 있는 정도에는 이르지 않았으나 건물의 규모와 종류를 외형상 예상할 수 있는 정도에 이른 경우, 저당권의 실행에 의한 경매로 위 토지와 건물의 소유자가 다르게 된 때에 민법 제366조의 법정지상권이 성립하는지 여부(적극)

【판결요지】

민법 제366조의 법정지상권은 저당권 설정 당시 동일인의 소유에 속하던 토지와 건물이 경매로 인하여 소유자가 다르게 된 때 건물의 소유자를 위하여 발생하는 것으로서, 토지에 관하여 저당권이 설정될 당시 토지 소유자가 그 지상에 건물을 건축하던 중이었고, 그것이 사회관념상 독립된 건물로 볼 수 있는 정도에 이르지 않았다 하더라도 건물의 규모와 종류를 외형상 예상할 수 있는 정도까지 건축이 진전되어 있는 경우에는, 저당권자는 완성될 건물을 예상할 수 있으므로 법정지상권을 인정하여도 불측의 손해를 입는 것이 아니며 사회경제적으로도 건물을 유지할 필요가 인정되기 때문에 법정지상권의 성립을 인정함이 상당하다.

⇒ 토지에 근저당권을 설정할 당시 토지와 지상 건물이 동일인 소유였다가 그 후 저당권의 실행 전에 토지가 제 3자에게 양도된 경우 및 위 저당권 설정 당시 근저당권자를 위하여 지상권이 설정된 경우, 건물 소유자가 법정지상권을 취득하는지 여부 가 쟁점이 된 사건이다.

1. 사안의 개요
   1) 피고는 2002.10월경 이사건 토지 및 신축중인 지상거물에 대한 일체의 권리를 이전 받아 2002.10.30 위 토지에 관한 소유권이전등기를 마친 후 그 다음날 위 건물의 건축주 명의를 피고 앞으로 변경하였다.
   2) 피고는 2002.11.11 은행을 위하여 근저당권을 설정하는 한편 위 건물의 신축공사를 계속하여 조경공사만을 제외한 모든 공사를 완료하였다.
   3) 한편 권고는 2005.12.28. 위 근저당권의 실행으로 인한 임의경매에서 위 토지를 경락 받아 2006.1.6. 소유권이전등기를 마친 후 현재 피고에게 위 건물의 철거를 구하고 있다.
2. 피고의 주장

   근저당권 설정 당시 이 사건 토지 및 건물은 피고의 소유이고, 건물은 완성 단계에 있었으므로, 피고는 민법 제366조의 법정지상권을 취득하였다. 따라서 피고는 이 사건 건물을 철거할 의무가 없다.
3. 쟁점
   1) 토지에 저당권을 설정할 당시 지상 건물이 건축 중이었고, 그 토지 및 건물이 동일인의 소유였다가 그 후 저당권의 실행으로 토지가 낙찰되기 전에 토지가 제 3자에게 양도된 경우 및
   2) 위 저당권 설정 당시 근저당권자를 위하여 지상권이 설정된 경우, 건물소유자가 법정지상권을 취득하는지 여부
4. 법원의 판단
   1) 이 사건 토지의 소유자인 피고가 이 사건 근저당권을 설정한 무렵에는 이 사건 건물은 그 규모, 종류가 외형상 예상할 수 있는 정도까지 건축이 진전되어 있었는바, 근저당권자인 은행은 완성될 건물을 충분히 예상할 수 있어 법정지상권을 인정하여도 불측의 손해를 입는 것이 아니기 때문에 피고에 민법 제366조의 법정지상권의 성립을 인정함이 상당하다.
   2) 한편 피고는 은행을 위하여 근저당권을 설정할 당시 은행을 지상권자로 하여 존속기간 30년의 지상권설정등기를 마쳐주었고, 위 근정당권이 실행되기 이전에 서00에게 이 사건 토지를 매도하고 그녀 명의로 소유권이전등기를 마쳐준 사실은 있으나, 은행의 위 근저당권이 실행됨으로써 위 지상권 설정등기가 말소되고 이 사건 건물의 소유자인 피고를 위한 법정지상권이 성립된 점, 당시 건물소유자인 피고와의 사이에 위 서00를 위하여 지상권이 설정되거나 관습상의 법정지상권이 성립할 여지가 있으나 경락으로 그 효력을 상실하는 점, 저당권자로서는 저당권 설정 당시에 법정지상권의 부담을 예상하였을 것이어서 법정지

상권을 인정하더라도 저당권자에게는 불측의 손해가 생기지 않는 점 등에 비추어 위와 같은 경우에도 피고는 민법 제 366조 소정의 법정지상권을 취득한다고 할 것이다.

3) 따라서 원고의 차임상당 부당이득 청구만을 인용할 뿐 건물 철거 청구는 이유없어 기각한다. 즉 토지에 근저당권을 설정할 당시 토지와 지상 건물이 동일인 소유였다가 그 후 저당권의 실행 전에 토지가 제 3자에게 양도된 경우 및 위 저당권 설정 당시 근저당권자를 위하여 지상권이 설정된 경우에도 건물 소유자가 민법 제366조 소정의 법정지상권을 취득한다는 판단이다.

〈사례연구 17〉 [미등기 건물의 법정지상권 성립여부 분석]

1. 내 용

1) 토지 소유주 "갑"은 1983년 11월30일 토지소유권 이전을 하고 토지 일부분에 대해 1985년 1월에 한옥을 신축하고 등기를 하지 않음.
2) 1987년 12월 "을"에게 매각하여 토지 소유권 이전등기를 하였고, "을"은 미등기 건축물인 한옥을 그냥 사용하였으며, 4년 후에 1991년 1월에 "을" 명으로 가옥대장상의 명의 변경을 함.
3) 그 후 "을"은 은행권에서 대출을 받으며 1995년 12월에 근저당권 설정과 함께 지상권을 30년 존속 기간으로 하여 설정함.
4) 그리고 1999년 11월 한옥 소유권을 세대를 달리하고 있는 처의 명의로 가옥 대장상의 명의 변경을 함.
5) "을"은 사업이 여의치 않아 2003년 10월 토지가 경매로 인하여 "병"에게 낙찰되어 소유권 이전 등기됨.

2. 해설

1번 : "갑"은 건물을 원시취득 하였으므로 건물 소유자가 됨.
2번 : "을"에게 토지만을 매도하였다면 건물은 관습법상 법정지상권 성립함.
그러나 "을"은 "토지+미등기 건물"을 매수하여 법정지상권 성립하지 않음.
3번 : 은행의 법정지상권이 인정되나 경매로 인하여 소멸됨.
4번 : 건물이 미등기 상태에서 "을의 처"에게 처분권(미등기건물은 소유권이 아니라 처분권이라고 함)이 이전이 되어 법정지상권은 성립하지 않음(단, 건물이 등기가 되어 있었다면 법정지상권이 인정됨).
5번 : 경매 시 "을의 처"명의 건물은 미등기 상태이기 때문에 법정지상권은 성립하지 않음. 따라서 이 경우에는 법정지상권이 없다.

3. 법률 및 판례

① 민법 제 366조에 의한 법정지상권
저당물의 경매로 인하여 토지와 그 지상건물이 다른 소유자에 속한 경우에는 토지소유자는 건물 소유자에 대하여 지상권을 설정한 것으로 본다. 그러나 지료는 당사자의 청구에 의하여 법원이 이를 정한다.
② 관습법에 의한 법정지상권(판례 : 대법원 판례 1962.4.18, 선고, 61다1103 판결)
민법에서 인정하는 요건을 갖추지 않았다고 하더라도 토지와 건물이 같은 소유자에 속하였다가 그 건물 또는 토지가 매각 또는 그 외의 원인(증여, 국세징수법에 의한 공매 등)으로 인하여 양자의 소유자가

다르게 되었을 때 특히 그 건물을 철거한다는 조건이 없는 이상 당연히 건물 소유자는 토지 소유자에게 대하여 소위 관습에 의한 법정지상권을 취득하게 된다(대법원 판례 1962.4.18, 선고, 61다1103 판결)

③ 법정지상권의 범위(판례 : 대법원 77다 921판결)

법정지상권이 성립될 경우 법정지상권자의 토지사용권 범위는 건물의 대지에 한정되지 않고 건물의 유지 및 사용에 일반적으로 필요한 범위 내에서 건물의 대지 이외에도 미친다(대법원 77다 921판결)

④ 인수 건물 미등기 판례(대법원 1989.2.14 선고 88다카2592 판결)

[판시사항]

대지소유자가 그 지상의 미등기건물에 대하여 처분권은 있으나, 소유권은 없는 경우 그 대지가 경매로 인하여 타인의 소유에 속하게 된 때 법정지상권이 발생하는지 여부

[판결요지]

"갑"의 소유인 대지와 그 지상에 신축된 미등기건물을 "을"이 함께 양수한 후 건물에 대하여 미등기 상태로 두고 있다가 이중 대지에 대하여 강제경매가 실시된 결과 "병"이 이를 경락 받아 그 소유권을 취득한 경우에는 "을"은 미등기인 건물을 처분할 수 있는 권리는 있을지언정 소유권은 가지고 있지 아니함으로 대지와 건물이 동일인의 소유에 속한 것이라고 볼 수 없어 법정지상권이 발생할 여지가 없다.

4. 관습법상의 법정지상권

지상권은 법률규정이 있어야 성립하는 물건이다. 그러나 예외적으로 판례는 일정한 요건을 갖춘 경우 법률규정이 없더라도 법정지상권 성립을 인정하고 있다. 이를 관습법상의 법정지상권 또는 판례에 의한 법정지상권이라 한다. 관습법상의 법정지상권이란 토지와 건물이 동일인 소유에서 그 중 하나가 매매 등의 사유로 소유자가 분리된 경우, 건물을 철거한다는 특약이 없으면, 건물소유자는 관습법상의 법정지상권을 취득한다.

1) 지상권 존속 기간 기산일

- 지상권 성립 시점부터(주의 : 건물 신축 시점이 아님)

2) 법정지상권 성립 요건

① 토지와 건물이 동일인 소유에 속해야 한다.

참고로 토지사용승낙을 얻어 건축한 건물은 법정지상권이 인정되지 않는다. 그 이유는 건물소유자와 토지소유지가 다르기 때문임.

② 토지나 건물 중 어느 하나가 처분되어 소유가 분리되어야 한다.

즉 처분은 매매, 공매, 경매 등의 사유를 말함. 그리고 법정지상권이 성립하기 위해서는 물권행위(등기, 경락)가 완료되어야 한다(매매의 경우 잔금 지급 후 등기이전을 완료해야 함).

③ 당사자 사이에 건물 철거 특약이 없어야 한다.

④ 성립 시 등기를 요하지 않으나, 처분 시에는 등기하여야 한다.

관습법상 법정지상권은 민법 제187조(법률규정에 의한 물권변동)에 의해 등기를 요하지 않는다, 그러나 이를 제 3자에게 처분하려면 체187조 단서에 의해 등기를 하여야 한다. 만일 관습법상의 법정지상권자가 [법정지상권설정등기]를 하지 않고 제 3자에게 건물을 양도한 경우, 특별한 사정이 없는 한 전득한 제3자는 채권자대위권을 행사하여 등기이행을 청구할 수 있다[대판 80다2873]

⑤ 공시된 소유권이라야 한다.

즉 소유권이란 명의신탁 등 사실상 처분권은 소유권으로 인정하지 않고 반듯이 등기된(공시된) 소유권이라야 한다.

6-4. 유치권

유치권이라 함은 타인의 물건(동산・부동산) 또는 유가증권을 점유한 자가 채권을 가지는 경우에 변제를 받을 때까지 채무자의 변제를 간접적으로 강제하는 담보물권으로서 등기할 수 없는 권리이며, 말소기준등기보다 앞서서 성립하던 뒤에 성립되든 낙찰자가 인수 부담하여야 한다.(민법 제320조 제1항, 민사집행법 제91조 제5항)

(1) 부동산의 점유자(주로 임차인)는 점유부동산에 대하여 필요비(천장에 비가 새자 보수비용으로 지출) 또는 유익비(엘리베이트 설치비용 지출)를 지출한 때에는 그 가액의 증가가 현존한 경우에 한하여 소유자의 선택에 좇아서 그가 지출한 금액이나 증가액의 상환을 청구할 수 있다.(민법 제325조)

민법 제320조 (유치권의 내용)

① 항 타인의 물건 또는 유가증권을 점유한 자는 그 물건이나 유가증권에 관하여 생긴 채권이 변제기에 있는 경우에는 변제를 받을 때까지 그 물건 또는 유가증권을 유치할 권리가 있다.

② 전항의 규정은 그 점유가 불법행위로 인한 경우에 적용하지 아니한다.

민법 제325조 (유치권자의 상환청구권)

① 유치권자가 유치물에 관하여 필요비를 지출한 때에는 소유자에게 그 상환을 청구할 수 있다.

② 유치권자가 유치물에 관하여 유익비를 지출한 때에는 그 가액의 증가가 현존한 경우에 한하여 소유자의 선택에 좇아 그 지출한 금액이나 증가액의 상환을 청구할 수 있다. 그러나 법원은 소유자의 청구에 의하여 상당한 상환기간을 허여할 수 있다.

민사집행법 제91조 (인수주의와 잉여주의의 선택 등)

⑤ 매수인은 유치권자(유치권자)에게 그 유치권(유치권)으로 담보하는 채권을 변제할 책임이 있다.

(2) 그러나 간이 음식점을 경영하기 위하여 부착시킨 시설물에 불과한 간판(대법원 1994.9.30. 선고 94다20389 판결 ⇒간판은 건물부분에서 간이음식점을 경영하기 위하여 부착시킨 시설물에 불과하여 위 건물부분의 객관적 가치를 증가시키기 위한 것이라고 보기 어려울 뿐만 아니라, 그로 인한 가액의 증가가 현존하는 것도 아니어서 그 간판설치비를 유익비라 할 수 없다), 카페영업을 하기 위한 공사비(대법원 1991.10.8. 선고 91다8029 판결⇒부속된 물건이 오로지 건물임차인의 특수한 목적에 사용하기 위하여 부속된 것일 때에는 부속물매수청구권의 대상이 되는 물건이라 할 수 없으며) 등 지출한 시설비는 거부하고 있으며, 오히려 원상회복의무가 있고 부속물매수청구권도 인정되지 않고 있다.

(3) 가장 많이 대두되는 것은 시공자가 건물주인으로부터 건축대금을 받을 때까지 그 건물을 차지하고 있을 권리로서 낙찰자로부터 변제 받을 때까지 그 건물의 인도를 거절할 수 있으나 점유가 필수 요건이며, 배당에는 참여할 수 없다. 점유를 풀고 부동산의 명도를 받을 때에는 명도비 지급과 동시에 공정증서를 받고 동시 이행하는 것이 좋다(명도 후 주택에 재침입시에는 주거침입죄가 성립).

결국, 유치권의 동시 성립요건으로는 견연관계(신축건물공사비, 자재비, 노임, 토목공사비, 토지에는 터파기, 배수관공사, 환지정리 등)에 있고 채권이 변제기가 도래되어야 하며(건축하다가 중단된 것은 변제기가 도래되지 않아 성립되지 않음) 유치권자가 현재 점유 중이어야 한다(유치권을 주장하기 위해서는 목적물을 점유하여야 하며 그 점유는 유치권자 자신이 직접 점유하거나 고용원(경비원) 등을 통하여 간접 점유하여도 관계없다. 단 점유가 불법점유가 아니어야 한다.)

(4) 유치권의 존속기간에 대하여 유치권은 채무자가 채무를 변제하지 않는 한, 즉 유치권자가 유치물을 점유하고 있는 동안 계속 진행한다. 단, 유치권의 행사는 채권의 소멸시효의 진행에 영향을 미치지 않기 때문에 목적물을 유지하고 있더라도 그것만으로는 채권의 소멸시효의 진행을 막지 못한다. 따라서 채권이 소멸하면 유치권도 소멸한다. 공사대금 시효가 3년인 채권의 경우 3년이 되기 전 판결을 받아 놓으면 판결 받은 날로부터 10년으로 다시 연장된다. 따라서 공사대금 관련 유치권자는 시효완성 되기 전에 판결문을 받아 두어야 한다. 시효가 중단되기 전에 소송 등을 취하여야 하며, 가압류를 받아 두어도 시효가 일시 중단된다.

(5) 채권이 건물 자체로부터 발생한 것이 아니고, 유치권 주장자의 편익을 위하여 지출한 경우에도 유치권은 성립하지 않는다. 카페, 다방, 사진관, 음식점 등 영업을 위하여 공사를 하고, 카페의 규모를 확장하면서 내부시설 공사를 하고 창고 지붕의 보수공사를 하고 공사비를 지출한 경우도 성립하지 않는 경우이다. 임차인이 권리신고 및 배당요구 시 제출한 전세계약서에는 대부분 원상회복조항이 들어 있다. 건물의 임차인이 임대차관계를 종료 시에 건물을 원상으로 복귀하여 임대인에게 명도하기로 약정한 것은 건물에 지출한 각종 유익비, 필요비 상환청구권을 미리 포기한 취지의 특약이라고 본다.

(6) 최근 실무상 유치권신고가 너무 자주 신고되어 유치권 없는 물건이 없다는 이야기를 자주 한다.

실제 공사업자가 공사비를 받기 위해 신청하는 경우는 극히 일부에 불과하고, 그 주요 목적은

① 명도협상 시 유리한 고지를 점유하고 낙찰자한테 이사비 등 청구하기 위하여
② 계속 유찰을 유도한 후 저가에 임차인, 소유자 등 그 물건을 잘 알고 있는 이해관계인이 응찰하기 위하여
③ 경매진행을 지연, 방해하기 위하여
④ 인도명령 대상이 아니라는 점을 역이용하기 위하여(대부분 가짜 유치권으로 대부분 법원에서 인도명령 결정을 해주고 있는 실정이다.)

⇒ **참고 : 민사집행법 제136조** (부동산의 인도명령 등)

법원은 매수인이 대금을 낸 뒤 6월 이내에 신청하면 채무자·소유자 또는 부동산 점유자에 대하여 부동산을 매수인에게 인도하도록 명할 수 있다. 다만, 점유자가 매수인에게 대항할 수 있는 권원에 의하여 점유하고 있는 것으로 인정되는 경우에는 그러하지 아니하다.

⑤ 대부분 그 물건을 잘 알고 있는 채무자·소유자·임차인 측에서 내세우는 경우가 많으며 9할 이상 유치권 성립되지 않는 가짜 유치권인 경우가 대부분이다.

(7) 유치권 신고된 물건에 대하여 금융기관에서 경매잔금대출 취급시에 유치권신고자가 임차인이 아니라면 현재 점유중인 임차인에게 계속 점유하여 왔다는 일명 <임차인 점유사실확인서>를 인감증명서 첨부하여 징구하면 향후 유치권문제에서 다툼이 있더라도 점유를 벗어난 것이 임차인으로부터 입증되어 좋은 자료가 될 것이며, 유치권신고액을 선순위로 공제하거나 <유치권

포기각서>를 법무법인에서 공정증서로 징구한다면 더 좋을 것이다.

(8) 응찰을 원하는 매수신청자가 법원에 방문하여 경매계에서 유치권신고서를 열람 복사를 요청하여도 이해관계인이 아니므로 잘 보여주지 않는다. 법무사를 통하여 열람, 복사 등 가능할 수 있으며, 통상 경매신청채권자가 금융기관인 경우에는 유치권배제신청서가 법원에 접수 된 경우가 많다.

경매담당자한테 전화하여 팩스 요청하면 대부분 유치권신고서와 유치권배제신청서를 받아볼 수 있다. 왜냐하면, 계속 유찰로 금융기관의 채권회수가 어려워지므로 고가 낙찰을 유도하기 위하여 원매자에게 필요한 정보를 잘 알려주고 있는 편이다.

(9) 경락인은 유치권자에게 그 유치권으로 담보하는 채권을 변제할 책임이 있다고 규정하고 있는바, 여기에서 '변제할 책임이 있다'는 의미는 부동산상의 부담을 승계한다는 취지로서 인적 채무까지 인수한다는 취지는 아니므로, 유치권자는 경락인에 대하여 그 피담보채권의 변제가 있을 때까지 유치목적물인 부동산의 인도를 거절할 수 있을 뿐이고 그 피담보채권의 변제를 청구할 수는 없다. (대법원 1996. 8. 23. 선고 95다8713 판결)

(10) 일반적으로 법원경매에서 공사대금을 받지 못해 그 신축(증축)건물을 점유하는 경우에는 유치권이 성립할 경우가 많지만, 임차인들이 필요비나 유익비를 지출하였다고 유치권을 신고하는 사례가 있어도 대부분 유치권 성립을 부정하고 있다.

(11) 유치권자는 부동산경매절차에서 유치권신고를 할 수 있는데, 유치권신고를 한 유치권자는 경매절차의 '이해관계인'으로서 절차상 각종 권한을 부여 받는다.

> ① 집행에 관한 이의신청권(민사집행법 제122조), ② 부동산에 대한 침해방지신청권(법 제83조), ③ 경매개시결정에 대한 이의신청권(법 제86조), ④ 매각기일과 매각결정기일을 통지 받을 수 있는 권리(법 제104조), ⑤ 최저매각가격 외의 매각조건의 변경에 관하여 합의할 수 있는 권리(법 제110조) ⑥ 배당기일통지를 받을 수 있는 권리 등이 그것이다.

대법원 1995.6.30. 선고 95다12927 판결

임대차계약에서 원상복구의 특약이 있는 경우, 유익비상환청구권의 전부⟹ 임대차계약에서 "임차인은 임대인의 승인 하에 개축 또는 변조할 수 있으나 부동산의 반환기일 전에 임차인의 부담으로 원상 복구키로 한다"라고 약정한 경우, 이는 임차인이 임차 목적물에 지출한 각종 유익비의 상환청구권을 미리 포기하기로 한 취지의 특약이라고 봄이 상당하다.

대법원 1975.4.22. 선고 73다2010 판결

건물의 임차인이 임대차관계 종료 시에는 건물을 원상으로 복구하여 임대인에게 명도하기로 약정한 것은 건물에 지출한 각종 유익비 또는 필요비의 상환청구권을 미리 포기하기로 한 취지의 특약이라고 볼 수 있어 임차인은 유치권을 주장을 할 수 없다.

〈사례연구 1〉 [유치권 의의]

1. 유치권의 의의	▪ 채권의 변제를 받을 때까지 물건을 유치함으로써 채권의 변제를 간접적으로 담보하는 물권을 말함. (민법 제320조) ▪ 법정담보물권으로서 우선변제권의 명문 규정 없음
2. 유치권의 성립 요건	▪ 유치권의 목적물이 동산. 부동산 또는 유가증권 ▪ 목적물과 채권의 견련성(단, 경매개시결정이후에 발생된 것은 불인정) ▪ 목적물의 점유 ▪ 채권의 변제기 도래 ▪ 유치권 발생 배제 특약의 부존재
3. 유치권의 유형	▪ 필요비/유익비 등 지출비용 ▪ 공사대금반환채권
4. 유치권자의 경매법원에 권리신고	▪ 유치권자의 경락인에 대해 대항 유무 반드시 경매절차에서의 권리신고 유무와 상관 없이 경락자에 대항 ▪ 정당한 권원에 의한 권리신고시 ☞ 매각물건명세서상에 "유치권 있음" 또는 "유치권 성립여지 있음" 표기 ▪ 매각물건명세서상의 유치권 표기 ☞ 실체적 권리관계를 불확정, 명도소송 등을 통해 유치권부존재가 입증되면 유치권자의 채권액 부담 불필요
5. 경매입찰 시 유치권관련 검토사항	▪ 부동산현황조사보고서의 열람. 교부 "부동산의 점유자와 점유 권원" 확인 ▪ 유치권 권리신고자의 유치권권리신고서를 열람. 교부 ⇒ 경매부동산의 점유관계 사실을 실체적 확인 ▪ 유치권자와 경매목적물의 소유자와 관계 등을 파악 ▪ 권리 신고된 유치권의 피담보채권 유무에 대해 제출된 공사도급계약서 등을 통해 유치권배제특약 등 확인 및 공사비 지출 내역서, 부가가치세 납부 여부 등 파악 ▪ 총 공사대금과 유치권의 피 담보채권(미 회수 된 공사대금) 등을 파악하여 허위여부 ▪ 경매법원에 심문기일 지정신청 ⇒ 유치권의 존부 여부 파악
6. 유치권 배제 방법	▪ 입찰진행 중 발견 시 유치권권리신고배제신청, 경매집행정지신청 ▪ 매각허가결정기일 직전 발견 매각불허가결정신청 매각허가 결정에 따른 항고 및 재항고 ▪ 유치권 권리신고자 상대 형사소송 형사상으로는 통상 입찰방해죄(형법 제315조) 등 검토 ⇒ 유치권 권리신고자로 하여금 유치권 권리포기 유도 ▪ 집행법원을 통해 "집행관의 부동산현황조사명령" 및 매각물건명세서상 유치권신고 기재가 삭제되도록 재 현황조사신청

7. 유치권 권리신고를 철회하지 않을 시 민사소송	▪ 가공의 유치권권리신고를 매각물건명세서상에 유치권신고가 지속적으로 기재 시 ☞ 해당 경매사건에 대해 점유자(유치권자)를 상대로 "점유이전가처분신청"과 "유치권부존재확인의 소"를 제기 민사집행법 제91조 5항 "매수인은 유치권자에게 그 유치권으로 담보하는 채권을 변제할 책임이 있다"

☞ 유치권자는 경매로 목적물을 취득한 매수인에게 목적물의 인도를 거절하고 대항할 수 있을 뿐 직접 피 담보채권의 변제를 청구할 수는 없다"

동 법 제5항의 변제할 책임이 있다는 의미는 부동산상의 부담을 승계한다는 취지로서 인적채무까지 인수한다는 취지는 아니므로 유치권자는 매수인에 대하여 그 피 담보채권의 변제가 있을 때까지 목적물인 부동산의 인도를 거절할 수 있을 뿐이고, 그 피담보채권의 변제를 청구할 수 없다(대법 1996. 8. 23. 선고 95다8713판결)

〈사례연구 2〉 [허위 유치권 행사와 형법 제315조]

경・공매과정에서 허위 유치권행사가 너무나 만연되어 있는 실정이다. 허위 유치권행사는 매수인으로 하여금 유치권에 대한 부담을 느끼게 하여 결국 유찰로 거듭하게 하여 허위로 유치권을 행사하는 측과 밀접한 관련이 있는 이해관계인 측에서 저렴하게 해당 물건을 매수하고자 하는 것이 주요 목적인데, 주로 법원에 허위 공사도급계약서를 제출하거나, 해당 매각부동산에"유치권행사 중"이라는 취지의 현수막을 거는 방식으로 이루어지는데, 유찰횟수가 많은 물건들은 상당수가 유치권주장이 되어 있을 정도로 허위 유치권행사가 사회적으로 만연되어 있다.

1) 허위 유치권행사가 만연되는 이유는?

이처럼 경・공매에서 허위 유치권행사가 만연된 것은 ① 일반 부동산 거래처럼 해당 물건을 정확하게 확인하지 못하고 겉으로 나타난 외관이나 법원에서 실시한 감정이나 현황조사 정도에 의존할 수 밖에 없는 경 공매의 특성상, 자세한 내막을 잘 알지 못하는 입찰참가자들로서는 유치권의 근거가 되는 행위가 실제로 이루어졌는지를 입찰 전에 정확하게 알기 어렵고 ② 유치권을 주장하는 근거가 주로 공사 시공과 관련된 것이어서 대개 수천만원 이상을 넘는 고액이기 때문에 입찰참여에 큰 부담으로 작용할 수 밖에 없어 그 결과 정상적인 낙찰 가격 이하로 낙찰되는 것이 일반적이고 이 과정에서 허위 유치권행사를 주도하는 측이 헐값에 물건을 취득할 수 있는 좋은 기회가 되기 때문이다.

만약 이들이 물건을 낙찰 받게 되면 이해관계가 있는 채권자들이 따로 이의를 제기하지 않는 한 유치권행사의 적법 여부가 밝혀질 기회조차 생기지 않을 수 있고, 그렇지 않고 이들이 낙찰 받지 못하고 다른 사람들이 낙찰 받게 되더라도 고소와 같은 형사적인 방법이 아니라 부동산을 비워달라는 인도소송과 같은 민사재판의 형식으로 유치권을 주장하는 측과 분쟁이 발생하는 것이 일반적이다 보니 실체진실규명에 한계가 있을 수 밖에 없는 민사재판의 특성상 적당한 선에서 합의하는 식으로 사건이 종결되는 경우가 많다.

결국 이런 식의 결론으로 마무리되는 것이 보편화되다 보니 비록 허위이더라도 일단 유치권행사를 하는 것이"밀져봐야 본전"이라는 옳지 못한 관념이 완전히 우리 관념 속에 자리 잡힌 것이다. 이런 사고가 워낙 만연되다 보니 심지어는 이런 행위가 형사 처벌될 수 있다는 생각도 없이 아무런 죄의식

없이 저질러지는 경우도 많다. 경·공매 관련 종사자들, 심지어는 법률전문가들조차도 별다른 생각 없이 이익을 얻을 목적으로 허위 유치권행사를 쉽게 권유하고 있는 실정이다.

2) 허위 유치권행사와 형법 제 315조

그러나 허위로 유치권을 행사하는 것은 형법상 범죄행위가 될 수도 있다. 우선 형법상 경매, 입찰의 방해죄에 해당할 가능성이 크다. 형법 제 315조는"위계 또는 위력 기타 방법으로 경매 또는 입찰의 공정을 해한 자는 2년 이하의 징역 또는 700만원 이하의 벌금에 처한다"고 규정하고 있는데, 허위 유치권행사는 이에 해당할 가능성이 크다. 이 규정에서 정하는 "경매와 입찰의 공정을 해하는 행위"라는 것은, 공정한 자유경쟁을 방해하는 상태를 발생시키는 것 즉, 공정한 자유경쟁을 통한 적정한 가격형성에 부당한 영향을 주는 상태를 발생시키는 것인데, 허위 유치권행사는 바로 이에 해당할 수 있다.

〈광주지방법원 판결(2007.6.13)〉

최근 2007. 6. 13. 선고된 광주지방법원 판결은 만연한 허위 유치권행사에 엄한 책임을 묻고 있어 주목받고 있다. 이 판결은, 2004년 2월 광주에 있는 친동생 소유의 지상 5층, 지하 2층짜리 온천건물에 대해 임의경매 개시 결정이 내려지자 3억5900만원 상당을 들여 개. 보수공사를 한 것처럼 속인 뒤 '공사대금 변제기간 중'이라는 허위 사실을 빌미로 담보물권을 신고하고 건물 앞에 '유치권 행사 중'이라는 현수막을 건 피고인에 대해 징역 10월에 집행유예 2년, 사회봉사명령 80시간이 선고했는데, 비록 피고인이 동종전과가 없고 범행을 뉘우치기는 했지만, 친동생이 경매물건을 낮은 가격에 매수 받도록 하기 위해 허위로 유치권 신고를 하는 등 죄질이 가볍지 않고 유치권 신고금액이 거액이라는 점에서 중형이 선고된 점에 특징이 있다.

한편 유치권행사요건이 되지 않는다는 것이 명백함에도 불구하고 허위로 유치권행사를 하여 매각가격하락에 부당한 영향을 미치기 위해 법원에 유치권신고서 등을 제출하는 것은, 채무자에 대한 관계에서 형법상 사기죄에 해당될 소지도 있다. 명백히 유치권대상이 아님에도 불구하고 유치권이 있는 것처럼 적극적으로 가장하게 되면 경매목적물이 부당하게 저렴한 가격에 처분될 수 있고 결국 그로 인해 채무자에게 손해가 돌아온다는 점에서 소송사기와 비슷한 법률관계가 될 수 있기 때문이다. 그 밖에도 부당한 허위 유치권행사로 인해 적정가격 이하로 매각이 이루어짐으로써 채권자나 채무자 등에게 손해가 발생할 경우 민사적인 배상책임까지 따를 수도 있다.

이런 점에서, 단순히 법리적인 오해가 아니라 적극적으로 사실관계를 조작하는 등의 방법으로 유치권주장을 하는 것은 민·형사상으로 큰 문제될 수 있다는 점에서 허위 유치권행사는 크게 자제될 필요가 있다. 아울러, 최근 법원의 전체적인 분위기 역시 허위 유치권행사가 사회적으로 만연되고 있다는 인식하에 유치권성립의 진정성 문제에 대해 보다 엄격하게 판단하려고 하고 있고, 또 법리적으로도 유치권행사 범위를 제한하려고 하는 등 마치 무소불위의 권리로 통용되는 듯한 유치권행사에 점차 제동을 걸고 있는데 사회정의를 구현한다는 차원에서는 물론이고 스스로의 권리보호 차원에서라도 허위유치권행사 문제에 대해서는 사회적으로나 이해관계인 모두가 지금보다 훨씬 적극적이고 엄정하게 대처해야 할 필요가 있다고 본다.

〈사례연구 3〉 [경매절차에서 유치권(留置權)의 주장에 관한 질의 회답]

– 2006년 9월호 정상태 법무사(울산회) 기고글에서 발췌 -

1	**유치권의 존재 여부를 어떻게 알 수 있는가?**
	물건을 수선한 자가 그 수선대금을 받을 때까지 그 물건을 유치 할 수 있고, 임차인은 임차물에 들인 필요비나 유익비의 상환을 받을 때까지 임차물을 유치 할 수 있다. 이와 같이 점유하고 있는 물건에 관하여 생긴 채권을 받을 때까지 유치 할 수 있는 권리가 유치권이다(민법 제320조 1항). 유치권은 요건을 갖추면 법률상 당연히 성립하는 『법정담보물권』이어서 등기를 요하지 아니하므로 '등기'로는 알 수 없고(민법 제187조), '채권과 물건과의 견련관계'와 '유치권자의 점유'로 알 수 밖에 없다.
2	**보증금반환청구권도 임차물의 반환사이에 유치권을 주장할 수 있는가?**
	① 피담보채권과 목적물과의 견련성이 인정되는 것은 공사대금(대법원 1995. 9.15 선고 95다16202, 16219 판결), 필요비와 유익비(대법원 1957.10.21 선고 4290호 민상760 판결), 채무불이행으로 인한 손해배상청구권(대법원 1969.11.25. 선고 69다1592 판결) 등이고, ② 피담보채권과 목적물과의 견련성이 인정되지 않는 것은, 권리금반환청구권(대법원 1994.10.14 선고 93다62119 판결), 토지임차인의 부속물매수청구권(대법원 1977.12.13 선고 77다115 판결), 보증금반환청구권(대법원 1976. 5.11 선고 75다1305 판결), 원상복구의 약정이 있는 경우의 필요비, 유익비(대법원 1975. 4.22 선고 73다2010 판결), 명도하기로 약정한 경우(대법원 1980. 7.22 선고 80다1174 판결) 등이다. 다만, 보증금반환청구권은 임차물의 반환과 동시이행관계는 인정된다(대법원 1977. 9.28 선고 77다1241,1242 전원합의체 판결)
3	**공사업자가 부도난 공장을 점유한 경우에도 유치권이 성립하는가?**
	채권과 목적물의 견련관계 이외에 다시 채권과 '목적물의 점유' 와의 사이에도 견련성이 요하는가 이다. 채권은 목적물의 점유 중에 또는 점유와 동시에 생긴 것이어야 하는 것이 아니고, 목적물을 점유하기 전에 그 목적물에 관하여 채권이 발생하고, 그 후 어떤 사정으로 목적물을 취득한 경우에도 유치권이 성립한다(대법원 1955.12.15 선고 4288민상136 판결, 1965. 3.30 선고 64다1977 판결). 따라서 공장을 신축한 공사업자가 회사부도 후 그 공장을 점유하였다면 유치권의 성립이 인정된다(대법원 1996. 6.23 선고 95다8713 판결).
4	**건물에 대한 유치권자는 대지에 대하여 유치권을 행사할 수 있는가?**
	건물에 대한 유치권자는 그 건물의 유치사용에 필요한 범위 내에서 대지부분에 대하여도 유치권을 행사할 수 있다. 그것은 건물임차인이 건물에 관한 유익비상환청구권에 터 잡아 취득하는 유치권은 임차건물의 유지사용에 필요한 범위 내에서 임차대지부분에도 그 효력이 미치기 때문이다. 따라서 건물유치권자는 토지만의 경매에서도 대지매수인에 대하여 유치권을 행사할 수 있다(대법원 1980.10.14 선고 79다1170 판결). ⇒그러나 건물철거는 그 소유권의 종국적 처분에 해당하는 사실행위이므로 원칙으로는 그 소유자에게만 그 철거처분권이 있으나 미등기건물을 그 소유권의 원시취득자로부터 양도받아 점유중에 있는 자는 비록 소유권취득등기를 하지 못하였다고 하더라도 그

	권리의 범위내에서는 점유중인 건물을 법률상 또는 사실상 처분할 수 있는 지위에 있으므로 그 건물의 존재로 불법점유를 당하고 있는 토지소유자는 위와 같은 건물점유자에게 그 철거를 구할 수 있다. 위 건물점유자가 건물의 원시취득자에게 그 건물에 관한 유치권이 있다고 하더라도 그 건물의 존재와 점유가 토지소유자에게 불법행위가 되고 있다면 그 유치권으로 토지소유자에게 대항할 수 없다.(대법원 1989.2.14. 선고 87다카3073 판결) 즉, 유치권의 한계에 관련된 문제로 유치권의 목적물인 건물의 소유자가 토지를 점유할 수 있는 합법적인 권리가 없어서 토지소유자가 건물을 상대로 철거소송을 제기한 경우 그 철거되는 건물의 유치권자는 토지소유자에게는 대항할 수 없는 것이다. 따라서 건물의 철거요청을 막을 수 는 없는 것이다.
5	**근저당권자가 '유치권부존재확인의 소'를 제기할 수 있는가?**
	유치권자는 매수인에 대하여 그 피 담보채권의 변제를 청구할 수 없어도 변제될 때까지 부동산의 인도를 거절할 수 있으므로, 그 만큼 낮은 가격에 매각될 우려가 있다 할 것인바, 법률상 지위를 불안하게 하는 것을 제거하는 것은 확인을 구할 법률상의 이익이 있다. 따라서 경매절차에서 근저당권자는 유치권을 주장하는 자를 상대로 '유치권부존재확인의 소'를 제기할 확인의 이익이 있다(대법원 2004. 9.23 선고 2003다32848 판결)
6	**유치권에는 어떠한 효력이 있는가?**
	① 유치권자는 본체적 효력으로 채무의 변제를 받을 때까지 목적물의 점유를 계속하여 인도를 거절할 수 있고(민법 제320조 제1항) ② 유치물을 경매할 수 있으며(민법 제322조) ③ 과실을 수취하여 먼저 그 채권에 충당할 수 있고(민법 제323조) ④ 보존에 필요한 범위 내에서 유치물을 사용할 수 있고(민법 제325조) ⑤ 파산한 경우에 별제권 등이 있으나(채무자 회생 및 파산에 관한 법률 제411조) ⑥ 우선변제권은 없다. 다만, 변제 받기 전에는 인도를 거부할 수 있으므로 사실상 우선변제권이 있다(민사집행법 제91조 제5항).
7	**유치권자는 권리 신고하여야만 매각절차의 이해관계인이 되는가?**
	부동산 위의 권리자로서 그 권리를 증명한자는 매각절차의 이해관계인이다(민사집행법 제90조 제4호). 이에 해당하는 자로서는 유치권자, 점유권자, 특수지역권자, 건물등기 있는 토지임차인(민법 제622조), 인도 및 주민등록 또는 사업자등록을 마친 주택 또는 상가건물임차인(주택임대차보호법 및 상가건물임대차보호법 제3조 제1항), 법정지상권자(민법 제305조, 제366조), 제3취득자(대법원 1964. 9.30) 등이 있다. 부동산 위에 위와 같은 권리를 가지고 있다는 것만으로 당연히 이해관계인이 되는 것이 아니고 집행법원에 '스스로 그 권리를 증명한자' 만이 비로소 이해관계인이 되고(대법원 1994. 9.14 자 94마1455결정), 이 증명은 '매각허가결정이 있을 때'까지 할 수 있다(대법원 1994. 9.13. 자 94마1342 판결). 그런데 유치권자는 권리신고를 하지 않더라도 매각절차의 이해관계인이 될 수 없을 뿐 매수인에게 대항할 수 있다.
8	**유치권자자는 '배당요구의 종기'까지 배당요구를 할 수 있는가?**
	유치권자는 등기부에 기입된 부동산 위의 권리자가 아니므로 부동산 위의 권리자로서 그 권리를 증명하여 권리신고하면 '매각절차의 이해관계인'이 되나(민사집행법 제90조 제4호),

<table>
<tr><td></td><td>우선변제청구권이 없으므로 집행력있는 정본을 가지거나 가압류를 하지 않는 이상 배당요구를 할 수 없다(동법 제88조 제1항). 따라서 유치권자는 권리신고하여 매각절차의 이해관계인은 될 수 있어도, 우선변제권이 없어 배당요구는 할 수 없다.</td></tr>
<tr><td rowspan="2">9</td><td>매수인은 유치권자에게 그의 채권을 변제할 책임이 있는가?</td></tr>
<tr><td>매수인은 유치권자에게 그 유치권으로 담보하는 채권을 변제할 책임이 있다(민사집행법 제91조 제5항), 여기에 변제할 책임이 있다는 것은 부동산상의 부담을 승계한다는 취지로서 인적채무까지 인수한다는 취지는 아니므로, 유치권자는 매수인에 대하여 그 피담보채권의 변제가 있을 때까지 유치목적물인 부동산의 인도를 거절할 수 있을 뿐이고 그 피 담보채권의 변제를 청구할 수 없다(대법원 1996. 8.23 선고 95다8713 판결). 즉, 매수인은 인적 책임은 없고, 물적 책임만 있을 뿐이다.</td></tr>
<tr><td rowspan="2">10</td><td>유치권자는 유치물의 경매를 신청할 수 있는가?</td></tr>
<tr><td>유치권자는 채권의 변제를 받기 위하여 유치물을 경매할 수 있다(민법 제322조 제1항). 그러나 유치권자는 우선변제권이 없으므로(대법원 1996. 8.23 선고 95다8713판결), 경매신청의 목적이 피 담보채권의 강제적 실현이 아니라 그 물건을 현금화하여 채무변제 시까지 무작정 보관하고 있어야 한다는 부담에서 해방되기 위한 것이다. 그런데 현금화한 금전을 공탁하여야 한다는 근거 규정이 없어 유치권자에게 교부하면, 유치권자는 채권을 대등액에서 상계할 수 있어 결국 실질상으로는 우선변제를 받게 되는 것과 다름이 없다.</td></tr>
<tr><td rowspan="2">11</td><td>유치권에 의한 경매는 담보권실행을 위한 실질적 경매인가?</td></tr>
<tr><td>유치권은 담보물권이나 경매신청권은 있어도 우선변제권이 없으므로, 경매신청권의 목적은 자기채권의 만족을 위하여 실행하는 실질적 경매가 아니고, 그 물건을 채무변제시까지 무작정 보관하고 있어야 한다는 부담에서 해방되기 위하여 가격보존을 위한 형식적 경매이다. 공유물분할을 위한 경매 등 협의의 형식적 경매는 유치권에 의한 경매를 포함시켜 광의의 형식적경매 라 한다. 형식적 경매의 절차는 담보권실행을 위한 경매의 예에 따라 실시하므로(민사집행법 제274조의 제1항), 담보권실행을 위한 경매 및 형식적 경매는 광의의 임의경매라 한다.
<table>
<tr><td rowspan="7">경매</td><td>강제경매</td><td colspan="2">집행권원에 기한 경매</td><td rowspan="2">실질적 경매</td></tr>
<tr><td rowspan="6">임의경매(광의)</td><td>임의경매(협의)</td><td>담보권실행을 위한 경매</td></tr>
<tr><td rowspan="5">형식적 경매(광의)</td><td colspan="2">유치권에 의한 경매</td></tr>
<tr><td rowspan="4">형식적 경매(협의)</td><td>공유물분할을 위한 경매</td></tr>
<tr><td>자조매각</td></tr>
<tr><td>구분소유권의 경매</td></tr>
<tr><td>청산을 위한 경매</td></tr>
</table>
형식적 경매가 진행 중에 실질적 경매가 개시된 경우에는 형식적 경매를 정지하고 실질적 경매를 진행하고, 실질적 경매가 취소되면 형식적 경매를 속행한다(민사집행법 제274조 제2항, 제3항). 다만, 공유물분할을 위한 경매는 그러하지 아니하다.</td></tr>
<tr><td>12</td><td>매수인은 유치권자를 상대방으로 하여 인도명령을 신청할 수 있는가?</td></tr>
</table>

<table>
<tr><td></td><td>매수인이 대금을 낸 뒤 6월내에 채무자・소유자 또는 부동산 점유자를 상대방으로 하여 인도명령을 신청할 수 있다. 다만, 점유자가 매수인에게 대항할 수 있는 것으로 인정되는 경우에는 그러하지 아니하다(민사집행법 제136조 제1항). 따라서 유치권자를 상대방으로 하여 인도명명을 신청할 수 없다. 다만, 경매개시결정의 등기기입 후에 취득한 유치권자를 상대방으로 하여 인도명령을 신청 할 수 있다. 그것은 유치권이 압류의 처분금지효에 저촉되기 때문이다(대법원 2005. 8.19 선고 2005다22688 판결).</td></tr>
<tr><td rowspan="2">13</td><td>유치권자가 점유를 상실하면 유치권은 소멸되는가?</td></tr>
<tr><td>목적물의 점유는 불법행위로 인한 점유가 아닌 한 유치권의 성립요건일 뿐만 아니라 존속요건이기도 하므로, 유치권자가 점유를 잃으면 유치권은 소멸한다. 그러나 점유는 간접점유라도 무방하고, 점유를 침탈당하였더라도 점유회수의 소에 의하여 회수할 수 있다(민법 제204조). 따라서 유치권자가 점유를 상실하면 곧 유치권을 상실하므로 유치권 자로부터 점유를 승계하였다고 하여 유치권자를 대위하여 유치권을 주장할 수 없다. (대법원 1972. 5.30 선고 72다548 판결)</td></tr>
<tr><td rowspan="2">14</td><td>유치권 자로부터 임차하여 점유하는 자는 인도명령의 상대방이 되는가?</td></tr>
<tr><td>유치권자가 채무자의 승낙 없이 목적물을 임대 또는 담보로 제공한 경우에도, 유치권자의 간접점유가 계속되고 있으므로 그런 사실이 있는 것만으로 유치권은 소멸하는 것은 아니나, 이 경우 채무자가 유치권소멸청구를 함으로써 유치권은 소멸한다(민법 제324조 제2항, 제3항). 그런데 유치권자는 채무자의 승낙이 없는 이상 그 목적물을 타에 임대할 수 있는 처분권한이 없으므로, 유치권자의 그러한 임대행위는 채무자인 소유자의 처분권한을 침해하는 것으로서 소유자에게 그 임대의 효력을 주장할 수 없고, 따라서 소유자의 승낙 없이 유치권자로부터 유치권의 목적물을 임차한 자의 점유는 매수인에게 대항할 수 있는 권원에 기한 것이라고 볼 수 없다(민사집행법 제136조 제1항 단서, 대법원 2002.11.27 자 2002마3516결정).</td></tr>
<tr><td rowspan="2">15</td><td>당사자간에 유치권발생을 배제하는 특약을 할 수 있는가?</td></tr>
<tr><td>유치권자가 채무자에게 아무런 조건 없이 부동산을 명도해 주기로 약정하였다면, 이는 유치권자가 유치권을 포기한 것이라고 할 것이므로 그 약정된 명도기일 후의 점유는 적법한 권원없는 점유라고 할 것이다(대법원 1980. 7.22 선고 80다1174판결). 토지임차인이 정구장 시설 및 그 부대시설인 가건물 등을 임차인의 비용으로 설치, 건축하여 정구장을 운영하되 임대차가 종료 되었을 때에는 주위시설물 및 가건물을 임대인에게 증여하기로 약정한 사실이 인정된다면 이는 임차인이 유익비상환청구를 할 수 없다는 취지를 약정한 것으로 볼 것이다(대법원 1983. 5.10 선고 81다187 판결).</td></tr>
</table>

〈사례연구 4〉 [민법 제7장 유치권]

제320조 (유치권의 내용) ① 타인의 물건 또는 유가증권을 점유한 자는 그 물건이나 유가증권에 관하여 생긴 채권이 변제기에 있는 경우에는 변제를 받을 때까지 그 물건 또는 유가증권을 유치할 권리가 있다.
② 전항의 규정은 그 점유가 불법행위로 인한 경우에 적용하지 아니한다.

제321조 (유치권의 불가분성) 유치권자는 채권전부의 변제를 받을 때까지 유치물 전부에 대하여 그 권리를 행사할 수 있다.

제322조 (경매, 간이변제충당) ① 유치권자는 채권의 변제를 받기 위하여 유치물을 경매할 수 있다.
② 정당한 이유 있는 때에는 유치권자는 감정인의 평가에 의하여 유치물로 직접변제에 충당할 것을 법원에 청구할 수 있다. 이 경우에는 유치권자는 미리 채무자에게 통지하여야 한다.

제323조 (과실수취권) ① 유치권자는 유치물의 과실을 수취하여 다른 채권보다 먼저 그 채권의 변제에 충당할 수 있다. 그러나 과실이 금전이 아닌 때에는 경매하여야 한다.
② 과실은 먼저 채권의 이자에 충당하고 그 잉여가 있으면 원본에 충당한다.

제324조 (유치권자의 선관의무) ① 유치권자는 선량한 관리자의 주의로 유치물을 점유하여야 한다.
② 유치권자는 채무자의 승낙 없이 유치물의 사용, 대여 또는 담보제공을 하지 못한다. 그러나 유치물의 보존에 필요한 사용은 그러하지 아니하다.
③ 유치권자가 전2항의 규정에 위반한 때에는 채무자는 유치권의 소멸을 청구할 수 있다.

제325조 (유치권자의 상환청구권) ① 유치권자가 유치물에 관하여 필요비를 지출한 때에는 소유자에게 그 상환을 청구할 수 있다.
② 유치권자가 유치물에 관하여 유익비를 지출한 때에는 그 가액의 증가가 현존한 경우에 한하여 소유자의 선택에 좇아 그 지출한 금액이나 증가액의 상환을 청구할 수 있다. 그러나 법원은 소유자의 청구에 의하여 상당한 상환기간을 허여할 수 있다.
제326조 (피 담보채권의 소멸시효) 유치권의 행사는 채권의 소멸시효의 진행에 영향을 미치지 아니한다.

제327조 (타 담보제공과 유치권소멸) 채무자는 상당한 담보를 제공하고 유치권의 소멸을 청구할 수 있다.

제328조 (점유상실과 유치권소멸) 유치권은 점유의 상실로 인하여 소멸한다.

〈사례연구 5〉 [점유하고 있는 2층 "가"부분에 한하여 유치권을 인정]

대전7계 2004타경 24069호와 관련 "유치권 부존재 확인소송"

2005가합 1401호
대전지방법원 제4민사부 판결 2005. 6.23 판결선고

원고 : 글로벌하나 제16차자산유동화 유한회사/제1번 근저당권자
피고 : 00종합건설㈜/ 유치권주장업체
주문 : 이 사건 4층 건물이 그 층별, 구역별로 독립하여 구분 점유의 대상이 되어 왔음을 고려해 보면, 피고가 점유하고 있는 2층 "가" 부분에 한하여 피고의 유치권을 인정한다.

⇒해설 : 점유부분이 1/10이므로 유치권 5억 중 5천만원을 유치권으로 인정한다는 요지의 판결임

〈사례연구 6〉 [유치권의 의의와 법적 성질]

– 2004. 3. 8 법무사 조영식 기고 글에서 발췌 –

1. 서 설

매수희망자(입찰자)는 매각기일에 앞서 권리분석을 위하여 집행법원이 비치한 매각물건명세서를 열람하게 되는데 이때 주의해서 보아야 할 것이 법정지상권과 유치권입니다.

2. 유치권의 의의와 법적 성질

(1) 유치권의 의의

유치권이란 타인의 물건 또는 유가증권을 점유한 자가 그 물건이나 유가증권에 관하여 생긴 채권을 가지는 경우에 채권이 변제기에 있는 경우에 변제를 받을 때까지 그 물건 또는 유가증권을 유치할 수 있는 권리를 말합니다. (민법 제320조 제1항)

예를 들어 갑이라는 사람의 자동차를 자동차수리점에 의뢰를 하고 수리가 완성되면 수리비를 지급하기로 약정하였으면 수리업자는 수리를 마친 갑의 자동차에 대하여 수리비를 지급받을 때까지 자동차를 유치할 수가 있고 갑이 막무가내로 수리비를 지급하지 않을 경우에는 갑의 자동차를 경매에 붙일 수 있습니다.

(2) 유치권의 법적 성질

가. 법정담보물권

당사자의 의사와는 관계없이 일정한 요건이 충족되면 법률상 당연히 성립

나. 부종성

채권이 발생되어야 유치권도 성립한다.

다. 수반성

채권이 이전하면 유치권도 이전한다(단 목적물의 점유도 아울러 이전하여야 한다는 것을 전제로)

라. 불가분성.

유치권자는 채권의 전부를 변제 받을 때까지 유치물 전부에 대하여 그 권리를 행사할 수 있다 (민법 제321조)

마. 물상대위성

유치권은 목적물 그 자체를 유치하는 것을 본체로 하고, 목적물의 교환가치를 목적으로 하는 것이 아니기 때문에 물상대위성이 없다.

3. 유치권의 성립

가. 채권과 물건과의 관계

발생원인에 관계없이 채권이 유치물에 관하여 생긴 것이어야 한다.(민법 제320조 제1항)

나. 목적물의 점유(제일 중요한 포인트)

유치권자는 타인의 물건을 점유하고 있어야 한다. (간접점유도 무방)

다. 변제기 도래

4. 유치권 배제 특약의 부존재

예를 들어 당사자간에 임대차계약서 작성시 특약으로 임차인은 명도 시 원상회복의무를 적시해놓으면 임차인의 비용으로 지출한 유익비는 받을 수 없다.

5. 유치권의 종류 및 이를 인정한 사례와 부정한 사례

가. 유치권의 종류

1) 유익비

민법 제626조 제2항에서 임대인의 상환의무를 규정하고 있는 유익비로서 임차인이 임차물의 객관적 가치를 증가시키기 위하여 투입한 비용을 말하는 것으로 건물의 객관적 가치를 증가시켜야 하며 그로 인하여 가액의 증가가 현존하여야 한다(1994.9.30. 선고 94다20389)

이는 당사자의 의사에 따라 그 약정의 적용범위를 제한할 수 있다. 즉, 임대차계약체결시에 임차인이 임대인의 승인하에 임차목적물의 건물부분을 개축 또는 변조할 수 있으나 임차목적물을 임대인에게 명도할 때에는 임차인이 일체 비용을 부담하여 원상복구를 하기로 약정하면 유치권이 인정되지 아니한다. (1998.10.20. 선고 98다31462)

2) 일반상사유치권

상사유치권은 기업활동에 있어서의 신용보호라는 특수요청에 따라 상사채권의 물적 담보를 강화하기 위하여 민사유치권보다 그 성립요건을 완화, 변경한 것이므로 그 성질, 효력, 소멸에 관하여는 민사유치권의 규정을 준용한다.

대리상. 위탁판매인의 유치권에 있어서는 견련성을 필요로 하지 않으며 목적물이 채무자의 소유에 속할 필요가 없다는 점에서는 민사유치권과 같다.

예를 들자면 상가임대차의 경우 임대인이 상인으로서의 활동을 하는 사람이고 임차인 또한 상행위를 하는 상인이라면 상사유치권으로서 대응할 수 있는 것이다. 아직 판례로서 정립되지 않았으나 필자는 임차인의 명도소송에서 상사유치권의 이론을 피력한 바 있습니다. (물론 상가임대차보호법 이전의 사건이었습니다.)

나. 유치권에 관한 실무상 대책

1) 유치권자가 유치권을 주장하기 위한 점유의 방법에 있어서 판례는 공장 신축공사의 유치권자가 공장 건물의 소유 회사가 부도가 난 다음에 유치권을 행사하기 위하여 그 공장에 공장을 유치. 점유한다는 안내문을 게시하고 경비용역 회사와 경비용역계약을 체결하여 용역경비원으로 하여금 주야 교대 2인씩 그 공장에 경비. 수호를 하도록 하는 한편 공장의 건물 등에 자물쇠를 채우고 공장 출입구 정면에 대형 컨테이너로 가로막아 차량은 물론 사람들의 공장출입을 통제하기 시작하고 그 공장이 경락 된 다음에도 유치권자의 직원 10여명을 보내 그 공장주변을 경비. 수호하게 하고 있었다면 유치권자가 그 공장을 점유하고 있었다고 볼 여지가 충분하다고 하여 유치권의 점유를 인정하였다. (1996.8.23. 선고 95다8713)

여기서 점유라 함은 물건이 사회통념상 그 사람의 사실적 지배에 속한다고 보여지는 객관적 관계에 잇는 것을 말하고, 사실상 지배가 있다고 하기 위하여는 반드시 물건을 물리적. 현실적으로 지배하는 것만을 의미하는 것이 아니고 물건과 사람의 시간적. 공간적 관계와 본권관계. 타인지배의 배제가능성 등을 고려하여 사회관념에 따라 합목적적으로 판단하고 있다.

따라서 건물의 공사로 인하여 유치권을 행사하고자 하는 자는 위와 같이 경비초소를 부착하고 공사장의 출입을 통제함으로써 유치권을 주장할 수 있을 것이다. (필자가 실제로 공사하도급자의 공사대금을 받기 위하여 유치권에 기한 경매신청을 한 적이 있었음. 경매신청을 한 이유는 유치권자가 건물의 점유를 계속할 수 있는 것이 굉장히 힘든 일이므로 유치권자는 경매신청으로 등기부에 압류의 등기가 경료되면 점유의 굴레에서 해방될 것이므로)

2) 건축물 공사에 있어서 소유권의 판단과 유치권의 인정 여부

실무상 주의하여야 할 것은 일반적으로 건축물 공사를 한 수급인이 유치권을 행사할 수 있다고 알고 있으나, 수급인이 자기의 재료와 노력으로 건물을 신축한 경우에는 특별한 의사표시가 없는 한 도급인이 도급대금을 지급하고 건물의 인도를 받을 때까지 그 소유권은 수급인에게 있으므로(1980.7.8. 선고 80다1014) 수급인은 공사대금을 원인으로 그 부동산에 대하여 도급인에게 유치권을 주장할 수 없다.

① 수급인의 재료와 노력으로 건물을 건축한 경우의 문제점

수급인의 재료와 노력으로 건물을 신축한 경우 유치권은 인정되지 않고 그 소유권은 수급인에게 있게 된다. 즉, 토지와 건물의 소유자가 다르게 되는 경우가 발생하는데, 토지의 담보권자가 담보권을 실행하여 토지만 경락 된 경우에 토지를 경락 받은 경락인은 그 지상건물(수급인 소유)을 철거할 수 있어 수급인은 법정지상권을 인정받지 못하는 결과가 된다.

법정지상권이 인정되는 경우로는 토지와 그 지상건물이 동일한 소유자에게 속하였다가 토지 또는 건물이 매매나 기타 원인으로 인하여 양자의 소유자가 다르게 된 때에는 그 건물을 철거하기로 합의가 있었다는 등의 특별한 사정이 없는 한 건물소유자는 토지소유자에 대하여 그 건물을 위한 관습상의 지상권을 취득하게 되고, 그 건물은 반드시 등기가 되어 있어야만 하는 것이 아니고 무허가 건물이라고 하여도 상관없다(1988.4.12. 선고 87다카2404) 고 하여 소유자가 동일인임을 요한다.

따라서 수급인이 법정지상권을 인정받기 위해서는 건물 건축 시 토지에 대하여 약정지상권. 약정전세권. 약정임차권 등기를 하고 건축공사를 진행하던가 도급인과 도급계약체결시에 도급계약에 특별한 의사표시로서 완성된 건물의 소유권을 도급인에게 귀속시키기로 하는 약정을 함으로서 건물에 관하여 생긴 공사금채권을 원인으로 유치권을 행사할 수 있다(1995.9.15. 선고 95다16202).

② 토지에 근저당권 설정 후 건물을 건축한 경우

나대지에 근저당권이 설정된 상태에서 그 지상에 건물이 축조된 경우에 수급인이 그 건물에 대하여 소유권이 있으면 토지의 근저당권자는 토지와 건물의 일괄경매를 신청할 수 없고 토지를 경락 받은 자는 건물을 철거할 수 있다.

따라서 수급인으로서는 민법 제365조에 의하여 토지를 목적으로 한 저당권을 설정한 후 건축공사를 하여야 하며, 그 저당권 설정자(수급인)가 그 토지에 건물을 축조한 때에는 저당권자가 토지와 건물을 일괄하여 경매를 청구할 수 있고, 저당권은 담보물의 교환가치의 취득을 목적으로 할 뿐 담보물의 이용을 제한하지 아니하여 저당권설정자(수급인)으로서는 저당권설정 후에도 그 지상에 건물을 신축할 수 있는데, 후에 그 저당권의 실행으로 토지가 제3자에게 경락 될 경우에 건물을 철거할 수 없다. 또한 저당권자에게도 저당토지상의 건물의 존재로 인하여 생기게 되는 경매의 어려움을 해소하여 저당권의 실행을 쉽게 할 수 있다.

이 경우 민법 제365조에 기한 일괄경매청구권은 저당권설정자가 건물을 축조하여 소유하고 있는 경우에 한한다(1994.1.24. 결정 93마1736).

토지에 근저당권을 설정할 당시에 이미 건물을 짓기 위한 기초공사 및 옹벽공사만 이루어져 있던 사안에서는 판례는 민법 제366조 소정의 법정지상권은 저당권설정 당시 동일인의 소유에 속하던 토지와 건물이 경매로 인하여 양자의 소유가 다르게 된 때에는, 건물의 소유자를 위하여 발생하는 것으로서 토지에 관하여 저당권이 설정될 당시 그 지상에 건물이 토지 소유자에 의하여 건축 중이었고, 그것이 사회 관념상 독립된 건물로 볼 수 있는 정도에 이르지 않았다 하더라도 건물의 규모, 종류가 외형상 예상할 수 있는 정도까지 건축이 진전되어 있는 경우에는 법정지상권의 성립을 인정함이 상당하다고 해석한다(1992.6.12. 선고 92다7221).

왜냐하면 위와 같은 정도로 건축이 진전되어 있는 경우에는 저당권자는 완성될 건물을 예상할 수 있으므로 법정지상권을 인정하여도 불측의 손해를 입는 것이 아니며 사회. 경제적으로도 건물을 유지할 필요가 인정되기 때문이다.

③ 토지임차권 등기 후 건물을 건축한 경우

민법 제621조 제2항에는 부동산임대차를 등기한 때에는 그 때부터 제3자에 대하여 효력이 생긴다고 규정하고 있는데 그 의미는 계약기간 내 임대인이 변경되더라도 그 계약기간까지 임대차를 계속 유지할 수 있고, 계약기간이 만료된 때에는 현재의 소유자에게 임차보증금반환 및 현존하는 건물. 공작물. 수목 기타 지상시설의 매수를 청구할 수 있다는 것이다(민법 제643조).

또한 건물의 소유를 목적으로 한 토지임대차는 이를 등기하지 아니한 경우에도 제3자에 대하여 임대차의 효력이 생기며, 건물이 임대차기간 만료 전에 멸실한 때에는 그 효력을 잃는다(민법 제622조).

이는 건물 소유를 목적으로 토지를 임차할 때에는 제3자에 대하여 임대차의 효력을 주장하기 위하여 토지임차권 등기를 하여야 하는 것이나 비록 토지임차권등기는 하지 않았다 하더라도 미등기임차권에 기하여 건물을 짓고 등기한 때에는 토지임차권등기를 한 것과 동일하게 제3자에게 대항할 수

있다는 것이다. 보통 수급인의 재료와 노력으로 건물을 건축하는 경우에는 수급인에게 건물의 소유권이 있으므로 도급인의 채무불이행을 사전에 예방하기 위하여는 토지에 근저당권을 설정하고, 근저당권을 설정할 수 없는 경우에는 토지임차권을 등기한 후 건축하여야 한다.
-- 중 략 --

〈사례연구 7〉 [유치권신고자가 법원에 제출한 유치권신고서]

유치권 신고서

사건번호: 2005타경 34397 부동산 임의경매
채권자 : 주식회사 ○○은행
채무자 : 이○○
소유자 : 채무자와 같음

위 부동산임의경매사건에서 당사는 아래와 같이 유치권이 존재하여 별첨 첨부서류와 같이 유치권 신고하오니 접수하여 주시기 바랍니다.

유치권 신청자 : ○○건설(주) 대표이사 최 ○○
유치권 신고금액 : 금 원
신청원인 : 건물신축 공사대금 중 미 수령금액

붙 임 : 1. 공사계약서 및 견적서 일체
2. 내용증명서 1부
3. 사진 일체
4. 법인등기부등본, 사업자등록증사본, 법인 인감증명 각 1부씩. 끝.

유치권신고자 :
사업장소재지 :

주식회사 ○○건설㈜ 대표이사 최 ○○

(실무담당자 직위 : 성명 : 연락처 :)

○○ 지방법원 귀중

〈사례연구 8〉 [경매신청채권자가 법원에 제출한 유치권배제신청서]

유치권 배제신청서

사건번호 : 창원지방법원 2005타경 34397 부동산 임의경매
채권자 : 주식회사 00은행
채무자 : 이○○
소유자 : 채무자와 같음

1. 유치권 신청내역
   유치권 신청자 : ○○건설(주) 대표이사 ○○○
   접수일자; 200.   .   .
   청구금액 : 금 200,000,000원(이자별도)
   신청원인 : 건물신축공사대금

2. 유치권 배제 신청사유
   - 유치권 행사에 있어 목적물의 점유는 유치권의 성립요건이자(민법 320조) 존속요건입니다.(민법 328조)
     즉, 목적물을 점유하고 있어야 유치권은 성립하며 점유를 잃으면 유치권은 상실됩니다.
   - 그러나 상기 물건은 채무자겸 소유자인 이○○이 계속 점유하며 여관업을 영위하고 있습니다.
   - 따라서 본 경매목적물에 대한 상기 유치권신청은 이유 없으며 이로 인하여 경매목적물의 저가 매각이 심히 우려되는 바, 본 경매절차에서 상기 유치권 신청을 배제하여 주시기 바랍니다. 끝.

채권자 : 주식회사 ○○은행
위 법률상 지배인 홍 길 동 (인)

○○ 지방법원 귀중

〈사례연구 9〉 [최고가매수인이 경매잔금대출 때 금융기관에 제출한 유치권 포기각서]

유치권 포기각서(공정증서)

사건번호 :
채 권 자 :
채 무 자 :
소 유 자 :

부동산의 표시 :

1. 위 경매사건에서 20 년 월 일 신고한 유치권신고(유치권신고 금액 : 원)는 금반 모든 이해관계인(유치권신고자, 소유자, 낙찰자 포함)과 원만한 합의가 완료되어 유치권신고자는 위 사건과 관련된 일체의 유치권 등 권리행사는 포기합니다.

2. 또한, 위 부동산의 낙찰자가 소유권 이전 후 향후 다시 재경매가 되더라도 유치권신고자는 향후 유치권 등 일체의 권리 주장도 하지 않고 포기하였으므로 공정증서로 확약합니다.

년 월 일

(당초)유치권신고자
주 소(사업장소재지) :

성 명 : (인)

주민등록번호 : (사업자등록번호 :)
(연락처 :)

첨 부 : 1. 당초 유치권신고서 일체 복사본
2. 인감증명서(법인 등기부등본, 사업자등록증 사본, 법인 인감증명 1통

○○ 은행 귀중

☞ 주의 : 유치권신고자는 인감증명서, 인감도장 지참 후(대리권수여시에는 본인의 위임장 및 인감증명서) 공증인가 ○○법무법인에서 인증서로 제출(또는 인감증명서 첨부)

〈사례연구 10〉 [유치권 부존재를 확인해주는 사실확인서]

점유 부존재 사실확인서(유치권 부존재확인서)

사건번호 : 2007타경 12345 부동산임의경매
채권자 :
채무자 :
소유자 :

부동산의 표시 : 부산시 사상구 엄궁동 1234번지 소재 1층부터4층 전부 숙박시설 (모텔) 및 지하층 123㎡(노래방) 전부

위 부동산(경매물건)은 아래 본인들 만이 현재 점유하여 사용 중 임을 확인하며, 본인들 임차 후에는 유치권신고서 제출하였다고 하는 ㈜00건설 등은 전혀 점유한 적이 없었음을 확인합니다.

2007년 4월 일

부산시 사상구 엄궁동 1234번지 소재 1층부터4층 전부 숙박시설 (모텔)

위 부분은 2005. 1. 1 소유자 000와 전세권설정(1억원)후 임차하여 본인 임차인(000)이 숙박시설로 현재까지 모텔로 점유, 사용 중 임을 확인합니다.

2007 년 4 월 일

확인자 주 소 :
성 명 : (인)
주민등록번호 :
(연락처 :)

부산시 사상구 엄궁동 1234 지하층 123㎡(노래방)

위 부분은 2005. 1. 2일 소유자 000와 임대차 계약 후 임차인(본인 000)만이 노래방으로 현재까지 전부 점유, 사용 중 임을 확인합니다.

2007 년 4 월 일

확인자 주 소 :
성 명 : (인)
주민등록번호 :
(연락처 :)

은행 귀중

※ 민법 제328조 (점유상실과 유치권소멸) 유치권은 점유의 상실로 인하여 소멸한다.

〈사례연구 11〉 [유치권 긍정 판례 3건, 부정 판례 9건]

유치권 긍정하는 판례 3건	**1. 대법원 2007.9.7. 선고 2005다16942 판결**
	다세대주택의 창호 등의 공사를 완성한 하수급인이 공사대금채권 잔액을 변제 받기 위하여 위 다세대주택 중 한 세대를 점유하여 유치권을 행사하는 경우, 그 유치권은 위 한 세대에 대하여 시행한 공사대금만이 아니라 다세대주택 전체에 대하여 시행한 공사대금채권의 잔액 전부를 피담보채권으로 하여 성립한다고 본 사례
	2. 대법원 1995.9.15. 선고 95다16202,95다16219 판결
	주택건물의 신축공사를 한 수급 인이 그 건물을 점유하고 있고 또 그 건물에 관하여 생긴 공사금 채권이 있다면, 수급 인은 그 채권을 변제 받을 때까지 건물을 유치할 권리가 있다고 할 것이고, 이러한 유치권은 수급 인이 점유를 상실하거나 피담보채무가 변제되는 등 특단의 사정이 없는 한 소멸되지 않는다.

<table>
<tr><td></td><td>3. 대법원 1976.9.28. 선고 76다582 판결</td></tr>
<tr><td></td><td>채무불이행에 의한 손해배상청구권은 원채권의 연장이라 보아야 할 것이므로 물건과 원채권과 사이에 견련관계가 있는 경우에는 그 손해배상채권과 그 물건과의 사이에도 견련관계가 있다 할 것으로서 손해배상채권에 관하여 유치권항변을 내세울 수 있다 할 것이다.</td></tr>
<tr><td rowspan="10">유치권
부정하는
판례 9건</td><td>1. 대법원 1994.10.14. 선고 93다62119 판결</td></tr>
<tr><td>임대인과 임차인 사이에 건물명도시 권리금을 반환하기로 하는 약정이 있었다 하더라도 그와 같은 권리금반환청구권은 건물에 관하여 생긴 채권이라 할 수 없으므로 그와 같은 채권을 가지고 건물에 대한 유치권을 행사할 수 없다.</td></tr>
<tr><td>2. 대법원 1960.9.29. 선고 4292민상229 판결</td></tr>
<tr><td>임차인의 임대인에 대한 보증금의 반환청구권으로서 임차인에 대한 유치권을 행사할 수 없다.</td></tr>
<tr><td>3. 대법원 1989.2.14. 선고 87다카3073 판결</td></tr>
<tr><td>건물점유자가 건물의 원시취득자에게 그 건물에 관한 유치권이 있다고 하더라도 그 건물의 존재와 점유가 토지소유자에게 불법행위가 되고 있다면 그 유치권으로 토지소유자에게 대항할 수 없다.</td></tr>
<tr><td>4. 대법원 2005. 8. 19. 선고 2005다22688 판결</td></tr>
<tr><td>채무자 소유의 건물 등 부동산에 강제경매개시결정의 기입등기가 경료되어 압류의 효력이 발생한 이후에 채무자가 위 부동산에 관한 공사대금 채권자에게 그 점유를 이전함으로써 그로 하여금 유치권을 취득하게 한 경우, 그와 같은 점유의 이전은 목적물의 교환가치를 감소시킬 우려가 있는 처분행위에 해당하여 민사집행법 제92조 제1항, 제83조 제4항에 따른 압류의 처분금지효에 저촉되므로 점유자로서는 위 유치권을 내세워 그 부동산에 관한 경매절차의 매수인에게 대항할 수 없다.</td></tr>
<tr><td>5. 대법원 1994.9.30. 선고 94다20389,20396 판결</td></tr>
<tr><td>가. 민법 제626조 제2항에서 임대인의 상환의무를 규정하고 있는 유익비란 임차인이 임차물의 객관적 가치를 증가시키기 위하여 투입한 비용을 말하는 것이므로, 임차인이 임차건물부분에서 간이음식점을 경영하기 위하여 부착시킨 시설물에 불과한 간판은 건물부분의 객관적 가치를 증가시키기 위한 것이라고 보기 어려울 뿐만 아니라, 그로 인한 가액의 증가가 현존하는 것도 아니어서 그 간판설치비를 유익비라 할 수 없다.
나. 임대차계약 체결 시 임차인이 임대인의 승인하에 임차목적물인 건물부분을 개축 또는 변조할 수 있으나 임차목적물을 임대인에게 명도할 때에는 임차인이 일체 비용을 부담하여 원상복구를 하기로 약정하였다면, 이는 임차인이 임차목적물에 지출한 각종 유익비의 상환청구권을 미리 포기하기로 한 취지의 특약이라고 봄이 상당하다.
다. 임대차계약의 종료에 의하여 발생된 임차인의 임차목적물 반환의무와 임대인의 연체차임을 공제한 나머지 보증금의 반환의무는 동시이행의 관계에 있는 것이므로, 임대차계약 종료 후에도 임차인이 동시이행의 항변권을 행사하여 임차목적물을 계속 점유하여 온 것이라면 임차인의 그 건물에 대한 점유는 불법점유라고 할 수 없으므로, 임차인이 임차목적물을 계속 점유하였다고 하여 바로 불법점유로 인한 손해배상책임이 발생하는 것은 아니라고 보아야 한다.</td></tr>
</table>

	6. 대법원 2002. 11. 27. 자 2002마3516 결정
	유치권의 성립요건인 유치권자의 점유는 직접점유이든 간접점유이든 관계없지만, 유치권자는 채무자의 승낙이 없는 이상 그 목적물을 타에 임대할 수 있는 처분권한이 없으므로(민법 제324조 제2항 참조), 유치권자의 그러한 임대행위는 소유자의 처분권한을 침해하는 것으로서 소유자에게 그 임대의 효력을 주장할 수 없고, 따라서 소유자의 동의 없이 유치권자로 부터 유치권의 목적물을 임차한 자의 점유는 구 민사소송법(2002. 1. 26. 법률 제6626호로 전문 개정되기 전의 것) 제647조 제1항 단서에서 규정하는 '경락인에게 대항할 수 있는 권원'에 기한 것이라고 볼 수 없다.
	7. 대전고법 2004. 1. 15. 선고 2002나5475 판결
	건물 및 대지에 거액의 근저당권, 전세권, 가압류등기 등이 설정되어 있는 등으로 부동산 소유자의 재산상태가 좋지 아니하여 위 부동산에 관한 경매절차가 개시될 가능성이 있음을 충분히 인식하고서도 수급인이 거액의 공사도급계약 및 그 후의 사용·수익 약정을 체결하여 건물의 일부를 점유하였다면 수급인이 전 소유자와 사이에 위 건물 부분에 관한 공사도급계약을 하고 그 계약에 따른 공사를 일부라도 실제로 진행하여 상당한 공사비용을 투하하였다고 하더라도, 만약 이러한 경우에까지 유치권의 성립을 제한 없이 인정한다면 전 소유자와 유치권자 사이의 묵시적 담합이나 기타 사유에 의한 유치권의 남용을 막을 방법이 없게 되어 공시주의를 기초로 하는 담보법질서를 교란시킬 위험이 있다는 점을 고려할 때, 수급인의 공사도급계약 전에 가압류등기와 근저당권설정등기를 마친 자의 신청에 의한 경매절차의 매수인(낙찰자)에 대한 관계에서는, 민법 제320조 제2항을 유추 적용하여 수급인이 공사대금채권에 기초한 유치권을 주장하여 그 소유자인 낙찰자에게 대항할 수 없다고 하거나, 그 유치권을 행사하는 것이 신의칙에 반하여 허용될 수 없다고 보아야 한다고 한 사례
	8. 대법원 2004. 9. 23. 선고 2004다32848 판결
	피고가 이 사건 부동산에 대하여 필요비나 유익비를 지출하였음을 인정하기에 부족하고 달리 이를 인정할 증거가 없으므로, 피고의 이 사건 부동산에 대한 유치권은 존재하지 아니한다고 판단한 것은 정당하다
	9. 대법원 2006.8.25. 선고 2006다22050 판결
	채무자 소유의 부동산에 경매개시결정의 기입등기가 경료되어 압류의 효력이 발생한 후에 부동산의 점유를 이전 받아 유치권을 취득한 채권자가 그 기입등기의 경료사실을 과실 없이 알지 못하였다는 사정을 내세워 그 유치권으로 경매절차의 매수인에게 대항할 수 있는지 여부(소극)

〈부정하는 판례 9번 해설〉

대법원 2006.8.25. 선고 2006다22050 판결 【토지인도】

【판시사항】

채무자 소유의 부동산에 경매개시결정의 기입등기가 경료되어 압류의 효력이 발생한 후에 부동산의 점유를 이전 받아 유치권을 취득한 채권자가 그 기입등기의 경료사실을 과실 없이 알지 못하였다는 사정을 내세워 그 유치권으로 경매절차의 매수인에게 대항할 수 있는지 여부(소극)

【판결요지】

채무자 소유의 부동산에 경매개시결정의 기입등기가 경료되어 압류의 효력이 발생한 이후에 채권자가 채무자로부터 위 부동산의 점유를 이전 받고 이에 관한 공사 등을 시행함으로써 채무자에 대한 공사대금채권 및 이를 피담보채권으로 한 유치권을 취득한 경우, 이러한 점유의 이전은 목적물의 교환가치를 감소시킬 우려가 있는 처분행위에 해당하여 민사집행법 제92조 제1항, 제83조 제4항에 따른 압류의 처분금지효에 저촉되므로, 위와 같은 경위로 부동산을 점유한 채권자로서는 위 유치권을 내세워 그 부동산에 관한 경매절차의 매수인에게 대항할 수 없고, 이 경우 위 부동산에 경매개시결정의 기입등기가 경료되어 있음을 채권자가 알았는지 여부 또는 이를 알지 못한 것에 관하여 과실이 있는지 여부 등은 채권자가 그 유치권을 매수인에게 대항할 수 없다는 결론에 아무런 영향을 미치지 못한다.

⇒ 본건 판례는 토지에 상가 신축공사 도급공사를 했던 피고가 도급인의 부도에 따라 완료되지 아니한 공사를 근거로 유치권을 행사했으나 이를 받아들이지 않은 판결입니다.

Ⅰ. 사실관계

(1) 피고 주식회사 C씨는 2002. 10. 14. A건설(주)와 A회사 소유의 토지에 상가 신축공사 도급계약을 체결하였으나, A건설과 해당 토지의 종전 소유자와의 사이에 법적 분쟁이 발생하여 피고는 공사에 착공하지 못하던 중 A건설이 부도가 났다.

(2) 해당 토지의 근저당권자 W은행이 부동산임의경매를 신청하여, 2002. 11. 25. 임의경매가 개시되었고, 2002. 11. 27. 이 사건 토지에 관하여 경매개시결정 기입등기가 경료 되었다.

(3) 종전소유자와의 분쟁이 2003. 4. 초순경 해결되어 피고는 2003. 5. 2.경부터 본격적으로 공사에 착수하여 터파기 공사, 에이치빔 토목공사 등을 실시하였다.

(4) 피고는 2003. 7. 초순경 A건설의 부도 사실을 알고 이 사건 토지상에 가설울타리 및 에이치빔을 비롯한 컨테이너 박스 등의 시설물이 설치되어 있는 상태에서 이들 시설물과 이 사건 토지를 점유하면서 공사를 중단하였고, 2003. 8. 28.경 경매법원에 A건설에 대한 공사대금채권을 피보전채권으로 하여 이 사건 토지를 유치하고 있다는 내용의 유치권신고를 하였다.

(5) 토지에 관한 임의경매절차는 진행되어, 원고가 이 사건 토지를 낙찰 받아 2004. 3. 25. 낙찰대금을 완납한 후, 피고에 대하여 토지인도를 구하는 이 사건 소송을 제기하였다.

Ⅱ. 대상 판결의 요지

채무자(A건설) 소유의 부동산에 경매개시결정의 기입등기가 경료되어 압류의 효력이 발생한 이후에 채권자(피고)가 채무자로부터 위 부동산의 점유를 이전 받고 이에 관한 공사 등을 시행함으로써 채무자에 대한 공사대금채권 및 이를 피담보채권으로 한 유치권을 취득한 경우, 이러한 점유의 이전은 목적물의 교환가치를 감소시킬 우려가 있는 처분행위에 해당하여 민사집행법 제92조 제1항, 제83조 제4항에 따른 압류의 처분금지효에 저촉되므로, 위와 같은 경위로 부동산을 점유한 채권자로서는 위 유치권을 내세워 그 부동산에 관한 경매절차의 매수인(원고)에게 대항할 수 없고, 이 경우 위 부동산에 경매개시결정의 기입등기가 경료되어 있음을 채권자가 알았는지 여부 또는 이를 알지 못한 것에 관하여 과실이 있는지 여부 등은 채권자가 그 유치권을 매수인에게 대항할 수 없다는 결론에 아무런 영향을 미치지 못한다.

Ⅲ. 수급인의 유치권

1. 유치권 성립 요건

일반적인 유치권이 성립하기 위한 요건과 수급인에 관련된 부분에 대하여 살펴본다.

(1) 피담보채권이 유치권의 목적물에 '관하여 생긴 것' 즉 견련관계가 있어야 한다.
채권이 목적물 자체로부터 발생한 경우, 채권이 목적물의 반환청구권과 동일한 법률관계나 사실관계로부터 발생한 경우에도 견련관계가 인정된다. 그러므로 수급인의 공사대금채권이 목적물과 견련관계가 인정되려면 그 목적물에 관하여 발생한 것이어야 한다(그 건물 자체에 유치권을 행사하여야 하지, 도급인의 다른 건물에 대하여 유치권을 행사할 수 없다).
그런데, 토지 위에 건물을 신축할 경우 신축된 건물 이외에 토지도 견련관계가 있는 목적물인지 문제가 된다.

(2) 피담보채권이 '변제기'에 있어야 한다.
건물의 일부를 완성하였으나 기성고에 대한 공사대금을 지급받지 못할 경우 미완성 건물에 대하여 유치권을 행사할 수 있는지 문제가 된다.
독립된 건물로 볼 수 없을 정도의 미완성 건물은 동산이고 동산에 대하여도 유치권을 행사할 수 있다고 볼 수 있으나, 동산인 상태의 건물의 일부는 토지의 부합물로 별도로 소유권 취득 대상이 되지 못하고 토지의 처분과 운명을 같이 하여야 하고 부합물에 대하여 유치권을 행사하는 것은 토지 자체를 점유하여 유치권을 행사하는 것과 마찬가지가 되어 부당하므로 토지와 별도로 유치권을 행사할 수는 없다고 생각한다.

(3) 유치권자는 타인의 물건을 '점유'하고 있어야 한다. 채권자의 점유가 불법행위에 의하여 시작된 것이어서는 아니 된다. 수급인도 유치권을 주장하려면 건물을 계속 점유하고 있어야 한다. 수급인이 일시적으로 점유를 상실하였다가 후에 다시 같은 건물을 점유하게 되는 경우에는 유치권을 취득하게 된다(대법원 판결 1955. 12. 15. 선고 4288민상283).

2. 유치권의 효과

유치권은 물권이므로 채무자뿐만 아니라 모든 사람에게 대항할 수 있다. 수급 인이 유치권을 행사하고 있는 동안 건물의 도급인이 이를 제3자에게 양도한 경우 공사대금청구권은 도급인에게 행사하여야 하나, 유치권은 건물의 양수인에게도 주장할 수 있으므로 공사대금을 변제 받기 전까지는 양수인에게 건물을 인도할 필요가 없다.

유치권자도 부동산경매절차에서 유치권신고를 할 수 있는데, 유치권신고를 한 유치권자는 경매절차의 '이해관계인'으로서 절차상 각종 권한을 부여 받는다. ① 집행에 관한 이의신청권(민사집행법 제122조), ② 부동산에 대한 침해방지신청권(법 제83조), ③ 경매개시결정에 대한 이의신청권(법 제86조), ④ 매각기일과 매각결정기일을 통지 받을 수 있는 권리(법 제104조), ⑤ 최저매각가격 외의 매각조건의 변경에 관하여 합의할 수 있는 권리(법 제110조) 등이 그것이다.

유치권자가 경매법원에 유치권신고를 하지 아니한 경우 그 유치권자는 이해관계인으로서의 위와 같은 권한을 행사하지 못할 뿐 여전히 유치권자로서 경락인(매수인)으로부터 피담보채권을 변제 받을 때까지 건물의 인도를 거절할 수 있다.

Ⅳ. 대상 판결의 검토

대상 판결은 피고가 이 사건 토지에 유치권을 갖는다는 전제 아래 압류의 처분금지효에 저촉되어 매수인에 대항할 수 없다는 결론을 내렸다.

그러나 피고가 이 사건 토지에 유치권을 갖는지에 대하여 의문이 있다. 위 유치권의 성립요건에서 언급한 바와 같이 토지는 공사대금채권과 견련관계가 있는 물건으로 볼 수 없고, 동산인 상태의 건물의 일부는 토지의 부합물로 토지와 별도로 유치권을 행사할 수는 없다고 보아야 한다고 생각한다. 대상판결의 논리대로라면 만일 피고가 경매개시결정의 기입등기가 경료되기 이전에 토지를 인도받아 공사를 시작하였다면 건물을 어느 정도까지 건축하였는지 문제가 되지 않고 또한 피고가 유치권신고를 하였는지 여부와 관계없이 공사대금채권을 피담보채권으로 토지에 대하여 유치권을 행사할 수 있어 원고에게 토지의 인도를 거부할 수 있다고 판단하여야 된다. 그러나 수급인이 토지에서 건물을 신축하다 경미한 공사를 하다 도급인의 귀책사유로 공사대금을 받지 못한 상태에서 공사가 중단된 경우 토지에 부착된 경미한 부합물에 대한 피담보채권으로 토지 전체에 대하여 유치권을 행사하는 것이 되어 부당하다고 본다.

Ⅴ. 결론

대상 판결의 사안에 대하여 피고의 토지에 관한 유치권을 인정할 수 없다는 결론은 타당하다고 생각하나, 그 이론 구성을 처분금지의 효에 저촉된 것으로 볼 것이 아니라 공사대금채권을 피담보채권으로 한 토지에 대한 유치권은 성립하지 않는다고 이론 구성하는 것이 옳다고 생각한다.

대상 판결은 압류채권자가 수급인이 완성한 건축물을 압류하거나 민사집행법 제81조 제1항 제2호 단서에 의하여 미등기건물에 관하여 압류한 이후 수급인이 유치권을 행사하는 경우에는 적용될 수 있는 것으로 그 의미가 있다 할 것이다.

그런데, 피고가 이 사건 토지 위에 건축한 가설울타리, 에이치 빔, 컨테이너 박스 등의 시설물은 토지로부터 독립된 건물이라고 볼 수 있을 정도의 건축물은 아니므로 동산으로 토지에 부착된 부합물로 보아야 한다, 따라서 대상판결의 사안에 있어서 토지에 대하여는 피고의 유치권이 성립하지 않는다고 생각한다.

〈사례연구 12〉 [부동산 강제집행효용 침해죄]

강제집행으로 명도 또는 인도된 부동산에 침입하거나 기타 방법으로 강제집행의 효용을 해함으로써 성립하는 범죄이다. 판결의 집행력과 강제집행의 효력을 보호하기 위하여 개정형법의 신설한 구성요건이다.

⇒ **형법 제140조의2**(부동산강제집행효용침해죄)

강제집행으로 명도 또는 인도된 부동산에 침입하거나 기타 방법으로 강제집행의 효용을 해한 자는 5년 이하의 징역 또는 700만원 이하의 벌금에 처한다.

⇒ **형법 제315조**(경매, 입찰의 방해죄)

위계 또는 위력 기타 방법으로 경매 또는 입찰의 공정을 해한 자는 2년 이하의 징역 또는 700만원 이하의 벌금에 처한다.

⇒ **형법 제323조**(권리행사방해죄)

타인의 점유 또는 권리의 목적이 된 자기의 물건 또는 전자기록 등 특수매체기록을 취거, 은닉 또는 손괴하여 타인의 권리행사를 방해함으로써 성립하는 범죄이다(5년 이하의 징역 또는 700만원 이하의 벌금에 처한다).

〈사례연구 13〉 [법원에 가지 않고도 쉽게 유치권신고서를 팩스 받는 방법]

⇒ 매각물건명세서 비고란에 간혹 기재한 것도 있으나(기재하지 않았더라고 매각불허가 사유는 아님), 법원경매정보(www.courtauction.go.kr)>경매물건>경매사건검색>사건내역 하단'당사자내역'란 또는 문건/송달내역의 문건처리내역을 확인해 보아야 유치권 신고된 전체 내역을 알아볼 수 있다.

(예 : 부산지방법원 2006타경 29555호 사건은 유치권신고 3건이나 접수되었고, 경매신청채권자인 한국자산관리공사에서 유치권배제신청서가 접수된 사건)

유치권신고서는 복사를 하고 싶어도 매수전에는 이해관계인이 아니므로 경매계에 경매기록 열람 및 등사신청을 하여도 복사본을 얻기가 쉽지 않으며, 법무사 또는 경매신청채권자(금융기관)에게 협조를 구하여 유치권신고서 사본을 팩스 받을 수 있을 것이다.

경매신청채권자중 금융기관(등기부등본 을구에 1순위 근저당권 설정한 은행의 소재지)에 전화로 유치권성립여부 등 문의하고, 경매신청채권자는 이해관계인이므로 법원에서 복사한 유치권신고서 사본을 팩스 송부 받아 유치권성립 여부를 검토하며, 경매신청채권자인 금융기관은 통상 유치권배제신청서를 법원에 제출하므로 그 복사본도 팩스 받아 검토하면 큰 도움이 된다.

(예 : 창원지방법원 2006타경 13045호, 2005타경 34366호, 2006타경 4744호 등 유치권 신고물건)

〈사례연구 14〉 [유치권 소송사건의 진행상황 검색]

대법원 www.scourt.go.kr> 바탕화면의 "나의 사건검색"에서 검색
(부산지방법원 2004타경40015호(2번 물건) 임의경매 사건의 유치권신고내역을 먼저 살펴보자)

(예1)
법원선택 : 부산지방법원
사건명 : 2006가합 4192호 (건물명도 등)
원 고 : 신명○, 피 고 : 장○○외 1명(박○○)/ 유치권신고자
사건 신청일자 : 2006. 3. 7.(1심 : 원고 승소사건, 찜질방의 유치권신고가 성립하지 않는다는 판결)

(예2)
법원선택 : 창원지방법원
사건명 : 2003가합 7456호
원고 : ○○종합건설(주)/유치권신고자, 피고 : 이○○
공사대금 : 원고소가;323,400,000원에서
⇒(항소 사건명 : 2006나 9798호 공사대금 : 피고 소가 : 30,002,011원으로 축소)

〈사례연구 15〉 [유치권자에게 유치권 상당금액을 지급한 경우 필요경비 해당]

[문서번호] 서면5팀 −846, [생산일자] 2008.04.22
[제목] 유치권자에게 유치권 상당금액을 지급한 경우 필요경비 공제 여부

[요약]
거주자가 양도하는 부동산의 양도차익을 실지거래가액으로 산정하는 경우로서 유치권으로 담보하는 채권을 변제할 책임이 있는 부동산을 공매로 취득하면서 유치권자에게 유치권으로 담보하는 채권 상당액을 변제한 경우 동 금액은 양도가액에서 공제할 필요경비에 해당하는 것임

[질의]
(사실관계)
− 한국자산관리공사에서 공매한 토지 및 상가 건물을 10억원에 응찰하여 취득하는 과정에서 동 부동산에 세입자 명의로 건물 내부시설에 따른 유치권 5억원이 설정되었으므로 낙찰자가 유치권 포기 합의금으로 3억원을 지급하고 취득등기를 함
(질의내용)
− 부동산 취득과 관련하여 지급한 유치권 포기 합의금이 취득가액에 포함되는지 여부

[회신]
거주자가 양도하는 부동산의 양도차익을 실지거래가액으로 산정하는 경우로서 「민사집행법」 제91조 규정에 따라 유치권으로 담보하는 채권을 변제할 책임이 있는 부동산을 공매로 취득하면서 유치권자에게 유치권으로 담보하는 채권 상당액을 변제한 경우 동 금액은 「소득세법」 제97조 제1항 규정에 따른 양도가액에서 공제할 필요경비에 해당하는 것입니다.

※ **유사사례**

○ 서면4팀-444, 2007.02.22

【회신】

거주자가 양도하는 부동산의 양도차익을 실지거래가액으로 산정하는 경우로서 「민사집행법」 제91조 규정에 따라 유치권자에게 그 유치권으로 담보하는 채권을 변제할 책임이 있는 부동산을 공매로 취득하면서 유치권으로 담보하는 채권 상당액을 변제한 경우 동 금액은 「소득세법」 제97조 제1항 규정에 따른 양도가액에서 공제할 필요경비에 해당합니다.

○ 서면4팀-987, 2004.06.30

【회신】

법원의 경매를 통하여 부동산을 취득하면서, 경락매수인이 민법 제320조 규정에 의한 유치권의 내용을 가진 부동산임치권자에게 민사집행법 제91조 제5항 규정에 따라 당해 유치권을 담보로 하는 채권을 변제하는 경우에는 당해 변제금액(구상권 행사가 불가능한 경우에 한함)은 그 부동산을 취득하는데 소요된 실질적인 대가이므로 소득세법 제97조 제1항 제1호 가목 단서에서 규정하는 "취득에 소요된 실지거래가액"에 포함되는 것이며, 이에 해당하는 지는 사실 조사하여 판단해야 함.

6-5. 분묘기지권

법원 경매부동산의 감정평가서나 매각공고 비고란에 "무연고 분묘 수기 존재" 등으로 표시되고 있다. 분묘기지권(墳墓基地權)은 분묘를 소유하기 위하여 분묘가 설치된 타인의 토지를 사용할 수 있는 관습법상 지상권과 유사한 물권으로 분묘기지권이 성립하는 경우로는 아래 3가지중 어느 하나에 해당되면 성립한다.

첫째, 토지소유자의 승낙을 얻어 분묘를 설치한 경우

둘째, 토지소유자의 승낙 없이 분묘를 설치하고 20년간 평온, 공연하게 점유하고 시효 취득한 경우

셋째, 자기 소유 토지에 분묘를 설치하고 분묘에 관하여는 별도의 특약 없이 그 토지만을 타인에게 매도한 경우이다 .

일명 무덤사용권이라고도 하며 분묘기지권이 성립하면 후손들이 그 분묘를 관리하는 한 그 분묘에 대하여는 이장 청구를 하지 못하며 사실상 영원히 존속한다. 경매에서 전소유자의 조상묘라면 대부분 분묘기지권이 성립되는 경우가 많으며, 협의를 통한 개장이 최선책이며 원만한 협의가 성립되지 않을 경우 지료 청구는 가능합니다.

분묘기지권의 범위를 판례(대법원 2007. 6.14 선고 2006다84423 판결, 대법원 1994. 8. 26. 선고 94다28970 판결 참조)에서는 '분묘의 기지 자체(봉분의 기저 부분)뿐만 아니라 그 분묘의 설치 목적인 분묘의 수호 및 제사에 필요한 범위 내에서 분묘의 기지 주위의 공지를 포함한 지역에까지 미치는 것이고 그 확실한 범위는 각 구체적인 경우에 개별적으로 정하여야 한다' 라고 판시하고 있다.

분묘기지권의 특징으로는 사용대가가 원칙적으로 무상이며, 봉분의 형태가 분명해야 한다. 가묘(예장)는 포함되지 않으며, 평장되어 있거나, 암장되어 있어 객관적으로 인식할 수 있는 외형을 갖추고 있지 아니한 경우에도 분묘기지권은 인정되지 않는다.

그러나 '매장및묘지등에관한법률'폐지 및 2001. 1.13'장사등에관한법률'이 시행되었으나 이미 취득한 분묘기지권은 유효하다.

장사등에관한법률이 2001. 1.13부터 시행되면서 많은 변화가 생겼는데

① 분묘의 면적

공설묘지, 가족묘지, 종중·문중묘지 또는 법인묘지안의 분묘 1기 및 당해 분묘의 상석, 비석 등 시설물의 설치구역 면적은 10평방미터(합장의 경우에는 15평방미터)를 초과하여서는 아니되며, 개인묘지는 30평방미터를 초과하여서는 아니 된다(법 제16조).

② 분묘기지권의 성립

토지 소유자의 승낙 없이 당해 토지에 설치한 분묘, 묘지 설치자 또는 연고자의 승낙 없이 당해 묘지에 설치한 분묘의 연고자는 당해 토지 소유자·묘지 설치자 또는 연고자에 대하여 토지 사용권 기타 분묘의 보존을 위한 권리를 주장할 수 없다. 단, 토지 소유자·묘지 설치자 또는 연고자는 개장을 하고자 하는 때에는 미리 3월 이상의 기간을 정하여 그 뜻을 당해 분묘의 설치자 또는 연고자에게 통보하여야 하며, 당해 분묘의 연고자를 알 수 없는 경우에는 그 뜻을 공고하여야 한다. (법 제23조)

③ 분묘의 설치기간

공설묘지 및 사설묘지에 설치된 분묘의 설치기간은 15년으로 한다.
설치기간이 경과한 분묘의 연고자가 시·도지사, 시장·군수·구청장 또는 법인묘지의 설치·관리를 허가 받은 자에게 당해 설치기간의 연장을 신청하는 경우에는 15년씩 3회에 한하여 당해 설치기간을 연장하여야 한다. (법 제17조)

④ 무연고 분묘의 처리 방법

타인의 토지 등에 설치된 분묘의 처리방법으로 토지 소유자·묘지 설치자 또는 연고자가 타인의 토지 또는 묘지에 설치된 분묘의 처리를 하는 경우에는

- 분묘의 연고자를 알고 있는 경우 : 문서로 표시하여 분묘의 연고자에게 통보하고
- 분묘의 연고자를 알 수 없는 경우 : 중앙일간신문을 포함한 2 이상의 일간신문에 2회 이상 공고하여야 한다(두 번째 공고는 첫 번째 공고일부터 1월이 지난 다음 이를 할 것)
  토지 소유자, 묘지 설치자 또는 연고자가 매장된 시체 또는 유골을 매장 또는 납골하고자 하는 경우에는 기존 분묘의 사진, 분묘의 연고자를 알지 못하는 사유, 묘지 또는 토지가 개장허가 신청인의 소유임을 증명하는 서류 및 해당 토지 등의 사용에 관하여 당해 분묘연고자의 권리가 없음을 증명하는 서류를 첨부하여 시장·군수·구청장에게 허가를 신청하여야 한다.(시행규칙 제14조)

〈사례연구 1〉 [생활개혁실천협의회 · 보건복지부 안내문]

생활개혁실천협의회 : 서울특별시 중구 소공동 117번지 한국YMCA전국연맹 8층,
TEL 02−773−0416, www.life21.or.kr

"묘지(墓地)" 더 이상 영구히 사용할 수 없습니다.
꼭 알아두어야 할 『**장사(葬事) 등에 관한 법률**』 주요내용

1. 더 이상 묘지를 영구히 사용할 수 없습니다.
 - 묘지(분묘)의 기본 설치기간은 15년입니다.
 - 설치기간이 종료된 유골은 1년 내 화장 또는 납골해야 합니다. 단, '연장신청'을 통해서 설치기간 연장(최대 60년)이 가능합니다.
2. 매장 및 묘지설치 시에는 반드시 신고 또는 허가가 필요합니다.
 - 매장 후 30일 이내 관할관청에 '신고' 해야 합니다.
 - 개인묘지는 설치 후 30일 이내 관할관청에 '신고'해야 합니다.
 - 가족묘지, 종 · 문종 묘지는 설치 전 관할관청에 '허가'를 받아야 합니다.

※ 개인묘지설치는 유족들의 편의를 위해 묘지를 설치한 이후에 신고할 수 있도록 되어 있습니다. 그러나 '묘지설치 제한구역'에 설치하는 경우가 빈번히 발생하고 있습니다. 설치 전에 '묘지설치 가능지역'인지 여부를 반드시 확인하시기 바랍니다.
※ 매장은 반드시 묘지로서 설치 '신고' 또는 '허가'된 구역에 한해 할 수 있습니다.
※ 사망신고 시 매장신고를 함께하는 것이 편리합니다.
3. 개인묘지의 면적은 9평, 가족묘지와 종 · 문중묘지 내 분묘 1기당 면적은 3평 이내로 제한되었습니다.
* 법률 위반 시 최고 2년 이하의 징역 또는 1천만원 이하의 벌금형에 처해질 수 있습니다.
* 매장 및 묘지설치에 관한 문의처 : 매장지를 관할하는 시 · 군 · 구(읍 · 면 · 동)

〈사례연구 2〉 [묘지의 이전요구 및 사용료 지급요구]

문) 저는 25년 전에 돌아가신 선친을 다른 사람의 임야에 모시고 현재까지 성묘와 제사를 드려왔습니다. 그런데 얼마 전 그 임야를 매수한 제 3자가 묘지를 다른 곳으로 옮기라고 하면서 그 동안의 사용료 지급까지 요구하고 있습니다. 이런 경우 어떻게 해야 하는지요

답) 대법원은 다른 사람의 토지에 있는 묘의 터(墳墓의 基地)에 대하여 관습법상 지상권과 비슷한 권리를 인정하고 있습니다. 이를 분묘기지권이라고 부릅니다. 즉, 토지 소유자의 승낙을 얻어 분묘를 설치한 경우라던지, 토지 소유자의 승낙이 없더라도 20년 이상 아무 일 없이 묘를 점유해 왔다면 묘터를 사용할 수 있는 권리를 인정받을 수 있습니다. 귀하는 이 분묘기지권을 갖고 있는 것으로 보이므로 토지 매수인의 묘지 이전요구는 물론 사용료 지급 요구를 거절할 수 있습니다. 그런데 최근 묘지 난립에 따른 폐해를 막기 위해 제정된 '장사(葬事)등에 관한 법률'에 따르면, 토지 소유자의 승낙 없이 2001년1월13일 이후에 설치된 묘에 대해서는 이런 권리가 인정되지 않습니다.

– 조선일보–삼성법률봉사단 공동법률서비스 게시 글에서 발췌 –

〈사례연구 3〉 [장사등에관한법률 시행(2000년1월12일)이후 분묘기지권 인정 안됨]

분묘기지권이란 남의 땅에 내연고의 분묘를 유지 관리할 수 있는 배타적 권리를 말한다. 배타적 권리란 분묘가 설치된 토지의 사용권과 연고자의 동의 없이 분묘를 훼손·발굴할 수 없으며 또 개장 요구에 불응할 수 있는 권리이다.

그러므로 분묘기지권은 임야나 묘지가 설치된 토지의 매매에 있어서 제일 큰 장애이었다.

이 분묘기지권의 성립여부를 알아보자.

분묘기지권은 장사등에관한법률 시행(2000년1월12일 공포－2001.1.13시행 : 이후 장사법이라 한다) 이전에 관습법으로 인정한 것으로

－타인소유의 토지에 소유자의 승낙을 얻어 분묘를 설치하거나

－소유자의 승낙 없이 분묘를 설치한 후 20년간 평온, 공연하게 그 분묘기지를 점유하거나

－분묘설치자 소유의 토지에 설치한 분묘를 특약 없이 매매하여 소유주가 달라지면

(경매가 주류임) 분묘기지권을 취득하며 이렇게 성립된 분묘기지권은 묘지를 계속 존속할 수 있는 권리를 가지며 토지소유자나 소유권승계자 모두에게 그 권리를 주장할 수 있다.

즉 토지소유자가 개장을 요구해도 그 요구에 응하지 않고 분묘를 계속 존속시킬 권리가 있다는 것이다. 그러나 합의가 된다면 개장이 가능하다. 만약 개장요구에 불응 했는데도 묘지를 훼손하거나 발굴 하였다면 [묘지훼손발굴]죄로 처벌받게 되므로 분묘기지권은 토지소유자에게는 토지이용에 있어 매우 큰 장애 이였으며 앞으로도 상당한 장애가 될 것이다. 타인토지에 승낙 없이 설치한 분묘가 분묘기지권 때문에 골치를 썩었으나 2001.1.13. 이후에 타인토지에 승낙 없이 설치한 분묘는 분묘기지권을 취득할 수 없다.

타인토지설치분묘(장사법 제23조) ③ 제1항 각호의 1에 해당하는 분묘의 연고자는 당해 토지 소유자 묘지 설치자 또는 연고자에 대하여 토지 사용권 기타 분묘의 보존을 위한 권리를 주장할 수 없다. 로 규정하여 분묘기지권을 배제 하였습니다

2001.1.12. 이후 설치된 묘지는 제17조 (분묘의 설치기간)에 의하여 분묘기지권이 인정되지 않는다. 그러나 분묘설치권은 설치기간 한도로 보장된다.

반면 분묘기지권은 묘지 연고자가 관리만 하면 영구히 존속할 수 있다. 그러나 무연고묘는 다음 법조문과 같이 간단히 처리할 수 있습니다.

장사법 제23조 ② 항 토지 소유자·묘지 설치자 또는 연고자는 제1항의 규정에 의한 개장을 하고자 하는 때에는 미리 3월 이상의 기간을 정하여 그 뜻을 당해 분묘의 설치자 또는 연고자에게 통보하여야 한다. 다만, 당해 분묘의 연고자를 알 수 없는 경우에는 그 뜻을 공고하여야 한다.

이상의 무연고묘지의 처리는 이를 전문적으로 취급하는 업체가 있으니 이를 이용하면 쉽게 해결할 수 있다

〈분묘기지권의 기산시기 확인법〉

확인방법은 일반적으로 사망자의 사망 일시와 분묘의 봉분이 존재하는지 자식들이 분묘를 관리하며 지내고 있는지 분묘 근처의 주민들의 증언 등 있는지에 의해서 확인할 수 밖에 없습니다.

위에서 살펴본 바 같이 무연고묘는 간단히 처리할 수 있으니 조상묘소가 타인 토지에 모셔져 있는 분들은 연고자 이름과 연락처를 잘 보이고 훼손되지 않게 표시해 둘 필요가 있다

토지소유자 구분	종전(매장및묘지등에관한법률)	2001.1.13. 이후 설치된 분묘 (장사등에관한법률)
자기소유의 토지에 설치한 분묘	소유자변경시 분묘기지권 성립	설치기간한도(최장60년)내 분묘존속 보장
타인토지에 소유자 승락하에 설치한 분묘	묘지설치 시 분묘기지권 성립	
타인토지에 무단 설치한 분묘	20년 평온 공연하게 점유 분묘기지권성립 20년 이전 토지소유자 요구 시 개장해야 함	분묘기지권 불인정 개장요구 시 개장해야 함

〈사례연구 4〉 [분묘기지권이 성립하지 않는 지역]

(장사등에관한법률 제15조(묘지 등의 설치제한)와 동법 시행령)

다음 지역에는 묘지·화장장 또는 납골시설을 설치할 수 없다.

1. 국토의계획및이용에관한법률 규정에 의한 주거지역·상업지역 및 공업지역.
2. 수도법 규정에 의한 상수원보호구역(다만, 기존의 사원 경내에 설치하는 납골시설 또는 개인, 가족 및 종중·문중의 납골시설의 경우에는 그러하지 아니한다.)
3. 문화재보호법 규정에 의한 문화재보호구역
4. 수변구역 및 특별대책지역 중 상수원보호구역을 제외한 지역
5. 도로법 및 고속국도법 규정에 의하여 지정·고시 및 지정된 접도구역
6. 하천법 규정에 의하여 지정&고시된 하천구역
7. 농지법 규정에 의하여 지정된 농업진흥지역
8. 「산림자원의 조성 및 관리에 관한 법률」에 따라 지정·고시된 채종림, 보안림, 요존국유림
9. 사방사업법 규정에 의하여 지정·고시된 사방지
10. 군사시설보호법 규정에 의하여 설정된 군사시설보호구역 및 군사기밀보호법 규정에 의하여 설정된 군사보호구역
11. 붕괴·침수 등으로 인하여 보건위생상 위해를 끼칠 우려가 있는 지역으로써 지방자치단체의 조례가 정하는 지역

〈사례연구 5〉 [분묘기지권 판례]

① 대법원 2001. 8. 21. 선고 2001다28367 판결

【판시사항】

분묘기지권에 그 효력이 미치는 지역적 범위 내에서 기존의 분묘에 단분(單墳)형태로 합장하여 새로운 분묘를 설치할 권능이 포함되어 있는지 여부(소극)

【판결요지】

분묘기지권은 분묘를 수호하고 봉제사하는 목적을 달성하는 데 필요한 범위 내에서 타인의 토지를 사용할 수 있는 권리를 의미하는 것으로서, 이 분묘기지권에는 그 효력이 미치는 지역의 범위 내라고 할지라도 기존의 분묘 외에 새로운 분묘를 신설할 권능은 포함되지 아니하는 것이므로, 부부 중 일방이 먼저 사망하여 이미 그 분묘가 설치되고 그 분묘기지권이 미치는 범위 내에서 그 후에 사망한 다른 일방을 단분(單墳)형태로 합장하여 분묘를 설치하는 것도 허용되지 않는다.

② 대법원 1997. 5. 23. 선고 95다29086,29093 판결 【판시사항】

[1] 분묘기지권의 범위

[2] 기존의 분묘기지권이 미치는 지역적 범위 내에서 부부 합장을 위한 쌍분 형태의 분묘를 새로이 설치할 수 있는지 여부(소극)

【판결요지】

[1] 분묘기지권은 분묘의 기지 자체(봉분의 기저 부분)뿐만 아니라 그 분묘의 수호 및 제사에 필요한 범위 내에서 분묘의 기지 주위의 공지를 포함한 지역에까지 미치는 것이고 그 확실한 범위는 각 구체적인 경우에 개별적으로 정하여야 할 것인바, 사성(莎城, 무덤 뒤를 반달형으로 둘러쌓은 둔덕)이 조성되어 있다 하여 반드시 그 사성 부분을 포함한 지역에까지 분묘기지권이 미치는 것은 아니다.

[2] 분묘기지권은 분묘를 수호하고 봉제사하는 목적을 달성하는 데 필요한 범위 내에서 타인의 토지를 사용할 수 있는 권리를 의미하는 것으로서, 분묘기지권에는 그 효력이 미치는 지역의 범위 내라고 할지라도 기존의 분묘 외에 새로운 분묘를 신설할 권능은 포함되지 아니하는 것이므로, 부부 중 일방이 먼저 사망하여 이미 그 분묘가 설치되고 그 분묘기지권이 미치는 범위 내에서 그 후에 사망한 다른 일방의 합장을 위하여 쌍분(雙墳) 형태의 분묘를 설치하는 것도 허용되지 않는다.

6-6. 공법상의 제한

부동산공법의 용도에 의한 규제는 각종 법률에 의한 규제와 개발계획에 의한 규제, 고시에 의한 규제로 크게 나눌 수 있다.

'국토의계획및이용에관한법률'에 따라 광역도시계획, 도시계획, 도시기본계획, 도시관리계획(용도지역, 용도지구, 개발제한구역, 시가화조정구역, 수산자원보호구역)을 수립하여야 하며 국토의 용도는 각종 건축행위제한 규제법령과 해당 지방자치단체의 조례(서울특별시, 양평군청 조례 등), 건축법에 의한 용적률과 건폐율, 환경부의 고시 등 조사 확인하여야 할 관리지역(보전관리지역, 생산관리지역, 계획관리지역) 농림지역(농지법에 의한 농업진흥지역, 산림법에 의한 보전임지), 자연환경보전지역에 따라 각종 행위제한을 받는다. 상수원보호구역은 수도법에, 수변구역은 한강수계상수원수질개선및주민지원등에관한법률에, 생태계보전지역은 자연환경보전법에 의한 개별법 규제가 많아 경락 후 목적에 맞게 토지를 사용, 수익할 수 없다면 크나큰 부담이 되므로 부동산공법상의 건축 행위제한 내용도 숙지하여야 한다.

예컨대, 지하수보호구역인 줄 모르고 공장부지를 매입했다가 공장허가가 나지 않거나 생태계보존지구(야생 동식물서식처 등 생태적으로 보존가치가 큰 지역의 보호와 보존을 위하여 필요한 지구)인지 모르고 땅을 샀다가 손해를 보는 일이 심심치 않게 벌어진다. 특히, 산지중 생산임지가 아닌 임업용산지중 공익용산지는 증·개축만 가능하고 신축은 일체 불허되는 산지로 낙찰이나 매입을 가급적 하여서는 아니된다.

〈사례연구 1〉 [용도지역을 도시, 관리, 농림, 자연환경보전지역으로 구분]

종전 5개 용도지역(도시, 준도시, 준농림, 농림, 자연환경보전지역)에서 2003. 1. 1 부터 4개지역(도시, 관리, 농림, 자연환경보전지역)을 구분 시행되었다.

2008년말까지 관리지역 세분화되어 보전관리, 생산관리보다 계획관리지역의 가치가 높고 행위제한이 덜한 편이다.

	대분류(4개)	중분류(9개)	소분류(21개)
전국토대상(적용범위)	도시지역	주거	제1종, 제2종 전용주거 제1종, 제2종, 제3종 일반주거, 준주거
		상업	중심상업, 일반상업, 근린상업, 유통상업
		공업	전용공업, 일반공업, 준공업
		녹지	보전녹지, 생산녹지, 자연녹지
	관리지역	보전관리	좌동(자연환경보호, 산림보호, 수질오염방지, 농지공간확보 및 생태계보전 등을 위하여 보전이 필요하나 주변의 용도지역과의 관계 등을 고려 할 때 자연환경보전지역으로 지정, 관리하기가 곤란한 지역)
		생산관리	좌동(농업, 임업 등을 위하여 관리가 필요하나 주변의 용도지역과의 관계 등을 고려할 때 농림지역으로 관리하기가 곤란한 지역)
		계획관리	좌동(도시지역으로서의 편입이 예상되는 지역 또는 자연환경을 고려하여 제한적인 이용, 개발을 하려는 지역으로서 계획적, 체계적인 관리가 필요한 지역 즉, 개발가능지역)
	농림지역	농림지역	좌동
	자연환경보전지역	자연환경보전지역	좌동

〈사례연구 2〉 [현행 지역·지구 등 현황]

「토지이용규제 기본법」 적용대상인 지역·지구 등은 '06. 6. 8 현재 ① 동법 별표에서 규정하고 있는 203개 지역·지구 등, ② 「토지이용규제 기본법 시행령」별표에 규정된 다른 법률의 위임에 의해 대통령령에서 규정하고 있는 48개 지역·지구 등, ③ 다른 법령의 위임에 의하여 총리령, 부령 및 자치법규에 규정된 지역·지구 등으로서 건설교통부장관이 관보에 고시한 137개 지역·지구 등

총 388개임

구분	소관 부처	관계 법령 수	지역·지구 등 수	비고
법률	11	67	203	
대통령령	3	3	48	
부령	4	4	11	
조례	16	32	126	
합계	–	106	388	

〈사례연구 3〉 [LBA부동산법률중개사 교육과정中 학습하는 프로그램 목록]

	LBA부동산법률중개사 교육과정中 학습하는 프로그램 목록	
번호	프로그램 명	학습내용
1	부동산 중개업 입지선정 프로그램	부동산 입지선정에 있어 중개업의 과학적인 입지선정 프로그램
2	산재형 상가업종 입지선정 프로그램	계량화·표준화·객관화 컨설팅 기법을 통해 고객에게 "상권중개"와 "고객설득"을 할 수 있는 전문화된 프로그램을 제공 할 수 있게 구성되어 있습니다.
3	집재형 상가업종 입지선정 프로그램	
4	집심형 상가업종 입지선정 프로그램	
5	국부적집중형 상가업종 입지선정 프로그램	
6	업무협력 계약서	공인중개사와 보조원의 협력계약서로 완벽한 법률적 문서로 서로에게 피해가 가지 않도록 구성되어 있습니다.
7	LBAP 부동산 가격분석 프로그램	도시지역의 토지를 유추가격이 아닌 원가방식과 수익방식을 통해 매도인의 매도가격과 매수인의 매수희망가격을 정확히 제시 할 수 있습니다
8	LBAP 공동주택 가격분석 프로그램	
9	임대부동산 투자수익률 분석 프로그램	임대부동산 투자수익률 분석프로그램을 통한 재테크 컨설팅 전문화 기법을 습득하여 고객에게 제시 할 수 있습니다
10	부동산 기본용도분석 프로그램	2003년 신설된 지역·지구·구역 학습을 통해 국토의 계획 및 이용에 관한 법률에 의한 기본용도지역의 행위제한 행간 탐구 학습을 통한 중개실무 능력배양
11	토지이용계획확인(신청)서	
12	도시지역 행위제한 분석	
33	그린벨트 행위 허가사항 프로그램	
34	그린벨트 행위 신고사항 프로그램	

-- 중 략 --

〈사례연구 4〉 [토지이용 규제를 하는 지역 · 지구 등]

연번	근거 법률	지역·지구 등 명칭
1	「개발제한구역의 지정 및 관리에 관한 특별조치법」 제3조	개발제한구역
2	「건축법」 제12조	건축허가 · 착공제한지역
3	「경제자유구역의 지정 및 운영에 관한 법률」 제4조	경제자유구역
4	「고도보존에 관한 특별법」 제8조제1항제1호	특별보존지구
5	「고도보존에 관한 특별법」 제8조제1항제2호	역사문화환경지구
6	「고속국도법」 제8조	접도구역
7	「골재채취법」 제34조	골재채취단지

-- 중 략 --

부동산공법 나침반

법 명	주 요 내 용
국토기본법 (2003.01.01시행)	▪ 국토종합계획 · 도종합계획 · 시군종합계획 · 지역계획 · 부문별계획 분류 ▪ 국민을 직접 행위제한 하는 것이 아니고 행정기관을 규제
국토의계획및이용에관한법률 (2003.01.01시행)	▪ 국토이용관리법과 도시계획법의 통합법률, 부동산 행위제한에 관한 기본법 ▪ 부동산 헌법적 성격, 21세기 선진국형 부동산 시장체계를 확립하기 위한 법률
공익사업을위한토지등의취득및보상에관한법률	▪ 토지수용법과 공공용지의 취득 및 손실 보상에 관한 특례법의 통합법률(2003.01.01시행) ▪ 타인토지출입, 수용 및 사용절차, 손실보상 규정
수도권정비계획법 (부담금 참고)	▪ 수도권개발기본법으로 헌법 · 군사관련법 제외한 수도권 부동산 행위규제 최상위법 ▪ 3대권역(과밀억제권역 · 성장관리권역 · 자연보전권역), 대규모 개발사업 수도권심의, 연접개발규제, 과밀부담금, 학교 · 공장 총량규제(3년 단위로 총량배정)
간접투자자산운용업법 (2004.01.01시행)	▪ 허용, 리츠 활성화 ▪ 주택보급률 100% 이후 일본식 자산디플레(부동산가격폭락) 예방 ▪ 2006년부터 부동산펀드 시대를 열어줄 법률이다.
제주도국제자유도시특별법	▪ 절대보전지역: 일반주택은 불가하며 전통사찰 개수 · 개축만

	허용, 한라산 중턱 이상이 해당되며 100% 공익성 자산이다. ▪ 주택 · 근생 · 체육 · 휴양 · 관광시설 허용, 한라산기슭 · 해안가 주변 ▪ 중산간보전지역: 도내 거주주민에게만 100㎡ 이하 소규모 주택 건축허용(오수정화처리시설 설치요), 성산일출봉 · 산굼부리 등 기생화산 주변 ▪ 3개 용도지역은 제주도에만 있으며, 제주도 토지이용계획 확인서에서 확인가능 ▪ 제주도 전역은 관광자원으로 사적 개발행위가 거의 불가능하며, 법률적 · 경제적으로 투자가치가 전혀 없다. ▪ 제주도개발기본법으로 제주도에서는 부동산에 관한 헌법적 성격을 갖고 있다.
건축물분양에관한법률 (2005.04.23시행)	▪ 건축법에 의한 분양을 규제, 부동산공급억제(상가 · 오피스텔 부동산 가격폭락 방지) ▪ 일정규모 이상은 후 분양제 도입(동대문 굿모닝시티 사기사건 이후 제정) ▪ 이후 분양(이전 중개의뢰 절대 받지 마라)
-- 중 략 --	

〈사례연구 5〉 [국토의 계획 및 이용에 관한 법률 시행령에 용도지역별 행위제한]

【별표 2】 제1종전용주거지역안에서 건축할 수 있는 건축물(제71조제1항제1호관련)

1. 건축할 수 있는 건축물
   가. 건축법시행령 별표 1 제1호의 단독주택(다가구주택을 제외한다)
   나. 건축법시행령 별표 1 제3호의 제1종근린생활시설중 동호가목 내지 사목에 해당하는 것으로서 당해 용도에 쓰이는 바닥면적의 합계가 1천제곱미터 미만인 것

2. 도시계획조례가 정하는 바에 의하여 건축할 수 있는 건축물
   가. 건축법시행령 별표 1 제1호의 단독주택중 다가구주택
   나. 건축법시행령 별표 1 제2호의 공동주택중 연립주택 및 다세대주택

-- 중 략 --

〈사례연구 6〉 [경남 김해시 용도지역별 건폐율 및 용적률]

구 분			건 폐 율(%)			용 적 율(%)		
			법	시행령	조 례	법	시행령 (이상~이하)	조 례
도시지역	주거지역	제1종 전용	70 이하	50 이하	40 이하	500이하	50~100	80이하
		제2종전용		50이하	50이하		100~150	120이하
		제1종일반		60이하	60이하		100~200	180이하
		제2종일반		60이하	60이하		150~250	220이하
		제3종일반		50이하	50이하		200~300	250이하
		준주거		70이하	70이하		200~500	400이하
	상업지역	중심상업	90이하	90이하	80이하	1500이하	400~1500	1000이하
		일반상업		80이하	80이하		300~1300	900이하
		근린상업		70이하	70이하		200~900	700이하
		유통상업		80이하	70이하		200~1100	800이하
	공업지역	전용공업	70이하	70이하	70이하	400이하	150~300	250이하
		일반공업		70이하	70이하		200~350	300이하
		준공업		70이하	70이하		200~400	300이하
	녹지지역	보전녹지	20이하	20이하	20이하	100이하	50~80	70이하
		생산녹지		20이하	20이하		50~100	100이하
		자연녹지		20이하	20이하		50~100	100이하
도시외지역	관리지역	보전관리	20이하	20이하	20이하	80이하	50~80	80이하
		생산관리	20이하	20이하	20이하	80이하	50~80	80이하
		계획관리	40이하	40이하	40이하	100이하	50~100	100이하
	제2종지구단위계획구역		60이하	60이하	60이하	150이하		150이하
	농림지역		20이하	20이하	20이하	80이하	50~80	80이하
	자연환경보전지역		20이하	20이하	20이하	80이하	50~80	80이하
자연취락지구			80이하	60이하	60이하	200이하		
개발진흥지구(도시지역외)				40이하	40이하		100이하	100이하
수산자원보호구역				40이하	40이하		80이하	80이하
자연공원및공원보호구역(자연공원법)				60이하	60이하		100이하	80이하
농공단지(산업입지및개발에관한법률)				60이하	60이하		150이하	150이하
국가/지방산업단지 (산업입지및개발에관한법률)				80이하	80이하			
건폐율, 용적율의 강화 또는 완화								
과밀화방지/토지이용도증대/주민편익증진								

※ 건폐율, 용적율의 강화 또는 완화 등에 대한 상세내용은 법, 령 및 각 지자체 조례를 확인 바랍니다.

〈사례연구 7〉 [상수원보호구역, GB 내에서 전원주택을 마련 할 수 있는 방법]

〈상수원보호구역〉

1. 기존건축물을 구입하여 주택으로 용도변경과 개축허가 받아서 마련
2. 이축권(공익사업이축권, 주거환경이축권, 타인토지이축권, 영농이축권) 구입 후 건축
3. 약 300평 이상(1,000㎡ 이상) 농지와 지목이 대지인 토지를 구입 후 거주농민의 자격(해당지역에 주소 이전과 함께 6개월 이상 거주한 후)을 갖추고 100㎡이하의 농가주택 건축
4. 기존 자그마한 소형주택 구입 후 주소이전 후 개축과 증축의 허가를 받아 100㎡이하 건축
5. 환경정비구역내의 주택 구입 후 주소 이전 증축허가를 받아 100㎡이하 건축
6. 환경정비구역내 지목이 대지 또는 전용허가 가능한 농지 구입 후 주소 이전 후 200㎡ 이하 일반주택 건축(농가주택 연면적 200㎡이하 건축) 등

〈GB(개발제한구역)〉

1. 1999.6.24 조치 대지
   ① 지정 전 대지(지목 : 대)
   ② 지정 당시 주택 (재산세 대장등재 / 지목여하, 무허가 여부 불문)
   ③ 지정 당시, 건축허가 또는 착공 신고된 것
2. 이축권을 이용하여 주택건축
   ⇒ 공공사업이축권, 타인토지이축권, 재해이축권, 영농이축권, 지자체이축권(외딴집위험)
3. 기존 근생(1999년 6.24 조치 이후) 시설을 구입하여 주택으로 용도변경
4. 주택에서 근생으로 용도 변경한 근생시설을 구입하여 주택으로 용도변경
5. 그린벨트 내 관리용건물을 구입[66㎡]하여 사실상 주택으로 사용
   ⇒ 농업인 자격을 갖추어서 관리사(66㎡)를 주택으로 사용
6. 기존주택의 증·개축 등

〈사례연구 8〉 [최근 개정 법률 대비표]

구법령	신법령	변경일
부동산중개업법	공인중개사의 업무 및 부동산거래 신고에 관한 법률	2006. 1.30
주택건설촉진법	주택법	2003.11.30
주택건설촉진시행령 공동주택관리령	주택법시행령	2003.11.30
주택건설촉진시행규칙 공동주택관리규칙	주택법시행규칙	2003.12.15
도시재개발법 도시저소득주민의 주거환경개선을 위한 임시	도시 및 주거환경정비법	2003. 7. 1

조치법		
도시재개발등기처리규칙	도시 및 주거환경정비등기처리규칙	2003. 7. 1
국토이용관리법 도시계획법	국토의 계획 및 이용에 관한 법률	2003. 1. 1
공공용지의 취득 및 손실보상에 관한 특례법 토지수용법	공익사업을 위한 토지 등의 취득 및 보상에 관한 법률	2003. 1. 1
매장 및 묘지 등에 관한 법률	장사 등에 관한 법률	2001. 1.13
토지구획정리사업법	도시개발법	2000. 7. 1
조세감면규제법	조세특례제한법	1999. 1. 1
외국인의 토지취득 및 관리에 관한 법률	외국인토지법	1998. 6.26
농지개혁법 농지개혁사업정리에 관한 특별조치법 농지의 보전 및 이용에 관한 법률 농지임대차관리법 지력증진 법	농지법	1996. 1. 1
파산법 회사정리법 개인채무회생 법 화의 법	채무자 회생 및 파산에 관한 법률	2006. 4. 1

도시계획 조례, 건축조례

1) 각 시청의 홈페이지에서 >자치법규> 도시계획조례를 보면

용도지역 안에서의 행위제한(예. 제1종 전용주거지역 안에서 건축할 수 있는 건축물, 일반상업지역 안에서 건축할 수 있는 건축물 등), 용도지역 안에서의 건폐율, 용도지역 안에서의 용적율 허가를 받지 아니하여도 되는 경미한 행위, 도로 등이 미 설치된 지역에서의 건축물의 건축, 토지의 형질변경 시 안전조치, 지하자원 개발을 위한 토석의 채취, 물건을 쌓아놓는 행위의 허가기준, 시가지경관지구에서의 용도제한, 경관지구 안에서의 높이, 학교시설보호지구 안에서의 건축제한, 등을 나열하고 있다

2) 각 시의 건축조례에서는 가설시설물, 대지 안의 조경, 건축물의 용도, 대지의 분할제한, 일조권 등의 확보를 위한 건축물의 높이제한, 공개공지의 확보 등 나열하고 있다.

〈사례연구 9〉 [관리지역에서 허용되는 건축물(관리지역과 녹지지역 비교)]

〈경남 김해시의 경우〉

(○ : 전면 허용, △ : 조례로 허용, ●▲ : 제한적으로 허용, × : 불허)

용 도 / 구 분	보전녹지 a	보전관리 ①	생산녹지 b	생산관리 ②	자연녹지 c	계획관리 ③
단독・다가구주택	△	○	○	○	○	○
아파트	×	×	×	×	×	×
연립・다세대	×	×	△	△	△	△
제1종근린시설 (슈퍼마켓・세탁소 등)	▲	▲	○	●	○	○
음식점	×	×	▲	×	▲	△
종교집회장(교회・사찰)	△	○	○	△	○	○
단란주점 등 위락시설	×	×	×	×	×	×
노래연습장	▲	△	▲	△	○	○
공연장・집회장・관람장	×	×	▲	×	△	△
전시장		×		×	△	△
시장・상점	×	×	▲	▲	▲	×
병원	△	△	△	△	△	△
교육 및 연구시설	▲	▲	▲	▲	○	○
운동시설(골프연습장 등)	×	×	△	×	○	○
업무시설	×	×	×	×	×	×
숙박시설	×	×	×	×	▲	▲
공장	×	×	▲	▲	▲	▲
창고	●	▲	●	●	●	●
위험시설(가스저장고 등)	×	△	△	△	△	△
자동차시설(폐차장 등)	×	×	×	×	△	△
동・식물시설(축사 등)	▲	▲	○	○	○	▲
분뇨・쓰레기・재활용	×	×	△	△	○	○
공공시설 (방송국・교도소 등)	●	●	○	●	○	○
화장장・납골당	△	△	▲	▲	○	○
관공휴게시설	×	×	×	×	○	△

※숙박시설은 3층 이하・연면적 660㎡ 이하의 규모만 허용(관광개발진흥지구 등)

※관광휴게시설, 시장 등은 용도지역상 허용되지 않더라도 도시계획시설로 설치 가능

〈사례연구 10〉 [서울특별시 자치법규 내 도시계획조례]

서울특별시 홈페이지 또는 서울특별시 자치법규(http : //legal.seoul.go.kr)에서 검색

이단보기 | 시행규칙 | 개정문 | 용어찾기 | 즐겨찾기 | 저장 | 한글보기 | 신구대조 | 인쇄하기

+글자확대 | 0원래크기 | -글자축소

서울특별시 도시계획 조례

2000.07.15 조례 제3760호 (제정)
2000.09.25 조례 제3785호 (건축조례개정)
2001.03.15 조례 제3851호 (개정)
2001.06.15 조례 제3878호 (개정)
2001.09.29 조례 제3908호 (서울특별시공동구점용료등징수조례 부칙개정)

관리책임자	
소관부서	도시계획과
담 당 팀	종합계획팀
연 락 처	02-6360-4735

제55조 (용도지역안에서의 용적률) ①법 제78조제1항·제2항 및 영 제85조제1항에 따라 용도지역별 용적률은 다음 각 호의 비율 이하로 한다. (개정 2008.07.30)

1. 제1종전용주거지역 : 100퍼센트
2. 제2종전용주거지역 : 120퍼센트
3. 제1종일반주거지역 : 150퍼센트
4. 제2종일반주거지역 : 200퍼센트
5. 제3종일반주거지역 : 250퍼센트
6. 준주거지역 : 400퍼센트
7. 중심상업지역 : 1천퍼센트(단, 4대문안 : 800퍼센트]
8. 일반상업지역 : 800퍼센트(단, 4대문안 : 600퍼센트)
9. 근린상업지역 : 600퍼센트(단, 4대문안 : 500퍼센트)
10. 유통상업지역 : 600퍼센트(단, 4대문안 : 500퍼센트)
11. 전용공업지역 : 200퍼센트
12. 일반공업지역 : 200퍼센트
13. 준공업지역 : 400퍼센트
14. 보전녹지지역 : 50퍼센트
15. 생산녹지지역 : 50퍼센트
16. 자연녹지지역 : 50퍼센트

②제1항의 규정에 불구하고 학교이적지에 대한 용도지역별 용적률은 다음 각호의 비율 이하로 한다.

가. 상업지역 : 500퍼센트
나. 준주거지역 : 300퍼센트
다. 전용주거지역 및 제1종일반주거지역 : 100퍼센트
라. 제2종일반주거지역 : 150퍼센트
마. 제3종일반주거지역 : 200퍼센트

〈사례연구 11〉 [마산시 도시계획조례 개정안 입법예고]

※ 경남 마산시 도시계획조례는 마산시청(www.masan.go.kr)> 자치법규> 도시환경> 도시계획> 마산시 도시계획 조례에서 찾는다.

마산시 공고 제2008－ 641호
마산시 도시계획 조례 일부개정조례안 입법예고

「마산시 도시계획 조례」를 개정함에 있어 그 취지와 내용을 시민에게 미리 알려 의견을 듣고자 「마산시 자치법규안 입법예고에 관한 조례」제5조의 규정에 따라 다음과 같이 공고합니다.

2008. 8. 7.

마 산 시 장

1. 자치법규명 : 마산시 도시계획 조례 일부개정조례안

2. 개정이유

「건축법 시행령」개정과 「국토의 계획 및 이용에 관한 법률」 제78조·제113조 및 같은법 시행령 제85조·제112조 및 같은법 시행령 부칙 제13조의 개정에 따라 도시계획위원회 운영사항과 건축물의 건축제한에 관하여 조례 운영상 나타난 미비점을 수정·보완하려는 것임

3. 주요내용

가. 우량기업 유치를 위해 공업지역내 용적률을 상향·조정하여 전용·일반·준공업지역안에 건축물의 용적률을 완화함
나. 「국토의 계획 및 이용에 관한 법률 시행령」 개정에 따라 도시계획위원회의 기능·구성·분과위원회 운영에 관한 사항을 개정하여 도시계획위원회 심의 및 자문을 효율적으로 운영함.
다. 「건축법 시행령」이 개정되면서 건축물의 용도분류 체계가 변경됨에 따라 이에 맞게 개정함.

4. 의견제출

가. 제출기일 : 2008년 8월 27일까지
나. 제출방법 : 서면(우편, FAX), 전화, 인터넷 등
다. 의견제출 사항
○ 예고사항에 대한 항목별 의견(찬성 및 반대의견과 사유)
○ 의견제출자 성명(기관·단체의 경우 기관·단체명과 대표자 성명)·주소·전화번호 등
라. 제출기관 : 마산시장(도시계획과장)
○ 주소 : 마산시 3·15의거길 760번지(중앙동3가 4－11)
○ 전화 : 0552204423, FAX : 0552204499, e－mail : jhkim@masan.go.kr

마산시 도시계획 조례 일부개정조례안
마산시 도시계획 조례 일부를 다음과 같이 개정한다.

이 하 생 략

제62조제1항제11호부터 제13호까지를 각각 다음과 같이 한다.
11. 전용공업지역 : 300퍼센트 이하

12. 일반공업지역 : 350퍼센트 이하
13. 준공업지역 : 400퍼센트 이하(다만, 공동주택의 경우에는 250퍼센트 이하)

이 하 생 략

신 · 구조문대비표

현 행	개 정 안
제62조(용도지역안에서의 용적률) ① (생략) 1. ~ 10. (생략) 11. 전용공업지역 : 200퍼센트 이하 12. 일반공업지역 : 250퍼센트 이하 13. 준공업지역 : 250퍼센트 이하	**제62조**(용도지역안에서의 용적률) ① (현행과 같음) 1. ~ 10. (현행과 같음) 11. 전용공업지역 : 300퍼센트 이하 12. 일반공업지역 : 350퍼센트 이하 13. 준공업지역 : 400퍼센트 이하(다만, 공동주택의 경우에는 250퍼센트 이하)

이 하 생 략

7. 등기부상에 나타나는 인수권리

7-1. 말소기준등기보다 앞서 설정된 전세권등기

2002. 7. 1일 이후 신청하여 신법(민사집행법)의 적용을 받는 경매사건은 ① 경매신청채권자의 전세권과 ② 배당요구종기일까지 배당 요구한 자의 전세권(민사집행법 제91조 제4항 단서)은 말소되나 이 경우를 제외한 경우는 말소되지 않는다. (즉, 배당요구 종기일까지 배당요구하지 않은 1번 설정보다 앞선 전세권은 낙찰자의 인수권리가 된다).

① 그러나 집합건물의 전세권자가 경매신청채권자로 경매 신청하였으나 임차인이 전세권 설정 며칠 전 전입과 확정을 보유한 경우 못 받은 나머지 전세보증금은 인수임대차가 될 수 있으므로 조심해야 한다. 간혹 배당요구도 하지 않은 전세권자의 전세보증금이 선순위 인수임대차로 파악한 후 저가 낙찰하였으나 선순위 전세보증금(낙찰자가 인수임대차라고 여긴)이 아닌 허수인 경우가 간혹 발견된다. 전세권자가 전세보증금을 받고도 말소 등기 하지 않은 탓이다. 낙찰자입장에서는 그 금액만큼 수익이 나는 경우가 자주 눈에 띈다. 가령 선순위 인수되는 전세권 1억이라고 여겼으나, 낙찰 후 인수가 아닌 말소될 수 있는 전세권을 말한다.

② 간혹 배당요구한 전세권보다(전입과 점유도 갖추고 있으면서 전세권 설정도 한 경우) 높게 낙찰되어 잔대금납부로 선순위전세권이 말소되어 배당될 것으로 예상하였으나 선순위 임금채권이 전세권보다 과다하여 전세권이 무배당되고 선순위 임차인이 되는 경우도 있다.
(김천 2007타경 1776호(물건번호 2번) 임금채권 가압류)

③ 실무상 전세권등기가 물권이 아닌 채권적 전세로 바뀐 경우도 가끔 있다. 따라서 배당금은 1번 전세권자한테 배당이 되지 않고, 2번 근저당권자한테 배당되는 경우이다. 전세권에 가압류가 등기되어 가압류된 사실을 살펴보니 전세권자가 가압류권자(또는 제3자)한테 차용하고 전세계약서를 가압류권자(또는 제3자)에게 넘긴 경우로 통상 등기부상 전세권에 대한 근저당권 설정 등기를 하는데 그러한 등기절차 없이 전세보증금을 넘긴 경우에 가끔 발생한다.

④ 아파트, 빌라, 다세대 등 집합건물의 전세권은(혹자는 말소기준권리로 설명하는 경우도 있음) 임의경매 가능하나 주택, 다가구 등 건물 일부의 전세권은(즉, 전세권의 범위가 단독주택 2층 동편 50제곱미터 부분 임차 등) 전세권자가 전세금반환청구 소송 후 판결문 등을 받아 건물 전체에 대한 강제경매 신청하여 전세금을 회수하고 있다.

⑤ 집합건물이 아닌 단독주택, 빌딩의 경우의 전세권자가 무배당되는 경우가 자주 발생된다. 전세권 설정 당시 목적범위를 "2층 건물 전부"라고 한 경우 토지배당금에서는 배당을 받을 수 없다("토지 및 2층 건물 전부"로 전세권 설정시에는 토지에서도 배당을 받을 수 있다). 즉, 1차 감정가격이 건물 1억, 토지 10억인 경우 50% 낙찰시 배당비율은 건물 5천만원, 토지 5억이므로

① 순위 설정 2억, ② 순위전세권 2억(2층 건물 전부 전세권), ③ 순위 설정 공동담보 5억인 경우 1순위 2억 나머지는 3순위 설정에 3억 5천만원 배당된다.

※ 2002. 6.30일까지 신청된 경매사건은 구법(민사소송법)의 적용을 받는다. 민사소송법 제608조 제2항에는 ① 존속기간의 정함이 없거나 ② 경매신청기입등기 후 6개월 이내에 그 기간이 만료되는 전세권은 낙찰로 인하여 소멸한다고 규정하고 있으므로 소멸되지 않는 전세권은 일단 전세권 등기에 앞서는 가압류나 저당권의 등기가 없는 경우에 경매신청기입등기일로부터 6개월 이상의 전세기간이 남아있는 경우에 한하여 소멸하지 않는다고 할 수 있다. (1996.12.23 94다51819호 또는 1997. 8.22 96다 53628호) 그러나 현 시점에서는 구법사건(2002.7.1 이전 경매신청사건)은 찾을 수가 없다.

〈사례연구 1〉 [전세권설정계약서를 임대차계약서로 볼 수 있는지 여부]

대법원 2002. 11. 8. 선고 2001다51725 판결

【판시사항】

[1] 주택에 관하여 임대차계약을 체결한 임차인이 자신의 지위를 강화하기 위한 방편으로 따로 전세권설정계약서를 작성하고 전세권설정등기를 한 경우, 전세권설정계약서를 임대차계약서로 볼 수 있는지 여부(적극) 및 전세권설정계약서가 첨부된 등기필증에 찍힌 접수인이 주택임대차보호법 소정의 확정일자에 해당하는지 여부(적극)

【판결요지】

주택에 관하여 임대차계약을 체결한 임차인이 자신의 지위를 강화하기 위한 방편으로 따로 전세권설정계약서를 작성하고 전세권설정등기를 한 경우에, 따로 작성된 전세권설정계약서가 원래의 임대차계약서와 계약일자가 다르다고 하여도 계약당사자, 계약목적물 및 보증금액(전세금액) 등에 비추어 동일성을 인정할 수 있다면 그 전세권설정계약서 또한 원래의 임대차계약에 관한 증서로 볼 수 있고, 등기필증에 찍힌 등기관의 접수인은 첨부된 등기원인계약서에 대하여 민법 부칙 제3조 제4항 후단에 의한 확정일자에 해당한다고 할 것이므로, 위와 같은 전세권설정계약서가 첨부된 등기필증에 등기관의 접수인이 찍혀 있다면 그 원래의 임대차에 관한 계약증서에 확정일자가 있는 것으로 보아야 할 것이고, 이 경우 원래의 임대차는 대지 및 건물 전부에 관한 것이나 사정에 의하여 전세권설정계약서는 건물에 관하여만 작성되고 전세권등기도 건물에 관하여만 마쳐졌다고 하더라도 전세금액이 임대차보증금액과 동일한 금액으로 기재된 이상 대지 및 건물 전부에 관한 임대차의 계약증서에 확정일자가 있는 것으로 봄이 상당하다.

〈사례연구 2〉 [부동산이 아닌 전세권에 대한 경매]

건물 및 토지 전세권에 대한 경매(중앙 5계 2003타경 38116호)

서울 중구 정동 22번지 외 2필지, 종로구 신문로 2가 12-5외 1필지 근린상가 외 감정평가액 3,000백만원

① 1999. 428 전세권 15억(전세권자 : 이승헌)
② 1999. 6.30 전세저당 21억9,800만원 교원나라상호신용(이승헌 전세저당)
③ 1999.10.22 전세저당 8억 200만원 교원나라상호신용(이승헌 전세저당)
④ 저당 남대문세무서 6억 6,000만원

⑤ 2003.6.11 전세저당 10억 기업은행/서소문(이승헌 전세저당)
⑥ 저당 남대문세무서 8억 6,400만원
⑦ 전세가압류 2003. 9. 5 2,137만원 외환카드 /강북채권팀
⑧ 외 다수 설정, 압류
2004. 2.　　임의경매(이○○ 전세임의) 청구액 2,123백만원
2005. 7.21 22억에 낙찰

〈사례연구3〉 [전세권의 소멸]

1. 매각으로 소멸하는 전세권

전세권이 저당권, 압류채권, 가압류채권에 대항할 수 없는 경우(말소기준권리 보다 후 순위인 경우)에는 매각으로 소멸합니다. (민집법 제91조 제3항)

2. 매각으로 소멸하지 아니하는 전세권

전세권이 저당권이나 압류채권. 가압류채권에 대항할 수 있는 경우(최선순위 전세권, 말소기준권리 보다 선순위)에는 매각으로 소멸하지 않습니다. (민집법 제91조 제4항)

3. 전세권의 배당요구를 해야 하는 채권인지 여부

1) 위 2와 같은 경우에는 용익물권으로서의 권리와 담보물권으로서의 권리 중 어느 하나를 전세권자가 선택할 수 있기 때문에 전세권자로서 용익권을 계속 누리기를 원할 경우에는 배당요구를 할 필요가 없으나 (매각으로 소멸되지 아니함) 담보권 자로서 배당 받기를 원할 경우에는 반드시 배당요구를 하여야 한다.
2) 그러나 위1. 과 같은 '소멸하는 전세권'일 경우에도 전세권이 첫 경매개시결정 등기 전에 전세권 등기가 되었다면 전세권은 민법 제303조에 의거 우선변제권이 있어 배당요구권이 있기 때문에 배당요구를 할 수는 있으나 민사집행법 제148조에 의거 배당요구 없이 당연히 배당 받을 권리가 있습니다. 이 경우의 배당은 물권인 전세권으로서의 민법 제303조에 의한 우선변제권에 의한 것이기 때문에 비록 주택임대차보호법상의 최우선변제 소액보증금 적용대상 금액 이내일지라도 배당요구 없이는 주택임대차보호법상의 최우선변제권은 없다.

〈사례연구 4〉 [전세권부 저당권 설정된 목적물 경매 시 저당권자의 채권회수방안]

【질의】
은행은 B소유의 주택에 대하여 전세권(채권적 전세권이 아님)을 설정한 A에게 동 전세권에 저당권을 설정하고 대출을 취급하였다. 그런데 B의 주택에 전세권보다 선순위로 저당권을 설정한 저당권자 C가 경매를 진행하여 법원으로부터 경매개시결정이 내려졌다. 은행은 어떤 방법으로 대출채권을 회수할 수 있는가?

【답변】
전세권의 존속기간이 남아 있고 전세권이 저당권에 대항할 수 있는 경우에는 원칙적으로 매수인이

인수한다. 다만, 전세권이 저당권 등에 대항할 수 있다고 하더라도 민사집행법 제88조에 따라 배당요구를 하면 매각으로 소멸한다(민사집행법 제91조제4항). 즉 최선순위 전세권자는 배당요구를 하거나 또는 전세권자에 대한 채권자가 대위하여 배당 요구하여야만 매각으로 소멸한다.

그러나 사례와 같이 전세권이 저당권에 대항할 수 없는 경우는 경매개시결정으로 전세권도 소멸하므로 전세금반환청구권에 대하여 압류 및 추심명령 또는 전부명령을 받아 채권 회수하여야 한다.

【해설】

1. 전세권에 대한 저당권의 설정

가. 전세권

전세권은 전세금을 지급하고 타인의 부동산을 점유하여 그 용도에 좇아 부동산을 사용・수익하고, 전세권이 소멸하면 그 부동산 전부에 대하여 후순위권리자 기타 전세권자보다 전세금의 우선변제를 받을 수 있는 물권이다(민법 제303조 제1항). 이러한 전세권의 법적 성격은 용익물권을 기본으로 하고 한편으로 담보물권으로서의 특성도 겸하는 특수한 물권이다.

나. 전세권에 대한 저당권 설정

전세권자는 설정행위로 전세권의 양도와 담보제공을 금지하지 않는 한 전세권설정자의 동의 없이 전세권을 타인에게 양도 또는 담보로 제공할 수 있고(민법 제306조), 저당권의 목적이 된다(민법 제371조제1항).

2. 전세권에 설정된 저당권의 실행방법

가. 전세기간 만료 전

전세권에 대하여 설정된 저당권을 민사집행법 제264조의 소정의 부동산경매절차에 의하여 실행하여야 한다. 그러나 전세권만을 경매하는 경우 그 실효성이 크지 않아 전세권에 대한 저당권을 실행하는 실익이 거의 없다.

나. 전세기간 만료 후

민법 제370조(준용규정), 제342조(물상대위)및 민사집행법 제273조(채권과 그 밖의 재산권에 대한 담보권의 실행)에 의하여 저당권의 목적물인 전세권에 갈음하여 존속하는 것으로 볼 수 있는 ① 전세금반환채권에 대하여 추심명령 또는 전부명령을 받거나 ② 제3자가 전세금반환채권에 대하여 실시한 강제집행절차에서 배당요구를 하는 등의 방법으로 자신의 권리를 행사할 수 있다.

「전세권에 대하여 설정된 저당권은 민사소송법 제724조 소정의 부동산경매절차에 의하여 실행하는 것이나, 전세권의 존속기간이 만료되면 전세권의 용익물권적 권능이 소멸하기 때문에 더 이상 전세권 자체에 대하여 저당권을 실행할 수 없게 되고, 이러한 경우는 민법 제370조, 제342조 및 민사집행법 제273조에 의하여 저당권의 목적물인 전세권에 갈음하여 존속하는 것으로 볼 수 있는 전세금반환채권에 대하여 추심명령 또는 전부명령을 받거나(이 경우 저당권의 존재를 증명하는 등기부등본을 집행법원에 제출하면 되고 별도의 채무명의가 필요한 것이 아니다), 제3자가 전세금반환채권에 대하여 실시한 강제집행절차에서 배당요구를 하는 등의 방법으로 자신의 권리를 행사할 수 있을 뿐이다」**(대결 1995.9.18. 95마684).**

「전세권이 기간만료로 종료된 경우 전세권은 전세권설정등기의 말소등기 없이도 당연히 소멸하고, 저당권의 목적물인 전세권이 소멸하면 저당권도 당연히 소멸하는 것이므로 전세권을 목적으로 한 저당권자는 전세권의 목적물인 부동산의 소유자에게 더 이상 저당권을 주장할 수 없다. 전세권에 대하여 저당권이 설정된 경우 그 저당권의 목적물은 물권인 전세권 자체이지 전세금반환채권은 그 목적물이 아니고, 전세권의 존속기간이 만료되면 전세권은 소멸하므로 더 이상 전세권 자체에 대하여 저당권을 실행할 수 없게 되고, 이러한 경우에는 민법 제370조, 제342조 및 민사소송법 제733조에 의하여 저당권의 목적물인 전세권에 갈음하여 존속하는 것으로 볼 수 있는 전세금반환채권에 대하여 압류 및 추심명령 또는 전부명령을 받거나 제3자가 전세금반환채권에 대하여 실시한 강제집행절차에서 배당요구를 하는 등의 방법으로 자신의 권리를 행사하여 비로소 전세권설정자에 대해 전세금의 지급을 구할 수 있게 된다는 점, 원래 동시이행항변권은 공평의 관념과 신의칙에 입각하여 각 당사자가 부담하는 채무가 서로 대가적 의미를 가지고 관련되어 있을 때 그 이행에 있어서 견련관계를 인정하여 당사자 일방은 상대방이 채무를 이행하거나 이행의 제공을 하지 아니한 채 당사자 일방의 채무의 이행을 청구할 때에는 자기의 채무이행을 거절할 수 있도록 하는 제도인 점, 전세권을 목적물로 하는 저당권의 설정은 전세권의 목적물 소유자의 의사와는 상관없이 전세권자의 동의만 있으면 가능한 것이고, 원래 전세권에 있어 전세권설정자가 부담하는 전세금반환의무는 전세금반환채권에 대한 제3자의 압류 등이 없는 한 전세권자에 대해 전세금을 지급함으로써 그 의무이행을 다할 뿐이라는 점에 비추어 볼 때, 전세권저당권이 설정된 경우에도 전세권이 기간만료로 소멸되면 전세권설정자는 전세금반환채권에 대한 제3자의 압류 등이 없는 한 전세권자에 대하여만 전세금반환의무를 부담한다고 보아야 한다」**(대판 1999.9.17. 98다31301).**

〈사례연구 5〉 [존속기간(만기)이 지난 전세권]

등기부등본상에 전세권 등기되어 있는데 존속기간(만기)이 지난 경우를 흔히 볼 수 있습니다.

용익물권인 전세권은 근저당권 등과는 달리 만기가 지나면 소멸한다고 알고 있는데 그렇다면, 이 경우의 전세권은 모두 무효인지?

전세권은 전세권자가 전세권설정자에게 전세금을 지급하고 전세권설정자 소유의 부동산을 점유하여 그 부동산의 용도에 좇아 사용・수익하며, 그 부동산 전부에 대하여 후순위권리자 기타 채권자보다 전세금에 관한 우선변제를 받을 수 있고, 전세금의 반환이 지체되면 경매를 요구할 수 있는 권리로서 용익물권적 성질과 담보물권적 성질을 겸유(兼有)하고 있는 권리인데, 그 존속기간이 만료되면 당사자간에 계약갱신을 하지 않는 한 전세권은 소멸되는 것이 원칙입니다.

한편, 민법 제312조 제4항은 건물의 전세권설정자가 전세권의 존속기간 만료 전 6월부터 1월까지 사이에 전세권자에 대하여 갱신거절의 통지 또는 조건을 변경하지 아니하면 갱신하지 아니한다는 뜻의 통지를 하지 아니한 경우에는 그 기간이 만료된 때에 전(前)전세권과 동일한 조건으로 다시 전세권을 설정한 것으로 본다고 하고, 이 경우 전세권의 존속기간은 그 정함이 없는 것으로 본다고 규정하고 있으며, 민법 제313조에 의하면 전세권의 존속기간을 약정하지 아니한 때에는 각 당사자는 언제든지 상대방에 대하여 전세권의 소멸을 통고할 수 있고 상대방이 이 통고를 받은 날로부터 6월이 경과하면 전세권은 소멸한다고 규정하고 있으며, 민법 제187조에 의하면 "상속, 공용징수, 판결, 경매, 기타 법률의 규정에 의한 부동산의 취득은 등기를 요하지 아니한다. 그러나 등기를 하지 아니하면 이를 처분하지 못한다."라고 규정하고 있습니다.

판례도 "전세권의 법정갱신(민법 제312조 제4항)은 법률의 규정에 의한 부동산에 관한 물권의 변동이므로 전세권갱신에 관한 등기를 필요로 하지 아니하고 전세권자는 그 등기 없이도 전세권설정자나 그 목적물을 취득한 제3자에 대하여 그 권리를 주장할 수 있다."라고 하였습니다(대법원 1989. 7. 11. 선고 88다카21029 판결).

결국 전세권등기의 존속기간이 도과되어 이를 연장하는 변경등기를 하지 아니하였다고 하여도 묵시적인 전세권의 연장이 있었다면 유효한 전세권으로 보호됩니다. 다만, 전세권설정자가 전세권소멸통고를 하고 6월이 경과하면 전세권이 소멸될 수 있습니다.

〈사례연구 6〉 [확정일자를 받아야 하는 이유]

1. 확정일자의 의미

확정일자는 당사자가 후일에 이를 변경하지 못하는 확정된 일자를 말한다. 따라서 [확정일자 있는 서면]은 당해 서면이 확정일자 당시에 존재하였다는 사실을 증명하는 증명력이 있게 된다. 그러나 확정일자는 단지 서면의 작성일을 확정하는 것에 불과하기 때문에 확정일자가 있다고 하여 그 서면의 진정한 성립이나 내용의 진정성에 대하여 증명력이 부여되는 것은 아니며, 문서의 작성일에 받는 것이 일반적이지만, 작성일 이후에 받아도 무방하다.

2. 제3자에 대한 대항요건

특정한 법률관계를 제3자에 대항하기 위하여는 반드시 확정일자 있는 서면에 의해야 한다.

* 지명채권의 양도 : 지명채권의 양도는 양도인이 채무자에게 통지하거나, 채무자가 승낙하여야 하는 데, 이때 그 통지나 승낙은 확정일자 있는 증서에 의하지 아니하면 제3자에 대하여 대항할 수 없다.
* 지명채권에 대한 질권설정 : 설정자가 확정일자 있는 증서로 제3채무자에게 질권설정의 사실을 통지하거나, 제3채무자가 이를 승낙하지 아니하면, 이로써 제3채무자 기타 제3자에게 대항하지 못함(예금을 담보로 하는 대출을 하는 경우에는 질권설정계약서와 질권설정승낙서 에 확정일자를 받도록 하는 것도 같은 취지임)

3. 확정일자로 인정되는 경우

ⓐ 사서증서에 공증인 또는 법원서기가 확정일자 인을 부여한 경우
* 공증업무가 인가된 합동법률사무소에서 취득한 일자인

ⓑ 공정증서의 경우에는 그 증서에 기재되어 있는 일자

ⓒ 관공서에서 사문서에 어느 사항을 증명하고 기입한 일자
* 내용증명우편을 이용하여 우체국으로 부터 받은 일자인
* 읍, 면, 동사무소에서 주민등록 전입신고와 더불어 주택임대차계약서에 날인한 일자인(읍, 면, 동사무소에서는 주민등록 전입신고시에만 확정일자 부여하므로 주민등록과 관계없는 확정일자 부여만을 위한 경우에는 공증인가 법률사무소 등에서 신청해야 함)

〈사례연구 7〉 [전세권과 임대차의 차이 판례]

대법원 2007.6.28. 선고 2004다69741 판결

【판시사항】

[1] 전세권과 임대차의 법적 성질

[2] 주택임차인이 그 지위를 강화하고자 별도로 전세권설정등기를 마친 경우, 주택임차인이 주택임대차보호법 제3조 제1항의 대항요건을 상실하면 이미 취득한 주택임대차보호법상의 대항력 및 우선변제권을 상실하는지 여부(적극)

【판결요지】

[1] 전세권은 전세금을 지급하고 타인의 부동산을 점유하여 그 부동산의 용도에 좇아 사용·수익하며 그 부동산 전부에 대하여 후순위권리자 기타 채권자보다 전세금의 우선변제를 받을 권리를 내용으로 하는 물권이지만, 임대차는 당사자 일방이 상대방에게 목적물을 사용·수익하게 할 것을 약정하고 상대방이

이에 대하여 차임을 지급할 것을 약정함으로써 그 효력이 발생하는 채권계약으로서, 주택임차인이 주택임대차보호법 제3조 제1항의 대항요건을 갖추거나 민법 제621조의 규정에 의한 주택임대차등기를 마치더라도 채권계약이라는 기본적인 성질에 변함이 없다.

[2] 주택임차인이 그 지위를 강화하고자 별도로 전세권설정등기를 마치더라도 주택임대차보호법상 주택임차인으로서의 우선변제를 받을 수 있는 권리와 전세권자로서 우선변제를 받을 수 있는 권리는 근거 규정 및 성립요건을 달리하는 별개의 것이라는 점, 주택임대차보호법 제3조의3 제1항에서 규정한 임차권등기명령에 의한 임차권등기와 동법 제3조의4 제2항에서 규정한 주택임대차등기는 공통적으로 주택임대차보호법상의 대항요건인 '주민등록일자', '점유개시일자' 및 '확정일자'를 등기사항으로 기재하여 이를 공시하지만 전세권설정등기에는 이러한 대항요건을 공시하는 기능이 없는 점, 주택임대차보호법 제3조의4 제1항에서 임차권등기명령에 의한 임차권등기의 효력에 관한 동법 제3조의3 제5항의 규정은 민법 제621조에 의한 주택임대차등기의 효력에 관하여 이를 준용한다고 규정하고 있을 뿐 주택임대차보호법 제3조의3 제5항의 규정을 전세권설정등기의 효력에 관하여 준용할 법적 근거가 없는 점 등을 종합하면, 주택임차인이 그 지위를 강화하고자 별도로 전세권설정등기를 마쳤더라도 주택임차인이 주택임대차보호법 제3조 제1항의 대항요건을 상실하면 이미 취득한 주택임대차보호법상의 대항력 및 우선변제권을 상실한다.

7-2. 선순위의 가처분등기

가처분이란 소유물 반환청구권, 임차물 인도청구권 등과 같이 부동산의 권리관계에 대한 분쟁이 있을 경우 가처분권자가 미리 매매나 양도 등을 못하게 하도록 채무자의 부동산에 등기를 한 다음 채무자를 상대로 소송을 제기 하겠다는 의사표시로 하는 등기를 말한다. 가등기처럼 가처분도 선순위일 경우에는 말소기준등기에 해당되지 않기 때문에, 말소기준권리 보다 날짜가 앞 선 경우에는 매수자가 인수하여야 한다. 경매 부동산의 가처분에는 2가지가 있는데 매수 전 권리분석 단계에서 처분금지가처분(소유권이전등기청구권이나 소유권말소등기청구권이 주종을 이룸)과 낙찰 후 명도단계에서의 점유이전금지가처분이 있다. 가처분은 특정물에 대한 각종 청구권을 가지는 채권자가 장래의 집행보전을 위하여 현재의 상태대로 현상을 고정, 유지할 필요가 있는 때에 채무자의 재산 은닉, 제3자에게 양도금지 등 처분을 금지시키고 그 보관에 필요한 조치를 하는 보전처분을 말한다.

말소기준등기보다 앞선 선순위의 가처분등기가 된 부동산에 대하여 경매절차를 계속 진행하여 낙찰을 받아 소유권이전등기를 경료하여도 가처분이 붙은 상태로 소유권을 취득하고 가처분집행의 효력이 상실되지 않고 오히려 가처분채권자가 채무자에 대하여 본안소송에서 승소하면 자신의 명의로 소유권이전등기와 함께 낙찰자 명의의 소유권이전 말소를 신청할 수 있다. 그러나 저당권 등 담보권자보다 후순위의 가처분등기가 있는 경우에는 그 가처분등기는 낙찰로 인하여 소멸된다. (1998.10.27 97다 26104호 또는 1988. 4.25 87다카 458호)

그러나 가처분등기의 피보전권리가 토지소유자의 그 지상건물 소유자에 대한 건물철거 및 토지인도청구권인 건물에 관한 처분금지가처분인 경우 그 집행이 강제경매신청 기입등기 또는 담보권설정등기이후에 이루어진 때에도 매각으로 그 효력이 소멸되지 아니한다. (건물에 대한 가처분의 피 보전권리 : 임대차계약 해지에 따른 건물철거 및 토지인도청구권)

처분금지가처분의 피보전권리에는 건물에 대한 추가근저당권설정등기절차이행청구권, 소유권이전청구권가등기말소청구권, 사해행위취소청구권 등 여러 가지가 있다.

〈최근 2005.2.1. 가처분(추가근저당권설정등기절차이행청구권)후 승소하여 2007.8.24, 1,547 백만원 근저당권을 늦게 설정하였지만 가처분일자로 소급하여 선배당 받을 수 있는 사례〉

가처분후 승소하느라 늦게 근저당권 설정한 사례로 승소하면 설정일자는 가처분한 일자로 소급 적용하여 선배당한다. (경남 창녕군 영산면 죽사리 1456－26 영산병원으로 밀양 2007타경 1062호 경매건 : 경매개시결정등기일자는 2007.3.6.)

경남 밀양시 영산면 죽사리 1456－26과 도천면 일리 747－19 위 양지상 영산병원 건물만의 경매에서 당초 건물 소유권보존(건물의 신축일 2004.12.30) 이후 2004.12.30 1순위 설정, 2005.1.25 2순위 설정, 2005. 2. 1 가처분(피보전권리 : 건물에 대한 추가근저당권설정등기절차이행청구권, 채권자 한마음상호저축은행(⇒파산으로 정리금융공사가 채권양수), 금지사항 : 매매, 저당권 등 처분행위금지)후 정리금융공사가 승소하여 2007.8.24 근저당권설정(2005.2.1 접수 제2589호 가처분에 기함. 채권최고액 금 1,547백만원 근저당권자 정리금융공사)하였다. 가처분 후 승소후 설정하기 전(2005. 8.25부터 2007.5.21 기간중) 8건의 거액 설정과 거액 가압류들이 있지만 1,2순위 다음 3순위로 정리금융공사(1,547백만원 설정)배당한 후 나머지로 8건이 후순위 순위배당 될 것이다.

선순위 가등기, 가처분(가압류) 말소방법으로

1. 선순위 가등기

가등기에 기한 소유권이전등기청구권이 시효의 완성으로 소멸되었다면 그 가등기 이후에 그 부동산을 취득한 제3자는 그 소유권에 기한 방해배제청구로서 그 가등기권자에 대하여 본등기청구권의 소멸시효(기입등기 후 10년이 경과)를 주장하여 그 가등기의 말소를 구할 수 있다(1991. 3.12 90다카27570 판결).

2. 선순위 가처분(가압류)

보전처분 집행 후 5년이 지난 가처분(가압류)은 가처분채권자가 본안 소송을 제기하지 않았다는 이유로 매수인이 사정변경에 의한 가처분 취소를 구할 수 있다.

※ 사정변경에 따른 가압류(가처분)의 취소를 구하기 위하여 필요한 일정한 기간

매각으로 소멸하지 않는 선순위 가처분일지라도 채무자 또는 이해관계인은 보전처분집행 후 일정한 기간 애에 본안소송을 제기하지 않았다는 것을 이유로 사정변경에 의한 가처분의 취소를 구할 수 있다.

[가압류・가처분의 취소를 구하기 위하여 필요한 일정한 기간]

2002.6.30까지 경료된 가처분은	10년
2002. 7. 1~205. 7.27까지 경료된 가처분은	5년
2005. 7.28. 이후 경료된 가처분은	3년

(민사집행법 제288조 제1항 3호, 제289조, 제301조 및 대법원 2004.4.9.선고 2002다58389 판결 및 대법원 1999.10.26 선고 99다37887 판결 참조)

〈사례연구 1〉 [말소되는 가처분 등기]

1) 창원지방법원 통영지원 2004타경 4371호

2002. 4.16 가처분, 2003.10.10 압류(통영시), 2004. 3.24 강제경매로 경매정보지에 기록되어 있어 얼핏 보면 선순위 가처분으로 보인다. 자세히 살펴보면 말소되는 권리이다.

아래의 가처분은 말소된다.

1순위 : 2001.10.16 소유자 윤00

2순위 : 2001.11.22 소유권이전 김○○(2004.3.9 말소)

3순위 : 2002. 4.16 가처분

3순위 : 2002. 4.16 가처분(피보전권리 : 사해행위 취소에 기한 소유권이전등기말소청구권, 가처분권자는 신용보증기금, 금지사항은 매매, 증여, 전세권, 저당권, 임차권의 설정 기타 일체의 처분행위 금지)

4순위 : 2003.10.10 압류(통영시) : 말소기준권리

5순위 : 2004. 3. 9 2순위 소유권이전등기 말소

6순위 : 강제경매(신청채권자 : 신용보증기금) 시에 위 가처분은 인수가 아닌 말소 가처분이다.

2) 창원지방법원 2005타경 37426호

경매정보지에는 가처분 1992.12.23 A, 저당 1992.12.23 B로 순서상 가처분이 앞서 말소되지 않는 선순위 가처분으로 보이나 등기부상 갑구 가처분의 접수번호는 4179호, 을구 저당의 접수번호는 4146으로 둘다 같은 날짜일 때(동구끼리 즉, 갑구끼리는 순위번호이나 별구끼리(갑구와 을구)는 접수번호순) 설정의 접수번호가 빠르므로 가처분은 말소되는 후순위 권리이다.

〈사례연구 2〉 [처분금지 가처분신청과 가등기상의 권리처분금지 가처분 신청]

[질의] 채무자의 재산에 가등기가 되어 "처분금지 가처분" 신청을 하였더니 직권말소가 되었다. 이런 일이 가능한가?
채무자 명의 부동산의 등기부를 발급 받아보니 처가 쪽 친척으로부터 가등기가 되어 있어서 "처분금지가처분"을 신청하였더니 곧바로 소유권이전등기를 마치고 당행의 가처분은 말소 되었는데요 어떻게 된 일인지요?

[답변] 당초 "처분금지 가처분"을 신청할 것이 아니라"가등기상의 권리처분금지 가처분 신청"을 했어야 하는데 피보전권리가 잘못 신청되었다.

[해설]

이 경우 과거에는 처분금지 가처분이 계속적으로 유효하여 채권보전에 지장이 없었는데 97년11월21일 대법원등기 예규 제897호에 의거 가등기가 본등기로 전이한 경우에 등기 공무원의 직권으로 말소하도록 변경되었습니다. 따라서 채권자(가처분권자)의 채권보전에 큰 지장을 주게 되었습니다. 재산을 검토한 결과, 가등기권자가 채무자와 친족 등 관계인인 경우에는 가등기권자가 가등기를 본등기로 전이하지 못하도록 하는 절차가 급선무입니다.

이해관계가 밝혀지면 이를 소명하여, "허위의 매매예약을 하고 이에 터 잡아 소유권 이전 청구권 가등기를 경료함으로써 채권자들이 채권보전 불능케 되어 그 원상회복으로서 소유권 이전 등기 말소 등기 청구의 소를 제기코자 준비 중에 있으나 이를 가처분하지 아니 하면 후일 신청인들이 위 본안소송에서 승소판결을 받더라도

집행불능이 되므로 이의 집행보전을 위하여 신청한다"는 취지를 기재하여 가등기상의 권리처분금지 가처분 신청을 한 후 후속 절차를 진행 하면 됩니다.

* 실무적으로 사후관리 시 채무자의 부동산에 제3자가 소유권이전청구가등기를 등기 해 놓은 경우가 종종 있는데 : 이 경우에는 실익이 없다고 판단하거나 혹시나 해서 가압류를 실행하는 경우가 있습니다. 하지만 가등기가 본등기로 전이되면 후순위 가압류는 등기공무원에 의해 직권으로 말소 등기를 해 버림으로 전혀 가치가 없고 비용만 낭비 한 경우임. 그렇지만 좀더 자세히 살펴보면 경험으로 볼 때 가등기권자는 채무자와 관련 있는 경우가 많습니다. 처가쪽 친인척, 부모의 친인척, 친구 등 채무를 면탈할 목적으로 하는 사례가 있으므로 검토하여 "가등기상의 권리처분 금지가처분" 신청을 하시기 바랍니다. 이 경우 먼저 가등기권자를 면담하여 채무면탈에 관한 법을 설명하면 의외로 일이 쉽게 풀리는 경우가 종종 있음.

최근에 판결은 위의 관계가 확보되면 은행이 승소하는 것이 주류를 이루고 있음. (무작정 하면 손해배상을 할 수도 있음. 사전에 자료를 확보한 후 실시)

〈사례연구 3〉 [전소유자로 부터 가처분(원인무효로 인한 소유권말소) 등기의 경우]

경매개시결정 후 전소유자로부터 등기부상에 가처분(원인무효로 인한 소유권말소등기청구권) 경우?

여주 2006-10038 (물건번호1번)입니다

[질의] 현 소유자의 근저당권자(농협)가 競賣신청 후 競賣개시결정 약 2개월 후 전소유자(지분 1/2씩 2명 모두로부터 등기부상에 가처분(원인무효로 인한 소유권말소등기청구권) 한 상태입니다. 응찰자 입장에서 어떻게 검토하여야 하는지?

[답변 1]

아마도, 가처분권자가 강제집행(경매)정지신청을 할 것으로 판단되며 이 경우 법원의 결정이 있으면 경매가 진행되지 않을 것입니다. 강제집행정지가 되지 않아 경매가 진행되더라도 가처분권자가 원인 무효라고 주장하면서 소유권말소를 주장하고 있으므로, 원인무효 사유가 제3자(선의의 제3자 포함)에게 대항할 수 없는 것이 아니라면(즉 원천무효라면) 응찰자가 낙찰을 받더라도 그 소유권 취득은 무효이다.

따라서 가처분권자의 주장내용과 경매진행여부를 확인하여 낙찰 받을 경우 소유권을 취득할 수 있는 것인지를 파악하여야 할 것이다. 소송제기자(가처분권자)의 주장내용에 따라 그 소송결과가 달라질 것으로 유의하여야 한다.

[답변 2]

결론적으로 말하면 위 가처분은 매각(경락)으로 인해 말소의 대상이 되지 않기 때문에 응찰자 입장에서 상당히 유념하셔야 될 것 같다.

편의를 위해 위 여주 2006타경 10038(물건번호1번)를 "이 사건 경매목적부동산"이라 하겠다.

이 사건 경매목적부동산에 대하여 전 소유자에 의해 원인무효로 인한 소유권말소등기청구권에 가처분기입등기를 한 상황이라면 추후, 본안소송(원인무효로 인한 소유권이전등기말소 및 근저당권말소등기소송) 제기가 예정되어 있다고 보면 될 것이고, 만약 이와 같이 등기원인의 무효를 사유로 보안소송 제기 시 소를 수리한 수소법원이 직권으로 등기소에 촉탁하여 예고등기가 기입된다.

그렇다면, 위 가처분권자가 가처분의 본안소송인 원인무효로 인한 소유권말소등기소송에서 승소의 확정판결을 받을 경우 위 가처분기입등기 이후에 개시된 경매절차에서 당해 물건을 매각(경락)받은 매수인 명의의 소유권이전등기는 가처분권자에 대한 관계에서 무효인 것으로서 말소될 처지에 있다 할 것이고 따라서 매수인(낙찰자)이 매각대금을 전부 납부하고 소유권이전등기까지 경료하였다고 할지라도 예고등기를 한 당사자가 소송에서 승소하게 되면 매수인 명의의 소유권이전등기도 말소되기 때문에 응찰자 입장에서는 이런 물건을 피하는 것이 바람 직 할 것이다.

〈사례연구 4〉 [부동산처분금지 가처분, 공사중지가처분]

1. 채무자가 채무를 면탈하기 위하여 부동산 소유권을 부인 또는 자녀, 부모 등 직계존비속에게 증여하거나 지인 등에게 허위 양도, 이전, 담보 제공을 하였을 경우⇒ 사해행위취소로 인한 소유권이전등기말소 청구권 가처분을 신청할 수 있음.

2. 채무자 법인의 보증인 개인소유 담보물건에 현재소유자 법인이 매매로 소유권이전등기 후 당사의 동의 없이 건물을 멸실하고 건축허가를 득하고 상가건축하기 위하여 지반공사를 마친 상태에서 경매 신청되어 공사중지가처분 검토⇒(공사속행금지가처분 신청 후)

근저당권멸실에 대해 손해배상청구권(민법 750조), 건축공사에 대해 근저당권에 기한 방해제거청구권(물권적청구권)(민법 214준용), 권리행사방해죄(형법323조, 타인의 점유 또는 권리의 목적이 된 물건 등을 은닉 또는 손괴함으로써 타인의 권리행사를 방해한 자) 적용하여 협상

〈사례연구 5〉 [경매에 있어서 부동산처분금지가처분, 부동산점유이전금지가처분]

처분금지 가처분의 경우 경매에 있어서 말소기준보다 후순위 경우 낙찰 시 소멸되므로 별 문제가 없지만 선순위의 경우 소멸되지 않으므로 어떤 종류의 가처분인지 확인해야 한다. 하지만 현실적으로 이해 당사자가 아니면 확인할 길이 거의 없기 때문에 이런 물건은 거의 지나치는 경우가 많다. 가처분이란 말은 말 그대로 본안 소송이 진행되기 전에 그 보전을 하기 위하여 해놓은 것이기 때문에 본안 소송에서 원고가 패소하면 가처분은 아무것도 아닌 것이 되기 때문에 가처분 때문에 유찰을 거듭한 만큼 낙찰자는 커다란 이익을 보게 된다. 그렇지만 재판에서 누가 이길지 아는 건 이해 당사자도 장담하기 힘들므로 조심스럽게 접근하여야 한다.

1) 부동산처분금지가처분

1	부동산 처분금지 가처분이란	갑이 을을 상대로 본안소송, 가령 매매로 인한 소유권이전등기절차 이행 등 청구의 소를 제기하기 전 또는 제기 중에 을의 명의로 된 아파트를 처분하지 못하도록 잠정적인 조치를 취하는 것을 말한다. 본안소송은 상당한 시일을 요함으로 재판 도중에 을이 그 아파트를 다른 사람에게 매매한다면 갑은 그 동안 수고와 노력은 물거품이 되고 만다. 따라서 이러한 사태를 사전에 방지하는 것이 부동산처분금지가처분이다. 부동산처분금지가처분은 채권자가 목적물에 대한 채무자의 소유권이전 뿐만 아니라 을이 그 아파트를 전세 놓거나(전세권설정), 담보를 제공하여 돈을 빌리거나(저당권설정), 기타(임차권 등) 일체 처분행위를 할 수 없도록 하는 것이다
2	신청서 및 첨부서류	신청서1통, 목록 6통, 목적물 가액을 산정 할 수 있는 서류(가옥대장, 건물가격확인원, 건축물관리대장 등), 부동산등기부등본1통, 대리인이 접수할 경우에는 위임장, 대리인의 신분증・채권자 도장, 당사자(채권자・채무자)가 법인일 경우에는 법인등기부등본1통이 필요하다.
3	등록세· 교육세 납부	부동산소재지 시・군・구청에서 등록세과세표준 및 세액신고서를 작성하여 신고하고 고지서를 발급받아 가까운 은행에 납부하면 된다. 등록세는 부동산가액의 2/1,000, 교육세는 등록세액의 20/100이다. 신청서와 목록을 지참할 것

4	신청비용	인지는 2,500원, 증지는 1,000원 또는 2,000원, 송달료는 13,560원(당사자수×2,260원×3회분)이다. 납부방법은 인지는 법원구내 우체국에서 구입하고, 증지는 법원구내 은행에서 구입한다. 송달료는 법원구내 은행에 송달료 예납전표를 작성하여 납부하면 된다.
5	신청서 제출	본안의 소, 예컨대 매매로 인한 소유권이전등기절차 이행 등 청구의 소를 제기한 법원 또는 본안소송을 제기하려고 하는 법원에 제출한다.
6	담보제공 명령	법원이 담보제공을 명하면 채권자는 공탁보증보험증권을 법원 앞 보증보험회사에서 발급하여 제출한다. 도장과 신분증 지참하고, 대리인이 공탁보증보험증권을 발급 받으려면 채권자 도장과 주민등록번호를 알아야 한다.
7	재판	채무자를 소환하지 않고 심리한다. 신청이 이유 있으면 가처분 결정과 동시에 등기공무원에게 가처분 취지를 기입하는 등기촉탁을 한다. 신청이 이유 없으면 기각한다.
8	본압류로의 전이(강제집행)	본안소송, 예컨대 매매로 인한 소유권이전등기절차 이행 등 청구의 소를 제기하여 그 승소판결문으로 이미 가처분한 부동산을 본압류로 전이하여 강제집행을 하면 된다.

2) 부동산점유이전금지가처분

1	부동산 점유이전 금지가처분 이란	가령 부동산 소유자 갑은 병을 상대로 점포를 비워 달라는 건물명도청구의 소를 제기하였다. 그러나 건물명도청구의 소를 제기하는 중 세입자 병이 위 조건으로 점포를 다른 사람에게 세를 놓는다면 갑은 병을 상대로 하는 건물명도청구소송은 무용지물이 되고 새로운 점유자를 상대로 점포를 비워 달라는 건물명도청구의 소를 다시 제기해야만 한다. 이런 점을 사전에 방지하기 위해 건물명도 청구의 소를 제기 하기 전에 또는 소를 제기한 후 가처분하는 것이 점유이전금지가처분이다. 이처럼 채권자가 부동산에 대한 인도. 명도청구권을 보전하기 위하여 목적물의 인적(주관적), 물적(객관적) 현상 변경을 금지시키는 것을 말한다.
2	신청서류	신청서 1통, 목록 6통, 권리증서(임대차계약서, 내용증명, 기타 서류 등)사본 1통, 부동산등기부등본 1통, 목적물 가액을 산정 할 수 있는 서류(가옥대장, 건물가격확인원, 건축물관리대장) 각 1통씩, 대리인이 신청서를 제출할 경우 위임장 1통, 당사자(채권자, 채무자)가 법인일 경우 법인등기부등본 1통이 필요하다. 권리증서 즉 차용증, 약속어음, 기타 계약서 등 서류가 없다 하더라도 소명에 갈음(민사소송법 제271조 제2항)한 현금공탁을 하면 가처분 할 수 있다. 신청서와 첨부서류가 여러 장일 경우 장과 장 사이에 채권자(신청자) 도장으로 간인을 하여야 한다. 도장은 신청서에 날인한 도장과 동일해야 한다.
3	신청비용	인지대 2,500원, 송달료는 13,560원이다. 인지는 법원구내 우체국에서 구입하여 신청서표지에 붙이고 송달료는 법원구내 은행에 송달료 예납 전표를 작성하여 납부한다. 송달료는 당사자수(채권자, 채무자) ×2,260원×3회분이다.
4	신청서 제출	신청서, 목록, 첨부서류, 송달료 납부 영수증을 가지고 본 안의 관할법원 즉 부동산명도청구의 소를 제기하고 있는 관할법원이나 소를 제기 하려고 하는

		관할법원 민사신청과 가처분 담당자에게 제출하면 된다. 주로 건물의 명도. 인도청구의 소는 채무자(피신처인)의 주소지 또는 부동산소재지이다.
5	재판(부동산점유이전금지가처분결정)	법원은 채권자와 채무자를 소환하지 않고 신청서만으로 심리를 하여 신청이 이유 있으면 가처분결정을 하고 신청이 이유 없으면 기각을 한다. 그리고 가처분이 인용되면 법원은 결정문을 채권자 갑에게 송달 해 준다. 그러나 실무상 결정정본은 신속한 집행을 위하여 채권자(신청인)에게 직접 수령하는 형식으로 처리하고 있다.
6	공탁(담보제공)	주로 현금공탁은 비용이 부담되므로 저렴하게 드는 보증보험증권으로 대체를 많이 하고 있는 실정이다. 공탁보증보험증권 발급은 법원 앞 공탁 또는 보증보험이라는 간판을 내걸고 영업을 하고 있으므로 찾기 싶다. 이때 도장을 꼭 지참해야 한다. 대리인이 공탁보증보험을 발급 받으려면 채권자 도장이 필요하고 채권자 주민등록번호를 알아야 한다.
7	부동산점유이전금지가처분 집행	공탁보증보험증권, 가처분결정정본, 집행신청서(집행관 사무실에 비치)1통, 신분증과 도장, 대리인이 신청할 경우 위임장(집행관 사무실에 비치) 1통, 대리인의 도장과 신분증, 채권자 도장을 준비하여 관할법원 집행관 사무소에 제출한다. 그리고 집행비용을 예납하면 담당직원은 그 다음날 9시까지 또는 몇 일 후 집행관 사무실에 출석하라고 명한다. 집행관은 채권자(신청인) 갑에게 목적물소재지 약도 1통을 제출하게 한다. 그리고 집행관과 시간약속을 하여 목적물 소재지에 가서 채권자 갑과 채무자 병의 참여하에 가처분 취지의 공시서를 적당한 곳에 부착하고 채무자 병에게 가처분의 취지를 알려준다. 그러면 채무자(피신청인) 병은 목적물에 대하여 현상변경할 수 없다. 즉 병은 다른 사람에게 세를 놓지 못한다.
8	가처분집행 후의 절차	병을 강제로 내 쫓으려면 건물명도 청구의 소를 제기하여 승소판결을 받아 본압류로의 전이 신청을 하면 된다.

3) 가압류 · 가처분을 본 집행으로 전이

채권자가 채무자의 재산에 가압류. 가처분을 해도 의무이행을 하지 않을 때, 채권자는 가압류. 가처분결정으로 채무자의 재산에 대해 바로 강제집행을 할 수 있는가? 채권자는 가압류 · 가처분결정으로 강제집행을 할 수 없고 본안소송(대여금 청구의 소, 건물명도청구의 소 등)을 하여 승소판결을 받아 강제집행을 할 수 있다. 이를 본 집행으로의 전이라고 한다.

이와 같이 채권자가 채무자를 상대로 보안소송을 하기 전에 가압류 · 가처분을 미리 해 놓고 본안소송을 제기하여 전부승소판결을 받아 판결문에 집행문을 부여 받고 이를 본 집행으로 전이한다는 신청서를 작성하여 제출하면 된다. 그 다음부터는 강제집행과 동일하게 절차를 밟는다.

4) 가압류 · 가처분의 구제방법

① 의의

채무자는 자기 재산에 대하여 가압류나 가처분이 되어 있다면 많은 제약이 뒤따른다. 따라서 채무자는 채권자에게 채무를 변제하거나, 기타 담보를 설정하여 채권자에게 만족을 취하게 하거나 해 줌으로써 이러한 가압류 · 가처분에서 해방될 수 있고 채권자의 가압류 · 가처분이 부당하면 이의신청을 할 수 있으므로 채무자의 이익을 보호하기 위하여 몇 가지 구제방법이 있는데 다음과 같다.

② 채무자의 이의신청

가) 의의

채무자는 법원의 가압류 · 가처분 명령에 대하여 불복할 수 있는데 재판의 형식이 “판결”(법원이 행하는 재판 중 원칙적으로 반드시 변론을 근거로 하는 재판)일 경우에는 상소로 불복하고, 재판의 형식이 “결정”(법원이 행하는 재판 중 반드시 변론을 해야 하는 것이 아닌 재판 또는 서면 심리로만 하는 재판)일 경우에는 항고로 불복하여야 하지만 항고에 의한 불복은 인정하지 않고 이의신청에 의하여 불복한다. 주로 가압류 · 가처분은 재판형식이 결정이므로 채무자는 가압류 · 가처분의 명령에 대한 불복은 이의신청으로 한다.

나) 신청서작성 및 신청서류

이의신청서2통, 권리증서, 가령 재산분할의 몫을 변제하였다는 영수증사본 1통 등이 필요하다.

다) 신청비용

인지는 2,000원, 송달료는 36,160원(당사자수×8회분×2,260원)

이다. 납부방법은 인지는 법원구내 우체국에서 구입하고, 송달료는 송달료 예납전표를 작성하여 법원구내은행에 납부한다.

라) 신청서 제출

채무자는 가압류 · 가처분을 결정한 법원 민사신청과 담당자에게 이의신청서를 제출한다. 채권자의 가압류 · 가처분신청서는 소장에 해당되고 채무자의 이의신청서는 답변서에 해당된다. 즉 일반소송에 의하면 가압류 · 가처분을 한 채권자가 원고에 해당되고 가압류 · 가처분에 대한 이의신청을 한 채무자는 피고에 해당된다.

마) 재판

법원은 채무자의 이의신청을 접수하여 이의신청 절차 기일을 송달하고 당사자 쌍방이 2회 이상 불출석 하면 가압류 · 가처분의 신청자체가 취하된 것으로 간주한다. 법원은 기일을 정하여 심리와 재판을 하게 되는데 변론종결 당시의 사정에 비추어 가압류 · 가처분 신청이 이유 있으면 이미 발령한 가압류나 가처분을 인정한다. 그리고 채권자가 한 가압류나 가처분이 이유가 없으면 이를 취소하며 동시에 가압류 · 가처분신청을 기각 또는 각하한다.

4) 채무자의 가압류 · 가처분 취소

신청인인 채무자는 현재 가압류 · 가처분을 유지할 수 없는 사유가 있는 때, 가압류 · 가처분의 취소신청 할 수 있다. 가압류 · 가처분을 유지할 수 없는 사유로서는 “본안제소기간의 도과로 인한 취소”, “사정변경에 의한 보전처분의 취소”, “담보제공으로 인한 가압류의 취소”, “특별사정에 의한 가처분 취소”가 있다.

7-3. 선순위의 매매예약가등기

가등기에는 소유권이전청구권보전가등기(즉, 선순위의 매매예약 가등기된 순위보전 가등기)와 담보가등기로 나눌 수 있으나 등기부상에는 모두 “청구권보전 가등기”로 등기되어 있어 구별이 쉽지 않다.

소유권이전청구권보전가등기(1984. 1. 1 이전에 등기된 가등기는 모두 해당)라 함은 본등기를 할 수 있는 실체적 요건이 갖추어지지 아니한 경우에 장래 할 본등기의 준비로서 하는 등기이다. 이는 소유권, 저당권 등의 권리의 이전, 변경 또는 소멸의 청구권을 보전할 때에 하며 부동산등기법(제

3조)의 적용을 받으며 반면, 담보가등기는 가등기담보법(가등기담보에 관한 법률)의 적용을 받는 가등기로 통상 저당권과 같은 효용을 가지고 있으며 청산가등기와 미청산가등기로 구분된다.

실무상 집행법원에서 가등기권자에게 보전가등기인지, 담보가등기인지 신고하라고 최고를 하고 있으며, 가등기권자는 만일 소유권이전청구권가등기로 신고를 하면 매각물건명세서에 기재하여 경고를 하고 있다. 따라서 경매서류를 열람하여 가등기권자가 채권계산서를 제출하여 채권신고 및 배당요구 하였다면 청산 절차가 끝나지 않은 담보가등기로 보아 배당에 참여하게 되며 말소대상이 된다. 근저당권설정등기보다 후에 된 가등기는 무조건 말소 촉탁의 대상이 되며 가등기권리자는 낙찰자에게 대항할 수 없다. (1908.12.30. 80마 491호)

그러나 경매개시결정등기일전에 청산절차를 끝낸 담보가등기도 말소기준등기보다 앞선 경우라면 말소되지 않는다. 청구권보전의 가등기가 최선순위인 경우에는 매각에 의하여 말소되지 아니하며, 추후에 본등기를 경료하면 매수인 명의의 소유권이전등기를 직권 말소하게 되므로(법원행정처 등기선례집 3권 740면) 매수인은 소유권을 상실하게 되어 대형 경매사고로 이어진다. (1989.11. 6 89마 778호 또는 1997.11.11. 96그 64호) 따라서 선순위의 매매예약가등기된 부동산은 반드시 가등기권리자를 만나서 가등기의 목적과 채권액을 확인하여야 하며, 동 채권액만큼 매수인이 직접 지불을 하고 가등기말소 서류를 교부 받은 후 입찰에 참가하는 등 세심한 주의를 요한다.

예를 들어 김빈곤씨가 사업자금이 필요하여 김부자로 부터 1년6개월 뒤에 갚는 조건으로 1억원을 빌렸다고 하자. 이때 김빈곤씨는 경남 사천에 있는 시가 2억원의 전답을 제공하면서 만약 1년 후에 빌린 돈을 변제하지 못하면 담보로 제공한 전답을 김부자가 가져가도 좋다는 약속을 하고 자신의 전답에 가등기를 하는 경우가 있다. 이와 같이 돈을 차용하면서 그에 대한 담보목적으로 하는 가등기가 바로 담보가등기이며, 이는 가등기담보법의 적용을 받는다. 그 후 김빈곤씨가 변제기한이 지나도록 차용금을 변제하지 않는 경우 가등기권자인 김부자는 두 가지 권리 중에서 하나를 선택할 수 있다. 하나는 소유권이전을 받는 방법이 있다. 약속한 변제기한이 경과한 후 2억 전답 부동산과 대여한 1억과의 차액 1억원이 김빈곤씨에게 지급하여야 할 청산금이라는 청산금평가통지서를 내용증명으로 보낸다. 2개월의 청산 기간이 지나면 청산금 1억원을 김빈곤씨에게 지급한 후 소유권을 취득하게 된다.

다른 하나는 담보가등기에 기한 경매를 신청하는 방법이 있다. 경매를 할 경우 담보가등기는 저당권과 동일한 것으로 간주되기 때문에 가등기 이후에 설정된 근저당권이나 가압류 보다 우선하여 배당을 받게 된다.

가등기의 종류

매매예약	부동산등기법	소유권이전청구권가등기
대물반환예약	가등기담보법	담보가등기 : 돈을 빌려준 채권자가 그 채권의 담보를 위해서 채무자나 물상보증인의 부동산에 부동산소유권의 가등기를 하는 경우를 말한다.

최근에는 등기부 열람을 통하여 소유권이전청구권가등기와 소유권이전담보가등기를 구별할 수 있다.

① 소유권이전청구권가등기

【갑 구】		(소유권에 관한 사항)		
순위번호	등기목적	접수	등기원인	권리자 및 기타사항
3	소유권이전청구권가등기	2005년2월5일 제12345호	2005년 2월 3일 매매예약	가등기권자 김부자 서울시

② 소유권이전담보가등기

【갑 구】		(소유권에 관한 사항)		
순위번호	등기목적	접수	등기원인	권리자 및 기타사항
3	소유권이전담보가등기	2005년 5월20일 제23456호	2005년 5월 10일 대물반환예약	가등기권자 김부자 서울시

〈사례연구 1〉 [담보가등기 제도의 이해]

1. 가등기의 본래 취지

– 매수한 부동산의 이중매매나 예측하지 못한 강제집행으로 인한 소유권이전방해를 사전에 막아 원활하게 부동산의 소유권이전을 하기 위하여 등기 순위를 확보하는데 본래 취지가 있다. 따라서 가등기를 경료 한 후 본등기를 하는 경우에는 가등기의 순위를 그대로 유지하게 된다.

2. 담보가등기 제도

1) 가등기에는 본래의 취지인 소유권을 보존하기 위한 "소유권이전청구권 가등기"와 채권을 담보하기 위한 "담보가등기" 가 있다
  – 실제 부동산 매매의 예약이 아닌 채권담보를 목적으로 돈을 빌리면서 "언제까지 변제하지 않으면 이 부동산을 주겠다"는 식의 대물변제(물건으로 채무를 변제하는 것) 예약을 하고 가등기를 경료하게 된다.

2) 실행 방법
  – 채무자가 기한이 되어도 채무를 이행하지 않는 경우(양자 중 택일)

실행 방법	실행 절차
목적주택의 소유권 취득	–가등기 담보의 실행을 통지하고 –청산절차(금액의 정산)를 거쳐서 –2개월이 지난 후 소유권을 취득할 수 있음
경매에 의한 실행 (혹은 배당절차의 참가)	–목적주택을 경매시켜서 가등기 담보권자의 우선변제권에 기하여 변제를 받거나 –타 채권자가 실행한 경매 절차에 참가하여 자기가 받을 채권을 배당 받음 (이 경우 가등기권자는 저당권으로 봄)

– 이때 담보가등기권자도 법원에 배당요구를 하여야 하며, 가등기 담보에 관한 법률은 가등기권자에게 "경매청구권"과 "우선변제권"을 부여하고 있다.

3.경매로 인한 담보가등기 소멸

1) 등기부상 담보가등기로 명시되거나, 명시되지 않았더라도 경매법원의 최고에 의하여 채권담보의 목적으로 경로한 것이라고 신고된 가등기는 저당권으로 간주되어 매수인이 경매대금을 완납하면 법원의 촉탁에 의하여 직권 말소된다.

2) 결국 최선순위로 경료되었다 하더라도 매수인에게 인수되지 않고 소멸된다.

4. 소멸되지 않고 인수되는 담보가등기

1) 경매개시결정 이전에 가등기담보권자가 청산절차를 완료한 경우
 - 가등기담보권이 저당권보다 앞선 경우 가등기담보권자는 가등기에 기한 소유권이전 본등기를 청구할 수 있다.

2) 이때, 가등기담보권자는 "제3자 이의 소"나 "경매개시결정에 대한 이의" 신청하여 경매 절차를 배제하는 절차를 취하게 된다.
 → 이는 저당권자로서 배당을 원하지 않고 목적 부동산의 소유권을 취득할 의사를 나타내는 경우이다.

5. 배당절차에 참가하지 않은(청산절차도 완료하지 않고) 가등기담보권

1) 법원의 최고를 받고도 채권신고를 하지 않아 배당을 받지 못한 경우, 가등기담보법 제15조에 의하여 가등기담보권이 소멸된다.

2) 가등기담보권자의 책임없는 사유로 인하여(몰라서) 배당에 참가하지 못한 경우에는, 배당을 받은 선순위의 채권자로부터 이들을 상대로 "부당이득반환청구"를 할 수 있다.

6.담보가등기 이후에 성립한 각종 권리들

1) 담보가등기가 소멸되는 경우(일반적인 경우)에는, 당해 부동산상의 각종 권리들(전세권, 지상권, 지역권, 임차권, 전세, 가처분, 가압류, 환매등기 등)도 자동 소멸된다.

2) 담보가등기가 인수되는 경우(청산절차를 완료한 경우)에는, 매수인에게 인수되나 후에 가등기권자가 본등기를 하면 위의 모든 권리도 소멸 하게 된다.

〈사례연구 2〉 [가등기담보법에 의한 담보가등기와 청산가등기]

가등기담보법에 의한 담보가등기와 청산가등기에 대해서 간략히 상술하면 84년 1.1이전 가등기는 언제든지 본등기 할 수 있는 가등기였다.

이러한 점을 악용한 악덕 채권자(사채업자) 등이 무리하게 재산을 탈취하는 경우가 빈번하여 법을 제정함.

[법제정 이후]

1983.12.30 <가등기담보등에관한법률>을 제정. 부동산 양도담보의 대물변제의 유효성은 인정하되 청산절차를 거쳐 청산금을 지급하고 가져가라는 취지로 부당한 악덕 채권자로부터 경제적 약자인 채무자를 보호하기 위해 만들어진 법이다.

84년 이후 가등기는 가등기라도 반드시 본등기 할 수 있는 건 아니다. 담보가등기와 청산가등기로

구분해 판단한다. 돈을 빌려준 경우도 가등기에 의해 변제기간이 지난 후 2개월간의 청산기간을 강제적으로 법에서 부여해 청산기간 경과 후 청산금을 채무자에게 지급해야만 본등기 할 수 있도록 규정하였다.

변제기간이 경과했다는 입증서류로 내용증명통지서가 필요하고 이는 채무자 등에게 빠짐없이 보내야 하며 그 도래일은 보낸 날짜에 따라 다를 수 있다. 청산금을 지급했다는 입증서류로 채무자가 청산금을 변제 받았다는 영수증이 함께 첨부되어야 가등기에 기한 본등기가 가능하다.

1) 담보가등기

본등기 할 수 없는 가등기로 저당권으로 본다. 담보가등기는 저당권의 3가지 효력인 담보효력, 환가신청(확정판결 없이 임의경매 할 수 있는)권한. 배당참여권을 동등하게 가져 돈만 상환하면 소멸할 수 있는 저당권과 같다. 다만 경매 시 담보가등기임을 입증하고 임의경매로 하거나 판결이나 채무명의로 강제경매를 신청해도 되는 점에서 저당권(임의경매)과 다르다.

후순위 권리자가 존재하는 경우 가등기에 기한 본등기로 인해 후순위 권리자의 권리를 침해 할 수 있는 등 불공정성 때문에 후순위 권리자가 경매 등의 신청(형성권)을 행사하면 담보가등기 권리자는 본등기를 할 수 없고 그 가등기는 저당권처럼 경매에서 순위배당을 받아야 한다.

여기서 "후순위권리자"란 담보가등기 이후에 등기된 저당권자, 전세권자, 담보가등기권리 자를 말한다. 여기서 "경매 등"이라 함은 강제경매 (채무명의에 의한 경매로 경락행위에 공신력이 부여되어 있다.)와 담보권의 실행 등을 위한 경매 (저당권, 전세권, 담보가등기로 채무명의나 판결 없이 경매 신청 할 수 있는 임의경매. 경락행위에 공신력은 없다.)를 말한다.

2) 청산가등기

본등기 가능한 가등기로 법률적 용어는 아니고 강학상의 용어임. 순수 순위보전가등기와 법률적 효력은 동일하며 물권변동이 완료된 가등기로 형식만 가등기이지 실제는 본등기와 동일함.

※ [경매 공매의 경우 담보가등기와 청산가등기의 구분]

가등기가 설정된 경우 담보가등기 또는 청산가등기 여부 확인이 관건이다.

가등기담보법 제15~17조에 규정되어 있다.

① 경매기입등기 이전에 청산금 지급이 완료 되면 청산가등기이다.

청산금 지급이 완료되었다는 것은 가등기를 본등기 할 수 있는 독자적으로 물권변동을 일으킬 법률요건이 완성된 것. 경매등기보다 가등기가 물권적으로 우선하므로 경락으로 소멸하지 않는다. 역으로 청산금 지급이나 변제기일이 경매등기 이후라면 그 가등기는 저당권으로 보는 담보가등기가 된다.

② 경매 · 공매 시 법원에서는 가등기 권리자에게 채권신고서를 작성하도록 최고하므로 만일 담보가등기인 경우 채권신고를 하지 않으면 배당참여권이 없고(법으로 명시) 직권주말 되므로 손해를 입지 않기 위해 신고할 것이나 청산가등기는 신고하지 않아도 물권변동이 완료되었으므로 불이익이 없어 신고여부는 가등기 권리자가 정할 일이다. 따라서 가등기가 말소기준권리 위치에 있을 때 이유여하를 불문하고 채권신고서에 가등기 신고가 없으면 청산가등기로 주장하려는 의도가 있어 이 경우는 경락자가 절대적으로 불리한 입장에 놓이므로 특히 주의한다.(응찰 금지물건임)

※ [일반거래의 경우 담보가등기와 청산가등기의 구분] : 확인할 방법이 없다.
[가등기 부동산 안전 거래법]

① 가등기 해제 합의서 : 가등기 부동산은 반드시 가등기권리자를 만나 가등기 목적과 채권액을 확인하고 원금, 이자, 변제기간 등에 관해 직접 확인서를 받는다.

가등기권리자의 채권액 만큼을 매수인이 직접 지불하고 가등기말소서류를 교부받는다는 계약 특약을 기재한다. (계약체결당시 사전합의를 한다.)

② 가등기 권리자를 매도인 또는 임대인과 연대보증인으로 세운다.

③ 가등기 권리자를 매도인 또는 임대인과 공동 매도인으로 계약하는 방법

위 3가지 절차 없이 거래하는 경우 발생한 법률적 하자는 보호 받을 수 없으므로 위 요구조건이 충족되지 않으면 거래하지 말자.

7-4. 선순위의 지상권

지상권은 타인의 토지에서 건물 기타의 공작물이나 수목을 소유하기 위하여 그 토지를 사용할 수 있는 물권이다(민법 279조). 지상권은 법률행위(당사자간의 계약)에 의한 취득과 법률행위 의하지 않은 취득(상속, 판결, 경매. 공용징수, 취득시효 등)이 있다.

지상권은 그 존속기간이 정하여져 있으며 잔여 존속기간 동안 소멸하지 않는다. 존속기간이 약정되어 있지 않을 경우 토지의 사용목적에 따라 30년(석조 콩크리트조 등 견고한 건물이나 수목을 목적으로 하는 경우), 15년(그 밖의 건물의 소유를 목적으로 하는 경우), 5년(건물 이외 공작물의 소유를 목적으로 하는 경우)동안 소멸하지 않는다.

지상권 등기가 말소기준등기보다 앞서면 경매가 종결되어도 말소되지 않고 동 지상권자의 허락 없이 나대지에 건물 등을 지을 수 없고, 사용 수익할 수 없다면 이 또한 경매사고로 보아야 한다. 그러나 실무상으로 금융기관은 나대지 등을 담보 취득 시에는 근저당권 설정과 동시에 금융기관의 사전 동의 없이 건물 등을 축조 못하도록 지상권도 설정하지만(많은 법률전문가들은 지상권 설정이 불필요한 것으로 판단하고 있어 각 금융기관도 신중히 재검토하여야 할 것으로 보여지며, 지상권 설정비용 또한 금융기관이 부담하여야 할 것으로 보여 짐) 금융기관 등이 향후 사용수익보다는 담보처분을 용이하게 하기 위하여 지상권을 설정하고 있는 실정이다.

집행법원에서는 말소되지 않는 지상권에 대하여 경매신청채권자인 금융기관 등에 의견을 묻고 보정서 제출을 요구하고 있으며 금융기관은 통상 경매종결 후 매각 잔대금 납부되면 즉시 말소하겠다는 보정서를 제출하여 주므로 경매기록을 열람하여 동 보정서가 제출되어 있으면 응찰하여도 문제가 없고 당연히 말소촉탁 대상이 된다.

〈사례연구 1〉 [금융기관의 지상권 설정]

금융기관의 지상권 설정의 예/ 마산시 내서읍 중리 1044-7 대지 572평방미터
등기부등본상 내용
(지상권설정 목적 : 견고한 건물 또는 수목의 소유, 범위 : 토지의 전부
존속기간 : 2005년1월3일부터 만 30년, 지료 : 무료, 지상권자 : 주식회사 조흥은행)

7-5. 전소유자의 가압류등기 (신법사건은 말소)

전소유자에 대한 가압류의 말소여부는 해석이 두 번씩이나 바뀐 대표적인 판례 사례에 속한다 (민사집행법 제91조 제3항, 제144조 제1항, 제148조 제3호)

구분	가압류는 말소되지 않는다.	가압류는 말소된다.	가압류는 말소되나, 인수조건인 경우에는 말소되지 않는다.
이유	가압류의 처분금지의 효력이 미치는 범위에서 배당에 참가할 수 없다.	가압류 결정 당시의 청구금액을 한도로 배당하고 말소한다.	가압류인수를 전제로 하였는지 여부에 따라 가압류 소멸여부를 판단한다.
근거	대법원 1997. 8.26 선고 97다 8410판결	대법원 2006. 7.28 선고 2006다19986 판결	대법원 2007. 4.13 선고 2005다8682 판결
사례		여주 2005-9840호	공매 2004-06444-001호의 부대조건에 "전 소유자에 대한 말소되지 않은 가압류 있음"

〈신법사건의 경우〉

최근 2003.3.20 법원행정처 발행된 법원실무제요 민사집행편(Ⅳ권중) Ⅱ권 제389페이지에 의하면 "부동산에 다른 선순위의 부담이 없는 상태에서 가압류등기 후 소유권이 이전되어 현 소유자의 채권자가 경매신청을 하여 매각이 된 경우, (전자)전소유자에 대한 가압류는 말소되어야 하고 다만 그 가압류권자에 대한 배당액은 공탁되어야 한다는 견해와 (후자)가압류권자는 배당에 가입할 수 없으므로 그 가압류등기는 말소할 수 없고 또한, 현 소유자명의의 이전등기말소할 수 없다는 견해가 대립되어 있는데 전자의 견해에 의하는 것이 타당하다"라고 기술되어 있어 전소유자에 대한 가압류는 말소되어야 하고 다만 그 가압류권자에 대한 배당액은 공탁되어야 한다는 것이 실무예로 변경 되었다.

최근 대표적인 판례도 2건 탄생(대법원 2007.4.13. 선고 2005다8682 판결, 대법원 2006.7.28. 선고 2006다19986 판결)되어 신법사건의 전소유자의 나 홀로 가압류는 100% 배당 후 말소되는 것으로 보면 되는데 매각물건명세서에 인수로 나타나 있으면 인수로 보고 응찰하여야 한다.

다시 말하면, 선례는 원칙은 말소되는 것으로 변경되었으나 대법원 2007.4.13. 선고 2005다8682 판결 최근 판례를 보면 예외적으로 "집행법원이 종전 소유자를 채무자로 하는 가압류등기의 부담을 매수인이 인수하는 것을 전제로" 매각한 경우에 한해서 "가압류의 효력이 소멸하지 아니하므로 말소촉탁의 대상이 되지 않는다"고 한다. 아직 변경된 선례를 모르는 담당판사가 인수조건을 달았다면 인수된다는 것이다.

그리고 관련된 등기선례도 변경되었다.

제3취득자의 채권자가 신청한 경매절차에 의한 소유권이전등기촉탁시 전 소유자에 대한 가압류등기가 말소촉탁대상인지 여부 (등기선례 200610 선례변경)

⇒ 가압류등기 후 가압류부동산의 소유권이 제3자에게 이전된 경우, 제3취득자의 채권자가 신청한 경매절차에서 전 소유자에 대한 가압류채권자는 배당에 가입할 수 있으므로, 그 가압류등기는 말소촉탁의 대상이 될 것이다.(2006. 10. 12. 부동산등기과-3061 질의회답, 참조판례 : 2006다19986, 이 선례에 의하여 등기선례요지집 Ⅴ제678항, Ⅵ제490항은 그 내용이 일부 변경됨.)

그러나 한국자산관리공사(KAMCO) 온비드 공매는 공매부대조건에 "전소유자의 가압류 말소되지 않음" 등 문구가 있는지 확인하여야 하며, 있다면 인수로 보아야 한다.

등기선례6-507 공매로 인한 소유권이전등기 촉탁 시 전 소유자에 대한 가압류 및 압류등기 등의 말소 등기 가부

⇒피상속인 명의로 소유권이전 등기된 부동산에 대하여 가압류 및 압류등기가 경료된 다음 상속등기가 이루어지고 그 후 다시 상속인들 명의의 공유지분 전부에 관하여 국세체납으로 인한 공매로 제3자에게매각된 경우, 전 소유자에 대한 가압류 및 압류채권자는 배당에 참가할 수 없으므로, 공매를 원인으로한 소유권이전등기촉탁시 그 등기 등은 말소촉탁의 대상이 될 수 없을 것이다.
1999. 3. 15. 등기 3402-265 질의회답, 참조조문 : 국세징수법 제81조, 참조선례 : V제688항)

〈구법사건의 경우〉

가압류등기 후 소유권이 이전되어 그 후의 소유자에 대한 채권자가 경매를 신청한 경우에 과거 구법사건에서는 전소유자에 대한 가압류는 말소되지 않고 낙찰자에게 그대로 인수(아래 ① ,② 의 가압류등기의 경우)로 배워왔다.

과거 법원실무제요 강제집행(상)편 479하단~480상단(1992년10월1일 개정증보 판)에 "가압류등기 후 소유권이 이전되어 현 소유자의 채권자가 경매신청을 하여 경락이 된 경우 구 소유자에 대한 가압류채권자는 배당에 가입할 수 없으므로 그 가압류등기는 말소할 수 없다"라고 구법에서는 아래 ① ,② 의 경우 전소유자의 나 홀로 가압류는 인수로 배워왔다.

① 주택임차인, 가압류등기〉 소유권이전등기, 저당권등기(경매신청채권자)순으로 권리가 설정된 경우 주택임차권과 가압류등기는 낙찰자가 인수(부담)하여야 한다라고 배워왔다.

② 주택임차인, 가압류등기〉 저당권등기, 소유권이전등기, 저당권등기(경매신청 채권자) 순으로 권리가 설정된 경우(위 ①, ②의 경우 주택임차인은 선순위로 인수 부담하여야 한다.) 그러나 아래 ③ ④ ⑤ 모두 신,구법 변동사항이 없고 가압류는 말소된다.(전소유자의 상태에서 압류, 가압류등기 이전에 담보물권이 먼저 설정되어 있는 경우인 아래 ③ 에는 그 담보물권과 함께 가압류도 소멸하게 된다.)

③ 주택임차인〉 저당권등기, 가압류등기, 소유권이전등기, 저당권등기(경매신청채권자)순으로 권리가 설정된 경우 주택임차권만 낙찰자가 부담하여야 한다. (전소유자의 채권자가 경매를 신청하는 아래 ④ ,⑤ 경우에도 가압류는 소멸한다.)

④ 주택임차인〉 저당권등기(경매신청채권자), 가압류등기, 소유권이전등기, 저당권등기 순으로 권리가 설정된 경우 주택임차권만 낙찰자가 부담하여야한다.

⑤ 가압류등기, 주택임차인, 저당권등기(경매신청채권자), 소유권이전등기, 저당권등기 순으로 권리가 설정된 경우 가압류, 임차인 모두 말소된다.

〈사례연구 1〉 [전소유자의 가압류 관련 판례]

① 대법원 2006.7.28. 선고 2006다19986 판결

【판시사항】
가압류집행 후 가압류목적물의 소유권이 제3자에게 이전된 경우 가압류의 처분금지적 효력이 미치는 범위 및 제3취득자의 채권자가 신청한 경매절차에서 가압류채권자가 배당 받을 수 있는지 여부(적극)

【판결요지】
부동산에 대한 가압류집행 후 가압류목적물의 소유권이 제3자에게 이전된 경우 가압류의 처분금지적 효력이 미치는 것은 가압류결정 당시의 청구금액의 한도 안에서 가압류목적물의 교환가치이고, 위와 같은 처분금지적 효력은 가압류채권자와 제3취득자 사이에서만 있는 것이므로 제3취득자의 채권자가 신청한 경매절차에서 매각 및 경락인이 취득하게 되는 대상은 가압류목적물 전체라고 할 것이지만, 가압류의 처분금지적 효력이 미치는 매각대금 부분은 가압류채권자가 우선적인 권리를 행사할 수 있고 제3취득자의 채권자들은 이를 수인하여야 하므로, 가압류채권자는 그 매각절차에서 당해 가압류목적물의 매각대금에서 가압류결정 당시의 청구금액을 한도로 하여 배당을 받을 수 있고, 제3취득자의 채권자는 위 매각대금 중 가압류의 처분금지적 효력이 미치는 범위의 금액에 대하여는 배당을 받을 수 없다.

② 대법원 2007.4.13. 선고 2005다8682 판결

【판시사항】
선순위 가압류등기 후 목적 부동산의 소유권이 이전되고 신 소유자의 채권자가 경매신청을 하여 매각된 경우, 위 가압류등기가 말소촉탁의 대상이 되는지 여부의 판단 기준

【판결요지】
부동산에 대한 선순위가압류등기 후 가압류목적물의 소유권이 제3자에게 이전되고 그 후 제3취득자의 채권자가 경매를 신청하여 매각된 경우, 가압류채권자는 그 매각절차에서 당해 가압류목적물의 매각대금 중 가압류결정 당시의 청구금액을 한도로 배당을 받을 수 있고(대법원 2006. 7. 28. 선고 2006다19986 판결 참조),, 이 경우 종전 소유자를 채무자로 한 가압류등기는 말소촉탁의 대상이 될 수 있다. 그러나 경우에 따라서는 집행법원이 종전 소유자를 채무자로 하는 가압류등기의 부담을 매수인이 인수하는 것을 전제로 하여 위 가압류채권자를 배당절차에서 배제하고 매각절차를 진행시킬 수도 있으며, 이와 같이 매수인이 위 가압류등기의 부담을 인수하는 것을 전제로 매각절차를 진행시킨 경우에는 위 가압류의 효력이 소멸하지 아니하므로 집행법원의 말소촉탁이 될 수 없다. 따라서 종전 소유자를 채무자로 하는 가압류등기가 이루어진 부동산에 대하여 매각절차가 진행되었다는 사정만으로 위 가압류의 효력이 소멸하였다고 단정할 수 없고, 구체적인 매각절차를 살펴 집행법원이 위 가압류등기의 부담을 매수인이 인수하는 것을 전제로 하여 매각절차를 진행하였는가 여부에 따라 위 가압류 효력의 소멸 여부를 판단하여야 한다.

〈사례연구 2〉 [전소유자의 가압류 배당문제]

가압류 A 1,000만원 집행 후 소유권이 갑에서 을에게 이전되고, 그 후 저당 B 2,000만원 설정되고, 저당실행으로 배당재단이 3,500만원일 때 배당은?

실제 배당할 금액	3,500만원		
채권자	가압류 A	저당 B	신소유자 을
채권금액	1,000만원	2,000만원	

배당순위	1	2	3
배당액(배당비율 100%)	1,000만원	2,000만원	500만원

주1) 전 소유자의 가압류 A에 대하여
종전 구법사건에서는 배당하지 않고 가압류등기도 말소하지 않았으므로 매수인(경락인)이 이를 인수 하였으나 (변경 전 대법원 1997. 8.26 선고 97다 8410 판결)
지금 신법사건은 배당하고 가압류등기도 말소하므로 매수인(경락인)이 이를 인수하지 않는다(대법원 2006. 7.28 선고 19986 판결)
주2) 부동산에 대하여 절차상대효설을 채택하지 않고 개별상대효설을 채택하고 있으므로 전소유자의 가압류 A에게 가압류결정의 청구금액 전액을 먼저 배당하고 남은 부분은 전 소유자 갑에게 교부하지 않고 신 소유자의 채권자 저당 B에게 배당한 다음(대법원 2005. 7.29 선고 2003 다 40637 판결) 잔여분은 신 소유자 을에게 교부한다(대법원 1992. 2.11 선고 91누 5228 판결)

〈사례연구 3〉 [전소유자의 가압류 신법 경매사례]

신법사건으로 여주1계 2005타경 9840호 강제경매사건으로 전소유자의 가압류 있음 결국, 2002. 7. 1일 이전 구법사건에서 나 홀로 가압류는 인수가 당연히 맞는 논리이나, 2002. 7. 1이후 현재의 신법 경매사건은 부동산에 다른 선순위의 부담이 없는 상태에서 가압류등기 후 소유권이 이전되어 현 소유자의 채권자가 경매신청을 하여 매각이 된 경우 전소유자의 가압류는 말소로 보고 권리분석을 하면 될 것이다.

〈사례연구 4〉 [공매 부대조건에서 인수라면 가압류는 인수]

공매에서는 전소유자의 가압류를 부대조건에서 인수하도록 공고하였을 때에는 인수가 된다. 한국자산관리공사 공매물건관리번호 : 2004－06444－001

소재지 : 경남 창녕군 창녕읍 술정리 62번지 대지(지분) 357㎡

☆부대조건 : 전소유자에 대한 말소되지 않는 가압류 있음. 제시외 건물 소재함(공매제외)

〈사례연구 5〉 [가압류 배당]

가압류라 함은 금전채권이나 금전으로 환산할 수 있는 채권에 관하여 장래에 그 집행을 보전하려고 미리 채무자의 재산을 압류하여 그 처분권을 빼앗아 두는 것을 목적으로 하는 집행보전처분이다. 가압류등기도 저당권과 함께 매각으로 인하여 소멸됨이 원칙이다.

먼저 현 소유자에 대한 가압류에 대하여
－ 가압류권자의 경매절차에서의 지위
－ 경매등기 후의 가압류권자는 별도로 배당요구종기일 이내 배당신청을 하여야 한다.
－ 가압류 후에 담보물권을 취득한 자는 가압류권자와 동 순위로 배당을 받는다.
－ 가압류등기가 설정된 후 부동산이 양도된 후의 법률관계
－ 가압류권자의 경매절차에서의 지위

가압류는 금전채권이나 금전으로 환산이 가능한 채권에 관하여 그에 대한 채무명의를 얻어 강제집행을 할 수 있을 때까지 그 집행을 보전하려고 미리 채무자의 재산을 압류하여 그 처분이나 환가를 금지하는 것을 목적으로 하는 보전처분이다. 따라서 가압류권자는 바로 경매신청을 할 수 없고 피보전채권에 관한 점유권원(판결, 화해조서 등 채무명의)이 있어야 경매신청을 할 수 있다.

가압류가 집행된 부동산에 대하여 가압류권자가 아닌 다른 채권자가 경매신청을 한 경우에 가압류권자는 이해관계인 아니므로 경매 법원에서도 가압류권자에게는 경매개시 후 최고서만 발송한 후(채권계산서 제출하라는 최고서) 매각 기일 통지 등을 하지 않고 배당기일 만 통지한다.

1) 경매등기 후의 가압류권자는 별도로 배당신청을 하여야 한다.

가압류권자에게는 집행법원에서 배당금액을 공탁하고 있는데 경매기입신청등기 전에 설정된 가압류권자는 따로 배당신청을 하지 않더라도 등기부등본상에 기재된 가압류대로 배당요구신청을 한 것과 동일하게 취급하고 있다.

그러나 경매기입등기 후에 설정된 가압류권자는 경매신청인에게 대항할 수 없고 집행법원에서도 배당요구사실을 확인하기 어려우므로 등기부등본을 첨부하여 일반 채권자와 같이 배당요구종기일까지 배당요구를 하여야 한다. 그렇지 않으면 배당요구에서 제외된다.

2) 가압류 후에 담보물권을 취득한 자는 가압류권자와 동 순위로 배당을 받는다.

부동산에 대하여 가압류등기가 먼저 되고 나서 근저당설정등기가 마쳐진 경우에 그 근저당권등기는 가압류에 의해 처분금지의 효력 때문에 그 집행보전의 목적을 달성하는데 필요한 범위 안에서 가압류채권자에 대한 관계에서만 상대적으로 무효라고 할 것이다.

따라서 근저당권자는 그 보다 선순위 가압류권자에 대항하여 우선 변제를 받을 권리는 없으나 가압류권자도 우선변제청구권을 가지는 것은 아니므로 가압류채권자와 채권액에 비례하여 평등하게 배당 받을 수 있다.

순위	권 리	권 리 자	일 자	권 리 내 용
1	소유자	갑	2004. 5.	
2	가압류권자	을	2004. 10.	채권액 300만원
3	근저당권자	병	2005. 8.	채권최고액 500만원
4	경매신청	병	2006. 8.	근저당권에 기해
5	배당신청	정	2007. 9.	일반 채권 200만원
6	매수인		2008. 2.	매각대금 500만원

산술적으로 평등하게 배당하면,

을 500만원 × 3/10 = 150만원, 병 500만원 × 5/10 = 250만원, 정 500만원 × 2/10 = 100만원이다.

그러나 병의 저당권은 을에게 대항할 수 없지만 정에게는 대항할 수 있고 을의 채권과 을의 채권은 각 평등권이 있어 평등한 취급을 하여야 하므로 평등 배분된 정의 몫 100만원은 우선권이 있는 병에게 분배됨으로써 병은 350만원이 된다.

따라서 실제 배당액은 을은 150만원, 병은 350만원, 정은 0원이다.

〈사례연구 6〉 [오래된 가압류 등 등기의 권리신고 및 정리절차 안내]

오래된 가압류 등 등기의 권리신고 및 정리절차 안내

대상 : 1980.12.31 이전에 등기된 가압류, 저당권, 질권, 압류, 가압류,가처분, 예고등기, 파산, 경매 등

내용 : 위 등기에 대하여 권리신고나 변경등기가 없는 경우 부동산등기법 부칙 제2조 등에 의하여 간이하게 말소할 수 있습니다.

※등기의 이해관계인은 관할 등기소에 권리신고를 할 수 있음

3. 근거 : 부동산등기법 부칙 제2조 등

4. 문의 : 기타 문의할 사항이 있으며 관할 등기소나 법원행정처 등기과로 연락하시기 바랍니다.

부동산등기법 부칙

제1조 (시행일) 이 법은 2006년 6월 1일부터 시행한다.

제2조 (저당권 등 등기의 정리에 관한 특별조치) ① 1980년 12월 31일 이전에 등기된 다음 각 호의 등기는 이 법 시행일부터 90일 이내에 이해관계인으로부터 권리가 존속한다는 뜻의 신고가 없을 때에는 말소하여야 한다.

1. 저당권, 2. 질권, 3. 압류, 4. 가압류, 5. 가처분, 6. 예고등기, 7. 파산, 8. 경매

② 제1항의 규정에 불구하고 저당권 등기로서 다음 각 호의 어느 하나에 해당하는 경우에는 예외로 한다.

1. 1981년 1월 1일 이후에 그 저당권을 목적으로 한 가처분등기, 그 저당권등기의 말소의 예고등기 또는 저당권에 의한 경매신청등기가 등기부에 기록되어 있는 경우

2. 저당권자가 「금융실명거래 및 비밀보장에 관한 법률」 제2조제1호의 금융기관인 경우

7-6. 토지 별도등기

등기부상 '토지에 관한 별도등기 있음'이라고 표시되어 있는 경우를 가끔 볼 수 있다. 집합건물 중 일부 구분건물과 그 대지권에 관하여 경매를 신청하는 경우 대지권등기 이전에 이미 설정등기 되어 있는 전체 집합건물의 대지로 된 토지의 저당권이 매수인에게 인수되는지의 문제이다.

이러한 경우 법원에 따라서 ① 토지에 대한 저당권을 인수할 것을 조건으로 특별매각조건을 붙이는 경우도 있으나 이때에는 매각가격이 형편없이 떨어지는 문제가 있고 ② 토지의 배당권자를 배당에 참가시켜 매각대상이 된 구분건물의 대지권 비율만큼에 해당하는 금액을 배당하여 주고 당해 구분건물의 대지권에 상응하는 토지저당권을 일부 말소시키는 것으로 처리하기도 하였다. 그럴 경우 토지 별도등기는 매수인은 추가 손실 없이 경매에 참가할 수 있었다.

최근 "토지 별도등기 있음" 실무 사례를 살펴보면

1	<창원지방법원 2005타경 20626호> 매각물건명세서에 "토지 별도등기 부담 부분은 매수인이 인수함"으로 특별매각조건이 있는 경우
2	<의정부지원 2004 타경 67250호> '토지 별도등기 있음' (토지매각대금수령 시 별도 등기말소 확약서 제출)에서 토지 근저당권자 국민은행이 채권계산서 제출하고 매각대금 중 토지부분은 배당 받고 해당 구분건물의 대지권 일부 포기하는 것으로 처리

3	<의정부지원 2004 타경 65728호> 경기도 남양주시 화도읍 묵현리 603-3 경성큰마을아파트 208동 000호 등은 "토지에 대한 별도 등기 있음"에도 무시하고 여신 취급되었으나 그 후 부실화되어 경매 후 배당금 수령 시에는 토지에 대하여는 선순위 여타 은행이 토지배분액에 대하여 배당금 먼저 배당되어 구분등기 건물에만 근저당권 설정 후 대출 취급한 금융기관은 나머지 건물배분액에 대하여만 배당금을 수령하여 타행 토지부분 배당액 만큼 부실로 이어진 사례가 있었다.
4	<서울남부지방법원 2005타경 3608호> 건물 제외한 대지권부분만 경매중으로 서울 강서구 화곡동 394-5번지 2층 201호 63.57㎡(토지에 관한 대지권 231분의 28.875 부분)1차 감정평가액 47백만원에 전체8세대(201호,202호부터 502호 까지)를 토지 근저당권자가 경매 신청한 특이한 경매이다. 현 구분건물 소유자는 향후 매수인한테 대지권을 별도로 매입하여야 할 것이다.
5	<서울동부지원 2006타경 19058호(물건번호 1번)> 서울 송파구 방이동 156-17 202호는 토지 별도등기있는 다세대에 1순위 전세권설정(2003. 3. 6일 전세권 80백만원)하였으나 토지감정가격(32백만원)의 낙찰가에 대하여는 배당을 못 받는 경우이며(신한은행 2002년 토지에 208백만원 설정, 건물에는 2004. 7.16 추가설정, 2006.12.13일 신한은행 채권계산서 제출) 토지낙찰가에 대하여는 신한은행에 배당되니 1순위 전세권자라도 토지부분을 제외한 건물부분에만 배당되었으며, 토지별도등기 있는 물건이라도 본건같이 매수인과는 전혀 무관한 경우도 많다.
6	<통영지원 2006-13096호> 경남 거제시 하청면 하청리 478번지 하청동성그린파크 107호(등기부등본 고유번호 1949-1996-001852) 등기부를 보면 (대지권의 목적인 토지의 표시/ 경남 거제시 하청면 하청리 478번지)란에 토지 만에 관하여 별도등기있음으로 표시되어 있어 경남 거제시 하청면 하청리 478번지 등기부를 다시 발급하여 보면 을구란에 1996년 7월22일 채권최고액 546백만원 설정이 되어 있고 순위번호 1-16에 2007. 7. 5일 1번 근저당권 변경(과거 302호, 402호도 지분 포기한 바 있고, 본건 임의경매 매각으로 인하여 107호 지분 2259분의 55.876 포기)되어 있어 근저당권자(주택은행)가 경매신청채권자(주택은행→현 국민은행)로 토지부분에 향 후 배당 받을 수 있음을 알 수 있고 매수인과는 무관한 것이다.

결국, '토지 별도 등기 있음'이라는 집합건물은 호수를 뺀 나머지 해당 토지필지만 등기부등본을 다시 발급(경기도 화도읍 묵현리 603-3 경성큰마을아파트 208동 000호라 하면 경기도 화도읍 묵현리 603-3번지 토지 등기부등본만 다시 발급받는다)받아 토지에 근저당권, 가압류, 가처분 등이 있는지 살펴야 하며, 최근 대단위 아파트 등은 낙찰자 입장에서는 문제 될 것이 없었으나, 50평, 100평 등에 지어진 다세대나 연립 등은 특히 조심을 하여야 한다. 잔금 납입 후 소유권이전을 필 하였으나 차후 대지 저당권자가 경매를 진행한 경우를 가끔 볼 수 있다.

건물을 매수하여 소유권이전등기까지 경료하여도 토지의 채권자가 토지를 경매 신청하면 건물의 매수인은 계속 지료를 지불하여야 한다. 만일 지료 지급을 거절, 지체하면 토지소유자는 건물에 대해 강제경매를 신청할 수 있다. 따라서 매수희망자는 토지저당권자가 채권신고를 한 경우에만 응찰하여야 한다. 그러나 2002. 7. 1 민사집행법 적용사건(신법 사건) 이후부터는 법원에서 특별히 인수조건을 부치지 않은 경우에는 토지별도 등기권자가 배당요구를 하지 않았더라도 당연히 배당에 참가할 수 있는 채권자로 보고 배당을 하고 있으며, 재개발이나 재건축으로 공급된 아파트에 대한 경매 시 종전 등기부상의 권리자(근저당권자, 가등기담보권자, 가압류, 압류, 전세권, 지상권)가 새로운 등기부에 이기 되지 않았더라도 등기된 것과 동일하게 보아 법원에서는 이들에게 이해관계인에 대한 통지, 권리신고의 최고, 채권계산서 제출 등의 통지를 하고 있는 실정이다. 구법사건에서는 토지 저당권자 등이 채권신고를 하지 않으면 매수인은 별도등기를 소멸시키기 위하여 매수가격 외의 추가부담을 하여야 했으나, 민사집행법에서는 토지저당권 등에게도 배당을 해주고 있어 지금은 '토지 별도등기 있음'으로 인한 큰 문제점은 발견되지 않고 있다.

등기부 등본(말소 사항 포함) - 집합건물

경상남도 창원시 사림동 53-12 제지하층 제1호
고유번호 1942-1996-132124

<table>
<tr><td colspan="5">【표 제 부】 (1동의 건물의 표시)</td></tr>
<tr><td>표시번호</td><td>접 수</td><td>소재지번, 건물명칭 및 번호</td><td>건물내역</td><td>등기원인 및 기타사항</td></tr>
<tr><td>1</td><td>1994년5월7일</td><td>경상남도 창원시 사림동 53-12</td><td>철근콘크리트조
1층 141.76㎡
2층 187.67㎡
3층 187.67㎡
4층187.67㎡
지하층148.20㎡</td><td>도면편철장 제1책 제241장</td></tr>
<tr><td colspan="5">(대지권의 목적인 토지의 표시)</td></tr>
<tr><td>표시번호</td><td>소재지번</td><td>지목</td><td>면적</td><td>등기원인 및 기타사항</td></tr>
<tr><td>1
(전1)</td><td>1.경상남도창원시 사림동 53-12</td><td>대</td><td>318.7㎡</td><td>1994년5월7일</td></tr>
<tr><td>2
(전2)</td><td></td><td></td><td></td><td>1번 토지에 관하여 별도등기 있음 1994년5월7일</td></tr>
<tr><td colspan="5">【표 제 부】 (전유부분의 건물의 표시)</td></tr>
<tr><td>표시번호</td><td>접 수</td><td>건물번호</td><td>건물내역</td><td>등기원인 및 기타사항</td></tr>
<tr><td>1</td><td>1994년 5월7일</td><td>제지하층 제1호</td><td>철근콘크리트조
129.60㎡</td><td>1996년9월12일</td></tr>
<tr><td></td><td></td><td></td><td></td><td>부동산등기법 제177조의 6 제1항의 규정에 의하여 1999년 10월 4일 전산이기</td></tr>
<tr><td colspan="5">(대지권의 표시)</td></tr>
<tr><td>표시번호</td><td colspan="2">대지권의 종류</td><td>대지권 비율</td><td>등기원인 및 기타사항</td></tr>
<tr><td>1
(전1)</td><td colspan="2">1.소유권 대지권</td><td>31870분의 6137</td><td>1994년3월12일 대지권
1994년5월7일</td></tr>
</table>

〈사례연구 1〉 [토지 별도등기 있음]

경매물건 중 '토지 별도등기 있음'이라는 물건을 접하는 경우가 있는데 토지 별도등기는 주로 집합건물의 대지권에 근저당, 가압류, 가처분 등이 있을 때 토지 별도등기를 한다.

토지 별도등기가 있는 경우 대지 전부에 이미 저당권이 설정되어 있는데 그 위에 아파트, 연립 등의 집합건물을 신축하고, 각각의 구분건물에 관하여 대지권등기를 하여 주었을 때, 이러한 아파트나 연립 등 구분건물의 등기부를 보면, "토지별도등기 있음"이라고 등재 되어 있다. 이런 경우에 아예 대지권등기를 하면서 토지에 이미 설정되어 있는 저당권을 각 구분건물별로 분할하여 주는 방법 등으로 법률관계를 단순화시켰으면 좋았을 텐데, 막연히 대지권등기만 하다보니 특히 경매(매매도 마찬가지) 등의 경우에 복잡한 문제가 발생한다.

예를 들어 아파트 1세대가 낙찰되었을 때, 전체 아파트 대지 중 극히 일부분에 불과한 경매목적 아파트의 대지권을 위하여 전체 대지 위의 저당권이 말소 될 수는 없을 것이다.

따라서 종래의 경매실무에서는 토지(대지권)에 대한 저당권을 인수할 것을 조건으로 경매한다는 특별매각 조건("토지저당 낙찰인이 인수해야 함")을 붙여 왔다. 이런 인수조건이 붙어 있는 구분건물을 경락 받았을 때 토지 위의 저당권은 말소되지 않고 그대로 존속하게 되며, 만일 채무변제가 되지 않아 토지의 저당권자가 경매를 신청하게 되면, 낙찰로 인한 새로운 토지 소유자에게 토지사용류 즉 지료를 지불해야 하고, 최악의 경우에 건물이 철거당하는 상황이 벌어질 수도 있다.

이러한 불합리한 문제점을 제거하고, 법률문제를 단순화시키기 위하여 경매실무에서는 아예 토지저당에 관한 인수조건의 대상이 된 구분건물의 대지권 비율만큼의 상응하는 배당을 해주고 토지저당권을 그 비율만큼 일부 말소시키고 있다.

즉, 경락대금이 완납되면 등기부상의 A동 A호의 대지권에 대한 부분에 해당하는 지분을 말소시키는 방법으로 토지근저당에 부기등기를 순차적으로 행하며, 궁극적으로 전체 구분건물의 순차로 전부 경매되기에 이르면, 토지의 저당권자는 채권액을 전부 변제 받게 되고, 토지의 저당권도 전부 말소되는 합리적인 결과가 나오게 된다. 이 경우에 토지 위의 저당권자가 건물 부분의 매각대금에서는 우선 변제를 받을 수 없음은 물론이다.

토지별도 등기 있는 부동산에 응찰하기 위해서는 먼저 "토지저당 낙찰인이 인수해야 함" 이라는 인수조건이 붙어 있는지의 여부를 확인해야 한다. 이런 경우에는 낙찰자가 토지저당을 인수하게 된다. 그러나 그러한 인수조건이 붙어 있지 않다면 토지 위의 저당권자가 경매 절차에 참여하여 채권신고 등을 하였는지 여부를 확인하고, 채권신고를 하였다면, 특별히 문제될 것은 없다.

토지별도 등기 있는 물건을 응찰하기 위하여 등기부 초본을 열람하여 저당채권의 존부, 원인, 수액 등을 확인하는 것 또한 잊지 말아야 한다.

〈사례연구 2〉 [일괄경매]

토지저당권과 관련된 문제로는

1. 대지와 건물에 근저당을 설정한 후 건물을 철거하고 새 건물을 신축한 경우 일괄경매가 가능한지 여부?

토지와 그 지상 건물의 소유자가 이에 대하여 공동저당권을 설정한 후 건물을 철거하고 그 토지 상에 새로이 건물을 축조하여 소유하고 있는 경우에는 건물이 없는 나대지 상에 저당권을 설정한 후 그 설정자가 건물을 축조한 경우와 마찬가지로 저당권자는 민법 제365조에 의하여 그 토지와 신축건물의 일괄경매를 청구할 수 있다.

2. 저당권이 설정된 지상의 건물에 대한 일괄경매 여부?

나대지를 목적으로 한 저당권을 설정한 후 그 설정자가 그 토지에 건물을 축조한 때에는 저당권자는 그 토지와 함께 건물에 대하여도 경매를 청구할 수 있다. 그러나 그 건물의 매각대금에서는 우선변제를 받을 수가 없다

3. 토지의 저당권이 집합건물의 매수인에게 인수되는지 여부?

토지에 이미 저당권이 설정되어 있는데 그 토지상에 아파트가 건축되었고 그 아파트 중 한 세대의 구분건물이 구분건물의 저당권자의 신청에 의하여 경매되었을 때 그 집합건물의 대지인 토지에 설정된 저당권은 말소되지 않는다.

따라서 경매법원에서는 원칙적으로 토지에 대한 저당권을 매수인이 인수할 것으로 인수조건을 붙여 왔다. 이렇게 됨으로써 구분건물을 매수한 매수인은 토지 저당권을 인수하게 되는 부담이 있어 구분소유 건물이 매각되지 않는 경우가 많았다. 이렇게 매각되지 않는 것을 방지하기 위해 경매법원이 인수조건을 붙이지 않고 토지의 저당권자로 하여금 채권신고를 하게 하고 그 중 경매의 대상이 된 구분건물의 대지권 비율만큼에 상응하는 토지저당권을 그 비율만큼 일부 말소시킨다(대지권의 비율이 1/1000이면 그 만큼만 말소시킨다). 따라서 이러한 사안의 경우에 경매희망자의 입장에서는 먼저 경매기록상에 토지에 대한 저당권을 인수한다는 특별매각조건이 있는지 여부를 반드시 확인하고 토지의 저당권자가 채권신고를 하였는지를 확인하여서 이런 특별매각조건이 없고 토지의 저당권자가 채권신고를 할 경우에만 입찰 참가를 하여야 할 것이다.

순위	권 리	권리자	일 자	권 리 내 용
1	토지 소유권자	갑	2006. 2.	소유권이전등기
2	토지 저당권자	을	2006. 8.	토지에 저당권 설정
3	아파트 건설	병회사	2007. 2.	아파트 완공
4	아파트 중 501호	정	2007. 3.	수분양자 건물 및 대지권등기(대지지분 1/500)
5	1101호 저당권자	무	2007. 4.	정의 채권자 무가 저당권자
6	1101호 경매신청	무	2008. 4.	무가 저당권에 기해

위 사례에서 매수인 A는 경매기록에 토지에 대한 을의 저당권을 인수한다는 특별매각조건이 있으면 위 1101호를 매수하여서는 안 된다. 왜냐하면 을이 나중에 저당권을 실행하면 위 아파트가 철거된 위험에 처하기 때문이다. 이 경우 토지와 건물 소유자가 다르기 때문에 법정지상권이 성립될 수도 없다. 따라서 이런 물건은 매수하지 않는 것이 좋다.

그러나 만일 이런 특별매각조건이 없고 토지 저당권자 을이 배당을 받기 위해 채권신고를 하였다면 매수를 하여도 좋다. 이 경우 법원은 위 1101호의 대지 지분비율 만큼에 해당하는 금액을 을에게 배당하고 1101호에 대지권에 해당하는 을의 저당권지분을 말소시킨다.

〈사례연구 3〉 [토지 별도등기 최근 판례]

대법원 2008.3.13. 선고 2005다15048 판결 【토지사용료】

[1] 구분건물의 전유부분에 대한 저당권 또는 압류에 기하여 진행된 경매절차에서 전유부분을 경락 받은 자가 그 대지사용권도 함께 취득하는지 여부(원칙적 적극)

[2] 집합건물의 전유부분과 함께 대지사용권인 토지공유지분이 일체로서 경락 된 경우, 대지권 성립 전부터 토지 만에 관하여 별도등기로 설정되어 있던 근저당권의 소멸 여부(원칙적 적극)

[3] 구분건물에서 분리 처분된 토지공유지분과 특정 전유부분 사이의 상호관련성을 인정하여, 특정전유부분 소유자는 위 토지공유지분을 분리 취득한 공유지분권자에게 그에 상응하는 임료 전부를 부당이득으로 반환해야 한다고 한 사례

7-7. 환매특약 등기

부동산의 매매에 있어서 계약과 동시에 한 특약에 의하여 일정한 조건하에 매수인이 지급한 대금 및 매수인이 부담한 매매비용을 반환함으로써 매매계약을 해제할 수 있는 특약을 환매특약이라고 하며(민법 제590조), 매매에 의한 소유권이전등기와 동시에 환매권의 유보를 등기함으로써 제3자에게 대항할 수 있는 바, 이를 환매등기라 한다.

실무상 말소기준등기(갑구 압류등기나 을구 저당권 등)보다 후 순위인 경우에는 문제가 없으나 환매등기의 기간내인가를 살펴 볼 필요가 있는 바 환매등기가 선순위일 경우에는 낙찰자가 환매권자에게 대항할 수 없으므로 소유권을 상실할 수도 있으므로 주의를 요한다. 그러나 실무상 환매기간이 지난 경우가 있었으나, 환매특약 등기 인수로 경매 응찰자가 주의하여야 할 물건은 찾을 수 가 없었으므로 실무상 문제점으로 대두된 경우는 매우 드문 편이다.

1. 환매특약 등기된 경매물건과 낙찰자의 부담

창원시 명서동 171-17 대지 256.3평방미터
갑구 : 접수 1986. 5.12접수(등기원인 : 1983. 9.20 환매특약)
환매대금 9,502,721원
환매기간 1983년9월20일부터 만5년
환매권자 한국토지개발공사

2. 마산시 내서읍 중리 1044-7 대지 572.2평방미터

환매대금 452,038,000원
환매기간 1995년1월18일부터 만5년
환매권자 경상남도지사

2건 모두 경매 시점인 2007년도에는 환매기간 만5년 경과된 경우로 매수인은 전혀 문제가 없는 경우이다.

7-8. 예고등기

예고등기는 등기가 무효임을 주장하거나 제3자에게 대항할 수 있는 취소의 사유가 있다고 주장하면서 소송을 제기하는 경우에 이를 여러 사람에게 알려서 불 측의 손해를 방지하기 위하여 수소법원에서 직원으로 촉탁하는 등기로서 예고등기권자가 소송에서 승소한 경우에는 예고등기 이후의 매매, 저당권설정 등의 등기는 예고등기권자에게 대항할 수 없다.

예고등기는 말소촉탁대상등기는 아니므로 선, 후에 있던 말소가 되지 않으므로 주의해야 한다. 소유권말소 예고등기 또는 임의경매에 있어서 신청채권자의 근저당말소의 예고등기 경료된 경우에는 추후 예고등기권자의 본안소송의 결과에 따라서는 낙찰자가 소유권을 상실할 수도 있다.

하지만 을구 예고등기 중 경매신청채권자가 아닌 근저당권말소 예고등기(사례연구 : 고양2계 2004-15412(물건번호 : 2))는 낙찰로 인하여 말소가 된다. 그러나 근저당권 말소예고등기는 근저당권의 존재유무를 다투는 소송으로 소송에서 소유자가 승소하면 소유자는 다시 낙찰자를 상대로 소유권이전등기 말소청구소송 제기할 것이기 때문에 무효인 저당권등기를 원인으로 해서 진행된 경매에서 낙찰자는 소유권을 상실 할 수가 있으므로 역시 유의하여야 한다.

〈사례연구 1〉 [예고등기 표시된 등기부]

'예고등기' 표시된 부동산은 위험할 수 있어 거래 피할 것

[질의] 결혼 7년 차 맞벌이 부부로 아파트를 장만하려고 주말마다 중개업소를 돌아 다녔습니다. 중개업소에서 시세보다 4,000만원쯤 사게 나온 급매물을 소개 받았습니다. 그런데, 등기부에 예고등기가 표시되어 있습니다. 예고등기가 무엇이며, 매입해도 되는지 궁금합니다(30대 회사원A씨)

[답변] 예고등기는 등기부등본의 갑구나 을구에 표시되며, 미래의 위험한 권리가 될 수도 있습니다. 일반적으로 예고등기는 부동산에 법률적인 다툼이 있는 경우, 제삼자에게 경고를 주어 예측하지 못한 손해를 방지하고자 하는 목적을 가지고 있습니다(대판1998. 9.22, 98다2631 참조). 구체적으로 설명하면 등기(소유권이전등기)가 무효임을 주장하거나, 제삼자에게 대항할 수 있는 취소의 사유가 있다고 주장하는 경우, 사전에 손해를 막기 위해 예고적으로 하는 등기를 말합니다(부동산등기법 제4조, 제39조 참조). 따라서 예고등기가 있는 부동산은 거래를 보류하는 게 좋습니다. 부득이 거래를 하고 싶다면 소유자에게 그 내용을 확인한 후에 안전 여부를 따져보고 거래 하는 게 좋습니다.

〈사례연구 2〉 [예고등기 있는 경매물건]

① 창원지방법원 밀양지원 2005타경5510호

경남 창녕군 영산면 죽사리 1456-26 , 경남 창녕군 도천면 일리 747-19번지상 건물등기부 갑구 1번에 2004.12.30 김○○ 소유권이전 / 5번에< 등기목적 : 1번 소유권 말소 예고등기, 접수 : 2005년 2월23일, 등기원인 : 2005년2월17일 창원지방법원에 소제기(2005가합 1087)

② **창원지방법원 본원 2005타경 35970호**

근저당권자이며 지상권자가 경매신청채권자
(상속인들이 1번 근저당권, 2번 지상권말소 예고등기 2005가단44841)

〈사례연구 3〉 [예고등기 제반 해설]

－ <부동산경매실무> 2005년 발행 상권 황동룡 저 P.120에서 발췌－

1) 원인무효의 불법등기가 된 경우⇒ 말소등기청구의 소 제기→ 말소예고등기

A	B	C	D	E
B가 등기서류 위조하여 등기 이전한 경우 ⇒A는 B, C, D, E를 상대로 원인무효를 이유로 소유권이전등기말소청구의 소 제기하여 승소 후 말소(또는 A가 E를 상대로 원인무효를 이유로 소유권이전등기청구의 소 제기하여 승소 후 소유권 이전하는 방법)				
A	B	C	D	E
	무권리자	① 등기이전 ② 평온, 공연, 선의, 무과실로 점유취득 후 사용 ③ 10년 경과 ⇒등기부취득시효, E는 완전한 소유권을 취득한다		

※ 경매에서 소유권이전말소 청구의 소에서 B가 말소되면 경매무효(D는 소유권 취득 못함)

			B말소 예고등기				
소유자	소 유 권 이전	근저당권	경매신청	매각기일	매각결정기일	대금납부 소유권이전	B등기원인무효로 말소
A	B	C	C	응찰 D			
B가 말소되면 경매무효, D는 소유권을 취득할 수 없다							

2) 유효한 등기의 불법말소 된 경우⇒ 회복등기청구의 소 제기→ 회복예고등기

사례1) 불법 말소된 가등기(가처분, 환매특약) 회복예고등기가 된 경우							
		B회복 예고등기					
소유자 (A회복등기 청구의 소)	가등기 가처분환매특약(불법말소)	근저당권	경매신청	매각기일	매각결정기일	대금납부 소유권이전	B승소 B회복
A	B	C	D	E응찰 대금납부			
⇒예고등기가 매각기일 전에 된 경우에는 B가 회복되고 본등기로 소유권을 상실한 때에 비로소 경매계약을 해제할 수 있다고 본다. 그러나 예고등기가 매각기일 후에 된 경우에는 예고등기 사실만으로도 경매계약을 해제할 수 있다고 본다.							

사례2) 예고등기가 지상권 등인 경우 예고등기 시점에 따는 매수인의 지위							
		주1) B회복 예고 등기된 시점			주2) B회복 예고 등기된 시점		
소유자 (A회복등기 청구의 소)	지상권, 지역권, 임차권, 전세권 (불법말소)	근저당권	경매신청	매각기일	매각결정기일	대금납부 소유권이전	B승소 B회복
A	B	C	D	E응찰 대금납부			
주1) ⇒E가 응찰할 때 B가 회복될 수 있다는 사실을 알고 응찰하였기 때문에 응찰 후 B가 회복되어 B를 인수하게 되더라도 E는 경매계약을 해제할 수 없다고 본다. 주2) ⇒E가 응찰할 때 B가 회복될 수 있다는 사실을 모르고 응찰하였기 때문에 예고등기 사실만으로도 경매계약을 해제할 수 있다고 본다.							

사례3) 경매절차에서 소멸되는 권리에 대한 회복예고등기가 된 경우							
		B회복 예고등기					
소유자 (A회복등기 청구의 소)	가압류, 압류, 근저당권, 담보가등기(불법말소)	근저당권	강제경매	매각기일	매각결정기일	대금납부 소유권이전	B승소
A	B	C	D	E응찰 대금납부			
B가 승소하더라도 E는 완전한 소유권을 취득한다. 왜냐하면 B는 소멸하고 존속하였더라도 경매절차에서 소멸하는 권리이기 때문이다. B는 자기 몫을 배당 받은 후순위 권리자를 상대로 부당이득금반환청구를 하여야 한다.							

〈사례연구 4〉 [예고등기 관련 판례]

① 2004. 6.24 선고 2003다59259판결

【판시사항】
강제경매절차에서 경락인이 부동산을 경락 받아 대금을 완납하였으나 강제경매의 기초가 된 채무자 명의의 소유권이전등기가 원인무효이어서 강제경매절차가 무효로 된 경우, 경매 채권자의 배당금에 대한 부당이득반환청구의 가부(적극) 및 민법 제578조 제1항, 제2항에 규정된 담보책임의 인정 여부(소극)

【판결요지】
경락인이 강제경매절차를 통하여 부동산을 경락 받아 대금을 완납하고 그 앞으로 소유권이전등기까지 마쳤으나, 그 후 강제경매절차의 기초가 된 채무자 명의의 소유권이전등기가 원인무효의 등기이어서 경매 부동산에 대한 소유권을 취득하지 못하게 된 경우, 이와 같은 강제경매는 무효라고 할 것이므로 경락인은 경매 채권자에게 경매대금 중 그가 배당 받은 금액에 대하여 일반 부당이득의 법리에 따라 반환을 청구할 수 있고, 민법 제578조 제1항, 제2항에 따른 경매의 채무자나 채권자의 담보책임은 인정될 여지가 없다.

② 2001. 3.14 99마4849호 부동산등기법 제4조

【판시사항】
예고등기가 경매물건명세서에 기재하여야 하는 민사소송법 제617조의2 제3호 소정의 '등기된 부동산에 관한 권리로서 경락에 의하여 그 효력이 소멸되지 아니하는 것'에 해당하는지 여부(소극)

【결정요지】

예고등기는 등기원인의 무효 또는 취소로 인한 등기의 말소 또는 회복의 소가 제기된 경우에 그 등기에 의하여 소의 제기가 있었음을 제3자에게 경고하여 계쟁부동산에 관하여 법률행위를 하고자 하는 선의의 제3자로 하여금 소송의 결과 발생할 수도 있는 불 측의 손해를 방지하려는 목적에서 하는 것으로서 부동산에 관한 권리관계를 공시하는 등기가 아니므로, 예고등기를 경매물건명세서에 기재하여야 하는 민사소송법 제617조의2 제3호의 '등기된 부동산에 관한 권리로서 경락에 의하여 그 효력이 소멸되지 아니하는 것'에 해당한다고 볼 수 없다.

③ 1999. 7. 9 선고 98다13754호, 13761호

【판시사항】

[1] 매매 목적 부동산에 처분금지가처분등기 및 소유권말소예고등기가 기입되어 있는 경우, 매도인은 매수인에게 이와 같은 등기를 말소하여 완전한 소유권이전등기를 해 주어야 할 의무가 있는지 여부(적극)

[2] 매매 목적 부동산에 이미 제3자의 처분금지가처분등기나 소유권말소예고등기가 기입되어 있는 경우, 위 매매계약이 이행불능으로 되는지 여부(소극)

【판결요지】

[1] 부동산 매매계약이 체결된 경우에는 매도인은 특별한 사정이 없는 한 제한이나 부담이 없는 소유권이전등기의무를 지는 것이므로, 매매 목적 부동산에 처분금지가처분등기와 소유권말소예고등기가 기입되어 있는 경우에는 매도인은 이와 같은 등기를 말소하여 완전한 소유권이전등기를 해 주어야 할 의무가 있다.

[2] 매매의 목적이 된 부동산에 관하여 이미 제3자의 처분금지가처분등기나 소유권말소예고등기가 기입되었다 할지라도, 가처분등기는 단지 그에 저촉되는 범위 내에서 가처분채권자에게 대항할 수 없는 효과가 있는 것이고, 예고등기는 등기원인의 무효 또는 취소로 인한 등기의 말소 또는 회복의 소가 제기된 경우에 그 등기에 의하여 소의 제기가 있었음을 제3자에게 경고하여 계쟁부동산에 관하여 법률행위를 하고자 하는 선의의 제3자로 하여금 소송의 결과 발생할 수도 있는 불 측의 손해를 방지하려는 목적에서 하는 것이므로, 위 각 등기에 의하여 곧바로 부동산 위에 어떤 지배관계가 생겨서 소유권등기명의자가 그 부동산을 임의로 타에 처분하는 행위 자체를 금지하는 것은 아니라 할 것이어서, 가처분등기 및 예고등기로 인하여 소유권이전등기절차 이행이 불가능하게 되어 바로 계약이 이행불능으로 되는 것은 아니다.

그 외 ④ 1998. 9.22 선고 98다2631호 및 ⑤ 1987. 3.20 선고 87마카3결정 등을 참조할 수 있다.

〈사례연구 5〉 [허위 예고등기로 기막힌 낙찰가 조작]

2008년 7월초 연합뉴스에 <경매 브로커 법무사의 기막힌 낙찰가 조작>이란 제목의 예고등기 허점 이용한 1천억원대 낙찰가 조작한 경매브로커 조직이 검찰에 적발됐다는 기사가 나왔다. 경매물건에 대해 소유권보존등기말소청구 소송 등을 제기하면 법원은 예고등기를 등기부상 표시하는 점을 악용하였다는 것이다.

예고등기된 물건은 대출이 제한되기 때문에 계속 유찰되고 그러한 낙찰가 조작을 통해 감정가 200억 상가를 50억에 낙찰받는 것은 물론, 2007년 경기도 남양주 시내 주상복합건물 감정가 100억 건물이 네 차례 유찰돼 최저가 40억 경매 때 권모(40) 씨가 43억 낙찰 받아 25억 대출받을 계획이었는데 경락대금 완납하기 전에 허위 차용증서를 만들어 소유권보존등기말소청구 소송을 법원에 제기해 예고등기가 등기부상 표시되어 결국 대출을 받지 못해 낙찰을 포기했으며(더구나, 예고등기를 말소하는 조건으로 낙찰자에게 수억 요구하기도 하였다) 그 후 2차례 유찰시킨 뒤 32억원에 경매브로커가 낙찰 받는 등 2006년 초부터 최근까지 같은 방법으로 60여 차례에 걸쳐 모두 1천억원대 낙찰가를 조작하고 감정가의 5% 수준인 200만~1천만원씩 수수료를 챙기고 건물 3곳은 직접 낙찰 받기도 했다는 기사이다. 반면 예고등기된 물건이라도 꼼꼼히 살펴보고 원고가 패소 확실시 되는 물건은 낙찰 시 반대로 더 큰 수익을 얻을 수 있다. 가짜 유치권 신고된 경매물건도 예고등기와 마찬가지로 잘 해결하면(유치권 필요경비 인정 등) 큰 수익과 절세도 할 수 있다.

8. 강제집행 전반

8-1. 강제집행 전반 및 배당절차

강제경매의 방법에 관하여 민사집행법 제103조에 의하면

① 부동산의 매각은 집행법원이 정한 매각방법에 따른다.

② 부동산의 매각은 매각기일에 하는 호가경매(呼價競賣), 매각기일에 입찰 및 개찰하게 하는 기일입찰 또는 입찰기간 이내에 입찰하게 하여 매각기일에 개찰하는 기간입찰(일본은 우리나라와 달리 주로 기간입찰, 특별한 경우에만 기일입찰로 운영 중이며, 공매와 같이 전자입찰은 경매 제반 수수료 체계 미비 등 아직 요원한 것으로 보인다)의 세 가지 방법으로 한다.

③ 부동산의 매각절차에 관하여 필요한 사항은 대법원규칙으로 정한다. 라고 규정하고 있으며, 이 규정은 부동산을 목적으로 하는 담보권 실행을 위한 경매절차에도 준용되게 된다. 위와 같은 세 가지 부동산 경매방법 중 통상 행하여지고 있는 기일입찰에 관하여 살펴보면 다음과 같다.

부동산 경매절차

경매신청	▶	경매개시결정	▶	매각기일	▶	매각결정기일	▶	대금지급기한	▶	배당기일

경매신청－경매개시결정과 경매 압류등기－경매개시결정 송달과 채권, 공과금신고 최고－ 물건현황 조사와 감정평가－ 매각물건명세서 작성과 매각공고－ 열람－ 매각－ 매각허부결정－즉시항고－대금납부－ 배당－ 소유권이전등기－ 부동산인도명령－ 입주

1. 기일입찰에서의 입찰은 매각기일에 입찰표를 집행관에게 제출하는 방법으로 하게 되고, 기일입찰의 입찰장소에는 입찰자가 다른 사람이 알지 못하게 입찰표를 적을 수 있도록 설비가 갖추어져 있다.

2. 매각결정기일은 매각기일로 부터 1주 이내로 정해지게 되는데, 매각결정기일에 매각허가결정을 선고하게 되고, 매각허가결정 확정 후 일주일이내 즉시항고(불변기간)가 없으면 법원은 대금의 지급기한을 정하고, 이를 매수인과 차순위매수신고인에게 통지하여야 하며, 매수인은 대금지급기한까지 매각대금을 지급하여야 하고, 대금지급기한은 매각허가결정이 확정된 날부터 1월 안으로 정해지게 된다.

⇒ 매수신청의 보증으로 금전이 제공된 경우에는 그 금전은 매각대금에 넣게 되고, 금전 외의 것이 제공된 경우로서 매수인이 매각대금 중 보증액을 뺀 나머지 금액만을 낸 때에는, 법원은 보증을 현금화하여 그 비용을 뺀 금액을 보증액에 해당하는 매각대금 및 이에 대한 지연이자에 충당하고, 모자라는 금액이 있으면 다시 대금지급기한을 정하여 매수인으로 하여금 내게 한다.

⇒ 차순위매수신고인은 매수인이 대금을 모두 지급한 때 매수의 책임을 벗게 되고 즉시 매수신청의 보증을 돌려 줄 것을 요구할 수 있다.

차순위매수신고인이 있는 경우에 매수인(최고가매수신고인)이 대금지급기한까지 그 의무를 이행하지 하지 아니한 때에는 차순위매수신고인에게 매각을 허가할 것인지를 결정하여야 하고, 차순위매수신고인에 대한 매각허가결정이 있는 때에는 매수인은 매수신청의 보증을 돌려 줄 것을 요구하지 못한다.

⇒ 매수인이 대금지급기한까지 그 의무를 완전히 이행하지 아니하였고, 차순위매수신고인이 없을 경우에는 법원은 직권으로 재매각을 명하게 되는데 다만, 매수인이 재매각기일의 3일 이전까지 대금, 그 지급기한이 지난 뒤부터 지급일까지의 대금에 대한 대법원규칙이 정하는 이율(연 20%)에 따른 지연이자와 절차비용을 지급한 때에는 재매각절차를 취소하여야 하고, 차순위매수신고인이 매각허가결정을 받았던 때에는 위 금액을 먼저 지급한 매수인이 매매목적물의 권리를 취득하며, 재매각절차에서 전의 매수인은 매수신청을 할 수 없으며 매수신청의 보증을 돌려 줄 것을 요구하지 못한다.

3. 매수인은 매각대금을 다 낸 때에 매각의 목적인 권리를 취득하며, 매각대금이 지급되면 법원사무관 등은 매각허가결정의 등본을 붙여

① 매수인 앞으로 소유권을 이전하는 등기

② 매수인이 인수하지 아니한 부동산의 부담에 관한 기입을 말소하는 등기

③ 제94조 및 제139조 제1항의 규정에 따른 경매개시결정등기를 말소하는 등기를 촉탁하게 되는바, 이 등기에 드는 비용은 매수인이 부담하게 된다.

또한, 법원은 매수인이 대금을 낸 뒤 6월 이내에 신청하면 채무자・소유자 또는 부동산 점유자에 대하여 부동산을 매수인에게 인도하도록 명할 수 있으며 다만, 점유자가 매수인에게 대항할 수 있는 권원에 의하여 점유하고 있는 것으로 인정되는 경우에는 인도명령을 할 수 없다.

4. 주의사항으로는 매각된 부동산에 주택이 포함되어 있을 경우에는 그 주택에서 최선순위의 저당권이 설정된 날짜보다 먼저 주민등록 전입신고를 마치고 거주하고 있는 주택임차인이 있을 때에는 그 주택임차보증금을 매수인이 인수하여야 하는 경우가 생길 수 있다. 또한, 소유권이전에 농지취득자격증명이 요구되는 농지는 최고가매수인으로 결정되더라도 농지취득자격증명원을 제출하여야 매각이 허가된다.

1. 서 설

1) 부동산 경매제도의 변천

- 1960.07.01 민사소송법 제정 시행
- 1962.01.15 경매법 제정 시행
- 1990.09.01 민사소송법 개정 시행(경매법을 폐지하고 이를 흡수, 통합하여 부동산에 대한 강제집행 편에 신설규정)
- 2002.07.01 민사집행법제정 시행(민사소송법에서 분리)

2) 부동산 강제경매와 임의경매

(1) 강제경매 : 집행권원(구. 채무명의)을 가진 채권자의 신청에 의하여 채무자 소유부동산을

압류, 현금화하여 금전채권의 만족을 얻음을 목적으로 하는 강제집행절차

(2) 임의경매 : 저당권, 질권, 전세권 등 "담보물건의 실행"을 위한 경매절차

(3) 강제경매와 임의경매의 차이

구 분	임의경매	강제경매
집행권원 유무	– 불필요, 담보권 존재 소명	– 집행력 있는 정본 필요
공신적 효과 유무	– 공신적 효과가 없다	– 공신적 효과가 있다
실체상 흠(채권부존재, 소멸, 연기 등)의 불복방법	– 이의 가능 – 매각허가결정에 대한 이의 및 즉시 항고 가능	– 청구이의의 소로 주장 – 항고 사유는 되지 않음(단, 절차상의 이유는 항고사유 가능)
소유권 이전시기	– 매각대금 납부 시	– 매각대금 납부 시
금융기관 송달특례 인정	– 인정	– 불인정
금융기관의 유입가능여부	– 가능	– 불가(은행법 38②)

3) 부동산 경매절차

압류절차(경매신청/경매개시결정)⇒ 현금화 절차(매각기일/매각결정기일/대금지급기한) ⇒ 배당절차(배당기일)

2. 압류절차

1) 부동산 집행의 대상

(1) 부동산일 것

토지나 그 정착물(민99 ①) 및 부동산에 관한 규정이 준용되는 것으로 등기적격을 가지는 것이어야 한다.

☞ 토지, 건물, 전세권, 공장저당권의 목적물, 공장재단, 부동산공유지분, 등기된 선박, 자동차 등

(2) 집행이 제한되는 부동산

㈎ 부동산 소재지 관서의 증명을 요하는 부동산 : 농지(농지법 8① ②)

㈏ 주무관청의 허가를 요하는 부동산

· 학교법인의 기본재산(사립학교법 28①) ⇒ 관할청(교육인적자원부)허가

· 의료법인의 재산(의료법 41③) ⇒ 시 · 도지사의 허가

· 공익법인의 기본재산(공익법인의 설립 및 운영에 관한 법 11③)⇒ 주무관청

2) 경매의 신청

(1) 신청방법

신청인이 소정의 사항을 기재한 서면을 관할법원에 제출

(2) 신청서의 기재사항

㈎ 채권자의 이름과 주소

㈏ 채무자의 이름과 주소

㈐ 소유자의 이름과 주소

㈑ 경매법원의 표시(경매목적물의 소재지를 관할하는 지방법원 : 전속관할)
㈒ 부동산의 표시 : 등기된 부동산, 미등기 부동산(소유를 증명하는 서류첨부), 공장저당
㈓ 경매의 원인사유 : 피담보채권의 이행지체 사실

(3) 첨부서류

㈎ 채권원인 서류 : 약정서(어음거래, 금전소비대차), 약속어음, 보증서
㈏ 근저당권 설정계약서
㈐ 목적부동산 등기부등본(경매신청 1개월 이내 발급 분)
㈑ 강제경매일 경우 위 ㈎㈏ 대신에 확정된 지급명령정본, 집행력 있는 판결정본 및 송달증서

(4) 인지첨부 및 비용예납

㈎ 등록세 및 교육세 : 청구금액의 24/10,000
㈏ 인지 : 설정계약서 또는 집행권원 1건당 5,000원
㈐ 대법원 수입증지 : 부동산 1개당 2,000원
㈑ 예납대상 비용 : 매각수수료, 감정료, 현황조사료, 신문공고료, 유찰수수료

부동산임의경매 신청서

채 권 자 성 명
주 소
채 무 자 성 명
주 소

청구금액 : 원금 원 및 이에 대한 년 월 일부터 다 갚을 때까지 연 % 비율에 의한 금원

경매할 부동산의 표시 : 별지 목록 기재와 같음

담보권과 피담보채권의 표시

채무자는 채권자에게 년 월 일 금 원을, 이자는 연 %, 변제기일 년 월 일로 정하여 대여하였고, 위 채무의 담보로 별지목록기재 부동산에 대하여 지방법원 등기 접수 제 호로서 근저당권설정등기를 마쳤는데, 채무자는 변제기가 경과하여도 아직까지 변제하지 아니하므로 위 청구금액의 변제에 충당하기 위하여 위 부동산에 대하여 담보권실행을 위한 경매절차를 개시하여 주시기 바랍니다.

첨 부 서 류
1. 부동산등기부등본 1통
2. 근저당권설정계약서(채권증서 또는 원인증서 포함) 사본 1통

년 월 일
위 채권자 (인)
연락처(☎)

○○ 지방법원 귀중

☞유의사항

① 이 신청서를 접수할 때에는(신청서상의 이해관계인 + 3) × 10회분에 해당하는 송달료를 송달료수납은행에 현금으로 납부하여야 합니다.

② 채권원인서면이란 차용증, 약속어음 등 채권의 존재와 금액을 확인할 수 있는 서면을 말합니다.

붙임【목록 양식】 : 생 략

붙임【이해관계인 일람표 양식】 : 생 략

부동산강제경매 신청서

채 권 자 성 명
주 소
채 무 자 성 명
주 소

청구금액 : 원금 원 및 이에 대한 년 월 일부터 다 갚을 때까지 연 % 비율에 의한 금원

경매할 부동산의 표시 : 별지 목록 기재와 같음

경매의 원인된 채권과 집행할 수 있는 채무명의

채무자는 채권자에게 법원 가 청구사건의 200 년 월 일 선고한 판결(또는 공증인 작성 호 공정증서)의 집행력 있는 정본에 기하여 위 청구금액을 변제하여야 할 것이나 이를 이행하지 아니하므로 위 부동산에 대한 강제경매 절차를 개시하여 주시기 바랍니다.

첨 부 서 류

1. 집행력 있는 정본 1통
2. 송달증명서 1통
3. 부동산등기부등본 1통

년 월 일

위 채권자 (인)

연락처(☎)

○○ 지방법원 귀중

☞ 유의사항

1) 이 신청서를 접수할 때에는(신청서상의 이해관계인 + 3) × 10회분에 해당하는 송달료를 송달료수납은행에 현금으로 납부하여야 합니다.

2) 집행력있는 정본이 수개이면 그에 상응하는 인지를 붙여야 합니다.

붙임 【목록 양식】

부동산 목록

(아파트 등 집합건물 예)

1동의 건물의 표시

서울 서초구 ○○동 ○○ – ○

○○아파트 제○○동

철근콩크리트조 슬래브지붕 ○○층 아파트

전유부분의 건물의 표시

건물의 번호 : ○○ – ○ – ○○○

구 조 : 철근콩크리트조

면 적 : ○ 층 ○○호 ○○.○○평방미터(㎡)

대지권의 표시

토지의 표시 : 1. 서울 서초구 ○○동 ○○ – ○

대 ○○○○평방미터(㎡)

대지권의 종류 : 1. 소 유 권

대지권의 비율 : ○○○○ 분의 ○○○

붙임 【이해관계인 일람표 양식】

순위	이해관계인	성 명	주 소
	채권자	○ ○ ○	서울 동대문구 ○○○
	채무자	○ ○ ○	서울 광진구 ○○○
	소유자	○ ○ ○	서울 중랑구 ○○○
	근저당권자	주식회사○○은행	서울 서초구 ○○○
	전세권자	김 ○ ○	서울송파구 ○○동 ○○

3) 경매개시결정

(1) 의 의

경매개시결정이란 채권자의 경매신청이 적법한 경우 집행법원이 변론 없이 행하는 재판으로서 경매절차를 개시하고 부동산의 압류를 명한다.

(2) 경매개시결정의 효과

㈎ 대상부동산에 압류효력

효력의 발생시기 : 채무자에게 그 결정이 송달 또는 경매개시결정의 기입등기 중 먼저 행하여 진 때. 소유자는 압류된 부동산의 관리이용은 계속할 수 있으나 양도, 담보권의 설정 등 처분행위는 압류채권자에게 대항하지 못한다.

㈏ 배당요구 효력 : 선행 경매절차에 이중경매 신청은 배당요구효력이 있다.

㈐ 시효중단의 효력 : 반드시 송달이 되어야 하므로 실무상 주의를 요함.

4) 배당요구종기 결정 및 공고

(1) 배당요구종기 의의 : 매수희망자가 매수신고이전에 권리의 인수여부를 판단할 수 있도록 하고, 법원으로서도 매각기일 전에 남을 가망이 없는지 여부를 판단할 수 있도록 함으로써 매각절차의 불안정을 해소하기 위함.

(2) 결정 및 공고시기 : 경매개시결정에 따른 압류의 효력이 생긴 때부터 1주 이내에 배당요구종기결정일로부터 2월 이상 3월 이하의 범위 안에서 정함.

(3) 공고방법 : 인터넷 법원경매공고(www.courtauction.go.kr) 또는 법원 게시판에 공고

(4) 고지대상

㈎ 배당요구로 인하여 매각시 소멸하는 전세권자

㈏ 법원에 알려진 집행력 있는 정본을 가진 채권자

㈐ 경매개시결정이 등기된 후 가압류를 한 채권자

㈑ 민・상법, 그 밖의 법률에 의하여 우선변제청구권이 있는 채권자

(5) 채권의 유・무, 그 원인 및 액수를 배당요구종기까지 법원에 신고하도록 최고

㈎ 첫 경매개시결정등기 전 등기된 가압류채권자

㈏ 첫 경매개시결정등기 전 등기된 저당권 및 전세권자

㈐ 그 밖의 우선변제청구권으로 첫 경매개시결정등기 전에 등기되었고 매각으로 소멸하는 것을 가진 채권자 ㈑ 조세, 그 밖의 공과금을 주관하는 공공기관

⇒ 배당요구종기일 이후 채권의 확장이 불가능함.

☞ 각 채권자는 배당요구의 종기까지 채권계산서를 제출하여야 하며, 임금채권자, 주택 및 상가 임차인 등은 반드시 배당요구의 종기까지 「권리신고 및 배당요구신청」을 하여야만 배당 받을 수 있음을 특히 유의하여야 한다.

5) 경매개시결정에 대한 이의

(1) 이의사유

㈎ 절차상 : 경매신청방법의 부적합, 신청인의 부적격, 대리권의 부존재, 목적부동산 표시의 불일치 등

㈏ 실체상 : 저당권의 부존재, 무효(저당권등기 설정의 무효), 피담보채권의 불성립, 무효 또는 변제・변제공탁 등에 의한 소멸, 이행기의 미도래 또는 유예 등

(2) 신청시한 : 매각대금 납부 전까지

(3) 효력 : 경매절차의 집행정지 효력은 없으나, 법원 직권으로 일시정지 또는 속행을 명할 수 있다.

(4) 양 식 : 생략

6) 경매취하

(1) 경매취하 가능시한 : 매수인의 매각대금 완납이전까지이다.

☞ 매각대금 완납 : 소유권 이전의 효력이 있다.

(2) 요건

㈎ 매각기일에 적법한 매수신고가 있기 전 : 신청채권자 단독취하가능

㈏ 매각기일에 매수신고가 있은 후 : 최고가 매수신고인 및 차순위 매수신고인의 동의가 있어야 가능

(3) 이의절차에 의한 경매취소

대출금이 전액 상환되어 근저당권 말소가 가능하나, 매수신고인의 동의가 불가능 할 경우 채무자가 경매개시결정에 대한 이의(말소된 등기부등본 첨부)를 하면 경매 절차의 취소가 가능하다.

※ 민사집행법은 대금납부를 종전 기일에서 기한으로 정함으로써 매각대금 완납시기를 정확하게 인지할 수 없기에 경매취소 시 주의를 기울여야 함.

(4) 경매 신청했던 부동산의 담보운용

경매신청 후 취하했던 담보부동산의 근저당권은 확정되어 보통저당권화 되므로 기존 대출 외에 대환대출, 신규대출에 대해서는 담보가 되지 못한다.

7) 경매절차의 이해관계인

(1) 범 위

㈎ 압류채권자와 집행력 있는 정본에 의하여 배당을 요구한 채권자

㈏ 채무자, 소유자

㈐ 등기부에 기입된 부동산 위의 권리자

- 용익권자 : 전세권자, 지상권자, 지역권자, 임차권등기를 한 임차권자
- 담보권자 : 저당권자, 질권자
- 부동산공유지분 소유자(단, APT, 상가, 다세대주택 등 구분소유적 공유자 제외)
- 담보가등기권자,

㈑ 부동산 위의 권리자로서 그 권리를 증명한 자

유치권자, 대항력을 갖춘 주택(상가건물)임차인, 경매신청 후 소유권자・담보권자로서 배당요구종기까지 그 권리를 증명한자, 우선변제권 있는 임금채권자 <가압류채권자, 처분금지가처분자, 가등기권자, 예고등기권리자, 공유자는 이해관계인이 아님>

(2) 이해관계인의 권리

㈎ 법원으로부터 매각기일, 이중경매신청 등에 관한 통지를 받을 권리

㈏ 기일에 진술, 출석 또는 항고할 수 있는 권리 등이 있다.

3. 현금화(환가)절차

1) 현금화(환가)준비절차

(1) 부동산 현황조사

집행법원은 집행관에게 부동산의 현황, 점유관계, 차임 또는 보증금 액수에 관하여 조사할 것을 명한다.

(2) 부동산의 평가와 최저매각가격의 결정(평가명령)

㈎ 법원은 감정인의 평가액을 참작하여 최저매각가격을 정한다.

㈏ 공인감정사나 집행관, 법원직원도 감정인으로 선임가능

(3) 이해관계인에 대한 통지

(4) 남을 가망이 없을 경우 경매취소

최저매각가격으로 압류채권자의 채권에 우선하는 채권을 변제하면 남을 것이 없는 경우 경매취소 ⇒ 경매신청채권자가 집행법원에 부동산잉여가액매수신청서를 제출하여 경매를 계속 진행함(사례 : 창원지방법원 경매3계 2005타경 23397/ 강제경매→채권자 박○○으로부터 금48,000,000원의 매수신청 있음)

(5) 매각물건명세서의 작성비치와 열람(인터넷 열람 가능)

매각기일(기간입찰의 경우 입찰기간의 개시일) 1주전까지 매각물건명세(현황조사보고서, 평가서사본)를 법원에 비치

(6) 매각기일지 정 공고

매각기일(기간입찰의 경우 입찰기간의 개시일) : 공고일로부터 2주 이후로 지정

매각결정기일 : 매각기일로 부터 1주 이내로 지정

(7) 공 고

법원게시판 게시, 관보・공보 또는 신문 게재, 전자통신매체를 이용하여 공고

(8) 매각조건

㈎ 법정매각조건 : 모든 경매절차에서 공통하여 법이 미리 정한 매각조건
(예 : 매수 신청인의 자격, 입찰보증금1할, 분할경매 등)

㈏ 특별매각조건 : 법정매각조건을 합의 또는 직권으로 변경한 매각조건
(예 : 입찰보증금2할, 농지매매증명 제출 등)

2) 매각의 실시

집행법원은 기일입찰, 기간입찰, 호가경매의 방법 중에서 정한다.

(1) 기일입찰

㈎ 개시선언 : 집행관이 주재

㈏ 기록열람

㈐ 매수신고

① 자 격

무능력자가 아닌 한 가능하며 ,대리인에 의한 매수신청 가능, 공동하여 입찰신청 가능

② 자격제한

채무자(물상보증인, 연대채무자, 연대보증인 제외), 매각절차에 참여한 집행관 또는 그 친족, 매각부동산을 평가한 감정인 또는 그 친족, 집행법원의 법관 및 참여 사무관, 재매각절차에서 전의 매수인, 기타 집행관이 매수신청을 금지한 자

☞ 채권자, 제3취득자, 임의경매에 있어서 물상보증인은 매수신고가 가능함.

③ 입찰표 및 매수신청 보증금

– 입찰표에는 사건번호와 부동산의 표시, 입찰자의 이름과 주소, 입찰가격, 매수신청보증

금을 기재

– 매수신청의 보증금액 : 최저매각가격의 10분의 1

* 인터넷 법원경매공고(www.courtauction.go.kr)>경매물건>물건상세검색>사건번호 입력
: 매각기일 1주일 이내에 매각물건명세서 조회 가능
매각기일 2주일 이내에 현황조사서 및 감정평가서 등 조회 가능

〈호가경매(呼價競賣)〉

㈎ 호가경매기일에 매수신청의 액을 서로 올려가는 방법으로 한다.
("1할 더", "100만원 더"라는 식으로 비례로 표시 가능)

㈏ 집행관이 매수신청의 액 가운데 최고의 것을 3회 부른 후 그 신청을 한 사람을 최고가 매수신고인으로 정한다.

☞ 기타 사항은 기일입찰 방법 준용

3) 새매각, 재매각

(1) 새매각

㈎ 매각기일에 적법한 매각을 실시하였으나 허가할 매수신고인이 결정되지 않았기 때문에 다시 기일을 지정하여 실시하는 경매(이의에 의한 매각불허 ,목적물 훼손에 의한 매각 취소 등도 포함)

㈏ 최저매각가격의 저감 : 직전의 최저매각가격에서 20%정도 감액한다.

(2) 재매각

㈎ 매각허가결정 확정 후 경매법원이 지정한 대금지급기한 까지 매수인이 대급납부를 이행치 아니하고 차순위 매수신고인이 없는 경우에 법원의 직권으로 다시 실시하는 경매를 말한다.

㈏ 종전의 경매 시에 정한 최저매각가격과 동일하게 진행한다.

㈐ 다만 매수인이 재매각기일의 3일전까지 잔대금, 지연이자(연20%), 절차비용을 지급 한때에는 재매각절차를 취소한다.

– 전 최고가매수신고인은 재매각에 참가하지 못하며 납부한 경매보증금은 반환되지 아니하고 배당금에 합산된다.

4) 매각결정 절차

(1) 매각결정기일

㈎ 집행기록 및 기일에 출석한 이해관계인 등의 진술을 듣고, 매각허가여부를 결정하는 기일

㈏ 매각결정기일은 매각기일로 부터 1주 이내로 정하여야 한다.

(2) 매각허가여부의 선고

㈎ 매각 불허가 사유

① 이해관계인의 이의가 정당하다고 인정한 때

② 법원이 직권으로 매각을 불허가할 사유가 있을 때

③ 과잉경매로 되는 때

④ 부동산 훼손에 의한 경매의 취소가 있는 때

㈏ 결정의 선고 : 매각을 허가 또는 불허가의 결정은 이를 선고하여야 한다.

(3) 매각허가여부 결정에 대한 불복

㈎ 매각허가여부 결정 선고일로부터 1주일 내에 즉시항고로만 불복할 수 있다.

㈏ 항고권자 : 이해관계인(매각허부(許否)결정에 의하여 손해를 받은 이해관계인,소유자, 채무자,경락인 등)

㈐ 보증제공

① 항고보증금 납부대상 : 모든 항고권자(매각대금의 10분의 1)

② 항고 기각·취하시 항고보증금의 반환

– 채무자, 소유자 : 전액 반환불가(몰수하여 배당재단에 합산)

기타 : 항고일로부터 항고기각결정이 확정된 날(취하한 날)까지 연20% 에 의한 금액을 공제하고 반환(2003. 6. 1부터 연25%→연 20%로 변경되었으며 법제처 ☞홈페이지 이용/www.moleg.go.kr 에서 검색어에 "소송촉진"으로 변경내용 찾을 수 있다.
⇒"소송촉진등에관한특례법제3조제1항본문의법정이율에관한규정"에 의한 법정이율은 연2할로 한다(2003년6월1일 부터 시행한다). 또는 대법원(www.scourt.go.kr)>종합법률정보>법령>소송촉진 입력후 검색클릭하여 찾아보자.

5) 매각대금의 지급

(1) 대금지급기한

매각허가결정이 확정된 날로부터 1월 이내의 날로 지정

(2) 대금지급의 방법 : 현금납부, 채무인수, 상계

㈎ 현금납부

㈏ 채무인수 : 배당기일에 관계채권자의 승낙을 얻어 인수

㈐ 상계 : 매각결정기일까지 신청하여야 하며, 실무상 3일전 경매계장이 통보한 부족금을 배당기일 10 : 00이전 납부하여야 하고 오후 14 : 00 배당 시 배당이의가 제기된 경우 배당기일이 끝날 때까지 이에 해당하는 대금을 납부하여야 한다.

(3) 대금지급의 효과

㈎ 매수인의 목적부동산 소유권취득

㈏ 차순위 매수신고인의 면책 및 보증금 반환

㈐ 경매신청 취하 불가

㈑ 경매개시결정에 대한 이의신청 불가

㈒ 매수인이 인수하지 아니하는 부동산 위의 모든 부담의 기입 말소

㈓ 경매개시결정 등기의 말소

㈔ 대급납부 후 6월내 부동산인도명령신청권(민소 제647조)

* 대상자 : 채무자, 소유자, 매수인에게 대항할 수 없는 부동산 점유자

(4) 대금불납의 효과

㈎ 차순위 매수신고인에 대한 매각허가여부결정

㈏ 차순위 매수신고인이 없는 경우는 재매각 실시

매각대금 완납증명원

사　　건　　　　　타경　　　　　호
채 권 자
채 무 자
소 유 자
매 수 인

위 사건의 별지목록기재 부동산을 금　　　　　　　원에 매수하여　　년 월 일 그 대금전액을 납부하였음을 증명하여 주시기 바랍니다.

년　　월　　일
매수인　　　　　　　　　(인)
주소 :
연락처(☎)

○○ 지방법원(경매　　계) 귀중

☞ 유의사항
매각부동산 목록 2부를 첨부합니다(원본에 500원 인지를 붙임).

위 사실을 증명합니다.

20　　년 월 일

○○ 지방법원
법원사무관(　　주사)　　　　　　　　**(인)**

※잔대금지급기한 지나 납입시 지연이자 연20% 부담하여야 한다.

매각대금 납입 신청서

사건번호　　　　타경　　　　호
채 권 자
채 무 자
소 유 자
낙 찰 인

위 사건에 관하여 낙찰인은　　년　월　일에 대금지급기일 지정을 받았으나 사정에 의하여 지정일에 납입하지 못하였으므로 다음과 같이 경매잔대금, 지연이자 및 진행된 경매절차의 비용을 합산하여 대급납입을 신청합니다.

매각금액 :
보 증 금 :
잔 대 금 :
지연이자 : (잔대금×경과일수/365×20%)

20　　년　　월　　일

매수인　　　　　　　(인)

연락처(☎)

○○ 지방법원(경매　　계) 귀중

○○ 지방법원
채 무 인 수 신 고 서

사건 20　　타경　　　　호　부동산임의(강제)경매
채 권 자
채 무 자
소 유 자

매수인은 다음과 같이 관계 채권자(근저당권자)의 승낙을 얻었으므로 동 채권자에 대한 채무자의 채무를 매각대금의 지급에 갈음하여 인수하고(근저당권자의 근저당권은 존속시키고) 그 배당액 상당의 매각대금의 지급 의무를 면제받기 위하여 민사집행법 제143조 제1항의 규정에 따라 신고합니다. 만일 매수인이 인수한 채무에 대하여 이의가 제기된 때에는 매수인은 배당기일에 이에 해당하는 금액을 내겠습니다.

－ 아　　　래 －

근저당권자　○○○
　　　　　주 소 :

붙임 : 1. 채무인수승낙서　1부
　　　2. 관계채권자의 인감증명서 1부.　　끝.

년　월　일

신고인(매수인) ○○○ (날인 또는 서명)
전화번호 :

○○ 지방법원 귀중

※ 1. 관계채권자의 승낙서에는 반드시 인감을 날인하고, 신고서 제출일부터 6월 이내에 발행된 인감증명서를 붙여야 합니다.
2. 승낙자가 개인인 경우는 신고서 제출일부터 6월 이내에 발행된 주민등본 또는 초본, 법인일 경우에는 법인등기부등본 또는 초본을 톱여주시기 바랍니다.

채무인수에 관한 승낙서

사건 20　타경　　　호　부동산임의(강제)경매
채 권 자
채 무 자
소 유 자

위 부동산임의(강제)경매사건에 있어서 경매의 목적물을 매수인이 매각허가를 받고, 매수인이 그 매각대금으로 납부할 금　　　　원의 한도 내에서 위 경매목적물의 제 번 근저당권 채권자로부터 채무자가 부담하는 동일한 조건으로, 다음 채무를 인수하여 매각대금 일부의 지급에 갈음할 것을 승낙합니다.

- 다　음 -

금　　　　　　원 및 20　년　월　일부터 20　년　월　일 까지의 연　%의 비율에 의한 지연손해금

20　년　월　일

위 채권자(1번 근저당권자)　○○○　(날인 또는 서명)

연 락 처 :

매 수 인　○○○ 귀하

4. 배당절차

(1) 배당요구

1) 배당을 요구할 수 있는 채권자

㈎ 민법, 상법, 기타 법률상의 우선변제청구권이 있는 채권자
저당권자, 전세권자, 우선변제권을 가지고 있는 회사사용인, 가등기담보권자, 주택 및 상가임차인, 임금채권을 가진 근로자 등

㈏ 집행력 있는 정본을 가진 채권자

㈐ 경매신청등기 후에 가압류를 한 채권자

2) 배당요구기한 : 배당요구의 종기까지

☞ 경매신청 전 등기부에 기재된 담보권자 · 가압류권자 · 임금채권(선정당사자)자 · 체납처분에 의한 압류권자는 배당요구를 안 해도 당연 배당요구 효력이 있다.

☞ 제3자가 강제경매 신청한 경우에도 부동산은 배당요구 종기까지, 동산은 민사집행법 제220조에서 정한 기일까지 집행법원에 배당요구를 하여야 한다.

(2) 배당준비

1) 채권계산서의 제출

㈎ 각 채권자는 배당요구의 종기까지 그 채권의 원금, 이자, 비용, 기타 부대채권의 계산서를 제출하여야 한다.

(나) 배당요구의 종기까지 계산서를 제출하지 아니한 채권자의 채권은 배당요구서와 사유신고서의 취지 및 그 증명서류에 의하여 계산하며, 이 경우 채권자는 다시 채권액을 보충하지 못한다.

2) 배당기일의 지정 => 계산서 제출 최고 (이자계산은 배당기일까지 계산)

3) 배당표의 작성

집행법원은 채권자와 채무자가 열람할 수 있도록 배당기일 3일전까지 채권자가 제출한 계산서 등에 기하여 배당표를 작성 비치한다.

(3) 배당실시

1) 배당할 금액

(가) 매각대금(매수신청보증금 포함)과 보증금이자(연 2% 일수 계산하여 배당금에 합산)

(나) 지연이자(매수인이 대금지급기한으로부터 실제 납부일까지 지연이자)

(다) 재매각시 전매수인인의 매수신청보증금

(라) 항고보증금(항고가 기각・취하 된 때)

2) 배당표의 확정

법원은 배당기일에 출석한 이해관계인과 배당을 요구한 채권자를 심문하여 배당표를 정한다.

3) 배당표에 대한 이의

(가) 이의사유

배당에 대한 이의는 이의의 결과 자신의 배당액이 증가되는 경우에 한하여 이의 할 수 있다.

(나) 이의방법 : 배당기일에 구두로 진술 (채무자는 배당기일까지 서면으로 가능)

(다) 이의에 대한 법원의 조치

① 관계인이 이의를 정당하다고 인정하거나 다른 방법으로 합의한 때에는 이에 의하여 배당표를 경정하여 배당을 실시

② 이의가 완결하지 아니한 때에는 이의 없는 부분에 한하여 배당을 실시한다.

③ 이의 있는 부분은『배당이의 소』의 결과에 따라 배당하여야 하며, 이 경우 이의권자는 배당일로부터 7일 이내에 배당법원에『배당이의 소』제기 후(즉, 소장 제출 후)『소제기 증명원』을 경매계에 제출하여야 한다.

※『배당이의의 소』의 취하간주
배당이의를 할 사람이 배당이의의 소송의 첫 변론기일에 출석하지 아니한 때에는 소를 취하한 것으로 본다.

(라) 배당금을 공탁하는 경우

① 정지조건부 채권 또는 불확정기한부 채권에 대한 배당금

② 가압류채권자의 채권에 대한 배당금

③ 배당이의소송 미 완결의 채권에 대한 배당금

④ 채무자가 인낙하지 아니하는 집행정본 없는 채권의 배당금

⑤ 채권자가 배당기일에 출석하지 아니한 때

※ 배당기일에 채권액에 100% 배당이 아닌 경우 채권원인증서 원본 전부를 경매계에 주어서는 안된다. 미회수채권에 대해 차후 가압류 등을 하려면 채권원인서류(원본)가 필요하다. 채권원인서류 사본을 별도 1부 준비하여 아래 "부기 및 환부신청서' 양식에 첨부하여 경매계장의 날인을 받아 두어야 향후 가압류 시 사용할 수 있다. 만약 경매계에 원본을 주고 나면 법원은 3년 후 모든 문서를 폐기하므로 원본을 되찾을 방법이 없다.

부기 및 환부신청서

사건번호 타경 호 부동산 경매
채 권 자
채 무 자

위 당사자간의 위 사건에 관하여 귀원에서 배당을 실시하고 채권 중 아직 나머지 잔액이 있으므로 후일을 위하여 채권원인 증서에 배당액을 부기하여 채권원인증서를 환부하여 주시기 바랍니다.
첨 부 : 채권원인증서 사본 1통. 끝

년 월 일

위 채권자 (인)
연락처(☎)

○○지방법원(경매 계)귀중

〈사례연구 1〉 [경매신청비용 산출방법]

1) 등 록 세 : 청구금액(이자 포함)의 0.2%, 교육세 : 등록세의 20%
(합계 : 청구금액(이자포함)의 0.24% 등록세 포함)
2) 감 정 료 : 한국감정평가기관 감정수수료 지급기준
3) 매각수수료 : 집행관수수료규칙 제16조(매각) 에 의거 다음과 같이 차감식으로 계산한 합계금액
↔ 단, 최고액은 매각금액 10억원까지만 계산함.

⇒ 매각금액 10만원까지 5,000원
⇒ 〃 10만원초과 1천만원까지 매 10만원 마다 2,000원
⇒ 〃 1천만원 초과 5천만원까지 매 10만원 마다 1,500원
⇒ 〃 5천만 원초와 1억원까지 매 10만원 마다 1,000원
⇒ 〃 1억원 초과 3억원까지 매 10만원 마다 500원
⇒ 〃 3억원 초과 5억원까지 매 10만원 마다 300원
⇒ 〃 5억원 초과 10억원까지 매 10만원 마다 200원

매각수수료는 매각허가결정이 확정된 이후에 지급받을 수 있다. 다만, 매각허가결정이 확정되기 전에 그 결정이 취소되지 아니한 상태에서 경매신청이 취하된 경우에는 그 취하가 있는 때에 지급받을 수 있다.

4) 현황조사료, 유찰수수료, 신문공고료, 감정수수료, 송달료
5) 법무사 위임수수료
⇒ 법원 경매예납금 (감정료, 경매수수료, 현황조사료 등 항목)은 경매 진행 결과에 따라 부족 시 추가납부하고 배당시 환급받는다.

〈사례연구 2〉 [응찰 당일 유의사항]

1	사건번호와 부동산의 표시, 입찰자의 이름과 주소, 대리인을 통하여 입찰을 하는 때에는 대리인의 이름과 주소, 입찰가격(입찰가격은 일정한 금액으로 표시하여야 하며, 다른 입찰가격에 대한 비례로 표시하지 못함)을 적어야 하고, 법인인 입찰자는 대표자의 자격을 증명하는 문서를 집행관에게 제출하여야 하며, 입찰자의 대리인은 대리권을 증명하는 문서를 집행관에게 제출하여야 하고, 공동으로 입찰하는 때에는 입찰표에 각자의 지분을 분명하게 표시하여야 하며, 입찰은 취소·변경 또는 교환할 수 없다.
2	입찰자는 특별매각조건으로 달리 정한 경우가 아닌 한 최저매각가격의 10분의 1의 매수신청의 보증금액을 입찰표와 함께 집행관에게 체출하여야 하는데, 매수신청의 보증은 ① 금전, ② 은행법의 규정에 따른 금융기관이 발행한 자기앞수표로서 지급제시기간이 끝나는 날까지 5일 이상의 기간이 남아 있는 것, ③ 은행 등이 매수신청을 하려는 사람을 위하여 일정액의 금전을 법원의 최고에 따라 지급한다는 취지의 기한의 정함이 없는 지급보증위탁계약이 매수신청을 하려는 사람과 은행 등 사이에 맺어진 사실을 증명하는 문서의 제출로서 하여야 한다.
3	집행관이 입찰을 최고하는 때에는 입찰마감시간과 개찰시각을 고지하는바, 입찰표는 입찰마감시간 이내에 제출하여야 한다. 최고가매수신고인 등의 결정에 있어서 최고가매수신고를 한 사람이 둘 이상인 때에는 집행관은 그 사람들에게 다시 입찰하게 하여 최고가매수신고인을 정하게 되는데, 이 경우 그 입찰자들은 전의 입찰가격에 못 미치는 가격으로는 입찰할 수 없으며, 그들 모두가 입찰에 응하지 아니하거나(전의 입찰가격에 못 미치는 가격으로 입찰할 경우에는 입찰에 응하지 아니한 것으로 본다.) 두 사람 이상이 다시 최고의 가격으로 입찰한 때에는 추첨으로 최고가매수신고인을 정하게 된다.
4	최고가매수신고인 외의 매수신고인은 매각기일을 마칠 때까지 집행관에게 최고가매수신고인이 대금지급기한까지 그 의무를 이행하지 아니하면 자기의 매수신고에 대하여 매각을 허가하여 달라는 취지의 신고(차 순위매수신고)를 할 수 있고, 차순위매수신고는 그 신고액이 최고가매수신고액에서 그 보증액을 뺀 금액을 넘는 때에만 할 수 있으며, 차순위매수신고를 한 사람이 둘 이상인 때에는 신고한 매수가격이 높은 사람을 차순위매수신고인으로 정하고, 신고한 매수가격이 같은 때에는 추첨으로 차순위매수신고인을 정하게 된다. 최고가매수신고인과 차순위매수신고인을 제외한 다른 매수신고인은 매각기일종결의 고지에 따라 매수의 책임을 벗게 되고, 즉시 매수신청의 보증을 돌려 줄 것을 신청할 수 있다.

〈사례연구 3〉 [경매에 대한 통지 또는 송달의 특례]

금융기관 부실자산등의 효율적 처리 및 한국자산관리공사의 설립에 관한 법률 제45조의2」(경매에 대한 통지 또는 송달의 특례)

① 법원이 다음 각호의 1에 해당하는 자의 신청에 의하여 진행하는 「민사집행법」에 의한 경매절차(담보권 실행을 위한 경매절차에 한한다)에 있어서의 통지 또는 송달은 경매신청 당시 당해 부동산의 등기부에 기재되어 있는 주소(「주민등록법」에 의한 주민등록표에 기재된 주소와 다른 경우에는 주민등록표에 기재된 주소를 포함하며, 주소를 법원에 신고한 때에는 그 주소로 한다)에 발송함으로써 송달된 것으로 보며, 등기부 및 주민등록표에 주소가 기재되어 있지 아니하고 주소를 법원에 신고하지

아니한 때에는 공시송달의 방법에 의하여야 한다.

1. 제26조제1항의 업무를 수행함에 있어서 채권자 또는 채권회수수임인으로서의 공사
2. 제2조제1호 가목 내지 사목에 의한 금융기관

중 략

6. 상호저축은행법에 의한 상호저축은행

중 략

② 제1항의 규정에 의한 경매절차에 있어서 제1항 각호의 1에 해당하는 자는 경매신청전에 경매실행 예정사실을 당해 채무자 및 소유자에게 부동산의 등기부에 기재되어 있는 주소(「주민등록법」에 의한 주민등록표에 기재된 주소와 다른 경우에는 주민등록표에 기재된 주소를 포함한다)로 통지하여야 한다. 이 경우 발송함으로써 송달된 것으로 본다.

〈사례연구 4〉 [배당표]

창원지방법원 배당표

사건 2008타경2261 부동산임의경매

배당할금액		금 54,100,584		
명세	매각대금	금 53,990,000		
	지연이자	금 0		
	전경매보증금	금 0		
	매각대금이자	금 110,584		
	항고보증금	금 0		
집행비용		금 1,596,950		
실제배당할금액		금 52,503,634		
매각부동산		별지와 같음		
채권자		이상민	마산시	주식회사국민은행
채권금액	원금	15,000,000	87,440	25,104,700
	이자	0	0	1,304,090
	비용	0	0	0
	계	15,000,000	87,440	26,408,790
배당순위		1	2	3
이유		임차인(소액보증금)	교부권자(당해세)	근저당권자
채권최고액		0	0	33,800,000
배당액		**12,000,000**	**87,440**	**26,408,790**
잔여액		40,503,634	40,416,194	14,007,404
배당비율		80.00%	100.00%	100.00%
공탁번호 (공탁일)		금제 호 (. . .)	금제 호 (. . .)	금제 호 (. . .)

<뒷면 생략>

〈사례연구 5〉 [2001.9.15 이후 임차인과 그 후 근저당권 사이의 배당문제(괄호 채우기)]
창원지방법원 2005타경18401호 배당액 괄호 채우시오.

진행사항 · 상세보기	임차내역	등기내역
유찰 2005/10/19 (264,492,020) 유찰 2005/11/30 (211,594,000) 낙찰 2005/12/20 (169,275,000원) 177,790,000 (낙찰율: 67%) (총입찰 1명) 낙찰허가(2005/12/27)	※ 봉곡동 사무소 관할 전입 2004/11/25 2,700만 김수 (2층 방2칸) · 확정 2003/04/28 · 배당신청요구 2005/06/13 점유 03.4.15 ~ 전입 2005/04/01 1,100만 신영 (2층방1칸) · 확정 2005/04/01 · 배당신청요구 2005/07/21 점유 05.4.1 ~ 전입 2005/04/04 800만 (월:3만) 이제 (방1칸) · 확정 2005/04/04 · 배당신청요구 2005/07/15 점유 05.4.1 ~ 전입 100만 (월:20만) 이기 (제시외건물(ㄱ)2층(방) 점유 05.2.28 ~ (현황조사서상) 전입 이현 (제시외건물(ㄱ)1층) (현황조사서상) ♧ 배당요구종기일 : 2005/09/01	※ 건물등기(156-9번지, 발급: 2005/10/05) 소유이전 1988/10/10 이평 매매 저당 2002/10/24 1억5,340만 반림신협 가압 2004/07/06 4,080만 양곡동신협 압류 2004/07/23 창원세무서 저당 2004/11/05 1,800만 명곡신협 가압 2004/11/25 2,693만 농협중앙회 가압 2005/02/17 2,942만 남창원농협 가압 2005/04/11 3,265만 정리금융공사/경남지사 임의 2005/05/17 창원제일신협 청구액 : 118,000,000원

순위	창원2005 −18401	낙찰금액 178백만원	날자 순서 (전입, 설정, 가압류일자)	확정일자	배당 요구여부	설정액 보증금	배당액 (백만원)	말소 여부
1	경매비용						3	
2	임차인1	김수○	2004.11.25	2003.4.28	배당요구	27	(12)	말소
3	임차인2	신영○	2005. 4. 1	2005.4. 1	배당요구	11	(11)	말소
4	임차인3	이제○	2005. 4. 4	2005.4. 4	배당요구	8	(8)	말소
	임차인	이기○, 이현○	전입일자 없음	확정일자없음	배당요구×	1	무배당	말소
5	근저당권 말소기준	반림신협	2002.10.24	총채권액 150백만원	설정 채권 최고액	153	(143)	말소
6	가압류	양곡동신협	2004.7.23			41	(0)	말소
7	압류	창원세무서	2004.7.23			1	(0)	말소
8	근저당	명곡신협	2004.11.5			18	(0)	말소
9	가압류	농협중앙회	2004.11.25			26	(0)	말소
10	가압류	남창원농협	2005.2.17			29	(0)	말소
11	가압류	정리금융공사	2005.4.11			32	(0)	말소
	임의경매	창원	2005−18401					말소

〈사례연구 6〉 [법인의 배당금 수령절차]

1) 아래 서류를 사전 준비한다.
   ① 약정서와 근저당권설정계약서 원본, 사본 각 1부씩
   ② 대표이사(은행장 등) 인감증명서와 지배인사용인감, 지배인초본 각 2부씩
   ③ 위임장(지배인 직인 날인) 2부
   ④ 채권계산서(배당기일까지 이자내역계산서 포함)
   ⑤ 채권증서부기환부신청서
   ⑥ 위임받은 자의 신분증과 도장
   ⑦ 법인의 사업자등록번호와 사업장소재지, 법인 수령계좌를 사전 숙지한다.
2) 배당표를 받은 후 경매계로 간다.
   부기환부신청서(뒤에 약정서, 근저당권설정계약서 복사 첨부), 지배인초본, 대표이사(은행장)인감증명서, 지배인사용인감, 위임장 순으로 해당 경매계에 제출하여 법원보관금 출금지시서를 교부받고

   ☞ 단, 전액 100% 배당 시에는 사본 불필요, 원본을 모두 준다.
   근저당권설정계약서 원본, 약정서원본, 지배인초본, 대표이사(은행장)인감증명서, 지배인사용인감, 위임장 순으로 해당 경매계에 제출하여 법원보관금 출금지시서를 교부 받고

3) 경매계에서 받은 서류인 법원보관금 출금지시서)와 지배인초본, 은행장인감증명서, 지배인사용인감, 위임장, 수임인 주민등록증사본 순으로 1층 보관금계에 제출하여 출금요청서를 받음
4) 법원소재 은행(신한은행 등)에 제출 후 배당금 수령(자기앞수표 또는 법인계좌에 송금)

〈사례연구 7〉 [수직원(경비원) 파견]

① 법적 절차 실행 전에 공장의 기계기구, 양도담보물건 등 도난, 분실의 우려가 있는 담보물건은 즉시 수직원을 파견하여 그 보존조치를 취해야 한다.
② 선박, 중기 등 기타 담보물건에 대하여도 감수보존을 위하여 필요할 때에는 수직원을 파견할 수 있다.
③ 담보물건의 수직관리를 위하여 용역경비 전담회사와 기본계약을 체결하여야 한다.

〈사례연구 8〉 [배당 받을 채권자의 범위와 배당요구 종기]

1. 배당 받을 채권자의 범위(민집법 148조)
(1) 당연히 배당 받을 채권자
   ① 배당요구종기까지 경매신청을 한 이중경매신청자
   ② 첫 경매개시결정등기 전에 등기된 가압류채권자
   ③ 저당권, 전세권 그 밖의 우선변제청구권으로서 첫 경매개시결정등기 전에 등기되었고, 매각으로 소멸하는 것을 가진 채권자
(2) 배당요구종기까지 배당요구를 한 채권자(민집법 88조1항)
   ① 집행력 있는 정본을 가진 채권자(유체동산의 경우에는 압류를 해야 함)

② 경매개시결정등기 뒤 가압류한 채권자
③ 민법, 상법, 기타 법률에 의하여 우선변제청구권이 있는 자
(경매등기 후 저당권자, 전세권자 포함)
④ 국세, 지방세, 공과금의 교부청구권자(배당요구종기일까지 교부 청구해야 함)
⑤ 임금채권을 우선변제 당한 저당권자(97다9352, 1998.12.12) (2000다32475. 2000.9.26)

2. 배당요구종기
첫 매각기일 이전 법원에서 정한 날(필요한 경우 법원에서 연기 가능)

[참고판례]

1. 우선권자의 배당요구 필요성

(1) 조세채권
－교부청구 필요(대판 1993.9.14. 93다22210)
－경매개시결정등기 전에 체납처분에 의한 압류등기 경료시에는 교부청구 없이 배당가능 (대판 2002.1.25. 2001다11055)

(2) 임금채권
－배당요구 필요(대판 1996.12.20. 95다28304)
－경매개시결정등기 전에 가압류한 경우, 배당표가 확정되기 전까지 우선권 있는 임금채권임을 입증하면 배당가능(대판 2002.5.17. 2002다4870)

(3) 임차보증금
－소액보증금 : 배당요구 필요(대판 2002.1.22. 2001다70702)
－확정일자 있는 임차보증금 : 배당요구 필요(대판 1998.10.13. 98다12379)

2.배당요구를 하지 않은 경우 후순위 채권자를 상대로 부당이득으로 청구불가
(대판 1998.10.13. 98다12379, 2002.1.22. 2001다70702)

〈사례연구 9〉 [경매신청채권자가 채권계산서에 의거 청구금액 확장여부]

- 경매신청서에 피담보채권의 원금 중 일부만을 청구금액으로 하여 경매를 신청였을 경우 경매신청채권자의 청구금액은 그 기재된 채권액을 한도로 확정되고 경매신청채권자는 배당단계에서 채권계산서에 청구금액을 확장하여 제출하는 방법에 의하여 청구금액을 확장할 수 없다.(92다50270, 94다8539)
- 상기의 경우 청구하지 아니한 부분의 해당 금원이 후순위 채권자에게 배당되었다 하더라도 부당이득반환은 불가함.(96다495)

⇒ 배당요구종기일 이전에 이중경매를 신청한 경우 채권확장 가능

〈사례연구 10〉 [교환적 변경의 허용여부]

경매신청서에 피담보채권으로 기재한 채권이 변제 등으로 소멸하였으나 다른 채권이 있는 경우 그 다른 채권을 채권계산서에 기재하여 배당받을 수 있고, 다만, 변경후의 피담보채권이 경매신청서상의 청구채권액을 초과하는 경우 초과하는 부분은 배당 받을 수 없다(96다457)

〈사례연구 11〉 [경매개시결정 취소]

경매개시결정에 대하여 절차상, 실체상의 사유로 이의를 할 수 있는 자는 경매절차에 있어서의 이해관계인이며 그 신청기한은 매각대금의 완납 시까지이다. 그러나 이의신청은 집행정지의 효력은 없다. 다만, 경매법원은 이해관계인에게 담보를 제공하거나 제공하게 하지 아니하고 경매절차의 일시 정지를 명할 수 있다.

☞ 경매개시결정 취소 : 경매절차가 진행 중에 채무가 완제된 경우에는 담보물이 매각된 후 매각대금 완납전까지는 채무완제증서 및 저당권말소후의 등기부등본을 첨부하여 “경매개시결정에 대한 이의신청”을 하여 경매개시결정을 취소시킬 수 있다.(실체상의 이의사유)

☞ 실무처리상 유의할 점 : 경매절차진행 중에 채무가 완제되었을 때 경매신청인이 독자적으로 경매신청을 취하할 수 있는 시기는 매수신고(매각기일)가 있기 전까지이며 매수신고가 있은 후에는 최고가매수신고인과 차순위매수신고인의 동의가 있어야 경매신청을 취하할 수 있으나 현실적으로 최고가매수신고인과 차순위매수신고인의 동의를 구하기는 쉽지 않다. 따라서 매수신고 후에 채무가 완제되었을 경우에는 실체상의 이의사유로 경매개시결정을 취소시키는 방식을 이용하는 것이 바람직하다.

〈사례연구 12〉 [채권계산서]

채 권 계 산 서

사건번호
채 권 자
채 무 자

위 사건에 관하여 배당요구채권자 ○ ○ ○는 아래와 같이 채권계산서를 제출합니다.

년 월 일

채권자(배당요구채권자) (인)

연락처(☎)

○○ 지방법원 귀중

아 래

1. 원금 원정
   (단 년 ○ 월 ○ 일자 대여금)
2. 이자 원정
   (단 년 월 일부터 년 월 일까지의 연 %의 이율에 의한 이자금)
   이자계산 근거 =(원금×(부터 일까지 일수)×연12% ÷365
3. 기타(집행비용 등 필요할 경우 기재)
   합계 금 원정

☞ 유의사항
1) 집행법원의 제출최고에 의하여 제출하는 채권계산서에는 ① 채권의 원금, ② 이자, ③ 비용, ④ 기타 부대채권을 기재합니다.
2) 인지는 붙이지 않고 1통을 제출합니다.

〈사례연구 13〉 [매각물건명세서의 하자]

대법원 1999. 9. 6. 자 99마2696 결정

입찰기일까지 입찰물건명세서에 입찰 목적물인 주택의 임차인의 전입신고일자가 저당권 설정일자보다 앞선 일자로 잘못 기재되어 있어 임차인이 대항력을 갖춘 것처럼 보이게 되었는데 임차인이 입찰기일까지 배당요구를 하지 않은 경우, '물건명세서의 작성에 중대한 하자가 있는 때'에 해당하는지 여부(적극)

대법원 1999. 11. 15. 자 99마4498 결정

입찰물건명세서에 선순위 임차인의 배당요구 사실이 기재되지 않았다는 사정만으로는 민사소송법 제633조 제6호 소정의 '물건명세서의 작성에 중대한 하자가 있는 때'에 해당하지 않는다고 본 사례

대법원 2005. 8. 8. 자 2005마643 결정

【판시사항】

[1] 매각허가에 대한 이의신청사유를 규정한 민사집행법 제121조 제6호에서 말하는 '부동산에 관한 중대한 권리관계의 변동'의 의미

[2] 부동산의 경매절차에서 근린생활시설인 매각목적물을 업무시설로 잘못 적용하여 가격평가를 하였다는 사유가 민사집행법 제127조 제1항에 의한 매각허가결정의 취소사유가 되지 않는다고 한 사례

〈사례연구 14〉 [인수주의와 소멸주의]

\- 인수되는 권리

① (최선순위의 저당권 · 압류채권 · 가압류채권보다 먼저 성립한) 지상권 · 지역권 및 등기된 임차권

② (최선순위의 저당권 · 압류채권 · 가압류채권보다 먼저 성립한) 전세권으로서 배당요구의 종기까지 배당요구 하지 아니한 전세권

③ (최선순위의 저당권 · 압류채권 · 가압류채권보다 먼저 성립한) 대항력있는 주택임차권 및 상가건물임차권으로서 배당 받지 못한 임차권

④ 유치권

\- 소멸되는 권리

① 저당권

② (최선순위의 저당권 · 압류채권 · 가압류채권에 대항할 수 없는 즉, 최선순위 저당권 · 압류채권 · 가압류채권 보다 뒤에 성립한) 지상권 · 지역권 · 전세권 및 등기된 임차권

③ (소멸되는 최선순위 저당권 · 압류채권 · 가압류채권보다 먼저 성립한) 배당요구의 종기까지 배당요구를 한 전세권

〈사례연구 15〉 [매각대금의 지급]

• **대금지급 전의 조치**

매수인은 인수할 권리를 확인한 다음 '매수부동산의 가격'과 '매각대금에 인수할 권리를 합한 금액'과 비교해서, 매각대금의 지급여부를 결정한다. 대금을 지급하지 아니한 때에는 매수신청보증금을 돌려받지 못하나, 뒤에라도 대금지급으로 끝나지 않고 경매절차가 취소되면 매수신청보증금은 매수인에게 돌려준다.

• **대금지급 후의 조치**

매수인은 매각대금을 다 낸 때에 소유권을 취득하나, 경매절차에 '중대한 하자'가 있거나 '매각목적물이 멸실' 돈 때에는 소유권을 취득하지 못한다.

1) 강제경매의 하자

강제경매는 공신력이 있으나 다음의 경우에는 매수인이 소유권을 취득하지 못한다.

① 강제개시결정이 채무자에게 송달되지 아니한 경우

② 학교법인의 기본재산이나 전통사찰의 경내지가 감독청의 허가 없이 매각된 경우

③ 집행권원이 부존재·무효인 경우

그러나 강제경매에는 공신력이 있으므로 일단 성립된 집행권원이 소멸되거나 집행력이 배제된 경우에도 매수인의 소유권취득에 영향을 받지 않는다.

2) 임의경매의 하자

① 담보권이 당초부터 부존재하거나 경매개시결정 전에 피담보채무가 변제되어 담보권이 소멸된 경우에는 경매절차는 당연무효이므로 매수인은 대금을 지급하였다고 하더라도 소유권을 취득하지 못한다. 그래서 임의경매는 공신력이 없다고 한다.

② 그러나 경매개시결정 후에 피담보채권의 변제, 담보권의 포기 등으로 사후적으로 소멸한 경우에는 매각대금을 모두 지급한 이상 소유권의 취득에 아무런 영향이 없다. 그래서 임의경매에도 예외적으로 공신력이 있다고 한다.

3) 추탈담보책임(追奪擔保責任)

경매절차의 무효로 매수인이 목적부동산의 소유권을 취득하지 못한 경우에는 담보책임을 추궁할 수 없고 배당 받은 채권자에 대하여 부당이득의 반환을 청구할 수 있다. 경매로 인한 하자담보책임은 적용되지 않지만 추탈담보책임은 적용되므로 매수인이 대금 지급한 후에도 대금지급전에 경매의 목적이 된 권리의 전부 또는 일부가 타인에게 속하는 등의 하자로 매수인이 완전한 소유권을 취득하지 못한 때에는 계약해제 또는 대금감액을 청구할 수 있다. 따라서 매수인은 배당 전에는 납부한 대금의 반환을 청구할 수 있고, 배당후인 경우에는 채무자에 대하여 채무자가 무자력이면 배당 받는 채권자에 대하여 그 대금의 전부 또는 일부의 반환을 청구할 수 있다. 채무자가 물건 또는 권리의 흠 결을 알고 고지하지 아니하거나 채권자가 이를 알고 경매를 청구한 때에는 매수인은 그 흠 결을 안 채무자나 채권자에게 손해배상을 청구할 수 있다.

〈사례연구 16〉 [배당 절차 및 배당기일의 업무처리]

1. 배당절차

1) 법원은 매각대금, 각 채권자의 채권원금, 이자, 비용, 배당의 순위, 배당의 율 등을 기재한 배당표를 작성하고 배당기일 3일전에 법원에 비치하여 채권자와 채무자가 열람할 수 있도록 하고 배당기일에는 이해관계인 및 배당을 요구한 채권자를 소환하여 이의여부를 조사한 후 배당표를 확정한다. 따라서 배당기일 2일전에는 경매기록 및 배당표 열람신청을 하여 배당표 작성의 적정여부를 사전 검토하여 이상이 있는 경우에는 경매담당 공무원에게 의견을 진술한다.

2) 배당기일에 배당에 이의 있는 경우에는 구두로 이의신청을 하고(반드시 배당기일에 출석하여 구두로 이의신청) 배당기일로부터 7일 이내에 이의를 받은 채권자를 상대로 배당이의의 소를 제기하여 동 소의 소제기증명원을 배당법원에 제출하여야 한다. 이 경우 배당이의의 소송이 완결될 때까지 이 의 제기된 배당금은 법원에 공탁된다.

3) 배당기일전의 채권계산서 제출

배당기일 소환장이 접수되면 소환장에 명시된 기일까지 경매법원에 도착될 수 있도록 채권계산서를 제출하되. 원금, 배당기일까지의 이자, 기타 부대채권(화재보험료)의 계산서를 제출하며, 당해 경매절차비용은 경매법원에서 직권으로 계산하여 배당하게 되므로 채권금액에 포함할 필요는 없다.

☞ 준비서류

－배당표 및 집행비용계산서 등본 교부신청서 및 각 등본 영수증
－채권증서 부기환부신청서 및 영수증(배당금을 수령해도 채권전액을 회수할 수 없는 경우)
－채권원인증서 및 근저당권설정계약서, －배당금 수령 영수증
－배당금 수령에 관한 위임장 2부(위임사항 : 배당금수령,배당표 등본 및 집행비용계산서 등본 교부신청 및 수령, 채권증서 부기환부신청 및 부기문 수령 등 배당금 수령과 관련된 일체의 행위)
－대표이사 인감증명서 2부, －지배인 등기부초본 2부, －지배인 사용인감계 2부
－대리인의 인장 및 주민등록증

☞ 서류제출시 유의사항

○ 당해 배당으로 채권이 완제되지 않는 경우
－ 채권원인증서 사본을 배당법원 경매계에 제출하고 채권원인증서 원본에는 배당내용을 부기한 후 반환 받는다.
－ 부기문 부여신청과 약속어음반환신청을 하여 부기문 1부와 약속어음은 배당내용을 부기한 후 반환받는다.

○ 공동담보로 근저당권을 설정한 후 공동담보 물건 중 일부에 대하여 경매실행하고 공동저당을 설정한 다른 담보가 남아있는 경우에는 근저당설정계약서에 경락 된 내용을 부기하여 환부 받는다.(근저당권설정계약서 사본을 경매계에 제출)

4) 경매기록열람 및 의견진술

배당기일통지서가 접수되면 경매기록을 열람하여 작성된 배당표의 적정성 여부를 검토하여 이상이 있거나 이의가 예상되는 부분에 대해 배당법원에 배당에 관한 의견을 제출한다.

☞ 배당요구의 적정성 판단 및 조치사항

○ 임의경매에서 선순위 배당 요구권자와 다툼이 예상되는 경우는 다음의 경우가 대부분이다
① 주택임대차보호법에서 정한 임차권자, ② 근로기준법에서 정한 임금채권자, ③ 조세권자,

○ 확인 및 조치사항
① 당사의 채권에 우선하는 실체적 권리의 유무와 우선하는 범위
② 실체적 권리가 있는 경우 경매절차에 적합한 절차를 취하였는지 여부(배당요구종기일까지 권리신고 및 배당요구 하였는지)
<배당요구 여부는 경매기록의 열람을 통하여 확인할 수 있으나 실체적 권리여부와 우선하는 범위는 불명확한 경우가 많고 다툼이 있는 경우 종국적으로는 배당이의 소송에서 확정된다.>

③ 배당표에 대하여 다툼이 있을 것으로 예상되는 경우에는 이의가 예상되는 부분을 설명(필요 시

제반 서류를 첨부한 의견서 제출)하여 향후 배당 또는 배당이의소송에서 유리한 위치를 차지할 수 있도록 하여야 한다.

④ 즉 배당이의를 하는 자는 소송절차에서 입증책임 및 송달(임금채권에 대하여 금융기관 등 채권자가 배당이의를 하면 다수의 임금채권에 대한 송달곤란으로 소송경제 측면에서 볼 때 실익을 기대하기 어려움)을 위한 주소 보정 등 많은 부담을 지게 되므로 다툼이 종국적으로 배당이익소송을 통하여 해결될 것으로 판단되는 경우에도 이의가 있는 부분이 나에게 배당되는 것으로 배당표가 작성되도록 유도하여, 상대방이 소송을 제기하고 나는 피고의 입장에서 동 소송에 응소하는 방향으로 진행될 수 있도록 노력하여야 한다.

2. 배당실시

배당할 금액

다음의 금액이 배당할 금액이 된다.

① 매수신청의 보증금을 포함한 매각대금

② 매수인이 납부한 대금지급기일로부터 대금 지급 시까지의 지연이자

③ 전 최고가매수인의 매수보증금

④ 매각허가결정에 대한 항고보증금

3. 배당기일의 업무처리

배당금 수령을 위한 준비서류를 가지고 경매법원에 출석하여 다음과 같이 배당절차에 임한다.

1) 배당표의 검토 및 이의진술

배당표의 다음사항을 검토하여 이의가 있는 경우에 구두로 이의 있음을 진술한다.

① 배당 받아야 할 금액의 정확여부

- 매각대금(매수신고보증금 포함)
- 매수인이 재매각 3일전까지 대금지급을 한 경우, 동 대금지급기일로부터 대금을 지급한 날까지의 이자
- 채무자와 소유자의 매각허가결정에 대한 항고가 기각된 경우의 보증금
- 재매각시 전매수인의 매수보증금

② 배당의 순위 및 금액의 정확 여부 : 배당순위는 전술한 배당순위에 의하여 판단하고, 배당금액은 기록을 열람하여 확인한다.

☞ 배당이의 경우 법원의 처리

○ 이해관계인이 이의를 정당하다고 인정하거나 다른 방법으로 합의한 경우에는 배당표를 경정하여 배당을 실시한다.

○ 이의가 완결하지 아니한 때에는 이의 없는 부분에 한하여 배당을 실시한다. 이때 이의 있는 부분은 공탁하고 배당이의의 소의 결과에 따라 배당한다.

○ 채권자가 배당기일에 출석하지 아니하면 배당표 실시에 동의한 것으로 간주하며,배당일 전에 서면으로 이의를 하였더라도 배당기일에 출석하여 판사 앞에서 구두로 이의를 제기 하지 아니하면 이의의 효력이 없다.

2) 배당이의 소 제기

이의 있음을 진술한 경우 채권자는 배당이의의 소를 제기한 사실을 배당기일로부터 7일의 기간 내에 법원에 증명하여야 하므로 내가 배당이의를 한 경우에는 소를 할 것인지를 검토하여 소장을 제출하고`소제기증명원`을 발부 받아 집행법원(경매계)에 소제기신고서와 함께 제출하여야 한다. 배당이의 소를 제기한 원고가 최초 변론기일에 불 출석한 경우에는 소가 각하되므로 주의하여야 한다.

3) 경매와 주택임차인

① 대항력 있는 임차인

선순위 권리자가 없는 상태에서 주택의 인도 및 주민등록 전입신고를 마친 임차인은 매수인

의 주택인도청구에 대하여 임차보증금 반환청구로 대항할 수 있다.

② 최우선 변제권 있는 임차인(소액임차인)

경매개시결정 등기 전까지 주택의 인도 및 주민등록 전입신고를 마친 임차인은 다음과 같이 최우선 배당받을 수 있으나 소액임차인들의 총 배당액은 주택가액의 1/2을 초과할 수 없다. 주택의 점유와 주민등록요건은 배당요구종기일까지 계속 구비하고 있어야 한다.

③ 우선변제권 있는 임차인

주택의 인도 및 주민등록전입신고를 마친 임차인이 임대차계약서상 확정일자를 받고 배당요구종기일까지 주택의 점유와 주민등록요건을 갖추고 있는 경우 배당절차에서 배당 받을 수 있다. 저당권자 및 등기한 전세권자와의 우선순위결정은 등기일자와 위 3가지 요건(주택인도, 전입일 익일, 확정일자) 중 가장 늦은 일자를 비교하여 결정한다.

④ 근로자의 우선변제권

근로자의 최종 3개월분의 임금, 최종 3년간의 퇴직금(근로기준법 제38조에서 삭제되면서 2007. 7. 1. 근로자퇴직급여보장 법 제11조 제2항으로 이동) 및 재해보상금은 사용자의 총재산에 대하여 질권 또는 저당권에 의하여 담보된 채권, 조세 공과금 및 다른 채권에 우선하여 배당된다.

최종3월개분의 임금채권의 범위는 퇴직의 시기를 묻지 아니하고 사용자로부터 지급받지 못한 최종 3월개분의 임금을 말한다고 할 것이고, 반드시 사용자의 도산 등 사업 폐지 시로부터 소급하여 3월내에 퇴직한 근로자의 임금채권에 한정하지 아니한다.

1997년 12월 24일 개정 시행된 개정된 근로기준법은 질권이나 저당권에 의하여 담보된 채권보다 우선하여 변제 받을 수 있는 퇴직금의 범위를 최종 3년간의 퇴직금으로 제한하고, 퇴직금은 계속 근로년수 1년에 대하여 30일분의 평균임금으로 계산하도록 하였다(개정된 근로기준법 제37조 2, 3항). 다만 퇴직금 우선변제의 범위를 제한하고 있는 동법의 시행 전에 퇴직한 근로자의 경우에는 퇴직금전액 우선변제제도를 도입한 1989년3월29일 이후의 계속 근로년수에 대한 퇴직금을 우선변제의 대상으로 하며(부칙2조1항), 이 법 시행 전에 채용된 근로자로서 이 법 시행 후 퇴직하는 근로자의 경우에는 1989년3월29일 이후부터 이 법 시행 전까지의 계속 근로년수에 대한 퇴직금에 이 법 시행 후의 계속 근로년수에 대하여 발생하는 최종 3년간의 퇴직금을 합산한 금액을 우선변제 받을 수 있도록 하였다.(개정된 근로기준법 부칙 2조 2항). 계속 근로년수 1년에 대하여는 30일분의 평균임금으로 하되 우선변제의 대상이 되는 퇴직금은 250일분의 평균임금을 초과할 수 없다(개정된 근로기준법 부칙 2조 4항).

특히, 사용자의 재산이 제3자에게 양도된 경우에 있어서는 양도인인 사용자에 대한 임금 등 채권의 우선권은 이 재산에 대하여는 더 이상 추구될 수 없고, 양수인의 양수재산에 대하여까지 우선권을 인정할 수는 없고, 사용자가 재산을 취득하기 전에 설정된 담보권에 대하여까지 임금채권의 우선변제권을 인정할 수도 없다.(대법원 1994.1.11자 93다30938 판결)

⑤ 국세 및 지방세

㉠ 조세채권 우선의 원칙

국세 및 지방세의 법정기일이 저당권 설정일 이전인 경우 저당권에 의해 담보되는 채권에 우선한다.

- 국세의 법정기일 : 사례연구 참조
- 지방세의 법정기일 : 사례연구 참조

– 관세의 법정기일

관세미납물품은 자동적으로 관세의 법정담보가 되므로 관세가 최우선적으로 징수되나 당해 물품을 다른 채권자가 압류하여 강제집행하는 경우에도 교부청구 또는 참가압류를 통해 당해 세에 준하여 우선할 수 있다. 다만 당해 물품이 아닌 경우에는 국세의 예에 따른다.

㉡ 당해세 우선의 원칙

국세(상속세, 증여세, 재평가세)와 지방세(재산세, 자동차세, 종합토지세, 도시계획세, 공동시설 세) 단, 취득세, 등록세는 1999.12.31부터 당해세가 아님(헌재 94. 8.31자 91헌가1결정)

◈ 배당금 수령 시 준비사항(법인)

1. 지배인초본 2부
2. 지배인 인감 확인원 2부
3. 대표이사 인감증명 2부
4. 주민등록증(수령자)
5. 법인 사업자등록번호를 숙지할 것.

◈ 배당금 수령절차

1. 배당법정 : 배당표 확인 후 => 지급 지시서 수령

〈채권 전액 만족 시 제출서류〉

1) 근저당설정계약서 원본(공동담보가 미 처분된 경우 환부신청)
2) 채권원인서류 원본 일체 3) 위임장 1부
4) 지배인초본 1부 5) 지배인 인감 확인원 1부
6) 대표이사 인감증명 1부

〈채권 전액 불만족 시 제출서류〉

1) 근저당설정계약서 원본(공동담보가 미 처분된 경우 환부신청)
2) 채권원인서류 사본 일체 3) 위임장 1부
4) 지배인초본 1부 5) 지배인 인감 확인원 1부
6) 대표이사 인감증명 1부 7) 부기환부신청서 1부
8) 부기문 1부 => 부기문 1부는 부기 후 채권원인서류와 함께 환부

2. 보관금계 => 지급명령서 수령

1) 지급지시서(배당법원에서 받은 것에 수임자의 주소, 성명, 주민등록번호 및 위임자의 법인(지점) 사업자등록번호 기재)
2) 위임장 1부 3) 지배인초본 1부
4) 지배인 인감 확인원 1부 5) 대표이사 인감증명 1부
6) 주민등록증

은행 : 지급명령서와 함께 은행에서 송금 후 완료

〈사례연구 17〉 [가압류 후 저당권과 임차인 배당]

1. 말소기준권리는 말소되는 권리 중에서 최 선순위의 권리를 말한다.
2. 전소유자의 가압류
가. 선순위 말소되는 권리가 있는 경우 : 가압류는 말소된다.
나. 전소유자의 압류 – 선순위의 말소권리 존·부에 불구하고 말소된다.–말소권리기준권리이다
3. 배당에서의 주의할 점 : 임차인의 정리 (대항력을 갖춘 임차인)
가. 소액임차인
1) 확정일자 있는 소액임차인 : 최우선변제금은 최우선 배당을 받고 나머지 금액은 확정일자의 날자에 따라 순위배당
2) 확정일자 없는 소액임차인 : 최우선 변제금액만 배당받음.
나. 소액임차인이 아닌 임차인
1) 확정일자 있는 임차인 : 확정일자의 날자에 따라 순위배당.
(최선순위 임차인 : 확정일자 없으면 배당 받지 못하고 대항력만 갖춤. 즉, 매수인 인수)
2) 확정일자 없는 임차인 : 배당에서 완전 배제, 배당 후 잉여금이 있으면 소유자에게 배당
가압류권자의 채권액 안분배당
자기의 후순위권리자 및 동순위의 권리자(다른 가압류권리자)의 총 채권을 합한 금액비율로 배당한다. 이 경우 확정일자 없는 임차인(아래③ 4,000만원 임차인) 은 배당 시 제외함.
4. 경매배당분석(예 : 서울지역 다중주택으로 권리자들의 배당금액은?)
⇒매각금액 4억원, 경매비용 4백만원

①	저당권	1994.01.10.	채권최고액	2억원
②	확정일자부 임차인	1994.05.10.	전입 및 이사 / 확정일자 유	5,000만원
③	중간임차인	1997.09.22.	전입 및 이사 / 확정일자 무	4,000만원
④	가압류	2001.10.11.		1억2천만원
⑤	확정일자부 임차인	2002.07.20.	전입 및 이사 / 확정일자 유	2,000만원
⑥	확정일자부 임차인	2002.10.12.	전입 및 이사 / 확정일자 유	3,000만원

(단위 : 원)

배당순서	배당권리 / 방법	배당액	잔 액
0순위	경매비용	4,000,000원	396,000,000원
1순위	⑤ 번 임차인/최우선배당	7,000,000원	389,000,000원
2순위	① 번 저당권/순위배당	200,000,000원	189,000,000원
3순위	② 번 임차인/순위배당	50,000,000원	139,000,000원
	③ 번 임차인/무배당	0원	139,000,000원
4순위	④ 번 가압류/안분배당	102,331,288원	36,668,712원
5순위	⑤ 번 임차인/순위배당	13,000,000원 (소액 7백만원 나머지)	23,668,712원
6순위	⑥ 번 임차인/순위배당	23,668,712원	0원

〈사례연구 18〉 [배당표에 대한 이의 · 공탁 · 추가배당]

배당기일에 출석한 채무자 및 각 채권자는 배당표의 작성, 확정 및 실시와 다른 채권자의 채권 또는 그 채권의 순위에 대하여 이의를 할 수 있다. 다만 채권자는 자기의 이해와 관계되는 범위안에서 이의를 할 수 있고 채무자는 민사집행법 제149조 제1항에 따라 법원에 배당표 원안이 비치된 이후 배당기일이 끝날 때까지 서면으로 이의를 할 수 있다.

1. 배당표에 대한 이의

1) 채무자의 이의

배당기일에 출석한 채무자는 채권자의 채권 또는 그 채권의 순위에 대하여 이의할 수 있을 뿐만 아니라, 법원에 배당기일의 3일전에 배당표원안이 비치된 이후 배당기일이 끝날 때까지 채권자의 채권 또는 그 채권의 순위에 대하여 서면으로 이의할 수 있다.

민사집행법은 위와 같이 채무자가 이의하는 경우에는 배당기일에 출석하여 이의하는 방법 외에도 법원에 배당표원안이 비치된 이후 배당기일이 끝날 때까지 서면으로 이의를 할 수 있도록 규정하고 있다. 여기서 말하는 채무자는 임의경매에 있어서는 집행채무자 뿐만 아니라 담보부동산의 소유자를 포함하는 개념이다.

2) 채권자의 이의

배당기일에 출석한 채권자는 자기의 이해에 관계되는 범위 안에서는 다른 채권자를 상대로 그의 채권 또는 그 채권의 순위에 대하여 이의할 수 있다. 채권자는 채무자와는 달리 서면에 의한 이의는 할 수 없고 반드시 배당기일에 출석하여 이의를 진술하여야 한다.

2. 공 탁

집행법원은 배당을 받아야 할 채권자의 채권에 대하여 다음의 사유가 있으면 그에 대한 배당액을 공탁한다.

〈경매사건에서 배당금을 공탁해야 하는 사유〉

① 채권에 정지조건 또는 불확정기한이 붙어 있는 때
② 가압류채권자의 채권인 때
③ 강제집행의 일시 정지를 명한 취지를 적은 재판의 정본 및 담보권 실행을 일시 정지하도록 명한 재판의 정본이 제출되어 있는 때
④ 저당권설정의 가등기가 마쳐져 있는 때
⑤ 배당이의의 소가 제기된 때
⑥ 민법 제340조 제2항 및 같은 법 제370조에 따른 배당금액의 공탁청구가 있는 때
⑦ 채권자가 배당기일에 출석하지 아니한 때

3. 공탁금에 대한 추가배당 실시사유

채권자에 대한 배당액을 공탁한 뒤 공탁사유가 소멸한 때에는 법원은 공탁금을 지급하거나 공탁금에 대한 배당을 실시하여야 한다. 민사집행법 제161조 제2항은 가압류채권자의 채권 등의 경우 공탁에 관련된 채권자에 대하여 배당을 실시할 수 없게 된 때 등의 경우에는 법원은 배당에 대하여 이의를 제기하지 아니한 채권자를 위하여서도 배당표를 바꾸도록 규정하고 있다. 따라서 이러한 경우 추가배당을 하게 된다. 민사집행법이 위와 같이 추가배당을 규정한 것은 배당금으로 채권을 전액 변제 받지 못한 채권자가 있음에도 불구하고 그 공탁금을 채무자에게 지급하는 것은 부당하다는

비판을 받아들인 것이다.

〈추가배당 사유〉

① 채권에 정지조건 또는 불확정기한이 붙어 있는 때 내지 저당권설정의 가등기가 마쳐져 있는 때의 사유에 따른 공탁에 관련된 채권자에 대하여 배당을 실시할 수 없게 된 때
② 배당이의의 소가 제기된 때의 사유에 따른 공탁에 관련된 채권자가 채무자로부터 제기 당한 배당이의의 소에서 패소한 때
③ 민법 제340조 제2항 및 같은 법 제370조에 따른 배당금액의 공탁청구가 있는 때의 사유에 따른 공탁에 관련된 채권자가 저당물의 매각대가로 부터 배당을 받은 때

〈사례연구 19〉 [경매사건에서의 국세와 지방세의 법정기일]

경매배당금 수령 시 국세와 지방세는 해당 법정 기일과 담보권의 설정일자와의 우선순위를 기준으로 배당순위가 정해진다.

1. 국세의 법정기일

가. 과세표준과 세액의 신고에 의하여 납세의무가 확정되는 국세에 있어서 신고한 당해 세액에 대하여는 그 신고일
나. 과세표준과 세액을 정부가 결정·경정 또는 수시부과결정 하는 경우에 고지한 당해 세액에 관하여는 그 납세고지서의 발송일
다. 원천징수의무자 또는 납세조합으로부터 징수하는 국세와 인지세에 있어서는 상기 1항 및 2항의 규정에 불구하고 그 납세의무의 확정일
라. 제2차 납세의무자(보증인을 포함한다)의 재산에서 국세를 징수하는 경우에는 국세징수법 제12조의 규정에 의한 납부통지서의 발송일
마. 양도담보재산에서 국세를 징수하는 경우에는 국세징수법 제13조의 규정에 의한 납세통지서의 발송일
바. 국세징수법 제24조 제2항의 규정에 의하여 납세자의 재산을 압류하는 경우에 그 압류와 관련하여 확정된 세액에 대하여는 1항 내지 5항의 규정에 불구하고 그 압류 등기일 또는 등록일

2. 지방세의 법정기일

가. 과세표준과 세액의 신고에 의하여 납세의무가 확정되는 지방세에 있어서 신고한 당해 세액에 대하여는 그 신고일
나. 과세표준과 세액을 지방자치단체가 결정.경정 또는 수시 부과 결정하는 경우에 고지한 당해 세액에 대하여는 그 납세고지서의 발송일
다. 특별징수의무자로부터 징수하는 지방세에 있어서는 1항 및 2항의 규정에 불구하고 그 납세의무의 확정일
라. 지방세법 제36조 제1항의 규정에 의한 양도담보재산 또는 제2차 납세 의무자(보증인을 포함한다)의 재산에서 지방세를 징수하는 경우에는 납부통지서의 발송일
마. 지방세법 제28조 제2항의 후단의 규정에 의하여 납세자의 재산을 압류한 경우에 그 압류와 관련하여 확정된 세액에 대하여는 1항 내지 4항의 규정에 불구하고 그 압류 등기일 또는 등록일

9. 배당절차(상세연구)

9-1. 배당절차(상세연구)

1. 배당절차

1) 법원은 매각대금, 각 채권자의 채권원금, 이자, 비용, 배당의 순위, 배당의 율 등을 기재한 배당표를 작성하고 배당기일 3일전에 법원에 비치하여 채권자와 채무자가 열람할 수 있도록 하고 배당기일에는 이해관계인 및 배당을 요구한 채권자를 소환하여 이의여부를 조사한 후 배당표를 확정한다. 따라서 배당기일 2일전에는 경매기록 및 배당표 열람신청을 하여 배당표 작성의 적정여부를 사전 검토하여 이상이 있는 경우에는 경매담당 공무원에게 의견을 진술한다.

2) 배당기일에 배당에 이의 있는 경우에는 구두로 이의신청을 하고(반드시 배당기일에 출석하여 구두로 이의신청) 배당기일로부터 7일 이내에 이의를 받은 채권자를 상대로 배당이의의 소를 제기하여 동 소의 소제기증명원을 배당법원에 제출하여야 한다. 이 경우 배당이의의 소송이 완결될 때까지 이의 제기된 배당금은 법원에 공탁된다.

3) 배당기일전의 채권계산서 제출

배당기일 소환장이 접수되면 소환장에 명시된 기일까지 경매법원에 도착될 수 있도록 채권계산서를 제출하되. 원금, 배당기일까지의 이자, 기타 부대채권(화재보험료)의 계산서를 제출하며, 당해 경매절차비용은 경매법원에서 직권으로 계산하여 배당하게 되므로 채권금액에 포함할 필요는 없다.

☞ **준비서류(법인의 경우)**
- 배당표 및 집행비용계산서 등본 교부신청서 및 각 등본 영수증
- 채권증서 부기환부신청서 및 영수증(배당금을 수령해도 채권전액을 회수할 수 없는 경우)
- 채권원인증서 및 근저당권설정계약서
- 배당금 수령 영수증
- 배당금 수령에 관한 위임장 2부(위임사항 : 배당금수령, 배당표 등본 및 집행비용계산서 등본 교부신청 및 수령, 채권증서 부기환부신청 및 부기문 수령 등 배당금 수령과 관련된 일체의 행위)
- 대표이사 인감증명서 2부
- 지배인 등기부초본 2부
- 지배인 사용인감계 2부
- 대리인의 인장 및 주민등록증

☞ **서류제출 시 유의사항**

○ 당해 배당으로 채권이 완제되지 않는 경우
- 채권원인증서 사본을 배당법원 경매계에 제출하고 채권원인증서 원본에는 배당내용을 부기한 후 반환 받는다.
- 부기문 부여신청과 약속어음반환신청을 하여 부기문 1부와 약속어음은 배당내용을 부기한 후 반환 받는다.

○ 공동담보로 근저당권을 설정한 후 공동담보 물건 중 일부에 대하여 경매실행하고 공동저당을 설정한 다른 담보가 남아있는 경우에는 근저당설정계약서에 매각된 내용을 부기하여 환부 받는다. (근저당권설정계약서 사본을 경매계에 제출)

※ 개인의 경우는 본인 주민등록증과 도장(인감도장 불필요), 임대차계약서, 주민등록등본 상가인 경우는 등록사항 등의 현황서(대리인에 위임시에는 대리인의 인장 및 주민등록증과 위임장 2부(본인 인감날인분)와 본인 인감증명서 2부 추가로 가져가야 한다.

4) 경매기록열람 및 의견진술

배당기일통지서가 접수되면 경매기록을 열람하여 작성된 배당표의 적정성 여부를 검토하여 이상이 있거나 이의가 예상되는 부분에 대해 배당법원에 배당에 관한 의견을 제출한다.

☞ **배당요구의 적정성 판단 및 조치사항**

○ 임의경매에서 선순위 배당요구권자와 다툼이 예상되는 경우는 다음의 경우가 대부분이다

① 주택임대차보호법에서 정한 임차권자
② 근로기준법에서 정한 임금채권자
③ 조세권자

○ 확인 및 조치사항

① 당사의 채권에 우선하는 실체적 권리의 유무와 우선하는 범위
② 실체적 권리가 있는 경우 경매절차에 적합한 절차를 취하였는지 여부(배당요구종기일까지 배당 요구하였는지)

※ 배당요구 여부는 경매기록의 열람 또는 대법원>법원경매정보>경매물건>사건내역>물건내역>상세내역>매각물건내역서에서 확인할 수 있으나 실체적 권리여부와 우선하는 범위는 불명확한 경우가 많고 다툼이 있는 경우 종국적으로는 배당이의 소송에서 확정된다.

③ 배당표에 대하여 다툼이 있을 것으로 예상되는 경우에는 이의가 예상되는 부분을 설명(필요시 제반서류를 첨부한 의견서 제출)하여 향후 배당 또는 배당이의소송에서 유리한 위치를 차지할 수 있도록 하여야 한다.

④ 즉 배당이의를 하는 자는 소송절차에서 입증책임 및 송달(임금채권에 대하여 내가 배당이의를 하면 다수의 임금채권에 대한 송달곤란으로 소송경제 측면에서 볼 때 실익을 기대하기 어려움)을 위한 주소보정 등 많은 부담을 지게 되므로 다툼이 종국적으로 배당이익소송을 통하여 해결될 것으로 판단되는 경우에도 이의가 있는 부분이 나에게 배당되는 것으로 배당표가 작성되도록 유도하여, 상대방이 소송을 제기하고 나는 피고의 입장에서 동 소송에 응소하는 방향으로 진행될 수 있도록 노력하여야 한다.

2. 배당실시(배당순위)

1) 배당할 금액

다음의 금액이 배당할 금액이 된다.

1. 매수신청의 보증금을 포함한 낙찰대금
2. 매수인이 납부한 대금지급기일로부터 대금지급시까지의 지연이자(연20%)
3. 전매수신고인의 매수보증금
4. 매각허가결정에 대한 항고보증금(매각대금의 10%)

2) 배당순위

배당순위의 결정

⇒ 각 채권자는 민법·상법, 그 밖의 법률에 의한 우선순위에 따라 배당순위가 정하여 진다(민집145조2항)

각 채권자의 배당순위를 아래와 같이 3가지로 나누고 있으나 전반적인 경매 매각대금의 배당순위는 다음과 같다.

① 매각재산에 조세채권의 법정기일 전에 설정된 저당권·전세권에 의하여 담보되는 채권이 있는 경우(대부분의 경우 조세 법정기일보다 설정이 앞서므로 근저당이 우선 배당받는다)
② 매각재산에 조세채권의 법정기일 후에 설정된 저당권·전세권에 의하여 담보되는 채권이 있는 경우(법정기일이 설정보다 앞선 경우로 4-1순위를 참조하면 된다)
③ 저당권 등에 의하여 담보되는 채권이 없는 경우 주로 조세채권의 선·후)

순 위	해 당 채 권	주)	관련 법규
제1순위 (비용변제)	집행비용	주1	민사집행법 제53조① 항
제2순위 (비용변제)	저당물의 제3취득자가 그 부동산의 보존·개량을 위하여 지출한 필요비, 유익비(물상보증인 인정 안 함)	주2	민법 제367조
제3순위(최우선변제 : 소액보증금 임금채권)	① 소액임차보증금채권 ② 최종 3개월 분 임금과 최종 3년간의 퇴직금 및 재해보상금⇒이들 채권이 서로 경합하는 경우 동등한 순위의 채권으로 보아 배당한다.	주3	임금은 근로기준법 제38조② 항 퇴직금은 근로자퇴직급여보장법 제11조② 항
제4순위 (당해세 변제)	당해세. 집행의 목적물에 대하여 부과된 국세, 지방세와 가산금(이른바 당해세로 재산세, 자동차세, 종합토 지세, 도시계획세, 공동시설세 등) ⇒단, 1996. 1.1이전 설정된 근저당권의 피담보 채권에는 우선 못하나 압류선착주의 와는 무관	주4	국세기본법 제35조 ① 항3호 지방세법 제31조 ③ 항3호
제4－1순위(법정기일 빠른변제)	① 법정기일이 저당보다 앞서는 조세(교부청구일이 설정등기보다 늦어도) ② 조세 다음 순위의 공과금 중 납부기한이 저당권·전세권의 설정등기보다 앞서는 국민건강보험법상의 건강보험료, 국민연금법상의 연금보험료 및 구 국민의료보험상의 의료보험료(그러나 납부기한이 설정일자 보다 앞섰더라도 사전 압류 조치 없는 가운데 소유권이전 후 교부청구 시 무배당) ⇒등기부에 압류선착주의 : 당해세가 아닌 조세 채권자들 사이에서는 등기부상 압류 조치한 조세가 늦게 교부 청구한 다른 조세(법정기일이 빨라도 마찬가지)보다 우선 배당한다.	주4－1	
제5순위 (설정변제)	국세 및 지방세의 법정기일 전에 설정 등기된 ① (근)저당권· 전세권에 의하여 담보되는 채권 ② 확정일자를 갖추거나 임차권 등기된 주택 또는 상가건물의 임차보증금반환채권은 저당권부 채권과 같은 성질의 채권으로 취급한다. ⇒다만 임차권 등기된 경우 그 등기 전에 대항요건과 확정일자를 모두 갖춘 경우에는 등기된 때가 아니라 위 요건을 모두 갖춘 때의 수위가 인정된다.	주5	민법 제35조 가등기담보등에관한법률 제13조 민법 제303조① 항 주택임대차보호법 제3의3조⑤ 항 및 상가건물임대차보호법 제6조⑤ 항
제6순위(일반임금채권 변제)	(최종 3개월 분 임금과 최종 3년간의 퇴직금 및 재해보상금을 제외한) 일반 임금, 기타 근로관계로 인한 채권	주6	
제7순위(법정기일 늦은 변제)	법정기일이 저당보다 늦은 조세 국세·지방세 및 이에 관한 체납처분비, 가산금 등의 징수금	주7	국세기본법 제35조① 항3호 지방세법 제31조③ 항3호

제8순위 (공과금 변제)	국세 및 지방세의 다음순위로 징수하는 공과금 중 ① 고용보험료 및 산업재해보상보험료 ② 국민건강보험료・국민연금보험료・의료보험료는 납부기한과 관련하여 예외조항 있음(즉, 근저당권, 전세권보다 납부기한이 앞서는 경우 선배당) ⇒공과금은, 대부분 설정, 조세채권보다 후순위이며 일반채권보다는 선배당한다. 그러나 설정보다 먼저 등기부상 압류 하였다면 선배당한다.	주8	(고용보험 및 산업재해보상의 보험료징수 등에 관한 법률 제28조① 항 국민건강보험법 제70조 국민연금법 제79조 구, 국민의료보험법 제56조 ③ 항 & 제58조
제9순위 (보통변제)	① 일반채권(일반채권자에 의한 채권과 재산형・과태료 및 국유재산법상의 사용료・대부료・변상금채권)	주9	민사집행법 제60조, 형사소송법 제477조① 항, 비송절차법 제249조 ① 항 국유재산법 제25조 ③ 항, 제38조② 항, 제51조③ 항

주1) 가압류를 본 압류로 이전한 경우에는 가압류비용도 집행비용에 포함한다.(대법원 2006.11.24선고 2006 35223판결)

주2) 비용상환청구권은 물상보증인은 담보 제공한 자로써 자신의 소유물에 대한 지출이므로 이를 인정하지 않으나(대법원 1959. 5.14 선고 4291호, 민상302판결) 제3취득자는 그 부동산의 가치를 유지, 증가를 위하여 지출한 공익비용일 뿐만 아니라 경매의 결과 그 권리를 상실하게 되므로 특별히 우선적으로 이를 인정한다(민법 제367조).
유익비란 임차인이 입주하면서 임대차계약서상 이행한 가스보일러 시설 금액 등 그러나 전세계약서 상 원상회복특약은 유익비상환청구권 포기조항이다.

주3) 소액임차보증금과 최종3개월분의 임금과 최종 3년 간의 퇴직금 등의 최우선변제권은 서민보호라는 사회정책적 입장에서 민법에 특례를 정한 것이고, 소액임차보증금과 최종3개월분의 임금 등 상호간에는 동 순위로 안분 배당한다(1991. 4.10 송민 91－2 송무예규).

주4) 당해세는 집행의 목적물에 대하여 부과된 국세, 지방세와 가산금이다. 국세는 상속세, 증여세, 재평가세가 당해세이고, 지방세는 재산세(취득세는 아님), 자동차세, 도시계획세, 공동시설세 및 지방교육세(재산세와 자동차세분에 한한다)가 당해세이다(지방세법시행령 14의4)

주4－1) 저당과 조세간의 우선순위는 저당의 설정등기일과 조세의 법정기일의 선후에 의한다(국세기본법 제35조①, 지방세법 제31조②)
법정기일은(국세기본법 제35조 제① 항) 신고 납부하는 국세(법인세, 부가세 등)는 그 신고일, 고지 납부하는 국세(소득세, 증여세 등)는 그 납세고지서 발송일이며, 확정 전 보전 압류한 경우에는 압류등기일이다.
부동산이 양도되어 제3자가 소유권을 취득한 경우, 양도 이전의 양도인의 체납조세는 압류하지 않는 이상 매각대금에서 우선배당 받을 수 없고(대법원 1998. 8.21 선고 98다 24396판결), 저당 후 양도된 경우 양수인인 제3자에게 부과된 조세는 그 법정기일이 저당의 설정등기일보다 앞서더라도 저당에 대하여는 우선권이 없다(대법원 1972. 1.31 선고 71다 2266판결).

주5) 저당권, 가등기담보권, 전세권, 확정일자부 임차보증금은 동 순위로서 각 등기의 설정등기일과 확정일자(대항요건을 하루 전에 갖춘 경우)의 선후에 의한다. 임차권등기를 한 보증금채권은 저당권채권과 같은 성질의 채권으로 취급하나, 그 등기 전에 대항요건과 확정일자를 모두 갖춘 경우에는 등기한 때가 아니라 위 요건을 모두 갖춘 때의 순위가 인정된다(주택임대차보호법 제3의 3⑤ 항, 상가건물임대차보호법 제6조⑤ 항).

주6)~주7) 임금은 조세보다 우선하나 조세가 저당보다 우선한 때에는 그러하지 아니하다(근로기준법 제37조①). 따라서 저당이 조세보다 우선하는 경우에는 근저당>임금>조세 순으로 배당하나, 조세가 저당보다 우선하는 경우에는 조세>근저당>임금 순으로 배당한다.

주8) 체납처분의 예에 따라 징수되는 공과금 즉, 산업재해보상보험료, 국민건강보험료, 국민연금보험료, 고용보험료, 의료보험료, 국민의료보험료는 조세 다음으로 배당한다(국세징수법 2 ⅷ, 지방세법 제3조①). 다만 납부기한이 저당의 설정등기일보다 앞서는 구 국민의료보험상의 의료보험료, 국민건강보험법상의 건강보험료 및 국민연금법상의 연금보험료는 저당보다 우선하여 조세>공과금>근저당 순으로 배당한다

주9) 일반채권자의 채권과 재산형, 과태료 및 국유재산법상의 사용료, 대부료, 변상금은 일반채권으로 채권자평등의 원칙에 따라 안분 배당한다. 집행력있는 정본에 의한 채권이나 가압류채권은 일반채권자로서만 배당 받았으나, 배당표확정시까지 우선변제권있는 채권임을 소명한 때에는 우선 배당한다(대법원 2002. 5.14 선고 2002다 4870 판결). 따라서 우선변제권있는 채권이라는 사실의 소명은 배당이의가 있는 경우에는 사실심 변론종결시까지 배당이의가 없는 경우에는 배당기일의 실시가 끝날 때까지 하면 된다.

그리고 가압류채권자는 각 채권액 비율로 평등 배당 시 일반채권의 경우 배당요구채권자는 채무명의를 득하여야 하며, 채무명의를 득하지 아니한 경우 배당요구종기일까지 경매부동산을 가압류 신청 후 경매법원에 채권신고 및 배당요구한다면 배당절차에서 가압류금액만큼(경합되는 경우 가압류금액 비율로 안분) 배당 시 가배당 받을 수 있고, 배당절차 종료 후 점유권원(채무명의 등)을 득하여 공탁된 가배당 금액을 수령할 수 있으므로 회수 가능성 있는 부동산에 대하여서는 즉시 가압류 및 배당 요구하여야 한다.

3. 배당기일의 업무처리

배당금 수령을 위한 준비서류를 가지고 경매법원에 출석하여 다음과 같이 배당절차에 임한다.

1) 배당표의 검토 및 이의진술

배당표의 다음사항을 검토하여 이의가 있는 경우에 구두로 이의 있음을 진술한다.

① 배당 받아야 할 금액의 정확여부
- 매각대금(매수신고보증금 포함)
- 매수인이 재매각기일 3일전까지 대금지급을 한 경우, 동 대금지급기일로부터 대금을 지급한 날까지의 이자(연20%)
- 채무자와 소유자의 매각허가결정에 대한 항고가 기각된 경우의 보증금(매각대금의 10%)
- 재매각시 전매수인의 매수보증금

② 배당의 순위 및 금액의 정확 여부 : 배당순위는 전술한 배당순위에 의하여 판단하고, 배당금액은 기록을 열람하여 확인한다.

☞ **배당이의 경우 법원의 처리**

○이해관계인이 이의를 정당하다고 인정하거나 다른 방법으로 합의한 경우에는 배당표를 경정하여 배당을 실시한다.

○이의가 완결하지 아니한 때에는 이의 없는 부분에 한하여 배당을 실시한다. 이때 이의 있는 부분은 공탁하고 배당이의의 소의 결과에 따라 배당한다.

○채권자가 배당기일에 출석하지 아니하면 배당표 실시에 동의한 것으로 간주하며, 배당일전에 서면으로 이의를 하였더라도 배당기일에 출석하여 판사 앞에서 구두로 이의를 제기하지 아니하면 이의의 효력이 없다.

2) 배당이의 소 제기

이의 있음을 진술한 경우 채권자는 배당이의의 소를 제기한 사실을 배당기일로부터 7일의 기간 내에 법원에 증명하여야 하므로 당사에서 배당이의를 한 경우에는 소를 할 것인지를 검토하여 소장을 제출하고`소제기증명원`을 발부 받아 집행법원(경매계)에 소제기신고서와 함께 제출하여야 한다. 배당이의 소를 제기한 원고가 최초 변론기일에 불출석한 경우에는 소가 각하되므로 주의하여야 한다.

3) 경매와 주택임차인

① 대항력 있는 임차인

선순위 권리자가 없는 상태에서 주택의 인도 및 주민등록 전입신고를 마친 임차인은 매수인의 주택인도청구에 대하여 임차보증금 반환청구로 대항할 수 있다.

② 최우선변제권 있는 임차인(소액임차인)

경매개시결정 등기 전까지 주택의 인도 및 주민등록 전입신고를 마친 임차인은 다음과 같이 최우선 배당 받을 수 있으나 소액임차인들의 총배당액은 주택가액의 1/2을 초과할 수 없다. 주택의 점유와 주민등록요건은 배당요구종기일까지 계속 구비하고 있어야 한다. (상가는 건물의 인도와 사업자등록, 1/3초과 못함)

③ 우선변제권 있는 임차인

주택의 인도 및 주민등록전입신고를 마친 임차인이 임대차계약서상 확정일자를 받고 배당요구종기일까지 주택의 점유와 주민등록요건을 갖추고 있는 경우 배당절차에서 배당 받을 수 있다. 저당권자 및 등기한 전세권자와의 우선순위결정은 등기일자와 위 3가지 요건(주택 인도, 전입일 익일, 확정일자) 중 가장 늦은 일자를 비교하여 결정한다.

대항력과 우선변제권 있는 선순위 임차인은 배당절차에 참가하여 배당금을 수령하거나 또는 경락인을 상대로 주택인도 조건으로 임차보증금의 반환을 청구하든지 선택하여 행사할 수 있으나, 경매법원의 실무상

㉠ 배당요구종기일 전에 배당요구를 하지 않은 대항력과 우선변제권 있는 선순위 임차인에 대하여는 배당 실시를 하지 않으며

㉡ 배당요구를 한 대항력과 우선변제권 있는 선순위 임차인이 매각기일 이후 배당요구를 철회는 불가 한다.

4) 근로자의 우선변제권

근로자의 최종 3개월 분의 임금과 최종3년간의 퇴직금 및 재해보상금은 사용자의 총재산에 대하여 질권 또는 저당권에 의하여 담보된 채권, 조세 공과금 및 다른 채권에 우선하여 배당된다. 최종3월분의 임금채권의 범위는 퇴직의 시기를 묻지 아니하고 사용자로부터 지급받지 못한 최종 3월분의 임금을 말한다고 할 것이고, 반드시 이용자의 도산 등 사업 폐지 시로부터 소급하여 3월내에 퇴직한 근로자의 임금채권에 한정하지 아니한다.

5) 국세 및 지방세

① 조세채권 우선의 원칙

국세 및 지방세의 법정기일이 저당권 설정일 이전인 경우 저당권에 의해 담보되는 채권에 우선한다.

② 당해세 우선의 원칙

저당권의 목적인 재산에 대하여 부과된 국세와 가산금 이른바 당해세는 그 저당권설정의 등기 또는 등록이 국세와 가산금의 법정기일 전에 이루어진 경우에도 저당권에 의하여 담보되는 채권보다 우선한다.

6) 기타 배당관련 특기 사항

① 근로자 임금채권, 주택임대차보증금, 압류등기나 참가압류를 하지 않은 조세채권자 등이 배당요구종기일까지 배당요구, 교부청구를 하지 않은 경우 배당에서 제외되어야 한다.

② 법인인 채무자의 대표이사 개인소유 재산이나 물상보증인의 재산에 대하여는 임금채권이 적용되지 않는다.

③ 임차보증금을 배당 받기 위해서는 경매신청기입등기 전날까지 대항요건(주택의 인도와 주민등록의 전입 또는 건물의 인도와 사업자등록)을 갖추어야 하며 그 대항요건은 연기된 배당요구종기일까지 유지되어야 한다.

④ 대항요건 구비일자와 확정일자 부여 일이 다른 경우 그 중 뒤의 날짜가 우선 변제여부의 기준이 된다.

⑤ 임금채권을 배당요구 함에 있어서 확정판결 등 채무명의는 필요하지 않으나 노동부 관할사무소의 체불임금확인서와 임금대장사본, 국민연금보험료 납부사실 확인서 등 소명자료의 제출을 법원에 촉구하여 허위임금채권과 국민연금 퇴직금전환금 등이 우선 배당되지 않도록 하여야 한다.

〈사례연구 1〉 [임금채권 배당]

임금채권자가 경매 신청한 사례로는 창원 2006타경 9879호 강제경매(임금채권자의 경매신청)사건이 있다.

- 임금채권에 대한 지연손해금은 우선변제 대상이 아니므로 배당되지 않도록 하여야 한다.
- 근저당권설정등기가 87.11.28이전에 경료된 경우 근저당권의 피담보채권이 임금채권보다 무조건 우선하므로 유의해야 한다.
- 임금채권에 대하여는 사용자의 재산에 따라 안분 비례하여 분담해야 하므로 우리 회사 담보물에 대해서만 임금채권자들이 채권 신고하여 배당 받은 경우에는 사용자의 다른 부동산의 경매절차에서 임금채권자를 대위하여 안분 비례된 금액을 우선 배당 받아야 한다.

〈사례연구 2〉 [가압류 배당문제]

물건내용 : 경기도 남양주시 토지

① 남양주시 교부청구 1백만원(재산세 : 당해세),
② 강남세무서 교부청구 1백만원(법정기일 : 2000. 6.30)
③ 2000. 7. 7 농협 실 채권 7천만원(채권최고액 84,000천원)
④ 2001. 6.15 홍길동 가압류 5천만원
⑤ 2001.12.17 신한은행 실채권 4천만원(채권최고액 50,000천원)
⑥ 도봉세무서 교부청구 1천만원(법정기일 : 2002.10.31)

임의경매(신청채권자 : 농협)

배당할 금액 : 80,000(집행비용 3,000) (단위 : 천원)

순위	채권자	실채권	배당액	잔여액	사 유	일자	비 고
0	경매비용	3,000	3,000	77,000	집행비용		
1	남양주시	1,000	1,000	76,000	당해세		
2	강남세무서	1,000	1,000	75,000	법정기일이 앞섬	2000. 6.30	
3	농협	70,000	70,000	5,000	근저당권자	2000. 7. 7	
4	홍길동가압류	50,000	0	5,000		2001. 6.15	안분후흡수설이 판례, 실무입장
	신한은행	40,000	2,500	2,500	근저당권자	2001.12.17	
5	도봉세무서	10,000	2,500	0	교부권자	2002.10.31	

배당결과(안분후흡수설) : 가압류 이후의 권리자들 사이에 안분 계산한 후 배당의 우선순위에 따라 흡수관계가 발생하는 경우의 배당

농협 배당 후 나머지 배당금 5백만원으로 안분한 내역(가압류 이후)

홍길동가압류 : (나머지 5,000×50,000÷100,000=안분 2,500)⇒도봉세무서에 흡수당하여 배당금 0원

신한은행(나머지 5,000×40,000÷100,000=안분 2,000)⇒도봉세무서에 500흡수 후 배당금 2,500천원

도봉세무서(나머지 5,000×10,000÷100,000=안분 500)⇒홍길동배당금 2,500흡수 후 배당금 2,500천원

⇒ 도봉세무서 배당금(500천원)은 신한은행에 흡수 배당되고(법정기일보다 설정일자가 우선임)
홍길동의 배당금은 도봉세무서에 흡수당함(조세채권은 일반채권자보다 우선임)

〈사례연구 3〉 [가압류 안분후흡수설]

1. 가압류 A 1,000만원, 저당 B 2,000만원, 가압류 C 3,000만원 순인 경우 배당재단이 3,000만원일 때의 배당은?

실제 배당할 금액	3,000만원		
채권자	가압류 A	저당 B	가압류 C
채권 금액	1,000만원	2,000만원	3,000만원
배당순위	A=B, A=C	B=A, B>C	C=A, C<B
안분배당(배당비율 50%)	500만원	1,000만원	1,500만원
안분 후 흡수	500만원	(+1,000만원) 2.000만원	(−1,000만원) 500만원

주1) 선 가압류와 후 저당은 동 순위이다(대법원 1987. 6. 9 86다카 2570 판결)
주2) 배당순위가 충돌하는 경우(순환관계, 평행관계, 모순관계)에 관하여 통설과 판례는 안분후흡수설에 따른다(대법원 1994.11.29, 자94마 417 결정)

〈사례연구 4〉 [가압류가 근저당권(또는 확정일자부 임차인)보다 최선순위 일 때]

가압류가 근저당권(또는 확정일자부 임차인)보다 선순위이면 안분 배당하여야 한다.

(단위 : 백만원)

순위	채권자	채권액	1차 안분배당	흡수배당	비고
0	경매비용		2		
1	가압류	50	20	20	
2	저당권(또는 확정일자부 임차인)	50	20	50(흡수)	
3	가압류	50	20	10	
4	저당권(또는 확정일자부 임차인)	50	20	20	
5	가압류	50	20	0	
	합 계	200	102 낙찰	100	

〈사례연구 5〉 [배당순위 빈칸 채우기]

배당순위표의 빈칸을 채우시오

순위	해 당 채 권
제1순위	(집행비용)
제2순위	제3취득자의 필요비, 유익비
제3순위	(소액임차보증금), 그리고 근로기준법상의 임금채권 중 최종 (3) 개월간의 임금, 최종 (3) 년간 퇴직금 및 재해보상금
제4순위	(당해세) 즉, 목적물건의 재산세, 자동차세 등이며 취득세,등록세, 면허세는 아님
제4－1순위	법정기일이 저당보다 앞서는 조세
제5순위	(근저당권), 가등기담보권, 전세권, 확정일자부 임차보증금
제6순위	최종 3월분의 임금 및 최종 3년간의 퇴직금, 재해보상금을(제외)한 임금
제7순위	(법정기일)이 저당보다 늦은 조세
제8순위	고용보험료, 산업재해보상보험료, 국민건강보험료, 국민연금보험료, 의료보험
제9순위	일반채권 (집행력 있는 정본에 의한 채권, (가압류)채권 포함) 재산형 과태료, 국유재산법상의 사용료

〈사례연구 6〉 [2001.9.15 전후(설정과 임차인) 배당 4문제]

2001. 9.15 이전에 근저당권자와 임차인들이 혼재하고, 2001. 9.15 이후에도 근저당권자와 임차인들이 혼재한 경우 배당문제를 살펴보자.

문1. (2001.9.15 이전에 근저당권자와 임차인들이 있는 경우이다)

소액보증금 한도의 변동과 선순위 담보물권(안분배당설과 제한적 평등 배당설)에 대하여 알아보자.

소액보증금의 우선변제권을 인정하는 법률이 제정되기 전에 이미 성립한 담보권에 대해서까지 우선변제권의 소급효가 미치는 것이 아님은 당연하다 (대판 1990.7.10.89 다카13155 참조). 또한 주댁임대차보호법 및 같은 법 시행령 부칙 ② 항은 위와 같이 변동되기 전의 담보물건 취득자에 대하여는 종전의 규정에 의하도록 하는 경과규정을 두고 있다. 따라서 현행 법 하에서는 소액임차인에 해당하나 구법하에서는 소액임차인에 해당하지 아니하는데 담보물건은 구법 하에서 발생한 경우에는 구법을 기준으로 소액임차인여부를 판단하여야 하므로 그 담보물권자에 대하여는 소액임차인임을 주장할 수 없다.

예컨대 서울특별시 소재 주택에 1997.1.1. 설정된 근저당권의 권리자 갑, 2001.10.1. 설정된 근저당권의 권리자 을, 1998.1.1. 대항력을 갖춘 보증금 2,500만원의 임차인 병과 보증금 3,500만원의 임차인 정이 있는 경우를 보면, 갑에 대하여 병은 소액임차인임을 주장할 수 있으나 정은 소액임차인임을 주장할 수 없고, 을 에 대하여는 병, 정 모두 소액임차인임을 주장할 수 있으므로 1순위는 병(소액보증금 1200만원), 2순위는 갑, 3순위는 병(소액보증금 증가분 400만원), 정(소액보증금 1600만원)이 된다.

(서울특별시 소재 주택임)

일　자	권리자	채권액 또는 보증금	배당순위 및 배당금
1997. 1. 1	근저당권자 갑		2순위 갑 만족 나머지 2,000만원
1998. 1. 1	임차인 병	대항력을 갖춘 보증금 2,500만원	1순위 병 1,200만원 3순위 병 소액보증금 증가분 400만원
	임차인 정	대항력을 갖춘 보증금 3,500만원	4순위 정 1,600만원
2001.10. 1	근저당권자 을		5순위

그런데 위의 경우에 제2순위인 갑에게 배당하고 남은 잔액이 2,000만원 미만이어서 병과 정의 동 순위(3순위)채권을 동시에 만족시킬 수 없는 경우에는 병과 정에게 평등하게 배당하여야 하는데, 이 경우 구체적인 배당방법에 관하여는 견해가 나뉜다.

일　자	권리자	채권액 또는 보증금	순위 및 소액보증금	배당순위 및 배당금
1997. 1. 1	근저당권자 갑		2순위 갑 만족 후	나머지1,500만원
1998. 1. 1	임차인 병	보증금 2,500만원	1순위1,200만원	(400만원 중) 3순위 300만원
	임차인 정	보증금 3,500만원		(1,600만원 중) 4순위 1,200만원
2001.10. 1	근저당권자 을		5순위	

(안분배당설)

위의 예에서 갑의 2순위 채권에 배당하고 남은 잔액이 1,500만원이라고 가정하면, 하나는 그 1,500만원을 병의 400만원과 정의 1,600만원의 비율로 안분하는 것인데(안분배당설), 이에 따르면 3순위에서 병은 300만원,정은 1,200만원을 배당 받게 되어 병과 정의 최종 배당액은 병은 1,500만원, 정은 1,200만원이 된다.

(제한적 평등 배당설)

다른 하나는, 배당순위가 같고 채권금액이 같다면 평등 배당함이 원칙인데, 병과 정은 현행법상 소액보증금 1,600만원에 대한 동 순위의 소액 임차인이므로 평등 배당함이 원칙이지만, 다만 법과 시행령의 부칙 경과규정에 의하여 갑과 그 갑에게 우선하는 병의 소액보증금 중 일부가 각각 병과 정의 1,600만원인 소액임차인의 배당순위에 앞서게 된 것이므로, 병과 정이 3순위로 평등배당을 받되 병은 그 어떤 경우에도 1순위로 우선 배당 받는 일이 없어야 한다는 제한을 받을 뿐이라고 한다(제한적 평등 배당설). 따라서 이 견해에 의할 경우 3순위 배당에 있어서, 병이 1순위 배당 받은 1,200만원에 달할 때까지 정에게 우선 1,200만원을 배당하고, 남은 잔액 300만원은 다시 병과 정의 1,600만원에 미달하는 각 금 400만원의 비율대로(즉150만원씩) 안분배당하게 되므로, 병과 정의 총 배당액은 각 1,350만원씩이다.

한편 위에서 말하는 담보물권에 저당권이나 가등기담보권은 포함되나 가압류는 포함되지 않는다. 확정일자를 갖춘 임차인이 포함되는지에 대하여는 견해가 나뉘나, 확정일자를 갖춘 임차인은 부동산 담보권자에 유사한 지위에 있다는 판례 (대판 1992.10.13. 92다 30597) 를 근거로 긍정하는 견해가 다수설이다.

– 법원실무제요 민사집행(Ⅱ) 468~469쪽 -

문2. (2001.9.15 이전과 이후에 근저당권자와 임차인들이 있는 경우이다)

– <부동산권리분석과 배당> 손진홍 저 법률정보센타 발췌 –

2001.9.15 이전과 이후에 임차인과 근저당권이 각각 혼재된 경우에 2001. 9.15 이후 근저당과 임차인 배분 중 통상 부족분은 소액보증금을 먼저 선배당하고 나머지를 근저당권자에게 배당한다.(물론, 소액보증금의 합계는 주택인 경우 1/2을 넘지 말아야 한다.)

경매비용 공제 후 배당재단 8,000만원, 서울소재 주택인 경우(모두 배당요구 하였음) 권리자별 배당금은?

해당일자	권리내용 및 채권액	소멸	배 당
1997.11.15	① 번 확정일자부 임차인 20백만원	소멸	1순위 소액보증금12백만원 2순위 순위배당 8백만원
1999.12.20	② 번 근저당권자 40백만원	말소기준	3순위 순위배당 40백만원
2001. 9.17	③ 번 근저당권자 60백만원	소멸	5순위 순위배당 4백만원
2004. 4. 5	④ 번 확정일자부 임차인 35백만원	소멸	4순위 소액보증금 16백만원

②번 근저당권자에 대하여 ①번 확정일자부 임차인은 소액임차인이면서(보증금 3천만원이하 소액보증금 12백만원 최우선변제) 또한 확정일자부 임차인으로(나머지 8백만원 순위배당) 결국 20백만원 배당 받는다. 그 다음 ②번 근저당권자가 40백만원을 배당 받는다. 나머지 배당액이 20백만원인데(공평하게 ③번 근저당권자 10백만원, ④번 임차인 소액보증금 10백만원 배당이 아니고) ③번 근저당권자에 대하여는 ④번 확정일자부 임차인이 소액임차인이므로 ④번 임차인에게 남은 20백만원 중 16백만원을 소액보증금 조로 최우선변제하고 나머지 4백만원은 ③번 근저당권자에게 배당한다.

문3. (2001.9.15 이전과 이후에 근저당권자와 임차인들이 있는 경우이다.)

가압류는 2001.9.15 이후이다.

서울지역, 주택, 매각대금 310백만원, 경매 비용 400만원, 모든 권리자는 배당요구종기일 내에 배당요구하였을 때 권리자 별 배당금은?

일 자	권리자 별 권리내용 및 채권액
1994. 02. 10.	①번 근저당권자 2억원
1994. 05. 10.	②번 확정일자부 임차인 2,000만원 (전입과 동시에 확정일자 있음)
1997. 09. 22.	③번 중간(샌드위치) 임차인 3,000만원(확정일자 없음)
2001. 10. 11.	④번 근저당권자 5,000만원
2002. 07. 20	⑤번 가압류권자 5,000만원
2002. 10. 12.	⑥번 확정일자부 임차인 2,000만원 (전입과 동시에 확정일자 있음)
2003. 10. 05.	⑦번 확정일자부 임차인 2,000만원 (전입과 동시에 확정일자 있음)

(답) **배 당 표** (단위 : 원)

순위	권 리 자	배당방법	배당금액	배당 후 나머지
0순위	경매비용(낙찰 310백만원)		4,000,000	306,000,000
1순위	② 번 확정일자부 임차인	소액보증금	7,000,000	299,000,000
	⑥ 번 확정일자부 임차인	소액보증금	7,000,000	292,000,000
	⑦ 번 확정일자부 임차인	소액보증금	7,000,000	285,000,000
2 순위	① 번 근저당권	순위배당	200,000,000	85,000,000
3 순위	② 번 확정일자부 임차인	순위배당	13,000,000	72,000,000
4 순위	③ 번 중간(샌드위치) 임차인	소액보증금	16,000,000	56,000,000
	⑥ 번 확정일자부 임차인	소액보증금	9,000,000	47,000,000
	⑦ 번 확정일자부 임차인	소액보증금	9,000,000	38,000,000
5 순위	④ 번 근저당권	순위배당	38,000,000	0
	합 계		310,000,000	

0순위 경매비용 4,000,000원 배당할 금액 매각가 310백만원－경매비용 4백만원 = 306,000,000원
1순위 (⇒서울지역 90.02.19~95.10.18 기간 중 2,000만원 이하 700만원 최우선변제)
②번 확정일자부 임차인 (20백만원 이하) 소액보증금 최우선변제 7,000,000원
⑥번 확정일자부 임차인 (20백만원 이하) 소액보증금 최우선변제 7,000,000원
⑦번 확정일자부 임차인 (20백만원 이하) 소액보증금 최우선변제 7,000,000원
2순위(순위배당)
①번 근저당권(채권최고액) 200,000,000원
3순위(순위배당)
②번 확정일자부 임차인(⇒기 소액보증금 배당 7백만원 나머지) 우선변제 13,000,000원
4순위(⇒서울지역 2001.09.15 ~ 2008.8.20까지 4,000만원 이하 1,600만원 최우선변제)
③번 중간(샌드위치) 임차인(30백만원 이하 소액보증금 최우선변제) 12,000,000원
⑥번 확정일자부 임차인 (40백만원 이하 16,000,000원 중 나머지) 9,000,000원
⑦번 확정일자부 임차인 (40백만원 이하 16,000,000원 중 나머지) 9,000,000원
5순위(순위배당)
④번 근저당권 나머지 38,000,000원 배당되고 ⑤ 가압류권자(5,000만원)는 무배당 된다.

문4. (2001.9.15 이전과 이후에 근저당권자와 임차인들이 있는 경우이다. 가압류는 2001.9.15 이전이다)

서울지역 다가구 주택, 임차인 배당받을 금액(소액 및 순위배당)과 각 배당군위별 배당금액을 아래 표에 분석하라. 매각금액 4억원, 경매비용 5백만원 (단위 : 원)

①	가압류	1998.02.15		100,000,000원
②	근저당권	1999.03.10		200,000,000원
③	임차인	1999.03.11	전입 및 이사 유/확정일자 유	40,000,000원
④	근저당권	2001.10.10		100,000,000원

⑤	임차인	2001.10.15	전입 및 이사 유/확정일자 유	30,000,000원
⑥	가압류	2002.07.05		50,000,000원
⑦	임차인	2002.10.12	전입 및 이사 유/확정일자 무	30,000,000원

(답) **배 당 표** (단위 : 원)

배당순서	배당권리	방 법	배당액	잔 액
1순위	경매비용		5,000,000	395,000,000
공동2위	⑤ 번 확정일자부 임차인	3천만원이하	12,000,000	
	⑦ 번 임차인	3천만원이하	12,000,000	371,000,000
4순위	가압류 1억 채권자	아래 산술 참조	73,031,496	297,968,504
배당잔액 371,000,000 × 100,000,000/분모 508,000,000= 가압류채권자배당액 73,031,496 (산술) 분모 508,000,000 내역 = ① 100,000,000 ② 200,000,000 ③ 40,000,000 ④ 100,000,000 ⑤ 18,000,000(⑤번 임차인 30,000,000－12,000,000) ⑥ 50,000,000 ⑦ 0(⑦번 임차인 30,000,000에서 소액보증금 12,000,000원 배당 후 나머지는 일반채권으로 배당절차에서 제외, 소유자한테 청구)				
5순위	저당권 2억		200,000,000	97,968,504
6순위	③ 번 확정일자부임차인	4천만원 이하 소액보증금	16,000,000	57,968,504
		순위배당	24,000,000	
공동7위	⑤ 번 확정일자부임차인	소액보증금2001. 9.15 12백만원→ 16백만원변경	4,000,000	49,968,504
	⑦ 번 임차인		4,000,000	
8순위	근저당권 1억		49,968,504	0

〈사례연구 7〉 [확정일자부 임차인 배당문제]

서울 소재 주택, 배당재단 70,000,000원 경매비용 2백만원

(단위 : 원)

갑	저당권	2003.02.10		30,000,000	비 고
을	임차인	2003.03.02	전입 및 이사 / 확정일자 무	26,000,000	
병	임차인	2004.07.10	전입 및 이사 / 확정일자 유	40,000,000	

(단위 : 원)

배당순서	배당권리	방법	배당액	잔액	비 고
1	경매비용	최우선배당	2,000,000	68,000,000	
2	을 임차인	최우선변제	16,000,000	52,000,000	
2	병 임차인	최우선변제	16,000,000	36,000,000	
3	갑 저당권	순위배당	30,000,000	6,000,000	
4	병 임차인	순위배당	6,000,000	0	

〈사례연구 8〉 [가압류한 부동산에 대한 환가방법과 배당참가]

【질 의】

대출거래처인 A㈜의 신용상태가 악화되어 연체가 지속되고 있어 은행에서 채권보전을 위하여 A㈜의 재산을 탐문하던 중 A㈜의 소유로 된 부동산을 찾아내어 우선 대출채권 5,000만원을 피 보전채권으로 하여 가압류하였다. 은행의 가압류 후에 A㈜는 B에게 저당권(채권최고액 5,000만원)을 설정하여 주었고, 은행의 A㈜에 대한 신용채권액은 1억원으로 확정되었다. 환가방법과 기타 유의사항은 무엇인가?

【답 변】

우선 본안소송을 제기하여 집행권원을 득한 후 강제집행절차를 진행하여 가압류 부동산 환가대금으로부터 배당금을 수취한다. 또한 배당절차에 참가하여 배당요구 시에는 가압류 피보전채권액만 배당요구하는 것이 은행에 유리하다.

【해 설】

1. 집행권원의 취득

가. 집행보전절차는 강제집행을 위하여 강제집행이 개시되기까지 채무자의 일반재산이나 채권의 목적물을 현상 그대로 유지시켜 두는 제도이므로 가압류만으로는 환가절차를 진행할 수 없다. 따라서 가압류채권자가 목적물의 환가대금으로부터 변제를 받아 채권의 만족을 얻으려면 본안소송을 제기하여 집행권원을 득하여야 한다.

나. 가압류채권자가 집행권원을 득하기 전에 가압류의 목적물에 대하여 다른 채권자의 신청에 의한 경매절차가 진행되어 배당이 실시되는 경우에는 가압류채권자도 배당요구채권자로 취급된다. 그러나 그에 대한 배당금은 일단 공탁되었다가 채권자가 집행권원을 얻은 후에야 수령할 수 있다.

2. 배당참가시 유의사항

상기 사례에서 가압류 부동산의 배당가능액이 5,000만원이라 가정할 시

1) 은행에서 피보전채권액 5,000만원만 배당 요구한 경우는 2,500만원을 배당 받을 수 있다. [산식 : 5,000 × 5,000/10,000 = 2,500 만원]

2) 은행에서 신용채권액 1억원을 배당 요구한 경우는 1,666백만원을 배당받을 수 있다. 은행의 배당요구액 5,000만원은 B의 배당요구채권액 5,000만원과 평등하나, 잔여 5,000만원은 B의 배당요구채권액 보다 후순위이기 때문이다.
[산식 : 1] 5,000 × 5,000/15,000 = 1,666 만원,
2] 5,000 × 5,000/15,000 = 1,666 만원]

3) 따라서 사례의 경우에 은행은 가압류의 피보전채권액인 5,000만원을 초과하는 금액에 대해서는 배당 요구하지 않는 것이 유리하다.

〈사례연구 9〉 [가압류의 처분금지적 효력의 개별상대적 무효설]

【질 의】

채무자 X의 채권자 A는 5천만원의 채권으로 X소유의 부동산에 가압류를 하고 곧 이어 본안소송을 제기하였다. 다른 채권자 B는 가압류등기 후 그의 1억 5천만원의 채권을 담보하기 위하여 그 부동산상에 저당권설정등기를 하였다. 그 후 A가 본안소송에서 승소확정판결을 받고 본집행으로 이행하였는데, 이 때 X의 또 다른 채권자 C가 2억원의 채권으로 배당요구를 하여 왔고, 목적부동산에 대하여 강제경매를 실시한 바 매득금이 1억원이었다. A, B, C의 배당금액은 각각 얼마인가?

【답 변】

A가 1,250만원, B가 8,750만원, C는 배당금이 없다.

【해 설】

1. 가압류명령의 집행이 있게 되면, 채무자는 가압류의 목적물을 다른 사람에게 양도하거나 담보 제공하는 등 일체의 처분행위를 할 수 없게 된다. 이를 가압류의 처분금지적 효력이라고 한다. 그런데 이러한 처분금지적 효력은 상대적인 것으로서, 채무자가 가압류 목적물을 다른 사람에게 양도하거나 담보 제공한 처분행위는 절대적으로 무효가 아니라 가압류채권자에 대한 관계에서만 무효이고 다른 사람들에 대하여는 유효이다. 이를 가압류의 개별상대효설이라고 한다.

사례의 경우, 개별상대효설에 의하면, B는 A에게는 대항할 수 없지만 C에게는 대항할 수 있고 또한 A와 C의 채권은 우선권이 없어 평등한 취급을 하여야 하므로 1차로 채권액에 따른 안분비례에 의하여 평등하게 배당한 다음, 저당권자 B의 피담보채권은 후순위가압류채권자 C에 대하여는 우선변제권이 인정되므로 C에 대한 배당액은 저당권자 B의 피담보채권액에 이르기까지 B에게 우선적으로 지급하게 된다(대판 1994.11.29. 94마417, 1992.3.27. 91다44407, 1987.6.9. 86다카2570 참조).

2. 가압류의 개별상대효설에 의하여 매득금을 분배하면,

A : 1억 ×	5천만원 / (5천만원 + 1억5천만원+ 2억)	= 1,250만원
B : 1억 ×	1억5천만원 / (5천만원 + 1억5천만원+ 2억)	= 3,750만원
C : 1억 ×	2억 / (5천만원 + 1억5천만원+ 2억)	= 5,000만원

그런데 C의 취득금액은 B에게 돌아가므로 결국 A가 1,250만원, B가 8,750만원이 된다. 이러한 배당결과는 B이나 C가 담보권실행경매 혹은 강제경매를 신청하여도 마찬가지이며, 만약 A가 채권에 관한 본안이 배당시까지 확정되지 않으면 A의 배당금 1,250만원은 A가 승소의 확정을 받을 때까지 공탁하게 된다.

〈사례연구 10〉 [2층 건물 중 일부 전세권이 있는 주택의 배당]

마산, 양산 등지의 기타지역 주택의 2층 전세권 갑은 2,000만원(2001. 9. 15일 이후인 2003. 12.20일 설정, 소액임차인 자격 없음), 저당 을은 3,000만원, 1층 임차인 병은 2,000만원 순이고, 배당재단이 토지·건물 각 1,500만원인 경우의 임차인 갑의 배당액은?

( ) 임차인 갑은 1,200만원이다
(O) 임차인 갑은 900만원이다

건물 일부에 대한 전세권은 건물 전부에 대하여 우선변제권이 있으나(민법 제303조, 대법원 1992. 3.10 91마256, 257 결정) 토지에는 그 효력이 미치지 않는다.

다만, 구분건물에 대한 전세권은 대지권에는 설정할 수 없어도(등기예규 제574호), 종된 권리인 대지사용권의 매각대금으로부터 배당받는다(대법원 1995. 8.22 선고 94다12722 판결).

그래서 (1) 먼저 임차인 병에게 소액보증금 1,200만원을 건물과 토지에서 각 600만원씩 배당하고

(2) 다음, 2층 전세권 갑에게 건물 1,500만원에서 병에게 배당한 소액보증금 600만원을 공제한 잔액 900만원 배당하며,

(3) 토지에서 남은 900만원은 저당 병에게 배당한다.

갑이 소액임차인 자격을 갖추지 아니한 경우 배당은 다음과 같다.

갑〉을〈병, 갑〉병인 경우의 배당표

채권총액 : 6,200만원, 배당재단 : 3,000만원

구 분	2층 갑 전세권	전체 을(저당)	1층병(소액임차인)	합 계
채권액	2,000만원	3,000만원	(2,000만원중) 1,200만원	6,200만원
갑이 소액임차인 자격을 갖추지 아니한 경우	(② 순위)900만원 (건물 1,500만원 － 병 600만원)	(③ 순위)900만원 (토지 1,500만원 － 병600만원)	(① 순위)1,200만원 (토지 600만원 ＋건물 600만원)	3,000만원

병의 2,000만원 보증금 중 소액보증금 아닌 나머지 800만원은 후순위이거나(확정일자를 받은 경우) 일반채권이므로 순위가 늦어 배당되지 않는다.

※참조판례 :

- 대법원 1992. 3.10. 자 91마 256, 91마 257결정(건물의 일부에 대하여 전세권이 설정되어 있는 경우 그 전세권자가 전세권의 목적물이 아닌 나머지 건물전부에 대하여 경매신청권은 없다).
- 대법원 1995. 8.22 선고 94다12722판결(구분건물의 전유부분만에 관하여 설정된 저당권의 효력은 소유자가 사후에 대지사용권을 취득 시 대지권에도 미친다).

〈사례연구 11〉 [공유지분 설정 후 경매 시 배당 및 차순위권자의 대위권]

(문제)

1) 강남구 소재 나대지 3,000평은 A,B,C가 공유로 소유하고 있다. 신한은행은 1987. 7.30 A 소유 나대지 지분에 ① 순위 390백만원의 설정 후 일반대 3억 취급, 그 후 1992. 8.10 A, B, C는 공유물 분할 등기를 경료하였다. 그 다음날 하나은행은 분할 등기된 A소유 지분에 신한은행과 같은 동액 ② 순위 설정, 여신이 취급되었으며, A지분이 3억에 낙찰시 ① 순위 신한은행 배당금은?

-- 분할 전 -- (단위 : 백만원)

대출	종류	수량	감가	설정	소유자	경매진행	낙찰	배당금
신한3억 하나3억	나대지	3,000평	10억	지분A① 신한390 지분A② 하나390	A,B,C공 유 중 지분A	분할 등기된 지분A	3억	신한? 하나?

2) 지분 담보취득 시 유의사항

① 공유자전원을 담보제공자로 담보취득

② 지분 분할등기 완료 후 근저당권 설정

- 분 할 후 - (단위 : 백만원)

표제부	소유권(갑구)	설정(을구란)	낙찰	배당금	비고
1,000평	A	지분A① 신한390 지분A② 하나390	3억	신한 1억 하나 2억	본건 경매
1,000평	B	지분A① 신한390 지분A② 하나390		신한 1억?	⇒설정 해지하지 말 것
1,000평	C	지분A① 신한390 지분A② 하나390		신한 1억?	⇒설정 해지하지 말 것
				신한 3억?	

☞ B, C 공유자 소유 부동산의 저당권이 말소되지 않았다면 분할 등기 전 구 등기부등본을 첨부하여 A, B, C 전체 부동산에 대하여 경매신청

3) 지분을 담보 취득한 부동산의 사후관리상 유의사항?

B, C가 B, C 부동산등기부등본에 등재된 당행 A지분 근저당권 일부 포기말소 요청 시에는?

- 무조건불응
- 부득이 수용 시에는 경매대가에서 소유자 지분비율 만큼 감액 배당됨에 유의하여

① 타인 지분비율(2/3) 이상 대출금 내입 또는 담보추가

경매대가(즉, 낙찰금액에서 선순위, 경매비용 공제)에서 지분비율 만큼 배당에서 감액(본건은 2/3 감액)되므로

② 근저당권 일부포기(B, C 말소)되었다면 당행의 A지분 근저당권에 추가하여 '근저당권 부기등기'를 조속히 하여야 후순위권자에게 대항할 수 있음.

☞ 등기부등본 을구란에 부기등기 기재내용 : "신한은행' X번 근저당권의 효력을 공유물 분할후의 A소유권 전부에 미치게 하는 변경"

※ 권리변동의 등기에 관하여 등기상 이해관계 있는 제3자(하나은행 등)가 있는 경우에는 신청서에 그 승낙서 또는 이에 대항할 수 있는 재판의 등본을 첨부한 때에 한하여 부기에 의하여 그 등기를 한다(부동산등기법 제63조)
※ 만약 하나은행이 설정한 뒤 순위번호가 있는 독립된 변경등기를 가지고 하나은행에 대항하기는 어려울 것임.

4) 공유지분이 분할되었을 때 근저당권의 효력

① A, B, C가 공유물을 분할하게 되면 분할하기 이전의 등기부상 권리관계는 분할된 A, B, C 소유 부동산의 등기부등본에 그대로 이전되고 그대로 등기부상 공시된다.

② 근저당권(또는 가압류)의 효력은 목적 부동산 자체에 있고, 지분이 분할되었을 때는 그 지분의 비율(1/3) 에 따라 분할된 각각의 부동산에 근저당권의 효력이 있다.

③ 타인 지분비율 만큼 감가에서 감안하여야 하며, 경매대가에서 공유자의 지분 비율만큼 배당금이 감액(본건은 2/3) 되며, 후순위권리자(하나은행 등)에 배당(2억원)됨에 유의하여야 한다.

5) 신한은행이 A지분의 경매로 100% 배당을 만족하였을 때 B, C의 지분에 등기된 등기를 임의말소 할 수 있는가?

(하나은행은 B, C지분에 당행 설정에 대하여 차순위권자의 대위권을 행사예정임)

후순위자에게 대위권이 발생한 후에 공동저당권자는 그 저당권등기를 말소하는 등의 방법으로 대위권의 행사를 방해해서는 안될 신의칙상의 의무를 진다.

6) 차순위권자의 대위권

상기 예에서 만약 신한은행이 배당을 거의 만족(100% 포함)하였는데, 후순위근저당권(하나은행)가 만족하지 못한 경우 '차순위저당권자의 대위권'에 의하여 A지분 선순위 근저당권(사실상 공동담보)에 대위하여 B, C 경매대가에서 차순위 근저당권자는 차순위 저당권자의 대위권에 의하여 배당을 요구할 수 있다.

〈사례연구 12〉 [공과금 사이에는 채권의 수액에 비례하여 균등하게 배당]

국민건강보험공단의 압류는 국민건강보험법에 의하여 일반채권자보다 우선 징수권이 있습니다. 이처럼 일반채권자보다 우선징수권이 있음을 개별 법률에 규정한 공과금에는 국민연금, 고용보험, 산업재해보상보험 등이 있습니다. 이러한 공과금의 압류는 대부분 추심신청과 동시에 송달되며, 이러한 공과금 상호간에 압류가 경합되었을 경우에는 하급심에서 압류선착주의에 의한다는 판결과 채권액에 따라 배분한다는 판결로 양분되어 있었으나, 최근 대법원에서 이러한 공과금 사이에는 채권의 수액에 비례하여 균등하게 배당하여야 한다는 판결(대법원 2005. 5.27 선고 2004다44384)이 있습니다.

대법원 2005. 5. 27. 선고 2004다44384 판결

【판시사항】

국민연금보험료와 산업재해보상보험료 상호간에도 압류선착주의를 규정한 국세기본법 제36조가 준용되는지 여부(소극)

【판결요지】

(중략)형식상 국세징수법 중 제3장에서 규정한 체납처분의 절차에 따라 국민연금보험료와 산업재해보상보험료를 강제 징수할 수 있는 자력집행권이 있음을 규정한 것일 뿐이고, 나아가 위 각 조항에 의하여 국민연금보험료와 산업재해보상보험료 상호간에도 압류선착주의를 규정한 국세기본법 제36조가 준용된다고 보기는 어렵다.

〈사례연구 13〉 [청구금액의 확장관련 판례]

① 담보권 실행을 위한 경매절차에서 신청채권자가 청구금액을 확장할 수 있는지 여부(소극) 및 신청채권자가 경매신청서에 경매청구채권으로 이자 등 부대채권을 표시한 경우 나중에 채권계산서에 의하여 부대채권을 증액하는 방법으로 청구금액을 확장할 수 있는지 여부(적극)
(대법원 2001. 3. 23. 선고 99다11526 판결)

② 신청채권자가 경매신청서에 청구채권으로 채권 원금 외에 지연손해금 등의 부대채권을 개괄적으로나마 표시하였다가 나중에 채권계산서에 의하여 그 부대채권의 구체적인 금액을 특정하는 것이 청구금액의 확장에 해당하여 허용되지 않는지 여부(소극)
(대법원 2007.5.11. 선고 2007다14933 판결)

③ 신청채권자가 경매신청서에 경매청구채권으로 이자 등 부대채권을 표시한 경우에는 나중에 채권계산서에 의하여 부대채권을 증액하는 방법으로 경락기일까지는 청구금액을 확장할 수 있다고 할 것이나, 경매신청서에 원본채권만을 표시하고 이자 등 부대채권을 표시하지 아니한 경우에는 그 후 채권계산서에 이자 등 부대채권을 표시하는 방법으로 청구금액을 확장하는 것은 허용되지 아니한다.

④ 가압류의 청구금액으로 채권의 원금만을 기재한 경우, 가압류채권자가 이자 또는 지연손해금 채권에 대하여 가압류의 처분금지의 효력을 주장할 수 있는지 여부(소극)(대법원 2006.11.24. 선고 2006다35223 판결)

〈사례연구 14〉 [안분흡수배당, 안분후흡수설, 순환흡수배당, 특수흡수배당]

1. 안분흡수배당

선순위로 가압류등기가 되어 있고 그 후의 권리들이 저당권 등 우선변제권을 가지는 물권 또는 물권화된 권리(확정일자부 임차인)인 경우 각 권리는 같은 순위가 되어 안분배당 되고 그 후 우선변제자의 선후 순위에 따라 선순위가 후순위의 안분배당액을 흡수하게 된다. 아래의 경우 갑의 가압류와 을의 근저당권 사이에는 을의 근저당권이 갑의 압류에 대항할 수 없어 같은 동순위이고, 을의 근저당권과 병의 가압류 사이에는 을의 근저당권이 물권으로서 병의 가압류에 우선하며, 갑의 가압류와 병의 가압류는 같은 순위가 된다. 이런 때에는 갑, 을, 병 각 채권자의 채권액을 기초로 먼저 안분배당을 한 후 을과 병 사이에서 을의 채권액을 만족시키는 금액까지 병의 배당액을 근저당권자인 을에게 흡수시켜 배당을 한다(대결 1994.11.29 94마417 참조). (법원실무제요 536쪽~538쪽)

(배당재단 6,000만원)

권리내용	권리	안분 배당 산식	가감	배당
가압류 2,000만원	갑	6,000만원×2,000만원/1억=1,200만원		1,200만원
근저당권 4,000만원	을	6,000만원×4,000만원/1억=2,400만원	+1,600만원	4,000만원
가압류 4,000만원	병	6,000만원×4,000만원/1억=2,400만원	−1,600만원	800만원
1억				6,000만원

① 가압류, 근저당권, 근저당권 순서에서 배당순위는?

가압류채권자와 각 저당권자는 동순위로서 각 채권액에 따라 안분배당을 받되 1번 저당권은 2번 저당권에 우선하므로 1번 저당권자는 2번 저당권자가 받을 배당액으로 부터 자기의 채권액을 만족시킨 때까지 이를 흡수하여 변제를 받을 수 있다.

(배당재단 2,000만원)

권리내용	권리	안분 배당 산식	가감	배당
가압류 500만원	갑	2,000 만원 × 500/5,000만원 = 200만원		200만원
근저당권 1,500만원	을	2,000 만원 ×1,500/5,000만원 = 600만원	+900만원	1,500만원
근저당권 3,000만원	병	2,000 만원 ×3,000/5,000만원 =1,200만원	−900만원	300만원
합 계 5,000만원				2,000만원

② 가압류, 저당권, 강제경매(정본) 순서도 위와 마찬가지이다.

③ 가압류, 저당권, (가압류가 본압류로 이행하여 경매개시결정 된 후) 다른 일반채권자가 배당요구 시 아래와 같다.

(배당재단 1,600만원)

권리내용	권리	안분 배당 산식	가감	배당
가압류(경매신청) 800만원	갑	1,600만원×800/3,200만원= 400만원		400만원
근저당권 1,000만원	을	1,600만원×1,000/3,200만원=500만원	+500만원	1,000만원
배당요구 1,400만원	병	1,600만원×1,400/3,200만원=700만원	−500만원	200만원
합 계 3,200만원		1,600만원		2,000만원

④ 위③과 연관된다.

위 ③의 경우에 갑과 병이 동일 채권자인 경우 갑이 병 채권으로 배당요구를 하지 아니하면 결국, 갑의 배당액이 더 많아지게 된다.

갑=병, 병이 배당 요구함 갑=병은 600만원 배당 받음.

(배당재단 1,600만원)

권리내용	권리	안분 배당 산식	가감	배당
가압류 800만원	갑	1,600만원×800/3,200만원=400만원		400만원
근저당권 1,000만원	을	1,600만원×1,000/3,200만원= 500만원	+500만원	1,000만원
(배당 요구함) 가압류 1,400만원	갑=병	1,600만원×1,400/3,200만원= 700만원	−500만원	200만원
합 계 3,200만원		1,600만원		1,600만원

갑=병, 병이 배당요구 안 함 갑=병은 711만원 배당받음.

(배당재단 1,600만원)

권리내용	권리	안분 배당 산식	가감	배당
가압류 800만원	갑	1,600만원× 800/1,800만원= 711만원		711만원
근저당권 1,000만원	을	1,600만원×1,000/1,800만원= 889만원		889만원
(배당요구안함) 가압류 1,400만원	갑=병	갑, 병은 같은 가압류권자로 병 채권에 대하여는 배당요구 안함		0
합 계 1,800만원		1,600만원		1,600만원

⑤ 위 ③과 연관된다.

다만 담보물권설정행위가 가압류의 처분금지적 효력에 반한다는 견해에 의하면 가압류권자는 담보물권자에 앞서 우선적으로 배당을 받고 남은 것이 있으면 비로소 담보물권자가 배당을 받게 된다. 이 견해에 의하면 위 ③ 의 경우에 저당권자가 별도로 배당요구를 하지 아니하면 그 저당권자는 경매신청인에 대한 관계에서는 무시당할 수 밖에 없으므로 매각대금은 경매신청채권자와 배당요구채권자 2인에게 안분배당하면 될 것이나 다른 한편 배당요구채권자는 위 경매신청채권자와는 달리 저당권을 무시할 수 없으므로 자기가 안분배당 받은 금액 중에서 저당권자의 채권변제에 충당할 분을 공제하고 잔액이 있으면 자기가 수령할 수 있고 잔액이 없으면 배당을 받을 수 없게 될 것이다. 갑이 582만원을 배당받게 되고, 병은 갑과 안분배당받은 1,018만원 중에서 을의 채권 1,000만원을 공제한 잔액 18만원을 배당받게 되고 을은 1,000만원을 배당받게 된다.

(배당재단 1,600만원)

권리내용	권리	안분 배당 산식	가감	배당
가압류 800만원	갑	1,600만원×800/2,200만원=582만		582만원
(근저당권 1,000만원)	을		+1,000만원	1,000만원
배당요구 1,400만원	병	1,600만원×1,400/2,200만원=1,018만원	−1,000만원	18만원
합 계 2,200만원		1,600만원		1,600만원

2. 안분후흡수설

배당받을 채권자들 사이에 배당순위가 고정되지 아니하고 채권자들 사이에 우열관계가 상대에 따라 변동이 있는 경우에, 그에 관계된 각 채권자의 채권액에 비례하여 안분배당하여야 한다는 안분배당설과, 위와같이 안분한 후(1단계), 각각 자신의 채권액 중 1단계에서 안분받지 못한 금액(부족액)에 달할 때까지 자신에게 열후하는 채권자의 안분액으로 부터 흡수(2단계)하여 그 결과를 배당하여야 한다는 안분후흡수설이 있는데 판례(대판 1992.3.27 91다44407, 대결 1994.11.29 94마417)와 실무는 안분후흡수설에 따르고 있다. 단, 안분후흡수설의 경우 2단계로 후순위자의 안분배당액을 흡수함에 있어서 흡수할 금액은 자신의 채권액 중 1단계에서 안분배당받지 못한 부족액과 1단계에서 후순위자에게 안분배당된 금액을 한도로 하고, 또한 흡수는 각 흡수할 채권자마다 한번으로 종결시켜야 하고, 다시 위와 같은 절차를 반복하여서는 안 된다.

그런데 안분후흡수설에 의할 경우에는 자기가 배당 요구한 채권이 많으면 많을수록 1차로 안분배당을 많이 받지만 그 배당액을 2차로 선순위채권자에게 흡수당하고, 다시 후순위자의 배당액을 흡수할 경우에는 1차로 배당 받은 금액을 제외한 나머지 부분만큼만 흡수하므로 결국 배당요구채권이 많으면 배당액이 적어지는 경우가 발생한다(아래 예에서 B의 경우가 그러하다). 그리하여 적어도 이러한 결과를 방지하고, 나아가 자신의 채권액이 많다는 것과 선순위 채권의 비중이 적고 후순위채권이 크다는 것은 배당에서 당연히 유리한 사정이 되어야 하므로, 이를 배당에서 그대로 반영하기 위하여, 1차로 자기보다 후순위자의 채권을 가산한 기준으로 안분하여 배당하고, 다만 이러한 안분결과 본래의 자기채권을 초과하여 배당 받은 부분은 다시 나머지 채권자들 사이에서 순위에 따라 배당하여야 한다는 가산후안분설이 제기 되고 있다. 예를 들어 A의 채권은 1,000만원, B의 채권 800만원, C의 채권 200만원이고, 배당재단은 1,000만원이며, A는 B에 대하여, B는 C에 대하여, C는 A에 대하여 각 배당순위가 앞서는 경우 위 각 설에 대한 1차 안분액 300만원 중 C의 본래 청구금액인 200만원을 초과하는 100만원은 A, B 중 순위가 앞서는 A에게 전액 배당한다.

※ A>B>C>A인 경우는 안분후흡수설로 배당한다.

A는 B보다 우세, B는 C보다 우세, C는 (B보다 열세이나) A보다는 우세한 경우이다.

즉, 조세>근저당>조세(압류)를 생각하여 보자.

A 조세(근저당보다 법정기일이 앞서나 압류 등기없이 교부청구한 조세)> B 근저당 > C 조세(압류 등기한 조세는 압류선착주의에 의해 법정기일 앞선 조세보다 우선배당)를 생각하면 된다.

> 채권액이 A는 1,000만원, B는 800만원, C는 200만원이고, 우열관계가 A>B>C>A인 경우, 배당재단이 1,000만원이면 『안분후흡수설』에 의한 A의 배당액은?

( ) A의 배당액은 500만원, B는 400만원, C는 100 만원이다.

(O) A의 배당액은 800만원, B는 100만원, C는 100만원이다.

배당받을 채권자 사이의 우열관계가 상대에 따라 다른 경우에,

(1) 채권액에 비례하여 배당하는 안분배당설(按分配當設)

(2) 안분한 후(제1단계), 부족액을 채울 때까지 열후하는 채권자의 안분액을 흡수 (제2단계) 하는 안분후흡수설(按分後吸收設)

⇒ 안분후흡수설이 판례이다(대법원 1992. 3.27. 선고 91다44407판결, 1994.11.29. 자 94마417결정). 흡수할 금액은 제1단계에서 배당 받지 못한 부족분과 후순위자에게 안분배당된 금액을 한도로 하고, 흡수는 한 번으로 종결하고 절차를 반복하지 않는다. (현 법원실무제요 534~535쪽)

조세>근저당>조세(압류) ⇒ A>B>C>A인 경우의 배당표

채권총액 : 2,000만원, 배당재단 : 1,000만원

구분 / 조건		A 채권액 (법정기일이 앞선) 조세>	B 채권액 근저당>	C 채권액 조세(압류) (조세선착주의)	합 계
안분후흡수설흡수당하고 흡수하고⇒	안분기준액	1,000만원	800만원	200만원	2,000만원
	안분금액	500만원	400만원	100만원	1,000만원
	공제하고 더하고	−C 100만원 +B 400만원	−A 400만원 +C 100만원	−B 100만원 +A100만원	
-------	배당액(답)	800만원	100만원	100만원	1,000만원
가산후안분설⇒ (합산안분설)	안분금액	450만원	250만원	300만원	1,000만원
	공제하고, 더하고	+C 100만원		−A 100만원	
	배당액(답)	550만원	250만원	200만원	1,000만원

3. 순환흡수배당

※ A<B<C<A인 경우는 순환흡수배당으로 배당한다.
A는 B보다 열세, B는 (A보다 우세하나) C보다 열세, C는 A보다는 열세한 경우이다.
즉, 근저당(2000년도)<당해세<소액보증금을 생각하여 보자.
A 근저당(2001. 9.15 이전 설정)< B 당해세< C 임차인 보증금 4천만원으로 소액보증금 1,600만원은 B 당해세 보다 우세하나 A 근저당보다 열세한 경우를 생각하면 된다.

> 서울(주택)에서 채권액이 저당 갑은 3,000만원(2001. 9. 15이전인 2000. 1. 3 설정), 당해세 을은 2,000만원, 임차인 병은 4,000만원, 배당재단이 3,300만원인 경우의 갑, 을, 병의 배당액은?

(　　)갑의 배당액은 1,500만원, 을은 1,000만원, 병은 800만원이다.
(O)갑의 배당액은 1,300만원, 을은 1,200만원, 병은 800만원이다.

(1) 당해세(當該稅) 을은 당해세 우선의 원칙에 따라 저당 갑보다 우선하나, 임차인 병의 보증금 4,000만원 중 1,600만원 보다 열 후하고,

(2) 저당 갑은 2001. 9.15 이전에 설정되어 임차인 병의 소액보증금보다 우선하나 당해세보다 열후이므로, 순환관계가 있어 안분후흡수설에 의하여 배당하면 다음표와 같다.
(현 법원실무제요 535쪽~536쪽)

근저당(2000년도)<당해세<소액보증금 ⇒A<B<C<A인 경우의 배당표
채권 총액 : 6,600만원, 배당재단 : 3,300만원

구 분		갑 배당액	을 배당액	병 배당액	합 계
		근저당(2000년도)<	당해세<	소액보증금	
순환흡수배당	안분기준액	3,000만원	2,000만원	1,600만원	6,600만원
	안분금액	1,500만원	1,000만원	800만원	3,300만원
	공제하고 더하고	−을 1,000만원 +병 800만원	−병 800만원 +갑1,000만원	−갑800만원 +을800만원	
	배당액(답)	1,300만원	1,200만원	800만원	3,300만원

보증금 중 소액보증금이 아닌 2,400만원은 후순위이거나(확정일자를 받은 경우) 일반채권이므로 순위가 늦어 배당되지 않는다.

4. 특수흡수배당

※ A=B, A<C, A=D, B>C>D인 경우는 배당순위의 모순저촉에 따른 특수흡수배당한다.

등기된 순서에 따라 채권액이 가압류 ①은 400만원, 근저당권 ②는 200만원, 압류 ③은 300만원(법정기일이 저당보다 늦음, 당해세가 아님), 가압류 ④는 100만원이고, 배당재단이 500만원인 경우의 ①, ②, ③, ④의 배당액은?

(　　)①의 배당액은 200만원, ②는 100만원, ③은 150만원, ④는 50만원이다.
(O)①의 배당액은 50만원, ②는 200만원, ③은 250만원, ④는 없다.
(현 법원실무제요 538쪽~540쪽)

①=②, ① 〈③, ① =④, ② 〉③ 〉④인 경우의 배당표

채권 총액 : 1천만원, 배당재단 : 500만원

구 분	① A(가압류)	② (근저당권)	③ (압류)	④ (가압류)	합 계
	① =② , ① =④ ① <③	② >③ >④	② >③ ① <③	② >④	
채권금액	400만원	200만원	300만원	100만원	1,000만원
안분금액	200만원	100만원	150만원	50만원	500만원
흡수한도		100만원	150만원		250만원
공제하고, 더하고		+ ④ 50만원	−② 50만원	−② 50만원	0만원

1차 흡수결과 (100만원한도)		+ ③ 50만원			
공제하고, 더하고 2차 흡수결과 (150만원한도)	-③ 150만원		+① 150만원	0	0만원
배당액(답)	50만원	200만원	250만원	0(없다)	500만원

저당 B가 가등기담보권이거나, 확정일자를 갖춘 임차권인 경우, 또는 선순위와 후순위 가압류채권자가 동일인인 경우에도 마찬가지이다(대법원 1992.10.13 선고 92다30597 판결).

9-2. 공동저당과 동시배당

〈사례연구1〉 [공동저당 배당문제]

【질 의】

동일인 소유의 甲, 乙, 丙 부동산에 A, B, C, D 4개 은행이 아래와 같이 저당권을 설정하고 있다. 4개 은행의 각 부동산에 대한 저당권 설정최고액과 채권액은 같으며 A은행만 甲, 乙, 丙 부동산에 공동저당권을 가지고 있다. A은행이 100백만원의 채권액으로 甲, 乙, 丙 부동산에 대하여 동시에 경매를 진행하여 甲부동산은 100백만원, 乙 부동산은 50백만원, 丙부동산은 50백만원에 매각되었다. 배당관계는 어떻게 되는가? (단위 : 백만원)

구 분	甲 부동산 (매각가 100백만원)	乙 부동산 (매각가 50백만원)	丙 부동산 (매각가 50백만원)
A은행	1순위 100백만원	1순위 100백만원	1순위 100백만원
B은행	2순위 50백만원		
C은행		2순위 50백만원	
D은행			2순위 50백만원

【답 변】

A은행은 甲 부동산에서 50백만원, 乙 부동산 25백만원, 丙 부동산 25백만원을 배당 받고, B은행은 甲 부동산에서 50백만원, C은행은 乙 부동산에서 25백만원, D은행은 丙 부동산에서 25백만원을 각각 배당 받게 된다. 사례와 같은 동시 배당의 경우에는 공동저당권자인 A가 자의적으로 어느 한 부동산에서만 전액 배당을 받을 수 없고 법정된 방식으로 비율에 의한 배당을 받을 수 있을 뿐이다.

【해 설】

1. 공동저당

가. 공동저당의 의의

동일한 채권의 담보로 수개의 부동산에 저당권을 설정한 경우를 공동저당이라고 한다(민법 제368조제1항). 동일한 채권을 담보한다는 의미는 채권자와 채무자, 채권의 발생원인, 채권액 등이 동일한 것을 의미하고, 또한 공동저당을 이루는 각 부동산에 대한 복수의 저당권은 그 불가분성에 의하여 서로 연대관계를 형성하고 있다 (1998.06.08. 등기선례5－450).

공동저당은 복수의 부동산에 1개의 저당권이 있는 것이 아니라 각 부동산마다 동일한 내용의 저당권이 있는 것이다. 또한 공동저당은 동시에 설정되어야 하는 것은 아니고 추가담보로서 때를 달리하여 설정한 경우에도 인정된다.

나. 공동저당의 설정

공동저당의 설정은 단독저당과 같이 당사자의 설정계약과 등기를 요한다(민법 제186조). 공동저당의 등기는 각부동산에 관하여 저당권설정등기를 하여야 하며(부동산등기법 제145조), 이 경우 각부동산의 해당구 사항란에 다른 부동산에 관한 저당권의 표시를 하고 그 저당권과 함께 담보의 목적이라는 뜻을 기재하여야 한다(부동산등기법 제149조). 또한 공동저당의 목적인 부동산이 5개 이상인 때에는 공동담보목록을 첨부하여 등기하여야 한다(부동산등기법 제146조 제1항).

다. 공동저당의 효력

공동저당권자가 저당목적물 전부를 동시에 실행할 것인지 또는 순차로 할 것인지는 공동저당권자의 자유로운 선택에 의하여 할 수 있다. 선순위 공동저당권자의 선택에 따라서 후순위저당권자 사이에 불공평한 결과를 가져올 수 있고 부동산담보가치를 부당하게 고정시키는 영향을 가져올 수 있어 민법은 후순위 저당권자를 보호하기 위하여 동시배당과 순차배당에 대하여 규정하고 있다.

2. 사례의 경우

가. 동시배당

동시배당이란 공동저당 목적물 전부를 동시에 경매하여 피담보채권의 금액을 각 부동산의 매각대금에 비례하여 배당하고 나머지는 후순위저당권자에게 변제하는 방법이다(민법 제368조 제1항). 따라서 동시배당의 경우 공동저당권자의 자의가 허용되지 않고 각 부동산의 경매대가에서 비례하여 배당한다.

나. 사례해결

$$\text{공동저당권자의 피담보채권액} \times \frac{\text{각 부동산의 매각대금}}{\text{공동저당 부동산의 총 매각대금}}$$

1) A은행의 배당금액
   ① 甲 부동산 : 100백만원 × 100백만원/200백만원 = 50백만원
   ② 乙 부동산 : 100백만원 × 50백만원/200백만원 = 25백만원
   ③ 丙 부동산 : 100백만원 × 50백만원/200백만원 = 25백만원

2) B은행의 배당금액
   甲 부동산에서 2순위로 50백만원 배당 받음

3) C은행의 배당금액
   乙 부동산에서 2순위로 25백만원 배당 받음

4) D은행의 배당금액
   丙 부동산에서 2순위로 25백만원 배당 받음

〈사례연구 2〉 [공동저당과 순차배당]

【질 의】

동일인 소유의 甲, 乙, 丙 부동산에 A, B, C, D 4개 은행이 아래와 같이 저당권을 설정하고 있다. 4개 은행의 각 부동산에 대한 저당권 설정최고액과 채권액은 같으며 A은행만 甲, 乙, 丙 부동산에

공동저당권을 가지고 있다. A은행이 30백만원의 채권액으로 甲부동산에 대해서만 먼저 경매를 진행하였다. 甲부동산이 30백만원에 매각되어 A는 채권전액을 배당 받게 되었으나 후순위저당권자인 B는 전혀 배당을 받지 못 하였는 바 어떻게 구제받을 수 있나? (단위 : 백만원)

구 분	甲 부동산(매각가 30백만원)	乙 부동산(매각가 20백만원)	丙 부동산(매각가 10백만원)
A은행	1순위 30백만원	1순위 30백만원	1순위 30백만원
B은행	2순위 15백만원		
C은행		2순위 10백만원	
D은행			2순위 5백만원

【답 변】

B은행 선순위공동저당권자인 A은행 공동저당권을 대위하여 乙 부동산과 丙 부동산에 대하여 경매를 신청하여 그 낙찰대금으로부터 우선변제를 받을 수 있다. 즉 A은행이 甲, 乙, 丙 부동산의 대가를 동시배당시 乙, 丙 부동산으로부터 배당 받을 금액을 한도로 B은행은 A은행을 대위하여 우선 변제받게 된다. 위 사례의 경우 B은행은 乙 부동산에 대하여 10백만원을, 丙 부동산에 대하여 5백만원을 우선변제 받을 수 있게 된다.

【해 설】

1. 공동저당에 있어서 후순위저당권자의 대위권

가. 후순위저당권자의 대위권

공동저당의 목적부동산 중에서 특정 부동산만이 경매되어 그 대가를 먼저 배당하는 경우에는 공동저당권자는 그 대가로부터 채권의 전부를 변제 받을 수 있다. 이 경우에 그 경매한 부동산의 후순위저당권자는 만일 동시에 공동저당 부동산의 경매대가를 배당하였더라면 다른 부동산이 부담하였을 공동저당채권액의 한도에서 선순위 공동저당권자에 대위하여 그 저당권을 실행할 수 있다(민법 제368조제2항).

여기서의 후순위저당권자는 공동저당권자 바로 다음 순위의 저당권자뿐만 아니라 그 이하의 저당권자를 모두 포함한다. 다만 후순위저당권자 사이의 분배순위는 설정 순위에 의한다.

나. 대위권발생의 요건

후순위저당권자의 대위권은 선순위 공동저당권자가 피담보채권의 전액을 변제받은 경우에 한하여 인정되는가 아니면 일부 변제를 받은 경우에도 인정되는가에 대하여 논의가 있다. 그러나 선순위저당권자가 어느 부동산의 대가전액으로도 그 채권의 일부만을 변제받은 경우에는 그 저당부동산의 후순위저당권자는 담보권의 이익을 향유할 수 없게 되고 다른 후순위저당권자는 유리한 배당을 받게 되어 후순위저당권자 사이에 불공평한 결과가 생기게 되는 것을 피하기 위해서는 일부 변제의 경우에도 대위를 인정하는 것이 타당하고 이 견해가 통설이다.

다. 대위의 효과

1) 대위등기 여부

민법 368조제2항에 의한 대위는 법률의 규정에 의한 물권변동(민법 제187조)이므로 대위의 부기등기를 하지 않고도 저당권이전의 효력이 생긴다. 따라서 대위의 부기등기는 대위의 효력발생요건 또는 대항요건도 아니며 대위저당권을 행사하기 위한 요건도 아니다. 다만, 대위등기를 하지 않으면 대위저당권을 처분하지 못할 뿐이다(민법 제187조, 제482조).

2) 대위저당권의 행사

대위저당권도 저당 목적물을 경매신청하고 환가하여 우선 변제받는 방법으로 실행한다. 대위의 부기등기를 하지 않고 대위저당권을 행사하는 경우에는 담보권의 승계를 증명하는 서류로 공동저당의 목적인 수개의 부동산에 대한 등기부등본과 경매된 부동산에 대한 배당표를 첨부하여 제출하여야 한다.

2. 사례해결

후순위저당권자는 공동저당권자가 공동저당의 목적인 다른 부동산으로부터 동시배당을 하였더라면 변제를 받았을 한도로 공동저당권자의 저당권을 대위행사하여 우선변제를 받을 수 있다. 따라서 A가 공동저당목적물의 대가를 동시 배당하였다면 乙, 丙부동산으로부터 배당 받았을 10백만원과 5백만원을 甲 부동산의 후순위저당권자인 B는 A의 공동저당권을 대위하여 우선 변제받을 수 있다.

☞ 산 식

① 甲 부동산 : 30백만원 × 30백만원/60백만원 = 15백만원
② 乙 부동산 : 30백만원 × 20백만원/60백만원 = 10백만원
③ 丙 부동산 : 30백만원 × 10백만원/60백만원 = 5백만원

〈사례연구 3〉 [임금채권자 배당판례]

대법원 1998. 12. 22. 선고 97다9352 판결

【판시사항】

사용자 소유의 수 개의 부동산 중 일부가 먼저 경매되어 그 경매대가에서 임금채권자들이 우선 변제를 받은 결과 동시배당의 경우에 비하여 불이익을 받은 저당권자에게 민법 제368조 제2항 후문이 유추 적용되는지 여부(적극)

[대법원 2000. 9. 29. 선고 2000다32475 판결]

【판시사항】

[1] 사용자 소유의 수 개의 부동산 중 일부가 먼저 경매되어 그 경매대가에서 선순위임금채권자들이 우선 변제를 받은 결과 그 경매 부동산의 저당권자가 임금채권이 동시 배당되는 경우보다 불이익을 받은 경우, 저당권자에게 민법 제368조 제2항 후문이 유추 적용되는지 여부(적극)

[2] 저당권자가 민법 제368조 제2항 후문에 의하여 선순위임금채권자를 대위하여 배당을 받기 위하여는 경락기일까지 배당요구를 하여야 하는지 여부(적극) 및 그러한 배당요구를 하지 아니하여 저당권자에게 배당되지 아니한 금원이 후순위채권자에게 배당된 경우, 그것이 법률상 원인이 없는 것인지 여부(소극)

〈사례연구 4〉 [공장배당문제]

갑(주)소유 부동산(공장)에 대하여 아래의 사례와 같이 저당권 등 권리관계가 있는 경우 다음물음에 대하여 간단히 답하시오

1	2005. 1.10	공장부지에 A은행 1번 근저당권 설정등기(채무자 갑㈜, 채권최고액 6억원)
2	2006. 2.10	공장부지에 B은행 2번 근저당권 설정등기(채무자 갑㈜, 채권최고액 6억원)
3	2006. 3.10	갑㈜ 공장건물 신축, 구 기계기구 설치
4	2006. 4.10	A은행, 토지에 대한 위 1번 근저당권과 신축 공장건물 및 구 기계기구를 공동담보로 변경, 부기등기와 함께 기계기구(이하 구 기계기구라 함) 목록 추가 등재
5	2006. 4.11	A은행, 토지 건물 구 기계기구에 대하여 추가근저당권 설정등기(채권최고액 15억원)

6	2006. 4.20	갑㈜, 신설 기계기구(이하 신 기계기구라 함) 설치
7	2006. 5.10	C은행, 갑㈜로 부터 위 신 기계기구 양도담보 취득, 공정증서 작성(채권금액 6억)
8	2006.11.10	A은행이 신설 기계기구에 대한 목록추가 등기하지 않은 상태에서 갑㈜ 부도발생
9	2007. 6.10	B은행 경매신청
10	2008. 5.10	을, 매각허가결정(매각금액 16억원)(각 물건 별 매각가격 내역 ⇒ 토지 4억, 건물 4억, 구 기계기구 4억, 신 기계기구 4억)
11	2008. 5.30	대금지급기한(매수인 을, 대금지급)
12	2008. 6.15	A은행 B은행 채권계산서 제출(내역 A은행 25억, B은행 6억)
13	2008. 6.20	배당기일 (편의상 실제 배당할 금액을 16억원으로 보고 배당함)

문1) B은행이 경매 신청할 시 경매대상목적물 등 경매 신청하는 방법을 간단히 쓰시오

(답1) 본 사안과 같이 공장저당권과 일반의 저당권이 경합된 경우에 있어서 후순위권자인 B은행이 그 저당권의 실행으로서 경매신청 시 공장저당법 제10조에 의하여 토지, 건물만을 분리하여 매각할 수 없고, 그 공장에 설치된 기계·기구 및 기타 공장의 공용물도 토지, 건물과 일괄하여 매각하여야 함. 이 때 공장저당권의 효력이 미치는 기계·기구 등의 목록도 함께 제출하여야 함. 따라서 위 토지, 건물, 구기계·기구, 신기계·기구 모두 경매목적물에 포함됨.

문2) 신 기계. 기구에 대한 양도담보권자 C은행이 경매신청채권자인 B은행에 대하여 경매진행 중 행사할 수 있는 권리를 쓰시오

(답2) 점유개정의 방법에 의하여 이미 양도담보에 제공된 경우에도 그 신기계·기구는 양도담보권자인 C은행의 소유에 속하므로 제3자이의의 소를 제기하여 그 집행의 배제를 구할 수 있다 할 것이고, 나아가, 제3자이의의 소송이 제기되었다 하더라도 강제집행이 당연히 정지되는 것이 아니므로 강제집행정지신청을 함께 하여야 함.

문3) 양도담보권자인 C은행이 위 문제 2의 권리를 행사하지 않은 경우, 집행법원이 각 채권자별로 배당하게 될 배당금액은?

(답3) A은행의 1순위 공장저당권에 의하여 그 목적물인 대지, 건물, 구기계·기구의 매각대금의 매각대가에 비례하여 배당을 받는 바, A은행 : 대지 －2억원, 건물 －2억원, 구기계·기구 － 2억원을 배당하고, 대지가액 중 나머지 2억원은 2순위 근저당권자인 B은행에 배당하며, 건물 및 구기계·기구 매각대금에서 각 2억원씩 4억원은 A은행의 후순위공장저당권에 배당되고, 신기계·기구에 대하여 4억원은 B은행에 대지의 근저당권의 부가된 물건 또는 종된 물건으로 보아 배당하게 됨. 따라서 A은행에 총 10억원 배당, B은행에 총 6억원 배당됨.

(종합의견)

본 사안에 있어서와 같이 공장부지에 대한 단독 근저당권을 공장저당법에 의한 공동근저당권으로 변경하기 전에 공장부지에 대한 후순위 근저당권자가 발생한 경우 동시배당에 관한 민법 제368조 제1항의 규정을 적용한다. 민법 제368조 제1항은 "동일한 채권의 담보로 수개의 부동산에 저당권을 설정한 경우에 그 부동산의 경매대가를 동시에 배당하는 때에는 각 부동산의 경매대가에 비례하여 채권의 분담을 정한다"라고 규정되어 있고, 위 조항은 저당목적물이 수개의 부동산인 경우만이 아니라, 공장저당법에 의한 저당권의 목적물인 토지와 건물 및 거기에 설치된 기계·기구의 경매대가를 동시에 배당하는 경우에도 적용 및 준용되고 이러한 법리는 선순위 근저당권자가 토지에 대한 단독 근저당권을 취득한 시점과 그 단독 근저당권을 공장저당법에 의하여 공장에 속하는 동일한 토지와 그 지상의 건물 및 기계·기구에 대한 공동근저당권으로 변경하여 취득한 시점과의 사이에 후순위 근저당권자가 토지에 대한 근저당권을 취득한 경우에도 마찬가지로 적용 및 준용된다.

한편, 공장저당법에 의한 공장저당을 설정함에 있어서는 공장의 토지, 건물에 설치된 기계, 기구 등은 같은 법제7조 소정의 기계·기구 목록에 기재하여야만 공장저당의 효력이 생기나, 이와는 달리 공장건물이나 토지에 대하여 민법상의 일반저당권이 설정된 경우에는 공장저당법과는 상관없으므로 같은 법 제7조에 의한 목록의작 성이 없더라도 그 저당권의 효력은 민법 제358조에 의하여 당연히 그 공장건물이나 토지의 종물 또는 부합물에까지 미친다 할 것이다.

〈사례연구 5〉 [공동저당의 동시배당과 이시배당의 경우]

부동산	경락대금	1순위저당	2순위저당	일반채권자
A	300	공동저당 갑 300	저당권 을 300	
B	200	공동저당 갑 300		병
C	100	공동저당 갑 300		정

- 동시배당의 경우 : 갑 : A→150, B→100, C→50 을 : A →150 병 : B→100 정→ C→50
- 이시배당의 경우
  - ○ A가 먼저 배당되는 경우
    → 갑이 전액 배당되므로 을은 갑을 대위하여 B에서 100 및 C에서 50 배당가능
  - ○ B, C가 먼저 배당되는 경우
    → 갑이 전액 배당 받게 되어 을은 A에서 200을 배당 받을 수 있으나 일반 배당요구채권자인 병, 정은 갑을 대위 할 수 없어 배당 받을 금액이 없다.

〈사례연구 6〉 [경매계에 동시배당 요청해야]

[창원 2006타경 24311(물건번호 1번, 2번)]

2006. 7.24 동시 경매 진행되어 물건번호가 달라 매각일자 및 잔대금 납부일자도 다르고, 배당기일도 다를 수 가 있다. 1번 물건과 2번 물건의 채권자(이해관계인과 등기내역 등)가 달라 동시배당 된다면 별 문제 없지만, 이시배당 때에는 먼저 배당된 물건의 후순위 권리자가 큰 손실을 볼 수도 있다. 따라서 해당 경매계에 동시배당 하여 주도록 요청하여야 할 것이다.

〈사례연구 7〉 [공동저당권자에 대한 배당과 후순위 담보권자의 대위]

1) 공동저당권의 의의 : 동일한 채권을 담보하기 위하여 수개의 부동산(수개의 토지 또는 건물, 토지와 그 지상건물, 수개의 공장재단 등) 위에 설정된 저당권을 말하며, 또한 목적물은 모두 동일인의 소유에 속할 필요는 없음.

2) 공동저당과 대가의 배당, 차순위권자의 대위

– 동일한 채권의 담보로 수개의 부동산에 저당권을 설정한 경우에 그 부동산의 경매대가를 동시에 배당하는 때에는 각 부동산의 경매대가에 비례하여 그 채권의 부담을 정함.

– 저당 부동산중 일부의 경매대가를 먼저 배당하는 경우에는 그 대가에서 그 채권 전부의 변제를 받을 수 있음. 이 경우에 그 경매한 부동산의 차순위저당권자는 선순위저당권자가 다른 부동산의 경매대가에서 변제를 받을 수 있는 금액의 한도에서 선순위권자를 대위하여 저당권을 행사할 수 있음.

3) 동시배당에 있어 안분부담의 원칙

공동저당권의 목적부동산이 전부 경매되어 그 경매대가를 동시에 배당하는 때에는 각 부동산의 경매대가에 비례하여 그 채권의 분담을 정함.

즉, 동시배당의 경우에는 공동저당권자의 의사에 의하여 어느 특정 부동산의 경매대금만으로 부터 만족을 받는 것은 허용되지 않고, 각 부동산의 경매대금액에 응하여 공동저당권의 피담보채권의 부담을 안분할당하여 그 할당된 부담액에 한하여만 공동저당권자는 각 부동산으로부터 우선 변제를 받을 수 있고, 그 할당부담액을 초과하는 부분은 후순위 저당권자의 변제에 충당함.

4) 동시배당에 있어 안분부담의 원칙의 예

– 공동저당권자의 채권액 100만원
  공동저당의 목적물 A부동산의 경매대가 X
  공동저당의 목적물 B부동산의 경매대가 Y

– A, B 부동산의 부담액
  A의 부담액 = 100만원× X / X+ Y
  B의 부담액 = 100만원× Y / X+ Y

5) "각 부동산의 경매대가"라 함은

통설 : 매각대금에서 당해 부동산이 부담할 경매비용, 제세, 공과금과 선순위 저당권자의 채권 등 우선채권을 공제한 잔액을 말함. 경매비용은 각 부동산의 낙찰대금에 안분하여 각 부동산의 경매비용을 산출

☞ A, B부동산의 매각대금이 각각 200만원, 100만원이고 총 경매비용이 30만원일 때
→ A부동산의 경매비용은 20만원(30× 200 / 300)
→ B부동산의 경매비용은 10만원(30 × 100 / 300)
※ A, B부동산의 경매대가는 각각 180만원, 90만원이 됨.
제세 기타 공과금도 당해세를 제외하고는 공동저당 목적물의 소유자가 동일한 때에는 경매비용의 경우와 마찬가지로 각 낙찰대금에 안분하여 각 부동산의 부담으로 함.
공동저당 목적부동산에 공동저당권보다 선순위의 저당권이 있는 경우에는 경매비용을 공제하고 다시 선순위 저당권자의 채권을 공제한 나머지 금액이 경매대가가 됨.

☞ A, B, C 부동산의 매각대금이 각각 300만원, 200만원, 100만원이고 A부동산에 관하여 1번 저당권자 을이 50만원, B부동산에 관하여 1번 저당권자 병이 40만원의 채권을 가지고 있고,
A, B, C 부동산이 부담할 경매비용이 각 30만원, 20만원, 10만원일 때
→ A부동산의 경매대가는 220만원(300– 30–50)
→ B부동산의 경매대가는 140만원(200–20–40)
→ C부동산의 경매대가는 90만원(100–10)

6) 공동저당에 있어 꼭 알아야 할 내용

이시에 배당된 공동저당 목적물의 후순위권자는 다른 공동저당 목적물에 대하여 동시에 배당되었다면 공동저당권자가 배당 받을 수 있었던 금액 범위 내에서 공동저당권자를 대위하여 저당권을 행사할 수 있음.

동시배당의 경우 분담의 원칙은 채무자 소유의 수개의 부동산 사이 뿐만 아니라 채무자 소유 부동산과 물상보증인 소유 부동산 사이나 수인의 물상보증인 소유 부동산 사이에도 적용됨.

공동저당 목적물이 모두 채무자 소유이거나 물상보증인 소유인 공동저당 목적물에 대한 이시배당의 경우에는 공동저당권자의 우선변제권에 대하여 침해를 받게 되는 후순위 저당권자의 대위가 인정됨.

물상보증인 소유의 부동산(공동저당목적물)이 먼저 낙찰되어 공동저당권자가 배당 받은 경우에는 그 물건에 대한 후순위 저당권자가 채무자 소유 부동산(공동저당목적물)에 대한 대위는 인정되나, 채무자 소유의 부동산(공동저당목적물)이 먼저 낙찰되어 공동저당권자가 배당 받은 경우에는 채무자 소유 부동산(공동저당목적물)에 대한 후순위 저당권자의 물상보증인 소유 부동산(공동저당목적물)에 대한 대위는 인정되지 않음.

※ **대위가 인정되는 사유** : 물상보증인은 자기 재산의 처분대가인 공동담보물의 배당금으로 공동저당권자의 채권이 변제되는 것과 동시에 채무자에 대한 구상권을 취득하게 되고 그 부동산의 후순위 저당권자는 물상보증인의 구상권을 물상대위하여 채무자에 대하여 저당권을 행사할 수 있음

※ **대위가 인정되지 않는 사유** : 채무자 소유 부동산이 먼저 배당되어 공동저당권자의 채권이 변제된 경우에 채무자의 자기 재산에 대한 대위나 구상권이 인정될 수 없으므로 그 물건의 후순위 저당권자 역시 물상보증인 소유 부동산에 대하여 대위할 수 있는 기본적인 법률관계가 없기 때문임.

대위권자가 경매를 신청할 때에는 차순위 저당권자로 등기된 등기부 등본과 선순위 공동저당권자가 채권 전액을 배당 받은 배당표 등본을 첨부하여 경매를 신청하면 됨.

따라서 대위권자가 경매를 신청할 경우 또는 배당요구를 하는 경우에 대위의 부기등기가 필요하지가 않은 바, 이는 부기등기가 필요하다고 한다면 선순위 저당권자가 부기등기 응하지 않을 경우 단지 배당요구를 위하여 근저당권 부기등기 이행 청구소송 진행과 함께 집행정지 신청을 하여야 하며, 부기등기를 경료하지 못한 상태에서 배당절차가 종료된 경우에는 그로 인하여 배당 받은 자를 상대로 부당이득금 반환청구를 하여야 하는 불필요한 절차를 후순위 저당권자에게 요구되기 때문에 위와 같이 처리하는 것이 현재 서울중앙지방법원 법원행정처의 실무례임.

7) 동시배당의 몇 가지 실례(① 공동저당권자가 선순위인 경우)

각 부동산의 경매대가에 응하여 공동저당권자의 채권을 안분하여 각 부동산의 낙찰대금에 할당하고 나머지는 후순위권자에게 배당함

- 실례 **(단위 : 만원)**

부동산	매각대금	경매비용	순위1번	순위2번
A	500만원	50만원	공동저당권자 갑 500만원	을150만원
B	300만원	30만원		병100만원
C	200만원	20만원		정50만원
계	1,000만원	100만원	500만원	300만원

- 배당 내역 **(단위;만원)**

부동산	경매대가	갑배당	을배당	병배당	정배당	갑배당 산출근거	소유자배당
A	450	250	150			500 × 450/450 + 270+ 180	50

B	270	150		100		500 × 270/ 450+270+180	20
C	180	100			50	500 × 180/ 450+270+180	30
계	900	500	150	100	50	배당총액 800만원	100

※ 각 부동산에 관하여 잔액이 생기므로 이는 소유자에게 교부됨
※ 만약 A부동산에 대하여 순위3번의 저당권자 무가 있고 채권액이 70만원인 경우에는 무는 50만원 밖에 변제받지 못하고 후순위권자의 대위를 인정한 민법368조2항은 위와 같은 경우에 적용될 규정이 아니므로 무는 변제 받지 못한 20만원은 B, C부동산의 잔여액으로부터는 만족을 얻을 수 없음

8) 동시배당의 몇 가지 실례(② 공동저당권자가 후순위인 경우)

공동저당권이 순위2번 또는 3번의 저당권인 경우에는 선순위권자(선순위 저당권자, 조세채권자 등)에게 우선 배당하고 잔액을 기준으로 하여 각 부동산의 부담액을 정함

－실례 **(단위;만원)**

부동산	매각대금	경매비용	순위1번	순위2번
A	500만원	50만원	저당권자 을 150만원	공동저당권자 갑 500만원
B	300만원	30만원	저당권자 병 90만원	
C	200만원	20만원	저당권자 정 60만원	
계	1,000만원	100만원	△300만원	500만원

－배당 내역 **(단위;만원)**

부동산	경매대가	갑배당	을배당	병배당	정배당	갑배당 산출근거	소유자배당
A	300	250	150			500 × 300/300+180+120	50
B	180	150		90		500 × 180/300+180+120	30
C	120	100			60	500 × 120/300+180+120	20
계	600	500	150	90	60	배당총액 800만원	100

※ A, B, C부동산에 관하여 각각 50만원, 30만원, 20만원의 잔여액이 생기므로 이는 소유자에게 교부함.

9) 동시배당의 몇 가지 실례(③ 공동저당권자가 일부 부동산은 후순위, 타 부동산은 선순위인 경우)

－실례 **(단위;만원)**

부동산	매각대금	순위1번	순위2번
A	500만원	저당권자 을 200만원	공동저당권자 갑 500만원
B	300만원	공동저당권자 갑 500만원	저당권자 병 200만원
C	200만원		
계	1,000만원	△200만원	700만원

(※ 위 매각대금은 편의상 경매비용을 공제한 잔액이라고 본다.)

-배당 내역 **(단위;원, 만원)**

부동산	경매대가	갑배당	을배당	병배당	갑배당 산출근거	소유자배당
A	300만원	1,875,000원	200만원		500× 300/300+300+200	1,125,000원
B	300만원	1,875,000원		1,125,000	500 × 300/300+300+200	0원
C	200만원	1,250,000원			500 × 200/300+300+200	750,000원
계	800만원	500만원	200만원	1,125,000	배당총액8,125,000원	1,875,000원

※ A, B, C부동산에 관하여 각각 1,125,000원, 0원, 750,000원의 잔여액(1,875,000원)이 생기므로 이는 소유자에게 교부함.

10) 이시배당에 있어 차순위권자의 대위권의 적용범위

-선순위의 공동저당권자가 저당권을 실행하는 경우

-후순위권자가 일부의 부동산에 관하여 저당권을 실행하는 경우

-일반채권자가 일부의 부동산에 관하여 강제경매를 신청하는 경우 등

11) 민법 368조 2항에서 말하는 「차순위 저당권자」라 함은

- 공동저당권자의 바로 다음 순위의 저당권자뿐만 아니라 기타의 후순위 담보권자로서 경매에 의하여 그 권리가 소멸되는 자 전부를 포함 함.
- 법문상으로는 「차순위 저당권자」로 되어 있으나 동순위 저당권자도 이를 포함하는 개념으로 봄이 상당함.

12) 차순위 저당권자의 대위권의 정지조건

선순위의 공동저당권자가 일부 부동산의 매각대금으로부터 그 채권의 일부만을 변제받은 경우에는 그 선순위의 공동저당권자는 여전히 잔여채권에 관하여 매각되지 아니한 다른 부동산 위에 저당권을 보유하고 있으므로 차순위 저당권자의 대위권은 공동저당권자가 그 채권의 전부를 변제 받을 것을 정지조건으로 하여 발생함.

차순위 저당권자의 대위권의 정지조건의 실례

-실례 **(단위;만원)**

부동산	매각대금	순위1번	순위2번
A	300만원	공동저당권자 갑400만원	저당권자 을 200만원
B	200만원		저당권자 병 100만원
계	500만원	400만원	300만원

- 배당 내역
- A부동산이 먼저 배당 되었을 경우 : 갑 배당 300만원
- 그 후 B부동산이 배당 되었을 경우 **(단위;만원)**

부동산	경매대가	갑배당	을배당	병배당	경매대가 산출 근거
A	(240)	(240)			400× 300 / 300+200
B	(160)	100	60	40	400 × 200 / 300+200
계	400	400			배당총액(B부동산) 200만원

※ 을은 B부동산 위의 갑의 공동저당권에 기하여 갑의 100만원의 잔여채권의 변제를 정지조건으로 하여 대위할 수 있음.

〈사례연구 8〉 [배당에 관한 특수한 문제(공동저당에 있어서의 배당)]

1) 동시배당

안분부담의 원칙 : 공동저당권의 목적부동산이 전부 경매되어 그 경매대가를 동시에 배당하는 때에는 각 부동산의 경매대가에 비례하여 그 채권의 부담을 정한다(→민법 제368조(공동저당과 대가의 배당) 제1항)

※ 민법 제368조 (공동저당과 대가의 배당, 차순위자의 대위)

① 동일한 채권의 담보로 수개의 부동산에 저당권을 설정한 경우에 그 부동산의 경매대가를 동시에 배당하는 때에는 각부동산의 경매대가에 비례하여 그 채권의 분담을 정한다.

② 전항의 저당부동산중 일부의 경매대가를 먼저 배당하는 경우에는 그 대가에서 그 채권전부의 변제를 받을 수 있다. 이 경우에 그 경매한 부동산의 차순위저당권자는 선순위저당권자가 전항의 규정에 의하여 다른 부동산의 경매대가에서 변제를 받을 수 있는 금액의 한도에서 선순위자를 대위하여 저당권을 행사할 수 있다.

2) 이시배당

① 차순위권자의 대위권이란?

공동저당권자의 목적부동산 일부만이 경매되어 그 경매대가를 먼저 배당하는 때에는 공동저당권자는 그 대가로부터 채권금액을 변제 받을 수 있으나 이 경우 그 경매한 부동산의 차순위 저당권자는 선순위 저당권자가 공동저당 목적 부동산 전부가 경매되어 동시에 배당을 하였더라면 다른 부동산의 경매대가에서 변제를 받을 수 있는 금액의 한도내에서 선순위를 대위하여 저당권을 행사 할 수 있다. (→민법 제368조(차순위자의 대위) 제1항)

차순위저당권자 : 공동저당권자의 바로 다음 순위의 저당권자 뿐만 아니라 기타의 후순위 담보권자로서 그 권리가 소멸되는 자 전부를 포함한다.

공동저당 목적 부동산의 일부에 관하여만 경매 신청한 경우 법원이 직권으로 이 사실을 조사할 의무는 없고 대위권자가 경매절차에 있어서 증명하여야 한다.

※ 민법 제368조(차순위자의 대위) 제2항 적용범위

－선순위의 공동저당권자가 저당권을 실행하는 경우

－후순위권자가 일부의 부동산에 관하여 저당권을 실행하는 경우

－일반채권자가 일부의 부동산에 관하여 강제경매를 신청한 경우

② 이시배당의 실 예

☞ 보통배당 : 갑은 A 부동산에서 300만원 변제 받고, 을은 무배당으로 불이익을 받는다.

☞ 을은 B부동산 위의 갑의 공동저당권에 기하여 갑의 100만원의 잔액채권의 변제를 정지조건으로 하여 대위할 수 있음

(단위;만원)

<table>
<tr><th>부동산</th><th>매각대금</th><th colspan="2">설정순위</th><th colspan="2">보통배당</th><th colspan="3">이시배당</th></tr>
<tr><td>A</td><td>300</td><td rowspan="2">공동저당권자
① 갑400</td><td>② 을200</td><td>갑300</td><td>을 무배당</td><td colspan="3"></td></tr>
<tr><td>B</td><td>200</td><td>② 병100</td><td>갑100</td><td>병100</td><td>갑100</td><td>을60</td><td>병40</td></tr>
<tr><td>C</td><td>500</td><td></td><td colspan="3">500</td><td colspan="3">500</td></tr>
</table>

☞ B부동산의 배당 : 갑 100백만원, 을 60백만원, 병 40백만원

(▲ A부동산의 부담액 240백만원=A경락대금 300/(300+ 200)×공동저당 400

▼ B부동산의 부담액 160백만원=B경락대금 200/(300+ 200)×공동저당 400)

※ 대위권의 요건
1) 공동저당권자가 공동저당물 중 일부(제1부동산 : 물상보증인 소유)로부터 우선변제 받았을 것
2) 공동저당권의 채무자와 차순위저당권자의 채무자가 동일인일 것
3) 피대위부동산(즉, 제2부동산. 채무자 소유부동산)이 물상보증인이나 제3취득자의 소유가 아닐 것(채무자 소유부동산일 것)

☞ **판례소개 : 1995. 6.13 대판 95마 500결정**

공동저당의 목적인 채무자 소유의 부동산과 물상보증인 소유의 부동산 중 채무자 소유의 부동산에 대하여 먼저 경매가 이루어져 그 경매대금의 교부에 의하여 1번 공동저당권자가 변제를 받더라도 채무자 소유의 부동산에 대한 후순위 저당권자는 민법 제368조 제2항 후단에 의하여 1번 공동저당권자를 대위하여 물상보증인 소유의 부동산에 대하여 저당권을 행사할 수 없다.
→ 채무자 소유 부동산의 후순위권리자가 피담보채무 말소 되었으니 1번 공동저당 말소등기를 청구할 수 없다.

☞ **판례소개 : 1994. 5.10 대법원 93다25417 결정**

물상보증인 소유의 부동산에 먼저 경매가 이루어진 경우 동 물건의 후순위저당권자는 물상보증인에게 이전한 위 1번 저당권으로부터 우선하여 변제를 받을 수 있다.
→ 대위권 요건이 됨
※ 차순위 근저당권자가 공동저당권자의 다른 부동산(제2의 부동산)을 경매하거나 또는 다른 사람이 한 경매의 배당에 참가할 것
※ 대위권을 행사하는데 저당권이전의 부기등기는 필요없다.
대위권자가 경매절차에서 증명하여야 한다(공동저당등기가 말소된 경우에는 후순위자의 대위가 불가능하다.
(박영사 이은영 저, 물권법 796페이지 참조)

결론 :
경매대행 접수 시 선순위가 타행 공동담보이고 당행이 후순위 제3자 담보제공일 때는 선순위 공동담보 물건의 명세와 대출금을 파악하여 차순위대위권 행사가 가능한지 조사확인 요구됨.

9-3. 당해세

저당권의 목적인 재산에 대하여 부과된 국세와 가산금 이른바 당해세는 그 저당권설정의 등기 또는 등록이 국세와 가산금의 법정기일전에 이루어진 경우에도 저당권에 의하여 담보되는 채권보다 우선하며, 당해세의 종류로는 국세(상속세, 증여세, 재평가세)는 국세기본법시행령 제18조 1항에서, 지방세(재산세, 자동차세, 종합토지세, 도시계획세, 공동시설세)는 지방세법시행령 제14조의 4에서 다만, 1995.12.31 이전에 설정한 근저당권에 대해서는 당해세 우선의 원칙이 적용되지 않는다. (대판 98다49180) (지방세에 대한 당해세 우선원칙은 1992.1.1. 폐지되어 1996.1.1. 부활)

특히 취득세, 등록세는 당해세가 아님(헌재 94. 8.31자 91헌가1결정).

1. 의 미

금융기관에서 대출을 실행하고 저당권을 설정한 부동산을 채권회수를 위해 경매에 붙여 매각할 때 그 담보된 저당권보다 항상 우선하여 징수하는 조세채권이 있는데, 이는 매각대상이 되는 당해 부동산에 대하여 부과된 조세로서 이를 줄여 "당해세(當該稅)"라고 한다. "당해세"는 국가예

산의 원활한 확보를 목적으로 우선징수권을 법적으로 보장한 것으로서 현행 세법상 당해세로 인정되는 국세로는 상속세, 증여세 및 종합부동산세가 있고, 지방세로는 재산세, 자동차세, 종합토지세, 도시계획세 및 공동시설세(지방세법 제31조 제2항 3호 및 동법 시행령 제14조의4) 가 있습니다.

2. 당해세는 매각대상 부동산에 부과된 조세채권에 한정(限定)

당해세의 징수우선권을 보장한 현행 세법규정이 국민의 재산권을 부당히 침해하여 위헌이 아닌가라는 의심을 할 수도 있다. 그러나 이에 대하여 헌법재판소에서는 당해세를 당해 재산의 소유 그 자체 즉, 어떤 사람이 당해 재산을 소유하고 있다는 사실 그 자체에 담세력을 인정하여 부과하는 조세로 좁게 해석하는 한 헌법 위반의 문제는 생기지 아니한다 라고 결정(91헌가1, '94.8.31) 한 바 있다. 따라서 당해세란 ① 매각대상이 되는 당해 재산에 부과된 조세 및 ② 재산의 소유 그 자체에 담세력을 인정하여 부과된 조세(위에 열거된 국세와 지방세)에 한정하여 우선징수권이 인정되어야 할 것이다.

3. 당해세와 일반 담보채권과의 우선(優先)관계

하나의 예를 들어 어떤 주택건설업자가 5채의 다세대주택을 준공하여 소유권 보존등기를 필하고 그 중 한 채(101호)만을 금융기관에 담보로 제공하고 대출을 받았다고 가정해 보자. 이 업자가 다세대주택 전체에 대한 재산세와 주택건설업에 대한 소득세를 미납한 상태에서 부도가 나서 금융기관에서 저당권을 설정한 101호를 입찰에 부쳐 매각하게 되었을 때, 이 경우 당해세는 매각대상이 되는 당해 부동산(101호)에 부과된 재산세에 한하여 인정되고 금번 매각대상이 아닌 재산(201호~501호)에 부과된 재산세 및 재산의 소유 그 자체에 담세력을 인정하여 부과된 조세가 아닌 소득세는 당해세로 인정되지 않는다. 당해세로 인정되지 아니하는 조세채권과 금융기관 담보채권의 우선순위에 대해서는 구. 재정경제원에서 회신한 예규(기법46019-50, '97.1.31) - 저당권이 설정된 재산의 소유권이 이전되고 양도인이 국세를 체납한 경우로서 체납국세가 상속세 등 당해 재산에 부과된 국세인 경우에는 항상 국세가 우선하고, 체납국세가 당해 재산에 부과된 국세가 아닌 경우에는 체납국세의 법정기일이 저당권 설정일 전인 경우 국세가 우선함 - 에 따라 우선순위를 판정하면 될 것이다.

4. 신고만 하고 납부하지 아니한 취득세와 담보채권과의 우선순위

만약 주택건설업자가 구청에 취득세신고만 하고 취득세를 전혀 납부하지 않았다고 가정할 경우 은행 담보채권과의 우선순위는 당해 취득세의 법정기일과 저당권 설정일자를 비교해 보아야 한다. 즉, 당해 취득세의 법정기일이 저당권 설정일자보다 앞서면 취득세가 우선하고 저당권 설정일자가 더 앞서면 은행 담보채권이 우선한다. 그러면 취득세신고만 하고 취득세를 납부하지 아니한 경우의 법정기일이 언제인가가 중요한데 이 경우 취득세의 법정기일은 취득세 신고일이 아니라 취득세 미납에 따른 납세고지서 발송일이 된다. 왜냐하면 신고에 의하여 납세의무가 확정되는 지방세는 그 신고일이 법정기일이 되지만, 취득세는 신고 만에 의하여 납세의무가 확정되는 지방세가 아니라 신고와 납부 두 가지 요건이 모두 충족되어야 납세의무가 확정되는 지방세이기 때문이다. 이와 관련하여 최근 행정자치부의 예규(세정13407📫아1079, '99.2.20) 에서도 취득세를 신고만 하고 납부하지 않았을 때에는 지방자치단체가 당해 지방세의 과세표준과 세액을 결정하는 때 납세의무가 확정되며 이 경우 법정기일은 납세고지서의 발송일이 된다라고 해석한 바가 있다. 따라서 위의 사례에서 구청의 납세고지서 발송일전에 저당권이 설정되었다면 은행 담보채권이 우선하게 되는 것이다.

5. 사망 전 피상속인이 설정한 담보채권과 상속세의 우선관계

피상속인이 사망하기 전에 금융기관으로부터 대출을 받고 설정한 담보채권과 상속세는 어느 것이 우선할까? 상속세는 현행 세법상 당해세로 인정되며 과세관청에서도 담보채권의 설정일과 무관하게 항상 상속세가 우선한다는 주장을 하고 있다. 그러나 피상속이 사망하기 전에 설정한 담보채권보다 당해 피상속인이 사망한 날에야 비로서 납세의무가 성립하는 상속세를 당해세라 하여 항상 우선한다면 담보물권자의 우선변제청구권을 부당히 침해하는 결과를 초래하게 된다. 이에 대하여 대법원 판결(96다55204, '97.5.9외 다수)에서도 "저당권 설정자가 그 피담보채권에 우선하여 징수당할 조세체납이 없는 상태에서 사망한 경우에 그 상속인에 대하여 부과된 국세인 상속세는 이를 당해세라 하여 우선 징수할 수 없다"라고 하여 피상속인 사망 전에 설정된 담보채권은 상속세보다 우선한다는 법 해석을 내리고 있다.

6. 당해세와 관련된 은행 업무처리 시 유의사항

근저당권자 입장에서 각 세무서나 지방자치단체에서 체납세금을 교부 청구하였다고 하여 무조건 뺏길 수는 없다. 당해 체납세금이 은행의 담보채권 설정일자와 관계없이 항상 우선하는 당해세에 해당하는 지에서부터 당해세가 아닌 경우 법정기일이 담보채권 설정일자보다 앞서는 지까지 면밀한 검토가 필요하다. 또한 저당권을 설정하는 시점에서도 당해 부동산에 관계된 당해세(국세 및 지방세)에 어떤 것이 있는지 및 체납된 세금은 없는지를 납부영수증 등을 징구하여 확인해 보는 것이 추후 체납세금과의 우선순위 시비를 불식시키는 유일한 방법임에 유의하여야 한다.

〈참고〉 세법상 법정기일

국 세(국세기본법)	지 방 세(지방세법)
가. 신고에 의하여 납세의무가 확정되는 국세(법인세, 소득세, 부가세 등) : 신고일 나. 정부가 결정하여 고지하는 국세(양도세, 상속·증여세 등) : 납세고지서 발송일 다. 원천 징수하는 국세(이자·배당소득세 등)와 인지세 : 납세의무 확정일	가. 신고에 의하여 납세의무가 확정되는 지방세(없음) : 신고일주1) 나. 정부가 결정하여 고지하는 지방세(균등할 주민세, 재산세, 종토세 등) : 납세고지서 발송일 다. 원천 징수하는 지방세(이자·배당소득 주민세 등) : 납세의무 확정일

주) 현행 지방세법상 신고 만에 의하여 납세의무가 확정되는 지방세는 없고 신고 및 납부해야 납세의무가 확정됨.

〈사례연구 1〉 [당해세 및 국세, 지방세의 우선순위]

당해세 및 국세, 지방세의 우선순위

— 채권관리매뉴얼 (황동용 저)에서 발췌 —

1. 당해세의 의미와 요건

당해세란 당해 재산, 즉 그 재산에 대하여 부과된 세라는 뜻이다.

당해세가 되려면

(1) 국세는 상속세, 증여세, 종합부동산세 중 하나에 해당하여야 하고 지방세는 재산세, 자동차세, 종합토지세, 도시계획세, 공동시설세 중 하나에 해당하여야 한다. (1998.8.20 선고 99다6135, 201.1.30. 선고 2000다47972, 2001.2.23 선고 2000다58088)

(2) 그 재산에 부과된 세여야 한다.

(3) 재산의 이전에서 발생되는 상속세, 증여세는 근저당권설정 당시의 소유자인 근저당권설정자에게 납세의무가 있어야 한다. (1997.5.9. 선고 96다55204, 1994.3.22. 선고 93다49581)

(4) 조세채권은 추급력이 인정되지 않기 때문에 압류가 되지 않은 이상 현재의 소유자에게 납세의무가 있어야 한다. 다시 말하면 과거의 소유자에게 납세의무가 있는 세는 당해세가 될 수 없다.

(예)

① 당해세가 아닌 경우

소유자	근저당권	증여, 상속	증여세, 상속세
A 근저당권설정자	B 1순위	A사망 상속인 C	부과고지서 발송일=법정기일 D 2순위

위 사안에서 부과된 증여세, 상속세 등은 C에게 납세의무가 있기 때문에 B의 근저당권보다 우선하는 당해세로 취급될 수 없다.

② 당해세가 인정되는 경우

소유자	증여, 상속	근저당권	증여세, 상속세
A	A사망, 상속인 B 근저당권설정자	C 2순위	부과고지서 발송일=법정기일 D 1순위

위 사안에서 부과된 증여세, 상속세 등은 근저당설정자인 B에게 납세의무가 있기 때문에 C근저당권보다 우선하여 배당되는 당해세로 인정된다.

2. 지방세 우선원칙의 한계

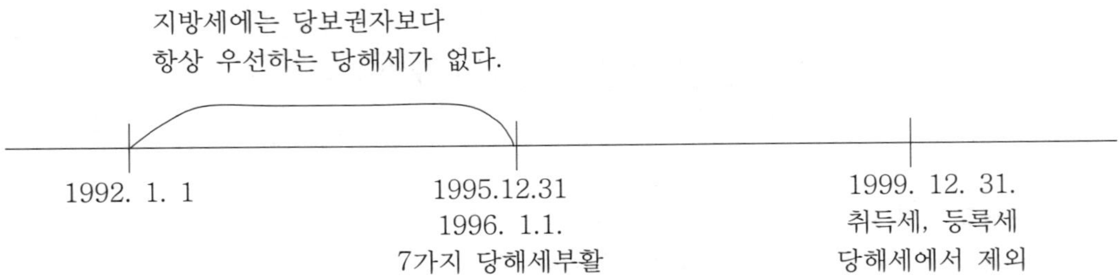

3. 국세, 지방세의 우선 원칙

국세기본법 제35조 제1항 제1호에는 '국세, 가산금 또는 체납처분비는 다른 공과금 기타의 채권에 우선하여 징수한다'고 규정하고 있고, 지방세법 제31조 제1항에는 '지방자치단체의 징수금은 다른 공과금과 기타의 채권에 우선하여 징수한다'고 정하여 납세자의 재산을 강제매각절차에 의하여 매각하거나 추심하는 경우에 그 매각대금 또는 추심대금 중에서 국세와 지방세를 일반 채권보다 우선하여 징수할 수 있음을 명시하고 있다. 다시 말하면 일반 채권자와 국세, 지방세간의 배당순위는 국세. 지방세가 항상 우선한다는 것이다.

4. 근저당권 등의 피담보채권과 국세, 지방세의 우선순위

국세, 지방세와 근저당권 등의 피담보채권의 순위는 국세, 지방세의 법정기일과 근저당권 등의 설정일간의 선후에 의하여 정하여진다. (국세기본법 제35조, 지방세법 제31조)

예컨대 국세의 법정기일이 2002.06.10이고 납세의무자의 재산에 대하여 설정된 근저당권의 등기일이 2002.02.08 이라면 법정기일까지는 피담보채권이 전혀 발생되지 않았으나 법정기일 이후 매각대금 완납 시까지 채권최고액 범위내의 피담보채권이 비로소 발생하였더라도 국세보다 근저당권에 의하여 담보되는 피담보채권이 더 우선하는 것이다.

〈사례연구 2〉 [당해세 배당 실무사례]

신고에 의하여 납세의무가 확정되는 국세는 법인세, 소득세, 부가가치세로 신고일이 세법상 법정기일이다. 법정기일이 빠른 법인세가 우선 배당된 실무 사례로 2004.04.29. 일반대 500백만원 신규대출취급(기표전 2004.04.22. 납세완납증명서 징구하여 체납세액 없음을 확인함.) 2004.12.21. 부동산임의경매 개시결정, 2006.05.12. 배당기일에 배당표에 법인세가 법정기일이 앞서 104백만원 우선배당됨.

우선배당사유 – 국세기본법 제35조 1항

(과세표준과 세액의 신고에 의하여 납세의무가 확정되는 국세, 중간 예납하는 법인세와 예정신고납부하는 부가가치세를 포함한다).

동건은 차주사의 세무대리인인 xx세무회계사무소에서 2004.03.30. 정기법인세를 전자 신고함으로 금융기관보다 우선 배당됨.

10. 배당이의

10－1. 배당이의의 소 · 소제기증명원

법원에서 받은 배당기일통지서에 아래와 같이 '배당이의의 소 제기 증명서 및 그 소장 사본을 제출'하라는 문귀를 볼 수 있다.

중 략

7. 배당이의는 지정된 배당장소에서 배당기일 당일에 한하여 구술로만 가능합니다(단, 채무자는 배당기일 3일전부터 서면으로도 가능).
8. 배당이의를 한 경우에는 배당기일로부터 7일 이내에 집행계에 배당이의의 소 제기증명서 및 그 소장 사본을 제출하거나 또는 청구이의의 소 제기증명서, 그 소장 사본 및 집행정지재판의 정본을 제출하여야 합니다.
9. 배당금이 공탁된 이후에는 본인이 직접 배당금을 수령하는 경우에도 인감도장을 지참하고, 인감증명서(관공서인 경우와 배당금 300만원 이하를 청구하는 경우는 제외)를 공탁공무원에게 제출하여야 합니다.(주소 변동이 있는 경우는 주민등록초본 등도 필요)

배당금 유무는 배당기일 3일 전부터 집행계에서 확인할 수 있지만 통상 배당기일에 배당표를 보면서 확인하고 있는 실정이며, 당일에 배당이 되지 않고 무배당 되었다면 황당할 수 밖에 없다. 그때는 손을 들고 구술로 채권자 중 누구를 상대로 왜 배당이의를 하겠다는 의사표시가 중요하며, 배당이의가 받아 졌을 경우에는 배당기일로부터 7일 이내에 '배당이의의 소(소장 제출) 및 배당이의의 소 제기증명서'를 집행계에 제출하여야 한다. 만약 배당이의 후 7일 이내 소제기증명서가 경매계에서 받지 못하면 익일(배당기일 8일째) 배당이의 되었던 보관금을 배당표의 채권자에게 지급(출급)하여 준다.

배당기일 당일 배당실시 건에 대하여 배당기일 조서를 3일 이내 작성 비치하여 둔다. 배당기일 조서는 훗날 배당이의 소송과정에서 판사가 요구하고 있으며, 누구는 누구를 상대로 배당이의를 제기 하였다는 기록이 적혀 있다.

〈사례연구 1〉 [민사집행법 배당관련]

제149조 (배당표의 확정) ① 법원은 채권자와 채무자에게 보여 주기 위하여 배당기일의 3일전에 배당표원안을 작성하여 법원에 비치하여야 한다.
② 법원은 출석한 이해관계인과 배당을 요구한 채권자를 심문하여 배당표를 확정하여야 한다.

제151조 (배당표에 대한 이의) ① 기일에 출석한 채무자는 채권자의 채권 또는 그 채권의 순위에 대하여 이의할 수 있다.
② 채무자는 법원에 배당표원안이 비치된 이후 배당기일이 끝날 때까지 채권자의 채권 또는 그 채권의 순위에 대하여 서면으로 이의할 수 있다.

③ 기일에 출석한 채권자는 자기의 이해에 관계되는 범위 안에서는 다른 채권자를 상대로 그의 채권 또는 그 채권의 순위에 대하여 이의할 수 있다.

제152조 (이의의 완결) ① 제151조의 이의에 관계된 채권자는 이에 대하여 진술하여야 한다.

② 관계인이 제151조의 이의를 정당하다고 인정하거나 다른 방법으로 합의한 때에는 이에 따라 배당표를 경정하여 배당을 실시하여야 한다.

③ 제151조의 이의가 완결되지 아니한 때에는 이의가 없는 부분에 한하여 배당을 실시하여야 한다.

제153조 (불출석한 채권자) ① 기일에 출석하지 아니한 채권자는 배당표와 같이 배당을 실시하는 데에 동의한 것으로 본다.

② 기일에 출석하지 아니한 채권자가 다른 채권자가 제기한 이의에 관계된 때에는 그 채권자는 이의를 정당하다고 인정하지 아니한 것으로 본다.

제154조 (배당이의의 소 등) ① 집행력 있는 집행권원의 정본을 가지지 아니한 채권자(가압류채권자를 제외한다)에 대하여 이의한 채무자와 다른 채권자에 대하여 이의한 채권자는 배당이의의 소를 제기하여야 한다.

② 집행력 있는 집행권원의 정본을 가진 채권자에 대하여 이의한 채무자는 청구이의의 소를 제기하여야 한다.

③ 이의한 채권자나 채무자가 배당기일부터 1주 이내에 집행법원에 대하여 제1항의 소를 제기한 사실을 증명하는 서류를 제출하지 아니한 때 또는 제2항의 소를 제기한 사실을 증명하는 서류와 그 소에 관한 집행정지재판의 정본을 제출하지 아니한 때에는 이의가 취하된 것으로 본다.

제158조 (배당이의의 소의 취하간주) 이의한 사람이 배당이의의 소의 첫 변론기일에 출석하지 아니한 때에는 소를 취하한 것으로 본다.

제160조 (배당금액의 공탁) ① 배당을 받아야 할 채권자의 채권에 대하여 다음 각호 가운데 어느 하나의 사유가 있으면 그에 대한 배당액을 공탁하여야 한다.

1. 채권에 정지조건 또는 불확정기한이 붙어 있는 때
2. 가압류채권자의 채권인 때
3. 제49조제2호 및 제266조제1항제5호에 규정된 문서가 제출되어 있는 때
4. 저당권설정의 가등기가 마쳐져 있는 때
5. 제154조제1항에 의한 배당이의의 소가 제기된 때
6. 민법 제340조제2항 및 같은 법 제370조에 따른 배당금액의 공탁청구가 있는 때

② 채권자가 배당기일에 출석하지 아니한 때에는 그에 대한 배당액을 공탁하여야 한다.

〈사례연구 2〉 [배당이의의 소(소액임차보증금)]

소 장

원 고 황 원 고

송달주소 : 서울특별시 노원구 공릉동 1234번지 3층 304호

(우편번호 139－240)

전화・휴대폰번호 : 011－9650－1234

팩스번호 : 02－1234－2345 전자우편(e－mail)주소 : hwang@hanmail.net

피 고 최 피 고

송달주소 : 서울특별시 노원구 공릉동 1234 3층302호 내

(우편번호 702－750)

전화 : 02－3456－3457

배당이의의 소

청 구 취 지

1. 서울북부지방법원 2005타경 6594호 부동산담보권실행을 위한 경매사건에 관하여 같은 법원이 2007. 5. 7 작성한 배당표 가운데 피고에 대한 배당액 금25,000,000원 (임차인 소액보증금조 14,342,225원과 확정일자부 임차인 10,657,775원 합계금액)을 금 10,657,775원으로, 원고에 대한 배당액을 금 14,342,225원으로 각 경정한다.
2. 소송비용은 피고의 부담으로 한다.

라는 판결을 구합니다.

청 구 원 인

1. 서울북부지방법원 2005타경6594호 부동산담보권실행을 위한 경매사건에서 원고는 주택임대차보호법상 소액임차인으로서 전세보증금 20,000,000원의 우선변제를 요구하는 배당요구신청을 하여 배당에 참가하였습니다.
2. 그런데 위 부동산담보권실행을 위한 경매사건(2005타경 6594호 물건번호 7번, 서울특별시 노원구 공릉동 1234번지 3층 304호)에 관하여 2006. 4. 9 금29,000,000원에 낙찰되어 2007. 5. 7. 열린 배당기일에서 임차인 최 피고에게 제1순위로 배당액 금25,000,000원 (임차인 소액보증금조 14,342,225원과 확정일자부 임차인 10,657,775원 합계금액) 배당하고, 나머지는 신한은행에 배당표가 작성되었습니다. 이에 원고는 배당이 되지 않아 2007. 5. 7 피고에 대하여 배당이의를 진술하였습니다.
3. 원고는 2002. 9. 6. 신한은행의 1순위 근저당권 채권최고액 910,000,000원 있는 상태에서 2003.1.15 임대차 계약하였고, 2003.1.16 주민등록전입(호수 없이 서울특별시 노원구 공릉동 1234 번지에 전입하고, 당초 점유 및 거주는 등기부등본상 303호에서 거주) 동시에 확정일자를 득하였고, 2003. 2.27 점유하여 거주 하였습니다.
4. 그 후 등기부상 303호가 2004.1.15일 강제경매(서울지방법원 북부지원 2004타경 773호)되어 본 원고는 변호사 및 무료법률구조공단에 수 차례 법률자문 후 문패 호수 상관없이 부동산임대차계약서 304호와 실 등기부등본상 304호가 일치해야 주택임대차보호법을 받을 수 있음을 알고 2004.10. 6 등기부상 303호(문패304호)에서 등기부상 304호(문패 305호)로 옮기게 되었습니다. 특수주소 변경하면서 등기부상 304호로 전입신고 및 점유 거주하여 2005. 3.28 주택임차권 등기(임차보증금 20,000,000원, 목적물의 범위 304호 전부, 임차권자 황원고), 2004.10. 6부터 2007. 5월 현재까지 점유 거주하고 있습니다.
5. 그렇다면, 원고는 주택임대차보호법상의 소액임차인에 해당(2001. 9.15이후 설정에 대하여 전세보증금 4천만원에 대하여 1천6백만원 최우선변제)된다 할 것이며, 등기부상 304호 낙찰가 29,000,000원의 1/2에 해당하는 14,342,225원을 최우선변제를 받을 권리가 있다 할 것입니다. 따라서 피고는 타 번지인 305호에 임차권등기를 하였는데 배당을 전액 25백만원 배당하여 주었으며, 본인은 등기부상 304호에 임차권등기까지도 하였음에도 무배당한 것은 부당하여 따라서 원고는 청구취지와 같이 배당의 변경을 구하고자 본 소를 제기합니다.

입 증 방 법

1. 갑 제1호증	배당표
1. 갑 제2호증	임대차계약서
1. 갑 제3호증	주민등록등본
1. 갑 제4호증	부동산등기부등본

첨 부 서 류

1. 위 입증방법 각 1통
1. 소장부본 1통
1. 송달료납부서 1통

2007. 5. .

위 원고 황 원 고 (날인)

서울 ○○지방법원 귀중

관할법원	배당법원(민사집행법 제156조)		
제출부수	소장원본 1부 및 피고 수만큼의 부본 제출	관련법규	민사집행법 제154조, 제160조 제1항 제5호
불복절차 및 기간	· 항소(민사소송법 제390조) · 판결서가 송달된 날부터 2주 이내(민사소송법 제396조 제1항)		
비 용	· 인지액 : ○○○원 (☞산정방법) ※ 아래(1) 참조 · 송달료 : ○○○원 (☞예납기준표)		
기 타	· **채권자의 다른 채권자에 대한 배당이의** : 기일에 출석한 채권자는 자기의 이해에 관계되는 범위 안에서는 다른 채권자를 상대로 그의 채권 또는 그 채권의 순위에 대하여 배당이의를 할 수 있음(민사집행법 제151조 제3항). · **배당이의의 소제기의 증명** : 다른 채권자에 대하여 이의한 채권자는 배당이의의 소를 제기하여야 하고, 배당기일부터 1주 이내에 집행법원에 배당이의의 소제기증명을 제출하지 아니하면 법원은 이의가 취하된 것으로 보고 유보되었던 배당을 실시하므로 소제기증명서, 변론기일소환장 등을 제출하여 소제기를 증명해야 함(민사집행법 제154조 제1항, 제3항).		

※ 인지 : 소장에는 소송목적의 값에 따라 민사소송 등 인지법 제2조 제1항 각 호에 따른 금액 상당의 인지를 붙여야 한다. 다만, 대법원 규칙이 정하는 바에 의하여 인지의 첩부에 갈음하여 당해 인지액 상당의 금액을 현금으로 납부하게 할 수 있는 바, 현행 규정으로는 인지첩부액이 10만원을 초과하는 경우에는 현금으로 납부하여야 함(민사소송등인지규칙 제27조 제1항).

〈사례연구 3〉 [배당이의의 소 제기증명원]

배당이의의 소 제기증명원

원고 황 원 고
피고 최 피 고

위 당사자간 배당이의 소가 2007년 5월 일자로 귀원 가단 호로 제기된 사실을 증명하여 주시기 바랍니다.

2007 년 5 월 일

위 채권자 황 원 고 (인)

서울○○지방법원

⇒2통을 작성하여 1통에는 500원의 인지를 첨부하여 민사과에 접수한다.

〈사례연구 4〉 [배당기일 조서]

배당기일 조서

사건　2005타경 6594
판사　○○○, 법원주사 ○○○
기 일 : 2007. 5. 7, 장소 : 신관 111호 법정, 공개여부 : 공개

사건과 관계인의 이름을 부름

채권자 주식회사 ○○은행　대리인 ○○○	출석
임차인 김임차	출석
근저당권자	출석
가압류권자 김압류	불출석
압류권자 ○○세무서	불출석

○○○를 주식회사 신한은행의 소송대리인으로, ○○○를 임차인 ○○○의 소송대리인으로 각 허가한다고 결정 고지

판사

별지 배당표를 이해관계인에게 제시

주식회사 ○○은행의 대리인 : 배당표 중 임차인 ○○○, 임차인 ○○○의 배당금 전부에 대하여 이의를 제기 임차인 ○○○ : 근저당권자 ○○○에게 배당된 금원 중 20,000,000원에 대하여 이의를 제기

판사 : 이의있는 부분의 배당을 중지하고 이의없는 부분 관하여 배당표에 의하여 배당을 실시

법원주사 ○○○
판　　사 ○○○

11. 농지 경매

11－1. 농지 경매(농지취득자격증명)

농지취득자격증명은 농지법 제8조(농지취득자격증명의 발급), 농지취득자격증명발급심사 요령(농림수산식품부 예규 제2호) 등을 잘 숙지하여야 한다.

농지(논, 밭, 과수원 그 밖의 법적 지목을 불구하고 실제로 농작물 경작지 또는 다년생 식물 재배지로 이용되는 토지를 말함. 임야는 아님) 낙찰 후 당일 집행관 발행의 "최고가(차순위) 매수 신고인 증명"을 교부받아 농지취득자격증명신청서와 농업경영계획서(1,000㎡ 미만 주말체험영농은 불필요) 와 함께 부동산소재지 관할 읍・면사무소에서 농지취득자격증명 (이하 '농취증' 이라 한다) 발급 요청하여 매각결정기일 이내 집행법원에 제출하여야 매각허가결정 된다. (송민예규 97－1호), 실무상 5일 이내 농취증을 집행관 사무실로 제출하도록 하단에 단서로 기재되어 있다. 미제출시 매각은 불허가되고 매수보증금을(약 90% 이상 법원) 몰수한다. 농취증 발급절차는 농업경영계획서가 첨부된 농지취득자격증명신청서를 작성하여 시・군・구・읍・면・동장에게 신청하면 되며, 농지관리위원의 확인절차가 생략되어 4일 이내 발급하여 주므로 처리기한이 단축되었다(주말・체험 영농용 경우에는 2일 이내, 농업경영계획서도 제출하지 않아도 된다).

① 농지취득자격증명 발급없이 농지를 취득할 수 있는 경우는 토지이용계획확인서의 도시계획 관리에 용도지역 란에 주거지역, 상업지역, 공업지역 또는 도시계획시설예정지로 지정 또는 결정된 농지인 경우 등기촉탁시 농취증 없이 토지이용계획확인원 첨부로 소유권이전이 된다. 그러나 도시지역 중 녹지지역은 농취증 제출 하여야 한다. 간혹 농취증이 필요하지 않은 농지(도시계획구획 내 농지, 담보 농지의 취득, 토지거래허가를 얻는 농지, 공유물의 분할에 따른 농지, 개간 또는 간척으로 조성한 농지 등)도 있다.

② 개인이 아닌 일반법인으로 낙찰은 조심하여야 한다. 일반법인은 농지취득자격증명원을 받을 수 없으므로 일단 개인의 명의로 낙찰을 받은 후에 전용허가 후 법인명의로 바꾸거나, 임대하여 사용하거나, 낙찰자가 공장신설 후 합병하여 포괄양수도하는 방법 등이 있다(농지를 취득할 수 있는 사람은 농업인 또는 농업인이 되고자 하는 자 및 농업법인이며 일반법인은 농지취득이 안되며, 농업계, 야간방송통신 매체학생을 제외한 초・중・고교학생도 취득이 불가능하다).

③ 농지는 거주지역에 관계없이 취득이 가능하나 생애 첫 구입자(농지원부 없는 사람)는 최소면적에 제한이 있다. 최소면적은 1,000㎡(약 303평)이상 이어야 한다. 여기서 기존농지와 합산해서 1.000㎡만 초과하면 되는데 문제는 기존 보유농지가 단지 토지등기부등본에 소유자로 등재만 되어서는 안되며, 농지원부 상에 등재되어 있어야 한다.

당초 농지 900㎡ 보유중인 데 700㎡ 추가 매수하려면 1,000㎡를 초과하기 때문에 면적제한 없이 응찰은 가능하다. 기존 900㎡가 농지원부에 등재되어 있다면 문제가 없으나 농지원부가 없다면 7일 이내 농취증 제출이 실무상 어렵다. 왜냐하면 농지원부는 신청일로부터 최대 10일 이내(관외농지, 관내는 즉시, 농지원부는 농지의 소유 여부가 아닌 경작여부를 기준으로 작성됨) 소요되므로 매각결정기일까지 농지원부를 만들고 농취증을 발급받아 법원에 제출하기가 쉽지 않다. (농지취득자격증명은 부동산소재지이나, 농지원부는 본인 주소지가 서울 주소라면 대조동 사무소 등에 신청해야 한다)

④ 신청대상 농지가 취득 시 농지취득자격증명을 발급받아야 하는 농지이나 건물이 건립되어 현 상태에서는 농지취득자격증명을 발급할 수 없다며 농지취득자격 증명신청서반려통지서를 받게 되며, 신청서가 반려된다. (사례 : 통영지원 2005－9533) (농지법 제8조 및 동법시행령 제102조 제2항의 규정에 의하여 농지취득자격 증명 또는 증명신청서를 반려)

⑤ 그리고 농지의 취득과 관련하여 허위 기타 부정한 방법에 의하여 이 증명서를 발급받은 사실이 판명되면 농지법 제61조의 규정에 따라 3년 이하의 징역이나 1천만원 이하의 벌금에 처해질 수 있으며, 취득한 당해 농지를 취득목적대로 이용하지 아니할 경우에는 농지법 제11조 제1항 및 제65조의 규정에 따라 당해 농지의 처분명령 및 이행강제금이 부과될 수 있으므로 주의하여야 한다. 처분명령을 받은 후 정당한 사유없이 처분명령을 이행하지 않으면 매각될 때까지 공시지가의 20/100에 해당하는 이행강제금이 부과된다.

⑥ 간혹, 전체 공장용지 중 극히 일부만 전 · 답이 섞여 있어 법원은 농지취득자격증명 제출을 요구하고(강제주의), 관할관청(시 · 군 · 구 · 읍 · 면 · 동사무소)은 지목상 농지이나 현황상 농지라야 발급을 할 수 있지, 전소유자가 불법으로 형질변경을 하여 공장부지의 일부로 사용하므로 발급해 줄 수 없다고 하는 경우 농지취득자격증명 발급대상이 아니라는 사실확인서를 법원에 제출하여 매각허가결정을 받는 경우도 있다. (제주법원은 지적법상 임야일지라도 개간하여 감귤밭으로 이용 중이라면 농취증을 요구하고 있다)

⑦ 토지거래허가구역내의 경매로 농지취득은 허가절차가 필요 없고, 농취증 제출로 허가 받은 것으로 간주한다(임야도 1,000㎡ 이상 매매하려면 '임야매매증명'이 필요하나 법원경매로 취득 시에는 임야매매증명의 제출이 면제된다)

구 분	일반 매매	경 매	공 매(KAMCO)
농지취득자격증명	×	○(낙찰 후 바로, 7일 이내 매각허가 전)	○(소유권이전 시 제출)
토지거래허가구역(허가)	○	×	×

⑧ 농지 낙찰 후 10% 입찰보증금 영수증과, 집행관 발행의 아래 양식의 [최고가 매수신고인 증명]을 발급받아 읍, 면사무소에 제출하여야 농취증 발급받기 쉽다.

⑨ 농지에 대한 경매에서 농지취득자격증명은 매각허가요건이다. 그러나 공부상 지목은 농지이나 토지의 사실상의 현상이 농지법상의 농지가 아니라면 농지취득자격증명이 없다는 이유만으로 매각불허가를 할 수 없다(대법원 1987.1.15 선고 86마1095결정)는 판례를 경매계에서는 매우

존중하고 있는 실정이다.

대법원 1987.1.15. 자 86마1095 결정 【부동산경락허가결정】

【판시사항】
지목은 전으로 되어 있지만 객관적인 현상으로 보아 농지가 아닌 토지의 경락에 농지매매 증명이 필요한지 여부

【판결요지】
경매목적인 토지의 지목이 전으로 되어 있지만 사실상 대지화되어 농경지로 사용되지 아니하고 있어 객관적인 현상으로 보아 농지개혁법의 적용대상인 농지가 아니라면, 토지의 최고가경매인이 농지개혁법 소정의 농지매매 증명을 제출하지 아니하였다는 이유만으로 경락을 불허할 수 없다.

〈농지취득자격증명 발급 절차〉

구분	절 차 내 용
1	관할법원 경매법정에서 농지 낙찰시 최고가(또는 차순위) 매수신고인으로 선정
2	경매법정에서 집행관 발행 "최고가(차순위)매수신고인증명" 발급 받음(아래 양식 참조)→
3	농지소재지 시·군·구·읍·면·동장에게 신청(농지취득자격증명신청서, 농업경영계획서 (주말·체험 영농용은 불필요), 농지의 임대차계약서 또는 사용대차계약서(농지를 임차하거나 사용대차하여 농작물의 경작 또는 다년생식물의 재배에 이용하거나 이용할 계획임을 입증하고자 하는 경우)
4	농지취득자격증명 심사 및 발급(신청 후 4일 이내, 주말·체험 영농용은 2일 이내)
5	집행법원 또는 해당 경매계에 제출(7일 이내인 매각결정기일 이내/ 오전 중)
6	매각허가결정(미제출시 대부분 보증금 10% 몰수함, 창원지방법원 및 관할 지원(통영, 밀양, 거창)의 경우 몰수하며, 진주지원만 1차 반환, 2차 몰수한다)

1. 최고가매수신고인 증명

최고가(차순위)매수신고인 증명신청

사 건 2008 타경 12345호 물건번호 1번
부동산의 표시
별지 기재와 같음
위 사건에 관하여 신청인이 최고가(차순위)매수신고인임을 증명하여 주시기 바랍니다.
2008. . .

신청인 (인)

○○법원 ○○지원 소속 집행관 귀중

최고가(차순위)매수신고인 증명

위 사실을 증명합니다.

2008. . .

○○법원 ○○지원 소속 집행관 (인)

※ 최고가(차순위)매수신고인 증명신청을 별지 부동산 소재지 관할 동사무소 또는 면사무소에 제출하시고 농지취득자격증명원을 발급받아 ○○법원 집행과 또는 경매 ○○계로 5일 이내에 필히 제출하여 주시기 바랍니다.

2. 농지취득자격증명신청서

(앞면)

농지취득자격증명신청서	처리기간	접 수 *	. . . 제 호
	4일(농업경영계획서를 작성하지 아니하는 경우에는 2일)	처 리 *	. . . 제 호

농지 취득자 (신청인)	① 성명 (명칭)		② 주민등록번호 (법인등록번호)		⑥ 취득자의 구분			
	③ 주소	시 구 동 도 시·군 읍·면 리 번지			농업인	신규영농	법인 등	주말체험영농
	④ 연락처		⑤ 전화번호					

취득농지의 표시	⑦ 소 재 지						⑪농지구분		
	시·군	구·읍·면	리·동	⑧ 지번	⑨ 지목	⑩면적(㎡)	진흥구역	보호구역	진흥지역 밖

⑫취득원인							
⑬취득목적	농업경영		농지전용		시험·연구·실습용 등		주말체험영농	

「농지법」 제8조제2항 및 같은 법 시행령 제7조제1항에 따라 위와 같이 농지취득자격증명의 발급을 신청합니다.

년 월 일

농지취득자(신청인) (서명 또는 인)

시장·구청장·읍장·면장 귀하

구비서류	신청인(대표자) 제출서류	담당 공무원 확인사항	수수료
	1. 별지 제2호 서식의 농지취득인정서 (법 제6조제2항 제2호에 해당하는 경우에 한합니다) 2. 별지 제4호 서식의 농업경영계획서(농지를 농업경영	법인등기부등본	「농지법 시행령」 제74조에

	목적으로 취득하는 경우에 한합니다) 3. 농지임대차계약서 또는 농지사용대차계약서 4. 농지전용허가를 받거나 농지전용신고를 한 사실을 입증하는 서류(농지를 전용목적으로 취득하는 경우에 한합니다)		따름
본인은 이 건 업무처리와 관련하여 「전자정부법」 제21조제1항에 따른 행정정보의 공동이용을 통하여 담당 직원이 위의 담당 직원 확인사항을 확인하는 것에 동의합니다. **신청인(대표자)　　　　　(서명 또는 인)**			

(뒷면)

※ 기재상 주의사항

* 란은 신청인이 쓰지 아니합니다.
① 란은 법인에 있어서는 그 명칭 및 대표자의 성명을 씁니다.
② 란은 개인은 주민등록번호, 법인은 법인등록번호를 씁니다.
⑥ 란은 다음 구분에 따라 농지취득자가 해당되는 난에 ○표를 합니다.
　가. 신청 당시 농업경영에 종사하고 있는 개인은 "농업인"
　나. 신청 당시 농업경영에 종사하지 아니하지만 앞으로 농업경영을 하려는 개인은 "신규영농"
　다. 농업회사법인 · 영농조합법인 그 밖의 법인은 "법인 등"
　라. 신청 당시 농업경영에 종사하지 아니하지만 앞으로 주말 · 체험영농을 하려는 개인은 "주말체험 · 영농"
[취득농지의 표시]란은 취득대상 농지의 지번에 따라 매 필지별로 씁니다.
⑨ 란은 공부상의 지목에 따라 전 · 답 · 과수원 등으로 구분하여 씁니다.
⑪란은 매 필지별로 진흥구역 · 보호구역 · 진흥지역 밖으로 구분하여 해당란에 ○표를 합니다.
⑫란은 매매 · 교환 · 경락 · 수증 등 취득원인의 구분에 따라 씁니다.
⑬란은 농업경영/농지전용/시험 · 실습 · 종묘포/주말체험 · 영농 등 취득 후 이용목적의 구분에 따라 해당란에 ○표를 합니다(농지취득 후 농지이용목적대로 이용하지 아니할 경우 처분명령/이행강제금 부과/징역 · 벌금 등의 대상이 될 수 있으므로 정확하게 기록하여야 합니다)
※ 이 신청서는 무료로 배부되며 아래와 같이 처리됩니다.

신청인	처리기관(시 · 구 · 읍 · 면)
신청서 작성 →	접 수 ↓ 확인 · 조사 ↓ 검 토 ↓ 증명발급 또는 신청서의 반려
교 부 ←	

3. 농업경영계획서

(앞면)

농 업 경 영 계 획 서

취득대상 농지에 관한 사항	① 소재지			② 지번	③ 지목	④면적 (㎡)	⑤영농 거리	⑥ 주재배 예정 작목	⑦영농 착수 시기
	시·군	구·읍·면	리·동						
	계								

농업경영 노동력의 확보방안	⑧ 취득자 및 세대원의 농업경영능력				
	취득자와 관계	성별	연령	직업	영농경력(년)	향후 영농여부
	⑨ 취득농지의 농업경영에 필요한 노동력확보방안					
	자기노동력	일부고용	일부위탁	전부위탁(임대)		

농업기계·장비의 확보 방안	⑩농업기계·장비의 보유현황					
	기계·장비명	규격	보유현황	기계·장비명	규격	보유현황
	⑪농업기계장비의 보유 계획					
	기계·장비명	규격	보유계획	기계·장비명	규격	보유계획

연고자에 관한 사항	연고자 성명		관계	

「농지법」 제8조제2항에 따라 위와 같이 본인이 취득하려는 농지에 대한 농업경영계획서를 작성·제출합니다.

년 월 일

제출자 (서명 또는 인)

(뒷면)

소유농지의 이용현황								
소 재 지				지번	지목	면적(㎡)	주재배작 목	자 경 여 부
시·도	시·군	읍·면	리·동					
⑭임차(예정)농지현황								
소 재 지				지번	지목	면적(㎡)	주재배 (예정) 작 목	임 차 (예 정) 여 부

시·도	시·군	읍·면	리·동					
⑮ 특 기 사 항								

※ **기재상 주의사항**

⑤란은 거주지로부터 농지소재지까지 일상적인 통행에 이용하는 도로에 따라 측정한 거리를 씁니다.
⑥란은 그 농지에 주로 재배·식재하려는 작목을 씁니다.
⑦란은 취득농지의 실제 경작예정시기를 씁니다.
⑧란은 같은 세대의 세대원 중 영농한 경력이 있는 세대원과 앞으로 영농하려는 세대원에 대하여 영농경력과 앞으로 영농 여부를 개인별로 씁니다.
⑨란은 취득하려는 농지의 농업경영에 필요한 노동력을 확보하는 방안을 다음 구분에 따라 해당되는 난에 표시합니다.
가. 같은 세대의 세대원의 노동력만으로 영농하려는 경우에는 자기 노동력 란에 ○표
나. 자기노동력만으로 부족하여 농작업의 일부를 고용인력에 의하려는 경우에는 일부고용란에 ○표
다. 자기노동력만으로 부족하여 농작업의 일부를 남에게 위탁하려는 경우에는 일부 위탁 란에 위탁하려는 작업의 종류와 그 비율을 씁니다. [예 : 모내기(10%), 약제살포(20%) 등]
라. 자기노동력에 의하지 아니하고 농작업의 전부를 남에게 맡기거나 임대하려는 경우에는 전부위탁(임대)란에 ○표
⑩란과 란은 농업경영에 필요한 농업기계와 장비의 보유현황과 앞으로의 보유계획을 씁니다.
란은 취득농지의 소재지에 거주하고 있는 연고자의 성명 및 관계를 씁니다.
란과 란은 현재 소유농지 또는 임차(예정)농지에서의 영농상황(계획)을 씁니다.
⑮란은 취득농지가 농지로의 복구가 필요한 경우 복구계획 등 특기사항을 씁니다.

〈사례연구 1〉 [농지에 대한 매각절차에 있어서의 유의사항(재민 97－1)]

(개정 2003.12.31 재판예규 제943호)

1. 목 적

이 예규는 농지에 대한 매각절차에서 매각목적물의 현황에 대한 정확한 파악과 적정한 매각가격의 형성을 통한 농지매각절차의 합리화를 도모하기 위하여, 농지에 대한 집행관의 현황조사 및 감정인의 감정평가시에 유의할 사항과 최고가매수신고인 등의 농지취득자격증명 발급신청을 위한 증명서 교부 등을 규정함을 목적으로 한다.

중 략

5. 최고가매수신고인 등에 대한 증명서 교부

집행관은 매각기일 종결 후 최고가매수신고인 또는 차순위매수신고인이 농지취득자격증명의 발급을 신청하기 위하여 최고가매수신고인 또는 차순위매수신고인이라는 사실을 증명하여 줄 것을 신청하는 경우에는 최고가(차순위)매수신고인증명 〔전산양식A3369〕 을 교부하여 주어야 한다.

〈사례연구 2〉 [원상복구계획서]

농지의 일부분이 불법적으로 콘크리트 포장되어 있거나 철파이프 무허가 축사부지로 사용되고 있는 경우에도 농지취득자격증명을 발급 받아야 하는지?

농지를 취득한 자는 자기의 농업경영에 이용하여야 하므로 농지가 불법으로 전용되어 있는 경우에는 원칙적으로 농지로 원상 복구한 이후에 취득 하여야 한다.

다만, 경매, 공매 등으로 취득하여 소유권이 없어 이의 원상회복이 어려운 경우에는 농업 경영계획서의 특이 사항이나 별지에 원상복구계획서를 시, 구, 읍, 면, 동사무소에 제출하고, 시, 구, 읍. 면, 동사무소에서 그 계획이 실현 가능하다고 판단되는 경우에는 원상복구 이전이라도 농지취득자격증명을 발급 할 수 있겠으나, 그 실현 가능성이 없다고 보는 경우에는 농지로 원상 복구한 이후에 취득하여야 함을 사유로 반려 처리될 수 있다.

<관련법률 : 농지법시행규칙 제7조 제③ 항 제5호>

〈사례연구 3〉 [농지원상복구계획서]

성남 4계 2005타경 12508호(물건번호 1번)로 경기도 광주시 퇴촌면 관음리 89번지 답 321.00㎡(97.10평)(현; 전)입니다. 관리지역, 토지거래허가구역이며, 농지취득자격증명 필요한 농지로 2007. 3.27일 1차 매각가격(감정가) 32,100,000원에 38,400,000원(2명 응찰)에 낙찰된 물건임. 7일 이내 농지취득자격증명원을 법원에 제출하기 어려워 법원에 매각결정기일 연기 신청 후 농림부에 질의 후 '농지원상복구계획서'를 함께 제출 후 농취증 발급받은 사례이다.

—농림부 농지과(02—500—1671) 2006. 4. 6 민원신청 2006. 4.10 답변 받은 글에서 발췌 -

제목 : 경락 받은 농지(주말영농목적)의 현황(잔디 식재)에 기인한 '농지취득자격증명'을 발급받을 수 있는 방법은?

[질문]

1. 최근에 소규모 농지 1필지(답 321.00㎡=97.10평)를 경락 받았습니다(경기도 광주시 퇴촌면 소재) 소유권이전을 위해서 퇴촌면사무소에 농지취득자격증명원(이하 '농취증')을 신청(주말영농목적)하였으나 '반려'되었습니다.
   사유는 낙찰 받은 농지의 대부분에 잔디가 식재되어 있기 때문이랍니다. 하지만 그 잔디는 현재 본 경매물건의 소유자(채무자)가 식재하여 인접한 자신의 건물마당으로 사용하고 있습니다. 경락 받은 물건이 농업경영계획서를 제출하지 않아도 될 적은 규모의 농지임에도 잔디가 식재되어 있다는 이유로 반려사유가 되는지요?
2. 그 농지는 현 소유자(채무자)가 식재하였기에 경락자가 농지로 원상 복구할 수 없는 바, (현 소유자의 동의불가) 소유권이전 후 원상 복구하여 농지로 사용하겠다는 계획서(또는 소명서?)를 제출하면 '농취증'을 발급 받을 수 있는 지요?
3. '농지법시행규칙' 제7조 6항 5호의 '~농지의 복구가능성~'을 입증하기 위해 위 2번 방법외에 다른 가능한 방법이 있다면 알려주시기 바랍니다.

(농림부 답변)

농지를 취득한 자는 그 취득목적에 이용하여야 하며, 당해 목적대로 이용하지 아니할 경우 당해 농지를 처분하여야 합니다. 농지를 취득하고자 농지취득자격증명 발급신청에 따른 자격심사 시 취득 농지의 상태 등을 고려하도록 하고 있으며, 농작물 경작이 어려울 정도로 불법 전용된 농지는 원칙적으로 농작물 경작이 가능하도록 농지로 원상 복구한 이후에 취득하여야 합니다. 귀하의 경우 잔디 등 정원으로 불법 조성된 농지를 경매로 취득하고자 하는 것으로 사료됩니다. 불법 전용된 농지를 농지로 원상 복구한 이후에 취득하여야 함이 원칙이지만, 경매의 경우 실질적인 소유권이 없어 원상 회복이 불가능하다고 보아 시, 구, 읍, 면에 원상복구계획을 제출하여 그 원상복구가 실현 가능하다고 인정되는 경우 먼저 농지취득자격증명을 발급하고, 그 이후에 이행여부를 조사하여 그대로 아니하였다고 판단되는 경우에는 당해 농지에 대해 농지처분통지 등의 사후관리를 하도록 운영하고 있습니다. 귀하께서도 시, 구, 읍, 면사무소에 '원상복구계획'을 제출하여 그 실현가능성을 판단 받아야 할 것으로 사료됩니다.

농지원상복구 계획서

소재지 ; 경기도 광주시 퇴촌 면 관음리 89번지 면적; 321㎡, 지목 : 답(현황, 일부 잔디식재)

상기 농지는 이○○(이하 '본인')이 2006.3.27 일부로 경매(2005타경12508－1) 로 취득하고자 한 물건입니다('최고가 매수신고인증명'참조)

본인은 농지법 제8조 및 동법시행령 제10조에 의거 농지취득자격증명원(이하 "농취증")을 신청하였으나(2006.3.27) 상기 농지 일부에 잔디가 식재되어 있다는 이유로 반려 받았습니다(2006.3.31) 이에 본인은 농림부의 담당직원과 상담해 본 결과, 농림부의 '농지운영지침(규정 등)'을 존중하여, 상기 농지를 소유권이전 후 1개월 이내에 불법으로 조성되어 있는 일부 잔디를 걷어내어 원상복구해서 농사용 부지(주말영농목적)로 사용하고자 하오니, '농취증'을 발급하여 주시기 바랍니다('농림부 전자민원창구 민원질의응답'참조)

2006년4월11일

제출자(경락인) : 이○○(671001－2*****) (인)

주소 : 경기도 성남시 중원구 은행 동 1234번지　　연락처 : 017－123－4567

첨부 : 1. 최고가 매수신고인 증명 1부
2. 농림부 전자민원창구 민원질의 응답 1부
3. 인감증명서 1부
4. 감정평가서 지적 및 건물개황도 1부 끝.

〈사례연구 4〉 [농림수산식품부(www.mifaff.go.kr)〉민원조회 및 신청〉민원신청〉검색어에 '농지취득자격'입력 후]

1	현재 거주지와 같은 지역에 밭676제곱미터를 소유하고 실제로 밭농사를 짓고 있으나, 농지취득자격증명원 기준면적인 1000제곱미터에 못 미치어, "농지취득자격증명원"을 받지 못하고 있습니다. 이에 "경매"를 통하여, 좀 더 전(밭)을 확보하려 합니다. 제가 인터넷을 통해 알아본 바로는, 경매 낙찰 시 "최고가 낙찰 증명원"을 해당 동사무소에 가져가면, 잔금납부 전이라도, "농지취득 증명원"을 받을 수 있다고 들었습니다. 이에 대해 의견이 분분한 것 같아 "농림부 관계자"의 정확한 답변을 듣고자 이렇게 민원신청을 하게 되었습니다. 저는 아산시에 살고 있으며, 현재의 소유하고 있는 밭도, 낙찰받고 싶은 밭도 모

	두 같은 지역인 "아산"임을 참고로 알려드립니다.
	농지의 경매낙찰 취득 시 농지취득자격증명 발급과 관련하여 답변 드립니다. 농지는 헌법의 경자유전 원칙 실현을 위해 자기의 농업경영에 이용하고자 하는 농업인, 농업인이 되고자 하는 자, 농업법인만 취득하여 소유할 수 있도록 하고 있습니다. 따라서 농업경영의 목적으로 농지를 취득하고자 하는 경우에는 농지를 취득하고자 하는 자는 농지소재지 시・구・읍・면에서 농지취득자격증명을 발급받아 소유권에 관한 등기를 신청할 때에 이를 첨부하여야 하며, 농지취득자격증명 신청 시 농업경영계획서를 첨부하여 제출하여야 하며 관할 시・구・읍・면에서는 동 계획서상의 내용이 실현 가능하다고 인정될 때 농지취득자격증명을 발급하도록 하고 있습니다. 또한, 농업인이 아닌 개인이 농업경영에 이용하고자 농지를 취득하는 경우에는 농업경영에 이용하고자 하는 농지의 총면적이 1천제곱미터(비닐하우스 등을 설치하거나 설치하고자 하는 경우에는 330제곱미터) 이상이어야 농지취득자격증명을 발급하도록 하고 있습니다. 다만, 농업경영 목적이 아닌 주말체험영농 목적으로 농지를 취득하는 경우에는 농업경영계획서를 제출하지 않도록 하고 있으며, 이 경우 취득면적은 기존 소유농지와 취득대상 농지의 면적의 합을 세대당 1천제곱미터 이하로 제한하고 있습니다. 농지취득자격증명 신청은 신청서에 취득원인을 기재토록 하고 있습니다만, 신청 첨부서류에 낙찰증명서는 포함되어 있지 아니하므로 귀하의 경우처럼 경매에 의하여 취득하는 경우 반드시 낙찰증명원을 첨부할 필요는 없으므로 경매입찰 전에도 농지취득자격증명신청이 가능하다고 봅니다.
	도시에서 거주하며 시골에 농지 1,000㎡미만은 주말. 체험영농목적으로 증명발급이 가능하다고 하는데, 본인은 주소지가 면 지역에 거주하고 있습니다, 농지가 없는 상태에서 부락 내 농지137㎡(전)를 구입하려 하는데 (주소지와 토지위치가 동일한 지역임) 주말체험영농목적으로 농지취득자격증명을 발급받을 수 있는지?
2	농지소재지에 거주하는 자의 주말체험영농 목적의 농지취득과 관련하여 답변 드립니다. 농업경영 목적이 아닌 주말체험영농 목적으로 농지를 취득하는 경우에는 농업경영계획서를 제출하지 않도록 하고 있으며, 이 경우 취득면적은 세대당 1천제곱미터 이하로 제한하고 있습니다. 따라서 한 세대가 소유하고 있는 농지의 면적이 1천제곱미터 이상이면 주말체험영농 목적이 아닌 농업경영 목적으로 취득 가능하며, 이 경우 신청인의 거주지에 대한 사항은 발급여부를 결정하기 위한 검토사항에 포함되지 않습니다.
	타인이 농지전용허가를 받은 396㎡의 농지를 경매로 취득하고자 합니다. 농업경영목적으로 농지취득자격증명이 발급이 가능하다고 알고 있습니다만 저는 농지원부도 없고 소유농지도 없는 상태입니다. 주말체험영농 목적으로 농지취득자격증명을 발급 받을 수 있는지 알고 싶습니다. 농지의 상태는 묵전입니다.
3	전용허가 받은 농지의 경매취득과 관련하여 답변 드립니다. 전용허가가 이루어진 농지를 농업경영목적으로 취득하고자 하는 경우 농업경영계획서나 별지에 원상복구계획을 기재, 제출하여 시구읍면에서는 토지의 현상을 확인하여 건축물의 건축 정도에 따라 농업경영이 가능한지를 판단하여 농지로 원상복구가 가능하다고 보는 경우 농업경영목적으로 농지취득자격증명 발급이 가능하다고 봅니다. 또한, 주말・체험영농 목적의 농지소유는 각 세대당 1,000㎡이하로 제한하고 있습니다. 즉 취득자가 속한 세대의 기존 소유농지와 취득대상 농지의 면적의 합계가 1,000를 초과하는 경우에는 농업경영 목적으로 취득하여야 함을 알려드립니다.

〈사례연구 5〉 [농지취득자격증명]

1) 발급대상자 :
   가. 농업인 또는 농업인이 되고자 하는 자
   나. 농업법인
   다. 학교 및 공공단체
   라. 주말・체험영농을 하고자 하는 농업인이 아닌 개인
   마. 농지전용허가를 받거나 농지전용신고를 한 자
   바. 한국농촌공사가 개발하여 매도하는 농지를 취득하는 자
   사. 한계농지등의 정비사업시행자로부터 1천500제곱미터 미만의 농지를 분양 받는 자

※ **주말·체험영농** : 농업인이 아닌 개인이 주말 등을 이용하여 취미 또는 여가활동으로 농작물을 경작하거나 다년생 식물을 재배하는 것으로 지목(전, 답, 과수원)이나 재배 작물(채소, 벼. 과수 등)에 관계없음

2) 신청 : 농지취득자격증명을 발급 받고자 하는 자는 농지취득자격증명발급신청서와 농업경영계획서를 작성하여 당해 농지의 소재지를 관할하는 시*구*읍*면장에게 발급 신청(주말체험영농 목적은 농업경영계획서를 작성하지 않음)

☞ 2003. 1. 1일부터 농지관리위원회 확인사항 폐지

3) 처리기간 : 접수일로부터 4일(주말체험영농과 농지전용 목적인 경우 2일)
4) 수수료 : 수입증지 1,000원
5) 신청 시 첨부서류
   ① 농지취득자격증명신청서,
   ② 농업경영계획서(주말체험영농 목적은 농업경영계획서를 작성하지 않음).
      ☞ 농지를 농업경영목적으로 취득하는 경우에 한함
   ③ 법인 경우 법인 등기부등본.
   ④ 농지취득인정서
      ▷ 학교, 공공단체, 농업연구기관. 농업생산자단체 또는 종묘 기타 농업기자재를 생산하는 자가 농지를 취득하여 소유하는 경우
   ⑤ 농지임대차(사용대)계약서(농업경영을 하지 아니하는 자가 취득하고자 하는 농지의 면적이 1,000㎡미만 또는 시설면적이 330㎡미만인 경우)
   ⑥ 농지전용허가를 받거나 농지전용신고를 한 사실을 입증하는 서류
6) 확인사항
   ① 취득대상 농지의 면적
      – 신규로 농업경영을 하고자 할 경우
         ○ 시설(고정식온실, 버섯재배사, 비닐하우스)이 설치되어 있거나 설치하고자 하는 농지 : 330㎡이상
         ○ 시설을 설치하지 않는 일반 농지(벼농사, 밭농사 등) : 1,000㎡이상

   ※ 취득면적이 1,000㎡미만일 경우 기 보유 면적이나 임차면적을 포함하여 농업경영에 이용하는 농지 면적이 1,000㎡이상이면 취득 가능
      – 기존에 농지원부가 있는 농가는 최소면적 제한 없음.
      – 농업인이 아닌 개인이 주말*체험영농 목적으로 이용하고자 농지를 취득하고자 하는 경우에는 신청 당시 소유하고 있는 농지의 면적에 취득하고자 하는 농지의 면적을 합한 면적이 1,000㎡미만일

것(이 경우 면적의 계산은 그 세대원 전부가 소유하는 총면적으로 한다)

② 취득대상 농지를 농업경영에 이용하기 위한 노동력 및 농업기계·장비 등의 확보 여부 또는 확보방안

③ 소유농지의 이용실태(농지를 소유하고 있는 자의 경우에 한한다)

☞ 소유농지의 전부를 타인에게 임대 또는 사용대하거나 농작업의 전부를 위탁하여 경영하고 있는지 여부(농지원부로 확인).

④ 경작 또는 재배하고자 하는 농작물 또는 다년성 식물의 종류

⑤ 농작물의 경작 또는 가연성식물의 재배지 등으로 이용되고 있지 아니하는 농지의 경우에는 농지의 복구가능성 등 취득대상 토지의 상태

☞ 지목상 농지이나 현재 타 용도로 사용되고 있어 복구 계획이 필요한 경우 농업경영계획서 특기사항란에 복구계획서를 포함한 영농계획서를 구체적으로 작성 제출

⑥ 신청자의 연령·신체적인 조건·직업 또는 거주지 등 영농여건

⑦ 신청자의 영농의지

7) 등기시 유효기간 :

① 인감증명(6월). 기타 토지대장, 건축물대장 등 서류(3월)

② 농지취득자격증명과 토지거래허가증은 별도의 유효기간이 정해져 있지 않으나 등기관이 일반원칙에 의하여 너무 오래 되었다고 판단(의심)할 경우 재발급 신청하라 할 수 있음.

8) 관련근거 : 농지법 제8조. 농지취득자격증명발급심사요령(농림수산식품부 예규 제2호)

〈사례연구 6〉 [농지법 시행령 일부 개정령 입법예고]

[일부 개정 2005.10.24 농림부 공고 제2005-134호]

① 개정이유

농지법이 개정·공포(법률 제7604호, 2005. 7.21.)됨에 따라 부과기준·결손처분 사유 등 농지보전부담금에 관한 규정을 정비하고, 농업진흥구역의 행위제한 완화 등 농업진흥지역관리제도를 보완하며, 농지전용허가기준 및 절차를 정비하고, 축사설치 시 농지전용규제를 완화하는 등 개정 농지법에서 위임한 사항과 그 시행에 필요한 사항을 정하는 한편, 현행제도의 운영상 나타난 일부 미비점을 개선·보완하려는 것임.

② 주요내용

농지취득자격증명 발급신청 시 처리기간 단축

㉠ 농지취득자격증명 발급신청 시 현지조사 소요기간을 감안 시·구·읍·면의 처리기간을 4일 이내로 하고 있으나, 현지조사가 불필요한 경우에도 지연 처리되어 민원인의 불편이 발생하고 있음.

㉡ 전용허가를 받은 농지 또는 주말·체험영농용 농지 등을 취득하는 경우와 같이 농업경영계획서를 작성하지 아니하고 농지취득자격증명을 신청하는 때에는 2일 이내에 처리하도록 함.

㉢ 농업경영계획서를 작성하지 아니하고 농지취득자격증명을 신청하는 경우 그 처리기간이 단축되어 민원인의 불편이 해소될 것으로 기대됨.

〈사례연구 7〉 [농지 질의응답]

1	농지를 경매로 취득하려고 하는데 경매 나온 농지가 2필지 중 1필지는 295평, 1필지는 20평인 경우(2필지 일괄경매) 295평은 지목/현황이 농지이나 나머지 20평이 지목은 농지이나 현황은 포장도로인 경우 경락 후 전체면적(315평)의 농지취득자격증명을 받는데 어려움이 있는 지요?
	농지를 처음으로 취득하려면 300 평 이상이어야 하나 이미 농지원부상 농지를 소유하고 있는 자는 300평 이하라도 상관없습니다. 그리고 농지란 지목이 전, 답, 과수원인 것을 말하나 토지의 상태가 농사를 지을 수 없는 경우에는 농지로 보지 아니합니다. 다만 농로로 이용되는 경우에는 농지로 보고 있습니다. 귀하의 경우 포장도로가 농로로 사용되고 또한 지목상 농지의 합계가 300평 이상이면 농지취득자격증명을 발급받아 법원에 제출하여야 합니다. 이 점을 참조하시기 바랍니다.
2	농지취득자격증명원은 필지마다 따로따로 받아야 하는지요? 예를 들어 2필지(1개 물건으로)를 낙찰 받으면 지번마다 각각 농지취득자격증명원이 필요한 것인지요?
	행정구역(구, 군) 단위로 하나만 있으면 되는 것으로 알고 있습니다.
3	의왕시 포일동 전, 답(휴경지 약 800평)에 입찰을 하려고 하는데 현재 토지거래허가 지역이고 농지취득자격증명이 필요하고 제출치 못하면 보증금을 몰수한다고 합니다. (수원 ○○ 계장 답변)그런데 과거에는 거주요건 같은 것이 완화되어 쉬웠는데 최근에 2005.02.19부터 법이 개정되어 토지거래허가구역 내 농지취득 은 전 세대원이 전입하여 전세대원 1년 이상 거주하여야 한다고 하는데 사실인지가 궁금합니다.
	경매로 취득하는 토지는 허가대상에서 제외됩니다. 단, 농지취득자격증명은 제출해야 됩니다.
4	입목법에 의해 등기된 수목, 토지의 사용대차권이 기하여 그 토지상에 식재된 수목, 기타 명인방법에 의한 공시된 수목을 제외한 일체의 수목의 집단은 토지의 구성부분으로써 낙찰자의 소유가 되나요?
	네 그렇습니다. 농작물(벼, 보리, 야채 등)도 수확기 까지는 경작의 소유입니다. 토지의 사용대차에 의한 그 토지상에 식재된 수목은 이를 식재한 사람에게 소유권이 있는 것이고, 매수자의 소유라고 볼 수 없습니다.

〈사례연구 8〉 [토지거래허가구역]

[질문] 제가 일하는 곳은 거의 대부분 농지가 토지거래허가구역 내에 있어서 토지거래허가와 관련한 여러 상황들을 많이 접해봤습니다. 강의에서 토지거래허가구역 내에서 토지를 경매로 취득 시 '토지거래 허가'가 필요 없다고 하셨는데, 맞는 말씀입니다. 그러나 토지거래허가가 필요 없다고 해서 아무나 낙찰 받을 수 있는 것으로 생각하시는 분들이 많던데….. 그건 아닌 것 같습니다. 토지거래허가구역 내 1000제곱미터 (303평) 이상 토지는 농지취득자격증명을 제출해야 하기 때문에 (특별매각조건 단서가 붙어있습니다.) 어차피 까다

로운 것은 마찬가지입니다. 미제출시 낙찰 불허가 및 입찰 보증금이 몰수된다 하고요. 저는 토지를 주 거래하는 법무사에게 물어봐서 알았고, 관련된 법조문은 못 찾았습니다. 아시는 선배님들의 조언 바랍니다.

[답변] 안녕하세요 안성에서 토지위주로 중개업을 영위하는 ○○○입니다.
토지거래허가구역에 대해서는 국토계획및이용에관한법률에 규정돼 있지요. 주관(?)은 건교부이고 허가를 받아야 하는 면적은 얼마 전(2005년1월15일경－부정확)부터 반으로 줄었고요. 예를 들면 도시지역 외의 지역 농지는 1000에서 500평방미터로, 임야는 2000에서 1000평방미터로 그 외의 토지 250평방미터, 도시지역의 녹지지역은 200에서 100평방미터로 줄었지요. 2월부터는 6개월 거주요건도(현 전세대원 1년이상 사전 거주) 추가되었고요.
농취증 및 농민자격에 관한 규정은 물론 농지법에 규정돼 있는데 주관(?)은 농림부지요. 여기에는 1000평방미터 이상의 농지에 대해 농취증을 발급받을 수 있다고 규정돼 있어요. 따라서 토지거래허가구역 내에서는 예전에는 녹지지역 내 농지(200에서 1000평방미터 사이의 농지)만 혼란스러웠는데 이제는 도시 외 지역의 500~1000평방미터 사이의 농지도 현재 규제하는 법률의 불일치로 문제가 되고 있다고 봅니다.
토지거래허가를 받으면 당연히 농취증을 받은 것으로 의제되겠지요.
참고로 농취증을 발급하는 곳은 예전처럼 각 마을의 농지위원이 아니고 면사무소에서 직접 처리하고 있습니다.
또한 안성의 경우 토지거래허가구역 내에서 경매 등으로 인한 농취증을 발급받으려면 통작거리(20킬로미터)와 거주요건을 철저히 따지고 있으며, 토지거래허가외 지역(안성의 일부와 진천 등)은 현재 무조건적으로 발급해주고 있는 것으로 알고 있습니다.
참 토지거래허가면적 이하의 농지는 농지원부가 있으면 그냥 취득하고, 없으면 주말농장으로 처리하면 되는 데 사실 광역시와 수도권은 제외되는 것으로 알고 있었는데 수도권인 안성에서는 그 용도로 취득 가능하다고 합니다.

〈사례연구 9〉 [효과적인 농지 투자법]

농지는 투자수익성이 높은데 비하여 환금성이 낮기 때문에 절대가격이 낮은 편이다.
따라서 다음과 같이 환금성을 고려하여 선별적인 투자를 하여야 한다.

1. 대도시에서 40Km 이내의 농지를 구입해야 한다.
   환경에 대한 인식과 주5일 근무의 확산으로 전원주택 수요가 점진적으로 증가 추세에 있으므로 관리지역 근처의 농지에 투자하는 것이 안전하다.
   수도권에서 벗어난 투자는 자본이 묶일 수 있다는 점에서 위험하다.
2. 소액으로 분산 투자해야 한다.
   농지투자는 대체로 경상수익이 발생하지 않고 시세차익밖에 기대하기 어려우므로 1억원 미만의 분산투자와 총자본의 20% 범위 내에서 여유자금을 투자하는 것이 바람직하다.
3. 중. 장기적 투자를 해야 한다.
   농지의 가격은 단기간에 급등하지 않고 정책과 주변의 여건에 따라 서서히 움직이게 될 것이므로 단기투자보다는 느긋하게 중・장기적 투자를 해야 한다.

4. 분할이 가능한 토지를 선택해야 한다.
   도시계획구역 외의 토지는 1억원을 초과하면 거래가 잘 안 되는 편이다. 지가가 상승할 경우 분할이 쉬워야 환금성이 좋다. 분할이 안 되면 수익실현이 어렵다는 점을 감안해야 한다.
5. 도로 접근성을 고려해야 한다.
   차량접근이 가능한 4m 이상의 도로에 접해야 한다. 맹지는 도로확보 방안이 우선적으로 확립되어야 한다.
6. 이행(移行)이 예측되는 토지를 탐색한다.
   진흥농지는 농가주택. 농림수산업 창고. 축사 외에는 건축행위가 제한되므로 지가가 낮게 형성되어 있다. 그러나 진흥농지가 폐지되고 보호농지나 일반농지로 전환되면 가격이 3~4배로 상승할 수 있다. 군청에서 농사를 짓지 말라고 2년 전부터 권장하는 토지는 진흥농지가 폐지될 가능성이 다분하다. 마을주변의 자투리 농지나 산과 산 사이에 위치해 있어서 항공방제나 기계화 영농, 대규모 경작이 불가능한 농지는 진흥농지에서 해제될 가능성이 농후하다.

〈사례연구 10〉 [농취증 필요 없음에도 매각물건명세서 반대 기재시 매각불허가 사유]

대법원 2003. 12. 30. 자 2002마1208 결정【부동산낙찰허가】

【판시사항】

입찰목적물의 취득에 농지법 소정의 농지취득자격증명이 필요하지 않음에도 불구하고 입찰물건명세서 및 입찰기일 공고가 이와 반대의 취지로 작성된 경우, 구 민사소송법 제633조 제5호, 제6호에 정한 낙찰불허가사유에 해당하는지 여부(적극)

→ 입찰물건명세서 및 입찰기일공고는 이 사건 입찰 목적물의 취득에 농지법 소정의 농지취득자격증명이 필요하지 않음에도 불구하고 이와 반대의 취지로 작성되어, 일반인에게 입찰대상 물건에 대한 필요한 정보를 제공하는 역할을 할 부동산 표시를 그르친 하자가 있다고 할 것이고, 그와 같은 하자는 일반 매수희망자가 매수의사나 매수신고가격을 결정함에 있어 심대한 영향을 끼쳤다고 할 것인바, 이는 구 민사소송법 제633조 제5호, 제6호에 정한 낙찰불허가사유에 해당한다고 보아야 할 것이다.

〈사례연구 11〉 [농지법 시행령, 규칙 개정안 내용]

농지법 개정에 맞춰 2007년1월 22일부터 적용될 농지법 시행령과 시행규칙은 농지보전부담금의 기준과 농업진흥지역 내 진흥구역 및 보호구역의 구체적인 시설설치 허용 범위 등을 담고 있다.
아울러 농업진흥지역의 해제와 농지전용을 둘러싼 시. 도지사의 권한을 확대하고 농지처분 의무를 면제해주는 휴경사유로 토양 개량을 위한 휴경 등을 새로 추가했다.

－농지보전부담금제도 = 부담금은 전용 허가 농지 별 개별 공시지가의 30%로 부과한다. 다만, 급격한 부담의 증가를 막기 위해 1㎡당 부담금 상한액을 농림부 장관이 별도로 결정, 고시한다.
  농지보전 부담금을 분할 납부할 경우 예치해야 하는 보증서의 범위로 보증보험뿐 아니라 관련 법률에서 정하는 다른 보증서도 허용된다.
  도시민의 주말농장용 33㎡미만 주택, 농업진흥지역밖에 설치되는 경제자유구역, 지방이전 공공기관 등 시설에 대해서는 50%를 감면해준다.

－농업보호구역내 허용시설 = 제한행위 열거방식이 허용행위 열거방식으로 변경된다.
  허용시설로는 허용되는 시설과 농민소득 증대를 위한 0.3ha미만 주말농장, 농어촌 민박, 2ha미만 관광농원,

농민생활여건 개선을 위한 1, 2종 근린생활시설로 0.1ha미만의 단독주택, 슈퍼마켓, 탁구장, 서점, 사진관, 게임방 등이다. 1천㎡이하의 공장이나 공동주택 등은 허용시설에서 제외된다.

-농업진흥구역 내 허용시설 = 농업법인, 지역조합 등 농업생산자단체가 운영하는 0.3ha미만의 농산물 판매시설, 국가나 지방자치단체, 농업생산자단체가 농민을 위해 짓는 목욕탕, 운동시설, 구판장이 새로 허용시설에 포함된다.
또 마을 공동으로 운영하는 도시민 등 상대의 황토방, 염색공방 등 각종 농산어촌 체험시설도 새로 허용된다.
미곡종합처리장(RPC)과 농산물 산지유통시설(APC)의 설치 허용 규모는 기존 1ha에서 3ha로 늘어난다.

-시. 도지사 권한 확대 = 시. 도지사가 1ha미만 농업진흥지역은 농림부장관 승인 없이 직권으로 해제할 수 있게 된다.
농업진흥지역 밖 농지의 경우 시. 도지사에 위임된 농지전용 허가권이 현행 3~10ha규모 농지에서 3~20ha로 확대된다.
농지전용 때 농지관리위원회의 확인을 생략할 수 있는 지역도 현재 읍면지역 외 녹지지역에서 모든 녹지지역으로 확대된다.

-휴경사유 확대와 미비점 보완=휴경을 해도 농지처분 의무를 면제해주는 휴경사유로 현행 징집, 자연재해 등에 더해 토양개량, 지력회복을 위한 휴경이 새로 포함된다.
식물원 등도 농지에 포함되고 농지 개량을 위한 객토 등 형질변경도 부적합한 재활용 골재 사용 등의 경우에는 개발행위 허가를 받아야 된다.
농업경영계획서 없이 농지취득자격 증명을 신청하는 주말농장 취득자에 대한 증명서 발급기한이 종전 4일에서 2일로 줄어든다. 주민의견 청취 의무 명문화 등 농업진흥지역 지정 절차도 보완된다.

-축사에 대한 농지전용 규제 완화 = 농업진흥지역 밖에서 축사를 설치할 때 현재는 양돈, 양계만 3ha까지 신고로 전용할 수 있게 하고 다른 축사는 1ha로 제한하고 있으나 모두 3ha까지 신고 전용을 허용한다.
진흥지역 안 축사의 경우 현재는 1ha를 넘는 부분에 대해 농지보전부담금 50%를 물리게 돼있으나 3ha를 넘는 부분에 대해서만 부담금 50%를 부과하게 된다.

수도권 농지전용 부담금 크게 는다
농지를 다른 용도로 사용할 때 내야 하는 농지보전부담금이 면적 기준에서 땅값 기준으로 바뀌어 수도권의 경우 부담금이 크게 늘어날 전망이다.

23일 농림부에 따르면 농지보전부담금 부과 기준이 '공시지가의 30%'로 변경됨에 따라 땅값이 비쌀수록 부담금 규모도 커지게 된다. 농지보전부담금은 현행 대체농지조성비 제도를 대체하는 것으로 현재는 땅값에 관계없이 대체농지 조성원가 기준으로 1㎡당 1만300~2만1,900원을 내도록 하고 있다.

농지보전부담금제가 도입되면 수도권 등 땅값이 비싼 곳의 농지를 다른 용도로 쓸 때는 지금보다 부담이 크게 늘어나는 반면 수요가 없는 오지는 개발이 용이하게 된다. 농림부는 그러나 새 기준을 적용할 경우 수도권 지역의 경우 부담금이 지금의 약 100배인 1㎡ 당 216만원까지 늘어날 수 있다는 점을 감안, 상한액을 정해 별도로 고시할 계획이다.

개정안은 이와 함께 농업진흥구역 안에 설치할 수 있는 시설로 농업생산자단체가 운영하는 0.3ha(약 900평) 미만의 농산물 판매시설, 목욕탕, 운동시설, 구판장, 염색공방 등을 새로 포함시켰다. 또 농가의 축사 설치를 용이하게 하기 위해 농업진흥지역 밖의 농지에는 신고만 하면 모든 가축 종류에 대해 3ha까지(지금은 돼지와 닭으로 제한) 축사를 지을 수 있게 했다.

농림부는 이 같은 내용의 개정안을 24일 입법예고하고 내년 1월 22일부터 시행에 들어갈 예정이다

-수도권은 농지보전부담금 크게 늘어 주말・전원주택을 꿈꾸는 도시민들은 한동안 수도권 지역을 피해야 할 것 같다. 농림부는 지난달 24일 입법예고한 농지법 시행령 개정안에서 농지를 대지로 전환하는 데 따르는

농지보전부담금 산정 방식을 바꾸기로 했다. 현재는 지역에 관계없이 평당 3만4050원이던 것을 지역별 공시지가의 30%로 변경하기로 한 것이다.
이에 따라 공시지가가 평당 1만원 전후인 강원도 횡성·영월 등은 농지보전부담금이 평당 3000원으로 10배 가까이 줄어드는 반면, 평당 30만~100만원에 이르는 경기 용인·양평 지역 등은 평당 9만~30만원으로 지금의 3~10배 수준이 된다. 공시지가가 평당 50만원인 용인 지역 농지 150평을 대지로 바꿔 전원주택을 지으려면 농지보전부담금만 2250만원을 내야 한다.
반면, 비수도권인 강원·충청 지역에 소규모 주말 주택을 지을 경우에는 혜택이 대폭 늘어난다. 공시지가가 낮은 지역인 만큼 농지보전부담금 자체가 크게 줄어든다. 또 대지 150㎡(45평), 건평 33㎡(10평) 이하의 소형 주택을 지을 경우에는 농지보전부담금의 50%를 감면해주는 혜택도 주어진다. 이를테면 공시지가가 평당 1만원인 강원도 홍천 지역에 대지 40평, 건평 10평짜리 주말주택을 짓는다면 농지보전부담금은 6만원에 불과하게 된다.

〈사례연구 12〉 [농지취득자격증명 발급 교부]

제목 : 농지취득자격증명 발급 교부

귀하의 가정에 늘 행운이 함께 하시길 기원 드립니다.

귀하께서 신청하신 농지취득자격증명 발급 신청 건에 대하여 농지법 제8조 및 동법시행령 제10조 제2하의 규정에 적합하여 붙임과 같이 교부하오니, 취득목적에 위배되지 않도록 자기의 농업경영에 성실히 이용하여 주시기 바라며, 취득농지에 대해서는 매년 휴경, 임대차 관계 등 농지이용실태를 조사하여 부당하게 취득한 농지는 농지처분 조치를 취하고 있음을 알려 드리오니 향후 재산상의 불이익 처분을 받지 않도록 각별한 관심을 기울여 주시기 바랍니다. 특히, 영농작업의 전부위탁, 임대목적의 농지취득은 허용되지 않으며, 부분위탁의 경우도 작목별 주요 영농작업의 1/3 이상 또는 1년 중 90일 이상은 직접 영농에 참여하여야 함.

소유권 변동으로 쌀소득등보전직접지불제 명의변경은 주민등록 주소지 읍면동사무소에 신청하시기 바라며, 기타 문의 사항이 있을 시는 면사무소에 연락 주시면 성심껏 도와 드리겠습니다.

붙임 : 농지취득자격증명 1부. 끝.

○○ 면장

(예 경남 함안군 법수면 055－580－3381 등, www.haman.go.kr)
농지취득자격증명 : 생 략

○○ 군

수신자 홍 길 동

제목 : 이행강제금 납부 독촉

1. 귀 가정의건강과 행운을 기원합니다.
2. 농지법 제10조의 규정에 의하여 농지처분명령을 이행치 아니하여 이행강제금을 부과(토지가액의 100분의 20)하였으나 현재까지 납부하지 않아 재차 독촉고지서를 발송하오니 기한 내 납부하여 주시기 바라며
3. 기한 내 납부하지 아니할 경우 지방세법 제28조(체납처분)의 규정에 의거 재산 압류 후 국세징수

법 제61조의 규정에 의거 공매처분으로 징수함을 알려드립니다.

— 다 음 —

가. 납부기한 : 2008.3.20 한

나. 수납기관; 전국 우체국 및 농협, 함안군 소재 전 금융기관

붙임 : 이행강제금 납부고지서 각 1부 끝.

○○ 군 수 (직인)

〈사례연구 13〉 [농지 견질담보 취득]

여신취급시 일반 시중은행은 농지(전, 답, 과수원)와 임야 등은 정식담보로 취득하지 않고 견질담보로 취득하여 농협, 수협 등 외에는 대출취급이 어렵다. 그러나 일반 나대지처럼 정식담보로 취급하는 경우는?

국토의계획및이용에관한법률상(토지이용계획확인서로 확인 가능) 주거, 상업, 공업지역 내에 소재하는 농지(전, 답, 과수원) 및 임야는 개발에 제한이 없는 경우에 한하여 정규담보 취득이 가능하다. 또한 제1종, 제2종, 제3종 주거지역 등 세분화 된 모든 주거지역을 포함한다.

〈사례연구 14〉 [농지원부]

농 지 원 부

1. 일반사항

고유번호	4872041523－2－1－0012

최초작성일자 : 1991.12.24

농업인 또는 농업법인	성명 또는 명칭	주민(법인) 등록번호	농업 외 겸업	작성자	확인자	최종확인
준농업법인	명칭	조직형태	사업목적			
				농업경영 변동사항		기록자확인
주소						

세 대 원			농지소유 비동거 가족사항			기록사항변경
성 명	주민등록번호	관계	성명	주민	관계	사유 · 일자 · 확인

2. 소유농지현황

고유번호	4872041523-2-1-0012

<table>
<tr><td rowspan="3">번호</td><td colspan="5">농 지 의 표 시</td><td rowspan="4">농지구분(진흥, 진흥 밖), 경지정리(유, 무), 경작구분(자경), 공유자수(0,1,2), 소유자성명</td></tr>
<tr><td rowspan="2">농지소재지</td><td rowspan="2">지번</td><td colspan="2">지목</td><td rowspan="2">면적</td></tr>
<tr><td>공부</td><td>실제</td></tr>
<tr><td></td><td></td><td></td><td></td><td></td><td></td></tr>
</table>

3. 임차농지현황(계속)

고유번호	4872041523-2-1-0012

<table>
<tr><td rowspan="3">번호</td><td rowspan="3">경작구분</td><td colspan="4">농지의 표시</td><td rowspan="2">농지구분/경지정리</td></tr>
<tr><td rowspan="2">농지소재지</td><td rowspan="2">지번</td><td colspan="2">지목</td></tr>
<tr><td>공부</td><td>실제/면적</td><td>진흥 밖, 무</td></tr>
<tr><td>1</td><td>임차</td><td>4872041523</td><td>470</td><td>답</td><td>답</td><td></td></tr>
<tr><td></td><td></td><td></td><td></td><td></td><td></td><td></td></tr>
</table>

〈사례연구 15〉 [농지의 정의 및 취득]

— 농지 114에서 발췌 —

〈농지의 정의〉

1. 농지란

지적법상 전, 답, 과수원 등 사실상 농지. 다만, 초지법에 의하여 조성된 초지는 제외, 지적법에 의한 지목이 임야인 토지로서 그 형질을 변경하고 3년 이상 다년성식물의 재배지로 이용되는 토지, 고정식온실, 버섯재배사 및 비닐하우스 및 그 부속시설, 농막, 농지개량시설, 간이퇴비장, 간이액비저장조, 축사 및 축사와 연접하여 설치하는 부속시설

2. 농지 · 산지의 구분

<table>
<tr><td colspan="2">농 지</td><td colspan="2">산 지</td></tr>
<tr><td rowspan="2">농업진흥지역</td><td>농업진흥지역</td><td rowspan="2">보전산지</td><td>공익용산지</td></tr>
<tr><td>농업보호구역</td><td>임업용안 지</td></tr>
<tr><td colspan="2">농업진흥지역 밖</td><td colspan="2">준보전산지</td></tr>
</table>

가. 농업진흥구역에서 할 수 있는 행위

① 농업 생산 또는 농지개량과 직접 관련되는 시설

② 농수산물(농산물 · 임산물 · 축산물 · 수산물) 가공처리시설 : 1,0000㎡미만

③ 농수산업 관련 시험 연구시설 : 3000㎡ 미만

④ 농업인이 공동으로 운영하고 사용하는 창고, 작업장, 농기계수리시설, 퇴비장, 목욕장, 구판장, 운동시설, 마을공동주차장, 마을공동취수장, 마을공동농산어촌체험시설

⑤ 농업인의 공동생활의 편익을 위한 시설 및 이용시설인 경로당 · 보육시설 · 유치원 등 노유자시설, 정자, 보건진료소

⑥ 야생조수의 사육시설

⑦ 농업용 주택

ⓐ 부지면적 : 660㎡이하

ⓑ 자격요건 : 농업인 1인 이상으로 구성되는 농업, 임업 또는 축산업을 영위하는 세대로서 당해 세대의 농 · 임 · 축산업에 의한 수입액이 연간 총수입액의 2분의1을 초과하는 세대주이거나 당해 세대원의 노동력의 2분의 1이상으로 농 · 임 · 축산업을 영위하는 세대의 세대주가 설치하는 것

ⓒ 세대의 세대원이 장기간 독립된 주거생활을 영위할 수 있는 건축물

ⓓ 설치장소 : 농업, 임업 또는 축산업의 경영의 근거가 되는 농지 · 산림 · 축사 등이 소재하는 시 · 구 · 읍 · 면 또는 이에 연접한 시 · 구 · 읍 · 면 농업용시설(농업용 창고, 콩나물 재배사, 관리사 등)

⑧ 도로, 철도 등 공공용시설, 사도법에 의한 사도

⑨ 어업용시설 : 10,000㎡ 미만

⑩ 국내에서 생산되는 농산물의 집하, 예냉, 저장, 선별 또는 포장하는 산지유통 시설 : 30,000㎡ 미만

⑪ 농업기계수리시설 : 3,000㎡ 미만

⑫ 국내에서 생산된 농산물을 판매하는 시설로서 농업생산자단체가 설치하여 운영하는 시설 : 3,000㎡ 미만

⑬ 남은 음식물이나 농수산물의 부산물을 이용한 유기질비료 또는 사료의 제조시설 : 3,000㎡ (자치단체, 생산자단체 : 10,000㎡) 미만

나. 농업보호구역에서 할 수 있는 행위

① 부지 면적이 20,000㎡ 미만의 관광농원사업

② 부지면적이 3,000㎡ 미만의 주말농원사업

③ 단독주택 : 1,000㎡ 미만

④ 1종 근생(소매점, 운동시설, 마을공회당, 지역아동센타) : 1,000㎡ 미만

⑤ 1종 근생(변전소, 양수장, 공동화장실 등) : 3,000㎡ 미만

⑥ 2종 근생(기원, 서점, 운동시설, 종교집회장, 부동산중개업소, 금융업소, 학원) : 1,000㎡미만

⑦ 태양광발전시설

다. 농업진흥지역에서 행위제한 규정의 적용

① 행위제한 규정은 모든 토지에 적용

② 행위제한 규정은 용도변경승인 기간(5년) 경과여부와 관계없이 계속 적용

③ 용도변경승인 기간이 경과한 경우에는 농업진흥지역에서 할 수 있는 행위 범위내에서 농지법상 용도변경승인을 받지 않음

〈농지의 취득〉

Ⅰ. 농지의 취득 시 확인사항

1. 취득자격 : 농업경영 목적으로 취득 → 농지전용, 농지전용(대지사용 승낙서)→ 전용 목적으로 취득
2. 등기부등본 : 소유권, 지상권, 전세권, 저당권, 가압류, 경매개시 결정, 가처분 등 확인
3. 토지이용계획 확인서 : 각종 지역, 지구, 구역에서 할 수 있는 행위인지 여부 확인, 도시지역, 계획관리지역, 개발진흥지구인지 여부, 농업진흥지역 여부
4. 농지로서 보전가치 등 농지전용허가 가능 여부
5. 건축허가 가능 여부 : 건축허가(신고) 대상인지 여부, 도로, 퇴수로 등
6. 개발행위허가 가능 여부 : 연접개발 적용 대상 여부
7. 현지답사 : 토지의 위치, 지목, 지적, 인접필지와 경계, 방향, 진입도로, 교통관계, 무허가 건축물 등
8. 각종 부담금 : 농지보전부담금, 개발부담금 등

Ⅱ 농지취득자격증명

1. 목 적 : 비농민의 투기적 농지 소유를 방지하고 경자유전을 실현하기 위함
2. 증명발급기관 : 시・구・읍・면・동장
3. 농지취득자격증명을 발급받지 아니하고 농지를 취득할 수 있는 경우
   ① 주거・상업・공업지역 및 도시계획시설예정지로 지정 또는 결정된 농지
   ② 상속(상속인에게 한 유증 포함)
   ③ 농업법인의 합병이나 공유농지의 분할로 농지를 취득하는 경우
   ④ 녹지지역이나 개발제한구역내의 농지에 대해서 토지형질변경허가를 받은 농지
4. 발급 목적
   ① 주말체험영농 : 1,000㎡ 미만
   ② 농업경영 : 1,000㎡ 이상
   ③ 농지전용 : 농지전용허가를 받은 자가 전용 받은 면적만큼 취득
   ④ 시험・연구・실습용 등

11-2. 땅・상가 경매 주의사항

토지를 거래할 때는 그 땅이 토지거래허가대상 지역인지 투기지역인지 먼저 확인해야 한다. 그리고 반드시 그 절차를 알아야 한다. 토지거래허가 구역에서 허가를 받지 않고 토지 거래를 할 경우에는 계약을 체결 했다 하더라도 무효가 된다. 물론 법원경매라면 토지거래허가구역내의 땅이라도 허가가 필요하지 않다. 땅을 경매로 구입하고 할 때 주의사항을 살펴보도록 하자.

1. 토지공부서류는 반드시 직접 확인하라

토지이용계획확인원・토지대장・지적도・개별공시지가확인서, 부동산등기부(등본)등이다. 토지이용계획확인원의 확인 내용 중에서 농지 난에 진흥구역이나 보호구역 표시가 없는 진흥구역 밖의 토지가 관리지역으로 개발이 쉽고 땅값 상승 폭이 커 투자 가치가 높은 땅이다. 농림지역이면

서 농업진흥구역은 절대농지여서 개발이 쉽지 않고 땅값 상승 폭도 크지 않다.

지목이 산지(임야)인 경우는 산림 난에 보전임지가 표시되어 있으면 개발 허가가 어렵다. 땅을 조사할 때 전 · 답이 농림지역이면서 농지 난에 진흥구역으로 되어 있거나, 임야는 산림 난에 보전임지일 경우는 한마디로 개인이 개발하기 힘들고 땅값 상승 폭도 작고, 투자 가치가 떨어지기 때문에 꼭 확인한 후에 매입해야 한다.

땅은 부동산중 개별적인 규제가 가장 많은 종목이다. 본인이 투자목적으로 토지를 구입하였다 하더라도 본인 맘대로 개발을 할 수 있는 상품이 아니다. 그러하기 때문에 반드시 지적도, 토지이용계획확인원 등의 공적인 서류를 통하여 구입목적에 맞게 활용할 수 있는지의 여부를 따져보아야 한다. 그리고 전원주택단지 등의 조성을 위한 투자를 하기 위한다면 관련 투입비용을 따져보아야 한다.

2. 호재가 겹치는 곳을 주목하라

부동산투자의 초보자는 일단 호재가 겹치는 곳에 우선 주목해야 한다. 도심 뉴타운과 그 인근의 지분투자, 신도시와 기업도시, 신도시와 혁신도시, 전철개통과 기업도시, 고속도로개통과 기업도시, 전철개통과 혁신도시, 고속도로개통과 혁신도시, 도로개통과 기업도시, 도로개통과 혁신도시 등이다.

판교, 화성, 동 탄, 김포, 파주의 5대 신도시와 기업도시, 혁신도시, 행정중심도시, 제주국제자유도시, 인천송도국제자유도시, 영종도와 그 인근으로 수요가 지속되는 이 땅들을 초보투자자의 위험부담을 획기적으로 줄여준다.

3. 땅값은 새로 날 길을 따라 상승한다

접근성과 유동성이 좋아지게 되면 투자가 활성화되게 마련이다. 따라서 개설되거나 개설 예정인 고속도로나 국도 인근의 지방 토지 · 임야는 확실한 투자처이고, 땅값이 오를 수밖에 없다. 호재가 겹치는 곳에서 보았듯이 새로 개통되는 고속전철역 주변의 토지가격 상승을 보면 금방 이해가 되고, 서해안고속도로나 중앙고속도로나 신설국도 개통지역 주변의 땅값 움직임을 보면 알 수 있다. 경전철 · 도로 개통은 주민의 생활 반경을 확대시킨다. 신설예정인 경춘고속도로 인근의 땅값상승이 그 증거이다.

4. 그린벨트 해제대상지에 선점 투자하라

도시의 무질서한 양적 평면 팽창을 막기 위하여 영국의 그린벨트와 유사한 형태로 개발제한구역을 두고 있다. 이러한 개발제한구역은 전국토의 약 5.5%에 이른다. 그러나 점점 이러한 규제가 완화되고 있고, 이러한 현상은 계속될 전망이다. 특히 20가구 이상의 취락지역이고, 보호가치가 없는 지역 등을 우선적으로 염두에 두어야 한다. 또한 고속철도의 개통과 연계한 지역을 선택하는 것이 현명한 판단이다. 그린벨트 해제가 예상되는 지역을 선점하자.

5. 개발 예정지의 인근을 찾아라

택지조성은 정부가 추진하는 가장 정확한 개발 정보이고, 또한 각 지자체가 지정하는 개발예정용지 인근 지역도 투자 유망 지역으로 성공 가능성이 높다.

토지 공사 등 정부기관이 대규모로 개발하거나 개발을 예정하고 있는 주변의 토지·임야의 구입은 성공투자를 약속한다. 그 동안 땅값 상승이 컸던 지역을 보면 택지지구 주변, 공단 조성지역은 평균 이상으로 상승한 것을 알 수 있다.

6. 지렛대가 안 통한다 여유자금으로 투자하라

단기 거래를 목적으로 이 종목에 투자하여 성공하신 분들도 가끔 보지만 그것은 그저 운이 좋아서일 뿐이다. 땅 투자는 잠깐 쉬는 자금으로 임야 등 지방 부동산에는 투자하지 않는 것이 원칙이다. 이자주고 빌려서 하는 투자는 해서는 안 된다. 또한 임야 등의 경우 은행 등에서는 잔금 융자를 안 해주는 것이 보통으로 자금 계획도 사전에 충분히 세워야 한다.

7. 투기가 아닌 투자의 마인드로 임하라

무리한 투자는 금물로 분수에 맞는 투자가 기본이다. 덩치가 큰 땅을 찾기보다 자신의 자금동원 능력을 감안, 투자하는 자세가 필요하다. 특히 귀가 얇은 초보자는 남의 말만 믿고 투자했다가 원금을 회수하지 못하거나 심지어는 투자금을 날리는 사례도 있다. 특히 주의해야 할 점은 요즘 문제가 되고 있는 소위'기획부동산'의 전화부대에 의한 부동산 구입은(특히 공유지분) 절대 금물이다.

8. 자신의 판단으로 투자하라

남의 말만 믿고 잘 알지도 못하는 지방의 토지에 투자는 금물이다. 정확한 정보를 바탕으로 한 정석투자만이 성공할 수 있다. 개발업자나 지역의 부동산 중개업자 등이 토지주와 결탁하여 근거 없는 개발계획을 유포시키는 경우가 있는데 지역 언론 등이 들러리가 되어 주기도 한다. 이런 곳을 가면 그 지방에서 발간되는 신문 등이 비치되어 금방이라도 개발이 진행될 것처럼 외지인을 현혹하는 경우가 많은데 이처럼 떠도는 개발정보나 뜬소문을 조심해야 한다. 소문만에 의지해 투자했다가는 보증금과 원금마저 까먹을 수도 있다는 점을 명심해야 한다. 투자세계에서는 아무도 믿지마라. 자신의 판단으로 장래가 보이지 않으면 차라리 투자하지 마라.

9. 땅은 시간과의 싸움이다

땅 투자로 성공하는가, 실패하는가 또 얼마의 수익률을 달성할 수 있느냐 하는 것은 시간과의 싸움에서 누가 오래 견딜 수 있는가 하는 점이라고 생각한다. 부동산이 환금성이 낮다고 할 때 열거되는 가장 대표적인 종목이 바로 토지·임야이다. 자신이 생전에 이익을 못 보면 자식대로까지 넘어가도 좋다는 자세로 임하는 것이 현명하다고 본다.

10. 공부와 현황이 일치하는지 살펴라

지방 임야의 경우 지번이나 현황, 형상, 심지어 면적이 일치하지 않는 경우도 자주 있다. 지목에는 답으로 되어 있으나 현황은 전으로 사용되기도 하고, 현황은 전·답으로 되어 있으나 잡종지나 대지로 사용되는 경우도 흔하게 볼 수 있으며, 심지어는 면적이 차이가 나서 추후에 분쟁이 발생하는 경우도 보게 된다.

11. 도시계획을 눈여겨봐라

각 지자체가 세우는 해당 도시의 도시계획은 개발 방향의 밑그림으로 향후 그 도시 모습을 엿볼 수 있는 유익한 정보다. 최근 서울시가 발표한 '도시기본계획' 등이 그것이다. 그러나 그 지역 언론을 통해 발표되는 개발계획이나 도시계획은 액면 그대로 믿지 말고 해당 관청에 확인할 때도 전화로 하지 말고 반드시 방문해서 확인하라.

12. 투자기간과 수익률은 비례하지 않는다

땅은 주변의 변화에 의해 가치 상승을 보는 시기가 필요한데 초단기 3－6개월, 단기 2년－4년, 중기 5－8년, 장기10년 이후로 보면 된다.

땅은 개발순위가 바뀌는 등의 리스크는 있지만 주식처럼 잘못되면 한줌의 쓰레기로 변하는 경우는 없다. 즉 절대 망하지는 않는다. 부동산은 막차를 탔거나 개발을 못하면 단기적인 금융비용만큼 손실을 보기는 하지만 버틸 수만 있다면 시간은 투자자의 편이다.

13. 분쟁에 휘말릴 수도 있다

지방 땅에 투자할 때 가장 골치 아픈 것이 이 부분이다. 권리 없는 자로부터 매수, 매도자의 악의적인 2중·3중 매매, 잔금을 지불하고도 소유권 이전이 아예 되지 않거나, 당초 계약과는 다르게 이행되는 등 토지·임야 관련으로는 민·형사상 소송이 끊이질 않는다. 소유권 취득 이후에도 소유권이전무효청구소송이 제기되는 경우도 다반사이다. 만약 시골 땅을 낙찰 받을때 주의할 점은 텃세를 어떻게 극복할까도 반드시 점검해야 한다. 외지인이 낙찰로 소유권을 취득하는 것을 즐거워할 시골 사람은 아무도 없다. 토지나 임야는 주택 등과 달리 권리 관계가 복잡하다. 법정지상권, 분묘기지권, 지역권, 지상권, 공유지분 등으로 공부상(등기부등본) 권리 관계만 믿어서는 안 된다. 또한 실제 이용 상황과 달라 이용 제한을 받는 경우도 허다하다.

14. 타이밍도 계산하라

대규모 택지개발예정지역 등 땅값이 급등하거나 급등 가능 지역은 정부가 토지거래허가구역으로 지정한다. 어떤 지역의 개발계획이 예상되어 외지인들이 매수 세력에 가세하면서 토지가격이 단기간에 급상승하기 시작하고 냉정한 판단 없이 후발세력이 추가로 가격을 상승시키는데 이때가 가장 위험하다.

15. 공동투자도 한 방법이다

소액투자자들이 구입에서 개발까지를 염두에 두는 투자는 현실적으로 쉽지 않은 것이 사실이다. 그러다 보니 아직까지는 가격의 차이를 이용하여 수익을 올릴 수 있는 방법이 대부분으로 소액투자자들은 공동투자·공동등기를 하는 경우가 많다. 즉 공동의 투자자금을 모아서 공유지분을 가지고 향후에 이익을 공동의 나누어서 배분 받는 형태의 투자를 선호하게 된다. 공동투자가 얼마든지 가능하게 되었다. 이러한 투자를 할 경우에는 반드시 자신의 지분의 안정성을 확보하기 위한 공유지분등기는 필수이며 같은 비율로 구입하는 것이 분쟁의 소지를 줄일 수 있다. 공동으로 응찰하는 경우 투자자는 자신의 투자금액만큼을 비율로 표시할 수 있고, 비율표시가 없으면 일정 비율(1/N)을 보유하는 것으로 판단한다.

토지공동구매는 아직까지는 가까운 사람들끼리 자발적으로 구성하여 참여하여 펀드조성을 통하여 토지를 구매하는 것이 대부분으로 전문성이 낮기는 하지만 점차 전문투자회사를 통한 투자패턴으로 발전할 것으로 판단된다.

〈사례연구 1〉 [근린상가 착안사항]

1. 목 좋은 상가를 잡아라!

근린상가는 대부분 대규모 택지개발지구내에 위치하거나, 일반 대로변에 위치하므로 타 상가와는 필연적으로 경쟁관계에 있을 수 밖에 없다. 그러므로 좋은 목의 상가는 그 자체가 경쟁력 이며 경쟁력 있는 상가에 돈이 몰린다.

2. 역세권이나 전철역, 대로변의 상가를 잡아라!

유동인구가 많고 사람이 많이 모이는 곳은 경험이 없거나 물건값이 다소 비싸더라도 장사가 잘 된다.

3. 상가의 입지가 주동선에 가로로 길게 뻗어 있는 상가를 선택하라!

상가 전면이 좁고 안쪽이 긴 상가는 활용성 면에서 떨어진다. 전면이 넓어야 전시효과를 충분히 살려 구매욕구를 일으키는데 유리하다.

4. 출근길 상권보다 퇴근길 상가를 잡아라 !

도로의 폭이 넓고 차량의 왕래가 잦은 도로가 있을 경우 구매할 물건이 있더라도 길 건너기를 꺼리는 경우가 있다.

5. 권리금이 있는 점포를 잡아라!

권리금이란 일종의 영업권이다. 권리금이 있다는 말은 그 만큼 장사가 잘된다는 말이다.
권리금을 두려워 말라.

6. 노점상이 있는 곳의 상가를 택하라

대한민국에 노점상이 있는 곳에 장사 안 되는 곳은 한곳도 없다. 노점상이 자리 잡고 있는 곳이 그 지역의 확실한 몫이다. 노점상이 있다고 손해 볼 것 같아도 서로 공생관계에 있다는 것을 명심하라.

7. 신도시 지역 내 소형상가는 피하라!

요즘의 소비 성향은 넓고 쾌적하며 주차시설이 잘되어 있는 곳을 선호한다. 같은 값이면 그 지역의 대표적인 상권내에 있고 소규모 상가 보다는 대규모 상가이며 주차시설이 잘 되어있거나 대형주차장에 접한 상가를 선택하라.

8. 특성에 맞는 업종을 선택하라!

지하층은 노래방, 호프점등의 업종을 1층은 패스트 푸드, 편의점, 약국 등을 2층은 커피숍, 미용실 등 3층은 학원이나 병・의원의 업종이 무난하다.

9. 분양은 초기에 임대는 입점 6개월 전후에 선택해라.

좋은 묷의 상가라고 판단되면 분양초기에 좋은 위치의 상가를 선점하여야 하며 임대 시에는 상권의 변화를 지켜 본 뒤 입점 6개월 전후가 좋다.

10. 시행사의 인지도나 경험 유무를 체크하라!

신용도가 높은 회사일수록, 경험이 많은 회사일수록 상권활성화에 유리하며 운영관리 창업시에도 많은 조언을 받을 수 있다.

〈사례연구 2〉 [전원주택 투자는 인허가가 관건]

주5일 근무가 가시화되면서 전원주택이나 펜션에 대한 관심도 높아지면서 실수요자도 있지만 토지투자로 시세차익을 노리는 투자자들도 많다. 보통 임야, 농지 등을 구입해 전원주택을 지을 수 있는 인・허가를 받으면 보통 땅값이 2~3배 전후 상승한다.

예를 들어 용인지역 녹지는 평당 40만원 수준이지만 전원주택을 지을 수 있는 땅이 되면 평당 120~150만원까지 상승한다. 물론 여기에는 인허가비용이 포함된다. 이 때문에 직접 전원주택이나 펜션 등을 지어서 살겠다는 의도 보다 땅 투자와 인허가 작업으로 더 짭짤한 수익을 내기도 한다.

보통 펜션이나 전원주택지 투자를 고려한다면 주변 대지가격의 70% 이하는 되어야 수익이 남는다. 70% 이상이 되면 인허가 비용을 합하면 주변 대지가격과 같은 수준이 되기 때문이다.

신규 도로 확장지역이나 택지지구 인근 등이 투자 해 볼만하다.

또 과거에는 전원주택을 대지면적 300~400평, 건평 70~80평등 대형으로 지어 가격이 비싸고 환금성이 적었지만 앞으로는 실속형 전원주택이 유망 할 것으로 보인다.

괜찮은 위치에 대지200평 안팎에 건평 40평 미만으로 집을 지으면 환금성이 확보된 재테크 수단이 될 수 있다.

최근에는 지방자치단체의 인허가 규정이 바뀌거나 까다로워 주의가 요구된다. 특히 수도권에서는 인허가가 더 어려워졌다. 이 때문에 예전에는 용인, 광주, 양평, 남양주 등이 주요투자 대상이었지만 요즘은 규제가 덜한 평창, 안면도 등 충청도, 강원도 등에 투자하는 경우가 늘었다.

인허가 작업에는 전문가가 필요하기 때문에 지역을 잘 아는 부동산 중개업자와 공무원출신 등이 운영하는 설계사무소 등을 주로 활용하여 왔다. 토지거래허가구역으로 규제되어 있는 등 여러 규제 때문에 현지 주민의 명의를 빌려 땅을 매입하는 경우도 과거에는 더러 있었지만 법에 위배된다.

"국토계획 및 이용에 관한 법률"이 시행되면서 대부분 지자체 별 조례나 지침을 파악하고 투자하여야 피해를 보지 않는다. 땅을 개발하려 해도 지자체가 정한 조건에 맞지 않으면 개발행위에 대한 허가를 받을 수 없다.

분당에 사는 박모씨는 용인에서 전원주택을 지으려고 땅을 계약했다가 계약금을 포기했다. 집을 지으려면 진입도로의 폭이8미터 이상이 돼야 하고 국도나 지방도에서 연결돼 있어야 허가가 나올 수 있기 때문이다. 진입도로를 만드는데만 땅값의 10배가 넘게 소요될 것 같아 결국 포기 하고 만 것이다. 한편 전원주택이나 펜션 등을 주로 개발하는 녹지는 경사도에 따라서도 개발행위가 제한된다. 수원시의 경우 전에는 20도 미만이 허가 대상이었지만, 10도 미만으로 조건을 강화 했다. 성남시도 10도 미만으로 규정했다. 그만큼 개발할 수 있는 땅이 줄어드는 것이다.

〈사례연구 3〉 [각 도청의 토지종합정보망]

경매정보 유료 사이트(예 인포케어 등) 에서 토지이용계획 아이콘을 클릭하면 토지이용규제시스템(http : //luris.moct.go.kr)으로 연결된다. 해당 지목, 면적, 공시지가는 물론 지역・지구 등 지정여부, 토지이용규제기본법 시행령 제9조 제4항 각호에 관한 사항, 확인도면, 지역지구 등 안에서의 행위제한을 출력할 수 있다. 개별공시지가도 약 15년간 개별공시지가의 상승추세(흐름)를 알 수 있다.

거제지원 2004－119(물건번호 2번)인 경남 거제시 연초면 죽토리 332－1번지를 토지이용규제시스템에서 확인하여 보자(답 917㎡).

토지이용계획 확인내용을 보면 지역・지구 등 지정여부에 일반상업지역, 소로2류(접함), 소로3류 저촉되는 것으로 나타난다. 그리고 지역, 지구 등 안에서의 행위제한내용에는

① 국토의계획및이용에관한법률시행령 제71조 (용도지역 안에서의 건축제한)
② 국토의계획및이용에관한법률시행령 [별표 9] 일반상업지역 안에서 건축할 수 있는 건축물(제71조제1항 제8호 관련)
③ 경상남도 거제시 도시계획 조례 제29조(용도지역안에서의 건축제한)
④ 경상남도 거제시 도시계획 조례 [별표 8] 일반상업지역안에서 건축할 수 있는 건축물(제29조 제8호 관련)
⑤ 경상남도 거제시 도시계획 조례 제15조 (허가를 받지 아니하여도 되는 경미한 행위)까지 출력을 할 수 있고 개별공시지가 흐름을 보면

2007－01－01기준	320,000 원
2006－01－01기준	300,000 원
2005－01－01기준	249,000 원
2004－01－01기준	34,200 원으로 급격히 상승하였음을 알 수 있다.

12. 경매함정

12-1. 대지권 미등기

경매물건 중 토지와 관련하여 대지권 미등기인 물건, 대지지분 자체가 아예 없는 물건, 토지에 별도 등기 있는 물건(토지등기부에 저당권이나 가압류, 가등기가 있는 물건 등), 토지 지분이 경매되는 경우 등 여러 경우가 있으며, 모두 경매잔금대출 요청시 거부당하는 경우가 대부분이므로 낙찰시 유의하여야 한다. 그 중 대지권 미등기인 경우를 살펴보자.

집합건물(아파트 · 연립 · 다세대 등)은 전유부분과 공용부분 그리고 대지지분으로 이루어져 있다. 등기부등본을 열람하면 표제부는 1동의 건물의 표제부와 전유부분의 표제부로 나누어지며 각각의 표제부는 다시 대지권의 목적인 토지의 표시란과 대지권의 표시란으로 이루어지는데 아래와 같이 대지권의 표시란이 없이 바로 갑구로 연결되면 대지권 미등기인 집합건물로 보면 된다. 아예 토지의 표시란과 대지권의 표시란이 없이 대지 지분이 전혀 없는 집합건물도 자주 보인다.

1. 의 미

아파트 등 집합건물의 경우 전유부분의 소유자는 아파트 단지 전체면적 중 일정면적에 대한 대지사용권을 가지는데, 이를 대지권이라 하며 등기부상 등기되면 대지권등기가 되었다고 한다. 집합건물이 대지권 등기가 되어 있지 않는 경우로는 시소유지상에 건축된 아파트로서 전유부분의 소유자는 대지에 대한 권리를 가지지 못하여 실제 대지권이 없는 경우로서 감정평가서상의 평가액은 전유부분인 건물가액만 평가되며, 신규아파트를 분양받은 경우에 실제 대지권까지 분양받았으나 환지 등의 절차 지연 등으로 등기부상 대지권등기가 되지 않은 경우로 나누어 볼 수 있다.

시유지상의 아파트의 경우(시영아파트 등) 애초 대지권이 없기 대문에 감정평가서상에 건물가액만 평가되고 낙찰 후 대지권에 대한 권리를 취득하지 못하나, 신규 아파트를 분양 받을 때 전유부분 및 대지사용권까지 분양 받은 경우에는 집합건물의 소유 및 관리에 관한 법률 제20조(전유부분과 대지사용권의 일체성) 제2항(=구분소유자는 그가 가지는 전유부분과 분리하여 대지권을 처분할 수 없다. 다만, 규약으로써 달리 정한 때에는 그러하지 아니하다) 규정에 의해 대지사용권을 따로이 처분할 수 있다는 규약이 없다면 대지사용권은 전유부분의 종된 권리(=동조 제20조 제1항)로서 전유부분에 설정된 근저당권 실행으로 전유부분을 낙찰 받으면 대지사용권 역시 매수인에게 소유권이 귀속된다.

대지사용권	집합건물의 구분소유자가 건물의 전유부분을 소유하기 위하여 대지에 대하여 갖는 권리가 대지사용권이다. (집합건물의소유및관리에관한법률 제2조 제6항) 구분소유자가 전유부분을 소유하기 위하여 건물의 대지에 대하여 가지는 권리로 소유권, 법정지상권, 무상사용권(시영아파트 등) 3가지가 있다.

대지권	건물과 분리하여 처분 할 수 없는 대지사용권을 대지권이라고 한다.
대지권 미등기	시유지, 국유지에 건축된 집합건물(대지권이 처음부터 없는 경우)과 달리 실제 대지권이 있으나 대단지 아파트의 경우 등 대지 분필, 합필, 환지절차 지연, 각 세대당 지분비율 결정 지연, 건설업체 내부사정(당좌 부도발생 등으로 직원이 회사를 떠난 경우 등), 여타 전유부분 소유자의 분양대금 미납에 따르는 문제 등으로 전유부분에 대한 소유권이전등기만 수분양자(분양받은 사람)에게 경료된 경우, 그 후 부동산이 양도될 경우에도 전유부분에 대한 소유권이전등기만 경료되고 대지지분에 대한 소유권이전등기는 지체된 경우를 말한다. 소유자가 고의로 대지권등기를 미룬 경우도 가끔 있지만 대부분은 대단지 아파트(신도시 등)처럼 대지사용권은 원래 있으나 절차 미비로 대지 지분이 미등기로 되어 있는 경우 경매 후 대지지분의 소유권이전은 분양받은 자 명의로 대위등기 한 후 자신에게 이전등기를 하여야 한다. 응찰자는 대지권 미등기인 경우 대지권 가격도 감정평가 되었는지를 법원의 감정평가서를 확인하여야 한다.

2. 접근방법

(시유지상의 아파트가 아닌) 일반 아파트가 대지권이 미등기인 상태에서 경매신청 되었을 경우 최초 분양자가 전유부분뿐만 아니라 대지권까지 분양 받았고, 감정평가서상에 미등기 대지권까지 평가되었다면 전유부분을 경매로 취득하더라도 대지권까지 매수인은 취득하게 된다. 통상 대지권등기는 최초 분양 받은자 명의로 되는 바, 이 자가 대지권등기를 매수인에게 이전해 주지 않을 경우 법절차에 의해 매수인 명의로 이전하여야 하는 번거로움을 감수하여야 할 것이다

대지권이 미등기인 아파트(국, 시유지상의 아파트)는 입주권 보상 등 기대감으로 좋은 물건으로 볼 수 있다. 환지 정리되지 않은 아파트는 조합아파트(조합이 땅 지분 가지고 있는 것이 경매 진행되는 것으로 대지권이 따라 오면 경매참가 고려하고, 대지권이 따라오지 않으면 경매 낙찰 시 주의를 요한다)와 일반 분양분으로 구별된다. 전유부분은 촉탁등기가 가능하나 대지부분은 매수인(B)가 이전등기를 수분양자(A) 앞으로 한 후 B 앞으로 보전등기와 이전등기를 하여야 하는 어려움이 있다.

현재 대지권 미등기 경매물건이 자주 발견되고 있으며, 창원 7계 2005－48532(4)호는 경남 김해시 진영읍 진영리 11블록2노트 진영하이랜드 702호 아파트(건물 130.1698㎡)로 토지감정 30백만원, 건물감정 110백만원 합계 1차 감정가격이 140백만원에서 경매진행되어 3차 매각기일(최저매각가격 89,600,000원)에서 97,380,000원에 낙찰된 물건으로 매각물건명세서에는 '대지권미등기이며 취득여부 불명, 다만 거래관행상 대지권포함하여 평가'로 기재되어 있으며 동 경매 감정평가서에는 '본건은 가격시점 현재 토지구획정리사업에 의한 환지예정지로서 토지에 대한 소유권 대지권이 미확정, 미등기상태로 확인이 불가능하나, 건물 소유자에게 추후 적정 대지권 지분이 이전될 것을 전제로 가격이 형성되고 또한 거래되는 관행에 따라 본 평가에서는 적정 소유권 대지권 지분을 구분건물에 포함한 가격으로 평가하였으니 담보취득 시 참고하시기 바랍니다'라고 기재되어 있다.

〈대지권 미등기〉

아래 서울중앙지방법원 2004타경 43771호

(토지가격 115,500,000원, 건물가격 269,500,000원 합계액인 385백만원이 1차 매각가격)

서울특별시 성북구 하월곡동 222 월곡두산위브아파트 제118동 제11층 제1104호

고유번호 1144－2004－001798

【 표 제 부 】	(1동의 건물의 표시)			
표시번호	접 수	소재지번,건물명칭 및 번호	건물내역	등기원인 및 기타사항
1	2004년1월19일	서울특별시 성북구 하월곡동 222 월곡두산위브아파트 제118동	철근콘크리트조 철근콘크리트 평슬래브지붕 20층 공동주택(아파트) 1층 582.732㎡ 중 략 20층 567.528㎡	도시재개발사업시행으로 인하여 등기 도면편철장 제1책 제44호
【 표 제 부 】	(전유부분의 건물의 표시)			
표시번호	접 수	건물번호	건물내역	등기원인 및 기타사항
1	2004년1월19일	제11층 제1104호	철근콘크리트조 114.752㎡	도면편철장 제1책 제44호
【 갑 구 】	(소유권에 관한 사항)			
순위번호	등 기 목 적	접 수	등 기 원 인	권리자 및 기타사항
1	소유권보존			소유자 김 미 등기
2	강제경매	이 하 생 략		

〈대지권 없음〉

① 서울중앙지방법원 2005타경 7024호

(토지, 건물 일체의 가격(250백만원)에서 토지가격 75백만원 공제한 건물만의 가격(배분비율=3;7) 175백만원 1차 매각가격으로 경매진행, 1차에서 202백만원 매각)

등기부 등본 (말소사항 포함) - 집합건물

서울특별시 동작구 상도동 412외 1필지 상도현대아파트 제101동 제10층 제1005호

고유번호 1150－2003－004575

【표 제 부】	(1동의 건물의 표시)			
표시번호	접 수	소재지번, 건물명칭 및 번호	건물내역	등기원인 및 기타사항

1	2003년7월25일	서울특별시 동작구 상도동 412, 상도현대아파트 제101호	철근콘크리트조 경사스라브지붕 13층 1층 559.63㎡ 중 략 13층 380.08㎡	도면편철장 제341호
(대지권의 목적인 토지의 표시)				
표시번호	소재지번	지목	면적	등기원인 및 기타사항
1	1.서울특별시 동작구 상도동 412	대	6295.7㎡	2003년7월25일
【표 제 부】		(전유부분의 건물의 표시)		
표시번호	접 수	건물번호	건물내역	등기원인 및 기타사항
1	2003년7월25일	제10층 제1005호	철근콘크리트조 84.97㎡	도면편철장 제341호
(대지권의 표시)← 본건이 없음(대지권 미등기)				
【갑 구】		(소유권에 관한 사항)		
순위번호	등 기 목 적	접 수	등 기 원 인	권리자 및 기타사항
1	소유권보존			소유자 홍 길 동

② 서울서부지방법원 2003타경 12515 현대한강 33평형 경매 건은

감정평가액 410백만원에서 토지지분의 가격 123백만원 공제한 건물만의 가격 287백만원이 1차 매각가격(1차에서 331백만원에 낙찰)으로 대지권 없는 건물만의 경매 매각 건임

〈사례연구 1〉 [대지권이 미등기된 아파트(단지내 상가 포함)의 담보취득방법]

(1) 금융기관에서 대지권 미등기 물건을 담보취득시에는 근저당권설정계약서상 특약사항에 "저당권의 효력은 건물(전유부분)외 대지사용권 (대지권)까지 미치는 것으로 한다"라고 자서토록하고 담보제공자로부터 대지권미등기 사유를 소명토록 하여 동내용을 여신신청서에 여백에 주기한다.

(2) 해당 아파트관리규약 또는 내부 공정증서 등을 징구하여 "대지사용권의 분리처분가능 특약" 이 있는지 여부를 파악하고, 원 토지등기부등본을 징구하여 최초 사업시행자가 정당한 토지 소유의 권원이 있는지 조사한다. 이때 "대지사용권의 분리처분 가능 특약"이 있는 규약이나 공정증서가 있는 경우에는 정규담보로 취득할 수 없다.

(3) 본건 담보제공자가 아파트 매수시 대지권도 유효하게 매수하였는지 매매(분양)계약서나 잔금납입증명서 또는 전 토지소유자(토지공사, 지자체 등)의 매도확인서 등을 확인하여 하며, 만일 현 소유자가 "대지사용권(대지권)"을 승계하지 않은 경우에는 정규담보로 취득할 수 없다.

☞ 건물(전유부분) 소유권보존등기 후 6개월 이상이 경과된 대지권 미등기 아파트는 당초부터 대지권이 없었는지 여부를 조사하는 등 담보취득에 유의하여야 하며, 경매진행시까지 대지권이 미등기된 건은 대지권이 등기되도록 조치하며 대지권까지 포함하여 경매진행 및 배당 신청하여야 한다.

☞ 대법원합의체 (2000.11.16,대판98다46652)에서 소유권의 실질적인 요건(매매계약 등)을 갖추었지만 대지권이 미등기된 상태에서 건물(전유부분)에 대한 소유권만을 이전 등기한 자(전전 양수한 자 포함)도 매매계약의 효력으로서 대지 소유권을 취득한다고 판시함.

즉, 이전 판례에서는 소유권이전등기청구권만을 갖기 때문에 대지권을 보유하지 못한다고 해석하였으나, 합의체 판례 이후는 등기여하를 묻지 않고 실질적인 매매계약(잔금지급)에 의해 소유권을 양수 받은 자는 대지권(본권으로서 소유권)을 취득한다고 해석하였음.

[대법원 2000. 11. 16. 선고 98다45652,45669 전원합의체 판결]

【판시사항】

집합건물의 건축자로부터 전유부분과 대지지분을 함께 매수하여 그 대금을 모두 지급함으로써 소유권 취득의 실질적 요건은 갖추었지만 전유부분에 대한 소유권이전등기만 경료받고 대지지분에 대하여는 소유권이전등기를 받지 못한 경우, 매수인은 매매계약의 효력으로써 건물의 대지를 점유・사용할 권리를 갖는지 여부(적극) 및 매수인의 지위에서 전유부분의 소유를 위하여 가지는 위와 같은 대지의 점유・사용권이 집합건물의소유및관리에관한법률 제2조 제6호 소정의 '대지사용권'에 해당하는지 여부(적극)

〈사례연구 2〉 [특이한 경매로 대지권만 경매]

① 대지권 미등기 경매
서울중앙지방법원 2005타경 7024호(서울특별시 동작구 상도동 412외 1필지 상도현대아파트 제101호)
서울중앙지방법원 2002타경 11374(서울특별시 서초구 방배동 879-21 제1층 제101호)
② 건물 제외한 대지권만 경매
서울남부지방법원 2005타경 3608호 서울 강서구 화곡동 394-5번지 2층 201호 63.57㎡, 및 202호부터 502호 까지 8세대
(토지에 관한 대지권 231분의 28.875 부분) 대지 감정가 47백만원×8건
2001.10.17 근저당권 설정(한빛은행→한국자산관리공사에 근저당권 이전)
2003. 8. 5 소유권 대지권
2005. 2.14 대지권만 임의경매신청(경매신청채권자 한국자산관리공사)
2007. 4. 9 낙찰(47,500,500원)

〈사례연구 3〉 [대지권 등기가 없는 아파트에 대한 저당권 설정과 효력]

① 대지권 등기가 없는 아파트에 대한 저당권 설정과 효력
구분 건물의 전유부분에 대하여만 저당권을 설정한 후 대지권에 대한 등기를 함으로써 그 전유부분과 대지권이 동일인의 소유에 속하게 된 이상 그 전유부분에 대한 저당권은 대지권에 대하여도 효력이 미친다.

구분건물의 전유부분에 관하여 설정된 저당권의 효력은 대지사용권의 분리 처분이 가능하도록 규약으로 정하는 등의 특별한 사정이 없는 한 그 전유부분의 소유자가 사후에라도 대지사용권을 취득함으로써 전유부분과 대지권이 동일 소유자의 소유에 속하게 되었다면 그 대지사용권에까지 미치고 여기의 대지사용권에는 지상권 등 용익권 이외에 대지소유권도 포함된다고 해석함이 상당하다(대판 94다12733).

② 저당권 설정 당시에 저당권설정자(소유자)가 대지사용권을 취득하고 있었으나 대 지권등기만을 경료하지 않고 있어 집합건물의 전유부분에만 저당권 설정등기가 경료된 경우에는 저당권의 효력이 대지권에도 미친다(1995. 8.22 94다 12722판결)

③ 저당권의 효력은 저당부동산에 부합된 물건과 종물에 미치고(민§358), 이 규정은 저당부동산의 종된 권리에도 유추적용 된다 할 것이다(대판 92다 527).
집합건물의 소유 및 관리에 관한 법률 제20조, 제2조 제6항의 규정을 보면 대지 사용권은 구분건물의 전유부분의 종된 권리로 볼 수 있기 때문임.

〈사례연구 4〉 [저당권의 효력은 저당부동산에 부합(附合)된 물건과 종물(從物)에 미친다]

[질의] 대법원 판결 요약(대법원 2000년 11월16일 선고, 98다45652판결)
구분건물의 전유부분만 경매로 매각된 경우 그 대지지분도 포함되는지 甲은 저당권의 실행으로 진행된 경매절차에서 건설회사인 丙회사로부터 분양 받은 乙 소유의 아파트를 매수하였습니다. 그런데 위 아파트의 대지는 丙회사의 소유이지만 지적의 정리가 완료되지 않아서 대지권의 등기가 되어 있지 않았습니다. 이러한 경우 甲이 대지권에 관하여도 소유권을 취득할 수 있는지요?

[답변] 민법 제358조 본문에 의하면 "저당권의 효력은 저당부동산에 부합(附合)된 물건과 종물(從物)에 미친다."라고 규정하고 있는데, 이 규정은 저당부동산에 종된 권리에도 유추적용 된다고 함이 판례의 태도입니다(대법원 1992. 7. 14. 선고 92다527 판결, 1993. 12. 10. 선고 93다42399 판결).
그리고 집합건물의소유및관리에관한법률 제20조 제1항에 의하면 "구분소유자의 대지 사용권은 그가 가지는 전유부분의 처분에 따른다."라고 규정하고 있으며, 같은 조 제2항에 의하면 "구분소유자는 그가 가지는 전유부분과 분리하여 대지사용권을 처분할 수 없다. 다만, 규약으로써 달리 정한 때에는 그러하지 아니하다."라고 규정하고 있고, 집합건물의소유및관리에관한법률 제2조 제6항에 의하면 "대지사용권이라 함은 구분소유자가 전유부분을 소유하기 위하여 건물의 대지에 대하여 가지는 권리를 말한다."라고 규정하고 있습니다.

〈사례연구 5〉 [대지사용권]

대법원 2006.3.27. 자 2004마978 결정

【판시사항】
[1] 집합건물의 건축자로부터 전유부분과 대지지분을 함께 분양의 형식으로 매수하여 그 대금을 모두 지급하였지만 대지지분에 대하여는 아직 소유권이전등기를 경료하지 못한 자에게 건물의 대지를 점유·사용할 권리가 있는지 여부(적극) 및 이러한 대지의 점유·사용권이 집합건물의 소유 및 관리에 관한 법률 제2조 제6호에서 정한 대지사용권에 해당하는지 여부(적극)
[2] 구분건물에 대한 경매신청서에 대지사용권에 관한 아무런 표시가 없는 경우, 집행법원이 취하여야 할 조치

【결정요지】
[1] 집합건물의 건축자로부터 전유부분과 대지지분을 함께 분양의 형식으로 매수하여 그 대금을 모두 지급함으로써 소유권 취득의 실질적 요건은 갖추었지만 전유부분에 대한 소유권이전등기만 마치고 대지지분에 대하여는 아직 소유권이전등기를 마치지 못한 자는 매매계약의 효력으로써 전유부분의 소유를 위하여 건물의 대지를 점유·사용할 권리가 있는바, 매수인의 지위에서 가지는 이러한 점유·사용권은 단순한

점유권과는 차원을 달리하는 본권으로서 집합건물의 소유 및 관리에 관한 법률 제2조 제6호 소정의 구분소유자가 전유부분을 소유하기 위하여 건물의 대지에 대하여 가지는 권리인 대지사용권에 해당한다.

[2] 구분건물에 대한 경매에 있어서 비록 경매신청서에 대지사용권에 대한 아무런 표시가 없는 경우에도 집행법원으로서는 대지사용권이 있는지, 그 전유부분 및 공용부분과 분리처분이 가능한 규약이나 공정증서가 있는지 등에 관하여 집달관에게 현황조사명령을 하는 때에 이를 조사하도록 지시하는 한편, 그 스스로도 관련자를 심문하는 등의 가능한 방법으로 필요한 자료를 수집하여야 하고, 그 결과 전유부분과 불가분적인 일체로서 경매의 대상이 되어야 할 대지사용권의 존재가 밝혀진 때에는 이를 경매 목적물의 일부로서 경매 평가에 포함시켜 최저입찰가격을 정하여야 할 뿐만 아니라, 입찰기일의 공고와 입찰물건명세서의 작성에 있어서도 그 존재를 표시하여야 한다.

〈사례연구 6〉 [대지권 미등기]

– 알고하자 권리분석. 김명채 저에서 발췌 –

1. 대지권 미등기의 경우 법원의 업무처리

1. 무상사용권과 법정지상권이 대지사용권인 경우
   - 낙찰자는 대지 사용권인 무상사용권 또는 법정지상권을 당연히 취득한다. 따라서 건물이 철거될 위험이 없다.
     다만, 법정지상권이 대지사용권인 경우에는 대지에 대해서 지료를 지급해야 한다.
2. 대지의 지분소유권이 대지권으로 존재하는 경우
   - 대지권미등기라 하더라도 낙찰자는 당연히 대지권을 취득하게 된다.
   - 경매개시결정의 목적물에 대지권이 누락된 경우에도 낙찰자는 대지권을 취득하게 된다.
3. 경매개시 결정 당시에는 없었던 대지권을 잔금지급 이전에 취득한 경우
   - 낙찰허가 확정 전에 대지권을 취득했다면 경매개시결정 당시부터 대지권을 취득한 경우와 동일하게 처리된다 다만, 낙찰허가 확정된 이후에 대지권을 취득한 경우에도 낙찰자는 대지권을 취득하지만 대지권 부분에 대한 대금의 미지급 문제는 부당이득반환의 문제로 처리됨.
4. 대지사용권으로서 대지의 지분소유권이 존재하지만 분리처분 가능규약이 존재하기 때문에 대지권이 성립하지 못한 경우
   - 낙찰자는 그 대지의 지분소유권을 취득할 수 없다. 다만,법정지상권이 성립할 것이므로 건물의 강제철거가 불가능할 뿐이다.
5. 전유부분 건물의 소유자가 대지사용권조차 취득하지 않은 경우
   - 낙찰자는 대지의 지분소유권을 취득할 수 없고,대지사용권이 없으므로 대지소유자에 의하여 건물을 철거 당하거나 매수청구를 당할 수도 있다.

2. 대지사용권 또는 대지권의 존부(存否)

1. 분양회사가 전유부분을 수분양자에게 이전등기하기 이전에 민법 제187조에 따라 등기없이도 대지의 소유권을 취득한 경우
   - 대지권이 가능한 경우이며, 다만 이전등기 이후라면 대지권이 불가능하다.
2. 대지의 소유권을 매매 등 민법 제186조 소정의 원인으로 취득하는 것으로 되어 있을 때 분양회사가 대지에 관하여 소유권이전등기를 한 일자가 수분양자 앞으로 이전 등기한 이후

인 경우

— 대지권이 불가능한 경우이다.

3. 대지의 소유권을 매매 등 민법 제186조 소정의 원인으로 취득하는 것으로 되어 있을 때 분양회사가 대지에 관하여 소유권이전등기를 한 일자가 전유부분을 수분양자 앞으로 이전등기한 이전인 경우(이때 법원은 수분양자에게 대지권등기를 경료하여 주지 못한 이유를 확인해야 함).

1) 지적이 정리되지 않았거나 수분양자가 대지권 등기비용을 납부하지 않았기 때문이거나 대지지분비율이 전유부분 건물의 지분비율과 일치하지 않았기 때문인 경우

— 대지권이 가능한 경우이다.

2) 대지에 대하여 가압류나 근저당권이 존재하기 때문인 경우

— 대지권 가능한 경우

3) 종래 소유자였던 조합원이 재건축조합에 대지에 대한 지분소유권을 신탁한 상황에서 수분양자의 재건축조합에 대한 대지소유권 이전등기청구권이 가압류된 경우

— 대지권 불가능하다.

4) 대지에 대하여 처분금지가처분이나 가등기 등이 있는 경우

— 대지권 가능하다.

4. 분양회사나 재건축조합이 대지 권을 취득할 가능성이 없는 것으로 판단되어도 전유부분이 전전 유통되었다면 수분양자나 그 이후 어느 소유자라도 동일시점에 전유부분 소유권과 대지지분 소유권을 함께 취득한 적이 있으면 당연히 그 시점부터 대지권이 가능하다.

☞ 토지저당권을 낙찰자가 인수하는 조건이 붙은 물건은 낙찰 받지 않는 것이 바람직하다 따라서 입찰자는 토지저당권자가 채권신고를 한 경우에만 입찰해야 한다.

〈사례연구 7〉 [대지권 미등기 집합건물의 담보취득과 강제집행]

전유부분에만 설정된 저당권

(1) 전유부분만에 설정된 저당권의 효력범위

구분건물의 전유부분만에 설정된 저당권의 효력범위에 관한 판례를 보면, '집합건물에 있어서, 대지의 분·합필 및 환지절차의 지연, 각 세대당 지분비율결정의 지연 등으로 인하여 전유부분에 대한 소유권이전등기만 경료되고 대지지분에 대한 소유권이전등기가 상당기간 지체되는 경우, 집합건물의 건축자로부터 전유부분과 대지지분을 함께 분양의 형식으로 매수하여 그 대금을 모두 지급함으로써 소유권취득의 실질적 요건은 갖추었지만 전유부분에 대한 소유권이전등기만 경료받고 대지지분에 대하여는 위와 같은 사정으로 아직 소유권이전등기를 경료받지 못한 자는 매매계약의 효력으로써 전유부분의 소유를 위하여 건물의 대지를 점유·사용할 권리가 있는바, 매수인의 지위에서 가지는 이러한 점유·사용권은 단순한 점유권과는 차원을 달리하는 본권으로서 집합건물의소유및관리에관한법률 제2조 제6호 소정의 구분소유자가 전유부분을 소유하기 위하여 건물의 대지에 대하여 가지는 권리인 대지사용권에 해당한다고 할 것이고(대법원 2000. 11. 16. 선고 98다45652, 45669 전원합의체 판결), 한편 집합건물의소유및관리에관한법률 제20조 제1항, 제2항과 민법 제358조 본문의 각 규정에 비추어 볼 때, 위와 같은 사정으로 인하여 대지지분에 대한 등기가 이루어지기 전에 전유부분만에 관하여 설정된 저당권의 효력은, 대지사용권의 분리처분이 가능하도록 규약으로 정하였다는 등의 특별한 사정이 없는 한, 그 전유부분의 소유자가 나중에 대지지분에 관한 등기를 마침으로써 전유부분과 대지권이 동일소유자에게 귀속하게 되었다면 당연히 종물 내지 종된 권리인 그 대지사용권에까지 미친다고 할 것이다.'라고 하였습니다(대법원 1995. 8. 22. 선고 94다12722 판결, 1997. 6. 10.자 97마814 결정).

(2) 전유부분만에 관하여 설정된 근저당권에 기한 임의경매절차 개시의 효력

또한, '구분건물의 전유부분에 대한 소유권이전등기만 경료되고 대지지분에 대한 소유권이전등기가 경료되기 전에 전유부분만에 관하여 설정된 근저당권에 터 잡아 임의경매절차가 개시되었고, 집행법원이 구분건물에 대한 입찰명령을 함에 있어 대지지분에 관한 감정평가액을 반영하지 않은 상태에서 경매절차를 진행하였다고 하더라도, 전유부분에 대한 대지사용권을 분리 처분할 수 있도록 정한 규약이 존재한다는 등의 특별한 사정이 없는 한 낙찰인은 경매목적물인 전유부분을 낙찰 받음에 따라 종물 내지 종된 권리인 대지지분도 함께 취득하였다 할 것이므로, 구분건물의 대지지분 등기가 경료된 후 집행법원의 촉탁에 의하여 낙찰인이 대지지분에 관하여 소유권이전등기를 경료받은 것을 두고 법률상 원인 없이 이득을 얻은 것이라고 할 수 없다.'라고 하였습니다(대법원 2001. 9. 4. 선고 2001다22604 판결).

또한, '구분건물의 대지사용권에는 지상권 등 용익권 이외에 대지소유권도 포함된다고 해석함이 상당하다고 할 것이며, 구분건물의 전유부분만에 관하여 저당권설정등기가 경료된 후에 대지권등기가 경료되면서 그 저당권설정등기는 전유부분만에 관한 것이라는 취지의 부기등기가 직권으로 경료되었다고 하더라도 이를 대지사용권의 분리처분이 가능하도록 규약으로 정하거나 공정증서로써 정한 경우에 해당한다고 볼 수 없다.'라고 하였습니다(대법원 2001. 2. 9. 선고 2000다62179 판결, 1995. 8. 22. 선고 94다12722 판결).

(3) 대지권등기가 마쳐지지 아니한 구분건물의 경매절차 매수인의 대지사용권 취득여부에 관한 등기선례

참고로 대지권등기가 마쳐지지 아니한 구분건물의 경매절차 매수인의 대지사용권 취득여부에 관한 등기선례를 보면, '① 분양회사가 구분건물과 일체불가분성이 있는 대지사용권을 취득하였으나 지적정리 등의 지연으로 대지권등기는 지적정리 후 완료해주기로 하는 약정하에 우선 구분건물만에 관하여 소유권보존등기를 한 후 수분양자에게 소유권이전등기를 경료하였는데, 그 후 대지권등기가 되지 아니한 상태에서 구분건물에 대하여 경매절차가 진행되어 제3자가 구분건물을 경락받은 경우 그 경락인은 구분건물의 대지권도 취득하게 될 것이나, ② 분양회사가 대지사용권을 취득하지 못한 상태에서 전유부분만에 대하여 수분양자 명의로 소유권이전등기를 경료하여 주었고 수분양자가 대지사용권을 취득하기 전에 당해 전유부분이 근저당권의 실행으로 인하여 경락되었다면, 경락인은 경락으로 인하여 당해 전유부분을 소유하기 위한 대지사용권을 취득하지 못하게 될 것이고, 따라서 경락인이 대지사용권에 대하여 그 명의로 등기(분양회사로부터 순차 지분이전등기 또는 부동산등기법시행규칙 제60조의2의 규정에 의한 대지권등기)를 경료받으려면, 위 경락과는 별도의 등기원인이 있어야 한다.'라고 하였습니다(1999. 2. 3. 등기3402－115 질의회답 등기선례199902－1, 1999. 3. 18. 등기 3402－296 질의회답 등기선례199903－42).

그리고 '분양회사가 대지사용권을 취득하지 못한 상태에서 그 건물의 대지사용권을 후일 취득하여 이전하여 주기로 하는 약정 하에 전유부분만에 대하여 수분양자 명의로 소유권이전등기를 경료하여 주었고 수분양자가 대지사용권을 취득하기 전에 당해 전유부분이 근저당권의 실행으로 인하여 경락되었다면, 비록 그 경락이 분양자가 대지사용권을 취득한 이후에 이루어졌다 하더라도 경락인은 경락으로 인하여 당해 전유부분을 소유하기 위한 대지사용권을 취득하지 못할 것이고, 이 경우, 경락인이 대지사용권을 취득한 분양자로부터 대지사용권을 이전받아 대지권변경등기를 신청하려면, 분양자로부터 수분양자에게 다시 수분양자로부터 전득자인 경락인에게 순차적으로 경료하여야지 직접 전유부분을 경락받은 최종 소유자 앞으로 할 수는 없으며, 다만 분양자는 직접 단독으로 대지사용권의 사후취득에 관한 규약 등을 첨부하여 대지권변경등기를 신청할 수도 있으며, 그러한 등기가 경료되면 구분건물의 현 소유자인 경락인은 대지권등기가 된 구분건물의 소유권이전등기를 처음부터 경료받은 것과 마찬가지의 지위를 취득하게 될 것이다.'라고 하였습니다(1999. 4. 26. 등기 3402－454 질의회답 등기선례199904－20).

(4) 결 론

따라서 위 사안의 경우 위 아파트의 대지가 분양자인 丙회사의 소유인 상태에서 乙이 위 아파트를 분양받으면서 지적정리 등의 문제로 대지권의 등기는 후일 이전해주기로 약정된 경우로 보여지는데, 그렇다면 위 아파트의 대지사용권에 대하여 분리처분이 가능한 규약이나 공정증서가 없는 때에는 전유부분에 대한 경매개시결정 및 압류의 효력이 그 대지사용권에도 미치므로 그러한 경우라면 甲은 대지사용권도 취득한다고 할 것입니다.

【참고판례】

대법원 2004. 7. 8. 선고 2002다40210 판결

【판시사항】

[1] 대지권에 대한 지분이전등기를 해 주기로 하는 약정하에 수분양자에게 전유부분에 대한 소유권이전등기를 경료하였으나, 대지에 대한 소유권이전등기가 되지 않은 상태에서 제3자가 경매절차를 통하여 전유부분을 경락받은 경우, 경락인이 대지사용권을 취득하는지 여부(적극)

[2] 구분건물의 소유권이 대지권등기가 되지 않은 채 수분양자로부터 전전 양도되고 이후 분양자가 대지사용권을 취득한 경우, 구분건물의 현소유자가 분양자를 상대로 부동산등기법시행규칙 제60조의2에 의한 대지권변경등기를 직접 청구할 수 있는지 여부(적극)

〈사례연구 8〉 [대지권 미등기 집합건물의 담보취득과 강제집행]

[사례1]

甲은 乙에 대한 대여금채권을 담보하기 위하여 乙소유의 아파트에 근저당권을 설정하였습니다. 그런데 甲은 위 채무를 변제기일이 지나서도 변제하지 않으므로 위 아파트에 대하여 담보권실행을 위한 경매를 신청하려고 하는데, 위 아파트의 대지권등기가 아직 되어 있지 않습니다. 이 경우 甲이 위 아파트의 경매를 신청하면서 대지권을 일괄 매각하지 않아도 경매절차상 하자가 없는지요?

(1) 대지사용권의 의미

집합건물의소유및관리에관한법률(이하 '같은 법'이라 한다.) 제2조 제6호에 의하면 '대지사용권'이라 함은 구분소유자가 전유부분을 소유하기 위하여 건물의 대지에 대하여 가지는 권리를 말한다고 규정하고 있으며, 같은 법 제20조 제1항에 의하면 '구분소유자의 대지사용권은 그가 가지는 전유부분의 처분에 따른다.'라고 규정하고, 같은 법 제20조 제2항에 의하면 '구분소유자는 그가 가지는 전유부분과 분리하여 대지사용권을 처분할 수 없다. 다만, 규약으로써 달리 정한 때에는 그러하지 아니하다.'라고 규정하고 있습니다.

그리고 구분건물에 있어서 대지사용권의 전유부분에 대한 일체불가분성의 내용에 관하여 판례를 보면, '구분건물의 대지사용권은 전유부분 및 공용부분과 분리처분이 가능한 규약이나 공정증서가 없는 때에는 전유부분과 종속적 일체불가분성이 인정되어 전유부분에 대한 경매개시결정과 압류의 효력이 당연히 종물 내지 종 된 권리인 대지사용권에도 미치며, 그와 같은 내용의 규약이나 공정증서가 있는 때에는 종속적 일체불가분성이 배제되어 전유부분에 대한 경매개시결정과 압류의 효력이 대지사용권에는 미치지 아니한다.'라고 하였습니다.

(2) 구분건물의 경매신청서에 대지사용권에 대한 표시가 없을 경우

그리고 위 판례는 구분건물의 경매신청서에 대지사용권에 대한 아무런 표시가 없는 경우, 집행법원이 취하여야 할 조치에 관하여 '구분건물에 대한 경매에 있어서 비록 경매신청서에 대지사용권에 대한 아무런 표시가 없는 경우에도 집행법원으로서는 대지사용권이 있는지, 그 전유부분 및 공용부분과 분리처분이 가능한 규약이나 공정증서가 있는지 등에 관하여 집달관(현재는 집행관)에게 현황조사명령을 하는 때에 이를 조사하도록 지시하는 한편, 그 스스로도 관련자를 심문하는 등의 가능한 방법으로 필요한 자료를 수집하여야 하고, 그 결과 전유부분과 불가분적인 일체로서 경매의 대상이 되어야 할 대지사용권의 존재가 밝혀진 때에는 이를 경매목적물의 일부로서 경매평가에 포함시켜 최저입찰가격을 정하여야 할 뿐만 아니라, 입찰기일의 공고와 입찰물건명세서의 작성에 있어서도 그 존재를 표시하여야 할 것이나, 그렇지 않고 대지사용권이 존재하지 아니하거나 존재하더라도 규약이나 공정증서로써 전유부분에 대한 처분상의 일체성이 배제되어 있는 경우에는 특별한 사정이 없는 한 전유부분 및 공용부분에 대하여만 경매절차를 진행하여야 한다.'라고 하였습니다(대법원 1997. 6. 10.자 97마814 결정).

(3) 대지사용권의 일괄매각 여부

또한 구분건물의 경매에 있어서 대지사용권에 관한 경매신청이 없는 경우, 그 대지사용권을 반드시 일괄매각하여야 하는지에 관하여는 '대지사용권이 존재함에도 그에 대한 경매신청이 없다는 이유로 집행법원이 대지사용권의 존부 등에 관하여 조사를 함이 없이 전유부분 및 공용부분에 대하여만 경매절차를 진행한 경우에 있어서도, 대지사용권에 대하여 분리처분이 가능한 규약이나 공정증서가 없는 때에는 전유부분에 대한 경매개시결정 및 압류의 효력이 그 대지사용권에도 미치므로 일괄경매를 할 필요가 없고(다만, 이 경우 이해관계인으로서는 입찰기일의 공고가 법률의 규정에 위반하거나 최저입찰가격의 결정 또는 입찰물건명세서작성에 중대한 하자가 있음을 이유로 입찰허가에 대한 이의를 하거나 입찰허가결정에 대한 항고를 함으로써 구제 받을 수 있다고 할 것이다.), 그와 같은 내용의 규약이나 공정증서가 있는 때에는 전유부분에 대한 경매개시결정 및 압류의 효력이 대지사용권에는 미치지 아니하고 그 대지사용권이 경매목적물에서 제외되어 일괄경매의 요건을 충족하지 아니하므로 일괄경매를 할 수가 없으므로, 구분건물의 대지사용권이 존재한다고 하더라도 그에 대한 경매신청이 없었던 이상 집행법원이 이를 그 전유부분 및 공용부분과 일괄경매를 하지 아니하였다 하여 그러한 사유만으로 경매절차에 하자가 있다고 할 수 없다.'라고 하였습니다.(대법원 1997. 6. 10.자 97마814 결정, 2001. 9. 4. 선고 2001다22604 판결).

(4) 결 론

따라서 위 사안에서 甲도 대지권등기가 되어 있지 않은 乙의 위 아파트에 대한 담보권실행을 위한 경매를 신청할 경우 반드시 대지권도 일괄하여 경매신청을 하여야 하는 것은 아닙니다.

12-2. 가장임차인

금융기관 경매실무자(각 은행의 여신관리부 직원 등)는 가장임차인(허위 세입자)에게 소액보증금이 최우선배당을 막기 위해 "가장임차인의 배당요구에 대한 채권자의 의견서"를 집행법원에 제출하여 최우선변제를 막으려고 엄청난 시간을 할애하고 있다. 즉, 아파트 방4개에 3명의 가장임차인이 권리신고 및 배당요구 시 서울의 경우 1인당 20백만원씩 3명은 60백만원 소액보증금이 최선순위로 배당되어 금융기관의 몫이 작아지기 때문이다.

따라서 임차인에 대한 조사를 하여 채권자의 의견서를 법원에 제출하면 통상 배당 배제되고, 허위세입자는 형법 제315조(경매, 입찰의 방해) 경매방해죄 등으로 현장에서 법정구속까지 된 경우도 있다.

가장임차인의 가족을 포함하여 전주소지 부동산등기부 등본을 발급하여 가족들의 재산조사, 자녀들의 등교현황, 전세금액과 연령 등 감안한 자금출처의 가능성, 경매주택의 진정한 여타 세입자가 작성 확인해준 "○○○세입자의 비거주 확인서" 징구 등 모든 노력을 다하여 최우선배당을 막고 있는 실정이다.

〈사례연구 1〉 [임차인의 배당요구에 대한 채권자 의견서]

임차인의 배당요구에 대한 채권자 의견서

사 건 2008 타경 123456
채권자 주식회사 00은행
채무자 김 ○ ○
소유자 채무자와 같음

위 당사자간 부동산 임의경매 사건과 관련하여 임차인으로 배당 요구한 김00과 관련하여 근저당권자인 (주) ○○은행은 아래와 같이 의견서를 제출합니다.

– 아 래 –

1. 당행 직원이 인천시 부평구 산곡동 1234 강남아파트 104동 505호를 방문한 결과 소액임차인으로 배당 요구한 김00은 살지 않고 있었으며 김00이 기거하던 방은 소유주의 딸이 점유하고 있었음.

2. 소유자의 처인 박00에게 문의한 결과 김성남은 전세금을 반환 받고 나간 상태라고 함.

이상에서 볼 때 임차인 김00은 소액임차인으로써 배당요구를 하였으나 현재 거주하고 있지 않고 전세금을 반환 받은 상태로 배당에서 제외 시켜 주시기 바랍니다.

첨 부 서 류: 소유자 부인 김 ○○ 확인서 1부. 끝

2008. 2. 5.

근저당권자 주식회사 ○○ 은 행
대표이사 ○○ ○
위 법률상 지배인 ○ ○ ○ (인)

○○ 지방법원 (경매 계) 귀중

〈사례연구 2〉 [동일주택에 2차 경매 시 채권자의 배당배제 신청]

임차인 배당요구에 대한 채권자의 의견서

사건번호 2005타경 12345호
채권자 이 0 0
채무자 박 언 니
소유자 채무자와 같음

1. 2005년 6월 21일 임차인 박동생이 귀원에 2005타경 15228호 부동산임의경매사건에서 "권리신고 및 배당요구신청"과 관련됩니다.
(전입 2004년 8월26일, 보증금 20백만원, 배당요구신청 : 2005년 6월21일)

2. 위 임차인은 동일물건의 전 경매사건인 2003타경 23456호(창원7계) 부동산임의경매사건에서도 "권리신고 및 배당요구신청" 후 소액보증금을 배당(소액보증금 12백만원)받은 임차인으로 재차 전입 후 2번째 배당요구를 하였습니다(당시 전입일자 : 2003. 3.12 보증금 1,200만원(월세5만원), 배당요구신청 2004. 2.12)

본인은 당시 낙찰자(최00)에게 잔대금납부 시 근저당권 설정 후 경매잔대금을 대여한 채권자입니다.

3. 동일 임차인이 동일주택에 대한 경매가 2차에 걸친 경우 대항력과 우선변제권을 겸유한 임차인이 1차 경매에서 배당요구를 하였다면(즉, 우선변제권의 행사) 2차 경매에서는 그 우선변제권은 매각으로 소멸하였습니다(주택임대차보호법 3조의5)

► 자료출처 : 2005년 민사집행실무(1) 법원공무원교육원 발간)

따라서 우선변제권(소액보증금 12백만원)은 없으므로 무배당하여 주시기 바랍니다.

4. 본건은 동일목적물에서 금반 2005타경 15228호(창원5계) 부동산 임의경매사건과 지난번 2003타경 12345호(창원7계)사건에서 박언니(채무자)이 본건 경매목적물에 친동생 최동생을 위장 전입시켜 소액임대차보증금 12백만원을 2번씩이나 요구한 건입니다.

그러나 최언니는 2004. 8. 26 박동생과 함께 가족으로 전입하였지 세입자로 전입한 것이 아닌데도 2005타경 12345호 경매사건에서 또 소액임차인으로 재차 배당요구를 하고 있으며, 성원 301호는 방이 3개가 아니고 2개 입니다. 박 언니 부부와 3자녀 합 5식구가 거주하면서 임차를 놓을 수 있는 구조가 아닙니다.

5. 따라서 동일 경매물건에 임차인과 짜고 2번씩이나 소액보증금을 수취할 목적으로 "권리신고 및 배당요구" 하였으나, 금반 2차 경매에서는 그 우선변제권은 전번 경매 시 매각으로 소멸하였으므로 금반 배당금 전액은 본인에게 배당하여 주시고, 임차인 박동생에게는 배당을 하여주지 마시기 바랍니다.

붙임 : 1. 박동생 권리신고 및 배당요구신청서 및 매각물건명세서 각 1부씩
2. 1차 경매 2003타경 23456 임의경매기록 및 당시 등기부등본
3. 2005년 민사집행실무(1) 해당페이지 끝.

경매신청채권자(1순위 근저당권자)

이 ○ ○

서울시 강남구 도곡동 500번지 성원아파트 505호
(연락처 : 055－226－1234, 011－226－1234)

○○ 지방법원 귀중

〈사례연구 3〉 [경매방해죄]

[인천지법 부천지원 2001. 5. 18. 선고 2001고단23 판결【경매방해】]

【판시사항】

허위임대차계약서를 작성하여 대항력있는 주택임차인인 것처럼 경매법원에 권리신고를 한 경우, 경매방해죄의 성립 여부(적극)

【판결요지】

경매의 목적이 된 주택의 실질적 소유자인 피고인이 전처 명의로 허위임대차계약서를 작성하고 이를 첨부하여 경매법원에 전처가 주택임대차보호법상 대항력있는 주택임차인인 것처럼 권리신고를 하였다면 대항력 있는

주택임차인의 외관을 갖추고 그 사실을 권리신고를 통하여 입찰참가인에게 나타내어 그 보증금액만큼 입찰가를 저감시킴으로써 공정한 경매를 방해한 것이므로,형법 제315조의 위계의 방법에 의한 경매방해죄가 성립한다.

【참조조문】

형법 제315조,주택임대차보호법 제3조

⇒참고 형법 제315조 (경매, 입찰의 방해) 위계 또는 위력 기타 방법으로 경매 또는 입찰의 공정을 해한 자는 2년 이하의 징역 또는 700만원 이하의 벌금에 처한다.

〈사례연구 4〉 [퇴거요청 민원]

매수 후 전입자들(가장임차인, 전 임차인, 전 소유자 등)이 전입된 상태로 남아 있으면 대출 요청시 대항력 등 우려하여 금융기관에서는 퇴거를 요청하고 있어 민원을 신청하여 해결할 수 있다.

예로 마산시 합성동 소재 지번이라면 인터넷 site (www.masan.go.kr>대민행정서비스창구>민원신청안내에서 신청)

접 수 증

제2007－5123456－0000123호 접수일시 : 2007.10. 9

① 민원명	건의서
② 민원인(대표자 또는 대리인)	이 민 원
③처리예정기한	2007.10.16 (7일한) : 말소가능여부 판단기준일
④처리주무부서	합포동 (전화 : 0552203333)
⑤안내사항	공개여부 : 공개, 인터넷주소 : http;//eminwon.masan.go.kr 빠른민원찾기 비밀번호 : 1234

민원접수자 : 이 ○ ○ (서명/인)

(전화 : 055 123 4567)

경상남도 마산시

※ 그 결과를 알려면 마산시 인터넷 SITE에서
'민원공개 /빠른민원찾기'에서 접수번호와 비밀번호를 입력하면 민원처리공개 내용을 확인할 수 있다. (예, 거주하지 않는 것으로 보이는 3명 전입자(강00, 박00, 황00)의 전입말소 요청을 하였는데 약 7일 후 처리내용에 '일부 말소(강00)'로 처리결과를 확인 할 수 있고, 나머지 2명은 현재 거주 중이라 말소가 안된 것을 알 수 있다.

〈사례연구 5〉 [가장 임차인에 대한 채권자의견서 작성 및 배당배제, 배당이의 소송 신청시 체크사항]

1) 선순위 과다, 가등기 선순위 기입, 경매개시 직전 전입여부 - 부동산 등기부등본, 지지옥션 (http : //www.ggi.co.kr/경매물건 안내사이트)조회
2) 친인척 의심 및 임대인,임차인간 동거 - 임차인과 임대인의 주민등록등본, 초본(주민번호의

유사성 및 거주지 이전내역조사), 호적등본 징구(대출 실행 당시 징구한 무상임차 각서)

3) 허위계약서 여부, 다세대의 전입, 원격지 중개업소 - 법원경매기록 열람을 통한 임대차계약서 조사

4) 중개업소의 진위여부 - 한국공인중개사협회(http : //www.kar.or.kr/) 또는 온나라(www.onnara.go.kr)dptj 민원열람>부동산중개사무소에서 지역선택 후 확인한다.

5) 이전 거주지 경매경력 여부 - 임차인 주민등록초본 및 당해 물건 부동산 등기부 등본 열람

6) 폐문부재, 단독전입 여부 - 임차인통지서 및 법원 현장방문보고서 열람, 낙찰자 통화, 현장방문을 하여 아래의 사항도 체크한다.

1	근저당권설정 및 타 채권자의 가압류가 있는 상태에서 부동산중개소의 소개도 없이 전입되어 있음
2	전입하기 전의 주소와 전입 이후의 주소가 원거리임
3	가족이 있는데 단독으로 전입하였고 임대인과 인척관계, 주민번호의 유사성검토, 호적등본열람
4	임대보증금에 대한 자금출처 소명했는데(은행 통장거래내역 등) 소명 못하고, 객관적으로 인정할 수 없는 사유를 제시하는 경우(곗돈,현금보관 등)
5	주민등록 초본상 과거 주소지에서도 경매진행 시 배당 요구한 사실이 있음
6	가족구성원상 도저히 방1개에서 거주가 물리적으로 불가능한 경우
7	과거 임대인과의 채권채무관계를 임대보증금으로 상계한 경우
8	법원에서 조사한 '부동산현황조사서'상의 '임차인현황란'의 임대보증금과 임차인이 신고한 '권리신고 및 배당요구신청서'의 임대보증금액이 상이한 경우
9	경매진행 시 임차인에 대한 임차인통보서가 '송달불능'인 경우
10	배당기일에 임차인이 불출석한 경우
11	임대보증금이 주변시세에 비교하여 현저히 저가이고 점유부분이 전부로 했다가 배당요구 시 방1칸 등으로 한 경우
12	금융기관 제출시 주소와 임차 당시의 주소가 상이한 경우
13	매수인과 통화하여 매수인의 현장 답사 시 임차관계 파악
14	애매한 경우 담보물건지에 대한 현장답사
15	전 주소지의 등기부등본에 본인 명의 또는 배우자 명의 주택이 있음
16	자녀들의 등교처와 가족의 주거가 상당한 원거리 소재
17	동일 주택의 여타 임차인들에 대한 탐문
18	실제 불거주하고 있는 지 여부
19	회사 종업원, 친인척 등 여부 조사
20	자녀들에 대한 탐문조사
21	배당요구신청서와 첨부된 임대차계약서 열람등사 신청하여 전세계약서 양식
22	중개업자, 자필 등 점검
23	임차 당시의 주변시세와 나이 등 점검하여 가능 여부 조사
24	기타 탐문조사

① 법원에서 정한 배당요구의 종기까지 배당요구 했을 것이므로 매각 기일을 체크하여 미리미리 배당배제신청서를 작성할 수 있도록 한다.
② 법원에 열람을 효율적으로 할 수 있는 방안 모색
③ 소액임차인에게는 임차보증금이 자신의 전재산인 경우가 많으므로 배당이의 소송은 가장임차인으로 인정할 만한 객관적인 자료가 충분한 경우에 제기

12-3. 대위변제

대위변제란 이해관계 있는 제3자가 채무자를 대신하여 빚을 갚고 그 액수만큼 그 채무자에 대해 채권을 갖는 것을 말한다. 실무상 낙찰이 9천만 원 정도 예상되는 경매물건에 제1저당권(채권최고액 26백만원), 임차인 보증금 70백만원 전입(확정일자 없음), 제2저당권(채권최고액 1억원) 설정이 순차적으로 되어 있다면 확정일자가 없고 단지 전입과 점유를 갖춘 설정과 설정 중간에 위치한 중간임차인(샌드위치 임차인)은 전혀 대항력도 없고, 배당에 참가할 수도 없다.

이런 경우 임차인이 제1저당권을 대위변제 후 제1저당권이 말소된 등기부등본을 집행법원에 제출시 최선순위저당권(종전 채권최고액 1억원)보다 앞선 임차인이 되므로 당연히 대항력을 가진다. 따라서 매수인은 임차인의 보증금(7천만원)에 대하여 추가 부담을 예상하고 경매에 낮게(약 2천만원에) 참가하여야 한다.

반면, 최고가매수인 입장에서 선순위 설정해지로 후순위 임차인이 선순위 임차인으로 추가 인수부담이 나타나는 등 돌발사태에는 아래와 같이 적극, 조속히 대처하여야 하겠지만 잔대금 납부전이라면 매각허가결정취소신청하여 보증금을 반환받는 것이 최선책으로 보인다.

대위변제 파악시기(돌발사태 발생)	대응 방안	비 고
매각기일(최고가 매수신고인) 이후 ~ 매각결정기일 이내	매각불허가 신청	
매각결정기일 이후~즉시항고(7일)이내	매각허가결정 취소신청	
매각결정기일~잔대금 납부 전	매각허가결정 취소신청	
잔대금납부 후~배당기일 이전	경매에 의한 매매계약 해제 및 납부한 매각대금의 반환청구	
배당기일 이후	채무자에 대해 계약해제 및 채무자 또는 배당받은 채권자에 부당이득반환청구 소 제기	

〈사례연구 1〉 [대위변제시 매수인(낙찰자)의 대처방안은 매각허가결정의 취소신청]

대법원 1998. 8. 24. 자 98마1031 결정 【낙찰허가취소기각】

【판시사항】

[1] 낙찰대금지급기일 이전에 선순위 근저당권이 소멸한 경우, 후순위 임차권의 대항력의 소멸 여부(소극)

[2] 낙찰대금지급기일 이전에 선순위 근저당권이 소멸함으로써 원래는 소멸할 예정이던 후순위 임차권의 대항력이 소멸하지 않고 존속하는 것으로 변경된 경우, 낙찰인의 구제 방법

【결정요지】

[1] 담보권의 실행을 위한 부동산의 입찰절차에 있어서, 주택임대차보호법 제3조에 정한 대항요건을 갖춘 임차권보다 선순위의 근저당권이 있는 경우에는, 낙찰로 인하여 선순위 근저당권이 소멸하면 그보다 후순위의 임차권도 선순위 근저당권이 확보한 담보가치의 보장을 위하여 그 대항력을 상실하는 것이지만, 낙찰로 인하여 근저당권이 소멸하고 낙찰인이 소유권을 취득하게 되는 시점인 낙찰대금지급기일 이전에 선순위 근저당권이 다른 사유로 소멸한 경우에는, 대항력 있는 임차권의 존재로 인하여 담보가치의 손상을 받을 선순위 근저당권이 없게 되므로 임차권의 대항력이 소멸하지 아니한다.

[2] 선순위 근저당권의 존재로 후순위 임차권의 대항력이 소멸하는 것으로 알고 부동산을 낙찰 받았으나, 그 이후 선순위 근저당권의 소멸로 인하여 임차권의 대항력이 존속하는 것으로 변경됨으로써 낙찰부동산의 부담이 현저히 증가하는 경우에는, 낙찰인으로서는 민사소송법 제639조 제1항의 유추적용에 의하여 낙찰허가결정의 취소신청을 할 수 있다.

〈사례연구 2〉 [대위변제 경매사례]

법원경매에서 참가할 때는 제 3자가 대신 빚을 갚는 대위변제로 입찰보증금을 지킬 수 있는 세입자가 존재하는지 반드시 확인해야 한다. 서울 마포구 아현동에 거주하는 李모씨(30. 회사원)는 내집마련을 위해 지난 2월 전세금 3천만원을 이용, 서울 은평구 응암동소재 연립주택(15평/방2개) 을 서부지원 경매 3계에서 2천9백만원에 낙찰 받았다.

그러나 李씨는 뒤늦게 2천만원의 추가비용이 소요된다는 사실을 알고 입찰보증금 2백 90만원을 포기해야 할 처지에 놓여있다. 감정평가액이 4천5백만원으로 2번 유찰된 이 물건은 최선순위저당 설정일이 88년6월3일로 주택은행에 채권최고액 6백60만원이 잡혀있고 2번째 저당권 설정일은 91년 6월20일로 채권최고액이 2천6백만원 이었다.

또 전세금 2천만원의 세입자는 최선순위 저당 설정일보다 늦은 90년7월28일에 전입신고 돼 대항력이 없는 상태였다. 그런데 李모씨는 이 물건이 두 번이나 유찰돼 값이 많이 떨어져 있었던 데다 사전조사 결과 추가로 부담해야 할 비용도 없어 안심하고 입찰에 참가했다. 그러나 세입자가 입찰 전날 주택은행에 채권 최고액 6백 60만원을 대위변제하고 저당권말소등기를 신청하여 2순위자가 최선순위저당권자로 올라서게 됐다.

이 경우 세입자의 전입신고일이 90년7월28일이므로 새로운 최선순위 저당권 설정일보다 앞서 대항력이 생겨났고 낙찰자에게 전세금 2천만원을 요구할 수 있게 된 것이다. 임차인의 입장에서는 당초 최우선변제금 7백만원만 배당 받고 나머지 1천3백만원을 받을 수 없었으나 대위변제를 통해 전세금 2천만원을 지킬 수 있게 됐다.

이처럼 세입자 등 제3자가 입찰 전날 선순위 채권액을 대위변제하고 저당권 말소등기를 신청하면 경매당일 등기부상 나타나지 않으므로 경매참가자는 이를 항상 염두에 두어야 한다. 최선순위저당의 채권 최고액이 소액일 경우 대위변제를 통해 저당권이 소멸할 가능성이 높은 데다 대위변제가 가능한 시점도 입찰일 직전까지여서 대항력이 없던 세입자가 새롭게 대항력을 갖출 수 있기 때문이다.

〈사례연구 3〉 [제3자의 변제]

1. 제3자변제의 의의

여신을 제공받은 주된 채무자가 아닌 제3자가 주된 채무자의 채무를 변제하는 것을 제3자변제 또는 대위변제라고 한다. 제3자변제와 관련하여 문제가 되는 것은 첫째로 제3자변제가 유효한 변제로서 채권자에게 수령의무가 있는지 여부와, 둘째로 채권자가 이를 수령했을 경우에 관련 당사자 사이의 법률관계가 어떠한 지이다.

그리고 채무자의 대리인 또는 이행 대행자로서 하는 변제는 여기에서 말하는 제3자변제와 구별하여 이해하여야 한다. 이는 제3자가 채무자의 계산으로 변제하는 것이므로 변제의 효과가 직접 채무자에게 생기며, 채권자가 가지는 권리를 제3자가 승계할 수 없다.

2. 제3자변제의 유효성

(1)유효성의 판단기준

채무의 변제는 제3자도 할 수 있는 것이 원칙이다. 그러나 채무의 성질 또는 당사자의 의사표시로 제3자의 변제를 허용하지 아니하는 때에는 채무자만이 변제할 수 있고 제3자는 변제할 수 없다. 또한 채무의 성질상 제3자의 이행이 가능하고 당사자가 제3자의 변제를 금지하고 있지 않은 경우라도 이해관계 없는 제3자는 채무자의 의사에 반하여 타인의 채무를 변제하지 못한다.

이해관계 있는 제3자에 있어서의 이해관계란 법률상의 이해관계만을 말하며, 사실상의 이해관계를 포함하지 않는다. 이해관계 있는 제3자는 변제할 정당한 이익이 있는 자(변제를 하지 않으면 채권자로부터 집행을 받게 되거나 또는 채무자에 대한 자기의 권리를 잃게 되는 지위에 있기 때문에 변제함으로써 당연히 대위의 보호를 받아야 할 법률상의 이익을 가지는 자)로도 불리며 연대보증인, 물상보증인, 저당목적물의 제3취득자, 후순위저당권자 등이 해당된다. 단순한 친지나 친족 또는 동업자 등은 사실상의 이해관계를 가지는 자에 해당한다.

(2) 제3자변제시의 실무처리

이해관계있는 제3자가 여신채무의 대위변제를 해온 때에는, 채권자로서는 그 변제가 변제로서의 다른 요건을 구비하고 있는 한 이를 수령해야 한다. 대위변제를 할 수 있음에도 불구하고 채권자가 그 수령을 거절한 때에는 수령지체의 책임을 지게 되기 때문이다.

반면에 이행관계없는 제3자가 변제를 해온 경우에는 그 변제가 채무자의 의사에 반하는 것인지의 여부를 검토하여 그에 적합한 실무처리를 해야 한다.

첫째는 채무자의 대리인으로서 제3자가 변제하는 형식을 취하고, 그 영수증을 채무자명의로 발급하는 것이다. 다만 이 경우는 채무자가 변제하는 것이지 제3자가 변제하는 것이 아니므로, 제3자의 변제로 볼 수가 없어 제3자가 따르지 않을 가능성이 있다.

둘째는 변제하는 제3자를 연대보증인으로 입보 시키거나 중첩적 채무인수를 하게 하여 이해관계인을 만든 후, 그 변제를 수령하는 것이다. 채무자의 동의 없이도 제3자를 연대보증인으로 입보시키거나 중첩적으로 채무인수하게 하는 것이 가능하고, 이렇게 연대보증인이나 채무인수인이 되면 제3자는 이해관계 있는 제3자가 되어 채권자로서도 유효하게 그 변제를 수령할 수 있게 되기 때문이다.

셋째는 제3자에게 채권을 양도하고서 그 양도대금으로써 변제액을 수령하는 것이다. 다만, 이 경우에 제3자로 하여금 채권양수를 가지고 채무자에게 대항할 수 있게 하려면 채권양도 사실을 양도인의 명의로 채무자에게 통지해 주어야 한다. 후일 통지여부에 대한 다툼이 있을 경우에 대비하여 배달증명부 내용증명우편으로 통지하는 것이 좋다.

12-4. 세대합가

선순위세입자가 없다고 판단하여 경매에 참가하였는데 갑자기 선순위세입자가 나타나는 경우이다. 예를 들어 아들(또는 부인)이 먼저 전입하여 세 들어 살다가 뒤에 아버지가 다시 그 집에 입주하면서 세대를 합가하면 먼저 입주했던 아들의 전입일자는 삭제되고 아버지가 합가한 일자를 기준으로 세대합가(전입일자)가 다시 기록되지만 대항력은 아들이 입주했던 일자를 기준으로 발생한다.

매수희망자의 입장에서는 주민등록등본 상 세대합가라는 문구가 보이면 반드시 주민등록등·초본을 확인하여 세대원 중에서 가장 먼저 전입했었던 날짜(아들의 전입일자)와 설정일자, 가압류일자 등과 비교하면서 권리분석을 하여야 한다.

특히, 전입세대열람내역 발급요청시 세대주보다 먼저 전입한 세대원이 있는지 확인요청하여야 한다.

〈사례연구 1〉 [세대합가 한 전입자는 최초 전입일자를 확인해야]

2004. 9.26 子 아들(또는 모) 전입 및 임차, 2004.10.27 설정으로 선순위임대차로 보아야 한다.

2005. 1.28 아버지(父) 세대주로 등재(세대주의 전입일/변동일은 2005. 1.26일로, 아들(또는 모)은 세대주 하단에 자(또는 처) 전입일/변동일에 2004. 9.26, 변동사유는 세대합가 란 문구가 나타나지만, 실제 子(또는 처) 전입한 2004. 9.26 전입일자와 2004.10.27 설정일자와 선·후를 따져 선순위로 보아야 하며, 아버지(부)의 전입일자 2005. 1.28과 설정일자와 선·후 따져서는 안됨

12-5. 확정일자·전세권 차이점

주택 임차인은 임대차계약 체결 후 해당 동사무소에서 전입신고와 확정일자를(등기소 또는 공정증서사무실에서 확정일자 날인 가능함), 상가임차인은 관할세무서에 사업자등록신청과 확정일자(세무서장 확인)를 구비하여야 대항력, 우선변제권, 최우선변제권(소액보증금 주장)을 갖는다. 전세권 설정등기를 하고 있으나 구분건물이 아닌 경우 일반주택이나 빌딩 등의 을구 전세권은 건물 낙찰가에서만 배당순위가 결정되고, 대지 매각대금에서는 무배당 되는 경우가 자주 보인다. 대표적인 사례로는 창원 2006-3079호 임의경매는 창원시 남양동 소재 주택으로 동 건물등기부상 을구 순위번호(4)의 전세권설정 범위는 '2층 동쪽 43㎡ 전부'로 되어 있어 대지 매각대금에서는 전혀 배당을 받을 수 없고, 반면 제주 2005-23416호 임의경매는 제주도 남제주군 소재물건으로 건물등기부상 을구 순위번호 11번 전세권설정은 범위가 '근린생활시설용 토지전부 및 건물일부 중 지하전부'로 되어 있어 대지 매각대금에서도 순위배당 가능하다. 따라서 전세권 설정계약시에는 전세계약서 상에 목적물의 범위를 토지 전부 및 2층 동측 80㎡ 또는 전세계약서 작성도 하고(전세권 설정 대신) 대지, 건물 공동담보로 하여 근저당권 설정(주로 120% 증설정)을 하는 것이 오히려 안전하다.

확정일자는 경매 시 우선변제권 순위배당 받는 필수요건으로 입증자료인 확정일자를 받은 계약서를 분실하거나 훼손해서는 안 된다. 만일 이를 분실했다면 어떻게 해야 하는가?

확정일자 받은 사실은 반드시 임대차계약서로만 입증하여야 하는 것은 아니고 확정일자를 준 기관의 공정증서대장 등 다른 방법으로도 입증할 수 있다(대법원판결 96다12474- 1996.6.25 선고).

그러나 현실적으로 입증방법이 쉽지 않으므로 전입신고와 확정일자를 받은 문서(계약서)를 분실에 대비해서 복사본을 따로 보관하는 것이 최선은 아니더라도 차선의 한 방법이다. 전세계약서 체결 및 전입(또는 사업자등록신청)후 확정일자 없이 전세권설정을 하였다면 전세권 설정일자를 확정일자로 보면 보고 우선변제권 여부를 판단하면 된다.

임대차계약기간이 만료되었음을 이유로 계약을 갱신하는 조건으로 임대보증금을 올려 달라고 할 때, 계약서를 새로 작성해야 하는 지 여부 및 인상된 임대보증금에 대한 임대차보호법상의 보호를 받을 수 있는지 여부에 대하여 알아보자. 임대보증금을 인상하면서 계약서를 다시 쓸 경우 기존의 확정일자를 받은 계약서는 반드시 보관하여야 하고(첨부하여 두고), 인상된 보증금에 대해서만 별도의 계약서를 작성하여 확정일자를 받아두는 것이 가장 안전한 방법이다. 왜냐하면 인상된 금액으로 새로 계약서를 작성할 경우 그간의 임대기간 중 당해 주택에 대하여 저당권이나 기타 권리가 설정되었다면 그 설정된 권리보다 후순위로서 대항력이 주어지지 않음은 물론 배당순위에서 후순위가 되어 불이익을 받을 가능성이 크기 때문이다.

〈사례연구 1〉 [확정일자와 전세권설정의 차이점]

구 분	확 정 일 자	전세권 설정 등기
처리 절차	세입자 단독처리	집주인의 동의 및 인감증명서 필요
상호 관계	임대인, 임차인	전세권자(임차인), 전세권설정자(소유자 임대인)
구비서류	전세계약서	-집주인 등기권리증. 인감증명서, 주민등록등본 -세입자 주민등록등본.전세계약서, 토지대장. 건축물관리대장, 수입인지
소요비용	600 원	등록세 : 전세금의 0.2 % 교육세 : 등록세의 20 %
임대인이 보증금반환 지체할 경우	보증금반환청구소송을 제기해 판결문 받아 강제경매 신청 해야 함.	소송제기 없이 경매를 청구할 수 있음
경매 시 배당요구	-대항요건(전입과 점유를 구비)+확정일자	배당요구 없이 순위에 의한 배당 받음 (집합건물이 아닌 경우 전세권은 주로 토지배당금에서는 무배

및 실익	-배당요구종기일 이내 배당요구 및 권리신고 해야 함 -대지 및 건물 전체에 대하여 배당됨	당 되고, 건물 배당금에 대하여서만 배당되므로 실익 없는 경우 자주 있다 ⇒전세권 등기 시 전세권의 범위를 건물 2층 동쪽 어느 부분의 몇 ㎡로 설정하여 토지에는 무배당되어 실익여부 불투명) - 말소기준권리인 경우 배당요구종기일 이내 배당요구 시 배당되고, 배당요구 않았다면 배당 받지 못하고, 매수인의 인수임대차가 됨
기타효력	-전세권등기와 변제 우선순위가 동일(전입일자보다 확정일자가 늦다면 확정일자 기준) -제3자에게 효력 승계 불가능	- 후순위권리자와 기타 채권자보다 우선순위 - 효력승계 - 집주인 동의 없이 전대 가능하여 전세권저당으로 자금융통 가능 (특약사항 금지조항설정 시 불가능)

〈사례연구 2〉 [확정일자의 효력]

【질 의】 채권 채무에 관한 서류에 확정일자를 받는 경우 어떤 실익이 있는가?

【답 변】 확정일자는 그 일자 또는 그 일자 이전에 당해증서가 작성되었음을 증명하는 것으로서, 채권양도 등에 있어 제3자에 대한 대항요건이 되고 주택임대차의 경우 우선변제권의 확보요건이 된다.

【해 설】

1. 확정일자의 의의

확정일자란 증서의 작성일자에 대한 공적 증명력을 가지는 것으로, 허위일자나 일자를 소급하여 증서를 작성하는 것을 방지함에 그 목적이 있다. 그러나 확정일자는 당해 서면이 확정일자 당시에 존재한 사실을 증명할 뿐이고 그 내용이 진정하게 성립되었다는 사실을 증명하는 효력은 없다. 확정일자는 문서상의 작성일자와 같은 일자에 받아야 하는 것은 아니고 그 후에 받아도 무방하다. 그러나 문서상의 작성일자보다 선일자로 받는 것은 효력이 없다.

확정일자에 대해서는 민법 부칙에 규정되어 있는데 즉 사문서에 공증인 또는 법원서기가 소정절차에 따라 확정일자 인을 찍은 경우의 일자(민법부칙 제3조 제1항 및 제2항) 와 공정증서에 기입한 일자 및 공무소에서 사문서에 어느 사항을 증명하고 기입한 일자(민법부칙 제3조 제4항) 등이 확정일자이다.

2. 확정일자의 효력

가. 제3자에 대한 대항요건으로서 확정일자

① 지명채권의 양도(민법 제450조)
지명채권의 양도는 양도인이 채무자에게 통지하거나 채무자가 승낙하여야 하는 바, 이 때 그 통지나 승낙은 확정이자 있는 증서에 의하지 아니하면 제3자에게 대항할 수 없다.

② 지명채권에 대한 질권설정(민법 제349조)
지명채권을 목적으로 한 질권의 설정은 설정자가 확정일자가 있는 증서로 제3채무자에게 질권설정의 사실을 통지하거나 제3채무자가 이를 승낙하지 아니하면 이로써 제3채무자 기타 제3자에게 대항하지 못한다.

③ 채권자변경으로 인한 更改(민법 제502조)
채권자 변경으로 인한 갱개는 확정일자 있는 증서로 하지 아니하면 이로써 제3자에게 대항하지 못한다.

나. 우선변제권의 확보요건으로서 기능(주택임대차보호법 제3조의2 제2항)

주택임차인이 임대인으로부터 주택의 인도와 주민등록을 마치고 임대차계약서에 확정일자를 갖춘 경우에는 임차인은 민사집행법에 의한 경매 또는 국세징수법에 의한 공매 시 임차주택(대지를 포함한다)의 환가대금에서 후순위권리자 기타 채권자보다 우선하여 보증금을 변제 받을 권리가 있다.

3. 통상 확정일자로 인정되는 경우

① 공정증서의 경우에 그 증서에 기재되어 있는 일자
② 사서증서(私署證書)의 경우에 등기소 또는 공증인 사무소(합동법률사무소포함)에서 일자 있는 인장을 받은 경우 그 일자
③ 관청이나 공무소에서 어떤 사항을 기재하고 거기에 일자를 기재한 경우에 그 일자(보통 내용증명우편으로 서면을 우체국에 제출하여 우체국의 일부인을 받은 경우)

〈사례연구 3〉 [확정일자부 임차인의 우선변제]

임차인이 대항요건을 갖추고 임대차계약증서상에 확정일자를 갖춘 경우에는 임차보증금의 금액에 관계없이 등기가 없어도 민사집행법에 의한 경매 또는 국세징세법에 의한 공매 시 임차주택의 매각대금에서 후순위권리자 기타 채권자보다 우선하여 보증금을 변제 받을 권리가 있다. 대항요건의 구비일자와 확정일자의 부여일자가 다른 경우 그 중 뒤의 날짜가 우선변제 여부의 기준이 된다. 대항요건을 먼저 갖춘 임자인의 확정일자와 저당권설정 등기일자가 같은 날인 경우에는 임차인과 저당권자가 그 채권금액에 비례하여 평등배당을 받는다. 또 대항요건과 확정일자를 갖춘 임차인이 여러 명 있고 이들이 모두 저당권자에 우선하는 경우에는 각 임차인 별로 우선변제권을 인정하되 그들 상호간에는 대항요건과 확정일자를 최종으로 갖춘 순서대로 우열관계를 정한다.

[참고] 확정일자란 증서에 대하여 그 작성일자에 관한 완전한 증거가 될 수 있는 것으로 법률상 인정되는 것으로서, 당사자가 나중에 변경하는 것이 불가능한 확정된 일자를 가리키며, 확정일자 있는 증서란 위와 같은 일자가 있는 증서로서 민법 부칙 제3조의 소정의 증서를 말한다.

1. 요 건

1) 주택의 인도와 주민등록이라는 대항요건을 갖추어야 한다.(상가는 건물의 인도와 사업자등록)
2) 계약서상에 확정일자의 부여가 있어야 한다.(상가는 관할 세무서장의 확정일자 구비)
   확정일자는 동사무소, 등기소, 공증인가 합동법률사무소에서 받을 수 있다.
3) 임대차기간이 종료되지 않았어도 임차인이 집행법원에 임대차계약서를 제출하여 배당요구를 하면, 집행법원은 이를 임대차계약의 해지의사표시로 보아 임대인에게 그 사실을 통지하고, 그 통지가 임대인에게 전달되면 그 우선순위에 따라 배당한다.
4) 임차인이 임차주택을 새로운 집주인, 즉 매수인(경락인) 등 양수인에게 인도하지 아니하면 보증금을 수령할 수 없다. 따라서 임차인은 경락인수한 매수인으로부터 명도확인서를 받아 집행법원에 제출하여야 배당금을 수령할 수 있다.
5) 대항요건을 경매 배당요구종기까지 계속하여 구비하고 있어야 하며, 도중에 주택을 타인에게 인도하거나 주민등록을 옮긴 사실이 밝혀지면 우선변제권을 상실하여 배당에서 제외된다. (대법원 1997.10.10 판결 95다44597호 배당이의 참조)
   다만, 임차인이 가족과 함께 임차주택에 대한 점유를 계속하면서 가족의 주민등록은 그대로 둔 채 임차인만 주민등록을 일시 다른 곳으로 옮긴 경우에는 전체적, 종국적으로 주민등록의

이탈이라고 볼 수 없어 제3자에 대한 대항력을 상실하지 아니한다. (대법원 1989.1.17 판결88다카143호 건물명도 참조)

6) 임차권등기(주택임차권, 상가임차권 등 등기부 을구에 등기)를 마친 경우에는 그 뒤에 위 대항요건을 상실하더라도 임차인의 대항요건은 그대로 유지된다.

2. 우선변제권

1) 우선변제권 있는 임차인은 보증금의 액수와 관계없이 그 요건을 갖추면 자신보다 후순위권리자 기타 채권자보다 우선하여 보증금을 변제 받을 수 있다.
2) 보증금 중 일정액(소액보증금)의 우선과는 달리 보증금액이 주택가액의 2분의1을 초과하더라도 그 순위에 따라 전액 변제받을 수 있다.
3) 먼저 대항요건을 갖추고 후에 임대차계약서에 확정일자를 찍은 임차인과 저당권자의 설정일자가 같은 경우에는 그 임차인과 저당권자는 그들의 채권금액에 비례하여 평등배당 받는다. 그러나 임차인이 주민등록의 전입신고를 한 날(같은 날)에 확정일자를 찍고, 저당권자도 같은 날 저당권설정등기를 한 경우에는 저당권자가 우선한다.
4) 대항요건과 확정일자를 갖춘 임차인이 여러 명 있고, 이들이 모두 저당권자에 우선하는 경우에는 각 임차인 별로 우선변제권을 인정하되 그들 상호간에는 대항요건과 확정일자를 최종적으로 갖춘 순서대로 우열관계를 정한다.

12-6. 건물등기부등본과 건축물관리대장의 불일치

일반건축물대장과 건물등기부등본의 표제부가 불일치한다면 잔대금을 납부하였더라도 등기소에서 각하되어 소유권이전이 어렵고, 특히, 경매잔금대출 취급은행은 황당한 결과를 초래할 것이다. 선대출 취급 후 소유권이전과 동시에 1순위 근저당권 설정하여야 하는데 담보취득을 할 수 없다면 책임을 면하기 어렵다. 즉, 일반건축물대장에 무허가건물을 특별조치법에 의거 양성화하여 주었으나 건물등기부에는 등기가 안된 사례에는 일단 건축물관리대장을 2개로 나누어 먼저 건물등기부등본대로 말소촉탁 및 소유권이전등기를 하여야 할 것이며, 차후 나머지 부분을 정정 후 등기하여야 할 것이다.

최고가매수인 입장에서는 매수신고 사전에 등기부등본과 건축물관리대장과 일치여부 확인 후 매수신고하여야 금융기관 경매잔금대출로 잔대금 납부 및 당일 소유권이전과 동시에 근저당설정도 가능하나, 불일치하면 등기소에서 각하되어 큰 낭패를 볼 수도 있다.

〈사례연구 1〉 [등기부와 가옥대장이 부합하지 아니하는 경우 등기]

제정 1985.02.27 등기예규 제556호

1) 부동산등기법 제56조는 그 등기명의인이 등기신청을 하는 경우에 적용할 규정이라 할 것이므로 국가기관인 법원이 등기촉탁을 하는 경우에는 등기부상의 건물의 표시가 가옥대장의 표시와 부합하지 아니한다 할지라도 등기공무원은 이를 거부할 수 없다.

2) 건물소유권이전등기 시 가옥대장등본을 발급받을 수 없는 경우에는 보존등기 사항이나 기타 증명서에 의하여 과세시가표준액을 산출할 수 있으므로 그 등기신청을 할 수 있다. 85. 2.27. 등기 제112호 법원행정처장 회답

〈사례 2건〉

사건	등기부등본	건축물대장	해결 방안
창원 2005 타경 14355호 (마산시 자산동 301-9호)	경매물건의 건물 등기부등본	일반건축물대장(갑)의 건축물현황	해결 방안
	목조 세멘기와 58.18㎡	목조 주택 58.18㎡ 시멘트블럭조/스레이트 근생 29.44㎡ 및 부속건물 3.36㎡(사유 : 1983.12.8. 특조 양성)	(건축물대장을 2개로 분리하여 58.18㎡ 하나만 등기)
창원 2006 타경 643호	건물 등기부등본	일반건축물대장	해결방안
	철골조 판넬지붕 단층 티.엠.아르 배합공장 189.44㎡ 철골조 판넬지붕 단층 티.엠.아르 배합공장 67.72㎡	철골조 판넬지붕 단층 티.엠.아르 배합공장 189.44㎡ 철골조 판넬지붕 단층 티.엠.아르 배합공장67.72㎡ 철골조 판넬지붕 단층 티.엠.아르 배합공장 48.64㎡	(등기부에 건물 표시 변경 등기 신청) 철골조 판넬지붕 단층 티.엠.아르 배합공장 48.64㎡⇒건물 증축등기 신청

〈사례연구 2〉 [등기부 기재 부동산의 표시가 건축물대장과 부합하지 아니한 경우 소유권 이전등기 촉탁 가능 여부]

건물등기부등본은 3개(402호, 403호, 404호)이고 일반건축물대장은 1개(402호)로 선 합병된 경우는 등기선례를 찾아 등기권리관계가 깨끗하고, 여타 이해관계인이 없으므로 402호로 통합등기가 가능하여 담보 취득할 수 있을 것이다.

[등기선례 7-98]

① 등기부에 기재된 부동산의 표시가 건축물대장과 부합하지 아니한 경우 공매로 인한 소유권 이전등기 촉탁이 가능한지 여부(적극)

1) 집합건축물대장상 지상9층 구분건물901호,906호,907호가 901호로 합병된 후 다시 901호,902호로 분할되었으나, 등기부상 합병. 분할등기를 경료되지 아니한 채 각 구분건물에 압류 및 가압류등기 등이 경료되어 합병등기가 불가능한 상태에서 위 구분건물 901호,906호, 907호에 대하여 한국자산관리공사가 공매로 인한 소유권이전등기 촉탁을 하는 경우 등기관은 등기부상 각 구분건물의 표시가 집합건축물대장과 부합하지 아니하더라도 그 등기촉탁을 수리하여야 한다. 다만 위 등기가 실행되더라도 부동산등기법 제56조 제1항에 의하여 부동산의 표시의 변경의 등기를 하지 아니하면 당해 부동산에 대하여 다른 등기를 신청할 수 없다.

2) 위 각 구분건물에 대한 소유권이전등기 후 소유자가 동일하고 부동산등기법 제103조 에서 규정한 건물 합병의 제한사유에 해당되지 않게 된다면, 등기부상 건물표시가 집합 건축물대장과 일치되도록 합병 분할등기를 신청할 수 있다. (2003. 6. 3부등3402-301질의회답)

참조조문 : 국세징수법 제61조, 제79조, 부동산등기법 제56조 제1항, 지방세법 제82조
참조예규 : 등기예규 제556호, 제1018호

② 대장상 합필 되었으나 등기부상 합필되지 아니한 토지의 일부에 대하여 경락으로 인한 소유권 이전 등기가 경료된 경우(선례3권)

개정된 부동산등기법 및 지적법 시행 전에 A명의의 근저당권설정등기가 있는 을, 병 토지가 갑 토지에 합필되었으나 등기부상 합필등기가 경료되지 아니한 상태에서 을, 병 토지에 대하여 A의 담보권실행에 의한 경락으로 인하여 소유권이전등기가 이루어져 을, 병 토지와 갑 토지의 등기부상 소유명의인이 달라진 경우 그 토지대장에 의하여 합필등기를 할 수는 없으므로 합필 된 대장을 합필전 상태로 다시 분필(원상회복)하여 토지대장과등기부의 토지의 표시를 일치시켜야 할 것이다. (93.6.18등기 제1499호)

〈사례연구 3〉 [제시외건물 본인소유로 설정 시 담보제공 확인 및 일괄경매동의서]

각　　서

제목 : 제시외건물 본인 소유로 설정 시 담보제공 확인 및 일괄경매동의서

부산시 사상구 엄궁동 1234 번지(모텔) 숙박시설 5층에 증축한
① 조적조 슬래브지붕 5층 소재(숙박시설) 약 123㎡
② 경량철골조 판넬지붕 5층 소재(보일러실) 약10㎡

1. 본인은 위 부동산을 경매로 취득한 제시외 건물로 2007. . 잔대금 납부로 소유권 취득 하였습니다. (사건번호 : 2006타경 12345 부동산임의경매, 채권자 : ○○○ , 채무자 및 소유자 : ○○○)
2. 아울러, 2007. . 일 당일자 ○○은행(마산역지점)에 담보 제공하였으며(설정일자 : 2007년 월 일, 근저당권자 : ○○은행, 근저당권설정자 : ○○○, 채권최고액 150백만원)
3. 설정 당시 상기 제 시외건물(미등기건물)은 건축 준공미비, 등기사항 미비로 등기하지 못하였으나 ○○은행에 공동담보로 제공 하였음을 확약하고, 향후 조속히 등기하여 ○○은행에 추가 설정할 것을 확약합니다.
4. 향후 본인 대출금 문제로 부실되어 위 지상에 제시외건물(미등기건물)이 포함 일괄경매되어도 아래 본인 소유임을 확인하오니 경매진행 시 위 부동산과 함께 일괄평가, 일괄경매 진행하여도 전혀 문제가 없으므로 향후 집행법원은 일괄 경매하여 주시고, 근저당권자(○○은행)의 담보권실행 등 채권행사에는 어떠한 불이익이 없도록 하여 주시기 바라며 이에 확약합니다.

붙　임 : 감정평가서(지적 및 건물개황도) 1부

20 년 월 일

본 인 주 소 :
성　　명 :　　　　(인)
주민등록번호 :　　　　(연락처 :　　　　)

○○법원 및 ○○은행 귀중

〈사례연구 4〉 [경매진행 시 건물이 등기부상 번지가 아닌 타 번지에 소재하는 경우 경매진행 가능 여부]

[질의] 부동산 등기부등본상 토지는 456-1번지, 456-2번지 양 필지이며, 건물 지번은 456-1번지이나 실제 456-2번 지상에 소재하는 경우 경매진행 가능 여부?

[답변] 경매신청(강제경매, 임의경매 동일) 할 경우에는 경매 대상 부동산을 표시하여야 한다(민사집행법 제80조 제2호). 부동산의 표시는 등기부상의 표시와 일치하게 표시하여야 하나, 반드시 모든 점에서 실제와 완전히 부합하여야 하는 것은 아니고 객관적으로 보아서 당해 부동산의 동일성을 인식할 수 있는 정도면 족하다(법원실무제요 민사집행 II). 예컨대, 등기부 표시와 실제 건물이 동일한지 여부는 지번, 면적, 구조 외에 건축시기, 단독주택, 연립주택, 아파트 등 건물의 종류, 등기부상의 표시가 상이하게 된 연유, 다른 건물과의 혼동 우려가 있는지 여부 등을 종합하여 사회통념상 동일성이 인정될 정도로 합치되는지 여부를 결정하여야 한다(대법원 2002. 5. 14. 선고 2000다54055판결, 대법원1990. 3. 9. 선고 89다카3288판결 등 참조).

그런데 본건의 경우에는 토지 456-1번지와 456-2번지 위에 근저당권을 설정한 건물 하나만이 존재하고 있고, 다만 위 건물은 등기부상으로는 456-1번지 위에 존재하는 것으로 등재되어 있으나, 실제는 456-2번지에 위치하고 있으며 위와 같이 실제와 달리 등기된 이유는 건축관리대장이 착오로 잘못 작성되었기 때문에 그에 기해 작성된 등기부까지도 위와 같이 사실과 달리 등재 되었다는 것이다. 사정이 위와 같다면, 본건의 경우에 위 건물에 대해 경매신청을 하더라도 경매가 진행되는데 별 문제는 없을 것으로 보인다. 다만, 집행법원은 경정등기를 명한 후(보정명령)에 경매절차를 진행할 가능성이 높다. 따라서 위 건물에 대한 저당권등기에 대해 경정등기절차를 미리 경료해 두는 것이 바람직할 것으로 판단된다.

12-7. 체납관리비 · 전기료

아파트, 상가와 같은 집합건물은 입주자대표회의에 의한 자치관리나 위탁관리업체에 의한 관리를 하는데 이 때 소유자에게는 소유하는 부동산의 지분에 따라 매월 일정액의 관리비가 부과된다. 경매가 진행된 물건이 비어있는 공실이거나, 소유자나 임차인이 관리비를 체납한 경우 잔대금 납부시까지 상당한 금액에 처한 경우가 많다. 특히, 찜질방 등 대형 평수는 수천만원의 관리비 체납으로 매수자 입장에서 여간 부담스러운 게 아니다.

체납관리비를 누가 부담하여야 하는가에 관하여 아파트의 전 입주자가 체납한 관리비가 아파트관리규약의 정함에 따라 그 특별승계인(낙찰자)에게 승계되는지 여부에 대하여 '아파트 관리비를 전유부분과 공용부분으로 나누어 전유부분은 입주자대표회의가 부담하고 공용부분에 한해서 낙찰자가 부담하라'는 판결이 나왔다(대법원 2001.9. 20.선고 2001다8677호, 2006.6.29. 선고 2004다3598,3604 판결, 2007.7.22 선고 2005다65821 판결).

통상 약 1,000세대 정도의 대단지 아파트 등은 공용부분이 30~40%(전유부분, 전용율 60~70%)이지만 200~300세대 미만의 경우에는 약 60~70%로 높아지는데, 관리비 항목 중에서 일반관리비(인건비)부담이 높아지기 때문이다. 아파트 체납관리비가 대단지아파트로 전체 100

만원이라면 30만원~40만원은 매수인이 부담하여야 한다면 200~300세대 미만은 60~70만원 정도 매수자 부담하여야 한다.

집합건물 특정승계인의 관리비 승계 여부 대비표

구 분	해당 관리비	비 고
전유부분 ⇒관리소 (입주자대표회의 등 부담)	전유부분 관리비 관리비 연체료 (공용부분 관리비 연체료 포함) 전기료, 수도료, 하수도료, 급탕비, 난방비, TV수신료 등	집합건물의 관리단 등 관리주체의 위법한 단전, 단수 및 엘리베이트 운행중지 등 불법적인 사용방해행위로 인하여 사용・수익하지 못한 기간의 관리비 포함
공용부분 ⇒본건 매수인 부담 (낙찰자 부담) 단, 연체료는 아님	공용부분 관리비 일반관리비, 장부기장료, 위탁수수료, 화재보험료 청소비, 수선유지비, 오물수거비, 소독비, 승강기유지비, 공용난방비	전유부분과 공용부분 모두의 유지・관리를 위한 것으로서, 그 각 해당금액 중 소유하는 건물면적에 대한 공용부분이 차지하는 면적의 비율로 산정된 금액만 승계

주) : 매수인은 소유권이전등기일 이전 또는 대금지급일 이전의 전기요금 (서울지방법원 2000.12.27 선고 2000나30548 판결), 수도요금(대법원 1992.12.24 선고 92다16669판결) 및 가스요금 등은 승계하지 않는다. 따라서 이미 지급한 경우에는 부당이득으로 그 반환을 청구할 수 있다.

중앙공급식 난방방식은 입주자가 없더라도 매월 부과되는 관리비가 같으며(개별난방과 달리) 입주자가 점유를 하지 않아 빈 집이더라도 관리비는 매월 일정액씩 늘어나 수백만원, 수천만원(지하 찜질방 등 대규모 평형) 체납된 경우가 많다.

실무상 집합건물이면 '집합건축물대장(전유부)'과 설계도면이 그려진 '건축물현황도' 를 발급받은 후, 집합건축물대장(전유부)에는 전유부분(예 100평), 공용부분(예 100평), 소유자부분으로 나누어져 있으며 관리비는 전유부분과 공용부분(층공유, 기계실, 주차장, 로비, 복도 등)이 합한(예 200평형) 평형에 평당 @15,000원 내외를 곱하니 매수전에 미납된 관리비를 파악하여 공용부분에 해당하는 관리비는 부담하여야 하므로 주의하여야 하며(대형 사무실용 빌딩 건물은 전용율이 50% 이하 되는 경우가 많아 매월 관리비 무척 부담스럽다), 잔대금 납부 후에도 관리비 부담이 월세보다 많은 경우도 허다하여 대형 사무실 등은 임대하기도 힘들고 임대시까지 은행 대출이자와 관리비 부담을 동시에 져야 하기 때문에 매수자로서 여간 큰 부담이 아니다(위의 예로, 661.61㎡(약200평)×@15,000=매월 관리비 3,000,000원×12개월=전체 36,000,000원 중 50%인 18,000,000원 공용부분에 대한 미납 관리비는 매수자가 부담하여야 함).

실무상 지하1층 전체 2,645.63㎡(약 800평, 전용 300평) 소유자가 대형 호프집으로 임대하겠다며 대출 5억 정도 요청이 있었으나 임차인은 월세 3.3㎡(1평당) @10,000원(매월 8,000,000원)+ 관리비 3.3㎡당 @15,000원(매월12,000,000원)+ 대출이자(매월 3,500,000원) 합계 23,500,000원 매월 부담하고, 그 외 종업원인건비, 일반관리비, 제세 등 추가부담 감안 시 매월 얼마를 벌어야 상환능력이 있을지 의문시되어 대출요청을 수용하기가 쉽지 않다.

〈사례연구 1〉 [특별승계인은 집합건물 전 소유자의 체납관리비 중 공용부분은 승계]

특별승계인(낙찰자 등)은 집합건물 전 소유자의 체납관리비 중 공용부분은 승계
① 대법원 2007.2.22. 선고 2005다65821 판결
② 대법원 2006.6.29. 선고 2004다3598, 3604 판결

【판시사항】
[1] 집합건물의 소유 및 관리에 관한 법률 제18조의 입법 취지 및 전(前) 구분소유자의 특별승계인에게 전 구분소유자의 체납관리비를 승계하도록 한 관리규약의 효력(=공용부분 관리비에 한하여 유효)
[2] 집합건물의 전(前) 구분소유자의 특정승계인에게 승계되는 공용부분 관리비의 범위 및 공용부분 관리비에 대한 연체료가 특별승계인에게 승계되는 공용부분 관리비에 포함되는지 여부(소극)
[3] 상가건물의 관리규약상 관리비 중 일반관리비, 장부기장료, 위탁수수료, 화재보험료, 청소비, 수선유지비 등이 전(前) 구분소유자의 특별승계인에게 승계되는 공용부분 관리비에 포함된다고 한 사례
[4] 집합건물의 관리단이 전(前) 구분소유자의 특별승계인에게 특별승계인이 승계한 공용부분 관리비 등 전 구분소유자가 체납한 관리비의 징수를 위해 단전·단수 등의 조치를 취한 사안에서, 관리단의 위 사용방해 행위가 불법행위를 구성한다고 한 사례
[5] 집합건물의 관리단 등 관리주체의 불법적인 사용방해행위로 인하여 건물의 구분소유자가 그 건물을 사용·수익하지 못한 경우, 구분소유자가 그 기간 동안 발생한 관리비채무를 부담하는지 여부(소극)

③ 대법원 2001. 9. 20. 선고 2001다8677
아파트의 전 입주자가 체납한 관리비가 아파트 관리규약의 정함에 따라 그 특별승계인에게 승계되는지 여부(=공용부분에 한하여 승계)

〈사례연구 2〉 [거액 미납관리비 있는 경매사례]

중앙 3계 2004타경 23555호/임의경매
서울 관악구 봉천동 729－32, 동작구 신대방동 708 해태보라매타워 1동 지하층 100호(주상복합상가 1차 180백만원, 2005. 9.27 6차 58,982천원/ 국민은행 보라매지점 사업자등록 월 70만원) 해태보라매상가협의회에 의하면 2004. 8. 5 기준 미납관리비 10,364,000원 있음

〈사례연구 3〉 [상가번영회가 공용관리비만 달라는 미납관리비 청구내역서]

창원지방법원 2005타경 40040 임의경매
○○상가번영회에서 매수인에게 공용관리비를 잔대금납부와 동시에 납부하여 달라는 요청
공문으로 대부분 번영회에서도 아래와 같이 공용부분 미납관리비를 매수인(낙찰자)이 부담하여 줄 것을 요청하고 있다(상가건물 전용면적527.01㎡(=159.42평, 분양299.89평형) 상가건물의 미납관리비에 대하여 2005.10.25 경매개시결정이 되었으나 소유자가 당초 체납시기인 2005년3월부터 잔대금납 부까지 미납관리비를 상가번영회에서 청구하고 있음).

제목 : 미납관리비 납부 요청 건

1. 당 번영회는 빈 점포라도 관리비가 부과되는 복합상가이며, 주변 아파트나 타 상가도 당 번영회와 동일하게 부과됨을 양지하시기 바랍니다.

2. 별첨 1과 같이 단전, 단수 조치를 취하였으며 별첨2와 같이 지급명령을 신청하여 확정판결을 받았으며, 별첨 3과 같이 개인재산을 압류하기 위해 신용정보회사에 의뢰하여 조사하였으나 재산이 없었음을 확인하였으며, 이로 미루어 볼 때 당 번영회에서의 관리비 회수에 대해서는 최선을 다 하였음.

3. 귀사가 경매를 받을 당시 미납관리비에 대한 부분은 충분히 인식하고 경매에 임하였으리라 판단되며, 최근 경매와 관련된 대법원 판례(대법원 2001.9.20. 선고 2001다8677 호) 및 경매낙찰자도 이런 점을 충분히 감안하여 경매에 임하고 있는 추세이며 이런 사항을 종합해 볼 때 귀사에서 관리비를 납부하지 않겠다는 것은 옳지 않다고 판단됨.

4. 아래 별첨 4의 공용부분 미납관리비 22,000,000원을 당 번영회에 납부하여 주시기 바랍니다.

5. 경매일정이 끝나는 등기부 등재완료 시점까지 관리비 미납 시에는 귀사의 재산에 대하여 법적 대응할 것임을 통보합니다.

(관리비 납입계좌 : 신한은행 계좌번호 : 808－04－123456, 예금주 : 홍길동상가번영회)

붙임 1. 단전, 단수통보서 사본 1부
2. 지급명령서 사본 1부
3. 신용조사 회보서 사본 1부
4. 관리비 청구세부내역서 사본 1부. 끝

미납관리비 청구 내역서

년월일	전체현황		502호 미수관리비 현황				
	총미수관리비	총평수	총면적 (평형)	전용면적 (등기면적)	미수관리비	전용관리비	공용관리비 (매수인부담)
2005.3월	4,393,580	537.924	299.889	159.417	2,600,000	1,400,000	1,200,000
중 간 생 략							
2006.6월	5,340,000	552.924	299.889	159.417			
총 계	80,000,000				48,000,000	26,000,000	22,000,000 →청구금액

〈사례연구 4〉 [전 소유자의 체납관리비 처리]

서울동부지방법원(이○○ 판사)은 서울 강동구 S아파트 경락자 김모씨 등 3명이 이 아파트 입주자대표회의(이하 입대의)를 상대로 낸 부당이득금반환청구소송에서 '피고 000는 원고가 납부한 체납관리비 중 난방비 및 전유부분 관리비는 원고에게 반환하라'며 원고 일부 승소판결을 내렸다. <사건번호 2005가단17892>

1. 사건개요

이 아파트 입주자대표회의는 전 소유자 3명이 체납한 관리비 850만여 원, 1,370만여 원, 630여만 원을 각 아파트를 승계 취득한 원고 김씨 등 경락자 3명에게 납부하고 이를 지급하지 않을 경우에는 단전·단수 조치를 취하겠다고 통보.

이에 김씨 등 3명은 피고 입대의의 독촉에 의해 전 입주자가 체납한 일반관리비, 청소비, 소독비, 승강기유지비, 수선유지비, 장기수선충당금, 공동전기료, 승강기전기료, 공동수도료 등 공용부분 관리비와 난방비, 세대급탕비, 세대수도료, 세대하수도료, 세대전기료 등 전유부분 관리비를 납부하게 됐고, 이의 반환을 청구하는 소송을 제기.

2. 관련판례

대법원 2001다8677 전원합의체 판결을 참조해 "집합건물의 공용부분은 전체 공용자의 이익에 공여하는 것이어서 공동으로 유지・관리해야 하고 적정한 유지관리를 위해서는 소요경비에 대한 공유자간의 채권은 이를 특히 보장할 필요가 있어 공유자의 특별승계인에게 승계의사의 유무에 관계없이 청구할 수 있도록 집합건물법 제18조에서 특별규정을 두고 있다"고 밝혔다.

이에 따라 관리규약 중 공용부분 관리비에 관한 부분은 이 규정에서 터잡은 것으로서 유효하므로 아파트 특별승계인은 전 입주자의 체납관리비 중 공용부분에 관해서는 이를 승계 하여야한다.

〈사례연구 5〉 [체납 전기요금]

한국전력공사의 전기공급규정에 신수용가가 구수용가의 체납전기요금을 승계한다고 규정되어 있다 하더라도, 이는 공사 내부의 업무처리지침을 정한데 불과할 뿐 국민에 대하여 일반적인 구속력을 갖는 법규로서의 효력은 없고, 수용가가 위 규정에 동의하여 계약의 내용으로 된 경우에만 효력이 생긴다.

체납전기요금

대법원 1992.12.24. 선고 92다16669 판결

【판시사항】

가. 신수용가가 구수용가의 체납전기요금을 승계하도록 규정한 한국전력공사의 전기공급규정이 일반적 구속력을 갖는 법규로서의 효력이 있는지 여부(소극)

나. 전기사업법 제17조 제1항소정의 "전기요금 기타 공급조건"의 의미와 구수용가가 체납한 전기료납부의무의 승계에 관한 사항이 이에 포함되는지 여부(소극)

다. 수도법 제17조에 의하여 건물의 구소유자의 체납수도요금납부의무가 당연히 신소유자에게 승계되는지 여부(소극)

〈사례연구 6〉 [전 소유자의 체납관리비 처리]

[질의] 낙찰을 받은 점포상가는 수년간 공실로 분양주들이 대출금 연체 및 관리비를 못내어 경매에 붙여졌다. A씨가 낙찰 받은 상가 또한 은행의 대출 연체로 강제경매에 붙여졌고, A씨는 입찰 전에 상가의 관리사무소에서 관리비 미납분이 있어 이 미납분에 대하여 가압류를 한 사실에 주목했다. 물론, 미납관리비의 가압류는 강제경매신청보다 후 순위로써 모두 말소되었다. 그런데 어느 날 관리사무소에서 전 소유자의 미납관리비를 내라는 것이다.

A씨는 가압류한 사실에 근거하여 권리가 말소되었으므로, 낼 수 없다는 입장이고 관리사무소 측에서는 그럼에도 불구하고 내야 한다는 입장이다. 또한, 관리사무소에서 가압류한 금액은

가압류한 당시의 금액보다 미납관리비가 더 많으므로 내야 한다고 한다.

관리사무실에서 관리비 미납으로 가압류 조치하였으며, 그 가압류 권리는 말소권리에 속하므로 낼 필요가 없다는 입장이다.

[답변] 결론적으로 낙찰자(매수인)는 "연체된 전 소유자의 관리비 중 공용부분"만 승계 부담한다. 대법원은 "집합건물의 관리규약에서 체납관리비 채권 전체에 대하여 입주자의 지위를 승계한 자에 대하여도 행사할 수 있도록 규정하고 있다 하더라도, '관리규약이 구분소유자 이외의 자의 권리를 해하지 못한다.'고 규정하고 있는 집합건물의소유및관리에관한 법률 제28조 제3항에 비추어 볼 때, 관리규약으로 전 입주자의 체납관리비를 양수인에게 승계시키도록 하는 것은 입주자 이외의 자들과 사이의 권리 · 의무에 관련된 사항으로서 입주자들의 자치규범인 관리규약 제정의 한계를 벗어나는 것이고, 개인의 기본권을 침해하는 사항은 법률로 특별히 정하지 않는 한 사적 자치의 원칙에 반한다는 점 등을 고려하면, 특별승계인이 그 관리규약을 명시적 · 묵시적으로 승인하지 않는 이상, 그 효력이 없다고 할 것이며, 동법 제42조 제1항의 규정은 공동주택의 입주자들이 공동주택의 관리 · 사용 등의 사항에 관하여 관리규약으로 정한 내용은 그것이 승계 이전에 제정된 것이라고 하더라도 승계인에 대하여 효력이 있다는 뜻으로서, 관리비와 관련하여서는 승계인도 입주자로서 관리규약에 따른 관리비를 납부하여야 한다는 의미일 뿐, 그 규정으로 인하여 승계인이 전 입주자의 체납관리비까지 승계하게 되는 것으로 해석할 수 는 없다. 다만, 집합건물의 공용부분은 전체 공유자의 이익에 공여하는 것으로 유지. 관리해야 하고 그에 대한 적정한 유지 · 관리를 도모하기 위하여는 소요되는 경비에 대한 공유자 간의 채권은 이를 특히 보장할 필요가 있어 공유자의 특별승계인에게 그 승계의사의 유무에 관계없이 청구할 수 있도록 동법 제18조에서 특별규정을 두고 있는바, 위 관리규약 중 공용부분 관리비에 관한 부분은 위 규정에 터잡은 것으로서 유효하다고 할 것이므로 집합건물의 특별승계인은 전 입주자의 체납관리비 중 공용부분에 관하여는 이를 승계하여야 한다고 봄이 타당하다"고 판시하고 있다.

그렇다면 본 사안에 있어서 은행의 대출 연체로 강제경매에 붙여졌다고 하니, 말소기준등기는 근저당권이라 볼 수 없으나, 은행의 가압류 등기 등 시간적으로 가장 앞선 등기가 되겠다. 한편, 관리사무소 측에서 전 소유자의 미납관리비채권(공용부분 및 전유부분 포함)을 가압류한 것은 당해 경매목적 부동산의 매각대금 중에서 가배당될 것이라는 판단에서 취하였다고 보면 된다. 이와 같이 경매로 인하여 말소될 권리와 별개로 위 대법원 판례(2007. 2. 22. 선고 2005다 65821 판결)에서 매수인(낙찰자)은 연체된 전 소유자의 관리비 중 공용부분만 승계한다고 판시하고 있는바, 전 입주자의 체납관리비 중 전유부분을 제외한 공용부분 관리비만 부담하면 되고, 공용부분 관리비에 대한 연체료는 집합건물의 승계인에게 승계되는 공용부분 관리비에 포함되지 않는다는 것이 대법원 판례입장이다.

13. 고수익 경매물건 찾기

13-1. 선순위(허수) 찾아야 고수익 실현

일반적인 아파트, 주택 등은 고수익을 실현하기가 쉽지 않다. 그러나 말소기준권리보다 앞서 전입한 전입세대 등이 있으면, 그 실체를 확인하기 전에는 선순위임차보증금을 알 수 가 없어 쉽게 응찰하기가 어려워진다. 금융기관에서 대출 취급 전에 임대차조사를 실시하여 전입자(동거인 포함)에 대하여는 경매 시 계속 유찰되는 것을 방지하기 위하여 인감증명서 등을 첨부한 각서(무상거주자) 등을 징구하여 후일 문제점을 사전 대비한 후 소유권이전 및 1순위 근저당권설정을 하고 있다. 그런 준비가 없다면 선순위 전입을 핑게대고 경매가 진행되면 집행관이 임대차현황조사시 등 임대차가 있는 것처럼 보이면 경매 시 계속 유찰할 수 밖에 없다.

낙찰자가 혹시나 모를 선순위 전세금을 수 천만원씩 또는 수 억원씩 추가로 부담하여야 한다면 응찰하기가 어렵다. 대부분 응찰을 꺼리는 물건은 자주 유찰되고, 낙찰 시 의외의 고수익을 실현할 수 있다. 아래 사건들을 주목하면서 고수익을 실현할 수 있는 경매물건을 탐색하여 보자.

앤소니(안수현)와 함께하는 경매특강 "현장조사와 위장임차인 잡기"에서 발췌 –
(café.daum.net/annauction)

	사 건 번 호	내 용 및 결 론
〈계약관계〉		
1	수원 2006-21513	선순위 점유자는 채권채무 관계→대항력없음(매각물건명세서의 기록), 대판 2001다47535
2	수원 2004-25276(3)	빌라 수분양권자→대항력 없음
3	부천 2006-12119	채무자가 법인이고 점유자가 법인 직원인 경우→대항력 없음
4	남부 2006-34739	근로자가 퇴직금 등의 채권으로 점유→대항력 없음
〈전입〉		
5	남부 2005-38680(2)	법인이 선순위전세권을 설정하고 직원이 전입→직원은 대항력 없음. 대판 96다7236
6	평택 2006-6964	임차인의 전입일과 말소기준 근저당설정일이 같은 날→대항력 없음
7	광주 2004-61745(1)	임차인(세대주)은 전출하였으나 가족은 계속 전입유지→대항력 있음. 대판 98다5968
8	안산 2006-10074	전입세대열람에서 전입자가 없다는 기록이 있었으나 다시 확인한 결과 전입자가 있음으로 나타난 사례→다가구에서 다세대로 1번 설정 전 특수주소 변경된 사례로 대항력 있음.
9	북부 2005-38737 부천 2006-3504	임차인의 주민등록과 등기부의 주소 불일치→대항력 없음.
10	북부 2005-6594(4)	1개호실(205호)을 2개(206,207호)로 쪼갠 경우→대항력 없음.

11	안산 2004－10858(5)	특수주소변경－ 다가구주택을 다세대주택으로 등록 전환한 경우 임차인들의 특수주소변경에 대해 그 사안에 따라 법원의 판결이 달라지므로 주의
〈점유〉		
12	전주 2007－1994	2006. 6. 5 전입이나 2006. 7.25부터 점유임대차로 신고한 경우(근저당 2006. 7.18) 임차인의 대항력은?
13	부산 2006－14591(2)	대항력임차인이 배당요구종기일 이후 전출시 대항력 여부(실무제요 p.463 참조)
〈배당요구〉		
14	충주 2006－6955(2)	배당요구종기일 이후 배당요구의 철회→불가, 민집 88조2
15	부산 2004－55048 수원 2006－3386	주택임차권 배당(경매개시결정 전후? 배당요구 여부?) 대판 2005다33039
16	안산 2006－7252	대항력임차인의 배당요구종기 후 배당요구, 세대원 중 최초전입자 → 인수
17	광주 2006－16497 군산 2006－997	임차인이 경매 신청한 경우 별도로 배당요구 필요? 필요 없다 수원지법 97가단34880판례
18	울산 2006－10776	경매개시 후 임차권등기자의 배당? 배당 없음
19	의정부 2005－30460	선순위 전세권자의 채권계산서 제출=배당요구?
20	서부 2006－6658 (6,7,8번)	다양한 전세권자. 선순위 전세권자가 배당요구 하였으므로 전세권은 말소되나, 임차인은 대항력이 있으므로 미배당금은 낙찰자가 인수한다
〈배당〉		
21	서부 2006－8340	경매 신청한 임차인이 확정일자 있다면 배당? 인수?
22	부산 2006－46093	대항력 없는 임차인에 대하여 채권자가 배당 배제
23	남부 2006－4875	대항력임차인의 인수금액 계산, 인도명령 기각사례 (2006타기 6162 최경○)
24	의정부2005－45028(1) 창원 2004－39814	토지 별도등기+ 대항력임차인 →낙찰자 인수사례
25	남부 2005－22418(3)	선순위임차인보다 법정기일이 앞선 압류된 지방세의 배당 →인수문제
〈전소유자〉		
26	수원 2004－70443	전전소유자의 인도명령? 인용(2007타기1704)
27	목포 2006－4022	종전 소유자의 대항력→대항력 없음. 대판98다32939 및 99다59306
28	울산 2006－24348	종전 경매의 점유자가 두 번째 경매에서 권리?
〈종전임차인〉		
29	진주 2006－11417	종전 경매의 대항력임차인이 낙찰자를 상대로 미배당금을 청구하는 강제경매 신청→ 인수 (종전 2005－5392), 대판 2005다21166
30	동부 2005－21375	종전경매임차인→대항력 없음(매각물건명세서)
31	대구 2005－71598	종전 경매의 우선변제권있는 임차인이 현 경매에서 배당여부 →인수

32	수원 2004－16968	종전 경매임차인이 낙찰자와 재계약→ 대항력 없음
〈친인척〉		
33	의정부 2006－28211	채무자 동생의 대항력? 대항력 없음(무상임차인 각서)
34	수원 2004－5005	위장임차인(부자간) →대항력 없음
35	서부 2005－26877	위장임차인(정00－윤00－윤00의 관계)? 대판 99마4307 및 87다카1738
36	수원 2004－18131	모자간의 임대차? 대항력 없음
37	남부 2004－43234	대항력 있는 위장임차인? 형제간, 채권채무관계는 협의에 의해 명도
〈위장〉		
38	광주 2006－30813	대항력이 불분명한 선순위 전입자의 조사 (인도명령 2007타기 1337 취하)
39	성남 2006－4108	선순위 전입자는 가족? (인도명령 2006타기 2144 기각)
40	의정부 2003－50507	선순위 전입자가 사실상 소유자(인도명령 2005타기 7 인용)
41	수원 2005－36082(1)	빌라 위장임차인 대항력 없음
〈명도〉		
42	중앙 2005－47466	대항력임차인이 인도명령 대상인 사례 (배당일 이후부터 인도명령 대상)
〈상가〉		
43	광주 2005－39745	전소유자, 상가건물임대차보호법 적용 이전 근저당, 보증금 상한 초과시 대항력 없음

13－2. 저가 낙찰 받아 감정평가액 100% 되팔기

댜구구주택을 경매에서 저가(50% 등) 낙찰 후 감정평가법인에서 감정 평가한 금액 100%에 되팔 수 있을까? 50% 낙찰 받아 감정가 100%에 되팔 수 있는 방법이 있다면 큰 수익을 낼 수 있을 것이다.

대한주택공사 전국 각 지역본부(울산경남지역본부 포함)에서는 평균 15평 이하 다가구, 다세대 등을 대거 감정평가액(100%)으로 매입하고 있다. 아래 공고를 잘 살펴보고 해당 물건을 낙찰 받아 다시 판다면 큰 수익을 가져다 줄 것이다.

⇒대한주택공사 홈페이지 www.jugong.co.kr> 주거복지> 매입/전세>알려 드립니다> 매입임대 참조

그리고 부산도시공사(부산광역시 부산진구 부전2동 384－7)는 물론 서울 에스에이치공사에서(www.i－sh.co.kr) 다가구주택 등 매입안내가 나오고 있다. SH공사에서는 도시 저소득주민의 주거복지향상을 위하여 기존 임대주택 매입 임대사업을 시행함에 따라 다음과 같이 다가구주택을 매입하고 있으며 역시 낙찰가가 아닌 공인감정평가 기관에서 감정 평가한 금액(시세를 거의 반영한 경매 감정가격 수준의 평가액)으로 매입하고 있다는 것이다. 낙찰 전에는 매입처에 매입가능성 여부를 타진하는 것이 좋겠다.

〈사례연구 1〉 [대한주택공사 다구구주택 등 매입공고]

다가구주택 등 매입 공고

대한주택공사에서는 도시저소득국민의 주거실현을 위한 기존주택 매입임대사업을 시행함에 따라 다음과 같이 다가구・다세대주택을 매입합니다.

ㅁ 매입목적

정부의 서민주거생활안정정책과 국민임대주택건설 등에 관한 특별조치법 제28조에 의거 기존주택을 매입하여 도시 저소득층에게 국민임대주택으로 임대하기 위한 것임

ㅁ 매입대상

주택 건축법 제18조의 규정에 의한 사용 승인을 받은 주택으로서 건축법시행령 제3조의4 [별표1]의 규정에 의한 다가구주택, 다세대주택, 다중주택, 연립주택

※ 다세대, 연립주택의 경우 다음의 요건을 갖춘 주택

-세대별 전용면적 60㎡ 이하(호별 매입 가능)

-평균 전용면적 60㎡이하이고, 각 세대별 전용면적 85㎡이하(동별매입)

ㅁ 매입대상 주택의 소재지 및 신청장소

대상지역(물건소재지)	신청장소	문의전화
서울특별시, 경기도 고양시, 의정부시, 남양주시, 구리시	서울시 강남구 파란맘길 10 (논현동 254) 대한주택공사 주거복지1팀	(02)3416-3700,3605

ㅁ 매입가격 : 공인감정평가 기관에서 시세를 감안하여 감정평가한 금액

ㅁ 신청기간 : '08.10.20(월) ~ 10.31 (금) (토, 일, 공휴일은 제외)

ㅁ 매입신청

신청방법

신청 장소에 직접 또는 우편접수

신청서류

- 신청서(공사소정양식에 의함)
- 건축물대장 2부
- 건축물현황도(배치도 및 층별평면도 포함) 2부

※ 신청서 양식은 신청 장소에 비치되어 있으며, 붙임 파일에서 인쇄하여 사용하셔도 됩니다.
※ 제출서류는 공고일 이후 발급분이어야 하며, 반환하지 않습니다.
※ 신청 시 열람용 서류도 제출이 가능합니다.

ㅁ 매입 대상주택의 선정

신청 접수된 주택에 대한 서류 검토 후 우리공사 매입기준에 의거 매입대상주택을 선정함.

※ 매입기준 : 주택 및 대지의 상태, 주택입지여건, 임대가능호수, 채권채무관계, 생활편리성 등

ㅁ 매매협의

매입대상주택의 소유자가 우리공사에서 제시하는 매입가격, 매입 조건 및 계약 관련사항 등에 대해 동의하는 경우 매매계약 체결

ㅁ 유의사항

☞ 매입추진일정(서류심사→대상주택선정→감정평가→계약체결)이 장기간 소요됨을 감안하셔야 하며, 일정관련 사

항은 우리지역본부에 문의하시기 바랍니다.

☞ 매매협의 완료 후 계약일 이전까지 건물 및 대지에 대한 채권·채무 관계 및 불법시설물(불법 옥탑방 등)은 정리되어야 합니다.

☞ 기존임차인은 잔여 임대차계약기간 동안 계속 거주할 수 있습니다.

☞ 매입협의를 위하여 실시한 감정평가수수료는 우리공사에서 부담 합니다.

☞ 우리공사 매입기준에 부적합한 주택은 매입예정수량에 미달하더라도 매입하지 않습니다.

기타 자세한 사항은 우리공사 인터넷홈페이지 공고문(www.jugong.co.kr)을 참조하시기 바랍니다.

2008. 10. 15.

대한주택공사

첨부파일 : 신청서양식.hwp

〈사례연구 2〉 [중형아파트 매입공고]

중형아파트 매입공고

정부의 「서민 주거복지 증진과 주택시장 합리화 방안」에 따라 임대주택으로 활용하기 위하여 중형아파트를 아래와 같이 매입합니다.

1. 매입대상 아파트

기존아파트 단지규모가 300호 이상으로 준공일로부터 10년이 경과되지 아니한 전용 85㎡이상 149㎡이하의 개인(법인)소유의 아파트 미분양아파트 택지개발지구 등 공공사업지구 내에 건설된 전용 85㎡이상 149㎡이하의 준공 후 미분양아파트

2. 지역별 매입예정 호수 및 신청장소(매입예정호수 : 1,000호)

매입 지역	신청장소(문의처)
서울특별시 (단, 강남구, 서초구, 송파구, 양천구는 제외)	대한주택공사 서울지역본부 임대팀 [☎ 02) 3416－3738~9 3545]
경기도 북부지역 중 고양시, 구리시, 의정부시, 동두천시	
경기도 남부지역 중 군포시, 광명시, 성남시(분당제외), 수원시, 시흥시, 안산시, 안양시(평촌제외), 오산시, 의왕시, 하남시	경기지역본부 임대관리팀 [☎ 031) 250－8165~6]
－ 경기도 부천시 － 인천광역시	인천지역본부 주거복지팀 [☎ 032) 450－8260~1]

3. 매입가격

미분양아파트 : 감정평가금액과 분양업체의 분양가격 중 낮은 가격(감정평가사 공사 선임) 기존아파트 : 감정평가금액 (감정평가사 공사 선임)

4. 신청접수기간 : 2007. 8. 20부터 연중접수 (토, 일, 공휴일은 제외)

5. 매입신청

신청방법

개별신청자가 신청장소에 직접 접수 (우편 및 인터넷접수는 불가)

신청서류

- 신청서 1부 (공사 소정 양식)
- 주민등록등본(법인등기부등본), 건물등기부등본, 건축물관리대장, 토지 대장등본 각 1통
- 임대차계약서 사본 1부 (신청주택에 임대차계약이 있는 경우에 한함)

※ 제출서류는 공고일 이후 발급 분이어야 하며, 반환하지 않음

6. 매입대상 선정 및 매매계약 체결

- 신청 접수된 아파트에 대해 현지 실태조사 후 우리공사 매입기준에 따라 매입대상 아파트를 선정함.
  ※ 매입기준 : 아파트 상태, 매입가격, 생활편의성, 임대차관계, 입지여건 등
- 매입대상 아파트의 소유자가 공사에서 제시하는 매입가격(감정평가금액), 매입조건 및 계약관련사항 등에 대해 동의하는 경우, 매매계약을 체결함
  ※ 매입대상으로 선정된 아파트는 소유자에게 별도 통보함.

7. 유의사항

- 잔금지급일 이전까지 건물 및 대지에 대한 저당권, 전세권, 기타 소유권 의 행사를 제한하는 일체의 권리를 말소시켜야 함
- 매입 당시 거주하는 임차인은 당해 임대차기간 동안만 거주가능하나 무주택세대 주로서 공사 임대조건을 수락하는 경우에는 계속 거주도 가능함
- 우리공사 매입기준에 부적합한 아파트는 매입예정수량에 미달하더라도 매입하지 않음
- 매입(매입공고→ 신청접수 및 실태조사 → 대상주택 선정 → 감정평가 → 매매협의 → 계약체결)에 장기간 소요됨을 감안하셔야 하며, 기타 자세한 사항은 해당 지역본부(신청장소) 및 우리공사 홈페이지 공고문(www.jugong.co.kr)을 참고하시기 바랍니다.

2007. 8. 3

대한주택공사

〈사례연구 3〉 [부산도시공사의 근저당권 선 해지 요청]

확 약 각 서

본인 소유 아래 부동산이 부산도시공사로부터 매입임대주택 매수협의과정에서 00은행 00지점의 대출금 100백만원(20백만원과 80백만원 2건)과 관련 수수료, 대출이자를 상환하고 근저당권(최권최고액 : 120백만원) 해지 후 부산도시공사와 계약체결에 응하여야 하나 본인의 형편이 여의치 않아 부득이 귀행에서 먼저 근저당권을 해지하여 주시기 바랍니다.

동 대출원리금 및 관련 비용 일체(중도상환수수료 포함)를 귀행에서 직접 부산도시공사로부터 수령하여 처리하여 주실 것을 간곡히 요청하오며 향후 이로 인하여 발생하는 모든 손해는 전적으로 본인이 책임질 것을 확약하오니 선처하여 주시기 바랍니다.

1) 부동산의 표시 : 부산시 북구 만덕동 1234번지
   대지 : 162㎡ 위 지상 건물 : 세멘벽돌조 슬래브지붕 2층 다세대 주택
   1층 96.55㎡, 2층 78.09㎡

2) 보상시기 : 2007년 7월 중
보상업체 : 부산도시공사
보상금액 : 150,000,000원 중 109,000,000원(보증금 40백만원
유보금 1백만원 공제한 금액)
보상금수령계좌 : ○○은행 808－01－123456 (예금주 : 주식회사 ○○은행)

첨부 : 부산도시공사 공문 사본 1부

2007년 7월 일

소유자 겸 채무자 (인)

㈜○○은행 ○○지점 귀중

〈사례연구 4〉 [SH공사 다가구주택 등 매입안내]

다가구주택 등 매입안내

SH공사에서는 도시 저소득주민의 주거복지향상을 위하여 기존 임대주택 매입 임대사업을 시행함에 따라 다음과 같이 다가구주택을 매입합니다.

1. 매입대상주택 : 건축법 제18조의 규정에 의한 사업승인을 받은 주택으로서 법 시행령 제3조의 4[별표1]의 규정에 의한 다가구주택(필요 시 블록 별 단독, 다세대주택 매입)
2. 매입대상주택 : 서울특별시 전역
3. 신청장소 : SH공사 보상본부(8층) 다가구주택 매입 T/F팀
(강남구 개포동길 621(개포동 14－5), 지하철 3호선 대청역 8번 출구)
4. 매입가격 : 공인감정평가기관에서 감정 평가한 금액
5. 신청기간 : 연중접수(토, 일, 공휴일은 제외)
6. 신청방법 : 개별신청자가 신청장소에 직접 접수 또는 우편접수
7. 신청서류 : 신청서(공사 소정 양식에 의함)
소유자 주민등록등본 1부 또는 주민등록증 사본 1부
건물 및 토지등기부등본 각 1통
건축물관리대장(건축물현황도(배치도 및 층별 평면도)필히 첨부)1통
토지대장 1통, 토지이용계획확인원 1통
기존 임대차관련서류 : 주택 내 각 가구별 임대차계약서 사본 각 1부
건물전경사진 1부

※ 제출서류는 공고일 이후 발급분이어야 하며, 반환하지 않습니다.

8. 매입대상주택의 선정 : 신청 접수된 주택에 대한 서류심사 및 현지 실태조사 후 우리공사 매입기준에 의거 매입대상주택을 선정합니다.
9. 매매협의 및 매매계약 체결 : 매입대상주택의 소유자가 우리공사에서 제시하는 매입가격, 매입조건 및 계약 관련사항 등에 동의하는 경우 매매계약 체결
10. 기타사항
매입추진일정(서류심사→실태조사→대상주택선정→감정평가→매매협의→계약체결)이 장기

간 소요됨을 감안하여야 하며, 매입일정 관련사항은 다가구주택매입T/F팀에 문의하시기 바랍니다.

※ 기타 자세한 사항은 우리공사 인터넷홈페이지(www.i-sh.co.kr)을 참조하시기 바랍니다.

문의처	전 화 번 호
SH공사 다가구주택매입TF팀	02-3410-7927~28

※ 택지개발사업지구 등의 아파트 입주권리는 제3자에게 양도가 금지되어 있어 입주권을 거래하는 것은 불법이고, 예상치 못한 피해가 발생할 수 있으므로 입주권은 사지도 팔지도 맙시다.

2007. 9. 5

에스에이치공사(www.i-sh.co.kr)

14. 경매절차 지침 · 예규

14-1. 부동산경매사건의 진행기간

부동산 경매사건의 진행기간 등에 관한 예규 (재민 91-5)에 의거
(개정 2004.08.24 재판예규 제968호)

1. 부동산 경매절차는 각 단계별로 아래 기간 이내에 진행하여야 한다.

2. 경매담당법관은 사건기록 등을 점검, 확인하여, 합리적인 이유 없이 접수순서에 어긋나게 경매기일지정에서 누락되는 사건이 생기지 않도록 유의하여야 한다.

[별지]

번호	종 류	기 산 일	기 간
1	경매신청서 접수		접수 당일
2	미등기건물 조사명령	신청일부터	3일 안(조사기간은 2주 안)
3	개시결정 및 등기촉탁	접수일부터	2일안
4	채무자에 대한 개시결정 송달	임의경매 : 개시결정일부터 강제경매 : 등기필증 접수일부터	3일안
5	현황조사명령	임의경매 : 개시결정일부터 강제경매 : 등기필증 접수일부터	3일안(조사기간은 2주안)
6	평가명령	임의경매 : 개시결정일부터 강제경매 : 등기필증 접수일부터	3일안(평가기간은 2주안)
7	배당요구종기결정 배당요구종기 등의 공고 · 고지	등기필증 접수일부터	3일안
8	배당요구종기	배당요구종기결정일부터	2월 후 3월 안
9	채권신고의 최고	배당요구종기결정일부터	3일안(최고기간은 배당요구종기까지)
10	최초 매각기일 · 매각결정기일의 지정 · 공고(신문공고의뢰)이해관계인에 대한 통지	배당요구종기부터	1월 안
11	매각물건명세서의 작성, 그 사본 및 현황조사보고서 · 평가서 사본의 비치		매각기일(입찰기간 개시일)1주 전까지
12	최초매각기일 또는 입찰기간 개시일	공고일부터	2주 후 20일 안
13	입찰기간		1주 이상 1월 이하

14	새매각기일・새매각결정기일 또는 재매각기일・재매각결정기일의 지정・공고 이해관계인에 대한 통지		사유발생일부터	1주안
15	새매각 또는 재매각기일		공고일부터	2주 후 20일 안
16	배당요구의 통지		배당요구일부터	3일안
17	매각실시	기간입찰, 호가경매		매각기일
		기간입찰	입찰기간종료일부터	2일 이상 1주일 안
18	매각기일조서 및 보증금 등의 인도		매각기일 부터	1일 안
19	매각결정기일		매각기일부터	1주 안
20	매각허부결정의 선고			매각결정기일
21	차순위매수신고인에 대한 매각결정기일의 지정 이해관계인에의 통지		최초의 대금지급기한 후	3일 안
22	차순위매수신고인에 대한 매각결정기일		최초의 대금지급기한 후	2주 안
23	매각부동산 관리명령		신청일부터	2일 안
24	대금지급기한의 지정 및 통지		매각허가결정확정일 또는 상소법원으로부터 기록송부를 받은 날부터	3일 안
25	대금지급기한		매각허가결정확정일 또는 상소법원으로부터 기록송부를 받은 날부터	1월 안
26	매각부동산 인도명령		신청일부터	3일 안
27	배당기일의 지정・통지 계산서 제출의 최고		대금납부 후	3일 안
28	배당기일		대금납부 후	4주 안
29	배당표의 작성 및 비치			배당기일 3일 전까지
30	배당표의 확정 및 배당실시			배당기일
31	배당조서의 작성		배당기일부터	3일 안
32	배당액의 공탁 또는 계좌입금		배당기일부터	10일 안
33	매수인 앞으로 소유권이전등기 등 촉탁		서류제출일부터	3일안
34	기록 인계		배당액의 출급, 공탁 또는 계좌입금 완료 후	5일 안

-- 중 략 --

14－2. 부동산 등에 대한 경매절차 처리지침(재민 2004－3)

부동산 등에 대한 경매절차 처리지침(재민 2004－3)
개정 2008.06.12 재판예규 제1230호

제1장 총 칙

제1조(목적) 이 예규는 부동산에 대한 강제경매절차와 담보권실행을 위한 경매절차를 정함을 목적으로 한다.

중 략

제8조(매각물건명세서의 작성・비치 등) ① 매각물건명세서는 매 매각기일 또는 입찰기간 개시일 1주 전까지 작성하여 그 원본을 경매기록에 가철하여야 하고, 이 경우 다른 문서의 내용을 인용하는 방법(예컨대, 현황조사 보고서 기재와 같음)으로 작성하여서는 아니 된다.

② 인수 여부가 불분명한 임차권에 관한 주장이 제기된 경우에는 매각물건명세서의 임대차 기재란에 그 임차권의 내용을 적고 비고란에 ○○○가 주장하는 임차권은 존부(또는 대항력 유무)가 불분명함이라고 적는다.

③ 매각물건명세서에는 최저매각가격과 함께 매각목적물의 감정평가액을 표시하여야 한다.

④ 매각물건명세서・현황조사보고서 및 감정평가서의 사본은 일괄 편철하여 매각기일 또는 입찰기간 개시일 1주 전까지 사건별・기일별로 구분한 후 집행과 사무실 등에 비치하여 매수희망자가 손쉽게 열람할 수 있게 하여야 한다. 다만, 임차인의 주민등록 등・초본 중 주민등록번호는 식별할 수 없도록 지운 다음 비치하여야 한다.

제9조(매각물건명세서의 정정・변경 등) ① 매각물건명세서의 사본을 비치한 이후에 그 기재 내용을 정정・변경하는 경우에 판사는 정정・변경된 부분에 날인하고 비고란에 "200○. ○.○. 정정・변경"이라고 적는다. 권리관계의 변동이 발생하여 매각물건명세서를 재 작성하는 때에는 기존의 매각물건명세서에 "200○. ○.○. 변경 전", 재작성된 매각물건명세서에 "200○. ○.○. 변경 후"라고 적는다.

② 매각물건명세서의 정정・변경이 그 사본을 비치한 이후에 이루어진 경우에 정정・변경된 내용이 매수신청에 영향을 미칠 수 있는 사항(예컨대, 대항력 있는 임차인의 추가)이면 매각기일 또는 입찰기간 등을 변경하여야 한다.

③ 매각물건명세서의 정정・변경이 매각물건명세서의 사본을 비치하기 전에 이루어져 당초 통지・공고된 매각 기일에 매각을 실시하는 경우에 다음 각호와 같이 처리한다.

1. 기일입찰에서는 집행관이 매각기일에 매각을 실시하기 전에 그 정정・변경된 내용을 고지한다.
2. 기간입찰에서는 법원사무관 등이 집행과 및 집행관 사무실 게시판에 그 정정・변경된 내용을 게시한다.

중 략

제31조(입찰사항・입찰방법 및 주의사항 등의 고지) 집행관은 매각기일에 입찰을 개시하기 전에 참가자들에게 다음 각 호의 사항을 고지하여야 한다.

1. 매각사건의 번호, 사건명, 당사자(채권자, 채무자, 소유자), 매각물건의 개요 및 최저매각가격
2. 일괄매각결정이 있는 사건의 경우에는 일괄매각한다는 취지와 각 물건의 합계액
3. 매각사건목록 및 매각물건명세서의 비치 또는 게시장소
4. 기일입찰표의 기재방법 및 기일입찰표는 입찰표 기재대, 그 밖에 다른 사람이 엿보지 못하는 장소에서 적으라는 것
5. 현금(또는 자기앞수표)에 의한 매수신청보증은 매수신청보증봉투(흰색 작은 봉투)에 넣어 1차로 봉하고 날인한 다음 필요사항을 적은 기일입찰표와 함께 기일입찰봉투(황색 큰 봉투)에 넣어 다시 봉하여 날인한 후 입찰자용 수취증 절취선상에 집행관의 날인을 받고 집행관의 면전에서 입찰자용 수취증을 떼어 내 따로 보관하고 기일입찰봉투를 입찰함에 투입하라는 것, 보증서에 의한 매수신청보증은 보증서를 매수신청보증봉투(흰색 작은 봉투)에 넣지 않고 기일입찰표와 함께 기일입찰봉투(황색 큰 봉투)에 함께 넣어 봉하여 날인한 후 입찰자용 수취증 절취선상에 집행관의 날인을 받고 집행관의 면전에서 입찰자용 수취증을 떼어 내 따로 보관하고 기일입찰봉투를 입찰함에 투입하라는 것 및 매수신청보증은 법원이 달리 정하지 아니한 이상 최저매각가격의 1/10에 해당하는 금전, 은행법의 규정에 따른 금융기관이 발행한 자기앞수표로서 지급제시기간이 끝나는 날까지 5일 이상의 기간이 남아 있는 것, 은행 등이 매수신청을 하려는 사람을 위하여 일정액의 금전을 법원의 최고에 따라 지급한다는 취지의 기한의 정함이 없는 지급보증위탁계약이 매수신청을 하려는 사람과

은행 등 사이에 맺어진 사실을 증명하는 문서이어야 한다는 것

6. 기일입찰표의 취소, 변경, 교환은 허용되지 아니한다는 것

7. 입찰자는 같은 물건에 관하여 동시에 다른 입찰자의 대리인이 될 수 없으며, 한 사람이 공동입찰자의 대리인이 되는 경우 외에는 두 사람 이상의 다른 입찰자의 대리인으로 될 수 없다는 것 및 이에 위반한 입찰은 무효라는 것

8. 공동입찰을 하는 때에는 기일입찰표에 각자의 지분을 분명하게 표시하여야 한다는 것

9. 입찰을 마감한 후에는 매수신청을 받지 않는다는 것

10. 개찰할 때에는 입찰자가 참석하여야 하며, 참석하지 아니한 경우에는 법원사무관등 상당하다고 인정되는 사람을 대신 참석하게 하고 개찰한다는 것

11. 제34조에 규정된 최고가매수신고인 등의 결정절차의 요지

12. 공유자는 집행관이 매각기일을 종결한다는 고지를 하기 전까지 매수신청보증을 제공하고 우선매수신고를 할 수 있으며, 우선매수신고에 따라 차순위매수인으로 간주되는 최고가매수신고인은 매각기일이 종결되기 전까지 그 지위를 포기할 수 있다는 것

13. 최고가매수신고인 및 차순위매수신고인 외의 입찰자에게는 입찰절차의 종료 즉시 매수신청보증을 반환하므로 입찰자용수취증과 주민등록증을 갖고 반환신청 하라는 것

14. 이상의 주의사항을 장내에 게재하여 놓았으므로 잘 읽고 부주의로 인한 불이익을 받지 말라는 것

제32조(입찰의 시작 및 마감) ① 입찰은 입찰의 개시를 알리는 종을 울린 후 집행관이 입찰표의 제출을 최고하고 입찰마감시각과 개찰시각을 고지함으로써 시작한다.

② 입찰은 입찰의 마감을 알리는 종을 울린 후 집행관이 이를 선언함으로써 마감한다. 다만, 입찰표의 제출을 최고한 후 1시간이 지나지 아니하면 입찰을 마감하지 못한다.

제33조(개찰) ① 개찰은 입찰마감시각으로부터 10분 안에 시작하여야 한다.

② 개찰할 때에 입찰자가 한 사람도 출석하지 아니한 경우에는 법원사무관등 상당하다고 인정되는 사람을 참여하게 한다.

③ 개찰을 함에 있어서는 입찰자의 면전에서 먼저 기일입찰봉투만 개봉하여 기일입찰표에 의하여 사건번호(필요시에는 물건번호 포함), 입찰목적물, 입찰자의 이름 및 입찰가격을 부른다.

④ 집행관은 제출된 기일입찰표의 기재에 흠이 있는 경우에 별지 3 처리기준에 의하여 기일입찰표의 유・무효를 판단한다.

⑤ 현금・자기앞수표로 매수신청보증을 제공한 경우 매수신청보증봉투는 최고의 가격으로 입찰한 사람의 것만 개봉하여 정하여진 보증금액에 해당하는 여부를 확인한다. 매수신청보증이 정하여진 보증금액에 미달하는 경우에는 그 입찰자의 입찰을 무효로 하고, 차순위의 가격으로 입찰한 사람의 매수신청보증을 확인한다.

⑥ 보증서로 매수신청보증을 제공한 경우 보증서는 최고의 가격으로 입찰한 사람의 것만 정하여진 보증금액에 해당하는 여부를 확인한다. 보증서가 별지 5 무효사유에 해당하는 경우에는 그 입찰자의 입찰을 무효로 하고, 차순위 가격으로 입찰한 사람의 매수신청보증을 확인한다.

제34조(최고가매수신고인 등의 결정) ① 최고의 가격으로 입찰한 사람을 최고가매수신고인으로 한다. 다만, 최고의 가격으로 입찰한 사람이 두 사람 이상일 경우에는 그 입찰자들만을 상대로 추가입찰을 실시한다.

② 제1항 단서의 경우에는 입찰의 실시에 앞서 기일입찰표의 기재는 최초의 입찰표 기재방식과 같다.

③ 제1항 단서의 경우에 추가입찰의 자격이 있는 사람 모두가 추가입찰에 응하지 아니하거나 또는 종전 입찰가격보다 낮은 가격으로 입찰한 때에는 그들 중에서 추첨에 의하여 최고가매수신고인을 정하며, 두 사람 이상이 다시 최고의 가격으로 입찰한 때에는 그들 중에서 추첨에 의하여 최고가매수신고인을 정한다. 이 때 입찰자 중 출석하지 아니한 사람 또는 추첨을 하지 아니한 사람이 있는 경우에는 법원사무관등 상당하다고 인정되는 사람으로 하여금 대신 추첨하게 된다.

④ 최고가매수신고액에서 매수신청보증을 뺀 금액을 넘는 금액으로 매수신고를 한 사람으로서 법 제114조의 규정에 따라 차순위매수신고를 한 사람을 차순위매수신고인으로 한다. 차순위매수신고를 한 사람이 두 사람 이상인 때에는 매수신고가격이 높은 사람을 차순위매수신고인으로 정하고, 신고한 매수가격이 같을 때에는 추첨으로 차순위매수신고인을 정한다.

제35조(종결) ① 최고가매수신고인을 결정하고 입찰을 종결하는 때에는 집행관은 "○○○호 사건에 관한 최고가매수신고인은 금○○○원으로 응찰한 ○○(주소)에 사는 ○○○(이름)입니다. 차순위매수신고를 할 사람은 신고하십시오"라고 한 후, 차순위매수신고가 있으면 차순위매수신고인을 정하여 "차순위매수신고인은 입찰

가격 ○○○원을 신고한 ○○(주소)에 사는 ○○○(이름)입니다"라고 한 다음, "이로써 ○○○호 사건에 관한 입찰절차가 종결되었습니다"라고 고지한다.

② 입찰을 마감할 때까지 허가할 매수가격의 신고가 없는 때에는 집행관은 즉시 매각기일의 마감을 취소하고 같은 방법으로 매수가격을 신고하도록 최고할 수 있다.

③ 매수가격의 신고가 없어 바로 매각기일을 마감하거나 제2항의 최고에 대하여 매수가격의 신고가 없어 매각기일을 최종적으로 종결하는 때에는 사건은 입찰불능으로 처리하고 "○○○호 사건은 입찰자가 없으므로 입찰절차를 종결합니다"라고 고지한다.

중 략

제53조(경매기록의 열람·복사) ① 경매절차상의 이해관계인(민사집행법 제90조, 제268조) 외의 사람으로서 경매기록에 대한 열람·복사를 신청할 수 있는 이해관계인의 범위는 다음과 같다.

1. 파산관재인이 집행당사자가 된 경우의 파산자인 채무자와 소유자
2. 최고가매수신고인과 차순위매수신고인, 매수인, 자기가 적법한 최고가 매수신고인 또는 차순위매수신고인임을 주장하는 사람으로서 매수신고시 제공한 보증을 찾아가지 아니한 매수신고인
3. 민법·상법, 그 밖의 법률에 의하여 우선변제청구권이 있는 배당요구채권자
4. 대항요건을 구비하지 못한 임차인으로서 현황조사보고서에 표시되어 있는 사람
5. 건물을 매각하는 경우의 그 대지 소유자, 대지를 매각하는 경우의 그 지상 건물 소유자
6. 가압류채권자, 가처분채권자(점유이전금지가처분 채권자를 포함한다)
7. 「부도공공건설임대주택 임차인 보호를 위한 특별법」의 규정에 의하여 부도임대주택의 임차인대표회의 또는 임차인 등으로부터 부도임대주택의 매입을 요청 받은 주택매입사업시행자

② 경매기록에 대한 열람·복사를 신청하는 사람은 제1항 각호에 규정된 이해관계인에 해당된다는 사실을 소명하여야 한다. 다만, 이해관계인에 해당한다는 사실이 기록상 분명한 때에는 그러하지 아니하다.

③ 경매기록에 대한 복사청구를 하는 때에는 경매기록 전체에 대한 복사청구를 하여서는 아니되고 경매기록 중 복사할 부분을 특정하여야 한다.

중 략

부 칙

제1조(시행시기) 이 예규는 2002. 7. 1. 부터 시행한다.

제2조(구 예규의 폐지) 경매절차개선을 위한 사무처리지침(재민 83-5)(재민 84-1), 부동산등의경매지침(재민 84-12), 부동산등에 대한 입찰실시에 관한 처리지침(재민 93-2), 경매·입찰 물건명세서의 작성 및 비치시 유의사항(재민 97-9) 및 경락대금 완납 후 소유권이전등기의 촉탁시 유의사항(재민 97-12)을 폐지한다. 다만, 민사집행법 부칙과 민사집행규칙 부칙의 규정에 따라 구 민사소송법과 구 민사소송규칙이 적용되는 집행사건에 대하여는 위 각 예규(재민 93-2 제2조 제1항 제외)를 적용한다.

부 칙(2008.06.12 제1230호)

이 예규는 2008. 7. 1. 부터 시행한다.

[별지 1] 기간입찰봉투에 흠이 있는 경우 처리기준 : 기간입찰제 참조
[별지 2] 첨부서류 등에 흠이 있는 경우의 처리기준 : 기간입찰제 참조
[별지 3] 기일입찰표의 유·무효 처리기준 : 기일입찰표·위임장·공동입찰 참조
[별지 4] 기간입찰표의 유·무효 처리기준 : 기간입찰제 참조
[별지 5] 보증서의 무효사유 : 기간입찰제 참조

15. 경매 추천도서 · 낙찰가

15-1. 경매추천도서

1) 1997년 IMF 전인 1995년 매일경제신문사에서 발행한 강형구 저자의「이틀이면 경매박사」는 당시 경매를 담당하던 실무자들이 애독하였던 경매서적이었다. IMF를 지나면서 경매 관련 도서는 많이 출판되었고 나름대로 특징이 있어 추천하기가 쉽지 않지만 아래 도서 일곱 권중 특히 ①번(법원실무제요 민사집행 4권중 2권)이 많이 도움되었다.

①「법원실무제요 민사집행 4권중 2권」법원행정처, 2003

②「민사집행규칙해설 」법원행정처, 2002

③ 최종우,「강제집행절차 1, 2」KOSAT 한국사회능력개발연구원, 2002

④「알기 쉬운 민사집행과 채권관리 」한국금융연수원, 2003

⑤「부동산경매 이론과 실무1,2 」한국공인중개사협회, 2006

⑥「민사집행실무1.2」법원공무원교육원, 2005 & 2008

⑦「민사집행(부동산경매)의 실무」육법사, 2008(윤 경 저)

2) 아래 단행본 도서 중 소액보증금 등 배당절차에 관하여 중점적으로 보려면 ⑮번(손진홍 저, 부동산 권리분석과 배당)을 참고하고, 쉽게 서술적으로 읽어 보려면 4번(강은형 저, 경매야 놀자)을 권하고 싶다.

보관중인 서적 중 ①번(알고하자 권리분석 &알고하자 부동산경매)과 ②번(LBA 경제연구소의 LBA법률중개분석 프로그램은 부동산공법 등에 특히 강한 서적!으로 070-8228-8000번 연락가능), ⑤번(부동산경매실무 上, 下), 7번(경매부동산의 배당과 권리분석의 연구), ⑨번(법원경매 부동산의 권리분석과 배당), ⑩번(누드경매), 그외 ⑯번(부동산 稅(세) 테크), ⑰번(농지114) 등도 추천하고 싶다.

① 김명채,「알고하자 권리분석」&「알고하자 부동산경매」미래와 경영, 2002

② 김점수,「LBA법률중개분석프로그램」LBA경제연구소, 2008

③ 김재권,「부동산 경매 法테크」매일경제신문사, 2007

④ 강은현,「경매야 놀자」매일경제신문사, 2006

⑤ 황동용,「부동산경매실무上, 下」㈜한국경영법무연구소, 2005

⑥ 안종현외「돈되는 부동산 경매」Union, 2004 & 랜드스쿨 2005

⑦ 김진호,「경매부동산의 배당과 권리분석의 연구」법률서원, 2004

⑧ 신용철,「부동산경매」청년정신, 2006

⑨ 김봉석,「법원경매 부동산의 권리분석과 배당」한국학술정보㈜, 2005

⑩ 최문진,「누드경매」박문각, 2004

⑪ 김봉석,「법원경매부동산의 권리분석과 배당」, 2005

⑫ 신동훈, 김현호, 박성훤 「부동산으로 돈 버는 법」 에듀나인, 2005
⑬ 우형달, 김종덕 「부동산경매 권리분석 노하우」 원앤원북스, 2006
⑭ 정승열, 「입찰대리실무」 육법사, 2004
⑮ 손진홍, 「부동산권리분석과 배당」 2008
⑯ 신방수, 「부동산 稅(세) 테크」 2008
⑰ 김영남, 「농지114 2007」
⑱ 윤재호, 「부동산투자 101가지」, 국일증권경제연구소, 2005
⑲ 박수진, 「나는 쇼핑보다 경매투자가 좋다」, 다산북스, 2007
⑳ 이철용, 「금융기관 민사집행실무」 한국금융연수원, 2004
㉑ 안종현 · 이현준 · 박윤모 공저, 「실전경매」 부자마을 2007
㉒ 최광수, 「경매부동산의 권리분석」 도서출판 중외, 2008

3) 특히, 경매계의 최고 경매실무지침서인 <법원실무제요 민사집행(1, 2, 3, 4권)>을 구입하려면 대법원 (www.scourt.go.kr)>정보광장>사법발전재단>판매간행물목록을 참조하면 된다. 4권 모두 구입하려면 수신인을 "우편 137－750 서울시 서초구 서초동 219번지 법원행정처 사법발전재단 담당자(TEL 02－3480－1309, FAX : 02－533－4144)"로 하여 봉투 내에 다음사항 기재(받는 이 주소, 성명, 연락처, 구입할 도서명 : 법원실무제요(민사집행편 1, 2, 3, 4권)하고 봉투 내에 우체국 통상환증서 48,000원을 첨부 등기우편 발송 또는 사법발전재단(신한은행 : 140－008－132720) 계좌로 입금하면 된다. 직접 방문(법원행정처 내 사법발전재단)은 2호선 서초역 6번 출구 대법원 건물 동관 347호를 방문하여야 한다.

⇒ 법원실무제요 민사집행 4권 모두 원문을 보려면 국회도서관 홈(www.nanet.go.kr)회원가입 후>전자도서관>검색>실무제요 입력후 검색클릭>7.(법원실무제요)민사집행, Ⅰ-Ⅳ/법원행정처(편)원문란 TIFF(푸른색) 클릭하면 원문전체를 볼 수도 있고 프린터도 가능하다.(특정부분 프린터도 가능)

15－2. 한해 낙찰가(경매 · 공매)

2005년 경매시장 결산자료를 보면 낙찰가는 한해 13조8847억원(감정가 총액 85조6421억원)이며, 2006년 상반기에만 7조 2,000억 낙찰되었고, 공매 온비드에서 거래된 금액은 2005년 2조1천381억원 최대규모가 낙찰되고 있고, 각 금융기관간에도 낙찰가 대비 경매잔금대출 점유비를 확대하고자 치열한 경쟁을 하고 있다.

참고로 2005.10.24 재정경제부가 국회제출자료에 의하면 공시지가 기준 부동산시장은 2,846조(우리나라 GDP 7,875억불(778조원)의 3.6배)이며, 그 중 주택건물(부속토지 포함) 1.083조, 상가건물(부속토지 포함) 192조, 순수 토지총액 1,571조로 법원 통상 1년간 낙찰가 약 14조원은 부동산시장에서 매년 상당한 점유를 하고 있는 블루오션 대출시장으로 볼 수 있다.

〈사례연구 1〉 [2006년 상반기 경매 부동산 7조2000억 팔렸다]

제목 : 2006년 상반기 경매 부동산 7조2000억 팔렸다

자료 : 디지털태인

올 상반기 부동산 경매시장에서는 7조2000여억원(총 낙찰가액)어치가 팔려 역대 최고치를 기록한 것으로 나타났다.

10일 경매정보업체인 디지털태인에 따르면 올 상반기 전국의 법원 경매에는 41조6729억원(최초감정가 총액)어치의 부동산이 경매에 부쳐져 작년 동기와 비슷했지만 총 낙찰가액은 7조2206억원으로 역대 반기 결산 최대 규모에 달했다.

이 같은 경매 활황은 정부의 잇단 부동산 규제대책에도 상반기 동안 집값이 급등하자 일반 주택시장에서 매물을 구하기 힘든 실수요자들이 경매 시장으로 몰린 데다 상반기 공인중개사들의 경매 대리업무가 허용되면서 경매 초보자들의 접근이 수월해졌기 때문으로 풀이됐다.

일반인들의 경매 참여 확대로 근린생활 시설과 아파트 등 실속형 부동산들이 인기를 끌었다.

-- 중 략 --

출처 : 한국경제 박영신기자 yspark@hankyung.com

〈사례연구 2〉 [2005년 경매시장 결산, 낙찰가는 13조8847억원]

제목 : [2005년 경매시장 결산] 감정가 총액 85조6421억원, 낙찰가는 13조8847억원

2005년(지난해) 12월 30일 인천지법 12계와 부산지법 6계 경매를 끝으로 전국 경매시장이 대단원의 막을 내렸다.

2005년 전국 경매시장 결산 결과 가장 뚜렷한 특징은 토지에 대한 인기가 비약적으로 상승하였다는 것과, 숙박시설과 근린이 2002년을 정점으로 3년 연속 비인기종목에서 벗어나지 못하였다는 점이다. 또한 8월 84.38%를 기록하기까지 지속적으로 상승하였던 아파트 낙찰가율이 8.31대책 이후 4개월 연속 약세를 면치 못한 것과 5월부터 9월까지 5개월 동안 90% 이상의 고공행진을 지속해

왔던 토지 낙찰가율이 10월 83.89%, 12월 81.32%를 기록하는 등 하반기 들어 대부분 종목에서 8.31대책의 영향이 적잖이 미치고 있다는 점도 그 특징으로 들 수 있다.

[경매시장 규모] 감정가 총액 85조6421억원, 낙찰가는 13조8847억원으로 2000년來 최고

2005년 한해 동안 진행된 경매물건의 최초감정가 규모는 총 85조6421억원으로 집계되었다. 이는 2004년 69조2197억원 대비 23.72% 증가한 것이며, 외환위기 직후인 2000년 149조 1073억원의 57.44% 수준이다. 2003년 51조1015억원을 저점으로 이후 2년 연속 가파른 증가세를 보여주고 있다. 경매물건은 2000년의 90%에 이를 정도로 늘어났지만 감정가 규모면에서 보면 아직은 외환위기 수준은 아닌 듯하다. 경매물건의 증가세가 외환위기와 달리 주로 중대형보다는 중소형물건에서 더 크게 이루어졌다는 것을 반증하는 것이기도 하다.

-- 중 략 --

[경매진행건수] 총 48만6370건 진행, 2000년의 89.52% 수준, 오피스텔과 숙박시설 증가폭 가장 커, 유일하게 토지물건만 4년 연속 감소

지난 한해 동안 진행된 경매물건은 총 48만6370건으로 2004년 대비 4.04% 증가하였다. 연중무휴 매일 1332건 이상이 경매에 부쳐진 것이 된다. 외환위기 직후 경매물건이 가장 많이 쏟아져 나왔을 것으로 추정되는 2000년 54만3312건의 89.52%에 해당하는 상당한 물량이다. 2002년의 30만5220건을 저점으로 3년 연속 물건수가 증가하고 있다.

-- 중 략 --

[낙찰가율] 4년 만에 최저, 토지 낙찰가율만 5년째 상승, 근린과 숙박시설은 3년째 하락

지난해 낙찰가율은 평균 66.58%로 2004년에 비해 0.04% 하락하였으며, 2001년 62.51%를 기록한 이래 4년 만에 최저 낙찰가율을 기록하였다. 토지의 경우 외환위기 직후 불과 33.08%의 낙찰가율을 기록하였으나 지난해에는 2004년보다 6.03% 상승한 86.12%를 기록하는 등 5년 연속 비약적인 상승을 거듭하여 치열했던 토지경매의 인기를 실감케 하였다. 반면 아파트의 경우 지난해 79.77%로 2004년에 비해 2.18% 상승하였으나 2004년에 이어 2년 연속 선두자리를 토지에 내주게 되었으며, 2004년에 3년만에 70%대로 떨어진 이후 2년 연속 70%대의 낙찰가율을 기록하고 있다.

-- 중 략 --

〈사례연구 3〉 [공매 온비드에서 거래된 금액은 2005년 2조1천381억원]

제목 : 공매 온비드에서 거래된 금액은 2005년 2조1천381억원

낙찰방식 경매와 동일……잔금납부 시기만 달라

경매를 이야기할 때 공매도 빼놓을 수 없다.

공매는 한국자산관리공사(KAMCO)가 일반인들에게 부동산을 매각하는 것을 말한다. 공매는 공개경쟁입찰에 의해 최고가 입찰자에게 낙찰된다는 점에서 법원 경매와 공통점이 있다.

하지만 잔금 납부시기에는 차이가 있다. 법원 경매는 금액 다소를 불문하고 대금지급기일이 지정되면(낙찰 허가결정 후 통상 30일 이내 지정) 일시불로 지급하나 공매는 매각 결정일로부터 매각대금이 1천만원 미만이면 7일 이내에, 1천만원 이상이면 60일 이내 미납부 시(최고는 10일간의 유예기간 둠) 일시불로 지급하면 된다.

한국자산관리공사 부산지사 000 팀장은 '집을 비워주는 명도책임 및 권리분석은 매수자가 부담해야 하므로 사전에 충분한 검토가 있어야 한다'면서 '서류분석은 물론 특히 현장조사 후 입찰에 참가할 것'을 당부했다.

한국자산관리공사가 운영하는 인터넷 공매 시스템인 온비드(www.onbid.co.kr)를 통해 공매에 참여할 수도 있다. 온비드는 한국자산관리공사가 40년 공매 노하우와 공신력을 바탕으로 모든 국·공유 재산 및 물품의 관리처분을 위해 만든 인터넷 입찰시스템으로 경매 못지않게 재태크 투자 방안으로 최근 인기를 끌고 있는 전자입찰 사이트.

온비드에서 거래된 금액은 2003년 첫 해에 636억원을 시작으로 2004년 3천760억원, 2005년 2조1천381억원으로 지난해에 이미 연간 거래금액이 1조원을 넘어섰고 최근엔 첫 전자입찰이 시작된 지 3년6개월만에 3조원을 넘었다.

출처 : 부산일보 정달식기자

15-3. 낙찰가율과 경매열기

2008년 상반기 경남지역의 토지 낙찰가율은 84.9%, 연립/다세대는 72.3%, 아파트는 69.95, 오피스텔은 58%(반면 2007년도 상반기는 88.4%, 69.85, 69.9%, 36.75)로 토지시장이 인가 있음을 알 수 있고, 오피스텔도 인기가 매우 높았음을 알 수 있다. (2008. 2월의 매각가율은 63.6%로 저조)

2006.2월 평균낙찰가율을 보면 거제시가 94.8%, 김해시 89.4%로 낙찰가가 매우 높아 경매시장이 활발히 움직이고 있고, 마산시 43.9%, 진해시 41.1%는 상대적으로 매우 낮아 부동산시장이 침체된 지역임을 알 수 있다. 정보지에 낙찰가율이 중요하며 낙찰율은 그냥 참고(무시) 하면 된다. 그리고 사천시 등 일부지역의 전, 답 등 낙찰가율은 대부분 100% 이상 되는 지역은 현재 및 미래에 개발계획이 있는 지역으로 용도지역을 살펴보면 지목(전, 답 등)과는 달리 토지이용계획확인서에 용도지역이 주거지역 등으로 나타나는 경우가 많으며(예, 지목이 전, 답이나 용도지역이 주거지역, 상업지역, 공업지역 등) 낙찰가율이 100% 이상 낙찰되고 있는 지역은 지가가 가파르게 상승중임을 나타내고 있어 크게 주시할 필요가 있다.

〈사례연구 1〉 [용도별 낙찰가율]

낙찰건수율 = (낙찰건수 ÷ 경매건수)×100	낙찰가율 = (낙찰가 ÷ 감정가) × 100

경매건수	낙찰건수	낙찰건수율(%)	낙찰가율(%)
10,932	2,767	25.31%	76.73%

공장	71.79%	공장용지	136.11%	과수원	44.30%
구거	84.05%	근린상가	46.20%	근린시설	69.58%
근린주택	47.17%	다세대	63.57%	답	77.56%
대지	72.46%	도로	61.43%	동물관련시설	59.02%
목장용지	90.53%	묘지	94.22%	빌라	68.04%
상가아파트	72.32%	선박	41.28%	숙박시설	26.11%
아파트	79.83%	양어장	64.30%	어업권	74.94%
연립주택	69.91%	임야	114.19%	잡종지	105.04%
재배사	33.64%	전	98.69%	제방	30.25%
주유소	112.96%	주택	65.62%	차량	92.18%
창고	62.42%	하천	72.01%		

※ 창원지방법원 '2005-07-21' 부터 '2006-07-20' 까지의 통계 <용도별 낙찰가율>

〈사례연구 2〉 [공장투자 사례]

(부동산)

경남 김해시 진영읍 공장을 2004. 8월에 8억8천만원에 낙찰받아 3년 정도 지나자 매물로 내 놓았다. 2007년 감정평가액(16억 5천만원)을 받아야 한다는 것이다. 공장용지 약 1,000평에 건물2동 약 500평 규모이다. 그동안 공장을 임대하여 모아 두었다면 양도차익에 대한 양도소득세는 납부할 수 있을 것으로 보인다.

2008년 상반기 경남 김해지역의 경매 공장 1차 감정평가액은 약 80~110만원이나 낙찰은 100~120만원 수준이며, 일반매매는 평당 1백만원 이하가 없다. 현재 공장은 1차~2차 경매에서 대부분 높게 낙찰되고 있는 실정이다(2008.6월 현재 김해시 공장 최근 1년간 평균 낙찰가율 88.4%)

김해시 주변 주촌면은 평당 1백2십만원, 창원에서 터널 통과 예상되는 지역은 평당2백만원. 그리고 창원시 창원공단 내 500평, 1,000평 소규모 공장용지는 평당 4,000,000원~4,300,000원(대규모 공장은 평당 3.5백만원)에서 일반매매가 되고 있는 실정이다(부산 사상지역 공장도 주거용 아파트 단지 등 예상되어 예외는 아니다. 7~8백만원 수준)

2008. 9월까지 현재 경남지역 신설공장은 규제가 심한 반면에 상대적으로 대출비율은 자가사용공장(임대용 아닌)은 감정평가액의 종전60%에서 80%로(창원공단은 100%) 담보인정비율(경락율)이 상향조정 되어 매매는 활발히 이루어졌으나 2008. 10월 이후 미국발 서브프라임 영향으로 부동산 침체 및 기업자금에 대한 대출규제 등으로 공장 1~2차 낙찰에서 3~4차 낙찰로 낙찰가율이 계속 하락하고 있는 실정이며 공장담보에 대한 대출도 사실상 중단되어 있는 상태로 더욱 악화될 전망이다.

16. 우선 매수신고

16－1. 차순위매수신고

1. 취 지

차순위매수신고 입법취지로는 최고가매수신고인이 매각대금납부를 해태 한 경우에는 재매각 절차를 되풀이함으로써 절차지연과 비용낭비를 초래하는 결과를 피하기 위하여 차순위매수신고제도를 도입함으로써 재매각을 거치지 아니하고 당해 매각절차를 속행할 수 있게 하였다(민집 114조).

2. 요 건

차순위매수신고는 그 신고액이 최고가매수신고액에서 매수신청 보증액(10% 매수신청보증금액)을 뺀 금액을 넘는 때에만 할 수 있다. 기일입찰에서의 매수신청의 보증액(민집규 63조 1항)은 최저매각가격의 10분의 1로 한다. 만약 감정평가액 1차 법사가가 1억 물건의 3차 매각기일(최저매각가격 64백만원)에 A는 77백만원, B는 72백만원, C는 71백만원, D는 69백만원에 총4명이 응찰 하였다면 A의 최고가매수신고액 77,000,000원 - 보증액 6,400,000(최저매각가격의 10분의 1) = 70,600,000원 이상 응찰자 B, C가 차순위매수신고자로 신고할 수 있으며(차순위매수신고를 한 사람이 둘 이상인 때에는 신고한 매수가격이 높은 사람을 차순위매수신고인으로 정한다. 신고한 매수가격이 같은 때에는 추첨으로 차순위매수신고인을 정한다) B가 신고하지 않은 경우에는 C가 차순위매수신고자가 된다. 이러한 액수이면 최고가매수신고인의 보증금을 몰수하여 배당할 금액에 포함시킬 경우에 배당에 참가하는 채권자나 채무자 등 이해관계인의 입장에서는 최고매수신고가격을 배당할 금액으로 하는 경우보다 불이익이 없기 때문이다. (법원실무제요 민사집행 2권 246~248 페이지 참조)

3. 절 차

최고가매수신고인 외의 매수신고인은 매각기일을 마칠 때까지 집행관에게 최고가매수신고인이 대금지급기한까지 그 의무를 이행하지 아니하면 자기의 매수신고에 대하여 매각을 허가하여 달라는 취지의 신고(이하 "차순위매수신고"라 한다)를 할 수 있다(민집 114조 1항). 차순위매수신고인이란 최고가매수신고액에서 그 보증금을 공제한 금액을 넘는 금액으로 응찰한 자로서 차순위매수신고를 한 자를 말하고, 차순위입찰자는 입찰가격이 두 번째로 고액인 자를 말한다. 차순위입찰자라도 차순위매수신고를 하지 않으면 차순위매수신고인이 될 수 없다. 최고가매수신고인으로 호창을 받은 자가 소정의 보증금을 제공하지 아니하여 그 입찰이 무효인 경우에는 그 차순위입찰자를 최고가매수신고인으로 정한다.

차순위매수신고를 한 사람이 둘 이상인 때에는 신고한 매수가격이 높은 사람을 차순위매수신고인으로 정한다. 신고한 매수가격이 같은 때에는 추첨으로 차순위매수신고인을 정한다(민집 115조 2항). 이 경우 추첨은 은행알 추첨방식 그 밖의 공정이 보장되는 방식에 의한다.

4. 차순위매수신고의 구속

차순위매수신고인은 일단 신고하여 집행관에 의하여 호창된 이상 그 신고를 임의로 철회하지 못한다. 차순위매수신고인은 매수인이 대금을 모두 지급한 때에야 비로소 매수의 책임을 벗게 되고, 매수신청의 보증을 돌려 줄 것을 요구할 수 있다(민집 142조 6항).

5. 차순위매수신고인에 대한 매각허가

최고가매수신고인이 매각대금을 납부하지 아니할 경우에는 다시 재매각을 실시하지 않고 바로 차순위매수신고인에게 매각허가결정을 할 것인지를 결정하여야 한다(민집 137조 1항 본문). 따라서 법원은 매각결정기일을 새로 지정하여 차순위매수신고인에 대한 매각허가여부의 결정을 하여야 하는데, 차순위매수신고인에 대한 매각결정기일은 대금지급기한의 마지막 날로 부터 3일안에 지정하되 그 마지막 날부터 2주 이내의 날로 정하여야 한다(송민 91−5, 법원실무제요 민사집행 2권 330~331페이지 참조, 부동산경매사건의 진행기간 등에 관한 예규(재민 91−5)에 의하면 차순위매수신고인에 대한 매각결정기일의 지정 및 이해관계인에의 통지는 기산일이 최초의 대금지급기한 후 3일 안에 하도록 되어 있으며(민집 104 1항, 2항, 137조 1항, 208조), 차순위매수신고인에 대한 매각결정기일은 최초의 대금지급기한 후 2주 안에 하도록(민집 109조 1항, 137조 1항, 268조) 되어 있다). 매각허가결정이 확정되면 법원은 대금의 지급기한을 정하고, 이를 차순위매수신고인에게 통지하여야 한다.

실무상 최고가매수신고인이 대금지급기한까지 납부를 하지 못하고 대금지급기한 익일에 잔금 90%가 준비되어 납부를 하려 하면 대금지급기한의 마지막 날로부터 3일안에 차순위매수신고인에게 매각결정기일 통지를 하지 않았다면 잔금을 받을 수 있을 것으로 보이나 법원별 받아도 된다, 받으면 안 된다는 해석을 하고 있는 실정이지만 잔금을 받을 수 있을것으로 보인다. 만약, 매각허가를 받은 차순위매수신고인도 매각대금을 납부하지 않아 재매각절차가 진행될 경우에는 재매각기일의 3일 전까지 최고가매수신고인과 차순위매수신고인 중 먼저 매각대금을 납부한 매수인이 매각목적물의 소유권을 취득한다(민집 138조 3항). 매수인이 대금을 납부하지 아니하여 차순위매수신고인에 대한 매각허가결정이 있는 때에는 매수인은 매수신청의 보증을 돌려 줄 것을 요구하지 못한다(민집 137조 2항)

한편, 최고가매수신고인에 대한 매각허가가 불허된 경우에는 차순위매수신고인에 대한 매각허가결정을 하여서는 아니 되고, 새 매각을 실시하여야 한다. 차순위매수신고제도의 입법취지를 보면, 매수인이 대금을 지급하지 않은 경우에만 차순위매수신고인에게 매각을 허가할 것인지를 결정하도록 되어 있고(민집 137조 1항), 매수인이 대금을 지급하지 않음으로써 매각대금의 일부로 되는 매수신청의 보증과 차순위매수신고인의 매수신고액의 합이 최고가매수신고인의 매수신청액을 초과하기 때문에 새로이 매각을 실시하지 않는 것인데, 최고가매수신고인에 대한 매각불허가가 있는 경우에는 매수신청의 보증이 매각대금에 포함되지 않기 때문이다.

6. 경매신청취하의 동의권

매수신고가 있은 뒤 경매신청을 취하하는 경우에는 최고가매수신고인 또는 매수인뿐만 아니라 차순위매수신고인의 동의도 받아야 그 효력이 생긴다(민집 93조 2항).

<차순위매수신고 도표>

(예 1억 아파트의 2차 매각기일(최저매가가격 80백만원/보증금 8,000,000원)에 1등 100,000,000원, 2등 97,000,000원 3등 91,000,000원 응찰하였다면

1등 100,000,000 - (10% 보증금) 8,000,000 = 92,000,000원 이상인 2등 97,000,000원 응찰자만 차순위매수신고할 수 있다.

※ 창원 2008－9378호(물건번호 2번) 사례

<table>
<tr><th>구 분</th><th>매각결정기일</th><th></th><th>대금지급기한</th><th>3일 안</th><th>2주 이내</th><th>2명 모두 미납시</th></tr>
<tr><td rowspan="2">최고가매수신고인</td><td>매각허가결정</td><td>⇒</td><td>잔대금납부시 소유권이전효과</td><td>(매각결정통지전에 납부시 받아줌)</td><td></td><td rowspan="4">재매각기일지정(3일전까지 누구든 먼저 납부시 소유권이 전효과)

⇒ 일주일 후 대금지급기한통지시 발송</td></tr>
<tr><td>매각불허가결정⇒</td><td>보증금반환 새매각실시</td><td>미납시⇒</td><td>보증금몰수</td><td></td></tr>
<tr><td rowspan="2">차순위매수신고인</td><td rowspan="2" colspan="2"></td><td>최고가매수신고인 잔대금납부시 ⇒</td><td>보증금반환</td><td></td></tr>
<tr><td>미납시⇒</td><td>매각결정기일 통지</td><td>매각결정기일지정</td></tr>
</table>

2008.10.16(금) 매각기일(매각)
2008.10.23(금) 매각결정기일(최고가매각허가결정)
2008.11.21(금) 대금지급기한(미납)⇒ 3영업일 후(2008.11.25(화), 차순위 매수신고인 이승○에게 매각결정기일 통지서 발송→2008.11.26 도달)
2008.12. 2(화) 매각결정기일(차순위매각허가결정)
2008.12.10(수) 차순위매수인 이승○ 대금지급기한통지서 발송(2008.12.12 도달)
2008.12.31(수) 대금지급기한(납부 2008.12.24)

16－2. 공유자 우선매수신청

지분 경매 시 공유자의 우선매수신고하는 사례도 가끔 보인다.

민사집행법 제140조에 규정된 지분 경매는 세무서 압류 물건 중 나대지 등에서 자주 접하며 눈여겨 볼만한 경우가 많다. 공동매수나 상속 등의 사유로 공유자가 되었는데 1인의 지분이 경매에 나오면(공유자의 전체 지분이 경매에 나오면 우선매수청구권 없음) 공유자는 최고가매수신고

인이 써낸 가격으로 우선 매수할 수 있는 우선매수청구권이 있으므로(민사집행법 제140조) 공유자는 입찰종료선언 전까지 매수청구를 최저매각가격의 10%에 해당하는 보증을 제공하여야 한다. 이때 최고가매수신고인은 차순위매수신고인의 자격이 된다. 공유지분경매는 시가보다 상당히 저렴하게 낙찰되고 있고, 향후 공유물분할청구권을 행사하면 법원에서는 통상적으로 매각분할을 하기 때문에 공유자 모두에게 손실로 이어지므로 공유자간에 매매 협의가 그다지 어렵지만은 않은 것이다. 또한, 금융기관에서 융자 시 공유자 전원의 담보제공을 요구하므로 상당한 가격으로 되팔수도 있어 의외의 고소득을 예상 해 볼 수도 있다.

민사집행법에서는 첫 매각기일 이전에 "공유자의 지분우선매수신고서"를 제출(첨부서류 : 집행관보증금보관영수증, 등기부등본, 주민등록등본) 하였는데 1차 매각기일에 매수인이 없으면 최저매각가격으로 매수한 것으로 보므로 유의하여야 한다. 그러나 상당수 법원에서는 아직도 입찰불능 시 우선매수권을 신고한 공유자에게 자동 유찰의 혜택을 주고 있는 실정이다.

공유물 분할 판결에 기하여 공유물 전부를 경매에 부쳐 그 매득금을 분배하기 위한 환가의 경우이므로 공유물의 지분을 경매하는 경우 다른 공유자에게 경매신청통지와 다른 공유자의 우선매수권은 인정하지 않는다(대법원 1991. 2.15자 91마239결정).

최근 사례로 창원 2008-5635호 경매는 공유물분할소송을 제기하였으나 공유부동산을 경매하여 그 매득금을 각 지분비율에 따라 현금분할 취지의 화해권고결정 후 경매가 신청되어 2차 매각기일에 공유자중 한 명은 공유자우선매수 신고하였으나 받아들여지지 않았고(변호사, 법무사 등 자문 후 공유자우선매수신고 된다고 하여 우선매수신고 하였으나 경매법정에서 집행관이 받아주지 않아 최고가매수신고인에 실패) 여타 공유자는 2차에 기일입찰표에 기재 후 응찰하여 총 응찰자 3명중 다른 공유자 1명이 최고가매수신고인이 된 사례이다. 결국, 공유물분할판결에 기하여 공유물 전부를 경매에 부쳐 그 매득금을 분배하기 위한 환가의 경우에는 공유자의 우선매수권은 인정하지 않으므로 유의해야 한다. 이런 경우 지분 경매가 아니라 전체 토지 경매이므로 공유자 우선매수신고가 허용될 리가 없다. (부동산등기부등본 갑구를 보면 지분의 경매로 보여 착각하기 쉽다)

공유물분할판결에 기하여 경매절차에서 공유자 중 1인이 경락인이 된 경우 그 소유권 이전등기 촉탁은 낙찰받은 지분만 소유권이전등기 촉탁을 하면 된다. (등기선례 3-264)

〈사례연구 1〉 [재판예규 제1119호 부동산 등에 대한 경매절차 처리지침(재민 2004-3)]

제31조 (입찰사항 · 입찰방법 및 주의사항 등의 고지) 집행관은 매각기일에 입찰을 개시하기 전에 참가자들에게 다음 각 호의 사항을 고지하여야 한다.

1. 매각사건의 번호, 사건명, 당사자(채권자, 채무자, 소유자), 매각물건의 개요 및 최저매각가격

중 략

12. 공유자는 집행관이 매각기일을 종결한다는 고지를 하기 전까지 매수신청보증을 제공하고 우선매수신고를 할 수 있으며, 우선매수신고에 따라 차순위매수인으로 간주되는 최고가매수신고인은 매각기일이 종결되기 전까지 그 지위를 포기할 수 있다는 것

〈사례연구 2〉 [공유자 우선매수신고서]

공유자 우선매수신고서

사 건 : 타경 호 (물건번호 : 번) 부동산강제(임의)경매
채 권 자 :
채무자(소유자) :
공유자 :
매각기일 : 2007년 월 일

공유자는 민사집행법 제140조 제1항의 규정에 의하여 매가기일까지(집행관이 민사집행법 제115조 제1항에 따라 최고가매수신고인의 성명과 가격을 부르고 매각기일을 종결한다고 고지하기 전까지) 민사집행법 제113조에 따른 매수신청보증을 제공하고 최고매수신고가격과 같은 가격으로 채무자의 지분을 우선매수하겠다는 신고를 합니다.

첨부서류
1. 공유자의 주민등록표 등본 또는 초본 1통
2. 기타(보증금 납부서, 등기부등본 각 1통)

20 년 월 일

우선매수신고인(공유자) : (인)
(연락처) :

○○지방법원 집행관 귀하

우선매수신고인(공유자, 임차인)의 보증금 납부서

○○지방법원 집행관 귀하 매각기일; 년 월 일

<table>
<tr><td>사건번호</td><td colspan="3">200 타경 호</td><td>물건번호</td><td></td></tr>
<tr><td rowspan="6"></td><td rowspan="3">본 인</td><td>성 명</td><td></td><td>전화번호</td><td></td></tr>
<tr><td>주민(사업자)등록번호</td><td></td><td>법인등록번호</td><td></td></tr>
<tr><td>주 소</td><td colspan="3"></td></tr>
<tr><td rowspan="3"></td><td>성 명</td><td></td><td>전화번호</td><td></td></tr>
<tr><td>주민등록번호</td><td></td><td>법인등록번호</td><td></td></tr>
<tr><td>주 소</td><td colspan="3"></td></tr>
<tr><td>최고입찰가액</td><td colspan="3">원</td><td>보증금액</td><td>원</td></tr>
</table>

위와 같이 보증금을 납부합니다.

〈사례연구 3〉 [매각대상 부동산 중 일부에 대한 공유자는 전체의 대하여 우선매수권 행사 못함]

집행법원이 여러 개의 부동산을 일괄매각하기로 결정한 경우, 매각대상 부동산 중 일부에 대한 공유자는 매각대상 부동산 전체에 대하여 우선매수권을 행사할 수 없음.

대법원 2005마1078 결정

【사실관계】

- 갑 소유의 부동산 A·B·C 에 대하여 경매절차가 진행됨
- 이 중 A 부동산이 갑과 을의 공동소유임
- 위 A·B·C 부동산이 경매 집행법원에 의하여 일괄매각되어 병에게 낙찰이 되자, 을이 공유자임을 이유로 우선매수권을 행사하였으나 법원은 일괄매각임을 이유로 이를 인정하지 않음. 을이 즉시항고를 함

【판결요지】

1) 집행법원이 여러 개의 부동산을 일괄매각하기로 결정한 경우, 집행법원이 일괄매각결정을 유지하는 이상 매각대상 부동산 중 일부에 대한 공유자는 특별한 사정이 없는 한 매각대상 부동산 전체에 대하여 공유자의 우선매수권을 행사할 수 없다.
2) 을의 우선매수신고 자체가 부적법하므로 을은 민사집행법 제129조 제1항의 매각허가결정에 대한 즉시항고를 할 수 없다.

〈사례연구 4〉 [우선매수신고 및 보증 제공의 시한(=집행관의 입찰종결선언 전까지)]

대법원 2004. 10. 14. 자 2004마581 결정

【판시사항】

[1] 입찰에 있어서 공유자의 우선매수신고 및 보증 제공의 시한(=집행관의 입찰종결선언 전까지)
[2] 공유자가 우선매수권을 행사한 경우, 최고가입찰자가 더 높은 입찰가격을 제시할 수 있는지 여부(소극)

【결정요지】

[1] 구 민사소송법(2002. 1. 26. 법률 제6626호로 전문 개정되기 전의 것) 제650조 제1항은 공유자는 경매기일까지 보증을 제공하고 최고매수신고가격과 동일한 가격으로 채무자의 지분을 우선매수할 것을 신고할 수 있다고 규정하고, 같은 조 제2항은 제1항의 경우에 법원은 최고가매수신고에 불구하고 그 공유자에게 경락을 허가하여야 한다고 규정하고 있는바, 이와 같은 공유자의 우선매수권은 일단 최고가매수신고인이 결정된 후에 공유자에게 그 가격으로 경락 내지 낙찰을 받을 수 있는 기회를 부여하는 제도이므로, 입찰의 경우에도 공유자의 우선매수신고 및 보증의 제공은 집행관이 입찰의 종결을 선언하기 전까지이면 되고 입찰마감시각까지로 제한할 것은 아니다.

[2] 구 민사소송법(2002. 1. 26. 법률 제6626호로 전문 개정되기 전의 것) 제663조 제2항에 의하여 입찰에 준용되는 같은 법 제650조 제1항, 제2항은 공유자가 우선매수권을 행사한 경우 법원은 그 공유자에게 경락을 허가하여야 한다고 규정하고 있고, 최고가입찰자로 하여금 당해 입찰기일에서 더 높은 입찰가격을 제시하도록 하는 것은 입찰의 본질에 반하는 것이며, 공유자와 최고가입찰자만이 참여하여 더 높은 입찰가격 내지 호가를 제시할 수 있는 새로운 입찰기일 등에 관한 절차규정도 없으므로, 공유자가 우선매수권을 행사한 경우에 최고가입찰자는 더 높은 입찰가격을 제시할 수 없다.

【해설】 집행관의 입찰종결선언 전까지라는 의미는 다음사건 넘어가기 전(부르기 전)까지로 보면 된다. 공유자의 우선매수신고 및 보증의 제공은 집행관이 입찰의 종결을 선언하기 전까지이면 되고 입찰마감시각(예 : 오전 11; 10분)까지로 제한할 것은 아니다. 1차 매각기일에 우선매수신고 하였더라도 매수보증금(현금)을 집행관에게 건네지 않는다면 어쩔 도리가 없는 것이 현 실정이다.

위 2004마581결정의 <결정>과 <마>를 다시 살펴보면
민사사건 1심은 <가>, 2심(항소심)은 <나>, 3심(대법원)은 <다>, 재판의 대부분은 판결(99%), 결정, 명령이 있으며, 결정에서 항고는 <라>, 재항고사건은 <마>로 보면 된다.

〈사례연구 5〉 [공유자 우선매수]

○ 민사집행규칙 제76조(공유자의 우선매수권 행사절차 등)

① 법 제140조 제1항의 규정에 따른 우선매수의 신고는 집행관이 매각기일을 종결한다는 고지를 하기 전까지 할 수 있다.
② 공유자가 법 제140조 제1항의 규정에 따른 신고를 하였으나 다른 매수신고인이 없는 때에는 최저매각가격을 법 제140조 제1항의 최고가매수신고가격으로 본다.
③ 최고가매수신고인을 법 제140조 제4항의 규정에 따라 차순위매수신고인으로 보게 되는 경우 그 매수신고인은 집행관이 매각기일을 종결한다는 고지를 하기 전까지 차순위매수신고인의 지위를 포기할 수 있다.

〈법의 취지〉

공유물의 다른 공유자와 인적인 유대관계를 유지할 필요가 있으므로, 상대편 공유지분의 경매로 인하여 미지의 인물이 공유자로 끼어 들어오게 되는 것을 꺼리는 것이 인지상정이다. 그런 까닭에 공유지분을 경매할 경우에 다른 공유자에게 우선매수권을 인정하였다.(민사집행법)

우선매수권의 내용

1. 우선매수권을 행사할 수 있는 시한(민사집행규칙 76조 1항)

공유자는 매각기일까지 민사집행법 113조에 따른 보증을 제공하고 최고매수신고가격과 같은 가격으로 채무자의 지분을 우선매수할 것을 신고할 수 있는데, 공유자의 우선매수의 신고는 집행관이 매각기일을 종결한다는 고지를 하기 전까지 할 수 있다. 따라서 공유자는 집행관이 민사집행법 115조 1항에 따라 최고가매수신고인의 이름과 가격을 호창하고 매각의 종결을 고지하기 전까지 최고매수신고가격과 동일가격으로 매수할 것을 구두(口頭)로 신고하고 즉시 보증을 제공하면 적법한 우선매수권의 행사가 될 수 있으나(대법원 2000.1.28. 선고 99마5871결정), 매각의 종결 후에는 위 매수권을 행사할 수 없다. 또 이러한 법리는 호가경매와 입찰 모두에 적용된다. 따라서 입찰의 경우에는 입찰기일에 입찰이 마감되고(통상 오전 11 : 30) 난 후 개찰이 시작되고 집행관의 입찰종결 선언(집행관 : 이 사건 최고가 입찰자는 어디에 사는 아무개입니다.)이 있기 전에 입찰보증금을 제시하면서 우선매수신고를 한 경우에는 적법한 우선매수권의 행사로 취급된다.

2. 매수경쟁 여부

이에 관하여 강제집행절차에서의 각종 문헌 학설은 공유자가 우선매수권을 행사한 경우라도 최고가 매수신고인은 다시 더 고가의 매수신고를 할 수 있다(윤경) 하였지만 신법에서는 입찰경매의 경우 공유자가 우선매수권을 행사한 경우 최고가매수신고인은 다시 더 고가의 매수신고를 할 수 없어 매수경쟁이 허용되지 않는다. (대법원 2004. 10. 14. 자 2004마581 결정)

3. 다른 매수신청인이 없는 경우

이 경우에는 최저매각가격을 최고가매수신고가격으로 보고 우선매수권의 행사를 인정하여 공유자

가 최저매각가격으로 매수하는 것으로 하였다. 즉 경매기일 전에 우선매수신청을 했는데 경쟁자가 없다면 우선 매수한 가격으로 낙찰 된다는 것이다.

이런 경우 필요 이상으로 높은 가격에 매수할 수 있으므로 경매당일 경쟁자가 있어 이름을 부르면 그때 공유자임을 밝히고 우선매수 하여야 할 것이다.

4. 차순위매수신고인의 지위 포기

최고가매수신고인을 차순위매수신고인으로 보게 되는 경우 그 매수신고인은 집행관이 매각기일을 종결한다는 고지를 하기 전까지 차순위매수신고인의 지위를 포기할 수 있도록 하였다.

5. 기 타

우선매수신청에 있어 경매기일전에 법원에 신청할 수도 있지만 경쟁자가 없는 경우 매수신고에 의하여 어쩔 수 없이 매수하여야 하는 불이익을 감수해야 하기 때문에 경매당일 우선매수 한다면 그런 불이익은 받지 않을 것이다. 따라서 항상 입찰보증금 해당액과 함께 공유관계를 밝힐 수 있는 등기부등본(주민등록번호 나타나도록 발급), 주민등록증을 소지하고 있어야 한다. 민사집행법 제140조 제3항 여러 사람의 공유자가 우선 매수하겠다는 신고를 한 때에는 특별한 협의가 없으면 공유지분의 비율에 따라 채무자의 지분을 인수한다.

6. 담보 취득 시 주의점

공유자 우선매수신고를 할 때 동시에 입찰보증금 납입을 강제시키는 규정이 없고, 매각기일 당일 최고가 매수인을 호칭하기 전까지 우선매수신고를 할 수 있다는 점을 악용하여, 공유자는 의도적으로 저가 낙찰을 받을 수도 있다.

즉, 매각기일 전부터 우선매수신고를 하여, 우선적으로 다른 입찰자의 경쟁의지를 꺽어 버린 후, 그래도 입찰자가 있으면 입찰보증금을 내고, 입찰자가 없으면 입찰보증금을 내지 않아 우선매수권 행사를 무효화 시켜 유찰시키는 방법을 사용한다.

각 금융기관의 담보취득지침에서는 공유지분일 경우에는 공유자간 분쟁 등을 우려하여 정규담보 취득을 못하게 되어 있는바, 부득이 견질담보 등으로 담보 취득시 저가 낙찰 됨을 감안하여야 한다.

7. 판 례

대법원 2000. 1.28. 선고 99마5871 결정

【결정요지】

민사소송법 제650조 제1항은 공유자는 경매기일까지 보증을 제공하고 최고매수신고가격과 동일한 가격으로 채무자의 지분을 우선 매수할 것을 신고할 수 있다고 규정하고, 같은 조 제2항은 제1항의 경우에 법원은 최고가매수신고에 불구하고 그 공유자에게 경락을 허가하여야 한다고 규정하고 있는데, 여기서 '경매기일까지'라 함은 집행관이 경매기일을 종결시키기 전까지를 의미하는 것으로서 공유자는 집행관이 최고가매수신고인의 성명과 가격을 호창하고 경매의 종결을 선언하기 전까지는 우선매수신고를 할 수 있다 할 것이고, 공유자의 우선매수권을 규정한 위 민사소송법 규정은 같은 법 제663조 제2항에 의하여 입찰의 경우에도 준용된다 할 것인바, 위와 같은 공유자의 우선매수권은 일단 최고가매수신고인이 결정된 후에 공유자에게 그 가격으로 경락 내지 낙찰을 받을 수 있는 기회를 부여하는 제도이고, 경매와 입찰은 최고가매수인을 결정하는 방법에 불과한 점을 고려하면 입찰의 경우에도 공유자의 우선매수신고시기는 집행관이 입찰의 종결을 선언하기 전까지이면 되지 경매와 달리 입찰마감시각까지로 제한할 것은 아니다.

〈사례연구 6〉 [공유자 우선매수권 이용한 저가 낙찰]

공유란 부동산이 지분에 의하여 2인 이상의 소유로 된 것을 말하며 이런 공유물지분의 경매에 있어서 채무자 아닌 다른 공유자는 매각기일까지, 최저매각가격의 10분의 1에 해당하는 금원을 보증으로 제공하고 최고매수신고가격과 같은 가격으로 채무자의 지분을 우선매수하겠다는 신고를 할 수 있다. 이러한 다른 공유자의 권리를 우선매수권이라고 한다. 이 경우에 법원은 다른 사람의 최고가 매수신고가 있더라도 우선매수를 신고한 공유자에게 매각을 허가하여야 한다. 이때 최고가매수신고인은 원할 경우 차순위매수신고인의 지위를 부여 받을 수 있다. 쉽게 이야기하면 부동산 공유자 우선매수권이란 부동산에 새로운 사람이 공유자로 되는 것 보다는 기존의 공유자에게 공유지분을 우선적으로 매수할 수 있는 기회를 주는 것을 말합니다.

〈경매 공유자 우선매수권의 진행 절차〉

(1) 공유자의 우선매수권은 경매에서 최고가 매수인이 결정된 후에 공유자에게 그 가격으로 매각을 받을 수 있는 기회를 부여하는 제도이므로 집행관이 매각기일 에 최고가 매수신고인의이름과 가격을 호창하고 매각을 종결을 고지하기 전까지 최고가 매수신고인의 가격과 동일 가격으로 매수할 것을 신고하고 즉시 보증을 제공하면 되며 이 경우 법원은 최고가매수신고가 있더라도 공유자에게 매각을 허용하여야 한다.

(2) 공유자의 우선매수신고는 있었으나 다른 매수신고인이 없는 경우 공유자가 미리 우선매수신고를 하였으나 매각기일에서 최저가격 이상으로 써낸 다른 매수신고인이 없는 경우에는 유찰되는 것이 아니라 최저매각가격을 최고가매수신고가격으로 본다

(3) 매각기일에서 집행관은 최저가격 이상으로 매수한 사람이 있는 경우에는 최고가매수신고인을 확인한 다음 공유자의 출석여부를 확인하고 공유자에게 최고가 매수신고가격과 같은 금액으로 매수할 것인지를 물어보고 처리한다. 따라서 미리 공유자우선매수신고와 보증을 제공하였더라도 매각기일에 포기할 수 있고, (다만 위 2. 와 같이 다른 매수신고인이 없는 경우에는 포기할 수 없고, 최저가격으로 우선매수하여야 할 것으로 보인다. - 우선매수신고와 보증을 제공하였다면)

따라서 최고가 매수가격을 보고 매수할려는 공유자라면 우선수매신고만 하고 보증을 제공하지 않고 있거나, 우선매수신고 및 보증제공없이 기일에 출석하여 있다가 최고가 매수신고가격을 보고 매수의사가 있으면 그 자리에서 우선매수신고와 보증을 제공하면 될 것이다. 공유자가 우선매수권을 행사하게 되면 그 동안 시간과 비용을 투자해서 물건을 분석하고 공을 들였던 입찰자에게는 수포로 돌아가게 되므로 일반 응찰자가 공유지분 응찰을 기피하여 계속적 유찰되어 통상적으로 저가 낙찰됨.

따라서 타 공유자에게 우선매수권을 부여하고 있는 법규정은 채무자 아닌 공유자는 비교적 싼 값에 경매대상인 공유지분을 매수할 수 있는 기회가 됨.

〈금융기관의 공유지분에 대한 보수적인 담보취득〉

(1) 공유부동산은 공유자 전원의 지분에 저당권을 설정하거나 저당목적물을 분할 등기한 후의 독립 물건에 대하여 저당권을 설정한다. 그러나 부득이하게 공유지분권을 담보로 취득하는 경우에는 다른 공유자의 위치확인서(임의양식)를 받는 등 후일 담보권 행사상 분쟁을 방지하는 조치를 취하며

(2) 공유부동산의 경우 각 공유자는 다른 공유자의 동의 없이 그 지분을 처분할 수 있으므로 (민법 제263조) 공유지분을 목적으로 하는 저당권 설정은 가능하나, 공유지분은 하나의 소유권의 분량적 일부일 뿐 그 지분이 부분적, 장소적으로 측정되어 있지 않아 채권회수를 위한 담보권 실행시 환가성이 제한될 가능성이 큼에 유의하여 공유 부동산의 담보처분의 어려움 및 경매 시 저가낙찰 등으로 보수적으로 담보취득하고 있는 실정임

16-3. 부도임대아파트 임차인 우선매수신고

1990년 준공된 후 8년 만에 건설사가 부도나 이날부터 경매에 부쳐진 민간임대아파트의 세입자 수십명이 "죽어도 못나간다", "세입자 우선 매수제와 일괄경매 실시하라" 등의 내용이 담긴 피켓을 들고 시위를 벌인적이 있었고, 최근 2006.9.13~15일 3일간에 걸쳐 분산 진행된 개별경매인 경남 김해시 진영읍 죽곡리 240번지 소재 세일아파트 288세대가 임의경매(창원지방법원 2003타경 29213호)도 마찬가지였다.

부도가 나면 건설회사에 돈을 빌려준 은행 등 금융사들은 채권확보를 위해 담보로 잡고 있던 민간 임대주택을 경매에 넘긴다. 세입자들이 확정일자를 받아 놓더라도 순위에서 밀려 보증금의 일부 또는 전부를 떼일 수밖에 없었다. 일부 단지의 주민들은 보증금 한푼 받지 못하고 거리에 나앉는 최악의 상황까지 속출하고 있는 것이다.

임대주택 사업에 뛰어든 업체들 상당수가 자금력이나 경영능력이 부족한 영세업체라는 점이 큰 문제다. 일부 악덕업체는 당장 수중에 자금이 없어도 평형에 따라 가구당 4500만원~6000만원까지 지원되는 국민주택기금을 이용해 아파트를 지은 뒤 수지타산이 맞지 않으면 부도를 내는 사례도 적지 않았다. 최근 문제가 되고 있는 부도 임대아파트는 대부분 IMF외환위기 직후 지어진 것이다. 지금은 제도가 바뀌어 불가능하지만 당시만 해도 임대아파트의 소유권이 건설업체에 속해 임대아파트를 담보로 은행대출을 받는 경우가 허다했다.

지분경매가 아니더라도 임대주택법에 따른 임차인우선매수신고를 할 수 있다. (임대주택법 제15조와 부도공공건설임대주택 임차인 보호를 위한 특별법 제10조 4항 참조)

※ 창원 2008-2742(물건번호 159번)호 경매는 부도공공건설 임대주택 임차인 보호를 위한 특별법 제10조4항의 규정에 의한 임대의무있는 아파트 경매로(진해시 두동 1296-1번지 청안해오름아파트 159세대 경매) 2008.11.14 대한주택공사에서 전부 매입(낙찰)하였다.
창원 2008-3011호 아파트 131세대도 마찬가지이다.

※ 부도공공건설임대주택 임차인 보호를 위한 특별법 제10조(국민임대주택 등으로 공급)

① 주택매입사업시행자가 제5조의 규정에 따라 부도임대주택을 매입한 경우에는 국민임대주택 등으로 공급할 수 있다. 이 경우 국민임대주택 외의 주택으로 공급하는 주택은 「임대주택법」 제2조제2호의 건설임대주택으로 본다.<개정 2008.3.21>
② 제1항의 규정에 따라 국민임대주택 등으로 공급한 경우에는 부도 임대주택의 임차인에 대하여 「주택공급에 관한 규칙」에서 정하는 바에 따라 입주자로 우선 선정한다.
③ 제1항의 규정에 따라 국민임대주택 등으로 공급하는 경우의 입주자격, 임대조건 등에 관하여 필요한 사항은 대통령령으로 정한다.
④ 주택매입사업시행자 외의 자가 부도임대주택을 매입한 경우에는 당해 부도임대주택의 임차인(「임대주택법」 제19조를 위반하지 아니한 임차인으로 동일 임대주택에의 계속 거주를 희망하는 경우에 한한다)에게 3년의 범위 이내에서 대통령령으로 정하는 기간 동안 종전에 임차인과 임대사업자가 약정한 임대조건으로 임대하여야 한다.<개정 2008.3.21>

〈사례로는 창원 2008-2742호 아파트 159세대, 창원 2008-3011호 아파트 131세대 참조〉

1. 건설임대주택임차인의 우선매수신고

(1) 의의

임대주택법 제15조 제1항의 건설임대주택을 민사집행법에 따라 경매하는 경우에는 임대주택법 제15조의 규정에 의하여 우선분양전환 받을 수 있는 임차인은 매각기일까지 민사집행법 제113조의 규정에 따른 보증을 제공하고 최고매수신고가격과 같은 가격으로 채무자인 임대사업자의 임대주택을 우선매수하겠다는 신고를 할 수 있다(임대주택법 제15조의2).

(2) 우선매수권의 행사시한 등

우선매수신고는 매각기일 전에 집행관 또는 집행법원에 할 수도 있고, 매각기일에 집행관이 매각기일을 종결한다는 고지를 하기 전까지 할 수도 있다는 점, 우선매수신고를 한 경우 최고가매수신고인은 차순위매수신고인으로 간주한다는 점 등은 공유자의 우선매수신고와 같다.

2. 부도공공건설임대주택 임차인 보호를 위한 특별법의 우선매수신고

(1) 의의

부도공공건설임대주택 임차인 보호를 위한 특별법에 의하여 주택매입사업시행자(국가·지방자치단체·대한주택공사 또는 지방공기업법 제49조의 규정에 의하여 주택사업을 목적으로 설립된 지방공사)는 임대주택법 제15조의 2에서 규정하고 있는 임차인의 우선매수권을 행사할 수 있다.

(2) 우선매수권의 양도

임차인대표회의 등이 위 법 제6조의 규정에 따라 매입요청한 경우에는 임대주택법 제15조의2의 규정에 따라 임차인(임차인대표회의가 매입요청한 경우에는 그 구성원인 임차인을 말한다)에게 부여된 우선매수할 수 있는 권리를 주택매입사업시행자에게 양도한 것으로 간주한다. 이 경우 주택매입사업시행자는 민사집행법 제113조의 규정에서 정한 보증의 제공 없이 우선매수 신고를 할 수 있다(같은 법 제1조).

(3) 적용대상

2005년 12월 13일 당시 임대 중인 공공건설임대주택으로서 이 법 시행 전에 임대주택법 2조 6호의 부도 등이 발생한 임대주택에 한하여 적용한다(같은 법 2조).

〈사례연구 1〉 [임차인에게 우선매수권을 담은 임대주택법]

임대주택법

제15조 (건설임대주택의 우선분양전환<개정 2005.7.13>)

중 략

② 제1항의 규정에 불구하고 임대사업자의 부도 등 대통령령이 정하는 경우에는 분양전환 당시 당해 임대주택에 거주하는 임차인에게 우선 분양전환할 수 있다. <신설 2005.7.13>

제15조의2 (부도임대주택 등의 경매에 관한 특례 <개정 2006.9.27>) ① 제15조제1항의 건설임대주택을 「민사집행법」에 따라 경매하는 경우에는 제15조의 규정에 의하여 우선분양전환 받을 수 있는 임차인은 매각기일까지 「민사집행법」 제113조의 규정에 따른 보증을 제공하고 최고매수신고가격과 같은 가격으로 채무자인 임대사업자의 임대주택을 우선매수하겠다는 신고를 할 수 있다.

② 제1항의 경우에 법원은 최고가매수신고가 있더라도 제1항의 임차인에게 매각을 허가하여야 한다.

③제1항의 규정에 따라 임차인이 우선매수신고를 한 경우에는 최고가매수신고인을 「민사집행법」 제114조의 차순위매수신고인으로 본다.

〈사례연구 2〉 [임대주택법에 따른 임차인 우선매수신고서]

임대주택법에 따른 임차인 우선매수신고서

사 건 2006타경 123456부동산강제(임의)경매
채권자
채무자(소유자)
매각기일 2006. 12.16. 10 : 00
부동산의 표시 : 별지와 같음

임차인은 임대주택법 제15조의2 제1항의 규정에 의하여 매각기일까지(집행관이 민사집행법 제115조 제1항에 따라 최고가매수신고인의 성명과 가격을 부르고 매각기일을 종결한다고 고지하기 전까지) 민사집행법 제113조에 따른 매수신청보증을 제공하고 최고매수신고가격과 같은 가격으로 채무자인 임대사업자의 임대주택을 우선매수하겠다는 신고를 합니다.

첨부서류
1. 임차인의 주민등록표 등본 또는 초본 1통
2. 기타( )

2008. . .

우선매수신고인(임차인)
(연락처)

○○지방법원 경매○계 귀중

우선매수신고인(공유자, 임차인)의 보증금 납부서

○○지방법원 집행관 귀하 매각기일 : 년 월 일

<table>
<tr><td>사건번호</td><td colspan="3">200 타경 호</td><td>물건번호</td><td></td></tr>
<tr><td rowspan="6"></td><td rowspan="3">본
인</td><td>성 명</td><td></td><td>전화번호</td><td></td></tr>
<tr><td>주민(사업자)등록번호</td><td></td><td>법인등록번호</td><td></td></tr>
<tr><td>주 소</td><td colspan="3"></td></tr>
<tr><td rowspan="3"></td><td>성 명</td><td></td><td>전화번호</td><td></td></tr>
<tr><td>주민등록번호</td><td></td><td>법인등록번호</td><td></td></tr>
<tr><td>주 소</td><td colspan="3"></td></tr>
<tr><td>최고입찰가액</td><td colspan="3">원</td><td>보증금액</td><td>원</td></tr>
</table>

위와 같이 보증금을 납부합니다.

〈사례연구 3〉 [주택업무편람]

경매위기에 놓인 254개 단지(37,211세대)에 대한 정부의 고민 및 주요 지원내용

1) 분양전환이 가능한 단지는 경매중단 및 분양자금 지원
- 채권자 측에서는 경매보다 분양전환이 유리하므로, 법률관계가 복잡하지 않을 경우 입주자 다수가 희망한다면 분양전환 추진이 바람직
- 임차인 상당수가 분양전환을 희망할 경우 경매절차를 중단 또는 연기하고 분양전환 추진. 단, 임차인이 경매를 희망하는 경우 경매추진
- 임차인의 부족한 분양전환자금을 기금으로 추가지원
  ○ 대출한도 확대 및 추가 소요자금 금리인하(5.2 → 3%)

2) 경락참여 임차인에 대한 지원
- 임차인에게 우선매수권 부여
  ○ IMF이전에는 최악의 경우에도 부도발생 후 분양전환 또는 임차인 경락 등을 통해 문제가 해결되었으나,
- IMF이후 법원경매에 대한 관심고조로 부동산브로커 등이 경락을 받아 임차인 강제퇴거・보증금 손실 등 문제발생
  ○ 따라서 임차인에게 우선매수권을 부여하면 경매브로커나 제3자 경락에 따른 문제해결 가능
  - 임차인 우선매수권에 대한 법적 근거 마련시까지 경매 연기
  ※ 공유물지분에 대해 우선매수권 인정사례 있음(민사집행법 제140조)

    ⇒ 본건은 2005. 7월 임대주택법에 우선매수권 개정됨

- 임차인이 경락받을 경우 분양전환 희망자 지원사항과 동일한 주택자금 추가지원 및 연체이자 감면
- 임차인이 경매에 참여하면 대부분의 피해가 구제되나, 임차인의 무경험 등으로 경매참여를 꺼리는 경우도 있으므로 주택공사에 법률지원팀을 구성하여 법률자문 및 경락지원 ⇒ 분양전환, 임차인 우선매수권 인정, 경락참여지원 등으로 임차인 피해 없이 대부분 해결가능

3) 경락을 희망하지 않거나, 경락을 받을 수 없어 퇴거해야하는 임차인에 대한 지원
- 주공이 부도임대주택을 경락받아 공급
  ○ 매입한 부도임대주택을 국민임대주택으로 활용(2005년중 시범적으로 300호 매입)
  ○ 주공이 임의로 경락에 참가하여 확보한 주택을 임차인에게 분양전환 또는 일정기간 임대 후 분양전환 추진
- 인근 공공임대주택에 우선입주 또는 전세자금 저리융자
  ○ 주공이 부도임대 아파트 인근에 건설된 국민임대주택이나, 다가구 매입・전세임대주택 등을 퇴거자에게 제공 (2005년도 다가구 매입임대 4,500호, 전세임대 시범사업 500호 시행)
  ○ 입주자 희망에 따라 저리 전세자금 대출(3%, 5천만원 이내)

    ⇒ 이미 경매로 강제 퇴거당해서 주거불안상태에 있는 저소득자(사례 : 청원 박○○ 할머니)에 대해서도 지자체를 통해 전수 파악 후 최단시일내 대책강구

- 인근 국민임대아파트, 다가구임대 등 입주조치
- 최저리 주택자금을 융자(1%)

〈사례연구 4〉 [부도 공공임대아파트 조치 방안(' 05.6.7)]

Ⅰ. 부도 공공임대아파트 현황

(단위 : 세대)

구 분	'00	'01	'02	'03	'04
신규발생	47,436	16,941	7,593	7,164	3,590
정 리	49,764	26,011	36,336	38,623	35,311
부도잔고	220,694	211,624	182,881	151,422	119,701

'04말 현재 부도 임대아파트 12만호 중'03년 이전 부도발생 11만호,
'2003년 이후 부도발생 1만호

□ 민간임대주택사업 착수('82) 이래'80년대 말부터 부도문제가 발생했으며 대부분 분양전환·경락 등으로 해결 (부도발생원인 : 영세업체가 무리한 대출로 사업추진, 임차입주자 부족, 타 사업장부도에 따른 연쇄부도, 은행의 부실한 대출심사 등, IMF 이후 법원경매에 대한 관심고조로 부동산브로커 등이 경락을 받아 임차인 강제퇴거·보증금 손실 등 문제발생)

〈사례〉

① 임차인이 경락 받을 경우 : 대부분 큰 손실이 발생하지 않음

② 임차인이 경락 받지 못할 경우 : 경락가가 기금대출금과 임차보증금의 합보다 크면 손실이 거의 발생하지 않으나(19%), 작다면 보증금 일부 또는 전부 큰 손실 발생(81%)

〈2001~2004 기간 중 부도임대주택 정리현황 〉

구분	경매	분양 전환	제3자 인수	법정관리 등	계
건수 (비율)	12,610 (9.2%)	93,790 (68.8%)	9,169 (6.7%)	20,712 (15.2%)	136,281 (100%)

□ 5.24~27간 521개(119,701세대) 부도사업장을 대상으로 한 긴급 전수조사와 3,502세대를 대상으로 한 정밀 실태조사 결과

○ 임대아파트의 부도는 수도권과 광역시를 제외한 지방에서 많이 발생(수도권 7.1%, 광역시 6.5%, 기타 86.4%)

○ '04년 말 현재 준공 후 부도는 전국 420개 사업장, 72,543세대이며, 이중 임차인 피해가 우려되는 세대는 경매가 진행중인 254개 사업장, 37,211세대이고, 나머지는 정상화절차 진행 중(제3자 인수 5개 사업장, 1,503세대, 법정관리 및 화의 52개 사업장, 5,303세대, 분양전환 109개 사업장, 28,526세대)

〈사례연구 5〉 [부도공공건설임대주택 임차인 보호를 위한 특별법]

1. 제정이유 및 주요내용(2007.4.20 시행)

○ 제정이유

국민주택기금의 지원을 받아 민간사업자가 건설한 공공임대주택의 부도로 인하여 임대보증금을 환불 받지 못하고 주거불안을 겪고 있는 사회적 약자인 저소득 임차인의 임대보증금 보호와 주거불안 해소를 위하여

부도임대주택 임차인에 대한 임대보증금 보장과 장기간 안정적으로 거주할 수 있는 주거보장을 위한 대책을 마련하려는 것임.

○주요내용

가. 적용대상(안 제2조제1항)

이 법은 2005년 12월 13일 당시 임대 중인 공공건설임대주택으로서 이 법 시행일 이전에 「임대주택법」 제2조제6호의 부도 등이 발생한 임대주택에 한하여 적용함.

나. 부도임대주택의 매입방법(안 제5조)

부도임대주택은 주택매입사업시행자가 임차인과 합의한 경우 외에는 「민사집행법」에 따른 경매의 방법으로 매입하도록 함.

⇒제5조 (매입방법) 부도임대주택의 매입은 「민사집행법」에 따른 경매의 방법에 한한다. 다만, 주택매입사업시행자와 임차인이 합의한 경우에는 그러하지 아니하다.

다. 임차인의 임대보증금 보전(안 제7조제1항)

주택매입사업시행자는 임차인의 임대보증금에서 임차인이 경매 시 배당 받은 금액, 미납한 임대료, 공용부분에 대한 미납 사용료 및 관리비 등을 공제한 금액을 임차인에게 지급하도록 함.

⇒**제7조** (임차인의 임대보증금 보전) ① 주택매입사업시행자가 제5조의 규정에 따라 경매 등의 방법으로 부도임대주택을 취득한 경우에는 제6조제4항의 규정에 따라 주택매입사업시행자 또는 임대주택분쟁조정위원회가 확인·조정한 임차인의 임대보증금에서 다음 각 호의 금액을 공제한 금액을 임차인에게 지급하여야 한다.

1. 임차인이 집행법원으로부터 배당 받은 금액
2. 임차인의 미납 임대료
3. 임차인의 공용부분에 대한 미납 사용료 및 관리비
4. 그 밖에 건설교통부장관이 정하는 비용

라. 매입한 부도임대주택을 국민임대주택으로 공급(안 제10조제1항 및 제2항)

주택매입사업시행자는 매입한 부도임대주택을 국민임대주택 등으로 공급할 수 있도록 하고, 부도임대주택의 임차인을 입주자로 우선 선정하도록 함.

마. 부도임대주택을 매입한 주택매입사업시행자에 대한 지원(안 제11조제1항)

국가 및 지방자치단체는 주택매입사업시행자가 부도임대주택을 매입하는 경우 매입비용 등에 대해 국민임대주택건설자금 지원 수준으로 주택매입사업시행자에게 재정 및 국민주택기금을 지원할 수 있도록 함.

〈사례연구 6〉 [부도임대아파트 경매 취득]

소유권 이전에는 별 문제가 없지만 임대아파트란 저소득층 서민 주거 목적물로 일반 경매아파트와는 다른 점이 있다.

① 임대아파트의 임차인은 3년간 인도 명령을 거부할 수 있다.
임차인이 계속 거주를 원하면 3년간 명도 할 수 없고, 월 임차료만 받을 수 있다.

② 공유자가 아니지만 임차인우선매수청구권을 부도임대아파트에는 적용 한다.

③ 수십 내지 수백개 아파트가 동시에 경매 진행되어 모두 낙찰 되고서 동시배당이 이루어지므로 명도상의 어려움이 많으므로 신중한 응찰이 필요하다.

부도공공건설임대주택 임차인 보호를 위한 특별법 및 동법 시행령을 살펴보면

1. 부도공공건설임대주택 임차인 보호를 위한 특별법

제10조 (국민임대주택 등으로 공급) ④주택매입사업시행자 이외의 자가 부도임대주택을 매입한 경우에는 당해 부도임대주택의 임차인에게 3년의 범위 이내에서 대통령령이 정하는 기간 동안 임대하여야 한다.
중 략

2. 부도공공건설임대주택 임차인 보호를 위한 특별법 시행령

제3조 (국민임대주택 등의 입주자격 등)
① 법 제10조제3항에 따른 국민임대주택 등으로 공급하는 경우의 입주
자격은 「주택법」 제38조에 따라 건설교통부령으로 정하는 입주자격에 따른다.
② 법 제10조제3항에 따른 국민임대주택 등으로 공급하는 경우의 임대보증금, 임대료 등의 임대조건은 「임대주택법 시행령」 제12조제1항에 따라 건설교통부장관이 고시하는 국민임대주택 등의 표준임대보증금 및 표준임대료에 따른다.
③ 주택매입사업시행자가 법 제10조제1항에 따라 국민임대주택 등으로 공급하는 경우에는 제1항과 제2항에도 불구하고 부도임대주택등의 임차인은 해당 국민임대주택 등에 계속 거주하기를 원하면 종전에 임차인과 임대사업자가 약정한 임대조건에 따라 3년 동안 임차할 수 있다.
④ 법 제10조제4항에서 "대통령령이 정하는 기간"이란 3년을 말한다.

마지막으로 임차인이 인도명령결정 제외신청을 법원에 제출하거나 인도명령 심문시 3년거주를 요청하면 법원은 기각결정을 한다.

17. 경매계의 사건기록부(매각물건명세서)

17-1. 매각물건명세서

1. 매각물건명세서 열람

법원은 매각물건명세서・현황조사보고서 및 평가서의 사본을 법원에 비치하여 누구든지 볼 수 있도록 하여야 한다(민집 105조2항). 경매에서 매각물건명세서는 매수희망자 입장에서 보면 매우 중요한 서류 중 하나이다. 경매절차에 있어서 매각물건명세서를 작성하는 큰 의미는 매각대상 부동산의 현황을 정확히 파악하여 일반인들에게 그 현황과 권리관계를 공시함으로써 매수희망자가 매각대상 물건에 필요한 정보를 쉽게 얻을 수 있게 하여 예측하지 못한 손해를 입는 것을 방지하기 위해서이다. 법원경매에서 응찰자가 열람할 수 있는 서류는 3가지(매각물건명세서, 현황조사서, 감정평가서)뿐이며, 유치권신고서, 유치권배제신청서, 세무서 교부청구서 등은 최고가 매수인이 아닌 매수희망자는 이해관계인이 아니므로 열람 할 수 없다.

인터넷사이트(대법원 법원경매정보 www.courtauction.go.kr)에서 매각기일 14일전부터 현황조사서와 감정평가서는 열람되나 매각물건명세서는 7일전부터 인터넷에서 열람하거나 경매법원 민사신청과 열람대에서 3가지 실물을 열람 할 수 있다.

현황조사서는(기본정보와 부동산의 현황 및 점유관계조사서, 부동산 표시목록 기재중) 집행관이 경매물건 소재지의 동사무소(전입세대열람 내역 발급)와 관할 세무서(등록사항 등의 현황서 발급)를 방문하여 열람한 내용과 현장 답사하여 소유자, 임차인 등과 면담, 탐문조사 후 부동산의 현황과 점유관계, 임대차관계에 대한 내용을 작성하여 보고한 서류로 단지 참고로만 할 뿐이며, 감정평가서는 감정평가사가 부동산에 대한 가격을 평가하여 보고한 감정평가서로 최초법원사정가격(1차 경매감정평가액)은 대체로 경매잔금대출시 다시 감정한 대출감정평가액보다 약 10~30% 상향 평가된 경우가 대다수로 정확한 시세를 현장답사 후 파악하여야 하며, 목적물 사진과 현장답사 시 실물이 가끔 불일치하는 경우도 있을 수 있으므로 현장 답사를 철저히 하여야 한다.

모든 채권자와 임차인의 '권리신고 및 배당요구신청'시 첨부한 임대차계약서, 주민등록 전출입사항, 확정일자 등을 토대로 담임법관이 종합하여 작성한 문서가 매각물건명세서로 주로 경매계장이 작성한 매우 중요한 열람서류이다.

경매절차에 있어서 부동산현황조사 및 매각물건명세서의 작성은 매각대상 부동산의 현황을 되도록 정확히 파악하여 일반인에게 그 현황과 권리관계를 공시함으로써 매수 희망자가 매각대상 물건에 필요한 정보를 쉽게 얻을 수 있게 하여 예측하지 못한 손해를 입는 것을 방지하고자 함에 있다(대법원 2004.11.9 선고 2004마94결정)

〈사례연구 1〉 [부동산 등에 대한 경매절차 처리지침(재민 2004-3)]

제8조 (매각물건명세서의 작성·비치 등) ① 매각물건명세서는 매 매각기일 또는 입찰기간 개시일 1주 전까지 작성하여 그 원본을 경매기록에 가철하여야 하고, 이 경우 다른 문서의 내용을 인용하는 방법(예컨대, 현황조사보고서 기재와 같음)으로 작성하여서는 아니 된다.

② 인수 여부가 불분명한 임차권에 관한 주장이 제기된 경우에는 매각물건명세서의 임대차 기재란에 그 임차권의 내용을 적고 비고란에 ○○○가 주장하는 임차권은 존부(또는 대항력 유무)가 불분명함이라고 적는다.

③ 매각물건명세서에는 최저매각가격과 함께 매각목적물의 감정평가액을 표시하여야 한다.

④ 매각물건명세서·현황조사보고서 및 감정평가서의 사본은 일괄 편철하여 매각기일 또는 입찰기간개시일 1주 전까지 사건별·기일별로 구분한 후 집행과 사무실 등에 비치하여 매수희망자가 손쉽게 열람할 수 있게 하여야 한다. 다만, 임차인의 주민등록 등·초본 중 주민등록번호는 식별할 수 없도록 지운 다음 비치하여야 한다.

제9조 (매각물건명세서의 정정·변경 등) ① 매각물건명세서의 사본을 비치한 이후에 그 기재 내용을 정정·변경하는 경우에 판사는 정정·변경된 부분에 날인하고 비고란에 "200○. ○. ○. 정정·변경"이라고 적는다. 권리관계의 변동이 발생하여 매각물건명세서를 재 작성하는 때에는 기존의 매각물건명세서에 "200○. ○. ○. 변경전 ", 재 작성된 매각물건명세서에 "200○. ○. ○. 변경 후" 라고 적는다.

② 매각물건명세서의 정정·변경이 그 사본을 비치한 이후에 이루어진 경우에 정정·변경된 내용이 매수신청에 영향을 미칠 수 있는 사항(예컨대, 대항력 있는 임차인의 추가)이면 매각기일 또는 입찰기간 등을 변경하여야 한다.

③ 매각물건명세서의 정정·변경이 매각물건명세서의 사본을 비치하기 전에 이루어져 당초 통지·공고된 매각기일에 매각을 실시하는 경우에 다음 각호와 같이 처리한다.

1. 기일입찰에서는 집행관이 매각기일에 매각을 실시하기 전에 그 정정·변경된 내용을 고지한다.
2. 기간입찰에서는 법원사무관 등이 집행과 및 집행관 사무실 게시판에 그 정정·변경된 내용을 게시한다.

제13조 (기일입찰에서의 매각사건목록과 매각물건명세서 비치) ① 집행관은 매각기일에 매각사건목록을 작성하여 매각물건명세서·현황조사보고서 및 평가서의 사본과 함께 경매법정, 그 밖에 매각을 실시하는 장소(이하 "경매법정등"이라고 한다) 비치 또는 게시하여야 한다.

② 제1항의 규정에 따라 비치하는 매각물건명세서·현황조사보고서 및 평가서의 사본은 사건 단위로 분책하여야 한다.

〈사례연구 2〉 [매각물건명세서 양식]

서울중앙지방법원 매각물건명세서

<table>
<tr><td>사건</td><td>2009타경 12345
부동산임의경매</td><td colspan="2">매각물건번호</td><td>1</td><td>작성
일자</td><td>2009. . .</td><td>담임
법관</td><td colspan="2">(인)</td></tr>
<tr><td colspan="3">부동산 및 감정평가액
최저매각가격의 표시</td><td colspan="3">별지 기재와 같음
부동산 표시목록 참조</td><td colspan="2">최선순위
설정일자</td><td colspan="2">2005. . .</td></tr>
<tr><td colspan="10">부동산의 점유자와 점유의 권원, 점유할 수 있는 기간, 차임 또는 보증금에 관한 관계인의 진술 및 임차인이 있는 경우 배당요구 여부와 그 일자. 전입신고일자 또는 사업자등록신청일자와 확정일자의 유무와 그 일자</td></tr>
<tr><td>점유</td><td>점유</td><td>점유출처</td><td>임대차기간</td><td>보증금</td><td>차임</td><td>전입신고일자</td><td>확정</td><td colspan="2">배당요구</td></tr>
</table>

자의 성명	부분	구 분 / 점유의 권원	(점유기간)			· 사업자등록 신청일자	일자	여부(배당요구 일자)
A		현황조사 임차인		2,000만원				
B		권리신고 임차인		2,000만원	30만원	사업자등록일 20. . .	무	20. . .

비고 A : 이 사건 채무자 B의 처임 B : 이 사건의 채무자임
※ 최선순위 설정일자 보다 대항요건을 먼저 갖춘 주택·상가건물 임차인의 임차보증금은 매수인에게 인수되는 경우가 발생할 수 있고, 대항력과 우선변제권이 있는 주택·상가건물 임차인이 배당요구를 하였으나 보증금 전액에 관하여 배당을 받지 아니한 경우에는 배당 받지 못한 잔액이 매수인에게 인수되게 됨을 주의하시기 바랍니다.
등기된 부동산에 관한 권리 또는 가처분으로서 매각허가에 의하여 그 효력이 소멸되지 아니하는 것
해당사항 없음
매각허가에 따라 설정된 것으로 보는 지상권의 개요
해당사항 없음
※ 비고란
주1)

※ 주1. 경매, 매각목적물에서 제외되는 미등기건물 등이 있을 경우에는 그 취지를 명확히 기재한다.
주2. 최선순위 설정 보다 먼저 설정된 가등기담보권, 가압류 또는 소멸되는 전세권이 있는 경우에는 그 담보가등기, 가압류 또는 전세권 등기일자를 기재한다.
(민집 105, 268, 민집규 55, 194)

주1) 비고란에는

유치권신고, 제시외건물 제외여부, 대지권미등기 포함여부, 재매각(보증금 2할), 농지취득자격증명필요(미제출시 보증금 몰수함), 건축법상 사용승인 받지 않은 건물, 위반건축물, 구분소유적 공유관계, 공유자우선매수신고 있음, 공부상 등록사항과 현황이 다른 경우, 건축 중 건물소재, 건물철거소송 및 토지인도소송 승소판결 있음, 환지예정지, 분묘소재(분묘기지권 성립 불명), 나무소재, 재건축정비예정구역, 토지거래허가지역, 국가지정문화재 외곽 500미터 이내 지역, 선순위 환매등기 등을 기재

→유치권은 매수인에게 인수되나(민집91조5항), 등기된 부동산에 관한 권리가 아니므로 본호에 따른 기재사항이 아니다. 다만 유치권자라고 주장하는 자도 점유를 하고 있는 경우에는 유치권의 존부와 관계없이 2호에서 정한 점유자로 기재한다.

예고등기도 부동산에 관한 권리관계를 공시하는 등기가 아니므로, 물건명세서에 기재하지 않는다(대법원 2001. 3.14 선고 99마 4849결정)

2. 대법원사이트(법원경매정보 www.courtauction.go.kr)에서 매각물건명세서 찾기

매각물건명세서는 대법원 인터넷상에서는 매각기일 1주전 까지(기간입찰의 경우에는 입찰기간의 개시일) 비치하므로 응찰 임박한 경매계 사건만 검색 열람할 수 있다(단, 현황조사서와 감정평가서는 매각기일 2주 전부터 검색 열람 가능)

대법원(www.scourt.go.kr)>법원경매정보(www.courtauction.go.kr)>경매물건>기일별검색에서 법원을 선택하여(예, 창원지방법원 등 선택)하여 검색 클릭 후 경매계(예 경매5계 등) 클릭하여 소재지를 클릭하여 보면 매각물건명세서(현황조사서, 감정평가서, 사건상세조회를 볼 수 있다. 결국, 일주일 이내 응찰 임박한 사건만 매각물건명세서를 볼 수 있다.

유료사이트인 인포케어(www.infocare.co.kr), 굿옥션(www.goodauction.co.kr), 지지옥션(www.ggi.co.kr) 태인(www.taein.co.kr) 등에서는 약 2주일 전부터 매각물건명세서 열람 및 프린터도 가능하나 작성일자를 보아 최근 작성된 것인지도 살피고, 응찰 전에는 대법원사이트나 입찰법정에서 다시 살펴보아야 한다.

임차인이나 전세권자가 배당요구종기일 이내에 권리신고 및 배당요구를 하였더라도 경매계장이 매각물건명세서 배당요구여부에 기재하지 않고 실수하여 공란으로 되어 있을 수 있으므로 임차인의 배당요구 여부는 법원경매정보(www.courtauction.co.kr)>경매물건>경매사건검색>법원과 사건번호를 입력 후 클릭/문건/송달내역(문건처리내역)에서 다시 확인하여야 한다.

사례 :

창원지방법원 2006타경 18309호의 매각물건명세서에 최선순위 설정일자 보다 앞선 선순위전세권자 김00(보증금 20백만원)의 배당요구여부에 공란으로 되어 있어 낙찰자의 추가부담인 인수임대차로 오인할 수 있으나 문건/송달내역(문건처리내역)에서 "2006. 6. 7 전세권자 김00 배당요구신청 제출"로 기재되어 있어 사실상 배당요구하여 2천만원 배당 받는 것으로 권리분석하여 입찰에 참가하여야 한다.

3. 매각물건명세서 기재 내용과 주의사항

민사집행법 제105조 제1항에 부동산의 표시, 부동산의 점유자와 점유의 권원, 점유할 수 있는 기간, 차임 또는 보증금에 관한 관계인의 진술, 등기된 부동산에 대한 권리 또는 가처분으로서 매각으로 효력을 잃지 아니하는 것, 매각에 따라 설정된 것으로 보게 되는 지상권의 개요를 기재하도록 되어 있으며, 제2항에 의거 법원은 매각물건명세서・현황조사보고서 및 평가서의 사본을 법원에 비치하여 누구든지 볼 수 있도록 하여야 한다.

① 사건번호, 물건번호

부동산임의경매 사건번호는 2008타경 12345호 등 타경으로 구분되며, 물건번호는 1번, 2번, 3번 등으로 기재하며, 동일 소유자의 경매물건을 동시에 여러 건 진행할 경우에 물건번호가 부여되며, 경매물건이 1건인 경우에는 물건번호에 1번을 기재하면 된다. 물건번호 2번인데도 공란으로 기일입찰표를 작성하였다면 최고가매수신고인이 되지 못하고 당연히 무효 처리된다. 개찰시 입찰이 무효처리되거나 터무니 없이 높은 가격을 기재한 경우는 사건번호나 물건번호를 잘 못 쓴 경우가 많다.

② 작성일자

1회차, 2회차, 3회차 매각기일마다 새로 작성하므로 변동사항을 확인하여 입찰하도록 한다

③ 최선순위 설정일자

대부분은 최선순위 설정일자가 기재되어 있어 말소기준권리로 보아 권리분석하면 되나, 토지와 건물의 설정일자가 다른 경우에는 최선순위 설정일자가 다르다면, 인수여부나 배당여부는 토지, 건물 별도로 계산하여야 한다. 즉, 토지 설정일자 보다는 전입이 늦지만 건물설정일자 보다 앞서 대항요건(전입 및 점유)을 갖춘 임차인이 못 받는 보증금은 낙찰자가 추가 인수하여야 하므로 주의를 요한다. (나대지에 저당권 설정한 후에 토지소유자가 건물을 신축 후 건물에 추가 설정한 경우 또는 토지저당권자가 민법 제365조에 의하여 토지와 건물을 일괄하여 저당권 실행하는 경우를 말함)

④ 점유사항

점유사항은 점유자의 성명, 점유부분, 정보출처구분, 점유의 근원, 임대차기간(점유기간), 보증금, 차임, 전입신고일자, 사업자등록신청일자, 확정일자, 배당요구여부를 기재하고 있다.

한 명의 임차인에 대하여 현황조사(경매개시결정 후 집행관이 현장조사시 탐문 등 조사한 내용)와 권리신고(임차인이 권리신고 및 배당요구시 제출한 전세계약서, 주민등록등본, 확정일자 등)중 현황조사는 참고로 보고, 권리 신고한 내용을 주의 깊게 살펴 권리분석하여야 한다. 점유는 입증하기가 쉽지 않으므로 무시하고, 주택은 월세는 무시하고, 상가는 환산보증금으로 계산하기 때문에 매우 중요한 사항이 된다. 배당요구여부는 너무 중요하며, 배당요구종기일을 지나 배당요구하였다면 배당요구 하지 않은 것으로 보고 권리 분석하여야 실패가 없다. 만약 배당 요구하지 않은 것으로 나타나 있으나(경매계장이 등록하지 않은 경우도 있음) 경매사건검색>문건/송달내역(문건처리내역)에서 임차인의 권리신고 등 다시 살펴보아야 한다

⑤ 매각허가에 의하여 소멸하지 않는 것

등기된 부동산에 관한 권리 또는 가처분으로 매각허가에 의하여 그 효력이 소멸하지 아니하는 것을 기재하도록 하고 있으나 실무상 기재되지 않은 경우가 많으므로 응찰자가 등기부등본을 통해서 별도로 권리분석 확인하는 것이 좋다.

⑥ 법정지상권

매각허가에 의하여 설정된 것으로 보게 되는 지상권의 개요만 기재한다. 따라서 등기부등본(폐쇄등기부등본 포함), 건축물관리대장, 건축허가일자, 착공일자 등을 확인하여 민법 제366조의 법정지상권이나 관습법상 법정지상권이 성립하는지 검토한다. 낙찰로 법정지상권이 성립하지 않는 것으로 예상하는 경우라도 과거 토지 또는 건물에 대해서 소유권변동이 있었을 때에 법정지상권이 성립하여 존속하고 있는지 검토해야 한다. 매각물건명세서 중 부동산의 표시는 목적물의 동일성을 인식할 정도의 기재이면 되고 그 이상 자세히 기재할 필요는 없으나 등기부상 표시 외에 미등기건물이 있음을 표시한 경우에는 그것이 경매목적물에 포함됨을 전제로 한 것으로 보게 되므로 미등기건물을 목적물에서 제외할 경우에는 그 취지를 명확히 하여 매수희망자로 하여금 그 취지를 알 수 있도록 하여야 할 것이다. 그 경우에는 지상권의 개요를 기재하는 난에

매각으로 인하여 미등기건물을 위한 법정지상권이 생길 여지가 있음을 기재하여야 하며, 그 사본의 비치 후에도 오류가 발견된 경우에는 이를 정정하여야 한다(대법원 1991.12.27. 선고 91마608 결정)

⑦ 비 고

※ 정정·변경
매각물건명세서의 정정 · 변경이 매각물건명세서의 사본을 비치하기 전에 이루어져 당초 통지 · 공고된 매각기일에 매각을 실시하는 경우에 기일입찰에서는 집행관이 매각기일에 매각을 실시하기 전에 그 정정 · 변경된 내용을 고지하고, 기간입찰에서는 법원사무관 등이 집행과 및 집행과 사무실 게시판에 그 정정 · 변경된 내용을 게시한다.
매각물건명세서의 사본을 비치한 이후에 그 기재 내용을 정정 · 변경하는 경우에 판사는 정정 · 변경된 부분에 날인하고 비고란에 "200×.××.××. 정정 · 변경"이라고 적는다. 이 경우에 정정 · 변경된 내용이 매수신청에 영향을 미칠 수 있는 사항(예컨대, 대항력있는 임차인의 추가)이면 매각기일 또는 입찰기간 등을 변경하여야 한다.

4. 매각물건명세서의 작성에 중대한 흠이 있는 경우의 판례

매각물건명세서의 작성에 중대한 하자가 있는 때에는 매각허가에 대한 이의(민집 121조 5호) 및 매각허가결정에 대한 즉시항고(민집 130조 1항)의 사유가 된다.

123조 2항에는 위 제121조에 규정한 사유가 있는 때에는 직권으로 매각을 허가하지 아니한다. 즉 "매각불허가사유가 된다"라고 규정하고 있다.

집행법원으로 하여금 매각물건명세서를 작성하고 그 사본을 비치하여 일반인에게 열람할 수 있도록 규정한 것은, 일반인에게 매각대상 물건을 표시하고 그 현황과 권리관계를 공시하여 매수희망자가 매각대상 물건에 대한 필요한 정보를 쉽게 얻을 수 있게 하여 예측하지 못한 손해를 방지하게 하고자 함에 있다.

직권에 의한 매각불허가사유가 되는 '매각물건명세서의 작성에 중대한 하자가 있는 때'에 해당하는지의 여부는 그 하자가 일반 매수희망자가 매수의사나 매수신고가격을 결정함에 있어 어떠한 영향을 받을 정도의 것이었는지를 중심으로 하여 부동산경매와 매각물건명세서 제도의 취지에 비추어 구체적인 사안에 따라 합리적으로 판단하여야 한다(대법원 2003.12.30. 2002마1208호 결정)

구 분	결정, 판례	내 용
중대한 하자에 해당하는 경우 (매각불허가)	대결1995.11.22. 95마1197	(구법사건) 선순위 임차인의 주민등록에 대한 기재가 누락된 집행관의 임대차조사보고서 및 매각물건명세서의 하자는 매각불허가사유가 된다고 본 사례
	대결1997.10.13. 97마1612	(구법사건) 매각기일까지 임차인의 배당요구가 없어 낙찰인이 그 임대차를 승계하는 것으로 매각물건명세서가 작성되었으나 그 뒤 낙찰기일 전에 임차인이 배당요구를 하여 낙찰인이 그 임대차를 승계하지 않게 된 경우, 매각물건명세서상의 하자로 인한 매각불허가 사유가 된다고 본 사례
	대결1999.9.6. 99마2696	(구법사건) 매각기일까지 매각물건명세서에 매각목적물인 주택의 임차인의 전입신고일자가 저당권 설정일자보다 앞선 일자로 잘못 기재되어 있어 임차인이 대항력을 갖춘 것처럼 보이게 되었는데 임차인이 매각기일까지 배당요구를 하지 않은 경우, '매각물건명세

		서의 작성에 중대한 하자가 있는 때'에 해당한다고 한 사례
	대결2000.8.16. 99마5148	(구법사건) 매각물건명세서 작성에 중대한 하자가 있음을 이유로 매각을 불허하고 다시 매각기일을 진행하게 된 경우, 매각물건명세서 작성의 하자가 계속된 채 진행된 매각기일들은 모두 위법하여 그 매각기일에서 최저입찰가격이 저감되었다고 하더라도 이 역시 위법 하다는 이유로 경매법원으로서는 위법하게 저감된 최저매각가격이 아닌 당초의 최저매각가격을 최저매각가격으로 하여 매각을 진행하여야 된다고 한 사례. (토지와 건물 부분의 최선순위근저당권설정일자가 서로 다름에도 매각물건명세서에 이를 구분하지 않은 중대한 하자가 있다)
	대결2003.12.30. 2002마1208	(구법사건) 매각물건명세서 및 매각기일공고는 이 사건 매각 목적물의 취득에 농지법 소정의 농지취득자격증명이 필요하지 않음에도 불구하고 이와 반대의 취지로 작성되어, 일반인에게 매각대상물건에 대한 필요한 정보를 제공하는 역할을 할 부동산 표시를 그르친 하자가 있다고 할 것이고, 그와 같은 하자는 일반 매수희망자가 매수의사나 매수신고가격을 결정함에 있어 심대한 영향을 끼쳤다고 할 것인바, 이는 매각불허가사유에 해당한다고 본 사례
중대한 하자에 해당하지 않는 경우 (매각허가)	대결1994.1.15. 93마1601	매각물건명세서의 작성에 매각의 결과에 영향을 미치지 아니할 정도의 하자가 있는 경우 이를 매각불허가 사유로 삼을 수는 없는 것(공장저당권에 의한 경매에 있어서 매각물건명세서에 기계, 기구 등의 일부가 소재불명인 사실을 표시하지 아니한 하자가 매각불허가 사유가 되지 않는다고 한 사례)
	대결1999.11.15. 99마4498	매각물건명세서에 선순위 임차인의 배당요구 사실이 기재되지 않았다는 사정만으로는 '매각물건명세서의 작성에 중대한 하자가 있는 때'에 해당하지 않는다고 본 사례
	대결2000.1.19. 99마7804	최선순위 근저당권자보다 먼저 대항력을 갖추었으나 확정일자를 부여받지 않아 매각대금에서 배당받지 못하고 매수인이 임대인의 지위를 양수해야 하는 임차인과 그 부동산의 소유자가 부자관계에 있다는 점을 기재하지 않은 것이 '매각물건명세서의 작성에 중대한 하자가 있는 때'에 해당하지 않는다고 한 사례
	대결2001.3.14. 99마4849	예고등기는 등기원인의 무효 또는 취소로 인한 등기의 말소 또는 회복의 소가 제기된 경우에 그 등기에 의하여 소의 제기가 있었음을 제3자에게 경고하여 계쟁부동산에 관하여 법률행위를 하고자 하는 선의의 제3자로 하여금 소송의 결과 발생할 수도 있는 불 측의 손해를 방지하려는 목적에서 하는 것으로서 부동산에 관한 권리관계를 공시하는 등기가 아니므로, 예고등기를 매각물건명세서에 기재하여야 하는 민사집행법 제5조 제3호(구 민사소송법 제617조의2 제3호)의 '등기된 부동산에 관한 권리로서 경락에 의하여 그 효력이 소멸되지 아니하는 것'에 해당한다고 볼 수 없다고 한 사례
	대판2001.9.25. 2001다1942	매각물건명세서에 임차인의 배당요구나 그 통지에 관한 사항이 기재되지 않은 것이 매각불허가 사유가 되는'매각물건명세서의 작성에 중대한 하자가 있는 때'에 해당하지 않는다고 한 사례

18. 권리분석

18－1. 권리분석 요약정리

권리분석의 핵심은 응찰자가 해당 부동산을 매수한 후에도 여전히 인수해야 하는 부동산의 권리가 무엇인지, 인수되는 권리에 수반하여 매수인이 부담해야 하는 추가적인 금액은 어느 정도인지를 파악하는 것이다.

1. 물권의 종류와 내용

물권의 종류		물권의 내용	비고
소유권		소유자가 그 소유물을 사용, 수익, 처분할 수 있는 권리	
점유권		소유권과 관계없이 물건을 사실상 지배하고 있는 경우의 지배권	
용익물권 (사용하기 위한 물권)	지상권	타인의 토지에서 건물, 기타의 공작물이나 수목을 소유하기 위해 그 토지를 사용할 수 있는 권리	등기됨
	지역권	타인의 토지를 자기토지의 편익에 이용하는 권리	등기됨
	전세권	전세금을 지급하고 타인의 부동산을 그 용도에 따라 사용, 수익하는 권리	등기됨
담보물권 (담보 제공을 위한 물권)	저당권	채무자 또는 보증인이 채무의 담보로 제공한 부동산 기타의 목적물을 채권자가 질권에 있어서와 같이 제공자로부터 인도 받지 않고서 그 목적물을 다만 관념상으로만 지배해서 채무의 변제가 없는 경우에 그 목적물로부터 우선변제를 받는 권리	등기됨
	유치권	타인의 물건을 점유한 자가 그 물건에 관해 생긴 채권을 가지는 경우에 그 채권의 변제를 받을 때까지 그 물건을 유치할 수 있는 권리	등기되지 않음
	질권	돈은 빌려주면서 물건을 질로 잡고 갚지 않을 때는 그 목적물에서 우선 변제 받는 권리	등기됨
관습법상 물권	관습법상 분묘기지권	타인의 토지에 분묘를 설치한 자가 있는 경우, 그 자가 그 분묘를 소유하기 위해 기지 부분의 타인 소유 토지를 사용할 수 있는 권리로서 지상권에 비슷한 성질을 갖는 권리	등기되지 않음
	관습법상 법정지상권	토지와 건물이 동일인에게 속했다가 그 중 어느 하나가 매매 기타의 일정 원인으로 각각 소유자를 달리하게 된 때에 그 건물을 철거한다는 특약이 없으면 건물 소유자가 관습상 당연히 취득하게 되는 권리	등기되지 않음

〈권리분석 시 우선순위와 유의사항〉

1	권리분석과 관련하여 물권 중 특히 관심을 가지고 살펴야 하는 것은 지상권, 전세권, 유치권, 저당권, 법정지상권 등 5가지다.
2	유치권, 관습법상의 분묘기지권, 관습법상의 법정지상권 등 3가지는 등기부상에 등기되지 않는 권리이기 때문에 등기부등본 분석만으로 실체를 파악할 수 없어 특히 주의 해야 한다.
3	부동산 경매와 관련하여 반드시 알고 있어야 하는 채권의 유형은 환매권과 임차권이고, 경매 권리분석에서 알아야 하는 임차권은 민법상의 등기된 임차권과 더불어 민법의 특별법인 주택임대차보호상 세입자의 주택임차권과 상가임대차보호법의 상가임차권이다.
4	전세권과 채권적 전세는 구별된다.
5	물권 상호간의 순위는 시간순서에 따른다.
6	물권은 채권에 우선한다.
7	물권과 물권적 채권의 순위는 시간순서에 따른다.
8	채권 상호간의 순위는 공평하다.
9	권리분석의 대부분은 등기부등본 분석에 있으므로 등기부등본 분석은 매우 중요하다.
10	등기접수일의 순위에 따라 물권의 순위번호가 매겨지므로 등기접수일은 매우 중요하다.

2. 여러 권리들간의 일반적인 배당순위 : 배당절차(상세연구)에서 언급되므로 생략

3. 말소기준권리가 될 수 있는 권리

말소기준권리가 될 수 있는 권리	말소기준권리 인정여부
근저당권, 저당권	최선순위 근저당권(①번 설정)이 말소기준권리임
강제경매개시결정 기입등기	항상 말소기준권리임(단, 다른 말소기준권리가 없는 경우)
압류, 가압류	말소되는 경우만 말소기준권리로 인정됨
담보가등기	담보가등기일 경우만 말소기준권리로 인정됨

☞ 말소기준권리기 될 수 있는 권리(6개)는 갑구의 (가)압류등기, 담보가등기, 경매개시결정등기와 을구의 (근)저당권이다.

4. 권리분석과 관련한 각종 권리

법률			권리종류	등기부 표시 여부
민법상의권리	물권	용익물권	지상권	표시
			법정지상권	미 표시
			지역권	표시
			전세권	표시
		담보물권	(근)저당권	표시
			유치권	미 표시
	채권		환매권	표시
			임차권	표시(미 표시 존재)

주택(상가)임대차보호법상의 권리	선순위 임차권	미 표시
	임차권등기명령이 된 임차권	표시
절차법상의 권리	가압류등기	표시
	가처분등기	표시
	가등기	표시
	예고등기	표시
공법상의 권리	압류등기	표시
	환지등기	표시

5. 매수인이 인수하는 권리

<table>
<tr><th>인수될 수 있는 권리</th><th>인수 여부</th></tr>
<tr><td>예고등기</td><td rowspan="3">항상 인수됨(말소기준권리보다 선후를 불문하고)</td></tr>
<tr><td>유치권</td></tr>
<tr><td>법정지상권</td></tr>
<tr><td>용익물권(지상권, 지역권, 전세권)</td><td rowspan="5">말소기준권리보다 앞선 일자로 설정된 경우에만 인수됨

– 전세권의 경우에는 말소기준권리보다 앞서 설정되었더라도 전세권자가 경매 절차에서 배당 요구를 하면 매각으로 소멸</td></tr>
<tr><td>환매권</td></tr>
<tr><td>임차권</td></tr>
<tr><td>가처분</td></tr>
<tr><td>가등기</td></tr>
<tr><td>(가)압류</td><td>구법 : 전 소유자를 상대로 설정된 (가)압류만 인수됨
신법(2002. 7. 1 이후) : 전소유자의 가압류는 100% 공탁 및 가압류는 말소</td></tr>
</table>

6. 권리분석표(말소기준권리 요약 정리)

<table>
<tr><th colspan="2" rowspan="2">등기부
표시여부</th><th colspan="2" rowspan="2">종류</th><th rowspan="2">말소기준 여부</th><th colspan="2">말소기준권리</th><th rowspan="2">비고</th></tr>
<tr><th>전</th><th>후</th></tr>
<tr><td colspan="2">표제부</td><td colspan="2">소재지, 지목, 수량</td><td></td><td></td><td></td><td></td></tr>
<tr><td rowspan="7">등기부표시</td><td rowspan="7">갑 구</td><td colspan="2">경매개시결정등기</td><td>말소기준권리</td><td>말소</td><td>말소</td><td></td></tr>
<tr><td colspan="2">(가)압류</td><td>말소기준권리</td><td>말소</td><td>말소</td><td></td></tr>
<tr><td colspan="2">가처분</td><td></td><td>인수</td><td>★인수/말소</td><td>★말소되지 않은 후순위 가처분 존재(대지소유자 갑이 건물소유자 을한테 건물철거 가처분은 인수)</td></tr>
<tr><td rowspan="2">가등기</td><td>담보가등기</td><td>말소기준권리</td><td>말소</td><td>말소</td><td></td></tr>
<tr><td>소유권이전청구권</td><td></td><td>인수</td><td>말소</td><td></td></tr>
<tr><td colspan="2">예고등기</td><td></td><td>인수</td><td>인수</td><td></td></tr>
<tr><td colspan="2">환매등기</td><td></td><td>인수</td><td>말소</td><td></td></tr>
</table>

	을구	(근)저당권	말소기준권리	말소	말소	
	을구	전세권		인수/말소	말소	배당요구 없으면 인수
	을구	지역권		인수	말소	
	을구	지상권		인수	말소	
	을구	등기된 임차권		인수	말소	
	을구	임차권등기명령 임차권		인수 /말소	인수 /말소	주택임차권, 상가건물임차권
등기부 미 표시		법정지상권		인수	인수	
등기부 미 표시		유치권		인수	인수	
등기부 미 표시		주택임대차보호법상 임차인, 상가건물임대차보호법상 임차인		인수/말소	말소	

7. 권리분석 유의사항

1	매각에도 불구하고 매수자가 항상 인수하는 권리로는 예고등기, 유치권, 법정지상권 등이며, 이 중 예고등기는 등기부상에 나타나는 권리지만 유치권과 법정지상권은 등기부상에 나타나지 않는 권리이므로 특히 주의해야 한다.
2	말소기준권리보다 앞선 일자로 설정된 권리임에도 불구하고 경우에 따라서는 매각으로 말소되는 권리로는 배당요구종기일 이내 배당 요구한 '선순위 전세권' 과 배당요구종기일 이내 배당요구한 '확정일자부 선순위 임차인'등이다.
3	등기부상에 표시되지는 않지만 부동산 경매와 관련해서 중요하게 작용하는 권리로는 법정지상권, 유치권, 임대차보호법상 세입자의 임차권이 있다
4	저당권이 가진 가장 기본적이고 강력한 효력은 경매신청권과 우선변제권이다
5	배당분석은 경매 부동산 권리가 설정된 채권자들의 문제이며 해당 경매 부동산을 매수하려는 매수의 문제는 아니지만 배당을 알아야 건물 명도를 쉽게 할 수 있다.
6	전세권과 채권적 전세(임차권)를 구분하는 가장 쉬운 방법은 그 부동산의 등기부등본에 전세권 등기가 되어 있으면 물권적 전세권이고 그렇지 않은 것은 채권인 전세(임차권)로 보면 된다.
7	주택의 경우에는 전세권을 설정하는 것보다 주택임대차보호법상의 대항력과 확정일자를 확보하는 것이 세입자 보호 측면에서는 더욱 유리하다.
8	구법사건(2002. 7. 1 이전)은 선순위 가압류가 있는 부동산 경매에서, 현재 경매 진행중인 부동산 소유자를 상대로 한 가압류가 아니라 그 이전 소유자를 상대로 한 가압류임이 확인되면 입찰을 자제해야 하지만 최근 경매물건은 대부분 신법사건으로 매각시 100% 공탁과 말소되므로 적극적으로 검토하여야 한다.
9	경매에서 꼭 알아야 하는 가처분은 점유이전금지가처분과 처분금지가처분 등의 2가지이며, 입찰자 단계에서 알아야 하는 것은 처분금지가처분이다.
10	선순위 가처분의 경우 매각으로 소멸하지 않고 매수인이 인수하게 되는데, 나중에 가처분 채권자가 소유자를 상대로 한 본안소송에서 승소하면 매수인은 소유권을 박탈당할 수 있기 때문에 매우 주의해야 한다.
11	후순위 가처분은 원칙적으로 소멸하지만 소멸하지 않는 후순위 가처분도 있다. 소멸하지 않는

	후순위 가처분은 '토지소유자가 그 지상 건물소유자에 대해서 가처분을 한 경우'와 '선순위 근저당이 경매 개시 당시 이미 소멸했음에도 형식상 등기만 남아 있을 뿐인 경우''소유권말소청구권 가등기인 경우' 등이다.
12	선순위 가등기 실체를 확인하기 위해서는 선순위 가등기권자와 접촉하거나 법원기록 중 '채권계산서'를 통해서 선순위 가등기권자가 배당 요구한 사실을 확인해야 한다. 선순위 가등기가 담보가등기라고 확인되면 말소기준권리로 말소되므로 해당 경매에서 큰 수익을 얻을 수 있다. 특히, 법원에 신고서(채권계산서가 아닌) 제출하였더라도 철저히 조사해야 한다.
13	경매에서 중요시되는 법정지상권은 '저당권과 관련한 법정지상권'이다. 지상권은 등기부상에 등기되기 때문에 쉽게 그 권리를 분석할 수 있지만 법정지상권은 등기부상에 등기하지 않아도 되는 권리이기 때문에 권리분석이 쉽지 않다.
14	법정지상권이 성립하기 위해서는 토지와 건물 중 적어도 어느 하나에 저당권이 설정되어 있어야 하고, 저당권 설정 당시 건물이 존재해야 하고, 저당권 설정 당시 토지와 건물의 소유자가 동일해야 하고, 그리고 경매로 인해 토지와 건물이 각각 그 소유자가 달리 되어 있어야 한다.
15	법정지상권은 매수인이 항상 인수해야 하는 권리이다. 다만 매수인은 법정지상권인 건물소유자를 상대로 해서 법정지상권 존속기간 동안 그 사용료(지료)를 청구할 수 있다.
16	판례에 의해서 형성된 특수한 지상권에는 관습법상 지상권과 관습법상의 분묘기지권이 있다.
17	관습법상의 법정지상권과 마찬가지로 관습법상의 분묘기지권이 인정된다면 매수인은 이 권리를 인수해야 한다. 따라서 경매초보자라면 분묘기지권이 성립될 여지가 있는 토지는 입찰을 피하는 것이 상책이지만 귀퉁이 일부분을 차지한다면 적극적으로 검토하여야 한다.
18	토지소유자나 연고자의 승낙 없이 설치한 분묘는 토지소유자가 관할 시. 군. 구청장의 허가를 받아 분묘에 매장된 시체 또는 유골을 개장할 수 있고 연고자가 없는 무연분묘에 대해서는 관할 시. 군. 구청장의 허가를 받아 분묘에 매장된 시체 또는 유골을 화장해 납골할 수 있다.
19	유치권은 매수인이 항상 인수해야 하는 권리이지만 90% 이상은 성립하지 가짜 유치권이다.
20	유치권이 성립할 수 있는 매물도 의외로 고수익을 낼 수 있는데 가짜 유치권을 가려내서 수익을 도모하거나 비록 법률적으로 유치권이 성립하는 것일지라도 법원의 소송을 통해서 그 유치권자의 주장을 깰 수 있다고 판단되면 법률 다툼을 벌일 수도 있다.
21	유치권에 관한 권리분석을 함에 있어서 유치권이 성립하는지의 여부와 유치권자가 주장하는 채권의 정확한 내용이 무엇인지를 파악하기 위해서는 반드시 현장조사를 해야 한다.

8. 대항력과 (최)우선변제권의 비교

구 분	개 념	요 건	효 과
대항력	집주인이 바뀌어도 임차기간 및 보증금을 반환 받을 때까지 계속 살 수 있는 권리	① 주택의 입주(상가의 입주) ② 주민등록 전입(사업자 등록)	보증금 전액에 대해 소유자. 양수인. 경락인에게 대항
우선 변제권	후순위 권리자 보다 우선해 보증금을 변제 받을 수 있는 권리	① 주택의 입주(상가의 입주) ② 주민등록 전입(사업자 등록) ③계약서상 확정일자	보증금 전액을 순위에 의해 우선변제

19. 경매참가

19-1. 법원 찾아가는 방법

수도권에 위치한 법원 찾아가는 방법 (대중교통수단)

◈ 서울중앙지방법원(본원)
지하철 3호선 교대역 하차 도보10분

◈ 서울동부지방법원
지하철 2호선 구의역 하차 도보 1분

◈ 서울서부지방법원
버스이용 마포경찰서 하차 도보 5분
지하철 5호선 애오개역 하차 도보 5분

◈ 서울남부지방법원
지하철 5호선 목동역 하차 도보 7분

◈ 서울북부지방법원
지하철1,6호선 석계역 하차 후 1156번 버스이용 법원 앞 하차 도보3분
지하철 6호선 태능입구역 하차 도보 5분

◈ 의정부지방법원
지하철 1호선 녹양역 하차 도보 15분

◇ 고양지원
지하철 3호선 마두역 하차 도보 3분

◈ 인천지방법원
지하철 1호선 주안역 하차 10번 출구 515번 마을버스 승차 종점 하차 도보1분
지하철 2호선 강남역 하차 9200번 승차 법원 앞 하차 도보7분

◇ 부천지원
지하철 1호선 송내역 하차 도보10분

◈ 수원지방법원
지하철 4호선 사당역 하차 7000번, 7001번 승차 법원사거리 하차 도보 10분
지하철 2호선 강남역 하차 3001번, 3007번 승차 법원사거리 하차 도보 10분

◇ 성남지원
지하철 8호선 남한산성입구역 하차 도보5분/ 성남시 수정구 단대동 75번지

◇ 안산지원
지하철 4호선 고잔역 하차 도보10분/ 경기 안산시 단원구 고잔동 711

◇ 여주지원
여주군 여주읍 홍문리 146-3

◇ 평택지원
평택시 동삭동 152-3

19-2. 기일입찰표 · 위임장 · 공동입찰

매각기일 경매법정을 처음 방문하여 보면 생소한 경매용어로 당황할 수 있다. 모든 행위가 민사집행법과 관련되어 어느 정도 숙지한 후에 경매 참가하여야 한다.

당일 대부분 경매업무는 집행관들이 매각을 진행하고 있는데 주요한 내용을 살펴보자.

1. 집행관은 매각기일에 매각사건목록을 작성하여 취하, 변경, 유치권신고 등 기재 후 경매법정에 게시하여야 하며 기일입찰표, 매수신청보증봉투, 기일입찰봉투, 공유자우선매수신고서, 공동입찰신고서, 공동입찰자목록도 아울러 함께 비치하여야 한다.

집행관은 주민등록증, 그 밖의 신분을 증명하는 서면이나 대리권을 증명하는 서면에 의하여 매수신청인이 본인인지 여부, 행위능력 또는 정당한 대리권이 있는지 여부를 확인함으로써 매수신청인의 자격흠결로 인한 분쟁이 생기지 않도록 하여야 한다(특히, 기일입찰표에 인감증명서 첨부 되었는지 여부, 인영이 맞는지 여부, 법인에서 입찰 시 법인이 매수신청을 하는 때에는 매수신청을 하는 사람의 자격을 확인하고 법인등기부등본 및 법인인감증명 첨부 여부, OO복지선교회에서 교회 등 입찰 시에는 회의록, 정관, 규약, 대표자 증명할 결의서 등 첨부 여부를 확인해야 한다).

2. 개인이 입찰하는 경우 매수신청보증금, 도장(없으면 무인도 가능), 주민등록증을 필히 지참하여야 하며, 법인의 대표자 등이 입찰하는 경우 법인 등기부등본과 법인 인감증명, 법정대리인이 입찰하는 경우 가족관계등록부(구, 호적등본), 임의대리인이 입찰하는 경우 위임장(인감증명서 첨부), 공인중개사 등이 매수신청대리 시에는 매수신청대리등록증 사본도 첨부하여야 한다. 만약 2인 이상이 공동입찰하는 경우에는 공동입찰신고서 및 공동입찰자목록을 기일입찰표와 함께 첨부하여야 한다. 지분 경매로 공유자우선매수신고할 경우에는 기일입찰표에 입찰가격만 공란으로 두고 보증금은 넣지 않고(유찰을 대비하여 즉, 응찰자가 없을 것을 대비하여) 공유자우선매수신고서를 함께 기일입찰봉투(황색 큰봉투)에 넣어 투입전 집행관한테 공유자우선매수신고한다고 신고후 투입한다.

3. 집행관은 채무자와 재매각절차에서 전 매수인은 매수신청을 할 수 없음을 알려야 하며 입찰을 개시하기 전에 다음 사항도 사전 고지하여야 한다. (매각사건의 번호, 사건명, 당사자, 매각물건의 개요 및 최저매각가격, 일괄매각결정이 있는 사건의 경우에는 일괄매각한다는 취지와 각 물건의 합계액, 매각사건목록 및 매각물건명세서의 비치 또는 게시장소, 기일입찰표의 기재방법 및 기일입찰표는 입찰표 기재대, 그 밖에 다른 사람이 엿보지 못하는 장소에서 적으라는 것 등)

4. 입찰함 투입 전에 현금(또는 자기앞수표)에 의한 매수신청보증(법원이 달리 정하지 아니한 이상 최저매각가격의 1/10에 해당하는 금전, 금융기관이 발행한 자기앞수표로서 지급제시기간이 끝나는 날까지 5일 이상의 기간이 남아 있는 것)은 매수신청보증봉투(흰색 작은 봉투)에 넣어 1차로 봉하고 날인한 다음 필요사항을 적은 기일입찰표와 함께 기일입찰봉투(황색 큰 봉투)에 넣어 다시 봉하여 날인한 후 입찰자용 수취증 절취선상에 집행관의 날인을 받고 집행관의 면전에서 입찰자용 수취증을 떼어 내 따로 보관하고 기일입찰봉투를 입찰함에 투입하여야 한다.(도장은

최소 6곳 이상 날인 하였는지 확인한다)

5. 입찰자는 같은 물건에 관하여 동시에 다른 입찰자의 대리인이 될 수 없으며, 한 사람이 공동입찰자의 대리인이 되는 경우 외에는 두 사람 이상의 다른 입찰자의 대리인으로 될 수 없다. (이에 반한 입찰은 무효이며 공동입찰을 하는 때에는 기일입찰표에 각자의 지분을 분명하게 표시하여야 한다)

※법인의 대표이사로 입찰하고, 대표이사 개인 명의로 입찰시에 무효가 된다.

6. 입찰을 마감한 후에는 매수신청을 받지 않으며, 공유자는 집행관이 매각기일을 종결한다는 고지를 하기 전까지 매수신청보증을 제공하고 우선매수신고를 할 수 있으며, 우선매수신고에 따라 차순위매수인으로 간주되는 최고가매수신고인은 매각기일이 종결되기 전까지 그 지위를 포기할 수 있다(일부 필지에 공유자는 공유자우선매수 못하며, 공동입찰시에는 공동입찰신고서와 공동입찰자목록도 기일입찰표와 함께 투입하여야 한다).

7. 최고가매수신고인 및 차순위매수신고인 외의 입찰자에게는 입찰절차의 종료 즉시 매수신청보증을 반환하므로 입찰자용수취증과 주민등록증을 갖고 반환신청 하여야 한다.

입찰표의 제출을 최고한 후 1시간이 지나지 아니하면 입찰을 마감하지 못한다. (통상 10시 입찰선언을 시작하여 11시 10분 또는 11시 30분 등 입찰접수 마감시각을 정한다)

8. 개찰 시 입찰자의 면전에서 먼저 기일입찰 봉투만 개봉하여 기일입찰표에 의하여 사건번호(필요시에는 물건번호 포함), 입찰목적물, 입찰자의 이름 및 입찰가격을 부른다.

집행관은 제출된 기일입찰표의 기재에 흠이 있는 경우에 기일입찰표의 유・무효를 판단한다.

현금・자기앞수표로 매수신청보증을 제공한 경우 매수신청보증봉투는 최고의 가격으로 입찰한 사람의 것만 개봉하여 정하여진 보증금액에 해당하는 여부를 확인하며 매수신청보증이 정하여진 보증금액에 미달하는 경우에는 그 입찰자의 입찰을 무효로 하고, 차순위의 가격으로 입찰한 사람의 매수신청보증을 확인한다. 최고의 가격으로 입찰한 사람을 최고가매수신고인으로 한다. 최고가매수신고액에서 매수신청보증을 뺀 금액을 넘는 금액으로 매수신고를 한 사람으로서 차순위매수신고를 한 사람을 차순위매수신고인으로 한다. 차순위매수신고를 한 사람이 두 사람 이상인 때에는 매수신고가격이 높은 사람을 차순위매수신고인으로 정하고, 신고한 매수가격이 같을 때에는 추첨으로 차순위매수신고인을 정한다.

9. 입찰절차의 종결을 고지한 때에는 최고가매수신고인 및 차순위매수신고인 외의 입찰자로부터 입찰자용 수취증을 교부 받아 기일입찰봉투의 연결번호 및 간인과의 일치여부를 대조하고, 아울러 주민등록증을 제시 받아 보증제출자 본인인지 여부를 확인한 후 그 입찰자에게 매수신청보증(자기앞수표가 든 흰 봉투)을 즉시 반환한다.

- 더욱 상세한 사항은 대법원사이트(www.scourt.go.kr)> 종합법률정보> 규칙/예규/선례 클릭 후 검색어에 "부동산등에 대한 경매절차 처리지침(재민 2004-3, 개정 2008.06.12 재판예규 제1230호)"을 보면 경매법정 매각기일 당일 업무가 상세히 기술되어 있어 참고하면 된다.

〈사례연구 1〉 [기일입찰표]

기 일 입 찰 표

창원지방법원 집행관 귀하　　　　　　　　　　　　입찰기일 :　　　년　　월　　일

<table>
<tr><td colspan="2">사 건
번 호</td><td colspan="2">타 경　　　　　　호</td><td>물 건
번 호</td><td colspan="2"></td></tr>
<tr><td rowspan="6">입
찰
자</td><td rowspan="3">본
인</td><td>성　　명</td><td>㊞</td><td>전화번호</td><td>자 택
휴대폰</td><td></td></tr>
<tr><td>주민(사업자)
등록번호</td><td></td><td>법인등록
번　호</td><td colspan="2"></td></tr>
<tr><td>주　　소</td><td colspan="5"></td></tr>
<tr><td rowspan="3">대
리
인</td><td>성　　명</td><td>㊞</td><td>본인과의
관　계</td><td colspan="2"></td></tr>
<tr><td>주민등록
번　호</td><td></td><td>전화번호</td><td colspan="2">－</td></tr>
<tr><td>주　　소</td><td colspan="5"></td></tr>
</table>

입찰가격	천억	백억	십억	억	천만	백만	십만	만	천	백	십	일	원	보증금액	백억	십억	억	천만	백만	십만	만	천	백	십	일	원
													원													원

보증의 제공방법	☐ 현금 · 자기앞수표 ☐ 보 증 서	(초과) 보증을 반환 받았습니다. 입 찰 자　　　㊞

※ 주의사항 ※

1. 입찰표는 물건마다 별도의 용지를 사용하십시오. 다만, 일괄입찰시에는 1매의 용지를 사용하십시오.
2. 한 사건에서 입찰물건이 여러개 있고 그 물건들이 개별적으로 입찰에 부쳐진 경우에는 사건번호외에 물건번호를 기재하십시오.
3. 입찰자가 법인인 경우에는 본인의 성명란에 법인의 명칭과 대표자의 지위 및 성명을, 주민등록번호란에는 입찰자가 개인인 경우에는 주민등록번호를, 법인인 경우에는 사업자등록번호를 기재하고, 대표자의 자격을 증명하는 서면(법인의 등기부 등 · 초본)을 제출하여야 합니다.
4. 주소는 주민등록상의 주소를, 법인은 등기부상의 본점소재지를 기재하시고, 신분확인상 필요하오니 주민등록증을 꼭 지참하십시오.
5. **입찰가격은 수정할 수 없으므로, 수정을 요하는 때에는 새 용지를 사용하십시오.**
6. 대리인이 입찰하는 때에는 입찰자란에 본인과 대리인의 인적사항 및 본인과의 관계 등을 모두 기재하는 외에 본인의 위임장(입찰표 뒷면을 사용)과 인감증명을 제출하십시오.
7. 위임장, 인감증명 및 자격증명서는 이 입찰표에 첨부하십시오.
8. 일단 제출된 입찰표는 취소, 변경이나 교환이 불가능합니다.
9. 공동으로 입찰하는 경우에는 공동입찰신고서를 입찰표와 함께 제출하되, 입찰표의 본인란에는 "별첨 공동입찰자목록 기재와 같음"이라고 기재한 다음, 입찰표와 공동입찰신고서 사이에는 공동입찰자 전원이 간인 하십시오.
10. 입찰자 본인 또는 대리인 누구나 보증을 반환 받을 수 있습니다.
11. 보증의 제공방법(현금 · 자기앞수표 또는 보증서)중 하나를 선택하여 ☑표를 기재하십시오.

※ 뒷면에 위임장서식이 인쇄되어 있습니다.

위 임 장

대리인	성 명		직 업	
	주민등록번호	–	전화번호	
	주 소			

위 사람을 대리인으로 정하고 다음 사항을 위임함.

다 음

창원지방법원 타경 호 부동산

경매사건에 관한 입찰행위 일체

본인 1	성 명	(인감인)	직 업	
	주민등록번호	–	전화번호	
	주 소			
본인 2	성 명	(인감인)	직 업	
	주민등록번호	–	전화번호	
	주 소			
본인 3	성 명	(인감인)	직 업	
	주민등록번호	–	전화번호	
	주 소			

* 본인의 인감 증명서 첨부
* 본인이 법인인 경우에는 주민등록번호란에 사업자등록번호를 기재

창원지방법원 귀중

창 원 지 방 법 원

사건번호	타경 호
물건번호	
입 찰 자	㉹
대 리 인	㉹

(매각보증금봉투)

인　　　　인　　　　인

1. 매각보증금을 넣고 봉한후 날인의 표시가 있는 부분에 꼭 날인하시기 바랍니다.
2. 입찰표와 함께 입찰봉투(황색 큰 봉투)에 넣으십시오.

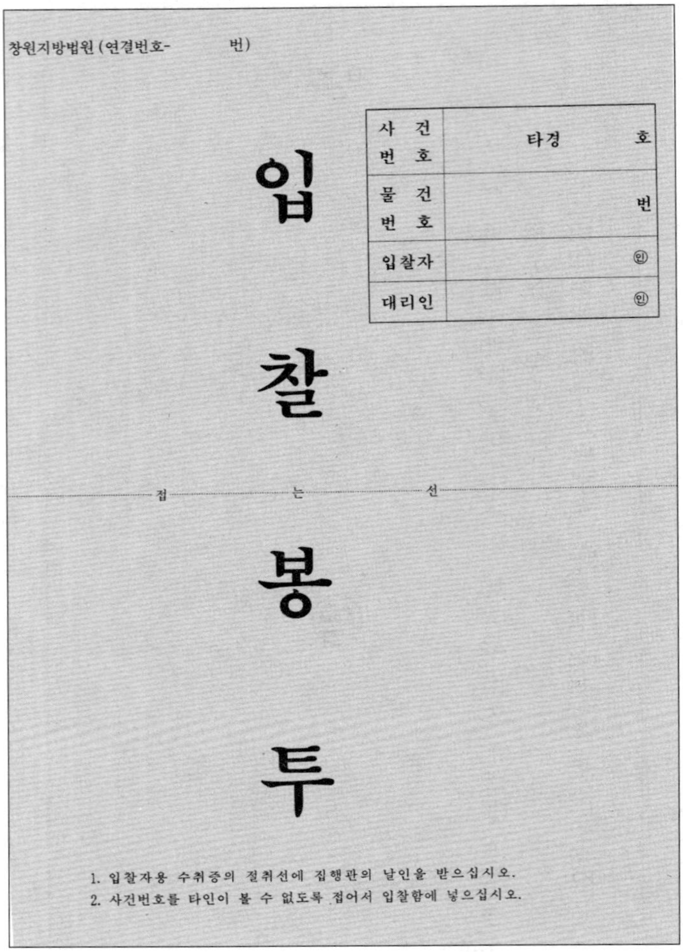

창원지방법원 (연결번호- 번)

사 건 번 호	타경 호
물 건 번 호	번
입찰자	㊞
대리인	㊞

입 찰 봉 투

접 는 선

1. 입찰자용 수취증의 절취선에 집행관의 날인을 받으십시오.
2. 사건번호를 타인이 볼 수 없도록 접어서 입찰함에 넣으십시오.

최고가매수신고인에게 집행관이 주는 영수증

영 수 증			
			김 ○ ○ 귀하
사건번호	물건번호	부동산매각금액	비 고
2007타경 32531	1	5,760,000	

위 금액을 틀림없이 영수 하였습니다.

20 . . .

○○지방법원 집행관사무소

집 행 관 ○ ○ ○ (인)

※ 사건에 대한 문의는 민사집행과 담당 경매계에 문의하십시오.

〈사례연구 2〉 공동입찰신고서

공 동 입 찰 신 고 서

법원 집행관 귀하

사건번호 타경 호
물건번호

공동입찰자 별지목록과 같음

위 사건에 관하여 공동입찰을 신고합니다.

20 . . .

신청인 외 인(별지목록 기재와 같음)
○ ○ 지방법원 집행관 귀하

※ 1. 공동입찰을 하는 때에는 입찰표에 각자의 지분을 분명하게 표시하여야 합니다.
2. 별지 공동입찰자 목록과 사이에 공동 입찰자 전원이 간인하십시오.

〈사례연구 3〉 [공동입찰자목록]

공 동 입 찰 자 목 록

번호	성 명	주 소		지 분
		주 민 등 록 번 호	전화번호	
	(인)			
		–		
	(인)			
		–		
	(인)			
		–		
	(인)			
		–		
	(인)			
		–		
	(인)			
		–		

〈사례연구 4〉 [부동산 등에 대한 경매절차 처리지침 중 기일입찰표의 유 · 무효 처리기준]

아래표는 대법원(www.scourt.go.kr)홈페이지>종합법률정보>규칙/예규/선례> 검색어에 경매절차 클리 후 찾으면 된다.

"부동산 등에 대한 경매절차 처리지침(재민 2004－3)"에서 찾아 보도록 한다.

[별지 3] 기일입찰표의 유 · 무효 처리기준

번호	흠 결 사 항	처 리 기 준
1	입찰기일을 적지 아니하거나 잘못 적은 경우	입찰봉투의 기재에 의하여 그 매각기일의 것임을 특정할 수 있으면 개찰에 포함시킨다.
2	사건번호를 적지 아니한 경우	입찰봉투, 매수신청보증봉투, 위임장 등 첨부서류의 기재에 의하여 사건번호를 특정할 수 있으면 개찰에 포함시킨다.
3	매각물건이 여러 개인데, 물건번호를 적지 아니한 경우	개찰에서 제외한다. 다만, 물건의 지번 · 건물의 호수 등을 적거나 입찰봉투에 기재가 있어 매수신청 목적물을 특정할 수 있으면 개찰에 포함시킨다.
4	입찰자 본인 또는 대리인의 이름을 적지 아니한 경우	개찰에서 제외한다. 다만, 고무인 · 인장 등이 선명하여 용이하게 판독할 수 있거나, 대리인의 이름만 기재되어 있으나 위임장 · 인감증명서에 본인의 기재가 있는 경우에는 개찰에 포함시킨다.
5	입찰자 본인과 대리인의 주소 · 이름이 함께 적혀 있지만(이름 아래 날인이 있는 경우 포함) 위임장이 붙어 있지 아니한 경우	본인의 입찰로서 개찰에 포함시킨다.
6	입찰자 본인의 주소 · 이름이 적혀 있고 위임장이 붙어 있지만, 대리인의 주소 · 이름이 적혀 있지 않은 경우	본인의 입찰로서 개찰에 포함시킨다.
7	위임장이 붙어 있고 대리인의 주소 · 이름이 적혀 있으나 입찰자 본인의 주소 · 이름이 적혀 있지 아니한 경우	위임장의 기재로 보아 본인의 주소 · 이름을 특정할 수 있으면 개찰에 포함시킨다.
8	한 사건에서 동일인이 본인인 동시에 다른 사람의 대리인이거나, 동일인이 2인 이상의 대리인을 겸하는 경우	쌍방의 입찰을 개찰에서 제외한다.
9	입찰자 본인 또는 대리인의 주소나 이름이 위임장 기재와 다른 경우	이름이 다른 경우에는 개찰에서 제외한다. 이름이 같고 주소만 다른 경우에는 개찰에 포함시킨다.
10	입찰자가 법인인 경우 대표자의 이름을 적지 아니한 경우(날인만 있는 경우도 포함)	개찰에서 제외한다. 다만, 법인등기부등본으로 그 자리에서 자격을 확인할 수 있거나, 고무인 · 인장 등이 선명하며 용이하게 판독할 수 있는 경우에는 개찰에 포함시킨다.

11	본인 또는 대리인의 이름 다음에 날인이 없는 경우	본인의 입찰로서 개찰에 포함시킨다.
12	입찰가격의 기재를 정정한 경우	정정인 날인 여부를 불문하고, 개찰에서 제외한다.
13	입찰가격의 기재가 불명확한 경우(예, 5와 8, 7과 9, 0과 6등)	개찰에서 제외한다.
14	보증금액의 기재가 없거나 그 기재된 보증금액이 매수신청보 증과 다른 경우	매수신청보증봉투 또는 보증서에 의해 정하여진 매수신청보증 이상의 보증제공이 확인되는 경우에는 개찰에 포함시킨다.
15	보증금액을 정정하고 정정인이 없는 경우	
16	하나의 물건에 대하여 같은 사람이 여러 장의 입찰표를 제출한 경우	입찰표 모두를 개찰에서 제외한다.
17	보증의 제공방법에 관한 기재가 없거나 기간입찰표를 작성·제출한 경우	개찰에 포함시킨다.
18	위임장은 붙어 있으나 위임장이 사문서로서 인감증명서가 붙어 있지 아니한 경우, 위임장과 인감증명서의 인영이 틀린 경우	최고가매수신고인 결정전까지 인감증명서를 제출하거나 그 밖에 이에 준하는 확실한 방법으로 위임장의 진정성립을 증명한 때에는 그 입찰자를 최고가매수신고인 (차순위매수신고인)으로 결정할 수 있다.

〈사례연구 5〉 [입찰 참가시 준비서류 및 매수관련 비용]

◈ 개인의 경우

〈본인이 직접 입찰에 참가하는 경우〉

- 입찰보증금 : 최저매각가격의 10%(특별매각조건이 있는 경우 20% 또는 30%)
- 주민등록증(또는 운전면허증 또는 여권)
- 도장 (위임장에는 본인의 인감도장이 날인되어야 하며, 본인이 응찰 시에는 인감도장이 아니라도 상관없고, 도장이 없으면 무인을 찍고 집행관이 본인임을 확인 할 수 있다)

〈대리인이 참가하는 경우〉

- 입찰보증금 : 최저매각가격의 10%(특별매각조건이 있는 경우 20% 또는 30%)
- 위임장, 위임인 인감증명서 1통, 위임인 인감도장(위임장에 인감 날인한 경우 불필요)
- 대리인의 주민등록증(또는 운전면허증이나 여권), 대리인의 도장

※ 대리인은 누구나 할 수 있으나 변호사, 법무사, 4일이상 교육과 보증보험가입하고 법원에 매수신청등록한 공인중개사가 아니면 보수(報酬)를 받거나 받지 않더라도 업(業)으로 할 수 없다(변호사법 위반으로 구속될 수도 있다)

◈ 법인의 경우

〈대표이사 본인이 직접 입찰에 참가하는 경우〉

- 입찰보증금 : 최저매각가격의 10%(특별매각조건이 있는 경우 20% 또는 30%)
- 법인등기부등본 또는 초본 1통, 법인 인감도장(필요 시 인감증명 첨부)
- 법인 대표이사의 주민등록증(또는 운전면허증 이나 여권)

- 입찰자가 법인인 경우에는 법인의 이름, 대표자의 지위와 이름, 등기부상의 본점소재지를 적는다. 법인의 경우 대표자의 이름(즉, 대표이사 이름)을 적지 아니하면 그 입찰은 무효로 처리된다.
- 법인등기부등본에 나타나는 법인의 '등록번호'와 '사업자등록번호'(2004. 9. 1부터)를 기재하여야 한다.

〈대리인이 참가하는 경우〉

- 입찰 보증금 : 최저매각가격의 10%(특별매각조건이 있는 경우 20% 또는 30%)
- 위임장, 법인등기부등본 또는 초본 1통, 법인 인감증명서 1통
- 법인 인감도장(위임장에 인감 날인한 경우 불필요),
- 대리인의 주민등록증(또는 운전면허증 이나 여권), 대리인의 도장

〈사례연구 6〉 [재판예규 제1119호 부동산 등에 대한 경매절차 처리지침(재민 2004-3)]

제19조(매수신청인의 자격증명 등) ① 매수신청인의 자격 증명은 개인이 입찰하는 경우 주민등록등본, 법인의 대표자 등이 입찰하는 경우 법인등기부등본, 법정대리인이 입찰하는 경우 가족관계등록부(구, 호적등본), 임의대리인이 입찰하는 경우 대리위임장, 인감증명서, 2인 이상이 공동입찰하는 경우 공동입찰신고서 및 공동입찰자목록으로 한다.

② 제1항의 서류 등은 기간입찰봉투에 기간입찰표와 함께 넣어 제출되어야 한다.

제31조 (입찰사항・입찰방법 및 주의사항 등의 고지) 집행관은 매각기일에 입찰을 개시하기 전에 참가자들에게 다음 각 호의 사항을 고지하여야 한다.

1. 매각사건의 번호, 사건명, 당사자(채권자, 채무자, 소유자), 매각물건의 개요 및 최저매각가격
2. 일괄매각결정이 있는 사건의 경우에는 일괄매각한다는 취지와 각 물건의 합계액
3. 매각사건목록 및 매각물건명세서의 비치 또는 게시장소
4. 기일입찰표의 기재방법 및 기일입찰표는 입찰표 기재대, 그 밖에 다른 사람이 엿보지 못하는 장소에서 적으라는 것
5. 현금(또는 자기앞수표)에 의한 매수신청보증은 매수신청보증봉투(흰색 작은 봉투)에 넣어1차로 봉하고 날인한 다음 필요사항을 적은 기일입찰표와 함께 기일입찰봉투(황색 큰봉투)에 넣어 다시 봉하여 날인 후 입찰자용 수취증 절취선상에 집행관 날인을 받고 집행관의 면전에서 입찰자용 수취증을 떼어 내 따로 보관하고 기일입찰봉투를 입찰함에 투입하라는 것, 보증서에 의한 매수신청보증은 보증서를 매수신청보증봉투(흰색 작은 봉투)에 넣지 않고 기일입찰표와 함께 기일입찰봉투(황색 큰 봉투)에 함께 넣어 봉하여 날인한 후 입찰자용 수취증 절취선상에 집행관의 날인을 받고 집행관의 면전에서 입찰자용 수취증을 떼어 내 따로 보관하고 기일입찰봉투를 입찰함에 투입하라는 것 및 매수신청보증은 법원이 달리 정하지 아니한 이상 최저매각가격의 1/10에 해당하는 금전, 은행법의 규정에 따른 금융기관이 발행한 자기앞수표로서 지급제시기간이 끝나는 날까지 5일 이상의 기간이 남아 있는 것, 은행 등이 매수신청을 하려는 사람을 위하여 일정액의 금전을 법원의 최고에 따라 지급한다는 취지의 기한의 정함이 없는 지급보증위탁계약이 매수신청을 하려는 사람과 은행 등 사이에 맺어진 사실을 증명하는 문서이어야 한다는 것
6. 기일입찰표의 취소, 변경, 교환은 허용되지 아니한다는 것
7. 입찰자는 같은 물건에 관하여 동시에 다른 입찰자의 대리인이 될 수 없으며, 한 사람이 공동입찰자의 대리인이 되는 경우 외에는 두 사람 이상의 다른 입찰자의 대리인으로 될 수 없다는 것 및 이에 위반한 입찰은 무효라는 것
8. 공동입찰을 하는 때에는 기일입찰표에 각자의 지분을 분명하게 표시하여야 한다는 것
9. 입찰을 마감한 후에는 매수신청을 받지 않는다는 것
10. 개찰할 때에는 입찰자가 참석하여야 하며, 참석하지 아니한 경우에는 법원사무관등 상당하다

고 인정되는 사람을 대신 참석하게 하고 개찰한다는 것
11. 제34조에 규정된 최고가매수신고인 등의 결정절차의 요지
12. 공유자는 집행관이 매각기일을 종결한다는 고지를 하기 전까지 매수신청보증을 제공하고 우선매수신고를 할 수 있으며, 우선매수신고에 따라 차순위매수인으로 간주되는 최고가매수신고인은 매각기일이 종결되기 전까지 그 지위를 포기할 수 있다는 것
13. 최고가매수신고인 및 차순위매수신고인 외의 입찰자에게는 입찰절차의 종료 즉시 매수신청보증을 반환하므로 입찰자용수취증과 주민등록증을 갖고 반환신청 하라는 것
14. 이상의 주의사항을 장내에 게재하여 놓았으므로 잘 읽고 부주의로 인한 불이익을 받지 말라는 것

〈사례연구 7〉 [매수신청 보증방법, 최고가매수신고인의 결정]

1. 매수신청 보증 제공 방법

- 금전 또는 자기앞수표 (자기앞수표는 지급제시기간(발행일로부터 10일간임)이 끝나는 날까지 5일 이상의 기간이 남아 있어야 한다)
- 지급보증위탁계약 체결사실 증명 문서 : 서울보증보험의 경매보증보험증권

2. 최고가매수신고인의 결정

- 최고의 가격으로 매수신고한 자를 최고가매수신고인으로 한다.
- 최고가 신청인이 동액으로 2인 이상 일 때 그들에게 다시 전 입찰가격이상을 입찰하게 한다.
- 2인 이상이 다시 최고가의 가격으로 입찰한 때에는 추첨으로 정한다.

  차순위매수신고인의 결정 : 최고가매수신고액에서 그보증금을 공제한 금액을 넘는 금액으로 입찰에 참가한자로 차순위매수신고를 한자로 정한다.

  즉, 2차 최저매각가격이 80백만원인 경우 95백만원 최고가 매수신고인－보증금 8백만원=87백만원(85백만원은 아님) 이상 응찰자 중 차순위매수신고를 한 응찰자 중 최고 높은 가격을 신고한 자

3. 입찰의 종결

- 집행관이 최고가매수신고인의 이름과 가격을 호창하고 경매의 종결을 선언하며 기타 매수신고인으로부터 수취한 매수신청보증금은 반환한다.
- 기일입찰 및 호가경매의 경우 최저가격의 저감없이 당일 2회의 입찰을 실시할 수 있다.

4. 입찰무효

① 채무자, 소유자, 전매수인이 응찰, ② 입찰가액이 최저매각가격 미만
③ 입찰보증금이 부족한 경우, ④입찰표 금액을 수정한 경우
⑤ 물건번호 미기재, ⑥날인 또는 무인하지 않은 경우

5. **특별매각조건** : 농취증 미 제출시 보증금 몰수, 토지별도등기, 매각대금지연시 연2할, 대지권에 대한 저당권 인수조건 등 매각물건명세서(비고란)에 기재된 조건

[부동산등에 대한 경매절차 처리지침]

제34조 (최고가매수신고인 등의 결정) ① 최고의 가격으로 입찰한 사람을 최고가매수신고인으로 한다. 다만, 최고의 가격으로 입찰한 사람이 두 사람 이상일 경우에는 그 입찰자들만을 상대로 추가입찰을 실시한다.

② 제1항 단서의 경우에는 입찰의 실시에 앞서 기일입찰표의 기재는 최초의 입찰표 기재방식과 같다.

③제1항 단서의 경우에 추가입찰의 자격이 있는 사람 모두가 추가입찰에 응하지 아니하거나 또는 종전 입찰가격보다 낮은 가격으로 입찰한 때에는 그들 중에서 추첨에 의하여 최고가매수신고인을 정하며, 두 사람 이상이 다시 최고의 가격으로 입찰한 때에는 그들 중에서 추첨에 의하여 최고가매수신고인을 정한다. 이 때 입찰자 중 출석하지 아니한 사람 또는 추첨을 하지 아니한 사람이 있는 경우에는 법원사무관등 상당하다고 인정되는 사람으로 하여금 대신 추첨하게 된다.

④ 최고가매수신고액에서 매수신청보증을 뺀 금액을 넘는 금액으로 매수신고를 한 사람으로서 법 제114조의 규정에 따라 차순위매수신고를 한 사람을 차순위매수신고인으로 한다. 차순위매수신고를 한 사람이 두 사람 이상인 때에는 매수신고가격이 높은 사람을 차순위매수신고인으로 정하고, 신고한 매수가격이 같을 때에는 추첨으로 차순위매수신고인을 정한다.

제35조(종결) ① 최고가매수신고인을 결정하고 입찰을 종결하는 때에는 집행관은 "○○○호 사건에 관한 최고가매수신고인은 금○○○원으로 응찰한 ○○(주소)에 사는 ○○○(이름)입니다. 차순위매수신고를 할사람은 신고하십시오"라고 한 후, 차순위매수신고가 있으면 차순위매수신고인을 정하여 "차순위매수신고인은 입찰가격 ○○○원을 신고한 ○○(주소)에 사는 ○○○(이름)입니다"라고 한 다음, "이로써 ○○○호 사건에 관한 입찰절차가 종결되었습니다"라고 고지한다.

② 입찰을 마감할 때까지 허가할 매수가격의 신고가 없는 때에는 집행관은 즉시 매각기일의 마감을 취소하고 같은 방법으로 매수가격을 신고하도록 최고할 수 있다.

③ 매수가격의 신고가 없어 바로 매각기일을 마감하거나 제2항의 최고에 대하여 매수가격의 신고가 없어 매각기일을 최종적으로 종결하는 때에는 사건은 입찰불능으로 처리하고 "○○○호 사건은 입찰자가 없으므로 입찰절차를 종결합니다"라고 고지한다.

〈사례연구 8〉 [46평형 빌라 1조1천500억원 낙찰 해프닝]

기일입찰표 끝자리에 '만'을 기입하다. ('115,000,000(원)' ⇒'115,000,000만(원)'으로)

1) 울산지방법원에서 2006. 5.25일 감정가 5천만원인 울산 소형 A아파트 약 70㎡ 한 채를 5,850억원에, 2006.2.10 감정가 6천400만원인 양산시 웅상읍 약100㎡ 아파트를 5,055억원에 낙찰되는 등 세 번이나 발생했다.

2) 법원 경매물건 중 울산지역 46평형 빌라 한 채가 1조1천500억원 (=1,150,000, 000,000원)이라는 엄청난 가격에 낙찰됐다가 취소되는 해프닝이 벌어졌다. 2006. 8.17일 울산지법 부동산임의경매사건으로 2006. 7. 8일 입찰한 울산시 남구 46.33평형은 최저매각 감정가 1억1천500만원의 1만배에 이르는 1조1천500억원에 낙찰됐다. 낙찰자가 금액 단위가 '원'이어서 숫자만 쓰도록 돼 있는 입찰표상의 입찰가 기재란 마지막 칸에 한글로 '만'자를 써낸 것으로 '115,000,000(원)'을'115,000,000만(원)으로 써 낸 것이다. 법원은 낙찰자의 실수로 보고 일주일간의 낙찰허가 기간이 지난 2006. 8.14일 매각불허가 결정을 내렸지만 매각허가 결정이 내려졌을 경우 낙찰자는 1조원에 이르는 대금을 납부하지 못하고 감정가의 10%인 입찰보증금 1천150만원 만 몰수당할 뻔했다.

3) 법원경매 관계자는 "경매참여자들이 습관적으로 입찰가 기재란 끝에 '만'자를 쓴 것 같다"며 "실수라도 가장 많은 금액을 써냈기 때문에 낙찰은 시키지만 매각허가 및 불허가 결정 때 실수로 보고 불허 결정을 내리므로 주의해야 한다"고 말했다. 매각을 허가하면 보증금 10%는 몰수된다.

19－3. 기간입찰제

기간입찰은 기일입찰과 달리 7일간의 입찰기간을 두고 우편 접수나 방문 접수를 한 후 다시 매각기일을 지정(주로 기간일찰 마지막날 익일부터 7일이내 각 법원별 임의 지정)후 7일 이내 매각결정기일을 지정하고 있다.

예전에는 아파트 1~2백 세대 경매시 민원성 임차인들이 경매법정 주위에서 데모 등으로 경매 진행이 어려울 수 있는 물건 위주로 하였으나 현재에는 전국 각 법원에서 가끔 선택하고 있으며, 일본은 거의 기간입찰로 진행되고 있는 실정이다.

서울서부지방법원 2007타경 10685호 및 창원지방법원 2008－2742호를 살펴보자.

〈기간입찰안내〉

입찰기간동안 기간입찰표 등을 집행관사무실에 직접 제출하거나 입찰기간내에 등기우편의 방법으로 접수된 것에 한해 입찰이 가능하고, 기일입찰과 달리 매각기일 당일에는 입찰할 수 없음을 주의 바랍니다.

1. 매각법원 : 서울서부지방법원 2007－10685 2. 입찰기간 : 2007.11.01(목) ~ 2007.11.08(목) 3. 매각기일 : 2007.11.14(수) 10 : 00 4. 매각결정기일 : 2007.11.21(수) 14 : 00
1. 매각법원 : 창원지방법원 2008－2742 2. 입찰기간 : 2008.8.27(수) ~ 2007.9.02(화) 3. 매각기일 : 2008.9.8(월) 10 : 00 4. 매각결정기일 : 2008.9.12(금) 14 : 00

매각방법은 각급 법원에 개설된 보관금 예금 계좌에 매수신청보증금을 납부한 후 발급받은 보관금 영수필통지서를 법원에 비치된 입금증명서 양식에 첨부한 후 입찰표와 함께 입찰봉투에 넣어 제출하거나 또는 일정액의 보증료를 지불하고 발급받은 지급위탁계약체결문서(일명 : 경매 보증보험증권)와 입찰표를 입찰봉투에 넣어 제출하는 방법이다. 한편 매수신청보증금의 반환은 최고가매수신고인 및 차순위매수신고인을 제외한 입찰참가자들에 대하여 보관금납부서에 기재한 잔액환급계좌에 입금하여 반환하며, 보증보험증권으로 매수신청 보증에 제공된 경우에는 원칙적으로 입찰에 참가한 이후에는 보증료가 반환되지 않는다.

1) 기간입찰표

서식은 기일입찰표와 같으며 연두색의 기간입찰표로 제목만 다르다.

서식

기 간 입 찰 표

창원지방법원 집행관 귀하　　　　　　　매각(개찰)기일 :　　　년　　월　　일

사건번호	타경　　　　호	물건번호	
입찰자 / 본인	성　　명	㊞	전화번호	
	주민(사업자)등록번호		법인등록번호	
	주　　소			
입찰자 / 대리인	성　　명	㊞	본인과의 관계	
	주민등록번호		전화번호	-
	주　　소			

입찰가격	천억	백억	십억	억	천만	백만	십만	만	천	백	십	일	
													원

보증금액	백억	십억	억	천만	백만	십만	만	천	백	십	일	
												원

보증의 제공방법	□ 입금증명서 □ 보 증 서	보증을 반환 받았습니다. 입찰자　　　㊞

※ 주의사항 ※

1. 입찰표는 물건마다 별도의 용지를 사용하십시오. 다만, 일괄입찰시에는 1매의 용지를 사용하십시오.
2. 한 사건에서 입찰물건이 여러개 있고 그 물건들이 개별적으로 입찰에 부쳐진 경우에는 사건번호외에 물건번호를 기재하십시오.
3. 입찰자가 법인인 경우에는 본인의 성명란에 법인의 명칭과 대표자의 지위 및 성명을, 주민등록번호란에는 입찰자가 개인인 경우에는 주민등록번호를, 법인인 경우에는 사업자등록번호를 기재하고, 대표자의 자격을 증명하는 서면(법인의 등기부 등·초본)을 제출하여야 합니다.
4. 주소는 주민등록상의 주소를, 법인은 등기부상의 본점소재지를 기재하시고, 신분확인상 필요하오니 주민등록등본이나 법인등기부등본을 동봉하십시오.
5. **입찰가격은 수정할 수 없으므로, 수정을 요하는 때에는 새 용지를 사용하십시오.**
6. 대리인이 입찰하는 때에는 입찰자란에 본인과 대리인의 인적사항 및 본인과의 관계 등을 모두 기재하는 외에 본인의 위임장(입찰표 뒷면을 사용)과 인감증명을 제출하십시오.
7. 위임장, 인감증명 및 자격증명서는 이 입찰표에 첨부하십시오.
8. 입찰함에 투입된 후에는 입찰표의 취소, 변경이나 교환이 불가능합니다.
9. 공동으로 입찰하는 경우에는 공동입찰신고서를 입찰표와 함께 제출하되, 입찰표의 본인란에는 "별첨 공동입찰자목록 기재와 같음"이라고 기재한 다음, 입찰표와 공동입찰신고서 사이에는 공동입찰자 전원이 간인하십시오.
10. 입찰자 본인 또는 대리인 누구나 보증을 반환 받을 수 있습니다. (입금증명서에 의한 보증은 예금계좌로 반환됩니다.)
11. 보증의 제공방법(입금증명서 또는 보증서)중 하나를 선택하여 ☑표를 기재 하십시오.

※ 뒷면에 위임장서식이 인쇄되어 있습니다.

위 임 장

대리인	성 명		직 업	
	주민등록번호	—	전 화 번 호	
	주 소			

위 사람을 대리인으로 정하고 다음 사항을 위임함.

다 음

창원지방법원 타 경 호 부동산

경매사건에 관한 입찰행위 일체

본인 1	성 명	인감인	직 업	
	주민등록번호	—	전 화 번 호	
	주 소			
본인 2	성 명	인감인	직 업	
	주민등록번호	—	전 화 번 호	
	주 소			
본인 3	성 명	인감인	직 업	
	주민등록번호	—	전 화 번 호	
	주 소			

* 본인의 인감 증명서 첨부
* 본인이 법인인 경우에는 주민등록번호란에 사업자등록번호를 기재

창원지방법원 귀중

입금증명서

【입찰자 기재란】

사건번호		매각기일	
성명 · 날인	(인)		

법원보관금 영수필통지서(법원제출용) 첨부 장소

이 곳에 법원보관금 영수필통지서를 붙여 주십시오.

[확인란]

환급금 종류	□집행관	□사건담임자		출납공무원	
	환급사유	환급통지일	기명 · 날인	환급지시일	기명 · 날인
기간입찰 환급금	미낙찰, 취하, 취소, 미입찰, 기타(　　)	200　.　.　.	(인)	200　.　.　.	(인)

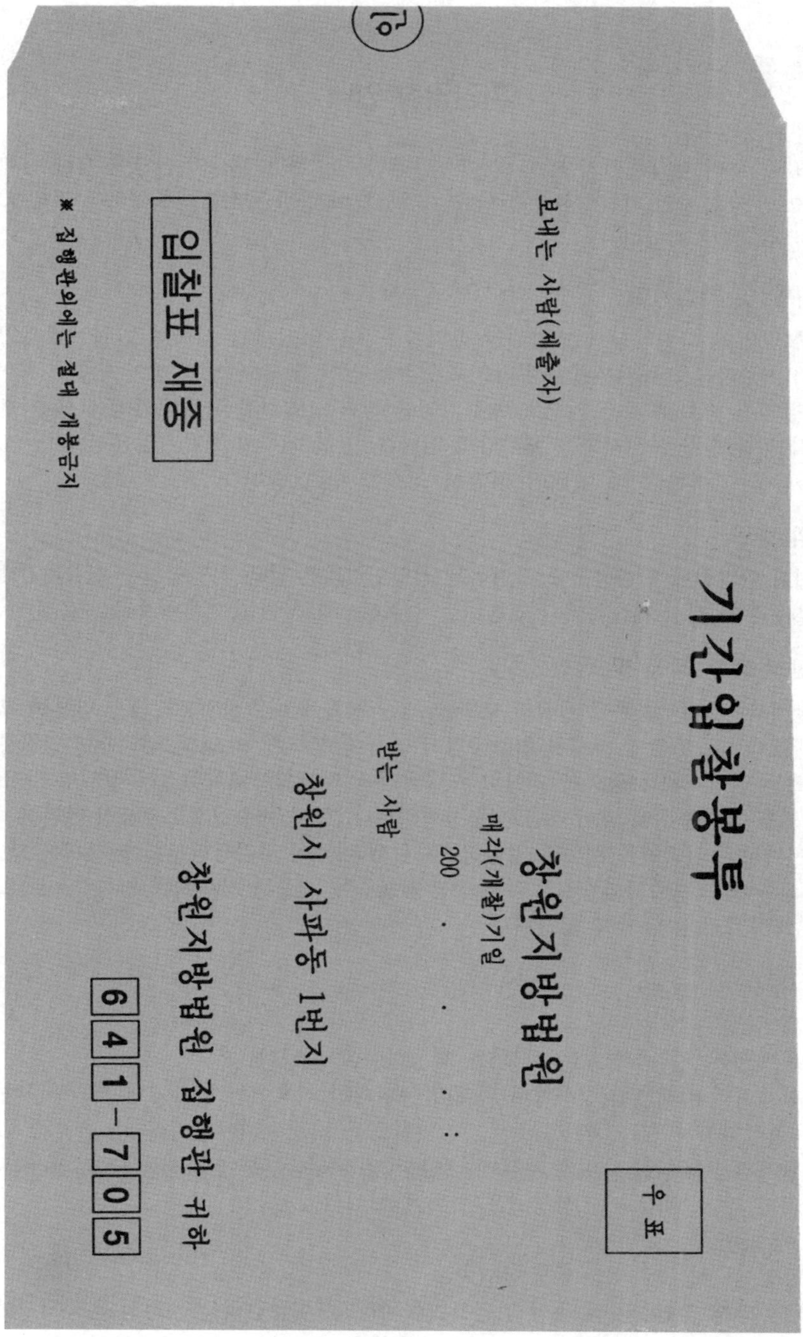
기간입찰봉투
우표
창원지방법원
매각(개찰)기일
200 . . . :
받는 사람
창원시 사파동 1번지
창원지방법원 집행관 귀하
641-705
보내는 사람(제출자)
인
입찰표 재중
※ 집행관외에는 절대 개봉금지

〈사례연구 1〉 [기간입찰시 주의사항]

— 출처 : 대법원 —

기간입찰 안내

※ 2004. 9. 1. 부터 매각물건의 특성 및 이해관계인등에 대한 판사의 판단에 따라 현재 법원에서 실시하고 있는 통상의 기일입찰방법 외에 기간입찰의 방법으로도 경매절차를 진행할 수 있도록 입찰방법이 추가 되었다.

1) 입찰기일 및 매각기일

통상의 입찰방법인 기일입찰과는 달리 기간입찰은 1주 이상 1월 이하의 범위안에서 입찰기간을 정하여 원격지 거주자들도 등기우편의 방법으로 입찰에 참여 할 수 있도록 하여 매수에 참여할 기회를 확대하고, 입찰기간 종료 후 1주 안으로 매각기일을 정하여 입찰함을 경매법정에 옮긴 후 입찰자의 면전에서 매각(개찰)절차를 실시하는 매각방법 입니다. 일찰기간 및 매각기일은 각 법원의 경매법정, 경매사건 수 등을 고려하여 각 법원이 적절히 조절할 수 있습니다.

2) 입찰의 방법

경매법정에서 입찰함에 입찰봉투를 투입하는 기일입찰과는 달리 기간입찰은 입찰기간내에 집행관 사무실에 입찰봉투를 직접 제출하거나 집행관을 수취인으로 하여 등기우편으로 제출할 수 있습니다.

3) 매수신청 보증 제공 및 반환

기간입찰에서는 각급 법원에 개설된 보관금 예금 계좌에 매수신청보증금을 납부한 후 발급받은 보관금영수필통지서를 법원에 비치된 입금증명서 양식에 첨부한 후 입찰표와 함께 입찰봉투에 넣어 제출하거나 또는 일정액의 보증료를 지불하고 발급받은 지급위탁계약체결문서(일명 : 경매보증보험증권)와 입찰표를 입찰봉투에 넣어 제출하는 방법입니다. 한편 매수신청보증금의 반환은 최고가매수신고인 및 차순위매수신고인을 제외한 입찰참가자들에 대하여 보관금납부서에 기재한 잔액환급계좌에 입금하여 반환하며, 보증보험증권으로 매수신청 보증에 제공된 경우에는 원칙적으로 입찰에 참가한 이후에는 보증료가 반환되지 않습니다.

4) 주의사항

① 입찰표의 작성

기간입찰에서는 기간입찰표(연두색)를 작성하여야 합니다.

- ○ 입찰가격의 기재를 정정하거나 기재가 불명확한 경우에는 입찰에서 제외됩니다.(입찰가격을 정정하고자 할 경우 새로운 기간입찰표를 작성하여야합니다.)
- ○ 입찰가격을 제외한 나머지 부분에 대한 정정은 해당부분에 사선을 긋고 입찰인 이름 옆의 인장과 같은 인장으로 정정인을 찍어야 합니다.

② 매수신청보증

다음 방법 중 하나에 의하여야 합니다.

- ○ 입금증명서 : 입찰기간 동안 법원보관금 취급점(취급점의 본・지점 은행에서의납부는 법원별로 달리 할 수 있음)에 매수신청보증금을 납입하고, 법원보관금취급규칙의 별지 3호서식 법원보관금영수필통지서를 법원보관금취급규칙의 별지 제7－1호 서식(입금증명서, 집행과 또는 집행관 사무실에 비치되어 있음)에 첨부하여 기간입찰표와 함께 기간입찰봉투

에 넣어 제출하여야 합니다.

○ 보증서 : 서울보증보험회사에 일정액의 보증료를 지불한 후 보험증권을 발급받아 기간입찰표와 함께 기간입찰봉투에 넣어 제출하여야 합니다.

③ 첨부서류

본인임을 확인할 수 있는 서류를 첨부하여야 합니다(발행일은 3개월 내의 것).

○ 개인 : 주민등록등본
○ 법인 : 법인등기부등본
○ 법정대리인 : 가족관계등록부(구, 호적등본)
○ 임의대리인 : 대리위임장, 인감증명서
○ 공동입찰 : 공동입찰신고서, 공동입찰자목록

④ 입찰방법

입찰표, 매수신청보증(입금증명서 또는 보증서), 기타 첨부서류를 기간입찰봉투(집행과 또는 집행관 사무실에 비치)에 넣고, 매각기일을 적은 다음 아래 방법 중 하나에 의하여 제출하여야 합니다.(매각기일 미기재시 입찰이 무효로 됩니다.)

○ 직접 제출 : 평일은 09 : 00부터 12 : 00까지, 13 : 00부터 18 : 00까지 사이에 집행관 사무실에 출석하여 집행관 또는 그 사무원에게 제출하고, 입찰봉투접수증을 수령하여야 합니다(토요일과 공휴일은 당직근무자에게 제출, 평일 제출의 경우 집행관 또는 그 사무원 이외의 자에 대한 제출은 무효).

○ 등기우편 제출 : 입찰기간 개시일 00 : 00경부터 마감일 24 : 00까지 법원에 우편물이 도착하여야 합니다(보통우편, 마감일 이후의 접수는 무효처리 됩니다).

⑤ 경매절차의 취소등

경매절차의 취소, 경매신청의 취하는 집행관 사무실 및 인터넷 법원경매공고란(www.courtauction.go.kr)에 게시되므로, 입찰전 반드시 확인하시기 바랍니다.

⑥ 기간입찰표의 취소등

기간입찰봉투가 입찰함에 투입된 이후에는 기간입찰표의 취소, 변경, 교환은 허용되지 아니합니다.

⑦ 매수신청보증의 반환

○ 반환시기 : 매각기일 종료 후 일괄반환됩니다.(입찰후 경매절차의 취소등에 의한 경우에도 중도에 반환되지 아니합니다.)

○ 보증서 반환 : 주민등록증과 도장을 소지하여야 합니다.

○ 보증료(보험료) 환급을 위한 확인 : 입찰에 참가하지 않은 경우, 매각기일전 경매신청의 취하·취소, 입찰이 무효가 된 경우에 집행관 또는 법원사무관(집행기록이 있는 곳)에게 확인을 받아 서울보증보험회사에 제출하시기 바랍니다.

○ 입금증명서에 의한 매수신청보증의 반환 : 입금증명서에 의하여 현금등을 납부한 경우 매각기일 종료후 보관금납부서에 기재된 잔액환급예금계좌로 반환됩니다.

⑧ 매각기일의 참석등

○ 차순위매수신고를 하고자 하는 자는 매각기일에 반드시 참석하여 신고하여야 합니다.

○ 최고가매수신고인이 2인 이상인 경우에는 그 입찰자들만을 상대로 기일입찰 방식으로 추가입찰을 합니다. 만일 출석하지 아니한 사람에게는 추가입찰 자격을 부여하지 않고, 출석한 사람들로 하여금 추가입찰을 실시하며, 출석한 사람이 1인인 경우에는 출석자에게만 추가입찰을 실시합니다.

○ 최고가매수신고인 중 매각기일에 출석한 사람이 없는 경우, 출석한 전원이 추가입찰을

하지 않는 경우, 추가입찰가격이 동액인 경우, 추가입찰을 실시하였으나 그 입찰이 전부 무효인 경우에는 그들 중에서 추첨에 의하여 최고가매수신고인을 정합니다. 이때 입찰자 중 출석하지 아니한 사람 또는 추첨을 하지 아니한 사람이 있는 경우에는 법원사무관등 상당하다고 인정되는 사람이 추첨을 대신 합니다.

⑨ 기타

○ 공동입찰을 하는 때에는 기간입찰표에 각각의 지분을 분명하게 표시하여야 합니다.

○ 공유자는 집행관이 매각기일을 종결한다는 고지를 하기 전까지 매수신청보증을 제공하고 우선매수신고를 할 수 있으며, 우선매수신고에 따라 차순위매수인으로 간주되는 최고가매수신고인은 매각기일이 종결되기 전까지 그 지위를 포기할 수 있습니다.

○ 입찰자는 같은 물건에 관하여 동시에 다른 입찰자의 대리인이 될 수 없고, 한 사람이 공동입찰자의 대리인이 되는 경우 외에는 두 사람 이상의다른 입찰자의 대리인으로 될 수 없으며, 이에 위반한 입찰은 무효입니다.

〈사례연구 2〉 [기간입찰 신문공고]

신문공고 양식 (기간입찰)

1. 공고된 부동산의 면적 표시는 실제면적의 표시와 다소간의 차이가 있을 수 있습니다.

※ 특별매각조건

농지법상 농지취득자격증명을 제출해야 하는 최고가매수신고인이 매각결정기일까지 농지취득자격증명을 제출하지 아니함으로써 매각이 불허가 될 때에는 매수신청보증금을 반환하지 않고 이를 배당시 매각대금에 산입한다.

2. 입찰기간 : 2008. 8.5~2008. 8.12.
3. 매각기일 2008. 8.19.(10 : 00, 신관 제111호 법정)
4. 매각결정기일 : 2008. 8.26. 14 : 00
5. 매각장소 : 서울북부지방법원 신관 제111호 법정
6. 매각방법

① 집행관 사무실에 비치된 기간입찰표에 사건번호 및 물건번호, 성명, 주소, 입찰가격, 보증금액 등을 기재한 후 기간입찰봉투에 입금증명서 또는 보증서 기타 첨부서류 등과 함께 넣고 봉인한 후 집행관 사무실에 직접 제출하거나, 집행관을 수신인으로 하여 등기우편의 방법으로 부쳐야 합니다.

② 입찰보증은 최저매각대금의 1할에 해당하는 금원을 이 법원이 개설한 보관금 계좌에 납부하거나 지급보증위탁계약을 체결한 문서를 제출하는 방법으로 하여야 합니다.

③ 집행관 사무실에 접수하는 경우에는 근무시간(평일에는 09 : 00~12 : 00, 13 : 00~18 : 00, 토요일은 09 : 00~12 : 00까지, 국 공휴일 및 토요 휴무일은 제외) 중에 접수하여야 하며, 우편으로 제출하는 경우에는 등기우편으로 입찰기간 만료일 24 : 00까지 도착할 수 있도록 하여야 합니다.

④ 2인 이상이 공동으로 입찰하고자 하는 경우에는 입찰표에 각자의 지분을 명확하게 표시하여야 합니다.

⑤ 기간입찰봉투가 투입된 이후에는 입찰의 철회, 입찰표의 정정・변경등을 할 수 없습니다.

⑥ 매각기일에 입찰법정에서 개찰을 실시하여 최고의 가격으로 응찰한 사람을 최고가매수인으로 정하고(차순위매수인으로 신고하는 경우에는 개찰기일에 출석하여 차순위매수신고를 하여야 함), 최고의 가격으로 입찰한 사람이 2인 이상인 경우에는 그 입찰자들만을 상대로 기일입찰방식으로 추가입찰을 실시합니다.

7. 매각허가 및 대금납부

① 최고의 가격으로 응찰한 사람에 대하여 매각결정기일에 매각허가 여부를 최종적으로 결정하고, 매각허가결정이 확정되면 대금지급기한까지 매각대금을 납부하여야 합니다. 대금지급기한은 통상 매각허가결정이 확정된 날로부터 1개월 이내로 지정됩니다.

② 지정된 대금지급기한까지 대금을 납부하지 아니하면 재매각을 실시합니다. 다만, 재매각기일로 지정된 날의 3일전까지 종전 매수인이 매각대금, 지연이자 및 비용을 납부하면 대금납부로서 유효하며, 따라서 이때에는 재매각은 실시하지 아니합니다.

8. 소유권이전 및 인도

① 매각대금을 납부함으로써 당해 부동산의 소유권이 매수인에게 이전되며, 각종 저당권, 가압류 등은 순위에 관계없이 원칙적으로 소멸됩니다. 소유권이전등기 및 저당권이나 가압류의 말소등기를 위해서는 국민주택채권매입필증 및 등록세와 교육세를 낸 영수증을 첨부하여 소유권이전등기 및 말소등기 신청서를 법원에 제출하면 법원이 위 등기를 촉탁하여 줍니다.

② 매각대금을 납부하였음에도 불구하고, 채무자, 소유자 또는 대항력없는 부동산 점유자가 매수인에게 부동산을 인도하여 주지 아니하면 법원에 인도명령을 신청할 수 있습니다.

9. 주의사항

① 매각된 주택 또는 상가에 최선순위의 저당권이 설정된 날짜보다 먼저 주민등록전입신고를 마치고 거주하고 있는 임차인이나, 사업자등록신청을 마친 임차인이 있을 때에는 그 임차보증금을 매수인이 인수하여야 하는 경우가 생길 수 있습니다.

② 일반인들의 열람에 제공하기 위하여 입찰기간개시일 1주 전부터 매각물건명세서, 현황조사보고서 및 평가서의 사본 등을 우리법원 민사집행과에 비치하여 열람에 제공하고 있으므로 미리 필요한 정보를 얻으신 후 응찰여부를 판단하시기 바랍니다.

③ 특별매각조건의 내용은 매각물건명세서의 열람을 통하여 확인 할 수 있습니다.

④ 입금증명서에 의한 매수신청보증의 반환은 예금계좌로만 합니다. 보증서의 반환을 구하는 경우에는 신분증과 도장을 가지고 오시기 바라며, 타인의 대리인으로 하는 사람은 인감증명을 첨부한 위임장을 반드시 제출하여야 합니다.

⑤ 소유권이전에 농지취득자격증명이 요구되는 농지의 경우에는 최고가 매수인으로 결정된 후 매각결정기일까지 농지취득자격증명을 제출하여야 매각이 허가됩니다. 단, 도시계획확인원 등에 의하여 농지취득자격증명이 필요하지 않음이 소명된 경우에는 매각이 허가될 수 있습니다.

⑥ 공고된 물건 중에 매각기일전에 강제집행신청이 취하되거나 정지된 경우 또는 매각기일이 변경된 경우에는 집행관사무실 게시와 인터넷 법원경매공고란에 게시되고, 별도의 공고 없이 입찰에서 제외됩니다.

⑦ 신문에 공고되는 물건은 최초의 매각기일에 해당되는 물건이며, 속행사건에 대해서는 별도로 신문공고를 하지 않으므로 우리법원 게시판의 공고나 법원에 비치된 매각물건명세표를 참조하시기 바랍니다.

⑧ 매각대금을 납부하기 전까지 채무자가 채무를 변제하면 입찰이 취소될 수도 있습니다.

⑨ 매수신청인이 제출한 매수보증은 매각기일이후에 일괄 반환되고, 매각기일이전에는 반환되지 않습니다.

⑩ 우리법원의 다음공고는 2009. . . 자 ○○신문에 게재할 예정입니다.

매각기일 공고의 요지는 대법원 홈페이지에서 열람할 수 있습니다.

주소 : http : //www.courtauction.go.kr 〔법원공고→ 법원경매정보선택〕

※ 대법원 홈페이지에서 공고내용 외의 열람 가능한 정보는 법률상 제공하도록 정하여져 있지 아니한 것을 국민편의를 위하여 따로 제공한 것으로서, 혹시 그 중에 사실과 다른 내용이 있더라도 이를 이유로 매각불허가 신청이나 항고, 대금감액신청이나 손해배상의 청구를 할 수 없으므로, 관심 있는 물건에 관하여는 반드시 법원에 나오셔서 게시된 매각기일의 공고나 비치된 매각물건명세서를 직접 확인하신 후 입찰하시기 바랍니다.

2009. . .

서울북부지방법원 판사 ○ ○ ○

〈사례연구 3〉 [기간입찰과 기일입찰 비교분석]

Ⅰ. 기간입찰 의의

Ⅱ. 특징

1. 입찰기간(민사집행규칙 68조)
   1주 이상 1월 이하의 범위 안에서 입찰기간을 정하고, 입찰기간 동안 수시로 입찰(기일입찰 : 경매법정에서 1회 입찰)
2. 입찰방식(민사집행규칙 69조)
   집행관에게 직접 제출하거나 등기우편으로 제출(기일입찰 : 매각기일에 출석하여 입찰함 투입)
   매수신청보증(민사집행규칙 70조) : 입금증명서 또는 보증서
   (기일입찰 : 현금·자기앞수표 또는 보증서)

Ⅲ. 매각실시 전 절차

1. 매각방법의 지정
   ○ 매각방법(민사집행법 103조 2항)
      ① 매각기일에 하는 호가경매
      ② 매각기일에 입찰 및 개찰하게 하는 기일입찰
      ③ 입찰기간 내에 입찰하게 하여 매각기일에 개찰하는 기간입찰
2. 입찰기간 등 지정
   ○ 매각기일, 매각결정기일 이외에 입찰기간을 지정하여야 함
   ○ 입찰기간 : 1주 이상 1월 이하(민사집행규칙 68조)
      매각기일 : 입찰기간이 끝난 후 1주 안의 날(민사집행규칙 68조)
      매각결정기일 : 매각기일로부터 1주 이내(민사집행법 109조)
   ○ 기간입찰표 등의 비치(14조)
      - 집행관 사무실과 집행과 사무실에 기간입찰표, 기간입찰봉투, 입금증명서, 공동입찰신고서, 공동입찰자목록 등을 비치하여 입찰인들이 편리하게 가져가도록 함
3. 매각기일의 연기(17조)
   ○ 기일입찰
      경매신청채권자가 연기 신청한 경우 1회의 연기기간을 2개월 이내로 하여 2회까지 허용하고, 채무자 또는 소유자가 연기 신청한 경우 채권자의 동의가 없는 한 허가하지 않고 있음(법원실

무제요, 민사집행Ⅱ)

○ 기간입찰

연기신청을 입찰공고 전까지만 할 수 있도록 제한함

Ⅳ. 매수의 신청

1. 입찰표 등 작성

○ 자격증명의 첨부(19조)

- 기간입찰 : 매각기일에 출석하지 않고, 기간입찰봉투에 넣어 집행관에게 제출하거나 우편으로 부치므로 입찰자의 자격증명을 입찰표와 함께 입찰봉투에 넣어 송부하도록 함
- 첨부서류

  주민등록등본(개인), 법인등기부등본(법인), 가족관계등록부(법정대리인), 대리위임장, 인감증명서(임의대리인), 공동입찰신고서, 공동입찰자목록(2인 이상 공동입찰)

  (기일입찰 : 주민등록증, 그 밖의 신분을 증명하는 서면이나 대리권을 증명하는 서면에 의하여 매수신청인이 본인인지 여부, 행위능력 또는 정당한 대리권이 있는지 여부를 확인하도록 되어 있음)

2. 보증서에 의한 매수신청보증 제공(경매보증보험)

○ 발행기관 : 서울보증보험주식회사 (www.sgic.co.kr)>보험안내>내게 맞는 보험찾기>경매 클릭하여 찾는다)

○ 보험요율

- 아파트 : 매수신청보증금의 0.65%(최저매각가격이 1억원인 경우 매수신청보증금은 최저매각가격의 10%인 1천만원이고, 보험료는 1천만원에 대한 0.65%인 6만5천원)
- 다세대주택, 연립주택, 단독주택, 근린주택 : 1%
- 상가, 오피스텔, 빌딩, 공장, 기타 건물 : 1.8%
- 대지, 임야, 과수원 등 토지 : 2.9%

3. 입금증명서에 의한 매수신청보증 제공

○ 규정(민사집행규칙 70조 1호)

"법원의 예금계좌에 일정액의 금전을 입금하였다는 내용으로 금융기관이 발행한 증명서"

- 납부서 서식 신설
- 기간입찰의 매수신청보증금 납부서 서식(별첨 5)
- 입금증명서(별첨 6)에 의한 입・출금

  ▷ 현재의 반환 절차; 경매계장한테서 출급명령서교부받아 은행에서 출급

  ▷ 입금증명서를 이용한 반환 절차

4. 접수

○ 집행관에 대한 제출(20조)

- 입찰표, 매수신청보증, 자격증명서를 동봉하고, 기간입찰봉투 겉면에 매각기일만 표기하고 집행관 또는 그 사무원(이하 집행관등이라고 한다)에게 제출
- 집행관등의 근무시간에 따라 평일은 09 : 00부터 12 : 00까지, 13 : 00부터 18 : 00까지로 하고, 토요일은 09 : 20부터 12 : 00까지로 함(공휴일, 토요휴무일은 제외)
- 집행관등은 기간입찰봉투 앞면 여백에 접수일시가 기재된 접수인을 날인하고, 접수번호를 기재한 다음 기간입찰접수부(별첨 7)에 전산등록 => 제출자에게 입찰봉투접수증(별첨 8)을 교부

○ 등기우편에 의한 제출(21조)
  - 제출자, 접수일자 등을 특정하기 위해 등기우편만 사용
  - 입찰기간 내에 법원에 접수되어야 함(입찰기간 개시일 00 : 00시부터 종료일인 24 : 00까지)
  - 집행관등은 기간입찰봉투에 접수인을 날인하고, 기간입찰접수부에 전산등록

○ 입찰의 철회 등(22조)
  - 기간입찰봉투가 입찰함에 투입된 후에는 입찰 철회, 입찰표의 정정·변경 등을 불허함

○ 기간입찰봉투에 흠이 있는 경우(23조)
  - 흠이 있는 기간입찰봉투는 겉면에 그 취지(기간도과, 밀봉안됨, 매각기일 미기재, 미등기우편, 집행관 등 이외의 자에 대한 제출)를 빨간색 펜으로 표기하여 입찰에 포함되지 않도록 하고, 매각기일에 무효선언을 하기 위해 같은 보관용기에 투입보관

Ⅴ. 매각(개찰)기일의 진행

1. 입금내역 통지와 경매사건기록 인계
   ○ 보관금 취급점은 집행관의 요청에 따라 개찰기일 전날 입금내역서(별첨 10)를 집행관에게 송부(36조)
2. 매각기일 절차(37조, 38조, 39조)
   ○ 입찰함의 개함
   매각법정에 입찰을 한 사람을 참여하게 한 다음 입찰함 개함(민사집행규칙 65조 2항)
   ○ 기간입찰봉투의 개봉
   입찰자의 면전에서 기간입찰봉투를 개봉하여 사건번호, 입찰목적물, 입찰자의 이름 및 입찰가격을 부름
   ○ 기간입찰표의 유·무효 판단 : 별첨 11
   ○ 첨부서류 등의 흠이 있는 경우 처리 : 별첨 12
   ○ 최고가매수신청인의 매수신청보증 확인
     - 절차진행의 신속을 위해 최고가매수신청인의 매수신청보증만을 확인
     - 보증서의 무효사유
     ▷보증서상 보험계약자의 이름과 입찰표상 입찰자 본인의 이름 불일치
     ▷보험가입금액이 매수신청보증액에 미달하는 때
     ▷보증서상의 경매 사건번호와 입찰표상의 사건번호가 불일치하는 때
     ▷입찰자가 금융기관 또는 보험회사인 경우에 자기를 지급보증위탁계약의 쌍방 당사자로 하는 보증서를 제출한 때
   ○ 최고가매수신고인이 2인 이상일 경우
     - 기일입찰방식으로 진행하여 최고가신고인에게 낙찰(일본과 동일)
     - 출석한 입찰자에게만 추가입찰 부여
   ○ 차순위매수신고인으로 되려고 하는 자는 입찰법정에 출석하여 신고하여야 함

Ⅵ. 매수신청보증의 반환

1. 매각기일에서의 반환
   ○ 보증서에 의한 매수신청보증 : 생략, ○ 입금증명서에 의한 매수신청보증(42조)
2. 매각기일 후 반환
   ○ 보증서에 의한 매수신청보증 : 생략, ○ 입금증명서에 의한 매수신청보증
3. 입찰에 참가하지 않은 자에 대한 반환

○ 보증서에 의한 매수신청보증 : 입찰자가 보증서를 소지하고 있으므로, 별도의 반환절차가 필요하지 않음
○ 입금증명서에 의한 매수신청보증 : 입찰에 참여하지 않았으므로, 입금증명서가 제출되지 않음

4. 보증료의 반환절차
○ 법원사무관등 또는 집행관의 확인(45조)
○ 보증회사의 보험료 환급; 수수료 15,000원 공제한 나머지 환급

Ⅶ. 보증서에 기한 보험금 지급 등

1. 보험금 지급
○ 보험사고 발생 : 매각대금을 지급하지 않은 경우

〈기간입찰 사례〉

① 입찰기간 : 1주이상 1월이하 / 2007.12.29－2008. 1. 5
② 매각기일 : 입찰기간이 끝난 후 1주 이내/ 2008. 1.12(수)10 : 00
③ 매각결정기일 : 2008. 1.18(화) 14 : 00
④ 매각장소 : 서울서부지방법원 408호 법정
⑤ 매각방법 : 기간입찰표에 기재(매각기일 반드시 기재 : 미기재시 무효)
－입금증명서 또는 경매보증보험증권을 등기우편 또는 직접제출

－ 부동산등에 대한 경매절차 처리지침(재민 2004－3)에서 발췌 －

[별지 1] 기간입찰봉투에 흠이 있는 경우 처리기준

번호	흠결사항	처리기준	비 고
1	기간입찰봉투(이하, "입찰봉투"라고 한다)가 입찰기간 개시 전 제출된 경우	① 직접제출 : 접수하지 않는다	입찰기간 개시 후에 제출하도록 한다.
		② 우편제출 : 입찰기간 개시일까지 보관하다가 개시일에 접수	입찰봉투 및 기간입찰접수 부(이하" 접수부"라고 한다)에 그 취지를 부기한다
2	입찰봉투가 입찰기간 종료 후 제출된 경우	① 직접제출 : 접수하지 않는다	지체이유를 불문한다
		② 우편제출 : 접수는 하나 개찰에 포함시키지 않는다	입찰봉투 및 접수부에 그 취지를 부기한다
3	입찰봉투가 봉인되지 아니한 경우	① 직접제출 : 봉인하여 제출하도록 한다.	
		② 우편제출 : 접수는 하나 개찰에 포함시키지 않는다. 다만, 날인만 누락된 경우에는 개찰에 포함시킨다.	입찰봉투 및 접수부에 그 취지를 부기한다.
4	비치된 입찰봉투 이외의 봉투가 사용된 경우	① 직접제출 : 접수하지 않는다.	비치된 입찰봉투를 사용하여 제출하도록 한다.
		② 우편제출 : 개찰에 포함시킨다.	
5	입찰봉투에 매각기일	① 직접제출 : 접수하지 않는다	매각기일을 기재하여 제출하도록 한

	의 기재가 없는 경우		다.
		② 우편제출 : 접수는 하나, 개찰에 포함시키지 않는다	입찰봉투를 개봉하여 매각기일을 확인하여 입찰봉투에 매각기일을 기재하고, 접수부에 그 취지를 부기한다
6	입찰봉투가 등기우편 이외의 방법으로 송부된 경우	접수는 하나, 개찰에는 포함시키지 않는다	입찰봉투 및 접수부에 그 취지를 부기한다
7	입찰표가 입찰봉투에 넣어지지 않고 우송된 경우	접수는 하나, 개찰에는 포함시키지 않는다	접수부에 그 취지를 부기한다
8	입찰봉투가 집행관 이외의 사람을 수취인으로 하여 우송된 경우	접수하고, 그 중 입찰봉투가 봉인된 채로 집행관에게 회부된 경우에 한하여 개찰에 포함시킨다	
9	집행관등 또는 법원직원이 입찰봉투를 착오로 개찰기일 전 개봉한 경우	즉시 재봉한 후 개찰에 포함시킨다	입찰봉투 및 접수부에 그 취지를 부기한다
10	집행관 등 이외의 자에게 제출된 경우	접수는 하나, 개찰에는 포함시키지 않는다	입찰봉투 및 접수부에 그 취지를 부기한다
11	접수인과 기간입찰접수부 등재없이 입찰함에 투입된 경우	개찰에 포함시키지 않는다	
12	입찰봉투가 법원에 접수되어 집행관 등에게 회부된 경우	① 법원에 접수된 일시가 입찰기간 내인 경우 개찰에 포함시킨다	입찰봉투 및 접수부에 그 취지를 부기한다
		② 법원에 접수된 일시가 입찰기간을 지난 경우 접수는 하나, 개찰에는 포함시키지 않는다	

[별지 2] 첨부서류 등에 흠이 있는 경우 처리기준

번호	흠결사항	처리기준	비 고
1	입금증명서 또는 보증서, 법인등기부등본, 호적등본, 공동입찰자목록이 같은 입찰봉투에 함께 봉함되지 않고 별도로 제출된 경우	① 직접제출 : 접수하지 않는다	입찰봉투에 넣어 제출하도록 한다
		② 우편제출 : 접수하고 개찰에 포함시킨다	클립 등으로 입찰봉투에 편철하고, 입찰봉투와 접수부에 그 취지를 부기한다
2	입금증명서 또는 보증서, 법인등기부등본, 호적등본, 공동입찰자목록이 누락된 경우	개찰에 포함시키지 않는다	
3	주민등록등•초본, 대표자나 관리	개찰에 포함시킨다	6개월 이내에 발행된 것을 다시 제

	인의 자격 또는 대리인의 권한을 증명하는 서면으로서 관공서에서 작성하는 증명서 및 인감증명서는 발행일이 입찰기간 만료일 전 6월을 초과한 경우		출하도록 한다
4	주민등록등본, 대리위임장, 인감증명서가 누락된 경우	본인의 입찰로 개찰에 포함시킨다	

※ 설립중인 회사인 경우에는 발기인, 대표자, 준비행위 등 소명할 수 있는 자료를 제출하여야 한다.

[별지 4] 기간입찰표의 유·무효 처리기준

번호	흠결사항	처리기준
1	매각기일을 적지 아니하거나 잘못 적은 경우	입찰봉투의 기재에 의하여 그 매각기일의 것임을 특정할 수 있으면 개찰에 포함시킨다.
2	사건번호를 적지 아니한 경우	입찰봉투, 보증서, 입금증명서 등 첨부서류의 기재에 의하여 사건번호를 특정할 수 있으면 개찰에 포함시킨다.
3	매각물건이 여러 개인데 물건번호를 적지 아니한 경우	개찰에서 제외한다. 다만, 물건의 지번·건물의 호수 등을 적거나 보증서, 입금증명서 등 첨부서류의 기재에 의하여 특정할 수 있는 경우, 물건이 1개인 경우, 여러 개의 물건이 일괄매각되는 경우에는 개찰에 포함시킨다.
4	본인 또는 대리인의 이름을 적지 아니한 경우	개찰에서 제외한다. 다만, 고무인·인장 등이 선명하여 용이하게 판독할 수 있거나, 대리인의 이름만 개재되어 있으나 위임장·인감증명서에 본인의 기재가 있는 경우에는 개찰에 포함시킨다.
5	본인과 대리인의 주소·이름이 함께 적혀 있지만(이름 아래 날인이 있는 경우 포함)위임장이 붙어 있지 아니한 경우	본인의 입찰로서 개찰에 포함시킨다.
6	본인의 주소·이름이 적혀있고 위임장이 붙어 있지만, 대리인의 주소·이름이 적혀 있지 않은 경우	본인의 입찰로서 개찰에 포함시킨다.
7	위임장이 붙어 있고 대리인의 주소·이름이 적혀 있으나 본인의 주소·이름이 적혀 있지 아니한 경우	위임장의 기재로 보아 본인의 주소·이름을 특정할 수 있으면 개찰에 포함시킨다.
8	한 사건에서 동일인이 본인인 동시에 다른 사람의 대리인이거나, 동일인이 2인 이상의 대리인을 겸하는 경우	쌍방의 입찰을 개찰에서 제외한다.
9	입찰자 본인 또는 대리인의 주소	이름이 다른 경우에는 개찰에서 제외한다. 이름이 같고 주소

	나 이름이 위임장 기재와 다른 경우	만 다른 경우에는 개찰에 포함시킨다.
10	입찰자가 법인인 경우 대표자의 이름을 적지 아니한 경우(날인만 있는 경우도 포함)	개찰에서 제외한다. 다만, 법인등기부등본으로 그 자리에서 자격을 확인할 수 있거나, 고무인·인장 등이 선명하며 용이하게 판독할 수 있는 경우에는 개찰에 포함시킨다.
11	본인 또는 대리인의 성명 다음에 날인이 없는 경우	개찰에 포함시킨다.
12	입찰가격의 기재를 정정한 경우	정정인 날인 여부를 불문하고, 개찰에서 제외한다.
13	입찰가격의 기재가 불명확한 경우 (예, 5와 8, 7과 9, 0과 6 등)	개찰에서 제외한다.
14	보증금액의 기재가 없거나 그 기재된 보증금액이 매수신청보증과 다른 경우	보증서 또는 입금증명서에 의해 정하여진 매수신청보증 이상의 보증제공이 확인되는 경우에는 개찰에 포함시킨다.
15	보증금액을 정정하고 정정인이 없는 경우	
16	동일인이 2개 이상의 봉투속에 2개 이상의 입찰표를 제출한 경우	입찰봉투에 날인된 접수인을 기준으로 먼저 제출된 것을 유효한 것으로 하여 개찰에 포함시킨다.
17	동일인이 하나의 입찰봉투속에 2개 이상의 입찰표를 제출한 경우	하나의 물건에 대한 여러장의 입찰표를 제출한 경우에는 개찰에서 제외한다.
18	보증의 제공방법에 관한 기재가 없거나 기일입찰표를 작성·제출한 경우	개찰에 포함시킨다.
19	위임장은 붙어 있으나 위임장이 사문서로서 인감증명서가 붙어 있지 아니한 경우, 위임장과 인감증명서의 인영이 틀린 경우	최고가매수신고인 결정전까지 인감증명서를 제출하거나 그 밖에 이에 준하는 확실한 방법으로 위임장의 진정성립을 증명한 때에는 그 입찰자를 최고가매수신고인(차순위매수신고인)으로 결정할 수 있다.
20	매각물건이 여러 개인데 입찰표에는 물건번호를 특정하여 기재하였으나 보증서에는 물건번호 기재가 누락된 경우	집행법원이 정한 보증금액과 비교하여 당해 매각물건에 관하여 발행된 보증서란 것이 명백한 경우 개찰에 포함시킨다.
21	입금증명서와 함께 붙어 있는 법원보관금 영수필통지서에 보관금 종류가 기간입찰 매수신청보증금으로 기재되어 있지 않고 경매예납금 등으로 기재된 경우	개찰에 포함시키고 집행관은 취급점에 정정통지서(전산양식 A1275)를 작성하여 즉시 통지하고 납입여부를 확인한다.

[별지 5] 보증서의 무효사유

번호	무효사유
1	보증서상 보험계약자의 이름과 입찰표상 입찰자 본인의 이름이 불일치하는 경우
2	보험가입금액이 매수신청보증액에 미달하는 경우

3	보증서상의 사건번호와 입찰표상의 사건번호가 불일치하는 경우
4	입찰자가 금융기관 또는 보험회사인 경우에 자기를 지급보증위탁계약의 쌍방 당사자로 하는 보증서를 제출한 경우

19-4. 입찰 전 체크리스트

입찰 하루 전 경매물건이 연기, 취하 되었는지? 사건번호로 알아보기	입찰법정에 가기 하루 전날 매각기일이 연기(또는 취하) 되었는지 사전에 알아보는 방법은? 대법원 법원경매(www.courtauction.go.kr)사이트에서 > 경매물건> 경매사건검색> 해당법원 입력 후 사건번호 입력한다 ⇒(예 : 서울중앙지방법원 2008타경29247호, 또는 2008타경31608호) 넣고 ① 사건기본내역의 종국결과에 "미종국"이면 경매 진행 중이며 ② 기일내역에서> 해당일자 매각이 한달 뒤로 연기되어 있는지 확인한다. (연기되었는데 입찰법정에 휴가 내고 가봐야 하루 헛고생만 하는 결과이다.)
등기부등본 발급하여 보기	대법원 인터넷등기소(www.iros.go.kr)>부동산등기> 발급Go>등본발급> 부동산구분 4개중 택1(아파트 등은 집합건물 선택)>시/도, 리/동 입력 후 등기부등본 발급하여 보자. ⇒① 1순위 설정 후 후순위 임차인의 전입일자가 있고, 그 후 2순위 설정이 있었는데 최근 1순위 설정이 말소되어 중간임차인(일명 샌드위치 임차인)이 인수임차인으로 변경되어 있거나(낙찰자의 추가 부담이 됨) ② 또는, 1순위 설정과 2순위 설정 중간에 가등기가 있었는데 1순위 선순위 설정이 최근 말소되므로 가등기가 인수권리가 되지 않는지 확인한다. ③ 예고등기가 최근 등기되어 있는 지 등 확인한다.
전입세대 열람 내역(동거인 포함) 발급받기	동 사무소 방문하여 경매정보지 보여주고 "(동거인 포함) 전입세대열람 내역" 발급받아 보자. 말소기준권리보다 앞선 전입자는 없는지? 있다면 누구인지, 임차보증금은 얼마인지 등 ⇒동사무소 갈 시간이 없다면 인터넷 사이트 중 지지옥션(www.ggi.co.kr), 태인(www.taein.co.kr) 등에서 사건번호로 열람하면 <지지옥션 세대조사> 란에 1차 매각기일 며칠 전 발급한 전입세대열람 내역을 잘 알려주고 있어 참고하면 도움이 된다) ☞ 세무서에서 발급하는 '등록사항 등의 현황서'는 경매정보지를 보여주어도 사생활 보호 등 측면에서 발급하여 주지 않는다.
매각물건명세서 한 번 더 확인하기	대법원 법원경매(www.courtauction.go.kr)사이트에서 >경매물건>경매사건검색> ① 현황조사서(기본정보, 부동산의 현황 및 점유관계조사서, 임대차관계조사서, 부동산표시목록을 확인한다) ② 감정평가서, ③ 물건내역의 상세조회 클릭 후 매각물건명세서(매각기일 1주일 전부터 게시됨)를 한번 더 확인한다. 매각물건명세서를 경매계에서 수정, 삽입 등 하였을 시에는 인수가 아니고,

	후순위로 변경될 수 있다(반대로, 후순위가 인수권리로 바뀔 수 가 도 있다) ⇒정보출처구분에서 현황조사란은 참고만 하고 권리신고란의 전입일자, 확정일자, 배당요구 여부를 잘 확인하여야 한다. 그리고 특별매각조건은 없는가? 매각물건명세서의 비고란에 대항력이 있다고 하였는가? 입찰보증금 20%(또는 30%) 매각물건이 아닌가? 농지취득자격증명 발급 대상이 아닌지? 등 재확인 필요하다.
소유권상실 위험은 없는가?	등기부에 예고등기가 보이지 않는가? (주1) 말소기준권리(압류, 가압류, 1번 근저당권, 강제경매, 담보가등기)보다 가처분과 가등기가 보이지 않는가? 등기일이 앞선 최선순위의 가처분이 없는가(주2), 최선순위의 청구권가등기(담보가등기 제외), 최선순위의 환매특약(환매기간 내) 등 말소기준권리(강제경매 등) 등기 후에 이상한 가처분(소유권말소청구가처분)은 보이지 않는가?
사용제한 위험은 없는가?	최선순위의 대항력있는 임차권, 최선순위 지상권, 법정지상권, 분묘기지권, 최선순위 지역권, 특수지역권, 최선순위 전세권(배당요구하지 않은 경우), 채무자와 소유자가 다른 경우의 채무자 처의 최선순위 대항력 있는 임차권, 등기부는 아니지만 소방도로 편입지역, 접도구역, 맹지 등 아닌가?
추가부담 위험은 없는가?	유치권, 부속물매수청구권, 최선순위 저당의 변제 또는 대위변제로 인한 나의 후순위 권리, 체납관리비 중 공용부분(전용부분, 연체료 제외)이 파악 되었는가?
과태료 등 위험은 없는가?	위법건축물, 폐기물이 쌓인 공장 등
주의사항(유의사항)에서 발견 못한 것 없는가	매각 공고란 중 주의사항에 나타난 것 중 추가부담하여야 할 사항은? 이해 못한 부분은 없는가?

주1) 예고등기 : 말소기준권리보다 후순위일지라도 등기부에서 소멸되지 않는다.

주2) 가처분 : 말소기준권리보다 선순위는 당연히 인수 부담하여야 할 권리이며, 비록 후순위 일지라도 "원인무효로 인한 소유권말소등기청구권" 가처분이나 "건물철거 및 토지인도청구권" 가처분(피보전권리가 토지소유자의 그 지상 건물소유자에 대한 건물철거 및 토지인도청구권인 건물에 관한 처분금지가처분) 인 경우 그 집행이 강제경매신청 기입등기 또는 담보권설정등기 이후에 이루어진 때에도 매각으로 그 효력이 소멸되지 아니한다.

주3) 분묘기지권 : 분묘를 사용하기 위하여 분묘가 설치된 타인의 토지를 사용할 수 있는 관습법상 지상권과 유사한 물권으로 2001.1.12부터 폐지되었다. 다만 이미 취득한 분묘기지권은 유효하다(장사등에관한 법률 부칙 제2조).

주4) 접도구역 : 도로관리청이 도로의 보존과 교통에 대한 위험을 방지하기 위하여 도로경계선으로부터 20미터를 초과하지 아니하는 범위 안에서 지정한 구역으로 토지의 형질변경이나 건축물 기타 공작물의 신축, 개축 또는 증축행위를 하지 못한다(도로법 제50조).

그리고 매수희망자가 경매법정에 나갈 때에는 다음 준비물을 가지고 간다.

준비물	내 용	비 고
주민등록증	운전면허증이나 여권으로 대신 할 수 있다.	
도장	도장은 인감도장이 아니라도 상관없다. 다만, 도장을 가지고 있지 않았을 때에는 무인(拇印)을 찍고 집행관이 본인의 무인임을 확인할 수 있다.	그러나 위임장에는 본인의 인감도장을 날인 하여야 한다.
보증금에 해당하는 자	자기앞수표는 지급제시기간 (발행일로부터 10일간)	

기앞수표	이 끝나는 날까지 5일 이상의 기간이 남아 있어야 한다.	
사업자등록번호 숙지	법인이 응찰하는 경우에 한한다. 종전에는 입찰표에 법인의 '등록번호'만 기재하였으나 2004. 9. 1부터 법인의 '사업자등록번호'도 기재한다.	법인 아닌 사단 또는 재단은 '부동산 등기용 등록번호'를 기재한다.

19-5. 상계신청

채권자나 임차인이 낙찰 받아 상계신청을 원한다면 아래 2양식(채권상계신청서 및 차액지급신고서)을 매각결정기일 이내 즉, 낙찰 후 7일 이내 경매계에 신청하여야 하며 약 1개월 후의 날짜로 "대금지급기한 및 배당기일통지서"를 받게 된다. 대금지급기한 및 배당기일(예 2008.7.31 14 : 00 제313호 법정)이 같은 날이지만 먼저 최고가매수인 등 상계신청인은 10시까지 선순위채권을 납부하고 2시 이후 배당이 실시되며 배당이의금액 등은 차액지급신고서 제출시 확약한 바와 같이 제출(입금)하여야 한다.

매각허가결정이 확정되면 법원은 대금의 지급기한을 정하고, 이를 매수인과 차순위매수신고인에게 통지하여야 하며, 매수인은 대금지급기한까지 매각대금을 지급하여야 한다. 차순위매수신고인은 매수인이 대금을 모두 지급한 때 매수의 책임을 벗게 되고 즉시 매수신청의 보증을 돌려 줄 것을 요구할 수 있다. 매수인은 매각허가결정의 확정 후 대금지급기한까지 기다리지 말고 언제든지 잔대금을 지급할 수 있다. (민사집행법 제142조). 대부분 대금지급의 방법에는 현금지급(경매잔금대출 포함)을 하고 있으며, 간혹 채권자가 매수인인 경우 상계의 방법에 의한 지급(채권자가 매수인인 경우에는 매각결정기일이 끝날 때까지 법원에 신고하고 배당 받아야 할 금액을 제외한 대금을 배당기일에 낼 수 있다)을 할 수 있으며, 실무상 거의 볼 수 없으나 채무인수방법(매수인은 매각조건에 따라 부동산의 부담을 인수하는 외에 배당표(配當表)의 실시에 관하여 매각대금의 한도에서 관계채권자의 승낙이 있으면 대금의 지급에 갈음하여 채무를 인수할 수 있다.)도 있다.

흔히 1순위 근저당권자가 경매신청 후 2순위 채권자(대부분 근저당권자)가 매수인인 경우 또는 2순위, 3순위 근저당권자가 경매신청 후 근저당권자 본인이 직접 낙찰 받은 경우에 많이 발생하며, 상계신청은 경매 법정에서 최고가 매수신고인으로 확정되면(1등으로 낙찰되면) 집행관으로부터 영수증을 받고(농지인 경우에는 최고가매수신고인증명도 받아 읍·면 사무소로 출발) 해당 경매계로 바로 가서 아래 양식의 상계신청서 양식을 제출하는 것이 좋다. 매각결정기일까지 상계신청 하도록 되어 있으므로 입찰법정을 나올 때 바로 하는 것이 편리하며, 당일 신청 못한 경우에는 매각결정기일(매각기일로부터 일주일 이내이므로 응찰 후 7일 이내)이전에 하여야 한다. 상계신청이 받아진 경우에는 대금지급기한과 배당기일이 동시에 지정되어 매수인 입장에서는 대금납부시 유리하다. 만약 상계신청을 하지 않은 경우에는 응찰한 매수금액 100%를 잔대금 지급한 후 약 1개월 후인 배당기일에 가서야 본인의 배당금을 수령하여야 하므로 약 1개월 이상 자금부담을 하여야 한다. 상계신청이 받아진 경우에는 본인이 수령하여야 할 부분을 제외한 선순위 부분(통상 선순위 근저당권자의 배당기일까지 원금과 연체이자 수령예상액과 경매신청비용, 체납액 등)만 준비하면 된다. 당일 배당을 받을 선순위근저당권자와 소액임차인, 관공서 담당자 등 이해관계인 모두 출석하므로 자금준비에 차질이 있으면 안되며 조금 넉넉하게 자금준비를 하여 가는 것이 좋다.

만약 상계 신청일에 자금 준비가 되지 않아 지나가 버리면 익일에 자금이 준비되어도 받아주지 않으므로(차순위매수신고인에게 매각허가결정후 대금납부토록 하던지, 또는 재매각절차를 진행하여야 하므로) 사전에 선순위 부담액을 미리 파악하여 자금을 준비하여야 한다. 매수인이 인수한 채무나 배당 받아야 할 금액에 대하여 이의가 제기된 때에는(상계에 대한 이의신청서 접수 시) 매수인은 배당기일이 끝날 때까지 이에 해당하는 대금을 내야 한다(민집 제142조). 상계신청 채권자와 최고가 매수신고인이 동일인(또는 동일 인격)이면 가능하나 다르면 상계시청을 할 수 없다. 예로 2순위 근저당권자가 주식회사 인데 최고가매수신고인이 개인인데 청구한다든지, 반대로 개인인데 법인이 낙찰받아 상계신청을 할 수 없는데도 잘못 알고 상계 신청하는 경우도 가끔 보인다.

〈사례연구 1〉 [매각대금과 배당액과의 상계신청서]

매각대금과 배당액과의 상계신청서

사건번호　　　타경　　　호
채 권 자
채 무 자

위 사건에 관하여 매수인이 납부할 매각대금을 민사집행법 제143조 제2항에 의하여 매수인이 채권자로서 배당받을 금액 한도로 상계하여 주시기 바랍니다.

년　　　월　　　일

매수인 겸 배당요구채권자　　　　(인)

연락처(☎)

○○지방법원 귀중

〈사례연구 2〉 [차액지급신고서]

창원지방법원
○○지원 차액지급신고서

사건　　　타경　　　호 부동산임의경매
채권자
채무자
소유자

매수인은 위 사건 부동산의　　　인바, 민사집행법 제143조 제2항의 규정에 따라 매수인이 배당기일에 실제로 배당 받을 수 있는 금액을 제외한 나머지 매각대금을 배당기일에 낼 것을 신고합니다.

만일, 매수인이 배당 받아야 할 금액에 대하여 이의가 제기된 때에는 배당기일에 이에 해당하는 금액을 내겠습니다.

신고인(매수인)　(날인 또는 서명)

전화번호

창원지방법원 ○○지원 귀중

※ 차액지급의 의사는 매각결정기일이 끝날 때까지 법원에 신고되어야 하므로(민집 143조 2항), 그 이후에 된 차액지급의 신고는 부적합합니다.

〈사례연구 3〉 [임차인의 대응방법]

1. 임차인 경매를 당하다
   5층 아파트 경매통지서 접수
   (18평형 아파트이나 대지지분 17평이며 시세 약 50백만원)
   2002.10. 5 국민은행 근저당권 28백만원
   (실채권 21백만원 = 원금 18백만원+ 연체이자 3백만원)
   2003. 4. 8 임차인 전입 및 확정 (전세보증금 28백만원)
   2004. 7. 2. 현대캐피탈 가압류(47백만원)
   2004. 7. 5 개인 가압류(20백만원)
   2006. 1.17 현대캐피탈 강제경매 신청
2. 전문가와 상담 후 낙찰을 적극 검토하다
   1) 2006. 2. 15 법원에 "권리신고 및 배당요구" 신청
   2) 신속한 경매를 위하여 국민은행에 중복경매 요청
   3) 전문가와 상담
   (낙찰 연구) 2006. 5월 1차 경매에서 50백만원 낙찰시
   [배당문제] : 경매비용 1백만원, 임차인 소액보증금 12백만원, 국민은행 21백만원, 나머지 임차인 16백만원배당 으로 경매종결
   ① 1차 매각기일에 1차 감정가격 50백만원에 응찰하여 낙찰받고(보증금 5백만원 입금) 즉시 상계신청서 제출
   ② 법원수용(⇒잔대금기한납부일자와 배당기일을 동일자로) 경매비용 1백만원+ 국민은행 21백만원 = 22백만원에서 입찰보증금(1할 : 5백만원) 공제한 17,000,000원 신한은행에서 경매잔대금대출로 납부(금리 연5.7%)
   ③ 결국, 임차인은 5백만원 1달간 투자하여 경매피해 전혀 없애고, 오히려 25년 경과된 아파트로 재건축시 34평형 아파트분양 예상되어 큰 기대이익 발생
3. 무관심한 임차인은 보증금 전액 날리다
   경매를 전혀 모르는 무관심한 임차인 16백만원 날리다
   법원에 "권리신고 및 배당요구 신청" 하고 무관심(경매 응찰 않음)
   보증금 28백만원중 소액보증금 12백만원만 받고 아파트 비워줌
   △16백만원 날리고(손실발생) △재건축 기대이익 없음

〈사례연구 4〉 [대금지급기한 및 배당기일통지서]

○○지방법원 [경매 ○○계]
대금지급기한 및 배당기일통지서

사 건 2007타경 34339 부동산임의경매
채권자 주식회사 ○○은행
채무자 김채무
소유자 채무자와 같음
배당기일 2008. 7.31 14 : 00 제313호 법정

위와 같이 배당기일이 지정되었으니 이 법원에 출석하시기 바랍니다.
2008. 7. 9 법원주사 박 주 사(직인생략)

◇ 유의사항 ◇
이 하 생 략(대금지급기한 통지서 내용과 동일함)

20. 경매 취하 · 취소

20－1. 경매 취하 · 취소

경매법정에서 내가 저 경매물건은 필히 낙찰을 받아야 하는데 제3자가 낙찰한 후에는 황당하기도 하고, 어떻게 해볼 도리가 없어 주저 않을 수 밖에 없다. 그러나 농지처럼 경매신청채권자가 금융기관이고 그 금융기관의 설정 외에는 다른 2순위 근저당권이나 여타 큰 금액의 가압류도 없고, 임차인도 없다면 경매 취하나 취소를 하는 방법을 연구하여야 한다. 경매를 신청한 경매신청채권자와 채무자, 소유자와 합의하여 근저당권 설정을 해지 하여 준다면 집행법원에서도 집행권원이 없어진 해지된 등기부등본을 내미는 데에는 최고가매수인이 있어도 경매를 취소하여줄 수밖에 없다.

1. 임의경매 취하

(경매신청채권자가 경매신청을 철회하는 경매법원에 대한 의사표시)

매각기일전에는 경매신청채권자 단독으로 경매취하 가능하나 낙찰이 되고 대금납부 전 경우는 매수인과 차순위매수신고인의 동의가 있어야 취하 가능하다.

경매취하요청서와 낙찰자의 인감증명이 첨부된 취하동의서가 필요하나 현실적으로 쉽지 않다. 물론 최고가매수신고인과 합의만 된다면 간단하다. 매수인 동의를 받지 못할 경우는 채무를 전액변제하고 채권자의 변제증명서(대위변제증서), 말소된 부동산등기부등본을 첨부하여 채무자나 소유자가『경매개시결정에 대한 이의』를 신청하는 수 밖에 없다. 경매취하 가능시한은 잔대금납부 완납전까지이다. 잔대금납부가 되어 버리면 모든 게 끝난 상태이므로 매각기일로부터 14일 이내 법원에 『경매개시결정에 대한 이의』를 하는 것이 좋다.

(신법에는 통상 매각허가결정 확정일이 지나면, 매각허가결정 후 7일 이내 즉시항고가 없으면 대금지급기한통지서를 발송하며 대금지급기한이내 언제라도 잔대금납부가 가능하므로 매각기일 즉 낙찰일자로부터 14일 이내 바쁘게 서둘러야 한다)

대법원 법원경매정보>경매공고>배당요구종기공고>부동산등의 표시목록이 농지(전, 답, 과수원)나 임야라면 경매취하를 검토하자. 농지나 임야 등은 1차 매각기일에 200%~300% 등 고가낙찰이 많으나 상대적으로 채권자(근저당권자, 가압류권자 등)의 채권금액이 적어(채무자, 소유자의 채무금액이 적어) 경매 취하 가능 물건이 많다.

1차 매각기일전(통상 6개월 후) 배당요구종기 공고 시(통상 경매개시 후 며칠 후 공고) 나타난 부동산 표시목록을 사전에 검토하여 경매취하를 유도하여 채무를 정리하여 주고 소유권이전 받는 것도 1차에서 고가 낙찰하는 것보다 훨씬 유리한 경우가 많다. 아래 법원경매정보의 배당요구종기 공고를 클릭하면 경매물건 소재지를 파악할 수 있다.

배당요구종기공고

<table>
<tr><td rowspan="2">사건번호</td><td rowspan="2">소재지</td><td>소유자</td><td>공고일</td><td>담당계</td><td rowspan="2">부동산 등의 표시</td></tr>
<tr><td>채무자</td><td>경매개시 결정일자</td><td>배당요구 종기일</td></tr>
<tr><td rowspan="2">창원지방법원 2008타경27260</td><td rowspan="2">경상남도 마산시 자산동 16-4 한백3차아파트 7층 707호</td><td>최선령</td><td>2008.10.09</td><td>경매1계</td><td rowspan="2">목록</td></tr>
<tr><td>최선령</td><td>2008.10.08</td><td>2008.12.08</td></tr>
<tr><td rowspan="2">창원지방법원 2008타경27369</td><td rowspan="2">경상남도 김해시 한림면 병동리 671-1 외 13건</td><td>주식회사 경호산업</td><td>2008.10.10</td><td>경매1계</td><td rowspan="2">목록</td></tr>
<tr><td>주식회사 경호산업</td><td>2008.10.09</td><td>2008.12.09</td></tr>
<tr><td rowspan="2">창원지방법원 2008타경27468</td><td rowspan="2">경상남도 창원시 명서동 33-9 외 1건</td><td>한규만</td><td>2008.10.13</td><td>경매1계</td><td rowspan="2">목록</td></tr>
<tr><td>심영희</td><td>2008.10.10</td><td>2008.12.12</td></tr>
<tr><td rowspan="2">창원지방법원 2008타경27567</td><td rowspan="2">경상남도 창원시 외동 853-22 광득미지루아파트 7층 708호</td><td>황세환</td><td>2008.10.14</td><td>경매1계</td><td rowspan="2">목록</td></tr>
<tr><td>황세환</td><td>2008.10.13</td><td>2008.12.15</td></tr>
<tr><td rowspan="2">창원지방법원 2008타경27666</td><td rowspan="2">경상남도 마산시 수성동 104 외 1건</td><td>해마지산업개발주식회사</td><td>2008.10.14</td><td>경매1계</td><td rowspan="2">목록</td></tr>
<tr><td>해마지산업개발주식회사</td><td>2008.10.13</td><td>2008.12.15</td></tr>
</table>

※ 임의경매절차 정지 및 취소 사유(민집 제266호)

<table>
<tr><td>정지 사유(다음 각호 가운데 어느 하나에 해당하는 문서가 경매법원에 제출되면 경매절차를 정지하여야 한다.)</td><td>취소 사유</td></tr>
<tr><td>① 담보권의 등기가 말소 된 등기부의 등본</td><td rowspan="4">화해조서의 정본 또는 공정증서의 정본인 경우 이미 실시한 경매절차를 취소하여야</td></tr>
<tr><td>② 담보권 등기를 말소하도록 명한 확정판결의 정본</td></tr>
<tr><td>③ 담보권이 없거나 소멸되었다는 취지의 확정 판결의 정본</td></tr>
<tr><td>④ 채권자가 담보권의 실행을 하지 아니하기로 하거나 경매신청을 취하하겠다는 취지 또는 피담보채권의 변제를 받았거나 그 변제를 미루도록 승낙한 취지를 적은 서류</td></tr>
<tr><td>⑤담보권 실행을 일시 정지하도록 명한 재판의 정본 제출</td><td></td></tr>
</table>

⇒ 매각기일에 매수의 신고가 있은 후에 "담보권실행을 하지 아니하기로 하거나 경매신청을 취하하겠다는 취지를 기재한 서류"를 제출하여 경매절차의 정지 또는 취소를 받기 위해서는 최고가매수신고인과 차순위매수신고인의 동의를 받아야 하나 담보권의 등기가 말소 된 등기부등본 등 제출 시에는 동의 없이 경매절차를 취소할 수 있다.

〈사례연구 1〉 [금융기관의 법적절차 취하요건]

1. 법적절차 취하요건(채무자, 보증인, 기타 담보물건의 이해관계인이 매각기일 이전에 채권액 전부를 회수하였을 때 또는 연체이자, 가지급금 및 원금 20% 이상을 갚고 3개월 이내에 잔존채권 회수가 확실할 때, 강제경매의 경우 경매에 의한 회수가능액 이상 변제받은 때)에 해당되면 경매를 취하할 수 있으며 아래의 절차를 이행하여야 한다.

① 매수신고전에 경매를 취하할 때에는 경매취하서 2부를 관할법원에 제출하여야 한다.

② 매수신고가 있은 후에 경매 취하할 때에는 최고가매수신고인과 차순위매수신고인의 동의를 받아야 한다 (☞ "민사집행법 제93조" 참조).

③ 매각대금 납부 전 까지 근저당권의 피담보채권액과 경매비용 등을 변제 받았을 때에는 경매절차의 이해관계인으로 하여금 법원에 "경매개시결정에 대한 이의신청"하도록 한다(☞ 민사집행법 제265조" 참조)

④ 매각대금 납부 이후에는 경매취하가 불가능하므로 취하를 전제로 한 변제수령은 할 수 없다.

-주의 : 매수인이 대금납부기한 전까지 언제든지 대금납부를 할 수 있으므로 대금납부 전 근저당권해지를 전제로 변제를 받을 때에 변제자에게 매수인의 대금 납부 가능성을 설명하고 각서를 징구하는 등 대금납부로 인한 분쟁이 없도록 하여야 한다.

2. 채무자, 보증인, 기타 담보물건의 이해관계인이 매각기일 이전에 경매의 취하를 요청할 때에는 다음의 경우에 취하한다.

1	채권액 전부를 회수하였을 때
2	연체이자, 가지급금 및 원금 20% 이상을 갚고 3개월 이내에 잔존채권 회수가 확실할 때 ☞전액회수에 의한 경매취하가 아닌 경우에는 이행각서를 징구하여 그 이행기일에 반드시 잔존여신이 상환되도록 한다. 그러나 경매취하 후 이행 각서의 내용대로 잔존여신이 상환되지 아니할 경우에는 법적절차를 다시 신청하여야 하며 이때 경매신청 전에 임차인이 전입하는 경우에는 실담보력이 감소하므로 이에 주의하여야 한다
3	여신에 대한 근본정리방안이 확립되고 그 실행이 확실하다고 인정될 때
4	부족채권 발생이 예상되는 채무자에 대한 담보물건의 최저매각가격이 현저하게 하락하거나 선순위 채권이 과다하여 회수가능액이 근소하다고 인정되는 등 법절차를 계속 진행하는 것이 채권회수에 현저히 불리하다고 인정될 때

☞ 위 정리방안이 이행되지 아니하거나 취하사유가 해소되었다고 인정될 때에는 즉시 법적절차를 재실행하여야 하며, 강제경매의 경우 경매에 의한 회수가능액 이상 변제 받은 때에는 승인을 받아 취하할 수 있다.

〈사례연구 2〉 [근저당권 해지하여 경매취하 방법]

금반 낙찰가에 경매비용 정도 부담 후 설정 해지(해당은행 근저당권 설정만 해지)하여 경매취하할 수도 있다. 낙찰 전, 후 임의변제금을 수령하고 저당권을 해지할 수 있는 금융기관의 방법은 경매를 신청한 각 금융기관마다 다를 수도 있다.

1	설정최고액 이상으로 변제 시
2	최근 감정가액에 의한 평가액에서 선순위 실채권(경매집행비용 포함)을 공제한 금액 이상 변제시
3	경매착수 후에는 법원 최초매각가격에서(단, 유찰된 경우에는 전차 매각가격에서) 경매집행비용 포함한 선순위 실채권을 공제한 금액 이상 변제시
4	매각허가결정이 확정된 경우에는 매각대금에서 경매집행비용 포함한 선순위 실채권을 공제한 금액 이상 변제 시 (채권자는 경매비용과 배당시까지의 선 결제로 경매비용 및 선결제에 따른 금융 기회비용 이득)
5	기타 회수실익을 감안한 변제금 수령 시 등이다.

임의변제금을 수령하고 경매신청채권자의 근저당권을 해지하여(근저당권 말소된 등 기부등본 첨부하여) 집행법원에 '경매개시결정에 대한 이의신청'을 하여 경매취소 신청하여 경매를 원천적으로 취소할 수도 있다

2. 강제경매 취하

임의경매에서는 말소된 등기부등본을 첨부하여 '경매개시결정에 대한 이의신청'을 집행법원에 하면 낙찰자의 동의가 없어도 경매가 취소된다. 하지만 강제경매는 절차가 임의경매보다는 매우 복잡하다. 강제경매 매각 전이라면 좀 나은 편이나 매수신고가 있은 때에는 최고가매수신고인의 동의(차순위매수신고인 동의도 포함)가 있어야 한다. 하지만 실무에서는 최고가매수신고인, 차순위매수신고인이 동의를 해주지 않는 경우가 대부분이다.

강제경매의 경우 부동산 소유자가 경매를 취소시킬 수 있는 방법은 우선 채무를 변제하거나(이 경우에는 채권자가 취하를 해주지 않을 경우임) 채무액을 공탁하고, "청구이의의 소"를 제기하여 승소판결을 받은 후 집행법원(경매가 진행되고 있는 법원)에 "경매개시결정에 대한 이의신청"을 하면 집행법원은 경매사건에 대한 취소기각 결정을 하므로서 강제경매절차는 종료되는 것이다.

일반적으로 "청구이의의 소"를 제기한 경우에는 소송 중 경매절차가 종결되는 것을 방지하기 위하여 강제집행 정지신청을 하는데, 그 절차를 살펴보면, 우선 본안재판부에 집행정지신청을 하면, 본안재판부에서는 경매절차가 정지됨으로써 채권자가 입게 될 손해를 담보하는 의미의 보증공탁을 조건으로 집행정지 결정을 하게 된다.

(만약 경매절차가 정지됨으로서 손해가 발생되었다면 손해배상 청구소송을 거쳐 위 공탁금을 수령할 수 있다) 그리고 채무자가 집행법원에 위 결정 정본을 제출함으로써 경매절차는 통상 본안소송 판결선고시까지 정지된다.

※ 강제경매절차의 정지 및 취소

<table>
<tr><th>시 기</th><th colspan="2">정지 및 취소 처리</th></tr>
<tr><td>매수신고전</td><td>개시결정전 : 경매신청 각하
개시결정 후 : 매각기일 지정 취소</td><td>아래 제1,3,5,6호 서류 : 경매절차 취소</td></tr>
<tr><td rowspan="3">대금납부 전</td><td>제1,3,4,5호 서류 : 정지 후 경매절차 취소</td><td>제3,6호 서류는 최고가매수신고인(매수인), 차순위매수신고인 동의필요</td></tr>
<tr><td>제2호서류 : 정지</td><td>매수인은 매각대금 낼 때가지 매각허가결정 취소신청 가능</td></tr>
<tr><td>제4호 서류 : 정지</td><td>최고가매수신고인9매수인), 차순위매수신고인 동의필요</td></tr>
<tr><td>대금납부 후</td><td>절차속행</td><td>제1,3,5,6호 서류 : 배당제외
제2호서류 : 배당액 공탁
제4호 서류 : 배당액 지급</td></tr>
</table>

※ 강제집행의 정지 · 취소 사유

구 분	정지 사유	취소사유
제1호서류	집행할 판결 또는 그 가집행을 취소하는 취지나 경매집행을 허가하지 아니하거나 그 정지를 명하는 취지 또는 집행처분의 취소를 적은 집행력 있는 재판의 정본 제출	좌동
제2호서류	강제집행의 일시정지를 명한 취지를 적은 재판의 정본 제출	
제3호서류	집행을 면하기 위하여 담보를 제공한 증명서류를 제출	좌동
제4호서류	집행할 판결이 있은 뒤에 채권자가 변제를 받았거나 의무이행을 미루도록 승낙한 취지를 적은 증서의 제출	
제5호서류	집행할 판결 그 밖의 재판이 소의 취하 등의 사유로 효력을 잃었다는 것을 증명하는 조서 등본 또는 법원사무관 등이 작성한 증서 제출	좌동
제6호서류	강제집행을 하지 아니한다거나 강제집행의 신청이나 위임을 취하한다는 취지를 적은 화해조서의 정본 또는 공정증서의 정본 제출	좌동

⇒ **개별적 경매취소 사유**

① 집행비용을 예납하지 아니한 경우(그러나 배당금에서 충당이 될 때에는 배당실시하면서 충당)

② 부동산의 멸실 등의 경우

③ 남을 가망이 없고 압류채권자가 매수신청과 보증을 제공하지 아니한 경우

④ 부동산의 수익으로부터 채권자들이 전부 변제를 받은 경우 등

법원보관금 환급신청서

사건번호 타경 호

채 권 자

채 무 자

위 사건에 관하여 신청채권자가 납부한 경매예납잔여금의 환급을 신청합니다.

환급청구금액 원

신청인 주소

신청인 주민등록번호

년 월 일

신청인(채권자) (인)

연락처(☎)

○○ 지방법원(경매 계)귀중

☞ **유의사항**

1) 환급청구금액을 정확히 알지 못하는 경우 공란으로 제출하시고 신청인은 주민등록증과 도장을 지참하십시오.
2) 대리인에게 위임시 위임장과 인감증명을 제출하여야 합니다.

〈사례연구 1〉 [강제경매 취소를 위한 채무자의 집행정지신청과 청구이의의 소]

(사례) 아래 연립주택을 66백만원에 낙찰 받았습니다.

수도권지역 연립으로 95년 준공(32평형), 감정가격 70백만원, 유찰 1회, 최저매각가 56백만원, 낙찰가 66백만원, 거주자는 채무자(소유자)이며

① 1순위 설정(국민은행 15백만원 95.09설정),
② 2순위설정(새마을금고 26백만원 97.09설정),
③ 가압류(신용보증기금 34백만원 02.03월 가압류),
④ 강제경매(K은행 12백만원 06.5월 경매)

위 강제경매에서 위 연립(32평형)을 낙찰 받아 채무자 집을 방문하였는데 채무자(소유자와 같음)는 채무액 일부를 변제하고 경매를 취하 하겠다고 합니다. 채무자에게는 다행한 일이나 나에게는 몇 개월의 수고와 비용이 헛되게 되었고 확인을 위해 경매신청채권자(K은행 담당자)와 오늘 통화하였는바 아직 채무액을 변제하지는 않았지만 곧 변제하면 취하 예정이라고 합니다. 위 강제경매의 경우 취하를 위해 채무자가 집행

정지신청과 청구이의의 소를 제기하여야 하는 것으로 알고 있는데 K은행직원이 그렇게 말할 때는 그만한 근거가 있는 것 같습니다. 또 주위에 아는 분은 저희가 동의를 해야 강제경매가 취하될 수 있다고 하는데 집행정지나 청구이의의 소에 관련된 동의인지 취하에 관한 동의인지도 모르겠는데 아래의 경우 어떻게 되나요?

1	**이 경우 채무자가 공탁을 걸고 집행정지신청, 청구이의의 소를 하게 되면 거의 채무자의 승소로 취하가 되는 건가요?**
	그렇습니다. 채무자가 원금과 이자 그리고 집행비용 전부를 변제공탁하고 청구이의의 소를 제기할 경우 원고인 채무자가 승소하게 됩니다. 그런데 채무자가 위와 같이 원금과 이자 그리고 집행비용 등을 합산한 채무액 전액을 공탁하지 않고 그 일부만 공탁했다 하더라도 피고인 채권자가 원고의 청구를 인낙하거나 다투지 않는다면 역시 원고가 승소하게 됩니다. 이 사안은 후자에 속할 가능성이 크다고 할 수 있겠습니다.
2	**낙찰자가 동의를 안 할 경우에는 어떻게 되나요?**
	매수인(낙찰자)이 비록 매각허가결정을 받았다 하더라도 매각대금을 납부하기 전까지는 경매신청채권자가 경매 취하를 할 수 있습니다. 다만, 이 경우에는 매수인(낙찰자) 또는 최고가매수인의 동의를 받아야 합니다. 그런데 만약 매수인(낙찰자)인 질문자분께서 동의를 하지 않는다면 채무자는 변제공탁을 하고 청구이의의 소를 제기함과 동시에 강제집행정지신청을 하여 승소판결을 받은 다음 경매개시결정에 대한 이의신청을 하게 됩니다. 이와 같은 신청을 받은 법원은 경매개시결정에 대한 취소. 기각을 함으로써 경매절차를 종결시킵니다.
3	**이런 경우에 취하될 확률이 얼마나 되나요**
	통상 채무액보다 경매목적물 가액이 높은 경우에 취하하는 경우가 많습니다. 그런데 이 사안의 경우는 비록 연립가격이 채무액 전액보다는 낮지만 경매신청채권자인 K은

	행에 대한 채무금(1,200만원)보다는 현저히 높기 때문에 그 K은행에 대해서만 변제하면 되므로 취하될 가능성이 매우 높다고 할 수 있겠습니다.
4	**이 연립을 낙찰 받기 위해 쏟은 비용이나 노력에 대한 보상을 받을 수 있을까요?**
	이러한 경우 현재로서는 매수인이 보호를 받을 수 있는 제도적 장치가 마련되어 있지 않습니다. 따라서 낙찰 받기 위해 소요된 비용 등은 보상받을 수 없겠습니다.
5	**채무자가 청구이의의 소에서 승소하게 되면 재판 비용은 누가 부담하게 되나요?**
	청구이의의 소는 채무자가 채권자를 상대로 제기하는 소송입니다. 따라서 원고는 채무자가 되고 피고는 채권자가 됩니다. 민사소송에서 소송비용은 통상 패소한 당사자가 부담하게 됩니다. 즉, 원고인 채무자가 승소하게 되면 피고인 채권자 (K은행)가 소송비용을 부담하게 됩니다.
6	**저희가 만약 끝까지 동의를 하지 않은 채 재판으로 가게 되면 어느 쪽이 승소를 하게 되며 평균적인 재판 비용은 어느 정도 인지 궁금합니다.**
	위에서 설명 드렸듯이 채무자가 승소를 하게 되고, 소송비용은 피고인 채권자가 부담하게 됩니다. 따라서 낙찰자께서는 채무자가 승소한다 하더라도 소송비용에 대하여 전혀 부담을 느낄 필요는 없습니다. 소요된 소송비용은 예상보다 많지 않습니다. 이미 앞에서 살펴보았듯이 채권자는 매수인이 매각대금을 납부하기 전까지는 경매신청을 취하할 수 있습니다. 그러나 이 경우는 매수인의 동의를 받아야 하는데, 동의를 받지 못할 경우 비로소 채무자가 청구이의의 소를 제기하여 승소판결을 받은 후 법원에 경매취소를 구할 수 있습니다. K은행 직원의 답변으로 미루어보아 채무자와 모종의 합의를 본 것으로 생각됩니다. 이는 곧 낙찰자 동의를 받지 못하여 채무자가 청구이의의 소를 제기할 경우 채권자인 K은행 측에서 청구인낙을 하거나 다투지 않고 원고승소로 재판이 종결될 수 있도록 협조를 해 주겠다는 뜻으로 파악됩니다.

〈사례연구 2〉 [강제경매, 임의경매 경매개시결정에 대한 이의신청 차이점]

경매개시결정에 대한 이해관계인은 경매개시결정에 대하여 매각대금이 모두 지급될 때까지 "경매개시결정에 대한 이의"로 불복신청을 할 수 있고, 이의의 재판에 대해서는 다시 즉시항고를 할 수 있다. "경매개시결정에 대한 이의신청"은 개시결정을 한 집행법원에 한다.

1. 강제경매의 경우

부동산강제경매절차의 이해관계인은 경매개시결정일로부터 매수인이 매각대금을 모두 지급할 때까지 집행법원에 경매개시결정에 대한 이의신청을 할 수 있다. 이의의 재판은 변론을 열지 아니하고 결정으로 한다.

다시 말해서 이의신청이 정당하면 기존의 경매개시결정을 취소하고 강제경매신청을 기각하며, 부당하면 이의신청을 기각한다. "경매개시결정에 대한 이의신청"에 관한 재판에 대하여 이해관계인은 즉시항고를 할 수 있다. 이의신청에는 집행정지의 효력이 없다. 다만, "경매개시결정에 대한 이의신청"을 받은 법원은 이의신청에 대한 재판에 앞서 채무자에게 담보를 제공하게 하거나 제공하게 하지 아니하고 집행을 일시 정지하도록 명하거나, 채권자에게 담보를 제공하게 하고 그 집행을 계속하도록 명하는 등 잠정처분을 할 수 있으며, 이 결정에 대하여는 불복할 수 없다. “경매개시결정에 대한 이의”는 법 제16조의 집행에 관한 이의의 성질을 가진다.

따라서 “강제경매개시결정에 대한 이의”사유는 집행절차상의 이의사유(예컨대 경매 신청방식의 적부, 경매개시요건의 흠, 신청인의 적격 여부, 대리권의 존부, 목적부동산표시의 불일치, 집행력 있는 정본의 불일치 등)에 한하고, 채무부존재 등 실체상의 흠(예컨대 채권의 소멸 등)으로는 이의사유로 할 수 없다. 결국 강제집행절차에서 실체상의 이의사유로는 “청구에 관한 이의의 소”로써 다툴 수 있는 것이다. 또한 이의사유는 경매개시결정 당시의 것에 한하므로 경매개시결정이 이루어진 뒤에 생긴 절차상의 험(예컨대 최저매각가격의 결정이나 매각기일의 지정, 공고의 흠 등)으로는 “경매개시결정에 대한 이의”가 아니라, “집행에 관한 이의”로서 다투어야 한다.

2. 임의경매의 경우

강제경매에서는 집행채권의 부존재. 소멸. 변제기의 연기 등과 같은 실체상의 흠으로는 경매개시결정에 대한 이의나 매각허가결정에 대한 이의 또는 매각허가결정에 대한 항고사유가 되지 못하고, 청구이의의 소로서만 이를 주장할 수 있음에 반하여, 담보권의 실행을 위한 경매(임의경매)에 있어서는 절차상의 흠뿐만 아니라 실체상의 흠으로도 경매개시결정에 대한 이의를 신청할 수 있다. 다시 말해서 임의경매에 있어서는 경매절차의 개시결정에 대한 이의신청사유로 담보권이 없다는 것 또는 소멸되었다는 것을 주장할 수 있다. (법 제265조 참조) 실체상의 흠으로는 담보권의 부존재. 무효, 피담보채권의 불성립. 무효 또는 변제나 변제공탁에 의한 소멸 및 이행기의 미도래, 변제기일의 유예 등을 들 수 있다.

부동산임의경매절차의 매각기일에 매수신고한 최고가매수신고인, 차순위매수신고인이 있거나 매수인이 있는 경매사건에 대하여 경매신청을 취하하고자 하는 때에는 최고가매수신고인, 차순위매수신고인이나 매수인의 동의가 있어야 유효하고, 이들의 동의를 받지 못하는 경우에는 채무자 등은 채권자로부터 담보권의 부존재, 변제나 변제공탁에 의한 피담보채무의 소멸, 변제기일의 유예증명, 저당권이 말소된 부동산등기부등본 등을 첨부하여 경매개시결정에 대한 이의를 신청할 수 있고, 매각허가에 대한 이의 및 매각허가결정에 대한 항고를 할 수 있다.

〈사례연구 3〉 [경매개시결정에 대한 이의신청]

임의경매개시결정에 대한 이의신청

신청인(채무자) :
○시 ○구 ○동 ○번지(전화번호 :)
상대방(채권자) :
○시 ○구 ○동 ○번지 (전화번호 :)

신 청 취 지

위 당사자간 귀원 200 타경 호 부동산임의경매사건에 관하여 년 월 일 귀원이 행한 임의경매개시결정은 이를 취소한다. 채권자의 이 사건 임의경매신청을 각하한다.

라는 재판을 구함.

신 청 이 유

1. 신청인이 상대방(채권자) 으로부터 년 월 일 채권 최고액 금 원의 근저당권설정계약을 체결하여 상대방(채권자) 청구금액의 금원채무를 신청인(채무자)이 부담하고 있는 사실 및 위 채무불이행으로 인하여 상대방(채권자)이 경매를 신청하여 년 월 일자 경매개시결정된 사실은 인정한다.
2. 위 부동산의 경매개시결정된 후 신청인은 변제를 위하여 최선을 다하였으나 매각허가결정 후에야 상대방(채권자)에게 원금 원에다 년 월 일부터 년 월 일(완제일)까지 연 %의 지연이자 원 및 경매비용 원 합계금 원정을 변제하고 위 경매신청을 취하하였습니다.
3. 그러나 최고가매수인은 위 경매신청 취하에 동의치 않으므로 부득이 본 이의신청으로 신청취지와 같은 재판을 구합니다.

첨 부 서 류

1. 경매취하서 1통
1. 변제증서 1통

200 년 월 일

위 신청인 (인)

연락처(☎) :

○○지방법원(경매 계) 귀중

강제경매개시결정에 대한 이의신청

신청인(채무자) :
○시 ○구 ○동 ○번지(전화번호 :)
상대방(채권자) :
○시 ○구 ○동 ○번지 (전화번호 :)

신 청 취 지

위 당사자간 귀원 200 타경 호 부동산강제경매사건에 관하여 년 월 일 귀원이 행한 강제경매개시결정은 이를 취소한다. 채권자의 이 사건 강제경매신청을 각하한다.
라는 재판을 구함.

신 청 이 유

1. 채권자는 채무자인 신청인과의 사이의 ○ ○지방법원 20 가합 호 ○ ○ 청구사건의 집행력 있는 판결정본에 기하여 200 년 월 일 귀원에 강제경매신청을 하여, 200 년 월 일 개시결정이 되어, 동 결정은 200 년 월 일 채무자인 신청인에게 송달되었습니다.

2. 그런데 위 강제집행의 전제인 위 집행권원은 신청인에게는 송달되지 않았음에도 그 송달 전에 위 개시결정을 한 것은 민사집행법 제39조 제1항에서 정한 집행개시의 요건에 흠이 있는 것임에도 불구하고 행하여진 위법한 것이므로, 이의신청을 합니다.

200 년 월 일

위 신청인(채무자) **(날인 또는 서명)**

연락처(☎) :

○○지방법원(경매 0 계) 귀중

3. 경매취소

(1) 채무자가 부채를 청산할 경우

통상 채무자나 소유자가 신청채권자를 찾아 채무를 변제하고 집행법원에 말소된 등기부등본을 첨부하여 경매개시결정에 대한 이의신청을 하면 법원은 경매를 직권 취소시키는 경우 낙찰자는 많은 시간과 공이 허사가 되는 경우가 있으므로 경매취소를 염두에 두어야 한다. 임의경매와 달리 강제경매는 특히 채무 부존재로는 경매가 취소 될 수 없음에 유의하여야 한다.

(2) 한국자산관리공사의 공매가 법원경매에 앞서서 진행될 경우

공매(입찰일에 낙찰확정)가 경매(입찰 후 낙찰허가결정일로부터 7일 이내 즉시항고가 없으면 낙찰허가 확정)보다 앞서 매각허가확정이 되면 선행절차우선주의에 따라 뒤의 입찰절차는 취소된다.

(3) 남을 가망이 없을 경우의 경매취소

계속된 유찰로 법원사정가격이 하락하여 경매신청채권자가 집행비용, 소액보증금, 최종 3월 임금과 퇴직금 등 임금채권, 선순위저당권 보다 순위가 늦어 배당 받을 금액이 없다면 임의경매이던 강제경매이던 경매를 취소시켜야 한다. 이런 경우 법원은 신청채권자에게 잉여가망 없음을 통지하고 1주 이내에 잉여가망 있는 이상의 가격으로 매수 신고할 수 있음을 통지하여 충분한 보증을 제공(최저입찰가액의 10%)하도록 명하고 경매를 진행 할 수 있다. (민사집행법 제102조)

(민사신청과 경매 ○○계)
[경매 ○○계]

창원지방법원 통지서

사 건 2007타경 38614 부동산강제경매
채권자 김채권
채무자 박채무
소유자 채무자와 같음

이 사건 경매절차에 있어서 별지기재 부동산에 대한 최저매각가격 금 68,850,000원으로는 압류채권자의 채권에 우선하는 부동산의 부담금 732,380,622원(근저당권, 세금)과 절차비용을 변제하면 남을 것이 없다고 인정되므로 민사집행법 제102조 제1항, 제268조에 의하여 통지합니다.

따라서 이 사건 경매절차를 계속하여 진행하기 위해서 채권자는 이 통지를 받은 날로부터 1주일 이내에 채권자의 채권에 우선하는 모든 부담금 및 절차비용을 변제하고 남을 만한 가격을 정하여 그 가격에 맞는 매수신고가 없을 때에는 채권자 자신이 그 가격으로 매수하겠다고 신청하고 충분한 보증을 제공하여야 하며, 위 사항을 이행하지 않을 때에는 경매절차가 취소됨을 알려 드립니다.

2008. 3.11

사법보좌관 ○○○ (인)

(민사신청과 경매 ○○계)
[경매 ○○계]

창원지방법원 결정

사 건 2007타경 38614 부동산강제경매
채권자 김채권
채무자 박채무
소유자 채무자와 같음

주 문

별지 기재 부동산에 대하여 당원이 2007.12.31자로 한 경매개시결정을 취소한다. 본건 경매신청은 이를 기각한다.

이 유

채권자는 당원이 2008. 3.11자로 한 민사집행법 제102조 제1항에 의한 통지를 받고서도 동조 제2항에 의한 신청을 하지 아니하므로 주문과 같이 결정한다.

정본입니다
2008. 4. 2

○○지방법원

법원주사 ○○○ (인)

2008. 4. 2

사법보좌관 ○○○

〈사례연구 1〉 [매각대금지급기한 이전에 선순위 근저당권이 소멸한 경우]

[대법원 1998. 8. 24. 자 98마1031 결정]

【판시사항】

[1] 낙찰대금지급기일 이전에 선순위 근저당권이 소멸한 경우, 후순위 임차권의 대항력의 소멸 여부(소극)

[2] 낙찰대금지급기일 이전에 선순위 근저당권이 소멸함으로써 원래는 소멸할 예정이던 후순위 임차권의 대항력이 소멸하지 않고 존속하는 것으로 변경된 경우, 낙찰인의 구제 방법

【결정요지】

[1] 담보권의 실행을 위한 부동산의 입찰절차에 있어서, 주택임대차보호법 제3조에 정한 대항요건을 갖춘 임차권보다 선순위의 근저당권이 있는 경우에는, 낙찰로 인하여 선순위 근저당권이 소멸하면 그보다 후순위의 임차권도 선순위 근저당권이 확보한 담보가치의 보장을 위하여 그 대항력을 상실하는 것이지만, 낙찰로 인하여 근저당권이 소멸하고 낙찰인이 소유권을 취득하게 되는 시점인 낙찰대금지급기일 이전에 선순위 근저당권이 다른 사유로 소멸한 경우에는, 대항력 있는 임차권의 존재로 인하여 담보가치의 손상을 받을 선순위 근저당권이 없게 되므로 임차권의 대항력이 소멸하지 아니한다.

[2] 선순위 근저당권의 존재로 후순위 임차권의 대항력이 소멸하는 것으로 알고 부동산을 낙찰 받았으나, 그 이후 선순위 근저당권의 소멸로 인하여 임차권의 대항력이 존속하는 것으로 변경됨으로써 낙찰부동산의 부담이 현저히 증가하는 경우에는, 낙찰인으로서는 민사소송법 제639조 제1항의 유추적용에 의하여 낙찰허가결정의 취소신청을 할 수 있다

〈사례연구 2〉 [남을 가망이 없는 경매의 취소]

집행법원은 법원이 정한 최저매각가격으로 압류채권자의 채권에 우선하는 부동산상의 모든 부담과 절차비용을 변제하면 남을 것이 없겠다고 인정하며 그 사실을 압류채권자에게 통지한다. 이 통지를 받은 압류채권자가 통지를 받은 날부터 1주일 이내에 우선채권(집행비용 포함)을 변제하고 남을 남한 가격을 정하여 그 가격에 맞는 매수신고가 없을 때에는 자기가 그 가격으로 매수하겠다고 신청하면서 충분한 보증을 제공하지 않으면, 법원은 경매절차를 취소하여야 한다. 법원의 취소결정에 대하여는 즉시항고를 할 수 있다.

이는 압류채권자가 집행에 의하여 변제를 받을 가망이 전혀 없는데도 불구하고 무익한 경매가 행하여지는 것을 막고 우선채권자가 그 의사에 반한 시기에 투자의 회수를 강요당하는 것과 같은 부당한 결과를 피하게 하기 위한 것으로서 압류채권자나 우선채권자를 보호하기 위한 규정으로서 무익, 무용한 집행을 방지하기 위한 것이다.

〈남을 가망이 없는 경매의 판단 기준〉

가. 경매절차의 시초부터 최저매각가격이 우선채권총액에 미달하는 경우는 물론

나. 경매진행 중 매수신고가 없어 새 매각을 진행하는 경우에 최저매각가격의 저감으로 인한 미달도 포함되며

다. 압류가 경합된 경우(이중경매 신청된 경우) 먼저 개시결정한 사건이 취하되거나 최소되어 뒤에 개시된 경매사건에 의하여 진행되는 경우에도 뒤의 경매신청인에 대한 우선채권 총액에 최저매각가격이 미달하는 경우도 남을 가망이 없는 경매에 해당된다.

라. 매수인이 대금지급기한에 대금을 납부하지 아니하여 재매각을 하게 되는 경우에도 전의 매수인이 제공한 매수보증금과 최저매각가격을 합한 금액이 우선채권에 미달하는 경우도 남을 가망이 없는 경매가 된다.

마. 근저당권을 가진 채권자가 집행권원을 가지고 강제경매를 신청한 경우에는 집행법원은 경매개시결정을 송달하면서 채권자에게 근저당권의 피담보채권과 집행권원상의 채권이 동일한 것인지 여부를 밝히도록 보정명령을 하게 된다. 집행권원상의 채권과 근저당권의 피담보채권이 동일한 채권인 때에는 근저당권의 피담보채권액을 선순위 채권액의 계산에서 제외하여 남는지

여부를 판단하며, 그 근저당권에 의하여 배당 받을 수 있는 한 경매절차를 속행한다. 그러나 집행권원상의 채권과 근저당권의 피담보채권이 별개인 경우에는 근저당권의 피담보채권을 선순위채권에 포함시켜 남는지의 여부를 판단하고 집행권원상의 채권에 관하여는 배당 받을 수 없게 된다면 남을 가망이 없는 경매의 통지절차를 취한다.

바. 경매개시 후 압류채권자에 우선하는 저당권자 등이 경매신청하여 이중경매개시결정이 되어 있는 경우에는 절차의 불필요한 지연을 막기 위해서라도 최저매각가격과 비교하여야 할 우선채권의 범위를 정하는 기준이 되는 권리는 그 절차에서 경매개시결정을 받은 채권자 중 최선순위 권리자의 권리를 기준으로 판단한다.

⇒ 실무상으로는 법원에서 직권으로 취소결정을 내리기 이전에 경매신청채권자(일반적으로 경매 신청한 근저당권자)에게 잉여가 없다는 통보가 오게 되며, 그럴 경우 신청채권자가 자진해서 취하를 하는 경우가 대부분이다. 만일 자진하여 취하를 하지 않으면 법원의 직권으로 취소결정을 내리지만, (무잉여금지원칙이라는 용어로서 설명되며 민사집행법 제102조에 근거), 예외적으로 그대로 속행되어 경매비용만 환급받게 되는 경우도 간혹 있다. 말 그대로 법원의 직권에 의해서 이루어지는 취소이니까.

〈사례연구 3〉 [경매취하서]

경 매 취 하 서

사건번호 타경 호
채 권 자
채 무 자

위 사건의 채권자는 채무자로부터 채권전액을 변제(또는 합의가 되었으므로)받았으므로 별지목록기재 부동산에 대한 경매신청을 취하합니다.

첨 부 서 류

1. 취하서부본(소유자와 같은 수) 1통
1. 등록세 영수필확인서(경매기입등기말소등기용) 1통

년 월 일

채권자 (인)

연락처(☎)

○○지방법원 귀중

(최고가 매수신고인 또는 낙찰인의 동의를 표시하는 경우)
위 경매신청취하에 동의함.

년 월 일

위 동의자
(최고가 매수신고인 또는 낙찰인) (인)
연락처(☎)

☞ **유의사항**

1) 경매신청은 경락인의 대금납부까지 취하할 수 있는 바, 경매신청취하로 압류효력은 소멸하나 매수신고 후 경매신청을 취하하려면 최고가매수신고인(차순위매수신고인 포함)의 동의가 있어야 합니다.

2) 동의를 요하는 경우에는 동의서를 작성하여 취하서에 첨부하거나 또는 취하서 말미에 동의의 뜻을 표시하고 본인이 아닌 경우에는 인감증명을 첨부 하여야 합니다.

〈사례연구 4〉 [매각결정 불허가 신청]

매각결정 불허가 신청

사건번호 2006타경 25857(물건번호 1번) 강제경매
채권자 농림수산업자 신용보증기금기관
채무자 배채무
소유자 채무자와 같음

1. 귀원 위 강제경매 사건에서 본인은 2007.11.27 4명 응찰 후 최고가매수신고인으로 낙찰 된 바 있고, 2007.11.30 함안군 칠서면장 발급 농지취득자격증명을 제출한 바 있습니다.
2. 그러나 본건은 1984.11.30 예고등기가 접수되어 있는 물건으로 말소(소멸)되지 않는 선순위 등기로 설혹 본인이 잔금을 납부하더라도 소유권이전이 의문시 되는 물건입니다.
3. 별첨 판결문(사건 86나 316호 원고(항소인) 이항고, 피고(피항소인) 배채무)과 같이 현재 피고가 패소하여 본인이 잔금 납부 후 소유권을 이전 받아도 향후 소유권등기말소 소송이 진행되면 본인의 소유권취득이 무효화 될 수 있으므로 매각결정불허가 하여 주시고 매각보증금(1,849,700원)은 반환하여 주시기 바랍니다.

첨 부 : 판결문 사본 1부 끝.

2007.11.30.

위 이해관계인(최고가매수신고인)

주소 : 마산시 양덕동 123번지
성 명 : 황 길 동 (401212－1820910) (연락처 : 011－123－4567)

창원지방법원 귀중

※ **민사집행법 제121조**(매각허가에 대한 이의신청사유) 매각허가에 관한 이의는 다음 각호 가운데 어느 하나에 해당하는 이유가 있어야 신청할 수 있다.

1. 강제집행을 허가할 수 없거나 집행을 계속 진행할 수 없을 때
2. 최고가매수신고인이 부동산을 매수할 능력이나 자격이 없는 때
3. 부동산을 매수할 자격이 없는 사람이 최고가매수신고인을 내세워 매수신고를 한 때
4. 최고가매수신고인, 그 대리인 또는 최고가매수신고인을 내세워 매수신고를 한 사람이 제108조 각호 가운데 어느 하나에 해당되는 때
5. 최저매각가격의 결정, 일괄매각의 결정 또는 매각물건명세서의 작성에 중대한 흠이 있는 때
6. 천재지변, 그 밖에 자기가 책임을 질 수 없는 사유로 부동산이 현저하게 훼손된 사실 또는 부동산에 관한 중대한 권리관계가 변동된 사실이 경매절차의 진행 중에 밝혀진 때
7. 경매절차에 그 밖의 중대한 잘못이 있는 때

〈사례연구 5〉 [경매에서 여러 가지 문제점 발생시 신청사유]

① 매각기일 이후 매각결정기일 사이에 발생한 경우⇒매각불허가 신청을 한다
② 매각결정기일 이후 대금납부전이면⇒매각허가결정의 취소신청을 한다
③ 배당 실시전이면⇒경매에 의한 매매계약해제하고 납부한 매각대금의 반환을 청구한다
④ 배당이 끝난 후⇒채무자에 대해 계약 해제 후 채무자 또는 채권자에게 부당이득반환청구를 한다.

후자로 갈수록 구제 가능성이 멀어지므로 초기에 대응하여야 한다.

〈사례연구 6〉 [매각기일 변경(연기) 신청서]

매각기일 변경(연기) 신청서

사건번호 타경 호
채 권 자
채 무 자

위 사건에 관하여. . . : 로 경매기일이 지정되었음을 통지 받았는바 사정으로 그 변경(연기)을 요청하오니 조치하여 주시기 바랍니다.

년 월 일

채 권 자 (인)

연락처(☎)

○○지방법원(경매 계) 귀중

〈사례연구 7〉 [매각허가결정에 대한 즉시항고]

항 고 장

사 건 타경 호 부동산임의(강제)경매
항고인(채무자) ○ ○ ○
주소

위 사건에 관하여 귀원이 년 월 일에 한 결정은 전부 불복이므로 항고를 제기합니다.
원결정의 표시

항 고 취 지

원 결정을 취소하고 다시 상당한 재판을 구함.

항 고 이 유

첨 부 서 류

1.

2.

년 월 일

위 항고인

연락처(☎)

○○지방법원(경매 ○○계) 귀중

☞**유의사항**

① 이해관계인은 매각허가여부의 결정에 따라 손해를 볼 경우에만 그 결정에 대하여 즉시항고를 할 수 있고, 매각허가에 정당한 이유가 없거나 결정에 적은 것 외의 조건으로 허가하여야 한다고 주장하는 매수인 또는 매각허가를 주장하는 매수신고인도 즉시항고를 할 수 있습니다.

② 매각허가결정에 대한 항고는 이 법에 규정한 매각허가에 대한 이의신청사유가 있다거나, 그 결정절차에 중대한 잘못이 있다는 것을 이유로 드는 때에만 할 수 있다.

③ 매각허가결정에 대하여 항고를 하고자 하는 사람은 보증으로 매각대금의 10분의 1에 해당하는 금전을 공탁하여야 하며 보증을 제공하였음을 증명하는 서류를 붙이지 아니한 때에는 원심법원은 항고장을 받은 날부터 1주 이내에 결정으로 이를 각하합니다.
(채무자 및 소유자가 한 항고가 기각된 때에는 항고인은 보증으로 제공한 금전이나 유가증권을 돌려 줄 것을 요구하지 못하며, 그 외의 사람이 한 항고가 기각된 때에는 항고를 한 날부터 항고기각결정이 확정된 날까지의 매각대금에 대한 대법원규칙이 정하는 이율(연20%)에 의한 금액에 대하여는 돌려 줄 것을 요구할 수 없습니다.

④ 항고장에는 2,000원의 인지를 붙여 원심법원에 제출함과 동시에 항고사건 소정 송달료[당사자수×(1회 우편요금 2,260원)×3회]를 납부 하여야 합니다.

20-2. 경매취하 시 근저당권 효력

임의경매 신청 후 개시결정등기가 기입된 상태에서 경매 취하 후 신규대출 불가하다. 결산기 도래되어 특정저당권으로 변경된 것으로 간주하기 때문이다. 연기・대환에 대한 언급 및 판례 없으므로 안전한 업무처리를 위하여 제한적으로 운용하고 있다. 따라서 경매신청 후 취하되면 그 근저당권은 저당권화되어(특정채무) 동 채무가 완제 또는 타 대출로 대환 되면 그 근저당권의 피담보채무가 소멸되어 그 이후 신채무에 대하여는 근저당권의 유용이 된다. 금융기관에서 경매 신청 후 취하한 경우 후일 동 근저당권을 가지고 신규대출금을 담보하지 않으므로 신규대출 취급을 금하고 있으며, 기존 여신에 대해서는 동일성을 유지한 연기만 하고 있는 실정이다. (즉, 경매취하 후 채무자의 보증하에 제3자 채무인수를 위하여 제3자 앞으로 신규대출을 하고 그 채무의 담보로 경매 신청하였던 근저당권은 원용 안됨. 결산기가 도래된 근저당권의 경우에 경매를 취하한 후 신규로 대출하는 것이 아닌 기존대출을 기한 연장하는 것은 가능한 것으로 해석 할 수도 있으나, 확인된 판례는 없음)

또한, 대출 완제 후 2년 경과시점에서 재대출하려고 하는데 가압류가 있는 경우 근저당권 효력이 없다고 본다(다만, 가압류자에게 은행이 선순위임을 동의 받는 경우 가능하다.)

〈사례연구 1〉 [근저당권의 피담보채무액의 확정 시기(=경매신청시)]

[대법원 1997. 12. 9. 선고 97다25521 판결]

근저당권의 피담보채무액의 확정 시기(=경매신청시)

근저당권자가 피담보채무의 불이행을 이유로 경매신청을 한 경우에는 경매신청시에 근저당권의 피담보채권액이 확정되고, 그 이후부터 근저당권은 부종성을 가지게 되어 보통의 저당권과 같은 취급을 받게 되는 것이다

〈사례연구 2〉 [근저당권의 유용에 대한 판례 연구]

(대판 89.11.28 89다카15601, 대판 94,1.28 93다31702. ① 대판 89.11.28 89다카15601, ② 대판 94,1.28 93다31702, 대판 96.4.26 96다2286 등)가 있다. 아래 질의응답을 살펴보자

1	은행 고객 A는 2000년에 자신의 주택에 1순위 근저당권을 설정하고 대출을 쓰던 중 2002년에 대출금 전액을 상환하였으나 근저당권은 말소하지 않았다. 그 후 2004년에 다시 급전이 필요하여 은행을 방문한 A는 잔존하고 있는 근저당권을 담보로 신규 대출을 요청하였다. 이와 같이 말소하지 않고 있던 종전의 근저당권을 담보로 이용하는 것이 가능한가?
	존속기간의 정함이 없는 근저당권이 말소되지 않고 있다 하더라도 당사자간의 거래관계가 사실상 종료하고 사회통념상 상당기간이 경과하면 그 근저당권은 실효한다고 봄이 상당하다. 다만 위 사례의 경우 무효인 저당권설정등기유용의 방법으로 종전 근저당권을 이용할 수 있다. 이 경우에는 무효인 근저당권 등기의 유용에 관한 합의 이전에 등기상 이해관계있는 제3자가 없고, 거래처와 무효인 근저당권 등기의 유용에 대하여 합의를 하고, 유용합의서에 확정일자를 득하는 방법으로 기존의 근저당권을 이용하면 된다.
2	은행이 갑 소유의 시가 1억원인 부동산에 채권최고액 65백만원의 근저당권을 설정받고 50백만원을 대출하였으나 갑이 대출원리금을 연체하자 임의경매를 신청하여 경매개시결정을 받았다. 그러자 갑이 대출원리금을 모두 변제하여 경매를 취하하였다. 은행은 갑의 요청에 따라 위 근저당권에 기하여 갑의 보증하에 그의 처인 을에게 20백만원을 대출하고 위 근저당권을 담보로 하기로 하였다. 그런데 을에 대한 대출취급 이전에 위 부동산에 이미 병의 가압류(청구금액3억원)가 있었던 경우 위 근저당권이 을에대한 대출금의 담보로 유효한가?
	은행의 근저당권은 갑의 채무불이행(대출원리금의 연체로 인한 이행지체)을 이유로 경매신청한 때에 결산기가 도래되었다고 할 수 있다. 그 후 경매를 취하하고 확정된 피담보채권(채무)인 갑의 50백만원의 대출채무가 완제되었다면 그와 동시에 확정된 근저당권은 무효로 되며 근저당권 등기 또한 무효인 등기이다. 물론 무효인 근저당권등기라고 하더라도 당사자간의 합의에 의하여 새로운 채무에 대한 담보로 유용할 수는 있으나, 그러한 유용의 합의는 그 합의 이전에 당해 부동산 등기부상에 이해관계를 갖게 된 가압류권자 병에게는 대항할 수 없다. 즉 병에 대하여는 저당권의 우선변제권을 주장할 수 없다. 그러므로 무효인 등기를 유용하려면 가압류권자 병의 승낙이나 동의를 받아 업무 처리하여야만 한다. 병의 승낙내용은 은행의 선순위를 인정하는 내용이어야 한다.
	은행은 갑에게 그의 소유 시가1억원인 부동산에 채권최고액 65백만원의 근저당권을 설정

3	받고 1년 기한으로 50백만원을 대출하였다. 1년 후 갑이 위 대출채무 50백만원을 완제하였으나 근저당권은 말소하지 아니하였다. 그 후 2년이 지난 다음 갑이 위 근저당권을 담보로 다시 50백만원을 대출하여 줄 것을 요청하여 등기부를 확인하여 보니 을의 청구금액 1억원인 가압류가 이미 등기되어 있다. 갑에게 다시 대출하더라도 위 근저당권이 유효하게 담보할 수 있겠는가?
3	은행이 취득한 저당권이 특정저당권이 아닌가 하는 문제를 변론으로 하고 근저당권임을 인정한다고 하더라도 갑의 대출금 채무가 완제된 후 아무런 대출거래 없이 2년이 경과한 후에 근저당권설정등기가 말소되지 아니하였다고 하여 새로운 대출채무를 발생시키고 그 채무를 근저당권의 피담보채권(채무)에 포함된다고 주장하는 것은 어렵다고 할 것이다. 즉 은행이 취득한 근저당권은 갑의 대출금채무 완제시나 그 후 상당한 시일이 경과된 시점에 무효로 되었다고 볼 것이며 근저당권설정등기는 무효인 등기라고 보아야 한다. 이러한 무효인 등기를 새로운 대출에 대한 담보로 유용하기로 은행과 갑이 합의하였다고 하더라도 이미 당해 부동산등기부상에 이해관계를 가진 가압류권자인 을에게 대항할 수는 없다. 그러므로 무효인 등기를 유용하려면 가압류권자 을의 승낙이나 동의를 받아 업무 처리하여야만 한다.

※ 무효등기 유용의 방식

무효등기의 유용에 관한 합의 형식은 묵시적으로도 가능할 수 있으나 후일의 분쟁에 대비하여 확정일자 있는 문서로 합의하여야 한다. 또한 유용의 합의 시에 등기부상 이해관계 있는 제3자(후순위저당권자, 가압류권자, 가처분권자, 대항력을 갖춘 임차인 등)가 있다면 그들로부터 유용에 관한 승낙이나 동의를 받아야 그 제3자에 대하여 무효등기의 유용으로 대항할 수 있다. 유용에 관한 승낙이나 동의에는 저당권자의 선순위를 인정하는 내용이 표시되어야 하며, 이에 기하여 제3자들에게 대항할 수 있을 것이다. (98.3.24 선고 97다56242)

〈사례연구 3〉 [근저당권의 원인무효]

근저당설정행위는 무권리자의 설정행위에 의해서 또는 절차상의 하자에 의해서 무효가 될 수 있으며 그 구체적인 사례는 다음과 같다.

1. 무권한자의 근저당권 설정행위

우리 민법은 등기에 공신력을 인정하고 있지 않다. 따라서 타인의 부동산을 인감 위조 등에 의하여 임의로 자기의 소유 명의로 등기한 자로부터 근저당권을 설정 받은 경우에는 절차상 아무리 완벽한 등기를 하였다 하더라도 근저당권 설정 자체가 원인무효화 되어 보호받지 못하므로 더욱 주의를 요한다.

1	남편의 재산을 처가 임의로 담보 제공한 저당권설정행위의 무효 (1976.8.29. 선고 76다 1125)
2	권한 없는 대표이사의 저당권설정행위의 무효(1974.12.10. 선고 74다428)
3	타인의 재산을 인감, 주민등록증 등을 위조하여 담보 제공한 저당권설정행위의 무효 (1973.10.31. 선고 73다628)
4	친권자가 미성년자의 권익에 배치되는 법률행위를 위해 담보를 제공한 저당권설정행위 무효 (1971.7.28. 선고 71다1118, 1994.9.9. 선고 94다 6680)
5	부재자 재산관리인의 권한초과행위에 의한 담보제공행위 무효(1977.11.8. 선고 77다 1159)

2. 불공정한 법률행위

근저당권자가 근저당설정자의 경솔, 무경험을 이용하여 현저하게 공정성을 결여한 근저당의 설정계약을 체결하였을 경우에는 설정계약 자체가 무효이다(1973.126. 선고 71나2246)

3. 강행법규 위반행위

강종 강행법규에서 설정 자체가 금지되거나 사전에 주무관청의 허가 등을 요구할 시 이에 반하는 근저당권설정행위는 무효이다. (1985.9.13. 선고 85다카1354)

4. 대 책

무권리자 또는 절차상의 흠결을 이유로 근저당이 무효화되는 것을 막으려면 설정 시점에 정당한 권리자로부터 근저당을 설정하여야 한다. 남편이나 부친 등 가까운 사람의 부동산을 담보로 제공할 때는 반드시 등기부상 소유자의 의사를 설정계약서상에 남겨야 훗날 분쟁을 예방할 수 있다.

그 구체적인 방법은 주민등록증을 복사하여 담보서류에 철해 두고 근저당권설정계약서 상에 담보제공자 본인이 자필서명, 무인을 받도록 한다. 그리고 소유권 취득이 얼마 되지 않은 부동산을 담보로 제공할 때에는 일단 경계하고 전소유자에게 소유권이전의 정당성을 확인해 보는 것이 안전하다.

〈사례연구 4〉 [근저당권의 효력 (채권최고액의 범위)]

【질의】

은행이 채무자 A에게 A소유의 주택에 채권최고액 100백만원의 근저당권을 1순위로 설정하고 대출을 150백만원 실행했다. 그런데 A가 100백만원의 대출금을 변제할 테니 주택에 설정된 근저당권을 해지해 달라는 요청이 들어왔다. 은행으로서 근저당권을 해지해 주어야 하는가?

【답변】

근저당권에 있어서 채권최고액은 물상보증인이나 저당목적물의 제3취득자 등 이해관계인에 대하여 우선변제권을 주장할 수 있는 최고한도액을 의미하고 적어도 근저당권자와 채무자와의 관계에 있어서는 위 채권 전액의 변제가 있을 때까지 근저당권의 효력은 채권최고액과는 관계없이 잔존채무에 여전히 미친다. 따라서 A의 대출채무 150백만원을 변제할 때까지 근저당권의 해지를 할 수 없다

〈사례연구 5〉 [경매신청과 근저당권의 확정 관련]

1	**근저당권자가 담보권의 실행을 위하여 경매를 신청하면 그 근저당권의 효력은 어떻게 달라지는가?**
	경매신청시에 근저당권은 확정되어 보통저당권으로 바뀌므로 그 피담보채권은 경매신청 당시에 이미 발생된 채권만을 담보함.
2	**근저당권의 피담보채권 일부만을 청구금액으로 하여 경매를 신청한 후 채권계산서의 제출에 의하여 청구금액을 확장할 수 있는가?**
	근저당권자가 경매신청서에 피담보채권의 원금 중 일부만을 청구금액으로 기재하여 경매를 신청한 경우, 경매신청채권자는 배당단계에서 채권계산서에 청구금액을 확장하여 제출하는

	방법에 의하여 청구금액을 확장할 수 없음.
3	**피담보채권중 일부만을 경매 신청한 채권자는 어떤 방법에 의하여 나머지 피담보채권을 배당 받을 수 있는가?**
	당초의 경매신청 시 포함되지 않은 잔여 피담보채권에 대하여 부동산경매절차의 배당요구종기까지 이중경매신청을 하여 경매개시의 기입등기가 되면 배당 받을 수 있음.
4	**임의경매절차에서 경매신청서의 신청원인에 기재된 채권이 변제 등에 의하여 소멸된 경우, 경매신청채권자는 경매신청서에 기재하지 않은 다른 피담보채권을 배당 받을 수 있는가?**
	경매신청채권자는 그 청구채권을 소멸된 당초의 채권으로부터 그 다른 채권으로 교환적으로 변경하여 그 다른 채권에 대하여 배당을 구하는 내용의 채권계산서 등을 제출하는 방법으로 그 다른 채권을 배당 받을 수 있음.
5	**임의경매의 신청채권자가 경매신청서의 표지에는 대여금의 원금만을 표시하고, 그 내용의 청구금액란에 원금과 지연손해금을 기재한 경우, 경매신청서에 기재한 채권액에는 그 지연손해금도 포함되는가?**
	근저당권자는 임의경매신청서의 청구금액란에 원금을 기재하고 이에 대한 연체이자 및 지연손해금에 관하여 부기하는 방법으로 청구금액을 표시하면 됨.
6	**신청채권자가 경매신청서에 경매청구채권으로 이자 등 부대채권을 표시한 경우 나중에 채권계산서에 의하여 부대채권을 증액하는 방법으로 청구금액을 확장할 수 있는가?**
	담보권 실행을 위한 경매절차에 있어 신청채권자가 이자 등 부대채권을 표시하였다가 나중에(늦어도 배당요구종기까지) 채권계산서에 의하여 그 부대채권을 증액하는 방법으로 청구금액을 확장할 수 있음.
7	**후순위 근저당권자가 경매를 신청한 경우, 선순위 근저당권자의 피담보채권액이 확정되는 시기는 언제인가?**
	후순위 근저당권자가 경매를 신청한 경우 선순위 근저당권의 피담보채권은 그 근저당권이 소멸하는 시기인 매수인이 매각잔대금을 완납한 때에 확정됨.
8	**주채무자와 물상보증인이 공동으로 근저당권을 설정한 후 먼저 주채무자가 제공한 근저당권이 실행된 경우, 물상보증인의 피담보채무의 확정시기는?**
	여러개의 공동저당권의 목적부동산 중 1개만이라도 담보권 실행을 위해 경매를 신청한 경우에는 그 경매신청시에 모든 공동저당권은 확정되어 보통저당권으로 바뀜.

〈사례연구 6〉 [여신 사후관리 법률 사례]

1	**법인을 위하여 포괄근저당을 제공한 물건 소유주가 자신의 대출에 대해서도 법인을 위해 설정한 포괄근저당권 범위 내에서 개인명의 대출 요청시 담보 효력이 있는지?**
	담보물 소유자의 개인대출에 대해서는 담보효력이 없다. 다만, 법인이 담보물 소유자에게 보증을 입보한 경우는 담보 될 수 있다.
2	**보증인에 대하여 법적절차 진행하였더니 차주의 재산에 대해서 법적절차를 진행하지 않고 보증인에게 법적절차 진행하여 정신적 물질적 피해에 대하여 손해배상청구한 경우 배상해야 되는가?**

	연대보증인은 최고・검색의 항변권이 없기 때문에 주채무자의 자력유무나 주 채무자 재산에 대한 강제집행의 선후를 따지지 못하고 은행의 이행청구에 응해야만 한다.
3	**타 은행 근저당권을 이전 받아 대출거래 계속 가능한가?**
	가능, 다만, 계약 양도로 근저당 이전하여 관리해야 하나, 판례 없고 계약 양도용 은행거래표준약관이 준비되어 있지 않아 취급에 신중을 기해야 함.
4	**나대지에 무허가 미등기 건물이 있는 상태에서 대지만 담보 취득 후 소유권이전 된 경우 대처 방안?**
	대지에 대한 경매 진행만 가능하나, 법정지상권이 성립되어 예상 담보가 크게 떨어지게 되어 대지에 대한 경매는 사실상 어렵게 된다. 현실적으로 법원에서 경매 진행 불가함.
5	**담보제공 물건을 헐고 새로 신축 후 제3자에게 소유권이전시 은행 조치 사항?**
	담보제공자에게 손해배상 청구 이외에 별도 조치수단 없음.
6	**양도담보기계기구를 타 금융기관에서 공장저당담보목록에 포함하여 경매 진행 시 조치사항?**
	제3자 이의의 소를 제기하여 강제집행 목록에서 분리해야 한다.
7	**경매진행 시 전소유자 소유 시 발생된 임금채권에 대하여 임금채권자 배당청구 가능한가?**
	가능하다. 현 소유주에 대한 임금채권자는 청구 불가.
8	**저당권설정 후 법인으로 소유권이전 시 법인 임금채권자 배당 신청 가능 한가?**
	청구 불가하다. 저당권 설정 후 소유권이전 받은 소유자의 임금채권까지 예상하여 근저당권 설정은 은행에 무리한 예측을 요구하는 것이기 때문임.
9	**설정 이후 부가가치세 교부 청구가 있는 경우 저당권에 우선하는가?**
	저당권과 국세, 지방세의 우선순위는 저당권 설정등기일과 조세의 법정기일의 선후에 따라 정해 진다.
10	**제3자 담보를 포괄근저당권 설정계약에 의하여 취득하였으나 신용보증기금 등이 대위변제 시 포괄근저당권인 점을 들어 저당권 이전을 요구하는 경우?**
	이전해야 되며, 거절하거나 근저당권 해지시 면책항변을 받을 수 있음. 따라서 제3자 담보 취득 시 보증부대출을 제외한다는 의미의 개별약정을 하거나 특정근저당권으로 운용하여 분쟁의 소지를 예방해야 됨.
11	**면책적채무인수 후 신규대출 취급시 근저당권에 피담보채무에 포함여부?**
	포함되지 않음. 피담보 채무가 채무인수 시점에 확정되어 근저당권 또한 특정저당권화된다고 해석됨(연기・대환만 가능). 따라서 계약인수로 채무 인수해야 신규대출 취급시에도 피담보 범위에 포함됨.
12	**부동산에 대한 저당권이나 동산 및 채권에 대한 질권을 설정한 후 담보목적물의 멸실 등에 의하여 보험금청구권 손해배상청구권, 환급금청구권이나 동산에 대한 물상대위권과 압류의 필요성 및 시기?**
	채권은 압류, 전부명령을 신청하여 실행하고 동산인 경우에는 담보권 실행을 위한 경매절차에 준하여 경매 절차 진행함, 이 경우 담보권의 존재를 증명하는 서류는 반드시 제출해야 하나 일반채권자의 강제집행의 경우와는 구별되는 것이므로 채무명의를 필요로 하지는 않는다는 것이 대법원 견해임. 토지수용법 제69조가 담보물권의 목적물이 수용되었을 경우 보상금에 대하여 당해 담보물권을 행사하기 위한 요건으로서 그 지불전에 압류할 것을 요구하는 이유는

	보상금이 소유자의 일반재산에 혼입되기 전까지는 즉 특정성이 유지, 조정되고 있는 한도 안에서 우선변제권을 인정하고자 함에 있음.
13	**아파트나 연립주택에 대하여 대지권이 미등기인 상태에서 저당권을 취득한 후 채무불이행을 이유로 경매를 신청하는 경우 유의사항?**
	집합건물 소유 및 관리에 관한 법률 시행(86.4.10일)이후 동법 제20조의 제1항이 적용되어 경락인이 건물(전유부분)과 함께 대지권·사용권도 일체적으로 이전받는다고 해석 할 수도 있을 것으로 보이나 동법 시행 후 설정된 저당권에 대한 판례는 없음. 따라서 전유부문만의 경매에 의하여 채권전액을 회수할 수 없을 것으로 예상될 때에는 경매신청 전에 대지권에 관한 부분을 채권대위에 의한 등기청구 등의 방법으로 대지권에 대한 등기를 경료한 후에 경매를 신청해야 함.
14	**근저당권이 설정된 물건에 건물을 증축하여 타 금융기관에서 근저당권을 설정하였을 경우 건물에 대한 권리는?**
	증축 건물에 대해서는 배당권리가 근저당권자에게 우선하지 못함.
15	근저당권 담보물 개축 후 담보제공 하지 않고 제3자에게 양도하거나, 미등기건물이 있는 대지에 대하여 담보취득 후 건물을 미등기인체로 제3자에게 양도한 경우?
	법정지상권 성립되는 것으로 해석. 저당권 멸실에 의한 손해배상 청구권을 취득 할 수 있을 것으로 보이나 건물 철거청구가 가능한지에 대해서는 여러 사유로 부정적 이어서 법정지상권이 성립되는 것으로 해석 될 수 있음.
16	**채권자가 경매 신청서에 피담보채권의 일부만을 청구금액으로 경매 신청한 경우 배당절차에서 채권계산서를 확장하여 제출 가능한지?**
	확장 불가. 배당요구종기기일 까지 이중경매 신청해야 배당요구 효력발생.
17	**이중 경매의 효력은?**
	선행경매의 경매신청 취하, 무잉여경매에 의한 취소를 방지 할 수 있으며, 배당요구종기기일까지는 청구채권을 확장 할 수 있음.
18	**00은행에 대한 채무자 을의 채무를 대위변제한 병이 있을 때 00은행이 채권보전을 위하여 가압류하였던 을 소유의 부동산이나 다른 보증인인 정 소유의 부동산이 있을 때 을과 정의 부동산가압류를 00은행에서 해제 해도 되는가?**
	변제에 의한 대위권이 병에게 있으므로, 00은행이 가지고 있는 채권 및 담보에 관한 권리가 당연히 변제자 병에게 이전 되어야 하므로 대출금 완제가 되었다고 임의로 해제하여서는 안됨.
19	**나대지에 대하여 저당권 및 지상권을 취득한 지상권자로서 건축허가에 동의하여 토지소유자가 건축하던 중 도산한 경우 경매 진행이 가능한지?**
	건축중인 건물에 대한 강제집행 방법은 그 절차의 입법불비로 별도의 입법조치가 있게 될 때 까지는 불가능함. (95년도부터 대법원은 미완성의 건물을 유체동산의 집행방법에 의한 강제집행을 할 수 없다고 해석하고 있음)
20	**사망자 부동산에 대하여 가압류 가능한가?**
	사망자 명의로 되어 있는 경우는 가압류 할 수 없으며 소유권이전등기 (상속대위 등기 등)가 된 상태에서 가압류 하여야 함.
21	**경매 매각기일 지정 후 유치권 등재로 저가 낙찰 우려시 조치사항?**
	담보 회수가 및 유치권 열람하여 유치권배제신청 또는 유치권부존재소송 등 검토 후 경매취하 후 재경매 신청하여 유치권 배제 조치를 취해 피해를 최소화해야 함.

21. 경매신청 전 검토하기

21－1. 관할법원, 일괄매각, 이중경매, 청구금액 확장

〈사례연구 1〉 [부동산경매절차의 관할법원]

1. 소재지 관할 지방법원

부동산경매는 매각목적 부동산이 있는 곳의 지방법원(또는 그 지원)이 집행법원(집행기관)으로서 관할법원이 되며 전속관할이다. 따라서 당사자의 합의에 의하여 다른 법원을 관할법원으로 정할 수 없고 응소관할도 생길 수 없는 것이다. 집행대상인 부동산이 여러 지방법원의 관할구역에 있는 때에는 그 소재지 법원마다 따로 집행법원이 된다.

2. 수개의 지방법원의 관할구역에 걸쳐있는 부동산의 경우 관할법원

1개의 부동산이 수개의 지방법원의 관할구역에 걸쳐 소재하고 있는 때에는 각 지방법원에 관할권이 있으나 이 경우 법원은 필요하다고 인정한 때에는 사건을 다른 지방법원으로 이송할 수 있다. 당사자에게 신청권은 없으나 직권발동을 촉구하는 뜻에서 이송신청을 할 수는 있을 것이다. 여러 개의 부동산이 수개의 지방법원의 관할구역 내에 산재하고 있는 경우에는 각 별로 관할이 생기며 동일절차에 의하여 경매할 수 없지만 법원은 각각 경매 신청된 여러 개의 재산 또는 다른 법원이나 집행관에 계속된 경매사건의 목적물에 대하여 일괄매각결정을 한 다음 다른 법원 또는 집행관으로부터 그 목적물에 대한 경매사건을 이송 받아 병합할 수 있다.

3. 등기 또는 등록을 하는 곳의 지방법원

각종 법률 또는 대법원규칙에 따라 부동산으로 보거나 부동산에 관한 규정이 준용되는 것에 대한 강제집행은 그 등기 또는 등록을 하는 곳의 지방법원이 관할한다. 예를 들면 공장재단을 구성하는 하나의 공장이 여러 개의 지방법원의 관할구역에 걸쳐 있거나 공장재단을 구성하는 여러 개의 공장이 여러 개의 지방법원의 관할구역내에 있는 경우에는 관계법원에 공통하는 직간상급법원에 대하여 관할법원의 지정을 신청하여 그 지정법원에 경매의 신청을 하여야 한다.

또 공장재단이 수개의 공장으로 구성되어 있는 경우에 법원은 저당권자의 신청으로 그 공장재단을 구성하는 각 공장을 개별적으로 경매 또는 입찰에 부할 것을 명령할 수 있다.

위와 같은 공장재단 이외의 공동담보의 목적이 되는 여러 개의 부동산이 여러 지방법원의 관할구역내에 산재하고 있는 경우에는 각 별로 관할이 생기며 하나의 경매절차로 경매할 수 없다는 것이 통설이다. 법률 등에 의하여 부동산으로 보는 것은 부동산의 공유지분, 공장재단, 광업재단, 이목, 지상권 및 그 공유지분이 있고 부동산에 관한 규정이 준용되는 권리는 어업권, 광업권, 유료도로관리권, 댐 사용권 등이 있다 다만 공동광업권자의 지분은 광업권자의 합유에 속하므로 강제경매의 대상이 될 수 없다.

〈사례연구 2〉 [개별매각(분할매각)과 일괄매각]

여러 개의 부동산에 관하여 동시에 경매신청이 있는 경우에는 각 부동산 별로 최저매각가격을 정하여 매각하여야 한다. 이를 분할매각의 원칙 또는 개별매각의 원칙이라고 한다. 이 원칙은 여러 개의 부동산을 매각하는 경우에 한 개의 부동산의 매각대금으로 모든 채권자의 채권액과 집행비용을 변제하기 충분하면 다른 부동산의 매각을 허가하지 아니하고, 이러한 경우에 채무자는 그 부동산 가운데 매각할 것을 지정할 수 있다는 규정(법 제124조, 과잉 매각되는 경우의 매각불허가)과 일괄매각에 관한 특칙 등을 비추어 보면 우리 민사집행법이 분할매각을 원칙으로 하고 있다. 그러나 분할매각의 원칙은 법정매각조건은 아니며, 집행법원은 분할매각을 할 것인가 또는 일괄매각을 할 것인가를 자유재량으로 결정할 수도 있는 것이다.

1. 개별매각(분할매각)

수개의 부동산에 관하여 동시에 경매신청이 있는 경우에는 각 부동산 별로 최저매각가격을 정하여 매각하여야 한다는 원칙이다. 법에 명문규정은 없으나 이 원칙은 1개의 부동산의 매각대금으로 각 채권자의 채권 및 집행비용의 변제에 충분한 때에는 다른 부동산에 대한 매각을 허가하지 아니하며, 이 경우 채무자는 매각할 부동산을 지정할 수 있다는 규정과 일괄경매에 관한 특칙이 있음에 비추어 명백하다. 다만 법원은 수개의 부동산의 위치, 형태, 이용관계 등을 고려하여 이를 동일인에게 일괄매수시킴이 상당하다고 인정한 때에는 집행법원의 자유재량에 의하여 일괄매각을 결정할 수 있다.

2. 일괄매각

집행법원은 여러 개의 부동산의 위치. 형태. 이용관계 등을 고려하여 일괄 매수하게 하는 것이 알맞다고 인정하는 경우에는 직권으로 또는 이해관계인의 신청에 따라 일괄 매각하도록 결정할 수 있다. 또 법원은 부동산을 매각할 경우에 그 위치. 형태. 이용관계 등을 고려하여 부동산 외의 다른 종류의 재산(금전채권은 제외)을 그 부동산과 함께 일괄 매수하게 하는 것이 알맞다고 인정하는 때에는 직권으로 또는 이해관계인의 신청에 따라 일괄 매각하도록 결정할 수도 있다. 위 일괄매각결정은 매각기일이전까지 하여야 한다. 민사집행법은 위와 같이 부동산과 함께 부동산 외의 다른 종류의 재산에 대해서도 일괄 매각할 수 있도록 신설하였다. 집행법원의 일괄매각결정이 없어도 법에 의하여 당연히 일괄 매각하여야 하는 경우가 있다. 대지권등기가 되어 있는 집합건물은 대지권의 분리처분이 불가능하고 전유부분 및 공유부분(건물부분)에 대한 경매개시결정의 효력이 대지사용권에 미치므로, 건물부분과 대지사용권에 관하여 일괄매각결정을 할 필요가 없다.

공장저당법에 의한 저당권의 실행으로 매각되는 경우에도 공장저당물건인 토지 또는 건물과 이에 설치된 기계. 기구 그 밖의 공장의 공용물과는 유기적인 일체성이 있으므로 반드시 일괄 매각하여야 한다.

〈사례연구 3〉 [공동경매와 이중경매(중복경매)]

1. 공동경매

채무자의 총재산은 각 채권자의 공동담보이므로 각 채권자는 자기의 채권을 변제 받기 위하여 채무자 소유의 동일 부동산에 관하여 동시에 또는 순차로 또는 공동하여 집행의 신청할 수 있으며 그 방법도 강제경매의 신청과 배당요구의 신청이 있다. 매각절차는 각 채권자를 위하여 각 별로 진행되므로 각 채권자는 독립하여 그 이익을 받게 된다.

2. 이중경매

강제경매절차 또는 담보권 실행을 위한 매각절차를 개시하는 결정을 한 부동산에 대하여 다른 강제경매의 신청이 있는 때에는 법원은 다시 경매개시결정을 하고, 먼저 경매개시결정을 한 집행절차에 따라 경매한다. 따라서 이미 개시결정을 한 부동산에 대하여도 이중의 개시결정은 허용되고, 다만 현금화절차는 먼저 개시한 집행절차에 따라 실시한다.

1) 이중경매개시결정의 요건
   ① 이미 경매개시결정이 되어 있을 것
   ② 경매신청의 요건을 구비할 것
   ③부동산이 동일한 채무자의 소유일 것

2) 이중경매신청을 할 수 있는 시기
   이미 개시결정이 된 부동산에 대하여 언제까지 다른 경매신청을 할 수 있는가에 관하여는 배당요구의 종기까지만 할 수 있다는 견해가 있으나 매각허가결정선고 후에도 먼저 한 경매신청이 취하되거나 그 절차가 최소되는 경우도 있으므로 매수인이 대금을 완납하여 그 부동산의 소유권이 채무자로부터 매수인에게 이전될 때까지는 이중경매신청을 할 수 있다고 봄이 상당하다. 다만, 배당요구의 종기 이후에 이중경매신청을 한 경우에는 선행의 경매사건으로 절차가 진행되는 한 뒤의 압류채권자는 매각대금의 배당에 참가할 수 없다.

〈사례연구 4〉 [임의경매신청서상의 청구금액 기재에 관한 문제]

종래 대법원 판례는 임의경매절차에 있어서 근저당권자가 피담보채권 중의 일부 청구를 위하여 경매신청을 하고 경매개시결정을 받았다 하여도 매각허가결정이 있을 때 까지는 청구금액을 확장하여 청구할 수 있다고 판시하였고, 집행법원의 실무도 이에 따라 확장을 인정하여 근저당권의 채권설정 최고액 범위에서 배당을 실시하여 왔다. 그러나 1994.1.25. 과 1995.2.28. 등에 선고된 대법원 판결은 경매신청서상 청구금액을 한도로 근저당권은 확정되고, 따라서 채권계산서의 제출에 의하여 채권을 확장할 수 없다고 판시하였다(대법원 1994.1.25. 선고 92다50270호 판결, 1995.2.28. 선고94다8952호 판결 등 참조).

따라서 근저당권자로서 담보권의 실행을 위한 부동산임의경매를 신청하는 경우 경매신청서에 피담보채권의 원금 중 일부만을 청구금액으로 하여 신청하지 않아야 함을 유의하여야 한다.

근저당권자가 피담보채권 중 일부만을 청구금액으로 기재하여 담보권의 실행을 위한 경매를 신청한 경우에는 배당요구의 종기까지 이중경매를 신청하는 등 적절한 조치를 취해야 할 것이다. 경매신청서에 피담보채권으로 기재한 채권이 변제 등에 의하여 소멸하였으나 당해 근저당권의 피담보채권으로서 다른 채권이 있는 경우, 신청채권자는 그 청구채권을 소멸된 당초의 채권으로부터 그 다른 채권으로 교환적으로 변경하여 그 다른 채권에 대하여 배당을 구하는 내용의 채권계산서를 제출하는 방법으로 그 다른 채권에 대하여 배당을 받을 수도 있다.

강제경매의 경우에는 채권의 일부를 청구금액으로 하여 경매신청을 한 후 나머지 채권에 대하여 배당을 받으려면 이중경매신청을 할 필요 없이 배당요구의 종기까지 배당요구를 하면 된다. 이 때 배당요구는 청구채권을 확정한 채권계산서를 제출하는 방법으로도 할 수 있다. (대법원 1983.10.15. 결정83마393호 강제경매개시결정취소 참조) 채권의 일부는 압류채권으로서 배당 받고, 일부는 배당요구 채권으로 구분되어 모두 배당을 받을 수 있다.

21－2. 매각허가에 대한 이의신청사유, 매각불허가 결정

<매각허가에 대한 이의신청사유>

1. 매각허가에 관한 이의신청사유(또는 직권 불허가 사유)

1) 강제집행을 허가할 수 없거나 집행을 계속 진행할 수 없을 때
   ① 강제집행의 요건, 강제집행개시의 요건, 강제경매신청의 요건이 흠결된 경우
   ② 집행의 정지 또는 취소사유가 있을 때, 경매신청이 취하된 것을 간과하고 매각기일을 진행한 후 뒤늦게 발견한 경우, 매각기일을 이해관계인에게 통지하지 않은 경우 등
2) 최고가매수신고인이 부동산을 매수할 능력이나 자격이 없는 때
   ① 행위무능력자(미성년자, 금치산자, 한정치산자), 재매각에 있어서의 전의 매수인, 채무자, 매각절차에 관여한 집행관 또는 매각 부동산을 감정한 감정인,
   ② 그 부동산을 취득하려면 관청의 증명이나 인・허가를 받아야 할 경우로 농지매각에 있어서 농지취득자격증명을 받지 아니한 경우, 어업권인 경우 이전인가 등 없을 때
3) 부동산을 매수할 자격이 없는 사람이 최고가매수신고인을 내세워 매수신고를 한 때
   부동산을 매수할 자격이 없는 자가 위 2호 회피하기 위하여 다른 사람의 명의를 빌려 매수신고를 하는 사례
4) 최고가매수신고인, 그 대리인 또는 최고가매수신고인을 내세워 매수신고를 한 사람이 아래 제108조(매각장소의 질서유지) 가운데 어느 하나에 해당되는 때
   집행관은 다음 각호 가운데 어느 하나에 해당한다고 인정되는 사람에 대하여 매각장소에 들어오지 못하도록 하거나 매각장소에서 내보내거나 매수의 신청을 하지 못하도록 할 수 있다.
   ① 다른 사람의 매수신청을 방해한 사람
   ② 부당하게 다른 사람과 담합하거나 그 밖에 매각의 적정한 실시를 방해한 사람
   ③ 위 행위를 교사(교사)한 사람
   ④ 민사집행절차에서의 매각에 관하여 형법 죄로 유죄판결을 받고 그 판결확정일부터 2년이 지나지 아니한 사람
5) 최저매각가격의 결정, 일괄매각의 결정 또는 매각물건명세서 작성에 중대한 흠 있는 때
   ① 최저매각가격의 결정 내용 및 그 절차에 중대한 잘못이 있는 때
   ② 일괄매각의 결정 절차 또는 결정 자체에 중대한 위법이 있는 때,
   ③ 매각물건명세서에 기재할 사항에 중대한 흠 또는 그 기재내용에 중대한 오류가 있는 때
   ④ 현황조사의 생략 등 그 작성 절차에 중대한 하자가 있는 경우
   ⑤ 물건명세서의 사본을 비치하지 아니한 경우
6) 천재지변, 그 밖에 자기가 책임을 질 수 없는 사유로 부동산이 현저하게 훼손된 사실 또는 부동산에 관한 중대한 권리관계가 변동된 사실이 경매절차의 진행 중에 밝혀진 때
   ① 매수인이 소유권을 취득하지 못하거나 인수할 권리가 변동되는 것과 같은 중대한 권리관계의 변동이 매각절차의 진행 중에 발생하는 경우
   ② 그러한 변동사실이 매각절차의 진행 중에 발견되는 경우
   (예, 1순위 근저당, 2순위 가처분(가등기) 중 집행법원도 모르게 1순위 말소되는 경우)
7) 경매절차에 그 밖의 중대한 잘못이 있는 때
   ① 이해관계인의 이익이 침해되거나 매각절차의 공정성을 훼칠 우려가 있는 중대한 절차위반의 사유(경미한 하자만이 있는 경우에는 이의사유가 안됨, 매각기일의 공고가 법률의 규정에 위반한 경우에도 그 하자가 사소한 경우 즉, 매각기일이나 매각결정기일의 시간의 기재가

빠졌다거나 부동산의 표시에 있어서 다소 다른 점이 있더라도 매각부동산의 동일성을 인정할 수 있는 정도라면 이의사유가 되지 못한다.)

② 매각기일의 공고를 법률상 규정한 방법에 의하지 아니하거나 민사집행규칙 제56조에 규정한 공고기간(2주전까지 공고하여야 함)을 두지 아니한 경우와 같이 그 정도가 중대한 때 (예)집행관은 입찰표의 제출을 최고한 뒤 1시간이 지나지 아니하면 입찰을 마감하지 못하도록 되어 있음에도 이에 위반한 경우(민집규65조 1항) 또는 매각기일에 집행법원이 정하는 금액과 방법에 맞는 보증을 제공하지 않은 경우 등

2. 이의의 제한

매각허가에 대한 이의는 이의진술자인 이해관계인 자신의 권리에 관한 이유에 의하여야 하고 다른 이해관계인의 권리에 관한 이유로 신청하지 못한다(민집 122조)

예) ① 남을 가망이 없는 경우에 (압류채권자나 우선채권자가 아닌) 채무자는 이의를 못한다.
② 다른 이해관계인에게 매각기일의 통지가 없었음을 이유로 이의신청할 수 없다.
③ 법정매각조건의 변경에 합의한 이해관계인이 다른 이해관계인의 합의가 없었다는 것을 이유로 이의를 할 수 없다.

3. 이의에 대한 재판

법원은 이의신청이 정당하다고 인정한 때에는 매각을 허가하지 아니한다.

<매각불허가 결정>

1. 매각불허가 결정을 하여야 할 경우

① 이해관계인의 이의가 정당하다고 인정할 때
② 직권으로 매각 불허가할 사유가 이을 때
③ 과잉매각으로 되는 때
④ 집행정지결정 정본이 제출된 때

2. 부동산의 훼손 또는 권리관계의 변동이 있는 경우

시기에 다른 두 가지 구제방법

① 매각허가결정확정 전에는 최고가매수신고인(또는 매수인)은 매각허가에 대한 이의신청을 하거나 매각허가결정에 대한 항고(즉시항고)를 할 수 있다

② 매각허가결정확정 후 대금을 낼 때까지는 매수인은 매각허가결정의 취소신청을 할 수 있다. (선순위 근저당권의 존재로 후순위 임차권의 대항력이 소멸하는 것으로 알고 부동산을 매수하였으나, 그 이후 소멸하여 대항력이 존속하는 것으로 부담이 현저히 증가하는 경우) 현저한 훼손이어야 하므로 그 손상 정도가 경미한 경우에는 위와 같은 신청을 할 수 없다.

3. 부동산의 훼손 등으로 인한 매각목적물의 하자와 담보책임

1) 아래 중 택1 처리
   ① 매각허가에 대한 이의신청(또는 매각허가결정에 대한 취소신청)
   ② 매각절차의 취소신청

2) 담보책임 행사방법
   ① 매수의 목적을 달할 수 없는 경우 :
      ㉠ 최고가매수신고인은 매각허가에 대한 이의신청을
      ㉡ 매수인은 대금을 납부할 때까지 매각허가결정의 취소신청을

㉢ 대금납부 후 배당 전인 때에는 집행법원에 매각허가결정에 의한 매매를 해제하여 납부한 대금의 반환을 청구할 수 있다.

② 대금 감액을 구할 경우

㉠ 대금납부시까지는 집행법원에 대하여 대금의 감액 주장을 할 수 있다.

㉡ 대금납부 후 배당실시 전인 때에는 감액분의 대금의 반환을 청구 할 수 있다.

(법원실무제요 민사집행(Ⅱ)권 289쪽)

민집 제121조 (매각허가에 대한 이의신청사유) 참조

21－3. 이해관계인, 송달, 채무자사망

경매절차에서 이해관계인은 매우 중요한 부분이다.

부동산경매절차는 채무자 또는 담보제공자 소유의 부동산을 매각하여 채권자들에게 배당하는 절차이므로 그 부동산이 경매되는 것과 관련하여 영향을 받게 될 사람이 많이 있게 된다. 이와 같이 부동산경매로 인하여 자기의 권리에 영향을 받게 될 권리자들은 그 권리를 보호받기 위하여 경매절차의 진행내용을 알고 경매절차에 관여하여 권리행사를 할 필요가 있는 것이다. 이에 따라 민사집행법 제90조는 경매절차의 이해관계인의 범위를 확정시켜 규정하고 있다.

1. 이해관계인

1) 압류채권자와 집행력 있는 정본에 의하여 배당을 요구한 채권자

압류채권자란 당해 경매신청채권자(배당요구의 종기까지 이중경매 신청채권자 포함)를 말한다.

2) 채무자 및 소유자

채무자란 집행채무자를 말하며, 소유자란 경매신청기입등기 당시의 소유자를 말한다.

3) 등기부에 기입된 부동산 위의 권리자

경매신청기입등기 당시 이미 등기되어 있는 자로서 그 예는 다음과 같다.

- 용익권자 : 전세권자, 지상권자, 지역권자, 임대차등기를 한 임차권자
- 담보권자 : 질권자, 저당권자
- 부동산의 공유지분에 대한 경매절차에 있어서 다른 공유자(다만, 아파트, 상가, 다세대주택 등 구분소유적 공유자는 이해관계인이 아니다)
- 등기담보등에관한법률에 의한 담보가등기권자

4) 부동산 위의 권리자로서 그 권리를 증명한 사람

부동산 위의 권리자라 함은 경매신청기입등기 이전에 목적 부동산에 대하여 등기 없이도 제3자에게 대항할 수 있는 물권 또는 채권을 가진 자를 말하며 이들은 집행법원에 배당요구의 종기까지 그 권리를 증명하여야 한다.

- 유치권자

- 건물등기 있는 토지임차인
- 대항력(주택의 인도와 주민등록)을 갖춘 주택임차인
- 대항력(건물의 인도와 사업자등록의 신청)을 갖춘 상가건물임차인
- 경매신청기입등기 후에 목적 부동산의 소유권을 취득한 자나 용익권, 담보권의 설정등기를 한 자
- 근로기준법상 우선변제권 있는 임금채권자

☞ **이해관계인의 권리**

1. 법원으로부터 매각기일, 이중경매신청 등에 관한 통지를 받을 권리
2. 기일에 진술, 출석 또는 항고할 수 있는 권리 등이 있다.

5) 이해관계인이 아닌 자

가압류채권자, 보증인, 등기 외에 연대채무자, 저당권자의 채무자, 가처분권자 가등기권자, 예고등기자, 재매각절차의 전 매수인 등은 이해관계인이 아니므로 매각기일통지서를 받을 수 없다. 그러나 부동산 등에 대한 경매절차 처리지침(재민 2004－3, 재판예규 제1119호) 제53조(경매기록의 열람・복사)에 의거 가압류채권자는 경매기록을 열람・복사 신청할 수는 있다.

① 경매절차상의 이해관계인 외의 사람으로서 경매기록에 대한 열람・복사를 신청할 수 있는 이해관계인의 범위는 다음과 같다.

1. 파산관재인이 집행당사자가 된 경우의 파산자인 채무자와 소유자
2. 최고가매수신고인과 차순위매수신고인, 매수인, 자기가 적법한 최고가 매수신고 또는 차순위매수신고인임을 주장하는 사람으로서 매수신고시 제공한 보증을 찾아가지 아니한 매수신고인
3. 민법・상법, 그 밖의 법률에 의하여 우선변제청구권이 있는 배당요구채권자
4. 대항요건을 구비하지 못한 임차인으로서 현황조사보고서에 표시되어 있는 사람
5. 건물을 매각하는 경우 그 대지 소유자, 대지를 매각하는 경우의 그 지상 건물소유자
6. 가압류채권자, 가처분채권자(점유이전금지가처분 채권자를 포함한다)
7. 「부도공공건설임대주택 임차인 보호를 위한 특별법」의 규정에 의하여 부도임대주택의 임차인대표회의 또는 임차인 등으로부터 부도임대주택의 매입을 요청받은 주택매입사업시행자

② 경매기록에 대한 열람・복사를 신청하는 사람은 제1항 각호에 규정된 이해관계인에 해당된다는 사실을 소명하여야 한다. 다만, 이해관계인에 해당한다는 사실이 기록상 분명한 때에는 그러하지 아니하다.

③ 경매기록에 대한 복사청구를 하는 때에는 경매기록 전체에 대한 복사청구를 하여서는 아니되고 경매기록 중 복사할 부분을 특정하여야 한다.

2. 송 달

1) 경매개시결정의 송달

① 경매개시결정문의 채무자(소유자)에게 송달은 경매진행의 적법유효요건이다 .

② 금융기관이 경매신청권자일 경우에는 경매신청 당시의 당해 부동산 등기부에 기재된 채무자 및 소유자의 주소와 주민등록상 주소로 발송하면 송달여부에 관계없이 진행이 가능하다. (반드시 내용증명에 의해 송달)

2) 송달의 특례 금융기관

금융기관부실자산 등의 효율적 처리 및 한국자산관리공사의 설립에 관한 법률 제45조의2(경매에 대한 통지 또는 송달의 특례)에 의하면

① 한국자산관리공사, 금융기관, 외국금융기관의 지점 또는 대리점, 보험회사, 상호저축은행, 신용보증기금, 여신전문금융회사, 기술신용보증기금의 신청에 의하여 진행하는 「민사집행법」에 의한 경매절차(담보권 실행을 위한 경매절차에 한한다)에 있어서의 통지 또는 송달은 경매신청 당시 당해 부동산의 등기부에 기재되어 있는 주소(「주민등록법」에 의한 주민등록표에 기재된 주소와 다른 경우에는 주민등록표에 기재된 주소를 포함하며, 주소를 법원에 신고한 때에는 그 주소로 한다)에 발송함으로써 송달된 것으로 보며, 등기부 및 주민등록표에 주소가 기재되어 있지 아니하고 주소를 법원에 신고하지 아니한 때에는 공시송달의 방법에 의하여야 한다.

② 제1항의 규정에 의한 경매절차에 있어서 제1항 각호의 1에 해당하는 자는 경매신청 전에 경매실행 예정사실을 당해 채무자 및 소유자에게 부동산의 등기부에 기재되어 있는 주소(「주민등록법」에 의한 주민등록표에 기재된 주소와 다른 경우에는 주민등록표에 기재된 주소를 포함한다)로 통지하여야 한다. 이 경우 발송함으로써 송달된 것으로 본다.

3) 송달에는

① 일반송달

② 특별송달 : 집행관이 송달. 야간 또는 새벽에 송달(유치송달 : 사람이 있는데 안 받는 경우)

③ 공시송달 : 법원게시판에 2주 동안 게시;(외국에 나간 사람은 2개월 동안)

⇒ 주소보정(주소불명, 수취인 불명, 이사불명 등) 또는 재송 달 신청 과 특별송달 신청(폐문부재, 수취인부재, 수취인 거절 시)명령이 법원으로부터 접수되면 신속히 대처하여야 한다.

〈사례연구 1〉 [송달불능 사유별 법원의 처리 기준]

구 분	내 용	처리 요령		
		원고가 수취인	피고가 수취인	
			1차 송달 불능	일단 송달이 되었으나 후속송달이 불능

수 취 인 부재	수취인이 당해 주소지에 근거를 가지고 있으나, 현재 장기여행, 가출 등의 사유로 당분간 송달서류를 전달받을 수 없는 경우	현 소재지 확인가능	현 소재지로 송달	현 소재지로 송달	현 소재지로 송달
		현 소재지 확인불능	발송 송달	원고에게 보정명령	발송 송달
폐문부재	문을 잠그고 안에 사람이 없는 경우	수취인의 주소지 사실확인 가능	1. 재송 달 2. 또 폐문부재시 발송송달	1. 재송달 (야간특별송달) 2. 야간특별송달 불능시 발송송달	발송 송달
		수취인의 주소지 사실확인 불능	1. 재송달 2. 또 폐문부재시 공시송달	원고에게 보정명령	발송 송달 (종전 송달의 적법여부 검토 필요)
수 취 인 불명	당해 주소지에 수취인이 누구인지 알 수 없는 경우		공시 송달	원고에게 보정명령	발송 송달(종전 송달의 적법여부 검토 필요)
주소불명	기재된 주소가 불명확하여 당해 주소지 또는 수취인을 찾을 수 없는 경우		공시 송달	원고에게 보정명령	1. 종전 송달장소로 재 송달 2. 또 주소 불명이면 원고에게 보정명령
이사불명	수취인이 당해 주소지에 살다가 모르는 곳으로 이사간 경우		발송 송달	원고에게 보정명령	발송 송달

〈사례연구 2〉 [불거주확인서는 근거가 없다]

○○지방법원
보 정 명 령

사건　　타경　　호 부동산강제경매
채권자
채무자
소유자　채무자와 같음

아래 당사자의 주소지로 송달한 결과 다음과 같은 사유로 송달불능이 되었습니다. 이 보정명령을 받은 날로부터 7일 이내에 송달 가능한 주소를 보정하십시오. 만일 정해진 기일 내에 주소보증을 하지 아니하거나 보정된 주소로 재송달하여도 역시 송달불능이 되면 이 사건은 집행이 되지 아니한 상태로 종결처리 될 수 있으니 유의하시기 바랍니다.

채무자겸 소유자 ○○○
[주소]
[송달불능사유] 기 타
전입신고만 되어 있을 뿐 일을 하거나 왕래를 하지 않음.

200 년 월 일

사법보좌관 ○○○ (인)

보 정 서

사건번호 가 단 호 (단독)
원고 : ○○은행
피고 : 채 무 자
귀원의 보정명령에 따라 아래와 같이 보정 합니다.

주소 보정
성 명 : 채 무 자
보정할 주소 :

재 송달신청
상대방이 그 주소지에 거주하고 있으면서 고의로 수령을 거부하고 있으므로 같은 주소에 다시 송달하여 주시기 바랍니다.

주간 특별송달신청(집행관에 의한 송달)
상대방이 송달한 장소에 살고 있으면서 일부러 송달물을 받지 않아, 집행관에 의하여 송달물을 신속히 송달하지 아니하면 소기의 목적을 달성할 수 없음.

야간 및 휴일 특별송달신청(집행관에 의한 송달)
상대방이 야간 또는 휴일에만 송달물을 받을 수 있음.

공시송달신청(위 1내지 4의 방법에 의한 보정이 불가능 함)
상대방의 주소, 거소, 기타 송달할 장소를 알 수 없음.
첨부서류 :

200 년 월 일

위(1항, 2항, 3항, 4항, 5항) 원 고 주식회사 ○○은행

대표이사 ○○○

지배인 ○ ○ ○

○○지방법원 귀중

※ 해당사항을 기재하고 해당 번호란에 "0"표하며, 공시송달신청시에는 직권말소된 주민등록등,초본 또는 주소지 통반장의 불거주 증명을 첨부한다.
※ 재송달신청은 재판부에 재송달 촉구의 의미만을 가진다.
※ 야간, 공휴일, 송달은 재판장의 허가를 득하여야 하며, 공시송달은 수소법원 재판장의 명령에 의함.

불 거 주 확 인 서

주　　　소 :
성　　　명 : 채 무 자
주민등록번호 :
상기자는 위 주소지에 주민등록은 등재되어 있으나 2000년　월　일 현재 거주하고 있지 않으므로 불거주 확인을 하여 주시기 바랍니다.

200　년　월　일

채권자 주식회사 ○○○

대표이사 ○○○ (인)

위 사실을 확인합니다.

200　년　월　일
서울특별시 ○○구 ○○동

○○통장　○○○ (통장직인)

주식회사 ○ ○ ○ 귀중

※ 대법원 법원행정처에서 대한법무사협회로 2002.6.12자로 공시한 내용입니다.

종래 통·반장이 관행적으로 발급해 오던 불거주확인서는 법령상 그 작성근거가 마련되어 있지 않았고, 또한 행정자치부의 업무처리지침에 의하여 그 발급이 사실상 중지되었습니다. 이에 법원에서는 집행관이나 법정경위에 의한 특별송달을 내실화하여 송달보고서를 충실하게 작성·제출하도록 하고 이를 공시송달의 소명자료로 적극 활용하고 있습니다.

그럼에도 불구하고 일부 법무사 사무실에서는 의뢰인들에게 종전대로 불거주확인서를 받아 올 것을 요구하는 경우가 있는 것으로 보이고, 그에 따라 민원이 제기되는 사례가 자주 발생하고 있습니다. 귀 협회에서는 회원들이 위와 같은 제도운영의 변경사실을 충분히 숙지할 수 있도록 조치하여 국민의 편의가 증진될 수 있도록 협조하여 주시기 바랍니다.

=> 임의경매시 소유자, 강제경매시 채무자에게 송달이 안 되어 경매진행이 지연되는 경우 특별송달보고서의 내용을 참조하여 공시송달을 신청하는 것이 좋다.

〈사례연구 3〉 [경매개시결정 전·후 채무자 사망한 경우]

1. 경매개시결정 전 채무자 사망한 경우

1) 강제경매의 경우

상속인에 대하여 강제집행의 요건을 구비한 후에 강제집행하여야 하므로 채권자는 승계집

행문을 부여 받아 경매신청을 하여야 함.(이를 묵인하고 경매신청 시 각하)

2) 임의경매의 경우

① 채무자, 소유자가 사망한 경우 그 상속인을 채무자. 소유자로 표시하여야 하며 소유자의 상속인이 상속등기를 하지 아니한 경우 경매신청채권자는 경매신청 전에 현재의 소유자인 상속인을 대위하여 상속등기하고 그 상속인을 표시하여 경매 신청함. 이때 신청채권자가 대위상속등기를 하면서 지출한 비용은 집행비용에 산입(이를 간과하고 경매신청 시에는 소유자의 표시에 대한 보정명령, 경매신청이 각하되지 않는 것이 강제경매와 차이)

② 상속인이 불분명하거나 상속인의 상속포기로 인한 경우는 민법 1053조에 의하여 상속재산관리인의 선임을 신청, 그 선임된 자를 특별대리인으로 표시하여 경매신청을 할 수 있다.(관할 가정법원)

2. 경매개시결정 후 채무자 사망한 경우

1) 강제경매의 경우

① 강제집행을 개시한 후에 채무자 사망하고 일반 승계한 경우 상속재산에 대하여 강제집행을 계속하여 진행하므로 상속인에 대한 승계집행문이 필요 없다.

② 강제집행을 개시한 후에 집행목적물의 소유권이 이전된 경우(특정승계) 강제집행을 속행할 수 있고, 종전의 채무자가 그 집행권원에 기한 강제집행의 불허를 구하기 위해서는 청구이의의 소를 제기해야 한다.

③ 채권자가 새로운 채무자에 대한 승계집행문을 부여 받은 경우에는 그를 채무자로 하는 강제집행도 가능하다.

2) 임의경매의 경우

① 강제집행을 개시한 후에 채무자 또는 소유자가 사망하여도 매각절차는 중단되지 않는다. 임의경매에 있어서 저당권 등 담보권의 실행대상은 담보부동산이고 강제집행절차에서와 같이 대립하는 상대방을 전제로 하지 않으므로 개시결정 자 체의 효력에는 하등 영향이 없고 법원이 후에 이를 알아도 그 표시를 경정하면 된다.

② 집행법원에서 당사자에게 경매개시결정을 송달하였는데 송달불능통지서에 당사자가 사망하였다는 것으로 송달불능이 된 경우 경매신청채권자에게 상대방의 사망사실 여부에 대한 조사와 당사자 표시변경의 보정을 지시한다.

21-4. 임금채권

임금채권관련 특기사항

1	근로자 임금채권,주택임대차보증금, 압류등기나 참가압류를 하지 않은 조세채권자 등이 배당요구종기일까지 배당요구, 교부청구를 하지 않은 경우 배당에서 제외되어야 한다.
2	법인인 채무자의 대표이사 개인소유 재산이나 물상보증인의 재산에 대하여는 임금채권이 적용되지 않는다.
3	임금채권을 배당요구 함에 있어서 확정판결 등 채무명의는 필요하지 않으나 노동부 관할사무소의 채불임금확인서와 임금대장사본, 국민연금보험료 납부사실 확인서 등 소명자료의 제출을 법원에 촉구하여 허위임금채권과 국민연금 퇴직금전환금 등이 우선 배당되지 않도록 하여야 한다.(재판예규 제943-36호 : 근로자의 임금채권에 대한 배당 시 유의사항(재민 97-11) 참조)

4	임금채권에 대한 지연손해금은 우선변제 대상이 아니므로 배당되지 않도록 하여야 한다.
5	근저당권설정등기가 87.11.27 이전에 경료된 경우 근저당권의 피담보채권이 임금채권보다 무조건 우선하므로 유의해야 한다. 임금채권에 대하여는 사용자의 재산에 따라 안분비례하여 분담해야 하므로 당사담보물에 대해서만 임금채권자들이 채권신고하여 배당받은 경우에는 사용자의 다른 부동산의 경매절차에서 임금채권자를 대위하여 안분 비례된 금액을 우선 배당 받아야 한다.

※ 임금채권 우선변제권 요약표

저당권설정일자	우선변제대상임금	비 고
1980.12.31 ~1987.11.27	임금, 퇴직금, 재해보상금, 기타 근로로 인한 채권	– 질권・저당권이 우선함.
1987.11.28 ~1989.03.28	최종 3월분의 임금	– 최종 3개월 분의 임금채권만 질권・저당권보다 우선함
1989.03.29 ~1997.12.23	최종 3월분의 임금, 퇴직금, 재해보상금	* 최우선 변제권 인정 – 최종 3개월분의 임금채권, – 89.3.29. 이후 발생된 퇴직금(최장250일분의 평균임금 범위내) – 재해보상금채권
1997.12.24 ~2005.1.26	최종 3월분의 임금, 최종3년간의 퇴직금, 재해보상금	* 최우선 변제권 인정 – 최종3개월분의 임금채권, – 퇴직 전 최종 3년간의 퇴직금 (단, 1997.12.24. 전 입사자의 경우에는 1989. 3.29. 부터 1997.12.23. 까지 발생한 퇴직금 전액과 1997.12.24. 이후 발생한 최종 3년간의 퇴직금을 합한 금액으로서 250일분의 평균임금이내) – 1989.3.29. 이후 발생된 재해보상채권
2005.1.27 이후	최종 3개월분의 임금, 최종3년간의 퇴직금 재해보상금	최종 3개월분의 임금은 근로기준법 제39조 ②항 참조하고, 최종 3년간의 퇴직금은 근로기준법 제37조 ②항에서 삭제되면서 근로자퇴직급여보장법 (2007.4.11) 제11조 (퇴직금의 우선변제) **제②항에 신설** ⇒3년간의 퇴직금은 사용자의 총재산에 대하여 질권 또는 저당권에 의하여 담보된 채권, 조세・공과금 및 다른 채권에 우선하여 변제되어야 한다.

※ 미지급임금에 대한 지연이자 : 임금 및 퇴직금 지급사유가 발생한 날부터 14일 이내에 지급하지 않은 경우 그 다음날부터 지급하는 날까지 지연일수에 대해 연 100분의 40이내의 범위에서 금융기관 연체금리 등 감안 지급하여야 한다(2007. 7. 1 시행, 근로기준법 제37조)

〈사례연구 1〉 [임금채권 청구 시 소명자료]

주택임대차보호법상의 우선변제권을 악용하는 가장임차인들이 있는 것처럼, 임금채권 우선변제권을 악용하는 사례도 있다. 따라서 진정한 임금채권인지를 구분하는 것이 쉽지 않은데, 이러한 고민은 채권자 뿐만 아니라 법원도 하고 있다. 따라서 대법원에서는 이를 해결하고자 임금채권에 대한 배당 시 유의할 사항을 재판예규로 만들어 적용하고 있다. 임금채권과 관련하여 분쟁 발생시 아래 사항에 맞는 서류 등을 구비했는지 확인해 볼 필요가 있다.

재판예규 제943－36호

근로자의 임금채권에 대한 배당 시 유의사항(재민 97－11)

1. 근로자의 임금채권 우선변제권에 기한 배당요구 시 첨부할 소명자료

근로자가 집행법원에 근로기준법 제37조에 정해진 임금채권 우선변제권에 기한 배당요구를 하는 경우에는 판결 이유 중에 배당요구 채권이 우선변제권 있는 임금채권이라는 판단이 있는 법원의 확정판결이나 노동부지방사무소에서 발급한 체불임금확인서 중 하나와 다음에서 열거한 서면 중 하나를 소명자료로 첨부하여야 한다.

가. 사용자가 교부한 국민연금보험료원천공제계산서(국민연금법 제77조참조)
나. 원천징수의무자인 사업자로부터 교부 받은 근로소득에 대한 원천징수영수증
(소득세법 제143조 참조)
다. 국민연금관리공단이 발급한 국민연금보험료 납부사실 확인서(국민연금법 제75조 참조)
라. 국민건강보험공단이 발급한 국민건강보험료납부사실 확인서(국민건강보험법 제62조 참조)
마. 위 가. 항 내지 라. 항 기재 서면을 제출할 수 없는 부득이한 사정이 있는 때에는 사용자가 작성한 근로자명부(근로기준법 제40조참조) 또는 임금대장(근로기준법 제47조 참조)의 사본(다만, 이 경우에는 사용자가 사업자등록을 하지 아니하는 등의 사유로 위 가. 항 내지 라. 항 기재 서면을 발급받을 수 없다는 사실을 소명하는 자료도 함께 제출하여야 함)

〈사례연구 2〉 [임금채권자는 가압류하고 배당 요구해야]

－ www.klac.or.kr (대한법률구조공단에서 발췌) －

[질의] 저는 상시 근로자 수 35명인 甲 운영의 개인회사에서 수년간 근무한 후 퇴직하였으나 최종 2개월분 임금 및 퇴직금의 합계 금 2,000여만원을 지급받지 못하였습니다. 그런데 최근 그 회사는 경영악화로 도산하였고 丙은 甲의 유일한 재산인 부동산에 1년 전 설정한 근저당권(채권최고액 1억 5천만원)을 근거로 그 부동산에 대하여 경매를 신청하여 진행 중에 있습니다. 이 경우 저는 임금채권을 우선변제 받으려면 그 부동산에 가압류를 하여야 하는지요?

[답변] 현행 근로기준법 제37조 제2항에 의하면 근로자의 최종 3월분의 임금과 최종 3년간의 퇴직금 및 재해보상금은 사용자의 총재산에 대하여 질권 또는 저당권에 의하여 담보된 채권, 조세·공과금 및 다른 채권에 우선하여 변제되어야 한다고 규정되어 있습니다. 또한, 근로기준법 부칙 제2조에 의하면 임금채권의 우선변제에 대한 경과조치를 두고 있는바 이를 보면 위 규정이 시행된 1997년 12월 24일 이전에 퇴직한 근로자의 퇴직금은 위와 같은 우선변제규정이 신설된 1989년 3월 29일

이후의 계속근로연수에 대한 퇴직금을 우선변제대상으로 하고, 1997년 12월 24일 이전에 채용되어 그 이후에 퇴직한 근로자의 경우에는 1989년 3월 29일부터 1997년 12월 24일까지의 계속근로연수에 대한 퇴직금과 1997년 12월 24일 이후의 계속근로연수에 대한 최종 3년간의 퇴직금을 합산한 금액을 우선변제의 대상으로 하며, 이와 같이 우선변제의 대상이 되는 퇴직금은 250일분의 평균임금을 초과할 수 없다고 규정하고 있습니다.

그런데 민사집행법 제88조 제1항에 의하면 민법・상법 그 밖의 법률에 의하여 우선변제청구권이 있는 채권자는 곧바로 배당요구절차를 밟을 수 있고, 그것은 담보권실행을 위한 경매에 있어서도 준용되고 있으므로(민사집행법 제268조), 귀하는 별도로 가압류 등의 조치를 거칠 필요 없이 곧바로 배당요구의 종기까지 배당요구절차를 밟음으로써 권리를 확보할 수 있을 것입니다.

그러나 귀하가 위와 같은 우선변제권을 가지는 것은 甲의 재산에 한정되는 것이므로, 위 부동산의 소유권이 甲에게서 제3자에게로 이전된 경우에는 귀하가 비록 우선변제권을 가지고 있을지라도 그 부동산의 경매절차에서 배당요구를 할 수 없으므로 가압류를 해둘 필요가 있으며, 이때 관할 지방노동사무소의 협조를 얻어 무공탁으로 甲의 위 부동산에 가압류를 해두는 것이 좋을 듯합니다. 참고로 법원의 송무예규를 보면, 근로자의 임금채권에 대한 배당시 유의사항(송민 97-11, 제정 1997. 10. 29. 송무예규 제541호, 개정 2002. 6. 26. 송무예규 제863호) 제1항에 의하면 "근로자가 집행법원에 근로기준법 제37조에 정해진 임금채권 우선변제권에 기한 배당요구를 하는 경우에는, 판결 이유 중에 배당요구 채권이 우선변제권 있는 임금채권이라는 판단이 있는 법원의 확정판결이나 노동부 지방사무소에서 발급한 체불임금확인서 중 하나와 임금채권 청구시 소명자료 5가지 중 하나를 첨부하여야 한다(앞 사례연구 참조)

〈사례연구 3〉 [임금채권과 압류 및 전부명령과의 우선순위]

【질의】

거래업체인 A㈜는 생산품을 군에 공급하여 공급채권을 가지고 있고 은행은 A업체에 대한 대출채권에 기해 법원으로부터 위 공급채권에 대한 압류 및 전부명령을 받아 군에 결정문을 송달했다. 위 결정문이 군에 송달될 때까지 다른 채권자들로부터 A업체의 공급채권에 대하여 압류나 별도의 배당요구가 없었다. 그런데 위 결정문이 군에 송달된 후에 A업체의 근로자들이 임금채권에 기한 우선변제권을 주장하고 이에 따라 군은 공급채권금액 중 근로자들이 주장하는 임금채권 해당금액을 공제하고 지급하겠다는 연락이 왔다. 군측의 주장은 정당한가?

【답변】

임금채권 우선변제권은 강제집행절차나 임의경매절차에서 배당요구를 한 경우에만 다른 후순위채권자보다 먼저 변제 받을 수 있다. 또한 채권의 강제집행절차 중 전부명령에 대한 배당요구의 종기는 「전부명령이 제3채무자에게 송달될 때까지」 이다. 위 사례의 경우 은행의 전부명령이 제3채무자인 군에 송달된 후에 A업체 근로자들의 임금채권에 기한 우선변제 요구가 있었으므로 배당요구의 종기가 경과하여 우선변제를 받을 수 없다. 따라서 군은 A업체의 공급채권금액에서 임금채권 해당금액을 공제해서는 아니 되고 공급채권금액 전부를 은행에 지급해야 한다.

【해설】

1. 임금채권 우선변제의 근거 (근로기준법 제37조 제1항)

『임금・퇴직금・재해보상금 기타 근로관계로 인한 채권은 사용자의 총재산에 대하여 질권 또는 저당권에 의하여 담보된 채권을 제외하고는 조세・공과금 및 다른 채권에 우선하여 변제되어야 한다. 다만, 질권 또는 저당권에 우선하는 조세・공과금에 대하여는 그러하지 아니한다』라고 규정하고 있다.

2. 임금채권의 우선변제권이 미치는 『사용자의 총재산』의 의미

가. 『사용자』라 함은 근로기준법 제15조에 의한 광의의 사용자가 아니라 사업의 사업주로서 개인기업의 경우는 경영주, 법인기업인 경우에는 법인 자체를 말하며, 예컨대 대표이사인 사장의 개인재산은 이에 포함되지 않는다.

나. 『총재산』에는 동산 · 부동산뿐만 아니라 일체의 물권과 채권 · 각종 무체재산권 · 광업권 · 어업권 등의 권리가 모두 포함된다.

다. 『사용자의 총재산』이라 함은 근로계약의 당사자로서 임금채무를 1차적으로 부담하는 사업주인 사용자의 총재산을 의미한다.

3. 임금채권 우선변제권에 기한 배당요구 방법

가. 근로자가 임금채권을 사용자의 재산으로부터 우선변제권을 우선 변제받기 위해서는 강제집행절차나 임의경매절차의 배당요구종기일까지 집행법원에 배당요구를 하여야 한다.

나. 실체법상 우선변제권이 있는 임금채권자라 하더라도 배당요구종기일 이내 적법한 배당요구를 하지 아니한 경우에는 배당받은 후순위채권자에게 부당이득반환청구를 할 수 없다(대판 1997.2.25. 96다10263).

다. 임금채권을 배당요구함에 있어서 확정판결 등 채무명의는 필요로 하지 않는다(대판 1990.7.10. 89다카13155).

4. 채권에 대한 강제집행절차

가. 채권에 대한 강제집행절차도 압류 · 환가 · 배당절차를 거친다. 즉 채권자가 집행법원에 집행(압류명령) 신청을 하면 집행법원은 압류명령을 발하여 채무자의 제3채무자에 대한 채권을 압류한 후 다시 채권자의 신청에 의하여 추심명령 또는 전부명령을 발하여 환가한다. 다만 실무상으로 압류와 전부명령 또는 추심명령이 동시에 발하여진다.

나. 추심명령을 받은 집행채권자는 배당에 참가한 채권자가 없는 경우에는 추심한 금전으로 자기의 채권의 변제에 충당할 수 있고 이로써 집행절차는 종료된다. 반면 전부명령은 확정된 경우에 압류한 금전채권이 권면액으로 집행채권의 변제에 갈음하여 집행채권자에게 이전되고 이로써 집행절차가 종료하게 된다.

다. 배당요구의 종기

1) 추심명령의 경우는 "채권자가 민사집행법 제236조(추심의 신고)에 따른 추심의 신고를 한때"까지이고 "전부명령의 경우는 전부명령이 제3채무자에게 송달된 뒤에는 배당요구를 하지 못한다"(민사집행법 제247조).

2) 전부명령이 제3채무자에게 송달될 때까지 그 금전채권에 관하여 다른 채권자가 압류 · 가압류 또는 배당요구를 한 경우에는 전부명령은 효력을 가지지 아니한다(민사집행법 제229조 제5항).

〈사례연구 4〉 [임금채권의 대위]

1. 근간 : 공동저당의 원리 유추 적용(대법원판례)

임금채권의 대위는 민법 제368조 2항 후문(공동저당에서의 차 순위자 대위)을 유추 적용하여 대법원 판례로서 인정 되었다.

즉, 사용자 소유의 수개의 부동산이 있는 경우, 우선변제권이 있는 임금채권은 그 부동산들이 동시에 배당될 때 각 부동산의 매각대금에 비례하여 우선변제받는 것이 공평하기 때문에 수개의 부동산 중 어떤 부동산이 먼저 배당되는 경우, 임금채권은 그 부동산의 매각대금에서 우선임금채권의 전액까지 배당 받을 수 있음. 이 경우 선순위 임금채권자들이 우선변제 받게 되면 먼저 배당받은 저당권자는 나중에 배당되는 부동산의 저당권자 보다 불이익을 받게 되므로, 판례는 민법 제 368조 2항 후문을 유추 적용하여, 수개의 부동산이 동시에 배당 되었더라면 각 근저당권자들이 다른 부동산의 매각대금에서 변제를 받을 수 있었던 금액의 한도 내에서(즉, 각 부동산의 매각대금에 안분하여 임금채권을 공평하게 부담하기 때문에) 선순위자인 임금채권자를 대위하여 다른 부동산(후행 배당 부동산)의 경매절차에서 우선하여 배당 받을 수 있다.

2. 사례 (단위 : 백만원)

채무자 : 갑 , 여 신 : 100
담 보 : 부동산 A , 감정가 100 , 1순위 120 설정 (소유자 갑)
- 99.01.05 차주사 갑의 부도 ~ 지점에서 즉시 갑의 재산조사를 실시
  갑의 명의로 된 부동산 B , 부동산C, 부동산D 발견함
  (부동산 B,C,D에는 이미 타사의 선순위 근저당이 과다히 설정되어 있음, 당사는 가압류 함)
- 99.03.05 부동산 A를 경매 신청
- 99.04.05 갑을 사용자로 한 근로자들이 우선변제 임금채권 40을 배당요구
- 99.06.05 부동산A 50에 낙찰
- 99.08.05 배당 결과 임금채권 40 , 당사 10씩 각각 배당됨
- 99.08.06 이후 타행에서 부동산 B, C, D를 경매 진행
  부동산 B 50에 매각 : 타사전액배당, 부동산 C 50에 매각 : 타사전액배당 부동산 D 50에 매각 : 타사전액배당 (당사는 가압유권자로 배당 없음)

상기의 사례는 가장 빈번히 발생하는 전형적인 실수 유형 임.

*** 대법원 1998.12.22 선고 97다9352호**

"사용자 소유의 수 개의 부동산 중 일부가 먼저 경매되어 그 경매대가에서 임금채권자들이 우선 변제를 받은 결과, 동시배당의 경우에 비하여 불이익을 받은 저당권자는 임금채권자가 위 수 개의 부동산으로부터 동시에 배당 받았다면 다른 부동산의 경매대가에서 변제를 받을 수 있었던 금액의 한도 내에서 선순위자인 임금채권자를 대위하여 다른 부동산의 경매절차에서 우선하여 배당 받을 수 있다."고 판시하고 있음.

따라서 위 사례의 경우 당사는 부동산A에 대한 배당완료 후, 나머지 갑 소유 부동산B,C,D의 경매절차에서 임금채권을 대위한 배당요구를 했더라면, 4개 물건의 동시배당 시 안분 배당될 당사 임금채권 부담 분인 10만을 부담할 수도 있었음.

- 비교 판례

***2002.10.08 대법원판례 2002다34901호(선박과 부동산)**

"근로자의 임금채권 우선변제권이 선박경매절차에서 행사된 뒤 그 사용자의 부동산이 경매되는 경우에는 민법 제368조가 유추 적용되지 아니하므로, 선박에 대한 경매절차가 먼저 진행되어 근로자들이 임금채권 우선변제권에 따라 배당 받음으로써 선박에 대한 저당권자가 부동산과 선박에 대한 경매절차가 함께 진행되어 동시에 배당이 이루어졌다면 받을 수 있었던 금액보다 적은 금액만을 배당 받거나 또는 배당을 받지 못하게 되었다고 하더라도 선박에 대한 저당권자는 사용자의 부동산에 대한 경매절차에서 그 근로자들의 임금채권 우선변제권을 대위 행사할 수 없다."고 판시하고 있음.

이는, 선박은 부동산과 달리 선박의 운항 및 모든 관리가 임금채권자인 선원에 의하여 이루어지고 있으므로, 선박 경매절차에서 임금채권을 "선박우선특권"으로 인정하여 선박 만에 국한시키기 때문임.

3. 적절한 대처 요령

상기 판례가 나오기 전, 근저당권자들(사례에서의 당행과 타행)은 서로 눈치를 보며 경매를 나중에 진행시키려 하였음.(먼저 진행하는 쪽이 손해를 봄)

따라서 경매에 따른 회수기간이 상당히 지연될 수 밖에 없었음.

그러나 본 판례의 판시로 이러한 걱정은 해소되었음.

먼저 근저당권자들(사례의 당행과 타행)이 임금채권 분담에 대한 합의를 하는 방법이 있음(과거 사례).

합의내용은 사례의 부동산 A, B, C, D가 동시에 배당되었을 경우 각 행이 공평하게 부담할 부분을 확정하는 것 임.(이때 그 계산의 기준은 매각금액을 기준으로 하여야 함)

〈계산 방법〉

* 각 부동산의 임금채권 부담액 = {각 부동산의 매각가(집행비용 및 선순위채권 공제) / 전체 부동산의 매각가} * 임금채권액

합의가 완료되었을 경우 각행은 부담 없이 경매를 진행하여 최초 배당에서 임금채권전액을 부담시키고 모든 경매가 완료된 후 합의 내용에 따라 분담 부분을 정산하면 됨.

현재는, 상기 대법원판례에 따라 합의와 관계없이 경매를 신청하면 됨.

다만, 사안에 따라 아래와 같은 조치를 반드시 취하여야 함.

당행에서 먼저 경매를 진행하여 배당금에서 임금채권을 부담하였을 경우, 타 부동산의 경매진행상황을 수시로 파악하여, 이미 경매가 진행중인 부동산에 대해서는 임금채권을 대위한 배당요구 신청을 하고, 아직 경매가 진행되지 않은 부동산에 대해서는 임금채권 대위에 따른 구상금을 원인으로 가압류를 한 후 경매개시결정통지서가 오면 다시 임금채권을 대위한 배당요구를 하면 됩니다.(가압류를 하지 않으면 경매개시결정통지서가 당행으로 오지 않아 경매진행 여부를 확인하기 어렵습니다. 수시로 부동산등기부등본을 열람하여야 하는 불편함)

〈이때 주의해야 할 사항이 있다〉

임금채권을 대위한 배당요구서는 반드시 배당요구종기까지 법원에 접수되어야 함.

만약 배당요구종기가 지나서 배당요구를 했다면 부 적법한 배당요구로 배당에서 제외될 뿐만 아니라, 배당 후 "부당이득반환청구의 소"로도 다툴 수가 없다.

– 예 시

*2개의 부동산이 달리 경매가 진행된 경우, 경매절차에서 먼저 배당된 부동산의 저당권자가 나중에 배당된 부동산의 경매절차에서 임금채권자를 대위할 금액

(단위 : 백만원)

구 분	매각금액	집행비용	선순위(임금채권보다 선순위)	임금채권	채권액
A부동산	305	5		120	300
B부동산	1,010	10	100		1,000

구 분	경매대가	임금채권부담액	대위할 금액
A부동산	300(매각금액 – 집행비용)	30(주1)	B부동산에서 90
B부동산	900(매각금액 – 집행비용 – 선순위)	90(주2)	A부동산에서 30

* (주1) 300 / 1,200 * 120 = 30, * (주2) 900 / 1,200 * 120 = 90

4. 참고 판례

＊대법원 1998.12.22 선고 1997다9352 판결

사용자 소유의 수 개의 부동산 중 일부가 먼저 경매되어 그 경매대가에서 임금채권자들이 우선 변제를 받은 결과 동시배당의 경우에 비하여 불이익을 받은 저당권자에게 민법 제368조 제2항 후문이 유추 적용되는지 여부(적극)

＊대법원 2000.9.29 선고 2000다32475 판결

선순위 임금채권자를 대위하여 배당을 받기 위하여는 배당요구종기까지 배당요구를 하여야 하며 배당요구를 하지 않아 저당권자에게 배당되지 않고 후순위 채권자에게 배당된 경우, 후순위채권자를 상대로 부당이득을 청구할 수 없다.

대법원 2006.1.27. 선고 2005다27935 판결

우선변제권 있는 임금채권이 국세징수법상 압류재산 매각대금의 분배대상에 포함된 경우, 체납처분절차 주관기관은 임금채권자에게 배분할 금액을 직권으로 확정하여 배분계산서를 작성하여야 하는지 여부(적극) 및 그 매각대금 배분시까지 배분요구를 하지 아니한 임금채권자가 그에게 배분되어야 할 금액 상당의 금원을 배분 받은 후순위권리자를 상대로 부당이득반환청구를 할 수 있는지 여부(적극)

〈사례연구 5〉 [임금채권의 우선변제]

기업체 소유물건(개인기업인 경우 대표자 개인재산 포함)을 담보취득 시에는 근로기준법(제37조)에 의해 종업원의 임금, 퇴직금, 재해보상금은 설정순위에 관계없이 질권, 저당권에 우선하므로 다음의 방법에 의하여 우선 변제되는 임금채권을 산출하되, 담보가액에서 공제하지 않고 여신 취급시 참고금액으로만 감안한다.

1. 임금채권의 범위

(1) 임금 : 최종 3개월분의 임금(상여금 포함)
(2) 퇴직금 : 퇴직 전 최종 3년간의 퇴직금(90일분의 평균임금) 다만, 97. 12. 24일 전 입사자는 89. 3. 29일부터 97. 12. 23일까지 발생한 퇴직금 전액과 97. 12. 24일 이후 발생한 최종 3년간의 퇴직금을 합한 금액(250일분의 평균 임금 이내)
(3) 재해보상금

☞ 설정일자 별 우선순위

설정일자(질권, 저당권)	우선순위
1987.11.27 이전	질권, 저당권이 우선
1987.11.27 ~ 1989.3.28	최종 3개월 분의 임금만 질권, 저당권에 우선
1989.3.29 이후	최종 3개월 분의 임금채권, 퇴직금, 재해보상금, 채권 모두가 질권, 저당권에 우선

2. 대상담보

(1) 법인소유 부동산(대표자 개인소유 제외)
(2) 개인기업 대표자 명의 부동산

3. 산정시기

(1) 연1회 이상 (신용평가 시 또는 신규여신 취급시)
(2) 중복거래를 하는 기업은 여신최다 보유점포에서 산정

4. 임금채권의 산출근거 서류(신용평가 시 또는 최초거래 시 징구) : 아래 서류 중 필요서류 징구

(1) 최근 년도 연말정산용 소득세 징수액 집계표(세무서장 확인 분)
(2) 임금대장
(3) 종업원 별 입사일자 및 최근 1년간 임금총액을 기재한 퇴직금 산정내역서
(4) 전년도 결산서, 감사보고서 등
(5) 임금체불 사실확인서(노동조합 확인 분)
(6) 퇴직금 지급기준(차주기업의 사규)

22. 전입세대열람 · 경매기록 열람

22-1. 전입세대열람 내역 발급

선순위 임차인 파악을 위하여 해당 동사무소에 경공매 정보지를 보여주고 "전입세대열람 내역(동거인 포함)"을 발급 받아(주민등록법 시행규칙 제14조 ① 항 경매참가자가 경매에 참가하기 위하여 신청하는 경우 발급가능) 선순위 대항력있는 임차인과 동거인, 세대합가 세대원은 철저히 열람하여 임대차유무를 조사하여야 한다.

주민등록법 제29조 (열람 또는 등 · 초본의 교부) ② 항 주민등록법 시행규칙 제14조(주민등록 전입세대의 열람)에 의하여 주민등록전입 열람은 해당물건의 소유자 본인 또는 그 세대원이 신청하는 경우, 임차인 본인 또는 그 세대원이 신청하는 경우는 당연히 열람이 된다.

특히, 경매참가자가 경매참가를 위하여 신청하는 경우, 금융기관 등이 담보주택의 근저당 설정을 이유로 신청하는 경우, 신용정보업자 또는 감정평가업자가 임차인의 실태 등의 확인을 위하여 신청하는 경우 전입세대 열람이 가능하다. 해당물건 소재지에 주민등록이 되어 있는 세대주와 동일 세대별 주민등록표상의 동거인의 성명과 전입일자에 한하여 열람할 수 있어(동일 세대별 주민등록표상의 세대원이 세대주보다 전입일자가 빠른 경우에도 그 세대원의 성명과 전입일자를 열람가능) 선순위 대항력 있는 임차인과 동거인, 세대합가 세대원은 철저히 조사하여야 한다.

그러나 경매정보지로 상가임대차를 확인할 수 있는 "등록사항 등의 현황서" 를 발급받을 수 없어 인수임대차 권리를 파악할 수 없고(특히 온비드 공매에서) 후일 큰 경매함정이 될 것으로 보인다. 그러나 1번 설정이나 2번 설정 등 거액설정이 상가건물임대차보호법 시행일인 2002.11.1 이전 설정되었다면 대항력은 없고 순위배당만 임차인이 주장할 수 있어 큰 문제는 되지 않는다. 하지만, 동사무소의 "전입세대열람 내역" 발급과 같이 조속 입법되어야 할 것으로 본다.

〈사례연구 1〉 [주민등록법 제29조 (열람 또는 등 · 초본의 교부)]

주민등록법 제29조 (열람 또는 등 · 초본의 교부)

중 략

② 주민등록표의 열람이나 등 · 초본의 교부신청은 본인이나 세대원이 할 수 있다. 다만, 본인이나 세대원의 위임이 있거나 다음 각 호의 어느 하나에 해당하면 그러하지 아니하다.

1. 국가나 지방자치단체가 공무상 필요로 하는 경우
2. 관계 법령에 따른 소송 · 비송사건 · 경매목적 수행상 필요한 경우
3. 다른 법령에 주민등록자료를 요청할 수 있는 근거가 있는 경우
4. 다른 법령에서 본인이나 세대원이 아닌 자에게 등 · 초본의 제출을 의무화하고 있는 경우
5. 직계혈족 및 그 배우자 또는 동일호적 내의 가족이 신청하는 경우
6. 채권 · 채무관계 등 정당한 이해관계가 있는 자가 신청하는 경우 관계법령에 의한 소송 · 비송사건 · 경매목적 수행상 필요한 경우
7. 그 밖의 공익상 필요한 경우

중 략

주민등록법 시행규칙 제14조(주민등록전입세대의 열람) ① 열람 또는 등・초본 교부기관의 장은 다음 각 호의 어느 하나에 해당하는 자가 별지 제15호의 서식에 의하여 전입세대 열람을 신청한 자에게는 해당물건 소재지에 주민등록이 되어 있는 세대주와 동일 세대별 주민등록표상의 동거인(말소된 사람을 포함한다)의 성명과 전입일자만 열람하게 할 수 있다. 다만, 동일 세대별 주민등록표상의 세대원이 세대주보다 전입일자가 빠른 경우에는 그 세대원의 성명과 전입일자를 열람하게 할 수 있다.

1. 경매참가자가 경매참가를 위하여 신청하는 경우
2. 신용정보업자 또는 감정평가업자가 임차인의 실태 등의 확인을 위하여 신청하는 경우
3. 금융기관 등이 담보주택의 근저당 설정을 이유로 신청하는 경우
4. 해당물건의 소유자 본인 또는 그 세대원이 신청하는 경우
5. 해당물건의 임차인 본인 또는 그 세대원이 신청하는 경우
6. 해당물건의 매매계약자 또는 임대차계약자가 신청하는 경우
7. 법원의 현황조사명령서에 따라 집행관이 신청하는 경우

〈사례연구 2〉 [현황조사서(임대차관계조사서)를 잘 살펴야]

대법원(법원경매정보)사이트의 "현황조사서(임대차관계조사서)"를 유심히 살펴야 한다.

1991. 6.13일 전입(임차인 신00, 전세보증금 4천만원)
2001.12.22 소유권이전(신00→임00)
2001.12.22 근저당권 5,200만원 설정(신협)
2006. 5. 4 임의경매

위 사항에서 임차인의 전세보증금 4,000만원은 인수임대차(매수인의 추가부담)으로 외관상 보인다. 그러나 전소유자가 매도 후 임차인이 되는 시점은 매도 익일 0시로 보아야 하므로 신협의 설정 익일인 2001.12.23. 0시로 보아야 하므로 사실상 후순위임대차로 매수인이 추가 부담하지 않는 후순위 임차인이다.

(사례) 경매 사건번호를 알 때 현황조사서는 어디에서 찾을 수 있는가?

⇒ 대법원(www.scourt.go.kr)> 법원경매정보>경매물건>경매사건검색>현황조사서>
부동산의 현황 및 점유관계조사서(부동산의 점유관계) 내에 위 문구를 찾을 수 있다.

22－2. 경매기록 열람, 복사신청

경매사건의 이해관계인(임차인 또는 최고가매수신고인 즉, 낙찰자 등)이나 위임을 받아 경매기록을 열람하고자 하는 경우에 "재판(경매)기록 열람등사 청구서" 및 위임장(인감증명서 첨부)을 지참하여 민사신청과 경매계장에게 유치권신고서 , 채권자 금융기관이 제출한 유치권배제신청서, 무상거주 임차인의 배당요구에 대한 채권자 의견서, 임차인의 권리신고 및 배당요구신청서(전세계약서, 주민등록등본 등 포함) 등을 열람 및 일정부분을 등사(복사)신청할 수 있다.

부동산등에 대한 경매절차 처리지침(재민 2004－3)에서 경매기록의 열람・복사를 찾아보자. (개정 2008.06.12 재판예규 제1230호)

제53조(경매기록의 열람・복사) ① 경매절차상의 이해관계인(민사집행법 제90조, 제268조) 외의 사람으로서 경매기록에 대한 열람・복사를 신청할 수 있는 이해관계인의 범위는 다음과 같다.

1. 파산관재인이 집행당사자가 된 경우의 파산자인 채무자와 소유자
2. 최고가매수신고인과 차순위매수신고인, 매수인, 자기가 적법한 최고가 매수신고인 또는 차순위매수신고인임을 주장하는 사람으로서 매수신고 시 제공한 보증을 찾아가지 아니한 매수신고인
3. 민법·상법, 그 밖의 법률에 의하여 우선변제청구권이 있는 배당요구채권자
4. 대항요건을 구비하지 못한 임차인으로서 현황조사보고서에 표시되어 있는 사람
5. 건물을 매각하는 경우의 그 대지 소유자, 대지를 매각하는 경우의 그 지상 건물 소유자
6. 가압류채권자, 가처분채권자(점유이전금지가처분 채권자를 포함한다)
7. 「부도공공건설임대주택 임차인 보호를 위한 특별법」의 규정에 의하여 부도임대주택의 임차인대표회의 또는 임차인 등으로부터 부도임대주택의 매입을 요청 받은 주택매입사업시행자

② 경매기록에 대한 열람·복사를 신청하는 사람은 제1항 각호에 규정된 이해관계인에 해당된다는 사실을 소명하여야 한다. 다만, 이해관계인에 해당한다는 사실이 기록상 분명한 때에는 그러하지 아니하다.

③ 경매기록에 대한 복사청구를 하는 때에는 경매기록 전체에 대한 복사청구를 하여서는 아니 되고 경매기록 중 복사할 부분을 특정하여야 한다.

<table>
<tr><td>청구수수료
(수입인지)</td><td colspan="3" rowspan="2">재판(경매)기록 열람복사 신청서</td><td>허</td><td>부</td></tr>
<tr><td></td><td></td><td></td></tr>
<tr><td rowspan="2">신 청 인</td><td>성 명</td><td></td><td>전화번호
담당사무원</td><td colspan="2"></td></tr>
<tr><td>자 격</td><td></td><td>소명자료</td><td colspan="2"></td></tr>
<tr><td>청구의 종류</td><td colspan="5">□열람 □복사</td></tr>
<tr><td>대상기록
(사건번호)</td><td colspan="5"></td></tr>
<tr><td>복사할 부분</td><td colspan="5"></td></tr>
<tr><td>복사 방법</td><td colspan="5">□필사 □변호사단체 복사기 □법원 복사기</td></tr>
<tr><td>신청수수료</td><td colspan="5">□ □</td></tr>
<tr><td>복사비용</td><td colspan="5">원(매×50원)</td></tr>
<tr><td>영수일시</td><td colspan="5">영수인 :</td></tr>
<tr><td>작성요령</td><td colspan="5">1. 신청인·영수인 란은 서명 또는 기명날인
2. 소송대리인·변호인의 사무원이 열람·복사하는 경우에는 담당사무원란에 그 사무원의 성명을 기재
3. 신청수수료는 1건 당 500원(수입인지로 납부),다만, 사건의 당사자 및 그 법정대리인·소송대리인·변호인(사무원 포함)·보조인 등이 그 사건의 계속 중에 열람·복사하는 때에는 신청수수료 면제
4. 법원 복사기로 복사하는 경우에는 1장당 50원의 복사비용을 수입인지로 납부</td></tr>
</table>

위 임 장

성 명 : (주민등록번호 :)
주 소 :

상기인을 대리인으로 정하여 아래 행위를 할 일체의 권한을 위임함.
위 당사자간 귀원 타경 호(채권자 , 채무자 , 소유자 :) 부동산 임의경매 사건에 대하여 아래에 관한 일체의 행위

-- 아 래 --

1. 채권계산서 및 보정서를 제출하는 행위
2. 낙찰인수 및 입찰보증금을 납부하는 행위
3. 배당금과 집행비용의 청구 및 수령행위
4. 공탁금의 청구 및 수령행위
5. 부기문 환부신청 및 수령행위
6. 경매기록 열람 및 등사 신청하는 행위
7. 배당에 관하여 이의를 제기하는 행위
8. 매각대금 완납증명원의 청구 및 수령행위
9. 경매집행비용 환수금의 청구 및 수령행위
10. 낙찰대금을 납부하는 일체의 행위 등
11. 기타 위 경매사건에 관련된 일체의 행위

붙 임 : 인감증명서 1통

20 년 월 일

위 임 인 :
주 소 :
성 명 : (인)
(연락처 :)

○○지방법원 귀중

위 임 장

사 건 200 (타경,타기,카단,카합,카기,카공,타채,개회,하단,하면) 호
채권자 이름 :
채무자 이름 :

위사건에 관하여 위임자는 아래와 같은 내용을 대리인에게 위임합니다.

1. 대리인
   이 름 :
   주민등록번호 :
   주 소 :

2. 위임할 사항(위임하는 내용에 O표 하세요)
   가. 신청사건의 제출행위
   나. 신청사건의 취하와 관련된 일체(민사예납금의 수령행위, 집행문환부 신청행위)
   다. 배당요구 신청행위
   라. 배당금 수령행위
   마. 열람 · 등사 신청행위
   바. 담보권행사,권리행사최고신청,담보취소신청,담보취소신청에 대한 동의, 담보취소결정정본의 수령, 담보취소결정에 대한 항고권의 포기
   사. 기타(특정사항 기재요)

3. 첨부서류 :
   1) 위임인 인감증명서

20 . . .

위임인 이름 : 인(인감도장 날인)
주민등록번호 :
주 소 :

○○지방법원 귀중

23. 명　도

23－1. 인도명령

구법사건(구, 민사소송법 절차)에서는 인도명령 대상자는 채무자, 소유자와 경매개시결정등기 이후의 모든 점유자에 한정 하였으나, 2002. 7. 1 이후 신법사건(민사집행법)에서는 점유권원 없는 모든 점유자로 변경되었다. 특히, 과거 대항력없는 임차인은 명도소송으로 상당한 시일이 소요되면서 명도소송을 하여야 했으나, 신법사건 이후로 현재는 대항력없는 임차인(후순위임차인, 대항력 없는 말소기준권리 이후 전입한 임차인 등)은 인도명령 대상이므로 인도명령 신청건 수가 많이 생겼으며, 명도 소송하는 경우는 거의 없고, 현재 명도소송은 주로 유치권신고자에 대한 건물명도 및 부당이득반환청구소송 외에는 건물명도 소송이 거의 사라졌다.

인도명령이란 매수인이 잔대금을 납부한 후에 부동산에 대한 인도를 요구하였으나 인도를 거부한 소유자, 채무자, 부동산 점유자(현행 민사집행법은 단순히 부동산점유자로 규정함으로써 압류의 효력 발생 전후를 불문하고 부동산을 점유하고 있는 자로서 매수인에게 대항할 수 있는 점유권원을 가지지 아니하는 자에 대하여 인도명령을 발령할 수 있게 되었으므로 매수인 입장에서는 유리한 반면 세입자나 채무자 입장에서는 상당히 불리한 측면이 있다) 등 점유권원없는 상대자를 대상으로 인도를 명하는 인도명령을 법원에 신청하는 것을 말한다. 신청서가 접수되면 사건번호가 '타경'과는 별도로 '타기'로 부여되고 경매기록에 합철된다.

1. 인도명령 당사자

(1) 개 요

부동산인도명령이라 함은 매수인이 매각대금을 완납한 후 6개월 이내에 법원에 신청하면 채무자, 소유자 또는 부동산점유자에 대하여 부동산을 매수인에게 인도하도록 명할 수 있는데 이를 부동산인도명령 혹은 줄여서 인도명령이라 한다.

(2) 신청인

인도명령을 신청할 수 있는 자는 매수인(낙찰자)과 매수인의 상속인 등 일반승계인에 한하고, 이때의 매수인이나 그 승계인은 매각대금을 지급하였음을 요할 뿐 매수인명의로 소유권이전등기가 경료되었음을 요하지는 않는다. 즉, 매각대금을 완납한 매수인과 그 일반승계인이 신청인이 된다.

(3) 상대3방

인도명령의 상대방은 채무자, 소유자, 부동산점유자이다.

1) 채무자

채무자는 경매개시결정에 표시된 채무자를 말하고 그 일반승계인(예컨대 채무자의 상속인들)이 포함되며, 상속인이 여럿인 경우에는 각 공동상속인마다 개별적으로 인도명령의 상대방이 될 수 있다. 여기서 말하는 채무자는 부동산을 점유하고 있는 점유자일 것을 요구하지는 않는다. 다만 채무자가 부동산을 직접 점유하고 있지 아니한 경우에는 인도집행을 할 수 없고 단지 채무자가 부동산을 직접 점유하고 있는 자에 대하여 부동산인도청구권을 가지고 있을 때에 한하여 민사집행법 제259조에 의하여 인도청구권을 넘겨받는 방법으로 집행할 수 있게 된다.

2) 소유자

여기서 말하는 소유자는 경매개시결정 당시의 소유 명의자로 보면 되고 이 때 소유자의 점유도 인도명령의 요건이 아님은 채무자의 경우와 같다. 즉, 소유자가 부동산을 점유하고 있지 아니하더라도 인도명령을 청구할 수 있고, 이 때 소유자가 아닌 부동산의 점유자에 대하여 가지는 인도청구권을 넘겨받는 방법에 의하여 집행하게 된다.

3) 부동산점유자

구 민사소송법은 인도명령의 상대방 중 채무자, 소유자 이외의 자를 압류의 효력이 발생한 후에 점유를 시작한 부동산의 점유자로 한정하였으나(따라서 압류의 효력발생이전에 점유한 자 특히 후순위 임차인들에 대하여는 인도명령이 아닌 부동산명도소송에 의하여 명도를 구하여야 함) 현행 민사집행법은 단순히 부동산점유자로 규정함으로써 압류의 효력 발생 전후를 불문하고 부동산을 점유하고 있는 자로서 매수인에게 대항할 수 있는 점유권원을 가지지 아니하는 자에 대하여 인도명령을 발령할 수 있게 되었으므로 매수인 입장에서는 유리한 반면 세입자나 채무자 입장에서는 상당히 불리한 측면이 있다.

2. 인도명령의 신청

(1) 신청의 방법인도명령은 서면 또는 구두로 신청할 수 있으나 통상 서면으로 한다. 채무자, 소유자 또는 부동산현황조사보고서 등 경매기록상 명백한 점유자를 상대방으로 하여 신청하는 경우에는 특별한 증빙서류의 제출을 필요로 하지 않으나(실무상 가급적 관련 경매기록 중 필요한 부분을 등사하여 증거로 제출하고, 아울러 제반 증거를 제출하고 있음) 기록상 드러나지 않는 점유자를 상대방으로 하는 경우에는 관련증거(예컨대 채무자에 대한 인도명령에 기하여 인도의 집행을 실시하였으나 채무자가 아닌 엉뚱한 제3자가 부동산을 점유하고 있어 집행이 불능이 되었을 경우 집행관이 작성한 집행불능조서의 등본 또는 주민등록표 등본 등 그 점유사실과 매각대금지급이전에 점유를 개시한 사실 등을 증빙할 수 있는 서류 등)를 모두 제출하여야 합니다.

(2) 신청의 시기

인도명령은 매각대금을 낸 뒤 6월 이내에 신청하여야 하며 6월이 지난 뒤에는 점유자를 상대로 소유권에 기한 인도 또는 명도소송을 제기하여야 합니다. 인도명령은 간이 신속한 절차에 의하여 부동산의 인도 또는 명도를 구하는 집행권원을 획득할 수 있으므로 위 기간을 지켜 인도명령을 신청하는 것이 시간과 비용 면에서 매우 유리하다.

(3) 관할법원

당해 부동산에 대한 경매사건이 현재 계속되어 있거나 또는 과거에 계속 되어 있었던 집행법원의 전속관할이다.

3. 인도명령의 재판

(1) 심 리

법원은 서면심리만으로 인도명령의 허부를 결정할 수 있고, 필요하다고 인정되면 재량으로 상대방을 심문하거나 변론을 열 수도 있다.

다만 인도명령이 채무자와 소유자를 상대로 하는 것이 아니고 채무자, 소유자가 아닌 부동산의 점유자를 상대로 하는 경우에는 그 점유자를 심문하여야 하나 예외적으로 점유자가 매수인에게 대항할 수 있는 권원이 없음이 명백한 경우에는 심문을 열지 않고 바로 인도명령을 발할 수 있다.

(2) 재판 및 집행

법원은 경매기록과 신청인이 제출한 각종 증거와 심문결과를 통하여 인도명령의 사유가 소명되면 인도명령을 발하게 되고 이 때 '인도명령'이지만 그 형식은 명령이 아닌 '결정'의 형식으로 재판한다. (재판에는 판결, 결정, 명령이 있고 대부분 99%가 판결이라고 보면 된다.) 따라서 인도명령신청에 대한 재판은 그것이 인용하는 것이든 기각하는 것이든 매수인의 소유권에 기한 인도청구권의 존부에 관하여 판결과 같은 효력인 기판력을 갖지는 않는다.

또한 인도명령은 이른바 확정되어야 효력이 생기는 재판으로는 규정되어 있지 아니하므로 송달만으로 즉시 효력(집행력)이 생기며 즉시항고가 제기되더라도 집행정지의 효력이 생기지 않으므로 신청인은 집행을 할 수 있으며, 상대방이 인도명령에 따르지 아니할 경우 집행관에게 그 집행을 위임하여 집행관으로 하여금 인도집행을 하도록 할 수 있다.

한편 인도명령의 상대방이 채무자인 경우에 그 인도명령의 집행력은 당해 채무자는 물론 채무자와 한세대를 구성하며(under the same roof) 독립된 생계를 영위하지 아니하는 가족과 같이 그 채무자와 동일시되는 자에게도 미친다.

4. 인도명령에 대한 불복방법

(1) 재판의 불복

인도명령의 신청에 관한 재판에 대하여는 민사집행법상의 즉시항고에 관한 규정을 준용하여 즉시항고할 수 있다. 따라서 상대방은 재판을 고지 받은 날로부터 1주의 불변기간 이내에 항고장을 원심법원에 제출하여야 하고, 항고장에 항고이유를 적지 아니한 경우에는 항고장을 제출한 날로부터 10일 내에 항고이유서를 원심법원에 제출하여야 한다.

(2) 인도명령에 대한 불복사유는

① 인도명령의 발령시에 판단하여야 할 절차적, 실체적 사항(예컨대 신청인의 자격, 상대방의 범위 및 신청기한 등)

② 인도명령 심리절차의 하자

③ 인도명령자체의 형식적 하자 (예컨대 인도목적물의 불특정, 상대방의 불특정)

④ 인도명령의 상대방이 매수인에 대하여 부동산의 인도를 거부할 수 있는 점유권원의 존재에 한정된다.

(3) 확정된 인도명령에 대하여는 인도명령의 상대방은 청구에 관한 이의의 소를, 인도명령의 상대방이 아닌 제3자가 인도집행을 받게 되는 때에는 제3자 이의의 소를 제기할 수 있다.

인도명령신청 후 법원 진행 내용을 보려면 대법원(www.scourt.co.kr) 홈페이지 하단의 "나의 사건" 검색에서 검색하면 된다(인포케어 등 경매정보사이트에서 제공하는 임의경매 사건번호 검색(예 : 창원 2007-28839(1)에는 2008타기 1409호 인도명령을 알 수 있으며, 낙찰자(정미○) 성명을 입력 후 검색할 수 있다)

〈사례연구 1〉 [인도명령 전반]

- 인도명령은 명도소송을 제기하지 않고 경매법원의 명령에 따라 부동산을 인도할 수 있도록 강제집행 할 수 있으며, 매각대금 납부 후 즉시 신청가능하며, 점유자를 대상으로 경매법원에 인도명령을 신청하면 집행법원이 심사하여 집행관으로 하여금 해당점유자를 낙찰부동산으로부터 강제로 퇴거시킬 수 있도록 명하는 법원의 명령이다.

(집행관명령 : "피신청인은 신청인에게 별지목록기재 부동산을 인도하라")

1. 인도명령 신청시기

매각잔대금 납부일로부터 6월이 되는 날까지 매수인은 인도명령을 신청할 수 있다. 공동매수인은 전원 또는 각자가 단독으로 인도명령을 신청할 수 있다.

소유권 이전등기가 경료되는 것과는 무관하다.

2. 인도명령을 신청할 수 있는 자

매수인(낙찰자), 차순위 매수신고에 의해 결정된 매수인(낙찰자), 매수인(낙찰자)로부터 매각부동산을 상속받은 일반승계인(상속인), 법인인 낙찰자

※ 주의사항 : 매매·증여 등을 원인으로 하여 매수인으로부터 매각부동산을 양수 받은 매수인·수증자 등의 특정승계인은 인도명령을 신청할 수 없다. 이는 인도명령신청권을 일신전속권과 같은 권리로 보기 때문이다.

3. 매수인(낙찰자) 주의사항

- 매각잔금 납부일로부터 6개월이 경과하면 매수인은 인도명령 신청권을 상실(명도소송만 가능하며, 명도소송 후 판결문을 가지고 강제집행 신청하여야 함)
- 인도명령의 강제집행에 의해 퇴거 당한 채무자, 소유자 등의 인도명령의 상대방이 재침입하여 점유하여도 그 자를 상대방으로 하여 인도명령을 신청할 수 없다 (형사고소, 명도소송 가능)
- 대항력 있는 임차인, 유치권자 등 매수인에게 대항할 권원을 가진 자에게는 인도명령신청 불가

4. 인도명령 신청 시 필요서류

부동산인도명령신청서 앞에 표지를 붙이고 뒤쪽에 별지로 부동산 목록을 붙인 후 서류를 첨부하여 소정의 송달료와 인지를 붙여 신청한다.

1) 부동산인도명령신청서
2) 위임장, 인감증명서(대리인 신청 시)
3) 도장
4) 점유자의 호적등본(상속인이 점유자인 경우). 법인등기부등본(합병으로 승계한 법인)이 점유자인 경우

5) 점유자가 인도명령에 기한 강제집행의 대상임을 증명하는 서면(경매개시결정 이후 점유를 개시한 점유자나 경매기록상 드러나지 않는 점유자인 경우)

5. 인도명령의 상대방

인도명령의 상대방은 채무자, 소유자, 부동산점유자로써, 점유권원없는 모든 자이다.

① 채무자인도명령의 집행력은 채무자는 물론 채무자와 한 세대를 구성하며 독립된 생계를 영위하지 아니하는 가족과 같이 그 채무자와 동일시 되는 자에게도 효력이 미친다 (대법원 1998. 4.24. 자 96다30786 판결) 및 채무자가 동생 소유의 아파트에 관하여 근저당권을 설정하고 대출을 받으면서 채권자에게 자신은 임차인이 아니고 위 아파트에 관하여 일체의 권리를 주장하지 않겠다는 내용의 확인서를 작성하여 준 경우, 그 후 대항력을 갖춘 임차인임을 내세워 이를 낙찰 받은 채권자의 인도명령을 다투는 것은 금반언 및 신의칙에 위배되어 허용되지 않는다고 본 사례. (대법원 2000. 1. 5 자 99마4307 결정)

② 소유자 : 경매개시결정 당시의 소유자

③ 부동산점유자 : 압류효력 발생 전, 후를 따지지 않고 경매개시결정 전에 전입한 임차인일지라도 매수인에게 대항할 수 있는 권원(유치권, 법정지상권, 용익권 등)을 가지지 못한 점유자는 모두 인도명령대상이다

④ 그 외 대상자 : 채무자의 동거가족(근친관계, 피고용인 포함), 채무자가 법인일 때 같은 법인의 점유보조자, 채무자와 공모하여 집행을 방해할 목적으로 점유한 자

⑤ 인도명령 대상이 아닌 경우(명도소송 대상)

- 매수인으로부터 새로 임차한 자 및 매수한 자, 그리고 매수인이 인도명령의 대상이 되는 소유자, 채무자에게 소유권을 양도한 경우
- 재 침입한 임차인
  매수인이 임의인도, 인도집행에 의한 인도 등 부동산의 점유를 인도받은 후에는 제3자가 불법으로 점유하여도 인도명령 신청이 안 된다. 단, 강제집행으로 퇴거한 자가 재침입하였을 경우에는 형법 제140조의2 (부동산강제집행효용침해죄→강제집행으로 명도 또는 인도된 부동산에 침입하거나 기타 방법으로 강제집행의 효용을 해한 자는 5년 이하의 징역 또는 700만원 이하의 벌금에 처한다.)이 적용될 수 있다.
- 대항력과 우선변제권을 겸용한 임차인이 배당요구를 하여 전액 배당을 받을 경우에는 그 배당금을 실제로 지급받을 수 있는 때(배당표 확정시)까지는 매수인에게 주택의 명도를 거절 할 수 있다.
- 압류의 효력 발생 전후에 관계없이 유치권자(사안 따라 다름)
- 법정지상권이 성립되는 건물의 임차인
- 대항력 있는 임차인

6. 인도명령진행 절차

경락부동산 인도명령 신청 → 심리 및 심문 → 인도명령결정→ 송달 → 강제집행신청→ 강제집행 →심리 및 심문

채무자, 소유자, 일반승계인은 심문하지 않고 인도명령을 내리지만, 그 외의 임차인이나 전세권자 등이 점유하고 있을 경우에는 심문 후에 인도명령을 내린다. 서면심리에 의하여 인도명령의 가부를 결정할 수 있고, 필요한 경우 당사자를 심문하거나 변론할 수 있다.

7. 인도명령 결정

인도명령신청 후 빠르면 2~3일 늦어도 2주 내에 인도명령에 대해 결정이 나는 것이 일반적이다.

8. 인도명령에 의한 강제집행 신청

상기 인도명령 결정문과 인도명령 대상자에게 보내진 송달증명원을 첨부하여 부동산 소재지를 관할하는 집행관 사무소에 강제집행을 신청

9. 인도명령에 기한 매수인의 강제집행신청시 필요서류

1) 부동산인도명령 결정정본
2) 송달증명원(점유자에게 인도명령 결정문을 보냈다는 증명서)
3) 강제집행예납금(강제집행접수비, 집행관 수수료와 노무비 등)
4) 강제집행위임장(집행관에게 강제집행을 위임한다는 위임장)
5) 매수인의 인감증명서, 매수인의 도장

10. 인도범위

1) 부합물

매각허가결정의 부동산표시와 동일성이 인정되는 범위 내에서 그 소유권의 효력이 미치는 범위이며, 매각부동산의 구성부분인 부합물, 종물도 인도대상물이다.

임차인은 특정부분을 지정하여 신청하여야 하며, 감정평가서나 집행관이 작성한 현황조사서 첨부 도면을 이용하여 신청한다. 토지의 부합물로 정원수, 정원석, 석 등이 있는데 대표적인 부합물로 수목(입목에관한법률에 따라 등기된 입목과 명인방법을 갖춘 수목은 제외)은 부합물로 본다. 그리고 건물의 신축공사가 중단되어 독립된 건물로서 의 구조와 형태를 갖추지 못한 지하구조물은 토지에 부합한다.

2) 종 물

제3자의 소유가 아닌 한 매각대상이다. 그러나 저당권의 효력이 미치는 저당부동산의 종물이라 함은 민법 제100조가 규정하는 종물과 같은 의미로서 어느 건물이 주된 건물의 종물이기 위하여는 주물의 상용에 이바지하는 관계에 있어야 하고, 주물의 상용에 이바지한다 함은 주물 그 자체의 경제적 효용을 다하게 하는 것을 말하는 것으로서, 주물의 소유자나 이용자의 사용에 공여되고 있더라도 주물 그 자체의 효용과 직접 관계가 없는 물건은 종물이 아니다. (대법원 2000.11. 2 자2000마3530호 판결)

⇒ 부동산의 종물로 화장실, 목욕탕, 창고, 수족관 등, 동산의 종물로 주유소의 주유기, 보일러시설, 지하수 펌프, 농지 양수시설 등(종물이 아닌 것으로 호텔의 방에 설치된 TV, 전화기 등)

* 가끔 점유권원없는 점유자가 송달을 거부하는 사례가 있어 결국 야간 특별송달을 거쳐 공시송달까지 가야 하는데 시간과 비용 이중의 부담을 감수하여야 한다
* 집행사전 예고제를 이용하면 의외로 빨리 명도가 될 수도 있다. 강제집행을 신청한 후 집행관에게 방문을 부탁하면 "7일 이내에 자진 퇴거하지 않으면 강제집행 하겠다"는 계고서를 부치면 효과가 빠르게 나타난다.

11. 인도명령에 대한 불복방법

부동산 인도 명령이 확정된 경우에 인도명령 대상자는 집행정지 신청과 함께 청구이의의 소를 제기하여 구제받을 수 있다. 인도명령의 집행종료 전까지는 즉시 항고기간이 지났거나 즉시항고를 제기하였으나 기각으로 인하여 인도명령이 확정된 이후에도 불복의 의사표시를 할 수 있다.

12. 인도명령에 대한 불복사유

1) 인도명령 발령의 절차적・실체적 흠결(즉 신청인의 자격, 상대방의 범위, 신청기간 등의 흠결)
2) 인도명령 재판상 하자(즉 신청의 하자, 심리절차의 하자 등)
3) 인도명령의 상대방이 낙찰인에 대하여 인도를 거부할 수 있는 권원을 가지고 있는 경우(즉

유치권자, 매수인과 재계약한 임차인 등)

13. 즉시항고 & 집행정지결정

경매법원의 인도명령결정에 대하여 이의 있는 이해관계인(인도명령결정문상의 상대방)은 즉시항고 및 집행정지신청을 하고 집행정지 결정을 받아 강제집행(강제퇴거)을 정지시킬 수 있다.

14. 대법원 법원경매정보(www.courtauction.go.kr)〉경매공고〉동산매각공고에서 많은 정보를 구할 수 있다.

〈사례연구 2〉 [명도요청 경고문]

(서울특별시 중구 을지로 1가 소재 상가들 명도 후 담벽에 팬스친 후 경고 표지판 소개)

경　　　고

이 지역은 ㈜00 소유로서 2004.11. 7 법원에 의해 명도집행이 완료된 지역입니다.
따라서 패스 내 무단출입 및 불법시위 시 관련법에 의해 처벌받게 되오니 주의 바랍니다.

1. 야간 또는 2인 이상이 팬스 내에 허락 없이 들어가는 경우
   가. 부동산강제집행효용침해죄(형법 제140조의 2)
   강제집행으로 명도된 부동산에 침입하거나 기타 방법으로 강제집행의 효용을 해하는 경우에는 5년 이하의 징역 또는 700만원 이하의 벌금에 처함
   나. 공무상비밀표시무효죄(형법 제140조)
   공무원이 한 강제집행의 효용을 해하는 자는 5년 이하의 징역 또는 700만원 이하의 벌금에 처함.
   다. 폭력행위등처벌에관한특례법(제2조)
   건조믈에 들어간 경우 4년 6월 이하의 징역 또는 750만원 이하의 벌금에 처함
   라. 각 죄의 경합범 가중(형법 제38조 제1항 제2호, 제37조)
   위 행위에 대하여는 2분의1 가중
2. 허위사실을 위계 또는 위력으로서 업무를 방해하는 경우
   업무방해죄(형법 제313조, 제314조) 5년 이하의 징역 또는 1,500만원 이하의 벌금형에 처함

〈사례연구 3〉 [인도명령 신청사건(타기) 법원 진행내용 검색 방법]

1) 대법원 홈페이지(www.scourt.go.kr) 하단의 나의사건 검색에서

(임의경매 창원 2008타경 5215호 관련) 창원지방법원 2008타기 1574 인도명령(특히 당사자에 낙찰자(김종0) 성명을 입력 후 검색

1심 : 사건일반검색과 사건진행내역(종국 : 인용으로 부동산인도명령신청대로 종결되었음을 알 수 있다) 프린터

2) 인도명령신청 후 법원경매정보(www.courtauction.go.kr)〉경매물건〉경매사건검색〉

법원에 창원지방법원(예 : 사건번호에 2006 타경 12783호 입력) 클릭하여 기본내역 내 '관련사건내역에서 2007타기595호(또는 인포케어(www.infocare.co.kr)에서 경매사건번호를 입력하면 사건/항고검색란 예 : 창원 2006타경 12783호, 관할사건번호 : 2007타기595호, 관련사건구분 : 인도명령으로 나타남)

⇒ 대법원(www.scourt.go.kr) 하단에 '나의 사건검색'에서 법원을 선택하고 (예;창원지방법원) 사건번호(예 : 2007타기 595), 당사자(예 : 소유자, 임차인 또는 매수인 김종0) 입력하면

① 사건일반내역→기본내역(사건번호 : 2007타기595, 사건명 : 경락부동산인도명령, 재판부 : 경매5계, 접수일 : 2007. 3.21), 최근기일내역, 관련사건내역(2006타경12783호) 당사자내역(신청인 : 인도명령 신청자, 피신청인 : 임차인 또는 소유자 등)

② 사건진행내역→기본내역(사건번호 : 2007타기595, 사건명 : 경락부동산인도명령, 접수일 : 2007. 3.21)과 진행내역(2007. 3.21 소장접수, 2007.3.22 피신청인(임차인)에게 신문기일소환장 발송)에서 확인하면 된다.

〈사례연구 4〉 [명도]

법원경매의 완전한 성공은 주택 열쇠를 넘겨 받는 작업으로 마무리된다. 경매부동산이 빈 땅, 지방의 전답이나 임야 등이면 원 소유주와 별다른 마찰없이 부동산을 차지할 수 있다. 그러나 경매부동산이 주택일 경우는 전혀 예상치 못한 일이 벌어질 수도 있다. 경매 주택에 거주하고 있는 사람이 집을 비워줘야 입주가 가능할텐데 순순히 비켜주지 않을 경우가 문제다. 버티는 돌발상황이 발생하면 매수인의 입장에서는 갑갑한 노릇이다. 이미 돈도 다 내고 등기도 자신의 이름으로 넘어와 자기 집이 분명한데 입주는커녕 집 안에 한 발짝도 내 디딜 수 없다니 참으로 불합리한 경우다. 그러나 경매주택에 거주하고 있는 사람들의 사연도 만만치 않다. 수천만원에 세를 들어 살고 있었는데 어느 날 갑자기 경매에 부친다는 법원의 연락이 날라오다가 수개월 뒤엔 "내가 집주인이니 빨리 집을 비우라"고 재촉한다. 전세금은 한 푼도 되찾을 수 없다. 날벼락인 셈이다. 이렇게 되면 매수인의 입장에서는 법 절차를 밟아 거주자를 강제로 내 보내고 집 열쇠를 차지해야 한다. 이처럼 강제적으로 주택의 지배권을 이전하는 작업을 「인도(引渡)」라고한다. 흔히「명도(明渡)」 라는 단어와 의미 차이 없이 혼용하고 있지만 인도가 조금 더 넓은 상위 개념이다.

법원은 매각부동산에 대한 인도책임을 지지 않는다. 매수인이 알아서 거주자를 내 보내고 부동산을 차지하라는 얘기다. 다만 거주자의 권리형태에 따라 법원은 시시비비를 가려줄 뿐이다. 이때 거주자의 권리형태에 따라 매수인의 대응방안, 비용, 기간 등에서 상당한 차이를 보인다.

주택의 거주자는 세 가지 부류로 나눌 수 있다.

첫째, 소유자 겸 채무자다. 자신의 주택을 담보로 빚을 끌어 쓴 뒤 상환에 실패한 케이스다.

둘째, 담보제공자다. 빚 보증을 서준 경우이다. 예를 들어 사업하는 친구가 대출받는다기에 자신의 집을 담보로 제공한 경우가 되겠다.

셋째, 세입자다. 대항력을 인정받아 매수인에게 전세금을 돌려 받을 수 있는 경우는 해당되지 않는다. 여기서 말하는 세입자는 법원 경매로 인해 전세금을 날려 버릴 위기에 처한 즉, 대항력이 없는 세입자다.

소유자 겸 채무자, 담보제공자, 경매등기 전, 후 점유자(주로 임차인)가 거주하고 있을 경우에는 인도명령신청이라는 간단한 절차로 집 열쇠를 넘겨 받을 수 있다. (단, 1번 설정보다 앞서 전입한 임차인, 즉 대항력있는 임차인은 제외) 매수인이 경매법원에 인도명령신청서를 제출한다. 신청서

작성은 법원에 비치된 양식에 따라 작성해도 되고 법무사 사무실을 이용하면 대행이 가능하다. 신청서를 접수한 법원은 경매관계 서류를 심사하게 되고 별다른 하자가 없을 경우 1~2주 전후 인도명령이 떨어진다. 매수인은 인도명령 정본을 집행관에게 제출하고 집행관은 강제로 강제집행 후 집을 비우게 해준다. 이때 집행관을 동원한 강제인도 시 경매주택의 물건을 들어낼 노동력은 매수인이 부담하여야 한다. 보통은 법원 주변의 인도를 전문으로 하는 인부를 부르게 된다.

6개월이 지난 경우에는 건물명도소송 정식 재판절차를 거쳐야 한다. 법원에 소송신청서를 넣고 재판절차가 진행되는데 본인이 직접 변론에 나서거나 변호사를 사야 한다. 직접 나서지 않을 경우 변호사 수임료는 3백만원(부가세 10% 별도)정도로 생각하면 된다. 경매부동산 인도청구 소송의 경우 다툼이 거의 없는 간단한 재판일 뿐만 아니라 1~2회 정도만 출석하면 재판이 마무리 되는 게 보통이기 때문이다. 낙찰자는 재판이 종료되면 판결문을 갖고 집행관사무실에 인도를 신청하면 된다.

명도소송의 경우 재판일자가 빨리 잡히고 다툼이 없으면 3~4개월 정도의 시간이 소요된다. 점유자가 변호사에 의뢰하여 맞 대응하는 등 재판이 지체될 경우에는 6개월 이상이 걸리기도 한다. 따라서 경매참여자의 입장에서는 깔끔한 인도를 원하면 원소유자나 담보제공자가 거주하고 있는 주택을 입찰 대상으로 선택해야 한다. 잔금지불 후 뒤처리가 신속하게 처리되는 장점이 있다. 대항력이 없는 세입자 즉 수천만원의 전셋돈을 날려버릴 판국에 있는 세입자가 거주하는 주택의 인도는 상당한 시간과 노력을 필요로 한다.

한편 경매전문가들이 개입하는 경매주택은 인도가 의외로 신속하게 처리된다. 나름대로의 비결이 있기 때문이다. 경매 꾼들은 신속한 인도를 요한다. 그래야만 입주를 하거나 다시 임대를 놓을 수 있다. 따라서 이들은 낙찰과 함께 거주자를 방문, 인도에 소요되는 1백만~3백만원의 비용을 이사비조로 지불할 것을 약속한다. 이미 거주자들도 경매가 진행된 뒤 나름대로 권리파악을 끝낸 경우가 대부분이다. 버텨 봐야 이로울 게 없다는 사실을 잘 알고 있다. 따라서 이사비 조로 얼마간의 보조를 약속하면 인도가 신속하게 마무리된다는 것이 경매전문가들의 조언이다.

〈사례연구 5〉 [내용증명(배달증명)]

내 용 증 명 (배달증명)

수신인 (귀하)	성명	박 임 차
	주소	경남 창원시 남양동 1234번지
발신인 (본인)	성명	김 낙 찰
	주소	경남 마산시 석전동 1234번지
안건	제목	1. 건물 명도 요청 2. 부동산 강제집행 신청 및 손해배상 청구 통보

안녕하십니까?

1. 경남 마산시 00동 0000번지 소재 대지(㎡) 및 2층 건물(㎡)은 2008. 5. 5. 창원지방법원 2008타경 12345호 부동산임의경매에 의해 낙찰 받아, 2008년 6월 10일에 잔대금을 완납함으로써 발신인 명의로 소유권이 변경되었습니다.

2. 이에 하기 본인은 수차에 걸쳐 방문(부재중) 또는 구두로 점유권원없는 귀하께 (가족포함) 위 건물인도를 요구하였으나 아직까지 명쾌한 건물명도를 하지 않고 있습니다.

3. 본 우편 수령 후 일주일 이내 명도하여 주지 않으시면 본인이 잔대금 납부한 20 년 월 일부터 귀하가 향후 건물을 명도하는 날까지 법원 1차 감정평가액 1억원에 대한 연 20%(1차 감정가×연 20%÷12개월 = 월 1.6%)에 해당하는 매달 월세조로 금 1,600,000원을 무상거주에 대한 부당이득과 본인의 손해배상액조로 청구하오니 양지하여 주시기 바랍니다.
(소송촉진등에 관한 특례법 제3조 제1항 본문의 규정에 의한 법정이율 연2할 및 대법원 1998.7.10. 선고 98다15545 판결【건물철거 등】 참조 바랍니다)

4. 또한, 본 내용증명(배달증명) 도달일로부터 자진하여 명도하겠다는 확약서(또는 통보)를 주시지 않을 경우 부득이 법원에 인도명령 신청건과 관련하여 집행관사무실에 강제집행신청도 조속 병행하여 귀하의 불법점유에 따른 손해배상과 지연임대료, 강제집행비용 등을 귀하(가족 포함)에게 모두 청구하겠아오니 양해하여 주시기 바랍니다.

5. 본 우편을 보내게 됨을 대단히 죄송하게 생각하오며, 본인이 잔대금 마련을 위하여 은행과 사채 등 긴급자금을 어렵게 마련하였고, 본인 주택도 임대차계약이 체결되어 수일 내 집을 비켜주어 이사를 하여야 하는 딱한 입장입니다. 부득이 본 서신을 보내 드리오니 저의 입장 충분히 이해하여 주시길 바라오며 선처하여 주시기 바랍니다.
감사합니다.

20 년 월 일

위 발신인(본인) 김 낙 찰 (인)
주소 : 경남 마산시 석전동 1234번지
연락처(☎) : 011 - 111－2222

※ 3부를 작성하여 날인 후 배달증명+ 내용증명으로 발송

〈사례연구 6〉 [명도(퇴거)확인서]

명도(퇴거) 확인서

사건번호 : 2008타경 12345
채 권 자 : ○○은행
채 무 자 : 이 순 자
소 유 자 : 이 순 자

퇴거대상 부동산의 표시 :

임차인 성 명 : 박 임 차

주 소 : 김해시 동상동 1234번지 장미아파트 8차 304호

위 사건에서 위 임차인은 임차보증금에 따른 배당금을 받기 위해 임차인 ○○○는 매수인(낙찰자) ○○○에게 위 퇴거대상부동산을 년 월 일 틀림없이 비워 주었음을 확인합니다.

첨부서류 : 매수인(낙찰자) 인감증명서 1통

20 년 월 일

위 매수인(낙찰자) 김 낙 찰 (인)

주소 : 창원시 사파정동 1234

(연락처(☎) : 011－5555－6666)

○○지방법원(경매 ○○계) 귀중

〈사례연구 7〉 [건물명도 합의각서]

건물명도 합의각서

사건번호 : 2008타경 123456

채 권 자 : ○○ 은행

채 무 자 : 이 순 자

소 유 자 : 이 순 자

부동산의 표시 : 김해시 동상동 1234번지 단독주택 대지 200㎡, 위 지상 2층 건물 내 (임차인 박 임 차 거주)

1. 하기 본인은 위 경매사건 부동산의 채무자(또는 임차인)으로서 동 부동산이 경매 후 경매잔대금을 완납한 귀하에게 잔금납부일 이후 즉시 명도를 하여야 하나 배당이 확정되지 않아 본인 채무자(또는 임차인)이 즉시 이주하기가 곤란하여 배당기일 일주일 후인 2008년 12월16일 오전 12 : 00시 까지 본인의 배당금 수령 여부와 관계없이 귀하(최고가매수신고인 또는 위임자)께 명도하기로 합의각서를 제출합니다.

2. 만약 위 일시까지 건물명도를 완료하지 않을 경우에는 귀하가 명도소송(또는 인도명령) 등 법적 절차 없이 현관출입문을 강제 개방하고 들어가 강제명도(모든 가재도구의 해체, 철거, 반출)를 단행하여도 이의가 없으며, 이 과정에서 발생할 수 있는 파손, 훼손, 멸실, 분실 등에 대하여는 민, 형사상의 어떠한 법적 책임도 제기치 않을 것입니다.

3. 더불어, 매수인(낙찰자) 소유로 인정된 잔대금납부일(2008년 11월 15일) 부터 본인 향후 건물명도일까지의 지연손해금으로 법원 경매 감정평가액(1억원)에 매월 월2할(월2%)의 비율에 의한 금액(매월 2백만원) 또한 명도일까지의 관리비 및 도시가스, 전기료, 수도료 등 모든 공과금 전액을 변제하기로 위의 매수인에게 각서 합니다.

2008년 12월 2일

붙임 : 임차인(   ) 인감증명서 1통.   끝

주 소 : 김해시 동상동 1234번지
위 합의 각서인 성 명 : 박 임 차 (인)
(주민등록번호 : 520420－1234567 / 연락처 : 011－5555－1234)

매수인(낙찰자 겸 현 소유자) 김 낙 찰 귀하

〈사례연구 8〉 [부동산인도명령신청]

부동산인도명령신청

사건번호   20   타경   호 부동산임의(강제)경매사건
신청인(매수인) 성 명
주 소
피신청인(채무자 또는 임차인)
성 명 :
주 소 :
연락처 :

채권자와 채무자간의 별지 목록 기재 부동산에 관한 귀원   타경   호 부동산임의(강제)경매사건에서 신청인(매수인)은 20 년 월 일 매각대금을 완납한 후 위 피신청인(소유자 또는 임차인)에게 위 부동산의 인도를 구하였으나 이에 불응하고 있으므로 위 피신청인으로 하여금 신청인에게 위 부동산을 인도하라는 명령을 발하여 주시기 바랍니다.

첨 부 서 류

1. 부동산목록 3부
2. 매각대금완납증명서 사본 1부
3. 송달료납부서 1통

20 년 월 일

위 신청인(매수인)   ○○○ (서명 또는 날인)
연락처 :

○○지방법원 (경매 계) 귀중

[별 지]
부동산의 표시
1. ○○시 ○○구 ○○동 ○○번지 대 ○○○㎡
2. 위 지상 철근 콘크리트조 슬래브지붕 4층
1층 299.66㎡
2층 299.66㎡   끝.

〈사례연구 9〉 [인도명령 결정에 대한 즉시항고]

① 제출법원 : 집행법원
② 제출기간 : 매각대금 납부 후 6월 이내 제출부수신청서 1부
③ 관련법규 : 민사집행법 제136조 제1항
④ 불복절차 및 기간 : 인도명령의 신청에 관한 재판에 대하여는 즉시항고 할 수 있음(민사집행법 제136조 제5항). · 재판을 고지 받은 날부터 1주의 불변기간 이내(민사집행법 제15조 제2항) · 확정된 인도명령의 상대방은 청구에 관한 이의의 소(민사집행법 제44조)를, 인도명령의 상대방이 아닌 제3자가 인도집행을 받게 된 때에는 제3자이의의 소(민사집행법 제48조)를 제기할 수 있고, 인도명령의 집행자체에 존재하는 위법에 대하여는 집행에 관한 이의(민사집행법 제16조)에 의하여 다툴 수 있음.
인도명령에 대하여 즉시항고는 집행정지의 효력을 가지지 아니하므로(민사집행법 제15조 제6항) 민사집행법 제15조 제6항의 집행정지명령을 받아 이를 집행관에게 제출하여 그 집행을 정지할 수 있고, 청구에 관한 이의의 소나 제3자이의의 소를 제기한 경우에는 민사집행법 제46조의 잠정처분을 받아 이를 집행관에게 제출하여 그 집행을 정지할 수 있음(민사집행법 제46조, 제48조). 비 용 · 인지액 : ○○○원(☞ 민사신청서첩부인지액표)
- 송달료 : ○○○원(☞ 예납기준표)

기 타 ① 법원은 매수인이 대금을 낸 뒤 6월 이내에 신청하면 채무자 · 소유자 또는 부동산 점유자에 대하여 부동산을 매수인에게 인도하도록 명할 수 있다. 다만, 점유자가 매수인에게 대항할 수 있는 권원에 의하여 점유하고 있는 것으로 인정되는 경우에는 그러하지 아니하다.
② 법원은 매수인 또는 채권자가 신청하면 매각허가가 결정된 뒤 인도할 때까지 관리인에게 부동산을 관리하게 할 것을 명할 수 있다.
③ 제2항의 경우 부동산의 관리를 위하여 필요하면 법원은 매수인 또는 채권자의 신청에 따라 담보를 제공하게 하거나 제공하게 하지 아니하고 제1항의 규정에 준하는 명령을 할 수 있다.
④ 법원이 채무자 및 소유자 외의 점유자에 대하여 제1항 또는 제3항의 규정에 따른 인도명령을 하려면 그 점유자를 심문하여야 한다. 다만, 그 점유자가 매수인에게 대항할 수 있는 권원에 의하여 점유하고 있지 아니함이 명백한 때 또는 이미 그 점유자를 심문한 때에는 그러하지 아니하다.
⑤ 제1항 내지 제3항의 신청에 관한 결정에 대하여는 즉시항고를 할 수 있다.
⑥ 채무자 · 소유자 또는 점유자가 제1항과 제3항의 인도명령에 따르지 아니할 때에는 매수인 또는 채권자는 집행관에게 그 집행을 위임할 수 있다(민사집행법 제136조).
부동산의 인도명령의 상대방이 채무자인 경우에 그 인도명령의 집행력은 당해 채무자는 물론 채무자와 한 세대를 구성하며 독립된 생계를 영위하지 아니하는 가족과 같이 그 채무자와 동일시되는 자에게도 미침. 근저당권의 채무자인 처에 대한 적법한 부동산 인도명령의 집행 당시 대항력을 갖춘 임차권자가 아니고 또한 처와 같은 세대를 구성하면서 그 부동산을 공동점유하고 있었던 남편의 공동점유를 본인의 의사에 반하여 배제하였다고 하여 이를 곧 점유의 위법한 침탈이라고 할 수는 없음(대법원 1998. 4. 24. 선고 96다30786 판결).

〈사례연구 10〉 [인도명령결정문]

민사신청과 경매 1계
경매1계

○○지방법원

결 정

사건 : 2006 타기 385 경락부동산인도명령
신청인(매수인) : 김 낙 찰 : 창원시 북면 하천리 1234번지
피신청인(소유자) : 박 임 차 : 창원시 북면 신촌리 123번지 대호아파트 203호

주문 : 피신청인은 신청인에게 별지 목록기재 부동산을 인도하라

이유 : 이 법원 2005 타경 5719호 부동산 임의경매사건에 관하여 신청인의 인도명령 신청이 이유 있다고 인정되므로 주문과 같이 결정한다.
정본입니다

2008년 3월 26일
판사 황 판 사 (인)

2008 년 3 월 26 일
법원주사보 김 ○○ (인)

〈사례연구 11〉 [점유이전금지가처분신청 및 결정문]

점유이전금지가처분신청

신 청 인 : 김 낙 찰(주민등록번호 :)
주소 :
피신청인 : 박 임 차(주민등록번호 :)
주소 :

목적물의 표시 : 별지 목록 기재와 같음

목적물의 가액 : 금 원정
경상남도 김해시 동상동 1234 동신아파트 1501호
기준시가 (아파트 등은 국세청 홈페이지에서 조회) 49,000,000원

피보전 권리의 요지 : 소유권에 기한 건물 인도명령 청구권 보전.

신 청 취 지

1. 피 신청인의 별지목록 기재 부동산에 대한 점유를 풀고 이를 신청인이 위임하는 ○○지방법원 집행관에게 그 보관을 명한다.

2. 집행관은 현상을 변경하지 아니할 것을 조건으로 하여 피신청인에게 이를 사용하게 하여야 한다.
3. 피 신청인들은 그 점유를 타인에게 이전하거나 또는 점유명의를 변경하여서는 아니 된다.
4. 집행관은 위 취지를 공시하기 위하여 적당한 방법을 취하여야 한다라는 재판을 구합니다.

신 청 원 인

1. 신청 취지 기재의 부동산에 대하여 신청인은 귀원 타경 호 부동산 임의경매 사건에 기하여 금 원에 매각을 원인으로 년 월 일 잔금을 완납하고 년 월 일 0 0 지방법원 등기접수 제00000호로서 소유권이전 등기까지 경료한 신청인 소유의 건물입니다.
2. 한편 피 신청인들은 아무런 근원 없이 점유하고 있는 등 대항력이 없는 자들임에도 불구하고 신청인의 건물인도 요청에 불응하고 있습니다.
3. 그러므로 신청인은 피 신청인들을 상대로 위 부동산에 대한 건물 인도명령을 신청 중에 있으나 피 신청인은 그 점유를 제3자에게 의도적으로 이전할 우려가 있고, 이렇게 되면 신청인이 후일 본안소송에서 승소판결을 받아 집행한다 하더라도 직접 강제집행의 목적을 달성할 수 밖에 없게 될 우려가 있으므로 그 집행의 보전을 위하여 이 신청에 이른 것입니다.
4. 단, 담보제공은 민사집행법 제19조 제3항, 민사소송법 제122조에 의하여 보증보험주식회사와 체결한 지급보증위탁계약문서를 제출하는 방법에 의할 수 있도록 허가하여 주시기 바랍니다.

첨 부 서 류

1. 매각허가결정서 및 잔금영수증 사본(또는 현황조사서보고서 사본 1통
1. 부동산 등기부등본 1통
1. 건축물관리대장 1통
1. 토지대장(또는 공시지가확인서) 1통

200 년 월 일

주소 :

위 신청인(매수인) (인)

연락처(☎) :

○○ 지방법원(경매 ○○계)귀중

○○지방법원 ○○지원

민사부 결정

사 건 카합 **부동산점유이전금지가처분**

채권자 ○○○

주소 :

채무자 ○○○

주소 :

주 문

채무자의 별지기재 부동산에 대한 점유를 풀고 채권자가 위임하는 집행관에게 인도하여야 한다. 집행관은 현상을 변경하지 아니할 것을 조건으로 하여 채무자에게 사용을 허가하여야 한다. 채무자는 그 점유를 타인에게 이전하거나 또는 점유명의를 변경하여서는 아니 된다. 집행관은 위 치지를 적당한

방법으로 공시하여야 한다.

피보전권리의 내용 : 건물명도청구권

이 유

이 사건 부동산점유이전금지가처분 신청은 이유 있으므로 담보로 공탁보증보험증권 (서울보증보험주식회사 증권번호 제000－000－000000000000호)을 제출 받고 주문과 같이 결정한다.

정본입니다

200 년 월 일

법원주사보 ○○○

200 년 월 일 재판장 판사 ○○○

판사 ○○○

판사 ○○○

◇ 유의사항 ◇

1. 채권자가 이 결정서를 송달 받은 날로부터 2주를 넘긴 때에는 집행을 할 수 없습니다 (민사집행법 제292조 제2항, 제301조).
2. 이 가처분 결정은 채권자가 제출한 소명자료를 기초로 판단한 것입니다.
3. 채무자는 이 결정에 불복이 있을 경우 가처분이의나 취소신청을 이 법원에 제기할 수 있습니다.

〈사례연구 12〉 [부동산점유이전금지가처분]

인도명령 신청 및 명도소송 제기 시 항상 해당 부동산에 대해 부동산점유이전금지가처분 신청을 반드시 해야 한다. 부동산점유이전금지가처분이란, 해당 부동산에 대하여 권리관계(특히 점유관계) 등을 현 상태로 보전하기 위해 법원에 의뢰하는 행위다. 그런데 만일 신청에 따른 결정 또는 소송에 따른 승소판결이 확정되어 그 집행을 하고자 할 때 해당 부동산의 점유자가 그 점유를 타인에게 이전했다면 이전의 인도명령 결정 및 명도 승소판결은 효력을 상실하여 새로운 점유자를 상대로 하여 새롭게 인도명령 또는 명도소송을 제기해야 한다.

점유이전금지가처분을 하면 점유자가 그 점유를 타인에게 이전하더라도 그 새로운 점유자(불법점유자)를 상대로 하여 인도명령 결정 및 명도 승소판결의 집행을 할 수 있는 것이다.

법원은 매수인으로 부터 가처분신청이 있게 되면 그 신청목적을 이루는 데 필요한 처분을 직권으로 정해 결정('채무자는 그 점유를 타인에게 이전하거나 또는 점유명의를 변경해서는 아니 된다"는 결정)을 내린다.

점유이전금지가처분이 있으면 가처분채무자는 해당 목적 부동산의 객관적 현상을 변경할 수 없다. 즉 해당 목적 부동산의 동일성을 상실할 정도의 증. 개축 등이 금지된다. 그리고 가처분채무자는 해당 목적 부동산의 주관적 현상을 변경할 수 없다. 즉 가처분채무자는 해당 목적 부동산의 점유를 타인에게 이전하거나 점유명의를 변경해서는 안 된다. 다만, 가처분채무자가 가처분명령을 어기고 해당 목적 부동산을 명의변경 또는 처분해도 절대적으로 그 처분행위가 무효가 되는 것은 아니고, 가처분채권자에 대한 관계에서만 처분행위의 무효를 주장할 수 있는 상대적 효력만 있을 뿐이다. 즉 가처분채무자는 그 점유를 타인에게 이전하더라도 가처분채권자에 대한 관계에서는 여전히 점유자로서의 지위에 있고 따라서 가처분채무자를 피고로 하여 본안소송을 수행하는 것에는 하등 문제가 없다. (대법원 1987.11.24. 선고 87다카257호 판결)

〈사례연구 13〉 [강제집행신청서]

○○ 지방법원

강 제 집 행 신 청 서

○○ 지방법원 집행관사무소 집행관 귀 하

<table>
<tr><td rowspan="4">채
권
자</td><td>성 명</td><td></td><td>주민등록번호
(사업자등록번호)</td><td></td><td>전화번호
우편번호</td><td>
□□□-□□□</td></tr>
<tr><td>주 소</td><td colspan="5"></td></tr>
<tr><td rowspan="2">대리인</td><td>성 명</td><td colspan="2"></td><td rowspan="2">전화번호</td><td rowspan="2"></td></tr>
<tr><td>주민등록번호</td><td colspan="2"></td></tr>
<tr><td rowspan="2">채
무
자</td><td>성 명</td><td colspan="3"></td><td>전화번호</td><td></td></tr>
<tr><td>주 소</td><td colspan="3"></td><td colspan="2">우편번호 □□□-□□□</td></tr>
<tr><td colspan="2">집행목적물 소재지</td><td colspan="5">채무자의 주소지와 같음 (※다른 경우는 아래에 기재함)</td></tr>
<tr><td colspan="2">집 행 권 원</td><td colspan="5"></td></tr>
<tr><td colspan="2">집행의 목적물 및 집행방법</td><td colspan="5">동산압류, 동산가압류, 동산가처분, 부동산점유이전금지가처분, 건물명도, 철거, 부동산인도, 자동차인도, 기타( )</td></tr>
<tr><td colspan="2">청구금액</td><td colspan="5">금 원(내역은 원금 원에 대한 년 월 일부터 년 월 일까지 연 푼의 비율에 따라 계산한 돈) 원(내역은 뒷면과 같음)</td></tr>
<tr><td colspan="7">위 집행권원에 기한 집행을 하여 주시기 바랍니다.

※ 첨부서류
1. 집행권원 1통
2. 송달증명서 1통
3. 위임장 1통

20 . . .

채권자 (인)

대리인 (인)</td></tr>
<tr><td colspan="7">※ 특이사항
1. 본인이 수령할 예납금잔액을 본인의 비용부담 하에 오른쪽에 표시한 예금계좌에 입금하여 주실 것을 신청합니다.

채권자(또는 대리인) (인)

예금계좌 — 개설은행: / 예 금 주: / 계좌번호:

2. 집행관이 계산한 수수료 기타 비용의 예납통지 또는 강제집행 속행의사 유무 확인 촉구를 2회 이상 받고도 채권자가 상당한 기간 내에 그 예납 또는 속행의 의사표시를 하지 아니한 때에는 본건 강제집행 위임을 취하한 것으로 보고 종결 처분하여도 이의 없습니다.

채권자(또는 대리인) (인)</td></tr>
</table>

주 1. 굵은 선 표시된 부분은 반드시 기재하여야 합니다. (금전채권의 경우 청구금액 포함).
2. 채권자가 개인 경우 주민등록번호를, 법인인 경우에는 사업자등록번호를 기재합니다.
3. 집행 대상물이 특정한 경우에는 그 내용 : 생선, 청과물, 청량음료, 계정상품 등 조기매각 대상이거나 공장저당법의 적용대상인 기계기구인 경우에는 그 내용을 아래에 기재합니다( ).

〈사례연구 14〉 [최고서]

최 고 서

2008본 제1932호
채권자 서 ○○
채무자 임 ○○

위 당사자 간의 ○○지방법원 ○○지원 2007타기 1914호 부동산인도명령결정 정본에 기한 채권자의 인도집행신청에 의하여 채무자는 아래 표시 부동산에 대하여 2007년7월24일 25시까지 자진 명도하여 채권자에게 인도하여야 한다. 만약 위 기일까지 자진 인도하지 않을 시는 당직이 2008. 7. 25. 12시부터 강제집행을 실시할 것임을 최고합니다.

2008년7월14일

○○지방법원 ○○지원 집행관 (인)

부동산의 표시
본건 판결(결정)정본 주문 표시와 같다.
별지와 같음

〈사례연구 15〉 [계고서]

계 고 서

집행 제1부

귀하의 부동산에 대하여 채권자로부터 부동산인도 집행신청이 있어 아래와 같이 계고하오니 스스로 인도하여 주시기 바랍니다.

아 래

사 건 번 호	2008 1234호
채 권 자	김 낙 찰
집 행 권 원	서울00지방법원 2007타경 12345호
스스로 명도기일	2008.8.10
경 고	위 기일까지 스스로 명도하지 않을 경우에는 그 후 아무런 통고 없이 명도 집행할 것이며, 아무도 없는 경우에는 문을 열고 보관 명도할 것입니다.
집 행 근 거	민사집행법 제2조 동 제5조 및 제6조 등

2008. 8. 3.

○○지방법원 집행관 ○○○

채무자 김채무 귀하

〈사례연구 16〉 [매수인 소유의 자물쇠를 손괴한 행위가 정당행위에 해당]

【판시사항】
아파트 임차인이 대항력을 주장하면서 임의경매절차에서 이를 낙찰 받은 매수인에 대하여 인도를 거절하던 중 매수인이 아파트 자물쇠를 임의로 교체하자 아파트에 대한 자신의 점유를 회복하는 과정에서 매수인 소유의 자물쇠를 손괴한 행위가 정당행위에 해당한다고 본 사례

【판결요지】
아파트 임차인이 대항력을 주장하면서 임의경매절차에서 이를 낙찰 받은 매수인에 대하여 인도를 거절하던 중 매수인이 아파트 자물쇠를 임의로 교체하자 아파트에 대한 자신의 점유를 회복하는 과정에서 매수인 소유의 자물쇠를 손괴한 행위가 정당행위에 해당한다고 본 사례. (출처 : 서울서부지법 2007.7.3. 선고 2007노433 판결)

〈사례연구 17〉 [인도명령신청과 강제집행신청 실무]

1. 인도명령신청하기

① 먼저 경매계장을 찾아 잔대금기한통지서 받고 잔대금 납부하러 왔다고 하면서 "대금납부명령서" 받아 잔대금 완납한 후
② 인도명령신청서가 법원에 비치되어 있으므로 작성한 후
③ 법원 내 은행에 가서 수입인지 1,000원 구입 후 신청서 뒤에 부치고
④ 송달료(예납・추납)납부서 양식(4매 1 SET)에 납부당사자 사용란(법원명, 사건번호, 성명, 금액, 주소 기재하고 잔액환급계좌번호(송달료 남으면 입금될 본인명의 계좌 기재) 기재 후 송달료 2회분 12,080원 납부 후 빨간 영수증(법원제출용) 신청서 뒤에 부치고
⑤ 경매계 다시 가서 낙찰된 사건번호의 "부동산의 표시" 한 장 주도록 공손히 부탁하고 한 장 얻어서 복사 3부 만들어서 (법원에서는 복사해 줄 의무 없어 최대한 공손하게, 또는 등기부등본 1통을 첨부하고) 접수계에 접수하면 된다. 그리고 1~2주 후 결정문이 발송되어도 세입자 합의 안되면 강제집행 절차는 아래와 같다.

2. 강제집행신청하기

① "송달증명원"과 "집행문부여"신청하여야 합니다. 이것도 법원 민원실에 서식 있습니다.
② 신청서에 "송달증명원" 체크 "집행문 부여" 체크
③ 우체국 수입인지 500원짜리 2개 사서 각 각 부치고
④ 강제집행 신청서 한 장 복사하고
⑤ 담당계에 가서 접수하고 증명서 발부 받는다.

다음 집행관실에 가서
① 강제집행신청서 작성(채권자 주소, 채무자 주소, 성명 등 작성)
② 결정문 원본(집으로 송달된 것)과 집행문, 송달증명원 첨부하여 접수
③ 접수수수료와 노무비 예치(노무비는 보통 24평 아파트 경우 80만원 정도)
④ 담당 집행계장 전화오면 날짜 예약 후 집행하면 끝.

〈사례연구 18〉 [부동산강제집행효용침해죄]

강제집행으로 명도 또는 인도된 부동산에 침입하거나 기타 방법으로 강제집행의 효용을 해한 자는 1996년 7월, 개정 형법에 의해 신설된 '부동산강제집행효용침해죄'에 의거, 형법 제140조의2에 저촉되어 5년이하의 징역 또는 700만원 이하의 벌금에 처해질 수 있다. 본 죄는 강제집행으로 명도 또는 인도된 부동산에 침입하여 이를 불법 점유함으로써 권리자의 권리행사를 방해하고 강제집행의 효용을 침해하는 행위를 보다 강력히 규제하기 위하여 마련된 것으로서 채무자, 전 소유자 등 강제집행을 받은 채무자 뿐만이 아니라, 강제집행을 받은 자의 가족이나 친족, 동거인 또는 고용인 등 제3자도 본 죄에 저촉될 수 있다.

고 소 장

고 소 인(피해자) **김 피 해**
서울특별시시 영등포구 영등포동 1234
전화번호 02)555 －6666

피고소인(가해자) **박 침 입**
서울특별시 양천구 신정동 5678
전화번호 02)2888－7777

고소의 취 지

고소인은 피고소인을 부동산강제집행의 효용을 침해한 혐의로 고소하오니 철저히 조사하여 엄중히 처벌하여 주시기 바랍니다.

고 소 사 실

1. 고소인은 2008타경12345호 부동산임의경매사건에서 매수한 고소인 소유의 서울시 양천구 신월동 123번지 소재 건물을 피고소인이 점유하고 명도청구소송을 제기하여 확정판결을 받은 바 있습니다.
2. 2008. 8. 25. 11 : 00 부터 같은 날 14 : 00경까지 사이에 ○○지방법원 소속 집행관의 지휘 아래 위 피고소인이 점유하고 있던 부동산에 대하여 확정판결에 의한 명도집행이 행해진 직후 피고소인은 명도당한 위 부동산에 재진입을 시도하여 저지하던 고소인을 강제로 제압하고 폭력적인 방법으로 위 부동산에 진입함으로써 위 부동산 강제집행의 효용을 침해하였습니다.
3. 피고소인이 이 사건 부동산에 재진입한 것은 집행관이 임차인인 피고소인의 위 부동산에 대한 점유를 해제하고 이를 소유자인 고소인에게 인도하여 강제집행이 완결된 후의 행위로서 "부동산강제집행효용침해죄"에 해당한다 할 것입니다.
4. 피고소인의 이러한 행위는 형법 제140조의2(부동산강제집행효용침해) 강제집행으로 명도 또는 인도된 부동산에 침입하거나 기타 방법으로 강제집행의 효용을 해한 행위에 해당된다고 사료됩니다.
5. 따라서 피고소인을 철저히 조사하여 이와 같은 행위가 재발하지 않도록 법에 따라 엄벌하여 주시기 바랍니다.

소 명 방 법

1. 등기부등본
1. 판결문사본
1. 기타 미비된 내용과 서류는 조사시 자세히 진술하겠습니다.

2008년 ○월 ○일

위 고소인 김피해 (인)

○○경찰서장(또는 서울지방검찰청○○지청검사장) 귀중

24. 소유권이전등기

24-1. 대법원 인터넷등기소 등기부등본 발급

1. 대법원 인터넷등기소에서 (http : //www.iros.go.kr) 부동산 등기부등본과 법인 등기부등본을 발급/열람 가능합니다.

2. 사용시간

* 07 : 00~23 : 00(월요일~금요일) 09 : 00~21 : 00(토요일, 일요일 및 법정공휴일)
* 결제 및 결제취소가능시간은 07 : 00~22 : 45(월요일~금요일) 09 : 00~20 : 45(토요일, 일요일 및 법정공휴일) 이며, 금융기관 계좌이체는 금융기관의 서비스 시간을 기준으로 결제가 가능합니다.
* 서비스 종료[평일 23시, 토・일요일(공휴일 포함) 21시] 직전에 수수료를 결제한 경우, 시간상 제약으로 결제취소가 불가능할 수 있으므로 이용 시 유의하시기 바랍니다.
* 등기업무전산시스템 정기 점검일은 서비스를 제공하지 않습니다.

3. 수수료

* 등기부 발급 : 1통당 800원
* 등기부 열람 : 1통당 500원
* 법인등기부 등・초본 다량발급 예약 : 1통당 1,200원, 다만 예약한 등기부 등・초본이 20페이지를 넘을 경우 1페이지당 50원 추가

4. 등기 발급/열람서비스를 통해 제공되는 등본발급/열람 서비스의 등기부는 발급/열람 현재 시점의 실제 등기부 입니다.

5. 2002년 9월 이후 전국의 모든 등기소에 대한 전산화가 완료되었으며, 전산화완료등기소의 등기부 중에는 전산화가 되지 않은 등기부가 존재할 수 있습니다.

6. 등기 발급/열람서비스 중 등본발급 서비스를 통하여 발급한 등본은 법적 효력이 있으나, 열람 서비스 출력물은 법적인 효력이 없습니다.

7. 등기 발급/열람서비스를 이용 시 15분 동안 사용하지 않는 경우, 연결이 종료되며 미결제한 등기부는 삭제되고, 로그인 중인 경우 다시 로그인해야 합니다.

8. 등기 발급/열람서비스는 개인용 컴퓨터(PC)로 등기부를 열람하거나 등기부 등본을 발급 받을 수 있는 서비스입니다.

9. 서비스 이용은 회원과 비회원 모두 가능하나, 다음과 같은 결제방식의 차이가 있습니다.

* 로그인한 회원의 경우

－ 1개 등기부 결제(최대5통) 수 개 등기부를 한 번에 결제한 후 등본을 발급받거나 열람할 수 있습니다.

* 비회원 또는 로그인하지 않은 회원

- 1개 등기부의 결제만 가능합니다. 따라서 서로 다른 2개의 등기부를 1통씩 발급받거나 열람하고자 하는 경우 2회에 걸쳐 각각 결제하여야 합니다.

10. 비회원 및 로그인을 하지 않은 회원은 주민등록번호를 사용하여 서비스를 이용할 수 있습니다.

11. 회원이 로그인하지 않은 상태에서 발급받거나 열람한 내역은 주민등록번호가 동일하더라도 회원의 발급 및 열람 내역으로 통합되지 않습니다.

12. 등기부 열람 시 최초 열람시각으로 부터 1시간 이내에 언제든 재열람 가능합니다.

24-2. 나 홀로 등기촉탁

경매 낙찰 후 100% 자기자금으로 납입한 경우에만 나홀로 등기촉탁이 가능하다. 입찰보증금 10%외 경매잔대금을 본인 자기자금으로 나머지 90% 납입 후 자기 명의로 소유권 이전등기 신청을 할 때 아래와 같은 등기촉탁서가 필요하다. 그러나 경매잔대금 중 일부를(통상 50% 내지 90% 등) 금융기관 경매잔금대출과 함께 납부시에는 금융기관은 대출금을 선 기표 후 경매계에 잔대금 납부와 동시에 당일 소유권이전과 1순위 근저당권 설정(나대지는 지상권설정까지)을 마쳐야 하므로 반드시 신뢰하고 거래중인 은행 법무사를 통하여 하기 때문에 본인 스스로 등기촉탁할 수가 없다. 그러나 본인이 잔대금을 스스로 자기자금으로 준비하였다면 아래와 같이 등기촉탁하여 법무사 비용을 줄일 수도 있으나 처음 해 보면 상당한 애로가 뒤 따른다.

부동산 소유권이전등기 촉탁 신청

사　　건　　　20　타경　　　호　**부동산임의(강제)경매**
채 권 자
채 무 자
소 유 자
매 수 인

위 당사자간 귀원　타경　호　부동산임의(강제)경매신청사건에 관하여 매수인은 귀원으로부터 매각허가결정을 받고　20　년　월　일 매각대금을 전액 납부하였으므로 관할 등기소에 별지 목록1 기재 부동산에 관하여 소유권이전등기 및 별지 목록2 기재 말소할 등기내역표시와 같이 말소등기를 촉탁하여 주시기 바랍니다.

첨 부 서 류

1. 부동산표시 및 말소할 등기내역서　각 1부
1. 등록세 및 국민주택채권 과표산출내역서　1부
1. 부동산등기부등본　1통
1. 토지대장등본　1통

1. 건축물관리대장등본 1통
1. 주민등록표등본 1통
1. 위 각 부분 각 2부
1. 등록세 및 교육세 영수필통지서(이전 및 말소) 1통
1. 국민주택채권 영수필증 1부
1. 대법원 수입증지(소유권이전등기 : 9,000원, 말소할 등기 건당 : 2,000원)
1. 우표 3,020원

20 년 월 일

위 신청인(매수인) (인)

연락처 :

○○지방법원 민사집행과 귀중

등기필증 우편 송부신청서

사건번호 20 타경 호 부동산임의(강제)경매
부동산의 표시 :

위 사건에 관하여 매수인은 소유권이전등기촉탁으로 인한 등기필증을 다음과 같이 우편송부하여 줄 것을 신청합니다.

1. 수령받을 매수인 :
※ 매수인 또는 수인의 매수인 중 1인이어야 합니다.
※ 수인의 매수인 중 1인을 수령인으로 지정할 경우에는 인감이 날인된 위임장을 함께 제출하여야 합니다.
2.송달장소 :

20 년 월 일

신청인(매수인) : (인)

○○지방법원 지원 경매 계 귀중

(등기필증 수령인 지정) 위 임 장

매수인들은 매수인 ( )를 등기필증 수령인으로 지정합니다.

순번	매수인 이름	주 소	인감날인
1			
2			

3			
4			
5			
6			
7			
8			
9			
10			

20 년 월 일

※ 붙임 : 인감증명서 매수인별 각 1부

〈사례연구 1〉 [등기촉탁서]

○○지방법원
등기촉탁서(이전)

○○ 지방법원 ○○ 등기소 등기공무원 귀하

사건 2007타경 32531호 부동산임의경매
부동산의 표시 : 별지기재와 같음
등기의무자 : 정전소유자
김해시 동상동 1234 2층 202호
등기권리자 김낙찰(721030-2822226)
경남 창원시 명서동 1234번지

등기원인과 그 연월일 2008년 5월 9일 부동산임의경매로 인한 매각
등기의 목적 1. 소유권이전등기 2. 말소할 등기 : 별지와 같음

과세표준액	금 55,551,000원정
이전 등록세	금 1,111,020원정
이전 교육세	금 222,200원정
말소등록세	금 12,000원정(4건)
말소교육세	금 2,400원정
등기신청수수료	금 17,000원정
국민주택채권	금 640,000원정(채권번호 : 6718-10-0400-4377)

첨부 : 1. 매각허가결정정본 1통
위 등기를 촉탁합니다(등본작성 2008. 5. 7)

만약 창원시 상남동 25 네스트빌딩 1013호라면	
과세표준액	금 70,700,000원정(낙찰금액)
이전 등록세	금 1,696,800원정(지방교육세 포함)
등기촉탁수수료	금 13,000원정
국민주택채권	금 770,000원정(450,021원+ 319,200원=769,221원)
(시가표준액은 창원시 세무과에 문의하면 되며, 토지지분 56,252,700×0.8%=450,021원+ 건물 15,960,000×2%=319,200원 =769,221원에서 절상한 770,000원 구입) (채권번호 : 0805－10－8812－6938)	

2008. 5. 9

○○지방법원 등기과 2008. 5. 9. 접수(접수번호 : 32118호)

○○지방법원 민사신청과 2008. 5. 15. 접수(접수번호 : 40024호)

판사

접수		접수	조사	인감	기입	색출	교합	등기필통지	각종통지
	제 호								

부동산의 표시(물건1) 2005타경27269호

1동의 건물의 표시

경상남도 김해시 동상동 1234

전유부분의 건물의 표시

건물번호 2층 202호

구 조 철근콘크리트 조

면 적 2층 202호 73.84평방미터

대지권의 표시

토지의 표시 김해시 동상동 1234 대 495.3평방미터

대지권의 종류 소유권

대지권의 비율 495.3분의 41.275 이 상

말소할 사항

1. 임의경매 2005. 7.25 접수 제72154호
2. 가압류 2005. 3.15 접수 제23487호
3. 가압류 2005. 4.25 접수 제38304호
4. 근저당권 2002.10.22 접수 제92311호 이 상

국민주택 채권계산

부동산의 표시

경상남도 김해시 동상동 1234 202호

기준시가	국민주택첨가요율	채권매입금액
49,000,000원	13/1,000	640,000원

☞ 아파트 등은 국세청 홈페이지에서 위와 같이 기준시가를 조회할 수 있다.

자동차 소유권이전 등기 및 말소등록 촉탁신청서

사 건 타경 호 자동차강제(임의)경매
채권자
채무자(소유자)
매수인

위 당사자 간 귀원 타경 호 자동차강제경매사건에 관하여 매수인은 귀원으로부터 매각허가결정을 받고 년 월 일 대금전액을 완납하였으므로 별지목록기재 자동차에 대하여 소유권이전등록 및 말소등록을 촉탁하여 주시기 바랍니다.

첨 부 서 류

1. 말소할 등록사항 내역 4부
1. 자동차 목록 1부
1. 자동차등록원부 1통
1. 주민등록등(초)본 1통
1. 등록세영수증(이전, 말소)
1. 송달료

년 월 일

신청인(매수인) **인**

연락처 :

○○지방법원 집행과 귀중

〈사례연구 2〉 [등기신청에 대한 민원사무 안내 등에 관한 사무처리지침]

개정 2006.02.21 등기예규 제1122호

중 략

제3조 (등기신청절차의 안내 등) 등기과(소장)은 민원인으로부터 등기신청절차에 대한 문의가 있는 경우 이를 친절하게 설명하여 주어야 한다. 등기과(소장)은 구체적인 등기사건에 관하여는 민원인의 요구가 있는 경우에도 등기신청서나 그 첨부서류 등을 대신 작성하여 줄 수 없으나 구체적인 등기신청행위는 일반 민원업무와는 달리 이를 대신 작성하여 줄 수 없는 이유를 설명하여 민원인의 오해가 없도록 하여야 한다

제5조 (등기민원 담당자의 복무자세) ① 등기민원 담당자는 국민에 대한 봉사자로서 등기신청 절차에 대한 민원인의 문의가 있을 때는 항상 친절하게 설명하여야 한다.

② 등기과(소)장은 각종 등기신청서의 견본과 다음 각 호를 작성하여 접수창구에 비치하여야 한다.

중 략

[별지 제2호 양식] 등기부등·초본 등 발급 및 열람 등 수수료
[별지 제3호 양식] 등록세 세율표
[별지 제4호 양식] 국민주택채권매입대상 및 금액표

〈사례연구 3〉 [인터넷을 통한 등기신청 서비스]

1. 대법원은 국민들의 편리한 등기신청을 위해 2006. 6. 1. 부터 인터넷을 통한 등기신청서비스를 아래와 같이 시행합니다. 등기부등본은 대법원 등기인터넷서비스에서 발급 ⇒ 대법원(www.scourt.go.kr)> 인터넷등기소(www.iros.go.kr)>에서 발급(보통 1통당 5백원~8백원)
2. 인터넷등기서비스 사용시간
   ① 07 : 00~23 : 00(월요일~금요일) 09 : 00~21 : 00(토요일, 일요일 및 법정공휴일)
   ② 등기업무전산시스템 정기 점검일은 서비스를 제공하지 않습니다.
3. 등기 발급/열람서비스 중 등본발급 서비스를 통하여 발급한 등본은 법적 효력이 있으나, 열람서비스 출력물은 법적인 효력이 없습니다.
4. 서비스 이용은 회원과 비회원 모두 가능하나, 다음과 같은 결제방식의 차이가 있습니다.
   *** 로그인한 회원의 경우**
   – 1개 등기부 결제(최대5통) 수 개 등기부를 한 번에 결제한 후 등본을 발급받거나 열람할 수 있습니다.
   *** 비회원 또는 로그인하지 않은 회원**
   – 1개 등기부의 결제만 가능합니다. 따라서 서로 다른 2개의 등기부를 1통씩 발급받거나 열람하고자 하는 경우 2회에 걸쳐 각각 결제하여야 합니다.
5. 비회원 및 로그인을 하지 않은 회원은 주민등록번호를 사용하여 서비스를 이용할 수 있습니다.
6. 회원이 로그인하지 않은 상태에서 발급받거나 열람한 내역은 주민등록번호가 동일하더라도 회원의 발급 및 열람 내역으로 통합되지 않습니다.
7. 등기부 열람 시 최초 열람시각으로 부터 1시간 이내에 언제든 재열람 가능합니다.

〈사례연구 4〉 [나홀로등기(셀프등기)]

– 2007. 6.13 조선경제B14(이경은기자)에서 발췌 -

1) 나홀로등기(셀프등기), 이렇게 따라 하세요.

구 분	내 용	소요시간
부동산거래	매도인에게 서류 받기(부동산 매도용 인감증명서, 매도인 인감도장 찍힌 등기신청 위임장, 등기필증, 매도인 주민등록초본 필수)	10~20분
셀프등기 도우미업체 선정(선택사항)	각종 서류양식 제공, 수수료 건당 2만~3만3천원	10~30분
해당 부동산소재지 관할 구청	취득·등록세 고지서 발급 및 납부, 신용카드로 납부하면 유리(서울기준, 카드한도 상향 조정시 2~3일 소요, 현 신한카드만 가능)	10~20분
은행에서 국민주택채권 매입(신한, 국민, 우리, 농협 4곳)	창구에서 채권 할인매입(은행 홈페이지에서 본인 부담금 조회 가능)	10분
해당 부동산 소재지 등기소 방문	등기 신청하기(제출 서류는 인터넷 등기소 홈페이지에서 확인 가능)	10~30분

2) 돈은 없고 시간은 많은 개미들 '나홀로 등기'로 50분만에 50만원 아꼈다

복잡한 부동산 등기 '혼자서도 잘해요'

급매물로 나온 시가 4억원짜리 아파트를 마련한 김알뜰씨. 부동산 중개업소에서 소개해 준 법무사에게 소유권이전등기를 맡기려고 하니 대행 수수료만 50만원에 이른다. 소유권이전 등기는 법적 권리를 보호받기 위해 꼭 해야 하는 절차이지만, 수수료가 너무 아깝다는 생각이 든 김알뜰씨. 등기비용은 아낄 수 있는 방법은 없을까? 생각하다 우연히 인터넷에서 평범한 주부가 혼자서 등기를 마친 성공스토리를 읽고 용기를 냈다. 다음은 시간은 많고 돈은 없는 김알뜰씨가 '나홀로 등기'에 도전한 스토리다

셀프 등기로 50만원 절약

등기의 '등'자도 모르는 김알뜰씨가 셀프 등기를 하겠다고 하자, 주위 사람들은 '어렵다'며 말렸다. 백강진 대법원 정보화 심의관(판사)은 "부동산 등기는 평생 한두 번이 고작이고 재산권과 연관되니까 불안해서 전문가에게 맡겨 버리는 경우가 많다"면서 "하지만 누구나 30분 정도 공부하고 셀프등기에 도전하면 수십만원을 아낄 수 있다"고 말했다. 그래도 불안하다면 '등기닷컴' 등 셀프등기 도우미 업체의 문을 두드려보자. 2만~3만원 안팎의 수수료를 내야 하지만 등기 신청서 작성에서부터 과세표준액 계산 등을 도와 주고, 궁금증이 있을 때 전화로 문의하면 가르쳐 준다. 그 다음엔 구청과 은행을 순서대로 들러야 한다. 김알뜰씨는 우선 구청에 들러 취득·등록세 고지서를 발급받았다. 이때 세금 납부는 LG(현 신한카드)·현대·롯데 등 신용카드 납부가 유리하다(서울기준). LG트래블 카드(항공 마일리지 적립용)사용자인 김알뜰씨는 세금 약 880만원을 카드로 결제해서 제주도 왕복 항공권(1만 마일) 한 장을 '덤'으로 받았다. 카드 사용한도가 낮더라도 지방세 납부용이라고 요청하면 카드사에서 한도를 상향 조정해 준다. 물론 신용등급이 우량 한 사람이어야 한다. 부동산 등기 신청 때 꼭 사야 하는 국민주택채권 매입문제는 은행(국민, 우리, 농협, 특히, 신한은행은 은행권 최초로 인터넷뱅킹 국민주택채권 발행중이며 신한은행 홈페이지 (www.shinhan.com) >금융과 서비스>국민주택기금>국민주택채권 매입에서 매입하면 된다)에서 해결하면 된다. 구청에서 발급받은 등록세 고지서에 과세표준액이 나와 있으므로, 창구 직원에게 보여주면 알아서 계산해 준다. 김알뜰씨는 채권을 575만원어치 사야 하는데. 5년 만기 수익률이 3%밖에 안돼 즉석에서 되팔기로 했다. 채권할인 비용은 약 63만원(서울기준). 채권할인율은 매일 변하므로, 시간적인 여유가 있다면 잘 지켜봤다가 할인율이 낮아질 때 처리하면 더 유리하다. 영수증에 찍힌 채권매입번호는 나중에 등기소에 서류 낼 때 적어서 내면 된다. 마지막으로 등기소를 방문해서 등기 신청서(인터넷 등기소에서 다운로드 가능)와 준비 서류들을 묶어서 제출하면 완료. 처음엔 두려웠던 김알뜰씨, 너무 쉬워서 허탈하기까지 했다. '등기닷컴' 관계자는 "은행에서 대출을 받아 집을 살 경우, 고객이 직접 등기한다고 하면 은행에서 빡빡하게 구는 경우가 많다"면서 "그럴 경우 소유권이전등기는 매수인이 직접하고, 근저당권 설정등기는 은행에서 지정한 법무사가 하는 식으로 절충하면 된다"고 조언했다.

김알뜰씨, 집 사면서 등기비용 얼마나 아꼈나

구 분	인터넷등기	자기 손으로 직접 등기하기	법무사대행 등기
대행수수료	없음	없음	500,000원
인 지 세	면제	150,000원	500,000원
등기수수료	6,000원	9,000원	9,000원
총 액	6,000원	159,000원	659,000원

(※ 단, 인터넷등기는 개인 신청 시 등기필정보와 매도인 사용자등록 필요 문의 1544－0770, 채권할인액과 취득 · 등록세 제외, 서울 아파트 4억원 매매 기준)

3) 인터넷등기는 더 싸지만 '아쉬운 소리' 해야

인터넷 등기란, 2006년6월 대법원에서 오픈한 인터넷등기소(www.iros.go.kr 문의 1544－0770)를 통해 등기 문제를 해결하는 것을 말한다. 대법원에서 인터넷 등기 차원에서 인지세(2만~35만원)를 면제해 주고 있어서 비용 면에선 가장 싸다. 인터넷으로 서류(e－form)를 작성하면 등기 수수료도 6,000원으로, 오프라인에 비해 3,000원 싸다. 잡다한 서류를 따로 준비하지 않아도 된다는 장점도 있다. 정부 행정전산망과 연계돼 필요한 서류를 전자문자로 받기 때문이다. 다만 현재 인터넷 등기가 가능한 지역은 서울 및 수도권에 한정되며, 상속등기 등에는 이용할 수 없다. 또 등기필정보(옛 등기필증)와 공인인증서가 필요하고, 매도인에게 등기소에 함께 가서 사용자등록을 해 달라고'아쉬운' 소리를 해야 하기 때문에 이용하기가 까다롭다.

〈사례연구 5〉 [법무사 아닌 자의 등기신청 등에 관한 업무처리지침]

제정 2005.01.12 등기예규 제1094호

1. 법무사 아닌 자의 등기신청대리의 금지

법무사 또는 변호사 아닌 자(공인중개사, 행정사 등. 이하 "법무사 아닌 자"라 한다)는 다른 사람을 대리하여 부동산등기신청을 하거나 등기부등 · 초본 교부신청서를 작성하여 등기소에 제출하는 행위를 업으로 하지 못한다. 다만, 자기가 등기당사자 중 일방인 경우에는 타방을 대리하여 등기신청을 할 수 있다.

2. 법무사 아닌 자의 등기신청이 있는 경우 등기관 등의 조치

가. 신청인과 대리인의 관계 소명 요청
법무사 아닌 자가 다른 사람을 대리하여 수시로 반복하여 등기신청을 하는 등 등기신청의 대리를 업으로 한다는 의심이 있을 경우, 등기관 또는 접수공무원은 대리인으로 하여금 신청인 본인과 그 대리인과의 관계를 호적등본이나 주민등록등본 등에 의하여 소명할 것을 요청할 수 있다.

나. 대리인이 본인의 가족이나 친족 등에 해당하는 경우
위 가.의 규정에 따라 신청인이 제출한 소명자료에 의하여 대리인이 신청인의 가족이나 친족에 해당하는 등, 그 대리인이 당해 등기신청을 업으로 하지 않는 것으로 소명된 경우 등 기관은 그 등기신청을 즉시 수리한다.

다. 대리인과 본인 사이에 특별한 관계가 없는 경우
(1) 위 가. 의 규정에 따른 소명자료를 대리인이 제출하지 않거나, 대리인이 제출한 소명자료에서 대리인이 신청인과 사이에 업으로 하지 않고 등기신청을 대리하여 줄 만한 특별한 관계에 있음이 밝혀지지 않은 경우 등 대리인이 당해 등기신청의 대리를 업으로 한다는 판단을 한 경우, 등기관 또는 접수공무원은 그 대리인에게 법무사법 위반의 사유로 고발 조치될 수 있음을 알리고 등기신청의 취하 또는 접수의 자제를 권고할 수 있다.
(2) 법무사 아닌 자가 다른 사람의 대리인으로서 등기신청을 하면서 위 (1)의 권고에 응

하지 아니하는 경우, 등기과・소장이 그 등기신청을 법무사법 제3조 제1항에 위반한 것이라고 판단한 때에는 그 대리인을 관련 수사기관에 고발 조치할 수 있다.

(3) 등기과・소장이 위 (2)의 규정에 의하여 수사기관에 고발조치한 때에는 고발조치한 내용과 그 고발조치에 대한 수사기관의 처분 결과(수사기관으로부터 통보가 있는 경우)를 법원행정처장에게 보고한다.

24－3. 설정비용・감정료 계산

〈사례연구 1〉 [설정비용]

자료제공 : 김성호 법무사사무소(055－262－7000)
창원시 사파동 80번지 보고법조타운 201호(법원동문앞)

설정비용 (단위 : 원)

가계대출(주택담보대출 등) 1억 취급시 ⇒(설정비율120%) 1억2천만원 설정시			기업대출(중소기업대출 등) 1억 취급시 ⇒(설정비율130%) 1억 3천만원 설정시	
채권할인율(매일 변동) 주1)		11.7328%		11.7328%
대출금액(설정 1억2천만원)		100,000,000	대출금액(설정 1억3천만원)	100,000,000
설정금액(120%)		120,000,000	설정금액(130%)	130,000,000
등 록 세(설정금액의 0.2%)		240,000		260,000
교 육 세(등록세의 20%)		48,000		52,000
증 지 대		9,000		9,000
제 비 용주2)		5,000		5,000
국민주택 채권 주3)	매입채권할인비용	140,794		152,526
	채권매입비용 (설정금액의 1%)	1,200,000		1,300,000
법무사 수수료	기본보수	130,000		130,000
	누진보수주4)	85,000		85,000
	부가가치세	21,500		21,500
총 비 용		679,294		715,026
비 용 률		0.51%		0.54%

주1) 설정시 채권할인율 12.74% 의미?
채권발행금액 10,000원, 매도단가 8,726원, 할인액 1,274원, 할인율 12.74%

주2) 초본(₩1,200), 등본(₩1,200), 등초본 열람(₩1,200)

주3) 채권매입은 설정금액 2천만원 미만인 경우 매입 제외
(단, 중소기업자가 자기담보로 설정할 때 국민주택채권 매입 제외함, 은행확인서필요)

주4) 누진보수 : 설정금액×요율(아래 박스 표)

(단위 : 원)

10백만원 초과 50백만원 이하	0.0010
50백만원 초과 1억원 이하	40,000+ 0.0009
1억원 초과 3억원 이하	85,000+ 0.0008
3억원 초과 5억원 이하	245,000+ 0.0007
5억원 초과 10억원 이하	385,000+ 0.0006
10억원 초과 20억원 이하	685,000+ 0.0005
20억원 초과 200억원 이하	1,185,000+ 0.0004

※개략적인 설정비용 (단위 : 원)

대출 금액	설정금액 (130%)	수수료 (A)	실비 (B)	기타	소계 (D)	부가세(10%) 포함 합계(E)
5천만원	65백만원	183,000	269,000	5,000	457,000	475,300
1억	130백만원	239,000	529,000	5,000	773,000	796,900
2억	260백만원	343,000	1,049,000	5,000	1,397,000	1,431,300
3억	390백만원	438,000	1,569,000	5,000	2,012,000	2,055,800
4억	520백만원	527,000	2,089,000	5,000	2,621,000	2,673,700
5억	650백만원	605,000	2,609,000	5,000	3,129,000	3,279,500
6억	780백만원	683,000	3,129,000	5,000	3,817,000	3,885,300
10억	13억원	835,000	5,209,000	5,000	6,049,000	6,132,500

⇒합계액(E)= 소계(D)+ (수수료(A)×10%)
⇒개략적인 수수료 산출내역이므로 약간의 차이가 있을 수 있습니다.
⇒채권할인율 84% 적용 하였으므로 시세 변동에 따라 차이가 있을 수 있습니다.

〈사례연구 2〉 [감정평가수수료]

감정평가 수수료 요율표

자료제공 : 나라감정평가법인 경남지사(055－263－7575)

감정평가수수료 = (수수료 + 실비) ×부가가치세(10%)

1. 수수료 (단위 : 원)

평가가액	수수료 요율
5천만원까지	150,000
5천만원초과 5억원까지	95,000 + 11/10,000
5억원초과 10억원까지	195,000 + 9/10,000

10억원초과 50억원까지	295,000 + 8/10,000
50억원초과 100억원까지	795,000 + 7/10,000
이하 생략	

2. 실 비

① 여비 : 63,000(일비, 식비)+교통비(단, 마산시소재는 18,000원)
② 물건조사비 : 1동 3,000원,
③ 공부발급비 : 20,000+공부발급비용
④ 기타 실비 : 사진촬영비, 임대차조사비 등

3. 개략적인 감정평가수수료

(단위 : 원)

평가가액	수수료	실비	부가세포함 합계
5천만원	150,000	약 100,000	275,000원
1억	205,000	약 100,000	335,500
2억	315,000	약 100,000	456,500
3억	425,000	약 100,000	577,500
4억	535,000	약 100,000	698,500
5억	645,000	약 100,000	819,500
6억	735,000	약 100,000	918,500
10억	1,095,000	약 100,000	1,314,500

⇒ 개략적인 수수료 산출내역이므로 현장 조사 후 차이가 있을 수 있습니다.

24-4. 국민주택채권

국민주택채권이란 주택법에 의거 부동산등기, 각종 인·허가 신청 시 의무적으로 매입하는 국채를 말한다.

1. 국민주택채권 매입대상
   부동산등기(소유권보존·이전, 상속, 저당권 설정)를 신청하는 자
2. 매입방법
   신한은행, 국민은행, 농협중앙회, 우리은행 전 영업점 창구에서 즉시 매도(매입액과 매도액의 차액만 부담) 채권발행통보를 받은 증권사는 즉시 매도 후 계좌입고
3. 발행조건
   만기 : 발행일로부터 5년, 이율 : 연3%(연복리단위)
4. 특징
   국민주택채권은 발행 시 채권실물을 발급하지 않고 매입확인서만 발급하며, 채권매입의무

자는 신한은행, 국민은행이나 농협에서 발급받은 매입확인서를 채권징구기관에 제출하면 된다.

특히, ① 취득세(낙찰가 기준 2%+농어촌특별세 0.2%) 및 등록세(낙찰가 중 미등기(제시외 건물 감정가의 낙찰가 비율 금액) 제외 2% + 지방교육세 0.4%,) 납부 시와 ② 국민주택채권 매입 대상으로 소유권이전(낙찰가가 아닌 시가표준액 기준, 향후 채권을 100% 회수 가능하다는데 의미를 둠) 및 설정 시 (설정액에 1%, 중소기업자 제외) 대상 기준이 달라 혼돈하는 경우가 많다.

소유권 이전시(소유권 이전시 상가 낙찰가가 아닌 감정평가액 비슷한 시가표준액 기준으로 불리함)는 물론, 근저당권 설정 시에도 별도로 국민주택채권을 매입하여야 하며, 또한 법무사 수수료(비용)도 소유권이전 시와 설정 시 법무사 수수료를 따로 부담하여야 한다. 은행에서 경매 잔금대출을 받던, 자기자금으로 100% 충족을 하던지 소유권이전 시 국민주택채권을 매입하여야 하며 상가를 30~50% 선에서 낙찰 받더라도 경매 낙찰가 기준이 아닌 시가표준액(거의 1차 법원사정가격인 감정평가액)에 의한 국민주택채권을 매입하여야 하므로 1차 법사가가 높은 상가 등을 매입시에 국민주택채권 매입 할인에 따른 자금부담도 만만치 않다.

그리고 근저당권 설정 시(근저당권 설정 2천만원 이상일 때 전국 공히 1000분의10인 설정액 대비 1% 국민주택채권 매입, 단 근저당권 설정은 채권최고액을 10억으로 한다) 에도 설정 채권최고액의 1%(예 채권최고액 설정 2억이면 국민주택채권 2백만원 매입 및 동 할인료 13%인 26만원 정도 본인 부담)에 해당하는 국민주택채권을 매입하여야 한다.

그러나 중소기업자가(부동산업 등은 제외) 낙찰 후 근저당권 설정(소유권이전 시는 아님)할 때 제1종 국민주택채권 매입을 면제하는 경우도 있으므로 잘 살펴볼 필요가 있다.

중소기업 국민주택채권 매입면제 범위

구 분	내 용
대상자	부동산담보대출을 받는 중소기업(중개업소 등은 제외)
대상자범위	중소기업이 자기의 부동산으로 금융기관의 담보대출을 받는 경우(공유부동산인 경우 담보대출 받는 중소기업의 공유지분에 한함)
면제항목	중소기업의 부동산담보대출을 위한 저당권 설정등기
확인서류	해당 금융기관의 확인서

낙찰가로 한 경우보다 몇 배 이상 부담되는 시가표준액으로 과표책정하고 있어 향 후 입법개정으로 저가 낙찰 시 낙찰가로 국민주택채권을 매입하도록 개정 하여야 할 것으로 보인다. (반면 취득세와는 달리, 등록세는 미등기 부분을 제외한 낮게 취득한 낙찰가를 과세표준으로 하여 등록세 납부한다)

특수한 경우로 중소기업자의 근저당권 설정 시에(소유권이전 시는 아님) 제1종 국민주택채권 매입을 면제하고 있다. 관련 근거법으로

① 주택 법 시행령 제95조 제1항 별표 12 부표 제19호 다목

② 중소기업기본법 제2조

③ 주택법시행규칙 제39조 1항[별표8]의 8
④ 중소기업창업지원법 제3조 단서
⑤ 중소기업창업지원법 시행령 제4조에 의거 중소기업의 부동산담보 대출을 위한 저당권설정임을 금융기관에서 확인서를 제출하여 설정 시 국민주택채권(1종) 매입면제대상으로 하여 설정등기를 하고 있다.

〈사례연구 1〉 [국민주택채권은 낙찰가가 낮더라도 시가표준액으로 매입하여야]

실무상 법원경매에서 상가 낙찰 후 통상 시가표준액은 높고, 낙찰가가 낮다면 취득세(2%+ 농어촌특별세 0.2%)와 등록세(2% + 지방교육세 0.4%)는 낙찰가로(등록세는 미등기 제시외 건물 부분 낙찰가 비율에 따른 낙찰가액은 제외) 납부하면 되나 국민주택채권은 시가표준액으로 매입(향후 국민주택채권을 100% 회수 가능하다고 보는 관점으로 보임) 하는데 상가를 30~40% 선에서 매입 받았다면 (예 10억 상가 3~4억에 낙찰 시) 국민주택채권은 낙찰가(3억)가 아닌 시가표준액(약 10억)으로 국민주택채권 매입과 동시에 할인(12~13% 선)하여도 상당한 부담이 된다.

실예로 경남 마산시 석전동 어느 4층 사무실의 경우 2년 전 2006.1월 공매 1차가격은 감정평가액 6억원에서 계속 유찰되어 2007년7월 낙찰가 235백만원이더라도 시가표준액 881,879,641원(2007. 7월 최근 감정평가액은 8억선)에서 일정비율을 곱한 금액에 해당하는 26,390,000원 채권매입(농협 등에서 제1종 국민주택채권 확인서로 확인 가능) 및 할인(약 12.5%)에 따른 본인부담금 3,299,238원 부담하여야 한다. 추가로 근저당권 설정(대출액 210백만원의 130%인 채권최고액 273백만원의 1% 인 2,730,000원 매입 가정)에 따른 국민주택채권까지 합치면 3,640,534원 결국 부담하는 셈이다.

1. 경남 마산시 4층 사무실(2007년7월 낙찰가 235백만원이지만) 시가표준액 881,879,641원에 토지(45/1,000), 건물(18/1,000)에 해당하는 26,390,000원 채권매입
2. 근저당권 설정(대출액 210백만원의 130% 해당액) 채권최고액 273백만원의 1%인 2,730,000원 매입에 따른 채권매입

구 분	계 산 근 거	국민주택채권매입	본인부담금 (약12.5%선)
낙찰 후 소유권 이전에 따른 채권	토지지분 216.30㎡×개별공시지가 @1,800,000원×45/1000=	17,520,300원	
	건물 492,539,641원× 18/1000= 8,865,713원	8,870,000원	
	소 계	26,390,000	3,299,238
대출설정	210백만원 대출금의 130% 채권최고액 273백만원의 1% 해당액	2,730,000원	341,296
합계		29,120,000	3,640,534

① 소유권이전에 따른(시가표준액 881,879,641원) 국민주택채권
매입금액 : 26,390,000원, 본인부담액 3,299,238원, 매도금액 23,112,362원

(⇒ 매도수수료 69,330, 선급이자 56,380원, 소득세 7,880원, 주민세 770원)
즉, 토지지분 216.30㎡×개별공시지가@1,800,000원×45/1000= 17,520,300원 매입
나머지 건물 492,539,641원× 18/1000 = 8,865,713원=8,870,000원 매입
합계 881,879,641원에 대한 국민주택채권=26,390,000원 매입

② 근저당권 설정에 따른(210백만원 대출금의 130% 채권최고액 273백만원의 1% 해당액) 국민주택채권 매입금액 : 2,730,000원, 본인부담액 341,296원, 매도금액 2,390,934원
⇒ 매도수수료 7,170, 선급이자 5,830원, 소득세 810원, 주민세 80원)

※ 만약, 소유권이전 시 국민주택채권 10,000,000원일 때 농협에서 발급한 <제1종 국민주택채권 확인서> 내용에는

발행지점 : 농협 ○○지점
채권번호 : 0706－10－11415010 구분 : 즉시매도
채권금액 : 10,000,000원 본인부담액 1,250,190(약 12.5%)
실명번호 : 560319－28XXXXX 매도금액 8,758,000원
용도 : 부동산등기(소유권보존, 이전) 매도수수료 26,270원
청구기관 : 법원등기소 선급이자; 21,360, 소득세 2,990, 주민세 290원
매출일 2007. 7. 5

[부동산 등기 시 국민주택채권 비율]

(주택건설촉진법 제16조 및 동법 시행령 부표23) 천원단위 이하 사사오입

구분(시가표준액)	시가표준액(만원) : 지역별 의무 매입률	서울특별시 · 광역시	기타지역
1. 주택, 주거용 이전	2천만원이상~5천만원 미만 본건만 전국지역	1.3%(=13/1,000)	
	5천만~1억원 미만 서울특별시. 광역시	1.9%	1.4%
	1억원~`1억6천원 미만 서울특별시. 광역시	2.1%	1.6%
	1억6천~2억6천원 미만 서울특별시. 광역시	2.3%	1.8%
	2억6천~6억원 미만 서울특별시. 광역시	2.6%	2.1%
	6억원이상 서울특별시. 광역시	3.1%	2.6%
2. 토지, 비 주거용 이전	500만원~5천만원 미만 서울특별시. 광역시	2.5%	2.0%
	5천만~1억원 미만 서울특별시. 광역시	4.0%	3.5%
	1억원 이상 서울특별시. 광역시	5.0%	4.5%
3. 기타부동산주택 및 토지 이외 부동산 이전	1천~1억3천만 원 미만 서울특별시. 광역시	1.0%	0.8%
	1억3천~2억5천원 미만 서울특별시. 광역시	1.6%	1.4%
	2억5천 만원 이상 서울특별시. 광역시	2.0%	1.8%

〈국민주택채권 매입 면제되는 경우〉

가. 농민이 농지를 취득할 경우(농지원부 제출시)
단, 농지취득자격증명만 발급받은 경우는 해당사항 없음
나. 최근 개별공시지가가 적용한 부동산 가격이 하기와 같을 경우
1) 주택 : 2,000만원 미만인 경우, 2) 토지 : 500만원 미만인 경우

3) 기타 부동산 : 1,000만원 미만인 경우

예) ○○동 1번지 대지 면적이 20㎡이고 최근 개별공시지가가 200,000/㎡일 경우
⇒20㎡×200,000=4,000,000원 : 면제

〈사례연구 2〉 [국민주택채권매입대상 및 금액 표]

매 입 대 상	매 입 금 액
1. 부동산등기	
등기하고자 하는 부동산이 공유물인 때에는 공유지분 율에 따라 산정한 시가표준액을, 공동주택인 경우에는 세대당 시가표준액을 각각 기준으로 하며, 이 경우 공유지분율에 따라 시가표준액을 산정함에 있어서 2 이상의 필지가 모여서 하나의 대지를 형성하고 있는 때에는 그 필지들을 합하여 하나의 필지로 본다.	기준시가표준액
가. 소유권의 보존(건축물의 경우를 제외한다) 또는 이전(공유물을 공유지분율에 따라 분할하여 이전등기를 하는 경우와 신탁 또는 신탁종료에 따라 수탁자 또는 위탁자에게 소유권이전등기를 하는 경우를 제외한다)	
(1) 주 택	13/1,000
• 2천만원 이상 5천만원 미만	19(14)/1,000
• 5천만원 이상 1억원 미만(특별시 및 광역시, 그 밖의 지역)	21(16)/1,000
• 1억원 이상 1억6천만원 미만(특별시 및 광역시, 그 밖의 지역)	23(18)/1,000
• 1억6천만원 이상 2억6천만원 미만(특별시 및 광역시, 그 밖의 지역)	26(21)/1,000
• 2억6천만원 이상 6억원 미만(특별시 및 광역시, 그 밖의 지역)	31(26)/1,000
• 6억원 이상 (특별시 및 광역시, 그 밖의 지역)	
(2) 토 지	25(20)/1,000
• 5백만원 이상 5천만원 미만(특별시 및 광역시, 그 밖의 지역)	40(35)/1,000
• 5천만원 이상 1억원 미만(특별시 및 광역시, 그 밖의 지역)	50(45)/1,000
• 1억원 이상(특별시 및 광역시, 그 밖의 지역)	
(3) 주택 및 토지 외의 부동산	10(8)/1,000
• 1천만원 이상 1억3천만원 미만(특별시 및 광역시, 그 밖의 지역)	16(14)/1,000
• 1억3천만원 이상 2억5천만원 미만(특별시 및 광역시, 그 밖의 지역)	20(18)/1,000
• 2억5천만원 이상(특별시 및 광역시, 그 밖의 지역)	
	18(14)/1,000
나. 상속(증여 그 밖에 무상으로 취득하는 경우를 포함한다)	28(25)/1,000
(1) 1천만원 이상 5천만원 미만(특별시 및 광역시, 그 밖의 지역)	42(39)/1,000
(2) 5천만원 이상 1억5천만원 미만(특별시 및 광역시, 그 밖의 지역)	
(3) 1억5천만원 이상(특별시 및 광역시, 그 밖의 지역)	

다. 저당권의 설정(중소기업기본법 제2조의 규정에 의한 중소기업이 부동산담보대출을 위하여 저당권을 설정하는 경우를 제외한다) 및 이전저당권설정금액 2천만원 이상 ⇒10/1,000 다만, 매입금액이 10억원을 초과하는 경우에 10억으로 함. **2. 법인설립등기** 상법의 규정에 의한 등기 시에 한하며, 건설교통부장관이 산업자원부장관과 협의하여 정하는 주요전략사업을 영위하는 법인과 공업유치지역 내에서 신설되는 법인의 등기는 제외한다.	자본금의 1/1,000

※ 채권매입의무(일부)면제대상자의 범위와 면제항목 등은 주택법시행령 등 관련법령을 참고하시기 바랍니다.

시가표준액 및 국민주택채권매입금액				
부동산 표시	부동산 별 시가표준액		부동산 별 국민주택채권매입금액	
1.	금 원		금 원	
2.	금 원		금 원	
3.	금 원		금 원	
국 민 주 택 채 권 매 입 총 액			금 원	
국 민 주 택 채 권 발 행 번 호			생략	
등록세 금 원		교육세 금 원		
세 액 합 계	금 원			
등 기 신 청 수 수 료	금 원			
등기의무자의 등기필정보				
부동산고유번호				
성명(명칭)	일련번호		비밀번호	
첨 부 서 면				
1. 통 1. 통 1. 통 1. 통		1. 통 1. 통		
년 월 일 **위 신청인** **(전화 :)** **(또는)위 대리인** **(전화 :)** **○○지방법원 ○○ 등기소 귀중**				
- 신청서 작성요령 및 등기수입증지 첨부란 -				

* 1. 부동산표시란에 2개 이상의 부동산을 기재하는 경우에는 부동산의 일련번호를 기재하여야 합니다.
2. 신청인란 등 해당란에 기재할 여백이 없을 경우에는 별지를 이용합니다.
3. 등기신청수수료 상당의 등기수입증지를 이 난에 첩부합니다.

〈사례연구 3〉 국민주택채권의 매입 면제 대상의 범위(면제되지 않는 중소기업을 중심으로)

– 서울중앙지방법원 강남등기소 기고 글 중에서 발췌 –

○ 현행 규정

주택법 제68조 1항은 등기·등록을 신청하는 자는 국민주택채권을 매입하도록 규정하고 있고, 주택법시행령 제95조에서는 제1종 국민주택채권을 매입하여야 할 자와 매입기준을 정하고 있으며, 주택법 시행규칙 제40조 제2항에서는 소유권보존 또는 이전등기의 등기명의인, 저당권설정자와 저당권을 이전 받는 자는 제1종 국민주택채권을 매입하도록 규정하고 있고, 같은 규칙 제39조 제1항에서는 제1종 국민주택채권의 매입이 면제되는 자와 면제되는 항목을 각 정하고 있다.

○ 매입이 면제되는 경우

주택법시행령 [별표 12]에 의하면. 국가기관과 지방자치단체 등, 농업인과 어업인 등, 종교단체와 사회복지법인 등, 학교법인 등, 농어민 또는 영농법인이 농지를 취득하여 소유권이전등기를 하거나 농지에 대하여 저당권의 설정등기 및 이전등기를 할 때에는 국민주택채권을 매입하지 아니한다.

○ 실무례 및 문제점

위와 같이 면제대상이 아닌 자가 소유권보존등기, 소유권이전등기, 저당권설정등기, 저당권이전등기를 신청하는 경우에는 시가표준액 또는 저당권설정금액에 일정비율을 곱한 금액에 해당하는 제1종 국민주택 채권을 매입하여야 한다.

실무상 문제가 되는 것은 제1종 국민주택 채권의 매입이 면제되는 경우로서 중소기업이 저당권을 설정하는 경우이며, 법규상의 문제점과 실무상의 문제점이 공존하고 있는 것으로 보인다.

1. 법규상의 문제점

주택법시행령 제95조 제1항과 관련한 별표12의 2에는 매입금액은 별지 부표와 같다고 정하고 있고, 부표인 국민주택채권매입대상 및 금액표상 부동산등기와 관련된 제19호 다목에는 <저당권의 설정(중소기업기본법 제2조의 규정에 의한 중소기업이 부동산담보대출을 위하여 저당권을 설정하는 경우를 제외한다) 및 이전저당권 설정금액 2,000만원 이상>이라고 규정하고 있다.

그런데 국민주택채권의 매입이 일부 면제되는 범위에 관하여 위 같은 별표 3 다에 근거를 두고 있는 주택법시행규칙 제39조 1항 및 [별표8]의 8에 의하면, 면제대상자인 부동산담보대출을 받는 중소기업의 범위에 대하여, 중소기업기본법 제2조의 규정에 의한 중소기업중 중소기업창업지원법 제3조 단서규정(다만, 숙박 및 음식점업·부동산업 등 대통령령이 정하는 업종의 중소기업에 대하여는 이를 적용하지 아니한다. ⇒중소기업창업지원법 시행령 제4조 (창업에서 제외되는 업종) 법 제3조 단서에서 "대통령령이 정하는 업종"이라 함은 다음 각호의 1에 해당하는 업종을 말한다. 이 경우 업종의 분류는 한국표준산업분류를 기준으로 한다. <개정 2002.6.25>

1. 숙박 및 음식점업, 2. 금융 및 보험업, 3. 부동산업, 4. 무도장운영업, 5. 골프장 및 스키장운영업,

6. 도박장운영업, 7. 기타 서비스업(산업용 세탁업을 제외한다), 8. 기타 제조업이 아닌 업종으로서 산업자원부령이 정하는 업종)에서 정한 중소기업은 제외한다는 규정을 둠으로써 상위법인 주택법시행령 제95조를 제한하고 있다.

중소기업기본법 제2조에 의하면 중소기업의 범위에 관하여 대통령령으로 정하도록 되어 잇고, 같은 법 시행령 제3조에서는 별표 1에 업종별 규모의 기준을 정하고 있다. 그런데 위 표의 마지막항에 상시 근로자 수 50인 미만 또는 매출액 50억원이하인 모든 업종을 중소기업으로 분류하고 있으므로 결국 부동산중개업자나 술집 등 무도 유흥업자 까지도 중소기업으로 분류되므로 면제혜택을 주도록 되어 있으나 규칙에 의하면 위와 같은 업종은 면제대상에서 제외된다. 대통령령인 시행령과 부령인 규칙은 비록 상위법과 하위법의 관계에 있으나 모두 법규인 점은 같다.

등기관들은 규칙에서 정한 바에 따라 업무를 처리하기로 의견이 일치되었다.

2. 실무상의 문제점

주택법 시행규칙 제39조 1항[별표8]의 8에 따르면 부동산담보대출을 받는 중소기업은 위 채권의 매입이 면제되고, 면제자임을 확인하는 서류로서는 중소기업의 부동산담보대출을 위한 저당권설정임을 확인하는 해당 금융기관의 확인서라고 규정되어 있으므로, 형식적 심사권만 있는 등기관으로서는 위 확인서가 첨부되어 있는 한 등기를 할 수 밖에 없다는 견해를 갖는 등기관들도 간혹 면제대상이 아닌 중소기업임이 명백함에도 확인서를 발급해주는 경우가 간혹 있다고 한다.

〈사례연구 4〉 [중소기업이 자기 부동산 담보대출시 채권면제되지 않는 기업]

(서비스업을 기준으로 설명)

1. 숙박 및 음식점업
   ① 숙박업 : 관광숙박시설운영업, 호텔업, 여관업, 휴양콘도운영업, 청소년수련시설, 기숙사운영업, 그 외 기타 숙박시설 운영업
   ② 음식점업 : 일반음식점업, 한식업, 중국음식점업, 일본음식점업, 서양음식점업, 기관구내식당업, 기타일반음식점업. 햄버거, 치킨, 피자전문점, 분식및김밥전문점, 구내식당, 주점업, 다과점, 제과점, 찻집, 기타 음식점업. 주점업, 일반 유흥주점업, 무도유흥주점업, 간이주점업, 다과점, 제과점업, 찻집 등)
2. 금융 및 보험업
3. 부동산업
   부동산 임대 및 공급업 : 부동산임대업, 주거용건물임대업, 비주거용임대업, 기타부동산임대업, 부동산공급업, 주거용건물공급업, 비주거용건물공급업, 기타부동산공급업, 부동산관련서비스업, 부동산관리업, 부동산중개업, 부동산감정업
4. 경기 및 오락 스포츠업 : 골프장운영업, 스키장 운영업, 무도장운영업, 도박장운영업(그러나 수영장운영업, 볼링장운영업, 당구장운영업, 오락실, 전자게임장, 노래방운영업, PC방운영업 등은 면제가능)
5. 기타서비스업 : 이용업, 미용업, 욕탕업, 마사지업, 기타 미용관련 서비스업
6. 그 외 기타서비스업 : 세탁업, 가정용세탁업, 세탁물공급업 (산업용 세탁업 제외)
7. 장의 및 묘지관리업 : 장례식장, 장의업, 묘지및화장업
8. 그 외 기타분류안된 서비스업 : 예식장업, 점술업, 개인간병인 및 유사서비스업, 그 외 분류된 모든 서비스업)

중소기업이 자기 부동산 담보대출 시 채권면제 대상기업

그러나 위에 기재한 기타서비스업을 제외한 아래 업종은 면제대상임

1. 여행알선운송서비스업
2. 손해사정업 등의 금융서비스업
3. 법무사, 변호사, 변리사, 세무사, 회계사, 광고업, 측량업, 사진촬영 미 처리업, 번역통역업 등의 전문기술서비스업
4. 경비업, 인력공급업, 소독업, 복사업, 청소업, 고용알선업, 탐정업 등의 사업지원서비스업
5. 학원(일반입시, 운전, 컴퓨터, 예술 등)등의 교육서비스업
6. 위성방송업, 공영산업 등의 영화방송공연산업
7. 골프장과 스키장, 무도장을 제외한 볼링장, 당구장, 오락장, 노래방, 기원, 수영장, 체력단련시설 운영, 컴퓨터게임장 운영 등의 서비스업
8. 폐기물처리업, 분뇨처리업, 폐기물수집운반업 등 청소관련서비스업

〈사례연구 5〉 [국민주택채권 매입 면제대상 증명원]

국민주택채권 매입 면제대상 증명원

(중소기업의 부동산담보대출을 위한 저당권설정임을 확인하는 확인서)

1. 부동산의 표시
   경남 의령군 봉수면 삼가리 17
   위 지상　　일반철골구조 난연판넬지붕 단층공장
2. 채권최고액 : 금 일억사천만원정
3. 채권자 겸 근저당권자 : 주식회사 ○○은행 ○○역지점
   채무자 겸 근저당권설정자 : ㈜ 호 령

상기인은 중소기업을 영위하는 자로서
① 주택법 시행령 제 95조 제 1항 별표 12 부표 제19호 다목
② 중소기업기본법 제2조
③ 주택법시행규칙 제39조 1항[별표8]의 8
④ 중소기업창업지원법 제3조
⑤ 중소기업창업지원법 시행령 제4조에 의거 국민주택채권 매입 면제대상(중소기업의 부동산담보대출을 위한 저당권설정)임을 확인함.

2007년 12 월 일
주식회사 ○○은행(110111－ 0012809)
서울 중구 남대문로 1가 14
위 지배인 ○ ○ ○ (인)

(취급지점 : ○○역지점)　마산시 회원구 석전동 224－5번지

〈사례연구 6〉 [등록세 면제와 국민주택채권의 매입]

(전부개정 2007.04.27 등기예규 제1186호)

등록세가 면제되는 경우라 하더라도, 국민주택채권의 경우에는 부동산의 시가표준액이 그 매입의무가 있는 금액 이상일 경우에는「주택법」, 같은 법 시행령 등의 규정에 의하여 그 매입의무가 면제되지 않는 한 등기관은 국민주택채권을 매입하게 하여야 할 것이다.

〈사례연구 7〉 [국민주택채권 매입의무 부과체계 개선됨]

1. **추진배경**

□ 국민주택채권은 부동산 등기시 지방세법상 시가표준액에 기초하여 주거전용건축물과 그 외 부동산으로 분리하여 매입의무를 부과하고 있으나 정부의 부동산세제 개편방안에 따라 현재 지방세법 및 지방세법 시행령이 개정됨

□ 개정된 지방세법 및 동법시행령은 주택의 경우 건물과 대지가 통합평가・통합과세되고, 부동산의 시가표준액도 대폭 상향 조정됨

□ 부동산등기시에 부과되는 국민주택채권은 지방세법상 시가표준액에 기초하여 부과되고 있으므로 국민주택관련 국민부담을 현 수준으로 유지하기 위하여 주택법시행령 개정을 추진

2. **주택법 시행령 개정내용**

□ 시가표준액 산정방식 변경을 반영하여 부과체계 조정
지방세법 및 동법 시행령 개정으로 주택의 경우 건물과 대지의 통합평가・통합과세 방식으로 전환되므로

- 이에 맞추어 현행 주거전용건축물과 그 외 부동산으로 분리하여 매입의무를 부과하는 방식에서
- 주택과 토지, 그 외 부동산으로 분리하여 부과하되, 주택은 건축물과 대지를 통합하여 매입의무를 부과하는 방식으로 개선

※ 국민주택채권 매입의무 부과체계 조정

구 분	현 행	개 정
과세표준(지방세법)	• 토지 : 개별공시지가 • 그 외의 부동산 : 기준가격(18만원/㎡)에 각종 지수를 감안하여 결정한 가액	• 주택 : 국세청 고시 기준시가 • 토지 : 개별공시지가 • 그 외의 부동산 : 기준가격(46만원/㎡)에 각종 지수를 감안하여 결정한 가액
부과체계(주택법시행령)	• 주거전용건축물과 대지 등 그 외 부동산, 상속으로 분리하여 매입의무 부과	• 주택과 토지, 그 외 부동산, 상속으로 분리하여 매입의무 부과

□부동산등기 시 국민주택채권 매입금액 산출을 위한 시가표준액 산정기준

가. 주택

① 공동주택 : 국세청 기준시가

② 공동주택 외의 주택 : 공시 개별주택가액
(건설교통부에서 부동산가격공시및감정평가에관한법률을 개정하여2005.4월 단독주택의 개별주택가격을 공시), 신규주택의 경우는 분양가격

나. 토지
부동산가격공시및감정평가에관한법률에 의하여 공시되는 토지에 대한 개별공시지가

다. 그 밖의 부동산
주택 이외의 건축물에 대하여는 신축원가(㎡당 46만원에
종류・구조・용도・경과년수 등 과세대상 별 특성을 감안하여 지방세법시행령에서 정하는 기준에 따라 지방자치단체의장이 결정한 가액

* 신축원가(㎡당46만원) x 각종지수 x 면적

〈사례연구 8〉 [경락으로 인한 소유권이전등기와 국민주택채권 매입액 산정기준(등기선례1-926)]

질의사항 : 경락으로 인한 소유권이전등기를 신청하는 경우에 매입할 국민주택채권은 경락가격을 기준으로 하는가, 아니면 부동산과세시가표준액을 기준으로 하는가?

⇒ 경락으로 인한 소유권이전등기를 하는 경우에 매입할 국민주택채권은 주택건설촉진법시행령 제17조 제1항[별표3]의 부표23호 및 국민주택채권매입사무취급규칙 제10조, 지방세법시행령 제80조의 규정에 의하여 과세시가표준액을 기준으로 정한다(81. 9. 1 등기 제406호)

부동산등기시의 국민주택채권매입 산정기준(제정1985.12.09. 등기예규 제607호)

부동산등기시의 국민주택채권매입 산정의 기준이 되는 과세시가표준액(주택건설촉진법시행령 제17조 제1항, 별표3, 국민주택채권매입사무취급규칙 제10조, 지방세법시행령 제80조)은 건물과세표준액 조견표에 기재되어 있는 가격에 가감산특례에 의한 가감산 율을 적용하여 산정한 가격으로 한다(85.12. 9 등기 제573호 각 지방법원장 대 법원행정처장 통첩)

〈사례연구 9〉 [국민주택 채권계산 등기 시 채권매입 예시]

부동산의 표시
김해시 동상동 639-9 동신쉐르빌 7차 202호

기준시가	국민주택첨가요율	채권매입금액
49,000,000원	13/1,000	640,000원

〈사례연구 10〉 [제1종국민주택채권 매입대상자와 매입기준]

① 주택법 시행령 제95조 제1항 별표 12 부표 제19호 다목 및
② 중소기업기본법 제2조

제95조 (국민주택채권의 매입) ① 법 제68조의 규정에 의하여 제1종국민주택채권을 매입하여야 하는 자와 그 매입기준은 별표 12와 같다.
중 략

[별표 12] <2005.3.8>
제1종국민주택채권 매입대상자와 매입기준(제95조제1항 관련)
1. 다음에 정하는 자에 대하여는 국민주택채권의 매입의무를 면제한다.
   가. 국가기관 등.
2. 국민주택채권의 최저매입금액은 1만원으로 한다(다만, 1만원 미만의 단수가 있을 경우에 그 단수가 5천원 이상 1만원 미만인 때에는 이를 1만원으로 하고, 그 단수가 5천원 미만인 때에는 단수가 없는 것으로 한다.)

국민주택채권매입대상 및 금액표

제19호. 부동산등기
가. 소유권의 보존
  (1) 주택
    (가) 시가표준액 2천만원 이상 5천만원 미만 시가표준액의13/1,000
    (나) 시가표준액 5천만원 이상 1억원 특별시 및 광역시 19/1,000 그 밖의 지역 14/1,000
    (다) 시가표준액 1억원 이상 1억6천만원 특별시 및 21/1,000 그 밖의 지역16/1,000
    (라) 시가표준액 1억6천만원 이상 2억6천만원 미만 특별시 및 광역시 23/1,000 그 밖의 지역18/1,000
    (마) 시가표준액 2억6천만원 이상 6억원 미만 특별시 및 광역시 26/1,000 그 밖의 지역21/1,000
    (바) 시가표준액 6억원 특별시 및 31/1,000 그 밖의 지역 26/1,000
(2) 토지
  (가) 시가표준액 5백만원 이상 5천만원 특별시 및 광역시25/1,000 그 밖의 지역20/1,000 외 중략
(3) 주택 및 토지 외의
  (가) 시가표준액 1천만원 이상 1억3천만원 특별시 및 10/1,000 그 밖의 지역 8/1,000 외 중략
    다목. 저당권의 설정(중소기업기본법 제2조의 규정에 의한 중소기업이 부동산담보대출을 위하여 저당권을 설정하는 경우 제외한다) 및 이전 저당권설정 금액 2천만원 초과 10/1,000

〈사례연구 11〉 [국민주택채권 의무매입비율]

등기 때 사야 하는 국민주택채권매입비율도 하향조정 됐다. 이는 지방세법이 바뀌면서 과세표준이 높아짐에 따라 주택 채권매입부담이 덩달아 늘어나는 것을 막기 위한 조처다. 이에 따라 앞으로 부동산을 매 입할 때는 달라진 취득·등록세와 국민주택채권매입규정을 미리 파악해 둘 필요가 있다.

채권 매입율 낮아져 = 등기 때 사야 하는 국민주택채권 매입비율이 낮아 졌다. 이는 지방세법개정으로 과세표준이 시가 표준액에서 기준시가 등으로 높아져 채권매입액도 늘어나는 것을 조정하기 위한 건설교통부의조처다. 건교부는 과표구간별 채권매입율을 현재보다 50% 인하했고, 과표구간도 현재보다 상향 조정했다.

채권매입비율은 주택의 경우 현행 2~7%(500만원이상~1억원 이상, 6구간)에서 1.3~3.1%(2천만원 이상~6억원 이상, 6구간)로 조정 되고, 기타부동산은 2.5~5.0%에서 0.8~2.0%로, 상속은 2.5~6.0% 에서 1.8~4.2% 로 조정 된다. 하지만 토지는 현행대로 2.0~5.0%가 유지 된다.

이에 따라 서울에서 기준시가 1억 원짜리 아파트를 구입할 경우 국민주택채권(2.1%) 210만원어치를 구입해야 한다.

또 지방에서 공시지가 1억 원짜리 땅을 매입할 경우에는 450만원어치의 국민주택채권(4.5%)을 매입 해야 한다. 흔히 1종 주택채권으로 불리는 국민주택채권은 5년 만기, 이자율 3%(복리)인 무기명식 채권이다. 최근 저금리 영향으로 투자자들로부터 인기를 끌어 현재 시중 채권거래시장에서의 할인률은 4%에 불과하다. 액면가 1천만원짜리 채권을 960만원에 팔 수 있다.

25. 기타 경매(동산 · 공장재단 · 자동차 등)

25－1. 동산 경매

채권자가 채무자의 부동산이 없으면 최후의 강제집행 방법으로 동산경매를 신청하는 경우가 많다. 즉, 벽 에어컨, 노래반주기, 소파, 텔레비전, 삼성컴퓨터, 피아노 등 동산경매에 대하여 압류 후 강제집행 신청을 하고 있으며, 그러한 동산관련 경매정보를 검색할 수 있다.

〈사례연구 1〉 [동산경매물건 검색]

대법원 법원경매정보(www.courtauction.go.kr)>경매물건>물건상세검색>동산>집행관사무소 또는 매각장소에 점 찍고 검색한다.

집행관사무소 : ○○지방법원

사건번호 : 2005본8786, 비밀번호(   )를 입력 후 로그인하여 동산목록과 동산경매일정을 알아본다. 매각대금은 경매장소에서 대금전액을 납부하여야 하므로(예외 : 민사집행규칙 제149조 제2항의 경우) 경매에 참가하고자 하는 사람은 충분한 대금(현금 또는 금융기관 발행 자기앞수표)을 지참하고 경매에 참가하여야 한다(단, 채무자는 경매에 참가할 수 없다) 압류한 물건이 부부공유인 경우 채무자의 배우자는 매각기일에 출석하여 우선 매수할 것을 신고할 수 있다.

〈사례연구 2〉 [동산경매 안내문]

폐업된 노래방 등 임장활동을 하다 보면 입구에 아래와 같은 동산경매 안내문을 볼 수 있다.

알리는 말씀

사 건 : 2008본1234(2부)
채권자 : 박00
채무자 : 이00
집행권원 : 00법무법인 증서2005년1234호

위 사건이 2008년09월28일 접수되어 강제집행을 실시하였습니다.
강제집행내용 : 동산압류

※ 주의사항

1. 누구든지 집행관이 압류한 물건을 손상, 은닉, 처분하거나 봉인표 또는 공지서 등을 손상,은닉 그 밖의 방법으로 효용을 해하여서는 아니 되며, 이를 위반한 사람은 형벌(형법 제140조, 제142조, 제323조)을 받게 되오니 위반하지 않도록 유의하시고, 이사 등을 위하여 부득이 압류물의 보관장소를 변경하고자 할 때에는 반드시 사전에 그 사유를 집행관에게 신고하여 승인을 받아야 합니다.
2. 강제집행으로 인도된 부동산에 침입하거나 기타 방법으로 강재집행을 해한 경우에는 형벌(형법 제140조의 2)을 받게 됩니다.

2008. 9. 3. ○○○ (인)

1. 문의전화 : ○○지방법원 집행관사무소 (055－123－4567)
2. 금전채무의 변제방법 : 채무자는 채무(이자 및 집행비용 포함)를 채권자에게 직접 변제하거나 집행관에게 변제할 수 있습니다.
3. 집행관은 집행을 위하여 필요한 경우에는 잠금 문을 여는 등 적절한 조치를 할 수 있고(민사집 제5조), 성년 두 사람이나 구,동(또는 시,읍, 면) 직원 또는 경찰공무원이 참여한 가운데 집행을 할 수도 있습니다(같은 법 제6조).
4. (가)압류된 물건이 채무자의 소유가 아닌 경우 그 물건의 소유자는 채권자를 상대로 집행법원에 제3자 이의의 소 제기와 강제집행정지 신청을 할 수 있습니다.
5. 동산경매 시 매각대금은 경매장소에서 대금전액을 납부하여야 하므로(예외 : 민사집행규칙 제149조 제2항의 경우) 경매에 참가하고자 하는 사람은 충분한 대금(현금 또는 금융기관 발행 자기앞수표)을 지참하고 경매에 참가하여야 합니다(단, 채무자는 경매에 참가할 수 없습니다) 압류한 물건이 부부공유인 경우 채무자의 배우자는 매각기일에 출석하여 우선 매수할 것을 신고할 수 있습니다.
6. 가처분 또는 가압류 집행이 되어 있는 경우 집행관에게 그 사실을 신고하여 주십시오.

〈사례연구 3〉 [동산경매정보를 클릭하여 법원별, 지역별 동산경매 정보를 검색]

사건정보				
사건번호	2008본1234	담당집행관	1부 김○○	
관할집행관사무소	○○지방법원 ○○지원 집행관사무소			

매각정보			
현장열람 사항이 없습니다.			
매각날짜	2008/12/28 오전09 : 50 부터	매각장소	경상남도 진주시 주약동 1234

※ 매각날짜와 정확한 매각시간은 집행관사무실(055－123－3314)로 확인하시기 바랍니다.
※ 아래의 물품 전체를 일괄 매각합니다.(물품별로 각각 매각하지는 않습니다.)

매각물품					
번호	압류목록	수 량	규 격	가 격	비 고
1	삼성 컴퓨터	1	dv10	150,000원	
2	삼성 입식 에어컨	1	ap1526r	300,000원	
3	아남 TV	1	화왕	200,000원	
4	하우젠 김치냉장고	1	hnr2120t	150,000원	
5	지펠 냉장고	1	srs686cc	250,000원	
6	LG 세탁기	1	10kg	100,000원	
7	장식장	2	엔틱	150,000원	
8	장식대	1	엔틱	50,000원	
9	컴퓨터	1	simple	50,000원	

〈사례연구 4〉 [분양권 매각공고]

인천지방법원 ○○지원(집행관사무소)

분양권 매각공고

(공고기간 : 2006.11. 6－2007. 1.17)

사건번호 2006본687호 특별현금화 매각명령(2부)

1. 다음 분양권을 (1차) 2006년 11월 22일 15 : 00부터
(2차) 2006년 12월 20일 15 : 00부터
(3차) 2007년 1월 17일 15 : 00부터 매각합니다.

== 다 음 ==

1. 매각물품 : 분양권(현황 30평형) 전용면적 79.0266㎡
(부천시 소사구 심곡본동 574－4
부천아름다운나날아파트 1－601)
2. 매각장소 : 경기도 부천시 원미구 상동 445－1
인천지방법원 00지원 집행관실
3. 최저매각가격 : (1차) 93,100,000원
(2차) 65,170,000원
(3차) 45,619,000원
4. 감정서는 본 집행관 사무소에서 누구든지 열람할 수 있습니다.
5. 매각조건 : 매각시 매각대금은 현장에서 대금 전액을 납부하여야 하므로 경매참가자는 충분한 대금(현금 또는 금융기관 발행 자기앞수표)을 지참하여야 합니다.

2006년 11월 2일

집 행 관 ○○○

〈사례연구 5〉 [채무자의 배우자는 공유로 우선매수]

매득금 지급 요구서

사건 2008본 1234호 유체동산 압류
채권자 ○○○
채무자 ○○○

위 사건에 관하여 본인은 위 채무자의 배우자로서 경매목적물에 대하여 2분의 1 공유지분을 가지므로 그 매각대금의 2분의 1에 상당한 매득금지급을 요구합니다.

첨부서류
1. 주민등록등본 1통
2. 가족관계등록부 1통

2008. 8. 10

위 요구 및 신고인 (인)

(주민등록번호 : 연락처 :)

○○지방법원 집행관사무소 집행관 귀하

위 임 장

채 권 자 : (주소 :)

채 무 자 : (주소 :)

집행권원 :

채권자는 위 집행권원에 기하여 위 채무자에 대한 강제집행을 다음 사람에게 위임하고 아래 권한을 부여합니다.

1. 수임자

성명 : (주민등록번호;)

주소 :

2. 위임사항

一. 집행관에게 위임하는 일

一. 집행현장안내 및 입회하는 일

一. 경매기일, 지정신청 및 촉구하는 일

一. 변제금 및 경매대금을 수령하는일

一. 집행권원의 송달을 위임하는일

一. 특별송달을 위임하는 일

一. 기타 채권자로서 할 수 있는 일체의 권한

위와 같이 위임합니다.

2008. 8. 10.

위임인(채권자) (인)

○○지방법원 집행관사무소 집행관 귀하

강제집행 진행에 관한 신청서, 강제집행신청 취하(해제)서 등 (양식생략)

25－2. 공장재단 · 자동차 · 중기 경매

1. 공장재단 등 저당권 실행

1	공장저당의 목적물건(토지 또는 건물과 기계기구 등)은 이를 분리하여 경매할 수 없고 일괄경매 하여야 하므로 경매신청서에 건물 또는 토지에 부가된 공용물(기계, 기구 등)도 함께 표시하여야 한다.

	그러나 법률상 이유(외자도입법에 의한 외산 기계로서 주무장관의 허가가 없는 경우) 또는 사실상 이유(목적물의 소멸, 멸실, 제3자의 선의취득 등)로 일괄경매가 불가능한 경우 에는 토지나 건물만 경매 신청할 수 있다.
2	공장저당권 배당의 우선순위와 다른 권리와의 우선순위는 다음과 같다.
	일반저당권과 공장저당권이 함께 설정되어 있는 공장을 일괄경매한 경우 우선 순위는 그 설정 등기의 선후에 따르되 일반 저당권자는 기계기구 매각 대전에서 배당 받을 수 없다. 이때 매각대금의 구분 배당방법은 최저매각가격의 결정근거가 된 감정평가액에 비례하여 그 대금을 안분비례하여 배당한다.
	공장 저당권자 상호간에는 토지 또는 건물과 기계기구 등을 구분 하여 다음의 순위에 의하여 배당한다. * 토지 또는 건물의 경우에는 저당권설정등기의 순위에 의한다. * 기계기구에 관하여는 목록제출의 순서에 의하여 결정된다.
3	즉, 갑이 1순위, 을이 2순위로 공장저당 설정 등기한 공장에 새로운 기계가 도입되어 을이 먼저 목록추가 변경등기를 한 경우 새로운 기계의 매각대전은 을이 먼저 배당 받게 된다.
	공장재단 저당권 실행은 재단 전부에 대하여 경매신청 하여야 하고 설사 수개의 공장으로 1개의 공장 재단을 구성하고 있는 경우에도 일괄 경매하여야 한다. 이때 공장의 소재지가 각각 다른 지방법원의 관할 지역 내에 소재하고 있는 때에는 관계 법원에 공통되는 가까운 상급법원에 대하여 관할법원의 지정을 신청한다.
	광업재단의 경매는 공장재단 저당권과 같으나 광업권 취소 시 통상산업부장관은 광업권 취소 등록 사실을 저당권자에게 통지 하도록 되어 있는 바, 이 통지를 받은 저당권자가 통지를 받은 날로부터 30 일 이내에 경매를 신청한 경우에는 경매절차가 완료될 때까지 즉 경매목적의 범위 내에서 저당권은 존속하므로 경락이 결정되면 취소의 효력이 발생하지 않는 것으로 본다.

2. 자동차, 중기의 저당권 실행

1	저당권 등록을 한 자동차에 대한 경매실행은 부동산에 대한 저당권실행에 준용한다.
2	경매개시결정일로부터 2개월 이내에 집행관이 자동차를 인도받을 수 있도록 필요한 조치를 취해야 한다.
3	자동차저당법 제 6조 제 1항에 의한 저당자동차의 말소등록 통지를 받았을 때에는 담보물건의 멸실, 훼손으로 인하여 설정자가 받을 금전 기타 물건을 그 지급 또는 인도 전에 압류하고 용도 폐지된 자동차, 차대가 달라진 자동차를 즉시 경매 신청하는 등 만반의 조치를 취하여야 한다.
4	자동차저당법 제 6조 제 2항에 의한 저당자동차의 말소등록신청의 통지를 받았을 때에도 즉시 전항의 절차를 밟아야 한다.
5	중기의 저당권실행은 자동차의 저당권실행에 준용한다.

△ 자동차저당법 제5조 (저당권자에 대한 통지)
⇒ 자동차등록관청은 저당권이 설정된 자동차에 대하여 자동차관리법에 의한 말소등록을 하고자 할 때는 미리 그 뜻을 저당권자에게 통지하여야 한다.
↔ 다만, 저당권자가 당해 자동차의 말소등록에 동의한 경우에는 그러하지 아니한다.

△ 자동차저당법 제6조 (저당권의 행사 등)
⇒ 저당권자는 제5조의 규정에 의한 통지를 받은 때에는 당해 자동차에 대하여 즉시 그 권리를 행사할 수 있다.
⇒ 저당권자가 제1항의 규정에 의하여 저당권을 행사하고자 할 때에는 제5조의 규정에 의한 통지를 받은 날로부터 1개월 이내에 저당권의 행사 절차를 개시하여야 한다.

3. 선박의 저당권 실행

1	등기된 담보선박의 경매실행은 부동산의 절차, 미등기선박에 대하여는 동산의 절차를 준용한다.
2	선박경매를 신청하고자 할 때에는 그 선박을 압류항에 정박하게 하고 선박 우선특권을 상세히 조사하여야 한다.
3	선박경매 신청서에는 다음서류를 구비하여야 한다. 채무자가 소유자인 때에는 소유자가 점유하고 있음을 소명할 수 있는 증서(선박이 임대되어 임차인이 점유 시에는 경매신청 불가) 채무자가 선장인 때에는 선장으로서 선박을 지휘함을 소명할 수 있는 증서 선박등기부 초본, 정박증명서, 출항준비 미완료 보고서, 기타서류(위임장 등 부동산 경매신청서와 동일한 서류)

〈사례연구 1〉 [공장저당]

공장저당이란 공장저당법에 의해 토지·건물과 그에 설치된 기계기구, 기타 부속물 등의 공장에 대해 일괄로 담보 취득하는 것을 말한다.

1) 공장저당으로 담보취득 시에는 제5조의 담보취득절차에 의해 근저당권을 설정하되, 등기신청서(법무사 소정양식)에 "공장저당법 제7조에 의거 공장저당임"을 표시한다.
2) 공장저당 기계목록 작성시에는 기계시설의 규격 및 용도를 확인한 후 목록을 작성하고, 부속물에 대하여도 목록에 기재된 종물 내지 부합물로 인정하기 어려운 것은 독립된 기계로 취급하여 목록에 추가하여야 하며, 기계목록 말미에는 "종물• 부합물 일체를 포함함"이라는 문언을 삽입하여야 한다.
3) 공장을 담보 취득하는 경우에는 원칙적으로 기계기구와 함께 공장저당으로 설정하여 야 한다. 기계기구를 담보로 취득하는 경우에는 그 기계기구가 담보제공자의 소유인지 리스기계인지 확인 요함.
   리스회사 물건인지 확인하는 방법으로 재무제표상에 리스료의 지급사실이 있는 경우에 리스물건 징구하여 확인하며, 등기/등록제도가 있는 물건(부동산, 자동차, 중기)은 당해 권리증이나 등기부등본으로 확인하고, 기타 일반기계기구 등은 채무자의 결산서 (부속명세서 : 유형고정자산 명세서, 기계기구명세서, 감가상가명세서 등)으로 확인함
4) 공장을 담보로 취득 시에는 다음의 사항을 특히 유의하여 업무처리 한다.
   ① 공장저당권의 권리에 있어서 목록추가 등 기재물건의 변경은 실제로 목록이 추가된 때에 효력이 발생하므로 원저당권이 선순위라 하더라도 목록추가를 나중에 하였다면 그 추가된 목적물은 후순위가 된다.
   ② 공장용지만을 담보 취득한 후 공장건물이 신축되었을 때에는 동 건물에 저당권을 설정하지 않았더라도 공장용지와 신축건물의 소유자가 같을 경우에는 일괄경매가 가능하나, 경매시점

에서 신축된 건물의 소유자와 공장용지 소유자가 다를 때에는 건물부분은 경매할 수 없으므로 공장건물 신축자금용도의 시설대출 취급시에는 담보취득에 특히 유의하여야 한다.

③ 토지와 건물의 소유자가 다른 경우 담보취득상 주의사항은 공장저당법상 공장저당권의 대상이 되는 공장은 1필의 토지와 기계기구, 기타공용물을 의미하거나 또는 1동의 건물과 기계기구, 기타공용물을 의미함. 따라서 소유자가 같은 토지와 기계기구, 기타공용물 또는 건물과 기계기구, 기타공용물은 공장저당권을 설정하고 소유자가 다른 토지 또는 건물은 "추가근저당권설정 계약서(공동담보물건 추가용)"에 의해 공장저당물과 공동저당으로 설정.

5) 기계기구

공장저당에 의한 방법 이외에 기계기구를 단독으로 담보 취득하고자 하는 경우에는 양도담보계약에 의한다. 이 경우 양도담보는 견질담보로 운용한다.

☞ 1. 양도담보계약서는 확정일자를 받거나 공정증서에 의해 작성한다.
공정증서 작성시 필요서류로는 담보제공자 인감증명서, 등기부등본(법인의 경우), 공증용 위임장(법률사무소 소정양식), 양도담보 계약내용(실무적으로 법무사가 작성), 대출금액 및 분할상환내역서 등이다.

☞ 2. 확정일자와 공정증서의 효력
확정일자는 계약서 작성일자에 증거력을 부여한다는 의미가 있으며, 채무명의가 되지는 아니하나, 공정증서는 계약서 작성일자와 작성내용에 대해 증거력뿐만 아니라 채무명의로서 집행력을 가진다.

6) 공장재단

공장재단저당이란 공장에 속하는 토지와 공장, 건물, 공작물, 기계기구, 기타 부속물과 지상권/전세권/임대인 동의가 있는 임차권 및 특허권, 의장권 등의 공장소유권 유형/ 무형의 재산을 합하여 미리 공장재단 소유권 보존등기를 한 후 담보 취득하는 것을 말한다.

① 공장재단으로 담보취득 시에는 제5조의 담보취득방법에 의해 근저당권을 설정하되, 물건의 표시란에 공장재단으로 표시하고 공장의 명칭, 위치 및 영업소 종류에 관하여 기입한다.

② 공장재단은 공장재단등기부에 소유권 보존등기 후 10개월 이내에 저당권설정등기를 하지 않았거나 등기된 저당권이 전부 소멸된 뒤 10개월 이내에 새로 저당권설정등기를 하지 못할 경우에는 소멸한다.

☞ **저당권의 범위**

<table>
<tr><td colspan="5">공장재단 구성물의 범위</td><td rowspan="3">재단구성에 포함시킬 수 없는 물건</td></tr>
<tr><td colspan="4">공장저당권 구성물의 범위</td><td rowspan="2"></td></tr>
<tr><td colspan="3">민법상 저당권 구성물의 범위</td><td></td></tr>
<tr><td>저당권의 목적물(토지 또는 건물)</td><td>부가물</td><td>종물</td><td>설치기계
기구기타
공장
공용물</td><td>지상권, 전세권, 임차권(임대인의 의요), 공업소유권</td><td>○ 타인의 권리의 목적이 된 물건
○ 가압류, 압류, 가처분의 목적이 된 물건
○ 미등기 토지와 건물</td></tr>
</table>

〈사례연구 2〉 [선박, 자동차, 항공기, 건설기계 담보취득 방법]

선박, 자동차, 항공기, 건설기계 담보취득 방법

1) 담보 별 취득방법은 다음과 같다.

구　　분	취 득 대 상	취 득 방 법
선박	등기된 선박	선박등기법에 의해 취득
자동차	등록된 자동차	자동차저당법에 의해 취득
항공기	항공기 등록원부에 등록된 비행기와 헬리콥터	항공기저당법에 의해 취득
건설기계(중기)	건설기계등록원부에 등록된 건설기계	건설기계저당법에 의해 취득

2) 선박, 자동차, 항공기, 건설기계 등은 이동에 따른 소재지 변경으로 담보처분이 어려운 바, 담보취득에 신중을 기하여야 하며, 특히 선박은 관계법령에 의거 선박저당권보다 우선하는 선박우선특권이 있으므로 담보평가 및 취득 시 주의하여야 한다.

☞ 선박의 담보취득 시 아래와 같은 사유로 향후 환가처분이 곤란할 수 있고 예상하지 못한 선순위권리자가 있을 수 있음을 각별히 유의하여야 함.
- 항해 중인 선박은 당해 운송계약이 종료하기 전까지 경매진행이 곤란함
- 경매신청과 동시에 억류조치(정박명령 또는 감수보존 처분명령)를 하여야 함
- 경매신청 시 관할법원에 선박이 정박하고 있다는 정박증명서를 제출하여야 함

〈사례연구 3〉 [공업단지, 농공단지 등 특수한 부동산의 담보취득]

1. 공업단지(국가공업단지, 지방공업단지, 농공단지 등)의 경우 대지의 소유권이전까지 상당한 기간이 소요될 뿐만 아니라 소유권이 이전되어 근저당권 설정을 하더라도 환매특약조건이 등기되어 채권보전에 어려움이 있으므로, 매매계약의 중도해지 또는 공단관리기관의 환매권 행사에 대비하여 채권보전 조치에 유의하여야 한다.
2. 공업단지(국가공업단지, 지방공업단지 및 농공단지 등) 입주업체의 토지를 담보취득 시에는 토지에 대하여 근저당권을 설정하고 다음 각 호의 방법에 따라 추가 채권보전 조치를 취한다.

(1) 환매특약이 있는 토지도 담보물건 또는 용익물건의 설정에 제약은 없으나, 환매가 실행되면 소유권이 토지 분양자에게 복귀되어 담보물권 등은 소멸되므로 환매권을 행사할 경우에 대비하여 환매대금에 대해 질권취득 또는 채권양도를 받아야 한다.

① 질권설정계약
채무자 및 공단관리기관이 공동 작성한 근질권설정계약서(반환금・환매대금채권용)를 징구하여 확정일자를 받는다.(근질권설정계약서상의 담보한도는 분양가격의 100%이내로 함.)

② 채권양도계약
채권양도계약서를 징구하고, 채권양도 승낙신청서를 2부 작성하여 공단관리기관에 송부하고, 승낙서가 도착되면 확정일자를 받는다.

(2) 공단관리기관에서 근질권 설정 또는 채권양도승낙을 해주지 않을 경우에는 채무자로부터 근질권설정계약서(반환금・환매대금 채권용)를 징구하고, 질권설정통지서를 작성하여 채무자(질권설정자)가 직접 공단관리기관 앞으로 내용증명으로 발송토록 한다.(질권설정통지서는 채무자(질권설정자)가 주소, 성명 등을 작성하여야 함.
질권설정 및 채권양도 계약 시에는 분양계약서 원본을 제출 받아 질권설정 사실을 계약서 앞면 여백에 아래와 같은 방식으로 기입한 다음, 동 계약서 사본 1부를 받아 해당여신 건철에 편철토록 함. 토지소유권 이전 등기가 안된 경우에는 소유권 이전시 선순위 설정을 위하여 공단이 발행한 확약서를 추가로 징구함.)

(3) 농공단지의 환매특약기간은 5년이나 공장설립을 완료하여 공장등록증을 교부 받은 후 계속하여 2년 이상 정상적으로 가동하는 경우에는 환매등기말소청구가 가능하므로, 동 내용을 거래업체에 주지시켜 조건이 되는 업체는 환매특약조건을 말소토록 한다.

〈사례연구 4〉 [선박 경매집행 시 집행비용 및 선순위채권]

〈집행비용〉

선박감수・보존비용

– 선박에 대한 선체보험료 포함(선체보험가입 전 검사비도 소요됨)

선박보험을 감수보전회사(보험가입 자격 필요)가 보험가입자로 가입한 경우(은행은 질권자)에 해당하며, 은행이 보험가입자인 경우에는 집행비용으로 인정받지 못하고 선박우선특권있는 채권으로서 배당 받아야 한다.

압류효력 발생 이후 항만시설사용료 – 해운항만청에서 직접 교부 신청함.

감수・보존회사의 선원에 대한 산재보험료

감수・보존업자가 감수・보존에 필수적인 수리비라고 하여 법원의 허가를 얻어 수리한 경우

〈선박우선특권 있는 채권〉

1. 채권자의 공동이익을 위한 소송비용, 선박과 속구의 경매에 관한 비용, 항해에 관하여 선박에 과한 제세금, 도선료와 예선료, 최후입항후의 선박과 그 속구의 보존비와 검사비, 최후 입항 후의 선박보존비로 압류효력 발생전의 항만시설사용료(정박료, 접안료, 입항료 등)
2. 선원 기타의 선박사용인의 고용계약으로 인한 채권 – 선박임금채권
3. 선박의 구조에 대한 보수와 공동해손의 분담에 대한 채권
   - 최후 입항 후의 수리비
   - 상법 861조1항3호의 규정에 의한 채권(구조에 대한 보수와 공동해손의 분담에 대한 채권) 경합하는 때에는 후에 생긴 채권이 전에 생긴 채권에 우선하며, 동일한 사고로 인한 채권은 동시에 발생한 것으로 본다.
   - 동일 순위의 우선채권이 경합하는 경우 각 채권액의 비율에 따라 변제 받는다
4. 선박의 충돌로 인한 손해 기타의 항해사고로 인한 항해시설, 항만시설 및 항로에 대한 손해와 선원이나 여객의 생명, 신체에 대한 손해의 배상채권

〈선박우선특권의 소멸〉

배당요구의 종기 이전에 배당요구를 한 경우에만 배당 받을 수 있다.

채권이 생긴 날부터 1년의 제척기간 내에 실행하지 아니하면 소멸함

배당 요구한 경우 배당요구일을 기준으로 제척기간 도과 여부를 따져보아야 한다.

〈선박임금채권의 범위〉

선원법에 규정된 임금과 각종 수당(실업수당, 송환수당, 퇴직금, 유급휴가수당 등) 뿐 아니라 단체협약서, 취업규칙, 어로계약서, 협정서 등에 의하여 인정할 수 있는 금액 및 어대금을 선주와 선원이 일정 비율로 나누는 이른바 보합금 내지 조업독려비 등 근로의 대가로 지급되는 임금의 일종으로 볼 수 있는 금액은 명칭을 묻지 아니하고 모두 선박우선특권이 있는 임금채권에 포함되는 것으로 본다.

〈선박임금 대위변제의 경우〉

선원송출계약 등에 의하여 선원의 임금을 대위변제한 자에게도 그 대위변제자가 선박소유자의 대리인이라거나 그 밖에 선박소유자 본인과 동일시할 만한 사유가 없는 한 선박우선특권이 인정된다고 할 것이다.

〈재해보상금 중 선원의 사망으로 인한 유족보상금〉

요양보상, 상병보상, 장해보상 등 선원이 직접 받는 재해보상금은 선박우선특권에 포함된다고 할 것이고, 선원이 사망하였을 때 받는 유족보상금, 장례비의 경우도 포함된다고 할 것이다(유족고유의 채권이라고 보아 부정하는 견해도 있다).

〈근로기준법상의 최우선변제권 있는 임금채권과의 관계〉

근로기준법 37조 2항은 "최종3개월분의 임금, 최종3년간의 퇴직금(퇴직금은 최근 삭제) 및 재해보상금은 사용자의 총재산에 대하여 질권 또는 저당권에 의하여 담보된 채권, 조세·공과금 및 다른 채권에 우선하여 변제되어야 한다"고 규정하고 있다. 이러한 근로기준법상의 최우선변제권 있는 임금채권과 선박우선특권에 의한 선원임금채권 중 어느 것이 우선하는가가 문제된다.(두 가지의 채권은 서로 성립요건을 달리하므로 별개로 존재할 수도 있고, 어느 한쪽이 다른 한쪽을 전부 또는 일부 포함할 수도 있다) 이에 관하여는 동순위라는 견해와 근로기준법상 최우선임금채권이 선박우선특권보다 앞서 변제 받는다는 견해가 대립하고 있다.

법원행정처 발간 "법원실무제요 민사집행(Ⅲ)"중 제2편 금전채권에 관한 집행
제4장 선박, 항공기, 자동차 및 건설기계에 대한 강제집행
제1절 선박에 대한 집행 8.현금화와 배당 라.집행비용 및 마.배당 편 참조

〈사례연구 5〉 [광업재단, 공장재단의 저당권 실행]

광업권, 광업재단, 공장, 공장재단, 기타 특별법에 의하여 설정된 저당목적물에 대한 저당권 실행은 각 법률에 특별한 규정이 없는 한 부동산의 저당권 실행에 준용하며, 특수한 저당권 실행 시 유의사항은 다음과 같다.

<table>
<tr><td>1</td><td>공장저당의 목적물건(토지 또는 건물과 기계기구 등)은 이를 분리하여 경매할 없고 일괄경매하여야 하므로 경매신청서에 건물 또는 토지에 부가된 공용물(기계, 기구 등)도 함께 표시하여야 한다.
그러나 법률상 이유(외자도입법에 의한 외산 기계로서 주무장관의 허가가 없는 경우) 또는 사실상 이유(목적물의 소멸, 멸실, 제3자의 선의취득 등)로 일괄경매가 불가능한 경우에는 토지나 건물만 경매 신청할 수 있다.</td></tr>
<tr><td rowspan="2">2</td><td>공장저당권 배당의 우선순위와 다른 권리와의 우선순위는 다음과 같다.</td></tr>
<tr><td>일반저당권과 공장저당권이 함께 설정되어 있는 공장을 일괄 경매한 경우 우선 순위는 그 설정등기의 선후에 따르되 일반 저당권자는 기계기구 매각 대전에서 배당 받을 수 없다. 이때 매각대금의 구분 배당방법은 최저매각가격의 결정근거가 된 감정평가액에 비례하여 그 대금을 안분 비례하여 배당한다.</td></tr>
</table>

	공장 저당권자 상호간에는 토지 또는 건물과 기계기구 등을 구분 하여 다음의 순위에 의하여 배당한다. * 토지 또는 건물의 경우에는 저당권설정등기의 순위에 의한다. * 기계기구에 관하여는 목록제출의 순서에 의하여 결정된다.
3	즉, 갑이 1순위, 을이 2순위로 공장저당 설정 등기한 공장에 새로운 기계가 도입되어 을이 먼저 목록추가 변경등기를 한 경우 새로운 기계의 매각대전은 을이 먼저 배당 받게 된다.
3	공장재단 저당권 실행은 재단 전부에 대하여 경매신청 하여야 하고 설사 수개의 공장으로 1개의 공장 재단을 구성하고 있는 경우에도 일괄 경매하여야 한다. 이때 공장의 소재지가 각각 다른 지방법원의 관할 지역 내에 소재하고 있는 때에는 관계 법원에 공통되는 가까운 상급법원에 대하여 관할법원의 지정을 신청한다.
	광업재단의 경매는 공장재단 저당권과 같으나 광업권 취소 시 통상산업부장관은 광업권 취소등록 사실을 저당권자에게 통지 하도록 되어 있는 바, 이 통지를 받은 저당권자가 통지를 받은 날로부터 30일 이내에 경매를 신청한 경우에는 경매절차가 완료될 때까지 즉 경매목적의 범위 내에서 저당권은 존속하므로 경락이 결정되면 취소의 효력이 발생하지 않는 것으로 본다.

〈사례연구 6〉 [기계기구와 리스]

1	**공장저당권의 목적 기계기구를 제3자가 점유하고 있는 경우, 저당권자는 방해배제청구권을 행사할 수 있는가?**
	공장저당권자는 저당목적물을 점유하고 있는 제3자가 선의가 아닌 한 물권에 기하여 원래의 설치장소에 원상회복할 것을 청구할 수 있음.
2	**채무자 이외의 자의 소유에 속하는 동산(리스물건 또는 양도담보물건)을 경매한 경우, 동산의 전 소유자(리스사 또는 양도담보권자)가 그 동산의 매득금에서 배당 받은 채권자에 대하여 부당이득반환을 청구할 수 있는가?**
	동산의 소유자는 배당 받은 채권자에 대하여 부당이득으로서 배당 받은 금원의 반환을 청구할 수 있음.
3	**공장저당 설정된 기계기구가 자신의 소유라고 주장하는 리스사나 양도담보권자는 그 동산에 대하여 어떤 권리를 행사할 수 있는가?**
	공장저당권자를 상대로 하여 제3자 이의의 소를 제기하고, 그 목적물이 강제집행의 대상이 되어 있는 경우에는 강제집행 정지신청도 병행할 필요가 있음.
4	**동산에 대한 강제집행절차에서 매각절차는 종료하고 배당절차만 남아있는 경우, 동산의 소유자가 제기한 제3자 이의의 소의 이익이 있는가?**
	당해 강제집행이 종료되면 소의 이익이 없어 부적법하다 하여 그 소는 기각되게 되나, 물건에 대한 매각절차는 종료되었지만 배당절차는 아직 종료되지 아니한 경우에는 경매절차에서 집행관이 영수한 매득금은 경매목적물의 대상물로서 제3자 이의의 소에서 승소한 자가 그 대상물에 대하여 권리는 주장할 수 있음.

5	**소유권유보부 매매계약을 체결하고 매수한 기계기구를 담보로 취득한 경우 그 기계기구에 대하여 담보권을 행사할 수 있는가?**
	목적물이 매수인에게 인도되었다 하더라도 특별한 사정이 없는 한 매도인은 대금이 모두 지급될 때까지 매수인뿐만 아니라 제3자에 대하여도 유보된 목적물의 소유권을 주장할 수 있음.
6	**공장저당권자가 공장의 부도로 대표이사 등이 도피한 상태에서 담보물의 가치를 보전하기 위하여 경비용역업체를 통하여 공장을 경비한 경우에 민법 제758조에 규정된 공작물 등의 점유자의 책임이 있는가?**
	민법 제758조 제1항 소정의 공작물점유자라 함은 공작물을 사실상 지배하면서 그 설치 또는 보존상의 하자로 인하여 발생할 수 있는 각종 사고를 방지하기 위하여 공작물을 보수, 관리할 권한과 책임이 있는 자를 말함. 따라서 공장근저당권자가 공장의 부도로 대표이사 등이 도피한 상태에서 담보물의 가치를 보전하기 위하여 경비용역업체를 통하여 공장을 경비한 사실만으로 민법 제758조 제1항 소정의 공작물점유자에 해당한다고 볼 수 없음.

〈사례연구 7〉 [공장담보 배당사례]

공장저당에 의한 담보취득 시 기계기구를 담보 취득하지 않을 경우에는 다음의 사례와 같이 경매 시 크게 손해를 입는 경우가 자주 발생한다.

구분	법사가	매각가	설정내역	배당액
대지	2억원	4억원	① 순위 홍길동 6억원 (대지, 건물만 설정)	1억5천만원만
건물	1억원		② 순위 김순자 공장 근저당 6억원 (대지, 건물, 기계기구 설정)	2억5천만원
기계기구	5억원			
	8억원	4억원		

(배당기준) — 대지 : 4억원×2/8 = 1억원,
— 건물 : 4억원×1/8 = 5천만원
— 기계기구 : 4억원×5/8 = 2억5천만원

☞ ① 순위 홍길동은 대지, 건물에 대해서만 1순위이므로 대지와 건물의 매각가액인 1억5천만원만 배당 받게 됨.
② 순위 김순자는기계기구에서만 1순위이므로 기계기구의 매각가액인 2억5천만원 배당됨.

〈사례연구 8〉 [선박 우선특권]

- 채권자 공동이익을 위한 소송비용, 선박과 경매에 관한 비용, 항해에 관하여 선박에 관한 제세금, 도선료, 최종입항후의 선박과 그 속구의 보존비, 검사비, 선박사용인 (선원, 기타)의 고용계약으로 인한 채권

- 선박의 구조에 대한 보수와 공동해손의 부담에 대한 채권
- 항해사고로 인한 항해시설 및 항로에 대한 손해, 선원이나 여객의 생명, 신체에 대한손해와 적하 및 수하물에 대한 손해의 배상채권
- 선박의 보존 또는 항해 계속의 필요로 인하여 선장이 선적항 외에서 그 권한에 의하여 체결한 계약, 또는 그 이행으로 인한 채권
- 최후의 항해준비에 필요한 선박의 장비, 양식과 연료에 관한 채권

☞ 선박은 선박 우선특권, 경매진행중의 감수보존비용 등 저당권에 우선하는 비용지출이 많고, 원매자가 한정되어 있으며, 운항중지로 인한 선박의 노후 등으로 경매 시 경락가액이 상당히 하락하므로 담보취득이 제한된다.

〈사례연구 9〉 [공장설립 문의는 한국산업단지공단 공장설립지원센터로]

공장설립하기 복잡하십니까? 한국산업단지공단 공장설립지원센터로 전화하세요.

70여 개 복잡한 공장설립 관련 법령과 50여 개 까다로운 공장설립 인·허가 업무.

공장설립지원센터는 찾아가는 서비스로 오늘도 대한민국 방방곡곡 공장설립을 무료로 돕고 있습니다. (www.kicox.or.kr)

한국산업단지공단 공장지원센터는 지난 10년간의 공장설립지원 경험을 바탕으로 중소기업의 공장설립 관련 절차를 무료로 대행하여 드리고 있습니다.

(주요업무) 공장설립 입지상담 및 인·허가 무료대행, 전국 산업단지 분양 및 입주관련 상담 및 알선, 공장설립 관련 자금·환경·세제 관련 안내, 유관기관 및 정부부처, 지자체와의 연계서비스 제공

산업자원부, 한국산업단지공단 제공(연락처 : 서울센터 02－6300－6560,

창원센터 055－260－1212 등이며, 전국 대표번호는 1566－3636)

26. 경 · 공매 외 부동산매각공고

26－1. 부동산 매각 공고 업체

1. 부동산 매각 공매 공고

경매물건은 무료인 대법원(www.scourt.go.kr)과 유료인 인포케어(www.infocare.co.kr), 굿옥션(www.goodauction.co.kr), 지지옥션(www.ggi.co.kr) 등에서 검색하면 되며, 공매물건은 한국자산관리공사의 온비드공매(www.onbid.co.kr) 사이트나 지지옥션에서 주로 찾고 있다.

그러나 매각물건 수는 많지 않지만 경쟁률이 거의 없는 매각물건을 매일경제, 한국경제 등에서 자주 볼 수 있다. 그 중 자주 보이는 공매공고를 소개한다.

1	예금보험공사 파산재단 보유물건을 나라신용정보주식회사가 매각대행기관(문의처 : 02－721－6984)으로 선정되어 2008. 9.23 제29회 정리금융공사 보유 동 · 부동산매각공고(86건 공고물건) 한 바 있으며, 그 중 수 차례 유찰되어 감정가와 최저매각가격이 크게 차이가 나면서 수익성이 높을 수 있는 물건도 보인다. 인터넷사이트 중 나라신용정보(www.naracredit.com> 알림마당> 공매업무를 참조.
2	파산재단(금융기관)의 매각부동산은, 즉 00금고, 00저축은행, 00신협 등의 파산관재인인 예금보험공사 홈페이지(www.kdic.or.kr)> 공적자금관리> 부동산 매각정보> 공매공고문에서 "2007년도 제9회 전국 파산재단 보유부동산 합동공매공고" 등 참조(2008년도 제18회 전국 파산재단 보유 부동산 합동 공매공고 : 2008.9.2)
3	KB부동산신탁(www.kbret.co.kr, 영업2부 02－2190－9918), 한국토지신탁(www.koreit.co.kr), 대한토지신탁㈜ (02－528－0582)도 자체 별도 공매공고
4	각 금융기관(신한, 하나, 농협, 우리은행 등)도 총무부(팀)에서 부동산 매각공고를 하고 있다. 신한은행 총무부(02－756－0505 내선 5210 또는 3707)에서도 부동산 매각공고(지방 합숙소, 지점이나 출장소 폐쇄 시 등)를 중앙지에 공고하고 있으며 비슷한 인근지역의 지점이 중복되는 경우 한 곳을 매각하여야 하지만 위치가 매우 좋은 부동산도 만날 수 있으므로 관심을 가져 볼 만 하다. 하나은행은 사무지원부(02－2002－1941)에서, 우리은행은 충무팀(02－2130－5051)에서 매각공고를 담당하고 있으며, 농협의 매각대행기관은 농협자산관리㈜ 사업추진부 공매팀(02－2224－8626)이며 홈페이지 (www.acamco.co.kr)>공개자료실>공매관련자료에 게시하고 있으며, 신용협동조합중앙회도 (www.cu.co.kr, 기획조정팀 042－720－1202)공고
5	신탁부동산 공매공고를 주로 하는 다올부동산신탁(www.daoltrust.com)>공매물건정보 : 신탁기획팀(02－3287－4720), 해외 이민시 아파트 등 매각의뢰시에 한국자산신탁(주) (02－2112－6351), 그리고 대한주택보증㈜ (www.khgc.co.kr), 교보리얼코(주)(www.kyoborealco.com),

6	토지(체비지) 매각공고도 가끔 눈에 띈다. (예 : 인천광역시 중구 운남지구토지구획정리사업지구내 체비지는 운남지구토지구획정리사업조합 (WWW.WNLAND.CO.KR)을 참조하여야 하며, 체비지는 등기부등본이 없으며 체비지원부, 완납증명원 등을 통하여 소유권을 확인하며, 토지대장 및 등기부등본은 환지처분시 촉탁등기에 의해 신설된다)
7	일반기업체(예 ㈜대우건설 자산관리팀(02-2288-3667)의 아산레저호텔 매각, 한진중고업 감사팀(02-2006-7225)의 경남 마산시 봉암동 소재 약 5만평 공장 매각 공고 등)에서도 자체 부동산 매각 공고를 하고 있으며, SK네트웍스의 홈페이지(www.sknetworks.co.kr, 02-2221-1578)에서 주로 주유소 부지 부동산 매각공고를 자체적으로 공고
8	국유재산 매각입찰공고로는 2007. 8. 1 공고한 제3군사령관(인터넷 입찰문의 031-331-4645, 4647)에서 경기도 파주시, 고양시 소재지 등의 대지, 전, 답, 하천 등 많은 필지 부지를 한국자산관리공사 전자자산처분시스템 온비드(www.onbid.co.kr)에 2007-3호로 공고
9	한국토지공사(www.iklc.co.kr)내 토지청약시스템(http : //buy.iklc.co.kr)>토지매각공고를 참조하면 되며, 한국토지공사 인천지역본부장(토지사업팀 032-890-5181) 명의로도 비축토지 매각공고를 내고 있다. 한국방송공사(관재팀 02-781-1733)에서도 개별 매각공고를 내고 있고, 경주보문단지 토지, 시설물은 경북관광개발공사(개발기획팀 054-740-7361)에서 자체 공매공고
10	김해국제공항내 면세점, 커피전문점, 은행 환전소 등은 한국공항공사 부산지역본부장의 입찰공고(부산지역본부 운영계획팀 051-974-3323)로 김해국제공항 인터넷 홈페이지를 참조(www.gimhaeairport.co.kr)
11	공무원연금관리공단(www.geps.or.kr, 시설기획팀 : 02-560-2510) 부동산 매각공고
12	대한주택보증(www.khgc.co.kr, 서울관리2센터 : 02-3771-6539, 6540, 6543)에서 포천 거산아파트, 수원거산아파트, 시흥시 풍림1차 아이원아파트 등을 온비드(www.onbid.co.kr)를 통하여 2007년도 제7회 대한주택보증㈜ 부동산 공매공고
13	파산자 은아주택 합자회사(02-562-2133) 파산관재인 명의로 대전광역시 소재 다가구주택 및 상가부동산 공개매각 입찰공고
14	매각대행사인 비에이치피코리아㈜에서도 BHP Korea(www.bhpk.com, 02-2124-4114) 서울 영등포 양평동의 구 신동방빌딩을 매각대행, 한국출판협동조합(www.koreabook.or.kr, 총무팀 02-716-5621)에서 개별 매각공고를 내고 있다.

설혹, 현재의 공매 매각가격이 높다고 하더라도 유찰시마다 계속 저감하여 공매하므로 지속적으로 관심을 가지고 살펴보면 적절한 매수시점을 찾을 수 있고, 엄청난 수익을 안겨줄 수도 있다. 향후 이러한 부동산 등 공매 매각만 종합적 · 전문적으로 다루는 업체가 등장할 것으로 기대 된다.

그리고 나라신용정보, 인터넷차량 공매공고, 관세청 인터넷 홈페이지 등을 방문하여 보자.

1) **나라신용정보 매각공고(www.naracredit.com)**

㈜정리금융공사의 매각대행기관 나라신용정보㈜ 홈페이지(www.naracredit.com)>알림마당>공매업무>물건정보(주거용, 상가/사무실, 토지, 기타건물, 공장, 빌딩, 오피스텔에서 검색)에서 확인

2) **인터넷차량 공매공고(www.automart.co.kr)**

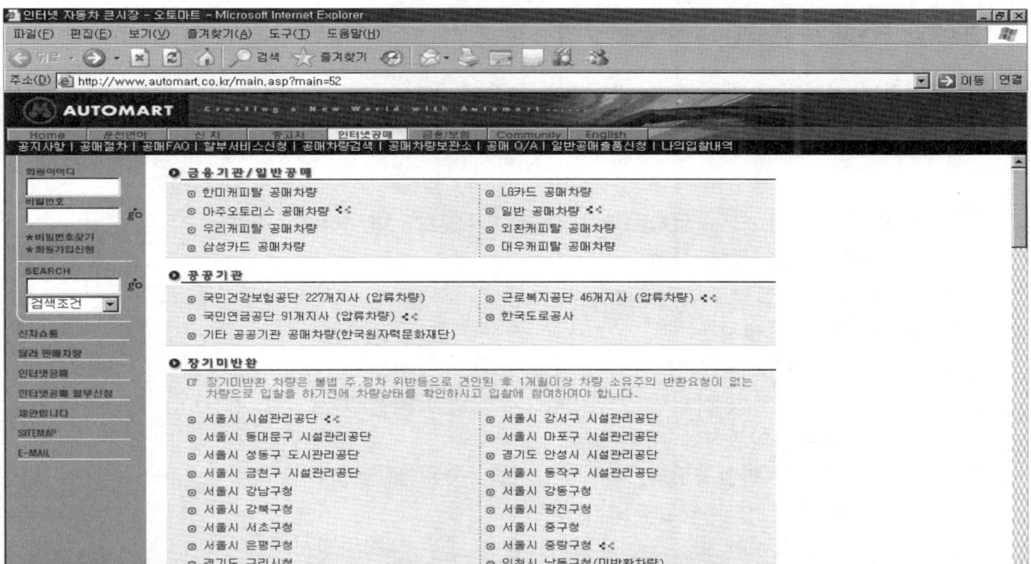

3) 관세청 매각공고(www.customs.go.kr)

〈사례연구 1〉 [2007년 제4차 주류공매 유찰물품 수의계약 홍보]

2007년 제4차 주류공매 유찰물품 수의계약 홍보

1. 우리세관 장치기간 경과물품 중 관세법의 규정에 의거 공개경쟁입찰방식에 따라 공매한 결과 유찰된 붙임 목록의 주류를 다음과 같이 수의계약으로 매각할 수 있음을 알려드립니다.

– 다 음 –

가. 기간 : 2007.09.13 ~ 2007.09.21(세관 근무시간 내 선착순 계약)

나. 대상물품 : 붙임 목록 참조

다. 수의계약 가능금액 : 수의계약가격 이상

라. 수의계약 시 제출서류

※ 주류수입면허를 가진 사업자(법인 포함)

- 사업자등록증(법인은 법인등기부 등본) 사본 1부(인감 지참)
- 주류수입면허증 사본 1부
- 위임장(위임자명의, 위임대상기간, 사용인감을 명시)
- 법인의 경우 인감증명서 1부
- 법인직원이 공매응찰을 위임 받은 경우 재직증명서 1매

※ 개인(1인 구매한도 : 3병)

- 주민등록증 및 도장 지참
- 대리인의 경우(1인) 위임장 및 인감증명서

2. 필히 오시기전 잔량여부를 확인하여주시기 바랍니다. 기타 자세한 사항은 인천공항세관 통관지원과(담당 000 ☎ 032-740-3433)로 문의하여 주시기 바랍니다.
3. 찾아 오시는 길은 인천공항세관 홈페이지(http : //airport.customs.go.kr)의 “세관소개” → “세관 찾아오기”를 참조하시기 바랍니다.

2007.09.12.

인 천 공 항 세 관 장

26-2. 금융기관 담보물 매매중개 지원제도

‘금융기관 담보물 매매중개지원 제도’는 최근 시행되는 새로운 제도이며, 권리관계가 복잡하지 않고, 임차인과 은행의 설정만 있는 경우에 쉽게 접근될 수 있을 것으로 보이며, 가압류나 국세체납이 과다한 경우, 2순위, 3순위 근저당권이 계속 등기되어 있고 부채가 과다한 경우에는 실효가 어렵겠지만 각 채권자의 동의를 얻을 경우에는 채권자 입장에서는 조속히 채권을 회수 할 수 있다는 장점도 엿 보여 경매로 해결되기 보다는 본 제도가 확산되길 그 동안 오랫동안 부실채권과 경매물건을 담당해 본 금융인 출신인 필자로서는 지지옥션에 현재 매물이 수십 건으로 미미하지만 본 제도가 정착, 발전해 주길 기대해 본다.(지지옥션(www.ggi.co.kr)>민간경매>물건검색 참조)

1. 금융기관 담보물 매매중개지원 제도의 의의

‘금융기관 담보물 매매중개지원 협약(이하 ‘협약’이라 함)’에 가입한 금융기관의 채권이 부실화되어 금융기관이 법원에 경매를 신청하여야 하는 담보물에 대하여 담보물 소유자의 자유로운 의사에 기한 사적 매매를 유도함으로써, 담보물 소유자에게 법원경매 보다 신속하고 유리한 조건으로 담보물을 처분할 수 있는 기회를 부여하는 제도입니다.

2. 담보물 매매중개지원 절차

<table>
<tr><td>소유자</td><td>담보물 매매중개지원 신청서 제출(저당권을 보유하고 있는 금융기관에 신청)</td></tr>
<tr><td>금융기관</td><td>임대차조사 실시(매매대상이 주거용 주택, 상가인 경우에 실시)</td></tr>
<tr><td>금융기관</td><td>최저매매가 및 매매대금 예상배분표에 대한 동의
(담보물에 대하여 이해관계 있는 채권금융기관이 동의)</td></tr>
<tr><td>금융기관</td><td>매매대상물건 공시
((주)지지옥션 [www.ggi.co.kr]에 매매대상물건 공시)
(지역별 담당 공인중개사에 매매중개 요청)
(채무자에 대한 독촉, 법적절차 중지. 금지)</td></tr>
<tr><td>매도인</td><td>매매계약 및 매매대금 지급</td></tr>
<tr><td>매수인</td><td>(매매대금은 지정된 금융기관명의 계좌로 입금하여야 함)</td></tr>
<tr><td>금융기관</td><td>매매대금 배분 및 저당권, 가압류 등 말소</td></tr>
</table>

3. 협약 가입 금융기관(2007년 08월 10일 현재)

매매대상 담보물상의 이해관계인(저당권, 가압류 등)이 협약에 가입한 금융기관인 경우에 한하여 매매 중개지원이 가능합니다. 개인채권자, 조세채권자 등 협약에 가입하지 않는 채권자가 이해관계인으로 등기되어 있는 경우에는 매매중개지원이 불가합니다. 다만, 협약에 가입하지 않은 채권자의 채권을 먼저 상환하고 관련 등기가 말소된 때에는 매매중개지원을 할 수 있습니다.

▸ 제1금융권 및 보증기관 등 (17개 기관)
국민, 신한, 우리, 하나, 중소기업, 한국외환, 한국시티, 한국수출입, 경남, 광주, 대구, 부산, 전북, 제주은행, 농협중앙회, 수협중앙회, 주택금융공사

▸ 상호저축은행 (51개 상호저축은행)
강원, 경기, 경남제일, 경은, 교원나라, 구미, 대전, 대한, 도민, 동광, 모아, 무등, 미래, 민국, 부림, 삼신, 삼정, 삼화, 새누리, 서울, 센트럴, 솔로몬, 스타, 신민, 아산, 안양, 에스앤티, 에이스, 영풍, 융창, 으뜸, 인성, 전북, 전일, 중부, 중앙부산, 진주, 진흥, 파랑새, 평택, 푸른, 프라임, 한국, 한신, 한주, 한진, 현대스위스, 현대스위스Ⅱ, 호남솔로몬, 화승, 흥국상호저축은행

4. 매매중개지원 신청인

신청인은 협약가입 금융기관에 담보를 제공한 자(담보제공자) 또는 그로부터 소유권을 이전받은 자 (제3취득자)이어야 합니다. 담보제공자 또는 소유자가 신용회복위원회에 신용회복지원을 신청하였거나, 법원에 개인회생절차 또는 개인파산을 신청하여 그 절차가 진행되고 있더라도 담보물의 매매중개지원을 신청할 수 있습니다.

5. 매매대상 담보물

6. 매매중개지원 대상

대출 등을 담보하기 위하여 협약가입 금융기관에 제공한 담보물로서 관련 대출이 부실화(연체)되어 있어야 합니다.

(1) 아파트(주상복합아파트 포함)

(2) 연립주택

(3) 다세대주택

(4) 오피스텔

위 (1)~(4) 이외의 물건은 이해관계 있는 모든 금융기관이 매매중개지원을 하기로 동의한 경우에 한하여 매매중개지원 신청을 할 수 있습니다.

* 감정기관의 감정평가를 필요로 하는 경우 감정평가비용은 소유자가 부담합니다.

7. 매매중개지원 제외 대상

매매대상 물건에 대하여 다음 각호의 1에 해당하는 사유가 있는 경우에는 매매중개지원 대상에서 제외됩니다.

(1) 협약에 가입하지 않은 채권자가 저당권, 가압류, 가처분, 가등기 등 등기부에 이해관계인으로 기입된 경우. 다만, 전세권이 설정된 물건은 매매중개를 지원할 수 있습니다.

(2) 조세, 기타 공과금 채권에 기한 압류, 참가압류 또는 교부청구가 있는 경우

(3) 등기부에 기입되지 않았으나 민법·상법, 그 밖의 법률에 의한 우선변제권 있는 채권이

있는 것으로 조사된 경우

(4) 허위의 임대차계약이 있는 것으로 추정되어 채권금융기관이 담보권을 실행함이 유리하다고 판단한 경우

(5) 담보물에 대하여 소송 등 권리에 관한 다툼이 있는 경우

(6) 매매대상 담보물에 대하여 법원의 경매절차가 진행 중이고, 최초매각기일이 공고된 경우

(7) 공유지분을 담보로 취득한 후 담보로 제공된 일부 공유지분만을 매매하는 경우

(8) 채무자가 신용보증부여신을 부담하고 있어 매매대상 담보물상의 저당권에 대하여 신용보증기관의 저당권 일부 이전 요청이 예상되는 경우

8. 담보물 매매중개지원의 신청

▶ **신청서의 접수**

담보물의 소유자는 다음의 채권금융기관에게 "담보물 매매중개지원 요청서"를 제출하여야 합니다.

* 제출처 : 담보물에 대하여 저당권을 보유한 금융기관
⇒ 후순위 저당권을 보유한 금융기관에도 제출 가능
* 법원경매가 진행중인 담보물 : 경매를 신청한 금융기관에게 제출

9. 신청인의 구비서류

구 분	내 용	비 고
신청인	담보제공자(또는 제3취득자) 또는 대리인	대리인이 신청하는 경우 소유자가 작성한 위임장을 첨부하여야 함
구비서류	**신청인 준비서류(필수제출서류)**	
	1. 담보물 매매중개지원 신청서	
	2. 주민등록증 사본 1부	법인의 경우 법인등기부등부 첨부
	신청인 준비서류(임의 제출 서류)	
	임대차계약서 사본	

– 담보물 매매중개지원 요청을 접수하는 중개의뢰금융기관이 녹음시설을 갖춘 경우에는 매매중개지원 내용을 녹음하고 '담보물 매매중개지원 요청서'를 받지 않을 수 있습니다.

10. 신청비용의 면제

채권금융기관은 담보물 매매중개지원과 관련하여 담보물 소유자 등 매매중개지원 신청인으로부터 수수료 등 명목 여하를 불문하고 일체의 금원을 받지 않습니다.

11. 매매대금의 지급

매수인이 지급하는 계약금을 포함한 매매대금은 중개의뢰금융기관이 지정하는 금융기관 명의의 계좌로 입금하여야 하고, 이를 매도인에게 지급하여서는 안됩니다.

12. 저당권, 가압류 말소

13. 배분금을 송금 받은 채권금융기관은 배분금을 입금 받은 날부터 2영업일(입금일 불산입) 이내에 매매대상 담보물상의 저당권, 가압류를 말소하는 신청서를 법원에 제출합니다.

* 잔금지급일에 저당권, 가압류 등의 말소 신청이 동시에 진행되기를 바라는 경우에는 잔금지급일 이전에 매매중개지원을 신청한 금융기관에 요청하여 협조를 받으시기 바랍니다.
* 저당권, 가압류 등의 말소비용을 배분금에서 차감하여 법무사에게 지급할 수 있습니다.

14. 말소되는 '매매대상 담보물의 부담'은 매매대금배분표의 원인이 되는 채권을 담보 또는 보전하기 위한 다음의 등기입니다.

○ 저당권설정등기, 지상권설정등기

○ 압류등기 (경매개시결정 기입등기 포함)

○ 가압류등기

15. 매수인이 채무인수 · 대출을 받고자 하는 경우

매수인이 매매대상부동산에 저당권을 설정하고 대출을 받아 매매대금을 지급하거나, 채무인수를 하고자 할 경우에는 채권금융기관에 대출 또는 채무인수를 신청할 수 있습니다.

* 채무인수를 신청할 경우 : 인수대상 채권을 보유하고 있는 금융기관에 신청
* 대출을 받고자 할 경우 : 채권금융기관에 신청

16. 법적절차 중지 · 금지 및 독촉금지

17. 법적절차 및 독촉제한의 범위

금융기관은 대상담보물을 '담보물 매매중개 공시시스템에 등록한 때로부터 다음의 법적절차 또는 행위를 중지 또는 금지합니다.

중지/금지행위	해제사유	중지/금지의 해제
1. 매매대상 담보물에 대한 담보권 설정 또는 담보권 실행 행위 2. 신규대출 취급 등 저당권의 피담보채무를 증가시키는 행위 3. 매매대상 담보물에 대한 압류, 가압류 또는 가처분 신청 행위	담보물 매매중개 공시시스템 에 등록한 때로부터 3개월이 경과하도록 매매계약이 체결 되지 아니한 때	1,2,3의 행위가능
4. 매매대상 담보물에 설정된 저당권의 피담보채무 또는 가압류 신청채권의 변제를 요구하는 행위 다만, 상계와 소송행위는 가능	대상담보물의 소유권이전 등기가 완료된 때 또는 매매대금입금 완료일	4의 행위 가능

18. 담보물 매매중개지원 요청의 실효

'담보물 매매중개 공시시스템'에 매매대상 담보물을 등록한 때로부터 3개월이 경과하도록 매매계약이 체결되지 않을 때에는 담보물 매매중개지원 요청은 효력을 상실합니다.

19. 매각정보 공시기관

매각 정보는 본 제도의 시스템 운영자인 (주)지지옥션 인터넷 사이트(www.ggi.co.kr)>민간경매에 전체물건을 공시합니다.

〈사례연구 1〉 [금융기관 담보물 매매중개지원 제도 기사1]

은행 대출금을 갚지 못해 담보물 경매위기에 처한 연체자에게 법원 경매전에 사적 매매를 통해 처분할 수 있도록 지원하는 '금융기관 담보물 매매중개지원 제도'가 2007. 9. 3 부터 시행된다. 연체자는 법원경매보다 유리한 조건으로 담보물건을 매각할 기회를 갖게 되고 금융기관은 부실 채권을 조기에 회수할 수 있는 장점이 있다. 은행연합회에 따르면 은행과 상호저축은행에 대출금을 연체하고 있는 경우에 이용할 수 있다. 대출금을 연체하면 통상 2~4개월이 지나 은행의 경매최고장을 받게 되며 이 때 법원 경매를 피하고 '매매중개지원제도'를 이용하고 싶다면 근저당권을 가진 금융회사에 신청서를 내면 된다. 법원경매가 진행 중인 부동산도 매각기일 공고 전(통상 경매 시작 후 4~5개월)까지 신청할 수 있다. 금융회사 들은 주로 아파트, 연립, 다세대, 오피스텔 등 환금성이 높은 부동산을 중심으로 신청 받으며, 빌딩, 상가 등도 이해 관계가 있는 모든 금융회사가 동의할 때는 매매중개가 가능하다. 주의할 점은 담보물의 모든 이해관계인(저당권자, 가압류채권자 등)이 협약에 가입한 금융회사여야 한다는 것. 현재 협약에 가입한 곳은 17개 은행 및 보증기관, 51개 상호저축은행이다. 협약에 가입하지 않은 채권자가 매매대상 부동산에 근저당권, 가압류 등 이해관계를 갖고 있는 경우나 분쟁 중인 부동산, 허위의 임대차가 있는 부동산 등 매매가 쉽지 않은 부동산은 제외된다. 신청 받은 금융회사는 매매 대상 부동산을 ㈜지지옥션 홈페이지(WWW.GGI.CO.KR)에 공시하고 지역별로 지정된 협력 공인중개사에 맡겨 매각을 진행하게 된다. 매각이 시작되면 모든 금융회사는 3개월 동안 관련 법적 절차 및 독촉을 중지하게 된다. 만약 3개월 내에 팔리지 않으면 법원 경매에 부친다. 매매가격은 금융회사가 지정하는 최저 매매가 이상이면 계약 당사자 간에 자유롭게 계약이 가능하다. 매매가 이뤄지면 매매대금은 금융회사로 입금돼 대출금 상환에 쓰이며 남은 금액은 소유자에게 지급된다.

(자료출처 : 한국경제 2007. 9.4일 김현석 기자 글에서 발췌)

〈사례연구 2〉 [금융기관 담보물 매매중개지원 제도 기사2]

제목 : **금융기관 담보물 매매중개지원 제도**

전국은행 연합회는 07년 9월 3일 국내 17개 은행 및 보증기관, 51개 상호 저축은행과 협약을 맺고 '금융기관 담보물 매매중개지원 제도'를 시행키로 하였다.

〈주요내용〉

① 은행, 상호저축은행에 대출금을 연체하고 있는 경우에 이용가능
* 담보물 소유자가 저당권을 보유하고 있는 금융기관에 소정의 신청서를 제출하여야 함
* 매매대상 부동산 모든 이해관계인(저당권자, 가압류채권자)는 협약에 가입한 금융기관이어야 함.
* 법원 경매가 진행중인 부동산도 매각기일 공고 전까지 신청가능
* 담보물 매매중개지원 신청을 한 경우 금융기관은 3개월 범위 내에서 매매대상 부동산과 관련된 법적절차 및 독촉을 중지 또는 금지함.

② 아파트, 연립, 다세대, 오피스텔을 중심으로 매매중개지원
* 빌딩, 상가 등 다른 부동산도 이해관계가 있는 모든 금융기관이 동의하는 경우에는 매매중개 가능

③ 매매대상 부동산을 인터넷에 공시 금융기관이 지정하는 최저매매가 이상으로 매매
* '최저매매가'는 금융기관이 조사한 가격에 법원평균매각가율을 곱하여 결정함

#실제매매가격은 최저매매가 이상으로 매매 당사자의 합의로 결정 됨

④ 담당 공인중개사가 매매를 중개

⑤ 매매대금을 입금받은 금융기관에서 대출금상환 및 저당권, 가압류 말소

* 매매대금을 각 채권금융기관에게 순위에 따라 배분

⑥ 이 제도를 이용한다면 법원경매보다 고가로 신속하게 담보물을 매매할 수 있을 것으로 보여짐.

(자료출처 : 전국은행연합회 보도자료 요약)

〈사례연구 3〉 [금융기관 담보물 매매 중개지원 프로세스]

〈업무 절차 별 처리기준〉

1) 개 요

○ 정리여신 담보물에 대하여 금융기관이 담보권에 대한 이해관계인의 법률관계를 조정하여 소유자의 자유로운 의사에 기한 사적 매매를 유도 신속한 담보처분으로 부실채권 조기 회수

2) 신청대상 : 기한의 이익을 상실한 여신의 담보제공자 및 그로부터 소유권을 이전 받은 자

3) 신청접수

○ 소유자가 거래 금융기관에 "매매중개지원신청서" 제출

→ 1순위 이외 저당권 기관에 신청도 가능

☞ 경매진행중인 경우 경매 진행 금융기관에서 신청서 접수

→ 경매기일 연기(1회 2개월간) 2회까지 필요

☞ 가압류만 되어 있는 경우 신청서 접수 불가→근저당권자만 접수가능 (임대차조사비용 등 발생)

○협약가입 기관인지 확인→ 협약기관 이외의 이해관계인이 있는 경우 대상 제외

○ 협약가입기관→2007년9월 현재 17개 은행 및 51개 상호저축은행→www.ggi.co.kr 확인

○ 신청인 구비 서류

– 담보물매매중개지원 신청서/주민등록증사본/임대차계약서사본/법인등기부등본 등

중 략

27. 뉴타운 · 재개발 · 재건축지 경매 낙찰

27－1. 뉴타운 · 재개발 · 단독주택재건축 지(地)의 경매낙찰

－ 2006.7월 뉴서울부동산컨설팅 대표 권장원, 배재진 강의안에서 발췌－

재개발, 단독주택재건축은 정부에서 적극 지원하는 유일한 부동산 상품이며 공급정책과 세금정책완화로 수익성 기대감 크다. 2006.7월 현재 지분 19.84㎡(약6평) 시세(송파뉴타운 약 250백만원선, 성수 뉴타운 예정지 약 250백만원선, 목동 뉴타운예정지역 150백만원선 등)도 계속 상승추세이며 경매낙찰가도 매우 높은 실정이다.

1. 뉴타운 · 재개발 · 단독주택재건축의 장점

구 분	내 용	비고
정부의 지원(공급정책)	도시재정비촉진을위한특별법 제정(2006. 7. 1 시행 중)	
	분양평형완화(4 · 4 · 2 규정 삭제)	
	주민동의율 완화(80%⇒2/3⇒60%로 예정)로 추진속도 빨라짐, 구역지정 시 동의요건 삭제	
	재개발요건 완화⇒호수밀도, 접도율, 과소필지 완화	
타상품규제로 인한 반사이익(부동산 억제정책과 재개발투자)	분양권전매금지(대상아님)	
	주택투기지역(대부분 제외됨)	
	주택거래신고지역(아파트, 연립주택만 해당되며 대부분 제외)	
	투기과열지구(청약통장과 관계없음)	
객관적 투자분석	안전성(등기상 문제없고 주택분야이므로 투자수요 외에 실 수요자가 항상 존재한다)	
	투자성(수익성 검토가 가능하다/ 사업성 및 지역, 개별분석을 통해서)	
	환금성(다른 투자상품에 비해 투자기간이 짧다)	
	정책(공급정책 및 세금정책에서 가장 규재를 덜 받고 있고, 국민소득향상으로 인한 주거의 전적인 개선이 시급하고, 도정법 및 도촉법 제정 및 시행, 서울시장 및 경기도지사 뉴타운추진 의지표명)	

2. 뉴타운 · 재개발 · 단독주택재건축 투자의 체크포인트

구 분	내 용	비 고
사업성분석	사업면적	
	예상세대 수	
	조합원수	

	세입자수	
지역분석	U턴프로젝트지역	
	강남지역뉴타운	
	특별법적용 예상지역	
개별물건 분석	아파트 분양대상자	
	감정평가	
	예상 프리미엄 계산방식	

3. 아파트 분양대상자(서울특별시도시및주거환경정비조례 제24조 해석)

구 분	내 용	비 고
1. 토지 및 건축물 소유자	즉, 다세대, 단독, 다가구 모두 포함	지목여부 불문 조합원 됨
2. 무허가건물 소유자	(공부상 등재 또는 재산세 납부 등으로 81.12.31 이전에 확증이 있는 건물)	재건축에서는 조합원 안됨
3. 주택만을 소유한 자	→ 국, 공유지 점유자로서 주택용 건물 소유자 → 토지, 건축물의 소유권 이전이 다른 경우 건축 당시부터 소유권이 다르거나 2003년12월30일 이전 분리 취득자	
4. 다가구, 다세대 주택 소유자	→ 1997년1월15일 이전에 구분등기로 취득한 다가구 주택 → 2003년12월30일 이전에 다세대로 전환한 주택소유자 (전용면적 60㎡이하 분양 또는 임대아파트 공급)	
5. 토지만을 소유한자	→ 총면적이 90㎡이상 토지소유자(공유지분인 경우에는 2003.12.30 이전 취득자) → 1필지 면적이 30㎡이상인 경우에는 사업시행인가일부터 공사완료시까지 무주택자에 한해 분양(지목이 도로이며 도로로 사용되는 경우 제외) → 토지, 건축물의 소유권이 다른 경우 건축 당시로 부터 소유권이 다르거나 2003년12월30일 이전 분리취득자	⇒만약3필지 합산하여 90㎡도 해당
6. 소유하고 있는 권리가액이 공동주택 최소규모 분양가 이상인 경우		
7. 상기 조건에서 제외되는 경우	→ 2003년12월30일 이후 공유지분으로 취득 또는 토지와 건축물을 분리 취득하여 합산한 것은 불인정	
8. 공동분양 대상자	→ 2003년12월30일 이후 단독, 다가구 주택을 다세대로 전환 구분등기 후 취득한 자 → 하나의 주택 또는 한 필지의 토지를 수인이 소유한 경우 (2003년12월30일 이전 공유지분으로 취득한 90㎡이상 토지 제외) → 수인이 수개의 주택, 토지를 소유하였으나 수인이 하나	

	의 세대인 경우(주민등록 분리된 배우자 포함)	
9. 분양제외 대상자 (현금청산)	→ 건축물 소유자로 신 발생 무허가건물 소유자 → 분양 대상 기준에 해당하지 않는 토지 등의 소유자	

4. 조합원 분양자격

(단, 아래는 서울특별시의 조례에 의한 것으로서 다른 시, 도는 해당 시 조례 참고 요함)

대상자	토지만 소유한 경우		건물만 소유한 경우	무허가건축물을 소유한 경우	토지+ 건물을 소유한 경우
주택소유 여부	유주택자	무주택자	여러 주택 소유에 관계없음	국공유지점유자	소유에 상관없음. 단, 1가구가 다수 소유한 경우는 1분양자로 봄
최소면적	90㎡ (=27.25평) 이상 ⇒공유지분인 경우에는 2003.12.30. 이전 취득자)	30㎡(=9평)이상~90㎡미만 ⇒사업시행인가일부터 공사완료시까지 무주택자에 한해 분양	건물면적이 아무리 적어도 등기만 있으면 가능	건물면적이 아무리 적어도 구청에 등록만 되어있으면 가능	상관없음
2003년12월 30일 (조례시행일)	등기분할은 이전	등기분할은 이전	다가구 등기분할은 등기분할 이전(단, 20평형대 이하만 공급)	단, 무허가건축물대장에 올라있을 것	등기분할은 이전에 단 면적제한 있음("토지만 소유"의 경우에 해당)
지목여부	지목여부 상관없음	지목이 도로이며 도로로 사용되는 경우 제외	관련 없음	관련 없음	대지

5. 상가분양 자격 순위표

항 목	1순위	2순위	3순위	4순위	5순위	6순위
종전 건축물용도가 상가, 복리시설인 경우	해당	해당	해당	해당	해당사항없음	해당사항없음
사업자등록증	있음	없음	있음	없음	해당사항없음	해당사항없음
종전 건축물의 가격이 최소분양단위 분양가액	이상	이상	이하	이하	이상	이상
공동주택 분양받은 경우	관계없음	–	분양받지 않음	분양받지 않음	분양받지 않음	분양 받음

6. 매물 수익비교

뉴타운·재개발·단독주택재건축 어떤 것이 돈이 되나(1)?
"평당 시세 높아도 작은 지분이 돈 된다"

<모 지역 대지지분 작고, 큰 지분 매물 수익비교>

(단위 : 원)

매 물	대지18.91㎡(5.72평) / 건물 34.98㎡(10.58평)	대지 38.48㎡(11.64평) /건물 69.39㎡(20.99평)
A시 세(시세로 구입)	245,000,000(평당 4,290,000)	365,000,000(평당 3,140,000)
감정평가액	대지5.72평×7백만원=40,000,000 건물92년 철콘 =17,000,000 합 계 57,000,000	대지11.64평×5,000,000=58,000,000 건물 95년 철콘 =39,000,000 합 계 97,000,000
조합원분양가(32평형)	165,000,000	165,000,000
B추가부담금액 (분양가－평가액)	108,000,000	68,000,000
A+B 총 부담금 (시세+ 추가부담금액)	353,000,000 (GOOD)	433,000,000 (BAD)

뉴타운·재개발·단독주택재건축 어떤 것이 돈이 되나(2)?
"나대지 공유지분이 훨씬 저렴하다"

<모 지역 공유지분 매물과 단독주택 수익비교>

(단위 : 원)

매 물	도로공유지분 90㎡이상(27.2평)	단독주택 대지59.51㎡(18평) /건물46.28㎡(14평)
A시 세(시세로 구입)	217,000,000	396,000,000(3.3㎡당 22,000,000)
감정평가액	90㎡이상(27.2평) ×2,000,000=54,400,000	대지 59.51㎡(18평)×6,000,000=108,000,000 건물 86년 벽돌조 = 7,000,000 합 계 115,000,000
조합원분양가(32평형)	170,000,000	170,000,000
B추가부담금액 (분양가－평가액)	116,600,000	55,000,000
A+B 총 부담금 (시세+ 추가부담금액)	333,000,000 (GOOD)	451,000,000 (BAD)

뉴타운·재개발·단독주택재건축 어떤 것이 돈이 되나(3)?
"무허가건물도 큰돈 된다"

< 무허가 점유지상권 및 단독주택 수익비교>

(단위 : 원)

매 물	사유지무허가건물 39.67㎡(12평)	단독주택 대지49.59㎡(15평) /건물66.12㎡(20평)
A시세(시세로 구입)	120,000,000	380,000,000
감정평가액	39.67㎡(12평)×500,000= 6,000,000	대지49.59㎡(15평)×5,000,000 =75,000,000 건물 90년 철콘 = 75,000,000 합 계 150,000,000
조합원분양가(32평형)	240,000,000	240,000,000
B추가부담금액(분양가－평가액)	234,000,000	135,000,000
A+B 총부담금 (시세+추가부담금액)	354,000,000 (GOOD)	515,000,000 (BAD)

7. 서울특별시도시및주거환경정비조례

제24조 (주택재개발사업의 분양대상 등) ① 영 제52조제1항제3호 의 규정에 의하여 주택재개발사업으로 건립되는 공동주택의 분양대상자는 관리처분계획기준일 현재 다음 각호의 1에 해당하는 토지등 소유자로 한다.

1. 종전의 건축물 중 주택(기존무허가건축물 및 사실상 주거용으로 사용되고 있는 건축물을 포함한다)을 소유한 자.

중 략

3. 분양신청자가 소유하고 있는 권리가액이 분양용 최소규모 공동주택 1가구의 추산액 이상인 자 사업시행방식전환의 경우에는 전환되기 전의 사업방식에 의하여 환지를 지정 받은 자. 이 경우 제1호 내지 제3호의 규정은 적용하지 아니할 수 있다.

중 략

8. 사 례

구 분	소 재 지	부동산등기부등본 고유번호	등기부등본－ 집합건물	비 고
조합원이 되는 부동산	서울특별시 송파구 마천동 346－14, 346－19 위 양지상의 제지하층제지2호	1162－2000－001329	2000. 5. 8 다세대주택 (8세대)	
	서울특별시 은평구 녹번동 98－58 위지상 다가구용 단독주택(3가구)	1147－1996－519753	1992. 2.21 다가구용단독주택 (3가구)	

조합원이 안되는 부동산	서울특별시 송파구 마천동 278－20, 278－27 위 양지상의 제2층 제202호	2442－2004－004472	2004. 6.22 등기원인 및 기타 사항란 (일반에서 집합으로 전환 인하여)	재개발은 청산대상이나 재건축은 아직 지분 쪼개기가 가능하여 분양대상자이며, 재건축은 아직 나대지 매입하여 지분 쪼개기도 가능하다.
기 타 (조합원이 되는 부동산)	서울특별시 은평구 갈현동 288－229	1147－1996－012655	2006. 4.12 순위번호 35번 지분 90/1,890 쪼개기	지분 90㎡/1,890㎡을 쪼개기 하여 매매 이전 중

9. 주택재개발사업 기본추진 절차

구분	내용	비 고
사업준비단계	① 기본계획수립(인구 50만 이상시 : 특광시장)	기초조사 기본계획을 세우고 관련기관에 보고하는 절차
	② 추진위원회 승인(토지 등 소유자⇒구청장)	누가, 무엇을, 어떻게 할 것인지에 대해 운영규정을 만들어 문서화하는 과정
사업시행단계	③ 구역지정(구청장입안⇒시장, 도지사 결정)	재개발 타당성을 검토하고 예상 사업지역 주민들의 의견을 모아 해당 관청에 알리는 과정
	④ 조합설립인가(추진위원회⇒구청장)	추진위원회를 한 단계 발전시켜 조합을 만들고 법인 등기함. 이 단계부터는 법적인 권한과 의무에 의해 사업을 추진
	⑤ 사업시행인가(시행자⇒구청장)	사업추진의 모든 준비를 완료하고 이를 해당 구청에 확인 및 승인 받는 과정
	⑥ 조합원 분양신청/권리가액평가/토지수용	사업부지 내에 국, 공유 토지가 있을 경우 이를 재개발 사업의 목적으로 용도 전환하는 과정
관리처분단계	⑦ 관리처분계획인가(시행자⇒구청장)	조합원소유 기존의 토지 및 건물 등에 대한 권리가액을 정하고 조합원 분양가를 확정시킴으로써 조합원의 부담금(또는 환급금)이 결정되는 절차
	⑧ 착공신고(시행자⇒구청장)/분양 및 동·호수 추첨	이주, 철거, 착공 및 일반분양 동, 호수 추첨이 이루어지는 단계
완료단계	⑨ 준공인가(시행자⇒구청장)/청산	사업계획을 마무리하는 단계로 시행자에 있었던 재산권을 각 입주자 명의로 분할 등기하는 과정, 조합원들의 사업 마무리를 마친 후 해산절차를 밟음

10. 재개발사업 절차 및 소요기간

구 분	내 용	비 고
도시 및 주거환경정비 기본계획수립 (특별시장, 광역시장, 도지사)	10년 단위 수립 (5년마다 타당성 검토)	
조합설립추진위원회승인(시장, 군수, 구청장)	약5개월	토지 등 소유자 과반수 동의
정비구역지정(특별시장, 광역시장, 도지사)	약1년~3년	구역지정 입안 시 토지 등 소유자 2/3이상 동의
조합설립인가(구청장)	약3개월	토지 등 소유자의 4/5동의
사업시행인가(구청장)	약6개월	
관리처분계획인가(구청장)	약6개월	
이주, 철거 및 착공	약6개월~1년	
준공인가	약2년~3년	

11. 도시재정비촉진특별법 주요내용

구 분	내 용	비 고
대상	전국 도시의 낙후지역	
개발유형	-주거지형 : 노후・불량주택・건축물이 밀집한 지역(50만㎡이상) -중심지형 : 상업・공업지역이나 역세권・지하철역・간선도로의 교차지 등(20만㎡ 이상) (향후 중심상업지역은 10만㎡로 변경 예정)	
건축규제완화	-용도지역 변경 : 2종 주거지역⇒3종 등(상업지역도 가능) -구역지정요건 완화 : 호수밀도, 접도율(4미터 이상 도로에 접한 건물의 비율)20% 범위 안에서 완화 등 -용적률완화 : 2종 일반주거지역 250%, 3종 300% 까지 -주택규모・건설비율 특례 : 현재 전용면적 25.7평 이하가 전체의 80% 이상 ※ 재건축 구역은 해당 안됨	
임대아파트 공급확대	-인센티브로 늘어나는 용적률(개발계획용적율에서 기존 용도지역 용적률을 뺌)의 75% 이하(조례) 임대아파트 공급 -임대아파트는 전용 25.7평 초과가 전체 임대주택의 20~40% 이하(조례) 중형임대 -건축비만 받고 자치단체 등에 제공	
비용지원	-지방세 감면, 과밀부담금 면제, 특별회계 설치	
기반시설설치강화	-문화・복지시설 등을 민간투자사업으로 시행 가능	
교육환경개선	-교육감과 협의해 우수학교 등 학교설립계획 마련 -학교용지 매입 등 쉽게	

토지거래허가제 강화	−재정비촉진지구 지정·고시 즉시 토지거래허가구역으로 지정 −건교부장관이 예상지역에 대해 미리 허가구역으로 지정 가능 −토지거래허가대상 기준면적 축소(현재 도시지역 주거지역 180㎡초과)	
지분 분할 제한	−재정비촉진지구 지정·고시일 기준으로 입주권 줌 : 고시일 이후 토지분하, 단독·다가구주택의 다세대전환, 주택 공유자 수 증가, 건축물과 토지의 소유 분리하더라도 입주권 나오지 않음	
뉴타운 등과의 관계	− 기준면적 이상으로 이미 지정·고시된 뉴타운·균형발전촉진지구는 건교부장관이 인정하면 재정비촉진지구로 간주	
시행시기	−2006년7월	

12. 평택시 원평동 주택재개발정비사업 추진일정 사례

(원평동 주택재개발정비사업 조합설립추진위원회)

사업추진	주요내용	일 정
정비구역(정비계획)지정신청	−정비계획 수립 −권리주민 동의 70%(인구 50만 이하)	2005.12월
추진위원회 승인신청 주민총회	−추진위원회 임원 운영규정 승인 −정비사업자 및 시공사 선정(주민총회 개최) −권리주민 동의 50%	2006. 8월
조합설립인가 신청 창립총회	−조합장, 임·대의원 선정 −법인 등록/협력업체 계약 −권리주민 동의 80%	2006.10월
교통영향평가	−사전 교통영향평가 심의 및 건축도서 심의	2006.12월
사업시행인가 신청	−구역경계 및 사업시행 설계도서 확정 −국·공유지 우선매수 협의 −인·허가 신청서류 최종검토	2007.3월
관리처분계획수립 총회개최	−종전토지·건축물 가격(권리가액)확정 −분양아파트 1분양가격 결정 −조합원 평형 배정 −권리주민 동의	2007. 9월
조합원 우선분양신청	−조합원 동·호수 추첨	2007.11월
이주 및 철거	−조합원 이주 및 건축물 멸실신고	2008.1월
착공	−시공사 착공신고 및 공사	30개월 이상
준공 및 입주	−조합청산 및 해산	

13. 도시재정비 촉진을 위한 특별법 및 시행령

제2조 (용어의 정의) 이 법에서 사용하는 용어의 정의는 다음과 같다.
중 략

제정 2006.06.29 (대통령령 제19576호) 건설교통부
도시재정비 촉진을 위한 특별법 시행령
령제12조 (재정비촉진구역 지정 요건의 완화)
중 략

<table>
<tr><th colspan="5">뉴타운 · 재개발 · 단독주택재건축 개별물건분석 프로그램</th></tr>
<tr><td rowspan="2">대지지분</td><td>㎡</td><td>㎡</td><td rowspan="2">개별공시지가</td><td>원/㎡</td></tr>
<tr><td>평</td><td>평</td><td>원/평</td></tr>
<tr><td rowspan="2">건축물</td><td>㎡</td><td>㎡</td><td>건물건축년도</td><td>년</td></tr>
<tr><td>평</td><td>평</td><td>건물경과년도</td><td>년</td></tr>
<tr><td rowspan="4">예상평가액</td><td>대지</td><td>원/평</td><td colspan="2">※ 지역마다 다르나 기준을 잡기 위해 130%으로 일률적으로 평가</td></tr>
<tr><td>건물</td><td>원/평</td><td colspan="2">※ 건물노후도에 따라 다르나 최소 잔존가치를 평당 50만원~100만원으로 보고 아래와 같이 평가함
□ 평당건축비 산정기준
PC 150±50
조적 · 철콘 200±50
철골 250±50
□ 연간 감가상각비
PC : 5% 조적 · 철콘 : 2.5% 철골 : 2%</td></tr>
<tr><td>대지예상총액</td><td>원</td><td>건물예상총액</td><td>원</td></tr>
<tr><td colspan="2">예 상 평 가 총 액</td><td colspan="2">원</td></tr>
<tr><td>비례율(%)</td><td colspan="2">100%</td><td colspan="2">일반적으로 비례율은 100%정도로 보고 계산함</td></tr>
<tr><td>매입가(총액)</td><td colspan="2">원</td><td colspan="2"></td></tr>
<tr><td>전세가</td><td colspan="2">원</td><td colspan="2"></td></tr>
<tr><td>융자가능액</td><td colspan="2">원</td><td colspan="2"></td></tr>
<tr><td>초기투입비용</td><td colspan="2">원</td><td colspan="2">매입가(총액)－전세가－융자가능액</td></tr>
<tr><td>프리미엄</td><td colspan="2">원</td><td colspan="2">매입가(총액)－예상평가총액</td></tr>
</table>

※ 단독은 토지, 건물 별도평가이고 공동주택은 일괄평가하는 것이 원칙이나 계산편의상 공동주택도 단독주택처럼 평가함.

뉴타운 · 재개발 · 단독주택재건축 경매 입찰가 산정 프로그램(I)

소재지	시 구 동 번지 동 호 (건물전유면적 : ㎡ 토지전유면적 : ㎡)	
추진단계	재개발	□기본계획수립 전 □기본계획수립 □조합설립추진위원회승인 □구역지정 □조합설립인가 □사업시행인가 □분양신청 □관리처분계획인가 □철거및착공 □준공및입주 □이전고시 □청산및해산
	재건축	□기본계획수립전 □기본계획수립 □조합설립추진위원회승인 □구역지정 □안전진단 □조합설립인가 □사업시행인가 □분양신청 □관리처분계획인가 □철거및착공 □준공및입주 □이전고시 □청산및해산
	일반	□ 토지 및 건축물 소유자
	무허가건물 (서울기준)	□ 1981년 12월 31일 현재 무허가건축물대장에 등재된 건축물 □ 1981년 제2차 항공 촬영 사진에 수록돼 있는 무허가건축물 : 재산세납부 등으로 공부상 1981년 12월 31일 이전에 존립된 확증이 있는 건축물 □ 1982년 4월 8일 이전에 사실상 건립된 연면적 85㎡ 이하의 주거용건물로 1982년 제1차 항공 촬영 사진에 수록돼 있거나 재산세 납부 등 공부상1982년 4월 8일 이전에 건립했다는 확증이 있는 무허가건축물 □ 1989년 1월 24일 당시의 무허가건축물(사용승인 · 준공인가를 받지 못한 건축물 포함)중 조합 정관에서 정하는 건축물
	주택만을 소유	□ 국 · 공유지 점유자로서 주택용 건물 소유자 □ 토지, 건축물의 소유권 이전이 다른 경우 건축 당시부터 소유권이 다르거나 2003년 12월 20일이전 분리취득자
	다가구 · 다세대 주택소유자	□ 1997년 1월 15일 이전에 구분등기로 취득한 다가구 주택 □ 2003년 12월 30일 이전에 다세대로 전환한 주택소유자 (전용면적 60㎡이하 분양 또는 임대아파트 공급)
	토지만을 소유	□ 1필지 면적이 90㎡ 이상 토지 소유자 (공유지분인 경우에는 2003.12.30일 이전취득자) □ 1필지 면적이 30㎡이상 90㎡미만인 경우에는 공사 완료 시까지 무주택자에게 한해 분양 (지목이 도로이며 도로로 사용되는 경우 제외)
	공동분양 대상자	□ 2003년 12월 30일 이후 단독, 다가구 주택을 다세대로 전환 구분등기 후 취득한자 □ 하나의 주택 또는 한 필지의 토지를 수인이 소유한 경우 (2003.12.30일 이전 공유지분으로 취득한 90㎡이상 토지 제외) □ 수인이 수개의 주택, 토지를 소유하였으나 수인이 하나의 세대인 경우(주민등록 분리된 배우자 포함) □ 2003년 12월 30일 이후 1필지를 수필지로 분할하여 매각한 경우
	기타	□ 소유하고 있는 권리가액이 공동주택 최소규모 분양가 이상인 경우
	분양제외 대상	□ 건축물 소유자로 신 발생무허가 건물소유자 □ 분양대상 기준에 해당하지 않는 토지 등의 소유자 □ 2003.12.30일 이후 공유지분으로 취득 또는 토지와 건축물을 분리 취득하여 합산한 것은 불인정

뉴타운 · 재개발 · 단독주택재건축 경매 입찰가 산정 프로그램(Ⅱ)				
구 분	대 상	유사사례1	유사사례2	비 고
대지(평)				
건물(평)				건물전체면적
㎡당 공시지가				개별공시지가
대지감정가				=대지X3.3057 X (공시지가 X 약130%)
건물감정가				=건물 X 잔존가액 ☐ 평당건축비 산정기준 PC 150 조적 · 철콘 250 철골 300 ☐ 연간 감가상각비 PC : 5% 조적 · 철콘 : 2.5% 철골 : 2%
예상감정가액				=대지감정가 + 건물감정가
경매추가비용	취등록세			
	취등록세추가비용			
	명도비용			
	소 계			
매입가(총액)				
전세가				예상전세금액
초기투입비용				=매입가－전세가
프리미엄				=매입가(총액)－예상감정가
최대입찰예정가				=사례1,2,3중 최대프리미엄의 매입가총액－경매추가비용－본인예정수익액
경매 입찰 시 유의사항				
☐ 선순위 대항력 임차권 ☐ 법정지상권 ☐ 유치권 ☐ 예고등기 ☐ 조합확인 ☐ 관리비(원) ☐ 존치지역(경제적 가치가 높은 건물)				
☐ 관리비(원) ☐ 존치지역(경제적 가치가 높은 건물)				

14. 고양시 도시 · 주거환경정비기본계획(안) 주민공람공고

(고양시 공고 제 2006－107호)

우리 시 기성시가지의 도시 및 주거환경을 개선하고자 도시 및 주거환경정비법 제3조 제1항 규정에 의거 수립한『고양시 도시 · 주거환경정비기본계획"안"』에 대하여, 같은 법 제3조 제3항 및 같은 법 시행령 제9조 제1항의 규정에 의한 주민공람 공고를 아래와 같이 실시하오니, 의견이 있으신 분은 공람기간 내에 고양시청 주택과 (☎031－961－2936) 및 각 구청 건축과에 서면으로 제출하여 주시기 바랍니다.

2006. 2. 10.

고 양 시

1. 공람명칭 : 『고양시 도시 · 주거환경정비기본계획"안"』주민공람공고
2. 시행근거 : 도시 및 주거환경정비법 제3조 제3항
3. 공람기간 : 2006.2.13. 부터 2006.2.28. 까지
4. 공람장소 : 고양시청 주택과 및 각 구청 건축과에 공람도서 비치
5. 공고내용

가. 기준년도 및 목표 년도

구 분	기 준 년 도	목 표 년 도
연 도	2004	2010

나. 정비예정구역 (Ⅰ : 주택재개발사업, Ⅱ : 주택재건축사업, Ⅲ : 도시환경정비사업)

구 분	위 치	개소	면적(㎡)	비 고
계		33	986,500	
벽제 1-1구역	고양동 22-2번지 일원(제일복지회관 주변)		16,000	1단계
벽제 3-1구역	고양동 34-2번지 일원(고양동 일반상업지역 내)		34,100	1단계
벽제 3-2구역	고양동 152-2번지 일원 (고양동 일반상업지역 내)		26,300	1단계

중 략

※ 사업시행단계

- 1단계 : 2006년 이후(기본계획 승인 후)
- 2단계 : 2006년~2010년 이후(노후불량 기준 해당년도 이후)

다. 정비예정구역별 사업유형 및 밀도계획

구 분	개소	사업유형	건폐율(%)	용적률(%)	층 수
계	33				
벽제1-1구역		주택재개발사업	50이하	220이하	15층 이하
벽제1-2구역		주택재개발사업	50이하	220이하	15층 이하
벽제3-1구역		도시환경정비사업	70이하	1,000이하	-
벽제3-2구역		도시환경정비사업	70이하	1,000이하	-
관산1-1구역		주택재개발사업	50이하	240이하	20층 이하
벽제1-1구역		주택재개발사업	50이하	220이하	15층 이하

중 략

라. 단계별 추진계획

구 분	사업시행연도	사 업 유 형	계	덕양구	일산서구
1단계	2006년 이후	소 계	21	11	10
		주거환경개선사업	-	-	-
		주택재개발사업	8	5	3
		주택재건축사업	6	3	3
		도시환경정비사업	7	3	4

2단계	2006년~ 2010년 이후	소 계	12	11	1
		주거환경개선사업	–	–	–
		주택재개발사업	11	10	1
		주택재건축사업	–	–	–
		도시환경정비사업	1	1	–

중 략

마. 기타 도시주거환경정비기본계획 관련도서 : 공람장소 비치

6. 기 타 : 주민설명회개최 : 2006. 2. 23(목) 14 : 00 고양시청 문예회관

〈사례연구 1〉 [주택재개발 정비구역 지정 및 정비계획(안) 공람 · 공고]

마산시 공고 제2006 – 901호

주택재개발 정비구역 지정 및 정비계획(안) 공람 · 공고

마산시 회원2동 356–16번지일원상의 회원3구역 주택재개발 정비계획 입안 및 정비구역 지정을 위하여 주민의견을 청취하고자 도시 및 주거환경정비법 제4조 제1항 및 동법시행령 제11조 제1항의 규정에 의하여 아래와 같이 공람공고하오니 의견이 있으신 주민과 토지소유자 및 이해관계인께서는 공람기간 내 공람장소로 의견서를 제출하여 주시기 바랍니다.

2006년 9월 28일

마 산 시 장

1. 공람기간 : 2006. 9. 29 ~ 2006. 10. 12 (14일간)
2. 공람장소 : 마산시 주택과(☎600–4573), 회원2동사무소(☎240–2722)
3. 회원3구역 주택재개발정비사업 정비구역 지정 및 정비계획(안)

가. 정비사업의 명칭 : 회원3구역 주택재개발정비사업

나. 정비사업의 위치 및 면적

구 분	위 치	면적(㎡)	비 고
주택재개발사업	마산시 회원2동 356–16번지일원	63,790	

다. 도시계획시설, 공동이용시설 설치, 도시경관과 환경보전 및 재난방지에 관한 계획 등 : 생략(관계도서 참조)

라. 건축물에 관한 계획

건폐율	용적률	주용도	층수 및 높이	비 고
30%이하	230%이하	공동주택 및 부대복리시설	최고 30층 이하	제2종일반주거지역 ⇒ 제3종일반주거지역

마. 사업시행 시기 : 구역지정고시일로부터 4년이내

바. 시행방법 : 도시 및 주거환경정비법 제48조 규정에 의하여 인가 받은

관리처분계획에 의함

사. 기　　타 : 관계도서 참조

4. 의견서 제출장소 : 마산시 주택과 및 회원2동사무소

※ 공람도서 : 게재 생략(공람장소 비치)

〈사례연구 2〉 [재개발 · 재건축사업지구내 부동산 담보취득 시 유의사항]

1. 재개발 · 재건축 관련법률에 대하여
2. 재개발 · 재건축사업지구(정비구역)내 부동산의 담보취득 가능여부
3. 재건축중인 아파트를 담보로 취급한 여신의 기한연장
4. 관리처분계획인가를 받고 주택재개발(정비사업)사업이 진행중인 부동산을 정규담보로 취득할 수 있는지 여부

【질의】

1. 재개발 · 재건축사업지구(정비구역)내 부동산의 담보취득 가능한가?
2. 재건축중인 아파트를 담보로 취급한 여신의 기한연장이 가능한가?
3. 관리처분계획인가를 받고 주택재개발(정비사업)사업이 진행중인 부동산을 정규담보로 취득할 수 있는가?

【답변】

1. 재개발 · 재건축 관련법률에 대하여

현재 재개발 · 재건축 근거법률은 「도시및주거환경정비법」 (2003.7.1시행)으로 과거 재개발, 재건축사업 및 주거환경개선사업이 각각 개별법으로 규정되어 있어 이에 관한 제도적 장치가 미흡함으로 이를 보완하여 일관성 있고, 체계적인 단일 통합법을 제정하려는 의도에서「도시저소득주민의주거환경개선을위한임시조치법」에 의한 주거환경개선사업, 「도시재개발법」에 의한 재개발사업,「주택건설촉진법」에 의한 건축사업을 통합하여 재정비한 법이다.

2. 재개발 · 재건축사업지구(정비구역)내 부동산의 담보취득 가능여부

결론적으로 재개발 · 재건축사업지구 내 부동산은 담보취득이 가능하다.

가. 도시및주거환경정비법 제55조에 따르면 대지 또는 건축물을 분양 받을 자에게 소유권을 이전한 경우 종전의 토지 또는 건축물에 설정된 지상권 · 전세권 · 저당권 · 임차권 · 가등기담보권 · 가압류 등 등기된 권리 및 주택임대차보호법 제3조 제1항의 요건을 갖춘 임차권은 소유권을 이전 받은 대지 또는 건축물에 설정된 것으로 봄으로 저당권이 설정된 주택이 재건축 또는 재개발이 되더라도 새로운 주택에 저당권이 그대로 이전되며, 또한 재건축 · 재개발로 신축된 주택의 대부분은 기존 주택에 비하여 담보가격이 증대되므로 채권보전에 특별한 문제는 없을 것으로 판단된다.

나. 그러나 토지 건물의 소유자가 분양신청기간이내에 분양신청을 하지 않은 경우에는 소유자에게 청산금이 지급되며, 분양신청을 한 경우에도 종전 소유 토지 등의 가격이 분양 받은 대지 등의 가격을 초과한 경우에는 이전고시가 있은 후 그 차액이 청산금으로 소유자에게 지급되는 바, 소유자에게 청산금이 지급되는 경우 그 지급전에 압류절차를 거쳐 저당권을 행사(물상대위권 행사)하여야 한다.

다. 다만, 재건축·재개발 중에 담보물을 강제집행하여야 할 상황이 발생하는 경우 강제집행에 곤란을 겪을 수는 있다.

3. 재건축중인 아파트를 담보로 취급한 여신의 기한연장
도시및주거환경정비법 제55조 및 56조에 의해 저당권이 설정된 주택 등이 재건축되더라도 새로이 건설되는 주택 등에 저당권이 그대로 이전되므로 연기는 현실적인 상황을 고려하여 가능하다고 보는 것이 합리적이다.
다만, 담보제공자가 분양신청을 하였는지, 종전에 소유하고 있던 토지 또는 건축물의 가격과 분양받는 부동산의 가격에 차이가 있는지 여부를 파악하여 적절한 조치를 취해야 한다(예 : 청산금에 대한 압류 또는 여신의 회수 등).

4. 관리처분계획인가를 받고 주택재개발(정비사업)사업이 진행중인 부동산을 정규담보로 취득할 수 있는지 여부
가. 도시및주거환경정비법 제49조 제6항에 의해 관리처분계획인가 이후에는 사업시행자의 동의 없이는 저당권을 설정할 수 없으며, 사업시행자의 동의 하에 저당권을 설정한다 하더라도 관리처분계획인가 이후에는 대부분 건물을 철거한 나대지 상태이고 대지에만 저당권을 설정하는 경우에는 이전고시(분양처분)이후 사업시행자가 촉탁등기를 행할 때 대법원규칙에 의해 별도등기로 행하여지고 건물에 대해서는 촉탁등기가 되지 않으므로 담보권자가 별도로 건물에 대해 추가설정을 하여야 한다.
나. 따라서 관리처분계획인가 이후 담보취득은 사업시행자의 동의를 구해 저당권은 설정 할 수 있으나 현실적으로 사후관리 등의 어려움이 있어 정규담보로의 인정은 곤란하므로 견질담보로 운용하여야 한다.

☞ **참고사항**

◈ 도시및주거환경정비법 제47조 관리처분계획의인가 등 사업시행자는 분양신청기간이 종료된 때에는 법이 정하는 바에 의하여 기존의 건축물을 철거하기 전에 분양신청의 현황을 기초로 관리처분계획을 수립하여 시장·군수의 인가를 받아야 하며, 관리처분계획을 변경·중지 또는 폐지하고자 하는 경우 또한 같다.

◈ 법 제49조 제6항
관리처분계획의인 가 고시가 있은 때에는 종전의 소유자·지상권자·전세권자·임차권자 등 권리자는 이전의 고시가 있은 날까지 종전의 토지 또는 건축물에 대하여 이를 사용하거나 수익할 수 없다. 다만, 사업시행자의 동의를 얻은 경우에는 그러하지 아니하다.

☞ **주택재개발·재건축사업시행절차**
중 략

〈사례연구 3〉 [재건축조합이 설립된 이후 주택 양수시 조합원 불가]

【질의】 2년 전 법원경매로 주택을 낙찰 받았습니다. 그런데 종전 소유자가 경매절차가 잘못됐다고 이의를 제기하는 바람에 낙찰 받은지 1년이 지나서야 비로소 대금을 납부하고 소유권이전 등기를 마칠 수 있었습니다. 낙찰 이후 그 지역에 주택재건축조합이 설립돼 재건축 사업이 진행중인 데, 조합은 제가 조합 설립 이후 주택 소유자가 됐다는 이유로 조합원 자격을 인정할 수 없다고 합니다. 과연 그런가요?

【답변】 "도시 및 주거환경정비법"에 의하면 서울과 같은 투기과열지구 내에서 재건축조합이 설립된 이후에는 주택을 양수하더라도 조합원이 될 수 없습니다. 그러나 귀하처럼 조합설립 전에 낙찰을 받은 상태에서 종전 소유자의 이의제기 같은 사정으로 인해 조합설립 이후에 비로소 소유자가 될 수 밖에 없었던 경우에는 조합원의 지위를 인정받을 수 있을 것으로 생각됩니다. 최근 이런 취지의 하급심 판결이 선고됐습니다. 조합을 상대로 조합원 지위 확인을 청구하는 행정소송을 낼 수 있을 것입니다.

※ 조선일보와 삼성법률봉사단은 법을 잘 모르거나 경제적 이유가 없어 법률적 도움을 받지 못하는 서민들을 위해 법률 상담 서비스를 실시하고 있습니다.

<법률 상담 연락처>

조선일보 사회부 law@chosun.com 삼성법률봉사단 www.slas.or.kr (02)6050－0800～1

－ 조선일보 2007. 7.20 기사에서 발췌 －

28. 부동산공법

28－1. 토지이용계획확인서 해설

토지이용계획확인서 양식이 2006. 6. 8. 변경되었다. 구 토지이용계획확인서 양식 중 대부분 [해당없음]으로 보이지만 특히, 1번(도시관리계획)에 개발제한구역내, 4번 (산림)에 보전임지(공익)로 기재되어 있었다면 각종 행위제한으로 거의 이용할 수 없는 토지로 보아야 한다. 이런 규제사항을 무시하고 매매거래 하다가는 큰 낭패를 볼 수 있다.

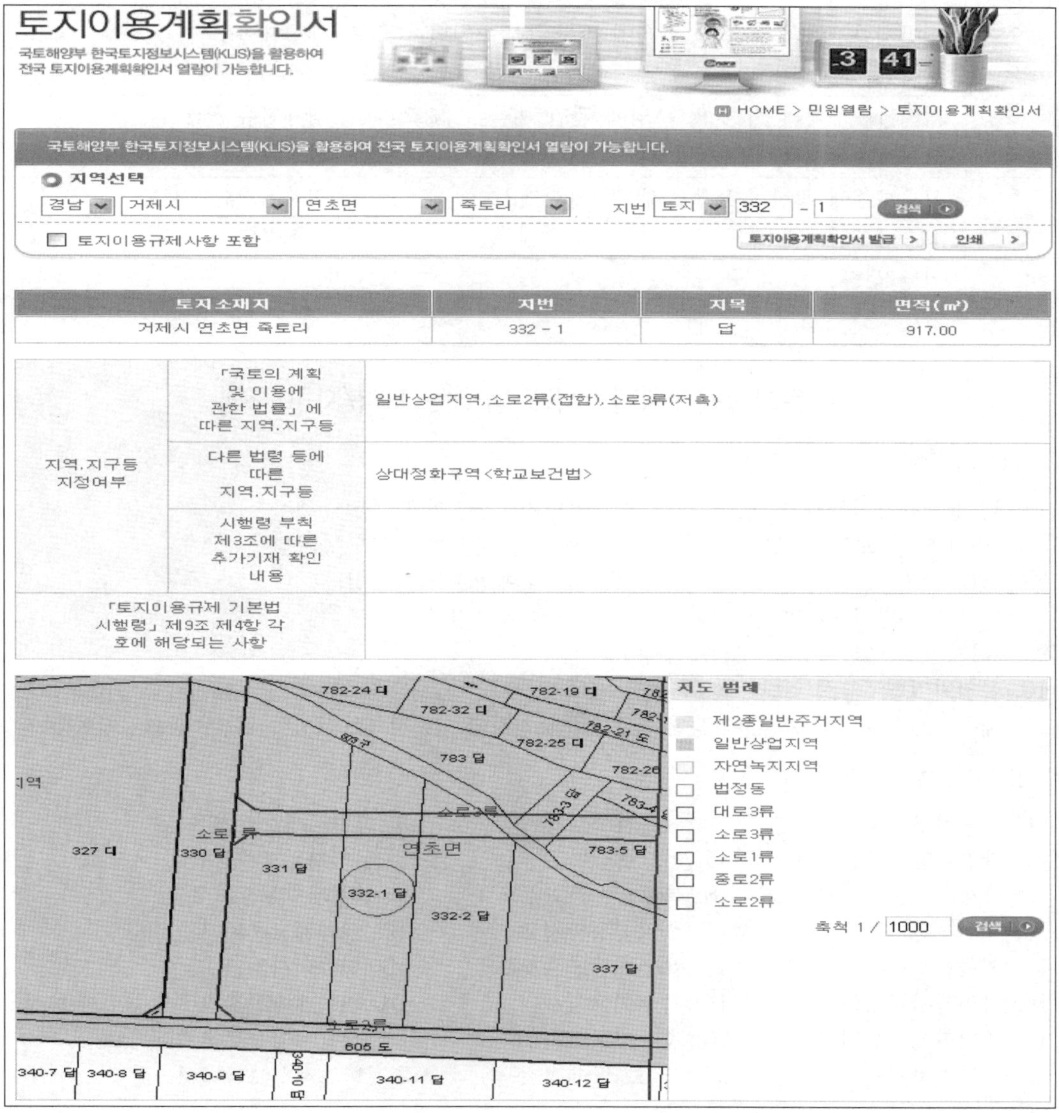

토지이용계획확인서

국토해양부 한국토지정보시스템(KLIS)을 활용하여 전국 토지이용계획확인서 열람이 가능합니다.

HOME > 민원열람 > 토지이용계획확인서

국토해양부 한국토지정보시스템(KLIS)을 활용하여 전국 토지이용계획확인서 열람이 가능합니다.

지역선택: 경남 / 거제시 / 연초면 / 죽토리 지번 토지 332 - 1 검색

토지이용규제사항 포함 | 토지이용계획확인서 발급 | 인쇄

토지소재지	지번	지목	면적(㎡)
거제시 연초면 죽토리	332 - 1	답	917.00

지역.지구등 지정여부	「국토의 계획 및 이용에 관한 법률」에 따른 지역.지구등	일반상업지역, 소로2류(접합), 소로3류(저촉)
	다른 법령 등에 따른 지역.지구등	상대정화구역 <학교보건법>
	시행령 부칙 제3조에 따른 추가기재 확인 내용	
「토지이용규제 기본법 시행령」 제9조 제4항 각 호에 해당되는 사항		

국토의 계획 및 이용에 관한 법률(제132조), 토지이용규제기본법(제5조) 및 별표, 동법 시행령(제9조) 및 별표, 건설교통부 고시 제2006－182호(토지이용규제를 하는 지역·지구 등) 등 많은 연구가 필요하다.

현행 토지이용계획확인서는 토지이용규제정보시스템 (http : //luris.moct.go.kr) >토지이용계획 >토지이용계획 열람 > 소재지를 입력후 검색 클릭하면 무료로 지목, 면적, 공시지가, 지역·지구 등 지정 여부, 토지이용규제기본법 시행령 제9조 4항 각호에 해당되는 사항, 확인도면, 유의사항, 지역·지구 등에서의 행위제한내용을 알 수 있다.

또는 온나라(http : //www.onnara.go.kr)>민원열람>지역 선택하여 이용하여도 된다. 여기에서 전국 부동산사무소의 상호, 소재지, 대표자, 전화번호, 영업 중 여부 확인이 가능하다.

연번	근거법률	지역·지구 등 명칭
1	「개발제한구역의 지정 및 관리에 관한 특별조치법」 제3조	개발제한구역
2	「건축법」 제18조	건축허가·착공제한지역
3	「경제자유구역의 지정 및 운영에 관한 법률」 제4조	경제자유구역
4	「고도보존에 관한 특별법」 제8조제1항제1호	특별보존지구
5	「고도보존에 관한 특별법」 제8조제1항제2호	역사문화환경지구
6	「고속국도법」 제8조	접도구역
	이하 생략	

* 토지이용계획확인서에 나오는 지역/지구/구역

1. 지 역

1. 개발행위허가제한지역
2. 공업지역 － 전용, 일반, 준
3. 관리지역 － 보전, 생산, 계획
4. 녹지지역 － 보전, 생산, 자연
5. 농림지역
6. 댐건설예정지역(하천법)
7. 수질보전특별대책지역
8. 자연환경보전지역
9. 주거지역 － 일반1종/2종/3종. 전용1종/2종, 준
10. 상업지역 － 중심/일반/근린/유통
11. 제주국제자유도시특별법에 의해 i) 절대보전지역 ii) 상대보전지역 iii) 관리보전지역

2. 지 구

1. 고도지구
2. 공용시설보호지구
3. 공항시설보호지구
4. 관광휴양개발진흥지구
5. 리모델링지구
6. 문화자원보존지구
7. 방재지구
8. 복합개발진흥지구
9. 산업개발진흥지구
10. 수변경관지구
11. 시가지경관지구
12. 생태계보존지구
13. 역사문화미관지구
14. 유통개발진흥지구
15. 일반미관지구
16. 자연경관지구
17. 자연취락지구
18. 주거개발진흥지구
19. 주거환경개선지구
20. 중심지미관지구
21. 중요시설물보존지구
22. 집단취락지구
23. 택지개발예정지구
24. 학교시설보호지구

25. 항만시설보호지구　　26. 방화지구　　27. 위락지구

3. 구　역

1. 개발밀도관리구역　　2. 개발제한구역
3. 공원구역(자연공원)　　4. 공원보호구역(자연공원법)
5. 군사시설보호구역　　6. 군용항공기지구역
7. 기반시설부담구역　　8. 기지보호구역(군용항공기지구역)
9. 농업보호구역　　10. 농업진흥구역
11. 도시개발구역　　12. 도시공원구역
13. 도시설계구역, 상세구역 → 지구단위계획구역
14. 문화재보호구역(문화관광)　　15. 비행안전구역(군용항공기지구역)
16. 상수원보호구역(수도법)　　17. 수변구역
18. 수산자원보호구역　　19. 시가화조정구역
20. 연안구역(하천법)　　21. 재개발구역
22. 전원개발사업구역(발전소, 변전소)　　23. 전원개발사업예정구역
24. 지구단위계획구역(1종/2종)　　25. 토지거래허가구역
26. 하천구역　　27. 하천예정지
28. 해군기지구역

* 토지이용계획확인서에 나오지 않는 지역/지구/구역

1. 지　역

1. 개발계획지역(관광진흥법)　　2. 계획지역(온천법, 도시개발법)
3. 건축허가제한지역　　4. 경지지역(333)
5. 관광농원지역(농어촌정비법)　　6. 산림보전지역(333)
7. 습지보호지역　　8. 생태경관보전지역(자연환경보전법)
9. 예정지역(고속철도건설촉진법)　　10. 예정지역(수도권신공항건설촉진법)
11. 자연유보지역(자연환경보전법)　　12. 접경지역(접경지역지원법) 13. 투기지역
14. 특정시설제한지역　　15. 임업진흥권역(247) (국토계이법)

2. 지　구

1. 개발지구지정(오지개발촉진법04.12. 한시법) 2. 공항지구(공항법)
3. 대지조성사업지구(주촉법)　　4. 문화지구(문화예술진흥법)
5. 밀집취락지구(공원법)　　6. 아파트사업개발지구(주택법)
7. 온천지구(온천법)　　8. 자연보존지구(공원법)
9. 자연환경지구(공원법)　　10. 집단시설지구(공원법)－개발계획지역
10. 투기과열지구　　11. 환매예정지구(국토계이법)

3. 구　역

1. 보호구역(철도법)　　2. 습지보호구역(습지보전법)
3. 연도구역(도로법)　　4. 임항구역(항만법)
5. 전술기지보호구역(군용항공기지법)　　6. 접도구역(도로법)

7. 학교환경위생정화구역(학교보건법)에서 절대정화구역과 상대정화구역
8. 제한보호구역(군사시설보호법) 9. 제한보호구역(해군기지법)
10. 지원기지보호구역(군용항공기지법) 11. 지하수보호구역(지하수법, 먹는물관리법)
12. 통제보호구역(군사시설보호법) 13. 통제보호구역(해군기지법)
14. 하수처리구역(하수도법 339) 15. 하수처리예정구역(하수도법 339)
16. 호소수질보전구역(호소수질관리법) 17. 환경정비구역
18. 철도보호구역(철도법)

토지이용규제기본법

제5조 (지역·지구 등의 신설 제한 등) 지역·지구 등은 다음 각호에 규정된 것을 제외하고는 신설(지역·지구 등을 세분하거나 변경하는 것을 포함한다. 이하 같다)할 수 없다.

1. 별표에 규정된 지역·지구 등
2. 다른 법률의 위임에 의하여 대통령령에 규정된 지역·지구 등으로서 이 법의 대통령령에 규정된 지역·지구 등
3. 다른 법령의 위임에 의하여 총리령, 부령 및 자치법규에 규정된 지역·지구 등으로서 국토해양부장관이 관보에 고시하는 지역·지구 등

[별표] 토지이용규제를 하는 지역·지구등(제5조제1호 관련)

연 번	근 거 법 률	지역·지구 등 명칭
1	「개발제한구역의 지정 및 관리에 관한 특별조치법」 제3조	개발제한구역
2	「건축법」 제18조	건축허가·착공제한지역
3	「경제자유구역의 지정 및 운영에 관한 법률」 제4조	경제자유구역
4	「고도보존에 관한 특별법」 제8조제1항제1호	특별보존지구
5	「고도보존에 관한 특별법」 제8조제1항제2호	역사문화환경지구
6	「고속국도법」 제8조	접도구역
	이하 생략	

[별표] 토지이용규제기본법 시행령

1. 「국토의 계획 및 이용에 관한 법률 시행령」 제30조제1호 가목의 전용주거지역
2. 「국토의 계획 및 이용에 관한 법률 시행령」 제30조제1호 가목(1)의 제1종 전용주거지역
3. 「국토의 계획 및 이용에 관한 법률 시행령」 제30조제1호 가목(2)의 제2종 전용주거지역
4. 「국토의 계획 및 이용에 관한 법률 시행령」 제30조제1호 나목의 일반주거지역
5. 「국토의 계획 및 이용에 관한 법률 시행령」 제30조제1호 나목(1)의 제1종 일반주거지역
6. 「국토의 계획 및 이용에 관한 법률 시행령」 제30조제1호 나목(2)의 제2종 일반주거지역

이 하 생 략

토지이용계획확인서 설명

1. 기본 용도지역

구분	용도지역		활용도	비고
도시지역	주거지역		개발용지	선진국체계는 개발용지만 가격이 상승함
	상업지역			
	공업지역			
	녹지지역	보전녹지	절대적 보전/GB역활 또는 중복 지정	
		생산녹지	절충형용지(현행법) ▸보전녹지 쪽으로 규제 강화됨	
		자연녹지	녹지+주거형상대적보전 ① 아파트. 고밀도개발금지 ② 단독. 다가구 무제한허용 ③ 도시인문환경및자연환경이 우수해 전원주택입지 ☞미래선호도가 높다	투자대상과 시세차이가 있음 내재가치상승분 만큼 가격 상승
관리지역	보전관리		상대적보전용지 ☞주택+저공해+저밀도 친환경적 개발 ① 관리지역농지를 대지전환	전국토13%(26%×50%)정도
	생산관리			전국토 7.8%(26%×30%)정도 ☞ 도심으로부터 40㎞(교통여건 : 전철/도로확장)이내는 전원도시 주거지역화
	계획관리		도시화용지(개발용지)	전국토의 5%정도
농림지역			절대적보전	진흥구역(농지)/임야도 포함
자연환경보전지역				

2. 지역/지구/구역

구분	지정방식	규제방법	비 고
용도지역	필수지역(전 국토지정)	법령(주용도)+조례(그 지역의 부수적용도)	토지활용도지정/positive방식
용도지구	선택지역 : 지자체 차원에서 특별한 관리	조례 : 1차 ▸시, 군, 구조례 2차 ▸시, 도조례	부동산감가요인/nagative방식 ※구역 : 공익성용도
용도구역	선택지역 : 국가적 차원에서 특별한 관리	법령	

※ 예 외

a. 지구단위계획구역 필지 별 행위규제(시장, 군수)
b. 취락지구 : 법령(필수)+조례(부수적용도) 지정방식→용도지구, 행위제한방식→용도지역
c. 개발진흥지구 : 개발계획 지정→지자체, 행위제한→개발계획
d. 고도지구 : 도시관리계획(시장, 군수가 직접 수립) ex) 최저 : 30m 조례 : 의회

3. 부동산 행위제한 3대방식

구 분	규제방식	특 징	비 고
1. 법령규제(용도지역/지구/구역)	지역별행위규제 (포괄적)	① 중진국형규제방식 ② 양적정책 ③ 신속한대응력이 없다 ④ 법령+환경법/헌법 ▶허가를 통한 규제	
2. 개발계획/지구단위계획	필지(획지)별 규제 ▶법령배제(위임법령)	① 선계획 후개발 ② 선진국형규제방식 ③ 질적정책 ④ 상세한도시설계기법에 의한 치밀한 규제 ⑤ 최소계획기간3년 ⑥ 택지개발지구/공업단지/관광단지	1) 개발계획 ① 특별법에 의거개발 (택지개발촉진법, 도시개발법, 주택법, 산업입지법, 관광진흥법, 항만법 등) ② 시행자가 행위제한표를 만듬 ③ 공익적 차원에서 관청에서 승인권 2) 지구단위계획 ① 일반법에 의거개발(국계법) ② 시장. 군수가 직접 행위제한표를 만듬 ③ 1종 : 도시지역/2종 : 비도시지역
3. 고시	환경정책기본법 제5조규정에 의거 환경부장관이 고시	① 수질보전특별대책지역 ② 환경보호 ③ 환경법은 헌법보다 실질적으로 상위개념	상수원, 취수장주변지역(팔당댐)

4. 관리지역 종세분

구분	면 적	편입가능지역	내재가치	활용도
보전관리	50%(전국토13%)	산. 수 및 경관 좋은 곳 : 지역의 상대적 개념임 ① 물주변 500m이내 ② 보존할만한 경관	상대적 감가요인 주의)임야는 50% 이상 감가요인이고 미래가치는 점점 낮아진다. (공익성용지)	단독주택만 허용
생산관리	30%(전국토7.8%)	① 농지가 많은 곳 ② 조림성임야(과수원, 경제림 등) ③ 어촌주변지역 ④ 소규모취락지역(농촌마을)	준농림과 동등가치 ▶허가기준이 강화됨	단독(허용)/연립.다세대(조례허용)
계획관리	20%(전국토 5.2%)	① 대도시주변40㎞이내의 준농림 (산과 산 사이 평지)	① 수용지구 : 아파트개발, 대규모개발 ② 환지지구(도시개발법) : 저밀도	도시화 용지

		② 대도시 간선망주변지역	개발, 단독, 연립, 상업시설 ▸투자 가치 크다	

5. **주거지역**

구분	특징	내재가치	활용도	비고
전용 1종	순수한 단독지역(방배, 청담동등)	① 국민소득5천~1만5천불 : 가격제일 낮다 ② 국민소득이 증대할수록 미래가치가 높아짐	단독, 다중(하숙집)만 허용지역	① 전용주거의 희소가치(주거지역3~5%)가 크기 때문에 투자성 높다 ② 중진국 : 일반주거가격 높다 ③ 선진국(1.5만불 이상) : 전용주거 가치 높다(상류층 거주)
전용 2종	단독, 연립혼재지역	주거환경이 쾌적하고 주거가치가 보전	단독+ 공동무제한 허용(용적률 규제로 과밀화 방지)	
일반 1종	중밀도 지구	① 미래가치는 높지 않다 ② 05~2010년 : 중진국 관성의 법칙 의거 부동산투자(아파트) ▸지가가 제일 낮고, 수요가 없다 ③ 05~2010년(선진국체제정착) : 타운하우스, 미래가치가 나타남 ▸도정법적용이 늦은 지역	4층 이하, 아파트 금지	
일반 2종		도정법적용대상	15층 이하(조례), 단독+ 공동모두허용	
일반 3종	아파트지구		초고층무제한(용적, 건폐율, 일조권 제한범위 내)	
준주거	일반주거지역의 대로변	중. 선진국▶소득증가에 비례해서 가치(미래가치)증가	주거위주+ 상업	주거지역의 주거편의성 제고

6. **상업지역**

구분	특 징	내재가치	활용도	비 고
중심상업	① 핵심상업시설(집중상업)만 허용 ② 주거 a. 법률 : 허용안 함 b. 조례 : 상가주택 허용	현재가치 < 미래가치	① 판매－백화점 ② 업무－오피스 ③ 위락－룸싸롱 ④ 숙박－호텔 ⑤ 관람. 집회－극장 ▶고부가가치건축물	중심. 일반. 근린상업은 ① 공급자에 의해 가격결정 ② 면적 : 도시지역의 ~3%만 지정(공급이 절대적 부족) ③ 국민소득이 증가할수록

일반상업	핵심상업+병원등 부수적 상업시설허용	① 핵심상업시설이 강하면 중심상업에 가깝다 ▸미래가치가 높다. ② 핵심상업시설외(병원 등) 강하면 근린상업에 가깝다▸미래가치가 떨어진다.	허용시설은 중심상업 보다 많으나 상권집적도 떨어진다. 즉, 상권의 시너지효과가 떨어짐(ex. 종합병원)	상업지역의 가치(수요) 증가함. 즉 가격이 상승함. ④ 상업지역이 선진국형 부동산투자시장의 선도(중진국은 주거지역이 선도)
근린상업	① 상업위주로 주거허용 ② 주거지역의 대로변 또는 인근지역	상업+주거복합 히스토리를 보고 ① 상업＞주거 ▸일반상업형 ② 상업＜주거 ▸준주거형	일반. 근린상업은 유동적인 상업지역 이므로 투자시 ① 그 지역의 발전성향을 살필 것 ② 상권의 미래추측	
유통사업	① 특화된 전문화 상권지역 ② 용도제한 : 지정된 용도로만 사용	① 주거지역의 1/5~1/2의 지가 ② 수요자(매수인)한정 : 특수한 계층 ③ 내재가치 없음	① 주거용지는 절대금지 ② 행위제한 : 법령배제, 개발계획 ex)농수산물시장(개발계획), 화훼공판장, 출판문화단지, 중소기업협동화단지, 화물터미널 등	수요자에 의해 가격결정

7. 공업지역

구분	특징	내재가치	활용도	비고
전용공업	① 주거용 일체불가 ② 법률적으로 공장과 공장 필수관련 시설만 허용	① 투자성이 없다. ② 1세대 정도 용도변경불가	① 수도권지역은 임대수익률이 높다 ② 첨단산업단지 주변 땅이 부가가치가 높다(주거, 상업)	
일반공업	① 공장과공장필수관련시설만 허용 ② 단독주택(조례허용가능)	지역의 이행가능성 분석	이 지역이 주택이 많으면 투자가치 있음 ▸주거지역으로 이행가능	
준공업	① 공업위주+주거+상업 ② 원론적 가치 : 문화충돌, 인문환경이 제일 낙후	① 공업성격＜주거+상업 ▸이행되어 주거, 준 주거가 되어 미래가치 증가	이행지역☞공업지역이 엷어지고 주거, 상업이 강화되는 지역	

8. 녹지지역

구분	특 징	내재가치	활용도	비 고
보전녹지	G.B역할	현재가치>미래가치 ☞미래가치 없다.	① 투자대상 아님 ② 국민소득이 증가하면 지정지역확대(생산녹지도 보전녹지화)	
생산녹지	단독주택(법적 허용)▸도시 내 전원주택용지	현재가치>미래가치 ☞현재가치는 높지만 미래가치 낮다.	① 국민소득이 높아지면 보전녹지화 ② 현재 허가를 득하든지 매각	
자연녹지	① 녹지+주거 ② 단독주택(법적), 연립/다세대(조례허용)	현재가치<미래가치 미래의 주거용지 ▸주거지역으로 용도가 바꾸어지고 있는 지역(이행지역)	① 2~30년 후 도시 내 전원주택지역 ② 도시의 인문환경+비 도시의 자연환경을 누릴 수 있는 땅 ③투자대상과 시세차이가 있음	

9. 개발제한/시가화조정/수산자원보호구역

구분	특 징	내재가치	활용도	비고
G.B	대도시주변 설정	100% 공익용 용지(1971부터~영원히)	① 주택×▸일체불허 ② 농림. 수산업 : 축사, 창고허용 ③ 99년12월 이후 a. 시가화예정구역 : 100%수용개발 b. 그 외 : 영구GB	
시가화조정구역	5~20년 이내 도시지역 편입지역(미래의 도시화용지)	기간위험이 크고, 만료된 이후 개발이익이 보장 없음	① 농가주택 100㎡미만 허용 ② 모든 행위 : 허가대상 ② 기간만기 이후 a. 수용지구 : 대규모개발, 아파트형개발 b. 구획정리 : 취락지구, 저밀도 c. 공원지역 : 임야	
수산자원보호구역	① 수(水)G.B ② 모든 물주변 500m이내 지정대상	국민소득이 증가할 수록 행위제한이 강화된다 ▸공익성용지	① 농가주택만 허용 현재 지정 없으므로 타용도전용(수도권/광역시 : 2006년 부터 지정) 또는 매각	

10. 지구단위계획

구분	특징	행위제한	실무상 유의사항
1종지구단위계획구역	도시지역과 도시화 될 지역 ▸용적률과 세대	시장・군수가 필지별 행위규제	① 지구단위계획구역 ▸행위규제표를 발급받을 것 (도시과)

	수만 규제	▶법령배제	② 지구단위계획수립 중 ▶지정일과 만료일을 반드시 확인 (건축법제12조 적용 : 2+1년 일체건축행위금지) ③ 지구단위계획이 3년이내 수립되지 아니하면 실효
2종지구단위계획구역	비도시지역, 취락지구나 소형개발 지구 ▶도시기반시설 계획이 반드시 포함되어야 되는 지역		

11. 도시계획시설

도로, 공원, 주차장, 시장, 시설녹지, 자동차정류장 등

1) 접함 : 땅이 소실되는 면적이 없다

2) 저촉 : 반드시 도시계획도면을 첨부할 것

유의) 임야 : 축척이 달라 임야도에 표기 불가함으로 인접양쪽의 토지의 도시계획도면을 발급받아 보고 이를 연결하여 추정이 가능함

12. 기 타

신법 새로운 용도구역(개발밀도관리구역, 기반시설부담구역, 개발행위허가제한지역 등)

1) 목 적

① 난 개발 방지	⇒ 자산디플레 방지 ⇒ 100년지계획	⇒ 시장	단기적⇒거품제거 (가격안정)
② 친환경 (자연+인문)			장기적⇒내재가치 상승
③ 국토의 내재가치보전			

2) 개발밀도관리구역/기반시설부담구역/개발행위허가제한지역

구 분	특 징	목 적	비 고
개발밀도관리구역	① 기존 시가지(녹지지역제외)에 지정 ② . 용적률 법정50%까지 강화 예) 2종일반(서울시조례200%)→(50%강화)⇒100%로 강화됨 ③ 세대수 증가방지 : 일반분양금지(재건축비용부담증가)→투기억제가능⇒아파트단지별 (예 : 은마아파트단지)지정가능→입법예고(용적률 150% 제한)	① 도시기반시설을 보호하기 위해서 용적률, 건폐율, 세대수 관리함 ② 리모델링으로 유도→재건축프리미엄증발	도시기반시설▶[예)도로, 학교, 공공시설, 쓰레기매립(소각)시설 등→자산디플레 방지]
기반시설부담구역	①「도시 내 녹지지역」+「비 도시지역」의 기반시설이 없는 지역에 지정	① 기반시설을 충분히 공급 ② 사업시행자의 개발비용증가→개발위험성증가→공급축소 ③ 분양시장거품제거 ④ 시장, 군수와 조정 합의를 통해 공공기관이 개입	

		하여 공급조절 ⑤ 시장이 자율조절기능을 회복할 수 있도록 수급 조절하는 역할	
개발행위허가제한구역	① 건축허가 보다 상위허가개념 ② 헌법, 환경법 기준 우선+부수적 기준(실정법기준 ③ 지역전체~국민경제 차원에서 검토(적합여부)	수급조절용이→허가기준 까다롭게 적용(환경가치 등 고려), 공무원 권리남용 위험성 존재	건축허가 ▸헌법, 환경법 기준 우선 + 부수적기준(실정법기준)

3)도시개발/재개발구역

구 분	특 징	목 적	비 고
도시개발구역	도시개발법에 의한 개발계획지역(민간택지개발지구)	2010년부터 민간이 개발 ① 택지개발의 대세 ② 중소형개발 ③ 전원형개발(단독주택, 타운하우스위주택)	명촌진장지구
재개발구역	도정법 또는 도정법의특별법(도시재정비촉진특별법)에 의한 개발계획구역	구시가지 선진국형 주거환경개선	시장, 군수가 지구단위계획(행위제한표 작성)

4) 도시계획입안사항

① 신규 도시편입지역 (비도시→도시지역)

② 기존 용도변경 → 예) 자연녹지에서 주거지역으로

※ 임야 : 도시계획변경이 절대적 보전 (나쁜 지역)으로 갈 예정

5) 군사시설

군사시설보호구역+ 해군기지구역=군사시설보호구역

구 분	특 징	규제사항	활용도	비 고
통제보호구역	군부대옆 땅/군사시설경계선에서 500m	.100%공익성 자산	중개대상제외	군사시설이 없으나 군사시설보호구역으로 되어 있는 경우가 있음. ex) 지뢰밭 등으로 옛날 지뢰매설로 제거가 되지 않아 위험이 상존하는지
제한보호구역	군부대 주변 500m~1㎞사이	행위제한 없다. 건축행위시 ▸군부대사전동의(여단장 이상) ① 고도제한 ② 건축물종류제한(다중이용시설 불가)	행정관청 및 군부대사전 확인요망	

6) 군용항공기지구역 ⇒ 꼭 권역을 확인할 것

구분	특 징	규제사항	비 고
1권역	비행장 담장 옆 땅	사용불가 (통제보호구역)	① 지방도. 국도상 똑바르게 4㎞이상인 경우적용(전시비행장) ② 고속도로 중앙분리대가 없는 경우 적용 ③토지이용계획서상의 해당 없음을 믿지 말고 임장활동을 통해 확인
2권역	비행장경계로부터5㎞ (직선거리)이내	고도제한 : 5m	
3권역		고도제한 : 10m	
4권역		고도제한 : 15m	
5권역		고도제한 : 30m	
6권역		고도제한 : 45m	

7) 농 지

구분	구 역	특 징	행위제한	비 고
진흥지역	진흥구역	대체로 경지정리, 수리개발 완료된 곳	농가주택 및 관련시설만 허용	
	보호구역	농수로 주변	농어민 관련시설 : 3,000㎡까지 전용	
외(外)지역		토지대장(전, 답, 과수원), 자투리농지	30,000㎡ 까지 타용도 전용	토지이용계획서상 해당 없음

8. 산 지

구분		특 징	행위제한	비 고
보전산지	공익용	대체로 큰 산	절대적 보전(100%공익성자산)	
	임업용		제한적으로 공익성 개발(전염병 병원, 농가주택, 관광농원)	
준보전		산자락/동네동산	부분적 제한적 개발	토지이용계획서상 해당 없음

9) 공 원

구 분		특 징	행위제한	활용도
도시공원		① 약수터, 뒷동산 ② 과천대공원. 어린이공원 ③ 한강고수부지 ④ 체육공원	개발계획이 수립되지 않으면 일체 개발행위금지 ① 100% 공익성 자산 ② 국가. 지자체가 매수할 자산 ☞ 매수대상 : 지목이 대지(매수청구 후 2년 내 매수하지 않으면 근생주택 건축 가능) ③ 해제하려면 그 면적 만큼 대체 지정해야 함	개발계획 ⇒ 도시계획시설 (공원) : 도시공원및 녹지 등에 관한 법률
자연	①	국립공원	법령에 의한 행위제한	절대적공익성 용지

공원	자연보전지구	도립공원 군립공원	① 전통사찰→문화재보호법에 의해 보수 정도	
	② 자연환경지구		법령에 의한 행위제한 ① 기존주택 증 개축	
	③ 자연취락지구		법령에 의한 행위제한 ① 주택과 근생	미래가치가 높다 : 별장용도(건축을 하면 가치는 하락(땅만 갖고 있어야 함)
	④ 밀집취락지구		법령 에 의한 행위제한 ① 금지시설 외에는 허용(50호 이상 큰 마을) ② 3층 이상, 소각장 등 환경파괴시설물, 660㎡초과 주택 (건축 허용하지 않음)	
	⑤ 시설용지지구		자연공원법에 의거 개발계획 ① 관광객 편의 위해 ② 층수, 모양, 용도 등 규제	① 투자금지 (제한적인 상권) ② 정상적인 수익 예측이 어렵다

※ 공원보호구역 : ① 공원/공원진입로 주변지역
② 자연취락지구에 준하여 행위제한
③ 공원관리청에 사전허가를 득해야 함

10) 수 도

구분	특징	행위제한	활용도
상수원보호구역	상수원/취수장 주변 땅(대청댐, 팔당댐, 낙동강땜 주변)	① 水GB→절대적 공익용지(GB의 ×100배) ② 지목상대자이면서 농업인자격(지역거주농업인) ③농가주택(100㎡~154㎡)	중개대상제외 GB는 그린벨트(개발제한구역)를 말함
환경정비구역	① 상수원보호구역 내 자연부락지역(지정 전부터) ② 하수종말처리장 설치(준공)	지목불문하고 타법중복 규제만 없으면(거주일반인조건) ▸근생, 일반주택건축허용 상수원관리규칙적용	① 환경정비구역내역조사 ② 하수종말처리장 건설계획(5년치열람)→행정관청에 자료요청(정보공개) ③일반농지투자(가치5배)
수질보전특별대책지역	팔당댐주변지역, 양평군, 경기도광주	환경정책기본법 제5조 에 의거 환경부장관고시에 의한 행위제한지역 ① 1권역 : 강에 가까운 지역, 6개월 이상 거주요건(행위규제 많다) ② 2권역 : 강에 먼 지역, 거주요건 없다(행위규제 적다) ③ 800㎡미만 주택허용	

수변구역	① 5대강 주변 지역에 지정 (한강, 금강, 낙동강, 영산강, 섬진강) ② 법은 4개 ③ 강 양 안에서 1㎞ 이내	① 폐수 배출시설(공장) ② 축사 ③ 숙박시설 ④ 식품접객업(식품위생법에 의한 음식점과 술집) ⑤ 목욕탕 ⑥ 20세대이상 공동주택 (한강제외)	① 모든 수변구역에서 금지 (상업용 시설만 금지) ② 단독주택은 규제 안 함
연안구역	① 연안관리법에 의한 용도구역 ② 바닷가로부터 최대1㎞이내 (통상 500m까지) : 연안육역지역	행위제한은 없으나 허가법리로 일체건축허가 안됨(2002년 이후) ex) 속초 : 조례제정	① 절대적공익성용지 ② 물에관한 용도지역 행위규제가 강화됨
지하수보호구역	토지이용계획확인서상 미확인	축사/공해공장 금지	수질오염시설입지시확인

11) 하 천

구 분	특 징	행위제한	활용도
하천구역(하천예정지)	① 국가하천 : 태화강 ② 지방하천 1급 : 만경강, 동진강, 경안천 ③ 지방하천2급 : 자연유수지(산계곡물, 도랑물, 시냇물) 가 강으로 합쳐지는 것. 폭이 1m~100m되는 경우도 있음 (왕숙천 등)	원칙 : 수용예정지	하천부지 땅 → 등기부등본만 믿지 말 것 하천 아님(즉 강으로 합쳐지지 않는 것) 확인방법 : 물줄기 아래표지판공신력이 없다) ▸이중매매위험성
댐 건설예정지		수용지역	
연안구역	하천주변지역▸수십 년에 한번씩 범람하는 지역	수방설비(1층 피로티 구조)를 건축허가 가능	

12) 문화재

구 분	특 징	행위제한	활용도	비 고
문화재 보호구역	문화재주변 50m ~ 500m이내 지역	① 수용함 ② 100%공익성 자산	일체건축금지	
문화재 현상변경 (문화재협	문화재의 외곽경계(보호구역이 지정되어 있는 경우에는 보호구역	문화재현상변경 심의	문화재주위 500미터 이내는 주의	울산의 경우 200미터 내에서는 심의과정에서 문화재 현상변경허가를 득하기 어려워 건

의구역)	경계를 말한다)로부터 500미터 이내			축허가가 반려되는 경우도 있으니 조심 할 것
매장 문화재	외곽지 땅 건축허가시 필수(일정규모)	① 지표조사 ② 시굴 ③ 발굴	매장문화재 분포여부확인(문화관광과)	※ 매장문화재가 출토될 경우 사업자는 비용이 엄청 들어감 (폭삭 망함)

13) 전원개발

다목적댐, 화력발전소주변지역 : 군사보호시설(통제)에 준하는 지역

28-2. 토지거래허가구역 낙찰

토지거래허가구역 내 경매・공매 낙찰 시 허가절차는 전혀 문제없다.(매도시 포함)

토지거래허가구역의 전, 답, 나대지를 집중 공략하자! 경매에서는 투자유망처라고 강조하여 주는 구역이다. 허가구역의 개발계획 지정 시 여러 사유(혁신도시예정지, 사천시청사건립 및 용현택지개발 추진, 고성해군교육사유치, 기업도시유치후보지, 진북지방산업단지 유치예정지, 혁신도시 지정지역, 지방산업단지 조성지역, 서귀포 제2관광단지 개발지역 등)가 있다.

근거법률은 국토의계획및이용에관한법률 제117 내지 119조. 동법시행령 제116조 내지 118조. 동법시행규칙 제23조 등이다.

토지거래허구역은 일반매매시(지분 매도와 공유매입이 안됨) 토지거래허가구역의 토지를 거래하려면 허가신청서에는 토지취득에 필요한 자금조달계획을 제출하여야 함은 물론, 세대주를 포함한 세대원 전원이 당해 토지가 소재하는 특별시・광역시・시 또는 군에 허가신청일부터 소급하여 6개월 이상 계속 주민등록이 되어 있는 자로서 실제로 당해 지역에 거주하는 자로 강화되었으며(국토의계획및이용에관한법률 시행규칙 제23조 참조 : 1년 이상에서 2008.9.29. 6개월 이상으로 변경됨), 매입 후에도 허가 받은 토지의 이용의무기간을 농지(농사 짓기 위해 허가구역 내 농지 사들이는 경우)는 취득일부터 2년, 임야(임업목적으로 허가구역 내 임야 사들이는 경우)는 3년, 개발사업용 토지(공장, 주택건설 등 개발사업 위해 허가구역 내 땅 취득하는 경우)는 4년, 기타 토지(도로 등 공공시설이나 문화복지시설로 쓰이는 땅에 포함되는 사유지를 사들이는 경우, 도로 등 공공시설 부지로 쓰이고 있으나 보상이 끝나지 않은 사유토지 등)는 5년 이내 이용의무기간(전매제한기간)이 있어 매도할 수 없다.

구 분	용도	전매제한
농업용 토지(전・답), 대체취득용 토지	농업용	2년
본인 거주용 주택용지(완공된 전원주택지 등), 축산・임업・어업용 토지	주거용 및 임업・축산업・어업용	3년
복지시설・편익시설용 토지, 개발사업용 토지	개발사업용	4년
현상보전용 토지(하천・도로부지)	기타	5년

그러나 경매 낙찰 당시에는 전혀 무시(토지거래허가 불필요) 하여도 되나 낙찰 후 잔대금 납부 후 매수인 앞 소유권이전 후 다시 제3자에게 매도할 때에 (낙찰자는 당초 허가 없이 취득하였으므로 허가가 불필요하나) 동 토지 매수자는 세대주를 포함한 세대원 전원이 당해 토지가 소재하는 특별시·광역시·시 또는 군에 허가신청일부터 소급하여 6개월 이상 계속 주민등록이 되어 있는 자로 토지거래허가를 받아야 한다.

그러나 경매 또는 공매에 의하여 주택거래신고지역 내 주택을 취득하는 경우에는 주택거래신고 대상으로 주택을 취득한 자가 신고하여야 한다.

〈사례연구 1〉 [농지취득자격증명 및 토지거래허가 대상 구분]

(허가대상 면적 이하일 경우 농지취득자격증명 발급)

구 분	매 매	경 매	공 매	판결	증 여	상 속
농지취득자격증명	×	○	○	×	○	×
토지거래허가	○	×	×(압류재산), ○	○	○	×

- 공매의 경우 압류재산(국세 및 지방세의 체납처분 또는 강제집행의 경우)은 허가 불필요하나 한국자산관리공사가 유입 토지취득자산 및 매각 접수된 자산은 자산관리공사에 공매를 의뢰하여 3회까지 낙찰될 경우에는 토지거래허가 대상, 3회 이상 공매 유찰된 경우는 불필요하다.
- 부담부증여 등 채무면제, 채무인수, 실물대가 등이 사실상 대가가 수반되는 경우는 본래 의미의 증여가 아니므로 허가대상이다.

〈사례연구 2〉 [토지거래허가구역은 〈국토해양부 홈페이지(www.mltm.go.kr)하단〉 국토해양 카테고리〉 주택/토지〉 토지거래허가구역(게시물 참조)에서 출력]

【토지거래허가구역 현황】

□ 제도개요

○ 근거 : 국토의계획및이용에관한법률 제117조~제126조(뉴타운 : 도시재정비촉진을위한특별법 제32조)

○ 지정권자 : 국토해양부장관이 중앙도시계획위원회의 심의를 거쳐 지정
(동일 시·군·구내 지정은 시·도지사에게 위임)

○ 대상지역 : 토지의 투기적 거래가 성행하거나 지가가 급등하는 지역과 그러한 우려가 있는 지역

○ 지정효과 : 토지의 보유로 인한 부가가치창출 없이 시세차익만을 노리는 투기적 거래를 억제하고 실수요를 통한 국토의 이용효율을 증진함

□ 토지거래허가구역 지정현황(2009.1.30 현재)

구 분	면적(㎢)	비 고
수도권, 녹지, 비도시	3,549.28	서울, 경기 수원 등
수도권, 광역권 GB	3,542	수도권, 부산·대구·광주·대전·울산·마창진권

광교신도시	11.3	보상 미완료 상태이므로 사업지구 존치
인천경제자유구역	5.13	〃
강북뉴다운	1.55	타 뉴타운 지역과 형평을 고려하여 존치
합　계	7,109.26	전 국토 100,032㎢의 8.9%

※ 단, 지자체 지정 허가구역은 계속 존치함
※ 현재 허가구역은 총 7,109㎢로서 국토면적(100,032㎢, 남한면적)의 8.9%(2009.1.30)

〈사례연구 3〉 [토지거래허가구역 내 경매물건 사례]

평택1계 2005-5377 임의경매는 토지거래허가구역 답(畓) 213.26평(1차 감정가 340,200,000원)으로 소유자-가등기-강제경매순서로 되어 있다
토지거래허가구역에서 일반매매가 안되자 가처분 후 소유권 취득한 소유자(1996. 7.15)가 지인한테 매도 후 매매예약 가등기(2003.11.11)하였으나 매매가 안되자 제3자로 하여금 강제경매(2005. 5.25 청구금액 10백만원) 를 신청하게 한 경우로 보이며 말소기준권리(강제경매) 보다 앞선 선순위 가등기가 있어 제3자는 낙찰을 꺼리고, 만약 제3자가 낙찰을 받으면 취하 할 것으로 보이는 물건임.
토지거래허가구역에서 전, 답은 일반매매 시 전세대원 사전거주 6개월, 전매제한 2년을 필요로 하나 경매취득은 불필요하므로 의도적인 경매진행으로 제3자 낙찰이 어려운 물건이다.
(2006. 4.23 취하됨)

〈사례연구 4〉 [토지거래허가대상지역, 면적, 허가가 불필요한 경우]

※ 근거 및 목적

근거법률	국토의계획및이용에관한법률 제117조 내지 제126조, 동법 시행령 제116조 내지 제123조 및 동법 시행규칙 제19조 내지 제28조
지정목적	토지시장 안정 및 토지투기 예방
지정권자	국토해양부장관 (동일 시·군·구내 지정은 시·도지사에게 위임)
지정기간	5년 이내 (연장가능)
대상지역	토지의 투기적 거래가 성행하거나 지가가 급등하는 지역과 그러한 우려가 있는 지역(법117조)
도시계획 등 토지이용계획이 새로이 수립되거나 변경되는 지역(이하 시행령 116조) 토지이용에 대한 행위제한이 완화·해제되는 지역 개발사업이 진행 중이거나 예정되어 있는 지역 건교부장관이 투기우려가 있다고 인정하거나 관계행정기관의 장이 지정을 요청하는 지역	

※ 거래 시 허가가 필요한 면적
[국토계획및이용에관한법시행령 개정 : 2005.01.15. 개정이후 2009.1.30.현재]

현 행			변 경		
용 도 지 역		면 적	용 도 지 역		면 적
도시지역	주거지역	180㎡ 초과	도시지역	주거지역	180㎡ 초과
	상업지역	200㎡ 초과		상업지역	200㎡ 초과
	공업지역	660㎡ 초과		공업지역	660㎡ 초과
	녹지지역	200㎡ 초과		녹지지역	100㎡ 초과
	기타지역	180㎡ 초과		기타지역	90㎡ 초과
비도시지역	농 지	1,000㎡ 초과	비도시지역	농 지	500㎡ 초과
	임 야	2,000㎡ 초과		임 야	1,000㎡ 초과
	기 타	500㎡ 초과		기 타	250㎡ 초과
			도시재정비지구		20㎡ 이상

- 대상면적의 3배 범위 내에서 공고 시 허가면적 조정가능
- 토지거래허가구역에서 농지를 취득하기 위해서 농업인 이외의 자인 경우에는 세대원 전원이 당해 토지가 소재하는 행정구역에 6개월 이상 주민등록이 되어 있고 실제로 거주해야 하며, 농업법인의 경우는 당해 토지가 소재하는 행정구역에 사무소가 있어야 함
- 국토의계획및이용에관한법률 시행규칙 일부 개정(2008.09.29) 참조

※ 토지거래계약허가가 필요 없는 경우

1. 대가성이 없는 상속·증여
2. 허가대상면적 미만의 토지거래
3. 거래당사자인 국가·지자체·정부투자기관이 허가권자(시장·군수·구청장 등)와 협의한 경우
4. 보상법에 의한 수용, 민사집행법에 의한 경매
5. 주택건설촉진법, 택지개발촉진법, 도시개발법, 도시재개발법 등에 의한 토지의 공급, 농어촌정비법에 의한 농지매입 등

※ 구체적인 허가대상

1. 자기거주용 택지구입
2. 지역주민을 위한 복지·편익시설 설치
3. 해당지역에 거주하는 농·어민이 농업·축산업·임업·어업 등 영위하기 위한 경우(당해시군에 거주하지 않는 농·어민은 주거지로부터 20㎞이내 토지)
4. 비농업인이 농업목적으로 농지 구입시는 세대원 전원이 현지거주필요
5. 비농·임업인이 임업목적으로 임야 구입시는 세대원 전원이 현지 1년 거주필요
6. 토지수용사업 시행 및 관계법령에 의해 지정된 지역·지구·구역 등 지정목적에 적합하다고 인정되는 사업의 시행
7. 허가구역 지정 당시 사업시행자가 그 사업에 이용하는 경우
8. 허가구역 내 주민의 일상생활 및 통상적인 경제활동에 필요한 경우
9. 보상법에 의한 토지수용자가 당해 허가구역 내에서 대체토지를 구입하는 경우 등

〈사례연구 5〉 [공매물건은 토지거래허가 불필요]

토지거래허가구역이라도 압류재산은 "국토의계획및이용에관한 법률시행령 제121조12항"에 따라 토지거래허가의 면제를 받습니다 아래는 국토의계획및이용에관한법률시행령 제121조 내용입니다. 공사에서 진행하는 압류재산은 12항에 해당되며, 유입자산 및 수탁재산은 16항에 해당됩니다.

제121조 (토지거래계약허가제에 관한 규정을 적용하지 아니하는 경우) 법 제121조제2항의 규정에 의하여 법 제118조의 규정을 적용하지 아니하는 경우는 다음 각호와 같다.

1. 「공익사업을위한토지등의취득및보상에관한법률」에 의한 토지의 협의취득 · 수용 · 사용 및 동법 제91조 의 규정에 의한 환매의 경우
2. 「민사집행법」에 의한 경매

중 략

12. 국세 및 지방세의 체납처분 또는 강제집행의 경우

⇒ 한국자산관리공사에서 진행하는 압류재산이 해당

중 략

16. 한국자산관리공사가「금융기관부실자산등의효율적처리및한국자산관리공사의설립에관한법률」 제4조 또는 동법 제5조의 규정에 의하여 토지를 취득하거나 경쟁입찰을 거쳐서 매각하는 경우 및 한국자산관리공사에 매각이 의뢰되어 3회 이상 공매하였으나 유찰된 토지를 매각하는 경우

⇒ 유입자산 및 수탁재산은 16항에 해당

〈사례연구 6〉 [투기과열지구 및 (주택)투기지역 지정현황]

(2008.11.7 현재)

투기과열지구 (건교부장관 지정)	주택투기지역 (기획재정부장관 지정)
서울(강남구, 서초구, 송파구)	서울(강남구, 서초구, 송파구) ※ 토지투기지역 : 0개 지역

〈사례연구 7〉 [경 · 공매는 낙찰시와 매도시 토지거래허가와는 무관]

① 경 · 공매는 토지거래허가구역 내 경 · 공매 물건을 낙찰과 동시에 매도하여도 토지거래허가와는 무관하나 그 물건을 다시 사려는 매수자는 동일 시 · 군에 세대주와 전 세대원이 6개월 이상 (2008.9.29. 1년에서 6개월로 축소) 사전 거주한 매수자라야 하며(공동소유 불가, 주말농장 불가, 주택은 무주택주만 가능, 통작거리 제한(거주지로 부터 20㎞ 미만, 연접구역 가능))

② 그 후 매수자는 매입 후 토지이용 의무기한을 준수해야 한다(농업용 2년, 주거용 3년, 임업 · 축산업 · 어업용 3년, 개발사업용 4년, 기타 5년간 전매제한 있음)

주택	면적 55평(180㎡)이상 허가요, 무주택세대주만 가능	지 역 (도시지역과 도시지역외의 지역)	〈허가를 받아야 하는 면적〉	
농지	면적 150평(500㎡이상)이상 허가요, 주말농장 불가. 공동소유불가	주거지역(무주택 세대주만 가능)	180	㎡를 초과하는
		상업지역	200	

	• 매년 1회 직접 자경여부 등 사후점검(이행강제금 최고 10%) • 거주지로부터 20km이내 농지만 가능(통작거리제한), 연접구역가능 • 세대주와 세대원이 1년이상 실제 거주 토지거래허가 및 농지취득자격증명을 함께 심사	공업지역	660	토지
		녹지지역	100	
		용도지역의 지정이 없는 지역	90	
임야	면적 300평(1,000㎡이상)이상 (비도시지역) • 5년간 영림계획서 제출로 자영여부 확인 • 세대원이 6개월 이상 실제거주, 거주지부터 20km이내 연접구역가능	농지(관리, 농림지역, 자연환경보전지역)	500	㎡를 초과하는 토지
		임야(5년간 영림계획서 제출)	1,000	
		농지 및 임야 이외의 토지	250	
※ 최근 토지거래허가구역 지정현황을 보려면 국토해양부 (www.mltm.go.kr) 홈페이지 > 바탕화면에서 국토해양카테고리 찾아> 주택 · 토지 > 토지거래허가구역 클릭 후 확인할 수 있으며, 토지이용계획확인서에 개발제한구역은 토지거래허가구역으로 보면 됨(국토해양부 ARS 1599-0001 또는 토지정책과02-2110-8276, 경남지역은055-211-4435 담당자한테 문의하면 된다)				

28-3. 토지 경매투자 체크리스트 프로그램

	토지 경매투자 체크리스트 프로그램	
분석항목	체크포인트	확 인
토지투자성분석	☐ 용도지역과 지목을 확인했는가? ☐ 토지는 모양과 地勢, 경사는 확인했는가? ☐ 진입로와 단지내부 도로 폭은 확인했는가?	☐Y ☐N ☐? ☐Y ☐N ☐? ☐Y ☐N ☐?
매각물건명세서분석	☐ 매각물건명세서로 인수권리를 확인했는가? ☐ 대위변제 가능성은 있는가? ☐ 입찰법정에서 매각물건명세서 변동사항을 재확인했는가?	☐Y ☐N ☐? ☐Y ☐N ☐? ☐Y ☐N ☐?
등기부분석	☐ 입찰 전에 등기부등본을 확인했는가? ☐ 등기부등본은 직접 발급 받았는가? ☐ 등기부와 매각물건명세서에 다른 점은 없는가?	☐Y ☐N ☐? ☐Y ☐N ☐? ☐Y ☐N ☐?
미공시권리분석	☐ 매각물건명세서에 {평가 외 물건}은 없는가? ☐ 법정지상권 성립 가능성은 없는가? ☐ 유치권 성립 가능성은 없는가? ☐ 분묘기지권은 없는가? ☐ 토지경계분쟁은 없는가 (탐문조사)? ☐ 점유자 조사는 했는가?	☐Y ☐N ☐? ☐Y ☐N ☐? ☐Y ☐N ☐? ☐Y ☐N ☐? ☐Y ☐N ☐? ☐Y ☐N ☐?

시세분석	☐ 시세확인을 위해 현장답사를 했는가? ☐ 시세는 호가시세와 거래시세를 파악했는가 ☐급매물시세와 전문가의 향후 가격 동향은 파악했는가?	☐Y ☐N ☐? ☐Y ☐N ☐? ☐Y ☐N ☐?
물건하자	☐ 매립지 또는 절개지는 아닌가? ☐ 지상 건물에 대한 권리관계는 조사했는가? ☐ 탐문조사를 통해 토지 내력을 조사했는가?	☐Y ☐N ☐? ☐Y ☐N ☐? ☐Y ☐N ☐?
MEMO		

〈사례연구 1〉 [경매 응찰 전 확인사항]

전 국토 1/10(8.9%) 정도 토지거래허가구역으로 지정되어 있다(2009.1.30.현재). 동일 시, 군, 구에 사전 6개월 이상 전입하여 거주한 국민은 토지거래허가 후 거래되나, 법원경매나 공매는 불필요하다.

토지거래허가구역이 증가할수록 법원경매는 입지가 더 좋다.

토지는 아파트와 달리 가격, 물건 상황 등 달라 가격결정이 어렵다.

5년 전, 10년 전 잘못 투자한 토지는 환금성이 어렵다.

1. 용도지역과 지목을 확인했는가?

용도지역은 토지이용계획확인원서를 확인한다. 투자유의지역은 도시지역 중 보전녹지, 비도시지역중 자연환경보전지역, 그리고 임야이다. 도시지역 중 주거지역, 상업지역, 공업지역을 제외한 녹지지역 중 보전녹지는 가급적 투자를 금하여야 한다. 절대적 보전용지로 구분, 미래가치가 5－10년 지날수록 투자가치가 더 떨어지는 토지다. 녹지지역 중 생산녹지나 자연녹지는 투자 가능하다. 단독, 다중, 다가구 등 건축허가 어느정도 가능하다. 비도시지역 중 자연환경보전지역은 안됨. 관리지역은 투자가능, 자연환경보전지역은 농가주택만 허용되며, 수요가 없고 절대적 보전농지로 투자에 유의해야 한다. 도시 외 지역 그린벨트지역이며, 개발이 금지된 땅, 갈수록 규제가 높아지는 땅, 미래가치도 낮다. 관리지역은 토지적성평가가 완료되는 지역은 보전, 생산, 계획관리로 세분화되더라도 법률적으로 단독, 다중 다가구는 허용. 주택이 법률적으로 건축이 허용이 되는 지역으로 환금성이 있다. 용도지역 변경 시 지가 상승이 2배 이상 보장됨. 대규모 기계화가 가능하면 영원한 농림지역이나, 산과 산 사이, 마을과 마을 사이 등은 좋음. 농림지역 중 향후 관리지역으로 될 예상되는 것

2. 토지는 모양과 지세, 경사는 확인했는가?

지세가 낮은 지대도 조심. 집중호우가 오면 물이 고임. 지적도를 발급받아 확인. 반듯한 모양, 도로 접한 면적이 넓은 것. 2필지 이상 쪼갤 수 있는가? 지세와 경사도를 확인, 토지 임장활동 통 해 확인, 낮은 지대도 조심, 장마철 물 고여 수재지역으로 주의.

3. 진입로와 단지내부 도로 폭은 확인했는가?

진입도로나 단지 내 도로가 4미터 이상 도로 폭을 확인, 어른 걸음 폭으로 4걸음이상 되어야 4미터 이상 접한 것만 투자. 4미터 이내는 건축허가를 받을 수 없는 땅이다. 도로가 넓으면 넓을수록 투자 가치 높다.

4. 매각물건명세서로 인수권리를 확인했는가?

말소기준권리 보다 앞서는 권리는 인수권리다.

5. 대위변제 가능성은 있는가?

대위변제는 선순위저당권이 금액이 크지 않을 때 대위변제 가능성이 큰 물건이다. 취하가능성이 크다.

6. 매각물건명세서 변동사항을 재확인했는가?

입찰당일 대위변제, 미공시권리 추가 될 경우 손해는 응찰자가 추가 부담해야 된다.
입찰보증금 포기해야 된다.

7. 입찰 전에 등기부등본을 확인했는가?

응찰전에 등기부등본 발급 후 확인해야 한다.

8. 등기부등본은 직접 발급 받았는가?

입찰 전날 새로 발급받아 재확인해야 된다. 등기부등본은 본인이 발급받은 등본으로 확인.

9. 등기부와 매각물건명세서에 다른 점은 없는가?

비교 대조 확인하여 다른 점을 찾아라.

10. 매각물건명세서에 [매각 제외]물건은 없는가?

제시외 물건은 괜찮으나, 평가외(매각제외) 물건은 없는가? 평가 제외건은 참가조심.

11. 법정지상권 성립 가능성은 없는가?

법정지상권 성립가능성 있음. 법정지상권 성립여지 있음은 조심. 임장활동 후 토지 외에 건물, 구축물, 나무가 있는지 확인

12. 유치권 성립 가능성은 없는가?

매각물건명세서에 유치권 성립가능성 있음 등 현장 가서 확인. 토지인데 공사한 흔적이 있더라, 팬스가 쳐져 있더라 등 전문가를 통해 해결할 방법을 찾은 후 응찰하라.

13. 분묘기지권은 없는가?

주로 임야나 농지에도 문제. 현장답사 등 통해 임야는 분묘기지권이 있다고 판단하라. 치명적인 미공시 권리이다. 분묘기지권 성립된 토지는 투자 마라.

14. 토지경계분쟁은 없는가 (탐문조사)?

지적도를 발급받아 모양이 일치여부 확인, 토지측량기사가 아니면 확인 어려움. 지적도와 완전히 다르면 응찰하면 안됨. 동네 마을사람들한테 가서 확인. 분쟁확인 요함.

15. 점유자 조사는 했는가?

점유권도 미공시 물건이다. 법정지상권, 유치권처럼. 현장 가서, 마을사람들 통해 확인해라.

16. 시세확인을 위해 현장답사를 했는가?

감정가를 믿지 마라. 생활정보지 등 확인.

17. 시세는 호가시세와 거래시세를 파악했는가?

18. 급매물시세와 전문가의 향후 가격동향은 파악했는가?

공격적 투자는 화를 부른다. 보수적으로 방어적으로 투자하라.

19. 매립지 또는 절개지는 아닌가?

토지대장, 등기부등본으로 확인 안됨. 지역주민한테 물어보라, 저수지 매립있는 땅, 옹벽 있는 땅 투자 금지.

20. 지상 건물에 대한 권리관계는 조사했는가?

내가 사는 토지 지상에 건물이나 구조물이 있는지 확인. 지상물에 권리관계를 확인해야.

21. 탐문조사를 통해 토지 내력을 조사했는가?

토지의 내력을 조사한다. 매립지도 절개지도 아닌데도 20－30년에 한번씩 큰 비가 오면 물에 잠기는 지역이 있다. 엄청난 량의 폭으로 배수가 안 되는 지역. (예, 강릉지역 땅이 수재로 휩쓸어가는 자연재해에 잦은 지역, 매미태풍 때 잠긴 지역은 투자에 유의해야 한다.)

29. 경매잔금대출

29-1. 경매잔금대출 안내

각 금융기관이 일정하지는 않지만 대부분 비슷한 여신운용을 하고 있다. 대부분 경매잔금대출 한도는 담보인정비율(최근 1년간 낙찰가 율에 조정계수 반영하여 지역별, 용도별 담보비율)을 차등적용하며 지역별(전국16개), 담보별(32개)로 최저 50% ~ 최고 90% 적용하고 있으며, 그 중 경남지역의 2008년도 하반기 용도별, 지역별 담보인정비율을 기준으로 대출가능 한도율을 알아본다.

※ 필자의 경험으로 매수인의 입장에서 잔금 치를 때 최대의 경매잔금대출 한도를 원한다면 최근 BIS비율 등을 위해 대출을 적극 자제하고 있는 제1금융권(국민, 우리, 신한, 하나, 외환, SC제일은행 등)보다는 농협, 수협, 특히 단위농협, 신협, 새마을금고 등을 이용하는 것이 경매잔금대출 한도 면에서는 유리한 경우를 자주 보아 왔다. 대출금리는 조금 높을 수도 있지만 중도상환수수료가 없고, 한도거래제대출(마이너스대출)도 가능하여 조건이 좋은 편이다. 최근 공장, 유치원 등 낙찰 후 경매잔금대출 어려울 때 적극적으로 해결해 준 전국 신협(www.cu.co.kr), 새마을금고(www.kfcc.co.kr) 점포망을 인터넷에서 검색하여 경매잔금대출 한도를 문의하여 보자.

1. 대출가능 한도율(담보인정비율－소액보증금)

일부 은행은 낙찰가(매수가격)의 70% 이하로 단순계산하거나 또는 대출요청 시 경매감정가와 낙찰가는 참고만 하고 대출감정평가를 다시 의뢰하여 해당 지역별 담보인정비율(60% 등)를 곱하여 소액보증금을 공제한 후(방 1칸 당 서울 16백만원 공제 등) 유효담보가액 범위 내 부동산담보대출을 하고 있다.

(2008.7.1 현재 경남지역)

구 분	담보종류	대출가능 한도 율
1. 주택담보대출 1) 일반지역 (창원, 마산 등)	APT, 주상복합APT, 단독주택, 다가구주택	담보감정가액의 60%
	연립주택, 다세대주택, 19세대 이하나 홀로 APT, 오피스텔, 상가주택(주택부분이 1/2이상으로 상가보다 점유면적이 높음/금리 낮음),	담보감정가액의 50%
2) 투기지역	APT, 주상복합APT	대출기간 10년초과 60%
		대출기간 10년이하 40%
3) 투기지역 및 투기과열지구	단독주택, 다가구주택	대출기간 3년초과 60%
		대출기간 3년이하 50%
	오피스텔, 상가주택, 연립주택, 다세대주택, 19세대 이하 APT(소액공제 않음)	담보감정가액의 50%

2. 기타 부동산 대출	상가, 근린생활시설, 오피스텔	담보감정가의50%
	상가주택(상가부분이 1/2 이상으로 주택보다 상가점유면적이 높음/금리 높음)	담보감정가의 60%
	△상가 소액보증금공제	(점포칸수×△7.5백만원) 또는 (담보감정가×50%−△1/6)중 큰 금액(단, 숙박, 병원, 위락, 체육, 주유소만 최고 1억원만 공제하여도 됨)
	나대지(대지, 공장용지, 잡종지)	담보감정가의 65%
※소액보증금공제(주택, 아파트인 경우)	APT	APT는 플러스모기지론으로 취급시 소액보증금 미 공제 가능 ⇒본인 3개월 이내 입주조건(주민등록등본 또는 전입세대열람내역 확인)
	APT, 연립주택, 다세대주택 등 (담보기준가 2억 이하인 경우)	총 방수 3개 이하 : 16백만원 공제(방1칸공제)
		총 방수 4개 이하 : 32백만원 공제(방2칸공제)
	APT, 연립주택, 다세대주택 등 (담보기준가 2억 초과인 경우)	(총 방수×14백만원 또는 담보감정가의 1/2) 중 적은 금액

대출가능한도율 적용 시 주택 구분에 주의하여야 한다.

① 아파트 : 주택으로 사용되는 층수가 5개 층 이상인 주택

② 연립주택(다세대주택) : 주택으로 사용되는 1개 동의 연면적이 660㎡ 초과하고(이하이면 대주택) 층수가 4개 층 이하인 주택

③ 다가구주택 : 주택으로 사용되는 층수가 3개층 이하이고 1개동의 바닥면적이 660㎡ 이하이면서 19세대 이하가 거주할 수 있는 주택으로 공동주택에 해당하지 않는 주택을 말한다.

대출한도를 강남, 창원, 마산 아파트도 70%를 적용하는 방법은 없는가?
공사모기지론(한국주택금융공사)을 이용하면 소액보증금 공제 전혀 없이 감정평가액의 약 70% 대출 가능함(단, 최고가매수인의 근로소득원천징수영수증, 개인사업자는 소득금액증명 약 20~30백만원 이상 되어야 함).
현대캐피탈은 KB시세의 85%까지 아파트 담보대출취급 중으로 국내 최고한도를 부여하고 있다.

통상적으로

① 대출 감정평가액은 경매 1차 감정평가액(즉, 최초법원사정가격)의 약80%~90% 수준이며

② 아파트, 주택 경매잔금대출 시에는

감정평가액에 평균경락율 60%를 곱하여(담보인정비율) 선순위 전세보증금을 공제한 후 별도로 소액보증금 공제함(주택 감정평가액 2억이하는 방1칸에 해당하는 소액보증금을 공제하므로 서울지역은 16백만원, 지방은 12백만원 공제하며 2억초과 주택은 방수대로 모두 공제하여야 하므로 방4개이면 서울지역은 64백만원 공제)

예) APT 대출시 감정평가액은 주로 국민은행, 유니에셋, 부동산뱅크지의 일반가(중간가)를 적용하나 1층과 최상층은 하한가를 적용함. (또는 감정평가기관의 정식감정이 아닌 탁상감정가나 중개업소 2군데의 낮은 금액의 90%를 적용할 수도 있지만 주로 정식감정평가를 의뢰하여 100%를 적용하고 있는 실정이다)

③ 상가 대출

감정평가액에 평균경락율 (종전 50%) 현 40%를 곱하여(담보인정비율) 선순위 전세보증금을 공제한 후 별도로 소액보증금을 공제(상가는 담보인정가액에서 1/6을 공제)한 것과 각 소액보증금(서울은 13.5백만원, 기타지역은 7.5백만원)을 공제한 것 중 높은 것을 공제한다. 그리고 농지(전, 답, 과수원)와 임야라도 토지이용계획확인원상 용도지역이 주거지역, 상업지역, 공업지역 이던지, 전, 답 위에 적법하게 등기된 건물이 있으면 정규담보 취득됨

④ 공장대출의 특혜

그러나 신용평가 6등급(B+ 이상)으로 임대가 아닌 자가공장은 90%로 우대하여 주고 있으나 소액보증금 공제한 유효담보가는 약 75% 선이다. (예 : 경남, 김해 등 건물 가진 공장인 경우 자가공장으로 운영할 때 (공장감가 10억×90%) − (10억×90%÷6)=약 750백만원 대출가능하나 창원공단 내 공장은 100% 이상 지역으로 (10억×100%) − (10억÷△1/6)=약 830백만원 대출 가능하다). 그러나 미국 서브프라임 사태 이후 부동산경기 침체하여 계속 대출한도를 내리고 있는 실정이다.

2. 경매잔금대출 접수 시 적정 대출한도

창원지방법원(경남지역) 사례 (2007년도 대출) (단위 : 백만원)

사건번호 (물건번호)	용 도	법사가	낙찰가	해 설	담보대출금액 (신용대출제외)
창원 2006−21893	아파트 (20층 중 20층)	96	92	국민은행 제공 아파트 시세(KB시세) 105로 법사가보다 높은 경우	105×60%=63
2005−38702 (2)	다가구 (3층건)	439	250	건물가액이 토지가액의 2배 이상인 경우 90% 적용	425×90%X60%=229−114(소액은 425×90%×60%의 △1/2)=115
2006−14291	연립 (5층 중 3층)	45	33	5층이지만 실제는 20세대 이상 APT임	43×60%=25
2006−28382	다세대 (7층 중 6층)	82	67	7층 중 6층으로 사실상 19세대 이하 나홀로 아파트임	80×50%=40−소액12+ 신용20=48 (본인거주 40+ 신용20 가능)
2006−26430	근린주택 (2층)	112	91	주택대출(105X50%=52−상가7−주택24=21 상가대출(105X60%=63−7−24=32	주택대출 21, 상가대출 32
2005−26020 (3)	오피스텔 (8층 중 2층)	60	33	사무실이 아니고 실제 원룸임	54×50%= 27−12=15
2006−13984	다세대	110	56	법사가 대비 담보감정가	70×50%=

	(5층 중 4층)			편차 큼(실제 감정가 70)	35－12=23
2006－21329 (3)	다세대 (5층 중 5층)	61	49	1층 주차장, 660m²이하, 5층이나 1층이 주차장으로 APT가 아닌 다세대로 분류	58×50%= 29－12=17
2005－30661 (8)	근린상가 주1) (13층 중 6층)	230	100	상가는 감정가의 50%에서 소액 공제	200×50%=100－△1/6(=－16)=84
2006－36581 (2)	점포	75	83	본건은 점포3칸으로 각 △7.5공제(총△22공제)보다 △1/3범위 내 공제(△12)가 적음	75×50%=37－(37×△1/3=△12)=25+ 신용대출20=45
2005－46369	상가 (9층 중 지하1층)	160	52	지하는 감정가의 90% 환금성 감안 일부 감액	128×90%×50%=57－7=50 환금성고려 △5백만원 감액=45
2006－18873 (6)	답(용도지역 : 1종일반주거지역)	88	93	전, 답이나 주거, 상업, 공업지역은 가능	88×70%=61
2006－33957 (2)	대지	27	28	대지이나 맹지, 제시외건물 소재하여 담보대출 불가하나 견질담보로 신용대출 취급	신용대출 20
2005－38986	숙박시설(모텔)	1,623	468	숙박시설은 소액보증금 최고 △1억만 공제	1,150×50%= 575－100=475
밀양 2006－2884	숙박시설(모텔)	505	165	건물이 토지보다 2배이상되어 감가 90%적용 (숙박시설로 1억보다 △1/6=27이 적어 27만 공제)	감가 370×50%×90%= 166×－△1/6인 27 =139

주1) 경락가 하락으로 상가는 2007년도에는 신규대출용 감정평가액×50% 에서 2008년도에는 ×40%로 10% 축소되었다. 위 2005－30661호(물건번호 8번)은 대출감정가 감정가 200백만원×50%=100 － △1/6(=－16)=84백만원에서 2008년부터는 200백만원×40%=80 － △1/6(=－13)= 67백만원으로 10% 정도 축소되었다.

※ 소액보증금 공제

구 분	해 설
주택임대차보호법 적용대상 최우선변제권(2001. 9. 15 이후 설정분은 수도권 중 과밀역제권역은 △16백만원, 광역시는 △14백만원, 기타지역은 △12백만원) ⇒2008.8.21 이후에는 △20, △17,△14로 확대 되었	① 주거용건물의 소액보증금 공제는 통상 방1칸 △12백만원, 방2칸 등 공제하고 있으나(감정가 2억이하 방3칸 이하는 1칸만, 4개 이상은 2칸만 공제, 2억 초과시에는 방 칸수 만큼 전부 공제) ② 특히, 방이 10개, 15개 등 일 때 △1/2 공제 시에는 용도별, 지역별 담보인정비율에 의거 감정가×담보인정비율(예 2007. 2.28이후 경남지역 단독주택, 다가구, 연립, 상가주택은 60%, 다세대 55%, 19세대 이하 나홀로아파트 등 기타공동주택은 50%)의 ×△1/2 소액보증금 감액한다.

다.	(소액보증금 최고 차감한도는 상가는 담보인정가액의 1/3 범위 내, 주택은 1/2범위 이상은 공제할 수 없다)
상가건물임대차보호법 적용대상	최우선변제권(2002.11.1 이후 설정에 한해 점포 칸수마다 광역시 △9백만원, 기타지역은 △7.5백만원 공제) 또는 △1/6 중에서 큰 것을 공제한다. 즉, 소액보증금 공제는 점포의 수에 해당 지역별 최우선변제금을 곱하여 산출된 금액과 해당부동산(대지포함)의 담보인정가액의 1/6에 해당하는 금액 중 큰 금액(백만원 미만 절사)을 공제하며, 공장, 병원, 숙박(모텔 객실 30개 등). 위락. 체육. 종교시설, 창고, 주유소 중 공부와 현황이 일치하는 부동산은 최고 1억만 공제가능

〈제1, 2금융권 경매잔금대출 사례〉

최근 2008.9월말 현재 외환은행과 교보생명의 경매잔금대출 한도를 알아본다.

[제1금융권 KEB 외환은행 대출한도]

구 분	내 용
순수 개인	개인 CB등급에 따라 취급하는데 신용등급 양호시 대출한도 부여
소매 중소기업(SOHO)	기업대출은 심사역 승인사항이며, 신설기업체는 지점장 전결권 제한. 특히, 도,소매업, 건설업, 숙박업은 영업점장 전결권의 50%로 제한
개인사업자 10억이하 법인 매출액 20억미만 (총자산 10억 미만)	

※ 사업자등록(공장 임대 사업자도 가능)있으면 외화대출(엔화표시자금대출)로 3.8%~4%선 저금리 대출 가능하며, 경매대출은 낙찰가로 계산하므로 탁상감정 불필요, 기계기구 법사가에×낙찰율 ×50% 추가로 대출하는 것이 장점

1. **경매공장은 낙찰가를 기준으로 (기계기구 없다면 66%선으로 한도높음)**
   낙찰가×80% ×5/6

사례1) 창원 2008타경 2148호(기계기구 없는 공장)
1차 경매감정가 248백만원(기계기구 없음),
(산식) 낙찰가 189백만원×80% ×5/6= 대출가능액 126백만원
기계기구 50% 감안

사례2) 창원 2007－35080(기계기구 있는 공장)
토지 1,423백만원, 건물 945백만원, 제시외건물 446백만원
기계기구 1,139백만원
합 계 3,954백만원 (낙찰가 2,840백만원)
(산식) 토지 1,423백만원+ (제시외 건물 공제한 순수) 건물 945백만원=
2,368백만원×낙찰율(74%)×대출율 80%×5/6=1,168백만원

기계기구 1,139백만원×낙찰율(74%)×대출율 50%=421백만원
대출가능액 : 1,589백만원
(대출금리는 낙찰자가 임대업 등록하더라도 엔화표시대출 연 4% 선 가능)

※ 그러나 일반 공장(예 감정가격 10억)은 SHB은행보다 보수적임.
(SHB은행은 대출 정식 감정가격에 ×65%×5/6=54% 수준)

가. 창원공단은 감정가의 73%에서 상가소액보증금 공제
(원래 △1/3 공제하여야 하나 지점장 전결로 △1/6 공제가능)
= 감정가의 73%×5/6
= 10억 공장은 610백만원 =61%

나. 도청소재지(창원 동읍 등) 공장은 62%에서 계산×5/6= 520백만원=52%

다. 마산시지역 공장은 53%에서 계산= 441백만원 =44%
예) 봉암동 공장 토지건물2,787백만원×44%=1,226백만원

라. (함안)군지역은 47%에서 계산=392백만원 =40%

2. 아파트 경매잔금대출

주로 60%로 3년기한 (MCI 보험료 은행부담으로 소액보증금 공제없이 가능함)
(소액보증금은 아파트 방3개라도 방1칸 공제 가능, 현재 △14백만원 소액 공제)

3. 단독주택 담보대출

감정가(매매가)×60%×△무조건 방마다 14백만원 공제 = 대출 극히 희박

4. 상가대출

낙찰가의 80%×5/6=대출가능금액

사례1) 창원 2007－31286
김해 상가 1차 법사가 780백만원
낙찰가 237백만원×80%×5/6= 158백만원
(SHB은행의 경우 탁상감정 650백만원×40%×5/6= 낙찰가의 90%인 217백만원)

[제2금융권 교보생명 대출한도]

1. APT(전용면적 85㎡ 이하만 해당함.)

가) KB시세(1층은 하한가적용, 나머지는 일반가적용) × 80%
나) 낙찰가 × 90%
가)과 나)중 낮은 것. 연7.4%(신용등급이 6등급이내일 경우)
0.2% 가산금리적용, 설정비용부담시 → 중도상환수수료(1～2%)면제

2. 나대지와 잡종지(맹지는 취급금지)

가) 감정가 × 60%
나) 낙찰가 × 80%
가)와 나)중 낮은 것. 연7.5%
대출취급수수료 0.25%, 설정비용과 감정수수료 본인 부담.

경매잔금대출 고객 방문 시 응대요령

① 대출요청금액 재확인하여 사전 상담내용과 확인
② Setting된 대출관련 서류들 먼저 자필 받음
③ 신용카드 신청사실을 주지하고 상환용 적금 가입을 설명하면서 대출기간, 대출금리를 상담 (이때 실수요자와 투자자 여부 인지)
④ 중도상환수수료의 설명
⑤ 대출금리를 설명하고 월 얼마 정도라고 설명(고객이 듣고 온 내용과 틀리므로 상당한 주의 요망)
⑥ 중도상환수수료를 받듯이 이해가 되도록 설명한다(잔여기간의 개념을 잘 이해 못하며, 고객이 듣고 온 내용과 다르므로 주의 요하며, 전 금융기관 동일 어필)
⑦ 인지대, 감정료, 이전비, 설정비(등록세와 달리 취득세는 별도 자금 마련 후 30일내 차주가 직접 납부하도록 설명) 대략 얼마 정도라고 안내하고 정확한 금액과 입금방법을 통보하면서 입금예정일 문의
⑧ 감정료의 부담 이해 못하므로 설명(감정평가 시에는 대출산출 시 감정가의 100% 대출금액 산정하나 감정 없이 추정조사시가표로 하면90%로 대출금액 축소를 설명)
⑨ 다른 궁금한 점 없는지 확인 후 상담종료
⑩ 상담을 해보면 은행실무와 고객이 은행대출상담사로 부터 설명들은 내용이 가끔 달라 고객에게 불리하다는 생각이 들어도, 고객을 나의 지점으로 안내해준 사실만으로도 감사하는 마음을 갖고 일의 성사는 전적으로 직원 판매 스킬에 있음을 명심하고 외부 방문섭외를 생각하면서 적극적 응대
⑪ 온라인 감정평가의뢰서 작성 송신 후 확인할 것
⑫ 법무사에 비용계산서 의뢰 후 확인할 것
⑬ 인포케어 등 경매사건 프린터 물에 채권최고액, 대출 추천금액, 차주의 휴대폰 표시 후 FAX로 송신
⑭ 익일 비용내역서 고객에게 통보하고 계속 관리함.

〈사례연구 1〉 [대출 시 소액보증금 공제]

소액보증금 공제(상세연구)

1. 주거건물

- 자가사용(또는 공실)로서 임대차 내역이 없는 경우에도 방수에 따른 지역별 소액보증금을 산출, 차감하여야 함.
- 임차보증금이 해당 지역별 소액보증금보다 작은 경우에는 소액보증금을 차감하여야 함.
- 소액보증금의 차감한도는 주거용건물(토지+ 건물)의 담보인정가액의 1/2 범위 내로 함.

2. 상가건물

- 자가사용(또는 공실)로서 임대차 내역이 없는 경우에도 점포 수에 따른 지역별 소액보증금액과 해당 부동산(토지+ 건물)의 담보인정가액의 1/6에 해당하는 금액(백만원 미만 절사) 중 큰 금액을 산출, 차감하여야 함.

〈산 식〉

점포수 × 지역별 소액보증금 ·· A
담보인정가액(토지+ 건물) × (총점포면적－임차면적)/건물면적 × 1/6 ······ B

↓ Max(A, B)

※ 총점포면적 : 총점포면적은 상가건물이 일부라도 포함되는 경우에 입력하며 건물 전체 면적에서 주거용면적을 차감한 면적을 입력

※ 임차면적 : 임차보증금이 상가건물 임대차보호법 적용대상인 경우 및 임차보증금이 소액보증금보다 작은 경우의 면적합계

※ 건물면적 : 감정평가내역 상의 건물전체면적

－ 임차보증금이 해당지역별 소액보증금보다 작은 경우 및 임차보증금이 상가건물임대차 보호법 적용대상이 아닌 경우에는 소액보증금을 차감하여야 함.
－ 소액보증금의 차감한도는 해당 부동산 담보인정가액의 1/3 범위 내에서 공제

3. 주거, 상가 혼재

－ 상가주택과 같이 주거와 상가가 혼재하는 경우에는 주택소액보증금과 상가소액보증금을 모두 산출하여 합산하여 적용하고, 이 경우 소액보증금 차감한도는 해당 부동산(토지+ 건물)의 담보인정가액의 1/2 범위 내로 함.

〈사례연구 2〉 [상가, 대형상업시설, 업무시설의 구분]

(문1) 상가, 대형상업시설, 업무시설의 구분은?
(답1) 공부와 현황에 따라 다음과 같은 기준으로 분류하시면 됩니다.

중분류	소분류	분 류 기 준
상가 (중/소형)	아파트단지상가	아파트단지에 소재하는 상가
	주상복합상가	아파트와 상업용 시설을 겸용하는 구분 등기된 주상복합건물의 상가부분
	근린상가	상기 상가에 해당하지 않는 상가로서 건축면적이 500㎡이하 ☞ 건축면적 : 건축물의 외벽 또는 기둥의 중심선에 싸인 수평투영면적으로서 건축물관리대장에서 확인 가능하며 대개의 경우에는 1층 바닥면적과 동일 단, 집합건물의 경우에는 해당 건물의 전유면적으로 함
	기타상가	상기 상가에 해당하지 않는 상가로서 건축면적이 1,000㎡이하
대형 상업 시설	백화점	백화점, 할인점, 슈퍼마켓, 음식점 등 대형「판매 또는 영업시설」로서 건축면적이 1,000㎡를 초과하는 부동산
	할인점	
	기타상업시설	
업무	빌딩	공부상 "업무시설"이 포함되어 있고 현황이 금융업소, 사무실 등의

시설	사무실	업무용시설로 사용 중인 부동산
	기타업무시설	단, 5층 이하의 구분 등기된 집합건물 내의 업무용시설은 해당 전유면적에 따라 상가 또는 대형상업시설로 분류

〈예제〉

1. 등기부등본에 "업무시설 및 근린생활시설"로 표시된 7층 건물로서 1,2층은 상가로 사용 중이고 3~7층은 사무실로 사용 : 업무시설로 분류
2. 등기부등본에 "업무시설 및 근린생활시설"로 표시된 7층 구분소유건물로서 1~3층은 상가로 4~7층은 사무실로 사용 중인 경우의 상가부분은 상가로 분류하고 사무실 부분은 업무시설로 분류
3. 등기부등본에 "업무시설 및 근린생활시설"로 표시된 5층 구분소유건물로서 사무실로 사용 : 상가로 분류
4. 등기부등본에 "근린생활시설"로 표시된 6층 건물로서 1,2층은 상가로 사용 중이고 3~6층은 사무실로 사용 : 상가로 분류
5. 등기부등본에 "근린생활시설"로 표시된 5층 건물로서 1층 바닥면적이 1,000㎡를 초과하고 1,2층은 상가로 3~5층은 사무실로 사용 : 대형상업시설로 분류

(문2) 구분소유건물의 지하 또는 지상에 위치한 사우나, 찜질방, 극장 등은 담보종류를 무엇으로 등록하나요?

(답2) 건축면적에 따라"상가"또는"대형상업시설"로 분류하시면 됩니다.
담보종류의 중분류 "기타부동산"내에 있는 사우나, 극장 등은 원칙적으로는 단독시설을 의미하므로 구분소유건물의 지하 또는 지상에 위치한 사우나, 찜질방, 극장 등은 그 건축면적을 기준으로 상가 또는 대형상업시설로 분류하시면 됩니다.

☞ 건축면적 : 건축물의 외벽 또는 기둥의 중심선에 싸인 수평투영면적으로서 건축물관리대장에서 확인 가능하며 대개의 경우에는 1층 바닥면적과 동일
단, 집합건물의 경우에는 해당 건물의 전유면적으로 함

(문3) 주상복합아파트는 담보비율을 어떻게 적용해야 하나요?

(답3) 주상복합아파트(舊 상가아파트)의 담보인정비율은 아파트의 담보인정비율을 적용하시면 됩니다. 단, 아파트와 주상복합아파트 중에서 19세대 이하인 경우에는 기타공동주택으로 분류하여 담보인정비율을 적용하셔야 합니다.

(문4) 가계 주택담보대출을 취급할 경우 아파트의 담보인정비율은 어떻게 되나요? (예를 들면 서울지역 아파트의 담보인정비율은 80%인데 그린홈대출을 취급하면서 담보인정비율을 80%로 적용하면 되나요?)

(답4) 통합업무기준에서 담보인정비율은 가계, 기업 구분 없이 적용됩니다. 다만 가계주택담보대출의 경우, 주택담보대출 한도 운용기준에 의해 일정한도 범위 내에서 취급하도록 되어 있습니다.

예를 들면 서울지역의 아파트를 담보로 그린홈대출 취급시 정규담보비율은 80%를 적용합니다. 하지만 대출가능한도율은 40% ~ 60%로 되어 있어 담보대출로 취급할 수 있는 한도범위가 제한되어 있습니다.

〈사례연구 3〉 [수시로 변하는 지역별 · 용도별 담보인정 비율]

(단위 : %)

구 분	서울	부산	대구	인천	대전	광주	울산	경남	경남
기준년월	2007년말 기준								2008.8월
아파트	80	70	80	75	80	80	80	70	65
단독주택	70	60	70	60	65	55	70	65	60
연립주택	70	60	75	70	60	75	65	65	60
다세대주택	65	55	70	55	65	55	60	65	60
기타공동주택	70	60	65	60	50	50	50	50	55
상가주택	75	65	75	60	60	55	65	65	60
상가(중소형)	60	50	55	50	50	50	50	50	40
대형상업시설	50	50	50	50	50	50	50	50	50
업무시설	70	50	50	65	60	50	70	50	55
오피스텔	60	50	50	50	50	50	50	55	45
숙박시설	60	50	50	50	50	50	50	50	45
기타부동산	70	60	70	60	65	50	70	70	50
대지	65	65	75	60	65	55	75	70	65
공장용지	50	65	70	70	50	50	70	70	65
전	70	70	70	70	70	70	70	70	60
답	70	70	70	70	70	70	70	70	65
과수원	50	50	70	50	70	50	70	70	65
목장용지	50	50	50	50	50	70	70	70	50
염전	50	50	50	50	50	50	50	50	50
임야	65	70	70	70	70	60	70	70	65
잡종지	70	70	65	70	60	55	65	70	60
기타토지	55	55	70	70	60	50	65	70	50
건설기계	50	50	50	50	50	50	50	50	50
선박	50	50	50	50	50	50	50	50	50
항공기	50	50	50	50	50	50	50	50	50
차량	50	50	50	50	50	50	50	50	50
광업권	50	50	50	50	50	50	50	50	50
어업권	50	50	50	50	50	50	50	50	50
산림(입목)	50	50	50	50	50	50	50	50	50
공장	70	70	70	70	60	60	60	65	65
아파트형공장	65	55	55	50	50	50	50	50	50
기계기구	50	50	50	50	50	50	50	50	40

〈사례연구 4〉 [대출 사전 협의 신청서]

대출 사전 협의 신청서

(신청일 : 20 년 월 일)

업체명		사업자등록번호	
대표자		주민등록번호	
업 종		고객번호	
주요제품		설립일	
대출과목		신청금액	
금리		자금용도	
대출기간		상환방법	
차입금 현황		대표자 재산	
담보종류		감정가액	
소재지		유효담보가액	
매출액		총자산	
당기순이익		자본금	
실제매출액		임대,이자소득	

〈사례연구 5〉 [신용평가의뢰서(개인사업자와 법인)]

신용평가 의뢰서(개인사업자) 제출 자료명

<table>
<tr><td rowspan="9">필수</td><td colspan="3">신용평가 의뢰서(개인사업자) 본건 표지</td></tr>
<tr><td colspan="3">재무자료</td></tr>
<tr><td rowspan="2">복식부기 대상</td><td>대차대조표</td><td>손익계산서</td></tr>
<tr><td>필수</td><td>필수</td></tr>
<tr><td colspan="3">세무서에 제출한 종합소득신고서 사본(복식부기대상 확인)</td></tr>
<tr><td colspan="3">사업자등록증명원 또는 사업자등록증사본</td></tr>
<tr><td colspan="3">거주지 부동산 등기부등본 또는 임대차 계약서 사본</td></tr>
<tr><td colspan="3">주 사업장 부동산 등기부등본 또는 임대차 계약서 사본</td></tr>
<tr><td colspan="3">대표자 실명확인 증표 사본 및 주민등록등본</td></tr>
<tr><td rowspan="5">선택</td><td colspan="3">국세 및 지방세 납부증명서</td></tr>
<tr><td colspan="3">소득금액증명원</td></tr>
<tr><td colspan="3">사업자등록증명원 또는 사업자등록증사본</td></tr>
<tr><td colspan="3">거주지 부동산 등기부등본 또는 임대차 계약서 사본</td></tr>
<tr><td colspan="3">주 사업장 부동산 등기부등본 또는 임대차 계약서 사본</td></tr>
</table>

	대표자 실명확인 증표 사본 및 주민등록등본
	세무서에 제출한 "원천징수이행상황신고서"사본(종업원수확인)최근 3년 분
	전문업의 경우 해당 자격증 사본
	부가세과세표준증명원
	부가세납부영수증사본 및 면세사업자 수입금액증명원
	고용보험료납부영수증 사본 국민연금보험료납부 영수증 사본
	지방세 세목별과세(납세)증명서, 재산세 종합토지세 납부영수증 사본
	납세완납증명원
	기술관련 증빙자료 사본(KS, ISO인증, 특허권 등)
	당해 년도 사업계획서
	제품(상품) 설명서, 동업계 참고자료 등

신용평가의뢰서(법인) 제출 자료명

필수	신용평가 의뢰서 (본건 표지)
	재무자료 ※ 원가 명세서(공사원가, 분양원가, 임대원가 등) 필히 제출. ※ 기타 법인의 경우, 공인회계사 또는 세무사가 확인한 재무제표 제출. 단, 세무조정계약이나 기장대리계약 등을 체결하지 않은 기업, 비영리법인 등의 경우에는 대표자가 확인한 재무제표.
	세무서에 제출한 "원천징수이행상황 신고서"사본
	법인등기부등본
	사업자등록증명원 또는 사업자등록증사본
	거주지 부동산 등기부등본 또는 임대차 계약서 사본(SOHO 대상 업체)
	주 사업장 부동산 등기부등본 또는 임대차 계약서 사본(SOHO 대상 업체)
	대표자 실명확인 증표 사본 및 주민등록등본(SOHO 대상 업체)
선택	국세 및 지방세 납부증명서
	소득금액증명원(SOHO 대상 업체)
	거주지 부동산 등기부등본 또는 임대차 계약서 사본(SOHO 대상 업체)
	주 사업장 부동산 등기부등본 또는 임대차 계약서 사본(SOHO 대상 업체)
	대표자 실명확인 증표 사본 및 주민등록등본(SOHO 대상 업체)
	전문업의 경우 해당 자격증 사본
	부가세과세표준증명원
	부가세납부영수증사본 및 면세사업자 수입금액증명원
	고용보험료납부영수증 사본 국민연금보험료납부 영수증 사본
	지방세 세목별과세(납세)증명서, 재산세 종합토지세 납부영수증 사본
	납세완납증명원
	기술관련 증빙자료 사본(KS, ISO인증, 특허권 등)
	당해년도 사업계획서
	제품(상품) 설명서, 동업계 참고자료 등

〈사례연구 6〉 [당일 소유권이전, 근저당권 설정 접수 확인 방법]

통상 법무사사무소로부터 설정 후 접수증명원을 팩스로 받고 나서 당일 경락잔금대출 물건의 낙찰자(매수인)앞으로의 소유권이전과 당행 1순위 근저당권 설정을 확인하여 왔으나 대법원사이트에서 검색도 가능하다.

대법원 인터넷등기소(www.iros.go.kr)> 등기신청사건처리현황조회>접수번호로 검색 또는 소재지번으로 검색에서 검색을 할 수 있다.

접수일자	접수번호	등기목적	처리상태
2006년4월11일	21316	소유권이전	접수완료
2006년4월11일	21317	근저당권설정	접수완료

접수내역조회(내용)

접 수 내 역

1. 부동산의 표시 : [1.전유]경남 마산시 양덕동 74－1 외 2필지 마산한일타운아파트 제101동 제11층 제1115호 철근콘크리트조 59.94㎡
2. 등기의목적 : 근저당권 설정
3. 접수연월일과 접수번호 : 2006년04월12일 제21569호
4. 신청인 성명(명칭) : 박 ○○
   주 소 : 경남 마산시 석전동 1234

〈사례연구 7〉 [새마을금고 연계 주택담보대출 업무안내]

1. 주택담보대출 추가 요청 시 한도부족 등으로 수용하기 어려운 경우 새마을금고 등 방문하여 대출상담
2. 새마을금고 LTV적용현황(통상 제1금융권보다 약 10% 많음)

구 분		담보비율	제1금융권
주거용부동산(단독, 다가구, 연립, 빌라)	일반지역	70/100	담보감정가의 60/100
	투기지역 및 수도권 투기과열지구	60/100 단, 대출기간이 3년 초과시 70/100까지 가능	50/100 단, 대출기간이 3년 초과시 60/100까지 가능
아파트	대출기간 10년 이하	50/100	40/100
	대출기간 10년 초과	60/100	60/100

－ www.kfcc.co.kr(새마을금고 홈페이지)>전국 새마을금고 위치검색(좌측하단)

〈사례연구 8〉 [비거주자에 대한 주민등록전입 말소 요청]

대출취급 전 전입세대열람 내역에서 나타난 거주하지 않는 것으로 보이지만 주민등록 전입이 되어 있는 사람에 대하여는 아래와 같이 진정서를 동사무소에 접수하여 주민등록전입 말소하도록 한다. 대출 후 향후 부실로 동 주택이 경매 시 전입자의 대항력 주장 미연 방지와 계속 유찰로 경매가 하락을 방지하기 위하여 전입자 주민등록 말소 요청하여야 한다. 사전에 통장에게 불거주확인서를 동사무소에서 작성하여야 함께 제출하여야 할 것이다. 그리고 소유자에게 '임대차부존재확인서'와 현재 임대차가 없고, 언제까지 퇴거 및 전출 (직권말소)되도록 최선을 다하겠다는 '각서'를 받는 것이 좋겠다. (상가에 대하여도 '등록사항 등의 현황서'를 징구하여 사업자등록이 되어 있고 사실상 현재 점유하지 않는 종전 사업자등록한 임차인에게도 마찬가지로 관할세무서에 진정을 하여 사업자등록 해지 신청하는 것이 후일 대항력 등 주장을 사전 제거할 수 있을 것이다.)

진 정 서

제목 : **주민등록 말소 요구**

경남 마산시 석전동 1가 1234번지 내 집 주인이 모르는 사람 2명이 주민등록 등재 되어 있어 2003. 9월부터 현재까지 거주하고 있지 않으므로 집주인의 권리로 아래 사람의 주민등록말소를 요구하오니 조속히 말소 처리하여 주시기 바랍니다.

\- 아 래 -

조 순 덕(주민등록번호 310123-2123456)

배 수 인(주민등록번호 601020-1234567)

2007. 8.16

진정인 주소 : 마산시 석전동 1가 1234번지

홍 길 동 (인) 055-223-1415

마산시 ○○동장 귀하

29-2. 경매잔금대출 안되는 경매물건

최고가매수신고인이 낙찰 후 금융기관에서 경매잔금대출이 어렵다는 통보를 받으면 10% 보증금을 포기하던지 사채를 동원하던지 등 상당한 어려움에 직면하게 된다. 지분경매 물건이나 유치권신고된 물건, 농지(전, 답, 과수원)와 임야, 예고등기 물건, 법당경매, 건축법상 사용승인 받지 못한 건물(즉, 미준공건물로 주로 주차장법 위반 등), 미등기가 있는(매각제외 건물) 물건으로 법정지상권 성립여지 있는 물건, 선순위 권리(지상권, 지역권, 가등기 등)가 있는 물건 등은 대출받기가 쉽지 않다. 필자가 약 2년간 경매잔금대출 약 2,000여건 이상을 취급하면서 경매잔금대출은 가능한가? 된다면 대출한도와 대출금리는? 등 많은 질문을 받는다.

특히, 유치권신고된 물건은 유치권포기각서(공정증서로 된)를 유치권신고자 한테 사전 합의하여 징구하여 주도록 요청하고 있는 실정이다. 물론 잔대금 납부 후 만나 유치권 문제를 매듭짓는 것과는 달리 잔금 납부 전 사전에 유치권포기각서를 징구하려면 많은 합의금을 요구하므로 합의가 쉽지 않다. 금융기관에서 유치권 부존재한다는 것을 알 수 있으면서 유치권신고자와 최고가매수신고인과의 분쟁에 조금이라도 휘말리지 않기 위하여 요청하고 있으며, 유치권포기각서가 징구 안되면 대출을 수응하는 금융기관도 거의 없는 편이나 최근 임차인의 유치권신고는 무시하고 대출을 하여 주고 잇는 실정이다. (임차인은 원상회복조항이 있어 유치권이 성립하지 않는다는 취지에서 과감히 대출을 하고 있다.) 필자도 유치권신고된 물건의 경매잔금대출을 자주 취급은 하였으나 유치권 및 판례에 대한 어느 정도 확신을 가지고 있지 않고서는 여타 금융기관 지점장들이 대출 취급하기가 쉽지 않다. 대출실적을 어느 정도 올리고자 유치권신고자와 어느 날 다툼도 예상하면서 취급하기란 여간 어려운 일이 아니다.

법정지상권 성립여지가 있는 건물이 있는 경우 대출이 불가하다는 통보를 하는 경우도 가끔 있다. 농지(전답)이라도 관리지역은 어려우나 제1종 전용주거지역으로 토지이용계획확인원에 나타난 경우에는 대출 가능한 경우 등 여러 경우가 발생하는데 아래 금융기관 담보취득 금지물건과 제한물건을 살펴보면 금융기관의 담보취득이 얼마나 까다로운지 알 수 있을 것이다. 특히, 농지는 농・수협 대출을 이용하는 것이 편리하다.

건물등기부에 "건축법상 사용승인 받지 않은 건물임"(즉, 준공미필의 미등기 건물로 가압류, 가처분 등기의 촉탁으로 인하여 소유권보존 등기는 되어 있으나 건축허가신청서와 다르게 건축하여 준공이 나지 않은 건물) 으로 나타나 있으면 대출을 제한하고 있으므로 낙찰 전 대출 확약받은 후(근저당권 설정 은행이 경매신청채권자인 경우 가끔 취급하는 경우가 있음) 응찰하여야 한다(창원 2005-25362호 경남 김해시 삼방동 579-13번지 다세대주택과 창원 2005-15367호 경남 마산시 회원동 248-12번지 다세대주택 등).

유치권 신고 있음. 토지 별도등기 있음, 대지권 미등기 등은 해당 주제의 <사례연구>에 별도 수록하였으므로 해당 편을 참고 바란다.

〈사례연구 1〉 [금융기관의 담보취득금지 및 제한물건]

1. 담보취득 금지물건

1	사립학교(유치원 포함)의 교육에 직접 사용하는 교지, 교사(강당 포함), 운동장, 실습 또는 연구시설, 기타 교육에 직접 사용되는 시설 또는 설비(사립학교법 제28조 2항)
2	행정재산과 보존재산(국유재산법 제20조, 지방재정법 제82조)
3	주무관청(또는 관할청)으로부터 담보취득 허가를 득하지 않는 사립학교의 교육에 직접 사용되는 시설 이외의 기본재산, 의료법인의 기본재산, 공익법인의 기본재산, 전통사찰, 향교 재산

2. 정규담보로 취득할 수 없는 물건

구 분	내 용
1. 토지 및 건물	ㅇ 공부의 소재지, 지목, 구조 및 면적 등이 실제와 현저히 달라서 동일성을 인정하기 어려운 물건 ㅇ 지상에 담보로 제공되지 아니하는 독립성이 인정되는 건물(미등기건물 포함)이 소재하여 법정지상권 문제가 발생할 수 있는 토지(임야)

	○ 생산녹지지역, 보전녹지지역, 개발제한구역, 시가화조정구역, 상수원보호구역, 문화재보호구역, 군사시설보호구역, 공원보호구역, 접도구역 내에 소재하는 토지 ○ 녹지(시설녹지, 경관녹지, 완충녹지), 공원, 유원지, 도로, 광장, 구거, 하천, 제방, 급경사지, 송유관 부지 ○ 도로 또는 도시계획시설에 과반수 이상이 저촉된 토지 및 건물 ○ 맹지로서 도로에 대하여 지역권설정이 없거나 관습상 도로, 사도, 지상권이 설정된 도로 등 통로가 확보되지 않는 토지 ○ 농지(전, 답, 과수원) 및 임야 ○ 공부 또는 현황이 목장용지 및 염전 ○ 광업재단, 광업권, 어업권 ○ 위치확인이 불가능하여 분쟁이 야기될 수 있는 공유지분, 합동 환지토지 및 동 지상의 건물 ○ 담보로 제공되지 아니하는 물건이 소재하는 토지 ○ 건물의 부지로 이용되는 토지와 함께 담보로 제공되지 아니하는 건물 ○ 학교용지 ○ 현황이 교회, 사찰, 고아원, 양로원으로 사용중인 건물(부속건물 포함) ○ 재개발사업구역에 저촉되는 나지 및 재개발사업 시행인가 고시일로 부터 60일 이내 권리신고를 하지 않은 재개발사업구역 내 토지 및 건물
2. 공장	○ 휴·폐업 중인 공장으로서 타 용도로의 전용이 불가능하다고 판단되는 공장, 공해의 유발 정도가 심한 공해공장 ○ 리스기계기구, 공장저당법에 의해 담보 취득하지 않는 기계기구, 제조일로부터 5년 이상 경과한 기계기구, 제조일(제작일)이 불분명한 기계기구, 분리 및 이동이 용이한 기계기구
3. 기타	○ 구축물, 채석장, 아스콘공장, 폐기물처리(쓰레기매립장 포함), 분뇨처리장, 폐수 처리장, 화장장, 납골당, 장례식장, 문화재, 양어장 ○ 등기·등록되지 않은 선박, 항공기 ○ 건설기계(중기), 자동차 ○ 기타 담보로서 부적합한 물건 또는 담보가치가 없다고 인정되는 물건 (예 : 경관지구(구 풍치지구)내의 건물 신축이 불가능한 토지 등)

☞ 상기 물건은 하자 있는 물건이거나 담보처분이 곤란하여 정식담보로서 부적격한 물건인 바, 필요 시 견질담보로 취득할 것.

☞ 아파트단지 내 상가의 지하부분은 환가성 등을 감안하여 담보취득 시 신중을 기하여야 함.

☞ 2005년 7월 2일 이후 취득한 투기지역 내 아파트(주상복합아파트 포함)를 담보로 한 기업자금 대출은 원칙적으로 취급할 수 없음.

3. 위에도 불구하고 아래의 경우는 정규담보로 취득가능 물건

1	생산녹지지역, 보전녹지지역, 개발제한구역, 상수원보호구역, 문화재보호구역, 군사시설보호구역, 공원보호구역, 접도구역 내에 소재하는 토지로서 지상에 적법하게 등기된 건물이 소재하거나 건축허가를 득한 경우
2	토지를 수반하지 않은 건물로서 다음 중 하나에 해당하는 경우 (가) 국가, 지방자치단체 또는 정부투자기관 소유 지상에 적법하게 건축된 건물 등으로서

	해당여신 전결권자가 담보권 실행을 통한 환가에 제한이 없다고 판단하는 경우 (단, 담보가격은 건물분만 인정) (나) 대지소유권의 지분 등기가 완료되지 아니한 아파트(단지 내 상가 포함)
3	국토의계획및이용에관한법률상 주거, 상업, 공업지역 내에 소재하는 농지, 임야 ☞ 개발에 제한이 없는 경우에 한함.
4	지목이 농지, 임야, 목장용지 등이지만 건축허가 (농지전용 허가)를 얻은 경우 ☞ 건축허가, 농지전용허가 등을 받아 담보 취득하는 경우에는 허가 받은 대지면적 (건폐율 기준)만을 정규담보로 인정함.
5	지목이 농지, 임야, 목장용지 등이지만 지상에 등기된 건물이 소재하는 경우 ☞ 온실, 버섯재배사, 축사 등 농업 및 축산업에 필요한 시설은 건물로 인정하지 않음.
6	구분소유건물을 임대하여 일시적으로 종교시설로 이용 중인 부동산 또는 교회 대출로 승인을 얻어 담보 취득한 종교시설
7	공부상 지목이 농지, 임야, 목장용지 등이지만 토지조서 작성이 완료된 토지보상 지역에 소재하는 경우 ☞ 사업인정 고시 후 사업인정의 실효, 사업의 폐지 및 변경 등으로 인하여 토지 등의 전부 또는 일부를 수용 또는 사용할 필요가 없게 된 때에는 채권보전에 문제가 있을 수 있으므로 보상금 수령 시까지 계속적인 주의가 필요함.
8	도시계획시설 중 주차장 · 유통업무설비 · 종합의료시설로써 지상에 적법한 건축물이 있는 본부 승인여신

〈사례연구 2〉 [투기지역 아파트를 담보로 한 기업자금대출 취급 기준]

1) 투기지역 소재 아파트를 담보로 한 기업자금대출은 취급할 수 없다.
2) 제"1"호에도 불구하고 다음 중 하나에 해당하는 경우 기업자금대출을 취급할 수 있다.
   가) 2005.7.1 이전 소유권을 취득한 아파트
   나) 상거래와 수반하여 발생하는 신용장, 지급보증(대출담보 조건 제외)등 자금지출이 없는 신용공여와 제3자 결제조건의 매입외환, 할인어음 등
3) 투기지역 아파트를 담보 취득할 경우 투기자금으로 이용하는 것을 방지하기 위하여 소요자금의 적정서, 채무상환능력 등을 면밀히 검토하여 용도외유용이 이루어지지 않도록 하여야 하며, 자금 용도외유용 시 대출금을 회수하여야 한다.
4) 투기지역 아파트 담보 기업자금대출에 대한 금융감독원 해석사항
   가) 2005.7.2이후 신규 취득한 아파트의 경우 1가구1주택소유자(법인 제외)라면 엄격한 기업자금 용도심사(주택구입자금 불가)를 거쳐 해당 아파트를 담보로 한 기업자금 취급 가능
   - 다만, 이 경우 가구 구성원의 기존 주택담보 대출여부, 무주택자임을 증명할 수 있는 서류(예 : "과세사실 없음"을 나타내는 재산세 과세증명서 등)등을 통해 최대한 1주택 해당여부를 파악하여야 하며,
   - 자금용도가 사업목적이 아니거나 주택취득인 경우 등 주택담보대출 규제회피목적인 경우에는 취급 할 수 없음
   나) 차주가 2005.7.1 이전부터 분양권(조합원 입주권)을 소유하고 있었던 경우에는 기업 자금대

출 가능
다) 시행사 또는 시공사가 건설자금 변제 등의 목적으로 직접 건설한 미분양 아파트를 담보로 기업자금대출 가능
라) 시행사 및 시공사의 하도급업체가 건설대금으로 대물변제 받은 미분양 아파트를 담보로 하여 건설자금 변제 등을 목적으로 한 기업자금대출 가능
마) 주택투기지역 지정 이전에 소유권보존(이전)등기된 아파트는 투기지역 지정 이후라도 기업자금대출 가능
바) 기존 보유아파트를 담보로 기업자금대출을 받고 있는 1가구 1주택 소유자가 주거이전을 위해 2005.07.02 이후 기존 주택을 매각하고 새로 매입한 투자지역 아파트를 기존 대출의 담보로 교체 가능

〈사례연구 3〉 [도시계획저촉 부동산, 외국인(거주자)소유 부동산 담보취득]

1. 도시계획저촉 부동산의 담보취득

도시계획시설(도로 등)에 저촉되는 부동산은 다음의 방법으로 담보취득 한다.
(1) 감정평가서의 심사 시 도시계획시설에 저촉되는 부분과 잔여부분 중 단독효용가치가 희박한 부분의 면적은 감정가액에서 차감하되, 담보취득 시에는 같이 취득하여야 한다.
(2) 추가 징구서류
가. 보상예정가격 및 집행기간 확인원(보상예정가격이 확정된 경우에 한함)
나. 보상금 지급 시 은행을 통하여 수령할 것이며 수령 즉시 관련 대출금 변제에 충당할 것을 확약하는 내용의 확인서

2. 외국인(거주자)소유 부동산(외국인토지법 제4조 등) 담보취득

(1) 외국인 등이 토지를 취득하는 계약을 체결한 경우에는 계약체결일로부터 6개월 이내에 시장, 군수, 구청장에게 신고하여야 한다.
(2) 전 호에도 불구하고 외국인 등은 군사시설보호구역, 해군기지구역, 군용항공기지법에 의한 기지보호구역, 문화재보호구역, 생태계보전지역 등의 토지를 취득하는 경우에는 계약체결 전에 시장, 군수, 구청장의 허가를 받아야 한다.

29-3. 경매잔금대출 각 은행 별 한도

(2008. 9월말 현재)

은행	국민은행	우리은행	S은행(예상)
대출상품	경락주택 구입자금대출	경매 Plus Loan	경・공매물건담보대출 취급기준
대출대상자	경매 또는 공매주택의 매각(경락)허가 결정을 얻은 개인 ☞공매기관 : 한국자산관	법원의 경매와 공매기관의 공매를 통해 다음 부동산을 구입 하고자 하는 개인 및 SOHO(가계/기업)로 한다.	법원 경매와 한국자산관리공사의 공매를 통하여 부동산을 매수하고자 하는 자(낙찰자)로서 매각허가결정 또는 공매

	리공사, 국세청(세무서), 금융기관, 부동산신탁회사	① 아파트 ② 주택(단독, 연립, 다세대, 근린주택을 포함하며 다가구주택, 오피스텔은 제외함) ③ 5층 이하 근린상가 ④ 아파트상가(주상복합아파트상가 포함), ⑤나대지, 잡종지	결정이 확정되어 동 대금을 납부할 실수요자로 한다.
대출 한도	아래 산출된 금액 중 작은 금액 이내로 한다. 가. 소요자금의 100% 나. 담보사정가격+보증부대출금액(주택금융신용보증서금액+은행책임분담금액)	① Kb 시세정보 있는 아파트 : 부동산유효담보가액(=시가추정액×담보인정비율－선순위보증금) 다만, 경락금액의 80%를 초과할 수 없음. ② Kb 시세정보 없는 아파트, 연립, 단독, 다세대, 근린주택 : 부동산유효담보가액 경락금액 75% 초과할 수 없음 ③ 5층 이하 근린상가, 아파트상가(주상복합아파트 상가포함) : 부동산유효담보가액 경락금액 70% 초과할 수 없음 ④ 나대지, 잡종지 : 부동산유효담보가액 다만, 경락금액 50% 초과할 수 없음	대출한도는 부동산 매수가격(낙찰가격)의 80%이내로 한다. 단, 매수가격이 1차 감정평가가격(최초 법원사정가격)을 초과하는 경우에는 1차 감정가격을 기준으로 산정한다.
징구 서류	본인 신분증(주민등록증 등 본인확인증표), 주민등록등본(최근 1개월 이내 발급 분)토지 및 건물등기부등본(최근 1개월 이내 발급 분)경락허가결정 등본, 대금지급기일 소환장 인감증명서(인감도장 포함) 경락대금 납부영수증(대출 후) 기타필요서류 : 소득증빙서류, 전세계약서, 건축물관리대장, 토지이용계획확인서		매각허가결정 등본 대금지급기한통지서 법원 및 한국자산관리공사의 감정서 등본 등 기타 필요하다고 인정되는 서류
소유권 이전 · 설정	대출실행 당일에 소유권이전등기 및 근저당권 설정등기(대출실행일로부터 2주일 이내에 완료)	소유권이전과 동시에 당해 물건 1순위 담보취득(단, 제3영업일 이내에 담보취득)	대출실행일(대금납부일)에 법원에 낙찰대금 납부 및 소유권이전등기촉탁과 동시에 근저당권설정등기
중도상 환수수	있음	있음 대출취급 후 1년 이내 상환 시 중도	있음 잔존기간 2년 이상 2%

료		상환금액의 1.5%(2년이내=1%, 3년이내=0.5%) (잔존기간이 1개월 미만과 대출취급 후 3년을 초과하여 중도상환하는 경우 면제)	(1년~2년미만 1.5%, 6개월~1년미만 1%, 6개월 미만 0.5%)
설정비			대출기간 3년 이상 근저당권 설정비 면제

은행	SC제일은행	부산은행	경남은행
대출상품	퍼스트홈론경락자금대출	마이비 경락자금대출	경매홈론, 경매인수자금대출
대출 한도	담보가의 60%이내(상가, 근린생활시설인 경우 최고 80% 까지)	둘 중 적은 금액 <(낙찰금액×80%−선순위채권)> 또는 <(최초법사가×부동산회수인정비율−선순위채권−(기계기구의 최초법사가×낙찰가율)>중 적은 금액, 특히, 공장은 기계기구 낙찰가액도 공제	(아파트, 단독, 연립, 다세대)은 경락금액의80% 이내(다만, 정규담보비율 이내) 그 외는 경매인수자금대출(경매와 공매로 부동산을 구입하고자 하는 개인 및 기업)은 경락금액의 70% 이내
소유권이전·설정	당일 소유권이전과 1순위 근저당권 설정	당일 소유권이전과 1순위 근저당권 설정(3영업일 이내 담보취득가능)	당일 소유권이전과 1순위 근저당권 설정
기타(대출중개수수료 지급)	SC제일은행은 전국은행연합회에 공식 등록된 은행대출상담사(ISA)를 두고 경락자금대출수수료 지급 및 영업활동 중(ISA)		경매홈론 대출모집인에 의한 대출시 부동산중개업소수수료지급

각행 대출 취급 금지조항은 대체로 아래와 같으므로 아래 물건을 낙찰 시 경매잔금대출이 어려우므로 가급적 낙찰 받지 않도록 유의하여야 한다.

구 분	취급 금지 조항
국민은행	대출금액에 관계없이 동일인에 대하여 2건 이상의 경락주택 구입자금대출은 취급할 수 없고, 미성년자에 대한 주택담보대출 제한, 주택투기지역 소재 아파트에 대한 중복대출 제한에 해당하는 경우에도 대출 취급할 수 없다.
우리은행	주택 중 다가구주택과 오피스텔은 제외
부산은행	① 경매로 인하여 소멸되지 않는 권리가 잇는 경우. 단, 대출신청자가 소멸되지 않음을 인지하고 낙찰 받았고, 소멸되지 않는 권리에 대한 금액이 확정되어 있는 경우에는 대출가능금액에서 확정금액을 차감한 금액으로 한다 ② 경매개시결정에 대한 이의신청이 있는 경우 ③ 분할이 불가능한 대지 또는 건물의 공유지분에 대한 경매물건을 낙찰 받은 경우로서 타 공유자의 지분이 본건 대출의 담보로 제공되지 않는 경우

	④ 낙찰자가 매입대금의 지급에 갈음하여 채무를 인수한 때 ⑤ 공동입찰의 경우 공동 입찰자의 지분이 담보제공 되지 않는 경우 ⑥ 낙찰 받은 부동산이 훼손되어 복구에 과다한 비용이 소요되거나, 부동산의 용도에 따른 사용이 불가능 하다고 판단되는 경우 ⑦ 부동산의 명도가 사실상 불가능 하거나, 권리행사가 곤란한 경우 등의 사유로 환가에 문제가 있는 물건
경남은행	① 매각 후 소멸(이의신청 포함)되지 않는 권리가 있는 경우. 다만, 다음 각 1의 경우로서 대출신청자가 부담하여야 할 금액을 당행에 예치하는 경우에는 제외한다 ⓐ 매각개시결정의 등기 후 6개월이내에 그 기간이 만료되지 아니하는 전세권 ⓑ 1순위 담보권자보다 먼저 대항요건을 갖춘 임차인의 임차보증금 ② 공동입찰로 공동입찰자 지분이 모두 담보제공이 되지 않는 경우 ③ 지분소유 부동산으로서 공유자전원의 지분이 담보취득 되지 않는 경우(나대지로서 공유 위치확인서를 징구하거나 건물이 경계에 의거 명확하게 구분될 때에는 예외) ④ 권리행사가 곤란한 경우 등의 사유로 환가에 문제가 있는 경우 등
S은행 (예상)	신고된 유치권 있거나 법정지상권 성립 가능성이 있는 물건은 향후 민원 발생 및 환가 가능성 등을 검토하여 취급에 신중을 기하여야 한다. ☞ 유치권신고액을 담보인정가액에서 선순위로 차감하거나, 유치권 포기각서를 공정증서로 징구하여야 하며, 법정지상권 문제가 발생할 수 있는 토지의 경우에는 정규담보로 취득할 수 없다

특징 :

1. 최고 1천만원까지 근로소득공제 가능(소득세법 요건 충족 시, 연 1~2% 금리인하 효과) 주택자금공제(근로소득이 있는 거주자가 주택을 마련하기 위해 저축을 불입하거나 또는 주택구입 등과 관련된 차입금에 대해 이자 등을 납부하는 경우 연말정산 시 당해 금액의 일부를 공제) 한도액은 최대 연1,000만원을 초과할 수 없다. 주택마련저축공제 (국민주택규모의 주택으로서 가입 당시 기준시가가 3억원 이하인 주택을 한 채만 소유한 자)와 주택임차 차입금원리금 공제금액의 합계액은 연300만원을 초과할 수 없고 장기주택저당 차입금이자 상환액공제와 합치면 연 1,000만원 공제 가능하다.
2. 용도별·지역별 담보인정비율(경남 경우)은 감정평가액에 일정한 비율을 곱하여 유효담보가를 산정하는데 65%(아파트, 대지, 공장용지, 답, 과수원, 임야), 60%(단독, 다세대, 상가주택, 전, 잡종지, 공장), 55%(연립주택), 나머지는 50%, 기계기구는 40%를 곱한 후 소액보증금을 공제한다.

29-4. 채무인수

매매나 경매 낙찰 후 일정한 기일이 경과 후 소유권이 제3자 앞 이전되면서 대출금의 채무자를 A에서 B로 변경시키는 방법은 통상 20% 이상 대출금 결제(내입)하면서 채무인수 관련 채무자 명의변경을 위한 근저당권 이전을 하는 방법이 있다.

물론, 금융기관의 동의 하에 모든 채무자 변경이 이루어져야 하며, 확정채무의 면책적 채무인수(신 채무자가 확정된 채무를 인수하는 방법으로 추가대출을 할 수 없고) 2)계약인수에 의한 채무인수(신 채무자에 대하여 금융기관에서 추가 대출이 가능하므로 많이 사용하는 편이다)를 금융기관은 많이 사용하고 있다.

그리고 채무자가 바뀌는 경우와는 달리 근저당권자도 변경하는 경우가 가끔 있다. (설정 후 임차인이 많아 후 순위 설정하면 순위가 매우 늦으므로) 통상 타행 리파이낸스시 타행 설정을 해지하고 당행 1순위설정 하는 것이 대부분이다. 하지만 타행 채무와 근저당권을 양도받으면서(실로 어려운 이야기이나 타행에서 양도동의만 하여준다면 매우 좋음) 근저당권자만 변경하는 경우로 당초 근저당권자가 순위 보전된(오래된 설정)을 그대로 양도받으므로 종전 근저당권자보다 늦은 임차인보다 근저당권의 순위보전을 할 수 있어 매우 좋은 설정으로 보인다.

〈사례연구 1〉 [채무인수 및 담보권변경 업무]

1. 채무인수의 유형

- 면책적인수형 : 원 채무자는 채무를 면하고 채무인수인이 채무를 인수한다.
- 중첩적인수형 : 원 채무자는 채무자의 지위를 계속 유지하고, 채무인수인과 연대하여 인수한 채무를 부담한다.

2. 채무인수와 함께 근저당권의 채무자변경등기를 한다.

- 근저당권의 피담보채무가 확정된 후
  (면책적 채무인수 및 중첩적 채무인수에 의한 근저당권 채무자 변경은 피담보채무 확정 후의 근저당권 변경이므로 인수한 채무 외에는 어떤 채무도 담보하지 않는다)
  - △ 면책적 채무인수 : 근저당권의 채무자가 채무인수인으로 변경되며, 근저당권의 피담보채무범위에 속하는 인수한 채무만 담보한다.
  - △ 중첩적 채무인수 : 근저당권의 채무자가 채무자와 채무인수인으로 변경되며 근저당권의 피담보채무범위에 속하는 인수한 채무만 담보한다.
- 근저당권의 피담보채무가 확정되기 전
  - △ 계약인수(근저당권의 채무자가 계약인수인으로 변경되며, 근저당권의 피담보채무범위에 속하는 인수한 채무 및 계약인수인의 신 채무를 담보한다.)⇒대부분 금융기관이 채택하고 있다.
  - △ 중첩적 계약인수(계약가입)(근저당권의 채무자가 채무자와 계약인수인으로 변경되며, 근저당권의 피담보 채무범위에 속하는 채무자의 채무 및 계약인수인의 신 채무를 담보한다.)

3. 근저당권 채무자변경 대상

- △ 면책적 채무인수(근로자주택자금대출, 장기주택자금대출, 기타 장기주택자금대출의 당해 주택 소유자 변경으로 신소유자가 채무승계시⇒ 채무자의 신용악화 등 사후관리를 위해 신용 양호한 자로 채무자 변경 시 등)
- △ 중첩적 채무인수(채무자의 신용악화 등으로 사후관리를 위해 신용 양호한 자를 채무자로 추가 시 등)
- △ 계약인수(합병, 영업양도로 인한 채무자 변경 시, 개인기업의 법인 전환시, 주택담보대출, 주택자금대출의 당해 주택 소유자 변경으로 신 소유자가 채무인수 후 계속 거래시⇒ 채무자의 신용악화 등 사후관리를 위해 신용 양호한 자로 채무자 변경 시 등)
- △ 중첩적 계약인수(계약가입)(⇒ 관계회사 등이 담보물 공동 이용 시 등)

채무인수관련 근저당권변경업무 취급요령

구분	사용약정서	효 과	부기등기표시	담보권효력
1. 확정채무의 면책적 인수 (채무자 교체)	1. 채무인수 약정서 2. 근저당권 변경계약서 (확정채무의 면책적인수용)	원채무자는 채무를 면함. 채무인수인이 인수한 채무를 부담함	번 근저당권변경 원인 년 월 일 확정채무의 면책적 인수 채무자 ○○○ (변경전의 채무자 표시는 주말 된다)	피담보채무확정후의 근저당권변경이므로 인수한 채무만 담보함
2. 확정채무의 중첩적 인수 (채무자추가)	1. 채무인수 약정서 2. 근저당권 변경계약서 (확정채무의 중첩적인수용	원채무자는 계속 채무를 부담함 채무인수인은 인수한 채무에 대하여 원채무자와 연대하여 부담함	번 근저당권변경 원인 년 월 일 확정채무의 중첩적 인수 채무자 ○○○	피담보채무확정후의 근저당권변경이므로 인수한 채무만 담보함
3. 계약인수 (채무자지위 승계) ⇒ 대부분 금융권은 계약인수를 사용한다.	1. 채무인수 약정서 2. 근저당권변경계약서 (계약인수용)	원채무자는 계약관계에서 탈퇴하고 그와의 계약관계는 소멸함. 인수인은 원채무자의 지위를 포괄적으로 승계함.	번 근저당권변경 원인 년 월 일 계약인수 채무자 ○○○ (변경전의 채무자 표시는 주말 된다)	피담보채무확정전의 근저당권변경이므로 인수한 채무 및 근저당권의 피담보채무범위에 속하는 인수인의 신 채무를 담보함
4. 중첩적 계약인수(채무자 지위 참가)	근저당권변경계약서(중첩적 계약 인수용)	원채무자는 계속계약상 채무자의 지위를 유지함. 가입자는 계약상의 채무자 지위에 참가함	번 근저당권변경 원인 년 월 일 중첩적 계약인수 채무자 ○○○	피담보채무확정전의 근저당권변경이므로 원채무자에 대하여 근저당권은 계속 유효하며, 인수인에 대하여는 근저당권의 피담보채무 범위에 속하는 인수인의 신 채무를 담보함

〈사례연구 2〉 [저당부동산의 계약인수시 양수인의 체납세액과 저당권의 우선]

대법원 2004다51153 판결 【배당이의】

【사실관계】

갑이 채무자 겸 근저당권설정자로서 은행과 대출을 거래하던 중, 담보부동산을 을에게 매매하게 되어 갑(매도인)·을(매수인)·은행간에 채무인수 및 근저당권에 대한 계약인수를 함. 을에 대하여 체납세금채권을 가지고 있던 세무서는 을의 부동산 취득사실을 인지하고 담보부동산에 압류를 하고, 경매절차에서 은행의 근저당권 설정 일보다 세금의 법정기일이 빠른 것을 근거로 은행의 근저당권에 대한 우선변제권을 주장하여 재판이 진행됨.

【판결요지】

저당부동산이 저당권설정자로부터 제3자에게 양도되고, 저당권설정자에게 저당권에 우선하여 징수당할 아무런 조세의 체납이 없었다면 양수인인 제3자에 대하여 부과한 국세 또는 지방세를 법정기일이 앞선다거나 당해세라 하여 우선 징수할 수는 없으며(즉 세금이 저당권보다 우선할 수 없으며), 이런 법리에 따라 저당부동산의 양도와 함께 양도인(갑), 양수인(을) 및 저당권자(은행) 3자의 합의에 의하여 채무자 및 근저당권설정자로서의 갑의 지위를 양수인(을)이 승계하기로 하는 계약인수가 이루어진 경우도 갑에 대한 은행의 저당권이 을에 대한 세무서의 체납처분보다 우선변제를 받는다.

〈사례연구 3〉 [중도상환수수료]

중도상환수수료 감면조항을 잘 알아야 대출금 중도 상환 시 수수료부담을 줄일 수 있다. 즉, 해당주택의 소유권이전에 따라 부득이 계약인수로 채무자가 변경되는 경우, 설정비용을 본인이 부담한 경우 등 중도상환수수료의 감면조항이 은행의 추가약정서(자동연기 및 중도상환수수료용) 등에 그 조항이 있음에도 불구하고 부담하는 경우가 가끔 있으므로 그 조항을 살펴보자. (각 금융기관마다 조금씩 다름)

1. 중도상환수수료는

① 대출금 잔존기간이 2년 이상인 경우 : 중도상환대출금의 2%
② 대출금 잔존기간이 1년 이상 2년미만인 경우 : 중도상환대출금의 1.5%
③ 대출금 잔존기간이 6개월 이상 2년미만인 경우 : 중도상환대출금의 1%
④ 대출금 잔존기간이 6개월 미만인 경우 : 중도상환대출금의 0.5% 부담을 지우고 있으나

2. 다음 각호의 1에 해당하는 경우에는 수수료의 지급을 면제하기로 합니다

① 대출 잔존기간이 1개월 미만인 경우(단, 가계자금대출금은 3개월 미만인 경우)
② 기한이익상실, 상계 등으로 은행이 약정기일 전에 대출을 회수하는 경우
③ 주택담보대출의 경우 해당 주택담보의 소유권 이전에 따라 계약인수로 채무자가 변경되는 경우
④ 상환 당시 해당여신 전결권자(가계대출 중 본부시스템승인대출은 영업점장)의 승인을 받은 경우

3. 대출관련 부대비용을 채무자가 부담한 경우 은행이 정하는 바에 따라 중도상환수수료를 감면하여 적용할 수 있다.

〈사례연구 4〉 [A의 개인대출을 법인B가 채무인수 할 수 있는지?]

당점 거래처 A는 지인인 C의 부동산을 담보로 개인대출 5억을 받아 상가 임대보증금 3억을 지급하고 KFC를 운영 하던 중 C가 대표이사로 있는 법인 B로 KFC 영업을 양도하였음. 이에 A의 개인대출을 법인B가 채무인수 할 수 있습니까?

〈답변〉

채무인수에 대해 인수인의 자격과 인수의 적정성 등을 검토하도록 하고 있으며, 인수 사유 등이 적정하면 해당 여신이 가계여신인지 또는 기업여신인지에 대한 제약은 없습니다. 즉, 가계자금을 기업이, 기업자금을 개인이 인수할 수 있습니다만 채무인수사유가 명확한 경우에 한해 제한적으로 운용하는 것이 바람직할 것입니다. 또한, 여신업무기준(1편 11장 2절 2조)에 명시되어 있는 바와 같이 가계대출을 기업이 인수하거나 기업대출을 개인이 인수한 경우에는 CIF이동 당일에 대환 또는 재 약정해야 합니다.

추가로, 현재 당행 시스템상 기업여신과 가계여신 관련 시스템이 별도로 운영되고 있어 시스템상으로는 기업여신을 가계여신으로 채무인수 시킬 수 없습니다. 따라서 시스템적으로는 신규로 처리하시되 약정서는 채무인수용과 신규용으로 2가지를 받으시고 금액, 만기, 과목 등 기존조건을 최대한 맞추어 취급하시기 바랍니다. 인수사유를 검토한다면 본건은 영업양수도이고 가계대출 3억이 실질적으로 임대 보증금으로 지급되었다면 임대보증금도 양수도 되었다고 볼 수 있어 채무인수가 가능하다 할 것입니다. (자금용도는 임대보증금 용도이므로 운전자금으로 취급)

30. 경매잔금대출 증대 및 대출수수료

30-1. 경매잔금대출 지침(안) 및 경매잔금대출 증대방안

각 법원의 경매법정에 가면 각 금융기관간 낙찰자 유치경쟁이 치열하다. 낙찰자가 주차장을 떠날 때까지 각 금융기관 대출상담사들이 경매잔금대출을 증대하기 위하여 많은 명함과 안내장을 건네고 있다.

특히, 경매잔금대출의 높은 대출한도와 낮은 대출금리로 유치경쟁이 치열한데 가상의 경매잔금대출 지침이지만 잘 살펴보면 대출 수혜(한도)를 높일 수 있을 것이다.

〈사례연구 1〉 [경 · 공매물건 담보대출 취급기준 (안)]

필자가 만들어본 경 · 공매물건 담보대출 취급기준(안)이다.

1. **대출대상자**
   법원 경매(또는 한국자산관리공사 공매) 부동산 물건을 매수한 자로서 매각허가결정(또는 공매결정)이 확정되어 동 대금을 납부할 실수요자로 한다.
2. **대출한도**
   대출한도는 부동산 매수가격의 80%이내로 한다.
   ↔ 단, 매수가격이 1차 감정평가가격(최초 법원사정가격)을 초과할 경우에는 1차 감정평가가격을 기준으로 산정한다. 단, 대출한도가 담보인정가액을 초과하는 경우에는 유효담보가액 이내로 한다.
3. **자금용도**
   경 · 공매물건의 매각대금 납부대전
4. **대출과목**
   일반자금대출(가계) 또는 일반자금대출(기업운전, 기업시설)
5. **전결권**
   이 기준에 의거 담보취득 전에 대출을 취급하는 경우에는 경 · 공매물건을 담보로 인정하여 전결권(동일인에 대한 총여신한도)을 적용 할 수 있다.
6. **징구서류**
   이 대출 취급시에는 여신업무지침에서 정하는 서류 이외에 다음의 서류를 받아야 한다.
   - (입찰보증금 납부)영수증
   - 매각허가결정 등본, 대금지급기한통지서, 매각결정통지서(공매)
   - 법원 및 한국자산관리공사의 감정평가서 등본 등 기타 필요하다고 인정하는 서류
7. **경매물건의 감정**
   [가] 법원 및 한국자산관리공사의 감정평가서 등본을 징구하는 경우 감정평가서 등본을 활용하여 평가할 수 있다.
8. **대출심사**
   [가] 차주의 신용도 및 상환능력 등을 심사하여야 한다.

[나] 경매물건의 매각대금을 지원 받아 부동산 거래(투기)를 하려는 의도인지의 여부를 확인하여야 한다.

[다] 차주가 당해 매각물건과 관련된 전 차주 또는 전 보증인 등이 아닌지 여부를 확인하여야 한다.

9. 채권보전

[가] 경・공매물건의 소유권 이전 즉시 당해 물건을 1순위로 담보 취득하여야 한다.

[나] 경・공매물건에 대한 담보취득을 위하여 경매신청등기 등의 말소신청, 소유권이전등기, 근저당권설정을 위하여 필요한 서류 및 위임장을 사전에 징구하여 적기에 채권보전 조치가 이루어지도록 하여야 한다.

10. 선순위 부분 공제

선순위 전세보증금, 선순위 전세권 및 소액보증금은 담보인정가액에서 선순위로 공제하여야 한다.

[가] 선순위전세보증금(인수임대차)은 담보인정가액에서 선순위로 공제한다.

> ☏ **선순위전세보증금(인수임대차)이란?**
> 최선순위 설정일자 보다 대항요건을 먼저 갖춘 주택・상가임차인의 임차보증금으로 매수인에게 인수되는 경우 및 대항력과 우선변제권이 있는 주택 임차인이 배당요구 하였으나 보증금 전액에 관하여 배당을 받지 아니한 경우에는 배당 받지 못한 잔액이 매수인에게 인수될 수 있는 전세보증금을 말한다.

[나] 배당요구종기일까지 배당 요구하지 않은 전세권은 말소되지 않으므로 선순위로 공제한다.

[다] 주택임대차보호법 대상 물건은 거주 임차인을 파악하여 전입신고 및 배당요구 여부를 불문하고 파악된 각 세대당 아래 소액보증금(최우선변제권)을 각각 공제한다.

⇒수도권정비계획법에 의한 수도권 중 과밀억제권역(수도권정비계획법시행령 9조 별표 1) 20백만원, 광역시(군지역과 인천광역시지역을 제외한다)는 17백만원, 기타지역은 14백만원씩을 담보인정가액에서 공제한다.

[라] 상가건물임대차보호법 대상 물건은 사업자 등록유무에 불구하고 파악된 각 점포당 아래 소액보증금(최우선변제권)을 각각 공제한다.

⇒ 서울특별시 13.5백만원, 수도권정비계획법에 의한 수도권 중 과밀억제권역(서울특별시를 제외한다) 11.7백만원, 광역시(군지역과 인천광역시지역을 제외한다) 9백만원, 그 밖의 지역은 7.5백만원씩을 담보인정가액에서 공제한다.

11. 기타 유의사항

[가] 이 기준에 의거 담보취득 전에 대출을 취급하는 경우 대출실행일(대금납부일)에 당행 직원과 거래 법무사가 해당 경매계에서 법원보관금 납부명령서를 발급받아 법원에 매각잔금 납부하고, 말소촉탁 및 소유권이전등기와 동시에 당행에게 1순위 저당권설정등기를 하여야 한다.

[나] 경매부동산에 대한 1순위저당권 보다 우선하는 권리(임차보증금, 가등기, 가처분, 유치권 등)는 낙찰자가 인수하여야 함. 따라서 대출실행 전 낙찰자가 부담하는 권리여부를 철저히 확인하고 동 권리가 있는 경우 선 해결을 요구하는 등 취급에 신중을 기할 것.

[다] 특히, 신고된 유치권이 성립된다고 판단되면 동 유치권신고액은 선순위로 보아 담보인정가액에서 차감하여야 한다. 유치권신고서 및 경매신청채권자의 유치권배제신청서 등을 제출 받아 유치권 성립여부를 검토하여야 하며, 가급적 유치권포기각서를 공정증서로 받는 등 향후 민원이 발생하지 않도록 유의하여야 한다.

[라] 법정지상권 성립여지가 있는 물건은 향후 환가가능성 등을 검토하여 적정한 여신을 취급하여야 한다.

[마] 아래의 인터넷 사이트 등에서 매각물건명세서(임대차관계 및 특별매각조건), 현황조사서(임대차현황), 기일 내역(대금지급기한 파악) 등을 출력하여, 말소되지 않는 선순위 권리 등을 검토하여 채권보전에 지장이 없도록 하여야 한다.

⇒ 경매는 대법원(www.courtauction.go.kr)(경매물건> 경매사건검색), 인포케어(www.infocare.co.kr), 굿옥션(www.goodauction.co.kr), 지지옥션(www.ggi.co.kr) 등에서 확인하며

⇒ 공매는 온비드(www.onbid.co.kr)에서 확인한다.

12. 준용규정

한국자산관리공사의 공매물건은 경매물건에 준하여 취급한다.

〈사례연구 2〉 [경매잔금대출 증대 방안]

필자가 최근 2년6개월간 경매잔금대출 약 2,000여건 취급하면서 경험한 것들을 토대로 만들어 본 경매잔금대출 증대방안이다.

1) 2006년 한해 법원 경매낙찰가는 약 14조로 Blue Ocean 큰 대출시장이다.
   경매잔금대출 전문은행으로 특화하자!
   ⇒ 법원예금은 법원보관금, 공탁금, 송달료로 법원보관금과 공탁금은 연2% 이자지급하나 송달료는 무이자이다.
2) 신규대출로 보고 취급하면 된다. (타행 리파이낸스 취급하듯)
   낙찰 당일 10% 보증금 납부하고 한달 뒤 나머지 90% 잔대금 중 일정부분 경매잔금대출로 취급한다. 신규대출로 보고 정식 감정평가 후 취급하면 된다.
3) 당일 소유권이전과 근저당권 1순위 설정이 가능함을 확신하자.
   (당일 경매계에서 납부명령서 받아 법원 내 은행에 잔금납부 후 말소촉탁서류와 제출하면 담당판사 결재 후 관할등기소에서 소유권이전과 근저당 1순위 설정을 하여야 한다)
4) "인포케어" 등 경매사이트를 적극 활용하자. 클릭 후 부산지역 경매물건을 검색할 수 있다.
   ☞ 인포케어(www.infocare.co.kr) >통합검색> ⓐ주소 : 부산, ⓑ 매각일자(2008.10월부터 11월) 입력 후 검색 클릭하면 15줄×135Page = 부산시 경매물건은 2,025건 진행되고 있음을 알 수 있다. 특히, 대출요청 부동산 주변 낙찰가를 알면 부실이 방지된다.
5) 부동산중개업소, 법무사에 대출권유수수료 지급을 적극 활용, 홍보하자
   대출금액 0.25%~0.3% 수수료(최고 2백만원 등)
6) 활동적인 법무사에게 의뢰하자
   마산에서 경기도 부천지원 50백만원 경매잔금대출 건도 접수, 해결할 수 있는 법무사
7) 감정평가기관(감정평가사)과도 항상 유대를 강화하자
   사전 담보물의 부실 요인 제거 및 담보물의 적정 평가
8) 섭외 나온 제1, 2금융권 직원과도 친분을 쌓자(지점으로 대출이 접수되도록)
   ① 컨설팅법인 5~10억 초과 대출금은 전결권초과로 여러 은행 거래한다.
   ② 중도상환수수료가 1금융권 보다 2금융권이 높음(부동산담보대출의 경우 잔존기간 2년 이상 2%, 1년 이상 1.5%, 6개월 이상 1%, 6개월 미만 0.5%)⇒제2금융권은 중도상환수수료가 최고 2%(즉, 1억에 200만원)
   ③ 중도상환수수료가 없으면 취급수수료(캐피탈 등 통상1%)가 있으며
   ④ 보험사는 아파트 외 상가, 공장 등 담보 취득 않음.

9) 나의 점주변 경매물건을 잘 검색하여 임차인과 접촉 후 낙찰유도하자

☞ 인포케어(www.infocare.co.kr) >통합검색>ⓐ주소 : 마산시, 양덕동(부산시 동래구 온천동 등)하여 검색하면 경매 중 물건이 나타나고, 큰 금액 위주로 임차인의 마음을 잘 읽어 낙찰유도 후 대출하여 준다.

10) 낙찰자를 VIP로 모셔라.
경매 참가하여 몇 차례 낙방 후 겨우 낙찰하여 고시를 합격한 마음이다. 대부분 5년 이상 거래할 VIP 신규고객이다. 그리고 대출금리는 적정하게(주택은 6.5%, 상가는 7.5%, 신용대출은 12.5% 내외), 신용카드, 잔대금 준비자금 사전예치 요청으로 저비용예금 증가, 신규고객 증가 등 업평을 높여줄 최고의 VIP임.

11) 대출한도는 낙찰가를 넘지 말아야 한다. 동일인에 대한 담보비율와 신용여신 한도 총여신은 낙찰가 넘지 않도록 해야 부실 방지된다.

12) 본부부서에 검토하여야 할 사항
① 경매전문 담당 심사역 배치
② <경매물건 담보대출 취급기준> 안 신설
③ 인포케어(www.infocare.co.kr), 굿옥션(www.goodauction.co.kr), 지지옥션(www.ggi.co.kr), 태인(www.taein.co.kr) 등 주요 경매 인터넷 사이트와 경매정보지에 전략적 벤허광고 등 신설하여 마케팅
④ 전국 지점에 경매잔금대출 영업팀 신설
(우리, 하나, 제일, 씨티, 외환 등 명함 주면서 경매잔금대출 활발한 영업 중)

(예시) K은행 경매인수자금대출 안내

① K은행은 대봉투에 아래와 같이 <K은행 경매인수자금대출 안내> "K은행 경매금융 전문상담역" 으로 법무사 사무실에 방문 섭외 중
② SC제일은행은 <ISA / 과장 000, 00지점 명함소지 후 섭외 중>이며
③ 우리은행은 <㈜우리모기지/SR 대출상품사업부 00지점/ 차장 >등 명함소지 후 적극적인 영업중임.
④ 하나은행은 적극적인 마케팅, 특히 외환은행 등은 인포케어 등 경매정보지 등에 적극 홍보중임.

(2008.7.30 현재)

K은행 경매(공매)인수자금대출 안내		
구 분	경매홈론	경매인수자금대출
대출대상	아파트, 단도주택, 연립(다세대)주택	경매와 공매로 부동산을 구입하고자 하는 개인 및 기업
대출한도	경락금액의 80% 이내 (다만, 당행 정규담보비율)이내	경락금액의 70% 이내
대출금리	최저 연 6.54%~	최저 연 6.74%~
대출기간	최장 30년이내 할부상환식, 분할상환식 가능	최장 10년이내 할부상환식, 분할상환식가능
친절히 상담해 드리겠습니다. 상담문의 : K은행 경매금융 전문상담역(055-123-4567)		

12) 경매법정을 2회 방문하여 보자

(2008. 8. 1현재)

법 원 별	2008.6월 매각일자	2008.7월 매각일자
창원지방법원	(2),4,5,9,12,17,23,24,25,26,27	3,4,11,15,16,21,(21),22,24,28,30
진주지원	2,9,16,23,30(주로 월요일만)	3,4,11,15,16,(21),22
통영지원	5,20,27(주로 금요일)	7,14,21,28
밀양지원	23,30(주로 월요일만)	21,28
거창지원	20,27(주로 금요일만)	18,25
부산지방법원	2,3,4,5,11,12,16,17,18,19,20,23,24	1,2,3,4,7,8,10,11,15,16,17,18,21,22,23,24,25,28,29
동부지원	2,(5),9,13,25	4,10,11,14,18,21
울산지방법원	3,4,(9),10,11,24,25,26	8,(9),15,16,23,29

단, ( )는 기간입찰임.
↑위 경매 매각일자 검색은? ⇒
법원경매정보(www.courtauction.go.kr)>경매공고>부동산매각공고>(창원지방법원, 진주지원, 부산지방법원 등) 찾아 검색 클릭
※ 낙찰결과 검색은?
⇒ 법원경매정보>경매물건>매각결과검색>해당법원 입력 후 검색

13) 경매강좌를 수강하자

경매강좌 추천 (2008.12월 현재)

경매 추천 강좌명	연락처, 경매강의 기간	홈페이지, 수강료
건국대학교 부동산아카데미 제101기 부동산경매 모집	02-450-3278, 매주 월, 수 PM 7시~10시 2008.11.5~2009.1.21	780,000원
명지대학교 부동산대학원 제106기 부동산 경매실무 모집	02-558-3005, 매주 월, 목 PM 7시~10시 2008.11.7~ 3개월강좌	920,000원
한국공인중개사협회 경매 강좌	02-879-2060, 매주 월, 화 PM 7시~10시 2008.9.23 ~11.10 7주과정	270,000원
태인경매 제103기 경매 강좌	02-3486-9770, 매주 월,수, PM 7시~10시 2008.11.17~12.19 5주 과정	www.taein.co.kr 485,000원
지지옥션 경매 경매강좌	02-715-1401, 매주 토요일AM9:30~PM 1시2008.11.8~2개월간	www.ggi.co.kr 420,000원

14) 유치권 신고된 경매물건 등 상담능력을 갖추어야 한다.
VIP고객은 부동산(경매 등)전문가 선호한다. 부동산(경매) 재테크 상담능력과 내공을 부지런히 쌓아 노후 평생 국민연금은 경매로 취득하자.

15) 경매책자 1권 구입하자
<경매야 놀자> 강은현 저, 매일경제신문사 등

16) 주택(아파트, 빌라, 다세대, 다가구 단독 등)은 신한은행 "안전경매대출"등을 이용하자
부동산권리상의 하자로 인해 발생하는 손해를 권원보험제도를 활용하여 보강(권원보험료 은행 부담)

17) 경매 권리분석은 너무 쉽다.
인포케어 내 (상세정보 다음 메뉴) 권리분석을 클릭하면 예상순위배당표에 배당액, 인수액 참고하면 된다. 그러나 뒷면 인수주의와 소멸주의 요약표, 주택·상가 임대차보호법 대비표 등 경매

전반을 항상 연구하자

18) 한국자산관리공사 공매 온비드(www.onbid.co.kr)에도 관심을 갖자

19) 은행, 법무사, 감정평가사, 3위 일체가 되어야 한다.
(추정시가가 아닌) 감정평가 의뢰 후 담보취득 하여야 한다.
낙찰자는 1~2천만원 더 대출해 주는 은행으로 몰린다.

20) 잘 모르면 물어보자(유치권, 법정지상권, 토지 별도등기 있음 등)
유치권신고 된 물건이 많습니다."유치권포기각서"(공정증서), 점유사실확인서, 확약서(대출 해줘도 좋다) 등 받도록

21) LBA 경제연구소 법률중개사 과정 수강하자((www.LBA21.com참조)
(매주 토요일 또는 일요일 오후반 오후2시~9시)

울산	울산과학대 6호관 101호	052) 243-3203
창원	창원대학교 경상대학 21호관 2층	055) 289-7722
부산	부산대학교 상학관 B동 109호 (테니스장 옆)	051) 864-1100

22) 인포케어 (www.infocare.co.kr), 굿옥션(www.goodauction.co.kr), 지지옥션(www.ggi.co.kr), 태인(www.taein.co.kr) 등 경매사이트 방문하여 경매지식을 높이자.

23) <경매물건 담보대출 취급기준> 지침을 신설하여 전국 영업점 누구라도 쉽게 경매잔금대출을 실행할 수 있도록 하자(예 : 대출한도는 공장은 기계기구 제외한 70%, 상가, 아파트, 주택은 80% 이내에서 단, 담보물건 별 경락율 감안한 유효담보가 이내에서 취급 등).

〈사례연구 3〉 [안전경매대출]

본건은 권원보험을 살린 대출제도로 경매잔금대출한도에 대한 규정이 없어 취급실적은 미미할 것으로 보인다. 내용은 아래와 같다.

법원 경매물건 중 환가성이 비교적 양호한 주택을 낙찰 받은 자에게 낙찰금을 지원함으로써 여신거래처의 기반확대 및 대출증대를 도모할 수 있는 대출을 말하며, 경매과정의 복잡한 권리관계에서 발생하는 리스트를 권원보험제도를 활용하여 보강한 권원보험부 경락잔금대출을 말한다.

〈주요 보상내용〉

- 소유권에 관한 진정성의 결여로 발생하는 저당권 등의 무효
- 신분증 및 서류의 위조, 사기, 무권대리로 인한 손해
- 대출실행과 담보설정등기 사이에 설정되는 선취특권으로 인한 손해(단, 해당 법무사의 과실로 인한 손해는 제외)
- 하자 있는 사법 및 행정절차에 따라 소유권이 이전됨으로 인하여 당해 이전이 무효로 되는 경우 발생하는 손해(예 : 이해관계인 등이 경매 절차상 또는 적법성의 하자를 제기하여 낙찰허가 결정을 취소하게 되는 경우 등)
- 권원조사(전입세대조사 및 사건부 열람 포함)의 하자로 인한 손해

〈대출대상〉

주택(아파트, 단독주택, 빌라, 연립, 다세대주택, 주거용오피스텔, 주택비율이 1/2 이상인 상가주택)
중 략

30-2. 대출권유 수수료와 S은행 론매니저

1. 부동산 중개업소(법무사 포함)에 대한 대출권유 수수료 제도

가. 운용 기준

구 분	주 요 내 용	비 고
수수료지급대상 대출	주택담보대, 상업용 부동산 담보대출	법인대출을 제한하는 경우도 있음(예 : 채무자가 주식회사인 경우 등 제외)
수수료율	건별대출 : 대출실행금액의 0.3%	
지급대상	중개업소 및 법무사	
최고한도	- 주택담보대출, 주택자금대출 : 건당 최고 지급한도 제한 없음 - 기타 부동산담보 가계대출 : 건당 최고 지급한도 2,000,000원	

나. 부동산 중개업소(법무사)와 업무협약 체결

1) 업무제휴업체 선정기준

- 점주권내의 부동산 중개업소 중 자율적으로 업무제휴 중개업소를 선정하되 신용관리대상 정보가 등록된 자는 제외한다.

☞ 부동산 관련 컨설팅 및 유사 금융업을 영위하는 법인은 제휴대상이 아님.

2) 업무제휴 주요내용

- 부동산 중개업소의 중개를 통해 추천한 고객에 대하여 대출취급
- 부동산 중개업소의 대출추천 실적에 대한 수수료 지급
- 대출 출장상담 및 중개업소에 대한 부동산 담보평가요령 교육 등

3) 업무제휴 방법

- [붙임1]의 업무협약서를 작성하여 영업점과 협약체결

☞ 준비서류 : 사업자등록증 사본, 중개업허가증 사본, 공인중개사 자격증 사본, 신분증, 당행 예금통장 사본, 등록인감

- 업무협약서 상 등록인감은 향후 대출추천서에 사용할 인감으로 날인
- 중개업소와의 업무협약은 인근점포에서 체결함을 원칙으로 하되 지점간 중복해서 협약체결을 할 수 있음.
- 일정기간(지점 자율판단)동안 대출추천 실적이 없을 경우 중개업소에 통보 후 협약을 해지처리 할 수 있음.

다. 대출 권유수수료의 지급업무

1) 대출 권유수수료 지급방법

- 협약을 맺은 중개업소로부터 등록인감이 날인된 대출추천서를 받아 해당 대출 추천의 타당성을 검토한 후 대출실행 시 입금처리 한다.

2) 지급조서 작성 및 교부

- 부동산 중개업소→ 지급조서(원천징수영수증)를 조회, 출력하여 교부

☞ 소득지급사실이 세무서에 통보되므로 익년 5월의 '종합소득세확정신고'기간에 다른 소득과 합산하여 필히 신고하여야 함을 고지

- 법무사 → 별도로 지급조서 작성 및 교부할 필요 없음
  → 영업점에서 [세금계산서]로 거래하는 경우 유의 사항

☞ 수수료를 지급받을 사업자가 사전약정에 따라 지급받을 금액을 기재하고 부가가치세법상 세금계산서 요건을 준수하여 발행한 [세금계산서]를 발행하여 제시하여야 함. (충족하지 못할 경우 대출실행 및 수수료 지급이 불가능함)

→ [세금계산서]상 공급가액과 세액은 다음과 같이 산출됨.

〈산출사례〉 권유대출금이 1억원이고, 지급하여야 할 대출권유수수료
총액이 300,000원인 경우 공급가액과 세액은 다음과 같이 산출함.
▷ 공급가액 = 수수료 지급총액 / 1.1 (원미만 절상)
= 300,000 / 1.1 = 272,727 (원미만 절상)
▷ 세　　액 = 수수료 지급총액－공급가액= 300,000－272,727 = 27,273

☞ 법무사에 대한 대출권유수수료 지급 시 법무사로부터 '세금계산서'를 반드시 징구 하여야 하며 미징구시 가산세 부담

라. 징구서류

업무 협약서, 00은행「론매니저」가입 신청서, 대출 추천서(사업자 등록증, 부동산 중개업 허가증, 공인중개사 자격증)사본, 신분증 사본, 대출 협력업체 대표자 명의 00은행 예금통장 사본

※ 채무자가 법인(주식회사 000 등) 명의 대출금은 SOHO대출로 보아 대부분 지급하지 않음

※ 지급조서 작성 및 교부 : 해당 중개업소 지급조서(원천징수영수증)를 조회, 출력하여 영업점 약인 날인 후 교부하며, 소득지급사실이 세무서에 통보되므로 익년 5월의 '종합소득세확정신고' 기간에 다른 소득과 합산하여 필히 신고하여야 함을 고지하여야 한다.

초 우량은행 신한은행이 귀 사업장과 함께 발전할 수 있는 대출 권유수수료 지급서비스를 시행하고 있습니다. 귀 사업장과 긴밀한 협조관계를 유지하여 상호간에 도움이 되는 방향으로 공동마케팅을 할 수 있도록 사장님의 적극적인 동참을 기대합니다.

업무제휴 주요내용

1) 부동산중개업소의 중개를 통해 추천한 고객에 대하여 대출취급
2) 부동산중개업소의 대출추천 실적에 대한 수수료 지급
3) 대출 출장상담 및 중개업소에 대한 안내장, 사은품 제공

업무제휴 방법

1) 업무제휴 약정시 준비서류 : 사업자등록증사본, 중개업허가증사본, 공인중개사 자격증사본, 신분증, 도장
2) 업무협약서 상 등록인감은 향후 대출추천서에 사용할 인감으로 날인

※ 최초 소개건 발생시 당행과 약정 체결함

대출권유 수수료

대상대출금(경매잔금대출 포함) : Tops 주택담보대출(아파트 및 주택담보대출) 및 Tops 부동산담보대출(상가, 오피스텔, 나대지 담보)

2) 대출권유 수수료 율 : 대출잔액의 0.3%(1천만원당 3만원)
3) 수수료 지급시기 : 대출 실행 시

업무제휴 시 유리한 점

1) 소유권 이전(매매)과 동시에 당일 대출 가능합니다.
2) 우량은행 신한은행과의 업무제휴로 인한 대외공신력이 높아집니다.
3) 은행거래 전반에 대한 예금, 대출 상담도 가능합니다.

신한은행
SHINHAN BANK

○○지점 VIP코너 책임상담역 ○○○ 드림

☎ ○○○-○○○○, FAX ○○○-○○○○

○○은행「론매니저」가입 신청서

○○은행 귀중

[대표자]

성　　명	
주민번호	
주　　소	
e－mail	

[사업자]

상 호 명	
사업자번호	
주　　소	
전화번호/휴대폰	
FAX	
홈페이지주소	

상기인(업소)은 귀 은행의 신한부동산네트워크내「론매니저」회원에 가입하고자 하며, 동SITE의 운영방침을 성실히 준수할 것을 확약합니다.

20　.　.　.

신청인　　　　　　　　(인)

업 무 협 약 서

__________________ (이하 "갑"이라 한다)와 주식회사 ○○ 은행(이하"을"이라 한다)은 아래와 같이 업무협약을 체결한다.

제1조(목적) 이 협약은 "갑"과 "을"의 영업활성화를 위한 업무협조를 함에 있어 그 기준과 방법을 정하기 위한 것이다.

제2조(적용범위) 이 협약이 적용하는 업무의 범위는 다음과 같다.

1. "갑"은 "갑"의 고객에게 "을"의 은행대출상품 안내 및 대출추천서 발급
2. "갑"이 발급한 대출추천서에 의한 "을"의 대출

제3조(업무처리)제2조에서 정한 업무범위에 의해 "갑"과"을" 양자간 업무처리는 다음에 의한다.

1. "갑"은 "갑"이 중개하는("갑"이 법무사인 경우에는 "갑"이 등기위임받은) 부동산의 매수인 또는 임차인(이하 "고객"이라 한다)을 "을"에게 대출 추천할 수 있고, "을"은 "을"의 대출취급 기준에 부합하는 경우 고객에게 대출한다.
2. "갑"은 대출추천 시 등록인감으로 대출추천서를 작성하고 부동산등기부등본 등 기본서류를 첨부한다.
3. "을"은 "갑"의 추천사항에 대하여 대출가부를 통보한다.
4. "갑"은 "갑"의 사무실에 "을"의 대출안내장 등을 비치하기로 한다.
5. "을"은 "갑"의 요청에 따라 대출 출장상담 및 업무지도에 응할 수 있다.
6. "갑"은 대출상담 및 추천업무를 수행함에 있어 대출신청자로부터 "을"의 대출과

관련 하여 금품 등의 수수행위를 하지 않기로 하고, 동 행위가 있을 경우에 "을"은 아래'7호'의 수수료지급을 중단하고 은행감독규정 등에서 정하는 바에 따라 각 금융기관에 동 사실과 명단을 통보하기로 한다.

7. "을"은 "갑"의 대출추천서에 의한 대출취급 후 취급일 현재의 대출잔액(종합통장대출은 대출한도금액)에 소정의 수수료(원천징수 후)를 지급하기로 하며 "을"의 "갑"계좌(계좌번호 :)에 입금하기로 한다. 단, 주택담보 이외의 기타부동산담보 대출의 경우 추천 1건당 최고 지급한도는 금2,000,000원(세후기준)으로 한다. ("갑"이 법무사인 경우에는 '세금계산서' 징구 후 수수료를 지급하며 소정의 수수료에는 부가가치세가 포함된 것으로 본다)

8. 위'7호'의 수수료 율 및 지급방법 등의 변경이 있을 경우 "을"은 "갑"에게 즉시 통보하기로 하며 익월 추천분부터 적용하기로 한다.

제4조(협약기간 및 해지) 본 협약서는 "갑"과 "을"중 어느 일방으로부터 해지통보가 없는 한 계속 유효한 것으로 한다. 단, 폐업의 경우와 제3조 제6호의 전단을 위반할 시에는 자동 해지 되는 것으로 한다.

제5조(협의) 이 협약에 정하지 아니한 사항은 "갑"과 "을"이 상호 협의하여 정한다.

본 협약서는 2부를 작성하여 "갑"과 "을"이 각각 1부씩 보관하기로 한다.

년 월 일

등록인감

(갑) 업소명 :

대표자 : (인)(주민등록번호 :)

주소 :

(을) 주식회사 ○○은행 ○○지점 지점장 : (인)

대 출 추 천 서

○○은행 지점장 귀하 전화번호:	본 건 추천과 관련하여 부동산중개업소(법무사)는 고객으로부터 대출알선수수료를 받지 않습니다.

다음의 고객을 귀 은행에 대출고객으로 추천합니다.

[다 음]

1. 대출 받으실 분

성 명	(인)	전화번호	
주 소			

2. 필요한 대출 ☞ 해당대출에 ○표 하시기 바랍니다.

- 주택담보 가계자금대출 ( )
- 기타 부동산담보 가계자금대출 ( )
- 주택금융신용보증서담보 전세자금대출 등의 주택자금대출 ( )

3. 필요한 금액

만원

4. 대출관련 안내

- 대출가부 및 대출금액은 부동산거래(매매, 임차 등) 계약과 관계없이 은행의 심사에 의하여 결정됩니다.
- 대출금에 대한 적용이율 등 대출조건은 은행의 내부규정에 따라 결정됩니다.

5. 기본서류 목록

- 담보대출: 대상물건의 토지, 건물등기부등본 및 등기권리증/주민등록등본/매매계약서사본/ 인감증명서(대출받으실 분)

  ☞ 소유권이전 동시 대출 경우: 매도인 인감증명서(부동산 매도용) 추가로 필요

  ☞ 필요시에는 다음의 서류 포함

  - 재직증명서, 근로소득 원천징수영수증(근로자인 경우)
  - 소득금액 증명원(자영업자인 경우)

20 년 월 일

추 천 인	중개업소명	
	대 표 자	(등록인감)
	주민등록번호	

31. 경매부동산 세금

31－1. 취득세 · 등록세

부동산을 취득하였을 때는 부동산 소재지 관할 시 · 군 · 구청에 다음의 세금을 신고 · 납부하여야 합니다. 특히, 중개업자는 중개대상물확인 · 설명서 11번 항목에는 부동산 취득 시 부담해야 할 조세의 종류와 세율을 기재토록 되어 있다.

1) **취득세** : 부동산을 취득한 날부터 30일 이내에 해당 시 · 군 · 구청에 취득세를 신고 · 납부하여야 한다(지방세법120). 기한 내에 신고 · 납부하지 않으면 신고불성실(20%) 및 납부불성실(1일 0.03%)의 가산세를 추가로 물게 된다. 경매와 공매는 사실상의 취득가격을 적용한다.

☞ 농어촌특별세 : 취득세를 납부할 때는 취득세액의 10%에 해당하는 농어촌특별세를 함께 납부하여야 한다(농특세법5 ① 6).

⇒취득세 · 등록세를 감면 받는 경우에는 감면세액의 20% 추가 부담해야 한다

⇒취득세 중과(유흥주점, 별장, 골프장, 고급오락장, 고급주택(공동주택은 건물면적 245㎡를(복층형의 경우 274㎡ 초과) 초과하는 공동주택과 그 부속토지, 단독주택은 ① 연면적 331㎡를 초과하고 그 건물의 가액이 9,000만원을 초과하는 주거용건물과 부속토지, ② 대지 662㎡를 초과하고 건물의 가액이 9,000만원을 초과하는 주거용 건물과 부속토지, ③ 1구의 건물에 엘리베이트(적재하중 200kg 이하 제외), 에스컬레이트, 67㎡이상의 풀장 중 1개 이상의 시설이 설치된 주거용 건물과 그 부속토지)은 2%의 5배인 10% 취득세 중과하며, 수도권 과밀억제권역 내에서 공장의 신설 또는 증설은 2%의 3배인 6% 취득세 중과)

(취득세 중과사례로는 부천지원 2001－21064(1), 창원지방법원 2007－16430(0000룸 주점)은 유흥주점으로 취득세 10% 중과된 물건임)

2) **등록세** : 취득한 부동산의 소유권 이전등기를 하기 전에 해당 시 · 군 · 구청에 등록세를 납부하고, 등기신청 시에 등록세 영수필확인서를 첨부해야 한다(지방세법150의2, 지방세법령104의2)

☞ 지방교육세 : 등록세를 납부할 때는 등록세액의 20%에 해당하는 지방교육세를 함께 납부하여야 한다(지방세법260의3 ① 1).

(사례) 주택(유상거래) 85㎡초과의 경우⇒취득세 1.3% + 등록세 1.4%=2.7% 건설회사로부터 아파트를 2억원에 분양 매입하고 취득세 등을 신고하는 경우(85㎡초과 총 2.7%) : 취득세 2,600,000원, 등록세 2,800,000원

① 취득세 2억×1% =2,000,000원

+농어촌특별세(1) =200,000원(취득세액 2,000,000원×10%)

+농어촌특별세(2) =400,000원(감면세액 2억×1%=2,000,000원×0.2%=400,000원)⇒ 취득세 소계 2,600,000원

② 등록세 2억×1% =2,000,000원

+지방교육세 = 400,000원(등록세액(2백만원) ×20%)

+농어촌특별세(3)=400,000원(감면세액 2억×1%=2,000,000원×0.2%=400,000원)

⇒ 등록세 소계 2,800,000원

=취등록세 합계 5,400,000원(2억의 2.7%)

세무 관련 궁금사항은 행정안전부(http : //www.mopas.go.kr) 또는 국세청 고객만족센터(1588－0060, http : //call.nts.go.kr)로 문의하면 더욱 상세한 해답을 구할 수 있다.

그리고 등록세는

과 세 대 상	과 세 표 준	세 율
상속취득	농지 : 부동산가액의 3/1000 농지외 부동산 : 부동산가액의 8/1000	0.3% 0.8%
무상취득(증여)	부동산가액의 15/1000(비영리사업자 0.8%)	1.5%
매매취득, 상기외 소유권취득 (상속, 증여 외 소유권취득)	농지 모든 주택 거래 기타(상가 등)	1% 1% 2%
소유권 보존등기	부동산가액 또는 건축비금액의 8/1000	0.8%
지상권, 지역권, 전세권, 가압류, 가처분, 가등기는 2/1000(지상권, 가등기는 부동산가액, 나머지는 채권금액)		0.2%
각종 말소 및 해제등기 1건당 3,000원		

인지세는 인지세법 참조(국내에서 재산에 관한 권리 등의 창설, 이전, 변경에 관한 계약서 · 증명서를 작성하는 자는 작성할 때에 인지세를 납부할 의무가 있다).

1,000만원 초과 3,000만원 이하	20,000원	
3,000만원 초과 5,000만원이하	40,000원	
5,000만원 초과 1억 이하	70,000원	
1억 초과 10억 이하	150,000원	
10억 초과	350,000원	

부동산 관련 주요 세금 종류

구 분	부동산 취득 시		부동산 보유 시	부동산 양 도시	
국세(세무서)	유상취득	－	종합부동산세	국세(세무서)	유상취득
	무상취득	상속세 · 증여세			무상취득
지방세 (지방자치단체)	취득세(농특세) 등록세(지방교육세)		재산세	(양도소득세에 따른) 소득할주민세	

<취득세, 등록세 총괄표>

<table>
<tr><td colspan="2" rowspan="2">구 분</td><td colspan="3">취득세</td><td colspan="3">등록세</td><td rowspan="2">합 계</td></tr>
<tr><td>취득세</td><td>농특세(1)</td><td>농특세(2)</td><td>등록세</td><td>지방교육세</td><td>농특세(3)</td></tr>
<tr><td colspan="2">표준세율</td><td>2%</td><td>취득세
10%</td><td>감면세액
의20%</td><td>2%</td><td>등록세20%</td><td>감면세액
의20%</td><td></td></tr>
<tr><td colspan="2">신 축</td><td>2.0%</td><td>0.2%</td><td>–</td><td>0.8%</td><td>0.16%</td><td></td><td>3.16%</td></tr>
<tr><td colspan="2">상속
(농지)</td><td>2.0%</td><td>0.2%</td><td>–</td><td>0.8%
(0.3%)</td><td>0.16%
(0.06%)</td><td></td><td>3.16%
(2.56%)</td></tr>
<tr><td colspan="2">증 여</td><td>2.0%</td><td>0.2%</td><td>–</td><td>1.5%</td><td>0.3%</td><td></td><td>4.00%</td></tr>
<tr><td rowspan="2">주택
(유상
거래)</td><td>85㎡
이하</td><td>1%</td><td>비과세</td><td>비과세</td><td>1%</td><td>0.2%</td><td>비과세</td><td>2.20%</td></tr>
<tr><td>85㎡
초과</td><td>1%</td><td>0.1%</td><td>0.2%(감면
1%×0.2)</td><td>1%</td><td>0.2%</td><td>0.2%
(감면1%×0.2)</td><td>2.70%</td></tr>
<tr><td colspan="2">상기 외 거래
(상가, 공장 등)</td><td>2%</td><td>0.2%</td><td></td><td>2%</td><td>0.4%</td><td></td><td>4.60%</td></tr>
<tr><td rowspan="2">농지</td><td>신규</td><td>2%</td><td>0.2%</td><td></td><td>1%</td><td>0.2%</td><td></td><td>3.40%</td></tr>
<tr><td>2년이상
자경</td><td>1%</td><td>비과세</td><td>비과세</td><td>0.5%</td><td>0.1%</td><td>비과세</td><td>1.60%</td></tr>
<tr><td colspan="9">※ 2006. 9.1. 변경 시행된 전용면적 85㎡(수도권을 제외한 도시지역이 아닌 읍 또는 면 지역은 100㎡) 이하 주택에 대한 농특세 비과세⇒농특세법 제4조 제11호 및 동법시행령 제4조 제4항 및 주택법 제2조 제3호 농특세(감면분)(농특세법 제5조 제1항 참조 2009.12.31까지 한시 적용)</td></tr>
</table>

<사례연구 1> [취득세, 등록세 신고납부]

<참고> 창원 2005타경 35628호(상가)를 낙찰 후 상가 과세표준액(즉, 낙찰가 35,280,000원)의 총 4.6% 취득세 · 등록세 부담하면서 등기촉탁시 (2006.9월))
* 취득세 2%(705,600)+ 취득세의 10%인 농어촌특별세(70,560)=776,160원 = 2.2%
* 등록세 2%(705,600)+ 등록세의 20인 지방교육세(141,120) =846,720원 = 2.4% 합계 4.6%

<취득세 · 등록세 영수증(자납분) 뒷면의 인자내용>

1. 취득세 신고 납부 안내

이 납부서는 취득세 자진신고서에 의하여 작성하였음
- ○ 납세의무자(지방세법 제105조 및 동시행령 제74조)
  부동산, 차량, 건설기계, 입목, 항공기, 선박, 광업권, 어업권, 골프회원권, 콘도미니엄회원권 또는 종합체육시설회원권 등 취득자
- ○ 세액산출근거
  과세표준(지방세법 제111조) - 취득 당시의 가액(연부취득은 연부금액)
  * 세율(지방세법 제112조)

－일반세율 : 취득가액의 1,000분의 20
－대도시내 신 증설공장 : 취득가액의 1,000분의 60
－사치성재산, 법인 등 : 취득가액의 1,000분의 100
* 농어촌특별세 : 부과되는 취득세액의 10%
비과세 감면되는 취득세액의 20%
○ 자진신고 납부(지방세법 제120조)
취득일로부터 30일 이내
○ 자진신고 납부 불이행 또는 과소신고 납부 시에는 (지방세법 제121조) 규정에 의거 가산세를 추가부담
○ 문의처 : 마산시 세정과 *취득세 · 등록세(055－240－2442, 2449)

2. 등록세 신고 납부 안내

이 납부서는 등록세 신고서에 의하여 작성하였음
○ 납세의무자(지방세법 제105조)
재산권, 기타 권리의 취득, 이전, 변경, 소멸사항을 등기 또는 등록하는 자
○ 세액산출근거
* 과세표준(지방세법 제130조) - 등기, 등록 당시의 가액
* 세율(지방세법 제131조－149조)
－부동산 소유권 취득 － 매매 등 : 20/1,000 －10/1,000
－ 상속 : 8/1,000－3/1,000
－ 무상 : 15/1,000－8/1,000
－소유권 보존 : 8/1,000
* 농어촌특별세 : 비과세 감면되는 등록세액의 20%
○ 자진신고 납부(지방세법 시행령 제90조 제1,2항)
* 등기, 등록 전 영수필통지서, 확인서 첨부
○ 부족 납부세액의 추징 및 가산세(지방세법 제151조)
* 부족 납부세액의 100분의 20에 해당하는 가산세를 추가부담
○ 문의처 : 마산시 세정과 *부동산 취득세 · 등록세(055－240－2442, 2449)

〈사례연구 2〉 [경락을 원인으로 한 부동산 소유권이전등기 촉탁 시 등록세 납부]

1. 경락을 원인으로 한 부동산 소유권이전등기 촉탁 시 등록세 납부

(제정 1985.01.08 등기예규 제548호)

경락에 의하여 취득한 부동산이라도 등기되지 아니하는 부동산(미등기가건물)이나 기계기구 등은 등록세부과대상이 되지 아니하며, 경락을 원인으로 한 소유권이전 등기촉탁 시 과세표준액은 등기되는 부동산의 사실상의 취득가격인 경매가격에 의하나(지방세법 제111조 제5항 제4호) 그 경매가격 중 미등기 부동산이나 기계기구의 가격이 포함된 경우에 그 구분이 명백한 때에는 그 금액은 등록세과세표준에서 제외된다. (85. 1. 8. 등기 제11호 법원행정처장 질의응답)

2. 등록세 면세와 국가주택채권의 매입

(제정 1981.12.23 등기예규 제421호)

등록세가 면제되는 경우라 하더라도 부동산의 과세시가표준액이 5백만원 이상일 경우에는 주택건설촉진법, 같은 법 시행령 등의 규정에 의하여 국민주택채권 매입의무가 면제되지 않는 한 등기공무원은 국민주택채권매입필증을 징구하여야 할 것으로 본다. (81.12.23. 등기 제589호 각 지방법원장 대법원행정처장 통첩)

3. 경매 등으로 인한 소유권이전등기의 등록세 과세표준액

(제정 1984.02.13 등기예규 제510호)

경매 등 공매방법에 의하여 부동산을 취득한 경우에 그 공매를 원인으로 한 소유권이전등기신청시의 등록세 과세표준액은 지방세법 제130조 제3항, 동법 제111조 제5항 제4호에 의하여 사실상 취득가격에 의한다. (84. 2. 13. 등기 제61호 각 지방법원장 대 법원행정처장 통첩)

※ 공장 등록세 계산 시 제시외건물과 기계기구 낙찰가 해당액은 등록세 납부 대상 아니다.

구 분	감정가(법사가)	낙찰가	등록세 과세표준	등록세
공장용지 공장건물 제시외건물 기계기구	2억 2억 2억 2억	1억 1억 1억 1억	1억 1억 × ×	2억×2.4% =4,800,000원 (4억의 2.4%인 9,600,000원이 등록세 아님)
합 계	8억	4억	2억	4,800,000원

〈사례연구 3〉 [등록세 세율표]

(지방세법 제131조 내지 제140조)

부 동 산 등 기	기 본 세 율	비 고
상속으로 인한 소유권이전 다만, 농지의 경우	가액의 8/1,000 가액의 3/1,000	◆ 부동산가액 : 표준액(신고/거래가액)임 −산출금 세액이 3,000원 미만인 때에는 3,000원임 −교육세 등록세액의 20/100 (부동산/법인/상호 공통)
상속 외 무상소유권이전(증여, 유증 등) 다만, 공익사업을목적으로하는대통령령으로 정하는 비영리사업자가 취득하는 경우	가액의 15/1,000 가액의 8/1,000	
소유권이전(상속, 무상제외)−매매, 경락, 불하, 교환. 다만, 농지의 경우	가액의 20/1,000 가액의 10/1,000	
소유권 보존(증축−증가부분만)	가액의 8/1,000	
공유·합유·총유물의 분할 (분할로 인하여 받은 부동산)	가액의 3/1,000	
소유권 이외의 물권과 임차권의 설정 및 이전 1. 지상권 : 부동산가액 기준 2. 저당권 : 채권금액 기준 3. 지역권 : 요역지가액 기준 4. 전세권 : 전세금액 기준	2/1,000	

5. 임차권 : 월 임대차금액 기준		
경매신청·가압류·가처분 (채권금액 기준) 가등기 (부동산가액 기준)		
신탁(수탁자로부터 수익자에게 소유권이전 시) 다만, 공익사업을목적으로하는대통령령으로 정하는 비영리사업자가 수익자가 되는 경우	가액의 10/1,000 가액의 5/1,000	
기 타 (변경, 경정, 말소)	매건당 3,000원	
법 인 등 기		
설립, 증자, 합병 (상사회사, 영리법인)	금액의 4/1,000	−산출금 세액이 75,000원 미만인 때에는 75,000원임
설립, 출자, 증액 (비영리법인)	가액의 2/1,000	
자산재평가	금액의 1/1,000	
본점·주사무소의 이전	매 건당 75,000원	
지점·분사무소의 설치	매 건당 23,000원	
기타 (변경, 경정, 말소)		
상 호 등 기		
상호의 설정 및 취득	매 건당 45,000원	
지배인 선임, 대리권 소멸	매 건당 6,000원	

※ 지방세법(시행령)과 각종 조례 등에 의하여 가산, 감산, 감면되는 경우가 있으므로 유의하시기 바랍니다.

〈사례연구 4〉 [상가임대료와 부가가치세 10%]

상가나 오피스텔을 분양 받는 경우 상가분양 금액 중 건축비의 10%가 부가가치세로 포함되어 있다.

사례 1) 상가 분양가 21억원(대지비 10억, 건축비 10억, 부가가치세1억)중 부가가가치세는 일반사업자나 법인으로 임대사업자 등록을 하는 경우 전액 돌려 받을 수 있다. 사업자등록신청을 하지 않거나 간이과세자로 사업자등록을 할 경우에는 환급이 되지 않는다. 환급을 받으려면 분양계약일로부터 20일 이내에 물건지 관할세무서에 사업자등록을 해야 한다. 그럼 이 상가를 매도할 때 환급 받은 부가가치세는 세무서에 되돌려 주어야 하나?
매수인이 사업자등록이 되어 있는지? 그리고 되어 있다면 일반과세자 인지 간이과세자 인지에 따라 돌려주지 않고 처리를 할 수 있다. 매수인이 일반사업자로 등록을 한다면 사업의 포괄양도 양수로 처리하거나 매매계약서에 부가가치세 별도라는 조항을 달아 세금 계산서를 발행하고 매수인에게 부가가치세를 받아서 내면 된다.
매수인이 등록을 안 하거나 간이과세자로 등록하는 경우에는 매매계약서에 반드시 부가가치세 별도라고 표시를 하고 세금계산서를 발행하여 처리한다.
이 경우는 사업의 포괄 양도 양수로 처리할 수 없다.

계약서에 부가가치세 별도라고 표시하지 않으면 매매금액에 부가가치세를 포함시켜 계약한 것으로 보기 때문에 부가가치세를 매도인이 부담해야 하는 불상사가 생긴다.
그럼 매수인이 떠안은 부가가치세는 어떻게 되나?
일반사업자로 등록이 되거나 법인이면 당연히 환급이 되겠지만 만약 매수인이 사업자로 등록을 안 하거나 간이과세자로 등록되었을 때 '나 부가가치세 환급 못 받으니 부가가치세 부담 시키면 그 상가 매입을 거부한다면 부가가치세 손해 보고라도 팔아야 할 것이다.

사례2) 정리금융공사㈜에서 공매된 상가를 2007. 5.31 금235백만원 개인이 매입하면서 2007. 7. 5 잔대금 치르면서 건물에 대한 부가가치세를 약 16백만원 별도 추가 부담한 후 물건지 세무서에 일반과세자로 20일 이내인 2007년 7월12일 임대 사업자등록 후 2007년 9월1일부터 25일 사이에 부가가치세 16백만원을 환급 받은 사례

31-2. 양도소득세 분석프로그램

2009년도 세금부분은 한시적 제도들이 대거 도입돼 바뀐 제도를 숙지못할 경우 큰 낭패를 볼 수도 있다. 다주택자 양도세 중과는 2010년까지 완화, 1가구3주택 팔 때 중과에서 양도세율 45%~60%로 완화되었다. 이는 2009.1.1.부터 2010.12.31까지 2년간 한시적으로 양도하거나 신규 취득하는 주택에 대해 한시적으로 세율이 할인된다.

1가구 2주택자의 경우 50%로 중과되던 세율이 일반세율(2009년 6~35%, 2010년 6~33%)로 완화된다. 3주택 이상자는 세율이 60%에서 45%로 낮아진다.

기존주택(2008.12.31이전 보유주택)은 특례기간(2009.1.1~2010.12.31) 중 양도하는 경우에만 적용되며, 신규 취득 주택(2009.1.1~2010.12.31)은 양도시점에 관계없이 완화된 세율이 적용된다. 다만 다주택자에 대해선 장기보유특별공제가 지금과 마찬가지로 적용되지 않는다.

〈2009년 이후 변경되는 양도소득세 일반세율〉

과세표준	2009년	2010년 이후	비고(2008년도)
1,200만원 이하	6%	6%	(1천만원 이하 9%)
4,600만원 이하	16%	15%	(4천만원 이하 18%)
8,800만원 이하	25%	24%	(8천만원 이하 27%)
8,800만원 초과	35%	33%	(8천만원 초과 36%)

1가구 1주택자가 근무상 형편, 취학, 질병치료 등 실수요 목적으로 지방소재 1주택을 취득해 2주택이 된 경우, 종전 주택을 양도할 때 1주택자로 보아 양도세 비과세 여부를 판단하며 지방소재 실수요주택을 양도할 때는 일반과세(일반세율, 최대 30% 장기보유특별공제 적용)한다. 아울러 1가구 1주택 장기보유특별공제가 연 4%, 최대 80%(20년 이상 보유)에서 연8%, 최대 80%(10년 이상 보유)로 확대된다. 일시적 2주택자 중복보유기간이 1년에서 2년으로 연장(2008년11월28일 이후)되며, 양도세 비과세되는 주택 가격이 양도 당시 실제거래가액 기준으로 6억원에서 9억원으

로 높아진다. 이에 따라 9억원 이하인 집을 3년 이상 보유했다면 양도세 없이 집을 팔 수 있다. 다만 서울과 5대 신도시, 과천 등에 집을 갖고 있다면 2년 거주 요건을 채워야 비과세 혜택을 받을 수 있다. 한편 지방 미분양 아파트 세제 혜택도 주어진다. 취득세, 등록세를 기존의 절반으로 감면해주는 지방 미분양 아파트 세제 혜택이 2009.6.30까지 이어진다. 아울러 정부는 미분양 해소 차원에서 지방 미분양 주택을 산 뒤 5년간 발생한 양도차익에 대해 세금을 물지 않는 방안을 재차 추진하기로 했다. 아직까지 이 내용은 확정되지 않았지만 공감대는 형성돼 있는 분위기다.

[기존 주택 및 신규취득 주택 양도 시 양도소득세]

구 분	보유주택 현황		양 도 시 기	
	기존주택	신규취득 주택	특례기간 중 양도한 사례	특례기간 이후 양도한 사례
신규취득 주택 양도 사례	없음	A,B 주택	(A주택 양도시)일반세율 (B주택 양도시)비과세	(좌동)
		A,B,C주택	(A주택 양도시)일반세율 (B주택 양도시)비과세 (C주택 양도시)비과세	(좌동)
기존 주택 양도 사례	A,B주택	없음	(A주택 양도시)일반세율 (B주택 양도시)비과세	(A주택 양도시)50%세율 (B주택 양도시)비과세
	A,B,C주택	없음	(A주택 양도시)45%세율 (B주택 양도시)일반세율 (C주택 양도시)비과세	(A주택 양도시)60%세율 (B주택 양도시)50%세율 (C주택 양도시)비과세
기존 주택 양도와 신규취득 주택 양도가 복합된 사례	A주택	B,C주택	(B주택 양도시)45%세율 (C주택 양도시)일반세율 (A주택 양도시)비과세	(좌동)
	A,B주택	C주택	(A주택 양도시)45%세율 (B주택 양도시)일반세율 (C주택 양도시)비과세	(A주택 양도시)60%세율 (B주택 양도시)50%세율 (C주택 양도시)비과세
	A,B주택	C,D,E주택	(A주택 양도시)45%세율 (B주택 양도시)45%세율 (C주택 양도시)45%세율 (D주택 양도시)일반세율 (E주택 양도시)비과세	(A주택 양도시)60%세율 (B주택 양도시)60%세율 (C주택 양도시)45%세율 (D주택 양도시)일반세율 (E주택 양도시)비과세

※ 가정: 최종 양도주택은 보유 및 거주요건을 갖춘 1주택으로서 1가구 1주택 비과세적용. 상기 순서대로 순차적으로 양도한 것으로 가정

2007년1월1일 부터 양도소득세 부과기준이 실 거래가로 바뀌면서 세금 부담을 줄이기 위한 노력이 필요하다. 만약 아파트 난방방식을 바꾸느라 보일러 교체공사를 한다면 공사업체에 요구하여 주택수리비 영수증조 세금계산서를 받아 두는 것이 좋다. 보일러 교체와 같은 주택수리비는 양도소득세 공제대상이어서 나중에 주택을 매도할 때 세금부담을 줄일 수 있다. 가령 3억원선 아파트를 갖고 있는 1가구 2주택자가 이사 가기 전에 2,000만원 실내인테리어 공사(난방시설교체비, 발코니 샤시, 거실확장공사비 등)를 하는 경우 세금계산서를 인테리어 업체에서 받으려면

당장 200만원 부가가치세를 더 부담하라고 하겠지만 나중에 양도소득세 최대 1,210만원(1년 이내 양도시 양도세 50%+ 주민세 5%=55%)까지 절세할 수 있다면 부가세2백만원을 선 부담하는 것이 나을 것이다. 세금계산서와 꼼꼼한 수리비견적서, 영수증, 은행온라인 무통장입금증, 인테리어 업체 사장 명함 등을 함께 세무서에 제출하면 더 좋다. 그러나 정상 상태를 유지하기 위한 도배, 장판, 싱크대 교체, 붙박이장 설치비용 등은 주택수리비로 인정하여 주지 않는다.

양도소득세는 {과세표준(양도가액－ 취득가액－ 필요경비－ 장기보유특별공제－양도소득기본공제 250만원)×세율－(세액공제+ 감면세액)}×주민세(10%)로 보면 된다.

즉, (A) 양도가액－취득가액－필요경비 ⇒ (B) 양도차익－장기보유특별공제 ⇒ (C) 양도소득금액－양도소득기본공제 ⇒ (D) 양도소득과세표준×세율 ⇒ (E)산출세액－(세액공제+ 감면세액) ⇒ (G) 자진 납부할 세액 ⇒ (F) 결정세액+ 주민세10%이다.

반면, 은행 예금이자는 15.4% 세금 공제한다(이자소득세 14%와 농어촌특별세 1.4%)

아래 양도소득세 프로그램을 보면서 다시 풀어보자.

LBA경제연구소 세무분석 프로그램에서 발췌 -

<table>
<tr><th colspan="3">LBA 양도소득세 분석프로그램 (2009.1.30.현재)</th></tr>
<tr><td>① 양도차익</td><td colspan="2">양도가액－취득가액－ 필요경비</td></tr>
<tr><td>② 양도소득금액</td><td colspan="2">양도차익－장기보유특별공제</td></tr>
<tr><td>③ 양도소득 과세표준액</td><td colspan="2">양도소득금액－양도소득기본공제(2,500,000원)⇒즉, 양도차익－장기보유특별공제－양도소득기본공제액(연간 2,500,000원 공제)</td></tr>
<tr><td>④ 산출세액</td><td colspan="2">양도소득 과세표준액 × 세율</td></tr>
<tr><td>양도가액 해설</td><td colspan="2"><변경 전 : ① 기타부동산은 국세청 기준시가 또는 실 거래가격, ② 경매부동산은 영수증으로 확인된 실 거래가 기준(1년 미만 보유 시)> ⇒ 변경 후 : 실 거래가격(2007. 1.1부터 전면적 실시)</td></tr>
<tr><td rowspan="3">필요경비(－)</td><td>양도가액</td><td></td></tr>
<tr><td>취득가액
(－)</td><td>변경 후 : ① 기타부동산 : 실지거래가액 : 매입가액+ 취득제세금+ 소송비용+ 지연이자외이자(취득 당시 실지거래가액을 확인 할 수 없는 경우에는 매매사례가액, 감정가액 또는 환산가액)
② 경매부동산은 실제 낙찰금액 : 낙찰가(낙찰가＋인수권리 부담금+ 소송비용+ 취득제세금+ 부대비용)></td></tr>
<tr><td>자본적
지출액
(－)</td><td>° 양도자산의 내용연수 연장·가치증가에 소요된 수선비
° 양도자산 취득 후 소유권 확보에 직접 소요된 비용
° 양도자산의 용도변경(지목변경 등)·개량 또는 이용편의를 위해 지출한 비용
° 법률에 의한 사업구역 내 토지소유자가 부담한 개발부담금·수익자 부담금
° 경공매 매수(낙찰)후 지급한 유치권자에게 유치권 상당금액을 지급한 금액</td></tr>
</table>

<table>
<tr><td rowspan="2"></td><td>양도비</td><td>° 자산 양도를 위해 직접 지출한 비용(중개수수료 · 인지대 · 공증비용 등)
° 국민주택채권 · 토지개발채권 등을 금융기관에 양도한 매각차손</td></tr>
<tr><td>필요경비
개산공제
概算控除</td><td>° 실지거래가액 적용 시 : 필요경비는 영수증 등으로 확인된 실제 지출액만 인정
(예 : 아파트는 샤시, 보일러교체비용, 방 확장공사비만 인정)
° (변경 전 : 기준시가 적용 시) 변경 후 : 환산가액 등 적용 시 증빙서류가 없어도 취득금액의 1~7%를 필요경비로 인정
– 토지 · 건물 : 취득 당시 기준시가(토지 : 개별공시지가) 3%(단, 미등기 양도자산은 0.3%)
– 지상권 · 전세권 · 등기된 부동산 임차권 : 취득 당시 기준시가 7% (단, 미등기는 무공제)
– 분양권 : 취득 당시 기준시가 1%</td></tr>
<tr><td>장기보유특별공제(−)
=양도차익×
공제율</td><td colspan="2">
<table>
<tr><td colspan="7">장기보유특별공제 = 양도차익×공제율이며, 3년이상 보유 누진세율(9~36%) 과세대상 자산만 공제(중과세대상은 제외)하며 공제율은 다음과 같음</td></tr>
<tr><td>1세대 1주택</td><td colspan="6">3년이상 보유(12%)부터 매년 4%씩 추가 공제하며 20년이상은 80%를 한도로 공제(08.3.21 시행)⇒2009.1.1부터는 연4%가 8%로 확대 시행되어 10년이상 80%로 변경</td></tr>
<tr><td rowspan="4">상기 외 1세대 1주택 외 3년 이상 보유</td><td>보유기간</td><td>공제율</td><td>보유기간</td><td>공제율</td><td>보유기간</td><td>공제율</td></tr>
<tr><td>3년이상
4년미만</td><td>10%</td><td>6년이상
7년미만</td><td>18%</td><td>9년이상
10년미만</td><td>27%</td></tr>
<tr><td>4년이상
5년미만</td><td>12%</td><td>7년이상
8년미만</td><td>21%</td><td>10년이상</td><td>30%</td></tr>
<tr><td>5년이상
6년미만</td><td>15%</td><td>8년이상
9년미만</td><td>24%</td><td colspan="2">08. 1. 1. 양도분부터 적용</td></tr>
<tr><td>기타 건물</td><td colspan="6">일반 건물과 토지는 장기보유특별공제는 연3%, 최대 30%(10년이상 보유시)는 변동없음</td></tr>
</table>
</td></tr>
<tr><td>양도소득
기본공제(−)</td><td colspan="2">년250만원 (부동산 등과 주식으로 구분해 단위 별로 1년에 1회만 적용)
(보유기간에 관계없이 공제, 단, 미등기 양도자산은 미공제)</td></tr>
<tr><td>세 율</td><td colspan="2">
<table>
<tr><td colspan="2">2009년.1.1 이후</td><td>과세표준에 대한 세율
<u>2009년도 6~35%</u>
<u>(2010년도6~33%)</u></td><td>누진공제
2009년도(2010년도)</td></tr>
<tr><td rowspan="4">2년
이상
보유</td><td>1,200만원 이하</td><td>6%(6%)</td><td>0(0)</td></tr>
<tr><td>4,600만원 이하</td><td>16%(15%)</td><td>-120만원(-108만원)</td></tr>
<tr><td>8,800만원 이하</td><td>25%(24%)</td><td>-534만원(-522만원)</td></tr>
<tr><td>8,800만원 초과</td><td>35%(33%)</td><td>-1,414만원(-1,314만원)</td></tr>
<tr><td colspan="4">2009년도에 2년 이상 보유 후 양도시에 양도차익 1억이면 1억×35% = 3,500만원 − 위 누진공제 1,414만원= 2,086만원(만약 양도차익 2억이면 5,586만원) 양도소득세 부담</td></tr>
</table>
</td></tr>
</table>

<table>
<tr><td rowspan="5"></td><td colspan="2">1년 이상 2년미만 부동산
(경매 낙찰 후 2년미만 매도시 포함)</td><td colspan="2">과세표준의 40%</td></tr>
<tr><td colspan="2">- 1년미만 보유 부동산
(경매 낙찰 후 1년미만 매도시 포함)

- 1세대2주택 중과주택</td><td colspan="2">과세표준의 50%
(단, 한국자산관리공사 KAMCO에 인터넷공매대행의뢰시 1세대 1주택은 인정하므로 전액면제 또는 중과는 피함)</td></tr>
<tr><td colspan="2">- 1세대 3주택 이상 중과주택
- 비사업용토지 (2007년부터)
(경매 토지(나대지) 낙찰시 포함)</td><td colspan="2">과세표준의 60%</td></tr>
<tr><td colspan="2">- 미등기양도 부동산</td><td colspan="2">과세표준의 70%</td></tr>
<tr><td colspan="4">- 1세대 1주택 비과세(대부분 기타지역은 3년이상 보유시):
그러나 서울·과천·수도권 5대신도시(분당, 일산, 평촌, 산본, 중동) 1세대 1주택 비과세요건 강화 : 3년이상 보유하고 2년이상 거주로 강화 (04.1.1부터) 되었지만 고가주택의 경우 9억원 초과분은 과세)
- 중과주택 특례기간(2009년~2010년)내 완화
·1세대 2주택:특례세율(기본세율, 1년미만 50%, 1~2년 미만 40%) 장기보유특별공제 적용배제
·1세대 3주택이상:45%(1년미만 50%)
※ 특례기간 내 취득주택은 양도시기에 관계없이 특례세율 적용</td></tr>
<tr><td>예정신고 납부로 10% 세액 공제 및 감면세액</td><td colspan="4">– 예정신고 후 자진납부를 하면 산출세액의 10% 공제 (경매도 동일함) : 예정신고 기한(양도 월의 다음 다음달말일)내에 자진 신고 납부하는 경우에 납부할 세액의 10%가 공제됨
– 조세특례제한법상 감면세액</td></tr>
<tr><td>신고불성실가산세납부불성실가산세(1일 0.03%)</td><td colspan="4">확정신고기간(양도일이 속하는 연도의 다음해 5월 1일~5월 30일)까지 신고납부를 하지 않을 경우 산출세액의10% 가산
미납·미달세액× 미납일수× 3/10,000 (미납일수=확정신고 경과 후부터 고지일 또는 자진납부일 전일까지)</td></tr>
<tr><td>주민세(10%)</td><td colspan="4">양도소득세(총결정세액)의 10%</td></tr>
<tr><td>자진 납부할 세액</td><td colspan="4"></td></tr>
<tr><td rowspan="8">양도소득세
계산 프로그램</td><td>양도가액(A)</td><td>원</td><td>(×) 세율%</td><td>%</td></tr>
<tr><td>(-) 취득가액</td><td>원</td><td>(-) 누진공제</td><td>원</td></tr>
<tr><td>(-) 필요경비</td><td>원</td><td>(=) 산출세액(E)</td><td>원</td></tr>
<tr><td>(=)양도차익(B)</td><td>원</td><td>(-) 예정신고납부
세액공제 10%</td><td>원</td></tr>
<tr><td>(-) 장기보유특별공제</td><td>원</td><td>(=) 결정세액</td><td>원</td></tr>
<tr><td>(=) 양도소득금액(C)</td><td>원</td><td>(+) 주민세 10%</td><td>원</td></tr>
<tr><td>(-) 양도소득기본공제</td><td>2,500,000원</td><td rowspan="2">(=) 자진
납부할세액(G)</td><td rowspan="2">원</td></tr>
<tr><td>(=) 양도소득 과세표준(D)</td><td>원</td></tr>
</table>

2009년 양도소득세 개정법령 요약(2009. 1.)

- 국세청 재산세과 제공 -

목 차

1. 양도소득세 일반세율 인하(종합소득세와 일치, 소법§ 104)

종 전	
1천만원 이하	9%
1~4천만원	18%
4~8천만원	27%
8천만원 초과	36%

⇒

개 정(2009년)	
1,200만원 이하	6%
1,200~4,600만원	16%
4,600~8,800만원	25%
8,800만원 초과	35%

⇒

개 정(2010년)	
1,200만원 이하	6%
1,200~4,600만원	15%
4,600~8,800만원	24%
8,800만원 초과	33%

□ **적용시기 : 2009.1.1. 이후 최초로 양도하는 분부터 적용**

※ 속산표(누진공제)

소득 구간	2009년		2010년	
	적용세율	누진공제액	적용세율	누진공제액
1,200만원 이하	6%		6%	
4,600만원 이하	16%	1,200,000원	15%	1,080,000원
8,800만원 이하	25%	5,340,000원	24%	5,220,000원
8,800만원 초과	35%	14,140,000원	33%	13,140,000원

2. 양도소득세 장기보유특별공제 확대(소득법 § 95)

종 전	개 정
□ 양도소득세 장기보유특별공제 ① 일반 건물·토지 : 연 3%, 최대 30%(10년이상 보유시) 공제 ② 1세대 1주택 : 연 4%, 최대 80%(20년이상 보유시) 공제 * 3년이상 보유시 적용	□ 1세대 1주택 장기보유특별공제 확대 ① (좌 동) ② 1세대 1주택 : 연 8%, 최대 80%(10년이상 보유시) 공제 * 3년이상 보유시 적용

※ 공제율

	보유기간	공제율	적용시기
공제표	3년 이상 4년 미만	100분의 24	2009.1.1. 이후 최초로 의도하는 분부터 적용
	4년 이상 5년 미만	100분의 32	
	5년 이상 6년 미만	100분의 40	
	6년 이상 7년 미만	100분의 48	
	7년 이상 8년 미만	100분의 56	
	8년 이상 9년 미만	100분의 64	
	9년 이상 10년 미만	100분의 72	
	10년 이상	100분의 80	

3. 양도소득세 분납기한 연장(소득법 § 112조)

종 전	개 정	적용시기
□ 납부기한 경과후 45일내 분납	□ 납부기한 경과후 2월내 분납	2009.1.1이후 최초로 신고·납부하는 분부터 적용(부칙6조)

※ '08.11월·12월 양도자 중 예정신고기한 도래 전에 신고·납부한 자에 대하여도 적용
–납세협력의무를 조기에 성실하게 이행한 자에게 불이익을 주는 것은 부당

4. 취득가액 이월과세 범위 확대(소득법 § 97④)

종 전	개 정	적용시기
□ 양도일로부터 소급하여 5년 이내에 배우자로부터 증여받은 자산 ○ 양도차익 계산시 취득가액은 증여한 배우자의 취득가액을 기준으로 계산 ○ 기납부한 증여세액은 필요경비로 산입	□ 적용대상에 직계존비속으로부터 증여받은 자산 추가	2009.1.1. 이후 최초로 증여받아 양도하는 분부터 적용

※ 취득가액 이월과세를 적용받는 배우자 및 직계존비속은 양도소득 부당행위계산 부인규정 적용 배제(소득법 § 101②)

5. 기타필요경비 계산 보완(소득법 § 97③)

종 전	개 정	적용시기
□ 기타필요경비 계산 ① 실지거래가액 → 자본적지출액 + 양도비 ② 매매사례가액, 감정가액, 환산가액, 등기부기재가액 → 개산공제액	□ 기타필요경비 계산 보완 ① 실지거래가액, 등기부기재가액,의제취득가액(물가상승률계산) → 자본적지출액 + 양도비 ② 매매사례가액, 감정가액, 환산가액(물가상승률로 계산한 의제취득가액 제외), 허위 등기부기재가액(전소유자 경정 또는 비과세 경우) → 개산공제액	2009.1.1. 이후 최초로 양도하는 분부터 적용 - 다만, 의제취득일 이전 실지취득가액이 확인되어 물가상승률로 환산하여 취득가액을 산정한 경우 : '09.1.1. 이후 최초로 결정하거나 경정하는 분부터 적용

6. 일시적 2주택 중복보유 허용기간 연장(소득령 § 155①, 156의2 ③④⑤, § 155⑰)

종 전	개 정	적용시기
□1년	□ 일반적인 일시적 2주택 : 2년 □ 입주권 소유 2주택 및 입주권 양도시에도 동일(실수요목적, 대체취득 : 2년)	2008.11.28. 이후 양도분부터 적용

○ 수도권 밖 미분양주택 취득시 중복보유허용 : 2년(소득령§155)

⇒ 2008.7.24. 이후 양도분부터 적용

※ 취득기간 : 2008.6.11.~2008.11.27까지 최초로 분양계약을 체결하고 계약금을 납부

※ 대상 미분양주택 : 「주택법」 제38조에 따른 사업주체가 같은 조에 따라 공급하는 주택으로서 입주자모집공고에 따른 입주자의 계약일이 지난 주택단지에서 2008.6.10.까지 분양계약이 체결되지

아니하여 선착순의 방법으로 공급하는 주택(수도권 밖의 지역에 소재)
※ 예정・확정신고시 시장・군수 또는 구청장이 발행한 미분양주택 확인서 사본 및 미분양주택 매입 시의 매매계약서 사본 제출

7. 1세대 1주택 고가주택의 기준조정(소득령§ 156①)

종 전	개 정	적용시기
□ 실지거래가액 6억원 초과	□ 실지거래가액 9억원 초과	2008.10.7. 이후 양도분부터 적용

8. 다주택자 중과제도 한시적 완화(소법§ 104, 부칙14)

종 전	개 정	적용시기
□ 다주택자 양도세 중과 ○ 1세대 2주택 : 50% ○ 1세대 3주택 이상 : 60% ※ 다주택자는 장기보유특별 공제 적용배제	□ 2008.12.31.이전에 취득한 주택을 '09.1.1~'10.12.31(2년)까지 양도 ○ 1세대 2주택자 : 일반 세율 * 일반세율 : '09 : 6%~35% '10 : 6%~33% ○ 1세대 3주택 이상 : 45% □ 2009.1.1.~2010.12.31.(2년간) 취득한 주택을 2011.1.1.이후 양도(부칙§14) ○ 1세대 2주택자 : 일반 세율 ○ 1세대 3주택 이상 : 45%	2009.1.1.이후 최초로 양도하는 분부터 적용

※ 단기양도시 적용세율
1세대2주택자 – 1년미만 : 50%, 1년이상 2년미만 : 40%
1세대3주택 이상자 – 1년미만 : 50%, 1년이상 2년미만 : 45%
※ 장기보유특별공제는 현행과 같이 적용배제

9. 실수요 2주택자에 대해 양도소득세 중과 제외(소득영 § 167의5, 167의6)

종 전	개 정	적용시기
□ 실수요 목적의 2주택자에 대해서는 양도소득세 중과대상에서 제외 ① 근무상 형편으로 인하여 주택을 취득하여 2주택이 된 경우로서 ② 1년 이상 거주, 당해 사유 해소일로부터 3년이내 양도 <신 설>	□ 중과배제 대상에서 제외되는 요건 조정 ① 취학, 질병 요양 추가 ② (좌 동) ③ 취득당시 기준시가가 3억원 이하일 것	공포일(2008.12.31)이후 최초로 양도하는 분부터 적용 - 취득가액 요건은 공포일 이후 취득하여 양도하는 분부터 적용

10. 중과배제 임대주택 요건 완화(소득령§ 167의3 ①)

종 전	개 정	적용시기
□ 중과배제되는 매입임대주택 요건 ○ 5호이상, 10년이상 임대, 국민주택규모이하, 취득공시가격 3억원 이하일 것	□ 중과배제되는 매입임대주택 요건 ○ 비수도권에 소재하는 주택으로서 ○ 1호이상, 7년이상 임대, 149㎡이하, 취득공시가격 3억원이하일 것	2008.10.7. 이후 양도분부터 적용

- 비수도권 미분양매입 임대주택은 2008.7.24. 이후 양도분부터 적용

※ 가액변경 연혁 : 양도당시 3억원(건설 임대 6억원)이하 → ' 08.7.24.이후 양도분부터 취득당시로 변경

※ 비수도권 미분양매입임대주택 요건(소령§167조의3 ①2 라목)

① 미분양주택(2008년 6월 11일부터 2009년 6월 30일까지 최초로 분양계약을 체결하고 계약금을 납부한 주택에 한정)

② 대지면적 298제곱미터 이하이고 주택의 연면적(주택이 큰 겸용주택은 전부, 주거전용으로 사용되는 지하실 면적 포함, 공동주택은 전용면적)이 149제곱미터 이하일 것

③ 5년 이상 임대

④ 취득 당시 기준시가 3억원 이하

⑤ 같은 시・군에서 5호 이상일 것

⑥ 미분양주택 확인서 사본 및 미분양주택 매입 시의 매매계약서 사본 제출

11. 1세대 2주택 중과의 가액 기준 완화(소득령§ 167의5 ①1, ②)

종 전	개 정	적용시기
□ 주택수 계산 ○광역시 소재 주택은 가액에 관계없이 포함	□ 주택수 계산 ○지방광역시(인천을 제외) 소재 주택 : 기준시가 3억원 이하인 경우 제외 - 주택수 제외 = 중과배제	2008.10.7. 이후 양도분부터 적용

※ 「1주택 + 1조합원입주권」, 「1세대 3주택 이상」 중과 판정시에는 종전과 동일하므로 지방 광역시 소재(군지역 제외) 주택도 기준시가에 관계없이 모두 주택수에 포함됨에 유의

12. 비사업용 토지 양도소득세 중과제도 개선(소득영 § 168의14)

종 전	개 정	적용시기
□ 중과대상 비사업용 토지에서 제외되는 토지 <신 설> ○ 공익사업용 수용토지 - 사업인정고시일이 '06년말 이전	□ 비사업용 토지 중과제도 개선 - 8년이상 재촌자경한 직계존속으로부터 상속(증여)받은 경우 * 도시지역에 편입된 농지 등은 제외 ○ 공익사업용 수용토지 요건 완화 - (좌 동)	공포일(2008.12.31)이 속하는 과세연도에 양도하는 분부터 적용

- 10년 이상 보유한 토지	- 5년 이상 보유한 토지 (상속받은 토지는 피상속인이 취득한 날을 기준으로 취득요건 적용)	

※ 「사업인정고시일로부터 5년이전 취득한 토지」를 비사업용토지에서 제외하는 규정의 개정연혁 2008. 10.7. 사업인정고시일로부터 10년이전으로 개정하였다가 2008.12.31. 5년으로 개정하고 그 시행시기를 2008.1.1.이후 양도분으로 개정

13. 8년 자경농지 양도세 감면한도 확대(조특법 § 133)

종 전	개 정	적용시기
□ 8년 자경농지에 대한 양도세 감면한도 확대 ○ 과세기간별 : 1억원 ○ 자경 + 대토 : 5년간 1억원	□ 8년 자경농지 양도시 감면한도확대 ○ 과세기간별 8년자경농지 감면의 경우 1억원을 추가 ○ 5년간 한도적용시 8년자경농지 감면의 경우 2억원을 추가	공포일(2008.12.31)이 속하는 과세연도에 양도하는 분부터 적용

※ 감면한도 연혁
'06년 ~ '07년 : Total 1억, 자경+대토 5년간 1억
'04년 ~ '05년 : Total 1억
'02년 ~ '03년 : Total 2억, 자경 2억, 기타 1억(부칙6538호 28조, 2001.12.29)
'99년 ~ '01년 : Total 3억, 자경 3억, 기타 1억

14. 8년 자경농지 수용시 양도소득세 감면소득 계산방식 보완(조특영 § 66)

종 전	개 정	적용시기
□ 주거지역 등에 편입된 8년 자경농지가 공익사업용으로 수용되는 경우 양도소득세 100% 감면 ○ 계산방법: 양도소득금액 × (주거지역 등에 편입되거나 환지예정지지정을 받은 날의 기준시가 - 취득당시의 기준시가) / (양도당시의 기준시가 - 취득당시의 기준시가)	○ 양도당시의 기준시가를 '보상가액 산정시 기준시가'로 변경	공포일(2008.12.31)이 속하는 과세연도에 양도하는 분부터 적용

15. 공익사업 수용시 양도세 감면율 확대(조특법 § 77)

종 전	개 정	적용시기
□ 공익사업을 위한 토지 등 수용시 양도세 감면 ○ 현금보상 : 10% ○ 채권보상 : 15% (만기보유특약 체결시 : 20%)	□ 토지 등 수용시 감면율 10%p 인상 ○ 현금보상 : 20% ○ 채권보상 : 25% (만기보유특약 체결 : 30%) ○상속받은 토지등은 피상속인이 취득한 날을 기준으로 취득요건 적용	2009.1.1. 이후 최초로 양도하는 분부터 적용

16. 개발제한구역내 토지 양도시 감면 신설(조특법 § 77조의 3)

종 전	개 정	적용시기
<신설>	□ 개발제한구역내 매수청구・협의매수* 토지에 대한 양도세 감면 (일몰시한 : '11.12.31) ※ 개발제한구역의 지정 및 관리에 관한 특별조치법 §17・§20 ① 현지인으로서 개발제한구역지정이전 취득 : 50%감면 ※ 현지인 : 취득일부터 양도일까지 토지소재지 등에 거주하는 자 ② 현지인으로서 매수청구일 또는 협의매수일부터 20년이전 취득 : 30%감면 ③ 상속받은 토지등은 피상속인이 취득한 날을 기준으로 취득요건 적용	2009.1.1. 이후 최초로 양도하는 분부터 적용

※ 개발제한구역의 지정 및 관리에 관한 특별조치법 제17조 : 매수청구 가능자
1. 개발제한구역으로 지정될 당시부터 계속하여 해당 토지를 소유한 자
2. 토지 사용・수익 사실상 불가능하게 되기 전에 해당 토지를 취득하여 계속 소유한 자
3. 제1호나 2호에 해당하는 자로부터 해당 토지를 상속받아 계속하여 소유한 자

※ 개발제한구역의 지정 및 관리에 관한 특별조치법 제20조 : 협의매수
국토해양부장관은 개발제한구역을 지정한 목적을 달성하기 위하여 필요하면 소유자와 협의하여 매수 가능

17. 지방미분양주택에 대한 양도세 과세특례 신설(조특법 § 98조의 2)

종 전	개 정	적용시기
<신설>	□ 2008.11.3~2010.12.31 기간 중 취득*하는 지방미분양주택 양도시 과세특례 * 2010.12.31까지 매매계약을 체결하고 계약금을 납부한 경우를 포함 ○ 개인 : 일반세율 및 장기보유특별공제(표2) 적용 * 1세대1주택자와 동일한 수준 * 단기양도하더라도 일반세율 적용함에 유의 ○ 법인 : 법인세 추가과세(30%) 배제	2009.1.1.이후 최초로 양도하는 분부터 적용하되, 2008.11.3 이후 매매계약 체결분부터 적용 (조특영 §98의2)

※ 지방 미분양주택(구체적 범위 시행령에 규정 예정)

① 미분양주택 소재지 : 수도권 밖의 지역
② 특례대상 미분양주택 범위
- '08.11.3 현재 준공여부에 관계없이 미분양 상태인 주택
- '08.11.3 현재 사업승인을 얻었거나 사업승인을 신청한 자가 분양하는 주택
③ 미분양주택수 : 취득하는 미분양주택수에 제한 없음
④ 미분양주택 양도시기 : 제한없음

18. 비수도권 소재 주택에 대한 과세특례(소득령 § 155⑧, § 167의5, 167의6)

종 전	개 정	적용시기
<신설>	□ 취학· 근무상 형편·질병의 요양 등 실수요 목적으로 취득한 수도권 밖 소재 1주택("비수도권소재 주택"이라 함) 소유시 일반주택만으로 비과세 판정 ※ 수도권 : 서울, 인천, 경기도지역(수도권정비계획법 제2조) ※ 비수도권소재 주택 요건(시행규칙에 규정 예정) - 가액·규모 : 제한 없음 - 소재지 : 기존주택과 다른 수도권 밖의 시·군에 소재 - 2008.11.28. 전에 실수요 목적으로 취득한 지방주택도 적용 □ 비수도권 소재 주택 1세대 2주택 중과 제외 (소득령§167의5, 167의6) (조합원입주권을 포함한 2주택 중과도 제외됨) ※ 제출 서류 - (근무상 형편) "직장의 변경, 전근 등"으로 재직증명서 제출 - (취학) "고등학교, 대학교의 취학"으로 재학증명서제출 * 유치원, 초등학교, 중학교 취학을 위해 취득한 주택은 실수요 목적의 주택취득으로 인정하지 않음 - (질병치료) "1년이상 치료나 요양을 필요로 하는 질병의 치료 또는 요양"으로 요양증명서 제출	2008.11.28. 이후 양도분부터 적용

19. 농어촌주택 및 고향주택에 대한 양도세과세특례(조특법 § 99조의 4)

종 전	개 정	적용시기
□ 1세대 1주택자가 농어촌주택을 취득하여 2주택이 된 경우, 기존주택 양도시 1주택자로 보아 요건 충족시 양도세 비과세 ○ 농어촌주택 취득기간 : '03.1.1~'08.12.31 ○ 농어촌주택 취득가액 요건 : 1.5억원 이하 ※ 농어촌주택 요건	□ 농어촌주택 양도세 과세특례 요건 완화 ○ 취득기간 3년연장 : '03.1.1~'11.12.31 ○ 취득가액요건 상향조정 : 1.5억원→2억원	2009.1.1. 이후 최초로 취득하여 양도하는 분부터 적용

① 읍·면 지역 소재 주택, 단 수도권, 도시지역 소재 주택 제외 ② 대지 200평, 건물 45평 이내 [공동주택 35평 이내일 것] <신 설>	고향주택에 대해 농어촌주택과 동일한 양도세 과세특례 허용 ○취득기간:'09.1.1~'11.12.31 ○취득가액요건 →2억원	

※ 고향주택 요건 : 소재 지역 범위(① and ②), (조특영§99의4)
① 가족관계등록부 기준지 소재지로서 10년이상 거주사실이 있는 시
② 수도권 제외한 취득당시 인구 20만명 이하 시(시행규칙 상세규정 예정)
※ 주택면적 기준 : 건물 150㎡(공동주택 116㎡)

20. 양도소득세 감면율 축소(조특법 § 97, § 97의2, § 99의3)

종 전	개 정	적용시기
□ 장기임대주택에 대한 감면 ○ 5년이상 임대 후 양도 : 50% ○ 10년이상 임대 후 양도 : 100% □ 신축임대주택에 대한 감면 ○ 5년이상 임대 후 양도 : 100% □ 신축주택의 취득자에 대한 감면 ○ 5년 이내 양도:100%	□ 장기임대주택에 대한 감면 ○ 5년이상 임대 후 양도 : 40% ○ 10년이상 임대 후 양도 : 80% □ 신축임대주택에 대한 감면 ○ 5년이상 임대 후 양도 : 80% □ 신축주택의 취득자에 대한 감면 ○ 5년 이내 양도:80%	2010.1.1. 이후 양도하는 분부터 적용

21. 중소기업의 공장이전에 대한 과세특례 신설(조특법 § 85조의 8)

종 전	개 정	적용시기
<신 설>	□ 공장이전시 양도소득세 과세특례 신설 ○ 대상 : 10년 이상 사업을 영위한 중소기업이 공장을 이전하는 경우 ○ 지원 : 양도소득세 2년거치 2년분할 과세 ※ 법인 : 2년거치 2년분할 익금 산입 ○ 사후관리: 공장이전 후 3년 이상 사업영위 ○ 적용기간: '09.01 ~ '11.12(3년)	2009.1.1. 이후 최초로 양도하는 분부터 적용

※ 수도권과밀억제권역(산업단지는 제외)을 제외한 모든 지역으로 이전하는 경우 적용(조특영§79의9)
※ 추징 : 사유가 발생한 날이 속하는 과세연도 확정신고시 납부

〈사례연구 1〉 [KAMCO에 인터넷공매대행서비스 의뢰 시 1가구 1주택으로 인정]

KAMCO(한국자산관리공사)의 '인터넷공매대행서비스'로 양도소득세 폭탄 미리 피하다.
(새 주택을 산지 1년 가까이 구 주택이 매도되지 않은 경우)
한국자산관리공사에 '인터넷공매대행서비스' 의뢰 시 1가구 1주택으로 인정된다. 일시적으로 1가구 2주택자가 되었다면 눈 여겨 볼 만하다.

['양도소득세 피하기' 위하여 한국자산관리공사(캠코)에 주택 공매 의뢰 급증]

일시적 2주택자들이 양도세 중과를 피하기 위하여 한국자산관리공사(캠코)에 공매를 의뢰한 주택이 급증하고 있다. 이들 주택의 총 가치도 2007년 8월3일 현재 총 109건에 1,000억원을 넘어선 것으로 나타났다. (2006년 2건 670백만원, 2007년 1/4분기 41건 18,714백만원, 2007년 2/4분기중 114건에 64,184백만원). 일시적 2주택자가 공매로 종전 주택을 매각하겠다고 신청만 해도 주택을 판 것으로 간주되어 양도세 중과를 피할 수 있기 때문으로 풀이된다. 현행 소득세법에 따르면 비과세 요건(3년 보유, 서울 등 일부지역은 2년 거주요건 추가)을 갖춘 1주택자가 집을 넓혀가기 위해 아파트를 분양 받거나 추가 매입할 경우 종전주택을 1년(결혼 및 부모 봉양을 위한 합가는 2년)안에 팔면 양도세를 물지 않지만, 시한을 넘겨 팔면 2주택자로 간주돼 단일세율로 양도차익의 50%를 세금으로 내야 한다. 공매의뢰가 급증하는 이유는 일시적 2주택자가 매각시한 전까지 신청만 해도 양도세 중과를 피할 수 있다는 장점이 알려지면서부터 급증하고 있다.

〈사례1〉

일시적 1가구 2주택의 경우 기존주택이 양도세 비과세 요건에 해당할 경우 새 주택을 구입한지 1년내에 기존주택을 양도하면 비과세이지만 만약 1년내에 기존주택을 팔지 못할 경우 온비드를 통해 양도하면 비과세인지 여부?

[답변] 온비드 Q&A(상담) 관리자입니다.
캠코에서는 일반 매각이 어려워 양도소득세의 부담이 우려되는 주택을 매각해 드리고 있습니다. 캠코에 주택 매각을 의뢰하시면 양도한 것과 동일하게 인정됩니다.
1세대1주택의 특례로 비과세가 적용되는 주택은 1주택을 소유한 1세대가 그 주택을 양도하기 전에 다른 주택을 취득함으로써 일시적으로 2주택이 된 경우 다른 주택을 취득한지 1년이 경과되지 아니하고 보유기간이 3년 이상인 종전주택[단, 서울특별시, 과천시 및 「택지개발촉진법」 제3조의 규정에 의하여 택지개발예정지로 지정·고시된 분당·일산·평촌·산본·중동 신도시지역에 소재하는 주택의 경우에는 당해 주택의 보유기간이 3년 이상이고 그 보유기간 중 거주기간이 2년 이상인 것]을 말합니다. (소득세법시행규칙 제72조)
매각방법은 온비드에 공고하고, 공매 또는 유찰계약 방법으로 매각합니다.
최초매각예정가격은 물건소재지 주변시세가 아닌 해당물건의 감정가격으로 하며 2회차 이후에는 유찰시 최초 가격에서 매 5%씩 인하하여 입찰에 부칩니다. (인하한도는 최초 가격의 50%(단, 최초가격에서 양도소득세 추정세액을 차감한 금액이 최초가격의 50%보다 높은 경우에는 그 금액에 달할 때까지의 금액)

〈사례2〉

2005.8월 이사목적으로 아파트를 하나 더 매입하면서 1가구 2주택자가 되어 기존 서울 아파트 매도가 쉽지 않다가 1년3개월이 지난 시점에 3억8천만원에 매각됨. 1년이 지나 팔았기 때문에 1가구 2주택으로 간주되어 8,439백만원의 세금(2006년도 양도세율 9~36% 세율

적용)을 부담하여야 하나 한국자산관리공사(KAMCO)의 '일반부동산 인터넷 공매대행서비스'를 이용하여 한푼도 안낸 경우이며, 설사 1년이 지나 팔리더라도 양도세 중과를 당하지 않으며, 1년이내 매각의사가 분명한 것으로 간주되기 때문임. (1가구 1주택 3년보유에 6억원 미만으로 양도세 면제규정에 해당되어 한 푼도 안내 경우임).
그러나 매각대금의 KAMCO에 1% 매각수수료와 감정평가수수료 등440만원 경비부담하였지만 약 8,439만원 세금절약 하였음(매각의뢰 후 유찰되면 5% 낮아진 금액에 재입찰).

〈사례연구 2〉 [등기부상 갑구끼리 이전할 때와 을구끼리 이전시 비교]

등기부 갑구내 소유권 이전시 취득세, 등록세, 양도소득세 등 많은 세금부담이 있으나 을구내 근저당권 이전시에는 거래세 부담은 없어 높은 수익이 창출된다 (이자 부문은 제외).

국세심판원 관련결정 쟁점

(1) 부동산에 설정된 근저당권의 피담보채권을 승계취득하면서 원금(채무) 100,000,000원외 이자조로 15,000,000원을 지급한 사실
(2) 2순위 채권자인 전세권설정자(세입자 ○○○)에게 지급한 전세금 55,000,000원과 이사비용 3,000,000원, 1순위 배당(동작구청 지방세) 436,740원을 경락 시 배당 받은 이자50,000,000원에 대한 필요경비로 볼 수 있는지 여부

1999서2682 ⇒(조세심판원(www.ntt.go.kr)〉심판결정례〉결정문검색에서 검색)

쟁점부동산의 경락과 관련된 배당표상의 동 이자의 귀속자인 청구 외 ○○○의 이자소득으로 보는 것이 타당한 것으로 판단된다. 쟁점부동산에 대한 근저당권채권 인수와 관련하여 실제 채권원금 100,000,000원인 사실에 다툼이 없고 이 건 채권과 관련 총 배당 받은 금액은 150,000,000원으로 확인되어 그 이자수입은 50,000,000원인 사실이 분명하다 할 것이므로 위 이자수입을 주사업자인 청구인의 종합소득에 합산하여 이 건 종합소득세를 과세한 처분청의 당초 처분은 잘못이 없는 것으로 판단된다.

〈사례연구 3〉 [상속세 · 증여세 · 법인세 · 종합소득세율]

1) 상속세 · 증여세 세율(2009.1.1 이후 변경)

과세표준	2008년도세율	2009년도 세율(예정)	2010년도 세율(예정)
~1억원 이하	과세표준×10%	5억원 이하	5억원 이하
1억원 초과 5억원 이하	20%(누진공제1천만원)	7%	6%
5억원 초과 10억원 이하	30%(누진공제6천만원)	16%	15%
10억원 초과 30억원 이하	40%(누진공제1억6천만원)	25%	24%
30억원 초과 ~	50%(누진공제4억6천만원)	34%	33%

☞ 2008. 1. 1 이후 배우자간 증여공제 종전 3억원에서6억 원으로 개정되었다.
☞ 2008년은 10%~50% 증여세율 ⇒ 2009년부터는7~34%로, 2010년부터는 6~33로 낮아진다. 하지만 집을 증여받은 뒤 5년 안에 다른 사람에게 팔면 증여세가 취소되고 양도세가 부과된다.

2) 법인세율(2009.1.1 이후 변경)

과세기준	종전	2008.12.26이 속하는 사업년도	2009년도 세율	2010년도 세율
1억 이하	과세표준의 13%	2억원 이하 11%	2억원 이하 11%	2억원 이하 10%
1억 초과	25%	2억원 초과 25%	2억원 초과 22%	2억원 이하 20%

3) 종합소득세율(2009. 1. 1 이후 변경)

과세표준(변경 후)	2008년도 세율	2009년도 세율	2010년도 세율
1,200만원 이하	8%	7%	6%
1,200만원 초과~4,600만원 이하	17%	16%	15%
4,600만원 초과~8,800 만원 이하	26%	25%	24%
8,800만원 초과	35%	34%	33%

〈사례연구 4〉 [자금출처조사]

— 동양생명 UNIVERSAL제안서에서 발췌 —

1) 현금증여, 상속에 관한 규정

현금 증여에 대한 특별한 규정은 없으며, 현금 상속에는 상속개시 전 1년 2억, 2년 5억원에 대한 사용처를 증빙해야 하므로, 2년이 지난 현금상속은 증빙이 필요 없음(그러나 문제가 되는 것은 증여받은 돈의 사용시 자금출처에 대한 증빙)

2) 자금출처조사 : 과세당국이 자체 기준에 따라 조사하고 있으며, 자금출처 조사를 반드시 대비해야 될 경우로는

* 30세 미만인 당신은 현재 비싼 주택이나 상가를 취득하였습니까?
* 사업자금을 부동산 취득자금으로 사용한 적이 있습니까?
* 1년에 부동산을 사고 파는 횟수가 여러 번 있었습니까?
* 변변한 직업 없이 무리하게 재산을 취득한 적이 있습니까?

현금증여 시 주의해야 할 점 : 증거가 남는 사용(등록, 등기 등)은 주의해야 한다.

3) 증여추정을 배제하는 경우

구 분		취 득 재 산	
		주 택	기타재산(상가)
세대주인 경우	30세 이상인 자	2억원	5천만원
	40세 이상인 자	4억원	1억원
세대주가 아닌 경우	30세 이상인 자	1억원	5천만원
	40세 이상인 자	2억원	1억원
30세 미만인 자		5천만원	3천만원

(예) 만32세 정미남(신한B에 근무), 결혼과 동시에 주택구입
주택 : 시세 2억1천만원 검인계약서상 기재된 금액 1억8천만원
⇒ 정미남은 30세 이상 세대주이므로 2억원 이하의 주택구입자금은 자금출처 조사와 관계가 없다

4) 자금출처조사에 의해 증여세 과세대상이 되지 않으려면?

* 자산취득금액이 증여추정 배제기준금액 이하여야 한다.
* 위 기준금액을 넘어 자금출처조사를 받는 경우에는 자금출처 입증을 해야 한다.

다만 입증을 하지 못한 금액이 취득금액의 20%와 2억원 중 작은 금액에 미달되면 입증한 것으로 본다.

5) 주택구입시 자금출처조사와 입증율(30세 이상 세대주)

취득금액	입증면제금액	입증하여야 할 금액	입증율	비 고
1억원	0	0	0	조사배제대상
2억원	0	0	0	
3억원	6천만원	2억4천만원	80.0%	
5억원	1억원	4억원	80.0%	
10억원	2억원	8억원	80,0%	
11억원	2억원	9억원	81.8%	입증율 상승
15억원	2억원	13억원	86.7%	

6) 자금출처 입증방법

출처유형	입증금액	증빙서류
근로소득	총 급여액－원천징수액	원천징수영수증
이자, 배당소득	총 지급받은 금액－원천징수액	원천징수영수증, 통장사본
채무분담	차입금	채무부담확인서
재산처분	매매가격 등	매매계약서 등

(예) 만32세 정미남(신한B에 근무), 결혼과 동시에 주택구입
주택 : 시세 4억
⇒ 정미남은 30세 이상 세대주이므로 3억2천만원에 대한 증빙을 하여야 한다. 자금출처입증은 근로소득, 채무부담 등으로 입증(증여 시 입증 가능한 범위 내에서 증여하면 자금출처 조사에서 유리)

31－3. 필요경비

2007년 1월1일 부터는 양도소득세가 실거래가 기준으로 부과되면서 절세방안으로 크게 부각된 것은 필요경비 공제항목이다. 주택양도에서 필요경비란 집의 가치를 증가 시킨다고 판단하여 그 만큼 양도차익(양도가격에서 취득가격을 뺀 금액)에서 공제하여 주는 제도이다. 현행 법령에 따르면 부동산 취득세, 등록세, 법무사수수료, 부동산중개수수료, 집의 가치 증가비용(난방시설 교체비, 발코니 샤시, 거실 확장공사비 등), 부동산을 취득, 양도하는 과정에서 쟁송이 있는 경우

그 소유권을 확보하기 위해 직접 소요된 소송비용, 화해비용, 경・공매 낙찰 후 지급한 유치권자에게 유치권 상당금액을 지급한 금액 등은 필요경비로 인정하여 준다.

그러나 벽지 또는 장판 교체비, 방습필름교체, 타일교체비용, 싱크대 및 주방기구 교체비, 보일러 수리비, 옥상 방수 공사비, 변기공사비 및 타일교체비는 자본적지출이 아닌 수익적지출로 필요경비로 인정하니 않는다. 필요경비로 공제 받으려면 세금계산서, 신용카드 매출전표 등 증빙서류를 잘 보관하였다가 양도소득세 신고 시 제출해야 인정 받을 수 있다. 간이영수증인 경우에는 사업자등록증(사업자등록번호) 등 상대방의 인적 사항을 알 수 있는 내용이 포함되면 된다.

양도자산의 필요경비에 관한 규정인 소득세법 제97조 제1항과 같은 법 시행령 제163조 제1항 및 제4항의 규정에 의하면, 부동산을 취득, 양도하는 과정에서 쟁송이 있는 경우 그 소유권을 확보하기 위해 직접 소요된 소송비용, 화해비용은 필요경비로 산입할 수 있는 것으로 되어 있으나 명도관련 비용(소유권의 확보를 위한 직접비용으로 보기 어렵다) 및 명도경매컨설팅수수료, 은행이자비용 등은 소득세법상 자산의 취득과 관련한 원가 또는 필요경비에 산입할 근거도 없어 필요경비로 인정하기 어렵다. (국세심판원 심판청구번호 국심2003서 2031(2003. 10. 21)

그러나 경매컨설팅수수료가 아닌 입찰대리 중개수수료에 대하여 알아보자. 2003.10.21 국세심판원 결정을 보면 "경매컨설팅수수료는 그 지급사실에 대한 구체적인 입증이 없을 뿐만 아니라 소득세법상 자산의 취득과 관련한 원가 또는 필요경비에 산입할 근거도 없어 이를 필요경비로 인정하기 어렵고, 부동산의 취득, 양도와 관련한 비용으로 볼 수 없으므로 동 비용을 필요경비로 인정하여야 한다는 청구주장은 이유 없다"라고 하였으나, 부동산중개업법이 2006년1월 30일 「공인중개사의업무 및 부동산거래신고에 관한 법률」로 개정되면서 동법 제14조에 의하여 중개업자는 대법원규칙이 정하는 요건을 갖추어 법원에 등록을 하고 그 감독을 받으면서 「민사집행법」에 의한 경매 및 「국세징수법」 그 밖의 법령에 의한 공매대상 부동산에 대한 권리분석 및 취득의 알선과 매수신청 또는 입찰신청의 대리를 할 수 있도록 개정되었고, 입찰대리 중개수수료도 감정가의 1%(또는 유찰된 최저매각가격의 1.5%) 중(상담 및 권리분석수수료 50만원 범위 내, 실비 30만원 이내는 별도) 상호 협의할 수 있으므로 입찰대리 중개수수료 영수증은 양도가액에서 공제되는 필요경비에 해당하는지 여부는 지출증빙을 확인하여 사실 판단할 사항으로 변경되었다.(소득세법 예규 서면 4팀－864호 2008.3.31 참조)

〈사례연구1〉 [경매컨설팅수수료, 부동산명도관련 변호사비용 등 필요경비 인정]

① 국세심판원 심판청구번호 국심 2003서 2031(2003.10.21)에서 청구인이 주장하는 경매컨설팅수수료, 부동산명도관련 변호사비용 등 필요경비 인정할 것인지 여부에 대하여 기각된 바 있으나
② 경매 입찰대리 비용으로 지급한 수수료의 필요경비 해당여부(소득세법예규 서면4팀 －864호, 2008.03.31)에 대하여 양도가액에서 공제되는 필요경비에 해당하는지 여부는 지출증빙을 확인하여 사실 판단할 사항으로 변경(인정) 되었다.

31-4. 중소기업 창업과 알기 쉬운 세금

최근 수도권 과밀억제권역 외인 경남 하동군 소재 벽돌공장을 낙찰 받고 사업자등록 신규신청을 한 개인기업체로 (벽돌 제조업체) 경매잔대금 납부 시(통상 법무사가 소유권이전 시 등록세를 납부하는데) 동 업체는 하동군에 가서 등록세고지서를 발급받았는데 등록세 15,100,000원 감면확인서를 가져 왔다. 사유를 알아보니 과세표준액 755,000,000원에 0.2% 해당하는 등록세액이 15,100,000원이지만 고지서에는 납부세액이 "0"원으로 결정이유는 창업중소기업, 창업벤처기업, 고용창출형 창업기업이 창업일(확인일)부터 2년이내 취득하는 사업용 재산이라는 것이다. 물론 취득세고지서도 "0"원 이었다. 창업중소기업 등에 대한 지방세 감면 때문이었다.

조세특례제한법 제119조 제③항, 제120조 제③항 및 제121조의 규정에 의거 창업중소기업(창업벤처중소기업 및 고용창출형창업기업 포함)이 창업일로부터 2년 이내에 취득한 사업용재산에 대한 취득・등록세 면제, 재산세 5년간 50% 감면조항 때문이었다.

국세청 홈페이지에 검색어에 "창업"하여 클릭하면 "중소기업 창업과 알기 쉬운 세금 창업하는 기업에는 이런 세금혜택을 드립니다." 라는 파일을 찾으면 많은 정보를 알 수 있다.

◇ 창업에 대한 세금지원 내용 요약

구 분	지 원 내 용
법인세 (소득세)감면	- 수도권 과밀억제권역 외의 지역에서 창업한 중소기업 등에 대하여 창업 후 소득발생연도부터 4년간 매년 납부할 법인세(소득세)의 50% 감면
등록세 면제	- 창업 후 2년 내 취득한 사업용자산에 대한 등록세 면제 - 창업중소기업의 법인설립등기에 대한 등록세 면제 (창업 중에 벤처기업으로 확인 받은 경우 6월내 행하는 법인설립등기 포함)
취득세 면제	- 창업 후 2년 내 취득한 사업용자산에 대한 취득세 면제
인지세 면제	창업 후 2년간 금융기관의 융자관련문서에 대하여 인지세 면제
재산세	창업 후 5년간 재산세 50% 감면
창업기업 투자에 대한 소득공제 등	- 중소기업창업투자조합 및 벤처기업 등에 출자한 금액의 15% 소득공제 - 벤처기업에 출자한 주식을 5년 이상 보유하다가 양도하는 경우 양도세 비과세

창업중소기업이라도 수도권・과밀억제권역 외(外)의 지역에서 창업하는 중소기업으로서 창업중소기업 등에 대한 지방세 감면혜택이 있다.

* 수도권・과밀억제권역(수도권정비계획법 제6조 제1항 제1호)은 서울특별시, 인천광역시(강화군・옹진군・중구운남동・운북동・운서동・중산동・남북동・덕교동, 을왕동, 무의동, 서구대곡동, 불노동, 마전동, 금곡동, 오류동, 왕길동, 당하동, 원당동, 연수구송도매립지, 남동유치지역제외)의정부시, 구리시, 남양주시(호평동, 평내동, 금곡동, 일패동, 이패동, 삼패동, 가운동, 수석동, 지금동 및 도농동에 한함)하남시, 고양시, 수원시, 성남시, 안양시, 부천시, 광명시,

과천시, 의왕시, 군포시, 시흥시(반월특수지역 제외)으로 수도권・과밀억제권역은 대상외이다.

〈사례연구 1〉 [창업 시 취득세·등록세 등 감면업종]

1. 창업의 의의

창업중소기업(창업벤처중소기업 및 고용창출형창업기업 포함)이 되기 위해서는 창업이 전제가 되어야 하는 바 창업에 해당여부는 조세특례제한법 제6조의 규정에 의거 판단하여 구체적으로 다음의 『창업의 요건』을 모두 충족하여야 함

① 기업을 원시적으로 새로이 설립할 것

② 기업이 새로이 설립되어 사업을 개시하는 것으로서 다음 각호에 해당되지 아니할 것(조세특례제한법 제6조 제④항)

- 합병·분할·현물출자 또는 사업의 양수를 통하여 종전의 사업을 승계하거나 종전의 사업에 사용되던 자산을 인수 또는 매입하여 동종의 사업을 영위하는 경우
- 거주자가 영위하던 사업을 법인으로 전환하여 새로운 법인을 설립하는 경우
- 폐업 후 사업을 다시 개시하여 폐업전의 사업과 동종의 사업을 영위하는 경우
- 사업을 확장하거나 다른 업종을 추가하는 경우 등 새로운 사업을 최초로 개시하는 것으로 보기 곤란한 경우

③ 창업업종이 조세제한특례법 제6조 제③항의 업종에 해당될 것

④ 새로이 설립된 기업이 중소기업의 범위에 해당될 것

2. 창업일의 기준

- 법인 : 법인설립등기일
- 개인 : 부가가치세법 제5조 규정에 의한 사업자등록일과 동일법시행규칙 제3조의 규정에 의한 사업의 개시일중 빠른날

(사업의 개시일 :

제조업 : 제조장별로 재화의 제조를 개시하는 날

광업 : 사업장 별로 광물의 채취, 채광을 개시하는 날

기타사업 : 재화 또는 용역의 공급을 개시하는 날

3. 감면 기한 및 범위

- 취득·등록세 : 창업일로부터 2년 이내에 취득하는 사업용재산 면제
- 재산세 : 창업일부터 5년간 50% 감면

4. 감면업종

창업 중소기업 등이 되기 위해서는 모든 업종이 이에 해당되는 것이 아니라 다음에 열거한 업종을 개시하는 경우에 한함

〈제조 창업중소기업과 창업벤처중소기업의 범위〉

제조업, 광업, 부가통신업, 연구 및 개발업, 과학 및 기술서비스업, 전문디자인업, 방송법에 의한 방송사업, 방송프로그램제작업, 대통령령이 정하는 엔지니어링사업(이하 "엔지니어링사업"이라 한다), 정보처리 및 기타 컴퓨터운영관련업, 대통령령이 정하는 물류산업(이하 "물류산업"이라 한다), 영화산업(영화 및 비디오제작업, 영화 및 비디오 제작관련 서비스업, 영화배급업에 한한다), 공연산업(자영예술가를 제외한다), 관광진흥법에 의한 관광숙박업·대통령령이 정하는 관광객이용시설업·

국제회의업·유원시설업, 광고업, 노인복지법에 의한 노인복지시설을 운영하는 사업, 무역거래기반조
성에관한법률에 의한 무역전시산업, 학원의설립·운영및과외교습에관한법률에 의한 직업기술분야를 교습하는 학원을 영위하는 중소기업으로 한다.

〈사례연구 2〉 [창업 시 취득세·등록세 등 감면 신청 서류]

감면신청서류

(조세특례제한법 제119조 제3항 및 동법 제120조 제3항에 의거)

1) 개 인

- (창업)지방세감면신청서(시장발행 양식)
- 사업자등록증
- 사업자등록번호 교부이력 사실증명(○○세무서장 발급, 단, 서식은 ○○시청 세무과 보관)
- 공장등록증(등록전이면 공장설립승인서)
- 매매계약서나 경매 시 경락허가결정등본(이 전시)
- 건축물관리대장(신, 증축 시)
- 기존사업자인 경우 : 임대차계약서+ 임차사업자의 소유주 사업자등록증+ 건축물관리대장(현 물건 취득 전에 임차하여 사업하고 있을 경우에 한함)

2) 법 인

- 위 개인 서류에 다음 추가 : 법인등기부등본, 주주명부, 법인장부, 기타

〈사례연구 3〉 [(창업)지방세 감면신청서]

<table>
<tr><td colspan="4" rowspan="3">(창업) 지방세감면 신청서</td><td>처 리 기 간</td></tr>
<tr><td>7일</td></tr>
<tr><td></td></tr>
<tr><td rowspan="2">신 청 인</td><td>성 명
(법 인 명)</td><td></td><td>② 주민(법인)
등 록 번 호</td><td></td></tr>
<tr><td>주 소</td><td colspan="3">(전화 :)
(우편번호 :)</td></tr>
<tr><td rowspan="3">감 면 대 상</td><td rowspan="2">감 면 대 상
내 역</td><td colspan="2">종 류</td><td>취득일</td></tr>
<tr><td colspan="2">토지 필지 (㎡)
건물 동 (㎡)
기타 :</td><td></td></tr>
<tr><td>지번별면적</td><td colspan="3"></td></tr>
</table>

<table>
<tr><td rowspan="3">감 면 세 액</td><td>감 면 세 목</td><td>취득세·등록세</td><td>창업일(법인 : 설립등기일
개인 : 아래 ①, ② 중 빠른날</td><td>년 월 일</td></tr>
<tr><td>과세 표준액</td><td></td><td>법인설립일</td><td>년 월 일</td></tr>
<tr><td>당초 결정세액</td><td></td><td>사업자등록증①개업년월일</td><td>년 월 일</td></tr>
<tr><td></td><td>감면받을 세액</td><td></td><td>사업자등록증②최초교부일</td><td>년 월 일</td></tr>
<tr><td colspan="2">감 면 신 청 사 유</td><td colspan="3"></td></tr>
<tr><td colspan="2">관 계 증 빙 서 류</td><td colspan="3"></td></tr>
</table>

조세특례제한법 제119조 제3항 및 동법 제120조 제3항의 규정에 의하여 위와 같이 감면을 받고자 신청합니다.

(단, 감면 이후 직접 미사용 또는 허위 행위에 의한 감면신청으로 추징사항에 해당될 경우 귀시의 행정조치에 이의를 제기하지 않겠습니다)

년 월 일

신청인 (인)

○○ 시장 귀하

※ 참고사항(이면기재) : 창업감면 관련법 및 감면신청안내

신 청 인 (서명 또는 인)

시장(군수·구청장) 귀하

<table>
<tr><td>발 급 번 호</td><td rowspan="2" colspan="3">『사업자 등록번호 교부이력』 사실증명</td><td>처 리 기 간</td></tr>
<tr><td></td><td>즉 시</td></tr>
<tr><td rowspan="5">납 세 자</td><td>① 대 표 자
성 명</td><td></td><td>② 주민등록번호</td><td></td></tr>
<tr><td>③ 현사업장
소 재 지</td><td></td><td>④ 전 화 번 호</td><td></td></tr>
<tr><td>⑤ 상 호</td><td></td><td>⑥ 사 업 자
등록번호</td><td></td></tr>
<tr><td>⑦ 사업의 종류</td><td></td><td>종 목</td><td></td></tr>
<tr><td>⑧ 사 용 목 적</td><td>창업중소기업지
방세감면신청용</td><td>⑨ 수 량</td><td>1매</td></tr>
<tr><td>과 세 기 간
(사 업 연 도)</td><td colspan="4">증명 받고자 하는 서류 또는 내용
(별 도 첨 부 가 능)</td></tr>
<tr><td></td><td colspan="4">사업자등록번호 교부이력</td></tr>
</table>

별첨한 내용을 귀서에 제출하였음을 증명하여 주시기 바랍니다.

년 월 일

신청인　○○○ (서명 또는 인)

○○세무서장 귀하

(민원봉사실)

첨부서류: 증명 받고자 하는 서류(신고서 및 관련 부속서류 발급불가)

붙임의 서류는 우리서에 제출된 　　것과 같음을 증명합니다.

○ ○ 세 무 서 장 　(인)

〈사례연구 4〉 [창업 중소기업의 사례별 창업인정 여부]

〈사례별 창업인정 여부〉

주 체	사업장소	사 례			창업여부
A개인이 ⇒법인설립	갑 장소에서	갑장소폐업	법인설립	B법인을 설립하여 동종업종을 생산	조직변경
				B법인을 설립하여 이종업종을 생산	창업
		갑장소 계속사업		B법인을 설립하여 동종업종을 생산	형태변경
				B법인을 설립하여 이종업종을 생산	창업
	을 장소에서	갑장소폐업		B법인을 설립하여 동종업종을 생산	법인전환
				B법인을 설립하여 이종업종을 생산	창업
		갑장소 계속사업		B법인을 설립하여 동종업종을 생산	창업
				B법인을 설립하여 이종업종을 생산	창업
A개인이 ⇒개인사업	갑 장소에서	갑장소 폐업		다시 A명의로 동종업종을 생산	사업재개
				다시 A명의로 이종업종을 생산	창업
		갑장소 계속사업		A명의로 이종업종을 생산	업종추가
	을 장소에서	갑장소 폐업		다시 A명의로 동종업종을 생산	사업이전
				다시 A명의로 이종업종을 생산	창업
		갑장소 계속사업		A명의로 동종업종을 생산	사업확장
				A명의로 별도 사업자등록을 하고 이종업종을 생산	창업
A법인이 ⇒B 법인 설립	갑 장소에서	갑장소 폐업		B법인을 설립하여 동종업종을 생산	위장창업
				B법인을 설립하여 이종업종을 생산	창업
		갑장소 계속사업		B법인을 설립하여 동종업종을 생산	형태변경
				B법인을 설립하여 이종업종을 생산	창업

	을 장소 에서	갑장소 폐업		B법인을 설립하여 동종업종을 생산	사업승계
				B법인을 설립하여 이종업종을 생산	창업
		갑장소 계속사업		B법인을 설립하여 동종업종을 생산	창업
				B법인을 설립하여 이종업종을 생산	창업

주) 1. 갑장소 : 기존의 사업장, 을장소 : 신규의 사업장
2. 갑장소와 을장소는 사회통념과 창업지원법의 취지 등을 감안할 때 공장확장으로 인정할 수 없을 정도의 거리를 충분히 유지한 경우임
3. B법인은 A가 출자한 법인임

결국, 등록세고지서의 납부세액이 “0”(영) 된 고지서를 ○○군수로부터 받아오면 됨.
등록세고지서『등록세감면확인서∵등록세영수필확인서∵등록세영수증∵등록세수납의뢰서의 납부세액에 “0”(영)된 고지서』를 받아 은행에 제출하여 법무사가 등록세 납부 시 에 함께 시, 군청(부동산 취득세, 등록세 담당자)에 제출한다.
⇒ 해당시장 또는 해당군수로부터
(경정이유 : 창업중소기업. 창업벤처기업, 고용창출형창업기업이 창업일(확인일)로부터 2년이내 취득하는 재산) 위 면제서식을 받아 은행에 제출한다.

〈사례연구 5〉 [창업중소기업 등에 대한 세액감면]

조세특례제한법 제6조(창업중소기업 등에 대한 세액감면) 제④항
(창업으로 보지 아니하는 경우)

1. 합병 · 분할 · 현물출자 또는 사업의 양수를 통하여 종전의 사업을 승계하거나 종전의 사업에 사용되던 자산을 인수 또는 매입하여 동종의 사업을 영위하는 경우
   - 기존의 사업을 합병 · 분할 · 현물출자 또는 승계, 양수, 임차하여 동종의 사업을 계속하는 경우에는 중소기업을 신규로 창업하는 효과가 없으므로 창업에서 제외
   - 종전의 사업에 사용되던 자산을 인수 또는 매입하여 동종의 사업을 영위하는 경우에는 국내에 공장의 신설 등의 효과가 없으므로 지방세 등의 감면대상이 되는 창업에서 제외
   - 동종사업의 판단
     통계법 제17조 제1항의 규정에 의하여 통계청장이 작성 · 고시하는 표준분류상의 세분류를 기준으로 함(예시 : 시각디자인업이 74603이라면 앞자리 7460부터 같으면 동종임)

[관련사례]
- 합병 · 분할 · 현물출자 등을 통하여 기존사업을 승계 또는 인수하여 동종의 사업을 계속하는 경우
- 상속이나 양도에 의해 사업체를 취득하여 동종의 사업을 계속하는 경우
- 매매, 경락 등으로 기존 공장을 취득하여 동종의 사업을 계속하는 경우
- 임차로 기존공장에 입주하여 기존 기업의 사업과 동종의 사업을 개시하는 경우

2. 거주자가 영위하던 사업을 법인으로 전환하여 새로운 법인을 설립하는 경우○ 단순한 기업의 조직변경 등 형식상 창업절차만 있고 실질적으로 중소기업의 창업효과가 없는 경우에는 창업에서 제외

[관련사례]

개인인 사업자가 법인으로 전환하여 동종의 사업을 계속하는 경우

-합명회사, 합자회사, 주식회사, 유한회사 상호간 법인형태를 변경하여 동종의 사업을 계속하는 경우

3. 폐업 후 사업을 개시하여 폐업전의 사업과 동종의 사업을 영위하는 경우○ 동일사업자가 사업을 폐지한 후 동종사업을 재개하더라도 창업에 해당되지 않음
   - 다만 폐업 후에 사업을 재개하더라도 폐업전의 사업과는 다른 업종의 사업을 새로이 개시하는 경우 창업으로 인정

[관련사례]

- 사업의 일시적인 휴업이나 정지 후에 사업을 재개하는 경우
- 공장을 이전하기 위하여 이전전의 장소에는 그 사업할동을 폐지하고 새로운 장소에서 그 사업을 재개하는 경우

4. 사업을 확장하거나 다른 업종을 추가하는 경우 등 새로운 사업을 최초로 개시하는 것으로 보기 곤란한 경우
   - 창업은 기업을 원시적으로 설립하여 사업을 최초로 개시하는 것을 의미하는 것이므로
   - 기존의 기업이 새로운 업종을 추가하거나 사업을 확장하는 것은 기업이 원시적으로 설립되는 것이 아니므로 창업에 해당하지 않음

[관련사례]

- 기존에 설립된 기업이 다른 업종을 추가한 경우
- 기존에 설립된 기업이 다른 업종으로 변경한 경우

◎ 조세특례제한법 제119조 (등록세의 면제 등) 제③항 및 제120조(취득세의 면제 등)

제③항 창업중소기업, 창업벤처중소기업 및 고용창출형창업기업이 당해 사업을 영위하기 위하여 창업일부터 2년 이내에 취득하는 사업용재산에 대하여는 취득세·등록세를 면제한다. 다만, 취득일로부터 2년 이내에 당해 재산을 정당한 사유없이 당해 사업에 직접 사용하지 아니하거나 다른 목적으로 사용·처분(임대를 포함한다)하는 경우 또는 정당한 사유없이 최초사용일로부터 2년간 당해 사업에 직접 사용하지 아니하고 다른 목적으로 사용하거나 처분하는 경우에는 면제받은 세액을 추징한다.

◎ 조세특례제한법 제121(재산세의 감면)

창업중소기업, 창업벤처중소기업 및 고용창출형창업기업이 당해 사업에 직접 사용하는 사업용재산에 대하여는 창업일부터 5년간 재산세의 100분의 50에 상당하는 세액을 감면한다.

◎ 지방세법 제85조(포탈된 징수금의 과징)

허위 기타 부정한 행위 또는 의무불이행 등으로 포탈된 지방세는 그 금액을 일시에 부과·징수한다.

〈사례연구 6〉 [중소기업진흥공단의 중소·벤처창업자금 지원신청 안내 www.sbc.or.kr]

중소기업기본법상 중소기업에 해당하고 융자제외 대상 업종(우측 참고자료 참조)에 해당하지 않는 기업(단, 융자제외 대상 업종 업체 중 융자지원 대상 업종으로 사업전환하거나 업종을 추가하는 경우에는 신청 가능)

중소기업창업지원법시행령 제3조에 의한 사업개시일로부터 5년 미만(신청 · 접수일 기준)인 중소기업(다만, 창업투자회사가 투자한 기업은 사업개시일로부터 7년 미만 중소기업)

시설자금 ⇒ 생산 및 연구개발시설, 공공 s/w, 중고시설, 임차보증금 및 사업장 건축공사비(토지구입비제외), 사업장 매입, 경 · 공매, 인수 · 합병 등을 통한 사업장 확보자금, 사업장확보자금은 사업영위 필요에 따라 업체당 1회로 한정 지원

운전자금 ⇒ 연구개발비용, 제품생산에 소요되는 비용, 기타 기업경영에 소요되는 일상경비

〈사례연구 7〉 [신용보증기금 변경된 신용보증제도 안내]

(문의처 : 신용보증기금 부산경남영업본부 051－605－3120, 3122)
신용보증기금의 (www.KODIT.co.kr) 2007년 변경된 신용보증제도 안내
창업기업 보증지원 프로그램 안내

1. 개 요

창업에서 자생력확보까지 각 단계별 맞춤형 보증을 지원하여 창업기업을 보호, 육성하는 프로그램

창업기업 보증지원 프로그램	
창업 인큐베이팅 보증 창업 후 1년이내 기업 창업자금지원	창업 업그레이드 보증 창업 후 1년초과 2년이내 기업 자생력 확보자금 지원

2. 대상기업

창업기업의 범위 : 사업개시일로부터 보증신청서 접수일까지 기간이 2년이내인 기업 중 아래의 지원요건을 충족하는 중소기업

－지원 대상업종(제조업, 지식기반서비스업, 유망서비스업을 영위하는 기업)

제조업, 정보처리 및 컴퓨터운영관련업, 법무및회계관련서비스업, 과학및기술서비스업, 연구및개발업, 도로화물운송업, 해상운송업, 화물취급업, 창고업, 운송장비등임대업, 기술및직업훈련학원, 폐기물처리업, 기계장비수리업, 자동차수리업 등 고부가가치 창출 업종 등

(☞ 지식기반서비스업 : 치과의원(병원), 일반의원, 공연기획, 영화관운영업, 자동차전문수리업, 예식장업 등)

(☞ 지식기반서비스업 : 전기통신업, 과학 및 기술서비스업, 저오처리 및 컴퓨터 운영관련업, 광고대행업, 광고물 작성업, 법무 및 회계관련서비스업 등)

－보증신청서 접수일 현재 보증잔액(기보, 지역보증재단 포함, 중소기업진흥공단은 아님)이 없는 기업

－대표자 및 실제경영자가 보증신청기업의 사업개시일 전 1년 이내에 다른 사업을 운영한 사실이 없는 기업

－창업인큐베이팅 보증은 자기자금이 창업소요자금의 1/4이상 확보, 창업업그레이드 보증은 차입금이 최근 1년간 매출액 이내인 기업

3. 대상채무

개업 및 운영에 필요한 운전자금, 인테리어 비용, 원재료 구입비용 등 일체의 부대비용 포함, 사업

장 임차자금(기계설비 구입자금 등 제외)

4. 우대내용

－성장단계에 따라 3년간 최고 3억원(창업업그레이드보증은 최고 5억원)지원
－연1.1% 고정보증이율 적용(보통 1.5%)
－고정보증비율 90% 적용(보통은 85% 적용)
－개별보증 이용 시 3년 이상의 장기대출지원

5. 보증한도

－총량지원한도(약정한도 체결금액 기준) : 총량지원한도 5,000억원 소진 시 사업자동 종료

6. 약정한도

－성장단계별로 3년간 지원할 금액으로 약정최고한도와 매출액한도 중 적은 금액
－약정최고한도
창업인큐베이팅보증(3억원), 창업업그레이드보증(5억원)
－매출액 한도(3차년도 예상 매출액의 1/2)
－건별한도
각 년도 별 건별보증 지원금액은 기 발급된 건별보증잔액을 포함하여 연차별 건별 지원한도와 연차별 매출액 한 도중 적은 금액으로 운용

연차별 건별 지원한도

구　　분	창업인큐베이팅보증	창업업그레이드보증
1차년도	약정한도의 1/3	약정한도의 2/5
2차년도	약정한도의 2/3	약정한도의 4/5
3차년도	약정한도 이내	약정한도 이내

연차별 매출액 한도

구 분		창업인큐베이팅보증	창업업그레이드보증
1차년도		자기자금의 2배	최근 1년이내 매출액 1/3
2차년도	1차년도 예상매출액 90% 이상 달성	1차년도 실제매출액 1/2	1차년도 실제매출액 1/3
	1차년도 예상매출액 90% 미만 달성	1차년도 실제매출액 1/4	1차년도 실제매출액 1/4
3차년도	2차년도 예상매출액 90% 이상 달성	2차년도 실제매출액 1/2	2차년도 실제매출액 1/3
	2차년도 예상매출액 90% 미만 달성	2차년도 실제매출액 1/4	2차년도 실제매출액 1/4

－ 건별보증 지원단계의 구분
약정기간 3년을 1년 단위로 분할하여 1차년도, 2차년도, 3차년도로 구분

31-5. 농어촌주택

농어촌주택 취득자에 대한 양도소득세 과세특례로 수도권 및 광역시가 아닌 지역의 읍 또는 면(토지거래허가구역 등 제외) 소재지 주택매입 시 한시적으로(2011.12.31까지) 다주택 판정 시 1주택에서 제외되는 경우가 있다. 아래 ①, ②, ③ 3가지 요건을 갖추어야 한다.

구 분	내 용	비 고
① 농어촌지역 범위	수도권, 광역시, 투기지역, 도시지역, 토지거래허가구역, 관광단지 등 제외한 지역으로서 지방자치법 제3조 제3항 및 4항의 규정에 의한 읍 또는 면에 소재할 것	
② 면적기준	대지 660㎡이내이고 주택의 연면적이 단독주택은 건평 150㎡ 이내, 공동주택은 전용면적 116평방미터 이내	
③ 기준시가 기준	취득 당시 주택 및 이에 부수되는 토지가액(기준시가)의 합계액이 당해 주택의 취득 당시 2억원을 초과하지 아니할 것(당초 7천만원에서 2008년 1억5천만원 변경후 2009년 2억으로 상향됨). ⇒ 2008. 1. 1부터 양도 가액요건 폐지(당초 1억원 이하에서 폐지)	취득시 기준시가 1.5억 이하에서 2009. 1.1 이후 2억원이하로 확대됨.
취득 기한	2003년 8월1일 부터 2011년12월31일까지	2011.12.31까지 3년간 연장
보유기간	취득 후 3년 이상 보유(거주개념이 아님)	
특례사항	다주택 판정 시 1주택에서 제외한다. (3년 이상 거주가 아닌 보유하고 농어촌주택과 일반주택을 양도하는 경우 농어촌주택은 없는 것으로 보고 비과세)	
관련 법령	조세특례제한법 제99조의4 ①항(농어촌주택 취득자에 대한 양도소득세 과세특례), 조세특례제한법 시행령 제99조의 4(행정자치부 전자관보 발행일 2005.12.31 법률 제7839호 조세특례제한법 일부 개정법률 참조)	2005.12.31부터 3년간 연장 (2008.12.31까지) ⇒2009.1.1.부터 3년간 연장 (2011.12.31까지)
서식	농어촌 주택취득자에 대한 과세특례적용신고서(조세특례제한법 시행령 제99조의 4 제8항의 규정에 의거)	
2009년도 신설	고향주택에 대해 농어촌주택과 동일한 양도세 과세특례 허용, 취득기간 : 2009.1.1~2011.12.31 ※ 고향주택 요건 ① 고향에 소재할 것(시행령) ② 비수도권 소재 시지역(인구등을 고려 시행령에서 규정) ③ 대지 200평, 건물 45평이내[공동주택 35평이내일 것] ④ 취득시 기준시가 2억원이하	2009년 신설

〈사례연구 1〉 [농어촌주택 취득자에 대한 양도소득세 과세특례]

조세특례제한법

제99조의4 (농어촌주택 취득자에 대한 양도소득세 과세특례) ① 거주자 및 그 배우자가 구성하는 1세대가 2003년 8월 1일부터 2008년 12월 31일까지.(⇒2011.12.31 변경 시행)의 기간 (농어촌주택취득기간) 중에 다음 각호의 요건을 갖춘 1개의 주택(이하 이 조에서 "농어촌주택"이라 한다)을 취득(자기가 건설하여 취득한 경우를 포함한다)하여 3년 이상 보유하고 당해 농어촌주택 취득 전에 보유하던 다른 주택을 양도하는 경우에는 당해 농어촌주택을 당해 1세대의 소유주택이 아닌 것으로 보아 「소득세법」 제89조 제1항제3호의 규정을 적용한다.

1. 취득 당시 다음 각목의 1에 해당하는 지역을 제외한 지역으로서 「지방자치법」 제3조제3항 및 제4항의 규정에 의한 읍 또는 면에 소재할 것
2. 대지면적이 660㎡ 이내이고, 주택의 면적이 대통령령이 정하는 기준 이내일 것

중 략

〈사례연구 2〉 [농어촌주택의 주택 수 포함 여부]

[질의] 현재 읍, 면 지역에 대지50평 건평20평의 주택(시가5천만원이하)을 소유하고 있습니다만 사정상 광역시 소재 아파트 한 채(시가1억5천만원)를 구입하려고 합니다. 농어촌주택이란 이농주택, 귀농주택, 상속받은 주택에 한정해서 양도할 경우 주택 수에 포함되지 않는지 궁금합니다. 광역시 소재 아파트를 사서 3년 보유 하였다가 매도할 경우에 비과세 혜택을 받을 수 있는지요?

[답변] 이농주택, 상속주택, 귀농주택과 농어촌주택은 개념이 틀립니다.

이농주택이란 이농인이 5년 이상 거주한 수도권을 제외한 읍, 면 지역소재 주택이고 상속주택이란 피상속인이 5년 이상 거주한 수도권을 제외한 읍, 면 지역소재 주택이고 귀농주택이란 귀농하여 3년 이상 영농에 종사하는 수도권제외 읍, 면 지역소재 주택으로 본적지, 연고지에 소재하여야 하고 대지 660평방미터 이내이면서 990평방미터 이상의 농지와 함께 취득한 주택을 말합니다.

① 이농주택과 상속주택의 혜택은 일반주택(현행보유 도시주택)이 현행 1세대 1주택 요건 충족 시 비과세되는 것이며 귀농주택은 세대 전원이 귀농주택으로 이사할 경우 최초 양도하는 1주택에 한해 비과세 받을 수 있다는 것입니다.

② 농어촌주택이란 수도권 및 토지거래허가구역, 도시지역, 관광단지, 투기지역을 제외한 읍면지역 주택으로 대지 660평방미터 건물 (단독은 150평방미터, 공동은 116평방미터) 이내로 취득 당시 기준시가 2억원 이하이면서 2011.12.31까지 취득한 주택을 말합니다.

③ 농어촌주택의 혜택은 농어촌주택 취득 후 3년 이상 보유한 경우에 한하여 농어촌주택 취득 전부터 가지고 있던 일반주택을 양도할 시 비과세 하는 것입니다.

따라서 위의 경우처럼 농어촌주택을 먼저 취득한 상태에서 다른 일반주택을 취득하신 경우에는 비과세 혜택을 받을 수 없습니다.

〈사례연구 3〉 [3억 이하 전원주택 세금 그때 그때 달라요]

— 2006.11.16 신한은행 PB지원실 황재규 세무사 기고 글 발췌 —

[질의] A는 분당에 있는 30평대 아파트에서 거주하고 있다. A는 아파트 외에 전원주택 개념으로 강원도 평창에 시세 2억원 상당의 단독주택을 가지고 있다. 내년쯤에 분당아파트를 처분하고 40평형으로 넓혀갈 계획을 갖고 있는데 강원도 평창의 조그만 전원주택 때문에 1세대 1주택 비과세혜택을 받지 못할 수 있다는 얘기를 듣고 고민이 생겼다. 지방에 소재하는 기준시가 3억원 미만 작은집은 주택으로 보지 않는다는 기사를 신문에서 본 것으로 기억하고 있어 헷갈리던 참이다. 과연 A는 분당아파트를 비과세로 처분할 수 있을까?

[답변] 2007년부터 2주택 중 한 채를 처분할 경우 보유기간과 상관없이 양도차익의 절반을 양도세로 과세한다. 그렇다면 A는 분당아파트와 작은 전원주택을 보유하고 있다면 그 중 한 채 처분 시에도 중과될까? 양도차익의 절반을 세금으로 과세 당하는 2주택자 여부를 판단할 때, 수도권이나 광역시 이외 지역의 기준시가 3억원 이하 주택은 주택 수에서 빠진다. 또한 수도권이더라도 양평 등과 같이 읍, 면 지역에 있는 경우도 마찬가지다. 즉, A는 강원도에 소재하는 전원주택은 2주택 중과대상 수 판정 시 제외된다. 따라서 분당아파트를 매도하더라도 양도세가 50% 세율로 중과되지 않는다. 주의할 점은 전원주택이 2주택 중과세 대상 주택 수에서 빠져 분당아파트가 중과대상에서는 제외되더라도 6억원 이하 주택에 주어지는 1세대 1주택 비과세혜택은 받을 수 없다는 것이다. 1세대 1주택 비과세대상 판단 시에는 아무리 작은 주택이라고 하더라도 주택으로 판단하기 때문이다. 결론적으로 A는 현재 상태에서 분당아파트를 팔게 되면 2주택자로 양도세가 중과되지는 않지만, 1세대 1주택은 아니기 때문에 비과세 혜택은 적용 받지 못하고 일반 세율(9～36%)로 양도세를 납부해야 한다. 따라서 세금을 줄이려면 양도차익이 미미한 전원주택을 먼저 처분 또는 멸실한 후, 2주택 상태에서 분당아파트를 매각하는 것이 비과세혜택을 적용 받을 수 있어 가장 바람직하다.

〈사례연구 4〉 [제주도에 APT 구입시 1가구 2주택에서 제외]

환상의 섬 "제주"에 투자하면 세금혜택이 있습니다. 제주도는 특별자치도의 출범과 아울러 지방세에 대한 감면권한을 행정자치부장관에서 제주도지사로 이양받아 다양한 세제혜택을 드리고 있습니다.

1. 제주도에서 APT 및 단독주택 등 주택을 별장용도로 구입할 경우에는 1가구 2주택에서 제외되며, 타 지방에서 별장에 중과세되는 세금도 제주도에서는 중과세가 되지 않습니다. (전국에서 유일하게 최초로 시행되는 사업임. 단, 주민등록은 제주도 외에 등록되어 있어야 함)
   - 별장이란 주거용 건물로서 상시주거용에 사용하지 아니하고 휴양 · 피서 · 위락 등으로 사용하는 건물과 그 부속토지를 말합니다. 별장에 해당되더라도 제주도에서는 취득세 10% → 2%로 하고 개인간 거래 시에는 다시 25%를 감면 (재산세는 4% → 0.15%~0.5%) 되어 주택 1억원에 구입할 경우 1천3백만원이 경감됩니다. 국세인 양도소득세는 서울과 제주에 각각 주택이 있는 경우 제주도에 주택(별장)은 1가구 2주택 개념에 포함되지 않으며 국세인 종합부동산세 과세대상에도 제외 되고 있습니다.

2. 투자진흥지구와 자유무역지역에서 1천만불 이상을 투자할 경우에도 세제지원을 대폭 확대하였습니다.
   - 기업하기 좋은 환경을 만들기 위하여 국세인 법인세와 소득세는 최초 소득이 발생한 과세연도의 개시일부터 3년간 전액면제, 그 다음 2년간은 50%가 감면되며, 지방세인 취득세, 등록세, 재산세는 3년 면제, 2년 50%감면에서 특별자치도 출범과 함께 2006년7월1일부터 10년간 전액 면제하도록 세제지원을 대폭 확대 하였습니다.

3. 관광단지 및 지구를 개발하는 사업시행자와 분양 받은 자에게 세제지원이 됩니다.
   - 관광단지 및 지구를 개발하기 위하여 매수하는 부동산에 대해서는 취득세와 등록세의 50%를 경감 받게 되며, 사업시행자로부터 토지를 분양 받아 건축물을 신축하는 경우에도 취득세와 등록세의 50%가 경감됩니다.

4. 서귀포시 제2관광단지 조성을 위하여 사업시행자와 분양 받은 자도 세제혜택을 받을 수 있습니다.
   - 서귀포 제2관광단지 사업시행자에 대해서는 매수하는 부동산에 대해 취득세와 등록세를 면제하며, 분양받은 자가 건축물을 신축하는 경우에는 취득세와 등록세의 50%감면혜택이 주어집니다.

☎ 문의 : 제주은행 서울지점 02)734－1711

32. 가압류 · 가처분

32-1. 가압류 · 가처분 및 공탁

가압류란 금전채권이나 금전으로 환산할 수 있는 채권에 관하여 장래 강제집행을 목적으로 미리 채무자의 재산을 압류하여 그 처분권을 확보해 두는 것을 목적으로 하는 보전처분으로서 강제집행을 위한 예비절차이다. (골프회원권, 특허권, 실용신안권, 의장권, 광업권, 어업권, 댐사용권 등도 가압류할 수 있다.)

반면, 가처분이란 금전채권 이외의 청구권에 대한 강제집행을 보전하기 위하여 또는 다툼이 있는 권리 관계에 대하여 임시의 지위를 정하기 위한 보전조치로서 재판에서 승소를 하더라도 목적물에 대하여 상대방이 임의처분 또는 현상의 변경으로 판결의 집행을 할 수 없거나 집행이 곤란하게 될 우려가 있는 경우 미리 가처분을 해 둠으로써 목적물에 대한 채무자의 처분행위와 현상의 변경을 금지시킬 수 있어 현재의 위험이나 손해를 방지할 수 있다. (예 : 점유이전금지가처분, 처분금지가처분, 상표권사용금지가처분 등)

재산조사 결과 실익 있는 재산이 발견되면 부동산은 등기부등본에 의거 채무관련인의 소유임이 판명되었을 경우 제3자 앞 가등기유무, 저당권 설정유무, 압류, 가압류, 전세입주자 등을 조사한 후 실익 여부를 검토하여 실익이 있다고 인정될 때에는 (가)압류, 가처분 등 필요한 채권보전조치를 취할 수 있으며 유체동산, 임차보증금, 임금 등 기타재산은 집행비용, 실 회수 예상 액 등을 종합 검토하여 위"(1)"과 같은 조치를 취하여야 한다. 필요한 채권 보전조치를 취한 후에는 채무자 및 채무관계자를 상대방으로 하여 지급명령 또는 대여금 청구소송 등의 집행권원을 얻어 강제집행할 수 있다.

[강제집행의 객체]

<table>
<tr><th colspan="6">객체별 구분</th><th>집 행 기 관</th></tr>
<tr><td rowspan="5">금전채권
에 관한
강제집행</td><td rowspan="5">동
산</td><td>유체동산</td><td colspan="3">* 일반유체동산(금전, 금 · 은물 등)
* 유가증권(국 · 공채, 주식 등)
* 지시채권</td><td>* 집행관</td></tr>
<tr><td rowspan="3">채 권</td><td colspan="2">금 전 채 권</td><td>* 지명채권
* 배서가 금지된 지시채권</td><td rowspan="4">* 채무자의 보통재판적 집행법원
* 담보물건, 인도할물건소재지집행 법원
* 제3채무자의 보통재판적 집행법원</td></tr>
<tr><td rowspan="2">유체
물청
구권</td><td>동산
청구권</td><td>* 유체동산 인도 청구권
* 유체동산 권리이전 청구권</td></tr>
<tr><td>부동산
청구권</td><td>* 부동산 인도 청구권
* 부동산 권리이전 청구권</td></tr>
<tr><td>다 른
재산권</td><td colspan="3">* 유체동산 공유지분권
* 선박 공유지분권</td></tr>
</table>

			* 백색전화가입권 등	
	부동산	일반부동산(공유지분 포함)		* 부동산 소재지 관할법원
		의제부동산	자동차, 중기, 항공기	
	선박 (공유지분은 동산에 해당함)			* 정박지 집행법원
금전채권 이외의 강제집행				

[가압류채권자에 대한 배당]

첫 경매개시결정등기 전에 등기된 가압류채권자는 배당요구를 하지 않았더라도 가배당을 받을 수 있다(민사집행법 제148조 3호, 예 : 강제경매개시결정등기 후 배당요구종기일 이내 근저당권자가 임의경매 신청한 경우 강제경매 이전 가압류채권자는 해당되고 강제경매 이후 가압류채권자는 배당요구종기일 이내 권리신고 및 배당요구 하여야 배당에 참여)

제148조 (배당받을 채권자의 범위) 배당받을 채권자는
1. 배당요구의 종기까지 경매신청을 한 압류채권자
2. 배당요구의 종기까지 배당요구를 한 채권자
3. 첫 경매개시결정등기전에 등기된 가압류채권자
4. 저당권·전세권, 그 밖의 우선변제청구권으로서 첫 경매개시결정등기전에 등기되었고 매각으로 소멸하는 것을 가진 채권자

(출처 : 민사집행법)

따라서 첫 경매개시결정등기 전에 가압류집행을 한 채권자는 그가 채권계산서를 제출하지 않았다고 하여 배당에서 제외하여서는 아니 된다(대판 1995.7.28 94다57718). 반면에 첫 경매개시결정등기 후에 가압류한 채권자는 경매신청인에게 대항할 수 없고 집행법원도 가압류사실을 알 수 없으므로 배당요구의 종기까지 배당요구를 하여야만 배당 받을 수 있다. 가압류의 피보전채권이 확정되지 아니한 경우에는 배당액을 공탁하여야 하고(민사집행법 제160조 제1항 제2호)

가압류채권자가 본안소송에서 승소하여 집행력 있는 판결정본 등의 집행권원을 취득하여 이를 제출하면 배당법원은 그 배당액을 지급하여야 한다. 그러나 피보전채권의 부존재가 본안의 확정판결에 의하여 확정되거나 가압류집행이 취소된 때에는 그 공탁금은 다른 채권자에게 추가로 배당하여야 하고(민사집행법 제161조 제2항 제1호), 다른 채권자가 없는 경우에는 채무자 등에게 지급하여야 한다. (대법원 2004.4.9. 선고 2003다32681호 판결)

1. 가압류

1) 가압류 신청

가압류명령의 신청은 다음사항을 기재한 서면으로 가압류 할 물건의 소재지를 관할하는 지방법원이나 본안의 관할법원에 신청한다. (당사자의 표시, 청구채권의 표시, 신청의 취지(어떤 종류 및 형태의 가압류명령을 신청하는가), 신청의 원인(가압류의 이유가 되는 사실의 표시), 가압류의 목적물과 그 소재지의 표시, 소명방법 및 첨부서류(청구채권의 존재와 가압류의 이유 있음을 소명하는 방법을 기재하고 소명자료 및 가압류 신청진술서를 첨부)

2) **가압류 신청 시에는 본안소송에서 청구할 원인채권과 동일한 채권을 피보전채권으로 하여 신청하여야 한다.**

3) **경매중인 부동산을 가압류 하였을 때에는 집행법원에 배당요구 종기까지 부동산등기부등본, 가압류결정문 등을 첨부한 채권계산서를 제출하고 권리신고 및 배당요구를 하여야 한다.**

※ 체납처분과 가압류가 경합하면 어떠한 경우에도 체납처분이 우선한다. 즉 세무서는 공매절차 완료 후 체납한 조세를 징수하고 남은 금액이 있을 경우에도 이에 가압류의 효력이 미치지 아니하므로 잔액을 무자에게 반환하여야 하고, 가압류채권자를 위하여 공탁할 필요가 없다. 따라서 이 경우에는 동 금액에 대한 채무자의 반환청구권을 다시 가압류 하는 등의 보전조치를 취해야 한다.

4) 가압류의 청구금액

가압류 목적물의 추정가액에서 선순위 채권액을 차감한 금액과 담보처분후의 잔존채권 예상액을 감안하여 적정한 금액으로 정한다.

※ 가압류 경합 시 배당금 계산의 기준은 채권자의 청구채권액에 비례하여 배당되며, 가압류 신청금액은 담보제공명령에 의거 과다한 현금공탁을 할 경우 자금 부담의 요인이 될 수 있으므로 회수실익 유・무를 검토하여 정한다.

※ 가압류 해방공탁
가압류 명령이 발해진 후에 법원의 자유재량으로 정한 금액(통상 피보전채권액 전액)을 가압류 목적물건을 대신하여 공탁하는 것을 말하는데 가압류의 효력은 그 공탁금회수청구권 위에 이전한다. 이 제도는 본안 소송 후 환가절차가 생략된다는 점에서 일면 편리한 제도로 보이지만 가압류 해방금액에 대하여 가압류 채권자에게 우선 변제권이 인정되지 않으므로 다른 채권자도 채무자의 공탁금회수청구권에 강제집행할 수 있으므로 가압류 채권자에게 반드시 유리한 제도라고 볼 수는 없다.

5) 가압류 집행시의 유의사항

1	부동산 가압류집행은 부동산소재지를 관할하는 등기소에 즉시 그 가압류명령 사실을 등기부에 등재할 것을 집행법원에 촉탁한다. (가압류명령서를 받은 후에는 등기부등본을 징구하여 가압류기입등기 사실을 확인한다.)
2	유체동산에 대한 가압류집행은 가압류결정정본이 송달된 날로부터 2주일 이내에 집행관에게 집행위임하여 실행하여야 하며 집행완료 후에는 집행조서등본을 교부 받는다. (가압류 집행한 유체동산을 채무자가 그 봉인 등을 떼어내고 제3자에게 양도한 경우 제 3자가 선의, 무과실인 때에는 선의취득이 인정되어 가압류는 실효되지만 채무자는 형사처벌(공무상 비밀표시 무효죄)을 받는다.)
3	선박에 대한 가압류집행은 현재 정박하는 항에 정박할 것과 감수보존에 필요한 조치를 취해야 한다.
4	자동차와 중기의 가압류집행은 부동산 집행절차에 준하고 항공기는 선박의 집행절차에 준한다.
5	채권에 대한 가압류집행은 채무자(제3채무자)에게 가압류결정문이 송달되었는지 확인하여야 한다.
6	배서 금지된 증권채권은 집행관이 당해 증권을 점유하도록 조치하여야 한다.

2. 가처분

1) 가처분 신청

신청서에 다음사항을 기재하여 본안의 관할법원에 신청하여야 하며 급박한 경우에는 계쟁물의 소재지관할 지방법원에 신청할 수도 있다. (당사자의 표시, 청구의 표시 및 가처분신청의 취지, 가처분의 이유와 소명, 계쟁물의 소재지)

2) 기타 가처분의 절차는 가압류 절차를 준용한다.

※ 가처분의 필요성
① 양도담보권의 보전 : 양도담보권의 실행 전에 당해 목적물에 대한 담보제공자의 처분 등을 막기 위하여 처분금지가처분이나 점유이전금지가처분 신청을 한다.
② 저당권의 보전 : 저당물건의 소유자나 임차인 등이 불법으로 저당물건을 훼손하여 그 가치를 저하시킬 우려가 있는 경우에는 그러한 행위 등을 금지하는 가처분 신청을 한다.

3. 담보(공탁)의 제공

1) 보전처분(가압류, 가처분) 및 법적 절차와 관련하여 법원의 담보제공(공탁)명령이 있는 경우 담보를 제공하여야 한다. 단, 담보제공은 반드시 현금공탁이 필요하거나, 법원의 명령 등에 의한 경우를 제외하고는 보증보험증권에 의한 담보제공을 원칙으로 한다.

☏ **참고 : 보전처분관련 담보제공 기준**

구 분	담보제공 기준
부 동 산	청구금액 ×1/10(현금 또는 보증서)
채 권	청구금액 ×2/5(급여, 영업자예금의 경우 1/5이내의 현금공탁 포함)
유체동산	청구금액 ×4/5(청구금액 ×2/5 이내의 현금공탁 포함)
기 타	소명 정도에 따라 담보제공액 중 일정 부분에 대하여는 현금공탁만을 허용

– 채권자가 부동산・자동차・건설기계 또는 금전채권(급여채권・영업자예금채권 제외)에 대한 가압류신청을 하는 때에는 법원의 담보제공명령이 없더라도 미리 일정금액을 보증금액으로 하는 보증서원본을 제출하는 방법으로 담보제공의 허가 신청이 가능하다.

2) 현금공탁의 방법으로 담보제공을 한 경우 공탁서원본은 후일 공탁금 회수를 위해 반드시 필요하므로 채권서류에 준하여 신중하게 보관하여야 한다.

공탁금을 회수할 수 있는 사유는 담보사유가 소멸된 경우(신청의 취하, 집행불능 등), 소송이 완결된 경우, 피공탁자의 동의가 있는 경우

※ 피공탁자 인감증명서를 첨부하여 동의를 받는 경우 신속한 담보취소결정을 받을 수 있으므로 공탁금 회수에 따른 시간을 절약할 수 있다.

※ 사정변경에 따른 가처분의 취소

매각으로 소멸하지 않는 선순위 가처분일지라도 채무자 또는 이해관계인은 보전처분집행 후 일정한 기간 내에 본안소송을 제기하지 않았다는 것을 이유로 사정변경에 의한 가처분의 취소를 구할 수 있다.

가압류 · 가압류의 취소를 구하기 위하여 필요한 일정한 기간

(민사집행법 제288조 제1항 3호, 제301조 참조)

2002.6.30 까지 경료된 가처분은	10년
2002. 7, 1～2005.7.27 까지 경료된 가처분은	5년
2005.7.28 이후 경료된 가처분은	3년

① 대법원 2004. 4. 9. 선고 2002다58389 판결

【판시사항】

구 민사소송법상 부동산에 대한 처분금지가처분 집행 후 10년이 지난 후에 가처분채권자가 본안소송을 제기하여 승소판결을 받은 경우, 가처분 집행 후 가처분결정 취소판결 전에 이루어진 타인 명의의 소유권이전등기에 대하여 가처분채권자가 가처분의 효력을 주장할 수 있는지 여부(적극)

【판결요지】

구 민사소송법(2002. 1. 26. 법률 제6626호로 전문 개정되기 전의 것) 제715조에 의하여 가처분에도 준용되는 같은 법 제706조 제2항은 보전처분을 집행한 때부터 10년이 경과할 때까지 채권자가 본안의 소를 제기하지 않은 경우에는 채무자가 보전처분 취소소송을 제기하여 그 취소를 구할 수 있다는 것에 불과하고, 보전처분 집행 후 10년간 본안소송이 제기되지 아니하였다고 하여 보전처분 취소판결 없이도 보전처분의 효력이 당연히 소멸되거나, 보전처분 취소판결이 확정된 때에 보전처분 집행시로부터 10년이 경과된 시점에 소급하여 보전처분의 효력을 소멸하게 하는 것으로 볼 수 없으므로, 그 가처분의 피보전권리가 소멸되었음에도 불구하고 가처분이 취소되지 않고 있음을 이용하여 다른 동종의 권리로 그 가처분을 유용하였다는 등의 특별한 사정이 없는 한 그 가처분에 반하는 권리를 취득한 제3자는 가처분권자에게 대항할 수가 없게 된다고 해석할 수밖에 없으며, 이러한 법리는 본안소송이 제기된 시점이나 소유권이전등기가 된 시점이 가처분 집행 후 10년이 경과한 후라고 하여 달리 볼 것도 아니다.

② 대법원 1999. 10. 26. 선고 99다37887 판결

【판시사항】

가압류 · 가처분채권자가 가압류 · 가처분집행 후 10년간 본안의 소를 제기하지 아니하여 취소의 요건이 완성된 후에 본안의 소를 제기한 경우, 그 취소를 배제할 수 있는지 여부(소극)

【판결요지】

가압류 · 가처분채권자가 가압류 · 가처분집행 후 10년간 본안의 소를 제기하지 아니한 때에는 가압류 · 가처분채무자 또는 이해관계인은 그 취소를 신청할 수 있고, 그 기간이 경과되면 취소의 요건은 완성되며, 그 후에 본안의 소가 제기되어도 가압류 · 가처분 취소를 배제하는 효력이 생기지 아니한다.

〈사례연구 1〉 [가압류 대상과 금지물]

경매가 진행중인 부동산에 가압류를 실행하는 경우에는 반드시 배당요구종기일이내 권리신고 및 배당요구신청을 해야 배당금 수령이 가능함. 그렇지 않으면 가압류를 했음에도 불구하고 배당금을 한 푼도 받지 못함.

1. 가압류의 대상

1) 부 동 산 : 토지, 건물, 기계설비 등
2) 유체동산 : 상품, 재고, 기계기구, 가제도구, 집기 등
3) 채권 : 급여, 퇴직금, 납품대전, 전세보증금, 은행예금 등
4) 자동차, 전화가입권, 골프회원권 등

2. 가압류 금지물 ⇒민사집행법 일부 개정(2005.01.27)

제195조 압류가 금지되는 물건) 다음 각호의 물건은 압류하지 못한다.

1. 채무자 및 그와 같이 사는 친족(사실상 관계에 따른 친족을 포함한다. 이하 이 조에서 "채무자 등"이라 한다)의 생활에 필요한 의복·침구·가구·부엌기구, 그 밖의 생활필수품
2. 채무자 등의 생활에 필요한 2월간의 식료품·연료 및 조명재료
3. 채무자 등의 생활에 필요한 1월간의 생계비로서 대통령령이 정하는 액수의 금전
4. 주로 자기 노동력으로 농업을 하는 사람에게 없어서는 아니 될 농기구·비료·가축·사료·종자, 그 밖에 이에 준하는 물건
5. 주로 자기의 노동력으로 어업을 하는 사람에게 없어서는 아니 될 고기잡이 도구·어망·미끼·새끼고기, 그 밖에 이에 준하는 물건
6. 전문직 종사자·기술자·노무자, 그 밖에 주로 자기의 정신적 또는 육체적 노동으로 직업 또는 영업에 종사하는 사람에게 없어서는 아니 될 제복·도구, 그 밖에 준하는 물건
7. 채무자 또는 그 친족이 받은 훈장·포장·기장, 그 밖에 이에 준하는 명예증표
8. 위패·영정·묘비, 그 밖에 상례·제사 또는 예배에 필요한 물건
9. 족보·집안의 역사적인 기록·사진첩, 그 밖에 선조숭배에 필요한 물건
10. 채무자의 생활 또는 직무에 없어서는 아니 될 도장·문패·간판, 그 밖에 준하는 물건
11. 채무자의 생활 또는 직업에 없어서는 아니 될 일기장·상업장부, 그 밖에 준하는 물건
12. 공표되지 아니한 저작 또는 발명에 관한 물건
13. 채무자 등이 학교·교회·사찰, 그 밖의 교육기관 또는 종교단체에서 사용하는 교과서·교리서·학습용구, 그 밖에 이에 준하는 물건
14. 채무자 등의 일상생활에 필요한 안경·보청기·의치·의수족·지팡이·장애보조용 바퀴의자, 그 밖에 이에 준하는 신체보조기구
15. 채무자 등의 일상생활에 필요한 자동차로서 자동차관리법이 정하는 바에 따른 장애인용 경형자동차
16. 재해의 방지 또는 보안을 위하여 법령의 규정에 따라 설비하여야 하는 소방설비·경보기구·피난시설, 그 밖에 이에 준하는 물건

제246조 (압류금지채권) ① 다음 각호의 채권은 압류하지 못한다. <개정 2005.1.27>

1. 법령에 규정된 부양료 및 유족부조료(유족부조료)
2. 채무자가 구호사업이나 제3자의 도움으로 계속 받는 수입
3. 병사의 급료
4. 급료·연금·봉급·상여금·퇴직연금, 그 밖에 이와 비슷한 성질을 가진 급여채권의 2분의 1에 해당하는 금액. 다만, 그 금액이 국민기초생활보장법에 의한 최저생계비를 감안하여 대통령령이 정하는 금액에 미치지 못하는 경우 또는 표준적인 가구의 생계비를 감안하여 대통령령이 정하는 금액을 초과하는 경우에는 각각 당해 대통령령이 정하는 금액으로 한다.

5. 퇴직금 그 밖에 이와 비슷한 성질을 가진 급여채권의 2분의 1에 해당하는 금액

② 법원은 당사자가 신청하면 채권자와 채무자의 생활형편, 그 밖의 사정을 고려하여 압류명령의 전부 또는 일부를 취소하거나 제1항의 압류금지채권에 대하여 압류명령을 할 수 있다

- 급여압류가능 금액

개정 민사집행법의 시행으로 인하여 채무자의 급여 중 1/2 금액을 압류하던 종래의 규정이 변경되었습니다. 우선, 월급여가 120만 원 이하인 경우에는 전액 압류할 수 없다. 월급여가 120만원을 초과하면 아래와 같다.

급여액	100	120	150	200	240	250	300	400	500	600	700	800	900	1000
압류가능금액	0	0	30	80	120	125	150	200	250	300	375	450	525	600
채무자교부액	100	120	120	120	120	125	150	200	250	300	325	350	375	400

- 특별법에 의하여 금지

1) 국가 유공자 등의 대부재산, 보상금 (국가유공자 예우 등에 관한 법률 58,19)
2) 의료기자재(의료법13)
3) 공무원 연금, 군인연금 등
4) 근로기준법상 근로자의 재해보상금(동법 86)
5) 형사보상법상의 보상청구권(동법 22)
6) 피보호자에 급여된 보호금품(생활보호법 28)

〈사례연구 2〉 [미등기 건물의 가압류]

-가압류 대상 물건이 미등기 건물인 경우 (단, 건축물 관리대장은 有) 건축물 관리대장을 첨부하여 가압류 신청을 하면 집행법원의 등기 기입 촉탁에 의해 등기소가 직권으로 보존 등기를 하여 가압류 등기를 기입함.

-만약, 건축물 관리대장도 없는 경우에는 재산세과세증명서, 무허가건축물 대장, 건축허가서 등으로 목적물이 채무자의 소유임을 증명하고 건축물 관리대장을 교부 받아 가압류 신청을 한다.

-사해행위에 의하여 타인소유로 된 재산에 대하여는 직접 가압류 할 수는 없고 가처분에 의하여 명의인을 상대로 처분금지 가처분을 신청하고 본안 소송으로써 그것을 채무자 명의로 변경하는 재판을 하여야 함.

〈사례연구 3〉 [부동산 가압류를 실패한 사례]

보증인 명의 부동산 발견, 시가를 조사 한 결과 450백만원에 매매가 형성, 등기부상 선순위 권리금액도 800백만원으로 나타나며, 대출잔액이 700백만원으로 확인, 실익이 없다고 판단, 가압류 포기하였으나 2달 후 매매에 의한 소유권 이전. (알고 보니 각 금융기관에 적립된 예금잔액이 있어 상계하고 대출잔액 200백만원만 남아 정상적으로 매매하여 대출 상환 후 소유권 이전)

〈사례연구 4〉 [미등기 아파트에 대한 채권보전방법]

채무자가 아파트를 분양 받아 거주하고 있으나 아직 채무자 앞으로 소유권 등기이전이 안되어 있는 경우에 이 아파트에 대하여 채권을 보전할 수 있는 방법은 없는 가 매매계약해제 시 채무자가 가지는 상환금 반환청구권과 잔금완납과 동시에 발생하는 소유권 이전등기 청구권을 동시에 가압류 한다.

[해설]

1. 아파트 분양에 당첨된 경우 보통 계약금, 중도금, 잔금을 치른 후에도 소유권보전 및 이전등기를 하는 데는 상당한 시일이 걸린다.
2. 분양계약의 경우 보통 계약자가 가질 수 있는 권리는 중도금 또는 잔금의 미불입 등으로 인하여 매매계약이 해제되었을 경우 발생하는 해제조건부 상환금반환청구권과 잔금완납과 동시에 발생하는 정지조건부 소유권 이전등기청구권의 두 가지이다.
3. 따라서 조건부 상환금반환청구권에 대해서 가압류 할 수 있음은 물론이고, 부동산 소유권이전등기청구권도 가압류의 대상이 될 수 있다고 본다. (대법원 1978.12.28 선고 76마381호)

〈사례연구 5〉 [가압류등기된 부동산의 저당권취득]

【질의】

대출신청자 A는 부동산담보대출을 요청하면서 가압류(가압류권자 B, 피보전채권액 3,000만원)가 등기된 부동산을 담보로 제공하겠다고 한다. A의 대출신청액은 6,000만원이고 담보 제공된 부동산의 감정가는 9,000만원이다. 동 부동산에 저당권을 설정하고 대출취급이 가능한가?

【답변】

가압류 등기된 부동산에 저당권을 설정할 수 있으며 선순위 가압류금액과 담보로 취득하려는 부동산의 감정가 및 차주의 신용상태 등을 고려해야 한다. 상기 사례의 경우 가압류권리자 B에게 인정되는 선순위의 효력은 3,000만원 범위로 한정된다는 점과 은행은 근저당권 설정최고액 한도내에서 B의 피보전채권액과 안분비례하여 배당 받게 된다는 점 등을 감안하여 대출취급여부를 적절하게 결정하여야 한다.

〈사례연구 6〉 [가압류 이후 저당권 설정이 있는 경우의 배당문제]

〈사례1〉 ① 가압류 400만원 ② 근저당권 200만원 ③ 일반조세 300만원 ④ 가압류 100만원, 낙찰 배당금액이 500만원 일 때 각자의 배당금액은(집행비용 무시)?
(1차배당 → ① 200만원 ② 100만원 ③ 150만원 ④ 50만원)
⇒ 최종 순환 배당(흡수배당) → ① 0원 ② 200만원 ③ 300만원 ④ 0원

〈사례2〉 ① 근저당권 1억원 ② 가압류 1억원 ③ 근저당권 2억원 ④ 가압류 3억원
낙찰 배당금액이 4억원 일때 각자의 배당금액은(집행비용 무시)?
(1차 안분배당 → ① 1억원 ② 5천만원 ③ 1억원 ④ 1억5천만원)
⇒ 최종 순환 배당(흡수배당) → ① 1억원 ② 5천만원 ③ 2억원 ④ 5천만원

〈사례연구 7〉 [가압류와 가배당]

등기부상 가압류한 가압류채권자는 이해관계인이 아니어서 매각기일 통지서를 받을 수 없지만 배당기일통지서는 집행법원으로부터 받는다. 집행권원이 있으면 집행력있는 집행권원 정본과 정본 송달증명서를 첨부하여 배당금지급신청서를 제출하여야 하며, 가압류집행권원이 없으면 배당금을 수령 할 수는 없다. 즉, 배당표에 가압류권자로 가배당은 되나 그 가배당액을 수령하려면 집행권원이 있어야 하므로 조속히 판결문 등을 받아 수령하도록 하여야 한다. 선순위채권자가 많아 가압류채권자가 무배당 되었더라도 배당기일 당일 서면이 아닌 구두로 가장임차인 등의 소액보증금 배당액에 대하여 배당이의를 신청한 경우에는 배당기일로부터 7일 이내에 배당이의의 소제기증명서를 집행계에 제출하여야 한다. 만약, 가장임차인으로 판명되어 승소하면 이의 제기한 가압류권자만이 소액보증금 공탁에 대하여 배당금을 수령 할 수 있다.

〈사례연구 8〉 [신속한 가압류조치]

부동산 등 가압류는 가능한 한 채무자가 알 수 없도록 은밀하고 신속하게 해야 한다.
부동산 가압류는 소요시간이 보통 일주일이상 걸리나 부동산의 권리 변동은 대개 1 – 2일 내에 가능하기 때문임. 부동산의 실익이 적어 보인다고 하더라도 일단 가압류를 집행하면 후일 의외의 실마리가 풀리는 경우도 있다. (담당자의 실무적인 판단이 중요 함. 비용만 낭비 할 수도 있음.)
가압류 대상 물건이 미등기건물인 경우 (단, 건축물관리대장은 유(有)) 건축물 관리대장을 첨부하여 가압류 신청을 하면 집행법원의 등기 기입 촉탁에 의해 등기소가 직권으로 보존 등기를 하여 가압류 등기를 기입함. (등기부등본만 확인하고 건물 미등기라고 하여 건물 가압류를 실행치 않았으나, 실지로는 건물이 존재하는 경우가 다수 있음.)
만약, 건축물관리대장도 없는 경우에는 재산세과세증명서, 무허가건축물대장, 건축허가서 등으로 목적물이 채무자의 소유임을 증명하고 건축물관리대장을 교부 받아 가압류 신청을 한다.
(사례 : 창원지방법원 2006타경 278호 건물만 경매중임(건물등기부등본 갑구에 소유권보전→소유자 0 0 0, 가압류 보전의 촉탁으로 인하여 2000.10.19 등기)
가압류만 갖고는 변제를 받을 수가 없으므로, 실익이 있다고 판단되면 즉시 본안소송을 제기하여 채무명의를 얻어야 함(사해행위에 의하여 타인소유로 된 재산에 대하여는 직접 가압류 할 수는 없고 가처분에 의하여 명의인을 상대로 처분금지 가처분을 신청하고 본안 소송으로써 그것을 채무자 명의로 변경하는 재판을 하여야 함)

〈사례연구 9〉 [가압류와 저당권의 우선 순위]

1. 가압류의 상대적 처분금지 효력

가압류는 처분금지의 효력을 갖는 보전처분이기는 하나 담보권과 같이 우선변제권이 인정되는 것은 아니며 그 선후에 의하여 순위가 인정되는 것도 아니다. 그러나 가압류의 집행보전 목적에 반하는 처분행위의 당사자(가압류 이후의 담보권자나 양수인 등)들이 가압류권자에게 대항할 수 없는 효력이 인정되는데, 이를 “상대적 처분금지 효력”이라고 한다. 다른 측면에서 생각한다면, 가압류 이후의 처분행위는 가압류권자에 대하여만 상대적으로 무효로 되며, 이 효력은 경매절차의 배당단계에서 잘 나타남.

2. 가압류 이후의 저당권의 효력

선행하는 가압류가 있은 후에 담보권을 취득한 자는 담보권자라 하더라도 가압류권자에 대하여는 우선변제권을 주장할 수 없으며, 선행하는 가압류권자도 우선변제권을 갖는 것은 아니므로, 가압류권자와 담보권자는 평등하게 채권액에 비례하여 배당 받을 수 있을 뿐이라는 것이 대법원의 견해 임(94.11.29 94마417, 92.10.13 92다30597, 92.3.27 91다44407)

첫번째로 가압류 등기가 되었고 그 후 담보권이 설정되었으며 마지막으로 여러 채권자에 의해 가압류(압류)가 된 부동산의 배당절차에서, 우선은 선행하는 가압류권자와 담보권자 및 후행하는 가압류권자들을 포함한 모든 채권자들의 채권액에 비례하여 배분이 된 후, 선행하는 가압류권자는 그 배분액만을 배당 받게 되고, 담보권자는 후행하는 가압류권자들에게는 담보권의 우선변제권을 주장할 수 있으므로 담보권자 자신의 피담보채권액 전액에 이를 때까지 후행 하는 가압류권자들에게 배분된 금원 중에서 빼앗아 우선적으로 배당 받을 수 있으며, 담보권자의 피담보채권 전액이 만족되고 잔여액이 있는 경우에만 그 잔여액을 후행 하는 가압류권자들이 채권액에 비례하여 배당 받게 됨.

3. 관련 판례

1) 대판 92.10.13 92다30597
   - 주택임대차보호법상 제3조의2 제1항은 대항요건(주택인도와 주민등록 전입신고)과 확정일자를 갖춘 주택임차인은 후순위권리자 기타 일반채권자보다 우선하여 보증금을 변제 받을 권리가 있음을 규정하고 있는 바, 이는 임대차계약증서에 확정일자를 갖춘 경우에는 부동산 담보권에 유사한 권리를 인정한다는 취지이므로, 부동산 담보권자보다 선순위의 가압류채권자가 있는 경우에도 담보권자가 선순위의 가압류채권자와 채권액에 비례한 평등배당을 받을 수 있는 것과 마찬가지로 위 규정에 의하여 우선변제권을 갖게 되는 임차보증금채권자도 선순위의 가압류채권자와는 평등배당의 관계에 있게 된다.
   - 가압류채권자가 주택임차인보다 선순위인지의 여부는, 주택임대차보호법 제3조의 2의 법문상 임차인이 확정일자 부여에 의하여 비로소 우선변제권을 가지는 것으로 규정하고 있음에 비추어, 임대차계약증서상의 확정일자 부여 일을 기준으로 삼는 것으로 해석함이 타당하므로, 대항요건을 미리 갖추었다고 하더라도 확정일자를 부여 받은 날짜가 가압류 일자보다 늦은 경우에는 가압류채권자가 선순위라고 볼 수밖에 없다.

2) 대판 92.3.27 91다44407 : 가등기담보권자와의 관계(저당권자와 동일 함)

4. 사 례

– 저당권자인 A은행 임의경매 신청(배당금액 400백만원) (단위 : 백만원)

일 자	채권자	구 분	채권액	설정최고액
2006.01.10	A은행	근저당권자	100	100
2006.05.10	갑	가압류권자	100	
2006.09.10	B은행	근저당권자	200	200
2007.02.10	을	가압류권자	300	
합 계			600	

– 배당 순서(금액) : 우선 가압류권자와 저당권자가 채권액에 비례하여 안분 후, 선행 근저당권자의 채권액을 전액 만족하고 잔여배당금에 대하여 후행 가압류권자에게 배당

우선 안분		흡수 배당
1. A은행	100백만원(우선변제권)	100백만원
2. 갑	50백만원(300 * 100/600)	50백만원
3. B은행	100백만원(300 * 200/600)	200백만원
4. 을	150백만원(300 * 300/600)	50백만원
합 계	400백만원	400백만원

〈사례연구 10〉 [압류가 경합한 경우의 효력 및 처리방법]

선 행	후 행	효 력	제3채무자의 처리방법
가압류 또는 압류	가압류 또는 압류	모두 유효 (압류 경합)	임의지급 불가 공탁 가능 상계적상 채권과 상계 가능
가압류 또는 압류	압류 및 추심명령	모두 유효 (압류 경합)	추심채권자 앞 지급가능 공탁 가능 상계적상 채권과 상계 가능
가압류 또는 압류	압류 및 전부명령	후행 전부명령만 무효 (압류는 유효)	임의지급 불가 공탁 가능 상계적상 채권과 상계 가능
압류 및 추심명령	가압류 또는 압류	모두 유효 (압류 경합)	추심채권자 앞 지급 가능 공탁 가능 상계적상 채권과 상계 가능
압류 및 추심명령	압류 및 추심명령	모두 유효 (압류 경합)	추심채권자 누구에게나 지급 가능 공탁 가능 상계적상 채권과 상계 가능
압류 및 추심명령	압류 및 전부명령	후행 전부 명령만 무효 (압류는 유효)	추심채권자 앞 지급 가능 공탁 가능 상계적상 채권과 상계 가능
압류 및 전부명령	가압류 압류 압류 및 추심명령 압류 및 전부명령	선행의 전부명령이 유효하면 그 채권은 전부채권자에게 이전됨으로 그 후의 압류 등은 모두 무효	상계적상 채권과 상계 가능 전부채권자에게 지급

〈사례연구 11〉 [부동산 가압류]

1. 필요서류

부동산가압류 할 때에는 권리를 소명하기 위하여 차용증, 현금보관증, 세금계산서, 약속어음 등의 사본과 집행할 부동산을 특정하기 위하여 부동산등기부등본이 필요하다.

민사소송법상 가압류사건은 가압류할 물건의 소재지 지방법원이나 본안소송이 계속 중이거나 앞으로 본안이 제소되었을 때 이를 관할 할 수 있는 법원 중 한곳에 제출하여야 합니다. 강제집행에 관하여는 당사자의 합의에 의한 합의관할은 인정되지 않는다.

2. 부동산가압류 절차

가압류신청서에는 당사자 및 법정대리인의 표시, 소송대리인의 표시, 신청의 취지, 신청의 이유, 법원의 표시, 소명방법의 표시, 년·월·일의 표시, 당사자 또는 대리인의 기명날인 등을 기재하여야 한다.

신청서에는 2,000원(지급보증위탁문서의 제출을 동시에 신청하는 경우에는 2,500원)의 수입인지 및 송달료(당사자 수×3회분)를 납부하여야 한다. (송달료 수납은행이 지정되지 아니한 시·군법원에 신청서를 제출하는 경우에는 당사자 수×3회분의 송달료를 우표로 납부)

법원에서 가압류신청을 인용하는 재판은 담보를 조건으로 하는 경우와 담보없이 하는 경우가 있으며, 담보제공을 조건으로 하는 경우에는 그 조건에 따라 현금 공탁 후 공탁서 사본을 제출하거나 공탁보증보험증권을 제출하여야 한다.

부동산에 대한 가압류결정의 경우 신청인은 재산소재지를 관할하는 시·구·군청에서 가압류 할 금액의 2/1000에 해당하는 등록세와 등록세액의 20/100에 해당하는 교육세를 납부한 후 영수필증을 제출하여야 하며, 이때 주의하실 점은 가압류할 부동산의 가치를 따져 보아 일부 가압류 신청도 허용 되므로 비용절감 차원에서 부동산의 가치에 맞게 가압류신청을 하시는 것이 유리 할 것이다. 등록세액이 3,000원 미만인 경우에도 3,000원을 납부, 부동산 1개당 2,000원 상당의 등기수입증지를 제출해야 한다.

자동차·선박 가압류의 경우 등록세액은 1건당 7,500원, 건설기계와 항공기의 경우는 1건당 6,000원이며, 교육세액은 등록세액의 20/100입니다.

〈사례연구 12〉 [가처분]

1. 채권자가 금전채권이 아닌 특정계쟁물에 관하여 청구권을 가지고 있을 때 판결이 확정되어 그 강제집행시까지 방치하면 그 계쟁물이 처분되거나 멸실되는 등 법률적 사실적 변경이 생기는 것을 방지하고자 판결을 받기 전에 그 계쟁물의 현상변경을 금지시키는 집행보전제도로서 그 방법은 천태만상이므로 가처분의 형식도 일정하지 않으나, 일반적으로는 처분행위를 금지하는 처분금지가처분과 점유 이전행위를 금지하는 점유이전금지가처분이 있고, 또한 당사자간에 현재 다툼이 있는 권리관계 또는 법률관계가 존재하고 그에 대한 확정판결이 있기까지 현상의 진행을 그대로 방치한다면 권리자가 현저한 손해를 입거나 목적을 달성하기 어려운 경우에 잠정적으로 임시의 조치를 행하는 보전제도로서 예컨대 건물의 명도청구권을 본안의 권리로 가지고 있는 자에게 임시로 그 건물 점유자의 지위를 준다든지, 해고의 무효를 주장하는 자에게 임금의 계속 지급을 명하는 따위의 가처분을 할 수 있다.
2. 가처분 신청방법

   가처분신청의 관할법원은 현재 본안소송(통상의 소송절차 및 독촉절차, 제소전화해절차, 조정절차, 중재판정절차 등)이 계속 중이라면 그 법원이 관할법원이 되고, 현재 본안이 계속 중에 있지 않으면 앞으로 본안이 제소되었을 때 이를 관할할 수 있는 법원에 제출하면 된다. 신청서에는 2,000원(지급보증위탁문서의 제출을 동시에 신청하는 경우에는 2,500원)의 인지와 송달료를 납부하여야 하고, 부동산 1개당 2,000원 상당의 등기수입증지를 제출해야 한다. 송달료는 당사자 수×3회분을 납부하여야 한다. 법원에서 가처분신청을 인용하는 재판은 담보를 조건으로 하는 경우와 담보 없이 하는 경우가 있는바, 담보제공을 조건으로 하는 경우에는 그 조건에 따라 현금 공탁 후 공탁서 사본을 제출하거나 공탁보증보험증권을 제출하여야 한다. 부동산에 대한 가처분 촉탁 시에는 등록세를 납부한 후 영수필증을 첨부하여야 한다.

* 납부할 액수 : 피보전권리의 가액(소유권이전등기청구권인 때에는 부동산가액)의 2/1000에 해당하는 등록세와 등록세액의 20/100에 해당하는 교육세
* 납부할 장소 : 부동산 소재지 시 · 구 · 군청

〈사례연구 13〉 [아파트 계약금과 분양대금에 대한 가압류]

채무관련인이 건설회사로부터 분양 받은 아파트에 대하여 계약금과 일부 분양대금을 납부한 사실이 확인된 경우 가압류조치에 대하여 알아보자

1. 소유권이전등기청구권에 대한 강제집행

채무관련인이 건설회사와 아파트 분양계약에 따른 분양대금을 완납하였을 때에 취득하게 될 소유권이전등기청구권과 분양대금 납부지연으로 건설회사가 분양계약을 해제하였을 채무관련인이 취득하게 될 분양대금반환청구권에 대하여 함께 가압류. 압류하여야 한다. 이렇게 하여야 한쪽의 결과만을 예측하여 하나의 청구권만 강제집행 하였을 때 제3채무자가 반대의 청구권을 이행함으로써 발생될 채권회수 불가능을 예방할 수 있다.

가. 아파트를 분양 받은 자는 분양자에게 소유권 이전에 관한 등기절차에 협조하여 줄 것을 청구할 수 있는 권리인 소유권이전등기청구권을 갖게 되는데, 이는 물권적 성질을 갖는 채권적 청구권이므로, 분양대금을 완납할 때에 발생되므로 장래채권으로서의 성질을 갖게 된다. 강제집행을 신청하는 시점에 조건부 또는 장래의 청구권 이라고 하더라도 현재 그 권리의 특정이 가능하고 가까운 장래에 발생할 것임이 상당 정도 기대된다면 가압류. 압류 할 수 있다.

소유권이전등기청구권에 대한 가압류. 압류 역시 금전채권에 대한 집행방법에 해당되므로 분양자를 제3채무자로 하여 제3채무자에게 결정문을 송달하는 방법으로 집행하면 된다. 소유권이전등기청구권을 가압류한 채권자는 집행권원을 득한 후 에 소유권이전등기청구권에 대한 가압류를 본압류로 이전한 다음에, 보관임 선임과 인도명령 또는 권리이전명령을 신청하여 보관인이 인도받거나 채무자 명의로 소유권이전등기절차를 경료하게 하는 방법으로 집행할 수 있다. 이때 권리이전명령은 제3채무자도 신청할 수 있으며, 종국적으로 채무자에게 이전 등기된 아파트에 대하여 강제경매를 진행해야 한다.

제3채무자가 보관인에 대하여 임의로 부동산의 인도의무나 등기이행에 협력하지 않을 때에는 압류채권자는 추심명령을 얻어 추심소송을 제기 할 수 있다.

이와 같이 소유권이전등기청구권에 대한 가압류. 압류는 등기청구권의 대상이 되는 부동산 자체에 대한 가압류. 압류가 아니며, 채무자와 제3채무자에게 송달하는 방법 이외에는 등기부상으로 공시할 수도 없으므로, 당해 채권자 및 채무자와 제3채무자 사이에만 그 효력이 생기며 제3자에 대하여 처분금지효력을 주장할 수는 없다.

그러므로 채무자나 제3채무자로부터 소유권을 이전 받은 제3자에 대하여는 그 등기의 무효를 주장하여 말소를 청구 할 수 없다.

나. 부동산 소유권이전등기청구권의 가압류는 채무자 명의로 소유권을 이전하여 이에 대하여 강제집행을 할 것을 전제로 하고 있는 것이므로, 소유권이전등기청구권을 가압류하였다 하더라도 어떠한 경로로 제3채무자로부터 채무자 명의로 소유권이전등기가 마쳐졌다면 채권자는 이 부동산 자체를 가압류하거나 압류하면 될 것이지 이 등기를 말소할 필요는 없을 것이고, 만일 위와 같은 등기를 원인무효로 보고 말소한다면 가압류채권자는 이를 말소하고 다시 동일한 등기를 한다는 이상한 결과를 가져올 것이다.

다. 일반적으로 채권에 대한 가압류가 있더라도 이는 채무자가 제3채무자로부터 현실로 급부를 추심하는 것만을 금지하는 것이므로, 채무자는 제3채무자를 상대로 그 이행을 구하는 소송을 제기할 수 있고, 법원은 가압류가 되어 있음을 이류로 이를 배척할 수 없는 것이 원칙이다. 왜냐하면 채무자로서는 제3채무자에 대한 그의 채권이 가압류가 되어 있다 하더라도 집행권원을 취득할 필요가 있고, 또는 시효를 중단할 필요가 있는 경우도 있을 것이며, 특히 소송 계속 중에 그의 채권에 대한 가압류가 행하여진 경우에 이를 이유로 청구가 배척된다면 장차 가압류가 취소된 후 다시 소를 제기하여야 하는 불편함이 있는데 반하여, 제3채무자로서는 이행을 명하는 판결이 있더라고 집행단계에서 이를 저지하면 될 것이기 때문이다.

그러나 소유권 이전등기를 명하는 판결은 의사의 진술을 명하는 판결로서 이것이 확정되면 채무자는 일방적으로 이전등기를 신청할 수 있고 제3채무자는 이를 저지할 방법이 없으므로 위와 같이 볼 수 없고, 이와 같은 경우에는 가압류의 해제를 조건으로 하지 아니하는 한 법원은 이를 인용하여서는 아니 되고, 제3채무자가 임의로 이전등기 의무를 이행하고자 한다면 민사소송법에서 정해진 보관인에게 권리이전을 하여야 하며, 이 경우 보관인은 채무자의 법정대리인의 지위에서 이를 수령하여 채무자 명의로 소유권이전등기를 마치면 될 것이다.

2. 분양대금반환청구권에 대한 강제집행

분양 받은 자가 분양계약에 따라 중도금과 잔금을 납부하지 못하여 분양계약이 해제된다면 분양자는 분양대금으로 이미 지급받은 금액에서 일정액의 위약금을 공제하고 분양 받은 자에게 반환하게 된다.

분양대금이 정상적으로 지급되지 아니하여 분양계약이 해제되었을 때에 분양 받은 자가 취득하게 될 분양대금반환청구권은 현재 확정적으로 발생된 청구권이 아니라 장래의 청구권으로서의 성질을 갖게 된다.

소유권이전등기청구권의 경우와 같이 분양대금반환청구권도 사전에 가압류. 압류 할 수 있는가가 문제되는데, 계약해제는 이례적이고 예외적인 것이라고 할 것이므로 그때에 발생되는 원상회복창구권인 분양대금반환청구권은 가압류. 압류 당시에 그 권리를 특정할 수 있고 가까운 장래에 그 발생이 상당 정도 기대된다고 보기는 어렵다는 것이 대법원의 견해이다.

이렇게 그 유효성이 의문시되는 분양대금반환청구권에 대한 가압류. 압류라고 하더라도 채무자의 임의 이행을 유도하는 방법이나 현실적인 분양계약 해제 시에 다시 가압류를 할 수 있는 기회를 확보하는 방법으로 활용 할 수도 있을 것이므로 소유권이전등기청구권과 함께 가압류하는 것이 바람직하다.

3. 주택조합이 신축한 아파트의 소유권이전등기청구권

채무관련인이 주택조합의 조합원인 경우에도 주택조합을 제3채무자로 하여 소유권이전등기청구권을 가압류. 압류 할 수 있는가가 문제될 수 있다.

주택조합은 자기자금으로 주택을 신축하여 주택을 분양하는 것이 아니라 조합원으로부터 각자 부담할 건축자금을 제공받아 건축하는 것이므로, 그 건물의 소유권을 조합원들이 원시취득 하는 것이며, 건축절차의 편의를 위하여 조합명의로 그 건축허가와 준공검사를 받았다고 하더라도 동일하다는 것이 대법원의 견해 임.

그러므로 주택조합을 제3채무자로 하여 소유권이전등기청구권을 가압류하는 것은 불가능하다. 다만, 주택조합이 비조합원에게 일부 분양한 경우에는 주택조합 명의로 보존 등기한 후에 비조합원에게 이전등기를 하는 절차를 거치므로 채무관련인이 주택조합의 비조합원으로 분양 받은 경우에는 소유권이전등기청구권을 가압류. 압류하여야 한다.

〈사례연구 14〉 [가압류 후 목적물의 소유권이 이전된 경우 강제집행]

가압류집행 후 가압류목적물의 소유권이 제3자에게 이전된 경우, 가압류채권자가 가압류목적물에 대하여 강제집행하는 방법 및 그 범위는?

☞ 가압류채권자는 집행권원을 얻어 제3취득자가 아닌 가압류채무자를 집행채무자로 하여 그 가압류를 본압류로 전이하는 강제집행을 실행할 수 있고, 가압류결정 당시의 청구금액 범위 내에서 배당 받을 수 있음.

[판례] 대법원 1998.11.10 판결 98다43441호 배당이의

일반적으로 가압류 후의 소우권취득자는 그 가압류에 터잡아 한 강제경매의 집행채권자에게 대항할 수 없는 것이고, 그 강제집행의 기초가 되는 집행권원의 허위, 가장 여부를 다툴 적격이 없는 것이다. (대법원 1996.6.14 판결 96다14494호 제3자이의 참조)

따라서 가압류집행 후 가압류목적물의 소유권이 제3자에게 이전된 경우 가압류채권자는 집행권원을 얻어 제3취득자가 아닌 가압류채무자를 집행채무자로 하여 그 가압류를 본 압류로 전이하는 강제집행을 실행할 수 있다. 그러나 강제집행은 가압류의 처분금지적 효력이 미치는 객관적 범위인 가압류결정 당시의 청구금액의 한도 안에서만 집행채무자인 가압류채무자의 책임재산에 대한 강제집행절차라 할 것이고, 가압류결정 당시의 청구금액이 채권의 원금만을 기재한 것으로서 가압류채권자가 가압류채무자에 대하여 원금채권 이외에 이자와 소송비용채권을 가지고 있다 하더라도 가압류결정 당시의 청구금액을 넘어서는 이자와 소송비용채권에 관하여는 가압류의 처분금지적 효력이 미치는 것이 아니므로, 가압류채권자는 가압류목적물의 매각대금에서 가압류결정 당시의 청구금액을 넘어서는 이자와 소송비용채권을 배당받을 수 없다.(대법원 1998.11.10. 판결 98다43441호 배당이의 참조)

〈사례연구 15〉 [집행권원]

국가가 강제집행을 실현할 수 있는 일정한 사법상의 이행청구권의 존재와 그 범위를 증명하고 법률이 집행력을 인정한 공정증서를 말한다.

1) 집행권원 종류

① 판 결
* 판결은 이행판결이어야 하며 그 내용이 강제집행에 적합하여야 하는 바, 그 종류에는 확정판결, 가집행선고부 판결 및 외국의 판결을 근거로 강제집행을 하기 위한 집행판결 등이 있다.

② 확정판결과 같은 효력을 갖는 조서
* 재판상 화해조서, 인락조서, 조정조서

④ 확정된 지급명령

⑤ 집행증서 : 집행문이 부여된 공정증서
⑥ 채권표, 정리채권자표, 정리담보권자표
⑦ 기타 특수한 집행권원 : 가압류, 가처분명령, 소송비용액 확정결정 등

2) 집행문

집행권원의 집행력이 현존한다는 것과 집행력이 미치는 주관적 범위 및 강제 집행에 적합한 채무명의임을 채무명의 정본의 말미에 부기하는 정본이다. 이 집행문이 부여된 집행권원 정본을 집행력이 있는 정본이라 부른다.

32-2. 주식, 자동차, 골프회원권 등 강제집행

1. 주식에 대한 강제집행

주식에 대한 강제집행은 주식의 발행여부, 발행된 경우 주권을 채무자가 가지고 있는지 증권회수 등에 예탁하고 있는지에 따라 집행방법이 다르다.

1) 주권발행 전의 주식

① 회사성립(신주의 납입기일) 6개월 경과 전
회사성립일 또는 신주납입 기일로부터 6개월이 경과하기 전에는 주권발행 전의 주식의 양도는 회사에 대하여 효력이 없으므로 채무자가 주식발행회사에 대하여 가지는 주권교부청구권을 압류하고, 회사가 주권을 발행하면 인도명령(실무상은 채권압류명령과 같이 신청)에 의해 채권자가 집행관에게 집행을 위임하여 집행관이 주식을 인도받아 유체동산의 집행방법에 따라 현금화하고, 그 매각대금을 집행법원에 제출하면 집행법원에서 배당한다.
② 회사성립(신주의 납입기일) 6개월 경과 후
회사성립 또는 신주납입 기일로부터 6개월이 경과한 후에도 회사가 주권을 발행하지 아니한 경우에는 주권 없이 주식을 양도할 수 있으므로 주식 자체를 압류한다. 주식압류 후 매각명령, 양도명령 등 특별현금화 방법의 결정을 받아 현금화 절차를 거쳐 배당 받는다.

2) 주권발행 후의 채무자가 소유하는 주식

주권이 발행되어 그 주권을 채무자가 소유하고 있는 경우는 유체동산으로 보므로 유체동산에 관한 방법으로 집행한다. 실무에서는 채무자가 주권을 가지고 있는지, 가지고 있다면 그 보관장소가 어딘지를 파악한 후에 집행관에게 집행을 위임하여야 한다.

3) 예탁된 주식

예탁된 주식은 주권 자체를 압류하는 것이 아니라 예탁된 증권의 고유지분을 압류하고 현금화 절차를 거쳐야 한다.

① 예탁유가증권을 압류하는 때에는 예탁원 또는 예탁자에 대하여 예탁유가증권 지분에 관한

계좌대체와 증권을 반환을 금지하는 명령을 하여야 한다. 따라서 증권회사의 고객이 채무자인 경우에는 증권회사를 제3채무자로 하고 증권회사가 채무자인 경우에는 증권예탁원을 제3채무자로 하여야 한다.

중 략

2. 자동차에 대한 강제집행

자동차는 민법상 동산이지만 권리의 보존, 이전에는 자동차관리법에 따라 등록으로 공시하므로 강제집행은 부동산경매절차가 준용된다. 따라서 부동산집행절차와 유사한 방법으로 집행되지만 동산의 성질도 가지고 있으므로 부동산집행절차와 약간의 차이가 있다.

1) 집행대상 자동차

집행이 가능한 자동차는 자동차관리법에 따라 등록된 자동차이다. 이륜자동차를 제외한 승용자동차, 승합자동차, 화물자동차, 특수자동차가 이에 해당한다. 미등록자동차와 이륜자동차는 유체동산 집행방법에 따라 집행한다.

2) 경매 신청

① 관할법원은 자동차등록원부에 기재된 사용본거지를 관할하는 지방법원이다. 이때 사용본거지는 소유자가 개인이면 주민등록지, 법인이면 주사무소 소재지이다.
경매신청 전에 자동차를 집행관에게 인도하지 아니하면 강제집행이 매우 곤란할 염려가 있는 때에는 그 자동차가 있는 곳을 관할하는 지방법원에 인도명령을 신청할 수 있는데 인도명령에 따라 집행관이 자동차를 인도받은 경우에는 자동차가 있는 곳을 관할하는 지방법원에 경매를 신청할 수 있다.

② 기재사항은 부동산경매신청서에 적는 일반적인 사항 외에 자동차등록원부에 기재된 사용본거지를 적고, 자동차등록원부 동본을 첨부해야 한다.

3) 인도명령

자동차는 부동산이나 선박과 비교하여 기동성이 있으므로 압류의 등록이나 자동차의 운행에 필요한 문서를 빼앗는 것만으로는 집행의 목적을 달성할 수 없으므로 자동차를 집행관에게 인도할 것을 명한다. 경매개시결정 전에 인도명령을 받아 집행관이 그 취지, 보관장소, 보관방법 및 예상되는 보관비용이 법원에 신고가 되어 있는 때에는 채무자에 대하여 자동차인도명령을 할 필요가 없다. 경매개시결정이 있은 날부터 2개월이 지나기까지 집행관이 자동차를 인도받지 못한 때에는 법원은 경매절차를 취소하여야 한다.

4) 자동차의 보관, 이동

집행관이 상당하다고 인정하는 때에는 인도받은 자동차를 압류채권자, 채무자, 그 밖의 정당한 사람이 보관할 수 있다. 이 경우에는 공시서를 붙여 두거나 그 밖의 방법으로 그 자동차를 집행관이 점유하고 있음을 분명하게 표시하고 법원이 자동차의 운행을 허가한 경우를 제외하고는 운행을 하지 못하도록 적당한 조치를 하여야 한다.

법원이 필요하다고 인정하는 때에는 집행관에게 자동차를 일정한 장소로 이동할 것을 명할 수 있으며, 집행법원 외 법원 소속의 집행관이 자동차를 점유하고 있는 경우에는 그 집행관 소속법원에 대하여 자동차를 집행법원 관할구역 안의 일정한 장소로 이동하여 집행법원 소속 집행관에게 인계하도록 명할 것을 촉탁하여야 한다. 그러나 이동하는 것이 매우 곤란하거나 지나치게 많은 비용이 든다고 인정하는 때에는 사건을 그 법원으로 이송할 수 있다.

3. 건설기계에 대한 강제집행

건설기계란 건설기계관리법에 의하여 등록된 불도우저, 굴삭기, 로우더, 지게차 등으로 이에 대한 강제집행은 자동차집행방법이 준용되며, 미등록 건설기계는 유체동산집행의 방법으로 집행한다.

4. 골프회원권, 스포츠회원권, 콘도회원권에 대한 강제집행

골프회원권, 스포츠회원권, 콘도회원권 등은 그 종류에 따라 집행방법이 다르므로 그 내용을 파악한 후에 압류를 신청하여야 한다.

1) 예탁금회원제

대부분의 경우가 예탁금회원제이고 그 회원은 시설이용권과 회원 탈퇴시의 예탁금반환청구권이 있으므로 회원권 자체를 압류하여 현금화할 수도 있고, 회원 탈퇴 시 채무자인 회원이 행사할 수 있는 정지조건부 채권인 예치금반환청구권에 대하여 압류할 수도 있다. 실무에서는 골프회원권 자체를 압류하는 방법으로 한다.

[예시] 예탁금회원제 골프회원권의 압류신청취지

① 채무자의 제3채무자에 대한 별지 기재 골프회원권을 압류한다.
② 채무자는 위 골프회원권에 대한 양도, 질권의 설정, 기타 일체의 처분행위 및 예탁금의 반환을 청구하여서는 아니된다.
③ 제3채무자는 위 골프회원권에 대하여 채무자의 청구에 의한 명의변경 등 일체의 변경절차와 예탁금반환을 하여서는 아니된다.

〈현금화 명령을 같이 신청한 경우〉

④ 위 골프회원권을 매각할 것을 명한다.
⑤ 채권자의 위임을 받은 집행관은 유체동산매각에 관한 절차에 따라 매각하여야 한다.
압류 후 현금화는 양도명령, 매각명령 등 특별 현금화방법으로 할 수 있으며, 현금화 명령은 압류명령과 동시에 또는 따로 신청할 수 있다.

2) 주주회원제

주주회원제는 채무자인 회원이 골프회사 등 주주이므로 주식에 대한 집행방법으로 한다.

3)사단법인회원제

사단법인회원제는 채무자인 회원이 사단법인에 지분을 가지고 있으므로 그 지분을 압류한다.

사단법인회원제의 회원은 이익의 배당, 지분환급청구, 잔여재산청구권이 있으므로 지분을 압류한 경우에는 위 청구권에도 그 효력이 미친다.

[예시] 사단법인회원제 골프회원권의 압류신청취지

① 채무자의 제3채무자에 대한 별지 기재 지분을 압류한다.
② 채무자는 위 지분에 대한 추심 기타 처분을 하여서는 아니 된다.
③ 제3채무자는 채무자에게 위 지분에 관한 이익금의 배당, 지분의 환급, 잔여재산의 배분을 하여서는 아니된다.

현금화 방법은 위 예탁금회원제와 같다.

33. 경매관련 소송

33-1. 지급명령

채권의 내용이 명확하여 당사자 사이에서 다툼이 생길 여지가 비교적 적은 금전, 기타 대체물 또는 유가증권의 일정한 수량의 지급을 목적으로 하는 청구에 대하여 채권자의 신청으로 서면 심리를 거쳐 채무자에게 지급을 명령하고 채무자가 이에 대하여 일정한 기간 안에 이의하지 않으면 그 지급명령에 확정력과 집행력을 주는 것을 목적으로 하는 특별한 소송절차이다.

1. 지급명령의 신청요건

지급명령을 신청하려면 일반적 소송요건 이외에도 특별한 소송요건으로서 다음과 같은 요건을 갖추어야 한다.

① 청구권이 금전, 기타 대체물 또는 유가증권의 일정한 수량의 지급을 목적으로 하여야 하며 조건부 청구권이나 기한이 도래하지 아니한 청구권에 대하여는 지급 명령을 신청할 수 없다.
② 지급명령은 국내에서 공시송달(경매 또는 소송절차에 있어서 법원이 소송관련인에 대하여 통상의 방법에 의한 송달이 불가능할 때 그 내용을 법원의 게시판에 게시한 후 일정기간 (2주일)이 경과하면 송달 된 것으로 보는 제도) 하지 않고서도 송달할 수 있어야 만 한다.

2. 관할법원

1	채무자의 보통재판적 소재지의 지방법원
2	채무자에게 사무소 또는 영업소가 있는 경우에 그 사무소 또는 영업소의 업무에 관한 청구에는 그 소재지의 지방법원
3	사무소 또는 영업소에 계속하여 근무하는 자에 대하여는 그 사무소 또는 영업소를 관할하는 지방법원
4	재산권에 관한 경우에는 거소지 또는 의무이행지의 법원
5	어음·수표에 관한 경우에는 지급지의 법원
6	불법행위에 관한 경우에는 행위지의 법원
7	선박 또는 항공기의 충돌이나 그 밖의 사고로 말미암은 손해배상의 경우 사고선박 또는 항공기가 맨 처음 도착한 곳의 법원

3. 지급명령의 확정 및 효력

1	채무자가 지급명령을 송달 받은 후 2주일 이내에 이의신청을 하지 않거나 이의 신청이 법원에서 각하된 때에는 지급명령이 확정된다. * 법원으로부터 확정증명원, 송달증명원 및 집행문부여를 받아야 한다.

2	확정된 지급명령은 채무자에게 지급을 명령하는 재판으로서 이름은 명령이지만 사실상 결정이며, 동 명령은 집행권원이 된다. 그러나 기판력이 없으므로 당사자는 소송으로 다시 다툴 수 있다.
3	확정된 지급명령에 기한 강제집행은 집행문을 부여 받을 필요 없이 지급명령 정본에 의한다. 단, 다음의 경우에는 집행문을 부여 받는다. * 지급명령의 집행에 조건을 붙인 경우 * 당사자의 승계인을 위하여 강제집행을 하는 경우 * 당사자의 승계인에 대하여 강제집행을 하는 경우

4. 채무자의 이의신청에 의한 소송

채무자가 지급명령을 송달 받은 후 2주일 이내에 이의신청을 하면 본안소송으로 다투게 되며 이때 법원으로부터 인지보정명령과 변론기일 소환장이 송달되면 소송 수행하여야 한다.

〈사례연구 1〉 [독촉절차의 장점]

독촉 절차란 소송 절차, 조정 절차와 함께 법원이 관여하는 주요한 민사분쟁 해결절차의 하나이지만 아직 일반국민들에게 널리 그 내용이 알려지지 아니하여 그다지 친숙하지 않은 절차이다. 독촉 절차의 특색을 통상의 소송절차와 비교하여 살펴보면 다음과 같다.

1) 서류심리만으로 지급명령을 발령

독촉절차에서는 법원이 분쟁당사자를 심문함이 없이 지급명령을 신청한 채권자가 제출한 서류만을 심사하고 지급명령을 발령하므로 채권자는 통상의 소송절차처럼 법원의 법정에 출석할 필요가 없고, 그 결과 법정에 출석하는 데에 따른 시간과 노력을 절약할 수 있다.

2) 신속하게 분쟁해결

독촉 절차는 채무자가 주로 대여금, 물품대금, 임대료 등 금전 지급 채무를 변제하지 않는 경우에 채권자의 지급 명령 신청에 의하여 이루어지는 약식의 분쟁 해결 절차이다. 따라서 채무자가 이의신청을 하면 통상의 소송절차로 이행되지만, 만일 이의신청을 하지 아니하여 지급명령이 확정되면 채권자는 확정된 지급명령에 기하여 강제집행을 신청하여 신속하게 자신의 채권을 만족 받을 수 있으므로 신속한 분쟁 해결이 가능하다.

3) 채권자가 법원에 납부하는 각종 비용이 저렴

채권자는 지급명령을 신청할 때에 소송의 10분의 1에 해당하는 수수료와 당사자 1인당 4회분의 송달료만 납부하면 되므로, 소송절차에 비하여 소요되는 각종 비용이 저렴하다.

4) 지급명령이 확정되면 확정판결과 동일한 같은 효력

또한 지급명령이 확정될 때에는 원칙적으로 별도의 집행문 부여 없이 강제집행할 수 있도록 강제집행상의 특례를 규정하고 있다.

〈사례연구 2〉 [지급명령절차]

독촉절차는 한 마디로 말해서 채권자가 법정에 나오지 않고서도 신속하고 적은 소송비용으로 민사분쟁을 해결할 수 있다는데 그 절차적 장점이 있지만, 상대방이 지급명령에 대하여 이의신청을 하면 결국은 통상의 소송절차로 옮겨지는 잠정적 분쟁해결절차의 구조를 가지고 있다.

따라서 예컨대 귀하로부터 돈을 빌린 사람이 빌린 사실은 인정하면서도 여러 가지 핑계를 대면서 차일피일 빌린 돈을 갚지 않으려고 하는 경우에 독촉절차를 이용하면 신속하고 경제적인 분쟁해결을 기대할 수 있다. 그러나 상대방이 돈을 빌린 기억이 없다든지 이미 갚았다고 말하고 있어 지급명령신청을 하더라도 채무자가 이의신청을 하여 소송절차로 이행될 가능성이 높은 경우에는 독촉절차를 이용하기보다는 직접 조정신청 또는 소송을 제기하는 편이 더 바람직할 수 있다.

다만 우리들이 일상생활을 영위하여 나가는 가운데 발생하는 대부분의 분쟁은 당사자간의 대화와 타협을 통하여 평화적으로 해결할 수 있고, 또 그와 같이 해결하는 것이 바람직하기 때문에 조정과 소송 중에서 우선 조정절차를 통한 분쟁해결을 시도하여 보는 것이 좋을 것이다.

독촉절차는 모든 소송의 종류의 청구에 대하여 이용할 수 있다. 독촉철차의 대상이 될 수 있는 청구는 일정한 액의 금전, 일정한 양의 대체물(예 : 일반미 중등품 가마당 ○○kg들이 ○가마) 또는 일정한 양의 유가증권(예 : 200○. ○. ○. 발행 국채 ○○원권 ○○○장)의 지급을 목적으로 하는 청구에만 한정되고, 건물명도・토지인도, 소유권이전등기 청구 등에서는 이용할 수 없게 되어 있다. 또 현재 변제기가 도래하여 즉시 그 지급을 청구할 수 있는 것이어야 한다.

〈사례연구 3〉 [지급명령의 송달불능과 이에 대한 조치]

지급명령이 발령되면 먼저 채무자에게 지급명령 정본을 송달한다. 그런데 채권자가 지급명령신청서에 기재한 주소에 채무자가 실제로 거주하지 않는 등의 이유로 지급명령 정본이 송달되지 아니하면 법원에서는 채권자에게 일정한 보정기한 내에 송달 가능한 채무자의 주소를 보정하거나 주소보정이 어려울 때에는 민사소송법 제466조 ①항에 의거 소 제기신청을 할 수 있다.

그리고 채권자가 주소보정을 하면 보정된 주소로 재송달을 하고, 소 제기신청을 하면 통상의 소송절차로 이행되어 처음부터 소를 제기한 경우와 같이 재판절차가 진행된다.

그러나 채권자가 만일 위와 같은 조치를 취하지 아니한 채 보정기한을 도과시킨 경우에는 지급명령신청서가 각하되므로 채권자는 이점을 주의할 필요가 있다.

한편 채무자가 지급명령 정본을 송달 받고도 이의신청을 하지 아니한 채 2주일이 경과한 때에는 지급명령이 확정되고 채권자는 채무를 이행하지 않는 채무자의 재산에 대하여 확정된 지급명령에 기한 강제집행을 신청할 수 있으며, 이러한 경우 채무자로서 강제집행을 정지시키기 위하여는 청구이의의 소를 제기함과 동시에 강제집행정지신청을 제기하는 절차적 부담을 안게 되므로 채무자도 이점을 주의할 필요가 있다.

따라서 채무자는 지급명령 정본을 송달 받으면 신속하게 그 내용을 충분히 검토한 후 불복 여부에 관한 의사를 결정하여 불복이 있으면 2주일이 경과하기 전에 지체 없이 이의신청을 하여야 한다. 채무자의 이의신청은 이의신청서에 지급명령에 응할 수 없다는 취지만 명백히 하면 충분하고, 불복하는 이유를 특별히 기재할 필요가 없다.

33－2. 임차권등기명령

1999. 3. 1부터 시행되는 임차권 등기 명령 절차는 임대차 종료 후 보증금을 반환 받지 못한 임차인에게 단독으로 임차권등기를 경료 할 수 있도록 함으로써 자유롭게 주거를 이전할 수 있는 기회를 보장하기 위한 절차를 말한다. 주택은 물론 상가에도 적용이 된다(주택임대차보호법, 상가건물 임대차보호법 모두 적용) 임차권등기 효력은 이사를 가거나 주민등록을 옮겨도 대항력, 우선변제권 유지하는 것인데 1999년3월1일 이후에 한 임차권등기에만 적용되는 점에 유의하여야 한다.

종래에는 임차인이 임대차가 종료된 후 보증금을 반환 받지 못한 상태에서 다른 곳으로 이사가거나 주민등록을 전출하면 임차인이 종전에 가지고 있던 대항력과 우선변제권을 상실하게 되어 보증금을 반환 받는 것이 사실상 어렵게 되는 문제점이 있었다. 근무지 변경 등으로 다른 곳으로 이사할 필요가 있는 경우에 법원에 임차권등기명령신청을 하고 그에 따라 임차주택에 임차권등기가 경료 되면, 그 이후부터는 주택의 점유와 주민등록의 요건을 갖추지 아니하더라도 이미 취득하고 있던 대항력과 우선변제권을 상실하지 않기 때문에 임차인은 안심하고 자유롭게 주거를 이전할 수 있게 된다.

1. 임차권등기명령절차란?

임차권등기명령절차는 임차인이 임대차계약이 종료된 후 보증금을 반환 받지 못한 경우에 법원에 임차권등기명령 신청을 하면 법원에서 먼저 서면 심리 방식에 의하여 임차권 등기 명령의 발령여부를 심사하여 그 신청이 이유 있다고 인정되면 임대인에게 고지한 후 임차권 등기명령을 발령한다. 그리고 법원은 위와 같이 발령한 임차권등기명령의 효력이 발생하면 임차주택의 소재지를 관할하는 등기소에 지체 없이 재판서등본을 첨부하여 임차권등기를 촉탁하고, 등기소에서는 등기관이 건물등기부에 임차권등기를 기입하게 된다.

2. 신청절차

임차권 등기명령을 신청하려면 임차주택 소재지를 관할하는 지방법원 또는 지방법원지원 시·군 법원에 접수시켜야 하는데 그 전에 관할구청과 등기소 및 동사무소에서 준비서류를 발급받아야 한다. 먼저 관할구청 세무 민원 창구에 비치된 신청서를 작성한 다음 등록세 및 교육세 납부고지서 발급받아 은행에 납부한다. 이때 임대차계약서와 주민등록증을 지참하도록 한다.

영수증을 받은 후에는 등기소와 동사무소를 방문해 건물등기부등본 1통과 주민등록등본 1통을 발급받아 임차주택 소재지 관할 법원에 임차권등기명령 신청서와 함께 준비서류들(건물등기부등본 및 임대차계약서 사본)를 제출하면 된다.

3. 비 용

소요되는 비용은 등록세, 교육세 3,600원, 임차권등기명령신청서에 붙이는 수입인지 2,000원, 등기촉탁수수료 5,000원과 송달료이다. 송달료의 경우 관할법원에 사법부 전산망이 설치되어 있는 곳은 당사자 1인당 3회분의 송달료(2,260원×3=7,780원)를 현금으로 납입하여야 하고, 설치되어 있지 아니한 경우에는 당사자 1인당 1회분의 송달료(2,260원)를 우표로 납입하면 된다.

대리인이 신청하는 경우에는 신청서에 대리인의 서명을 기재한 후 위임장, 등기부등본 등 자격을 증명하는 서면을 함께 첨부해야 한다.

4. 임차권등기명령의 효과

임차인이 임차권 등기명령 신청 당시에 이미 주택임대차보호법 제3조 제1항의 규정에 의한 대항력을 취득한 경우와 제3조의 2 제2항의 규정에 의한 우선변제권을 취득한 경우 임차권등기가 마쳐진 이후에는 주택의 점유와 주민등록의 요건을 상실하더라도 이미 취득한 대항력과 우선변제권은 여전히 유지되기 때문에 임차인이 안심하고 다른 곳으로 이사하거나 주민등록을 전출할 수 있다는 것은 이미 위에서 설명하였다.

그러나 여기서 주의할 점은 위와 같은 효과가 임차권등기가 마쳐진 시점부터 발생하므로 임차권등기명령을 신청한 후 바로 다른 곳으로 이사가거나 전출하여서는 안되고 그 이전에 반드시 등기가 경료된 사실을 확인하여야 한다는 것이다. (신청 후 임차권등기가 종료되기 까지는 약 2주일 정도 소요된다.)

또 만일 임차인이 아직 대항력·우선변제권을 취득하지 못한 상태에서 임차권등기가 되면 그 등기시점을 기준으로 대항력/우선 변제권 취득 여부를 판단하기 때문에, 예컨대 임차권 등기시에 이미 임차주택에 저당권 등의 담보권이 설정되어 있는 경우에는 임차인은 임차권 등기를 하더라도 담보권 실행을 위한 경매절차에서 경락을 받은 경락인에게 대항하거나 이미 설정된 저당권자 등의 담보권자에 우선하여 배당을 받을 수 없다는 점을 주지해야 한다.

〈전세권과 주택·상가임차권 비교〉

구 분	전세권(민법)	주택·상가임차권 (주택, 상가 건물임대차보호법)
방 법	건물 등기부에 등기	전세계약서에 확정일자인 날인
취급관공서	등기과(소)	등기과(소), 공증사무소, 동사무소, 구청 (상가는 관할 세무서장)
임대인 협력	임대인 동의요	임차인 단독
비용	등록세(전세금의0.2%), 교육세(등록세의 20%)	600원에서 1,000원
거주요건	거주, 전입신고는 요건 아님	거주 및 전입신고가 요건 (상가는 건물 인도와 사업자등록)
순위기준	등기일 기준	(주택임차권 등기접수일 아님) 주민등록과 확정일자 중 늦은 날 (상가임차권 등기접수일 아님) 사업자등록과 확정일자 중 늦은 날
효력범위	건물에만 효력승계 및	토지, 건물 전부 제3자 효력승계 불가능

	임대인 동의 없이 전전세 가능	
경매신청	소송 없이 바로 경매신청 가능	지급명령 결정문이나 전세금반환청구 소송에서 판결문 받아야 가능
주로 이용자	주민등록주소지를 알려주기 싫어하는 경우(전입주소를 동사무소가 아닌 전세권 주소로 하여 거주지를 은폐)	전세금 못 받은 임차인, 소액임차인
배당	전세권의 범위를 주로 주택 2층 90㎡ 등 일부분으로 하여 토지에서는 배당 못 받음(건물에서만 배당되므로 무배당 경우 많음) ⇒전세권의 범위를 토지 및 주택 2층 90㎡로 정한 경우 토지에서도 배당 받을 수 있음)	대항력, 우선변제권(전입일자와 확정일자 중 늦은 날 저당권 설정한 것과 같은 확정일자부 임차인 효과) 등 유리한 경우 택1 할 수 있으며 토지에서도 배당 받음.
배당 요구한 경우	전세권자가 경매 신청한 경우와 선순위전세권자라도 배당요구종기일까지 배당 요구한 경우 배당과정에서 매수인에게 인수시킬 수 없고 부족하더라도 (일부)배당 받고 소멸	말소기준권리(최선순위저당권)보다 앞서 전입(사업자등록)한 경우) 부족액이 발생할 경우 그 금액만큼 매수인이 인수
말소기준권리	아니다	아니다
특 징	전세권설정계약서의 등기필증의 접수일자는 확정일자에 해당한다 (최초의 임대차계약서에 확정일자를 받지 않았더라도)	전의 대항력과 우선변제권을 그대로 유지한다. 미등기나 무허가건물의 임차인은 신청할 수 없다. 임대차기간이 끝나야만 신청할 수 있다. 임차권등기 주택 재 임대 시 소액보증금(최우선변제권)은 해당되지 않으나 우선변제권은 인정한다. 배당요구가 필요 없다. 경매신청권은 없으나 소정의 법적절차 (민사조정, 지급명령, 보증금반환청구소송 등)후 강제경매를 신청해야 한다.
배당요구종기일	배당요구종기일 이내 배당 요구 시 소멸. 말소기준권리보다 앞선 전세권은 배당요구시 소멸하나 배당요구하지 않으면 인수(낙찰자의 추가부담)	경매개시결정등기일 이전 주택(상가)임차권등기 된 경우 배당요구종기일이내 배당요구하지 않았어도 배당하나 경매개시결정등기일 이후 등기된 경우 배당요구종기일이내 배당요구한 경우에만 배당한다. 잔대금 납부 즉시 말소 촉탁되지 않으며 배당기일에 배당여부에 따라 경매계장이 배당표첨부하여 말소 촉탁(또는 일부 배당 시 변경등기) 요청하여 말소된다.

〈사례연구 1〉 [주택임차권등기명령신청서]

주택임차권등기명령신청서

신청인(임차인) 성 명 : 김 임 차
주 민 등 록 번 호 : 550430-1234567
주 소 : 서울시 노원구 공릉동 587번지
피신청인(임대인) 성명: 박 임 대
주 소 : 서울시 노원구 공릉동 1234번지 502호
등기부상 주소

인 지 : 2,000원(법원 우체국)
증 지 : 2,000원 및 송달료 : 16,500원(법원 내 신한은행)
등록세 : 3,600원(법원 내 신한은행, 관할구청)

신 청 취 지

별지목록 기재 건물에 관하여 아래와 같은 주택임차권등기를 명한다. 라는 결정을 구합니다.

아 래

1. 임대차계약일자 : 20065년1월15일
2. 임차보증금액 : 이천만원
3. 주민등록일자 : 2006년1월16일
4. 점유개시일자 : 2006년2월27일
5. 확정일자 : 2006년1월16일
6. 임차범위; 제3층 제304호 전부

신 청 이 유

1. 신청인은 피신청인의 위 주택에 관하여 2006년2월28일부터 2년간 임대차계약을 체결하고 현재까지 거주하고 있습니다. 그러나 신청인은 (개인)의 사정에 의하여 부득이 신청인이 임차주택을 옮기지 않으면 안되게 된 것입니다.
2. 신청인은 별첨 전세계약서와 같이 임대차 기간 만료일 2007.2.27일이나 피신청인은 그 보증금지급을 차일피일 기일만 지영하고 있어 신청인은 현재까지 보증금을 반환 받지 못하고 있는 실정입니다.
3. 따라서 신청인은 피신청인에게 조속히 명도하고 이사를 하여야 하므로 부득불 이건 신청하게 되었습니다.

※ 첨부서류
1. 등기부등본(건물)1통
2. 주민등록(등)초본 1통
3. 임대차계약서 사본 1통
4. 등록세 및 등기수입인지, 부동산 목록 6부

2008. 3. 3

신청인(임차인) 김 임 차

전화번호 011-9650-4141

서울북부지방법원 귀중

※ 상기 건은 서울북부지방법원 2005-6594호(물건번호 7번) 서울시 노원구 물건과 관련됨

〈사례연구 2〉 [경매개시결정이후 임차권등기는 배당 요구해야]

경매개시결정 이후 임차권 등기 후 배당요구종기일내 권리신고 및 배당요구를 하지 않은 경우 무배당 된다. 서울북부 2005타경 38690호 사건에서 2005.12. 7 임의경매 개시결정등기 이후 2006. 1.10 주택임차권 등기하였으나 보증금 53백만원 임차인이 2006. 3.28 배당요구종기일 이내 배당요구 하지 않아 무 배당된 사례.

〈사례연구 3〉 [임차기간 만료 후 보증금을 못 받고 이사 갈 경우 대항력 유지방법]

[질의] 저는 甲 소유의 주택을 전세보증금 3,000만원에 2년 간 임차하기로 계약하고 입주와 주민등록 전입신고를 하였으며 확정일자도 받아두었습니다. 그런데 계약만료 2개월 전쯤 직장근무지가 변경되어 저만 전보된 근무처로 주민등록을 옮기고 계약기간이 만료되면 처와 아이들을 데리고 오려고 하였으나, 계약기간이 만료되어도 임대인은 재임대가 되어야 보증금을 반환해줄 수 있다고 하여 대항력 등의 유지를 위해 어쩔 수 없이 가족들과 별거 아닌 별거생활을 하고 있습니다. 이 경우 좋은 방법이 없는지요?

[답변] 귀하의 경우처럼 임대차가 종료된 후에도 임차인이 임대인으로부터 보증금을 돌려 받지 못하는 사례가 빈번하고 특히, 근무지 변경 등으로 이사할 필요가 있는 경우에도 보증금을 돌려받지 못할 것을 우려한 나머지 이사를 하지 못하고 주민등록을 이전할 수 없어 부부가 별거를 하거나 자녀들을 전학시키지 못하는 상황이 속출하여 사회적으로 문제가 되고 있습니다.

이러한 문제점을 해결하기 위하여 1999. 1. 21. 법률 제5641호로 주택임대차보호법을 개정하여 같은 해 3월 1일부터 시행되고 있는 주택임대차보호법 제3조의3에서 '주택임차권등기명령제도'를 신설하여 임대차가 종료된 후 보증금을 돌려받지 못한 임차인이 임대인의 동의나 협력 없이 단독으로 임차주택의 소재지를 관할하는 지방법원, 지방법원지원, 또는 시·군 법원에 주택임차권등기명령을 신청하여 주택임차권등기가 마쳐지면 그 등기와 동시에 대항력과 우선변제권을 취득하도록 하고, 임차인이 이미 대항력과 우선변제권을 취득하였던 경우에는 종전의 대항력과 우선변제권을 그대로 유지하며 주택임차권등기 이후에는 주택의 점유와 주민등록의 요건을 갖추지 않더라도 임차인이 종전에 가지고 있던 대항력과 우선변제권이 유지되도록 규정하고 있습니다.

따라서 위 임대차계약기간의 만료 1개월 전까지 계약해지 통보를 하고 그 기간이 만료되었다면 귀하는 임대인 甲의 동의나 협력 없이 단독으로 부동산소재지관할법원에 주택임차권등기명령을 신청할 수 있고, 그 등기를 경료하였다면 다른 가족들의 주민등록을 귀하가 거주하는 곳으로 이전하여도 귀하가 종전에 취득한 주택임차인으로서의 대항력과 우선변제권은 그대로 유지된다 하겠습니다.

참고로 등기예규를 보면, "법원의 촉탁에 의하여 가압류등기, 가처분등기 및 주택임차권등기

및 상가건물임차권등기가 경료된 후 등기명의인의 주소, 성명 및 주민등록번호의 변경으로 인한 등기명의인표시변경등기는 등기명의인이 신청할 수 있다."라고 하였으므로(제정 1999. 11. 22. 등기예규 제987호, 전면개정 2002. 11. 1. 등기예규 제1064호), 귀하가 주택임차권등기를 하고 이사할 경우에는 이사로 인하여 변경된 주소로 등기명의인 표시변경등기를 하여 두면 경매개시 될 경우 이해관계인에 대한 통지 등을 변경된 주소에서 받아 볼 수 있을 것입니다.

〈사례연구 4〉 [보증금이 전액 변제되지 않은 대항력 있는 임차권은 인수]

주택임대차보호법이나 상가건물임대차보호법의 적용대상인 주택이나 상가건물의 임차권은 등기된 여부를 불문하고 그 목적물에 경매가 행해진 경우에는 그 임차목적물의 매각에 의하여 소멸된다. 다만, 매수인에게 대항할 수 있는 임차권은 보증금의 전액이 변제되지 않으면 그 임차주택의 매각에 의하여 소멸되지 않는다.

대항력 있는 임차권이란 주택의 경우 주택임대차보호법 제3조의 제1항에 의하여 주택의 인도와 주민등록을 마쳐야 하고 이들보다 앞선 근저당권, 가압류 등이 없어야 한다. 또한 상가의 경우에는 상가건물임대차보호법 제3조 제1항에 의해 건물의 인도와 관할세무서에 사업자등록 신청을 하여야 하고 이들보다 앞선 근저당권, 가압류 등이 없어야 한다. 그리고 임차권 등기가 되어 있을 경우 그것이 매수인에게 대항할 수 있는 것인지는 등기된 때를 기준으로 하는 것이 아니라 실제로 위에서와 같이 대항력을 갖춘 때를 기준으로 판단하여야 한다.

위와 같이 대항력이 있는 임차권은 그 보증금이 매각대금에서 전액 변제되지 않으면 말소되지 않기 때문에 경매희망자는 과연 대항력 있는 임차권의 보증금이 얼마인지를 각 확인해야 하고 또한 그 보증금 중 배당 받지 못한 금액이 얼마나 될지를 미리 잘 조사 검토해 보아야 한다. 만일 대항력 있는 임차인이 매각대금에서 보증금 전액을 변제 받지 못하면 그 임차인은 반환 받지 못한 잔액 보증금에 대하여 매수인에게 대항하여 이를 반환 받을 때까지 임대차관계의 존속을 주장할 것이고 결국 매수인으로서는 그 잔액 보증금을 물어주어야 하기 때문이다.

주택임대차보호법이나 상가건물임대차보호법상의 대항력 있는 임차인은 등기부등본상에 나타나 있지 않기 때문에 등기부등본만을 보고서는 확인할 수 없다(임차권등기가 된 것은 예외). 따라서 경매 희망자는 경매기록에 편철되어 있는 현황조사보고서나 매각물건명세서 등을 잘 검토하여 판단하여야 한다.

순 위	권 리	권리자	일자	권리내용
1	임차권	A	2001. 5.	채권액 3,000만원, 배당요구
2	가압류	B	2002. 4.	채권액 5,000만원
3	근저당권	C	2002. 8.	
4	임의경매신청	A	2004. 1.	근저당권에 터잡아
5	매수인	D	2004. 5	

위 사례에서 A의 임차권은 대항력 있는 임차권이지만 매각대금에서 위 보증금을 전액 변제 받는다면 소멸하겠지만 보증금의 일부라도 변제 받지 못한다면 그 변제 받지 못한 금액만큼은 매수인이 변제해 주어야 한다.

〈사례연구 5〉 [경매절차에서 채권신고를 하지 않은 임차권등기권자의 배당순위]

대법원 2005다33039 판결【배당이의】

【사실관계】

- 1996.12.12 갑은 을의 주택을 7백만원에 임차
- 1999.7.27 갑은 임대차계약서에 확정일자를 취득
- 1999.8.31 A은행은 을의 주택에 12백만원의 근저당권을 설정
- 1999.11.11 갑은 을의 주택에 임차권등기명령에 의한 임차권등기를 함
- 2002.10.15 A은행이 경매를 진행하였으나, 갑은 채권신고를 하지 않음
- 2004.3.2 배당기일에 갑은 을로부터 받지 못한 보증금 3백만원에 대하여 우선변제권을 주장하고, A은행은 이에 동의하지 않음

【판결요지】

1) 임차권등기명령에 의하여 임차권등기를 한 임차인은 우선변제권을 가지며, 위 임차권등기는 임차인으로 하여금 기왕의 대항력이나 우선변제권을 유지하도록 해 주는 담보적 기능을 주목적으로 하고 있으므로, 위 임차권등기가 첫 경매개시결정등기 전에 등기된 경우, 배당 받을 채권자의 범위에 관하여 규정하고 있는 민사집행법 제148조 제4호의 "저당권 · 전세권, 그 밖의 우선변제청구권으로서 첫 경매개시결정 등기 전에 등기되었고 매각으로 소멸하는 것을 가진 채권자"에 준하여, 그 임차인은 별도로 배당요구를 하지 않아도 당연히 배당 받을 채권자에 속하는 것으로 보아야 한다.
2) 갑은 임차권등기가 있으므로 경매절차에서 채권신고를 하지 않아도 당연히 배당 받을 권리가 인정되는 채권자이므로 갑의 임차보증금이 A은행의 근저당권보다 우선권이 있다.

【해 설】

1. 주택임대차보호법 제3조의3 제5항은 "임차권등기명령의 집행에 의한 임차권등기가 경료되면 임차인은 제3조 제1항의 규정에 의한 대항력 및제3조의2 제2항의 규정에 의한 우선변제권을 취득한다. 다만, 임차인이 임차권등기 이전에 이미 대항력 또는 우선변제권을 취득한 경우에는 그 대항력 또는 우선변제권은 그대로 유지되며, 임차권등기 이후에는 제3조 제1항의 대항요건을 상실하더라도 이미 취득한 대항력 또는 우선변제권을 상실하지 아니한다."라고 규정하고 있고, 같은 법 제3조의5는 "임차권은 임차주택에 대하여 민사집행법에 의한 경매가 행하여진 경우에는 그 임차주택의 경락에 의하여 소멸한다. 다만, 보증금이 전액 변제되지 아니한 대항력이 있는 임차권은 그러하지 아니하다."라고 규정하고 있으므로,
2. 임차권등기명령에 의하여 임차권등기를 한 임차인은 우선변제권을 가지며, 위 임차권등기는 임차인으로 하여금 기왕의 대항력이나 우선변제권을 유지하도록 해 주는 담보적 기능을 주목적으로 하고 있으므로(대법원 2005. 6. 9. 선고 2005다4529 판결 참조), 위 임차권등기가 첫 경매개시결정등기 전에 등기된 경우, 배당 받을 채권자의 범위에 관하여 규정하고 있는 민사집행법 제148조 제4호의 "저당권 · 전세권, 그 밖의 우선변제청구권으로서 첫 경매개시결정 등기 전에 등기되었고 매각으로 소멸하는 것을 가진 채권자"에 준하여, 그 임차인은 별도로 배당요구를 하지 않아도 당연히 배당 받을 채권자에 속하는 것으로 보아야 한다.

〈사례연구 6〉 [임대차등기와 임차권등기명령에 의한 임대차등기와의 차이]

[질의] 민법 제621조에는 임대인과 임차인이 합의하여 임대차등기를 할 수 있도록 되어 있습니다. 그렇다면 주택임대차보호법에서 규정한 임차권등기명령에 의한 임대차등기와는 어떠한 차이가 있는지?

[답변] 주택임대차보호법 제3조의3 제1항에 의하면 "임대차가 종료된 후 보증금을 반환 받지 못한 임차인은 임차주택의 소재지를 관할하는 지방법원·지방법원지원 또는 시·군 법원에 임차권등기명령을 신청할 수 있다."라고 규정하고 있으며, 민법 제621조 제1항에 의하면 "부동산임차인은 당사자간에 반대약정이 없으면 임대인에 대하여 그 임대차등기절차에 협력할 것을 청구할 수 있다."라고 규정하고 있습니다.

그리고 주택임대차보호법 제3조의3 제5항에 의하면 "임차권등기명령의 집행에 의한 임차권등기가 경료되면 임차인은 제3조 제1항의 규정에 의한 대항력 및 제3조의2 제2항의 규정에 의한 우선변제권을 취득한다. 다만, 임차인이 임차권등기 이전에 이미 대항력 또는 우선변제권을 취득한 경우에는 그 대항력 또는 우선변제권은 그대로 유지되며, 임차권등기 이후에는 제3조 제1항의 대항요건을 상실하더라도 이미 취득한 대항력 또는 우선변제권을 상실하지 아니한다."라고 규정하고 있으며, 민법 제621조 제2항에 의하면 "부동산임대차를 등기한 때에는 그때부터 제3자에 대하여 효력이 생긴다."라고 규정하고 있습니다.

주택임대차보호법상의 임차권등기명령에 의한 주택임차권등기는 그 대상이 주택임대차에 한정되어 있고, 임대인의 동의 없이 법원의 결정을 받아 단독으로 등기를 할 수 있으나, 민법 제621조에 의한 임차권등기는 그 대상이 모든 부동산임대차이고, 당사자간에 반대약정이 있으면 그 등기절차에 협력할 것을 청구할 수 없다는 점 등에서 차이가 있습니다. 또한, 그 효력에 있어서도 양자가 모두 경매신청권이 없는 점에서는 동일하지만, 주택임차권등기는 대항력 또는 우선변제권의 취득·유지의 효력이 인정되지만, 민법 제621조에 의한 임차권등기는 제3자에 대한 대항력만 인정되고 우선변제권은 인정되지 않는 것으로 보아야 할 것입니다.

민법 제621조에 의한 임차권등기에 관하여 판례를 보면, "등기된 임차권에는 용익권적 권능 외에 임차보증금반환채권에 대한 담보권적 권능이 있고, 임대차기간이 종료되면 용익권적 권능은 임차권등기의 말소등기 없이도 곧바로 소멸하나 담보권적 권능은 곧바로 소멸하지 않는다고 할 것이어서, 임차권자는 임대차기간이 종료한 후에도 임차보증금을 반환 받기까지는 임대인이나 그 승계인에 대하여 임차권등기의 말소를 거부할 수 있다고 할 것이고, 따라서 임차권등기가 원인 없이 말소된 때에는 그 방해를 배제하기 위한 청구를 할 수 있다."라고 하고 있습니다(대법원 2002. 2. 26. 선고 99다67079 판결).

그런데 주택임대차보호법 제3조의4 제1항은 민법의 규정에 의한 주택임차권등기의 효력에 관하여 "제3조의3 제5항 및 제6항의 규정은 민법 제621조의 규정에 의한 주택임대차등기의 효력에 관하여 이를 준용한다."라고 규정하고 있으며, 주택임대차보호법 제3조의4 제2항은 "임차인이 대항력 또는 우선변제권을 갖추고 민법 제621조 제1항의 규정에 의하여 임대인의 협력을 얻어 임대차등기를 신청하는 경우에는 신청서에 부동산등기법 제156조에 규정된 사항 외에 ① 주민등록을 마친 날, ② 임차주택을 점유한 날, ③임대차계약서상의 확정일자를 받은 날을 기재하여야 하며, 이를 증명할 수 있는 서면(임대차의 목적이 주택의 일부분인 경우에는 해당 부분의 도면을 포함)을 첨부하여야 한다."라고 규정하고 있습니다.

따라서 주택에 대하여 임대인의 협력을 얻어 주택임대차보호법 제3조의4 규정에 따라 등기한 경우에는 주택임차권등기명령에 의하여 등기한 경우와 그 효력이 동일하게 될 것입니다.

참고로 2002년 11월 1일부터 시행된 상가건물임대차보호법에 의하면 주택임대차보호법과 같이 일정금액의 보증금 등에 대하여는 그와 유사한 보호규정을 두고 있으며, 임대차가 종료된 후 보증금을 반환 받지 못한 임차인은 임차건물의 소재지를 관할하는 지방법원, 지방법원지원 또는 시·군법원에 임차권등기명령을 신청할 수 있도록 규정하고 있습니다.(상가건물임대차보호법 제6조)

〈사례연구 7〉 [상가건물임대차보호법적용 임차권등기명령]

제6조 (임차권등기명령) ① 임대차가 종료된 후 보증금을 반환 받지 못한 임차인은 임차건물의 소재지를 관할하는 지방법원·지방법원지원 또는 시·군법원에 임차권등기명령을 신청할 수 있다.

② 임차권등기명령의 신청에는 다음 각호의 사항을 기재하여야 하며, 신청의 이유 및 임차권등기의 원인이 된 사실은 이를 소명하여야 한다.

1. 신청의 취지 및 이유
2. 임대차의 목적인 건물(임대차의 목적이 건물의 일부분인 경우에는 그 도면을 첨부한다)
3. 임차권등기의 원인이 된 사실

③ 중 략

④ 임차권등기명령신청을 기각하는 결정에 대하여 임차인은 항고할 수 있다.

⑤ 임차권등기명령의 집행에 의한 임차권등기가 경료되면 임차인은 제3조제1항의 규정에 의한 대항력 및 제5조제2항의 규정에 의한 우선변제권을 취득한다. 다만, 임차인이 임차권등기 이전에 이미 대항력 또는 우선변제권을 취득한 경우에는 그 대항력 또는 우선변제권이 그대로 유지되며, 임차권등기 이후에는 제3조제1항의 대항요건을 상실하더라도 이미 취득한 대항력 또는 우선변제권을 상실하지 아니한다.

⑥ 임차권등기명령의 집행에 의한 임차권등기가 경료된 건물(임대차의 목적이 건물의 일부분인 경우에는 해당 부분에 한한다)을 그 이후에 임차한 임차인은 제14조의 규정에 의한 우선변제를 받을 권리가 없다.

⑦ 임차권등기의 촉탁, 등기관의 임차권등기 기입 등 임차권등기명령의 시행에 관하여 필요한 사항은 대법원규칙으로 정한다.

⑧ 임차인은 제1항의 규정에 의한 임차권등기명령의 신청 및 그에 따른 임차권등기와 관련하여 소요된 비용을 임대인에게 청구할 수 있다.

〈사례연구 8〉 [임차권등기명령제도]

1. 임차권등기명령절차

임차권등기명령절차는 임대차 종료 후 보증금을 반환받지 못한 임차인에게 단독으로 임차권등기를 경료할 수 있도록 함으로써 자유롭게 주거를 이전할 수 있는 기회를 보장하기 위한 절차를 말한다.

① 제도의 취지

임차권등기명령제도의 신설이유를 보면 다음과 같다. 『최근 경제사정의 악화로 임대차가 종료되었음에도 임차인이 임대인으로부터 임차보증금을 받지 못하는 경우가 빈발하고, 근무지 변경 등으로 이주할 필요가 있는 경우에도 보증금을 반환받지 못할 것을 우려한 나머지 이주를 못하고 주민등록을 이전할 수 없어 부부가 별거를 하거나 자녀들을 전학시키지 못하는 상황이 속출하는 등 기존 임대차제도의 문제점이 나타남에 따라, 임차인이 단독으로 임차권등기를 할 수 있도록 임차권등기명령제도를 도입함으로써 사회적약자인 임차인의 권익보호에 충실을 기하는 등 현행제도의 운영상 나타난 일부 미비점을 개선 보완하려는 것』이다.

즉, 임대차가 종료된 후 임차인이 보증금을 받지 못하고 다른 곳으로 이사가거나 주민등록을 전출할 경우, 종래에는 대항력과 우선변제권을 상실하게 되어 보증금을 반환 받는 것이 사실상 어렵게 되는 문제점이 있었다. 따라서 개정 주택임대차보호법에서는 임대차가 종료된 후 보증금을 반환 받지 못한 임차인을 보호하기 위하여 임차권등기명령제도를 도입, 임차인이 단독으로 임차권등기명령을 신청할 수 있는 권리를 인정하는 한편, 임차권등기의 효력을 강화함으로써 임차인이 자유롭게 주거를 이전할 수 있도록 하였다(법 제3조의 3 제1항, 제3조의4). 따라서 임차인이 당해 주택을 떠나서도 다른 권리자보다 우선하여 보증금의 반환을 받을 수 있도록 한 것이다.

② 관할법원

임대차가 종료된 후 보증금을 반환 받지 못한 임차인은 임차주택의 소재지를 관할하는 지방법원·지방법원지원 또는 시·군법원에 임차권등기명령을 신청할 수 있다(법 제3조의 3 제1항).

2. 임차권등기명령의 효과

① 우선변제권의 취득 임차권등기명령의 집행에 의한 임차권등기가 경료되면 등기와 동시에 임차인은 제3조 제1항의 규정에 의한 대항력 및 제3조의 2 제2항의 규정에 의한 우선변제권을 취득한다. 만일, 임차인이 임차권등기 이전에 이미 대항력 또는 우선변제권을 취득한 자인 경우에는 종전의 대항력과 우선변제권을 그대로 유지하며, 임차권등기 이후에는 주택의 점유와 주민등록이라는 대항요건을 갖추지 아니하더라도 임차인이 종전에 가지고 있던 대항력과 우선변제권을 상실하지 아니한다(동조 제5항). 그러나 임차인이 대항력과 우선변제권을 취득하지 못한 상태에서 임차권등기가 경료되는 경우에는 임차권등기명령의 효력이 발생하는 등기시점을 기준으로 대항력 및 우선변제권의 취득 여부를 판단하기 때문에 임차인이 임차권등기를 마치더라도 경매절차에서의 경락인에게 대항하지 못하거나 선순위저당권자 등의 담보권자에 우선하여 배당을 받지 못하는 경우도 있을 수 있다. 예컨대 임차권등기시에 이미 임차주택에 저당권 등의 담보권이 설정되어 있는 경우에는 임차인은 임차권등기를 하더라도 담보권 실행을 위한 경매절차에서 경락을 받은 경락인에게 대항하거나 이미 설정된 저당권자 등의 담보권자에 우선하여 배당을 받을 수 없다. 한편, 임차권등기는 현행 가압류와 비슷한 효력을 가지므로 집주인은 재산권행사에 불이익을 가져올 수도 있다.

② 임차권등기명령의 효력발생시기

임차권등기명령은 판결에 의한 때에는 선고를 한 때에, 결정에 의한 때에는 상당한 방법으로 임대인에게 고지를 한 때에 그 효력이 발생한다.

③ 소액임차인의 우선변제권 배제

임차권등기명령의 집행에 의한 임차권등기가 경료된 주택(임대차의 목적이 주택의 일부분인 경우에는 해당부분에 한한다)을 그 이후에 임차한 임차인은 주택임대차보호법 제8조의 규정에 의한 우선변제를 받을 권리가 없다(법 제3조의 3 제6항). 이는 임차권등기를 경료한 임차인은 물론 선순위 담보권자를 비롯한 선순위권리자의 권리를 보호하기 위함이다.

임차인은 임차권등기명령의 신청 및 그에 따른 임차권등기와 관련하여 소요된 비용을 임대인에게 청구할 수 있다.(법 제3조의 3제8항)

33-3. 공유물분할

지분 경매 시 공유지분을 매수하여 공유물분할 청구 소송 후 높은 수익을 올리는 사례가 다수 발견된다. 공유지분 경매 시 공유자의 우선매수신고 하는 사례가 자주 보인다.

공유지분경매는 시가보다 상당히 저렴하게 낙찰되고 있고, 향후 공유물분할청구권을 행사하면 법원에서는 통상적으로 매각분할을 하기 때문에 공유자 모두에게 손실로 이어지므로 공유자간에 매매 협의가 그다지 어렵지만은 않은 것이다. 또한, 금융기관에서 융자 시 공유자 전원의 담보제공을 요구하므로 상당한 가격으로 되팔 수도 있어 의외의 고수입을 올릴 수도 있다.

〈사례연구 1〉 [공유물분할]

공 유 물 분 할

청구의 취지

① 별지목록기재부동산을 경매에 부쳐 그 대금에서 경매비용 등을 공제한 나머지 금액을 원고에게 2분의 1, 피고 ○○○에게 2분의 1의 비율로 분배한다.
② 소송비용은 피고의 부담으로 한다라는 판결을 구합니다.

청구의 원인

① 피고는 소외 ○○○와 별지목록기재부동산을 소유하고 있던 중 소외 ○○○의 지분에 대하여 창원지방법원으로부터 경매절차가 진행되었고, 원고는 위 경매절차에 응찰하여 최고가 매수신고인으로 결정되어 별지목록기재부동산의 2분의 1에 대한 소유지분을 취득하게 되었습니다.

갑 제1호 증(부동산등기부등본)

② 그러나 별지목록기재부동산은 공유로 지분등기가 되어 있는 관계로 현실적(토지상에 피고 및 원고의 소유 건물이 존재하고 있음)으로 독립적으로 사용하기 곤란한 토지입니다.
특히, 별지목록기재부동산은 창원시건축조례 제73조(건축물이 있는 대지의 분할제한) 제1항 5호에 의하여 분할면적 330㎡의 이하에 해당되므로 분할 자체가 불가능한 토지입니다.

갑 제2호 증(창원시건축조례 규정)

③ 따라서 원고는 피고에 대하여 경매에 의한 분할에 응할 것을 청구하며, 청구의 취지와 같은 판결을 구하고저 본 신청을 합니다.

창 원 지 방 법 원

조 정 조 서

사건 2006가단38843

원고(주)

〈사례연구 2〉 [공유물분할 관련 판례]

대법원 1999. 6. 11. 선고 99다6746 판결 【공유물분할】

【판시사항】

[1] 공유물분할의 소에 있어서 공유물의 분할방법

[2] 공유물분할의 소에 있어서 분할대상 목적물의 특정 부분만 도로에 접하여 다른 부분에 비하여 그 경제적 효용가치가 많음에도 분할 부분의 어느 한쪽을 도로변으로 치우치도록 하는 방법으로 현물 분할하는 경우에는 경제적 가치가 지분비율에 상응하도록 분할하여야 하며, 그 목적물이 상업지역으로 지정되어 현물 분할할 경우 그 분할 부분의 어느 한쪽이 건축법상 상업지역의 건축물 대지면적의 최소한도 이하의 면적이 된다면 대금분할의 방법으로 분할하여야 한다고 본 사례

〈사례연구 3〉 [공유부동산의 저당권취득]

[질의] 부동산의 공유지분상에 저당권을 설정하고자 할 경우 유의사항은 무엇인가?

[답변] 은행으로서는 가능한 한 공유자 전원의 협력을 얻어서 전원의 지분 전부에 저당권을 취득하거나 채무자로 하여금 목적물의 분할을 청구하도록 하여 분할된 후의 독립된 물건에 저당권을 취득하는 것이 바람직하다. 부득이하게 공유지분을 담보로 취득하는 경우는 다른 공유자의 위치확인서를 받는 등 후일 담보권행사상 분쟁을 방지하는 조치를 취하여야 한다.

【해설】

1. 공동소유

여러 사람이 한 개의 물건을 공동으로 소유하는 것을 「공동소유」라고 한다. 공동소유에도 그 다수인 사이의 인적결합 관계의 정도에 따라 공유·합유·총유의 3가지 형태가 민법상 인정되고 있다. 「총유」는 단체가 목적물의 관리처분권능을 가지고 구성원들은 일정한 범위 내에서 사용·수익권능을 인정함으로써 단체주의적인 성격을 가진다. 「합유」는 이른바 조합형태의 소유형태로서 지분의 양도나 분할의 청구 등에 있어서 제한을 받는다.

2. 공유

공동소유자 사이에 아무런 인적결합관계 내지 단체적 통제가 없고 목적물에 대한 각 공유자의 지배권은 완전히 자유롭고 독립적이며, 다만 목적물이 동일하기 때문에 그 행사에 제약을 받는다. 각자가 가지는 지배권능을 '지분'이라 하고 그 지분은 자유로이 처분할 수 있고, 언제든지 분할 청구하여 단독 소유할 수 있는 개인주의적인 공동소유의 형태이다.

가. 공유관계의 성립

물건이 지분에 의하여 수인의 소유로 된 때에는 공유로 한다(민법 제262조제1항). 이 지분은 각 공유자가 목적물에 대하여 가지는 소유의 비율을 의미하고 법률의 규정이나 법률행위에 의하여 성립한다.

나. 공유지분

1) 지분비율

각 공유자의 지분비율은 법률규정이나 공유자의 의사표시에 의하여 정하여지나 지분비율에 특별한 정함이 없는 경우에는 공유자의 지분은 균등한 것으로 추정한다(민법 제262조제2항). 부동산의 공유에 있어서는 지분에 관한 공유자 사이의 약정은 이를 등기하지 아니하면 제3자에게 대항할 수 없고 제3자와의 관계에 있어서는 균등한 것이 된다(부동산등기법 제44조).

2) 지분의 처분

지분권은 하나의 독립된 소유권의 성질을 가지므로 각 공유자는 자신의 지분권을 자유로이 처분할 수 있다. 즉 다른 공유자의 동의없이 그 지분을 양도·담보제공·포기할 수 있다.

3) 공유물의 사용·수익

공유자는 공유물 전부를 지분의 비율로 사용·수익할 수 있다(민법 제263조). 또한 공유물의 관리·비용·세금 등의 의무는 지분의 비율로 부담한다.

다. 공유자 사이의 관계

1) 공유물의 보존·관리

공유자는 공유물관리에 관한 사항을 공유자 지분의 과반수로써 결정하고 보존행위는 각자 할 수 있다(민법 제265조).

2) 공유물의 변경·처분

공유물의 변경이나 처분은 다른 공유자의 동의 없이 할 수 있다.

라. 공유물의 분할

공유자는 공유물의 분할을 청구할 수 있다. 그러나 5년 내의 기간으로 분할하지 아니할 것으로 약정할 수 있다. 계약을 갱신한 때에는 그 기간은 갱신한 날로부터 5년을 넘지 못한다(민법 제268조 제1항 제2항).

3. 유의사항

공유지분이라는 것은 하나의 소유권의 분량적 일부일 뿐이어서 지분의 목적이 부분적, 장소적으로 특정되어 있는 것이 아니기 때문에 1인의 공유지분에만 저당권을 취득하여서는 그 실행이 용이하지 않다. 따라서 은행으로서는 가능한 한 공유자 전원의 협력을 얻어서 전원의 지분 전부에 저당권을 취득하거나 그것이 불가능하면 채무자로 하여금 목적물의 분할을 청구하도록 하여 분할된 후의 독립된 물건에 저당권을 취득하는 것이 바람직하다.

☞ **참고 : 공유와 합유의 비교**

종 류	공 유	합 유
인적결합의 형태	개인주의적 성향이 강함	조합의 소유형태로서 공유와 총유의 중간단계
지분의 처분	다른 지분권자의 동의없이 각 지분권자는 처분·담보·상속·양도 가능함.	전원의 동의가 있을 때 지분 처분 가능함.
목적물의 분할 청구	① 각 공유자는 언제든지 분할을 청구하여 공유관계를 종료시킬 수 있음. ② 분할금지 특약을 할 수 있음.	① 분할은 조합체가 해산한 때 가능함. ② 분할청구는 전원의 동의가 있어도 할 수 없음
목적물의 처분 변경·관리	① 처분·변경은 전원의 동의 ② 관리행위는 과반수의 동의	처분·변경은 전원의 동의
공유물의 사용·수익	지분의 비율에 따라 사용·수익	조합계약 기타 규약의 정함에 따라 사용·수익

〈사례연구 4〉 [공유부동산 담보 취득]

(1) 공유부동산은 공유자 전원의 지분에 저당권을 설정하거나 저당목적물을 분할 등기한 후의 독립 물건에 대하여 저당권을 설정한다. 그러나 부득이하게 공유지분권을 담보로 취득하는 경우에는 다른 공유자의 위치확인서를 받는 등 후일 담보권 행사상 분쟁을 방지하는 조치를 취하여야 한다.

☞ 토지가 공유인 경우로서 지상에 등기된 건물이 각각 소재하거나, 건축 중에 있는 경우의 위치확인은 건축물대장의 도면이나 적법한 건축허가 도면으로 확인 할 수 있음.

(2) 공유부동산의 경우 각 공유자는 다른 공유자의 동의 없이 그 지분을 처분할 수 있으므로 (민법 제263조) 공유지분을 목적으로 하는 저당권 설정은 가능하나, 공유지분은 하나의 소유권의 분량적 일부일 뿐 그 지분이 부분적, 장소적으로 측정되어 있지 않아 채권회수를 위한 담보권 실행 시 환가성이 제한될 가능성이 큼에 유의하여야 한다.

〈사례연구 5〉 [공동소유]

민법 제3절 공동소유

제262조 (물건의 공유) ① 물건이 지분에 의하여 수인의 소유로 된 때에는 공유로 한다.
② 공유자의 지분은 균등한 것으로 추정한다.

제263조 (공유지분의 처분과 공유물의 사용, 수익) 공유자는 그 지분을 처분할 수 있고 공유물 전부를 지분의 비율로 사용, 수익할 수 있다.

제264조 (공유물의 처분, 변경) 공유자는 다른 공유자의 동의없이 공유물을 처분하거나 변경하지 못한다.

제265조 (공유물의 관리, 보존) 공유물의 관리에 관한 사항은 공유자의 지분의 과반수로써 결정한다. 그러나 보존행위는 각자가 할 수 있다.

제266조 (공유물의 부담) ① 공유자는 그 지분의 비율로 공유물의 관리비용 기타 의무를 부담한다.
② 공유자가 1년 이상 전항의 의무이행을 지체한 때에는 다른 공유자는 상당한 가액으로 지분을 매수할 수 있다.

제267조 (지분 포기 등의 경우의 귀속) 공유자가 그 지분을 포기하거나 상속인없이 사망한 때에는 그 지분은 다른 공유자에게 각 지분의 비율로 귀속한다.

제268조 (공유물의 분할청구) ① 공유자는 공유물의 분할을 청구할 수 있다. 그러나 5년 내의 기간으로 분할하지 아니할 것을 약정할 수 있다.
② 전항의 계약을 갱신한 때에는 그 기간은 갱신한 날로부터 5년을 넘지 못한다.
③전2항의 규정은 제215조, 제239조의 공유물에는 적용하지 아니한다.

제269조 (분할의 방법) ① 분할의 방법에 관하여 협의가 성립되지 아니한 때에는 공유자는 법원에 그 분할을 청구할 수 있다.
② 현물로 분할할 수 없거나 분할로 인하여 현저히 그 가액이 감손될 염려가 있는 때에는 법원은 물건의 경매를 명할 수 있다.

제270조 (분할로 인한 담보책임) 공유자는 다른 공유자가 분할로 인하여 취득한 물건에 대하여 그 지분의 비율로 매도인과 동일한 담보책임이 있다.

〈사례연구 6〉 [일부 지분에 대한 경매]

【사 례】

○ 甲 - 1필지 전체 단독 소유, 전체에 관하여 근저당설정

○ 근저당권자가 1필지 토지 중 2분의 1 지분에 대하여 경매신청 가능 여부

위 근저당권자가 토지의 일부 지분에 대하여 경매신청을 하는 것이 저당권일부실행금지의 원칙에 비추어 허용되는지 여부가 문제된다. 그리고 일부 지분에 관하여 경매신청이 가능한 경우를 살펴보기로 한다.

【검 토】

(1) 허용될 수 없는 경우

甲이 단독으로 토지를 소유하고 있다가 근저당권을 설정한 경우에 근저당권자가 임의로 토지의 일부 지분에 대하여 경매신청을 하는 것은 일부 지분에 대하여만 경매신청을 하여야 특별한 사정을 소명하지 않는 한 저당권일부실행금지의 원칙에 반하여 허용 될 수 없다.

(2) 허용되는 경우

(가) 다만 甲, 乙이 각각 2분의 1 지분씩 토지를 공유하고 있다가 갑, 을이 각자의 지분에 근저당권을 설정한 경우나 甲, 乙이 각각 2분의 1 지분씩 토지를 공유하고 있다가 토지전체를 대상으로 1개의 근저당권설정계약을 체결하고 근저당권설정등기를 한 경우에 甲의 지분 2분의 1만을 대상으로 한 경매신청은 허용된다고 볼 것이다.

(나) 한편 甲이 단독으로 토지를 소유하고 있다가 저당권을 설정한 후 지분 2분의 1을 乙에게 양도하여 甲, 乙이 토지를 공유하는 상태가 된 경우 甲의 지분에 대하여만 경매신청을 하는 것도 허용된다는 설도 있다.

(3) 지분표시 방법

(가) 목적물이 부동산의 지분일 때는 지분표시를 명확히 해주는 것이 좋다. 그렇지 않은 경우 감정평가명령을 받은 감정인이 목적물 전체를 평가하고 그에 따른 감정료 전액을 청구하여 오는 사례가 많았다.

(나) 지분을 표시할 때 '○○○의 지분 전부'라고 표시하는 것보다 '2분의 1 지분'이라고 표시하는 것이 바람직하다. 왜냐하면, 등기부등본 없이 목록만으로 그 지분을 알 수 있도록 특정하는 것이 진행에 있어서 도움이 되기 때문이다.

【결 론】

甲이 단독으로 토지를 소유하고 있다가 근저당권을 설정한 경우에 근저당권자가 임의로 토지의 일부 지분에 대하여 경매신청을 하는 것은 일부 지분에 대하여만 경매신청을 하여야 할 특별한 사정을 소명하지 않는 한 저당권일부실행금지의 원칙에 반하여 허용할 수 없다.

34. 경매부동산 담보취득

34-1. 공장담보

〈사례연구 1〉 [기계·기구 목록기재의 효력]

【질 의】

은행은 기업대출 거래처인 A회사에 대한 대출채권을 보전하기 위하여 A회사 소유의 공장시설 일체에 대하여 공장저당권을 설정 받기로 합의하고 설정등기를 하였다. 그런데 나중에 알고 보니 공장건물에 설치되어 있는 주요기계 중 3점이 저당권설정신청 시에 등기소에 제출한 기계·기구목록에 기재되어 있지 않았다. 이 경우 A은행이 취득한 공장저당권은 기계·기구목록의 기재에서 누락된 주요기계 3점에 대하여 그 효력이 미치는가?

【답 변】

기계기구목록의 기재에서 누락된 주요기계 3점에 대해서는 공장저당권의 효력이 미치지 않는다. 실무상으로 공장저당권을 설정할 경우에는 반드시 공장에 필수적인 기계·기구가 목록에 포함되었는지를 확인하여야 하고 그 기계·기구가 거래처 소유인지 여부도 세심하게 확인하여야 한다.

중 략

따라서 사례의 경우 공장저당권설정의 등기신청 시에 제출한 기계·기구목록의 기재에서 누락된 주요기계 3점에 대하여는 A은행이 취득한 공장저당권의 효력이 미치지 않는다.

〈사례연구 2〉 [기계、기구에 대한 질권과 공장저당권의 우선관계]

【질의】

공장저당권의 목적물인 기계에 질권도 설정되어 있는 경우 저당권과 질권의 우선관계는 어떻게 되는가?

【답변】

기계·기구목록의 제출과 기계의 점유이전 중 먼저 한 쪽이 우선한다.

【해설】

1. 저당권설정이 먼저 된 경우

공장저당권의 목적물인 기계에 대한 저당권과 질권의 우선순위는 양자의 성립요건의 구비순서, 즉 공장저당법 제7조의 규정에 의한 목록에 당해 기계가 기재(등기)된 시점과 질권자에게 당해 기계가 인도된 시점의 선후에 의하여 우선순위가 정해진다. 즉 저당권이 설정되고 목적물인 기계가 공장저당법 제7조 목록에 기재되어 등기가 완료된 후에 질권을 취득한 자는 저당권자에게 자기의 권리를 주장할 수 없고 따라서 기계를 반환할 의무를 진다. 그러나 저당권은 설정되어 있으나 공장저당법 제7조 목록에서 기재되지 않은 기계에 대하여 질권이 설정(점유이전)된 경우에는 저당권자가 그 기계에 대한 저당권의 성립요건을 갖추지 못하였기 때문에 저당권자는 질권자에게 자기의 권리를 주장할 수 없고 기계의 반환을 청구할 수 없다.

2. 질권설정이 먼저 된 경우

반대로 질권이 먼저 설정되어 질권자가 당해 기계를 점유하고 있는 경우에는 그 후에 동일한 기계를 공장저당법 제7조 목록에 기재하여 공장저당권설정등기를 완료하더라도 그 기계는 이미 동산질권의 목적물로서 질권의 효력이 미치고 있으므로 이 기계를 목적으로 하는 공장저당권설정 그 자체가 효력을 발생하지 않는다. 그러나 그 후에 그 기계가 질권자의 점유를 벗어나서 공장의 토지 또는 건물에 설치된 때에는 질권자가 질권의 성립요건인 점유의 계속을 상실한 것이므로 제7조 목록의 기재를 받은 저당권자는 질권자에 대하여 저당권의 우선을 주장할 수 있다.

〈사례연구 3〉 [농지의 공장용지 전용 부담금]

농지(예 : 면적 1,603 ㎡, 대구광역시, 자연녹지)를 공장용지로 전용 시 총 필요경비?

(단위 : 원)

세 목	계 산	금 액
농지전용 부담금	공시지가×30% (한도액 50,000 / ㎡) ×면적 ⇒72,000 원 ×30%×1,603 ㎡	34,624,800원
지역개발공채	1,603㎡/3.3058×1,000원(평당 1,000원) =484,905	480,000원 (5,000원 미만 절삭)
면허세	3종에 해당 1,000 ㎡~ 2,000㎡ 이하 대구광역시	27,000원
기반시설부담금	1,603㎡×20% (녹지 건폐율) = 320.6㎡ (건축)을 신축할 경우 58,000(기반시설표준시설비용) + 0.4(녹지지역 용지전환계수)×2.0(건축물 기반시설유발계수 /공장 업종에 따라 다를 수 있음) × 72,000(개별공시지가)] × (320.6㎡ − 200㎡) ×20% =2,788,272	2,788,272원
합 계		37,920,072원

〈사례연구 4〉 [공장 설립하기 복잡하십니까? 한국산업단지공단 공장설립지원센터]

공장은 산업자원부와 한국산업단지공단(www.kicox.or.kr)홈페이지를 방문하면 고급정보를 접할 수 있다. 공장설립하기 복잡하십니까? 한국산업단지공단 공장설립지원센터로 전화하세요. 70여 개 복잡한 공장설립 관련 법령과 50여 개개 까다로운 공장설립 인·허가업무…… 생각만 해도 복잡하시죠? 공장설립지원센터는 찾아가는 서비스로 오늘도 대한민국 방방곡곡 공장설립을 무료로 돕고 있습니다. 지난 10년간의 공장설립지원 경험을 바탕으로 중소기업의 공장설립 관련절차를 무료로 대행하여 드리고 있습니다.

공장설립 입지상담 및 인·허가 무료대행
전국산업단지 분양 및 입주관련 상담 및 알선
공장설립 관련 자금·환경·세제 관련 안내 등
유관기관 및 정부부처, 지자체와의 연계서비스 제공

창업중소기업에 대한 세액감면

구 분	취득세, 등록세	소득세, 법인세, 재산세
근거법률	조세특례제한법 제119조 제3항 제1호, 제120조 제3항 및 제119조 제3항 제2호	조세특례제한법 제6조 제1항 및 제121조
감면대상	창업중소기업, 창업벤처중소기업, 고용창출형창업기업(수도권 과밀억제권역 내에 소재하는 고용창출형창업기업 제외)	2009.12.31일 이전에 수도권 과밀억제권역 외의 지역에서 창업한 중소기업
감면기간 및 세율	-당해 사업을 영위하기 위하여 창업일로부터 2년 이내에 취득하는 사업용재산에 대하여 취득세, 등록세 면제 -창업중소기업 및 고용창출형창업기업의 법인설립 등기에 대하여 등록세 면제	-최초 소득이 발생한 과세연도와 그 다음 과세연도의 개시일로부터 3년 이내에 종료하는 과세연도까지 발생하는 소득에 대하여 소득세 또는 법인세 50% 감면 -창업중소기업이 당해 사업에 직접 사용하는 사업용재산에 대하여 창업일로부터 5년간 재산세의 50% 감면

〈사례연구 5〉 [공장저당법상의 공장의 의의]

【질 의】

자동차 정비회사에 여신을 취급하면서 그 정비공장에 대하여 공장저당권을 설정하고자 한다. 공장저당권 설정이 가능한가?

【답 변】

공장저당의 설정대상이 되지 아니하므로 공장부동산에 대하여는 일반근저당권을 설정하고, 기계·기구 등에 대하여는 양도담보를 설정하도록 하여야 한다.

【해 설】

1. 공장저당법상의 공장의 정의(공장저당법 제2조)

가. 공장저당의 대상이 되기 위하여는 그 공장이 공장저당법에 규정하고 있는 「공장」의 개념에 속하여야 하고, 그 공장에 기계·기구 등 공장의 공용물이 설치되어 있지 않으면 안된다. 따라서 공장배치법이나 환경보전법이 규정하는 공장에 해당할지라도, 공장저당법 제2조의 공장에 해당하지 않는 한, 공장저당권의 설정대상이 되지 않는다.

나. 공장저당법상의 공장이란 다음의 장소를 말한다.

1) 「물품의 제조·가공」의 목적에 사용하는 장소

① 「물품」이란 유체물만을 가르킨다. 전기, 기타 관리할 수 있는 자연력은 이에 해당하지 아니한다.

② 「제조」란 원재료에 노동력을 가하여 전혀 다른 물건을 만들어 내는 것을 말한다.

③ 「가공」이라 함은 원재료의 동일성을 잃지 않을 정도로 재료에 변경을 가는 것을 말한다.

일용잡화류를 제조하는 곳, 염색공장, 조선회사의 Dock 등은 공장에 해당하고, 등기실무에서는 상당한 기계설비가 되어 있는 양식시설(1999.12.13. 등기 3402-1131 질의회답), 꽃재배시설(2001. 02. 26. 등기3402-141 질의회답), 주유소의 주유기 및 유류저장탱크(1992.06.03. 등기 제1217호) 등에 대하여 토지 또는 건물과 함께 공장저당법 제7조에 의한 근저당권의 목적으로 인정하고 있다.

반면, 물품의 판매를 위한 시설, 물품판매를 위한 창고, 기업체의 순수한 연구소 등은 공장에 해당하지 아니한다. 또한 상당한 정도의 기계시설을 갖추고 있더라도 볼링장과 같은 오락시설 등은 제조·가공을 하지 않으므로 공장이라고 볼 수 없다.

2) 「인쇄나 촬영」의 목적에 사용하는 장소

서적 인쇄공장이나 신문사 인쇄공장은 인쇄의 목적에 사용하는 장소로 공장에 해당한다. 그러나 인쇄하는 장소가 아니라 인쇄된 물건을 중계하거나 판매하는 장소는 공장이 될 수 없다. 촬영의 목적에 사용하는 장소라 함은 영화회사의 촬영소를 말한다. 사진관 또는 극장은 영화의 상영을 목적으로 하는 장소이지 촬영을 목적으로 하는 장소가 아니므로 공장으로 취급되기 어렵다.

3) 「방송」의 목적에 사용하는 장소

방송이란 공중에 대한 무선통신을 의미하고, 유선방송은 포함되지 않는다.

4) 「전기나 가스의 공급」의 목적에 사용하는 장소

전기의 공급에 사용하는 장소란 발전시설, 변전시설과 같이 전기를 발생시켜 수요자에게 이를 공급함에 필요한 일체의 시설을 말한다.

가스의 공급에 사용하는 장소란 가스발생시설, 가스저장시설, 정제시설, 배송기, 압송기 등 가스를 발생하게 하여 수요자에게 이를 공급하는 일체의 시설을 말한다.

2. 공장저당법 제2조에서 말하는 공장에 해당하려면 상기 4가지 유형의 공장 중 하나에 해당하고 「영업을 위한」 장소이어야 한다. 예컨대 직업훈련소의 물품제조가공장소 등은 공장저당의 목적이 되지 아니한다.

3. 사례의 경우

이상의 공장개념에서 볼 때 자동차 정비회사의 정비공장은 물품의 제조·가공의 목적을 위한 장소로 보기 어렵다고 하겠다. 왜냐하면 자동차의 정비는 가공의 개념과는 구별되는 수리에 해당한다고 보는 것이 타당하기 때문이다. 따라서 이러한 경우에는 정비공장의 토지와 건물에 대하여는 일반근저당권을 설정하고, 기계·기구 등에 대하여는 양도담보를 설정하는 것이 정당한 업무처리가 될 것이다.

34-2. 경매부동산과 감정평가

민사집행법 제97조 제1항에 따르면 감정평가사에게 경매부동산을 평가하게 하고 그 평가액을 참작하여 최저매각가격을 정하도록 하고 있으나 실무상 감정평가사의 평가액을 그대로 최저매각가격으로 정하고 있다.

이와 같이 부동산경매에서 최저매각가격제도를 채용하고 있는 취지는 재산으로서 중요성이 인정되는 부동산이 그 실시세보다 훨씬 저가로 매각되게 되면 채무자 또는 소유자의 이익을 해치게 될 뿐만 아니라 채권자에게도 불이익하게 되므로 부동산의 공정하고 타당한 가격을 유지하여 부당하게 염가로 매각되는 것을 방지함과 동시에 목적부동산의 적정한 가격을 표시하여 매수신고를 하려는 사람에게 기준을 제시함으로써 매각이 공정하게 이루어지도록 하고자 함에 있는 것이다(대결 1995.7.29. 95마540).

1. 평가명령과 사본의 비치

평가명령은 임의경매에 있어서는 경매개시결정일부터 3일안에, 강제경매에 있어서는 등기필증 접수일부터 3일 안에 한다. 감정평가사는 감정평가서를 2주 이내에 집행법원에 제출하여야 한다.

감정평가서의 사본은 매각물건명세서·현황조사보고서의 사본과 함께 편철하여 매각기일 또는 입찰기간 개시일 1주 전까지 사건별·기일별로 구분한 후 집행과 사무실 등에 비치하여 매수희망자가 손쉽게 열람할 수 있게 하고 있다. 아울러 기일입찰의 경우 매각기일에도 감정평가서의 사본을 경매법정에 비치하여 열람할 수 있도록 하므로 최종 확인 후에 응찰한다.

2. 평가방법

감정평가사는 경매부동산의 현지에 임하여 부동산의 위치, 형상, 주위환경, 구조 등 제반 사정을 참작하여 객관적으로 공정하고 타당성 있는 방법으로 감정평가하며, 특히 부동산가격공시및감정평가에관한법률과 동법에 따라 위임한 감정평가에관한규칙에 따라 감정 평가하여야 한다.

민사집행법 제121조 제5호는 매각에 관한 이의사유의 하나로서 최저매각가격의 결정에 중대한 하자가 있는 경우를 들고 있는 바, 최저경매가격의 결정에 중대한 하자가 있다고 하려면 그 결정이 법에 정한 절차에 위반하여 이루어지거나 감정평가사의 자격 또는 평가방법에 위법사유가 있어 이에 기초한 결정이 위법한 것으로 되는 등의 사정이 있어야 할 것이고, 단순히 감정평가사의 평가액과 이에 의하여 결정한 최저매각가격이 저렴하다는 사유만으로는 여기에 해당한다고 볼 수 없을 것이지만, 감정에 의하여 산정한 평가액이 감정평가의 일반적 기준에 현저하게 반한다거나 사회통념상 현저하게 부당하다고 인정되는 경우라면 그로써 최저경매가격의 결정에 중대한 하자가 있는 것으로 봄이 상당하다(대결 2000.6.23. 2000마1143).

위와 같은 평가방법을 위반한 부실감정으로 인하여 손해를 입게 된 감정평가의뢰인이나 선의의 제3자는 부동산가격공시및감정평가에관한법률상의 손해배상책임과 민법상의 불법행위로 인한 손해배상책임을 함께 물을 수 있다(대판 1998.9.22. 97다36293).

이 경우 불법행위로 인한 재산상 손해는 위법한 감정이 없었다면 낙찰자가 낙찰 받을 수 있었던 낙찰대금과 실제 지급한 낙찰대금과의 차액이 된다(대판 1998.9.22. 97다36293). 그리고 감정평가의 잘못과 낙찰자의 손해 사이에는 상당인과관계가 있는 것으로 보아야 한다(대판 1998.9.22. 97다36293).

한편 경매절차 진행 중 상당한 기간이 경과하였다 하여 집행법원이 부동산재평가를 하여야 한다 할 수 없다(대결 1971.9.2. 71마533). 또한 최초의 경매가격을 결정한 후 상당한 시일이 경과되고 부동산 가격에 변동이 있다고 하더라도 평가의 전제가 된 중요한 사항이 변경된 경우와 같은 특별한 사정이 없는 한 경매법원이 부동산 가격을 재평가하여야 하는 것은 아니다(대결1998.10.28. 98마1817).

3. 평가대상

감정평가의 대상은 압류의 효력이 미치는 부동산 및 권리이다. 매각부동산 자체, 부합물, 종물, 종 된 권리, 대지권, 미분리 천연과실, 법정지상권 등 부동산상 부담 등이다.

그러나 타인의 권원에 의하여 부속된 것(민법 제256조 단서), 설정행위에 다른 약정이 있는 경우(민법 제358조 단서)에는 평가의 대상이 되지 않는다. 또한 건물을 경매할 경우 부지의 임차권은 매수인에게 양도되는 것으로 보아야 하나, 임대인이 사전에 그 양도에 동의한 경우 그 임차권은 종된 권리로서 평가의 대상이 되지만, 임대인의 동의가 없으면 양도되지 아니하므로(민법 제629조) 이를 평가에서 제외하여야 한다(대판 1993.4.13. 92다24950 참조).

(1) 평가기준

① 건물의 평가를 실지 현상대로 하지 아니하고 등기부상 표시에만 의존하여 한 것은 잘못이다(대결 1968.8.26. 68마798).

② 지상의 미등기건물이 같이 경매되는 경우와 그렇지 아니한 경우는 경매목적물인 그 부지의 평가액에도 영향이 있다 할 것인데 집행법원이 미등기건물을 경매목적물에서 제외하면서 감정인에게 미등기건물이 제외된 경우의 토지평가액의 보정을 명하는 등의 조치를 취하지 아니하고 종전에 제출된 평가서의 미등기건물이 포함된 전체 평가액에서 미등기건물의 가액만을 공제하고 최저경매가격을 정한 것은 최저경매가격결정에 중대한 하자가 있다(대결 1991.12.27. 91마608).

③ 근저당권의 채권최고액은 그 목적 부동산의 시가에 미치지 못함이 일반적이라 할 것임에도 그 평가 기준일로부터 5년여 전에 설정된 근저당권의 채권최고액이 이미 감정평가액을 초과하고 있고, 그 이후에도 수차에 걸쳐 그 평가액을 넘는 금액을 채권최고액으로 하는 근저당권이 추가로 설정되었으며, 개별공시지가에 따라 계산한 토지의 가격이 감정평가액의 수배에 달 할 뿐 아니라, 실제 매매 사례 또한 그 감정평가액을 훨씬 초과하는 점에 비추어, 그 감정평가는 객관적으로 보아 현저히 부당한 것으로서 이를 그대로 최저경매가격으로 결정한 경매법원의 결정에는 중대한 하자가 있다(대결 1995.7.12. 95마453).

④ 부동산에 관한 등록세 과세표준표는 등록세 과세의 표준을 정하기 위하여 지역별, 지목별 건물의 종류별, 구조별 등으로 구분하여 일반적으로 시가표준액을 정하는 것이고 구체적으로 개개의 부동산의 시가를 평가하는 것은 아니므로 경매법원이 명한 감정인의 평가액이 위 표준표의 금액보다 소액일 때에는 위 표준표에 의한 시가에 의하여야 한다는 논지는 독자적 견해에 불과하다(대결 1965.1.25. 64마1059).

⑤ 경매실무에 있어 경매목적부동산에 관한 임대차 여부를 조사하고 그 유무를 경매공고에 표시하도록 한 취지는 경매인에게 그런 사유를 알리고 또 응찰가액을 정함에 있어 참고하라는 뜻에 지나지 아니한다고 할 것으로 임대보증금을 공제하고 경매목적 부동산의 가액을 평가한다고는 볼 수 없다(대판1985.5.28. 84다카1890).

(2) 누락한 경우

① 일부 경매대상 물건이 감정평가에서 누락되었다 하더라도 감정인의 총평가액과 누락부분의 가액, 후순위 근저당권자의 배당가능성 등을 고려하여 그 누락부분이 낙찰을 허가하지 아니하여야 할 정도로 중대한 것인 경우에만 최저경매가격의 결정에 중대한 하자가 있는 것으로 판단될 수 있다(대결2000.11.2. 2000마3530).

② 경매목적물위의 증축부분에 대한 평가를 누락한 평가액을 최저경매가격으로 하여 공고된 경매기일공고는 위법임을 면할 수 없고 이 위법한 공고를 전제로 한 경락허가결정 역시 위법한 것이라 할 것이다(대결 1969.8.26. 69마80).

③ 경매대상 토지인 임야가 도시계획상 자연녹지지역 내에 설치된 공원으로서 그 사용・수익에 있어서 공법상의 제한이 있다고 하여도 그 지상에 식재된 수목이 경제적 가치를 가지지 않는 것은 아니므로, 경매법원으로서는 마땅히 위 수목의 가액을 포함하여 경매 대상이 된 임야의 가액을 평가하여야 함에도 불구하고 위 수목의 가액을 제외시킨 채 오직 토지가격만을 평가하여 이를 그대로 최저입찰가격으로 결정한 것은 그 가격결정에 중대한 하자가 있는 경우에 해당하여 매각을 불허하여야 한다(대결 1998.10.28. 98마1817).

④ 감정평가사가 경매부동산 중 창고의 가액을 평가함에 있어서 그 면적을 실제의 면적인 1449㎡로 사정하여야 할 것을 등 기부상의 면적인 1403.96㎡로 사정하여 이를 기준으로 산정함으로써 결과적으로 실제보다 금 11,034,800원이 낮은 가격으로 평가하고, 이를 기초로 경매부동산의 전체가액을 평가한 보고서를 경매법원에 제출하였고, 경매법원은 감정인의 이러한 평가 상의 잘못을 발견하지 못한 채 감정인이 평가한 가액을 그대로 최저경매가격으로 결정하여 경매를 진행시켰다면 경매법원의 조처에는 민사집행법 제268조, 제121조 제5호 소정의 위법사유가 있다(대결 1993.9.15. 93마1065).

(3) 종물

민법 제358조의 규정에 의하여 저당권의 효력은 법률 또는 설정행위로 인한 특별사정이 없는 한 저당부동산의 종물에 당연히 미친다고 할 것이고, 그 종물은 저당권설정 전부터 존재하였던 것뿐만 아니라 그 설정등기 후에 새로이 생긴 것도 포함한다고 할 것인즉, 그 저당권의 실행에 있어 경매법원이 본래의 저당목적물과 그 종물들은 각별히 평가하여 이를 일괄하여 경매에 부하였다하여 그것을 불법이라 할 수 없다(대결 1971.12.10. 71마757).

(4) 구분소유적 공유물

1동의 건물 중 위치 및 면적이 특정되고 구조상 및 이용상 독립성이 있는 일부분씩을 2인 이상이 구분소유하기로 하는 약정을 하고 등기만은 편의상 각 구분소유의 면적에 해당하는 비율로 공유지분등기를 하여 놓은 경우 공유자들 사이에 상호 명의 신탁관계에 있는 이른바 구분소유적 공유관계에 해당하고, 낙찰에 의한 소유권취득은 성질상 승계취득이어서 1동의 건물 중 특정부분에 대한 구분소유적 공유관계를 표상하는 공유지분을 목적으로 하는 근저당권이 설정된 후 그 근저당권의 실행에 의하여 위 공유지분을 취득한 낙찰자는 구분소유적 공유지분을 그대로 취득하는 것이므로, 건물에 관한 구분소유적 공유지분에 대한 입찰을 실시하는 집행법원으로서는 감정인에게 위 건물의 지분에 대한 평가가 아닌 특정 구분소유 목적물에 대한 평가를 하게하고 그 평가액을 참작하여 최저입찰가격을 정한 후 입찰을 실시하여야 한다(대결 2001.6.15. 2000마2633).

(5) 환지예정지구

우리의 경험상 환지예정지구내에 편입되어 있는 토지와 그렇지 아니한 토지와는 그 지적평수가 공부에 비하여 증감이 있거나 위치와 경계에 변경이 있기 쉽고 또 그 가격에 있어서도 차이가 있는 것이 통례이므로 이를 감안하지 아니한 평가는 적정한 평가라고 보기 어렵다(대결 1973.9.3. 73마762).

4. 열람과 불복방법

(1) 평가서 열람과 활용

감정평가서는 ㉠감정평가서 표지 ㉡감정평가표 ㉢감정평가명세표 ㉣평가액 산출근거 및 그 결정에 관한 의견 ㉤평가요항표 ㉥위치도 ㉦지적 및 건물개황도 ㉧사진 ㉨기타 부분으로 작성되어 있다. 이 중에서 사건번호, 감정평가액, 조사일자, 구조, 지목(용도), 면적, 금액, 지가변동률, 제요인 비교, 입지요건, 현황, 제시 외 건물에 대한 부분 등은 중점적으로 살펴본다.
지적 및 건물개황도는 지적도나 건물의 개략적인 도면을 첨부하므로 현장답사 시 지적도와 실제 토지의 모양을 비교하여 확인하고, 건물개황도를 통하여 역시 건물의 위치, 모양을 정확하게 확인한다. 그리고 위치도와 사진은 출력하여 현장을 답사할 때 활용한다. 그런데 지적도는 맹지로 보이지만 사진은 맹지가 아닌 것으로 보이는 경우가 있으므로 주의해야 한다.

(2) 감정평가에 대한 불복방법

감정평가사의 평가에 대하여는 직접 불복할 수 없고, 이를 기초로 한 법원의 최저매각가격결정에 대하여 불복하여야 한다. 그리고 재평가사유가 있는데도 불구하고 재평가를 하지 아니한 경우 매각기일 전에는 집행에 관한 이의를 신청할 수 있고(반대설 있음), 매각허가 이후에는 매각허가에 대한 이의 또는 매각허가결정에 대한 항고로 다툴 수 있다(민사집행법 제16조제1항・제121조제5호).

국내 대형 감정평가법인(소속 감정평가사 50명 이상, 영업망 5개 이상 및 납입자본금 10억원 이상)으로는 가람, 동국, 가온, 경일, 나라, 대일에셋, 대한, 대화, 미래새한, 삼창, 에이원, 제일, 중앙코리아, 태평양, 하나글로벌, 프라임, 한국감정원 등 이 있다..

〈사례연구 1〉 [감정 시 각종 면적의 이해]

임대면적	임대 시 임차인이 사용하는 면적
전용면적	현관안쪽의 면적(거실+ 침실+ 식당+ 욕실+ 현관)
주거공용면적	세대별 주거를 위해 공동으로 사용하는 면적(계단+ 엘리베이터)

공급면적	전용면적+ 주거공용면적
기타공용면적	주거 외 공동으로 사용하는 면적(관리사무소, 경비실 등)
계약면적	공급면적+ 기타공용면적
서비스면적	공짜로 사용하도록 공급한 면적
바닥면적	건축면적의 일상적으로 사용하는 면적
건축연면적	바닥면적(보통 베란다제외)의 합계
지상연면적	지상의 바닥면적의 합계
건폐율	지상층 중 가장 넓은 층의 바닥면적(발코니의 면적도 포함됨)의 대지면적에 대한 비율
용적율	건축연면적(대지에 2이상의 건축물이 있는 경우에는 이들 연면적 합계)의 대지면적에 대한 비율

〈사례연구 2〉 [중로(2류) 저촉 등 도로 이해]

토지이용계획확인서 확인도면에 중로 2류 저촉, 소로 1류, 소로 2류 등은 아래를 참고하면 된다.
일반도로 : 폭 4미터 이상도로(자동차가 다닐 수 있는 도로)
보행자 전용도로(폭 1.5미터 이상), 자전거 전용도로(폭 1.1미터 이상)
이외 고가도로, 지하도로, 자동차전용도로 등

〈규모별〉

구 분	분 류	폭	비 고
광로	1류	폭 70미터 이상인 도로	
	2류	폭 50미터 이상 70미터 미만인 도로	창원대로는 50미터 광로
	3류	폭 40미터 이상 50미터 미만인 도로	
대로	1류	폭 35미터 이상 40미터 미만인 도로	
	2류	폭 30미터 이상 35미터 미만인 도로	
	3류	폭 25미터 이상 30미터 미만인 도로	
중로	1류	폭 20미터 이상 25미터 미만인 도로	
	2류	폭 15미터 이상 20미터 미만인 도로	
	3류	폭 12미터 이상 15미터 미만인 도로	
소로	1류	폭 10미터 이상 12미터 미만인 도로	
	2류	폭 8미터 이상 10미터 미만인 도로	
	3류	폭 8미터 미만인 도로	

34－3. 여신사후관리 법률 사례

1	**임의경매 신청 후 경매개시결정등기가 기입된 상태에서 경매 취하 후 신규대출 가능한가?**
	불가. 결산기 도래되어 특정저당권으로 변경된 것으로 간주함. 연기・대환에 대한 언급 및 판례가 없으므로 안전한 업무처리를 위하여 제한적으로 운용. 실무상 신규・대환은 불가, 기존 여신 동일성 유지한 연기만 처리하면 됨
2	**대출 완제 후 2년 경과시점에서 재 대출하려고 하는데 가압류가 있는 경우 근저당권 효력이 있는가?**
	효력 없음. 다만, 가압류자에게 은행이 선순위임을 동의 받는 경우 가능.
3	**타 은행 근저당권을 이전 받아 대출거래 계속 가능한가?**
	가능(근저당권자 변경이 되는 것임). 다만, 계약 양도로 근저당 이전하여 관리해야 하나, 판례 없고 계약 양도용 은행거래 표준 약관이 준비되어 있지 않아 취급에 신중을 기해야 함. 통상 타행 대출금 리파이낸스시 타행 설정 해지 및 당행 신규 설정하여 대출 취급하는 업무에만 매우 익숙한 탓에 실무를 해본 경우가 거의 없음. 실무상으로 채권양도・양수계약서를 별도 작성하여 기존 은행의 채권원인서류 전체를 첨부하여야 하며, 채무자 변경과 같이 근저당권자 변경으로 보면 되고, 대부분 타행 설정일자가 매우 빨라 순위 보전하는 큰 효과는 있음
4	**나대지에 무허가 미등기 건물이 있는 상태에서 대지만 담보 취득 후 소유권이전 된 경우 대처 방안?**
	대지에 대한 경매 진행만 가능하나, 법정지상권이 성립되어 예상 담보가 크게 떨어지게 되어 대지에 대한 경매는 사실상 어렵게 된다. 현실적으로 법원에서 매각제외 후 대지만 경매하여 무허가건물애 대하여는 경매 진행 불가함.
5	**담보제공 물건을 헐고 새로 신축 후 제3자에게 소유권이전시 은행 조치 사항?**
	담보제공자에게 손해배상 청구 이외에 별도 조치수단 없으며, 법정지상권이 최근 부인된 판례가 탄생되어 동 소유자는 향후 대지 낙찰에 적극 나서야 할 것임 (변경된 판례 : 대법원 2003.12.18 선고 98사43601 판결)
6	**양도담보 기계기구를 타 금융기관에서 공장저당 담보록에 포함하여 경매 진행 시 조치 사항?**
	제3자 이의의 소를 제기하여 강제집행 목록에서 분리 해야 한다.
7	**경매 진행 시 전소유자 소유 시 발생된 임금채권에 대하여 임금채권자 배당청구 가능한가?**
	가능. 현 소유주에 대한 임금채권자는 청구 불가.
8	**저당권설정 후 법인으로 소유권이전 시 법인 임금채권자 배당 신청 가능 한가?**
	청구 불가. 저당권 설정 후 소유권이전 받은 소유자의 임금채권까지 예상하여 근저당권 설정은 은행에 무리한 예측을 요구하는 것이기 때문임.
9	**설정 이후 부가가치세 교부 청구가 있는 경우 저당권에 우선하는가?**
	저당권과 국세, 지방세의 우선순위는 저당권 설정등기일과 조세의 법정기일의 선후에 따라 정해진다.

10	**제3자 담보제공 포괄근저당의 경우 부동문자인 계약서상에 서명만 하였음을 이유로 특정저당권을 설정하는 계약이었음을 주장하는 경우?**
	약관규제에관한법률상(개별약정 우선의 원칙, 객관적 해석의 원칙, 작성자불이익 해석의 원칙, 축소해석의 원칙) 특별한 약정이 없는 경우 피담보 채무 범위에 관한 조항을 제한적으로 해석하고 있음. 따라서 포괄근저당권 설정계약을 제한적으로 해석하는 경우가 많으므로 이러한 제한적 해석을 피하기 위해서는 이미 발생된 채무나 보증채무도 피담보채무에 포함하기로 한다는 개별 약정을 맺거나 약정서상에 포괄근저당권임을 확인함 등 간략하게 저당권설정자가 직접 기재하게 하는 방법으로 약정하여야 분쟁을 방지 할 수 있음.
11	**제3자 담보를 포괄근저당권 설정계약에 의하여 취득하였으나 신용보증기금 등이 대위변제 시 포괄근저당권인 점을 들어 저당권 이전을 요구하는 경우?**
	이전해야 됨. 거절하거나 근저당권 해지 시 면책항변을 받을 수 있음. 따라서 제3자 담보 취득 시 보증부대출을 제외한다는 의미의 개별약정을 하거나 특정근저당권으로 운용하여 분쟁의 소지를 예방해야 됨.
12	**면책적채무인수 후 신규대출 취급 시 근저당권에 피담보채무에 포함여부?**
	포함되지 않음. 피담보 채무가 채무인수 시점에 확정되어 근저당권 또한 특정저당권화 된다고 해석됨(연기/대환만 가능). 따라서 계약인수로 채무인수해야 신규대출 취급 시에도 피담보범위에 포함됨.
13	**경매취하 후 채무자의 보증하에 제3자 채무인수를 위하여 제3자 앞으로 신규대출을 하고 그 채무의 담보로 경매 신청하였던 근저당권을 원용 할 수 있는가?**
	원용 안됨. 결산기가 도래된 근저당권의 경우에 경매를 취하한 후 신규로 대출하는 것이 아닌 기존대출을 기한 연장하는 것은 가능한 것으로 해석 할 수도 있으나, 확인된 판례 없음.
14	**부동산에 대한 저당권이나 동산 및 채권에 대한 질권을 설정한 후 담보목적물의 명실 등에 의하여 보험금청구권 손해배상청구권, 환급금청구권이나 동산에 대한 물상대위권과 압류의 필요성 및 시기?**
	채권은 압류, 전부명령을 신청하여 실행하고 동산인 경우에는 담보권 실행을 위한 경매절차에 준하여 경매 절차 진행함, 이 경우 담보권의 존재를 증명하는 서류는 반드시 제출해야 하나 일반채권자의 강제집행의 경우와는 구별되는 것이므로 채무명의를 필요로 하지는 않는다는 것이 대법원 견해임. ☞ 토지수용법 제69조가 담보물권의 목적물이 수용되었을 경우 보상금에 대하여 당해 담보물권을 행사하기 위한 요건으로서 그 지불 전에 압류할 것을 요구하는 이유는 보상금이 소유자의 일반재산에 혼입되기 전까지는 즉 특정성이 유지, 조정되고 있는 한도 안에서 우선변제권을 인정하고자 함에 있음.
15	**아파트나 연립주택에 대하여 대지권이 미등기인 상태에서 저당권을 취득한 후 채무불이행을 이유로 경매를 신청하는 경우 유의 사항?**
	집합건물소유및관리에관한법률 시행(86.4.10일)이후 동법 제20조의 제1항이 적용되어 경락인이 건물(전유부분)과 함께 대지권사용권도 일체적으로 이전 받는다고 해석 할 수도 있을 것으로 보이나 동법 시행 후 설정된 저당권에 대한 판례는 없음. 따라서 전유부문만의 경매에 의하여 채권전액을 회수할 수 없을 것으로 예상될 때에는 경매신청 전에 대지권에 관한 부분을 채권대위에 의한 등기청구 등의 방법으로 대지권에 대한 동기를 경료한 후에 경매를 신청해야 함.

16	**근저당권이 설정된 물건에 건물을 증축하여 타 금융기관에서 근저당권을 설정하였을 경우 건물에 대한 권리는?**
	증축 건물에 대해서는 배당권리가 근저당권자에게 우선하지 못함.
17	**공동저당의 동시배당과 이시배당의 경우**

부동산	경락대금	1순위저당	2순위저당	일반채권자
A	300	공동저당 갑 300	저당권 을 300	
B	200	공동저당 갑 300		병
C	100	공동저당 갑 300		정

- 동시배당의 경우 : 갑 : A→150, B→100, C→50 을 : A →150 병 : B→100 정→ C→50
- 이시배당의 경우
  - ○ A가 먼저 배당되는 경우
    → 갑이 전액 배당되므로 을은 갑을 대위하여 B에서 100 및 C에서 50 배당가능
  - ○ B, C가 먼저 배당되는 경우
    → 갑이 전액 배당 받게 되어 을은 A에서 200을 배당 받을 수 있으나 일반 배당요구채권자인 병, 정은 갑을 대위 할 수 없어 배당 받을 금액이 없음.

18	**근저당권 담보물 개축 후 담보제공 하지 않고 제3자에게 양도하거나, 미등기건물이 있는 대지에 대하여 담보 취득하였으나 건물을 미등기인체로 제3자에게 양도한 경우?**
	법정지상권 성립되는 것으로 해석. 저당권 멸실에 의한 손해배상 청구권을 취득 할 수 있을 것으로 보이나 건물 철거청구가 가능한지에 대해서는 여러 사유로 부정이어서 법정지상권이 성립되는 것으로 해석 될 수 있음.
19	**설정이전 주민등록 전입과 주택의 인도를 마친 후 근저당권 설정 다음에 전세금액을 증액하였을 경우 경락인에게 증액된 금액을 청구 할 수 있는가?**
	증액된 금액을 청구 할 수 없다. 증액금액 인정 시 담보가 하락되어 근저당권자가 불이익을 받기 때문임.
20	**무상임차인 각서를 징구 하였으나 배당에 참가하여 선순위 배당을 받는 경우 조치는?**
	임차인의 배당금교부청구권을 가압류한 후에 임차인을 상대로 손해배상청구소송제기.
21	**임차인이 실수로 전입신고를 다른 호수로 한 경우 대항요건을 취득 할 수 있는가?**
	없음.
22	**동거가족과 함께 임차주택에 대한 점유를 유지하고 있으면서 그 가족은 주민등록을 그대로 둔 채로 임차인만 특별한 사유에 의하여 일시적으로 이전한 경우 대항력이 있는가?**
	대항력 있음.
23	**주택임차인이 본인이 아닌 동거인인 가족명의로 주민등록을 전입한 경우나 대항력있는 임차인으로부터 전대한 전차인이 있는 경우 대항력 있는지?**
	대항력 있음. 주민등록전입은 임차인 본인의 주민등록이 원칙이나 그 배우자나 자녀 등 가족명의의 주민등록도 포함되며 그 점유 또한 본인이 직접 점유함이 원칙이나 전차인 등을 통하여 간접점유 할 수 있음이 대법원 견해임.

24	**명의 신탁자와의 사이에 체결한 주택임대차 보호 되는지?**
	보호됨. 등기부상의 명의수탁자와 다른 사실상의 소유권을 행사하는 자가 있는 경우에 주택에 관하여 적법하게 임대차계약을 체결할 수 있는 권한이 있는 명의 신탁자와의 사이에서 체결한 임대차계약도 유효하고, 주택임대차보호법에 의한 보호도 받을 수 있다 함이 대법원 견해임.
25	**주채무자에 대한 재판상의 청구에 의하여 승소 확정된 후 주 채무자와 보증인에 대한 소멸시효 중단을 위하여 10년경과 직전에 소멸시효중단을 위하여 소송을 제기하는 경우 소멸시효 중단 기간은?**
	주 채무 10년, 보증채무 5년. 대출 채권은 5년의 소멸시효기간이 적용되며, 판결 등에 의하여 확정된 주 채무자에 대한 채권소송제기 시에 중단되고 주 채무자에 대한 소멸시효 중단의 효력은 보증인에게도 미치나 재 진행되는 소멸시효기간은 주 채무자에 대해서는 판결확정일로부터 기산하여 10년의 소멸시효가 적용되나 보증인에 대해서는 당초의 5년의 소멸시효기간이 적용됨.
26	**공시송달로 경매 진행한 경우 공시 시효중단 여부?**
	경매절차의 신속한 진행이라는 목적과는 달리 시효중단의 효과를 인정하기 위하여는 발송송달로서는 부족하며 교부송달에 의하여 송달되어야 한다는 것이 대법원 견해이며 근저당권의 이행기가 도래하지 않은 경우 소멸시효가 없으므로 배당종료부터 시효가 시작된다고 해석할 수도 있음.
27	**소멸시효 완성 후 보증인 가압류 해제를 위하여 일부 변제 시 채무자 모든 채권에 대한 시효이익의 포기 인가?**
	당해 건에 대해서만 시효이익 포기. 동일 당사자간에 수개의 채권이 존재하는 경우 특정한 채무를 지정하지 아니하고 일부 채무를 변제하는 것은 전체채권에 대한 시효이익의 포기라 볼 수 있으나 그 채무가 별개로 성립되어 독립성이 인정되는 경우에 그 중 일부 채권을 적시하여 변제한 특수한 사정이 있는 경우는 전체채권에 대한 시효이익의 포기라 할 수 없다.
28	**채권자가 경매 신청서에 피담보채권의 일부만을 청구금액으로 경매 신청한 경우 배당절차에서 채권계산서를 확장하여 제출 가능한지?**
	확장 불가. 배당요구종기기일 까지 이중경매 신청해야 배당요구 효력발생.
29	**이중 경매의 효력은?**
	선행경매의 경매신청 취하, 무잉여경매에 의한 취소를 방지 할 수 있으며, 배당요구종기일까지는 청구채권을 확장 할 수 있음.
30	**00은행에 대한 채무자 을의 채무를 대위변제한 병이 있을 때 00은행이 채권보전을 위하여 가압류하였던 을 소유의 부동산이나 다른 보증인인 정 소유의 부동산이 있을 때 을과 정의 부동산가압류를 00은행에서 해제 해도 되는가?**
	변제에 의한 대위권이 병에게 있으므로, ○○은행이 가지고 있는 채권 및 담보에 관한 권리가 당연히 변제자 병에게 이전 되어야 하므로 대출금 완제가 되었다고 임의로 해제 하여서는 안됨.
31	**나대지에 대하여 저당권 및 지상권을 취득한 지상권자로서 건축허가에 동의하여 토지소유자가 건축하던 중 도산한 경우 경매 진행이 가능한지?**

	건축중인 건물에 대한 강제집행 방법은 그 절차의 입법불비로 별도의 입법조치가 있게 될 때 까지는 불가능함. (95년도부터 대법원은 미완성의 건물을 유체동산의 집행방법에 의한 강제집행을 할 수 없다고 해석하고 있음)
32	**사망자 부동산에 대하여 가압류 가능한가?**
	사망자 명의로 되어 있는 경우는 가압류 할 수 없으며 소유권이전등기(상속대위등기 등)가 된 상태에서 가압류 하여야 함.
33	**경매 매각기일 지정 후 유치권 등재로 저가 낙찰 우려 시 조치사항?**
	담보 회수가 및 유치권 열람하여 유치권배제신청/유치권부존재소송 등 검토 후 경매취하 후 재경매 신청하여 유치권 배제 조치를 취해 피해를 최소화해야 함.

34-4. 담보권자의 물상대위권

저당권이나 질권의 목적물이 화재와 같은 사고나 제3자의 불법행위에 의하여 멸실, 훼손되거나 토지수용법에 의하여 공용징수 되는 경우가 있다. 이렇게 그 목적물이 멸실, 훼손, 공용 징수된 경우에 담보물권인 저당권이나 질권은 소멸되며 그와 동시에 보험금청구권, 손해배상청구권, 손실보상금청구권 등이 발생하게 된다. 이러한 청구권은 담보목적물의 변형물일 뿐이므로 담보권자에게 담보권에 기한 어떤 권리를 인정하여야 하는 것이 당연하다고 할 것이다. 이러한 이유에서 담보권자에게 인정된 권리가 물상대위권이다.

담보권자의 물상대위권이란 담보목적물의 멸실, 훼손 공용징수 등에 의하여 소유자(설정자)가 받게 될 금전 기타의 물건에 대하여도 우선변제권을 주장할 수 있는 권리를 말하며, 저당권, 질권의 경우에 인정되는 담보물권자의 특유한 권리이다(민법 제342조, 제370조 참조)

공용징수란 기업자가 사업인정의 고시가 있은 후에 토지소유자 및 기타 관계인과의 협의를 거쳐 협의가 이루어지면 협의수용절차를 진행하고, 협의가 이루어지지 않으면 수용의 시기를 정하여 토지수용위원회에 재결을 신청하고 그 재결 결과에 따라 토지수용보상금을 수용의 시기까지 지급하거나 공탁하여 수용의 시기에 소유권을 취득하는 절차이며, 손해배상과 손실보상이란 위법한 행위에 의한 침해를 보전하는 것을 손해배상이라고 하며, 위법하지 아니한 침해를 보전하는 것을 손실보상이라고 함. 그러므로 불법행위에 의한 손해를 배상하는 것이며, 공익사업을 위한 토지수용에 의한 손실을 보상하는 것을 말한다.

1. 물상대위권을 행사하여야 하는 경우

1) 저당목적물인 건물이 화재에 의하여 멸실 되거나 훼손된 경우 발생되는 보험금청구권
2) 저당목적물인 건물을 제3자가 위법하게 멸실, 훼손한 경우에 발생되는 제3자에 대한 손해배상청구권
3) 한국토지개발공사, 국가, 지방자치단체 등의 기업자가 공익사업에 사용할 목적으로 토지수용법에 의하여 협의나 재결절차를 거쳐 수용할 때에 발생하는 토지수용보상금청구권

2. 물상대위권 행사 방법

물상대위권의 대상이 될 수 있는 금전이나 기타 동산은 담보목적물의 변형물이기는 하나 담보목적물 자체라고 할 수는 업다. 즉, 보험금청구권, 손해배상청구권, 손실보상금청구권 등의 금전채권이 물상대위권의 대상이 된다고 하더라도 담보목적물 자체라고 할 수는 없고 별개의 채권이므로, 제3채무자인 보험회사, 불법행위자, 토지수용의 기업자 등은 담보목적물의 소유자에게 변제할 수도 있으며, 담보물소유자의 다른 채권자가 이러한 채권에 대하여 강제집행을 할 수도 있을 것이다.

따라서 담보권자가 담보목적물의 멸실 등으로 인하여 발생된 금전청구권이나 동산 등이 담보물소유자에게 지급되거나 인도되어 일반재산에 혼입 되기 전에 그것과 구별될 수 있도록 압류하여 특정하여야만 물상대위권의 효력이 미치게 된다(특정성보전설).

이러한 이유는 물상대위목적물의 특정성을 유지하는 동시에 제3자의 불측의 손해를 예방하려는 취지라는 것이 대법원 견해 임.

또한, 압류에 의해 특정성을 유지하기만 하면 되기 때문에 반드시 물상대위권자가 직접 압류하여야 하는 것은 아니며 다른 채권자들의 압류로 물상대위물의 특정성이 유지되면 물상대위권을 행사하기 위한 요건이 갖추어졌다고 한다.

3. 물상대위권 행사 절차 및 종기

물상대위권자가 구체적으로 권리를 행사하기 위해서는 담보권에 기한 금전채권 및 다른 재산권에 대한 강제집행절차에 준하여 ① 금전채권의 경우에는 압류 및 전부명령을 신청② 동산의 경우에는 담보권 실행을 위한 경매절차에 준하여 경매절차를 진행한다.

이 경우, 담보권의 존재를 증명하는 서류(저당권설정계약서 또는 부동산등기부등본, 질권설정계약서)는 반드시 제출하여야 하나, 일반채권자의 강제집행의 경우와는 구별되는 것이므로 집행권원을 제출하지 않아도 된다. 주의할 점은 담보권자가 담보권자임을 표시하여 물상대위권에 기한 압류를 하지 아니하고, 일반채권자인 것처럼 가압류(채권증서로 신청)나 압류(집행권원으로 신청)하여 다른 채권자들의 압류와 외관상으로 경합된 경우에는 물상대위권자는 늦어도 각 재산에 대한 집행절차에서의 배당요구종기일까지는 물상대위권에 기한 압류 등의 방법으로 배당요구하여야만 우선변제권이 확보될 수 있다.

근저당권자의 물상대위권에 의한 압류 및 전부명령 전에 손실보상금 채권이 제3자에게 양도되거나 전부명령 등에 의하여 보상금채권이 타인에게 이전된 경우라도 보상금이 직접 지급되거나 보상금지급청구권에 관한 강제집행절차의 배당요구의 종기에 이르기 전에는 여전히 그 청구권에 대한 추급이 가능하다.(금전채권의 배당요구 종기로는 압류가 경합된 경우에는 제3채무자가 공탁을 신고한 때, 추심채권자가 추심신고를 한 때, 전부채권자의 전부명령이 송달 된 때)

그리고 기업자가 보상금 지급에 관한 사무처리지침을 정하고 그 내용을 담보권자에게 통지함으로써 그에 대한 담보권자의 신뢰가 형성되었음에도 후에 기업자가 소속 담당 공무원이 고의 또는 과실로 그 통지된 사무처리지침과 달리 보상금지급업무를 처리하여 담보권자로부터 물상대위권을 행사할 수 있는 기회를 박탈하여 결과적으로 담보권자로 하여금 우선변제권을 상실하게 하였다면 이는 공무원의 직무상 불법행위로 국가배상책임이 성립할 수 있다.

〈사례연구 1〉 [물상대위권 관련 판례]

① 1994.11.23 선고 대법원 1994다25728

민법 제370조, 제342조 단서에 저당권자는 물상대위권을 행사하기 위하여 저당권설정자가 받을 금전 기타 물건의 지급 또는 인도 전에 압류하여야 한다고 규정한 것은 물상대위의 목적인 채권의 특정성을 유지하여 그 효력을 보전함과 동시에 제3자에게 불 측의 손해를 입히지 않으려는 데 있는 것이므로, 저당목적물의 변형물인 금전 기타 물건에 대하여 일반채권자가 물상대위권을 행사하려는 저당채권자보다 단순히 먼저 압류나 가압류의 집행을 함에 지나니 않은 경우에는 저당권자는 그 전은 물론 그 후에도 목적채권에 대하여 물상대위권을 행사하여 일반채권자보다 우선변제 받을 수 있고, 그 실행절차는 민사소송법 제733조에서 채권 및 다른 재산권에 대한 강제집행절차에 준하여 규정하고 있으므로, 결국 채권의 압류 및 전부명령을 신청하여 할 것이나 이는 어디까지나 담보권의 실행절차이므로, 그 요건으로서 담보권의 존재를 증명하는 서류를 집행법원에 제출하여 개시된 경우이어야 한다.

② 1996.07.12 선고 대법원 1996다21058

민법 제370조에 의하여 저당권에 준용되는 제342조 후문이 "저당권자가 물상대위권을 행사하기 위하여는 저당권 설정자가 지급받을 금전 기타 물건의 지급 또는 인도 전에 압류하여야 한다"라고 규정한 취지는, 물상대위의 목적이 되는 금전 기타 물건의 특정성을 유지하여 제3자에게 불 측의 손해를 입히지 아니하려는데 있는 것이므로, 저당목적물의 변형물인 금전 기타 물건에 대하여 이미 제3자가 압류하여 그 금전 또는 물건이 특정된 이상 저당권자는 스스로 이를 압류하지 않고서도 물상대위권을 행사할 수 있다.

③ 1998.09.22 선고 대법원 1998다12812

근저당권자의 물상대위권에 의한 압류 및 전부명령 전에 손실보상금 채권이 제3자에게 양도되거나 전부명령 등에 의하여 보상금채권이 타인에게 이전된 경우라도 보상금이 직접 지급되거나 보상금지급청구권에 관한 강제집행절차의 배당요구의 종기에 이르기 전에는 여전히 그 청구권에 대한 추급이 가능하다

〈사례연구 2〉 [수용이 예정된 토지인 경우 물상대위권]

택지개발사업예정지구, 도시계획사업시행지구, 도시계획시설저촉지구 등에 소재하여 장차 수용이 예정된 경우에는 개발이익이 포함되어 감정평가액이 고평가 될 우려가 있으므로 담보취득 시 특히 유의하여야 하며, 담보취득 후 토지수용이 이루어지면 토지소유자에게 지급되는 손실보상금에 대해서는 물상대위권(민법 제342조, 제370조, 공익사업을위한토지등의취득및보상에관한법률제47조)을 행사하여 대출금을 회수하는 등 사후관리에 만전을 기하여야 한다.

손실보상금이 변제 공탁된 경우에는 담보권존재증명서류(등기부등본, 질권설정계약서 등)를 첨부하여 배당요구 종기(민사소송법 제580조)까지 압류 및 전부(또는 추심)명령을 받거나 배당요구를 하여야 한다.

34－5. 경매에서의 담보책임

1. 물건의 하자에 대한 담보책임

물건자체의 하자는 매수인이 책임져야 한다. 건물 벽에 금이 가고 수돗물이 나오지 않는 등 건물내부의 기능상의 하자는 전적으로 매수인 부담이다.

2. 권리의 하자에 대한 담보책임

매각물건명세서 임대차현황에 없음, 확인 안 됨. 등으로 되어 있었으나 낙찰 후 임차인이 나타나 보증금을 인수하여야 하는 경우, 후순위권리자가 대위변제한 경우, 매각기록상의 임차보증금과 실제 보증금이 다른 경우 등에 매각허가결정전이면 매각불허가신청을 할 것이며, 매각허가결정 후 배당기일전이면 낙찰대금 감액 신청하여야 할 것이다. 배당기일 후이면 민법상의 담보책임규정에 따라 1차적으로 채무자 또는 담보제공자에게 인수금액의 반환을 청구하되, 만일 반환능력이 없으면 2차적으로 반환무능력을 입증하여 배당 받은 채권자에게 청구하여야 할 것이다. 그러나 회수실익은 쉽지는 않다. 원칙적으로 손해배상을 청구할 수는 없는 것이나, 만일 채무자나 채권자가 하자를 알고 있었다면 손해배상도 청구할 수 있을 것이다.

3. 수량부족에 대한 하자책임

공장 경매의 경우 대부분 기계기구의 점유비는 매우 높다. 경매감정평가서의 수량과 낙찰 후 잔대금 납부 전 수량과의 부족분은 집행법원에 대금감액청구가 가능한 것으로 보여지며, 이는 당초 감정평가 금액이 아닌 공장용지, 건물, 기계기구의 낙찰비율로 안분 산정된 후 부족된 수량의 기계, 기구 낙찰가가 타당한 것으로 보인다.

〈사례연구 1〉 [경 · 공매에 있어서의 담보책임]

경매(경 · 공매)는 매매와 유사하지만 경락자의 재산권 취득이 원시취득의 일종이므로 법리상으로는 담보책임이 논의될 수 없는 것이다. 그러나 민법은 경매의 경우도 대가적인 재산권이전의 본질을 가진다는 점에서 일정한 담보책임을 인정하는 특별규정을 두고 있다(제578조). 다만 담보책임의 내용에 있어서는 경매의 특성을 고려하여 권리의 하자에 관한 담보책임(제570조 내지 제577조)을 준용하면서도 대금반환과 손해배상의 상대방에 관하여 일정한 제한을 두고 있다.

권리의 하자로 인한 담보책임유형(제570조 내지 제577조에 해당되는 담보책임)이 발생된 경우에 경락인은 채무자에게 계약(경락)의 해제 또는 대금감액의 청구를 할 수 있다(제578조 제1항).

경락인이 해제한 때에는 이미 지급한 대금의 전부의 반환을 청구할 수 있을 것이다. 그 반환청구의 상대방은 제1차적으로는 채무자이고 채무자가 무자력인 때에는 제2차적으로 경락대금의 배당을 받은 채권자이다(제578조 제2항).

경매의 목적물에 권리의 하자가 있더라도 해제 또는 대금감액청구를 할 수 있을 뿐이며 원칙적으로 손해배상을 청구할 수는 없다. 채무자는 재산권이전의 의사가 없었고 채권자는 자신의 재산을 경매한 것도 아니므로 손해발생의 원인제공자로 볼 수 없기 때문이다. 그러나 채무자가 '물건 또는 권리의 흠결을 알고 고지하지 아니한 때' 또는 채권자가 그러한 흠결을 알고 있으면서 '경매를 청구한 때'에는 그 채무자 또는 채권자에 대하여 각각 손해배상을 청구할 수 있다(제578조 제3항). 경매의 경우에는 물건의 하자담보책임(제580조, 제581조)은 준용하지 않고 있다. 그러나 일정한 경우에 물건의 흠결에 대하여 채무자 또는 채권자의 손해배상책임이 발생하는 것은 하자담보책임의 변형이라고 할 것이다.

※ 경매에 있어서 저당권행사로 인한 담보책임(제576조, 제577조)의 적용문제

경매의 경우에도 원칙적으로 제570조 내지 제577조의 규정에 의하여 채무자에게 계약의 해제 또는 대금반환의 청구를 할 수 있다. 그러나 경매에 있어서 저당권의 행사로 인한 담보책임(제576조, 제577조)이 발생될 여지는 보이지 않는다. 경매로 인하여 저당권은 모두 소멸하기 때문이다.

〈사례연구 2〉 [공장 매수인의 기계기구 목록 부족 시 대금감액 청구]

공장 낙찰자는 기계기구 경매목록과 잔대금 납부 시 인수할 기계기구 목록이 다를 때 대금감액신청을 하는데 이러한 경우처럼 부동산의 훼손 등으로 인한 매각목적물의 하자와 담보책임에 대하여 알아본다. 매각절차상으로는 목적물의 훼손이나 중대한 권리관계의 변동이 있는 경우에는 민사집행법 121조 6호(매각허가에 대한 이의신청), 127조 1항(매각허가결정에 의한 취소신청)에 의하여, 목적물의 멸실이나 권리이전을 할 수 없는 사정이 명백한 경우에는 동법 96조 1항(매각절차의 취소)에 의하여 처리할 것이다.

(1) 담보책임의 요건

매도인의 담보책임이 발생하는 것은 경매한 물건 또는 권리의 전부 또는 일부가 타인에게 속하거나(민법570 내지 573조) 또는 수량부족이나 일부 멸실(민법 574조), 제한물권이 있는 경우(민법 575조), 저당권 등이 행사된 경우(민법 576조) 등으로 매수인이 완전한 권리를 취득할 수 없는 경우에 한하며, 하자담보책임규정(민법 580조 1항)은 적용되지 않는다. 즉 추탈 담보책임(권리의 하자로 인한 담보책임)에 한한다. 이러한 담보책임은 매매의 경우와 마찬가지로 매각절차는 유효하게 이루어졌으나 경매의 목적이 된 권리의 전부 또는 일부가 타인에게 속하는 등의 하자로 매수인이 완전한 소유권을 취득할 수 없거나 이를 잃게 되는 경우에 인정되는 것이고, 매각절차 자체가 무효인 경우에는 채무자나 채권자의 담보책임은 인정될 여지가 없다(대판 1991.10.11. 91다21640, 대판 1993.5.25. 92다15574).

(2) 담보책임의 내용

매수인은 제1차적으로 채무자에 대하여 각 해당 조문(민법 570조 내지 577조)이 규정하는 바에 따라 계약의 해제 또는 대금감액의 청구를 할 수 있다(민법 578조 1항). 채무자가 무자력인 때는 매수인은 대금의 배당을 받은 채권자에 대하여 그 대금의 전부 또는 일부의 반환을 청구할 수 있다(민법 578조 2항)

(3) 담보책임 행사방법

담보책임은 매각절차 외에서 별소에 의하여 청구할 수 있지만, 매각절차진행 중에 담보책임의 사유가 발생할 수 있으므로 매각절차 내에서 청구하는 것도 가능하다.

① 매수의 목적을 달할 수 없는 경우 : 매수인이 매각부동산의 권리에 흠이 있어 매수의 목적을 달할 수 없기 때문에 담보책임을 추구하려고 할 때에는

㉠ 최고가매수신고인은 매각허가에 대한 이의신청(민집 121조 6호)을, 매수인은 대금을 납부할 때까지 매각허가결정의 취소신청(민집 127조 1항)을 할 수 있고,

㉡ 대금납부 후 배당 전인 때에는 집행법원에 대하여 매각허가결정에 의한 매매를 해제하여 납부한 대금의 반환을 청구할 수 있다(대결 1997.11.11. 96그64).

② 대금 감액을 구할 경우 : 해제를 하지 않고 대금의 감액만을 청구하고자 할 때에는 ㉠대금납부시까지는 집행법원에 대하여 대금의 감액 주장을 할 수 있을 것이며(대결 1973.12.12. 73마912, 대결 1979.7.24. 78마248), ㉡대금납부 후 배당실시 전인 때에는 감액 분의 대금의 반환을 청구할 수 있다.

금융기관에서는 이러한 기계기구의 도난 등 수량부족으로 인한 대금감액 등 배당의 차질을 우려하여 부도 후에는 즉시 경비회사를 통하여 경비원을 파견하는데 파견한 경비원 파견해제는 원칙적으로 배당기일 까지 파견 해제하지 않는다. (다만, 대금납부 후 매수인에게 목적물의 인수 인계가 명확히 이루어진 경우 파견해제 가능) 그리고 화재보험 가입 분은 배당기일까지 화재보험 계약을 유지하는 것이 좋다(대금납부 후 화재로 인한 목적물 훼손 시 감액대상이 됨)

34-6. 부동산 담보취득방법

1. 부동산 담보취득방법

부동산은 다음 각 호에서 정한 방법에 따라 담보로 취득한다.

가. 토지와 건물

(1) 토지와 관련 건물은 공동담보로 취득함을 원칙으로 한다.

(2) 나(대)지인 경우에는 근저당권과 아울러 지상권을 함께 취득하여야 한다. 다만, 다음 각 호의 1에 해당하는 경우에는 지상권설정을 생략할 수 있다.

1) 담보기준가액에서 선순위채권액을 차감한 금액이 관련 여신금액의 200% 이상으로서 해당여신 전결권자가 채권보전에 지장이 없다고 인정하는 경우

2) 사업계획승인(또는 건축허가 신고)를 득하여 적법하게 건축중인 경우

3) 해당여신 차상위 전결권자 승인을 받은 경우

☞ 나(대)지를 담보 취득하면서 지상권을 설정하지 않는 경우에는 반드시 확인서 (지상권설정생략용)를 징구하고, 여신취급은 가능한 한 보수적으로 운용함.

(3) 건물만을 담보 취득함에 있어 건물과 대지의 소유자가 다른 때에는 건물소유자가 그 대지에 대하여 임차권, 지상권, 전세권 등 적법한 사용권을 가졌는지를 확인하고, 동 권리에 대하여도 저당권 등을 설정하거나 필요한 조치를 취하여야 한다. (견질담보)

나. 신·증축 건물의 담보취득

담보 취득한 대지 위에 건물을 신·증축하였을 경우에는 추가근저당설정계약서 (공동담보용)

에 의거 공동담보 취득하여야 한다.

다. 첨담보

담보물에 부속된 정착물·창고·전용수도 등 담보물의 사용수익에 필요한 물건 및 권리는 첨담보로 취득하여야 한다.

라. 공유부동산 담보

(1) 공유부동산은 공유자 전원의 지분에 저당권을 설정하거나 저당목적물을 분할 등기한 후의 독립 물건에 대하여 저당권을 설정한다. 그러나 부득이하게 공유지분권을 담보로 취득하는 경우에는 다른 공유자의 위치확인서를 받는 등 후일 담보권 행사상 분쟁을 방지하는 조치를 취하여야 한다.

☞ 토지가 공유인 경우로서 지상에 등기된 건물이 각각 소재하거나, 건축 중에 있는 경우의 위치확인은 건축물대장의 도면이나 적법한 건축허가 도면으로 확인 할 수 있음.

(2) 공유부동산의 경우 각 공유자는 다른 공유자의 동의 없이 그 지분을 처분할 수 있으므로(민법 제263조) 공유지분을 목적으로 하는 저당권 설정은 가능하나, 공유지분은 하나의 소유권의 분량적 일부일 뿐 그 지분이 부분적, 장소적으로 측정되어 있지 않아 채권회수를 위한 담보권 실행 시 환가성이 제한될 가능성이 큼에 유의하여야 한다.

구분 등기된 집합건물(아파트, 연립주택 등)의 등기부등본 표제부 우측 표시란에「토지에 관하여 별도등기 있음」의 문구가 표시된 경우에는 토지등기부를 확인하여 공동담보를 취득함은 물론, 선순위가 설정되어 있는 경우 담보가액 산출 시 선순위권리금액을 공제하거나 소유주로 하여금 저당권 설정등기를 말소하게 한 후 담보취득 하여야 한다.

바. 동일여신에 대하여 담보물이 2개 이상인 경우에는 담보물 전부를 공동담보로 설정함을 원칙으로 한다. 단, 제3자가 담보 제공하는 경우에는 그러하지 아니할 수 있다.

2. 담보취득절차

가. 담보를 취득하기 전에 다음 사항을 조사하여야 한다.

(1) 등기필증(등기권리증) 및 등기부등본에 의한 진정한 소유자 여부, 관련된 이해관계인의 유무 및 그 권리내용(지상권, 전세권, 저당권, 가등기, 예고등기, 압류, 환매특약, 가압류, 가처분 등의 유무)

☞ 등기필증(등기권리증)이 없는 경우에는 반드시 담보물건의 현장을 방문하여 거주사실 등 소유자 본인확인에 각별한 주의를 하여야 함.

(2) 설정자의 행위능력 유무

(3) 소유자의 담보제공 의사 및 그 범위(외국인인 경우 관련법규에 의한 제한유무 확인)

1) 설정계약서에 첨부되어 있는 "담보제공자가 꼭 알아두셔야 할 사항"을 담보제공자에게 교부하고 주요내용을 설명한다.

2) 외국에 체류중인 자가 국내에 대리인을 통하여 담보제공하는 경우

① 국내대리인의 대리권 존재를 확인하기 위하여 외국에 체류 중인 사람의 위임장을

징구하여야 하며, 이 위임장은 부동산 소유자의 의사에 따라 진정하게 작성되는 소유자 체류국의 한국영사관 확인 또는 현지 공증인의 공증을 받아 영사관의 확인을 받은 것이어야 한다.

② 위임장에는 대리인의 성명 · 근저당권의 설정 최고액, 채권자, 채무자, 담보하고자 하는 채무의 범위 등 담보권 설정에 관한 권한을 위임한다는 뜻이 기재 되어야 한다.

나. 다음의 서류를 작성 및 징구하여 근저당권설정계약을 체결한다.

(1) 근저당권설정계약서
(2) 등기권리증(권리증이 없으면 확인서면 작성)
(3) 담보제공자의 인감증명서, 위임장(법무사에게 위임하기 위한 법무사 소정양식)
(4) 법인인 경우 법인등기부등본
(5) 나대지를 담보로 설정하는 경우 지상권설정계약서

다. 등기절차를 종료하였을 때에는 등기부등본을 징구하여 다음 각 호의 사항을 조사· 확인하여야 한다.

(1) 등기필증의 등기번호는 등기부와 일치하며, 기타 등기필증에 하자사항은 없는가
(2) 근저당권설정계약서의 각 면은 등기관서의 간인으로 연결되어 있는가
(3) 근저당권의 순위, 설정최고액, 채무자 이름, 근저당권자 이름 등의 계약사항은 모두 정확하게 기입되어 있는가
(4) 압류 · 가압류 · 가처분 · 소유권 이전의 가등기 · 예고등기 · 경매신청 등 저당권을 해할 사항의 등기는 없는가
(5) 지상권 · 질권 · 전세권 · 임차권 등 저당권을 해할 권리의 설정은 없는가

3. 담보기준가액 산출

가. 담보를 취득하고자 할 때에는 담보대상물건을 감정하여 담보기준가액을 산정하여야 하며, 담보기준가액은 감정평가액, 시가추정가액, 사본활용가액, 재심가액, 재평가액 또는 감가 후 잔존가액으로 한다.

나. "가"항에도 불구하고 다음 중 하나에 해당하는 물건은 해당 산출기준에 따라 담보기준가액을 결정하여야 한다.

- 생 략 -

〈사례연구 1〉 [종물과 부합물]

– 법무사 김성호 매수신청대리 강의 교안에서 발췌 –

1. 종 물

(1) 의 의

물건의 소유자가 그 물건의 상용에 공하기 위하여 자기소유의 다른 물건을 이에 부속한 때 그 다른 물건을 종물이라 한다.

(2) 요건

1) 주물과 종물은 모두 동일 소유자에 속한 것일 것 (단, 종물에 대한 선의 취득)

* 제3자의 권리침해 없는 한도에서 타인 소유의 물건도 종물이 될 수 있다. (2000다38257)

2) 종물은 독립한 물건일 것

* 부동산도 종물이 될 수 있다.

* "증축부분이 기존 건물에 부합 되는지 물리적 용도 기능면에서 독립한 경제적 효용을 가지고 거래상 별개의 소유권 객체가 될 수 있는지 여부 및 소유하는 자의 의사를 종합하여 판단한다." (99다24256)

* 토지 지하에 설치된 유류저장 탱크는 종물로서 토지 및 건물에 대한 경매의 목적물이 된다. (2000마 5527)

3) 주물의 상용에 공할 것

* 농지에 부속된 양수시설 (66누76) "주유기(94다6345)

* 수족관 (92도 3234) *백화점의 전화교환 설비 (92다43142)

* 구 폐수 처리시설은 신 폐수처리 시설 그 자체의 경제적 효용을 다하게 하는 시설이라 할 수 없다. (97다3750)

4) 주물에 부속 될 것

* 어느 정도 밀접한 장소적 관계요. 단, 소유자가 부속시켰을 필요는 없다.

* 등기부상 표시 없는 부합물, 종물에 대한 낙찰 허가 여부.
"부합물 및 종물에 대한 평가액을 포함하여 경매기일 공고를 한 사실이 인정되므로 저당권의 효력은 미친 다 할 것이다." (83마 469)

(3) 효 과

1) 주물의 처분에 따른다(민법 제 100조 2항)

* 물권적 · 채권적 처분 모두 포함.

* 저당권 설정후의 종물에도 미친다.

* 주물에 대해 공시방법 갖춘 경우 종물에 대해 별도의 공시 방법을 갖추어야 종물에 대한 물권 변동의 효력이 미치는가에 대해 대법원 전원 합의체는 지상권이 딸린 건물을 매도한 경우 건물에 대한 이전등기 外에 지상권에 대하여도 이전 등기를 하여야 한다는 입장이다 (84다카1131). 단 '경락시에는 당연히 이전'(95다52864)

2) 종물만에 대한 강제 집행 × (공장저당법 제 10조 2항)

3) 강행규정 아님

4) 주된 권리, 종된 권리에도 준용

* 경락인이 경락 건물을 제 3자에게 양도한 때는 건물과 함께 종 된 권리인 지상권도 양도하기로 한 것으로 봄이 상당(95다52864)

2. 부합물

(1) 부동산에의 부합

부동산의 소유자는 그 부동산에 부합한 물건의 소유권을 취득한다. 그러나 타인의 권원에 의하여 부속된 것은 ×(민법 제256조)

(2) 요 건

1) 부합물은 부동산도 포함 (92다 26772)

2) 부합의 정도

* 과다한 비용, 분리 시 경제적 가치 현저히 감소하는 경우(94다6335)
* 단, 건물 · 입목 · 명인방법을 갖춘 수목 등은 부합 ×
* 일반 수목은 부합
* 농작물×(68다 1995)
* 증축건물 : 물리적구조, 용도. 기능, 독립한 경제적 효용 의사 등 종합하여 판단 (94다11606)

(3) 효 과

1) 구 물건에 대한 권리 소멸(민법 제260조)

2) 구 물건 소유자의 보상청구권 (민법 제261조, 741조)

* 단, 원상회복 보상×
* 임차인의 유익비 상환 청구권이 6개월 제척기간 걸린 경우(민법654조617조)에도 본 조에 의한 청구권 별도 행사可

3) 구 물건 위에 존재 하였던 제 3자의 권리

* 보상청구권에 대한 물상 대위
* 구 물건 위의 제3자의 권리는 구물건의 소유자가 부합에 의해 단독 소유자가 된 때에는 그 물건 위에, 공유자가 된 때에는 그 공유지분 위에 각각 존속(민법 제 260조)

34-7. 근저당권의 유용, 원인무효, 확정

1. 근저당권의 유용

저당권은 그 부종성에 의거 저당권으로 담보할 채권이 불성립하거나 변제, 시효의 완성 등 기타의 사유로 소멸하게 되면 함께 소멸하며, 반드시 그 저당권을 말소하는 등기가 있어야 소멸하는 것은 아니다. 그런데 담보할 채권이 소멸하여 이미 그 효력을 잃은 무효인 저당권의 등기가 말소되지 않고 그대로 남아 있는 경우에 당사자 사이의 계약으로 무효가 된 등기를 다른 채권의 담보를 위한 유효한 등기로 이용할 수 있는가가 문제인데 이를 저당권설정등기의 유용문제라고 하며, 이렇게 다시 이용하는 것을 저당권의 유용이라고 한다.

여신은 완제되고 설정등기가 말소되지 않은 경우, 즉 인수할 채무는 없고 근저당권설정만 남아 있는 경우, 근저당권 변경만을 목적으로 채무인수를 하는 것은「담보물권의 부종성의 원칙」에 위배되어 해당 담보권은 소멸되는 것이므로 이를 이용하여 여신을 취급해서는 안 된다. 설정비용 등의 절감을 위하여 부득이하게 처리하여야 하는 경우에는 반드시 근저당권 유용절차를 거쳐 기존 채무자 명의로 대출금을 취급한 후, 다시 “계약인수” 등의 절차를 밟아야 한다.

1) 근저당권설정등기의 유용

근저당권은 저당권과는 달리 근저당거래의 존속 중에는 유용의 문제가 발생하지 않는다. 왜냐하면 근저당권은 특정채권을 담보하는 것이 아니고 증감 변동하는 불특정채권을 담보하기 때문에 일시적으로 담보할 채권이 없게 되더라도 그 근저당권이 무효로 되지 않고 그 후에 발생하는 채권을 그 채권최고액 범위 내에서 담보하는 것이 당연하기 때문이다.

따라서 근저당권에 있어서는 근저당거래가 종료하여 그 후에 발생하는 채권을 담보할 수 없게 된 때(담보할 피 담보채권이 확정된 때)에, 그러한 채권을 담보할 수 있도록 다시 근저당권의 효력을 회복시키고자 하는 경우 유용의 문제가 발생한다.

2) 근저당권설정등기 유용의 유형

① 근저당권의 피 담보채권이 확정됨으로써 특정의 채권만을 담보하게 된 상태에서 다시 그 저당권을 근저당권으로서의 효력을 부활시키기 위한 유용.

② 피 담보채권의 확정 후 그 확정된 피 담보채권이 완제되어 근저당권으로서의 효력이 완전히 소멸된 후에 그 근저당권의 효력을 부활시키기 위한 유용

3) 저당권 유용인정 여부의 학설

부정설, 무제한 긍정설, 제한적 긍정설

2. 근저당권설정등기의 유용과 관련한 판례

1) 「근저당권설정등기를 한 뒤 그 피담보채권이 변제 또는 상계에 의하여 소멸한 경우에 당사자간에 있어서 다시 위의 근저당권과 동일내용의 근저당권설정계약을 체결하고 그 저당권설정계약에 관하여 기 등재된 위 근저당권설정등기를 유용하기로 약정하였어도 제3자의 권리를 침해하지 아니하는 한 위 근저당권설정등기 역시 현재의 진실한 권리상태를 표시하고 있으므로 그 등기는 유효한 것」 (대판 1961.12.14)

2) 「근저당권설정등기의 유용은 그 유용합의 이전에 있어서 등기상의 이해관계가 있는 제3자가 없는 경우에 한하여 가능한 것이라고 할 것이고 그 유용합의 전에 종료된 소유권이전등기청구권 보전을 위한 가등기에 기하여 그 후에 본등기가 경료된 경우 그 유용합의는 그 등기명의에 대한 관계에 있어서 효력이 없으므로 그 범위 내에서 근저당권설정등기는 무효이다」 (대판 1974.9.10)라고 판시하고 있어 제한적 긍정설 입장을 취하고 있다.

3. 위 학설 및 판례 등을 종합해 보면 이해관계인의 권리를 침해하지 않는 범위 내에서 (근)저당권설정등기의 유용은 유효하다고 본다.

그렇다면 반대로 담보할 채권은 완제되었으나 근저당권설정등기는 말소하지 않고 있는 경우 그 등기를 이용하여 다시 대출을 실행하는 것은 매우 위험하다고 볼 수 있다. 왜냐하면 말소하지 않고 있는 근저당권설정과 대출실행일자 사이에 오랜 시일이 경과되었고 그 사이에 이해관계

있는 제3자가 개입된 경우라면 근저당권의 유용으로 보아야 할 것이기 때문이다.

※ 오랜 시일 : "오랜 시일"이 어느 정도의 기간을 말하는 것인가에 대하여 결론부터 말하자면 명확한 기준은 없다. 다만 근저당권이라는 것이 증감 변동하는 불특정 채권을 담보하는 것이기 때문에 일시적으로 채권이 없게 되더라도 문제는 없다. 즉, 모든 여신이 완제되었으나 다시 서류를 준비하여 1-2개월 후 여신이 다시 실행되었다면 문제될 것이 없다. 그러나 1년 또는 2-3년이 지났다면 유용으로 보는 것이 안전하다.

※ 이해관계 있는 제3자 : 이는 후순위 저당권자, 전세권자 등은 물론이고 "등기하지 않은 대항력을 갖춘 임차인" 및 법정기일에 의한"조세채권자" 등도 이해관계인으로 보아야 한다.

4. 실무처리방법

대출금은 완제하였으나 근저당권설정등기를 말소하지 않은 상태에서 몇 년이 지난 다음 그 설정등기를 이용하여 대출을 취급한 경우에도 실무적으로 지금까지 문제된 경우는 거의 없었다. 그러나 99% 안전하다고 하더라도 다음과 같이 처리하는 것이 안전하다.

1) 설정일자 이후 압류, 가압류, 가등기 등이 있는 경우

① 이러한 경우에는 취급하지 않는 것이 안전하다. 특히 소유권 변동을 가져오는 가등기가 있는 경우에는 절대로 취급해서는 안 된다.

② 압류, 가압류 등이 있으나 부득이 취급하여야 하는 경우라면 동 압류, 가압류 등의 내용을 직접 열람하는 등의 방법으로 철저히 확인한 후, 동 금액을 선순위금액으로 계상하고 아래와 같은 방법으로 처리하여야 한다. 다만, 이 경우에도 압류, 가압류권자가 당행보다 후순위임을 서면으로 인정(본인확인 등 철저)하는 경우에는 등기된 금융기관 등의 순위로 인정할 수 있다.

2) 가압류, 가등기 등은 없으나 후순위 설정등기, 확정일자를 갖춘 세입자 등이 있는 경우. 즉, 1순위 당행 근저당, 2순위 타행 근저당, 3순위 주민등록전입, 확정일자를 갖춘 주택임차인이 있는 경우

① 말소하지 않은 당행의 근저당권은 등기부상 1순위이나 실제는 타행 및 세입자 다음의 3순위로 간주하여 취급하여야 한다.

② 물론 타행 및 세입자의 동의(당행이 1순위 근저당권자라는 사실의 서면 인정)를 받는다면 1순위로 취급할 수 있다.

※ 위 사례에서 나의 순위가 3순위로 인정받기 위해서는 어떠한 조치가 필요한가? 근저당권설정자(담보제공자)로부터 근저당권설정계약(등기) "유용합의서"를 징구하고 반드시 확정일자를 받아야 한다.

※ 이해관계인이 이의제기를 한다면 유용합의서(확정일자 부여된)로 3순위 행사한다. 만일 유용합의서가 없거나 있더라도 확정일자를 받지 않았다면 담보권자가 아니라 일반채권자로서 권리를 행사할 수밖에 없다.

3) 나의 설정등기 이후에 어떠한 이해관계인도 없는 경우 1순위 담보로 대출취급이 가능하나 위와 같이 유용합의서(확정일자 필)를 징구하여 근저당권설정계약서와 함께 관리하여야 후일 만일에 있을지도 모를 분쟁을 사전에 예방할 수 있다.

근저당권설정계약(등기) 유용합의서

주식회사 ○○은행 앞

본인이 귀행과 체결한 아래의 근저당권설정계약(등기)을 이용하여 여신거래를 재개함에 있어, 동 근저당권설정계약 및 등기의 법률적 효력이 동 계약서 각 조항과 등기내용대로 적용됨에 동의하고 이에 합의서를 제출합니다.

근저당권설정계약 및 등기내용

구 분	내 용	구 분	내 용
근 저 당 권 자	(주) ○○은행	등 기 법 원	
근저당권 설정자		등기 접수 번호	
채 무 자		순 위	
설정 계약 일자		채 권 최 고 액	
설정 등기 일자		근저당권 결산기	
피담보채무의 범위			
부동산 소재지			

년 월 일

근저당권설정자 주 소 :
(담보제공자)
성 명 : (인)

※ 반드시 확정일자를 받은 후 근저당권설정계약서와 함께 편철·보관하여야 함.

5. 근저당권의 원인무효

근저당설정행위는 무권리자의 설정행위에 의해서 또는 절차상의 하자에 의해서 무효가 될 수 있으며 그 구체적인 사례는 다음과 같다.

1) 무권한자의 근저당권 설정행위

우리 민법은 등기에 공신력을 인정하고 있지 않다. 따라서 타인의 부동산을 인감 위조 등에 의하여 임의로 자기의 소유 명의로 등기한 자로부터 근저당권을 설정 받은 경우에는 절차상 아무리 완벽한 등기를 하였다 하더라도 근저당권 설정 자체가 원인무효화 되어 보호받지 못하므로 더욱 주의를 요한다.

1	권한 없는 대표이사의 저당권설정행위의 무료(1974.12.10. 선고 74다428)
2	남편의 재산을 처가 임의로 담보 제공한 저당권설정행위의 무효 (1976.8.29. 선고 76다 1125)

3	타인의 재산을 인감, 주민등록증 등을 위조하여 담보 제공한 저당권설정행위의 무효 (1973.10.31. 선고 73다628)
4	친권자가 미성년자의 권익에 배치되는 법률행위를 위해 담보를 제공한 저당권설정행위 무효 (1971.7.28. 선고 71다1118, 1994.9.9. 선고 94다6680)
5	부재자 재산관리인의 권한초과행위에 의한 담보제공행위 무효 (1977.11.8. 선고 77다1159)

2) 불공정한 법률행위

근저당권자가 근저당설정자의 경솔, 무경험을 이용하여 현저하게 공정성을 결여하는 근저당의 설정계약을 체결하였을 경우에는 설정계약 자체가 무효이다.(1973.126. 선고 71나2246)

3) 강행법규 위반행위

강종 강행법규에서 설정 자체가 금지되거나 사전에 주무관청의 허가 등을 요구할 시 이에 반하는 근저당권설정행위는 무효이다. (1985.9.13. 선고 85다카1354)

4) 대 책

무권리자 또는 절차상의 흠결을 이유로 근저당이 무효화되는 것을 막으려면 설정 시점에 정당한 권리자로부터 근저당을 설정하여야 한다.

남편이나 부친 등 가까운 사람의 부동산을 담보로 제공할 때는 반드시 등기부상 소유자의 의사를 설정계약서상에 남겨야 훗날 분쟁을 예방할 수 있다. 그 구체적인 방법은 주민등록증을 복사하여 담보서류에 철해두고 근저당권설정계약서 상에 담보제공자 본인이 자필서명, 무인을 받도록 한다. 그리고 소유권 취득이 얼마 되지 않은 부동산을 담보로 제공할 때에는 일단 경계하고 전소유자에게 소유권이전의 정당성을 확인해 보는 것이 안전하다.

6. 근저당권의 확정

경매신청 시에 근저당권은 확정되어 보통저당권으로 바뀌므로 그 피담보채권은 경매신청 당시에 이미 발생된 채권만을 담보함. 신규여신취급은 불가(연기 여신 가능)

〈사례연구 1〉 [근저당권의 유용]

【질의】

은행 고객 A는 2000년에 자신의 주택에 1순위 근저당권을 설정하고 대출을 쓰던 중 2002년에 대출금 전액을 상환하였으나 근저당권은 말소하지 않았다. 그 후 2004년에 다시 급전이 필요하여 은행을 방문한 A는 잔존하고 있는 근저당권을 담보로 신규 대출을 요청하였다. 이와 같이 말소하지 않고 있던 종전의 근저당권을 담보로 이용하는 것이 가능한가?

【답변】

존속기간의 정함이 없는 근저당권이 말소되지 않고 있다 하더라도 당사자간의 거래관계가 사실상 종료하고 사회통념상 상당기간이 경과하면 그 근저당권은 실효한다고 봄이 상당하다. 다만 위 사례의 경우 무효인 저당권설정등기유용의 방법으로 종전 근저당권을 이용할 수 있다. 이 경우에는 무효인 근저당권 등기의 유용에 관한 합의 이전에 등기상 이해관계있는 제3자가 없고, 거래처와 무효인 근저당권 등기의 유용에 대하여 합의를 하고, 유용합의서에 확정일자를 득하는 방법으로 기존의 근저당권을 이용하면 된다.

【해설】

1. 저당권과 부종성

저당권은 그 부종성에 의거 저당권으로 담보할 채권이 불성립하거나 변제, 시효의 완성 등 기타의 사유로 소멸하게 되면 함께 소멸하며, 반드시 그 저당권을 말소하는 등기가 있어야 소멸하는 것은 아니다. 근저당권은 특정채권을 담보하는 것이 아니고 증감 변동하는 불특정채권을 담보하는 특성을 지니고 있어 일시적으로 담보할 채권이 없게 되더라도 그 근저당권이 무효로 되지 않는다. 즉 저당권의 부종성의 특성이 완화되어 있다.

2. 근저당권의 존속기간

가. 근저당권의 존속기간은 당해 근저당권에 의하여 담보되는 채권의 발생기간을 말한다. 즉 그 존속기간 내에 발생한 채권만이 당해 근저당권에 의하여 담보되고 기간만료 후에 발생한 채권은 채권최고액의 범위 내라 하더라도 담보되지 않는다.

나. 은행의 근저당거래약정서는 근저당권의 존속기간을 정하고 있지 않으며 그 등기도 이루어지지 않고 있다. 이러한 근저당거래는 언제까지 존속한다고 할 것인가가 문제이다. 근저당권의 등기가 말소되지 않고 있는 한 근저당거래는 계속된다고 할 경우에는 후순위저당권자 등 후순위권리자의 이익과 사회통념에 비추어 불합리하다 할 것이다.

다. 존속기간의 정함이 없는 근저당권이라 하더라도 당사자간의 거래관계가 사실상 종료되고 상당한 기간이 경과하여 일반인이 그 근저당거래는 종료하였다고 생각하기에 이른 경우에는 근저당권등기가 말소되지 않은 상태라고 하더라도 신의칙의 원칙에 비추어 당해 근저당권은 소멸한 것으로 해석하는 것이 합리적일 것이다. 그리고 상당한 기간은 사회통념에 의하여 결정될 수밖에 없다.

3. 무효인 저당권설정등기의 유용

가. 저당권설정등기의 유용

담보할 채권이 소멸하여 이미 그 효력을 잃은 무효인 저당권의 등기가 말소되지 않고 그대로 남아 있는 경우에 당사자 사이의 계약으로 무효가 된 그 등기를 다른채권의 담보를 위한 유효한 등기로 이용할 수 있는가가 저당권설정등기의 유용문제라고 한다.

근저당권설정등기의 유용의 유형은 1) 근저당권의 피담보채권이 확정됨으로써 특정의 채권만을 담보하게 된 상태에서 다시 그 근저당권으로서의 효력을 부활시키기 위한 유용의 경우와 2) 피담보채권의 확정 후 그 확정된 피담보채권이 완제되어 저당권으로서 효력이 완전히 소멸된 후에 그 근저당권의 효력을 부활시키기 위한 유용의 경우가 있다.

나. 판 례

1) 「근저당권설정등기를 한 뒤 그 피담보채권이 변제 또는 상계에 의하여 소멸한 경우에 당사자간에 있어서 다시 위의 근저당권과 동일내용의 근저당권설정계약을 체결하고 그 저당권설정계약에 관하여 기 등재된 위 근저당권설정등기를 유용하기로 약정하였어도 제3자의

권리를 침해하지 아니하는 한 위 근저당권설정등기 역시 현재의 진실한 권리상태를 표시하고 있으므로 그 등기는 유효한 것」이라 하여 무효등기의 유용을 인정하고 있다 (대판 1961.12.14. 4293민상893).

2)「실질관계의 소멸로 무효로 된 등기의 유용은 그 등기를 유용하기로 하는 합의가 이루어지기 전에 등기상 이해관계가 있는 제3자가 생기지 않은 경우에는 허용된다」(대판 2002. 12.6. 2001다2846, 1989. 10.27. 87다카425, 1998. 3. 24. 97다56242).

다. 실무상 유의사항

근저당권자인 채권자(은행 등은)

1) 무효인 근저당권 등기의 유용에 관한 합의 이전에 등기상 이해관계 있는 제3자가 없고
2) 거래처와 무효인 근저당권 등기의 유용에 대하여 합의를 하고
3) 유용합의서에 확정일자를 득하여 무효 등기유용의 방법으로 종전 근저당권을 이용할 수 있다.

〈사례연구 2〉 [담보물건에 증축부분에 대한 근저당권의 효력]

민법 제358조 전단에 "저당권의 효력은 저당부동산에 부합된 물건과 종물에 미친다"고 규정하는 한편, 동조 후단에 "그러나 법률에 특별한 규정 또는 설정행위에 다른 약정이 있으면 그러하지 아니하다"고 규정 되어있다. 법률에 특별한 규정이 없거나 근저당권설정계약상에 다른 약정이 없는 한 기존건물에 대한 근저당권은 위 민법규정에 의하여 부합된 증축부분에도 그 효력이 미친다 할 것이다.

따라서 기존건물에 대한 경매절차에 증축부분이 경매목적물로 평가되지 아니하였다 하더라고 매수인은 그 증축부분의 소유권도 취득하게 된다 (대법원 1992.12.8 판결 92다26772호, 26789호 건물명도, 소유권확인 등 참조)

이에 따라서 결국 기존건물에 대한 근저당권자는 증축부분 대하여도 담보권 행사할 수 있는 것이므로 집행법원에 그 증축에 대하여도 경매목적물로 평가하여 경매를 진행하도록 촉구하여야 할 것이다.

〈사례연구 3〉 [근저당권의 확정]

1	**근저당권자가 담보권의 실행을 위하여 경매를 신청하면 그 근저당권의 효력은 어떻게 달라지는가?**
	경매신청 시에 근저당권은 확정되어 보통저당권으로 바뀌므로 그 피담보채권은 경매신청 당시에 이미 발생된 채권만을 담보함
2	**근저당권의 피담보채권 일부만을 청구금액으로 하여 경매를 신청한 후 채권계산서의 제출에 의하여 청구금액을 확장할 수 있는가?**
	근저당권자가 경매신청서에 피담보채권의 원금 중 일부만을 청구금액으로 기재하여 경매를 신청한 경우, 경매신청채권자는 배당단계에서 채권계산서에 청구금액을 확장하여 제출하는 방법에 의하여 청구금액을 확장할 수 없음.
3	**피담보채권 중 일부만을 경매 신청한 채권자는 어떤 방법에 의하여 나머지 피담보채권을 배당받을 수 있는가?**

	당초의 경매신청 시 포함되지 않은 잔여 피담보채권에 대하여 부동산경매절차의 배당요구종기까지 이중경매신청을 하여 경매개시의 기입등기가 되면 배당받을 수 있음.
4	**임의경매절차에서 경매신청서의 신청원인에 기재된 채권이 변제 등에 의하여 소멸된 경우, 경매신청채권자는 경매신청서에 기재하지 않은 다른 피담보채권을 배당받을 수 있는가?**
	경매신청채권자는 그 청구채권을 소멸된 당초의 채권으로부터 그 다른 채권으로 교환적으로 변경하여 그 다른 채권에 대하여 배당을 구하는 내용의 채권계산서 등을 제출하는 방법으로 그 다른 채권을 배당받을 수 있음.
5	**임의경매의 신청채권자가 경매신청서의 표지에는 대여금의 원금만을 표시하고, 그 내용의 청구금액란에 원금과 지연손해금을 기재한 경우, 경매신청서에 기재한 채권액에는 그 지연손해금도 포함되는가?**
	근저당권자는 임의경매신청서의 청구금액란에 원금을 기재하고 이에 대한 연체이자 및 지연손해금에 관하여 부기하는 방법으로 청구금액을 표시하면 됨.
6	**신청채권자가 경매신청서에 경매청구채권으로 이자 등 부대채권을 표시한 경우 나중에 채권계산서에 의하여 부대채권을 증액하는 방법으로 청구금액을 확장할 수 있는가?**
	담보권 실행을 위한 경매절차에 있어 신청채권자가 이자 등 부대채권을 표시하였다가 나중에(늦어도 배당요구종기까지) 채권계산서에 의하여 그 부대채권을 증액하는 방법으로 청구금액을 확장할 수 있음.
7	**후순위 근저당권자가 경매를 신청한 경우, 선순위 근저당권자의 피담보채권액이 확정되는 시기는 언제인가?**
	후순위 근저당권자가 경매를 신청한 경우 선순위 근저당권의 피담보채권은 그 근저당권이 소멸하는 시기인 경락인이 경락대금을 완납한 때에 확정됨.
8	**주 채무자와 물상보증인이 공동으로 근저당권을 설정한 후 먼저 주채무자가 제공한 근저당권이 실행된 경우, 물상보증인의 피담보채무의 확정시기는?**
	여러개의 공동저당권의 목적부동산 중 1개만이라도 담보권 실행을 위해 경매를 신청한 경우에는 그 경매신청시에 모든 공동저당권은 확정되어 보통저당권으로 바뀜.

35. 특수한 경매물건

35-1. 종중재산 · 학교법인 · 유치원 · 사회복지법인 재산 경매

학교법인의 교지, 교사, 체육장, 연구시설 등 재산은 매도, 담보 제공할 수 없으므로(사립학교법 28조2항, 시행령 12조1항) 강제집행을 할 수 없다. 그러나 주무관청의 허가가 없으면 처분할 수 없는 주무관청의 허가는 경매개시 요건이 아니고, 매수인의 소유권이전 요건에 불과하므로 경매신청은 가능하다. 학교법인의 기본재산(사립학교법 제28조), 사찰소유의 부동산(전통사찰보존법 제6조), 사회복지법인의 부동산 등이 해당되며, 만일 주무관청의 허가가 없었음에도 매각허가결정이 확정되어 잔대금 완납 시 그 대금 납부는 효력이 없고, 매수인은 소유권을 취득 할 수 없다.(대법원 1999.10.22 97다 49817 판결)

경매에서는 자주 나타나는 물건은 아니지만 종중재산 · 학교법인 · 유치원건물 · 사회복지법인 재산 등의 경매에 대하여는 조심하면서 접근하며 경매잔금대출이 어렵다.

1. 종중재산

종중이란 공동 선조의 분묘의 보존, 제사의 이행, 종원간의 친선 · 구조 및 복리증진을 도모하는 권리능력 없는 사단이며 그 종중 재산의 법적 형태는 총유이다. 종친회 임원이 서류를 위조하여 자신의 이름으로 소유권이전등기를 한다든지, 저당권설정을 한 후 문제가 생긴다면 사원총회의 결의 없는 관리처분행위로서 무효인 것이다. 종중재산을 경락 받고자 하는 경우에는 종중의 원인무효에 따른 '근저당권 말소청구의 소'에 따라 소유권을 잃을 수도 있으므로 각별한 주의가 필요하다. 따라서 종중재산을 매수하였다고 하더라도 무효인 소유권 내지는 저당권을 기초로 진행된 경매절차이기 때문에 예고등기와 같이 낙찰자가 훗날 소유권을 상실할 위험성이 많다. 이는 전통적으로 종중 또는 문중의 재산은 종손 명의로 등기되어 있는 경우가 많은데 종손 개인의 재산과 종손이 명의수탁 받은 종중의 재산이 외관상 구별이 되지 않는 점에서 채권자는 그 구별없이 경매를 신청하기 때문에 이 같은 문제가 발생한다.

부동산실권리자명의등기에관한법률도 이 경우 명의신탁을 인정하고 있다(제8조).

(⇒제8조 (종중 및 배우자에 대한 특례) 조세포탈, 강제집행의 면탈 또는 법령상 제한의 회피를 목적으로 하지 아니하는 아래 2가지 경우에는 명의신탁을 허용함⇒.

1. 종중이 보유한 부동산에 관한 물권을 종중(종중과 그 대표자를 같이 표시하여 등기한 경우를 포함한다)외의 자의 명의로 등기한 경우
2. 배우자 명의로 부동산에 관한 물권을 등기한 경우)

종친회 소유부동산의 경매진행 시 향후 경매실행의 원인인 근저당권 말소에 따라 분쟁에 휘말려 애써 얻은 부동산의 소유권을 잃을 수 도 있다. 즉, 잔대금을 납부하고 소유권을 취득하더라도 '원인무효에 따른 근저당권 말소 청구의 소'에서 종친회가 승소할 것이 확실시 되므로 소유권을 잃을 수도 있다. 이런 경우 근저당권자가 개인인 경우가 많으며, 법원의 경매전문가임을 자처하는

응찰자들도 실패할 수 밖에 없는 보이지 않는 경매부동산의 큰 함정이다. 종친회 소유 부동산의 경우는 응찰자들이 문제 발생 여부를 파악하는 것이 불가능하므로 가급적 응찰을 피하는 것이 좋다.

2. 학교법인

학교법인 및 사회복지법인의 기본재산(농지, 임야 등 수익용재산 포함)의 처분 시에는 주무관청(초, 중, 고교는 관할 교육감, 전문대이상은 교육과학기술부장관)의 허가가 있어야 매각결정허가가 나므로 매수신청 시에 주무관청의 허가서가 제출되었는지를 확인한 후에 매수 신청하는 것이 바람직하다.

학교법인 재산의 강제경매는 감독청의 허가 없이는 양도가 불가능하므로 주의를 요한다. 즉, 학교법인이 기본재산을 양도함에 있어서는 이사회의 결의를 거쳐 감독청의 허가를 받도록 하고 있어 이사회의 결의나 감독청의 허가가 없이 양도된 경우에는 그것이 학교법인이 원했던, 원하지 않고 강제경매에 의했던 무효이다. 사립학교법에 의해 채무자 겸 소유자가 학교법인인 경우 경매신청채권자가 관할청(초・중・고교는 관할 교육감, 전문대 이상은 교육인적자원부장관)의 허가서를 매각결정기일 이전에 법원에 제출해야만 매각허가결정이 나므로, 매수자는 매각기일 이전에 경매 법원경매기록을 열람하여 관할청의 허가서(낙찰자가 받는 것이 아니라 경매신청채권자가 받아야 한다)가 첨부돼 있는지 확인해야 된다. 이 허가서는 받아내기가 어렵기 때문에 법원 집행기록에 첨부되어 있지 않는 경우 이 물건은 포기하는 것이 좋다. 허가서가 빠져 있는 경우 매각기일에 최고가매수신고인으로 선정되었더라도 대부분 매각불허가결정이 된다.

특히, 강제경매에 있어서 최고가매수신고인(경락인)은 집행채무자인 학교법인을 대위하여 감독청에 대하여 학교기본재산의 처분에 관한 허가신청을 대위 행사할 수는 없다.

(대법원 94. 9.27 선고 93누22784 판결)

【판결요지】

가. 구 사립학교법(1990.4.7. 법률 제4226호로 개정되기 전의 것) 제28조 제1항, 제16조의 규정에 의하면, 학교법인이 기본재산을 양도함에 있어서는 이사회의 결의를 거쳐 감독청의 허가를 받도록 하고 있는바, 이사회의 결의나 감독청의 허가가 없이 양도된 경우에는 그것이 학교법인의 의사에 기한 것이든 강제경매절차에 기한 것이든 무효라고 할 것이다.

나. 강제경매절차에 있어서 최고가매수신고인은 경락기일에 경락허가를 받을 경매절차상의 권리가 있을 뿐 직접 집행채권자나 채무자에 대하여 어떠한 권리를 가진다고 할 수는 없으므로, 최고가매수신고인이 집행채무자인 학교법인을 대위하여 감독청에 대하여 기본재산의 처분에 관한 허가신청을 대위행사할 수는 없다.

그러나 학교법인의 기본재산 일지라도 저당권 실행을 위한 임의경매일 경우 이미 저당권설정 당시 관할청의 허가를 받았다면 추가로 매각에 대한 관할청의 허가를 받을 필요는 없다.

학교법인의 기본재산은 농지, 임야, 건물 등의 수익용재산과 교사, 교지 등의 순수학교 재산으로 나뉜다. 이는 법인정관에 명시돼 있으며 대표적인 기본재산인 교지・교사(강당) ・체육장・실습실, 연구시설 등은 법인이 스스로 매도하거나 담보로 제공할 수 없도록 되어 있다. 사립학교법시행령 제5조에 의하면 부동산, 정관에 의한 기본재산, 이사회의 결의로 기본재산에 편입된 재산,

학교법인에 속하는 회계의 매년도 회계잉여금 중 적립금 등을 말한다. 또한 대법원 송무예규는 매수인에게 인수 부담되는 권리관계를 신문공고 및 매각물건명세서에 명시하도록 규정하고 있다.

(사립학교법 제28조 재산의 관리 및 보호)

① 학교법인이 그 기본재산을 매도 · 증여 · 교환 또는 용도 변경하거나 담보에 제공하고자 할 때 또는 의무의 부담이나 권리의 포기를 하고자 할 때에는 관할청의 허가를 받아야 한다.
② 학교교육에 직접 사용되는 학교법인의 재산 중 대통령령이 정하는 것은 이를 매도하거나 담보에 제공할 수 없다.

특히, 학교법인도 매수할 수 있는 경우가 있는데, 사립학교법 시행령 제12조 (처분할 수 없는 재산의 범위) ①항에 의하면 교육환경의 개선을 위하여 교지의 전부와 교육용 기본시설의 일부를 확보한 후 학교를 이전하거나 본교와 분교를 통합하고자 하는 경우로서 이전 또는 통합으로 용도가 폐지되는 교지, 교사. 체육장은 학교법인이 설치, 운영하는 사립학교의 교육에 직접 사용하는 재산으로서 매도 또는 담보제공이 금지된 학교법인의 재산에 해당되지 않는다. 고 하므로 이런 재산(최초 학교용지로 사용되었으나 학교를 다른 곳으로 신축 이전하면서 현재 교회건물로 이용중이고, 일상적인 교육시설로 이용하기가 사실상 불가능한 경매물건 등)은 매수가 가능하다.

3. 유치원건물

유치원건물의 경우에는 유치원 경영자의 소유라면 저당권설정등기가 날 수 없으므로 유치원 경영자의 소유가 아닐 때에 한하여 입찰해야 할 것이다. 유치원은 학교이며 영유아원은 학교가 아니다. 그러므로 영유아 보육시설은 타인에게 매도가 가능하다. 특히, 유치원건물을 경영자가 직접 소유하는 경우는 학교 교육에 직접 사용되는 재산이므로 이를 매도하거나 담보에 제공할 수 없다. 반대로 경영자의 소유가 아니면 즉, 임차하여 유치원을 경영하는 경우라면 타인소유가 되므로 담보등기를 할 수 있고 경매도 가능하다. (유치원건물 경매 낙찰 후 소유권 이전한 사례로는 창원 2005-28910호, 창원 2003-41773호 참조)

※ 유치원건물에 저당권설정등기를 할 수 있는가?

1. 사립학교법 제28조 제2항 및 사립학교법 시행령 제12조
2. 등기선례4-104, 등기예규 제887호, 등기선례5-82
3. 대법원 1994.1.25. 선고 93다42993 판결 【소유권이전등기말소】, 대법원 1997. 3. 4. 선고 96다55693 판결 【근저당권설정등기말소】 등을 살펴보자

1. 대법원 2004. 7. 5. 자 2004마97 결정

유치원교육에 직접 사용되는 교지 등 사립학교법시행령 제12조에 정한 재산이라고 하더라도 유치원 설립자가 유치원 설립허가를 얻기 전에 담보권을 설정한 경우, 담보권자의 담보권 실행이 금지되거나 감독청의 처분허가를 필요로 하는지 여부(소극)

2. 등기선례 7-46

유치원 건물에 대한 근저당권설정등기는 유치원 설립인가 전에 경료되었으나, 그 근저당권의 실행은 인가 후에 이루어진 경우, 유치원 건물에 대한 소유권이전등기를 관할청의 허가 없이도 할 수

있는지 여부(적극) 등기부에 건물의 용도가 유치원으로 기재되어 있으나, 건물의 소유자가 아직 유치원 설립인가를 받지 않은 상태에서 건물에 대한 근저당권설정등기가 이루어지고, 그 후에 건물의 소유자가 유치원 설립인가를 받은 경우, 위 근저당권의 실행으로 당해 건물이 경락 되었다면 그 경락에 따른 소유권이전등기는 관할청의 허가 여부와 상관없이 할 수 있다. (2001. 11. 8. 등기 3402－753 질의회답)

3. 등기선례 7－45

유치원 건물 및 토지의 소유자와 유치원 경영자(설립자)가 다른 경우 유치원 건물 및 토지에 대하여 근저당권설정등기를 신청할 수 있는지 여부(적극)

유치원 건물 및 토지의 소유자인 갑이 본인 명의로 유치원 설립인가를 받아 경영하다가, 관할관청으로부터 을 명의로 유치원 설립자 변경인가를 받아 자신은 폐업한 뒤, 을이 위 건물을 갑으로부터 임차하여 유치원을 경영해 온 경우, 현재 갑은 사립학교경영자가 아니므로 유치원 건물 및 토지에 대하여 근저당권설정등기를 신청할 수 있다. (2004. 2. 27. 부등 3402－90 질의회답)

4. 등기예규 제887호

학교법인의 부동산 취득 또는 처분 등에 따른 등기예규
제정 1997.09.11 등기예규 제887호

제1조(목적) 이 예규는 사립학교법에 의한 학교법인이 부동산을 취득하거나 또는 처분함에 따른 등기사무에 관한 세부사항을 정함을 목적으로 한다.

제2조(부동산의 취득) 학교법인이 매매, 증여, 유증, 그 밖의 원인으로 부동산을 취득하고 학교법인 명의로의 소유권이전등기를 신청하는 경우에는 그 등기신청서에 감독관청의 허가를 증명하는 서면을 첨부할 필요가 없다.

제3조(부동산의 처분 등) ① 학교법인이 그 소유 명의의 부동산에 관하여 매매, 증여, 교환, 그 밖의 처분행위를 원인으로 한 소유권이전등기를 신청하거나 근저당권 등의 제한물권 또는 임차권의 설정등기를 신청하는 경우에는 그 등기신청서에 감독관청의 허가를 증명하는 서면을 첨부하여야 한다.
② 학교법인에게 신탁한 부동산이라 하더라도 그 신탁해지로 인한 소유권이전등기를 신청하는 경우에는 감독관청의 허가를 증명하는 서면을 첨부하여야 한다.
③ 학교법인이 공유자 중 1인인 부동산에 관하여 공유물분할등기를 신청하는 경우에도 감독관청의 허가를 증명하는 서면을 첨부하여야 한다.

제4조(시효취득, 경락의 경우) ① 학교법인 소유 명의의 부동산에 관하여 시효취득을 원인으로 한 소유권이전등기신청 또는 경락을 원인으로 한 소유권이전등기촉탁 및 소유권이전청구권 보전의 가등기신청을 하는 경우에는 감독관청의 허가를 증명하는 서면을 첨부할 필요가 없다.
② 학교법인 소유 명의의 부동산에 관하여 계약의 취소 또는 해제(단, 합의해제의 경우는 제외)를 원인으로 한 소유권이전등기말소 또는 진정한 등기명의의 회복을 원인으로 한 소유권이전등기를 신청하는 경우에도 제1항과 같다.

제5조(사립학교경영자 개인 소유명의의 부동산) ① 사립학교(특수학교, 유치원 등 포함)의 기본재산에 편입되어 학교교육에 직접 사용되는 부동산은 그것이 학교법인이 아닌 사립학교경영자 개인 소유라 하더라도 이를 매도하거나 담보에 제공할 수 없다. (사립학교법 제51조, 제28조 제2항)
② 등기신청서에 첨부된 토지대장 또는 건축물대장 등에 의하여 당해 부동산이 학교교육에 직접 사용되는 부동산임을 알 수 있는 경우(공부상 등기의 목적물인 건물의 용도가 유치원으로 되어 있는 경우 등)에는 그 소유자가 사립학교법상 사립학교경영자가 아닌 때에 한하여 그 부동산의 처분으로 인한 소유권이전등기신청 또는 저당권설정등기신청 등을 수리하여야 한다.

4. 사회복지법인

사회복지법인의 재산에는 기본재산과 보통재산이 있는데, 보통재산은 재산권행사에 제약이 없으나 기본재산에는 제약이 따른다. 여기서의 기본재산에는 부동산, 정관에서 기본재산으로 정한 재산, 이사회의 결의에 의하여 기본재산으로 편입된 재산이 있다. (사회복지사회법시행규칙 제12조 참조). 이 같은 기본재산은 매도・증여・교환・임대・ 담보제공 또는 용도변경, 1년 이상 장기차입에는 보건복지부장관의 허가를 받아야 한다.

이는 매도를 금하거나 담보제공을 금한 취지가 소유자를 달리하여 비영리 법인재산의 감소를 방지하여 공익복적을 달성하고자 하는데 있으므로 경매로 인해 소유자가 달라지는 경우도 같은 취지라고 해석된다. (사회복지사업법 참조)

그리고 사찰 등은 전통사찰보존법 등을 참고하여야 한다.

〈사례연구 1〉 [유치원과 어린이집]

사립학교법 저촉(교육과학기술부 허가사항)되는 유치원에 비하여 담보취득 가능한 어린이집 부분의 담보 취득은 보건복지부 소관으로 담보 취득에 문제없음.

유치원 및 어린이집은 2007년부터 정부지원이 강화되어 어린이 모집에는 어려움이 없을 것으로 판단되며, 유치원은 담보취득이 안 된다는 사고에 젖어있어 대부분의 유치원 원장들도 어린이집과 유치원으로 별도 구분등기를 하고 어린이집의 담보활용을 요구하는 실정임. 유치원은 정부 보조에 의한 무상교육 실시 계획과 맞물려 향후 2007년 이후 유치원 및 유아원의 교육사업은 상당히 긍적적으로 판단되며 또한 비과세 등으로 세금혜택 등 미래가치가 높을 것으로 보여 경매낙찰가가 높아질 전망임.

〈사례연구 2〉 [경내지 등이 장관 허가 없이 강제경매절차 처분된 경우의 효력]

[대법원 1999. 10. 22. 선고 97다49817 판결 【소유권이전등기말소】]

【판시사항】

구 전통사찰보존법 제6조 제1항 제2호 소정의 경내지 등이 문화체육부장관의 허가 없이 강제경매절차에 의하여 처분된 경우의 효력(무효)

【판결요지】

구 전통사찰보존법(1997. 12. 13. 개정되기 전의 것) 제6조 제1항 제2호, 같은 조 제5항 및 같은법 시행령 제7조 제2항 등에 의하면 전통사찰보존법상의 경내지 등을 대여, 양도, 담보제공 등 처분행위를 함에는 문화체육부장관의 허가를 받게 되어 있고, 이에 위배되는 처분은 무효로 한다고 규정하고 있는바, 그 처분행위가 강제경매절차의 한 경우라 하더라도 달리 볼 것은 아니다.

〈사례연구 3〉 [비법인사단 또는 재단(교회, 주택조합, 종중, 사찰)과의 계약]

1. 법인(회사)과의 계약

1) 법 인

법인(회사)과 부동산 매매계약을 하는 경우 그 법인을 대표할 수 있는 이사 기타의 대표기관과 계약을 체결하지 않으면 안 된다. 법인이란 사람이나 재산의 결합체로서 자연인과 같이 법에 의하여 권리·의무의 주체가 될 수 있다. 따라서 법인은 직접 법률행위를 할 수 있고, 그에 따라 권리와 의무를 취득 할 뿐 아니라, 그 단체를 구성하는 자연인의 재산과 분리하여 독립된 단체의 재산을 인정받을 수 있게 된다. 법인은 사단·재단으로 분류된다.

2) 법인의 행위와 대표

법인의 행위는 대표기관이 담당해야 한다. 즉 대표기관이 법인의 권리능력의 범위 내에서 한 행위는 법인 자신의 행위가 된다. 그래서 그 관계로 '대리'가 아니라 '대표'라고 표현한다. 다만 대표관계는 실질적으로는 대리관계와 유사하므로 대리에 관한 규정을 준용한다. (민법59조 2항) 따라서 기관이 법인을 대표하는 형식에는, "○○주식회사 대표이사 ○○○"라고 표시하는 현명주의가 적용되며 무권대리, 표현대리의 규정이 적용된다.

3) 법인의 이사

대외적으로 법인을 대표하고, 대내적으로 법인의 업무를 집행하는 상설적 필요기관이 이사이다. 이사의 임명은 정관의 필요적 기재사항이며, 이사의 성명·주소는 등기사항으로서(민법49조 2항), 이를 등기하지 아니하면 이사의 선임, 해임, 퇴임을 가지고 제3자에게 대항할 수 없다.
즉 법인 등기부의 이사를 등기가 되어 있어야 하기 때문에 계약 전에 반드시 법인 등기부등본을 확인하는 것이 필요하다.

이사가 수명 있어도 단독으로 법인을 대표할 수 있고, 대표하는 사무에는 제한이 없으며 각자가 법인을 대표한다. 법인등기 열람은 인터넷으로도 가능하다.

2. 비법인 사단 혹은 재단(교회, 주택조합, 종중, 사찰)과의 계약

1) 비법인 사단

사단으로서의 실체(목적, 사원총회, 대표, 정관 등)를 가지고 있으면서도 법인설립에 필요한 허가와 등기 등의 절차를 밟지 않아서 법인격이 부여되지 않는 단체로 '비법인 사단'이라고 말하는데, 민법에서 그 설립요건으로서 단체로서의 실체를 갖추는 것 이외에 허가와 설립등기를 요구하는 한 이러한 형식요건을 갖추지 않은 '법인 아닌 단체'가 존재할 수밖에 없다. 이러한 비법인 사단과 계약하는 경우가 있어서는 일정한 형식의 처분증명서면의 제출이 필요한데, 예컨대 당사자가 종중인 경우에는 '종중규약 또는 정관, 종중 대표자 선임질의서, 부동산처분결의서, 부동산등기용등록번호 증명서' 등이다.

2) 비법인 사단의 유형

판례에 나타난 것들 위주로 알아보자.

① 종 중

공동 선조의 후손 중 성년 남자를 구성원으로 하여, 공동 선조의 분묘 수호, 종중원 상호간의 친목을 목적으로 하는 종족의 자연적 집단으로서, 특별한 설립 행위를 필요로 하지 않으며, 종중 재산의 관리 방법, 목적 사업의 설정, 임원의 선임 방법 등에 관한 종약이 있어야 하지만 반드시 성문의 규약이 있어야 하는 것은 아니다.

또한 종중 재산은 종원의 총유에 속하며, 그 관리 및 처분은 종중 규약에 따르고, 정한 바가 없으면 종중 총회의 결의에 의한다. (대판93다7703)
종중 부동산은 종중명의로 등기하는 것이 인정된다. (부등법30조 1항)

② 사 찰
불교의 포교와 법요 집행 등의 목적으로 불당 및 부속 건물을 세워 00사라 이름 짓고 신도회를 조직한 후 신도 창립총회에서 그 재산과 업무 처리에 관한 규약을 제정하고 그 대표자를 선임한 후 승려를 기거하게 하면서 그 설립 목적을 달성하기 위한 활동을 해온 사실이 인정되면 그 사찰은 불교 단체 등록이 되어 있지 않다고 하여도 권리능력 없는 사단에 해당하므로 당사자 능력이 있다. (대판81누42)

③ 교 회
교회의 법률적 성질이 권리 능력 없는 사단인 까닭에 교회 재산은 교인들의 총유에 속하고, 교인들도 그 교회 활동의 목적 범위 내에서 교회 재산을 사용할 수 있다. (대판91다 1226)

④ 아파트 입주자 대표회의
공동 주택 입주자가 관련 법령에 따라 구성한 입주자나 대표회의는 단체로서의 조직을 갖추고 의사 결정 기관과 대표자가 있을 뿐 아니라, 또 현실적으로도 자치 관리 기구를 지휘, 운영하는 등 공동 주택 관리 업무를 하고 있으므로 법인 아닌 사단으로서 당사자 능력을 갖는다. (대판91다4478)

⑤ 주택 조합
무주택주민들이 조합원이 되어 조합원들의 공동 주택을 건립하기 위하여 설립한 지역조합인 주택 조합이 공동 주택 건설 사업이라는 단체 고유의 목적을 가지고 활동하고 있고, 규약 및 단체로서 조직을 갖추고 있다면 이는 이른바 비법인 사단에 해당한다. (대판92다 36052)

3) 비법인 사단의 외부 법률 관계
비법인 사단(재단포함)은 그 대표자가 정해져 있으면 소송상의 당사자 능력을 갖게 되므로(민사소송법 제48조) 사단의 권리 능력, 행위 능력, 대표 기관의 권한과 그 대표의 형식, 대표 기관의 불법행위에 대한 사단의 배상 책임 등도 모두 사단 법인에 관한 규정을 적용할 수 있다.

4) 재산 귀속의 공시방법
종중·문중 등 비법인 사단이나 재단에 속하는 부동산의 등기는 그 사단이나 재단을 등기권리자 또는 등기 의무자로 한다. (부등법30조) 이에 관하여는 특별한 등기방법이 있다. (부동산등기신청양식 비법인 사단인 교회의 부동산소유의 이전등기 참조)

3. 비법인 재단

비영리 목적을 위하여 출연되고, 관리 조직을 갖추게 됨으로써 목적에 의하여 구속되는 재산은 신탁이나 재단 법인의 형식을 취하지 않는 경우에도 사회적으로 독립한 존재를 가지므로, 법률상으로도 특별히 취급할 필요가 있다.

이를 권리능력 없는 재단이라고 하는 바, 전통 사찰은 문공부에 등록되어 있으면서 권리능력 없는 재단으로 인정되며, 그 사찰 명의의 등기된 부동산은 아무리 그 재산의 창건과 관리에 신도들의 기여가 크더라도 신도들의 총유가 아니다. (대판76다1478) 그러나 단순히 개인소유 사찰은 비법인 재단이 아니고 개인의 재산이다.

4. 미성년자와의 계약

부모가 불의의 사고로 사망한 미성년자와의 부동산매매계약

1) 후견인

미성년자를 남겨두고 부모가 불의의 사고로 사망한 경우에는 우선 사망한 부모의 보험금이나 위자료 수령 등에 문제가 생기고 또 부모 명의의 부동산이 있다면 어떻게 처분하느냐가 문제로 될 것이다. 왜냐하면 미성년자 단독으로는 보험금이나 위자료를 수령할 수 없고, 부모가 남겨놓은 부동산이 있을 때 그것을 처분하기 위해서는 상속등기를 한 후이어야 하는데 상속등기나 처분을 그 미성년자 스스로 혼자서 할 수 없다. 자기 스스로 법률행위를 할 수 있는 능력 즉 행위능력이 없는 무능력자이기 때문이다.

그래서 이런 경우 무능력자에게 후견인을 두어, 그 후견인으로 하여금 미성년자, 즉 행위무능력자의 부모역할을 할 수 있도록 하고 있다.

2) 후견인 선임방법

① 부모가 사망하기 전 유언으로 지정한 사람, 미성년자가 성년이 될 때까지 후견을 받아야 한다. (민법 931조)

② 후견인 지정이 없는 때는 미성년자의 직계혈족, 3촌 이내의 방계혈족의 순으로 후견인이 된다. (민법 932조)
(부모가 이혼한 때에도 그 모는 직계혈족으로서 3촌 이내의 방계혈족보다는 선순위로 후견인이 됨)(대판85다카 1970)

③ 3촌 이내의 방계 혈족이 없으면 그 이상의 친족이나 이해관계인의 청구에 의하여 법원이 선정하는데 이를 선정후견인이라 한다.

④ 후견인은 피후견인의 법정대리인이 된다. (민법938조)
따라서 미성년자의 법정 대리인의 법률 행위는 미성년자를 위하여 한 행위로 추정되므로 후견인의 피후견인 재산에 과한 처분 행위는 피후견인인 미성년자를 대리하여 한 행위로서 미성년자에 대하여 그 효과가 발생한다. (대판 94다 302)
후견인이 지정 되면 미성년자의 호적부에 그 사유가 기재된다.
그리고 후견인 피후견인의 부동산에 관한 권리의 득실 변경을 목적으로 하는 행위를 하거나 소송 행위를 하는 때는 친족회의 동의를 얻어야 하고, 이에 위반한 때는 피후견인 또는 친족회가 이를 취소할 수 있다. (민법 950조)

5. 상속인들과의 매매 계약

1) 상 속

상속이란 피상속인의 사망에 따라서 상속인이 피상속인에 속하였던 모든 재산상의 지위 또는 권리의무를 포괄적으로 승계하는 것을 말하는데, 현행 상속법의 특징은 다음과 같다.

① 호주 상속은 호주 승계로 바꾸어 상속에서 제외

② 유언에 의한 상속과 법정 상속인정(법정상속은 유언이 없는 경우에만 인정)

③ 법정 상속은 균분 공동 상속을 원칙으로 하여, 다만 배우자에게 5할을 가산

④ 상속인들 사이의 실질적인 평등을 기하기 위하여 기여 분 제도(재산 축적에 기여한 자에게 그만큼 더 가산하는)와 특별수익제도(미리 받은 자에게 그 만큼 감산하는)를 둠.

⑤ 임의 상속제를 채택하여 상속의 포기를 허용함.

⑥ 무제한의 유증의 폐해를 막기 위하여 유류분(최소한의 생존에 필요한 만큼의 재산을 남겨주는) 제도를 채택.

2) 상속 회복 청구권

상속권이 침해된 때는 상속권자는 상속회복의 소를 제기할 수 있는 바, 그 침해를 안 날로부터 3년, 상속권의 침해가 있는 날로부터 10년을 경과하면 소멸한다. (제척기간)

참칭 상속인(공동상속인중 자기만 상속권이 있다고 주장하여 단독명의로 소유권 보존등기를 경료

한 경우 등)으로부터 상속 재산을 전득한 제3자도 상속 회복 청구의 상대방이 된다고 보는 것이 판례의 태도(대판79다854)이다. 상속회복 청구권은 재판상 및 재판 외의 청구가 모두 가능하다.

청구가 있으면 참칭 상속인은 취득재산의 전부와 과실을 반환해야 한다. 다만, 선의인 경우는 그 받은 이익의 현존하는 한에서 반환할 의무가 있는 것이다.

3) 공동상속

상속인이 수인인 경우에는 상속재산은 공유로 하며, 공동상속인은 각자의 상속분에 따라 피상속인의 권리의무를 승계하는데, 분할할 때까지는 상속재산을 공유한다. (민법 1006조)

4) 공유 재산의 처분

부동산 물권의 득실변경은 등기한 때 그 효력이 생기지만(민법 186조), 상속은 법률의 규정에 의하여 물권을 취득하는 것이므로 등기가 필요 없다. (민법 187조) 다만, 등기를 하지 않으면 처분하지 못한다. 따라서 상속에 의한 부동산 물권을 상속인이 다른 사람에게 매수하기 위해서는 먼저 등기를 한 후에 매수인에게 소유권 이전을 해야 한다.

즉 매수인은 상속 등기가 되어 있지 않은 부동산을 매매 계약을 하려고 한 때는 상속인들로부터 그들의 공동 대리인에게 줄 위임장과 인감증명서, 호적등본, 주민등록등본을 계약서와 함께 첨부 받아야 한다.

〈사례연구 4〉 [사회복지법인의 기본재산 낙찰에 주무관청의 허가 필요]

대법원 2003. 9. 26. 자 2002마4353 결정

【판시사항】

[1] 부동산임의경매절차에서 사회복지법인의 기본재산인 부동산에 관한 낙찰에 대하여 주무관청의 허가가 없는 경우 기본재산의 소유권이 낙찰인에게 이전되는지 여부(소극)

[2] 보육사업을 하는 사회복지법인이 설치한 영유아 보육시설이 사회복지법인의 기본재산에 해당하는지 여부(적극)

【결정요지】

[1] 사회복지법인의 기본재산의 매도, 담보제공 등에 관한 사회복지사업법 제23조 제3항의 규정은 강행규정으로서 사회복지법인이 이에 위반하여 주무관청의 허가를 받지 않고 그 기본재산을 매도하더라도 효력이 없으므로, 법원의 부동산임의경매절차에서 사회복지법인의 기본재산인 부동산에 관한 낙찰이 있었고 낙찰대금이 완납되었다 하더라도 위 낙찰에 대하여 주무관청의 허가가 없었다면 그 부동산에 관한 소유권은 사회복지법인으로부터 낙찰인에게로 이전되지 아니한다.

[2] 사회복지사업법 제2조 제1항 제6호, 제23조 제2항, 사회복지사업법시행규칙 제13조 제1항 제1호 (가)목에 의하면, 보육사업을 하는 사회복지법인이 영유아보육법 제8조, 영유아보육법시행규칙 제7조 [별표 2]에 의하여 설치한 영유아 보육시설은 사회복지법인의 기본재산에 해당한다.

35-2. 스포츠센터시설 담보취득

스포츠센터에 입회금을 낸 회원이 있을 경우, 동 입회금은 매수인이 인수하여야 할 부담이다. 따라서 스포츠센터를 매수한 자는 입회금반환채무를 승계해야 한다. 스포츠센터의 최저매각가격이 정해질 때는 입회금총액을 선순위로 차감하여야 한다.

체육시설법 제30조 제1항과 제2항을 종합하면, 민사집행법에 의한 경매절차에서 체육시설업의 필수기준에 의한 필수시설을 인수한 자는 체육시설법 제19조에 의해 회원을 모집한 경우에는 당해 체육시설업자와 회원간에 약정한 내용에 따른 권리의무를 승계하게 된다.

입회금제 스포츠센터 시설을 담보로 취득하는 경우에도 동 담보 가액 산정 시 반드시 동 입회금을 선순위로 차감하여 담보가를 산출하여야 한다.

주택임대차보호법상의 대항력 있는 임차인이 있는 경우 선순위 임차보증금을 감안하여 경락가격이 하락하는 경우와 동일하다고 볼 수 있다. 다만, 입회금반환채권이 우선변제 받을 채권이라는 의미는 아니다.

〈사례연구 1〉 [스포츠센터 운영자의 법적 지위]

스포츠센터란, 체육시설의설치이용에관한법률상, 동일한 사람이 같은 장소에 설치하여 운영하는 실내수영장을 포함한 2종 이상의 체육시설이 있는 하나의 단위체육시설(법상 종합체육시설을 말함)을 말하는 것으로 이 경우 스포츠센터를 경영하는 것은 종합체육시설업이 될 것이며, 그 경영자는 (종합)체육시설업자가 된다. 체육시설업자의 개념 속에는 그 자가 해당시설을 설치한다는 개념이 포함되어 있으므로 당해 체육시설의 소유자가 아닌 자는 체육시설업자가 될 수 없을 것으로 보인다(체육시설법 제2조 제2호).

☞ 종합체육시설업
실내수영장을 포함한 2종 이상의 체육시설을 동일인이 한 장소에 설치하여 하나의 단위 체육시설로 경영하는 업

☞ 체육시설법의 적용을 받는 체육시설
1. 운동종목 : 골프장, 골프연습장, 테니스장, 스키장, 아이스하키장, 체력단련장, 체육도장, 볼링장 등
2. 시설형태 : 운동장, 체육관, 종합체육시설

〈사례연구 2〉 [경매절차에서 체육시설을 낙찰 받은 매수인의 지위]

1. 체육시설법의 관련규정

체육시설법 제30조 제1항과 제2항을 종합하면, 민사집행법에 의한 경매절차에서 체육시설업의 필수기준에 의한 필수시설을 인수한 자는 체육시설법 제19조에 의해 회원을 모집한 경우에는 당해 체육시설업자와 회원간에 약정한 내용에 따른 권리의무를 승계하게 된다.

2. 스포츠센터 관련 체육시설업의 필수시설

체육시설법 시행규칙 [별표4]의 정함에 따르고 스포츠센터에 실내수영장 이외에 어떤 체육시설이 있는지에 따라 다를 수 있으나, 당해 체육활동을 하기 위한 장소로서의 건물은 스포츠센터로서 종합체육시설업을 행함에 있어서는 필수시설이다.

3. 체육시설업자와 회원간에 약정한 내용

체육시설업자와 회원간의 약정의 중요한 내용이 입회금의 납입과 그 대가로 회원이 가지는 우선적 시설이용권이라고 할 수 있다. 또한, 체육시설법 제20조, 동 시행령 제19조에 의하면 입회금의 반환에 관한 내용은 체육시설업자와 회원간의 약정에 반드시 포함될 내용으로 보인다. 따라서 체육시설법

제30조 제1항에서 말하는 '체육시설업자와 회원간에 약정한 사항'은 입회금의 반환을 포함하는 것으로 보아도 될 것이다. 따라서 체육시설업의 필수시설을 경락 또는 낙찰 받은 자는 기존 체육시설업자의 회원에 대한 입회금반환채무도 승계하는 것으로 보인다.

35-3. 지역권

승역지는 서로 붙어 있는 두 토지 중 다른 토지가 제공하는 통행로 등의 편익을 이용하는 토지를 말한다. 경매에서 그 등기부에 승역지든 요역지든 토지 이용에 불편이 따르며, 승역지는 길을 내 주어야 한다는 부담이 따르고, 요역지는 길을 사용하는데 비용을 부담해야 한다는 부담이 있다.

1. 지역권의 의의

민법 제291조는 "지역권자는 일정한 목적을 위하여 타인의 토지를 자기 토지의 편익에 이용하는 권리가 있다."라고 규정하고 있다. 예컨대 갑 토지의 소유자가 을 토지를 통행하거나, 을 토지를 통과하여 인수하거나, 또는 갑 토지의 관망을 위하여 을 토지상에 건축을 하지 못하게 함으로써, 각각 갑 토지의 이용가치를 높일 수 있다. 즉, 일정한 토지의 이용가치를 증가시키기 위하여 다른 토지에 지배를 미치는 권리가 지역권이다. 여기서 편익을 받는 토지를 요역지라 하고 편익을 제공하는 토지를 승역지라고 한다.

2. 지역권의 성질

1) 지역권은 요역지의 이용가치를 증가시키는 것이어야 한다.
2) 지역권은 요역지의 권리에 종 된 권리이다.
   즉, 요역지의 소유권이 이전되면 지역권도 요역지와 함께 이전한다.
3) 지역권에는 불가분성이 있다.

즉, 토지공유자의 1인은 그의 지분에 관하여 그 토지를 지역권 또는 그 토지가 부담하는 지역권을 소멸하게 하지 못한다. 한편, 공유자의 1인이 지역권을 취득한 때에는 다른 공유자도 이를 취득한다.

3. 지역권의 존속기간

지역권의 존속기간은 당사자의 약정으로 자유로이 정할 수 있으며, 그것을 등기함으로써 제3자에게 대항할 수 있다.

〈사례연구 1〉 [지역권 있는 공매물건]

공매물건 중,
위임기관(한국전기통신공사)의 일반채권부 매각분(물건관리번호 : 32000－00250－002)
경기도 남양주시 화도읍 금남리 136－2외 6필지
대지 5,498평방미터, 잡종지 1,105평방미터, 도로 99평방미터, 건물 2,750.12평방미터
(부대조건 : 본건 지상에 통행 목적의 요역지 지역권 설정 등기됨
(승역지 : 남양주군 화도읍 금남리 198－13번지)
감정평가액 5,413,721,880원
인터넷 입찰번호 : 015, 공고일 : 2005. 7.7, 인터넷 입찰시각 : 2005. 7.19.10 : 00
납부기한 : 1년, 인터넷입찰마감 : 2005. 7.21 17 : 00, 개찰일시 : 2005. 7.22 11 : 0
개찰장소 : 전자자산처분시스템(www.onbid.co.kr)최저입찰가 : 5,607,000,000원

〈사례연구 2〉 [낙찰 후 소유권 이전되어도 말소되지 않는 지역권]

창원 2005타경 20893 임의경매의 경남 한안군 칠원면 무기리 산 271－4 임야 약 10,800평에는 1999. 6.16일자 을구에 지역권 설정되어 있었으나 낙찰 후 2005.12.28 소유권 이전되었으나 말소되지 않는 권리로 현재 남아있음. 1999. 6.16 등기된 지역권 내용을 보면 목적(통행), 범위(남서측 1616㎡), 요역지(함안군 칠원면 무길리 산 284㎡, 임야 37488㎡) 지역권자(홍길동)으로 말소되지 않는 권리로 주의하여야 한다.

〈사례연구 3〉 [주위토지통행권의 침해 시 형사·민사상 대처방법]

－ 대한법률구조공단 방송상담자료 중에서 발췌 －

[질의1] 저는 갑이라는 사람으로부터 토지를 매수하여 건물을 건축하려 하였습니다. 그런데 매수한 토지 주위에는 공로(公路)로 통할 수 있는 길이 을 소유의 토지뿐이라서 이곳을 통하여 건축자재 등을 운반하여 건축을 시작하려 하였습니다. 그러나 을이 자신의 소유토지에 대한 사용을 완강히 거부하여 건축자재 등을 운반해갈 수가 없게 되어 공사가 중단된 상태입니다. 을을 교통방해죄로 고소하거나 을 소유의 토지를 사용할 수 있는 다른 방법인 있는지 알고 싶습니다.

[답변1] 먼저 을의 행위 즉 자신의 토지를 사용 못하게 한 것이 교통방해죄가 되는지 살펴보겠습니다. 형법 제185조는 육로, 수로 또는 교량을 손괴 또는 불통하게 하거나 기타 방법으로 교통을 방해한 경우 형사상 처벌할 수 있다고 규정하고 있고 이에 해당하는 죄명이 바로 교통방해죄입니다. 그러나 그 규정은 사회적 법익의 보호를 목적으로 하고 있는 것이고, 조문상에서 「육로」라 함은 특정인에 한하지 않고 불특정다수인 또는 차마(車馬)가 자유롭게 통행할 수 있는 공공성을 지닌 장소를 말하는 것으로써 불특정다수인, 즉 일반 공중의 통행에 항상 사용되는 것을 말합니다. 그러므로 이분의 경우와 같이 이분만이 을의 토지를 사용할 필요가 있고 을이 방해한 것이 이분만의 통행사실이었을 경우에는 형법 제185조가 규정하는 일반교통방해죄로 처벌할 수는 없습니다.

[질의2] 형사적으로 처벌할 수 없다면 저가 을의 소유 토지를 사용하여 공사자재를 나를 수 있는 다른 방법이 있는지요.

[답변2] 우리 민법은 인접하고 있는 부동산의 소유자 상호간의 이용을 조절하기 위하여 그들 사이의 권리관계를 적절히 조절하고 있는데 이것을 상린관계라고 합니다. 인접한 부동산의 소유자가 자신의 부동산이라고 하여 무제한으로 자신의 소유권만을 주장한다면 그 주위의 다른 부동산의 완전한 이용은 도저히 바랄 수 없게 되기 때문에 각 소유자가 가지는 권리를 어느 정도까지 제한하고 각 소유자에게 협력의 의무를 부담하게 하는 것이 전체적으로 보면 부동산 상호간의 이용을 극대화할 수 있기 때문입니다. 다시 말해 이 사회는 혼자 살아가는 것이 아니고 더불어 살아가야 한다는 이념을 부동산의 이용관계에 구현한 것이 상린관계라고 할 것입니다.

이 사안의 경우에는 민법 제219조의 주위토지통행권 규정으로 해결하여야 할 것으로 보입니다. 민법 제219조는 어느 토지와 공로 사이에 그 토지의 용도에 필요한 통로가 없는 경우 그 토지소유자는 주위의 토지를 통행하거나 또는 그 주위의 토지를 통로로 하지 아니하면 공로(公路)에 출입할 수 없거나 다른 길을 내기 위해 과다한 비용을 요하는 때에는 그 주위의 토지를 통행할 수 있다고 규정하고 있습니다. 또한 필요한 경우에는 통로를 개설할 수 있는데, 이로 인한 손해가 가장 적은 장소와 방법을 선택하여야 하고 그로 인한 손해는 보상하여야 한다고 규정하고 있습니다.

그러므로 이분에게는 을 소유의 토지를 통행할 수 있는 권리가 있고 필요한 경우에는 통로를 개설할 수도 있습니다. 따라서 을의 통행저지에 대하여는 법원에 통행방해를 금지시켜 달라는 신청을 할 수 있으며, 긴급한 경우에는 통행방해금지가처분신청을 할 수도 있습니다.

[질의3] 저가 을의 토지를 사용할 수 있는 권리가 있다고 하더라도 아무런 제한 없이 마음대로 이용할 수 있는지요.

[답변3] 물론 그렇게 무제한적으로 인정되지는 않습니다. 원칙적으로 그 토지는 이분의 토지가 아니라 타인의 토지이기 때문에 그 소유자의 이용에 지장을 주지 않는 범위 내에서 최소한으로 인정되어야 할 것입니다. 구체적으로 보면 주위토지통행권이 인정되는 경우 그 통행로의 폭과 위치를 정함에 있어서는 구체적 사안에서 사회통념에 따라 쌍방토지의 지형적. 위치적 형상 및 이용관계, 부근의 지리상황, 상린지 이용자의 이해득실 기타 제반 사정을 기초로 판단해야 할 것입니다. 건축허가요건충족을 위한 2미터 도로 확보규정 등을 참작하여 통행로의 노폭을 2미터로 인정한 판례도 있음을 참고하시기 바랍니다.

〈사례연구 4〉 [토지매수인이 기존의 유일한 통로를 폐쇄할 경우 주위토지통행권]

– 대한법률구조공단 법률상담사례 중에서 발췌 –

[질의] 제가 거주하는 집은 앞쪽에 공터를 제외하고는 모두 다른 집들로 막혀 있어서 그 공터를 유일한 통로로 이용하며 살아왔습니다. 그런데 최근에 그 공터를 매수한 甲이 찾아 와 그곳에 집을 짓기로 하였으니 통로로 내줄 수 없다고 합니다. 저희는 그곳을 통과하지 않으면 공로(公路)로 나갈 수 있는 방법이 없는데, 제가 통행할 수 있는 방법은 없는지요?

[답변] 민법은 인접하는 부동산 상호간의 이용관계를 조절하기 위해서 각 소유자들이 가지는 권리를

어느 정도 제한하거나 협력의무를 부담시키는 등 여러 규정을 두고 있는바, 주위토지통행권도 그 중 하나입니다.

주위토지통행권에 관하여 민법 제219조에 의하면 "① 어느 토지와 공로 사이에 그 토지의 용도에 필요한 통로가 없는 경우에 그 토지소유자는 주위의 토지를 통행 또는 통로로 하지 아니하면 공로에 출입할 수 없거나 과다한 비용을 요하는 때에는 그 주위의 토지를 통행할 수 있고 필요한 경우에는 통로를 개설할 수 있다. 그러나 이로 인한 손해가 가장 적은 장소와 방법을 선택하여야 한다. ② 전항의 통행권자는 통행지 소유자의 손해를 보상하여야 한다."라고 규정하고 있습니다.

판례도 "민법 제219조에 규정된 주위토지통행권은 공로와의 사이에 그 용도에 필요한 통로가 없는 토지의 이용이라는 공익목적을 위하여 피통행지 소유자의 손해를 무릅쓰고 특별히 인정되는 것이므로, 그 통행로의 폭이나 위치 등을 정함에 있어서는 피통행지의 소유자에게 가장 손해가 적게 되는 방법이 고려되어야 할 것이나, 최소한 통행권자가 그 소유 토지를 이용하는 데 필요한 범위는 허용되어야 하며, 어느 정도를 필요한 범위로 볼 것인가는 구체적인 사안에서 사회통념에 따라 쌍방 토지의 지형적, 위치적 형상 및 이용관계, 부근의 지리상황, 상린지 이용자의 이해득실 기타 제반 사정을 기초로 판단하여야 한다."라고 하였습니다(대법원 2002. 5. 31. 선고 2002다9202 판결).

그러므로 위 사안의 경우에도 위 규정이 정한 법적 요건에 해당된다면 귀하는 주위토지인 甲 소유의 토지를 통행할 수 있고, 필요한 경우에는 통로를 개설할 수 있다고 할 것입니다. 다만, 이로 인하여 甲이 입게 되는 손해를 가장 최소화하는 장소와 방법을 선택하여야 하고, 甲에게 손해가 발생하면 이를 보상하여야 하고, 이와 같이 일단 주위토지통행권이 발생되었다고 하여도 나중에 그 토지에 접하는 공로가 개설됨으로써 주위토지통행권을 인정할 필요성이 없어진 때에는 그 통행권은 소멸하게 될 것입니다(대법원 1998. 3. 10. 선고 97다47118 판결). 따라서 만일 甲이 일방적으로 통로를 폐쇄하거나, 지나치게 좁은 통로만을 남겨두는 경우에는 법원에 통행방해의 배제를 구하는 소송을 제기할 수도 있을 것이며, 긴급한 경우에는 통행방해 배제의 가처분을 신청할 수도 있을 것입니다.

〈사례연구 5〉 [지역권 관련 판례]

1) 지역권은 계속되고 표현된 것에 한하여 민법 제245조의 규정을 준용하도록 되어 있으므로, 통행지역권은 요역지의 소유자가 승역지 위에 도로를 설치하여 승역지를 사용하는 객관적 상태가 민법 제245조에 규정된 기간 계속된 경우에 한하여 그 시효취득을 인정할 수 있음(대법원 2001. 4. 13. 선고 2001다8493 판결).
2) 지역권은 일정한 목적을 위하여 타인의 토지를 자기의 토지의 편익에 이용하는 용익물권으로서 요역지와 승역지 사이의 권리관계에 터 잡은 것이므로 어느 토지에 대하여 통행지역권을 주장하려면 그 토지의 통행으로 편익을 얻는 요역지가 있음을 주장 입증하여야 함(대법원 1992. 12. 8. 선고 92다22725 판결).
3) 민법 제294조, 제245조의 규정에 의하여 지역권의 시효취득은 그 취득기간 경과 후 등기함으로써 그 물권취득의 효력이 발생하므로, 원심이 원고가 주장하는 이 사건 통행지역권이 아직 등기되지 않았음을 이유로 원고의 통행지역권확인청구를 배척하였음은 정당함(대법원 1992. 9. 8. 선고 92다20385 판결).
4) 주위토지통행권의 행사에 의하여 그 통행에 방해되는 축조물의 철거를 청구할 수 있음(대법원 2006.6.2. 선고 2005다70144 판결)

〈사례연구 6〉 [맹지와 주위토지통행권]

맹지란 다른 사람의 토지에 둘러싸여 길이 없는 토지를 말한다. 맹지를 경매에서 취득할 때에는 현장 답사를 통해 통행에 드는 비용을 감안하여야 한다. 경매물건 중 맹지의 경우 권리행사가 제한될 뿐 아니라 비록 당장 문제가 없더라도 차후 땅 주인이 한꺼번에 통행료를 청구한다면 생각지도 않은 큰 돈을 물어줄 수도 있다. A의 집은 과거 마당이었던 B의 땅을 지나야만 큰 길로 나갈 수 있게 된 것인데 A는 B로부터 10년 동안 골목길을 이용해 온 대가로 1~2천만원을 내라는 요구를 받았다면 재판부는 "특정 부동산의 전 소유주가 권리 중 일부를 행사해 오지 않았다고 해서 그 부동산을 사들인 새 소유주도 권리를 행사하지 않아야 한다고 요구할 수 없다"라고 판결하고 있는 실정이다. 이런 경우 땅 주인은 지료를 청구할 수 있으며 법원이 인정하는 지료는 상가용, 주거용, 전・답 등 다르나 보통 공시지가의 연5~6% 정도(적산법에는 상가는 연 5~7%선, 농지는 연1~2% 선, 주택지는 연 3~5% 등 용도별, 효용가치 별 다름)로 보면 무난하다. 맹지가 경매에 나왔다면 현장을 방문하여 통행로의 땅 주인이 누구인지 통행에 관한 사전 타협도 필요하다. 지적도상 맹지라도 관습상의 도로가 있고 그 도로가 유일한 근거리 통행로라면 땅 소유주라도 통행 자체를 차단할 수는 없다. 만일 땅 주인이 철조망을 치고 통행을 저지할 경우에는 맹지 주인은 '인지통행청구소송'을 제기할 수 있으며, 맹지 주인에게는 통행로를 매입하라거나 지료를 내라는 법원결정이 있을 수 있다.

토지가 타인의 토지에 둘러싸여 공로에 이를 수 없는 경우 부득이 타인의 토지를 통과하게 되는데 '주위토지통행권'이란 타인의 토지를 통과하는 권리를 말한다.

주위토지를 이용한 통행권을 인정해 주지 않는다면 그 맹지는 전혀 쓸모없는 토지가 된다. 주변 토지의 일부분을 매입해야만 통행이 가능하게 될 터인데 이때 주변토지 소유자가 요구하는 대로 무리하게 그 대금을 지불하고 통행로에 상당하는 면적만큼 매입하여야 하기 때문에 상당한 불이익을 감수하여야 한다. 이는 토지의 효율성에도 반하는 결과를 초래하게 되는 것이다. 민법에서 이러한 맹지소유자의 주위토지통행권을 민법 제219조에서 보호하고 있다. 즉, 이는 토지와 공적인 도로 사이에 그 토지의 용도에 필요한 통로가 없어서 주위의 토지를 통행하거나 통로를 개설하지 않고서는 출입을 할 수 없는 경우, 또 공로에 통하려면 과다한 비용을 요한 때에는 그 토지소유자는 주위의 토지를 통행할 수 있고, 필요한 경우에는 통로를 개설할 수 있도록 규정해 두고 있다. 맹지소유자 입장에서는 그 주변토지를 통행 할 수 있는 권한이 있기 때문에 주변 토지소유자에게 위 법규정을 일러주고 통행 가능하도록 타협을 하여보고 안되면 '주위토지통행권 확인의 소'를 법원에 제기하여 한다. 만약, 주변 토지 소유자가 통행을 방해하는 철조망을 치거나, 공사를 방해하는 경우에는 통행방해 금지 및 철조망 등 방해물의 철거를 요청하는 가처분신청을 법원에 제기하여 통행권을 확보하여야 할 것이다.

36. 미등기건물 경매신청

36-1. 미등기부동산에 대한 강제경매

미등기부동산이 소재한 대지만 경매를 진행한다면 낙찰가는 계속 하락할 수 있다. 미등기부동산이라도 채무자의 소유임을 입증하여 강제경매를 신청할 수 있다. 미등기부동산에 관하여 경매개시결정을 하면 등기공무원이 직권으로 소유권보전등기를 하고 경매개시결정기입등기를 하게 된다. (실무제요 강제집행 상 266면, 부동산등기법 제132조) 건물에 대하여 건축물 관리대장 등이 있으면 별 문제가 없으나 없다면 구청장 발행의 재산세과세내역서를 강제경매 신청 시 첨부하여야 한다.

☞ 재산세과세내역서에는 건물의 위치, 소유자 및 소유자주소, 건물구조 및 지붕, 건물용도, 재산세 과세내역(물건지, 과세면적, 세목(재산세, 도시계획세, 공도시설세, 교육세)별 세액, 과세연도)의 기재가 필요하다.

비슷한 예로 당초 나대지에 설정 후 몇 년 뒤 신축건물 보존등기 후 추가 설정하였으나 건물설정일자 보다 앞서 전입한 임차인은 건물 최선순위 설정보다 앞선 임차인이므로 대지에 대한 배당에서는 후순위 일지라도 건물에 대하여는 선순위 임차인이 된다. 따라서 경락자는 추가 부담하여야 하는 인수보증금을 감안하여 경매에 참가하여야 한다.

민사집행규칙 제42조(미등기 건물의 집행) ① 법 제81조제3항·제4항의 규정에 따라 집행관이 건물을 조사한 때에는 다음 각호의 사항을 적은 서면에 건물의 도면과 사진을 붙여 정하여진 날까지 법원에 제출하여야 한다.
1. 사건의 표시
2. 조사의 일시·장소와 방법
3. 건물의 지번·구조·면적
4. 조사한 건물의 지번·구조·면적이 건축허가 또는 건축신고를 증명하는 서류의 내용과 다른 때에는 그 취지와 구체적인 내역

② 법 제81조제1항제2호 단서의 규정에 따라 채권자가 제출한 서류 또는 제1항의 규정에 따라 집행관이 제출한 서면에 의하여 강제경매신청을 한 건물의 지번·구조·면적이 건축허가 또는 건축신고된 것과 동일하다고 인정되지 아니하는 때에는 법원은 강제경매신청을 각하하여야 한다.

〈사례연구 1〉 [미등기부동산에 대한 강제집행]

– 자료출처 : 법원행정처 발행 법원실무제요 민사집행 2권 –

강제경매의 대상에는 토지·건물, 미등기부동산, 공장재단·광업재단, 광업권·어업권, 소유권보존 등기된 입목, 지상권, 자동차·건설기계 및 항공기 등이며, 특히 미등기 부동산에 대한 강제집행에 대하여 알아보자.

1. 경매신청에 의한 강제집행

미등기 부동산이라 하더라도 채무자의 소유이면 강제경매를 할 수 있다. 미등기부동산에 관하여

경매개시결정을 하면 등기관이 직권으로 소유권보존등기를 하고 경매개시결정등기를 하게 된다. 등기부가 멸실되고 아직 회복등기가 되어 있지 아니한 부동산도 위와 마찬가지이다.

미등기 부동산에 대한 경매를 신청할 때는 즉시 채무자의 명의로 등기 할 수 있음을 증명할 서류 즉 채무자의 소유임을 증명하는 서면과 부동산의 표시를 증명하는 서면(부등법 132조 2항)을 붙여야 한다. 채무자 소유의 부동산이 무효의 원인에 의하여 제3자 명의로 등기되어 있는 경우에는 그 등기명의를 채무자에게 회복한 후가 아니면 채무자에 대한 강제집행으로서의 강제경매의 대상이 되지 아니한다. 채무자가 아직 소유권을 취득하지 못하고 소유권이전등기청구권만 가지고 있는 부동산에 대하여도 채무자의 명의로 등기를 하기 전에는 부동산 자체에 대한 강제집행을 신청할 수 없다.

(1) 미등기 토지

채무자의 명의로 등기할 수 있음을 증명할 서류는 토지대장, 소유권확인판결, 수용증명서 등이다(부등법 130조) 대장등본에 의하여 소유권보존등기를 신청할 수 있는 자는 원칙적으로 대장등본에 의하여 대장에 자기 또는 피상속인이 최초의 소유자로 등록되어 있음을 증명하는 자이어야 한다. 적법하게 토지대장(임야대장)상에 소유자로서 복구등록이 되지 않은 경우 즉 토지대상등본에는 대장상의 소유자로서 기재되어 있으나 적법하게 소유자로 복구등록이 되지 아니한 경우 그 대장상의 소유자는 직접 자기명의로 소유권보존등기를 할 수 없다(등기예규 899호). 부동산등기법 130조 2호 소정의 판결은 그 내용이 신청인에게 소유권이 있음을 증명하는 확정판결이면 족하고, 그 종류에 간하여 아무런 제한이 없어 반드시 확인판결이어야 할 필요는 없고, 이행판결이든 형성판결이든 관계가 없으며, 또한 화해조서 등 확정판결에 준하는 것도 포함된다(대판 1994.3.11. 93타57704).

(2) 미등기 건물

1) 일반적인 집행방법

미등기 건물에는 무허가 건물과 아직 사용 승인을 받지 못하였으나 사회통념상 이미 건물의 실체를 갖추고 있는 신축 건물이 있다. 미등기 건물에 대하여 경매를 신청하는 경우에는 건물이 채무자의 소유임을 증명하는 서류로서 부동산등기법 131조에서 정한 서면을 붙여야 한다(대결 1995.12.11 95마1262). 건물소유권보존등기를 함에 있어서는 일반적으로 건물의 표시를 증명하는 건축물대장등본 또는 그 밖의 서면을 붙여야 하며 구분건물의 일부에 대하여 소유권보존등기를 신청하는 경우에는 1동의 건물의 소재도, 각층의 평면도와 구분한 건물의 평면도를, 건물 대지상에 여러 개의 건물이 있는 때에는 신청서에 그 대지상의 건물의 소재도를 붙여야 하므로(부등법 132조), 건물에 관하여는 건축물대장 등이 채무자의 명의로 등기할 수 있음을 증명할 서류에 해당한다.

건축물대장에 의하지 않고 보존등기 하는 경우 부동산등기법 131조2호 후단의 '시, 구, 읍, 명의 장의 서면'(이에 해당하기 위해서는 건물의 소재와 지번, 건물의 종류, 구조 및 면적 등 건물의 표시 및 건물의 소유자의 이름이나 명칭과 주소나 사무소의 소재지 표시가 기재되어야 한다)이 필요하다. 이 서면에 해당하는 것으로는 ㉠ 지방세법 196조 규정에 의하여 작성된 재산과세대장에 의하여 발급된 건물의 소재와 지번, 종류, 구조, 면적 등 건물의 표시와 소유자의 이름과 주소가 기재된 재산세과세증명서(대판 1999.10.8. 97다45266), ㉡ 건축법 18조 2항의 규정에 의하여 교부 받은 건축물 사용승인서(등기예규 901호), 건축공사완료 후 교부된 건축물의 사용검사필증이 있다.

어떠한 서면이 위 건물의 표시를 증명하는 그 밖의 서면에 해당하는지 여부는 당해 등기신청을 받은 등기관이 구체적으로 판단할 사항이나, ㉠ 지방세법 38조 2항 규정에 의하여 교부 받은 납세완납증명서, 민원사무처리에관한법령에 의하여 교부받은 세목별과세증명서, 재산세납세증명이나 납세완납증명서, ㉡ 건축법시행령 17조3항의 임사사용승인서(등기예규 901호), ㉢ 착공신고서, 건물현황사진, 공정확인서, 현장조사서, 사실확인서(대결 1992.12.28, 92그32), ㉣ 사실조회회보, 건축허가서, 공사시방서, 도면(대결 1985.4.1. 85마105), ㉤ 사업계획변경승인서, 건물허가대장, 질의회신 및 감정도면(대결 1984.11.1384마81), 건축허가신청서, 건축허가자를 상대로 소유권을 확인한 판결, 건물에 대하여 국가를 상대로 소유권을 확인한 판결 등은 위 서면에 해당하지 않는다.

2) 민사집행법 81조 1항 2호의 단서에 따른 집행방법

민사집행법 제81조 (첨부서류) ① 강제경매신청서에는 집행력 있는 정본 외에 다음 각호 가운데 어느 하나에 해당하는 서류를 붙여야 한다.
1. 채무자의 소유로 등기된 부동산에 대하여는 등기부등본
2. 채무자의 소유로 등기되지 아니한 부동산에 대하여는 즉시 채무자명의로 등기할 수 있다는 것을 증명할 서류. 다만, 그 부동산이 등기되지 아니한 건물인 경우에는 그 건물이 채무자의 소유임을 증명할 서류, 그 건물의 지번·구조·면적을 증명할 서류 및 그 건물에 관한 건축허가 또는 건축신고를 증명할 서류
② 채권자는 공적 장부를 주관하는 공공기관에 제1항 제2호 단서의 사항들을 증명하여 줄 것을 청구할 수 있다.
③ 제1항 제2호 단서의 경우에 건물의 지번·구조·면적을 증명하지 못한 때에는, 채권자는 경매신청과 동시에 그 조사를 집행법원에 신청할 수 있다.
④ 제3항의 경우에 법원은 집행관에게 그 조사를 하게 하여야 한다.
⑤ 강제관리를 하기 위하여 이미 부동산을 압류한 경우에 그 집행기록에 제1항 각호 가운데 어느 하나에 해당하는 서류가 붙어 있으면 다시 그 서류를 붙이지 아니할 수 있다.

종전에는 신청인이 전항에서 말한 서면을 제출하는 것은 사실상 어렵기 때문에, 실무상 미등기 부동산에 대한 경매는 거의 이루어지지 않았고, 미등기 신축건물에 대한 집행 또한 할 방법이 없었는데, 민사집행법 81조 1항 2호의 단서의 신설로 미등기 신축건물에 대한 경매가 가능하게 되었다.

위 규정의 신설로 모든 미등기 건물에 대한 경매가 가능하게 된 것이 아니므로 주의하여야 한다.

만일 건축허가나 건축신고를 하지 아니한 무허가 건물에 대하서도 부동산 집행을 허용함으로써 이를 위한 보존등기가 가능하게 되면 불법 건축물이 양산되어 건축물 관리의 근본 취지가 크게 훼손될 뿐 아니라 절차적인 측면에서도 이러한 건물의 경우에는 그 소유권자를 확인하기 어려운 문제가 있으므로, 신설조항은 적법하게 건축허가나 건축신고를 마친 건물이 사용승인을 받지 못한 경우에만 부동산 집행을 위한 보존등기를 할 수 있게 함으로써 경매를 가능하게 한 것이다.

3) 신설조항에 따른 경매신청 절차

① 첨부할 서류 : 건축허가나 신고를 마친 뒤 사용승인을 받지 못한 미등기 건물에 대한 강제집행을 신청함에는 ㉠ 그 건물이 채무자의 소유임을 증명할 서류(실무에서는 통상 건축허가서나 건축신고서를 제출 받고 있고, 미흡할 경우 건축도급계약서 등을 추가로 받고 있다). ㉡ 그 건물의 지번, 구조, 면적을 증명할 서류 및 ㉢ 그 건물에 관한 건축허가 또는 건축신고를 증명할 서류를 첨부하면 족하다(민집 81조 1항 2호 단서). 그 대상이 되는 미등기 건물은 건축허가 또는 건축신고를 마친 뒤 사용승인을 받지 못한 건물 (완공된 건물만이 대상이고, 미완성된 건물은 가사 독립한 건물로 볼 수 있는 정도라고 하여도 대상에서 제외된다)에 한정되고, 무허가 건물은 그 대상이 아님은 이미 설명한 바와 같다.

② 위 사항의 증명 청구 : 채권자는 공적 장부를 주관하는 공공기관에 위 사항들을 증명하여 줄 것을 청구할 수 있다(민집 81조 2항).

채권자가 건물의 지번, 구조, 면적을 증명하지 못한 때에는 채권자는 경매신청과 동시에 그 조사를 집행법원에 신청할 수 있고(민집 81조 3항), 신청을 받은 집행법원은 집행관으로 하여금 미등기 건물의 구조 및 면적을 조사하게 하여야 한다. (동조 4항). 법원의 집행관에 대한 조사명령은 성질상 결정에 해당되며 직무명령의 일종이다. 집행관은 위와 같은 조사를 위하여 건물에 출입할 수 있고, 채무자 또는 건물을 점유하는 제3자에게 질문하거나 문서를 제시하도록 요구할 수 있다(민집 82조 1항). 건물에 출입하기 위하여 필요한 때에는 잠긴 문을 여는 등 적절한 처분을 할 수 있다(동조 2항) 민사집행법 81조 3항, 4항의 규정에 따라 집행관이 건물을 조사한 때에는 ㉠ 사건의 표시, ㉡ 조사의 일시, 장소와 방법, ㉢ 건물의 지번, 구조, 면적, ㉣ 조사한 건물의 지번, 구조, 면적이 건축허가 또는 건축신고를 증명하는 서류의 내용과 다른 때에는 그 취지와 구체적인 내역에 건물의 도면과 사진을 붙여 정하여진 날까지 법원에 제출하여야 한다(민집규 42조1항).

민사집행법 81조 1항 2호 단서의 규정에 따라 채권자가 제출한 서류 또는 민사집행규칙 42조 1항의 규정에 따라 집행관이 제출한 서면에 의하여 강제경매신청을 한 건물이 건축허가 또는 건축 신고된 사항과 동일하다고 인정되지 아니하는 때에는 법원은 강제경매신청을 각하하여야 한다(민집규 42조 2항). 따라서 미등기 건물이 건축신고 또는 건축허가된 것과 사회통념상 동일하다고 인정되는 경우에만 강제집행이 허용되며, 이 경우 동일성 여부는 구체적인 사건에서 법원이 판단할 수 밖에 없다.

아울러 미등기 건물이 건축허가 또는 건축신고된 것과 면적, 구조 등에서 다소 차이가 있으나 사회통념상의 동일성이 인정되어 경매개시결정을 하는 경우에는 집행관의 조사결과 등에 의하여 나타난 실제 현황을 기준으로 등기촉탁을 하여야 하고, 건축허가 또는 건축 신고된 내용을 기준으로 촉탁하여서는 아니 된다.

4) 촉탁서에 첨부할 서면

① 처분제한 등기 촉탁 시 부동산등기법 131조의 적용이 배제된다 하더라도 소유권보존등기를 위한 최소한의 요건인 소유자의 증명과 등기능력 있는 부동산 표시가 특정되지 않고는 등기할 수 없으므로, 이에 대한 자료의 제출은 필요하다.

건물의 소유자 및 건물의 지번, 종류, 구조, 면적을 증명할 서면(또는 집행관의 조사서면) : 등기부의 공시와 관련하여 부동산등기법에서 인정할 수 있는 건물이란 지붕과 벽 또는 이와 유사한 것을 갖춘 토지에 정착한 공작물로서 쉽게 해체, 이동할 수 없는 것이어야 하며, 건물의 개수는 물리적인 구조뿐 아니라 거래 또는 이용의 목적물인 건물의 상태에 의하여 정하여 지는 것으로 구체적인 등기능력 여부에 대한 판단은 등기관의 형식적 심사(구분건물은 실질적 심사 가능)에 의할 것이다. 관공서 발행의 인증서면으로 건물의 소재와 지번, 건물의 종류, 구조 및 면적 등이 기재되어야 하며 소유자를 특정할 수 있어야 하므로, 건축물대장, 건축물 사용승인서, 건축물사용검사필증, 재산세과세증명서 등이 이에 해당한다 할 것이다(등기예규 901호).

소유자의 주민등록번호와 주소를 알 수 있는 서면도 제출하여야 한다. 통상 주민등록등본 등을 제출하면 되고, 법인이나 외국인(주민등록번호가 없는 재외국민 포함)의 경우에는 부동산등기용 등록번호를 제출하여야 한다.

㉠ 건물의 지번, 구조, 면적을 증명하지 못할 경우에는 집행관의 조사서면을 등기촉탁서의 첨부서면으로 제출하여야 한다. 집행관의 조사에 의하여 부동산을 특정하여도 등기능력이

인정되지 않거나 건축 중인 건물 또는 그 건물의 현황이 건축허가서 또는 건축신고서와 부합하지 않은 경우에는 등기관은 등기촉탁을 각하하여야 하므로, 집행관의 조사서면 작성 시 건물의 소재와 지번, 종류, 구조, 용도, 면적 등을 구체적으로 적도록 하는 한편 등기능력이 있는지 여부를 미리 판단하도록 한 다음 집행법원에서 이를 확인하는 절차를 거쳐 등기촉탁하는 것이 바람직하다. 결국 부동산의 표시가 특정되고 건축허가서 등과 일치하여야 등기할 수 있을 것이다.

㉡ 건축허가 또는 건축신고 증명서면 : 민사집행법 81조 1항 2호 단서에는 건축허가 또는 건축신고 증명서면을 첨부하도록 하고 있으나, 그 밖에 건물이 완공되어 존재한다는 사실도 확인될 수 있어야 한다.

㉢ 건축법상 사용승인을 받았는지 여부를 증명하는 서면 : 부동산등기법에서 사용승인을 받아야 할 건물로서 승인을 받지 않은 경우에 등기부의 표시란에 그 사실을 적도록 하고 있으므로(부동산 134조 3항 단서), 사용승인을 받았는지 여부만 소명하면 되고, 집행대상인 미등기 건축물이 사용승인의대상인지 여부에 대한 판단은 필요 없다.

② 따라서 미등기 건물의 처분제한등기의 촉탁서의 첨부서면은 ㉠ 건물의 지번, 구조, 면적을 증명할 수 있는 경우에는, 소유자 및 부동산표시를 증명하는 서면(건축물 대장, 건축물 사용승인서, 건축물사용검사필증, 재산세과세증명서 등), 건축허가서 또는 건축신고서, 건축물 사용승인을 받았는지 여부를 확인하는 서면을 붙여야 한다. ㉡ 건물의 지번, 구조, 면적을 증명할 수 없는 경우에는 집행관의 조사서면, 소유자임을 증명하는 서면, 건축허가서 또는 건축신고서, 건축물 사용승인여부를 확인하는 서면을 붙여야 한다. 두 경우 모두 소유자의 주민등록번호와 주소를 알 수 있는 서면(주민등록등본 등)을 함께 제출하여야 한다.

5) 등기촉탁

① 법원이 미등기 건물에 대한 소유권처분제한의 등기를 촉탁함에 따라 보존등기를 하는 경우에는 부동산등기법 131조의 규정의 제한을 받지 않으므로(부등법 134조 3항), 집행법원에서 위와 같은 첨부서류와 함께 등기촉탁을 하였음에도 등기관이 이를 동법 131조의 서명에 해당되지 아니한다고 판단하여 보존등기를 거부하여서는 아니 된다. 다만 건축법상의 요건 불비로 사용 승인을 받지 못한 건물에 대한 보존등기를 경료할 목적으로 보전처분절차나 매각절차를 악용하는 사례를 방지하기 위하여, 그 보존등기를 함에 있어 그 건물이 건축법상 사용승인을 받아야 할 건물임에도 이를 받지 아니한 때에는 등기부 중 표시란에 그 사실을 적어야 하고(부등법 134조3항 단서, 등기예규1065호), 위와 같이 등기된 건물에 대하여 그 이후에 건축법상 사용승인이 이루어진 경우에는 1월내에 그 건물의 소유권등기의 명의인은 사용승인을 받았음을 증명하는 건축물 대장등본이나 이를 증명할 수 있는 서류를 첨부하여 위 표시란 기재에 대한 말소등기를 신청하여야 한다(부등법 134조 4항, 6항). 위 말소등기의 신청에는 동법 52조 및 131조의2 2항의 규정을 준용하여 채권자 대위권의 행사에 의한 말소등기나 구분건물의 소유자의 다른 구분권자에 대한 대위가 가능하다.

② 위 촉탁에 따른 보존등기는 오직 당해 경매절차만을 위한 등기이므로 매각대금을 납부한 매수인 앞으로의 이전등기를 포함한 일체의 등기는 금지된다는 경해가 있으나, 이러한 등기도 통상의 보존등기와 그 효력이 다르지 않으므로, 그 이후의 등기가 금지되는 것은 아니다. 또 경매신청이 유효하게 취하되거나 경매절차의 취소결정이 확정됨으로써 경매절차가 종료되었다고 하여 그 보존등기의 말소를 촉탁할 것은 아니다.

③ 채권 금융기관 등 조치사항

법원의 촉탁에 의하여 보존등기가 완료되면, 이 경매사건의 배당요구종기이전에 부동산가압류절차를 이행한 후 부동산가압류 사실이 기재된 부동산등기부등본을 첨부하여 권리신고 및 배당요구를 하여야 한다. 그 이유는 건물의 매각대금에서 가압류권자의 자격으로 배당을 받을 수 있다.

2. 부동산가압류 조치 후 경매신청

(1) 미등기 부동산의 가압류

미등기 부동산의 경우에는 민사집행법 81조 1항 2호에 의하여 즉시 채무자 명의로 등기할 수 있다는 것을 증명할 서류, 즉 채무자의 소유임을 증명하는 서류(부등법 130, 131조)와 미등기부동산이 건물인 경우에는 그 건물의 지번, 구조, 면적을 증명할 서류(같은 법 132조2항) 및 그 건물에 관한 건축허가 또는 건축신고를 증명할 서류를 첨부하여야 하며, 등기관은 직권으로 채무자 명의의 소유권보증등기를 한 후 가압류등기의 기입을 한다. 만일 위 서면을 제출하지 못하는 경우에는 기압류대상이 될 수 없으므로 각하하여야 한다. 채권자는 공적 장부를 주관하는 공공기관에 위에 열거한 사항들을 증명하여 줄 것을 청구할 수 있다(민집 81조 2항). 다만, 미등기건물의 경우에 그 건물의 지번, 구조, 면적을 증명하지 못한 때에는 채권자는 가압류신청과 동시에 그 조사를 가압류법원에 신청할 수 있다(민집 81조 3항). 실무상 (1) 미등기건물의 경우에는 건축물대장에 채무자 또는 그 피상속인이 소유자로 등재되어 있는 경우와 재산세과세대장에 의하여 발급한 재산소유증명서(단, 건물표시 및 소유자표시가 있어야 함)로 이를 증명할 수 있는 경우 (2)미등기토지의 경우에는 토지대장, 임야대장에 채무자 또는 그 피상속인이 소유자로 등재되어 있는 경우 (3) 미등기토지, 건물에 대하여 보존등기신청인의 소유권을 증명하는 판결(토지대장, 임야대장, 건축물대장에 소유자로 등재되어 있는 자나 그것이 공란일 경우에는 국가를 상대로 한 소송에서 채무자 소유임이 확정된 것이어야 하고, 단순히 매도인을 상대로 한 소유권이전등기소송에서 승소판결을 받은 것이거나, 자당해 토지가 매도인 소유임에 틀림없다는 내용의 제소전 화해 등을 한 경우에는 이에 해당하지 않는다(등기예규 1026호))을 받은 경우나 수용으로 인하여 소유건물을 취득하였음을 증명하는 서면 등이 있는 경우에는 보존등기가 가능하다.

(2) 채권 금융기관 등 조치사항

미등기 부동산에 대한 가압류 후 집행권원을 구득하여 강제경매를 신청할 수 있고, 건물이 미등기이고 대지에 근저당권이 설정되어 있으면 대지 임의경매신청 시 건물을 일괄경매 신청하여 대지와 건물이 동시에 경매 진행될 수 있도록 하고, 경매배당금 수령 시 대지는 근저당권자로서, 건물은 가압류권자로서 배당금을 수령(집행권원이 있어야 수령가능 함)하면 된다.

등기예규 제1128호 [미등기 건물의 처분제한등기에 관한 업무처리지침]

개정 2006.03.31 등기예규 제1128호

1. 미등기건물에 대하여 법원으로부터 처분제한의 등기촉탁이 있는 경우 다음 각 호에서면을 첨부한 때에 한하여 그 건물에 대한 소유권보존등기를 하고 처분제한에 의하여 소유권의 등기를 한다는 뜻을 기록한다.
   가. 소유자의 주소 및 주민등록번호(부동산등기용등록번호)를 증명하는 서면
   나. 법원에서 인정한 건물의 소재와 지번·구조·면적을 증명하는 서면. 단, 구분건물의

일부 건물에 대한 처분제한의 등기촉탁 의 경우에는 1동 건물의 전부에 대한 구조·면적을 증명하는 서면 및 1동 건물의 소재도, 각 층의 평면도와 구분한 건물의 평면도를 첨부 하여야 한다.

2. 위 1. 나. 단서와 같이 1동 건물의 일부 구분건물에 대하여 처분제한등기 촉탁이 있는 경우 등기관은 처분제한의 목적물인 구분건물의 소유권보존등기와 나머지 구분건물의 표시에 관한 등기를 하여야 한다.
3. 처분제한등기촉탁서에 건축법상 사용승인을 받아야 할 건물로서 사용승인을 받지 않았다는 취지가 기재된 등기촉탁이 있는 경우에는 별지 1. 기재례와 같이 등기하고, 이 후 사용승인이 이루어져 위 등기의 말소등기신청이 있는 경우에는 별지 2. 기재례와 같이 등기한다.
4. 위와 같은 처분제한등기의 촉탁에 의하여 등기관이 직권으로 소유권보존등기를 완료한 때에는 등기권리자에게 할 등기필의 통지와 지방세법151조의2의 규정에 의한 등록세미납 통지를 누락하지 않도록 한다.
5. 이후 동일 지상에 다시 건물에 관한 소유권보존등기신청이 있는 경우에는 건물의 소재도 등기된 건물과 동일성이 인정되지 아니함을 소명하는 서면의 제출이 있는 경우에 한하여 등기한다. 위법원의 처분제한의 등기에는 경매개시결정의 등기, 가압류등기, 처분금지가처분등기 뿐만 아니라 회생절차개시결정·파산선고(보전처분 포함)의 기입등기 및 주택임차권등기 및 상가건물임차권등기가 포함된다.

〈사례연구 2〉 [미등기부동산에 대한 강제집행절차 질의응답]

❶ **자료출처** : 대한법률관리공단(www.klac.or.kr에서 검색어를 미등기부동산)

[질의] 저는 甲에게 800만원을 빌려주면서 1년 뒤에 받기로 하였으나, 甲은 차일피일 미루며 변제기가 지나서도 갚지 않으므로 소액심판을 청구하여 승소판결을 받았습니다. 그러나 甲에게는 미등기인 주택이 1채 있을 뿐 다른 재산이 전혀 없으므로, 이 주택에 대하여 강제집행을 하여 저의 채권을 변제 받을 수 있는지요?

[답변] 부동산에 대한 강제집행방법에 관하여 민사집행법 제78조 제1항에 의하면 "부동산에 대한 강제집행은 채권자의 신청에 따라 법원이 한다."라고 규정하고 있으며, 같은 법 제78조 제2항, 제3항에 의하면 강제집행은 ① 강제경매, ② 강제관리의 방법으로 하고, 채권자는 자기의 선택에 의하여 ① 강제경매, ② 강제관리 가운데 어느 한 가지 방법으로 집행하게 하거나 두 가지 방법을 함께 사용하여 집행하게 할 수 있다고 규정하고 있습니다.

먼저, 강제경매는 채무자 소유의 부동산을 집행법원이 강제로 매각하여 그 대금을 채권자에게 지급하여 채권을 변제 받도록 하는 것인데, 미등기건물에 대한 강제경매를 신청할 수 있는지 살펴보면, 미등기 건물 중 건축법에 의한 건축신고 또는 건축허가를 마쳤으나, 사용승인을 받지 아니하여 보존등기를 마치지 못한 건물에 대하여 부동산집행방법에 의한 강제집행을 하려면, 강제경매신청서에 집행력 있는 정본 외에 '채무자의 소유로 등기되지 아니한 부동산에 대하여는 즉시 채무자명의로 등기할 수 있다는 것을 증명할 서류 다만, 그 부동산이 등기되지 아니한 건물인 경우에는 그 건물이 채무자의 소유임을 증명할 서류, 그 건물의 지번·구조·면적을 증명할 서류 및 그 건물에 관한 건축허가 또는 건축신고를 증명할 서류'를 붙여야 하며(민사집행법 제81조 제1항 제2호), 채권자는 공적 장부를 주관하는 공공기관에 그 미등기건물이 채무자의 소유임을 증명할 서류, 미등기건물의 지번·구조·면적을 증명할 서류 및 미등기건물에 관한 건축허가 또는 건축신고를 증명할 서류에 관한 사항들을 증명하여 줄 것을 청구할 수 있고(민사집행법 제81조 제2항), 건물의 지번·구조·면적을 증명하지 못한 때에는 경매신청과 동시에 그 조사를 집행법원에 신청할 수 있으며(민사집행법 제81조 제3항), 이 경우 법원은 집행관에게 그 조사를 명하게 됩니다(민사집행법 제81조 제4항).
그리고 위와 같은 법원의 명령에 따라 미등기건물을 조사한 집행관은 사건의 표시, 조사의 일시·장소와 방법, 건물의 지번·구조·면적, 조사한 건물의 지번·구조·면적이 건축허가 또는 건축신고를 증명하는 서류의 내용과 다른 때에는 그 취지와 구체적인 내역을 적은 서면에 건물의 도면과 사진을 붙여 정하여진 날까지 법원에 제출하여야 하는데(민사집행규칙 제42조 제1항), 채권자가 제출한 서류 또는 위와 같이 집행관이 제출한 서면에 의하여 강제경매신청을 한 건물의 지번·구조·면적이 건축허가 또는 건축신고 된 것과 동일하다고 인정되지 아니하는 때에는 법원은 강제경매신청을 각하 하여야 합니다(민사집행규칙 제42조 제2항).
따라서 위 사안의 미등기주택을 부동산집행방법에 의한 강제집행을 할 수 있을 것인지는 위 민사집행규칙 제42조 제2항에 따라 위 건물의 지번·구조·면적이 건축허가 또는 건축신고 된 것과 동일하다고 인정될 수 있어야 할 것이고, 미등기 무허가건물의 경우에는 강제경매를 신청할 수 없을 것으로 보입니다.

참고로 건물의 보존등기에 관하여 부동산등기법 제131조에 의하면 미등기건물의 소유권보존등기는 ① 건축물대장등본에 의하여 자기 또는 피상속인이 건축물대장에 소유자로서 등록되어 있는 것을 증명하는 자, ② 판결 또는 기타 시, 구, 읍·면의 장의 서면에 의하여 자기의 소유권을 증명하는 자, ③수용으로 인하여 소유권을 취득하였음을 증명하는 자가 이를 신청할 수 있다고 규정하고 있는데, 미등기부동산의 처분제한의 등기에 관하여 부동산등기법 제134조 제1항에 의하면 "미등기부동산에 대하여 소유권의 처분제한의 등기촉탁에 의하여 등기를 하는 때에는 등기용지 중 등기번호란에 번호를 기재하고, 사항란에 소유자의 성명 또는 명칭, 주소 또는 사무소소재지와 처분제한의 등기를 명하는 재판에 의하여 소유권의 등기를 한다는 뜻을 기재하여야 한다."라고 규정하고 있으며, 부동산등기법 제134조 제3항에 의하면 "제1항의 경우에 법원의 재판에 기초한 처분제한의 등기촉탁에 따라 건물의 등기를 하는 때에는 제131조의 규정을 적용하지 아니한다. 다만, 그 건물이 건축법상 사용승인을 받아야 할 건물임에도 이를 받지 아니한 때에는 등기부중 표시란에 그 사실을 적어야 한다."라고 규정하고, 부동산등기법 제134조 제4항에 의하면 "제3항 단서에 따라 등기된 건물에 대하여 건축법상 사용승인이 이루어진 경우에는 그 건물의 소유권등기의 명의인은 1월 이내에 제3항 단서에 따른 기재에 대한 말소등기를 신청하여야 한다."라고 규정하고 있습니다. 그리고 위 집행법원의 처분제한의 등기에는 경매개시결정의 등기, 가압류등기, 처분금지가처분등기뿐만 아니라 회사정리절차개시결정·화의개시결정(보전 처분 포함)의 기입등기 및 임차권등기명령에 의한 주택임차권등기를 포함하게 됩니다(2002. 6. 12. 등기예규 1054호).
다음으로 강제관리는 채무자 소유의 부동산을 매각하지는 않으면서 그 수익관리의 권능만을 박탈하여 그 수익금 중에서 채권을 변제하고 변제가 완료되면 강제관리를 해제하여 채무자에게 부동산을 돌려주는 것인데, 강제관리에 관하여도 미등기건물의 강제경매에 관한 위 규정들이 준용됩니다(민사집행법 제163조). 그러나 채권액이 비교적 소액인 경우가 아니면 수익금만으로 단시일 내에 채권의 완전한 변제가 불가능하기 때문에 강제관리가 이용되는 경우는 거의 없는 것으로 보입니다.

〈사례연구 3〉 [채무자 소유의 미등기건물에 대한 가압류]

1) 건축허가 없는 불법무허가건물은 현재에도 경매가 안됨
2) 건축허가 득하고, 건축법상 사용승인 받았으나 등기 안된 건물은 적법건물로 과거 민사소송법상 및 현재 민사집행법상 경매됨
3) 건축허가 득하고, 건축법상 사용승인 받지 않은 건물로 등기도 안된 건물은 위법건물이었으나 민사집행법상 경매 진행됨(아래)

채무자 소유의 미등기건물에 대한 가압류

【질의】

채무자 소유의 미등기건물에 대하여 소유권보존의 대위등기 없이 이를 가압류할 수 있는가?

【답변】

건축법에 건축신고 또는 건축허가를 받았으나 사용승인을 얻지 아니하여 보존등기를 마치지 아니한 건물에 한하여, 소유권보존의 대위등기 없이 이를 가압류할 수 있다.

【해설】

1. 부동산에 대한 가압류의 집행은 가압류재판에 관한 사항을 등기부에 기입하는 방법으로 한다(민사집행법 제293조 제1항). 가압류재판에 관한 사항의 등기부 기입은 가압류채권자가 등기신청을 함으로써 이루어지는 것이 아니라 가압류재판을 한 법원의 법원사무관 등이 등기촉탁을 함으로써 이루어진다(민사집행법 제293조 제2항, 제3항). 등기촉탁서에는 가압류결정정본 이외에 채무자의 소유로 등기된 부동산에 대하여는 그 등기부등본, 채무자의 소유로 등기되지 않은 부동산에 대하여는 즉시 채무자명의로 등기할 수 있다는 것을 증명할 서류를 첨부해야 한다. 다만, 그 부동산이 등기되지 아니한 건물인 경우에는 그 건물이 채무자의 소유임을 증명할 서류, 그 건물의 지번・구조・면적을 증명할 서류 및 그 건물에 관한 건축허가 또는 건축신고를 증명할 서류를 첨부해야 한다(민사집행법 제291조, 제81조 제1항).
2. 그러므로 미등기건물을 가압류 신청할 때에는 그 건물이 채무자의 소유임을 증명할 서류, 그 건물의 지번・구조・면적을 증명할 서류 및 그 건물에 관한 건축허가 또는 건축신고를 증명할 서류를 첨부해야 한다(민사집행법 제291조, 제81조 제1항). 채권자는 공적 장부를 주관하는 공공기관에 위의 사항들을 증명하여 줄 것을 청구할 수 있다(민사집행법 제291조, 제81조 제2항). 그리고 채권자가 그 건물의 지번・구조・면적을 증명하지 못한 때에는, 가압류의 신청과 동시에 그 조사를 집행법원에 신청할 수 있다(민사집행법 제291조, 제81조 제3항). 다만 이러한 절차는 건축법에 건축신고 또는 건축허가를 받았으나 사용승인을 얻지 아니하여 보존등기를 마치지 아니한 건물에 한하여 가능함을 유의해야 한다.
3. 한편, 건축법상의 요건불비로 사용승인을 얻지 못한 건물에 대한 보존등기를 경료할 목적으로 보전처분절차나 매각절차를 악용하는 사례를 방지하기 위하여, 그 보존등기를 함에 있어 그 건물이 건축법상 사용승인을 받아야 할 건물임에도 이를 받지 아니한 때에는 등기부 중 표시란에 그 사실을 적어야 하고(부동산등기법 제134조 제3항 단서, 등기예규 1065호), 위와 같이 등기된 건물에 대하여 그 이후에 건축법상 사용승인이 이루어진 경우에는 1월내에 그 건물의 소유권자의 등기명의인은 사용승인을 받았음을 증명하는 건축물대장등본이나 이를 증명할 수 있는 서류를 첨부하여 위 표시한 기재에 대한 말소등기를 신청하여야 한다(부동산등기법 제134조 제4항, 제6항)

〈사례연구 4〉 [토지저당권과 지상건물의 일괄경매]

【질의】

은행은 거래처 A소유의 대지를 담보로 설정최고액 130백만원의 근저당권 및 지상권을 설정하고 100백만원의 대출을 취급하였다. 그 후 A의 사업부진으로 이자가 장기 연체되어 경매를 신청하고자 담보물을 답사하였더니 대지상에 건물이 신축되어 있었다. 확인 결과 신축건물은 채무자 A의 소유로 등기가 되어 있는 상태이며, 이미 다른 금융기관에 저당권이 설정되어 있는 상태이다. 어떤 조치를 취해야 하는가?

【답변】

사례의 경우는 대지와 그 지상건물이 상호 이용상의 견련성이 있고 이를 분할 경매하여 소유자가 달라지게 되면 대지와 건물 간의 상호이용관계에 제한을 받게 될 뿐만 아니라 부동산의 경제적 가치를 감소시킨다는 점과 신축건물의 소유자가 대지저당권설정자와 동일하다는 점을 집행법원에 주장하여 민사집행법 제98조 및 민법 제365조에 의한 일괄경매를 신청할 수 있다. 다만 신축건물의 경매대가로부터 우선변제를 받을 수는 없다.

【해설】

1. 민법 제365조상의 일괄경매청구권

가. 민법의 규정

민법 제365조에서 「토지를 목적으로 저당권을 설정한 후 그 설정자가 그 토지에 건물을 축조한 때에는 저당권자는 토지와 함께 그 건물에 대하여도 경매를 청구할 수 있다」라고 규정하여 대지저당권자의 일괄경매청구권을 정하고 있다.

대지 저당권자에게 그 지상건물에 대한 일괄경매청구권을 인정한 이유는 저당권의 실행을 용이하게 하여 대지의 교환가치를 높이는 데 있다.

나. 성립요건

1) 토지에 저당권을 설정할 당시에 그 지상에 건물이 존재하지 않았어야 한다. 즉 법정지상권이 성립되지 않아야 한다. 여기서의 건물은 미등기건물, 무허가건물, 건축 중인 건물도 포함된다.

2) 저당대지상의 건물은 저당권설정자가 건축한 것이어야 한다. 대법원도 「민법 제365조가 토지를 목적으로 한 저당권을 설정한 후 그 저당권설정자가 그 토지에 건물을 축조한 때에는 저당권자가 토지와 건물을 일괄하여 경매를 청구할 수 있도록 규정한 취지는, 저당권은 담보물의 교환가치의 취득을 목적으로 할 뿐 담보물의 이용을 제한하지 아니하여 저당권설정자로서는 저당권설정 후에도 그 지상에 건물을 신축할 수 있는데, 후에 그 저당권의 실행으로 토지가 제3자에게 경락 될 경우에 건물을 철거하여야 한다면 사회경제적으로 현저한 불이익이 생기게 되어 이를 방지할 필요가 있으므로 이러한 이해관계를 조절하고, 저당권자에게도 저당토지상의 건물의 존재로 인하여 생기게 되는 경매의 어려움을 해소하여 저당권의 실행을 쉽게 할 수 있도록 한 데에 있다고 풀이되며, 그러한 규정취지에 비추어 보면 민법 제365조에 기한 일괄경매청구권은 저당권설정자가 건물을 축조하여 소유하고 있는 경우에 한한다고 봄이 상당하다」라고 판결하고 있다(대결 1994.1.24. 93마1736). 또한, 저당권을 실행하기 전에 저당권설정자가 지상건물을 제3자에게 양도한 경우에는 일괄경매청구가 인정되지 않는다.

3) 신축건물에 대하여 소유권보존등기가 되어 있어야 한다. 그러나 미등기건물이라 하더라도 그 건물에 대하여 부동산등기법 제131조(건물의 보존등기)의 소유권보존등기신청의 서류

를 구비할 수 있는 때에는 이 서류를 첨부하여 일괄경매신청을 할 수 있다(민사집행법 제81조 제1항 제2호).

다. 일괄경매의 효력

대지저당권자가 대지와 지상건물을 일괄 경매하는 경우에는 대지저당권자는 그 건물의 경매대가에 대하여 우선변제를 받을 권리가 없다 (민법 제365조 단서). 다만 이 경우에 건물의 경매대가로부터 일반채권자의 지위에서 배당요구신청을 하고 배당을 받을 수는 있을 것이다.

2. 민사집행법 제98조상의 일괄매각결정

가. 민사집행법의 규정

민사집행법 제98조제1항에서 「법원은 여러 개의 부동산의 위치 · 형태 · 이용관계 등을 고려하여 이를 일괄 매수하게 하는 것이 알맞다고 인정하는 경우에는 직권으로 또는 이해관계인의 신청에 따라 일괄 매각하도록 결정할 수 있다」라고 규정하고 있다.

나. 사례의 경우

사례의 경우 대지와 신축건물을 분리 경매하여 그 소유자가 달라지면 대지와 건물간의 이용관계에서 상호제한을 받게 되고 부동산의 경제적 가치를 저하시킬 것이므로 이를 동일한 매수자에게 귀속시키는 것이 상당할 것이므로 대지저당권자는 경매법원에 민사집행법 제98조에 의한 일괄경매를 신청할 수 있다.

3. 기타사항

가. 지상권자의 승낙 없이 건물의 신축이 가능한지 여부

건축주가 건축하고자 하는 대지의 이용권을 확보하고 있는가 하는 것은 사법적 법률관계이므로 공법적 법률관계인 건축허가에는 이를 개입시킬 필요가 없다는 이유로 건축허가 신청서에 지상권자의 대지사용승낙서를 첨부를 요하지 않으므로 건축이 가능하다.

나. 대지저당권의 효력이 신축건물에 미치는지 여부

토지와 건물은 별개의 독립한 부동산이므로 대지에 설정된 저당권의 효력은 건물에 미치지 않는다. 만약 건물에 저당권의 효력을 미치게 하려면 신축건물에도 저당권을 다시 설정하여야 한다.

〈사례연구 5〉 [각서 (미등기건물 일괄경매 요청)]

각 서

(미등기건물 일괄경매 요청)

부동산의 표시

경남 김해시 장유면 신문리 1234번지 대지 622.00㎡ 중 강00 지분 256㎡ / 전체 622㎡

본건 당초 강00지분에서 강석준 지분으로 변경되었으며 금반 낙찰 후 강00로 지분명의 변경예정)

위 지상 미등기된 매각제외 건물

ㄱ. 블록조 스레트지붕 단층(창고 및 욕실) 약 18㎡

ㄴ. 경량철골조 유치지붕 단층(온실) 약12.5㎡

ㄷ. 블록조 슬래브지붕 단층(변소) 약 1.4㎡

ㄹ. 블록조 스레트지붕 단층(주택) 약 54㎡

ㅁ. 철파이프조 스레트지붕 단층(가추) 약 11.7㎡
ㅂ. 블록조 스레트지붕 단층 (보일러실) 약 2.4㎡

위 부동산은 창원지방법원 2006타경 32923호 임의경매에서 2007. 7.20 낙찰(낙찰자 : 강○○, 낙찰가 100백만원, 10% 보증금 지급)후 잔대금 납입 조○○ 은행에 경매잔금대출 신청 중으로 미등기부분 "ㄱ부터 ㅂ까지" 부분 소재하나 당초 경매진행 시 법원에서 매각제외 하였으나 본인 소유임을 확인합니다.

금반 강○○ 본인 앞 소유권이전 및 대출취급(1순위 ○○은행 설정)후 조속히 상기 미등기부분 등기추진하여 ○○은행 ○○지점에 상기 부동산의 표시에 추가설정을 하여 주겠기에 각서 제출합니다.

향후 본건 미등기부분(ㄱ에서 ㅂ까지)과 등기부분(가, 나)과 함께 재경매시 제시외건물로 포함하여 동시에 일괄 경매 진행되어도 본인은 하등의 이의를 제기하지 않겠기에 각서 제출합니다.

붙 임 : 지적 및 건물개황도 1매

2007. 9.

위 낙찰인 강○○(한자 :) (인)
주소 :
주민등록번호 (-)

○○ 은행 귀중

〈사례연구 6〉 [저당 토지상의 신축건물에 대한 일괄매각청구권]

나대지를 목적으로 저당권을 설정한 후 설정자(담보제공자)가 그 토지상에 건물을 신축한 때에는 저당권자는 그 담보토지와 함께 신축건물에 대하여도 일괄매각을 신청할 수 있다. 이 경우 건물에 대한 담보권이 없는 토지에 대한 저당권자는 건물의 매각대가에서는 우선변제권이 없음은 물론이다.

나대지에 근저당권이 설정된 후 신축된 건물의 일부가 인접한 다른 대지에 걸쳐있는 경우에 건물의 상당부분이 근저당권이 설정된 대지 위에 건립되어 있고, 그 건물 전체가 불가분의 일체로서 소유권의 객체를 이루고 있다면, 그 대지의 근저당권자는 건물 전부에 대하여 민법 제365조에 의한 일괄매각청구권을 행사할 수 있다.

민법 제365조의 일괄매각요건은 일반적으로 ① 토지에 대하여 저당권설정 당시에 그 지상에 건물이 없을 것 ② 저당권 설정 후에 설정자가 당해 토지에 건물을 건축하였을 것 ③경매신청 시에 토지와 지상건물의 소유자가 같을 것이다.

민법 제365조에 기한 일괄매각청구권은 토지의 저당권자가 토지에 대하여 경매를 신청한 후에도 그 토지상의 건물에 대하여 토지에 대한 매각기일 이전까지는 일괄매각의 추가신청을 할 수 있다. 일괄매각의 추가신청요건이 인정되는 경우에 집행법원은 건물에 대하여 경매개시결정을 하고, 두 개의 경매사건을 병합하여 일괄매각절차를 진행한다.

건물에 대한 일괄매각을 추가 신청하는 경우에 그 신청서에는 민사집행규칙 제192조에 정해진 기재사항과 아울러 민법 제365조의 일괄매각의 요건사실 이외에 이미 선행하여 토지에 대하여 부동산경매사건이 계속되어 있다는 취지와 그 토지의 경매신청에 추가하여 지상건물에 대하여 일괄매각을 신청하는 취지를 기재하고, 소정의 인지(5,000원)를 붙여야 하며, 반드시 담보권의 등기가 되어 있는 토지등기부등본을 첨부하여 법원에 제출하여야 한다.

채무자가 대지와 건물에 대하여 근저당권을 설정한 후 건물을 철거하고 대지상에 새로운 건물을 신축한 경우에도 근저당권자는 민법 제365조에 의한 일괄매각청구권이 있는지 여부에 관하여, 종래에는 민법 제365조의 문리해석상 일괄매각신청이 불가능하다는 견해와 건물의 소유자가 일방적으로 담보권의 목적물인 구건물을 철거하여 그에 대한 근저당권을 소멸시킨 것이므로 채권자 보호의 필요상 일괄매각신청을 허용하여야 한다는 견해가 대립되어 왔다.

그러나 대법원은 1998.04.28 "소유자가 토지와 그 지상 건물에 대하여 공동저당권을 설정한 후 구 건물을 철거하고 건물을 신축하여 소유하고 있는 경우에는 건물이 없는 나대지 상에 저당권을 설정한 후 그 설정자가 건물을 축조한 경우와 마찬가지로 저당권자는 민법 제365조에 의하여 그 토지와 신축건물의 일괄경매를 청구할 수 있다"고 판시하여 이 문제를 판결로 해결하였다.

다만 이 경우에도 신축건물의 소유자가 근저당권설정자와 같은 경우에만 일괄매각을 신청할 수 있을 뿐이고, 신축건물의 소유자가 대지에 대한 근저당권설정자와 다른 경우에는 일괄매각청구권이 없음은 당연하다. 또 이 경우에도 일괄경매를 신청하여 진행된 배당절차에서 근저당권자는 건물에 대한 매각대금에서는 우선변제 받지 못함은 물론이다. 아울러서 근저당권자는 채무금의 자진변제촉구의 한 방법으로 담보건물을 무단으로 멸실한 근저당권설정자에 대하여 권리행사방해를 이유로 하는 형사고소 방안도 검토해 볼 필요가 있을 것이다.

〈민법 제365조 : 저당지상의 건물에 대한 경매청구권〉

토지를 목적으로 저당권을 설정한 후 그 설정자가 그 토지에 건물을 축조한 때에는 저당권자는 토지와 함께 그 건물에 대하여도 경매를 청구할 수 있다. 그러나 그 건물의 경매대금에 대하여는 우선변제를 받을 권리가 없다.

〈참 고〉

다음의 경우에는 압류채권자가 다르거나 소유자가 다르더라도 소유자가 모두 압류채무자인 경우에는 일괄매각을 할 수 있다.

- 남편 소유 토지와 그 지상의 처 소유 건물
- 법인 대표자 소유의 토지와 그 지상의 법인 소유건물 등에 관하여도 그들이 각자 압류채무자인 한 가능하다.
- 각 부동산마다 저당권 등의 권리자가 다르거나 그 순위가 다른 경우

〈사례1〉 민법 제365조에 기한 저당권자의 일괄매각청구권은 저당권설정자가 건물을 축조하여 소유하고 이는 경우에 한하는가?

⇒ 대지의 저당권설정자가 건물을 축조하여 소유하고 있는 경우에 한하여 일괄매각을 신청할 수 있다. 민법 제365조가 토지를 목적으로 한 저당권을 설정한 후 그 저당권설정자가 그 토지에 건물을 축조한 때에는 저당권자가 토지와 건물을 일괄하여 경매를 청구할 수 있도록 규정한 취지는, 당권은 담보물의 교환가치의 취득을 목적으로 할 뿐 담보물의 이용을 제한하지 아니하여 당권설정자로서는 저당권설정 후에도 그 지상에 건물을 신축할 수 있는데, 후에 그 저당권의 실행으로 토지가 3자에게 경락 될 경우에 건물을 철거하여야 한다면 사회경제적으로 현저한 불이익이 생기게 되어 이를 방지할 필요가 있으므로 이러한 이해관계를 조절하고, 저당권자에게도 저당토지 상의 건물의 존재로 인하여 생기게 되는 경매의 어려움을 해소하여 저당권의 실행을 쉽게 할 수 있도록 한 데에 있다고 풀이된다. 이러한 민법규정의 취지에 비추어 보면 민법 제365조에 기한 일괄경매청구권은 저당권설정자가 건물을 축조하여 그 신축건물을 소유하고 있는 경우에 한하여 일괄경매를 신청할 수 있다 할 것이다.

〈사례2〉 경매목적 부동산과 별개의 독립한 시설 또는 건물에 대하여 별도의 경매청구나 일괄매각의 주장 또는 소명이 없는 상태에서 경매목적 부동산에 대한 매각허가결정이 내려진 후에 후순위 저당권자가 일괄매각에 관한 소명자료를 제출하면서 최저매각가격결정이나 일괄매각결정에 하자가 있다고 주장할 수 있는가?

⇒ 이의 없이 매각허가결정까지 있은 후에는 후순위 저당권자로서는 그와 같은 별개의 독립한 건물에 대하여 일괄매각을 하여야 한다는 소명자료를 제출하면서 최저매각가격결정이나 일괄매각결정에 하자가 있다고 주장할 수 없다.

〈사례3〉 건물의 일부에 대한 전세권이 설정되어 있는 경우, 전세권자가 전세권의 목적물이 아닌 나머지 건물부분에 대하여도 경매신청을 할 수 있는가?

⇒ 전세권의 목적물이 아닌 나머지 건물부분에 대하여는 민법 제303조에 의한 우선변제권은 별론으로 하고 경매신청권은 없다.

〈사례4〉 기존건물에 부합된 증축부분이 기존건물에 대한 경매절차에서 경매목적물로 평가되지 아니한 경우 매수인이 증축부분의 소유권을 취득하는가?

⇒ 건물이 증축된 경우에 증축부분이 기존건물에 부합된 것으로 볼 것인가 하는 점은 증축부분이 기존건물에 부착된 물리적 구조뿐만 아니라 그 용도와 기능의 면에서 기존건물과 독립한 경제적 효용을 가지고 거래상 별개의 소유권 객체가 될 수 있는지의 여부 및 증축하여 이를 소유하는 자의 의사 등을 종합하여 판단하여야 한다. 위와 같은 방법으로 판단하여 건물의 증축부분이 기존건물에 부합하여 기존건물과 분리하여서는 별개의 독립건물로서 효용을 가지지 못하는 것이라면 기존건물에 대한 경매절차에서 경매목적물로 평가되지 아니하였다 하더라도, 매수인은 증축부분의 소유권을 취득한다.

〈사례연구 7〉 [무허가건축물과 위법건축물]

무허가건축물은 무조건 철거를 해야 하는 것으로 알고 있으나 꼭 그러하지는 않으며 무허가건축물과 위법건축물의 범위는 아래와 같이 다르다.

1. 무허가건축물이란?

관할 관청에 건축허가의 행정절차를 득하지 아니하고 건축주 본인 임의로 축조한 건축물을 말하며 건축허가의 행정절차는 결하였으나 현행 건축법상 적합한 경우에는 1992.6.1이전에 관할관청에서 과태료 처분이 된 것은 바로 추인 허가(신고)가 가능하며 1992.6.1이전에 행정처분 근거가 없는 것은 이행강제금 건축법 제83조에 의거 1회 부과 후 추인허가 가능하다

2. 위법건축물이란?

- 관할 관청에 건축허가의 행정절차를 득하고 공사완료 후 사용승인(준공검사)을 받지 아니하고 입주하는 행위
- 건축허가의 행정절차를 득하고 건축공사 중 허가면적보다 설계변경 범위를 초과하여 설계변 경허가를 받을 수 없는 행위
- 관할 관청에서 건축공사 완료 후 사용승인(준공검사)을 득하고 지역, 지구에 부적합하게 용도를 변경하여 건물주 임의로 사용하는 행위

－건축물 내부에 즉 옥내 주차장을 타 용도로 변경하여 사용하는 행위 등

위법건축물은 반드시 건축물관리대장을 보면 표제부 상단 부분에 “위법건축물”이라고 등재되어 있기 때문에 영업허가 신고를 필 하여야 하는 업종은 영업행위를 할 수 없다. 건물주 본인이 위반된 건축물을 시정하고 관할 관청에 시정완료(시정 전후 사진 등 증빙자료)서류를 제출하고 건축물 관리대장의 “위법건축물” 해제를 하지 않는 이상 영업행위를 할 수 없으므로 유의하여야 한다.

〈사례연구 8〉 [나대지 담보취득 시 유의사항]

■ 토지상에 완성된 미등기건물이 있는 경우

미등기건물이「건물로서 요건」을 갖추고 있다면 법정지상권이 인정되므로 향후 법정지상권의 부담으로 그 경락가액이 현저하게 낮아짐은 쉽게 예상할 수 있는 바, 미등기건물에 대하여는 보존등기를 한 후에 담보취득을 하여야 함.

■ 토지상에 신축중인 미등기건물이 있는 경우(건축허가만 받은 경우 포함)

건축진행 정도에 따라 법정지상권의 성립여부는 달라 질 수 있지만, 채무관계자가 건물완공 후 소유권보존등기를 지체하거나, 건물완공 및 보존등기 후 당행에 추가 담보 제공하지 않고 타행 등에 먼저 저당권 등을 설정하는 등 여러 가지 채권보전에 문제가 발생할 수 있어 다음의 내용을 면밀히 검토하여 해당여신 전결권자가 채권보전에 이상 없다고 판단될 시 담보취득 함. 아울러 담보취득 시에도 공사의 진척상황, 준공 및 소유권보존등기여부를 수시로 확인・점검하여 건물부분의 추가담보 취득은 물론이고 당행보다 선순위 권리자가 발생하지 않도록 채권보전에 만전을 기하여야 함.

○ 검토사항
  - 채무관계자(건축주)의 당행 거래상태 및 재무상태
  - 토지소유자와 건축주의 일치여부
  - 건축중인 건물의 용도, 규모 및 형태, 완공예정일, 공사진행여부 등

○ 징구서류
  - 건축허가서(건축신고서), 건축도면, 건축도급계약서
  - 추가근저당권설정계약서
  - 위임장
  - 인감증명서(최근 1개월 이내에 발급된 것에 한함)
  - 후취담보제공확인서(확정일자를 득할 것)

■ 건물신축을 위한「토지사용승락」시 업무처리방법

상기 미등기건물의 담보취득에 준하여 업무처리 하여야 함.

■ 신축건물이 완공되었으나 담보제공을 지연하는 경우 업무처리방법

○ 신축건물이 소유권보존등기가 되었을 때
  - 이미 받은 확인서 및 관계서류에 의거 근저당권설정 등기를 신청할 수 있음.
  - 확인서 등 관계서류가 없을 경우에는 관할법원에 처분금지 가처분신청과 동시에 저당권설정등기 이행청구소송을 제기할 수 있음.

○ 신축건물이 소유권보존등기가 되어 있지 않을 때.
  - 이미 받은 확인서 및 관계서류로 소유자를 대위하여 소유권보존등기 및 근저당권설정

등기를 신청할 수 있음.
- 확인서 및 관계서류가 없을 경우에는 소유자를 대위하여 소유권보존등기신청, 처분금지 가처분신청, 저당권설정등기 이행청구소송을 제기할 수 있음.

〈사례연구 9〉 [미등기건물 경매신청]

구 민사소송법에서는 미등기건물은 "즉시 채무자의 명의로 등기할 수 있음을 증명할 서류"를 첨부하지 아니하는 한 부동산집행을 할 수 없고, "등기할 수 없는 토지의 정착물로 독립하여 거래의 객체가 될 수 있는 것"에 해당하지 않아 유체동산집행도 허용되지 아니하여 사실상 강제집행이 불가능하였다. (대법원1994.04.12. 결정 93마1933호 집행에 관한 이의 참조)

그러나 민사집행법은 미등기건물에 대한 경매신청에 관하여 명문으로 규정하고 있다. 동 법은 미등기건물 중 건축법에 의한 건축신고 또는 건축허가를 마쳤으나 사용승인을 받지 아니하고 보존등기를 마치지 못한 건물에 대하여 그 실체를 인정하여 부동산에 대한 강제집행이 가능하도록 명문화하였다. 다시 말해서 경매대상 부동산이 채무자 소유로 미등기되어 있는 경우에도 즉시 채무자 명의로 등기할 수 있다는 것을 증명하는 서류를 첨부하면 강제경매를 신청할 수 있도록 하고, 그 부동산이 등기되지 아니한 건물인 경우에는 그 건물이 채무자의 소유임을 증명할 서류, 그 건물의 지번・구조・면적을 증명할 서류 및 그 건물에 관한 건축허가 또는 건축신고를 증명할 서류를 첨부하면 된다. 그리고 채권자는 집행력 있는 정본을 제시하고 공적 장부를 주관하는 공공기관에 대하여 위 사항들을 증명하여 줄 것을 청구할 수 있고, 미등기 건물의 지번・구조・면적을 증명하지 못한 때에는, 채권자는 경매신청과 동시에 그 조사를 집행법원에 신청할 수 있고, 이러한 신청이 있는 때에는 법원은 집행관에게 이를 조사하게 하여야 한다.

1. 집행관의 조사・보고

집행관은 미등기 건물의 지번. 구조. 면적 등을 조사하기 위하여 건물에 출입할 수 있고, 건물에 출입하기 위하여 필요한 때에는 잠긴 문을 여는 등 적절한 처분을 할 수 있으며, 채무자 또는 건물을 점유하는 제3자에게 질문하거나 문서를 제시하도록 요구할 수 있다.

또 미등기건물의 조사명령을 받은 집행관은 채무자 또는 제3자가 보관하는 관계 자료를 열람・복사하거나 제시하게 할 수 있고, 건물의 지번・구조・면적을 실측하기 위하여 필요한 때에는 감정인, 그밖에 필요한 사람으로부터 조력을 받을 수 있다. 위와 같은 조사를 위하여 필요한 비용은 집행비용으로 하며, 집행관이 조사를 마친 때에는 그 비용 내역을 바로 집행법원에 신고하여야 한다.

(집행관의 미등기 건물의 조사보고서 제출)

집행관이 건물을 조사한 때에는 아래 사항을 적은 서면에 건물의 도면과 사진을 붙여 정하여진 기일까지 법원에 제출하여야 한다.

① 사건의 표시
② 조사의 일시・장소와 방법
③ 건물의 지번・구조・면적
④ 조사한 건물의 지번・구조・면적이 건축허가 또는 건축신고를 증명하는 서류의 내용과 다른 때에는 그 취지와 구체적인 내역

2. 강제경매신청 각하

채권자가 제출한 미등기건물이 채무자의 소유임을 증명할 서류, 그 건물의 지번·구조·면적을 증명할 서류 및 그 건물에 관한 건축허가·건축신고를 증명할 서류 또는 집행관이 제출한 서면에 의하여 강제경매신청을 한 건물의 지번·구조·면적이 건축허가 또는 건축 신고된 것과 동일하다고 인정되지 아니한 때에는 법원은 강제경매신청을 각하하여야 한다.

※ **참조**(민사집행법 제2편 강제집행 제2장 부동산에 대한 강제집행 제2관 강제경매)

제81조 (첨부서류) ① 강제경매신청서에는 집행력 있는 정본 외에 다음 각호 가운데 어느 하나에 해당하는 서류를 붙여야 한다.

1. 채무자의 소유로 등기된 부동산에 대하여는 등기부등본
2. 채무자의 소유로 등기되지 아니한 부동산에 대하여는 즉시 채무자명의로 등기할 수 있다는 것을 증명할 서류. 다만, 그 부동산이 등기되지 아니한 건물인 경우에는 그 건물이 채무자의 소유임을 증명할 서류, 그 건물의 지번·구조·면적을 증명할 서류 및 그 건물에 관한 건축허가 또는 건축신고를 증명할 서류

② 채권자는 공적 장부를 주관하는 공공기관에 제1항 제2호 단서의 사항들을 증명하여 줄 것을 청구할 수 있다.

③ 제1항 제2호 단서의 경우에 건물의 지번·구조·면적을 증명하지 못한 때에는, 채권자는 경매신청과 동시에 그 조사를 집행법원에 신청할 수 있다.

④ 제3항의 경우에 법원은 집행관에게 그 조사를 하게 하여야 한다.

⑤ 강제관리를 하기 위하여 이미 부동산을 압류한 경우에 그 집행기록에 제1항 각호 가운데 어느 하나에 해당하는 서류가 붙어 있으면 다시 그 서류를 붙이지 아니할 수 있다.

제82조 (집행관의 권한) ① 집행관은 제81조제4항의 조사를 위하여 건물에 출입할 수 있고, 채무자 또는 건물을 점유하는 제3자에게 질문하거나 문서를 제시하도록 요구할 수 있다.

② 집행관은 제1항의 규정에 따라 건물에 출입하기 위하여 필요한 때에는 잠긴 문을 여는 등 적절한 처분을 할 수 있다.

〈사례연구 10〉 [미등기부동산에 대한 경매신청 방법]

1. '채권자대위권'에 의한 보존등기 → 강제경매신청(가압류신청)
   이때 보존등기 비용은 채권자인 은행이 부담하지만 경매집행비용으로 인정받지 못함
2. 미등기상태에서 강제경매신청(가압류신청) → 경매개시결정 → 등기관 직권으로 보존등기 → 경매등기
   이때 보존등기 비용은 등록세는 미납통지로 갈음하고 국민주택채권매입도 필요치 않는다.

☞ 대위보존등기 등의 경우 등록세와 국민주택채권매입문제
(제정1981.12.23 등기예규 제410호)

미등기부동산에 대한 처분제한 등기의 촉탁에 의하여 등기공무원이 직권으로 소유권보존등기를 하는 경우의 등록세는 지방세법 제151조의 2의 규정에 의한 미납 통지를 함으로써 족하고, 국민주택채권은 소유자가 보존등기를 신청하는 것이 아니어서 그 매입의무가 부과되는 것이 아니므로(주택건설촉진법 제16조 참조) 국민주택채권매입필증을 징구할 수 없으나, 채권자가 채무자를 대위하여 보존

등기를 신청하는 경우에는 본래의 신청인, 즉 채무자가 신청하는 경우와 다를 바 없다 할 것이므로 일반원칙에 따라 소정의 등록세를 납부케 하는 외에 국민주택채권매입필증을 징구하여야 한다.

☞ **참고판례**

- 저당권은 법률에 특별한 규정이 있거나 설정행위에 다른 약정이 있는 경우를 제외하고 그 저당 부동산에 부합된 물건과 종물 이외에까지 그 효력이 미치는 것이 아니므로, 토지에 대한 경매절차에서 그 지상 건물을 토지의 부합물 내지 종물로 보아 경매법원에서 저당 토지와 함께 경매를 진행하고 매각허가를 하였다고 하여 그 건물의 소유권에 변동이 초래될 수 없다(대판 1997.09.26. 97다10314)

- 채권자대위권을 행사하는 경우 채권자와 채무자는 일종의 법정위임의 관계에 있으므로 채권자는 민법 제688조를 준용하여 채무자에게 그 비용의 상환을 청구할 수 있고, 그 비용상환청구권은 강제집행을 직접 목적으로 하여 지출된 집행비용이라고는 볼 수 없으므로 지급명령신청에 의하여 지급을 구할 수 있다(대결 1996.08.21. 96그 8)

〈사례연구 11〉 [미등기부동산의 경매]

임의경매의 경우 미등기토지 또는 미등기건물은 저당권의 목적이 될 수 없으므로 경매신청을 할 수 없는 것이 원칙이나 미등기건물이 저당권의 목적물인 등기건물의 부합물 또는 종물인 경우에는 일괄하여 경매할 수 있다. 강제경매의 경우에는 구 민사소송법에 규정이 없었으나 민사집행법에서는 다음과 같은 서류를 첨부하여 경매신청을 할 수 있으며 임의경매에서 미등기건물이 민법 제365조에 의한 일괄경매 청구의 대상이고 다음 서류를 첨부한 경우에는 경매신청을 할 수 있다.

1) 미등기토지

즉시 채무자 명의로 등기할 수 있다는 것을 증명할 서류(토지대장 또는 임야대장, 소유권확인판결, 수용증명서 중 하나)와 토지의 표시를 증명하는 서류(토지대장, 임야대장 등)을 붙여 경매신청을 할 수 있다.

2) 미등기건물

민사집행법에 의하면 ① 건물이 채무자의 소유자임을 증명하는 서류 ② 건물의 지번, 구조, 면적을 증명할 서류 ③ 건물에 관한 건축허가 또는 건축신고를 증명할 서류를 모두 붙여 경매신청을 할 수 있다.

3) 미등기부동산의 가압류, 경매신청(채권자대위권에 의한 보존등기 후 가압류, 경매신청)

미등기부동산은 채권자대위권에 의하여 보존등기 후에 가압류나 강제경매를 신청할 수도 있으나 이 경우에는 본래의 신청인, 즉 채무자가 신청하는 경우와 다를 바 없다 할 것이므로 일반원칙에 따라 채권자가 소정의 등록세를 납부 하여야 하고 국민주택채권매입필증을 붙여야 한다.

민사집행법에 의하여 필요한 서류를 붙여 가압류 또는 강제 경매를 신청하는 경우에는 미등기부동산에 대한 처분제한 등기의 촉탁에 의하여 등기공무원이 직권으로 소유권 보존등기를 하므로 등록세는 지방세법 제151조의2 규정에 의한 미납통지를 함으로써 족하고 국민주택채권은 소유자가 보존등기를 신청하는 것이 아니어서 그 매입의무가 부과되는 것이 아니므로 가압류 또는 강제경매에 필요한 등록세만 납부하면 족하다.

36－2. 미등기건물 소유확인 및 일괄경매 동의서

경매진행 시 미등기 건물에 대한 소유 확인이 어려우면 경매진행 물건에서 매각제외물건으로 제외된다(통상 매각제외물건이 이에 해당되며 이런 경우 토지가격에 영향이 있다고 하여 토지평가금액에서 영향을 미치는 것을 감안한 토지평가금액이 1차 매각가격 산정 시 계상된다, 별도로 제시외건물로 매각가격(1차 최초법원사정가격인 감정평가액)에 포함된 경우에는 경매진행 물건에 일괄로 포함된다),

또한, '법정지상권 성립여지 있음' 등으로 나타나 경매진행 시 상당한 유찰이 예상된다. 따라서 경매잔금대출이나 근저당권 설정 시에는 동 미등기건물에 대한 아래 양식(미등기건물 소유확인 및 일괄경매 동의서)를 징구하는 것이 후일 보정명령이 나오면 제출할 수 도 있고, 낙찰자도 향후 다툼이 있을 때에 긴요한 자료가 될 것이다. 설정 시 제시외건물(미등기건물)이 있는 경우와 감정평가서에 미등기 건물이 있다면 필히 받아 두는 것이 상책이다.

미등기건물 소유확인 및 일괄경매 동의서

사건번호　　　　　타경　　　　호 부동산임의경매
채 권 자　　　○○ 은행
채 무 자
소 유 자
부동산의 표시 :

대지 :　　　평, 건물 : 평
(제시외 미등기건물 : 평)
구조 :　　　　　　　　　　　　　용도 :

1. 본인은 위 임의경매 부동산을 담보제공(설정일자 : 년　월　일, 근저당권자 : ○○은행, 근저당권설정자 : 아래 본인, 채권최고액　　　백만원)한 바 있으며, 상기 제시외건물(미등기건물)은 건축 미완성으로 당시 등기하지 못하였으나 상기 등기부동산과 함께 주식회사 ○○은행(지점)에 담보제공 하였음을 확약합니다.

2. 위 지상에 제시외건물(미등기건물) 약　　평은 본인 소유임을 확인하오며 경매진행 시 위 부동산과 함께 일괄경매 진행에 아래와 같이 동의하오니 집행법원은 적의 처리하여 주시기 바랍니다.

아　래

1. 위 당사자간 귀원　　　타경　　　호 부동산 임의경매사건에서 위 제시외건물(미등기건물)은 전부 본인 소유로서 채권자인　　　　　○○은행에 담보로서 같이 제공하였기에 본 경매사건에서 일괄경매하여 주시고 위 등기부동산과 함께 일괄경매를 하여도 하등의 이의를 제기하지 않을 것이며 이에 따른 모든 민형사상의 책임은 본인이 지겠습니다.
2. 본인은 위 경매사건의 채무자(또는 소유자)로서 제시외건물(미등기건물)을 일괄하여 경매 진행하여 주시고 채권자(○○은행)에게는 어떠한 불이익이 없도록 하여 주시기를 간절히 바랍니다.

년　　월　　일

붙 임 : 인감증명서 1통

본인 주 소 :

성 명 :　　　　　　　　(인)

주민등록번호 :

연락처 :

위 확인자 : ○○은행 ○○지점

법원(경매 ○○계) 귀중

각　　서

부동산의 표시

경남 의령군 봉수면 서득리 1234 공장용지 1,000㎡

위 지상건물

단층공장 198㎡(현, 기계실), 부속 단층공장 199.7㎡(현, 양생실),

단층사무실 65㎡(현, 식당 및 스레트 지붕)

위 부동산은 창원지방법원 2006타경 12345호 임의경매에서 2007. 6.29 낙찰(낙찰자 : 박낙찰, 낙찰가 155백만원, 10% 보증금 지급)후 잔대금 납입조 0 0은행에 경매잔금대출 신청 중으로

경매진행 시 매각제외 된 별첨 “ㄹ”부분인 시멘트 블록조 샌드위치 판넬 지붕 70.2㎡가 소재하나 당초 경매진행 시 법원에서 매각제외 하였으므로, 차후에 본인이 동 소유자를 파악하여 매입예정입니다.

금반 박낙찰 본인 앞 소유권이전 및 대출취급(1순위 0 0 은행 설정)후 조속히 매입을 추진하여 ○○은행 ○○지점에 상기 부동산의 표시에 추가설정을 하여 주겠기에 각서 제출합니다.

붙 임 : 지적 및 건물개황도 1매

2007. 7. 25

위 낙찰인　박 낙 찰(한자 :　　　　　) (인)

주소 : 마산시 중앙동 1234 (550430−1234567)

○○은행 귀중

37. 상가 낙찰시 허가·승계 문제

37-1. 상가낙찰 시 주의해야 될 허가사항

상가 낙찰 시(공인중개사가 상가 중개시도 마찬가지임) 낙찰자가 원하는 물건을 낙찰 받아 영업을 하여야 하는데 시설공사비를 수천만원 투입하고도 영업허가를 득하지 못하여 낭패를 보는 경우가 자주 발생된다.

1. 모텔, 여관(또는 유흥, 단란주점/ 만화가게/ 노래연습장/ 비디오감상실 등) 목적으로 경매 낙찰 받아 간판, 시설비 등을 수천만원 투입하였으나 막상 영업허가를 받지 못하여 무산되는 경우가 많으며

2. 학교출입문으로부터 직선거리로 50미터까지의 지역인 절대정화구역에 해당되어 관할 지역교육청의 <학교환경위생정화위원회>의 심의를 거쳐 학습과 학교보건위생에 나쁜 영향을 주지 아니한다고 인정 시 <학교환경위생정화구역내 금지행위 및 시설해제신청 결과통보서>를 받은 후에만 시설·설비공사를 하여야 손해를 보지 않는다. 상대정화구역은 학교경계선(초, 중, 고 및 유치원, 대학교)으로부터 직선거리로 200미터까지의 지역 중 절대정화구역을 제외한 지역을 말하며, 전화방, 성기구취급업소, 액화가스저장소 등도 허가를 득하기 어렵다.

3. 학원(교습소를 포함)은 교육환경을 해할 우려가 있는 유해업소(당구장, 만화가게 및 인터넷 컴퓨터게임시설제공업을 하는 영업소를 제외한 호텔, 여관, 여인숙 등을 말한다)와 동일한 건축물 안에 있어서는 아니 된다. 다만, 연면적 1천650제곱미터 이상의 건축물의 경우에는 학원이 유해업소로부터 수평거리 20미터 이내의 같은 층에 있는 경우, 학원이 유해업소로부터 수평거리 6미터 이내의 바로 위층 또는 바로 아래층에 있는 경우를 제외하고는 당해 건축물 안에 학원과 유해업소가 같이 있을 수 있다. 즉, 3층에 학원이면 동일 층은 20미터 이상 가능하고 2층과 4층은 불허가되는 등 사안마다 많은 연구가 필요하다.

4. 중개업소용으로 낙찰을 받았으나 건축물대장에 제1종 근린생활시설이라 시청의 중개업 개서등록 허가가 나지 않는 경우도 많다. 중개업소는 제2종 근린생활시설만 중개업소 개설이 가능하다(그러나 2008년 초 최근 법제처는 건교부가 질의한 건축법 시행령 제2조의4 및 [별표1]제14호 나목에 따른 일반업무시설에 대해 중개사무소를 확보한 경우에도 중개사무소 개설등록의 기준을 충족한다고 유권해석을 내렸다.)

〈사례연구 1〉 [학교환경위생 정화구역에서 상가 중개 시 유의사항]

청소년 유해시설에서의 검토사항

① 학교보건법 제6조(학교환경위생 정화구역에서의 금지행위 등) 및 동법 시행령 제4조의2 (정화구역 안에서의 기타 금지시설)에 의하면 학교환경위생 정화구역에서는 관할 지역교육청의 <학교환경위

생정화위원회>의 심의를 거쳐 학습과 학교보건위생에 나쁜 영향을 주지 아니한다고 인정하는 <학교환경위생정화구역 내 금지행위 및 시설 해제신청서> 제출 후 해제거부처분을 받지 말고 <학교환경위생정화구역 내 금지행위 및 시설해제신청 결과통보서>를 받은 후에만 시설・설비공사를 하여야 한다.

② 동법 시행령 제3조 (학교환경위생정화구역) 내의 심의에 의하면
- 절대정화구역은 학교출입문으로부터 직선거리로 50미터까지의 지역
- 상대정화구역은 학교경계선으로부터 직선거리로 200미터까지의 지역 중 절대정화구역을 제외한 지역을 말한다.

구 분	초・중・고		유치원・대학	
	절대정화구역	상대정화구역	절대정화구역	상대정화구역
<대기환경, 악취방지, 수질 및 수생태계 보전, 소음・진동 규제기준 초과> <도축장, 화장장 또는 납골시설 > <폐기물처리시설, 폐수종말처리시설, 축산폐수배출시설, 축산폐수처리시설 및 분뇨처리시설> <가축의 사체처리장 및 동물의 가죽을 가공・처리하는 시설> <전염병원, 전염병격리병사, 격리소> <전화방> <성기구 취급업소>	×	×	×	×
<영화상영관> <총포화약류의 제조장 및 저장소, 고압가스・천연가스・액화석유가스 제조소 및 저장소> <폐기물수집장소> <전염병요양소, 진료소> <유흥, 단란주점> <호텔, 여관, 여인숙> <사행행위장・경마장・경륜장 및 경정장> <복합유통업> <증기탕>	×	○	×	○
<당구장>	○	○	–	–
<게임제공업 시설> <인터넷컴퓨터게임시설제공업> <만화가게> <노래연습장업> <담배자동판매기> <비디오물감상실, 비디오물소극장업>	×	○	–	–
혹 노래연습장이 학교 절대정화구역에 있었다면 학교 설립 전에 허가된 곳으로 보면 되며, 학생 주통행로는 피하는 것이 좋다.				

[학교환경위생정화구역에 관한 판례]

① 원고가 학교환경위생정화구역 중 상대정화구역 내에 있는 건물에서 가족노래연습장을 운영할 목적으로 피고에게 한 학교환경위생정화구역 내의 금지행위 및 금지시설 해제신청이 반려된 사안에서, 원고가 설치하려는 노래연습장 주변 환경에 비추어 볼 때 인근 초등학교의 학습과 학교보건위생에 나쁜 영향을 미칠 우려는 크지 않고, 반면 그로 인해 원고가 감수해야 할 재산상의 불이익은 매우 크다는 이유로 피고의

위 반려처분은 상호간의 이익을 제대로 비교형량 하지 못하여 재량권을 일탈 남용한 위법이 있다고 한 사례. (대법원 2004. 4.23 선고 2004두206 판결 참조) (대구지방법원 2007구합1011, 선고 2008.01.09)

② 제청대상 법률조항은 특정장소(학교환경위생정화구역) 안에 '납골시설'의 설치를 전면적으로 금지함으로써 개별적 납골시설의 유형 등 구체적인 상황을 고려하지 않았고, 예외적으로 허용할 수 있는 가능성을 전혀 인정하지 않은 채 일률적으로 금지하고 있다. 또한 제청대상 법률조항으로 인해 보호되는 법익과 침해되는 법익(종교의 자유 등)간의 조화를 이루려는 노력을 게을리 하여 공익에 대하여만 일방적인 우위를 부여함으로써 공익과 사익간의 적정한 균형관계를 달성하지 못하였다. 결국, 제청대상 법률조항은 입법목적 달성을 위하여 필요한 최소한도의 정도를 넘어 종교의 자유를 침해하고 있고, 법익균형성의 원칙에도 위배하였으며, 그로 인해 헌법이 보장하는 문화국가 원리에도 위반된다고 의심할 만한 상당한 이유가 있다. (서울행정법원 2007구합21945, 선고 2007.12.27)

〈사례연구 2〉 [모텔 · 여관있는 건물에 학원 · 독서실 · 교습소 중개 시 허가문제]

모텔, 여관과 학원, 독서실, 교습소는 동일한 건물에 위치할 수 없으므로 모텔, 여관 등 숙박업소가 있는 건물에 학원, 독서실, 교습소용으로 상가중개 시 허가문제가 어려우므로 유의하여야 한다.

1. "학원의 설립 · 운영 및 과외교습에 관한 법률"에 의하면 학원을 설립할 수 없는 지역(학원, 독서실, 교습소는 공존할 수 없음)이 있어 주의를 요한다.
   ① "학원"이란 사인이 같은 시간에 교습을 받거나 학습장소로 이용할 수 있는 인원이 10인 이상인 학습자에게 30일 이상의 교습과정에 따라 지식 · 기술 · 예능을 교습하거나 30일 이상 학습장소로 제공되는 시설을 말한다. (학교교과교습학원과 평생직업교육학원을 말하며, 자동차운전학원 제외)
   ② "독서실"이라 함은 학습장소로 제공되는 학원인 시설을 말한다.
   ③ "교습소"란 과외교습(초등학교 · 중학교 · 고등학교 또는 이에 준하는 학교의 학생이나 학교입학 또는 학력 인정에 관한 검정을 위한 시험 준비생에게 지식 · 기술 · 예능을 교습하는 행위)을 하는 시설로서 학원이 아닌 시설
2. 학교교과교습학원(교습소를 포함)은 교육환경을 해할 우려가 있는 (학교보건법 제6조제1항에 의한) 유해업소(당구장, 만화가게 및 인터넷컴퓨터게임시설제공업을 하는 영업소를 제외한 호텔, 여관, 여인숙 등을 말한다)와 동일한 건축물 안에 있어서는 아니 된다. ⇒동법 시행령 제4조 (교육환경의 정화 등)
   다만, 연면적 1천650제곱미터 이상의 건축물의 경우에는
   ① 학원이 유해업소로부터 수평거리 20미터 이내의 같은 층에 있는 경우
   학원이 유해업소로부터 수평거리 6미터 이내의 바로 위층 또는 바로 아래층에 있는 경우를 제외하고는 당해 건축물 안에 학원과 유해업소가 같이 있을 수 있다. (음영 외 부분)

※ 수평거리라 함은 유해업소를 학원이 위치한 층으로 이동시킨 후의 거리를 말함.
3층에 학원이면 동일 층은 20미터 이상 가능하고 2층과 4층은 불허가

학교환경 위생정화구역	
6층	설치가능(당구장, 만화가게 및 인터넷컴퓨터게임시설제공업 등)
5층	설치가능

4층	설치가능		6미터내不	바로 위층 不	6미터내不		
3층	설치가능	20미터내 不(학원)		유해시설(모텔 등)	20미터내 不		
2층	설치가능		6미터내不	바로 아래층 不	6미터내不		
1층	설치가능						
지하층	설치가능						

〈사례연구 3〉 [2종 근린생활시설 · 일반업무시설, 판매시설에도 중개사무소 개설등록 가능]

중개업소 허가신청 시 건축물관리대장에 제2종 근린생활시설만 가능하였으나 2008년부터는 일반업무시설에도 허가가 나므로 제2종 근생과 일반업무시설의 범위를 알아보자.

특히, 2009년부터는 중개사무소 개설등록기준이 더욱 완화되어 제4조 제2종 근린생활시설, 제14호 나목 일반업무시설에 이어 제7호 판매시설에도 개설이 가능해 졌다.

(제2종 근린생활시설로만 한정됐던 중개사무소 개설등록이 일반업무시설에 중개사무소를 확보한 경우에도 가능하게 되었다. 최근 법제처는 건교부가 질의한 건축법 시행령 제2조의4 및 [별표1]제14호 나목에 따른 업무시설에 대해 중개사무소를 확보한 경우에도 '공인중개사의 업무 및 부동산거래신고에관한법률 시행령' 제13조제1호 나목 및 제2호 마목의 중개사무소 개설등록의 기준을 충족한다고 유권해석을 내렸다.)

건축법시행령 [별표 1]에서 "용도별 건축물의 종류"를 살펴보려면 법제처(www.moleg.go.kr) 또는 대법원(www.scourt.go.kr)>종합법률정보> 법령에서 검색어에 "건축법시행령" 클릭하여 [별표 1]을 찾으면 된다.

〈제2종 근린생활시설〉

가. 일반음식점 · 기원

나. 휴게음식점 · 제과점으로서 제1종 근린생활시설에 해당하지 아니하는 것

다. 서점으로서 제1종 근린생활시설에 해당하지 아니하는 것

라. 테니스장 · 체력단련장 · 에어로빅장 · 볼링장 · 당구장 · 실내낚시터 · 골프연습장 기타 이와 유사한 것으로서 동일한 건축물안에서 당해 용도에 쓰이는 바닥면적의 합계가 500제곱미터 미만인 것

마. 종교집회장 · 공연장이나 비디오물감상실 · 비디오물소극장으로서 동일한 건축물 안에서 당해 용도에 쓰이는 바닥면적의 합계가 300제곱미터 미만인 것

바. 금융업소, 사무소, 부동산중개업소, 결혼상담소 등 소개업소, 출판사 기타 이와 유사한 것으로서 동일한 건축물 안에서 당해 용도에 쓰이는 바닥면적의 합계가 500제곱미터 미만인 것

사. 제조업소 · 수리점 · 세탁소 그 밖에 이와 유사한 것으로서 동일한 건축물 안에서 당해 용도에 쓰이는 바닥면적의 합계가 500제곱미터 미만이고, 다음의 요건 중 어느 하나에 해당되는 시설

아. 게임제공업소, 멀티미디어문화컨텐츠설비제공업소, 복합유통 · 제공업소로서 동일한 건축물 안에서 당해 용도에 쓰이는 바닥면적의 합계가 150제곱미터 미만인 것

자. 사진관 · 표구점 · 학원(바닥면적의 합계가 500제곱미터 미만인 것에 한하며, 자동차학원 및 무도학원을 제외한다) · 직업훈련소(바닥면적의 합계가 500제곱미터 미만인 것을 말하되, 운전 · 정비 관련 직업훈련소를 제외한다) · 장의사 · 동물병원 · 독서실 · 총포판매사, 그 밖에 이

와 유사한 것
차. 단란주점으로서 동일한 건축물 안에서 당해 용도에 쓰이는 바닥면적의 합계가 150제곱미터 미만인 것
카. 의약품도매점 및 자동차영업소로서 동일한 건축물 안에서 당해 용도에 쓰이는 바닥면적의 합계가 1천제곱미터 미만인 것
타. 안마시술소·안마원 및 노래연습장

〈업무시설〉

가. 공공업무시설 : 국가 또는 지방자치단체의 청사와 외국공관의 건축물로서 제1종 근린생활시설에 해당하지 아니하는 것
나. 일반업무시설 : 금융업소·사무소·신문사·오피스텔 그 밖에 이와 유사한 것으로서 제2종 근린생활시설에 해당하지 아니하는 것

〈사례연구 4〉 [건축물의 용도변경시 9개 시설군]

⇒ 건축법 제14조 및 동법시행령 제14조(용도변경), 건축법시행령 [별표1], 건축물대장의 기재 및 관리 등에 관한 규칙 등 참조

① 용도변경 허가대상
건축법 및 동법시행령 제14조 제4항 각 호의 어느 하나에 해당하는 시설군에 속하는 건축물의 용도를 상위군에 해당하는 용도로 변경하는 경우(예 : 단독주택 [8]호를 근린생활시설[7]호로 변경하는 경우

② 용도변경 신고대상
시설군에 속하는 건축물의 용도를 하위군에 해당하는 용도로 변경하는 경우(예 : 단독주택 [7]호를 근린생활시설[8]호로 변경하는 경우

③ 건축물대장의 기재변경신청 대상
아래 용도별 분류표의 시설군 중 동일한 시설군내에서 용도를 변경하는 경우(예 : 주거업무시설군내 단독주택의 다가구주택[8호]를 업무시설의 오피스텔[8호]로 변경하는 경우)

④ 건축물대장의 기재변경 신청없이 사용할 수 있는 대상
건축법시행령 제3조의 4 [별표1]의 동일한 호에 속하는 건축물 상호간의 변경(예 : 사무소 2종 근린생활시설을 일반음식점 2종 근린생활시설로 변경)
종전 6개 시설군(99. 5. 8. 시행)에서 2006. 5. 9 시행(2005.11. 8 공포)으로 9개 시설군으로 강화되었다.

※ 각 시설군에 속하는 건축물의 용도별 분류
건축법시행령 제3조의 4 [별표1] 참조

A	B
1. 자동차관련 시설군	자동차관련시설
2. 산업 등 시설군	가. 운수시설, 나. 창고시설, 다. 공장, 라. 위험물저장 및 처리시설 마. 분뇨 및 쓰레기처리시설, 바. 묘지관련시설

3. 전기통신시설군	가. 방송통신시설, 나. 발전시설
4. 문화집회시설군	가. 문화 및 집회시설, 나. 종교시설, 다. 위락시설, 라. 관광휴게시설
5. 영업시설군	가. 판매시설, 나. 운동시설, 다. 숙박시설
6. 교육 및 복지시설군	가. 의료시설, 나. 교육연구시설, 다. 노유자시설, 라. 수련시설
7. 근린생활시설군 ② ↓신고대상	가. 제1종 근린생활시설 나. 제2종 근린생활시설(④사무소, ④일반음식점)
① ↑허가대상 8. 주거업무시설군	가. 단독주택(③다가구주택), 나. 공동주택, 다. 업무시설(③오피스텔), 라. 교정 및 군사시설
9. 그 밖의 시설군	동물 및 식물관련시설

☞1로 올라갈수록 상위시설군이고 9로 내려갈수록 하위시설군이다.

※ 분류 시 조심해야 될 용도별 건축물 분류

제2종 근린생활시설	단란주점으로서 동일한 건축물 안에서 당해 용도에 쓰이는 바닥면적의 합계가 150제곱미터 미만인 것 종교집회장으로서 동일한 건축물 안에서 당해 용도에 쓰이는 바닥면적의 합계가 300제곱미터 미만인 것
종교시설	종교집회장 제2종 근린생활시설(종교집회장 300제곱미터 이내)에 해당하지 아니하는 것
위락시설	단란주점으로서 제2종 근린생활시설(150제곱미터)에 해당하지 아니하는 것

37-2. 영업의 승계(모텔, 목욕탕, 단란주점, 유흥주점)

경매로 모텔, 유흥주점 등 낙찰 받아 소유권이전 후 영업승계를 하고자 하여도 전 임차인이나 전 소유자가 쉽게 응하지 않으며, 낙찰자가 공중위생영업자의 지위를 승계하기 위하여 건물명도 소송 후 판결문을 받아와야 관할 관청에서 신규 영업허가를 해 주겠다는 등 낙찰자 앞 영업 신규허가가 쉽지 않다. 민사집행법에 의한 경매, 국세징수법·지방세법 등에 의한 압류재산의 매각절차에 따라 공중위생영업 관련시설 및 설비의 전부를 인수한 자는 이 법에 의한 그 공중위생영업자의 지위를 승계하도록 2005. 3.31 법 개정이 되었으므로 낙찰자는 소유권이전 후 가급적 1월 이내에 시장·군수 또는 구청장에게 신고하여 영업승계를 받아야 할 것이므로 관련법규를 살펴보자.

1. 공중위생관리법(숙박업, 목욕장업)

"공중위생영업"이라 함은 다수인을 대상으로 위생관리서비스를 제공하는 영업으로서 숙박업·목욕장업·이용업·미용업·세탁업·위생관리용역업을 말한다.

특히, "숙박업"이라 함은 손님이 잠을 자고 머물 수 있도록 시설 및 설비 등의 서비스를 제공하는 영업을 말하며, "목욕장업"이라 함은 물로 목욕을 할 수 있는 시설 및 설비 등의 서비스, 맥반석・황토・옥 등을 직접 또는 간접 가열하여 발생되는 열기 또는 원적외선 등을 이용하여 땀을 낼 수 있는 시설 및 설비 등의 서비스를 갖춘 업종으로 숙박업・목욕장업 모두 공중위생관리법이 규율하고 있다.

공중위생관리법

제3조 ①항에 공중위생영업을 하고자 하는 자는 시장・군수・구청장에게 신고하여야 하며 제3조의2 (공중위생영업의 승계)에는

① 공중위생영업자가 그 공중위생영업을 양도하거나 사망한 때 또는 법인의 합병이 있는 때에는 그 양수인・상속인 또는 합병 후 존속하는 법인이나 합병에 의하여 설립되는 법인은 그 공중위생영업자의 지위를 승계한다.
② 민사집행법에 의한 경매,「채무자 회생 및 파산에 관한 법률」에 의한 환가나 국세징수법・관세법 또는 지방세법에 의한 압류재산의 매각 그 밖에 이에 준하는 절차에 따라 공중위생영업 관련시설 및 설비의 전부를 인수한 자는 이 법에 의한 그 공중위생영업자의 지위를 승계한다.
중 략
④ 항에는 위 규정에 의하여 공중위생영업자의 지위를 승계한 자는 1월 이내에 시장・군수 또는 구청장에게 신고하여야 한다.

2. 식품위생법(단란주점, 유흥주점)

식품접객업은 휴게음식점영업, 일반음식점영업(음식류를 조리・판매하는 영업으로서 식사와 함께 부수적으로 음주행위가 허용되는 영업), 단란주점영업, 유흥주점영업, 위탁급식영업, 제과점영업이 있다.

특히, 단란주점영업은 주로 주류를 조리・판매하는 영업으로서 손님이 노래를 부르는 행위가 허용되는 영업이며, 유흥주점영업은 주로 주류를 조리・판매하는 영업으로서 유흥종사자를 두거나 유흥시설을 설치할 수 있고 손님이 노래를 부르거나 춤을 추는 행위가 허용되는 영업으로 모두 식품위생법이 규율하고 있다.

식품위생법 제25조 (영업의 승계)에 의하면

① 영업을 양도하거나 사망한 때 또는 법인의 합병이 있는 때에는 그 양수인・상속인 또는 합병 후 존속하는 법인이나 합병에 의하여 설립되는 법인은 그 영업자의 지위를 승계한다.
② 민사집행법에 의한 경매,「채무자 회생 및 파산에 관한 법률」에 의한 환가나 국세징수법・관세법 또는 지방세법에 의한 압류재산의 매각 기타 이에 준하는 절차에 따라 영업시설의 전부를 인수한 자는 그 영업자의 지위를 승계한다. 이 경우 종전의 영업자에 대한 영업허가 또는 그가 한 신고는 그 효력을 잃는다. <개정 1995.12.29, 2002.1.26, 2005.3.31>
③ 항에는 위 규정에 의하여 영업자의 지위를 승계한 자는 1월 이내에 시장・군수 또는 구청장에게 신고하여야 한다.

〈사례연구 1〉 [경매에 의한 영업 지위승계 제도 개선]

출처 : <국민불편 법령 개폐 사례집 2008년 Edition 법제처>
국민불편법령개폐센터 개폐팀의 법령정비 대상과제(기업부담법령) 중 발췌

(분류 : 기업부담법령, 소관부처 : 환경부, 발굴주체 : 지방자치단체
관련법령 : 먹는물관리법 제25조 제2항 및 같은 법 시행규칙 제15조)

1. **현황 및 문제점**

1) 민사집행법에 다른 경매 및 기타 이에 준하는 절차에 따라 영업시설 · 설비의 전부(취수정 및 감시정 포함)를 인수한 자는 그 영업자의 지위를 승계토록 규정됨.

2) 그러나 현재 법원의 경매대상물 압류 목록에 먹는샘물 제조업을 위해 중요한 취수정 및 감시정이 목록에 포함되지 않는 상태에서 경매 진행함.

3) 법원 경매에 의해 영업의 지위 승계시 경매대상물 압류 목록에 취수정 및 감시정이 포함되지 않아 기존 샘물개발 허가권 소유자(부도발생자)와 별도의 이중 계약을 하여야 함.

4) 법원에 의해 지위 승계를 받았음에도 취수정 및 감시정 소유가 확인되지 않아 기존 샘물개발 허가권자와 행정청간에 소송이나 민원 야기로 행정력 낭비

예) 전라남도와 ㈜지리산맑은샘물의 소유자와 영업지위승계 소송

2. **개선방안**

먹는물관리법 제25조제2항에 경매를 받은 경우 취수정 및 감시정을 당연히 경매받은 토지로 인정하여 샘물개발 허가권도 경매가 된 것으로 명시해야 민원발생, 분쟁의 소지를 없앰.

[먹는물관리법(2008.3.21)]

제25조(영업의 승계) ① 먹는물관련영업자가 그 영업을 양도하거나 사망한 때 또는 법인인 먹는물관련영업자가 합병한 경우에는 그 양수인 · 상속인 또는 합병 후 존속하는 법인이나 합병으로 설립되는 법인이 그 영업자의 지위를 승계한다.

② 다음 각 호의 어느 하나에 해당하는 사유로 영업 시설 · 설비의 전부를 인수한 자는 종전의 영업자의 지위를 승계한다. 이 경우 종전의 영업자에 대한 영업허가와 등록은 그 효력을 잃는다.

1. 「민사집행법」에 따른 경매
2. 「채무자 회생 및 파산에 관한 법률」에 따른 환가
3. 「국세징수법」 · 「관세법」 또는 「지방세법」에 따른 압류재산의 매각
4. 그 밖에 제1호부터 제3호까지의 규정에 준하는 절차

③ 제1항이나 제2항에 따라 영업자의 지위를 승계한 자는 환경부령으로 정하는 바에 따라 1개월 이내에 시 · 도지사에게 신고하여야 한다.

38. 공인중개사 경매관련 업무

38-1 공인중개사의 경·공매 매수신청대리 허용

종전의 「부동산중개업법」이 2006년1월 30일 「공인중개사의업무및부동산거래신고에관한 법률」로 개정되면서 제14조에 의하여 중개업자(공인중개사 및 중개법인이 해당되며 중개인인 중개업자는 제외⇒공인중개사의 매수신청대리인 등록 등에 관한 규칙 제5조 참조)는 대법원규칙이 정하는 요건을 갖추어 법원에 등록을 하고 그 감독을 받으면서 「민사집행법」에 의한 경매 및 「국세징수법」 그 밖의 법령에 의한 공매대상 부동산에 대한 권리분석 및 취득의 알선과 매수신청 또는 입찰신청의 대리를 할 수 있도록 개정되었다.

예전에는 경매법인도 변호사법 위반으로 곤욕을 치르곤 하던 시절이 있었으나 앞으로 거의 사라지게 되었다. 경공매 입찰대리 허용은 2003. 7. 1일 법무사에 이어 2006. 1.30 공인중개사에게도 입찰대리가 허용되었으므로 공인중개사인 중개업자는 항상 경·공매 권리분석을 꾸준히 연구하여야 고수익을 실현할 수 있을 것이다.

매수신청대리 수수료도

① 상담 및 권리분석수수료는 50만원 범위 내

② 매각허가결정이 확정되어 매수인으로 된 경우 감정가의 1% 이하 또는 최저매각가격의 1.5%(낙찰가격의 1.5%가 아님) 이하의 범위 안에서 당사자의 합의에 의하여 결정(단, 최고가매수신고인 또는 매수인으로 되지 못한 경우 50만원의 범위 안에서 당사자의 합의에 의하여 결정)하며

③ 실비는 30만원 이내에서 협의할 수 있도록 되었으며, 대법원규칙에서 정하는 교육 32시간 이상 이수한 공인중개사는 보험공제 1억원 이상 가입 등으로 경매법정에서 제3자 매수인을 위한 대리입찰을 할 수 있으나 반면 높은 수준의 경매업무 지식이 필요하다.

매수신청 대리(입찰대행 의뢰)나 경·공매 자료 프린터하여 줄 때 아래 "매수신청대리카드"를 받아 두어야 의뢰인이 대행업체를 배제한 체 친인척 동원하여 낙찰 또는 대행업체 모르게 매수할 때(아래 ※ 특약사항 참조) 수수료를 받는 데 지장이 없다.

자료를 제공하였음에도 불구하고 수수료 지급을 거부할 때 어떤 문서화된 자료가 없으며 소송을 제기하여도 쉽지가 않으므로 아래 매수신청대리 사건카드 양식을 받아야 한다.

<table>
<tr><th colspan="3">매수신청대리 사건카드</th></tr>
<tr><td>일련번호
20 -</td><td>경매사건번호
○○지방법원 타경</td><td>물건번호 : 번</td></tr>
<tr><td>부동산의
표시</td><td colspan="2">소재지 :
1차 감정가격 : ( )차 최저매각가격 :</td></tr>
</table>

<table>
<tr><td rowspan="2">위임인(의뢰인)에 관한 사항</td><td>성명</td><td></td><td>주민등록번호</td><td></td></tr>
<tr><td>주소</td><td colspan="3"></td></tr>
<tr><td rowspan="9">보수액</td><td rowspan="2">① 상담 및 권리분석 수수료</td><td>법규상 수수료표의 범위</td><td colspan="2">50만원 범위 안에서 당사자 합의에 의하여 결정</td></tr>
<tr><td>결정된 수수료액</td><td colspan="2">(원)</td></tr>
<tr><td rowspan="2">② 매수신청대리 수수료</td><td>법규상 수수료표의 범위</td><td colspan="2">Ⓐ 매각허가결정이 확정되어 매수인으로 된 경우 ⇒ 감정가의 1% 이하 또는 최저매각가격의 1.5%이하 범위 안에서 당사자 합의에 의하여 결정
Ⓑ 단, 최고가매수신고인 또는 매수인으로 되지 못한 경우⇒ 50만원의 범위 안에서 당사자의 합의에 의하여 결정</td></tr>
<tr><td>결정된 수수료액</td><td colspan="2">위 Ⓐ항 매수인이 된 경우 : (원)
위 Ⓑ항매수인이안된 경우 : (원)</td></tr>
<tr><td rowspan="2">③특별비용</td><td>사유</td><td colspan="2">실비조로 30만원의 범위 안에서 당사자의 합의</td></tr>
<tr><td>결정된 수수료액</td><td colspan="2">(원)</td></tr>
<tr><td>합 계</td><td colspan="3">매수인이 된 경우( ), 되지 못한 경우( )</td></tr>
<tr><td colspan="4">◉ 수수료에 관한 법규의 규정에 대하여 사전에 설명 받았음을 확인합니다.
위임일자 : 200 년 월 일
위임인(의뢰인) 성 명 : (인 또는 서명)
(☎ 연락처 :)
주 소 :
주민등록번호 :</td></tr>
<tr><td>※ 특약사항</td><td colspan="4">1. 격지간 현장 답사 전에 (200,000) 원은 사전 지급하기로 한다. 단, 답사 후 현재 매각가격이 높거나 향후 투자(미래)가치가 없다고 판단시 응찰 및 위임은 하지 않은 것으로 한다.
2. 그러나 위임인이 개인적으로 입찰에 참가시 (배우자, 가족, 친인척 등 지인 명의로 응찰 포함) 매수신청대리 위임한 것으로 보며 위 보수액대로 응찰 당일 즉시 지급하도록 한다.</td></tr>
<tr><td>위임내용</td><td colspan="4">상담 및 권리분석 [ ], 매수신청대리 [ ], 현장답사 [ ]</td></tr>
<tr><td rowspan="2">결과</td><td colspan="4">입찰에 참가하여 매수에 성공 [ ], 입찰에 참가하였으나 매수에 실패 [ ]</td></tr>
<tr><td colspan="4">입찰에 참가하지 않음 [ ]</td></tr>
<tr><td>첨부서면</td><td colspan="4">확인·설명서 [ ], 수수료 영수증 [ ], 기타 [ ]</td></tr>
<tr><td colspan="5">년 월 일 ○○공인중개사사무소 소장 공인중개사 ○○○ (인)</td></tr>
</table>

그리고 아래 공인중개사의 매수신청대리인 등록 등에 관한 규칙과 예규도 잘 파악하고 있어야 한다.

규칙(대법원 규칙 제2104호)	예규(대법원행정예규 제641호)
공인중개사의 매수신청대리인 등록 등에 관한 규칙	공인중개사의 매수신청대리인 등록 등에 관한 예규

〈사례연구 1〉 [대법원(www.scourt.go.kr)에서 규칙/예규/선례 찾기]

① 공인중개사의업무 및 부동산 거래신고에 관한 법률
② 공인중개사의 매수신청대리인 등록 등에 관한 규칙(제정 2005.12.29 규칙 제1980호)
③ 공인중개사의 매수신청대리인 등록 등에 관한 예규(제정 2005.12.30 행정예규 제641호)
④ 매수신청대리 실무교육 지침(제정 2006.01.20 행정예규 제644호)를 살펴보자.
위 법률 및 규칙, 예규는 대법원(www.scourt.go.kr)에서 하단의 종합법률정보를 클릭>법령을 클릭하여 ① 또는 ② 를 입력 후 검색 클릭. 그리고 규칙/예규/선례를 클릭하여 ② ,③ 또는 ④ 전문 전체를 출력, 참조할 수 있다.

〈사례연구 2〉 [매수신청대리 등 수수료표]

공인중개사의 매수신청대리인 등록 등에 관한 예규 [별지 제9호 양식]

1) 상담 및 권리분석 수수료 :

① 수수료 : 50만원의 범위 안에서 당사자의 합의에 의하여 결정한다.

2) 매수신청대리 수수료

① 매각허가결정이 확정되어 매수인으로 된 경우
수수료 : 감정가의 1% 이하 또는 최저매각가격의 1.5% 이하의 범위 안에서 당사자의 합의에 의하여 결정한다.
② 최고가매수신고인 또는 매수인으로 되지 못한 경우
수수료 요율 : 50만원의 범위 안에서 당사자의 합의에 의하여 결정한다.

3) 실 비

수수료 : 30만원의 범위 안에서 당사자의 합의에 의하여 결정한다.

※ 그 외 각 금융기관의 대출중개수수료를 받아 수입을 올릴 수 있다.(예 : ○○은행 론매니저 가입 협력업체는 세금공제 후 0.2% ~0.3% 지급, 3억 대출중개 시 60만원~90만원 지급)

〈사례연구 3〉 [전국 5개 법원행정처 매수신청대리 실무교육기관]

공인중개사의 매수신청대리 실무교육기관이 2006년도 27개, 2007년도 7개, 2008년도에 5개로 계속 축소 되었는데 수강인원이 계속 줄어 수강료로 큰 수입원이 안되기 때문이다.

『2008년도 공인중개사 매수신청대리 실무교육기관 지정승인 내역』안내는 다음과 같다 (대법원에서 발췌)

2008년도 매수신청대리 실무교육기관으로 지정승인된 아래의 교육기관은 실무교육에 따른 준수사항과 대법원 행정예규 제644호 '매수신청대리 실무교육 지침'의 규정에 따라 내실 있는 교육이 되도록 하여 주시기 바랍니다.

1. **실무교육기관 준수사항**

가. 매수신청대리 실무교육 지침의 제반사항 철저히 이행

나. 교육대상 이외의 자에 대한 실무교육 및 교육목적에 반하는 자격증 등의 발급 금지(위 지침 제2조 및 제16조 참조) – 수강신청 시 공인중개사자격 취득여부 확인요

다. 법정시간 수강여부를 철저히 확인하고 최저교육시간인 32시간 이상 수강한 자를 대상으로 평가를 실시하여 100분의 60 이상의 득점을 한 자에게 실무교육이수증 교부(따라서 평가시험시간은 최저교육시간에 포함되지 않음)

라. 형식적인 교육을 지양하고 교육의 질적 향상을 위해 노력

2. **실무교육기관 행정사항**

가. 매 분기별 교육실시 결과보고서를 다음 달 10까지 법원행정처장에게 제출(위 지침 제17조)

나. 교육장소 및 승인 받은 교육계획 등의 변경 시에는 사전에 법원행정처장의 승인을 요함(위 지침 제9조 및 제14조 참조)

3. **교육대상자(공인중개사 및 중개법인의 대표자인 공인중개사) 유의사항**

가. 매수신청대리인 등록을 신청하고자 하는 공인중개사와 중개법인의 대표자인 공인중개사는 아래의 실무교육기관에서 교육을 이수한 후 1년 이내에 매수신청대리인 등록(공인중개사무소 개설등록이 안된 경우에는 공인중개사 개설등록을 한 이후에 가능)을 하여야 하며 1년이 경과된 이후에 등록을 하는 경우에는 실무교육을 다시 이수하여야 합니다.

나. 실무교육은 실무교육기관지정승인을 받은 지정된 교육장소와 교육기간 및 시간을 충실히 이행하는 교육기관에서 교육을 이수하여야 합니다.

다. 매수신청대리인 등록을 한 공인중개사와 중개법인의 대표자인 공인중개사는 매수신청대리인 등록 등에 관한 대법원 규칙 및 예규를 충분히 숙지하여 매수신청대리인 등록이 취소되는 일이 없도록 노력하여 주시기 바랍니다.

– 아　　래 –

▣ **2008년도 공인중개사 매수신청대리 실무교육기관 지정승인 내역**

번호	교육기관		교육기간		수강료	전화번호	비 고
	기관명	교육장 위치 및 장소	기 간	시간			
1	강남대학교	용인시 기흥구 구갈동산 6의 2	4일 32시간	32	200,000	031–275–7400	
2	동부산대학	부산 동래구 동부산대학 동래캠퍼스 내	4일 32시간	32	150,000	051–520–2552	
3	부산경상대학	부산 연제구 연산8동 277의 4	8일 32시간	32	120,000	051–850–1071	
4	호원대학교	전북 군산시 호원대학교 내, 부동산학전공 서울 강의실(역삼동)	4일 32시간	32	150,000	063–450–7016	
5	한국공인중개사협회	재경 5개소 시・도 지부 13개소[별첨1.] 참조	4일 32시간	32	150,000	02–879–2060	

[별첨1.]

■ **2008년도 한국공인중개사협회 매수신청대리 실무교육장 현황**

지역	주 소	수용 인원	전화번호	관할법원
서울	서울 관악구 봉천8동 930-42 협회회관	150명	02-879-2060	서울중앙지법
	서울 강남구 역삼동 820-8 신성개발빌딩 9층	100명	02-556-7772	서울중앙지법
경기	경기 수원시 권선구 세류동 1127 지부회관 3층	100명	031-237-0021	수원지방법원
	경기 성남시 분당구 야탑동 361-5 대덕프라자 610호	100명	031-703-2761	수원지방법원
인천	인천 남구 주안1동 231-11 우신빌딩 601호	80명	032-875-6321	인천지방법원
강원	강원 춘천시 온의동 514 여성인력개발센타 7층	70명	033-252-9774	춘천지방법원
충북	충북 청주시 흥덕구 산남동 218-1 금성빌딩2층	60명	043-297-0087	청주지방법원
충남	충남 천안시 성정동 1504 호원빌딩 805호	60명	041-522-0087	대전지방법원
대전	대전 서구 둔산동 1308 하이베라스 6층	60명	042-476-3545	대전지방법원
경북	경북 포항시 북구 흥해읍 초곡동 146(선린대학)	50명	053-745-6382	대구지방법원
대구	대구 동구 신천4동 298-1 청아빌딩 2층	100명	053-756-7940	대구지방법원
부산	부산 진구 전포2동 607-1 부산적십자회관6층	100명	051-803-8060	부산지방법원
경남	경남 창원시 팔용동 190 팔용종합상가 502호	80명	055-295-1661	창원지방법원
울산	울산 남구 달동 1400-4 3층	50명	052-227-2058	울산지방법원
전남	전남 목포시 상동 457-6 4층	50명	061-279-0022	광주지방법원
광주	광주 서구 광천동 60-7 서광주농협 4층	100명	062-364-6765	광주지방법원
전북	전북 전주시 완산구 서신동 775-1 3층	60명	063-254-7078	전주지방법원
제주	제주 제주시 건입동 318 우당도서관	60명	064-758-1880	제주지방법원

〈사례연구 4〉 [법무사 사무원은 경매 매수신청대리 불가]

[질의] 1. 저는 법무사 사무소의 사무원입니다. 작년부터 법무사도 입찰대리를 할 수 있게 되었는데 경매입찰대리는 꼭 법무사도 직접 법원경매에 참여하여야 하는지, 사무원도 가능한지?

2. 입찰 전 법무사사무소에서도 물건지에 관하여 임대차조사, 현황조사, 토지 및 건물매입가격 등을 확인하고 또한 해당 물건의 적절한 입찰가격 등을 확인하고 입찰에 참여하는 것인데 법무사님이 사무실을 비워두고 반나절씩이나 직접 입찰에 참여하여야 하는지 궁금합니다.

[답변] 대법원 송무국에서 알려드립니다.

2003. 3. 12.자로 개정된 법무사법 제2조 제1항 5호에 '민사집행법에 의한 경매사건과 국세징수법 그 밖의 법령에 의한 공매사건에서의 재산취득에 관한 상담, 매수신청 또는 입찰신청의 대리를 법무사의 업무로 새로이 규정하였고, 제3조 제1항에' 법무사가 아닌

자는 제2조에 규정된 사무를 업으로 하지 못한다'는 규정을 두고 있습니다. 법무사에게만경매사건 등의 대리행위를 업으로 하게 한 취지는 전문적 지식을 가진 법무사로 하여금 직접 경매절차에 참여하게 함으로써 경매절차의 진행을 원활하게 하고 이른바 '경매 브로커'에 의한 불법과 부정을 막으려는데 있습니다.

따라서 경매입찰대리행위는 법무사만이 할 수 있으며, 법무사 사무원은 할 수 없습니다. 법무사 사무원의 경매입찰대리행위는 법무사법 제72조(등록증대여 등), 제74조(법무사가 아닌 자의 행위)등에 의하여 처벌될 수 있습니다.

〈사례연구 5〉 [변호사법 위반 판례]

대법원 2002. 11. 13. 선고 2002도2725 판결 【변호사법위반】

【판결요지】

[1] 경매절차는 거래당사자 사이의 거래행위에 의하여 목적물을 취득하는 절차가 아니라 집행법원이 소유자의 의사에 반하여 목적물을 강제로 환가하는 절차이어서 거기에 중개대상물에 대하여 거래당사자 사이의 매매 등 권리의 득실·변경에 관한 행위를 알선하는 부동산중개업법 제2조 제1호의 '중개'가 개입할 여지가 없으므로, 2000. 1. 28. 법률 제6236호로 개정된 부동산중개업법 제9조의2 제6호의 '경매 대상 부동산에 대한 권리분석 및 취득의 알선'이라 함은 개정 전 법령에서와 같이 법원의 경매절차에 관여하지 아니하고 경매 대상 부동산의 취득을 도와주는 것을 뜻한다.

[2] 변호사법 제109조 제1호와 구 변호사법(2000. 1. 28. 법률 제6027호로 개정되기 전의 것) 제90조 제2호의 '대리'에는 법률적 지식을 이용하는 것이 필요한 행위를 본인을 대신하여 하거나, 법률적 지식이 없거나 부족한 본인을 위하여 사실상 사건의 처리를 주도하면서 외부적인 형식만 본인이 직접 하는 것처럼 하는 등으로 대리의 형식을 취하지 아니하고 실질적으로 대리가 이루어지는 것과 같은 효과를 발생시키는 경우도 포함된다.

[3] 경매 대상 부동산의 낙찰을 희망하는 사람들을 위하여 입찰가격을 결정하여 주고 그에 따라 입찰표를 작성하게 하는 등 입찰서의 명의인을 기재하여 제출하는 것을 제외한 모든 경매과정에 관여하여 경매부동산을 낙찰 받도록 하여 주는 등 경매입찰을 사실상 대리하여 주고 그 수수료 명목으로 돈을 받은 것은 실질적으로 변호사법 제109조 제1호와 구 변호사법 제90조 제2호의 '대리'에 해당하고, 부동산중개업법 제9조의2 제6호와 구 부동산중개업법 제9조의2 제4호와 그 시행령 제19조의2 제2호의 '경매 대상 부동산에 대한 권리분석 및 취득의 알선'에 해당하지 아니한다고 한 사례.

〈사례연구 6〉 [공인중개사의 경·공매대상 부동산에 대한 매수 신청 대리 허용]

그 동안 "부동산중개업법"이 2006.1.30 "공인중개사의업무및부동산거래신고에관한법률"로 변경되면서 변호사법 위반으로 매수신청대리를 하지 못하였으나 경매 또는 공매대상 부동산에 대한 권리분석 및 취득의 알선과 매수 신청 또는 입찰신청의 대리가 가능하여 지므로 공인중개사의 입지가 훨씬 넓어 졌는 바 주요 변경내용은 다음과 같다.

중개업 겸업 업종 규제완화	
기존	그러나 경매알선업은 부동산중개업법시행령 제19조의2에 의하여 중개법인에게만 허용되고, 개인인 중개업자에게는 허용되지 않는다. (건교부 유권해석) 이유는 대법원 판례에 의하여

	부동산중개업법에 겸업명시가 없는 개인중개업자의 경우 경매컨설팅업은 변호사법 위반이라고 보기 때문이다.
변경	법개정으로 2006년1월30일부터는 "공인중개사의업무 및 부동산거래신고에관한 법률" 제14조에 의하여 공인중개사인 중개업자도 경·공매 대상 부동산에 대한 권리분석 및 취득의 알선과 매수신청 또는 입찰신청의 대리를 할 수 있다. 그러나 중개인인 중개업자는 부칙에서 이 업무를 할 수 없도록 제한하고 있다.
중개법인의 겸업업무 제한	
기존	2) 중개법인의 겸업업무 제한 (법 제9조의2·시행령 제19조의2) 6. 경매 또는 공매대상 부동산에 대한 권리분석 및 취득의 알선
변경	2) 중개법인의 겸업업무 제한 [(신)법 제14조·시행령 제19조의2] 6. 경매 또는 공매대상 부동산에 대한 권리분석 및 취득의 알선과 매수 신청 또는 입찰신청의 대리
중개법인설립실무	
기존	1) 중개법인 정관 작성시 "목적"란 필수 기재사항(상법 289조 1항) 5. 경매·공매알선업, 입찰 및 권리분석업
변경	1) 중개법인 정관 작성시 "목적"란 필수 기재사항(상법 289조 1항) 5. 경매·공매알선업, 입찰(매수)신청 대리업 입찰 및 권리분석업

〈사례연구 7〉 [변호사 부동산중개 불가 판례]

대법원 2006.5.11. 선고 2003두14888 판결【부동산중개사무소개설등록신청반려처분취소】

【판시사항】

[1] 변호사법 제3조에서 정한 '일반 법률사무'에 구 부동산중개업법 제2조 제1호의 '중개행위'가 포함되는지 여부(소극)

[2] 변호사가 구 부동산중개업법령상 중개사무소개설등록의 기준을 적용 받지 않는지 여부(소극)

〈사례연구 8〉 [부동산 중개수수료(경남)와 경·공매 매수신청대리 수수료 비교표]

Ⅰ. 부동산 중개수수료 경남지역

1. 주 택

종 별	거래금액	요율상한	한도액
매매·교환	5천만원미만	0.6%	250,000원
	5천만원이상 2억원미만	0.5%	800,000원
	2억원이상 6억원미만	0.4%	−
	6억원이상 고급주택	0.2%~0.9%이내 협의결정	

임대차 등	5천만원미만	0.5%	200,000원
	5천만원이상 1억원미만	0.4%	300,000원
	1억원이상 3억원미만	0.3%	−
	3억원이상 고급주택	0.2%~0.8%이내 협의결정	

2. 주택 이외의 중개대상물 (상가 등)

수수료율	요율상한
중개업자가 명시한 상한요율(0.9%이내)에서 의뢰인과 협의 결정	0.9%

※ 임대차 중 보증금 외 차임이 있는 경우
보증금 +(월단위 차임액 × 100)을 거래금액으로 한다.

※ 근거 : 경상남도 주택의 중개수수료 등에 관한 조례<개정 2006.06.01> 및 공인중개사의 업무 및 부동산 거래신고에 관한 법률 제32조 제3항, 시행령, 시행규칙
⇒경상남도청>자치법규>자치행정>토지정보>경상남도 주택의 중개수수료 등에 관한 조례

II. 경·공매 매수신청대리 수수료

① 상담 및 권리분석		50만원의 범위 안에서 합의
② 매수신청대리	매수인으로 된 경우	감정가의 1% 이하 또는 최저매각가격의 1.5% 이하의 범위 안에서 합의
	매수인으로 되지 못한 경우	50만원의 범위 안에서 합의
③ 실 비		30만원의 범위 안에서 합의
합 계		① +② +③

※ 근거 : 공인중개사의 매수신청대리인 등록 등에 관한 규칙

〈사례연구 9〉 [매수신청대리 위임사건 카드 비치목록(5년간 비치)]

매수신청대리 위임사건 카드 비치목록(5년간 비치) No. 1

○○공인중개사사무소 소 장 ○○○

일련번호	사건번호	위임 받은 연월일	보수액	의뢰인 성명 연락처	현주소 주민등록번호
1	창원 2007−12345	2009.1.30	낙찰 2,500,000원	홍길동 011−	
이 하 여 백					

〈사례연구 10〉 [공인중개사의 매수신청대리인 등록 등에 관한 규칙]

-공인중개사의 매수신청대리인 등록 등에 관한 규칙 주요내용 발췌-

이 규칙은 「공인중개사의 업무 및 부동산 거래신고에 관한 법률」 이 대법원규칙에 위임한 중개업자의 매수신청대리인 등록 및 감독에 관한 사항과 그 시행에 관하여 필요한 사항을 규정함을 목적으로 한다.

제2조 (매수신청대리권의 범위) 법원에 매수신청대리인으로 등록된 중개업자가 매수신청대리의 위임을 받은 경우 다음 각 호의 행위를 할 수 있다.

1. 「민사집행법」 제113조의 규정에 따른 매수신청 보증의 제공
2. 입찰표의 작성 및 제출
3. 「민사집행법」 제114조의 규정에 따른 차순위매수신고
4. 「민사집행법」 제115조제3항, 제142조제6항의 규정에 따라 매수신청의 보증을 돌려 줄 것을 신청하는 행위
5. 「민사집행법」 제140조의 규정에 따른 공유자의 우선매수신고
6. 「임대주택법」 제15조의2의 규정에 따른 임차인의 임대주택 우선매수신고
7. 공유자 또는 임대주택 임차인의 우선매수신고에 따라 차순위매수신고인으로 보게 되는 경우 그 차순위매수신고인의 지위를 포기하는 행위

제3조 (매수신청대리의 대상물)

1. 토지
2. 건물 그 밖의 토지의 정착물
3. 「입목에 관한 법률」에 따른 입목
4. 「광업재단저당법」에 따른 광업재단
5. 「공장저당법」에 따른 공장재단

제13조 (보증금액) ① 중개업자가 제11조제2항의 규정에 따른 손해배상책임을 보장하기 위한 보증을 설정하여야 하는 금액은 다음 각 호와 같다.

1. 중개법인 : 2억 원 이상. 다만, 분사무소를 두는 경우에는 분사무소마다 1억 원 이상을 추가로 설정하여야 한다.
2. 공인중개사 : 1억 원 이상

제14조 (대리행위의 방식) ① 중개업자는 제2조 각 호에 규정된 대리행위를 하는 경우 각 대리행위마다 대리권을 증명하는 문서(본인의 인감증명서가 첨부된 위임장과 대리인등록증 사본 등)를 제출하여야 한다. 다만, 같은 날 같은 장소에서 제2조 각 호에 규정된 대리행위를 동시에 하는 경우에는 하나의 서면으로 갈음할 수 있다.

② 중개법인의 경우에는 제1항에 규정된 문서 이외에 대표자의 자격을 증명하는 문서를 제출하여야 한다.

③ 중개업자는 제2조의 규정에 따른 대리행위를 함에 있어서 매각장소 또는 집행법원에 직접 출석하여야 한다.

제15조 (사건카드의 작성 · 보존) ① 중개업자는 매수신청대리 사건카드를 비치하고, 사건을 위임 받은 때에는 사건카드에 위임 받은 순서에 따라 일련번호, 경매사건번호, 위임 받은 연월일, 보수액과 위임인의 주소 · 성명 기타 필요한 사항을 기재하고, 서명날인 한 후 5년간 이를 보존하여야 한다.

② 제1항의 서명날인에는 법 제16조의 규정에 따라 등록한 인장을 사용하여야 한다.

제16조 (매수신청대리 대상물의 확인 · 설명) ① 중개업자가 매수신청대리를 위임 받은 경우 매수신청대리 대상물의 권리관계, 경제적 가치, 매수인이 부담하여야 할 사항 등에 대하여 위임인에게 성실 · 정확하게 설명하고 등기부등본 등 설명의 근거자료를 제시하여야 한다.

② 중개업자는 위임계약을 체결한 경우 제1항의 확인 · 설명 사항을 서면으로 작성하여 서명날인한 후 위임인에게 교부하고, 그 사본을 사건카드에 철하여 5년간 보존하여야 한다.

③ 제2항의 서명날인에는 제15조제2항의 규정을 준용한다.

제17조 (수수료, 영수증) ① 중개업자는 매수신청대리에 관하여 위임인으로부터 예규에서 정한 수수료표의 범위 안에서 소정의 수수료를 받는다. 이때 수수료 이외의 명목으로 보수를 받거나 예규에서 정한 수수료

이상을 받아서는 아니된다.

② 중개업자는 제1항의 수수료표와 수수료에 대하여 이를 위임인에게 위임계약 전에 설명하여야 한다.

③ 중개업자는 제1항의 규정에 따라 수수료를 받은 경우 예규에서 정한 양식에 의한 영수증을 작성하여 서명날인한 후 위임인에게 교부하여야 한다.

④ 제3항의 서명날인에는 제15조제2항의 규정을 준용한다.

제18조 (의무, 금지행위) ① 중개업자는 신의와 성실로써 공정하게 매수신청대리업무를 수행하여야 한다.

② 중개업자는 다른 법률에서 특별한 규정이 있는 경우를 제외하고는 그 업무상 알게 된 비밀을 누설하여서는 아니 된다. 중개업자가 그 업무를 떠난 경우에도 같다.

③ 중개업자는 매각절차의 적정과 매각장소의 질서유지를 위하여 「민사집행법」의 규정 및 집행관의 조치에 따라야 한다.

제21조 (등록취소 사유 등) ② 지방법원장은 다음 각 호의 어느 하나에 해당하는 경우에는 매수신청대리인 등록을 취소할 수 있다.

1. 등록 후 제5조에 규정된 등록요건을 갖추지 못하게 된 경우
2. 등록 후 제6조에 규정된 결격사유가 있게 된 경우
3. 제15조제1항의 규정을 위반하여 사건카드를 작성하지 아니하거나 보존하지 아니한 경우
4. 제16조제2항의 규정을 위반하여 확인·설명서를 교부하지 아니하거나 보존하지 아니한 경우
5. 제17조제1항·제3항의 규정을 위반하여 수수료 이외의 명목으로 보수를 받은 경우, 예규에서 정한 수수료를 초과하여 받은 경우, 수수료의 영수증을 교부하지 아니한 경우
6. 제18조제2항·제3항·제5항의 규정을 위반한 경우
7. 제20조제1항의 규정에 따른 감독상의 명령이나 중개사무소의 출입, 조사 또는 검사에 대하여 기피, 거부 또는 방해하거나 거짓으로 보고 또는 제출한 경우
8. 최근 1년 이내에 이 규칙에 따라 2회 이상 업무정지처분을 받고 다시 업무정지처분에 해당하는 행위를 한 경우

이 하 생 략

〈사례연구 11〉 [공인중개사의 매수신청대리인 등록 등에 관한 예규]

행정예규 제641호 (제정 2005.12.30)

<공인중개사의 매수신청대리인 등록 등에 관한 예규>

제3장 매수신청대리행위

제12조 (대리행위의 방식) ① 규칙 제14조제1항·제3항에 규정된 문서는 매 사건마다 제출하여야 한다. 다만, 개별매각의 경우에는 매 물건번호마다 제출하여야 한다.

② 위임장에는 사건번호, 개별매각의 경우 물건번호, 대리인의 성명과 주소, 위임내용, 위임인의 성명과 주소를 기재하고, 위임인의 인감도장을 날인하여야 한다.

제13조 (사건카드) 규칙 제15조에 규정된 매수신청대리 사건카드는 별지 제7호 양식과 같다.

제14조 (확인·설명서) ① 규칙 제16조의 확인·설명사항은 다음과 같다.

1. 당해 매수신청대리 대상물의 표시 및 권리관계
2. 법령의 규정에 따른 제한사항
3. 당해 매수신청대리 대상물의 경제적 가치
4. 당해 매수신청대리 대상물에 관한 소유권을 취득함에 따라 부담·인수하여야 할 권리 등 사항

② 규칙 제16조제2항의 매수신청대상물 확인·설명서는 별지 제8호 양식과 같다.

제15조 (매수신청대리 수수료 및 실비) ① 규칙 제17조제1항의 매수신청대리 등 수수료 표는 별지 제9호 양식과 같다.

② 중개업자는 위임인으로부터 매수신청대리 대상물의 권리관계 등의 확인 또는 매수신청대리의 실행과 관련하여 발생하는 별도의 실비를 받을 수 있다. 다만, 매수신청대리에 필요한 통상의 실비(확인 · 설명을 위한 등기부 열람 비용 등)는 수수료에 포함된 것으로 본다.

③ 규칙 제17조제3항의 수수료 영수증은 별지 제10호 양식과 같다.

[별지 제1호 양식] 매수신청대리인 등록신청서

중 략

[별지 제9호 양식] 매수신청대리 등 수수료표

(1) 상담 및 권리분석 수수료

① 수수료 : 50만원의 범위 안에서 당사자의 합의에 의하여 결정한다.

(2) 매수신청대리 수수료

① 매각허가결정이 확정되어 매수인으로 된 경우

수수료 : 감정가의 1% 이하 또는 최저매각가격의 1.5% 이하의 범위 안에서 당사자의 합의에 의하여 결정한다.

② 최고가매수신고인 또는 매수인으로 되지 못한 경우

수수료 요율 : 50만원의 범위 안에서 당사자의 합의에 의하여 결정한다.

(3) 실 비

① 수수료 : 30만원의 범위 안에서 당사자의 합의에 의하여 결정한다.

38－2. 중개수수료, (채용 시)업무협력계약서, 부동산공동투자약정서

1. 중개수수료

각 시도 조례로 중개수수료는 다를 수 있으나 서울특별시의 조례를 살펴보자.

〈중개수수료 및 실비의 금액과 산출내역〉

중개수수료는 거래예정금액을 기준으로 계산하고, '산출내역'은 "거래예정금액(임대차의 경우에는 임대보증금 + (월 단위의 차임액 × 100)) × 중개수수료 요율"과 같이 기재함.

소속공인중개사, 중개보조원 채용 시, 프리랜서 채용 시 등 문서로 된 업무협력계약서가 필요하다. 아래 양식을 참고하여 그 사업 부문별 특수성을 가감하여 수정하여 받으면 된다.

2. 업무협력계약서

	업 무 협 력 계 약 서			
甲	○○ 공인중개사사무소 대표 ○○○ (또는 ○○ 부동산중개주식회사 대표이사 ○○○)			
乙	성 명		주민등록번호	
	주 소			
甲과 乙은 아래와 같이 공동중개 업무협약을 체결한다.				

제1조 (계약내용) 甲은 乙이 부동산 중개 및 매수신청대리 업무를 수행할 수 있도록 중개사무실과 행정업무를 지원하고, 乙은 동 보조 실무를 담당키로 한다.

제2조 (중개업무수행) 乙은 "공인중개사의 업무 및 부동산 거래신고에 관한 법률" 및 "공인중개사의 매수신청대리인 등록 등에 관한 규칙 및 예규" 범위내에서 중개 및 매수신청대리 보조업무를 수행하여야 한다.

제3조 (수익배분과 지급시기) ① 乙이 매수자 또는 매수신청대리 요청을 유입하여 중개 및 매수신청대리를 완성하였을 경우 甲은 수수료 수익금의 % 를 乙에게 지급한다.

② 지급시기는 甲에게 수익금이 입금된 날 즉시 지급키로 한다. 만일 지급일자에 乙이 수령할 수 없는 사정이 있을 경우 익일 11 : 00시까지 제8조의 온라인구좌로 입금키로 한다.

③ 乙의 업무수행에 필요한 광고선전비, 제반용품, 차량유류비, 마케팅비용 등은 乙의 자기부담으로 한다.

제4조 (금지행위) ① 乙은 계약기간 동안에는 甲 사무실 이외의 장소에서 일체의 중개 및 법원 경매 매수신청대리 행위를 할 수 없다.

② 乙은 계약서 작성업무와 잔금지불 및 현금거래 수반업무는 반드시 甲의 사무실에서 甲의 지시와 통제하에서만 수행하여야 한다.

③ 乙은 거짓된 언행으로 중개 및 매수신청대리 의뢰인에게 손해를 줄 수 있는 행위를 하여서는 아니된다.

④ 乙이 본 계약서 및 본조에 위반된 중개행위를 하였을 경우 이로 인한 책임은 乙에게 있고, 위반시 본 계약은 자동 해지된다.

제5조 (신의성실의무 및 주민등록등본 제출) 甲과 乙은 계약 당사자로서 신의성실하게 권리를 행사하고, 의무를 수행하기로 하며 주민등록등본 1통을 乙은 수일내 제출한다.

제6조 (손해배상 의무) 공인중개사의 업무 및 부동산 거래신고에 관한 법률 제33조 (금지행위) 및 공인중개사의 매수신청대리인 등록 등에 관한 규칙 (의무, 금지행위) 를 성실히 이행하여야 하며 위법 부당한 행위로 갑에게 손해를 입혔을 때에는乙은 甲에게 그 손해를 배상한다

제7조 (겸업금지 의무) 乙은 甲의 사무실에서 퇴사할 경우 甲의 사전동의 없이는 퇴사일로부터 1년간은 甲사무소와 동일한 시・군・구 內에서는 일체의 중개 업무를 수행할 수 가 없다.(개업, 중개보조원, 미등록 중개보조로 일하는 것 일체포함)

제8조 (乙의 온라인 구좌번호)

은행 : 계좌번호 :

제9조 (계약기간) 본 계약은 최초 체결일로부터 1개월간 유효하며(그 후 3개월, 1년 단위로 재계약 여부 결정), 재계약을 않을 경우 기간 만료로 본 계약은 해지된다.

[참고1] : 〈공인중개사의 업무 및 부동산 거래신고에 관한 법률 제33조 (금지행위)〉

다음 각 호의 행위를 하여서는 아니된다.

1. 중개대상물의 매매를 업으로 하는 행위
2. 중개사무소의 개설등록을 하지 아니하고 중개업을 영위하는 자인 사실을 알면서 그를 통하여 중개를 의뢰받거나 그에게 자기의 명의를 이용하게 하는 행위
3. 사례・증여 그 밖의 어떠한 명목으로도 규정에 의한 수수료 또는 실비를 초과하여 금품을 받는 행위
4. 당해 중개대상물의 거래상의 중요사항에 관하여 거짓된 언행 그 밖의 방법으로 중개의뢰인의 판단을 그르치게 하는 행위

5. 관계 법령에서 양도・알선 등이 금지된 부동산의 분양・임대 등과 관련 있는 증서 등의 매매・교환 등을 중개하거나 그 매매를 업으로 하는 행위
6. 중개의뢰인과 직접 거래를 하거나 거래당사자 쌍방을 대리하는 행위
7. 탈세 등 관계 법령을 위반할 목적으로 소유권보존등기 또는 이전등기를 하지 아니한 부동산이나 관계 법령의 규정에 의하여 전매 등 권리의 변동이 제한된 부동산의 매매를 중개하는 등 부동산투기를 조장하는 행위

[참고2] 〈공인중개사의 매수신청대리인 등록 등에 관한 규칙 (의무, 금지행위)〉

① 신의와 성실로써 공정하게 매수신청대리업무를 수행하여야 한다.
② 다른 법률에서 특별한 규정이 있는 경우를 제외하고는 그 업무상 알게 된 비밀을 누설하여서는 아니된다.
③ 다음 각 호의 행위를 하여서는 아니된다.
1. 이중으로 매수신청대리인 등록신청을 하는 행위
2. 매수신청대리인이 된 사건에 있어서 매수신청인으로서 매수신청을 하는 행위
3. 동일 부동산에 대하여 이해관계가 다른 2인 이상의 대리인이 되는 행위
4. 다른 중개업자의 명의를 사용하는 행위
5. 「형법」 제315조에 규정된 경매・입찰방해죄에 해당하는 행위
6. 사건카드 또는 확인・설명서에 허위기재하거나 필수적 기재사항을 누락하는 행위
7. 그 밖에 다른 법령에 따라 금지되는 행위

20　　년　　월　　일

[甲] 주소(사업장소재지) :
대표(이사) :　　　　　　(인)
연락처 :

[乙] 주소 :
성 명 :　　　　　　(인)
연락처 :

3. 부동산공동투자약정서

부동산공동투자약정서

甲 : 성명　　　　　　　　　　주민등록번호
乙 : 성명　　　　　　　　　　주민등록번호

甲과 乙은 아래와 같이 부동산공동투자약정을 체결한다.

제1조 (공동투자 대상 부동산표시 및 매수금액)
제2조 (약정내용) 乙은 甲(투자자)을 위하여 수익성 높은 투자대상 부동산 선정 및 취득업무를 민법 제2조 신의성실 원칙 및 민법 제681조 선량한 관리자의 주의의무에 입각하여 수행키로 하며,

乙의 활동에 의하여 甲에게 투자수익이 발생할 경우 甲과 乙은 본 약정에 의한 수익금을 분배하기로 약정한다.

제3조 (甲의 권리의무) ① 甲은 상기 제1항 부동산의 매수자로서 취득 후 부동산에 관한 소유권자로 사용·수익·처분의 권리를 행사할 수 있다.

② 甲은 시세 차익에 의한 투자수익이 발생할 경우 乙에게 본 약정에 의한 수익금 배당금을 지급할 의무가 있다.

제4조 (乙의 권리의무) ① 乙은 투자자인 甲을 위하여 투자대상 부동산 선정 및 취득 과정에서 고의(故意)에 의한 가격조작 또는 중개수수료 분배 개입 행위를 하지 않을 조건부로 본 약정에 의한 수익분배금 청구 권리를 행사키로 한다.

② 본 약정에 의한 투자청산기간 만료 시에 甲의 투자금이 원금손실(가격하락)이 있을 경우 乙은 甲의 청구에 의해 손실금 보전책임을 지기로 한다. (투자원금 보장의무)

③ 전항의 책임은 甲의 청구일로부터 3개월 이내에 乙이 투자원금으로 재매입 또는 제3자 매각을 책임지는 방법으로 수행키로 한다.

④ 전항의 경우 甲은 乙에게 만기일 이후 내용증명 우편으로 의무이행을 청구키로 한다.

⑤ 만일 乙이 본 조에 의한 원금보장의무를 이행하지 못할 경우 손해배상금조로 매각의무만기일부터 의무이행 시까지 국민은행 1년 만기 정기예금 금리 200%를 지급하기로 한다.

제5조 (비용계산 및 수익배분) ① 비용은 매입금액, 취득제세, 중개수수료, 보유기간 보유세, 양도소득세를 합산한 금액으로 한다. 甲과 乙은 비용정산을 위해 지출비용 영수증을 공동으로 집행하고 관리키로 한다.

② 수익금은 재 매각대금에서 전항에 의한 비용을 공제한 금액으로 한다.(공제금은 甲에게 귀속)

③ 수익배분은 甲 75% : 乙 25% 비율로 한다.

제6조 (청산기간) ① 청산기간은 원칙적으로 甲 명의 등기이전일로부터 2년으로 하되, 시세차익이 많을 경우 쌍방합의가 있을 경우 1년으로 단축할 수도 있고, 3년 이상으로 연장할 수도 있다.

② 본 조에 의한 기간 단축 또는 연장합의는 반드시 별도의 문서에 의한 특약으로 했을 경우에만 유효하며, 구두합의는 특약으로서 효력을 인정하지 않기로 한다.

제7조 (청산기간 만료 후 계속 보유 특약) 상기 제6조에도 불구하고 甲이 청산기간 만료 후 乙과 연장합의 없이 계속 보유를 원할 경우 그 뜻을 만기 15일 전까지 내용증명으로 乙에게 통보하고, 만기일자에 등기상 지분 25%를 乙에게 이전등기 하기로 합의한다. 이 경우 지분이전등기비용은 乙의 부담으로 한다.

만일 甲과 乙이 합의하여 지분 25%에 대한 별도의 청산합의가 있을 경우에는 그에 따른다.

상기와 같이 합의합니다.

20 년 월 일

38－3. 중개대상물확인·설명서

'공인중개사의 업무 및 부동산거래신고에 관한 법률' 개정으로 2008년 1월 1일부터 기존의 중개대상물확인·설명서 서식이 중개대상물 특성을 반영하여 4가지 유형으로 서식이 세분화되었다.

1) 중개대상물확인·설명서 [Ⅰ] (주거용 건축물)

2) 중개대상물확인·설명서 [Ⅱ] (비주거용 건축물)

3) 중개대상물확인 · 설명서 〔Ⅲ〕(토지)
4) 중개대상물확인 · 설명서 〔Ⅳ〕(입목 · 공장재단 · 광업재단)
위 4가지 유형별 양식 중 중개대상물확인 · 설명서 〔Ⅰ〕(주거용 건축물)에 대하여 살펴보자.

1. 중개대상물 조사 · 확인

1) 의 의

- 중개대상물에 대한 조사 · 확인은 중개실무상 가장 중요한 중개업자의 업무로서 '중개대상물의 확인 · 설명서'의 작성과 '중개업자의 손해배상책임' 근거가 됨

2) 조사 · 확인의 방법

① 중개의뢰인을 통한 조사 · 확인
- 중개업자는 중개대상물을 조사 · 확인할 때 기본적으로 판매활동에 필요한 확인 · 설명의무의 이행과 확인 · 설명서 작성을 염두에 두고 조사해야 함
- 1차적으로 의뢰인의 기본적인 인적사항 등에 관하여 조사 · 확인하며,
  · 특히 '실제권리관계 또는 공시되지 아니한 물건의 권리사항'은 거래계약이 체결되면 의뢰인의 고지사항을 기준으로 확인 · 설명서에 기재하여야 하기 때문에, 매도의뢰인이 고지한 사항을 꼼꼼하게 확인하여 기록하여야 함

② 공부를 통한 조사 · 확인
- 중개의뢰인이 제시한 기본 자료를 토대로 관련 공부에 대하여 조사하여야 함.
- 도면이나 토지이용계획확인서에는 소유자가 기재되어 있지 않기 때문에, 중개업자는 등기부등본이나 대장을 통해 진정한 소유권자를 확인해야 함

3) 각종 공부의 조사 · 확인사항

공 부 종 류	주요 기재사항	확 인 사 항
토지 · 건물 등기부등본	부동산의 표시사항, 소유권과 제한사항, 제한물권과 제한사항	· 권리의 우선순위 파악 · 대장과 일치여부
토지대장 · 임야대장	소유자 / 소재지(위치, 지번), 지목, 면적 등	· 등기부등본과 일치여부 · 면적 확인, 토지등급 확인
건축물관리대장	소재지, 면적(전용면적, 연면적, 건축면적), 구조, 용도, 건축년도, 층별, 높이, 주구조, 지붕구조, 부속건축물, 건폐율, 용적률 등	· 등기부등본과의 일치 여부 · 무허가 · 미등기건물 여부 · 층별 허가건축면적 · 용도일치 여부 · 부속건축물의 동수, 면적 확인
지적도 · 임야도	토지의 위치, 지목, 경계, 방향, 접변도로, 하천 등 주요 지형지물과의 거리, 지적형태	· 지적도 · 임야도와 실제 현황의 일치 여부 · 토지의 위치, 경계, 지형 확인
토지이용계획확인서	공법상 이용제한, 거래규제의 기본적 사항	· 용도지역 · 용도지구 · 용도구역 확인 · 개발제한구역

		・개발계획 ・도시계획시설지역 ・토지거래허가구역 해당 여부
환지예정지증명원	환지예정지 거래 시 확인	・환지예정지에 대한 지목・면적 확인
공시지가확인원	거래예정가액 산정 참조	・토지의 공시지가 확인
제세공과 등 납세확인원	매도인의 체납조세 확인	・국세・지방세 체납 여부 ・관리비・전기・수도요금 체납 여부
호적등본 : 가족관계부	거래계약 체결능력 확인	・행위무능력자, 법정대리인, 상속관계 등
주민등록등본	임차인의 전입일자 기재	・주택임차인의 대항력 구비 여부 확인
등록사항 등의 현황서	상가임차인의 사업자등록신청일 및 입주일자 확인	・상가임차인의 대항력 구비 여부 확인 그러나 임대인이 전세계약서 전부 세무서 보여주면서 발급 의뢰하여야 전부 등재

① 토지 및 건물등기부등본(각 등기소 발급) : 토지・건물의 등기명의인 및 권리관계에 관한 사항 등을 등기부등본을 통해 확인함

② 토지대장, 임야대장(각 시・군・구청 발급) : 토지・임야의 과표액, 소재지, 지목, 면적 등 부동산의 사실에 관한 사항 등을 확인함

③ 건축물관리대장(각 시・군・구청 발급) : 건물의 현황(대지면적・건축면적・건폐율・용적률・연면적・층수・높이・부속건축물의 동수 및 면적), 도시계획사항(지역・지구・구역), 설비(주차장・승강기・정화오수시설・전기용량 등), 건축주체(건축주・설계자・공사감리자・공사시공자), 건축허가(허가일자・착공일자・사용승인일자) 등을 확인함

④ 지적도, 임야도(각 시・군・구청 발급) : 토지의 지번, 지목, 지형, 인접토지와의 경계, 좌표, 접면도로의 폭, 위치, 이용현황, 도로나 하천 등 주요 지형지물과의 거리 및 방향, 철도 등의 사항, 기타 토지의 발달상황 등을 확인함.

・다만, 임야는 면적이 넓고, 임야도 경계는 주로 산의 능선이나 계곡을 따라 자연적 지형에 의해 필지별로 분할해 놓고 있으므로 실제로 임야도를 가지고 현장을 답사해도 표지물이 없어서 그 경계를 찾기 힘듦.

・따라서 도면상의 경계가 산의 능선이나 계곡과 일치하는지 여부 등을 주의 깊게 확인하여야 함.

⑤ 토지이용계획확인서(각 시・도・구청 발급) : 주로 토지를 구입할 때 공법상의 이용제한과 거래규제를 확인하기 위한 것으로서, 소재지에 따라 도시관리계획에 따른 용도지역, 용도구역, 도시계획시설, 개발사업, 토지거래허가구역 등 기본적인 사항을 확인할 수 있음

・중개업자는 확인・설명 의무를 다하기 위해서 각종 용도지역 등을 확인한 다음에는 관계법령 등을 통하여 구체적인 행위제한 사항도 확인하여야 함.

・특히 수도권에 소재한 부동산에 대해서는 「수도권정비계획법」 상의 이용제한 등에 대해서도 확인하여야 함.

⑥ 공시지가확인원(동사무소 발급) : 토지대장을 발급할 때 신청하면 토지대장상에 현재의 개별공시지가를 ㎡당 가격으로 표시해서 발급해 줌.

⑦ 환지예정지지정증명원(사업시행청에서 발급) : 당해 토지가 토지구획정리지구 내에 속한 경우에 환지예정지지정증명원을 통하여 환지예정지의 면적, 지목 등을 확인하여야 함

⑧ 무허가건물관리대장(읍・면・동사무소 발급) : 무허가건물이 있는 경우에는 무허가건물에 대한 소유자 및 면적 등을 확인하여야 함.

⑨ 주민등록(동사무소 발급) : 임차인의 대항력, 우선변제권 여부를 확인하기 위해서는 주택임차인의 전입신고일자 등을 확인하여야 함.

⑩ 등록사항 등의 현황서(세무서 발급) : 상가임차인의 대항력, 우선변제권 여부 등을 확인하기 위해서는 사업자등록신청일, 확정일자일, 보증금 및 차임, 임대차기간 등을 확인하여야 함.

⑪ 가족관계등록부(동사무소 등) : 의뢰인이 한정치산자, 금치산자인 경우에는 가조관계등록부(구, 호적등본)을 통하여 거래당사자의 행위능력, 상속관계, 친권자, 후견인, 법정대리권자 등을 확인하여야 함

4) 현장답사에 의한 조사 확인

각종 공부에 나타나지 않은 사항도 거래가격 산정에 중요한 영향을 미치므로 중개업자는 여러 사항을 조사・확인하여야 함.

5) 관계법령의 조사

중개업자는 공법상 이용제한을 확인한 다음에 관계법령을 통하여 중개대상물에 부여된 구체적인 행위제한 내용을 확인하여야 함.

2. 중개대상물확인・설명서 작성・교부

1) 작성의 의의 및 시기

① 의 의

중개대상물의 조사・확인결과를 서면화하여 거래당사자에게 제시하는 행위로서 중개에 있어 중개업자의 책임을 증빙하는 서류가 됨.

② 작성・교부시기

확인・설명서는 중개업자가 중개대상물의 거래계약이 체결되기 전(중개가 완성되기 전)까지 되었을 때 당해 거래계약서의 작성과 함께 완결하고 거래당사자 쌍방에게 교부하여야 함. 또한 3년간 보존하여야 함

2) 작성 미교부시 행정처분 등

① 행정관청은 6월의 범위 안에서 업무의 정지를 명할 수 있음

② 중개행위에 대한 손해배상책임의 근거가 됨

3. 중개대상물확인 · 설명서 작성방법

1) 중개대상물확인·설명서[I] (주거용 건축물)

① 작성일반

- ○ "□"있는 항목은 해당되는 "□"안에 √로 표시함
- ○ 세부항목 작성 시 해당 내용을 작성란에 모두 작성할 수 없는 경우에는 별지로 작성 · 간인하여 첨부하고, 해당란에는 "별지 참고"라고 기재함

② 표지항목

- ○ 공동중개 시 참여한 중개업자(소속공인중개사 포함)는 모두 서명 · 날인하여야 하며, 3인을 초과하는 경우에는 별지로 작성 · 간인하여 첨부함.
- ○ 「확인 · 설명자료」 항목의 "확인 · 설명 근거자료 등"에는 중개업자가 확인 · 설명과정에서 제시한 자료를 기재하며, "대상물건의 상태에 관한 자료요구 사항"에는 매도(임대)의뢰인에게 요구한 사항 및 그 관련 자료의 제출여부와 ④내 · 외부의 시설물 상태(건축물)부터 ⑥환경조건까지(⑥의 비선호시설은 제외)의 항목을 확인하기 위한 자료의 요구 및 그 불응여부를 기재함.

③ 서명 · 날인

- ○ 계약 이후 중개대상물 확인 · 설명에 따른 분쟁 및 손해배상책임 등을 방지하기 위하여 본 서식 후문에 중개대상물확인 · 설명서를 교부한 년 · 월 · 일을 기재함. 중개업자란에 성명, 상호 등 인적사항을 기재하여 서명 · 날인하고 소속공인중개사가 업무를 한 경우 소속공인중개사 또한 서명 · 날인함.
- ○ 그리고 중개업자가 중개대상물에 대하여 교부한 중개대상물확인 · 설명서를 권리이전 의뢰인과 권리취득 의뢰인이 수령하였다는 것을 확인하기 위하여 권리이전 의뢰인과 권리취득 의뢰인의 성명 · 주소 등의 인적사항을 기재한 후 서명 · 날인함.

④ 중개대상물확인 · 설명서 작성을 위한 자료요구 방법

- ○ 중개업자는 중개대상물확인 · 설명서의 작성을 위하여 법제25조제2항에 의하여 중개대상물의 매도의뢰인 · 임대의뢰인 등에게 자료를 요구할 수 있음.
- ○ 따라서 중개업자는 매도의뢰인 · 임대의뢰인에게 요구하고, 교부받아 당해 중개대상물의 상태에 관한 자료를 교부받아 중개대상물 확인 · 설명을 하고 매도의뢰인 · 임대의뢰인이 제시한 자료를 중개대상물확인 · 설명서에 첨부하여야 후일의 분쟁, 중개책임 등에 증빙자료로 활용할 수 있음.

〈사례연구 1〉 [중개대상물확인 · 설명서]

1. 취득 시 부담할 조세의 종류 및 세율
   취득세, 등록세, 지방교육세, 농어촌특별세 등의 개략적 사항
   보유조세(재산세, 농지세 등)와 양도소득세 등은 의무사항이 아님
   단, 재산세 등의 체납여부는 분쟁 방지를 위해 설명하여야 할 것임

2. 중개수수료 및 실비의 금액과 산출내역
중개수수료는 거래예정금액을 기준으로 계산하고, '산출내역'은 "거래예정금액(임대차의 경우에는 임대보증금 + (월 단위의 차임액 × 100)) × 중개수수료 요율"과 같이 기재함

3. 공부에서 확인할 수 없는 사항은 건설교통부 부동산정보 통합포탈사이트 (www.onnara.go.kr) 등에서 확인하여 기재함 (임대차의 경우 생략가능)

4. 건물의 공시가격은 기준시가를 확인하여 기재함. 건설교통부 부동산공시가격 알리미 (http : //www.realtyprice.or.kr/)에서 표준지공시지가, 개별공시지가, 표준주택가격, 공동주택가격, 개별주택가격 등을 참고하여 작성함

5. 외국인 토지취득(외국인토지법)의 경우
계약을 원인으로 취득 : 60일 이내에 시 · 군 · 구청장에게 신고
계약 이외(경매 등) 원인으로 취득 : 6월 이내에 시 · 군 · 구청장에게 신고
허가대상 토지는 거래계약을 체결하기 전에 시 · 군 · 구청장의 허가를 받아야 함.
⇒ 군사시설보호구역 내, 문화재, 도서(섬)지역 등 대통령령으로 지정

6. 중개대상물확인 · 설명서 작성방법에 대해 건설교통부 민원실 ☎1599－0001이나 건교부 민원마당(http : //eminwon.moct.go.kr)을 이용하여 더 자세한 내용 확인 가능하다.

중개대상물 확인·설명서 [I] (주거용 건축물)		□ 단독주택 ■ 공동주택 / ■ 매매 · 교환 □ 임대		
「공인중개사의 업무 및 부동산 거래신고에 관한 법률」 제25조제3항 및 같은 법 시행령 제21조에 따라 중개대상물 확인 · 설명서를 작성하여 거래 당사자에게 교부합니다. 2008년 5월 1일				
중개업자(1)	성 명	○○○ 서명 · 날인		
	사무소 명칭	○○○공인중개사사무소	등록번호	123450－00123
	사무소 소재지	서울 관악구 봉천동 56	전화번호	055－123－4567
	소속공인중개사	○○○ 서명 · 날인		
중개업자(2)	성 명	○○○ 서명 · 날인		
	사무소 명칭	○○공인중개사사무소	등록번호	123456－01234
	사무소 소재지	고양시 덕양구 토당동 15	전화번호	051－123－4567
	소속공인중개사	서명 · 날인		
중개업자(3)	성 명	서명 · 날인		
	사무소 명칭		등록번호	
	사무소 소재지		전화번호	
	소속공인중개사			
확인 · 설명 자료	확인 · 설명 근거 자료 등	■ 등기권리증 ■ 등기부등본 ■토지대장 ■ 건축물관리대장 □ 지적도 □ 임야도 ■ 토지이용계획확인서 □ 기타( )		

	대상물건의 상태에 관한 자료요구 사항	☞ 매도(임대)의뢰인에게 요구한 사항 및 그 관련 자료의 제출 여부와 ④ 내·외부의 시설물상태(건축물)부터 ⑥ 환경조건까지(⑥의 비선호시설은 제외)의 항목을 확인하기 위한 자료의 요구 및 그 불응 여부를 기재함.
유의사항	중개업자의 확인·설명 의무	「공인중개사의 업무 및 부동산 거래신고에 관한 법률」 제25조 제1항 및 제2항에 따라 중개업자는 중개대상물에 관한 권리를 취득하려는 중개의뢰인에게 성실·정확하게 설명하고, 토지대장·등기부등본 등 설명의 근거자료를 제시하여야 합니다.
	실제거래가격 신고	「공인중개사의 업무 및 부동산 거래신고에 관한 법률」 제27조 및 같은 법 시행령 제23조제5호의 실제거래가격은 매수인이 매수한 부동산을 양도하는 경우 「소득세법」 제97조제1항 및 제7항과 같은 법 시행령 제163조제11항 제2호에 따라 취득 당시의 실제거래가액으로 보아 양도차익이 계산될 수 있음을 유의하시기 바랍니다.

<table>
<tr><td rowspan="7">① 대상 물건의 표시</td><td rowspan="3">토 지</td><td>소 재 지</td><td colspan="4">서울 관악구 신림동 123 신림빌라 301호</td></tr>
<tr><td rowspan="2">면 적(㎡)</td><td rowspan="2">1,000</td><td rowspan="2">지 목</td><td colspan="2">공부상 지목 : 대지</td></tr>
<tr><td colspan="2">실제이용 상태 : 대지</td></tr>
<tr><td rowspan="4">건축물</td><td>전용면적(㎡)</td><td colspan="2">100</td><td>대지지분(㎡)</td><td>1000분의 30.0</td></tr>
<tr><td rowspan="2">준공년도
(증개축년도)</td><td rowspan="2">2005년</td><td rowspan="2">용 도</td><td>건축물대장상 용도</td><td>공동주택</td></tr>
<tr><td>실제용도</td><td>상동</td></tr>
<tr><td>구 조</td><td>철근콘크리트조</td><td>방 향</td><td colspan="2">남 향</td></tr>
<tr><td rowspan="4">② 권리관계</td><td rowspan="3">등기부
기재사항</td><td colspan="2">소유권에 관한 사항</td><td colspan="3">소유권 외의 권리사항</td></tr>
<tr><td>토 지</td><td>김부자
(550430-1812345)
서울 관악구 신림동
123 신림빌라 301호</td><td>토 지</td><td colspan="2">근저당권 설정
-접수2005.3.4
(번호12345)
-채권최고액 :
금120백만원
-근저당권자 :
신한은행</td></tr>
<tr><td>건축물</td><td>상동</td><td>건축물</td><td colspan="2">상동</td></tr>
<tr><td colspan="3">실제권리관계 또는 공시되지 아니한 물건의 권리 사항</td><td colspan="3"></td></tr>
<tr><td rowspan="4">③토지이용계획, 공법상이용 제한 및 거래규제에 관한 사항(토지)</td><td colspan="2" rowspan="3">지역지구</td><td>용도지역</td><td>일반주거지역</td><td>건폐율 상한</td><td>용적률 상한</td></tr>
<tr><td>용도지구</td><td>해당사항 없음</td><td rowspan="2">60%</td><td rowspan="2">400%</td></tr>
<tr><td>용도구역</td><td>해당사항 없음</td></tr>
<tr><td colspan="2">도시계획 시설</td><td>도로저촉</td><td>허가·신고 구역 여부</td><td colspan="2">☐ 토지거래허가구역
☐ 주택거래신고지역</td></tr>
</table>

			투기지역 여부	□ 토지투기지역 □ 주택투기지역 ■ 투기과열지구
	지구단위계획구역, 그 밖의 도시관리계획	해당 없음	그 밖의 이용제한 및 거래규제사항	해당 없음
④내·외부 시설물의 상태 (건축물)	수 도	파손여부	■없음 □ 있음(위치 :)	
		용 수 량	■정상 □ 부족함(위치 :)	
	전 기	■정상 □ 교체 요함(교체할 부분 :)		
	가 스	■도시가스 □ 기타( )		
	소 방	소화전	■없음 □ 있음(위치 :)	
		비상벨	■없음 □ 있음(위치 :)	
	난방방식 및 연료공급	공급방식	□중앙공급 ■개별공급	
		종 류	■도시가스 □기름 □프로판가스 □연탄 □기타( )	
		시설작동	■ 정상 □ 수선 요함( )	
	승강기	■ 있음 (□양호 □ 불량) □ 없음		
	배 수	■정상 □ 수선요함( )		
	그 밖의 시설물	해당사항 없음		

⑤벽면 및 도배상태	벽 면	균 열	■없음 □ 있음(위치 :)
		누 수	■없음 □ 있음(위치 :)
	도 배	■ 깨끗함 □ 보통임 □ 도배필요	
⑥환경조건	일조량	■ 풍부함 □ 보통임 □ 불충분 (이유 :)	
	소 음	■ 미미함 □ 보통임 □ 심한 편임	
	진 동	■ 미미함 □ 보통임 □ 심한 편임	
	비선호시설(1km이내)		■없음 □ 있음(종류 및 위치 :)
⑦입지조건	도 로	종 류	(32m) 접근도로(■포장 □비포장) (6m) 이면도로(■포장 □비포장)
		접근성	■ 용이함 □ 불편함
	대중교통	버 스	(신림) 정류장 □ 소요시간 : 15 분
		지하철	(신림) 역 □ 소요시간 : 10 분
		기 타	
	주차장	□ 없음 □ 전용주차시설 ■ 공동주차시설 □ 기타 ( )	
	교육시설	초등학교	(신림초등)학교 □소요시간 : 5분(도보, 차량)
		중 학 교	(신림중) 학교□소요시간 : 9분(도보, 차량)

		고등학교	(신림고등)학교□소요시간 : 8분(도보, 차량)	
	판매 및 의료시설	백화점 및 할인매장	(E마트) □ 소요시간 : 10분	
		종합의료시설	(서울신림병원) □ 소요시간 : 15분	
⑧관리에 관한 사항	경비실	■ 있음 □ 없음		
	관리주체	■ 위탁관리 □ 자체관리 □ 기타		
⑨거래예정 금액 등	거래예정금액		1억 원	
	개별공시지가(㎡ 당)		800만원	
	건물(주택)공시가격(㎡ 당)		700만원	
⑩취득 시 부담할 조세의 종류 및 세율	취득세	1 %	농어촌특별세	0.1 %
	등록세	1 %	지방교육세	0.2 %
⑪중개수수료 및 실비의 금액과 산출내역	중개수수료 : 50만원 실 비 :		<산출내역> 중개수수료 : 1억×0.5% = 50만원 실 비 :	
	계	50만원		

「공인중개사의 업무 및 부동산 거래신고에 관한 법률」 제25조제3항 및 같은 법 시행령 제21조에 따라 매수(임차)인은 중개업자로부터 위 중개대상물에 관하여 설명을 듣고, 중개업자가 작성·교부하는 본 확인·설명서를 수령하며, 매도(임대)인은 중개업자가 작성·교부하는 본 확인·설명서를 수령합니다.

20 년 월 일

매도(임대)인	성 명	김 부 자 서명 날인		
	주 소	서울 관악구 신림동 123 신림빌라 301호		
	주민등록번호	550430－1234567	전화번호	02－2123－4567
매수(임차)인	성 명	박 매 순 서명 날인		
	주 소	고양시 덕양구 토당동 123		
	주민등록번호	650430－2345678	전화번호	031－938－5678

중개대상물에 대한 자료협조 요청 및 자료조사서

(중개대상물확인·설명서 [I] 주거용건축물)

받는 사람 성 명 주민등록번호
주 소 전 화
보내는사람 성 명 사무소 명칭
주 소 전 화

귀하(사)께서 중개의뢰한 중개대상물에 대하여 공인중개사의업무및부동산거래신고에관한법률 제25조제2항에 의거하여 중개대상물 확인·설명을 하기 위한 중개대상물의 상태 등에 관한 자료를 요청하오니 조사하여 자료를 교부하여 주시기 바랍니다.

년 월 일

확인·설명자료 등	등기권리증	□ 제출 □ 미제출
실제권리관계	건 물	
	토 지	

기타 공시되지 아니한 중요시설 · 물건의 소유에 관한 사항			
내 · 외부 시설물의 상태 (건축물)	수 도	파손여부	□없음 □ 있음(위치 :)
		용 수 량	□정상 □ 부족함(위치 :)
	전 기	□ 정상 □ 교체요함(교체할 부분 :)	
	가 스	□도시가스 □ 기타()	
	소 방	소화전	□없음 □ 있음(위치 :)
		비상벨	□없음 □ 있음(위치 :)
	난방방식 및 연료공급	공급방식	□중앙공급 □ 개별공급
		종 류	□도시가스 □기름 □ 프로판가스 □연탄 □ 기 타( )
		시설작동	□ 정상 □ 수선 요함( )
	승강기	□ 있음(□ 양호 □ 불량) □ 없음	
	배 수	□ 정상 □ 수선요함( )	
	그 밖의 시설물		
벽면 및 도배상태	벽 면	균 열	□ 없음 □ 있음(위치 :)
		누 수	□ 없음 □ 있음(위치 :)
	도 배	□ 깨끗함 □ 보통임 □ 도배필요	
환경조건	일조량	□ 풍부함 □ 보통임 □ 불충분(이유 :)	
	소 음	□ 미미함 □ 보통임 □ 심한 편임	
	진 동	□ 미미함 □ 보통임 □ 심한 편임	
기 타			
공인중개사의업무및부동산거래신고에관한법률 제25조제2항에 의하여 요청한 자료를 상기와 같이 조사하여 제출하며 상기 사항은 틀림없음을 확인합니다. 년 월 일			
받는 사람 (중개업자)	성 명	서명 또는 인	
	사무소명칭		등록번호
	소재지	(TEL :)	
보내는 사람[매도(임대)의뢰인]	성 명	서명 또는 인	
	주민등록번호		
	소재지	(TEL :)	

☞ **중개대상물확인 · 설명서 작성을 위한 자료요구 방법**

○ 중개업자는 중개대상물확인 · 설명서의 작성을 위하여 법제25조제2항에 의하여 중개대상물의 매도의뢰인 · 임대의뢰인 등에게 자료를 요구할 수 있음.

○ 따라서 중개업자는 매도의뢰인 · 임대의뢰인에게 요구하고, 교부 받아 당해 중개대상물의 상태에 관한 자료를 교부 받아 중개대상물 확인 · 설명을 하고 매도의뢰인 · 임대의뢰인이 제시한 자료를 중개대상물확인 · 설명서에 첨부하여야 후일의 분쟁, 중개책임 등에 증빙자료로 활용할 수 있음.

38－4. 신분증 진위 확인

소유주(매도인)의 신부확인은 매우 중요하며, 중개사고로 이어지면 중개업자가 중개사고금액의 약 70%(4억이면 2억 8천만원) 배상책임을 부담하는 판결이 자주 탄생되므로 신분확인을 철저히 하여야 한다.

특히, 2008년말 중개업자가 진정한 권리자를 확인하기 위한 노력을 하였음에도(주민등록증 확인) 불구하고 등기권리증을 요구하지 않은 잘못으로 중개업자의 책임을 70%까지 묻는 판결(서울중앙지법 2008가합50528호) 관련 한국공인중개사협회에서 항소 등 강력 대응하고 있다. 등기부등본상 해당 아파트 소유주 이름이 안모씨라는 점을 확인하고 행정안전부 주민번호 확인서비스에서 유효한 신분증 확인을 통하여 부동산계약을 체결하였음에도 불구하고 재판부는 중개업자는 특별한 사정이 없는 한 등기권리증을 확인하거나 주거지근무지에 연락해 점검하는 등 철저히 조사해야 한다고 판시하면서 책임을 묻고 있다.

〈사례연구 1〉 [주민등록증, 운전면허증 진위확인]

1) 주민등록증 진위확인

① 대한민국 전자정부 전자민원 G4C(www.egov.go.kr) 접속> 회원가입 후 로그인(LOG－IN)> 부가서비스>주민등록증 진위 확인> 성명, 주민등록번호, 발급일자 입력확인> 진본일 경우 “행정안전부에 등록된 발급일자와 일치합니다.” 메시지 출력되면 계약서에 첨부하여야 한다.

② 인터넷에 의한 주민등록증 진위확인은 공인인증서로 본인확인을 하신 후 사용하실 수 있으며 전화자동응답시스템(ARS, 국번 없이 1382번)에서도 전화로 누구나 주민등록증의 진위를 확인할 수 있다.

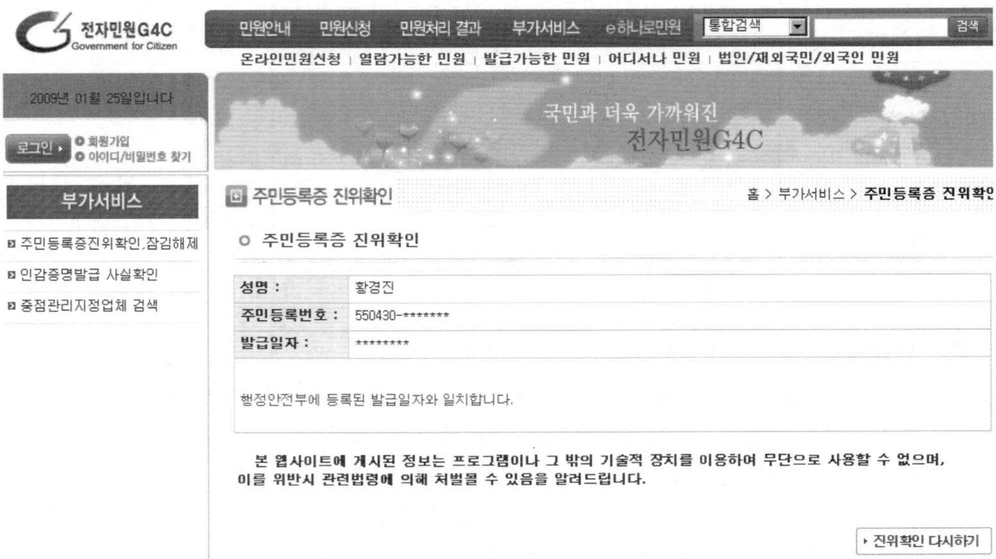

※ 주민등록증 사본을 월세 임차인 등에게 줄 때 필히 발급일자를 검은 매직 등으로 지워서(뭉개어) 주어야 사기사고를 미연에 방지할 수 있다. (주민등록증 위조하는 사기를 사전 방지)

2) 운전면허증 진위확인

운전면허시험관리단(www.dla.go.kr) 접속>회원가입 후 로그인(LOG－IN)>사이버민원>비회원>면허증 진위여부 조회> 성명, 주민등록번호, 면허번호 입력> 진본일 경우 “경찰청 전산 자료와 일치합니다.” 메시지 출력

위조된 운전면허증의 특징

1. 주소 표시방법이 틀림.
   * 주소 : 서울 강남구 청담동 12－3 청담빌라 A동 206
   ☞ 정상적인 운전면허증 : “구”, “동” 표시가 없음. (서울 강남 청담 12－3 청담빌라 A동 206)
   <가장 쉽게 확인할 수 있는 방법임>
2. 적성검사 기간 일자의 위치가 틀림.
   * 2007.10.26 ~ 2008.01.25 위치가 좌측으로 치우쳐 있음.
   ☞ 정상적인 운전면허증 : 적성검사 기간의 종료일자(2008.01.25) 위치가 도장 위에 있음.
3. 발행일자와 서울지방경찰청장 간격이 넓음.
   * 2000.01.24 ~~~~ 서울지방경찰청장
   ☞ 정상적인 운전면허증 : 발행일자(2000.01.24)와 서울지방경찰청장의 간격이 좁음.
4. 사진 부착 위치가 아래쪽에 치우쳐 있음
   * 사진 맨 아래부문이 발행일자 및 서울지방경찰청장 글자 위치보다 더 아래로 내려와 있음.
   ☞ 정상적인 운전면허증 : 사진 맨 아래부문이 발행일자 및 서울지방경찰청장 글자 위치보다 위에 있음.

정상적인 운전면허증과 위조된 운전면허증 비교

■ **정상적인 운전면허증**

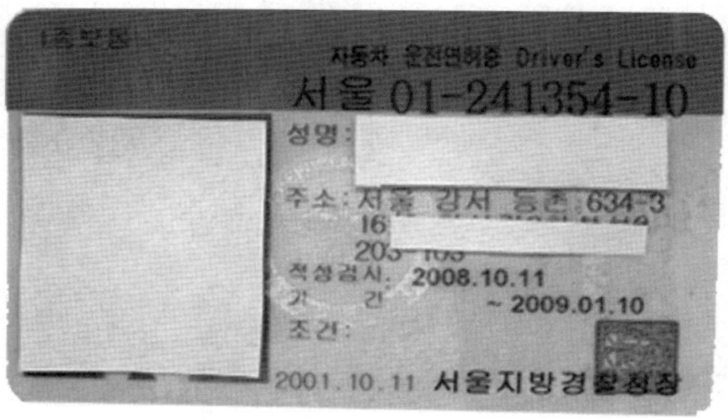

■ **위조된 운전면허증**

성명 : 홍 길 동
123456 － 1234567
주소 : 서울 강남구 청담동 12－3
청담빌라 A동 206
적성검사 2007.10.26

① **“구”와 “동” 표시가 있음**

기　　간　　~ 2008.01.25
조건 :
2000.01.24

〈사례연구 2〉 [인터넷을 이용한 민원서류 발급]

http : //www.egov.go.kr(대한민국전자정부)에 접속>안녕하세요 전자민원G4C입니다>전자민원G4C메인화면

〈인터넷을 이용한 민원서류 발급〉

주민등록표등본(초본), 부동산관련 대장(건축물대장, 임야대장, 토지대장 등)과 서류, 정부와 지자체에서 발급하는 행정문서, 대장의 발급(주민등록등본 발급 등) 등 대한민국 전자정부에서 서비스하는 민원사무의 활용은 앞으로 해당관청을 직접 방문할 필요 없이 인터넷으로 발급받을 수 있다.

※ 공인인증서 발급

우리가 일상 생활에서 신원을 확인하거나 거래를 하려고 할 때 주민등록증이나 인감 날인 또는 서명 등이 필요하듯이, 인터넷상에서 신원확인이 필요할 때 이를 확실히 보장해 주는 증명수단이 전자서명이다. 전자서명은 인증서 형태로 발급되며 국가에서 지정한 공인인증기관이 발급하는 인증서가 공인인증서이다.

본인확인이 필요한 전자정부 민원서비스를 사용하기 위해서는 공인인증서가 필요하므로 부동산중개업 등을 영위하기 위해선 숙지하여야 할 사항이다.

공인 인증서 신청기관 (2006. 7. 1부터 범용공인인증서 신규발급)에서 자기 컴퓨터에 범용공인인정서를 미리 발급 받아 두면 공매(www.onbid.co.kr) 입찰 시 등 편리하다.

한국정보인증 http : //www.signgate.com, 한국전자인증 http : //www.crosscert.com
(주)코스콤 http : //www.signkorea.com 한국무역정보통신 http : //www.tradesign.net

39. 채권회수 조치 방법

39-1. 재산명시신청 · 채무불이행자명부 등재신청 · 재산조회 신청

1. 재산관계 명시명령 신청

(1) 의 의

채무명의를 득하고도 채무자의 재산은닉, 도피로 인하여 채권을 회수하지 못하는 채권자를 보호하고 악덕채무자를 응징하기 위한 제도로 법원이 그 채무자로 하여금 강제집행의 대상이 되는 재산과 그 재산의 일정한 기간 내의 처분상황을 명시한 재산목록을 작성 제출하게 하여 그 재산관계를 공개하고 그 진실성에 관하여 선서하게 하는 법적 절차로 심리적인 압박을 가함으로서 채무를 이행토록 하는 간접 강제집행 방식이다.

금전채무의 이행을 명하는 채무명의가 확정된 후 채무를 이행하지 않는 채무자에게 채무자의 재산목록을 법원에 강제로 제출토록 함으로서(유상양도는 1년 전부터, 무상양도는 2년 전부터) 채권확보를 용이하게 할 수 있는 제도이며, 허위 신고 시 형사처벌 가능하다. 재산이 없다고 신고하면 파산선고신청 가능성 검토할 수 있다.

(2) 제도적 취지

채권자가 재판에서 승소판결을 받아도 채무자가 자발적으로 그 의무를 이행하지 아니하는 한 채권자는 채무자의 재산을 찾아내어 그에 대한 강제집행신청을 하여야 한다. 그러나 채권자는 채무자의 재산을 조사, 탐지하거나 강제로 수색 할 수 있는 권한이 없기 때문에 그가 채무자의 재산을 찾아내기란 용이한 일이 아니었고 더욱이 자발적으로 소재를 알려줄 리 만무하며 오히려 대부분 집행을 면탈하기 위하여 그 재산을 은닉하거나 가장 양도하여 채권자가 많은 시간과 비용, 노력을 기울여 얻어낸 판결이 무용지물이 됨으로써, 판결을 한 법원의 권위에 손상을 가하고 준법정신의 해이, 법보다는 물리력에 의한 권리구제를 선호하는 등의 부정적 사회 현상이 나타났다.

그러한 사유로 인하여 1990년 1월13일 민사소송법을 개정하여 신설한 것이 재산관계명시제도이며, 재산관계명시제도에 의하여 채권자는 채무자의 책임재산을 탐지할 수 있어 강제집행을 용이하게 할 수 있고, 나아가 채무자는 일정기간 내의 처분상황을 밝혀야 하므로 채권자 취소권의 행사를 용이하게 될 뿐만 아니라, 자기 재산의 공개 및 법원에 출석하여 선서하는 것을 꺼리는 채무자에 대하여 심리적 압박을 가하여 채무를 이행하도록 하는 간접강제의 효과를 거둘 수 있는 제도이다.

(3) 신청 요건

1) 채무자가 확정판결, 지급명령 등에 의한 금전채무를 부담 할 것. (공정증서에 의하여는 명시신청을 할 수 없음)

2) 채무자가 채무를 이행하지 않을 것
3) 채권자가 강제집행을 개시할 수 있는 상태에 있을 것
4) 채무자의 재산발견이 용이하다고 인정할 만한 명백한 사유가 없을 것
(명백한 사유란 채무자 재산의 소재가 공개되어 있는 때 또는 채권자가 약간 의 노력만 하면 집행대상의 재산을 발견할 수 있으리라는 사실이 명백한 때를 말 함.)

(4) 명시의 재판

명시신청에 대하여는 서면심리에 의하여 재판하여야 하며 이 재판은 채무자를 신문하지 아니하나 법원이 필요하다고 인정하면 신문할 수 있다. 채무자에게 반드시 송달되어야 하며 공시송달은 인정치 아니한다. 명시명령에 대하여 채무자의 이의신청이 없으면 법원은 재산관계의 명시를 위한 기일을 정하여 채무자를 소환하며 명시기일에는 채무자가 출석하여야 한다. 선서는 대리선서가 허용되지 아니하기 때문에 채무자가 법인 등일 때에는 대표자 또는 관리인이 출석하여야 한다. 채무자는 명시기일에 자기가 제출한 재산목록이 진실함을 판사 앞에서 선서("본인은 양심에 따라 사실대로 재산목록을 작성하여 제출하였으며 만일, 숨김이나 거짓이 있으면 처벌을 받기로 맹세 합니다. 채무자 홍길동")하여야 한다.

(5) 재산관계명시명령 위반자에 대한 제재

다음 각호에 해당하는 채무자는 3년이하의 징역 또는 500만원 이하의 벌금에 처한다.
1) 정당한 사유 없이 명시기일에 출석하지 아니한 자
2) 재산 목록의 제출을 거부한 자(재산목록 : 부동산등 강제집행 재산 모두 해당 됨.)
3) 선서를 거부한 자(법원 판사 앞에서 진실을 선서)
4) 허위로 재산목록을 제출한 자
5) 채무자가 법인 또는 사단, 재단 법인 때에는 대표자, 또는 관리인에게도 위와 같이 벌하는 것 이외에 법인 등에는 벌금형을 선고 한다. (최근에는 악덕채무자를 응징하기 위하여 실형을 선고하는 추세이다)

(6) 기타 주의사항

－재산관계명시명령 위반 시 '실형'도 선고되고 있으므로 최후의 수단으로 활용하는 것이 바람직하며, 재산관계명시제도에 의해 나타난 재산에 대해 강제집행면탈죄, 채권자 취소권 등을 활용할 수 있다. 부도 후 도망간 사람은 곤란하고, 부도를 내고 뭔가 있는 것 같은데 재산 없다고 하면서 사회생활 잘하고 있는 사람들을 대상으로 하면 효과적 이다. 향후 동 제도를 보완한 '재산조회제도'(법원이 채무자의 재산내역을 해당기관에 직접 조회하여 채권자에게 정보를 제공하는 제도)를 시행 예정이다.

※ ① 명시대상 재산목록 (민사집행법 제64조)

강제집행의 대상이 되는 재산, 명시명령의 송달 전 1년 이내에 채무자가 한 부동산의 유상양도, 명시명령의 송달 전 1년 이내에 채무자가 배우자, 직계혈족 및 4촌 이내의 방계 혈족과 그 배우자, 배우자의 직계혈족과 형제자매에 대하여 한 부동산 이외의 재산의 유상양도, 명시명령의 송달 전 2년 이내에 채무자가 한 재산상의 무상처분

② **다음에 해당하는 자는 20일 이내의 감치에 처해진다.**

명시기일에 불출석한 자, 재산목록 제출을 거부한자, 선서를 거부한 자, 채무자가 거짓의 재산목록을 낸 때에는 3년 이하의 징역 또는 500만원 이하의 벌금에 처해진다.

2. 채무불이행자등재 신청

채무명의에 의하여 확정된 금전채무(즉, 채무자가 금전의 지급을 명한 집행권원이 확정된 후 또는 집행권원을 작성한 후) 6개월 내에 채무를 이행하지 않거나 재산관계 명시명령을 받고 불성실하게 목록을 작성하거나(거짓의 재산목록제출) 명시기일 불출석, 재산명시를 거부한 자(재산목록 제출 거부), 선서 거부한 자 등에 대하여 채무불이행자명부라는 공부(公簿)에 등재하여 공시함으로써 채무자의 신용생활에 지장을 초래케 하여 이행을 간접적으로 촉구하는 방식이며 개정 민법시안에는 채무불이행자 명부를 각 금융기관에 송부키로 되어 있다.

법원 및 채무자의 본적지에 채무불이행자 명부에 등재, 누구나 열람이 가능하게 해 채무자의 사회적 신용도 실추 및 심리적 압박으로 채무를 이행토록 하는 간접 강제 수단이며, 채무명의가 발생시점부터 6개월 이내에 채무를 이행하지 않거나, 재산명시명령제도를 위반한 채권자에 대해서 법원의 등재 결정이 있게 되면 채무자의 본적지 시, 군, 구, 읍, 면사무소에 불이행 채무액 및 등재사유를 기재하여 비치하며, 이 채무불이행자 명부는 누구나 열람 및 등사를 청구할 수 있음.

구비서류로는 집행력있는 판결정본(확정증명, 송달증명원 포함), 채무자 호적등본, 재산관계명시명령 위반 시 그 사실의 소명자료, 채무자의 재산 발견이 용이하지 아니한 소명자료 등이다.

3. 재산조회 신청

재산명시절차가 끝난 경우 집행채권의 만족을 얻기에 부족하면, 개인의 재산 및 신용에 관한 전산망을 관리하는 공공기관, 금융기관, 단체 등에 채무자명의의 재산에 관하여 조회를 신청할 수 있다.

4. 진술최고

채권자는 채권에 대한 압류만으로는 채권의 만족을 구할 수 없고, 현금화 절차인 추심명령이나 전부명령 등을 거쳐야 되는데, 채권자가 어떠한 현금화 방법을 선택해야 할지를 판단하려면 집행대상 채권의 유무와 제3채무자의 상계권 보유 여부 및 이미 다른 채권자로부터의 압류가 존재하는지 등을 알아야 하지만 보통은 이를 알기가 쉽지 않기 때문에, 집행법원을 통하여 집행대상 채권의 상태를 파악할 수 있는 제도가 필요한데 이것이 진술최고 제도입니다. 또한 진술최고는 법원 직권으로 실행되지는 않고, 채권자가 신청하여야 되는 것으로, 보통 (가)압류 명령과 동시에 이루어집니다.

※ 진술최고(명령)는 현행 민사집행법에 규정되어 있습니다.

제237조 (제3채무자의 진술의무) ① 압류채권자는 제3채무자로 하여금 압류명령을 송달 받은 날부터 1주 이내에 서면으로 다음 각호의 사항을 진술하게 하도록 법원에 신청할 수 있다.

1. 채권을 인정하는지의 여부 및 인정한다면 그 한도
2. 채권에 대하여 지급할 의사가 있는지의 여부 및 의사가 있다면 그 한도
3. 채권에 대하여 다른 사람으로부터 청구가 있는지의 여부 및 청구가 있다면 그 종류
4. 다른 채권자에게 채권을 압류당한 사실이 있는지의 여부 및 그 사실이 있다면 그 청구의 종류

② 법원은 제1항의 진술을 명하는 서면을 제3채무자에게 송달하여야 한다.

③제3채무자가 진술을 게을리 한 때에는 법원은 제3채무자에게 제1항의 사항을 심문할 수 있다.

〈사례연구 1〉 [진술최고서 송달 시 회신필요]

－2005. 4.25 갑은 ○○은행 ○○지점에 예금 신규

－2006. 5.25 국민건강보험공단의 갑 예금에 대한 채권압류 및 추심통지서 ○○지점에 송달됨(법적 지급제한 등록)

－2006.10.4 을의 갑 예금에 대한 채권가압류 결정문 ○○지점에 송달됨(법적 지급제한 등록)

－2007.9.5 을의 갑 예금에 대한 채권압류 및 추심명령과 함께 진술최고서 ○○지점에 송달됨 (○○지점은 제때 회신 안함)

－2007.12.12 을은 ○○은행을 상대로 추심금청구의 소 제기 (○○지점은 제때 회신 않아 불필요하게 피소되었음)

〈사례연구 2〉 [재산명시 심문기일통지서]

법원소재지 : 경남 창원시 사파동
담당재판부 : 22단독
전화번호 : 055－239－2125
E－mail :

(민사신청과 22단독)

○○ 지 방 법 원

심문기일통지서

사 건 2008카명 557 재산명시

채 권 자 김 채 권

채 무 자 이 채 무

위 사건 심문 기일이 다음과 같이 지정되었으니 출석하시기 바랍니다.

일 시 2008. 4. 30

장 소 제313호 법정

2008. 3.28

법원주사 홍 길 동 (인)

주의 1. 출석할 때에는 주민등록증과 도장을 가져오시기 바랍니다.
2. 이 사건에 관하여 제출하는 서류에는 사건번호(2008카명557)를 기재하시기 바랍니다.
3. 사건진행 ARS는 지역번호 없이 1588－9100 입니다. 바로 청취하기 위해서는 안내음성에 관계없이 '1'+'9'+[열람번호 000420 2008 201 557]+'*'를 누르세요.
* 주차시설이 협소하오니 대중교통을 이용하여 주시기 바랍니다.

39－2. 경매 시효중단

얼마전 나의 주택이 경매 후 잔존채무가 남았는데 동 주택의 배당기일로부터 5년 되는 날 하루 전에 금융기관에서 소장이 접수되었는데 유효한지? 또는 시효가 완성되어 채무부담이 없는지? 질의가 있었는데 유효한 것으로 보인다.

상사채권(대출금 채권은 5년)은 5년, 민사채권은 10년이 지나면 시효로 채권이 소멸한다. 경매에 관련된 대법원 판례에 의하면 "경매절차에서 이해관계인인 주채무자에게 경매개시결정이 송달되었다면 주채무자는 민법 제176조에 의하여 당해 피담보채권의 소멸시효중단의 효과를 받는다고 할 것이나 민법 제176조(압류, 가압류, 가처분과 시효중단⇒압류, 가압류 및 가처분은 시효의 이익을 받은 자에 대하여 하지 아니한 때에는 이를 그에게 통지한 후가 아니면 시효중단의 효력이 없다)의 규정에 따라 압류사실이 통지된 것으로 볼 수 있기 위하여는 압류사실을 주채무자가 알 수 있도록 경매개시결정이나 경매기일통지서가 교부송달의 방법으로 주채무자에게 송달되어야만 하는 것이지, 이것이 우편송달(발송송달)이나 공시송달의 방법에 의하여 채무자에게 송달됨으로써 채무자가 압류사실을 알 수 없었던 경우까지도 압류사실이 채무자에게 통지되었다고 볼 수 있는 것은 아니다. (대법원 1994.11.25. 선고 94다26097 판결 참조)"

따라서 임의경매의 신청 등으로 시효를 중단하면 이미 지난 시효기간은 효력이 없으므로 중단사유가 종료한 때부터 새로 시효가 진행한다. 즉, 재판상의 청구(임의경매의 신청 등)로 시효를 중단한 때에는 재판이 확정된 때(배당기일 등)부터 다시 시효가 진행한다고 보여진다.

그리고 소멸시효 최초기산일은 대출금 약정기일 또는 채무자의 대출이 최초로 연체가 발생한 다음일자가 기산일 인지 여부(즉, 최초연체일자에 5년 후 다음날이 시효완성일로 볼 수 있는지 여부)에 대하여는 확정기한부 채권이면 그 확정된 기일의 다음날이 소멸시효의 기산일이 될 것이다. 그렇지만, 기한이익상실 사유가 발생한 경우 그 사유발생 다음날부터 시효가 진행된다고 할 것이다(금융연수원 889페이지~890페이지 참조).

소멸시효 중단을 위한 조치는 채무자 및 보증인 전원에 대하여 하여야 하는지 여부에 대하여 주 채무자에 대한 시효중단은 보증인에게 까지 미친다. (민법 제440조) 반대로, 보증인에 대한 시효중단 효력은 주 채무자에게 보증채무의 부종성에 의거 효력을 미치지 아니한다.

임의경매개시결정이 채무자에게 "적법하게 교부송달"된 경우가 아닌 공시송달, 발송송달인 경우에는 시효중단 효과가 없는지 여부에 대하여 채무자와 소유자가 다른 경우의 부동산 임의경매사건에서 임의경매 신청 접수 후 경매개시결정이 채무자에게 공시송달, 발송송달이 아닌 적법하게 교부 송달된 경우(예, 법원 송달보고서 등 참조)라야 시효중단 효과가 있다고 볼 수 있다.

주채무자와 소유자가 다른 경우(즉, 제3자 담보 경우)는 주채무자에 대한 시효중단의 효력은 경매개시결정이 교부송달 되었을 때 발생한다(금융연수원 906페이지 ~ 907페이지 참조, 대법원 1994.11.25. 선고 94다26097 판결 참조).

주채무자 겸 소유자의 담보부동산이면 채권자가 경매를 신청한 시점에 시효중단이 된다. 주채무자 겸 소유자의 담보부동산에 대해 타 저당권자가 경매신청 했을 경우는 경매 신청시점이라고 보는 설도 있으나, 경매신청권자가 아닌 다른 채권자는 배당요구 등 채권신고를 한 시점에 시효중단이 된다고 보는 것이 통설이다.

결국, 채권자(금융기관 등)의 입장에서 채무자가 아닌 물상보증인과 제3자 담보제공자에 대하여는 교부송달이 되어야 한다는 관점에서 경매개시결정과 채권소멸시효중단의 문제는 매우 중요하다. 채권자의 경매신청에 의한 경매개시결정으로 압류의 효력이 발생하면 채권 소멸시효 중단의 효력이 있다. 그러나 물상보증인에 대한 경매개시결정에 의한 압류에 따른 시효중단의 효력이 주채무자에게 미치기 위해서는 압류의 사실(즉 경매개시결정이나 매각기일의 통지)이 교부송달의 방법으로 주채무자에게 송달되어야 하고, 송달특례규정이 적용되는 금융기관이 신청하여 진행된 경매사건은 통지 또는 송달에 관한 특례조항이 있으므로 채권자가 교부송달된 사실을 입증하지 못하는 한 교부송달의 방법으로 송달되지 않은 것으로 추정되므로 채권소멸 시효관리에 특히 유의하여야 한다.

〈사례연구 1〉 [시효중단]

1. 시효(時效)의 정의

일정한 사실상태가 일정기간 계속될 경우에 그 사실상태가 진실한 권리관계와 합치하는 지 여부를 묻지 않고 그 사실관계를 그대로 존중하여 권리관계로 인정하는 제도를 시효제도라 하며, 시효에는 소멸시효와 취득시효 두 가지가 있다.

☞ 시효제도의 특징

1. 시효는 그 기간이 만료되면 권리자체의 취득 또는 소멸을 가져온다.
2. 시효가 완성하려면 일정한 사실상태가 일정기간 계속되어야 한다.
3. 시효는 재산권에 관한 것이며 신분관계에는 적용하지 않는다.
4. 시효에 관한 규정은 강행규정이다.
5. 시효는 제척기간과 다르다. 제척기간이란 특정한 권리에 존속기간을 예정하고 그 기간이 지나면 그 권리를 소멸시키는 점에서 소멸시효와 비슷하나 시효와는 달리 시효의 중단, 정지, 포기, 소급효 등이 없다.

2. 시효기간

1) 채권의 소멸시효기간은 원칙으로 10년이나 그것이 상행위로 인한 채권 즉, 상사채권은 5년인바, 각종채권의 시효기간은 다음 각호와 같다.
   1. 대출금 채권 : 5년
   2. 어음채권 :

1	약속어음의 발행인 및 환어음의 인수인에 대한 청구권 : 지급기일로부터 3년
2	배서인, 환어음발행인에 대한 소구권 : 거절증서작성일 또는 지급기일로부터 1년
3	다른 배서인, 환어음발행인에 대한 재소구권 : 환어음인수일로부터 6개월
4	어음소지인의 이득상환청구권 : 어음상 권리소멸 시부터 10년
5	지급일로부터 10일 이내에 지급 제시된 수표. (소 구권 및 재소구권은 6개월, 이득상환청구권은 10년)
6	할인어음의 환매청구권 : 5년
7	이자채권 : 3년 (단, 연체이자는 5년)
8	보증채권 : 주채무의 시효기간과 같다.
9	담보권 : 피담보채권의 시효기간과 같다.
10	판결 등으로 확정된 채권 : 10년(금융감독원 금융분쟁조정위원회의 조정안이 수락된 경우 포함)
11	지급명령 : 지급명령이 확정될 때 소멸시효가 다시 진행되며 시효기간은 본래의 기간(대여금 5년, 어음금 3년 등)과 같다.

※ 어음배서인에 대한 소멸시효기간은 1년의 단기이므로 시효관리에 주의를 요한다.

2) 시효기간의 계산은 초일(初日)은 산입하지 않으며 기간 최후의 기산일 응당일의 전일을 만료일로 한다. 변제기(약정일 또는 기한이익 상실일)가 2000. 5. 6인 대출금의 시효기산일은 2000. 5. 7이 되고 시효완성일은 2005. 5. 6이 된다. 2005. 5. 6이 공휴일이면 2005. 5. 7이 시효완성일이다.

3. 시효중단

1) 시효중단이란 시효의 기본적인 요건인 일정한 사실상태를 허용할 수 없는 일정한 사유가 발생한 경우에 시효기간의 진행을 중단 시키는 것을 말하는 것으로 시효중단의 효과는 다음 각호와 같다.
   ① 시효를 중단하면 이미 지난 시효기간은 효력이 없으므로 중단사유가 종료한 때부터 새로 시효가 진행한다.
   ② 재판상의 청구로 시효를 중단한 때에는 재판이 확정된 때부터 다시 시효가 진행한다.
   ③ 차주에 대한 시효중단의 효력은 연대보증인에게도 미치나, 연대보증인 만에 대한 시효중단의 효력은 차주에게 미치지 않아 채권이 소멸된다.

2) 시효중단의 효력이 생기게 하는 조치를 시효중단 사유라 하며 그 조치의 종류는 다음과 같다.

청구	재판상청구	소제기, 지급명령신청, 회사정리절차참가, 화의절차참가, 파산절차참가, 화해를 위한 소환, 조정신청, 임의출석(소액사건심판법), 임의경매신청, 강제집행절차에서의 배당요구
	재판외 청구(최고)	통지가 채무자에게 도달된 때 효력발생하며, 최고 후 6개월 이내 재판상 청구, 가압류, 압류, 가처분 신청을 하지 않으면 시효중단의 효력이 없다.
압류, 가압류, 가처분		
승인	채권증서의 재 작성, 이자지급, 일부 면제, 담보제공행위 포함	
소송고지	어음, 수표에만 인정	

3) 어음채권의 시효중단은 어음행위 독립원칙에 따라 시효중단의 조치는 모든 어음 채무자에게 각각 따로 하여야 한다.

4) 다음서식에 따라 채무승인서를 작성하여 차주의 서명날인을 받고 확정일자를 득하여 시효중단조치를 취할 수 있다. (연대보증인에게도 효력미침)

4. 시효의 효력과 포기

1) 채권의 소멸시효가 완성되었다고 하더라도, 변론주의상 채무자가 소멸시효의 완성을 변론에서 주장하지 않는 한 채권자의 권리가 당연히 소멸되는 것은 아니므로, 소멸시효가 완성된 후에도 채권자는 채무자를 상대로 하여 대여금 청구소송 등을 제기할 수 있고, 변론과정에서 채무자가 소멸시효의 완성을 주장하지 않아 채권자가 승소하였다면 판결확정일로부터 10년의 소멸시효가 다시 진행된다. 또한 소멸시효가 완성되었다 하더라도 시효기간 중 상계할 수 있었던 채권은 상계할 수 있다.

2) 소멸시효 완성 후에 채무자가 시효이익을 포기하면 시효의 효과가 생기지 않는 것으로 확정되는데 주의할 점은 소멸시효의 완성을 곤란하게 하거나 시효를 연장 한다는 뜻의 특약을 하거나 시효의 이익을 주장하지 않겠다는 각서를 받는 등 시효완성이전에 어떠한 약정을 하였다 하더라도 이것들은 모두 무효이다

〈사례연구 2〉 [경매개시결정, 경매기일통지서는 교부송달 방법으로 주채무자에게 송달]

대법원 1994.11.25. 선고 94다26097 판결

【판시사항】

가. 주채무자에 대한 소멸시효중단의 효력을 갖기 위한 경매개시결정의 통지방법

나. 금융기관의 신청에 따른 임의경매절차가 종료된 경우, 경매개시결정 또는 경매기일통지서가 채무자에게 교부 송달된 것으로 추정할 수 있는지 여부

【판결요지】

가. 경매절차에서 이해관계인인 주채무자에게 경매개시결정이 송달되었다면 주채무자는 민법 제176조에 의하여 당해 피담보채권의 소멸시효중단의 효과를 받는다고 할 것이나 민법 제176조의 규정에 따라 압류사실이 통지된 것으로 볼 수 있기 위하여는 압류사실을 주채무자가 알 수 있도록 경매개시결정이나 경매기일통지서가 교부송달의 방법으로 주채무자에게 송달되어야만 하는 것이지, 이것이 우편송달(발송송달)이나 공시송달의 방법에 의하여 채무자에게 송달됨으로써 채무자가 압류사실을 알 수 없었던 경우까지도 압류사실이 채무자에게 통지되었다고 볼 수 있는 것은 아니다.

나. 금융기관의 신청에 의하여 진행하는 경매법의 규정에 의한 경매절차에 있어서는, 금융기관연체대출금에관한특별조치법 제3조에 따라 경매개시결정이나 경매기일통지서를 경매신청 당시 그 부동산의 등기부에 기재되어 있는 주소로 발송함으로써 송달된 것으로 보고 또 그 부동산의 등기부에 주소의 기재가 없거나 주소를 법원에 신고하지 아니한 때에는 공시송달의 방법에 의하여 송달하여야 하는 것이므로, 경매절차가 종료되었다고 하여 그 경매절차에서 경매개시결정이나 경매기일통지서가 우편송달(발송송달)이나 공시송달의 방법이 아닌 교부송달의 방법으로 이해관계인인 채무자에게 송달되었다고 추정할 수 없다고 보는 것이 상당하다.

〈사례연구 3〉 [담보권실행을 위한 경매신청과 시효중단의 효력발생시기]

【질의】

담보권실행을 위하여 담보부동산을 경매 신청하였을 경우 채권의 소멸시효진행이 중단되는 시점은 언제인가?

【답변】

담보권실행을 위한 경매신청서를 법원에 제출한 때, 즉 경매신청시에 시효중단의 효력이 발생한다. 다만, 제3자가 담보 제공한 부동산이나 제3취득자가 있는 담보부동산을 경매 신청하는 경우에는 경매신청사실이 채무자에게 통지되어야만 채무자에 대하여 시효중단의 효력을 주장할 수 있다.

【해설】

1. 담보권실행을 위한 경매로 인하여 소멸시효의 진행이 중단된다는 점에 대하여는 이론이 없다. 그러나 시효중단의 효력이 발생하는 시기에 관하여는 경매신청시설, 경매개시결정시설, 경매개시결정서송달시설 등이 대립하는데, 채권자가 경매신청을 하였음에도 불구하고 법원이 경매절차를 어떻게 진행시키느냐에 따라 시효중단의 시기가 달라지는 것은 부당하다는 점에서 경매신청 시에 시효중단의 효력이 발생한다고 보는 것이 타당하다고 생각한다.
2. 다만, 민법 제176조는 "압류, 가압류 및 가처분은 시효의 이익을 받은 자에 대하여 하지 아니한 때에는 이를 그에게 통지한 후가 아니면 시효중단의 효력이 없다"고 규정한다. 그리고 판례는 「채권자가 물상보증인이나, 저당부동산의 제3취득자에 대하여 그 피담보채권의 실행으로서 임의경매를 신청하여 경매법원이 경매개시 결정을 하고 경매절차의 이해관계인인 채무자에게 그 결정이 송달된 경우에는 시효의 이익을 받은 채무자는 민법 제176조에 의하여 당해 피담보채권의 소멸시효 중단의 효과를 받는다고 보아야 한다」고 판시한다(대판 1990.6. 26. 89다카32606). 그러므로 물상보증의 경우에 있어서는 담보권 실행을 위한 경매신청사실을 채무자에게 통지하지 아니하면 채무자에게 저당채권의 시효중단의 효력을 주장할 수 없다. 이 경우 시효중단의 효력발생 시점은 압류신청시가 아니라 채무자에게 그 통지가 도달한 시점이다.
3. 이 통지와 관련하여, 은행여신거래기본약관은 제18조에서 은행이 채무자가 신고한 최종주소로 서면통지 또는 기타 서류 등을 발송한 경우, 보통의 우송기간이 경과한 때에 도달한 것으로 추정하고, 채무자가 주소지의 변경신고를 게을리 함으로 말미암아 통지가 연착하거나 도달하지 아니한 때에는 보통의 우송기간이 경과한 때에 도달한 것으로 간주하는 약정을 두고 있다.
   판례는 「위 약정은 민법 제176조에 의하여 시효중단의 효력이 있는 통지도 포함하는 것이므로, 법원이 채무자가 채권자에게 신고한 주소지에 경매개시 결정 정본을 발송하였다면, 민법 제176조에 의하여 시효중단의 효력이 생긴다」고 하고(대판 1987.12.8. 87다카1605), 은행이 채무자에게 이를 통지하지 아니하였다 하더라도 경매개시결정서가 송달되면 통지가 있었던 것으로 보아 시효중단의 효력이 있다고 한다(대판 1997.8.29. 97다12990, 1994.1.11. 93다21477). 다만, 이 송달은 교부송달 외의 공시송달 또는 우편송달의 방법은 인정되지 않음에 유의할 필요가 있다.
   그러므로 실무상으로는 채무자에 대한 경매개시결정문이 송달되었다는 내용을 담고 있는 송달보고서등본을 교부 받아 놓던지 아니면 은행이 송달 받은 경매개시결정문을 채무자 앞 배달증명부 내용증명우편으로 송부하여야 할 것이다.

〈사례연구 4〉 [소멸시효 중단]

[질의1] 주채무자에 대한 재판상의 청구에 의하여 승소 확정된 후 주채무자와 보증인에 대한 소멸시효 중단을 위하여 10년경과 직전에 소멸시효중단을 위하여 소송을 제기하는 경우 소멸시효 중단 기간은?

[답변1] 주채무 10년, 보증채무 5년
대출 채권은 5년의 소멸시효기간이 적용되며, 판결 등에 의하여 확정된 주 채무자에 대한 채권소송제기 시에 중단되고 주채무자에 대한 소멸시효 중단의 효력은 보증인에게도 미치나 재 진행되는 소멸시효기간은 주채무자에 대해서는 판결확정일로부터 기산하여 10년의 소멸시효가 적용되나 보증인에 대해서는 당초의 5년의 소멸시효기간이 적용됨.

[질의2] 공시송달로 경매 진행한 경우 공시 시효중단 여부

[답변2] 경매절차의 신속한 진행이라는 목적과는 달리 시효중단의 효과를 인정하기 위하여는 발송송달로서는 부족하며 교부송달에 의하여 송달되어야 한다는 것이 대법원 견해이며, 근저당권의 이행기가 도래하지 않은 경우 소멸시효가 없으므로 배당종료부터 시효가 시작된다고 해석할 수도 있음.

[질의3] 소멸시효 완성 후 보증인 가압류 해제를 위하여 일부 변제 시 채무자 모든 채권에 대한 시효이익의 포기인가

[답변3] 당해 건에 대해서만 시효이익 포기→ 동일 당사자간에 수개의 채권이 존재하는 경우 특정한 채무를 지정하지 아니하고 일부 채무를 변제하는 것은 전체채권에 대한 시효이익의 포기라 볼 수 있으나 그 채무가 별개로 성립되어 독립성이 인정되는 경우에 그 중 일부 채권을 적시하여 변제한 특수한 사정이 있는 경우는 전체채권에 대한 시효이익의 포기라 할 수 없다.

〈사례연구 5〉 [기업체가 유의하여야 할 소멸시효]

가. 보통의 일반적인 채권채무, 즉 금전채권이나 계약상의 이행채권은 10년 간 행사하지 아니하면 시효완성으로 법적으로 청구할 수 없다

나. 약속어음채권은 3년간 행사하지 아니하면 시효완성으로 청구할 수 없으며 공증받은 경우에도 같다.

다. 다음의 채권은 3년간 행사하지 아니하면 시효완성으로 청구할 수 없다.
- 이자, 급료, 사용료, 기타 1년 이내의 기간으로 정한 금전 또는 물건의 지급을 목적으로 하는 채권
- 생산자 및 상인자격으로 판매한 생산물 및 상품의 대금
- 수공업자 및 제조업자의 업무에 관한 채권

라. 다음의 채권은 1년간 행사하지 아니하면 시효완성으로 청구할 수 없다.
- 여관 등의 숙박료, 음식점 등의 음식대금

마. 또 특별법에 의한 단기소멸시효가 있다.

위와 같은 사업상의 채권은 그 기간 내에 청구하여야만 법적 보호를 받을 수 있으므로 그 시효완성 이전에 소를 제기하여야 하며 소를 제기하지 않는다면 최소한 내용증명으로 청구하거나 또는 가압류, 가처분 등을 하면 그 기간이 연장되게 된다.
그러나 천재 또는 사변으로 인하여 행사할 수 없을 때는 1개월간 시효가 정지된다.

〈사례연구 6〉 [가압류와 시효중단]

가압류를 해두면 가압류한 때로부터 시효가 중단된다고 알고 있지만 이러한 가압류의 시효중단 효력이 언제까지 지속되는지에 대해서는 잘 알지 못하는 것이 일반적이다. 이해를 돕기 위해 최근에 처리한 사건을 소개하기로 한다.

〈사 례〉

한 의뢰인의 아버지는 약 18년 전에 다른 사람으로부터 돈을 빌리고 돈을 갚지 못한 채 최근에 사망했는데 약 12년 전에 이 채권 문제로 가압류를 당해 지금까지 이 상태가 유지되어 오고 있었다. 그런데 최근 가압류된 이 땅이 수용되면서 상당한 보상금을 받을 수 있게 되자, 가압류 등기를 말소하기 위해 법률자문을 의뢰 받게 된 것이었다.

당시 의뢰인은 10년 이상 되면 채권이 소멸한다는 막연한 생각에 사건해결을 쉽게 바라보고 있었지만, 법리적으로는 간단치 않다. 이 사안은 12년 전에 이루어진 가압류로 인해 일단 대여금채권의 소멸시효는 중단되었지만, 가압류한 때로부터도 다시 10년 이상이라는 시간이 흘렀다는 점에서, 가압류로 인한 시효중단의 효력이 쟁점이 되었다.

즉 가압류로 인해 중단된 시효가 가압류된 이후로 다시 진행하여 가압류된 시점으로부터 10년이라는 시간이 지나면 채권이 소멸되는 것인지, 아니면 가압류가 지속되는 한 계속 시효중단의 효력도 유지되는 것인지가 논란이 될 수 있다.

이 점에 관해 대법원은 "민법 제168조에서 가압류를 시효중단사유로 정하고 있는 것은 가압류에 의하여 채권자가 권리를 행사하였다고 할 수 있기 때문인 바, 가압류에 의한 집행보전의 효력이 존속하는 동안은 가압류채권자에 의한 권리행사가 계속되고 있다고 보아야 하므로 가압류에 의한 시효중단의 효력은 가압류의 집행보전의 효력이 존속하는 동안은 계속된다"고 하여(대법원 2006.7.4. 선고 2006다32781 판결), 후자의 입장을 취하고 있다. 결국 가압류가 그대로 존속되고 있는 한 채권은 소멸하지 않고 그대로 유효하게 존재하는 것이다.

그렇지만 채무자가 가압류를 해결하고 채무에서 해방될 수 있는 방법은 있다. "提訴(제소)기간 도과를 이유로 한 가압류취소"절차인데, 가압류한 이후 10년 내에 가압류의 근거가 된 본안소송(이 사건에서는 대여금청구소송)을 제기하지 않으면 가압류가 취소될 수 있다.

※ 가처분의 취소를 구하기 위하여 필요한 일정한 기간

2002.6.30까지 경료한 가처분은 10년

2002.7.1.~2005.7.27 사이에 경료된 가처분은 5년

2005.7.28 이후 경료된 가처분은 3년(민사집행법 제282조 ① 항3호)

〈구 민사소송법 706조, 현행 민사집행법 288조)〉

민사집행법 제288조 (사정변경 등에 따른 가압류취소) ① 채무자는 가압류가 인가된 뒤에도 그 취소를 신청할 수 있다.

1. 가압류이유가 소멸되거나 그 밖에 사정이 바뀐 때
2. 법원이 정한 담보를 제공한 때
3. 가압류가 집행된 뒤에 3년간 본안의 소를 제기하지 아니한 때

구 민사소송법 제706조(사정변경에 의한 가압류 취소) ① 채무자는 가압류이유의 소멸 기타 사정변경이 있거나 법원이 정한 담보를 제공한 때에는 가압류인가 후에도 그 취소를 신청할 수 있다.

② 가압류 집행 후 10연간 본안의 소를 제기하지 아니한 때에는 채무자 또는 이해관계인은 그 취소를 신청할 수 있다. <개정 1990·1·13>

더구나, 민법 175조에는 "압류, 가압류 및 가처분은 권리자의 청구에 의하여 또는 법률의 규정에 따르지 아니함으로 인하여 취소된 때에는 시효중단의 효력이 없다"고 규정하고 있어, 가압류가 취소될 경우 지금까지 유지되어 왔던 시효중단의 효력은 소급적으로 상실되어 버릴 수 있고, 그 결과 12년 전에 발생하여 지금까지 유지되어 왔던 시효중단효력이 소급적으로 소멸하게 됨으로써 시효가 완성되어 버리게 되는 것이다.

반면에 채권자로서도 이에 대항할 비장의 카드는 있다. 위와 같은 가압류취소소송이 제기되면 법원으로서는 채권, 채무자 모두를 소환해서 심문하는 과정을 밟아 사실확인을 한 다음에 판단을 하게 되는데, 10년 내에 본안소송 제기가 없었다는 것은 역사적인 사실이라는 점에서 결국 가압류가 취소되는 판단은 면할 수가 없겠지만, 채권자로서는 가압류가 취소되는 결정을 받기에 앞서 재판 도중에 다시 가압류를 신청하는 등 시효를 중단시킬 수 있는 조치를 신속하게 해 두면 채권이 소멸되지 않을 수 있다. 가압류가 취소되어 시효가 완성되기 이전에 다시 시효를 연장하는 것이다(가압류취소로 시효중단의 효과가 소급적으로 무효 된다는 점에서, 다른 시효중단조치를 하더라도 이는 결국 시효완성 이후의 조치에 불과하다는 점에서 채권이 소멸한다는 이견이 있을 수는 있음).

따라서 이 사건에서는 가압류취소소송이 가장 유력한 방법일 수 있었다. 결국, 이렇게 제기된 가압류취소사건에서 가압류를 말소할 수 있었고, 채권자의 법적인 무지 덕분(?)에 가압류취소 이전에 다른 시효중단조치가 이루어지지 않아 채무자인 의뢰인으로서는 당면한 가압류 해결은 물론 채무관계에서도 근본적으로 해방될 수 있었다.

최근 법개정으로, 제소기간 도과를 이유로 한 가압류취소기간이 예전의 10년에서 5년으로, 다시 3년으로 짧아지고 있다는 점에서, 비록 가압류가 되어 있다고 하더라도 너무 장기간 채권행사를 방치하는 것은 위험하다는 것과 함께 법적인 자문의 중요성을 다시 한 번 생각하게 하는 사례라고 할 수 있다.

40. 파산 신청

40-1. 개인워크아웃, 개인회생, 개인파산

개인이 법원에 파산신청을 내기 전에 채무를 일부 탕감해 주거나 만기를 연장해 개인에게 신용회복의 기회를 주는 제도이다.

은행이나 신용카드사에서 많은 돈을 빌린 후 갚지 못해 신용불량자가 된 개인이 법원에 파산신청을 내기 전에 채권단협의회를 열어 채무를 일부 탕감해 주고, 만기를 연장해 줌으로써 개인에게 신용 회복의 기회를 주기 위해 도입된 제도이다. 신용회복복지제도라고도 하는데, 빚을 갚을 의지가 있으나 여력이 없는 사람들을 구제할 목적으로 2002년 11월부터 시행되었다.

이 제도를 적용 받으려면 먼저 신용회복지원위원회 사무국에 신청을 해야 한다. 그러면 사무국이 서류를 검토한 뒤 개인별로 워크아웃제도를 적용할지 여부를 결정하고, 일단 워크아웃 대상이 되면 자신이 빌린 돈을 당장 갚지 않아도 되고, 빚도 줄어드는 혜택이 주어진다.

대상은 1개 이상의 금융기관에서 총 5억원 미만의 대출을 받은 금융채무불이행자로서, 이 가운데서도 대출금을 갚을 의지와 능력이 있는 사람들에 한한다. 또 정기적이고 일정한 최저생계비 이상의 수입이 있어야 하며, 부도나 휴업 등 부득이하게 일시적으로 돈이 부족해 금융채무불이행자가 된 경우이다.

대부분의 금융회사들이 협약에 가입한 상태이며 신용회복지원위원회에서 행하는 개인워크아웃(individual workout) 외에 각 금융기관에서도 이와 같은 개인워크아웃제도를 자율적으로 시행하고 있는 경우가 많다.

〈개인워크아웃, 개인회생사건, 개인파산 · 면책사건 비교〉

구 분	개인워크아웃	개인회생사건	개인파산 · 면책사건
운영주체	신용회복위원회	법원	법원
시행시기	2002.10.1	2004.9.23	1962.1.20
대상채권자	협약가입2개 이상 금융기관	제한없음 (사채 포함)	제한없음 (사채 포함)
채무범위	5억원이하	담보채무 (10억) 무담보채무 (5억)	제한없음
대상채무자	과중채무자, 최저생계비 이상 소득자	파산원인 (지급불능, 지급정지)	파산원인 (지급불능, 지급정지)
채무조정수준	변제기간 8년 이내 (상각채권에 한해 1/3까지 원금감면)	변제기간 5년 이내 청산시 보다 변제액 많을 것 가용 소득이 전부 투입될 것	청산 후 면책
법적효력	사적 조정	변제 계획에 따른 변제 완료 시 면책	면책 불허가 사유 없는 경우 면책
연체정보 해제여부	신용회복 지원확정시 해제	변제 계획 인가 시 해제	면책 결정 시 해제

	최근 취급건수	빚을 조금씩 갚아 나가다가 나중에 빚을 탕감받는 것 (2007년 말 51,416건) 3~5년간 월 수입 중 최저생계비의 150%를 제외한 나머지를 빚 탕감에 써야 나머지 빚을 면제받음	최저생계비만 남기고 전 재산을 채권단에게 돌려주고 빚 전액을 탕감 받음(2007년말 154,039건)
	최근 사례	월급여 70만원 경남 00거주 배모씨(79년생) 총5,400만원의 채무를 개인회생 신청하여 월 97,031원씩 5년을 상환하는 변제계획 인가(총 5,821,860 상환)	서울 강동구 거주 김모씨 부부는 의류장사 실패를 원인으로 발생한 채무와 생계 채무 등 각각(9,400만원/3,400만원)을 파산신청하여 면책결정
	개괄적인 사항	급여소득자, 영업소득자 담보/무담보 채무 15억 신용불량해제 : 변제계획인가 시 변제기간 : 최단3년~최장5년 변제금액 : 채무원금 5%이상 인가결정 소요기간 : 6개월	제한 없음 제한 없음 면책결정시 없음 없음 면책 : 6개월
장점	- 절차가 상대적으로 간소, 신속하고 저비용 - 금융기관이 직접 참여하므로 홍보 및 절차안내가 잘 이뤄짐 - 신용회복위원회의 경우 소비자 신용상담 및 소비자 교육기능을 함께 수행할 수 있음 - 확정 효력은 보증인에게도 동일	- 신청대상 요건이 완화됨 (채무액 범위가 넓고, 사채도 포함) - 청산시보다 변제액이 많기만 하면 원금 감면도 가능 - 법적으로 면책 되므로 강력 - 보증인에게는 개인회생인가 또는 파산선고의 효력이 없음	
단점	- 개인연체자로 등록된 자만 신청가능 - 소득에 비해 부채가 큰 경우 신청이 어려움 - 금융기관 외의 사채 등에 대하여는 조정이 불가능	- 신청서류 및 절차가 복잡하여 대리인의 조력 필요 (비용증가) - 개인파산의 경우 "파산선고"의 불이익, 면책불허가사유 해당여부가 불투명 - 개인의 특별사정 반영 등에 융통성이 적음	

개인워크아웃 이라 함은 협약기관의 채무만 변제가 가능하고 개인적인 사채나 대부업체 등은 해당이 되지를 않는다. 또 통신요금도 보증보험으로 넘어 간 상태라면 가능하나 현재에도 통신업체에서 관리를 하고 있다면 이 역시 불가하다.

따라서 이 두 가지만 불가할 것으로 보이며 이 이외의 채무금에 대해서는 본인이 최저생계비 이상의 소득이 있다라는 것을 소명 하면 인가 받는 데는 크게 어려움은 없을 것으로 보인다. 가끔 채권사에서 동의를 안해준다라는 등의 말을 하는 경우가 있는데 그런 부분은 크게 걱정하지 않아도 무방하며, 이유는 원금만 최장 8년 동안 변제를 하기 때문이다.

1) 개인워크아웃 지원자격 신청대상자는 「신용정보이용및보호에관한법률」에 의한 '신용정보관리규약'에서 규정하는 신용불량정보가 등록되었으나 국민기초생활보장법 제2조6호에서 규정한 최저생계비 이상의 수입이 있거나, 최저생계비 미만의 소득이 있는 경우라도 심의위원회가 채무상환이 가능하다고 인정하는 채무자로서 2곳 이상의 신용회복지원협약 가입 금융기관에 총 5억원 이하의 채무가 있는 경우를 말한다.

현재 국민기초생활보장법에서 정하는 2007년도 최저생계비는 아래와 같다.

구분	보건복지부 최저 생계비	법원 인정 최저생계비
1인가구	435,921	653,882
2인가구	734,412	1,101,618
3인가구	972,866	1,459,299
4인가구	1,205,535	1,808,303
5인가구	1,405,412	2,108,118

2) 신청인의 소득 중 생활비를 공제하고 본인의 채무를 최장 8년 이내에 나누어 갚을 수 있을 정도의 소득이 있어야만 신청대상이 된다.

3)채무상환을 위한 본인의 소득이 부족한 경우라도 부모, 형제자매 등 신청인 이외의 제3자가 신청인의 채무상환을 위하여 본인들의 소득을 제공할 수 있는 경우에도 신청대상이 된다. (참고로 법무사직원이 위임장을 가지고 금융기관에 부채증명서 발급의뢰 시는 대부분 법원제출용 개인회생. 파산 신청을 위한 부채증명이다)

〈사례연구 1〉 [벼랑 끝 희망 개인회생제도와 개인파산제도]

순풍에 돛을 단 배처럼 잘나가던 사람도 한 순간의 예상치 못한 풍랑을 만나 경제적으로 심각한 어려움에 처하곤 한다. 사업에 실패하거나 주변 사람의 보증을 잘못 서는 바람에 많은 빚을 져 결국 재기의 의욕을 상실하게 되는 경우가 그 대표적인 사례다.

개인 회생절차와 파산절차는 이처럼 경제적인 파탄이 우려되는 사람과 법인이 새롭게 출발할 수 있도록 국가가 그 짐을 덜어주는 제도다.

회생이나 파산과 관련하여 과거에는 회사정리법, 화의법, 파산법, 개인채무자회생법 등 여러 가지 법률로 나누어 규율해 왔으나 효율성과 형평성 측면에서 문제가 많다는 지적이 있었다. 이에 정부는 2006년 4월 1일 이들을 하나로 통합하여 '채무자회생및파산에관한법률'(이하 '통합도산법'이라 한다)을 제정하게 되었다.

개인이 경제적으로 감당하기 힘든 상황에 직면한 경우 개인회생절차와 개인파산절차 중 하나를 선택해 신청할 수 있다. 어느 것을 선택할지는 '적은 금액이기는 하지만 앞으로 일정하게 갚아나갈

능력이 있는가의 여부'로 결정한다.

개인회생절차는 앞으로 계속해서 수입을 얻을 가능성이 있어 일정한 금액을 변제할 수 있는 사람이 신청하는 것이다. 개인회생절차를 밟게 되면 일반 채권자의 회생채권에 근거한 압류나 가압류, 경매 등은 중지 또는 금지된다. 그리고 인가된 변제계획에 따라 최장 5년에 걸쳐 착실하게 변제하면 나머지 채무는 면제받는다.

개인파산절차는 당분간 돈을 벌 능력이나 가능성이 없는 사람이 신청하는 것이다. 도저히 감당할 수 없을 정도로 과중한 빚이 있을 뿐만 아니라 장래 이 빚을 갚을 능력이 없다고 판단될 경우라면 스스로 파산신청을 할 수 있다.

파산선고가 내려지면 파산자의 신원을 관리하고 있는 본적지의 행정기관에 파산선고 사실이 통지되어 신원증명서에 기재된다. 이렇게 되면 취직을 할 때나 금융거래를 할 때 일정한 불이익을 당할 수 있다.

이 두 가지 중 어느 절차가 진행되고 있더라도 당사자는 다른 절차를 중복하여 신청할 수 있다. 그러한 경우 개인회생절차가 개인파산절차보다 우선적으로 진행되며 개인회생절차가 진행되는 동안 개인파산절차는 중지되었다가 개인회생계획이 받아들여지면 효력을 상실하게 된다.

〈사례연구 2〉 [개인파산·개인회생 재산 은닉 땐 신용회복제도 불허]

개인파산. 회생사건에 대한 법조브로커들의 개입을 막기 위해 법원이 발벗고 나섰다.

서울중앙지방법원은 그 동안 채무액이 1,600만원이하이거나 법원에 허위 진술한 금액이 적었을 경우, 재량으로 면책결정을 내렸지만 앞으로는 모두 불허키로 했다. 또한 자신의 수입을 적게 내는 것을 막기 위해 국민연금공단이나 건강보험공단 등으로부터 소득신고액을 반드시 제출하도록 내부 준칙을 바꾸기로 했고 개인회생 신청이 접수되면 각 회생위원에게 즉시 신청자 면담을 하도록 해 신청서에 기재된 내용의 사실여부를 따지도록 하는 등 개인회생과 파산에 대하여 엄격한 심리를 하기로 했다. 그리고 파산상태에 임박해 재산을 처분하거나 담보를 제공한 경우, 10회 이상의 습관적인 카드깡, 재산은닉 금액이 전체 채무의 1/20 이상일 경우, 배우자에게 재산이 있는 경우 재산취득 경우 등을 소명하는 등 무조건적인 파산신청을 막기로 했다. 또한 법조 브로커들이 개입해 무리한 파산과 개인회생을 권유하고 이로 인해 재산을 은닉하거나 수입을 숨김상태에서 파산신청을 하는 등 개인회생 파산사건을 악용하는 사례들이 늘고 있고 이를 방치해서는 안되겠다는 판단하에 법원이 발벗고 나섰다. 이번 법원의 조치로 개인회생과 파산의 심리가 엄격해질 것으로 예상된다.

〈사례연구 3〉 [개인파산 대행업무 법무사는 할 수 없다 판례]

대법원이 개인파산. 면책 및 회생 업무와 관련해 사건 수임부터 신청 등 모든 절차를 대행한 법무사에 대해 ' 변호사법 위반 ' 이라는 유죄 판결을 내렸다.

이들 업무는 "변호사 고유의 업무"라는 이유에서다.

대법원 3부는 개인파산. 면책 및 개인회생 신청사건을 수임해 사건 신청과 수행에 필요한 모든 절차를 대리한 혐의 (변호사법 위반) 로 기소된 장모씨 등 법무사 2명과 김모씨 등 개인파산 전문 브로커 3명에게 유죄를 선고한 원심을 확정했다고 10일 밝혔다.

재판부는 판결문에서 "피고인들이 수임료를 받고 개인회생 또는 개인파산·면책 신청사건을 수임해 사실상 사건처리를 주도하면서 신청 및 수행에 필요한 모든 절차를 실질적으로 대리한 행위는 법무사의 업무범위를 초과한 것으로서 변호사 사무를 취급하는 행위라고 본 원심 판단은 정당하다"고 밝혔다.

대법원은 "법무사는 등기·공탁 및 민사집행법상 경매와 국세징수법상 공매 등을 대리할 수 있지만 그 외 사건을 취급할 때는 업무범위가 '법원에 제출하는 서류 및 관련서류작성과 제출대행'에 한정된다" 항소심 재판부의 의견을 그대로 받아들였다.

피고인들이 법률적 조언과 함께 의뢰인에게 유리한 절차를 선정해주고, 사건의 진행상황을 파악해 법원에서 보내는 보정명령 등 서류를 수령해 통지해주며, 채권자집회일에 진술할 내용과 진술 태도나 방법을 지도하고, 신용불량 등록이나 압류를 해제해 주는 등 사실상 사건의 전 과정을 대행했으므로 '서류작성 및 제출업무 대행'의 범위를 넘어섰다는 지적이다.

① 대법원 2007.6.14. 선고 2006도4354 판결 【변호사법위반】

개인파산·면책사건 및 개인회생사건에 대하여 건당 수임료를 받고 사건이 종결할 때까지 필요한 제반 업무 일체를 포괄적으로 처리해 준 행위가 변호사법 제109조 제1호에 규정된 법률사무 취급행위에 해당한다고 본 사례

② 대법원 2007.6.28. 선고 2006도4356 판결 【변호사법위반】

[1] 변호사법 제109조 제1호에 정한 '대리'의 의미

[2] 의뢰인으로부터 건당 일정한 수임료를 받고 개인회생신청사건 또는 개인파산·면책신청사건을 수임하여 사실상 그 사건의 처리를 주도하면서 의뢰인들을 위하여 그 사건의 신청 및 수행에 필요한 모든 절차를 실질적으로 대리한 행위가 변호사법 제109조 제1호에 규정된 법률사무를 취급하는 행위에 해당한다고 한 사례

[3] 자신의 법무사 사무실 일부와 법무사 명의를 사용토록 하고 대가를 받은 행위를 변호사법 제109조 제1호 위반죄의 공동정범으로 인정한 사례

〈사례연구 4〉 [파산 및 면책 신청서]

파산 및 면책 신청서

신청인(채무자)

성 명 : (주민등록번호 : −)

주 소 : (우편번호 : −)

거 소 : (우편번호 : −)

본 적 :

연락처 : 휴대전화( ), 집전화( ),

e−mail( )

신 청 취 지

1. 신청인에 대하여 파산을 선고한다.
2. 이 사건 파산절차를 폐지한다.
3. 채무자를 면책한다. 라는 결정을 구합니다.

신 청 이 유

1. 신청인에게는 별첨한 진술서 기재와 같이 지급하여야 할 채무가 존재합니다.
2. 그런데 위 진술서 기재와 같은 신청인의 현재 자산, 수입의 상황 하에서는 채무를 지급할 수 없는 상태에 있습니다. (또한 파산재단을 구성할 만한 재산이 거의 없어 파산절차비용에 충당하기에 부족합니다.)
3. 따라서 신청인에 대하여 파산을 선고 (하고, 이 사건 파산절차를 폐지)하며, 채무자를 면책한다. 라는 결정을 구합니다.

첨 부 서 류

1. 호적등본 1부
2. 주소변동내역이 포함된 주민등록등본 1부
3. 진술서(채권자목록, 재산목록, 현재의 생활 상황, 수입 및 지출에 관한 목록 포함) 1부

파산사건번호	
면책사건번호	
배당순위번호	
재 판 부	제 단독

2008. . .

신 청 인 (인)

○○지방법원 귀중

〈사례연구 5〉 [신용회복지원 신청을 한 경우 현재 진행 중인 강제집행의 절차]

1. 신용회복지원신청 이전에 진행 중인 채권회수조치 및 법적절차 등에 관하여는 채권금융기관 이 채무자의 상환의지 및 상환능력, 변제계획서 등을 고려하여 채무자와 협의하여 중단할 수 있다.
2. 채권금융기관은 위원회 사무국으로부터 신용회복지원 신청사실을 통보 받은 이후부터 고의로 채무자 또는 그 보증인 등에 대하여 강제집행, 담보권 실행 및 소송행위 등 채권추심행위를 하여서는 안 된다. 다만, 재산의 도피, 은닉 기타 채무관련인의 책임재산이 감소될 우려가 있는 경우에 채권금융기관은 당해 채무자 및 그 보증인의 재산에 대하여 급여가압류를 제외한 가압류, 가처분 등의 보전처분을 할 수 있다.
3. 채권금융기관은 사무국을 통하여 신청사실을 통지 받은 이후부터 채무자 또는 그 보증인 등 에 대한 채권추심의뢰, 강제집행의 신청, 소송제기 등 일체의 채권행사 및 담보권 행사를 하여서는 안 된다.

〈사례연구 6〉 [개인회생채권자집회 기능]

1. 개인회생채권자집회는 어떤 결의를 하는 집회가 아니고, 채무자가 변제계획안에 대한 설명을 하고 개인회생채권자 또는 회생위원이 그에 대한 이의 여부를 진술하는 집회로서, 변제계획안의 인가 여부를 간이·신속하게 결정하기 위하여 마련된 절차이다. 개인회생채권자집회는 법원이 지휘하고, 다만 회생위원이 선임되어 있는 때에는 법원은 회생위원으로 하여금 진행하게 할 수 있다.

2. 채무자는 개인회생채권자집회에 출석하여 개인회생채권자의 요구가 있는 경우 변제계획안에 관하여 필요한 설명을 하여야 한다. 채무자가 정당한 사유 없이 개인회생채권자집회에 출석 또는 설명을 하지 않거나 허위의 설명을 한 경우 법원은 개인회생절차폐지결정을 할 수 있다. 개인회생채권자는 개인회생채권자집회에 출석하여 채무자가 제출한 변제계획안에 관하여 채무자로부터 직접 설명을 듣고, 변제계획안에 대하여 이의를 진술하는 방법으로 의견을 표명할 수 있고, 개인회생채권자집회 기일 종료 시까지 이의진술서를 법원에 제출하는 방식으로 집회에서의 이의진술에 갈음할 수 있다.
3. 회생위원은 개인회생채권자집회를 마친 후 2주 이내에 집회에서 이의가 있었는지 여부와 이의의 내용, 이의가 있는 경우 변제계획안이 인가요건을 충족하였는지 여부에 관한 의견 등을 기재한 보고서를 법원에 제출하여야 하고, 법원은 이를 토대로 변제계획안의 인가 여부를 결정하게 된다.

〈사례연구 7〉 [신용회복지원 신청대상자 및 신청대상 제외자]

1. 신청대상자

신용회복지원 신청을 할 수 있는 자는 약정한 기일 내에 채무를 변제하지 아니한 자로서 융기관에 대한 총채무액이 5억원 이하이며 최저생계비 이상의 수입이 있는 자, 또는 채무상환이 가능하다고 심의위원회가 인정하는 자.

※ 국민기초 생활보장법 제2조 제6호에서 정하는 최저생계비 (2007년기준)

- 6인 가족 : 1,609,630원, − 5인 가족 : 1,405,412원
- 4인 가족 : 1,205,536원, − 3인 가족 : 972,866원
- 2인 가족 : 734,412원, − 1인 가족 : 435,921원

2. 신청대상 제외자

채무자가 다음 각 호의 1에 해당하는 경우에는 신용회복지원 대상에서 제외한다.

1) 채무자의 신청자격이 충족되는 않는 경우

1	신용회복지원제도에 의거 이미 신용회복지원을 받은 자 다만, 신용회복 지원 효력 상실 후 6개월 이상 경과한자 또는 변제 완료 자로서 위원회가 지원이 필요하다고 인정하는 경우에는 그러하지 아니한다.
2	신용회복지원제도에 의한 신용회복지원 신청을 반복적으로 하는 자.
3	이미 개별금융기관으로부터 채무조정을 받은 후 채무조정 조건을 이행하지 아니한 자로서 심의위원회가 부적격자로 인정하는 자
4	신용회복지원제도에 의한 신용회복지원을 신청하여 최근 1년 이내에 기각된 자
5	재산을 도피하거나 은닉, 기타 책임재산의 감소 행위를 초래한자
6	어음·수표 부도거래처인 개인사업자로서 동 사유를 해소하지 못한 자
7	『신용정보의이용및보호에관한법률』등에서 정하는 금융질서 문란자
8	채무부존재 확인소송 또는 대출의 무효, 취소를 다투거나 분쟁상태에 있는 자
9	자금의 사용이 도박, 투기 등 사행성으로 그 용도가 부적절하거나 기타 사회 통념상 신용회복지원대상자로 인정하기 곤란한 자

10	채무자가 고의로 채무이행을 지연할 목적으로 신청하는 경우
11	채무자의 재산 및 수입에 비추어 신용회복지원 없이 채무를 충분히 변제 할 수 있다고 인정되는 경우

2)개별채무의 조건이 충족되지 않는 경우

1	협약 외 채권자에 대한 채무액이 총채무액의 20/100 이상인 경우 다만, 협약외 채권자가 위원회의 채무조정내용과 유사한 조건으로 채무를 조정 해주기로 동의하는 경우에는 동 채권을 협약외 채권에서 제외
2	약정한 기일 내에 채무를 변제하지 아니하고 3월이 경과한 날로부터 5개월 전 이내의 대출실적이 총 채무액의 30/100 이상인 경우, 다만 기존대출의 상환에 전액 사용된 대출은 제외
3	각종 조세 미납금이 총 채무액의 30/100 이상인 경우

〈사례연구 8〉 [신용회복지원 신청방법 및 신청의 효력]

1. 신용회복지원 신청방법

1) 신용회복지원신청은 채무자 또는 그 대리인이 할 수 있다.
단, 대리인이 신청하는 경우 채무자동의서 및 인감증명서 등을 징구한다.
2) 채무자로부터 신용회복지원 상담이 있는 경우에는 신청대상자를 참고하여 상담에 성실히 응한다.
3) 신용회복지원의 신청은 위원회에서 정하는 신청서 및 소정의 서류를 지참하여 채무자가 위원회에 직접 또는 우편으로 신청하도록 안내한다.

2. 신용회복지원 신청의 효력

1) 위원회로부터 신용회복지원신청 사실을 통지 받은 이후에는 채무자 또는 그 보증인 등에 대한 채권추심의뢰, 가압류, 가처분을 비롯한 추가적 채권보전조치, 강제집행의 신청, 소송제기 등 일체의 채권행사 및 담보권행사를 하여서는 아니된다.
2) 위 (1)항에 불구하고 보증기관이 발행한 신용보증서로 담보되는 여신의 경우에는 신용회복지원 신청 사실을 통지 받기 이전에 이행청구를 한 경우 신용회복지원 신청과 관계없이 여신업무지침에 따라 처리한다.
☞ 협약에 가입하지 않은 보증기관이 발행한 보증서는 신청여부와 관계없이 여신 업무지침에 따라 처리한다.
3) 위 (1)항에 불구하고 채무관계인이 재산의 도피, 은닉, 기타책임재산이 감소 될 우려가 있는 경우에는 급여를 제외한 재산에 대하여 가압류·가처분 등 보전처분을 할 수 있다.
4) 협약에 가입하지 않은 금융기관에 대하여 채권의 양도가 금지된다. 단, 협약에 의한 변제계획안의 내용을 승계하는 경우에는 예외로 한다.
5) 진행중인 법적절차 채권은 채무자와 협의하여 중단할 수 있다.
6) 대외기관에 채권 회수위임 중인 채무자에 대하여 독촉 및 채권추심의뢰를 철회하여야 한다.
7) 보증인 및 물상보증인 등도 동일한 효력이 적용된다. (신용보증서담보 포함)
8) 위원회로부터 신용회복지원신청 사실을 통지 받은 이후에는 채무자의 임의변제 요청을 거절하여야 한다.

41. 경매 컨설팅보고서 작성

41-1. 컨설팅보고서

컨설팅보고서는 주로 매수신청대리 의뢰를 받은 후 매수의뢰인에게 교부하기 위하여 또는 컨설팅수수료 별도 징구하는 경우에 필요하다.

매수신청대리인으로 등록한 중개업자가 매수신청대리 위임을 받아 업무를 수행할 경우 '공인중개사의 매수신청대리인 등록 등에 관한 규칙' 및 '공인중개사의 매수신청대리인 등록 등에 관한 예규'에 의하여 매수신청대상물 확인·설명서, 수수료 영수증, 공제증서 사본을 작성하여 서명날인 후 의뢰인에게 교부하고 그 사본을 매수신청대리 사건카드에 합철하여 5년간 보관하여야 한다.

매수신청대리 사건카드를 비치하고, 사건카드에 위임 받은 순서에 따라 일련번호, 경매사건번호, 위임 받은 연월일, 보수액과 위임인의 주소·성명 기타 필요한 사항을 기재하고, 서명날인한 후(서명날인의 경우 등록한 인장을 사용) 5년간 이를 아래와 같이 보존하여야 한다.

매수신청대리 사건카드 목록(5년간 비치)

(첨부 : ① 매수신청대리 사건카드 ② 매수신청대리 대상물의 확인·설명서 ③ 수수료 영수증)

일련 번호	사건번호	위임받은 연월일	보수액	의뢰인성명 연락처	현주소 주민등록번호
1	창원2009-12345	2009.1.30	낙찰 2,500,000원	홍길동 011-9650-4137	
이 하 여 백					

〈사무소에 게시·보관 및 매수신청의뢰인에게 교부 의무〉

구 분	게시 또는 교부	제재사항
사무소에 게시 의무	1. 매수신청대리인 등록증 2. 공제증서 3. 수수료요율표	업무정지
사무소에 보관 의무	1. 매수신청대리 사건카드 2. 매수신청대상물 확인·설명서 3. 수수료 영수증	임의취소 임의취소 업무정지
매수신청의뢰인에게 교부 의무	1. 매수신청대상물 확인·설명서 2. 수수료 영수증 3. 공제증서 사본	임의취소 임의취소 업무정지

위와 같이 서명·날인 후 3건은 교부(매수신청대상물 확인·설명서, 수수료 영수증, 공제증서 사본), 3건은 사무소에 비치의무 하여야 행정제재를 피할 수 있다.

1. 경매법정에 매수신청대리 시 기일입찰표에 의뢰인(본인)의 인감증명서가 첨부된 위임장과 매수신청대리 등록증 사본을 집행관에게 제출하여야 한다.

매수신청대리나 경매컨설팅 의뢰 받으면 컨설팅보고서를 어떻게 의뢰인에게 교부하여야 할까? 태인경매(www.taein.co.kr), 지지옥션(www.ggi.kr) 등에서는 독자 개발한 프로그램도 있고, 매수신청대리 경매컨설팅업체에서 자체 제작한 양식도 있다.

먼저 국내 인터넷 경매정보업체 중 선두격인 태인경매 '태인 경매컨설팅보고서'는 유료화되어 있으며, 출력 및 수정도 가능하고 매수의뢰인이 쉽게 볼 수 있도록 되어 있어 목차만 소개한다.

◆ 목 차 ◆
1. 입찰 부동산의 개요 및 경매 진행내용
• 입찰 부동산의 개요 • 경매 진행내용 • 문건접수내역
2. 입찰 부동산 분석
• 토지현황 • 주변정보 및 특이사항 • 건물현황 • 물건사진 • 지적도/구조도
3. 권리분석
• 권리순위 및 예상 배당표 • 물건명세서 • 임차인 현황 • 권리분석(종합)
4. 낙찰 예상가 및 비용분석
• 시세분석 • 인근지역 낙찰사례 • 낙찰통계 • 인근낙찰사례를 통한 적정낙찰가 • 비용분석
5. 수익성 분석

2. 의무사항은 아니지만 아래와 같은 계약서를 상호 약정하는 것이 후일 분쟁을 예방할 수 있다.

법원경매 매수신청대리 위임 계약서

매수신청대리인	상 호 주 소 사업자등록번호 등록번호	○○○ 공인중개사사무소 창원시 ○○동 1324번지 000－00－00000 (매수신청대리인등록증) 00－00－0		
매수 의뢰인	고객(계약자)		연락처	
	주 소			
매수희망 물건	사건번호	○○○지원 ○계 2007－12345호	용 도	전
	감정평가액		컨설팅수수료	낙찰 시2,000,000원 (유찰 시500,000)
	소재지			
	응찰 희망가			
	응찰일자			

1. 위 경매사건의 응찰을 위하여 매수의뢰인은 위임장(인감증명서1통 첨부) 및 매수신청보증금 (최저 매각가격의 10% 해당액) 이천만원(₩20,000,000)과 아래 수수료 이백오십만원 (₩2,500,000원) 합계 이천이백오십만원 (₩22,500,000원)을 입찰 전까지 아래 매수신청대리인의 계좌에 입금한다(또는 자기앞수표로 매수신청대리인에게 교부한다.)

2. 매수신청대리 등 수수료표

매수의뢰인은 「공인중개사의업무 및 부동산거래신고에 관한 법률」에 의거 매수신청대리수수료를 지급하도록 한다.

구 분	수수료 내용	비 고
(1) 상담 및 권리분석 수수료	50만원의 범위 안에서 당사자의 합의에 의하여 결정한다.	500,000원
(2) 매수신청대리 수수료	(가) 매각허가결정이 확정되어 매수인으로 된 경우 : 감정가의 1% 이하 또는 최저매각가격의 1.5% 이하의 범위 안에서 당사자의 합의에 의하여 결정한다.	감정가의 1% 2,000,000원
	(나) 최고가매수신고인 또는 매수인으로 되지 못한 경우 : 50만원의 범위 안에서 당사자의 합의에 의하여 결정한다.	0원
(3) 실비	30만원의 범위 안에서 당사자의 합의에 의하여 결정한다.	무료
합 계		2,500,000원

※ 수수료 합의내용

(1) 매각허가결정이 확정되어 매수인으로 된 경우 : 2,500,000원

(2) 당일 떨어져(유찰되어) 최고가매수신고인 또는 매수인으로 되지 못한 경우
(상담 및 권리분석수수료) : 500,000원

3. 단, 최고가매수신고인 또는 매수인으로 되지 못한 경우
(차순위신고한 경우, 의뢰인이 경매입찰을 중도 포기한 경우, 법원에서 직권으로 경매를 취하 또는 취소 등 포함)
⇒ 기 수령한 이천이백오십만원중 오십만원을 공제한 이천이백만원을 의뢰인계좌로 경매 당일 즉시 입금하여야 한다.(또는 기 수령한 자기앞수표 중 수수료 500,000원 공제 후 되돌려 주어야 한다)

4. 차순위매수신고는 대리인 판단 하에 차순위매수신고를 신청할 수 있도록 한다.
(차순위신고자의 동 매수신청보증금은 최고가매수신고인이 잔대금 납부시까지 법원에 보관되어 찾을 수 없으며, 당일 집행관이 발행해 준 보관금영수증을 의뢰인에게 교부하여야 한다)

5. 매각기일이 갑자기 연기 또는 변경된 경우에는 다음 회차에 그대로 경매 참가하지만 보증금 10%인 20,000,000원은 인지한 즉시 의뢰인계좌에 입금하여야 한다.

6. 본 매수신청대리계약은 매각기일 당일 최고가매수신고인으로 낙찰된 후 일주일 후 매각결정기일 (14 : 00)에 매각허가결정되거나 또는 떨어져 유찰시 본계약은 완료된다.

7. 농지취득자격증명 제출, 잔대금 납부, 등기촉탁 및 소유권이전, 인도명령신청, 체납관리비 정리, 유치권이나 건물명도 등은 매수의뢰인 책임하에 수행하도록 한다.

8. 의뢰인은 매수신청대리 사건카드에 사전 서명(또는 날인)하고, 위임장에 인감날인 및 인감증명서 1통을 대리인에게 매각기일(응찰 전)까지 사전 교부하여야 하며, 상호 계약서 내용을 철저히 기밀 유지하여야 한다.

200 년　월　일

갑 : 위 매수의뢰인
주 소 :
성 명 : ○ ○ ○　(인)
(주민등록번호 :　연락처 :　)
(매수의뢰인　은행 계좌번호 :　)

을 : 위 매수신청대리인
주 소 :

○○ 공인중개사사무소
소 장　○ ○ ○　(인)
(주민등록번호 :　연락처 :)
(매수신청대리인 ○○은행 계좌번호 : 000－00－0000000)

3. 고객에게 <법원경매 매수신청대리 위임 계약서>와 아래 <경매 컨설팅보고서>에 다음과 같은 부속서류를 첨부하면 된다.

① 매수신청대상물 확인・설명서, 수수료 영수증, 공제증서 사본은 필수 첨부서류이며
② 등기부등본, 토지대장, 건축물관리대장, 토지이용계획확인서, 경매감정서, 경매정보지 표지와 권리분석표, 전입세대열람내역, 대법원에서 출력 분(기본내역, 물건내역, 기일내역, 문건처리내역) 등 선택하여 첨부하고
③ 그리고 농지를 낙찰 받았다면 추가로 최고가매수신고인증명서(당일 집행관 발행), 농지취득자격증명신청서, 농업경영 계획서를 추가 교부하여 농취증 발급받는데 지장이 없도록 한다.
④ 상계신청이 필요하면 상계신청서와 대금지급신고서 등 작성하여 제출하도록 한다.

경매 컨설팅보고서

1. 컨설팅 계약 내용

<table>
<tr><td rowspan="4">결재란</td><td>담당직원</td><td>중개보조원</td><td>소속공인중개사</td><td>매수신청 대리인</td></tr>
<tr><td></td><td></td><td></td><td></td></tr>
<tr><td>담당직원</td><td>1팀장</td><td>2팀장</td><td>본부장</td></tr>
<tr><td></td><td></td><td></td><td></td></tr>
</table>

<table>
<tr><td>소속회사</td><td>회사명(상호)
본사 주소
법인등록번호
사업자등록번호</td><td colspan="3"></td></tr>
<tr><td>담당직원
(   )</td><td colspan="4">직 위 :
성 명 :
주 소 :
(회사연락처 :   , 핸드폰 :   )</td></tr>
<tr><td rowspan="2">매수의뢰인</td><td>고객(계약자)</td><td></td><td>연락처</td><td></td></tr>
<tr><td>주 소</td><td colspan="3"></td></tr>
<tr><td rowspan="5">매수희망 물건</td><td>사건번호</td><td></td><td>용 도</td><td></td></tr>
<tr><td>감정평가액</td><td></td><td>컨설팅수수료</td><td></td></tr>
<tr><td>소재지</td><td colspan="3"></td></tr>
<tr><td>응찰 희망가</td><td colspan="3"></td></tr>
<tr><td>응찰일자</td><td colspan="3"></td></tr>
</table>

2. 말소기준권리

말소기준권리가 될 수 있는 권리	해당 경매물건의 말소기준권리 내용	해당여부
근저당권, 저당권		
경매개시결정기입등기		
압류, 가압류		
가등기		

3. 매수인(낙찰자)가 인수할 수 있는 선순위 권리여부

<table>
<tr><td>인수될 수 있는 권리</td><td>해 당 여 부</td><td>종 합 의 견</td></tr>
<tr><td>예고등기</td><td></td><td rowspan="9"></td></tr>
<tr><td>유치권</td><td></td></tr>
<tr><td>법정지상권</td><td></td></tr>
<tr><td>용익물권(지상권, 지역권, 전세권)</td><td></td></tr>
<tr><td>환매권</td><td></td></tr>
<tr><td>임차권</td><td></td></tr>
<tr><td>가처분</td><td></td></tr>
<tr><td>가등기</td><td></td></tr>
<tr><td>(가)압류</td><td></td></tr>
</table>

4. 등기부등본상 권리분석

<table>
<tr><td rowspan="2" colspan="3">표제부</td><td rowspan="2" colspan="2">소재지, 지목, 수량</td><td>순 위</td><td>등기일자</td><td>이해관계인</td><td>말소여부</td></tr>
<tr><td></td><td></td><td></td><td></td></tr>
<tr><td rowspan="15"></td><td rowspan="9">갑구</td><td colspan="3">가압류, 압류</td><td></td><td></td><td></td><td></td></tr>
<tr><td colspan="3"></td><td></td><td></td><td></td><td></td></tr>
<tr><td colspan="3">환매등기, 가처분</td><td></td><td></td><td></td><td></td></tr>
<tr><td rowspan="2">가등기</td><td colspan="2">담보가등기</td><td></td><td></td><td></td><td></td></tr>
<tr><td colspan="2">소유권이전청구권</td><td></td><td></td><td></td><td></td></tr>
<tr><td colspan="3">예고등기</td><td></td><td></td><td></td><td></td></tr>
<tr><td colspan="3">경매개시결정등기</td><td></td><td></td><td></td><td></td></tr>
<tr><td colspan="3"></td><td></td><td></td><td></td><td></td></tr>
<tr><td colspan="3"></td><td></td><td></td><td></td><td></td></tr>
<tr><td rowspan="6">을구</td><td colspan="3">(근)저당권</td><td></td><td></td><td></td><td></td></tr>
<tr><td colspan="3"></td><td></td><td></td><td></td><td></td></tr>
<tr><td colspan="3"></td><td></td><td></td><td></td><td></td></tr>
<tr><td colspan="3">지상권, 지역권</td><td></td><td></td><td></td><td></td></tr>
<tr><td colspan="3">전세권, 등기된 임차권</td><td></td><td></td><td></td><td></td></tr>
<tr><td colspan="3"></td><td></td><td></td><td></td><td></td></tr>
<tr><td rowspan="5" colspan="2">등기부 미표시 권리</td><td colspan="3">법정지상권, 유치권</td><td></td><td></td><td></td><td></td></tr>
<tr><td colspan="3">임대차보호법상 임차인</td><td></td><td></td><td></td><td></td></tr>
<tr><td colspan="3"></td><td></td><td></td><td></td><td></td></tr>
<tr><td colspan="3"></td><td></td><td></td><td></td><td></td></tr>
<tr><td colspan="3"></td><td></td><td></td><td></td><td></td></tr>
</table>

5. 물건조사 내용

<table>
<tr><td>담당직원</td><td></td><td>사건번호</td><td colspan="2"></td></tr>
<tr><td colspan="2">구 분</td><td>유</td><td>무</td><td>비 고</td></tr>
<tr><td colspan="2">현장확인</td><td></td><td></td><td></td></tr>
<tr><td colspan="2">법원 공부상 확인</td><td></td><td></td><td></td></tr>
<tr><td rowspan="3">공과금</td><td>관리비</td><td></td><td></td><td></td></tr>
<tr><td>도시가스</td><td></td><td></td><td></td></tr>
<tr><td>기 타</td><td></td><td></td><td></td></tr>
<tr><td rowspan="3">공부발급</td><td>전입세대열람</td><td></td><td></td><td></td></tr>
<tr><td>등기부(토지/건물)</td><td></td><td></td><td></td></tr>
<tr><td>토지이용계획확인</td><td></td><td></td><td></td></tr>
</table>

	대장(토지/건축물)			
	지적도/임야도			
현지시세 확인				
환매성 확인				
권리관계	대항력 설명			
	유치권 설명			
	지분, 분묘기지권 대지권미등기, 토지 별도등기설명			
	법정지상권 설명			
	수수료/법무비 설명			
	인도비용 설명			
종합의견				

6. 매입비용 분석(예상)

사건번호	법원	타경 호	용 도	재테크목적
소재지				
토지	㎡ (평)	건물	㎡ (평)	
응찰희망가		1차 법사가 : 원 (금차법사가 : 원)		
매수신청보증금 (1)		최저매각가격의 10%		
수수료 (2)		상담 및 권리분석 수수료, 매수신청대리 수수료, 실비 등		
잔대금 (3)		낙찰가－ 최저매각가격의 10%		
점유자 교섭비 (4)		강제집행비용 별도		
법무비 (5)		대법원규칙 요율표(소유권이전비+근저당권 설정비+국민주택채권 할인료+법무사수수료)		
감정평가료 (6)		평가법인 요율표		
취, 등록세 (7)		취득세, 등록세(토지 : 3.4%, 기타부동산 4.6% 등)		
총 합 계 (1~4) (5~7)→	금 : 실비 계산액	매수의뢰인 확인	(인)	(사인)
참고 : [매수신청대리 등 수수료 표]				

매수의뢰인은 「공인중개사의업무및부동산거래신고에관한법률」에 의거 매수신청대리 등 수수료표를 지급하도록 한다.

(1) 상담 및 권리분석 수수료 :

① 수수료 : 50만원의 범위 안에서 당사자의 합의에 의하여 결정한다.

(2) 매수신청대리 수수료

(가) 매각허가결정이 확정되어 매수인으로 된 경우

① 수수료 : 감정가의 1% 이하 또는 최저매각가격의 1.5% 이하의 범위 안에서 당사자의 합의에 의하여 결정한다.

(나) 최고가매수신고인 또는 매수인으로 되지 못한 경우

① 수수료 요율 : 50만원의 범위 안에서 당사자의 합의에 의하여 결정한다.

(3) 실비

① 수수료 : 30만원의 범위 안에서 당사자의 합의에 의하여 결정한다.　끝

〈사례연구 1〉 [경매물건 낙찰 후 사후처리 방법?(종합문제)]

문제	**(사실관계)** 나는 2007.5.30. 경남 함안군 칠원면에 벽돌 제조업을 설립하여 신축 공장 1/2(절반)을 5천만원에 임차하여 운영중인 공장 전체(시가 1억5천만원)가 2008.1.3일 창원지방법원 경매3계 2008 타경 12345호로 경매개시결정등기 되었다. 경매 공장은 신한은행 설정 ① 순위 5천만원(2006.5.5) 후순위로 나의(A) 전세보증금 5천만원 (2007.5.30 사업자등록과 확정일자 구비중), 나머지 절반은 다른 임차인(B)이 5천만원에 임차중이나 (2007.7.31 사업자등록 및 확정) 그 후 신용보증기금 가압류 5억 등 부채가 많아 경매 되었으며, 약 2/3 수준인 1억 낙찰시 무배당 예상된다. 종업원 체불 임금채권 10백만원이 있으며 공장 신축시 건설업체가 경매 중에 유치권신고한(공사대금 3천만원)바 있으며 점유는 하지 못하고 있으며 교부청구된 당해세(재산세 약 50만원), 농공단지 체납관리비 5백만원(공용부분 2백만원)으로 파악되었다. 공장을 2008.10. 1일 1억(물건번호 1번), 밭(田)을 1천만원(물건번호 2번)에 같은 날 동시 낙찰 받고 잔대금 납부한 후 다른 임차인이 사용하는 나머지 공장(1/2)은 재계약 및 명도를 거부하여 인도명령 신청 및 강제집행 신청하였는데 집행관이 계고서 보낸 후 명도합약하여 이사비용 3백만원 내가 부담하는 조건으로 결국 건물 명도는 되었다. 본업이 바쁘고 절차가 전문성을 요하여 경매컨설팅 전문업체(창원지방법원에 매수신청대리 등록한 공인중개사)에 2백만원을 지불하고 매수신청대리 위임(입찰대행의뢰) 하였다. (권리분석 및 상담 수수료 50만원+ 감정가격의 1% 1,500,000원=2백만원) (1번물건 낙찰)2008. 1. 3. 임의경매 등기 2008. 3.14.　권리신고 및 배당요구 신청 2008. 8. 1. 10 : 00　1차 매각기일(최초매각가 150백만원) : 유찰 2008.10. 1. 10 : 00　3차 매각기일(최저매각가 96백만원) : 1억 낙찰(보증금 9,600,000원) 2008.10. 8　14 : 00　매각결정기일(이전 농취증 제출, 채권상계신청 예정)

2008.11. 7　14 : 00　대금납부기한 및 배당기일 지정
(2번물건 낙찰)2008.10.1　창원시 북면 소재 전(田) 1,200㎡(1차 매각가 1천만원)도 낙찰(1년후 매도) 2009.12월 상가는 150,000,000원, 전(밭)은 15,000,000원에 매도하여 55백만원 수익실현함

(문) 농지취득자격증명 제출시기, 채권상계신청 시기, 향후 경매 진행기간 및 일정, 유치권 신고서 복사 및 은행에서 경매잔금대출시 유치권 포기각서 제출, 대금지급기한통지서 접수시, 부동산 인도명령신청과 점유이전금지가처분신청 문제, 최고서(강제집행), 체납관리비 문제, 창업업체 취・등록세 감면, 배당표,　소유권이전 등기촉탁, 설정비용・국민주택채권・감정료, 양도소득세 문제 등 ?　해당 부분을 상세히 기술한다.

1

집행관이 발급해준 최고가매수신고인 증명과 농지취득자격증명신청서(농업경영계획서)를 가지고 읍・면사무소 방문하여 농취증을 발급받아야 한다.

⇒ 농지(전,답,과수원)를 낙찰받으면 매각결정기일 이전에 농지취득자격증명을 제출해야 한다.

낙찰 당일 집행관이 발급해 준 ① 최고가매수신고인 증명 ② 농지취득자격증명신청서(농지 1,000㎡이상 낙찰시 ③농업경영계획서 함께)를 가지고 창원시 북면사무소를 방문하여 농지취득자격증명을 발급받아 경매3계에 낙찰 후 7일 이내(매각결정기일 이내) 제출하여야 한다.(2008.10.8 14 : 00이내).

미제출시 10% 보증금 떼이게 된다(배당재단에 합산).

농지가 공장 앞마당으로 세멘으로 메워져 있거나 가든의 잔디정원으로 이용중일 때는 "원상복구계획서"를 제출하여 농취증을 받아 제출하면 되고, 농지가 묘지가 많아 사실상 농지가 아닌 경우 농지취득반려증명 받아 낙찰자의 확인서(농지가 전용되었음을 잘 알고 있다)제출하여 매각허가결정되는 경우도 있으므로 보증금 떼이는 경우가 없도록 하여야 한다.

2

채권상계신청을 원하면 채권상계신청서와 차액지급신고서를 제출해야 한다.

⇒ 임차인이 낙찰 받았으므로 채권상계신청 원하면 채권상계신청서 및 차액지급신고서를 매각결정 기일 이내(2008.10.8) 경매3계장한테 신청하여야 한다.

3

향후 경매 진행기간 및 일정을 잘 살펴보아야 한다.

⇒ 2008.10. 1. 낙찰 후 7일 후 2008.10. 8. 14 : 00 이전에 채권상계신청서, 차액지급신고서 및 농지취득자격증명을 경매계장한테 제출해야 한다. 낙찰 후 2008.10. 2. 다음날 채권상계신청서와 차액지급신고서를 제출하여 경매계에서 O.K.되어 매각허가결정 확정일(2007.10.8) 부터 1월 안인 2008.11.7. 대금지급기한과 배당기일이 같은 날로 지정 되었다는 통지서를 받고 2008.11. 7 10시 이전에 62,300,000원을 납부하고 14 : 00 배당되었다.

구　분	배당액(필요금액)	자금 준비	경매계에 납부액
경매비용	2,000,000	10% 보증금	9,400,000
임금채권	10,000,000	자기자금	2,900,000
당해세(재산세)	300,000	경매잔금대출	50,000,000
신한은행 선순위채권	50,000,000		
합　계	62,300,000	합　계	62,300,000

4

건설업체의 "유치권신고서"와 경매신청채권자의 "유치권배제신청서" 임차인의 "권리신고 및 배당요구서"를 Copy(복사) 원하면 매각허가결정이후 "재판(경매)기록 열람등사청구서"로

	신청하여야 한다. ⇒ 매각결정기일 이후(2008.10.8. 14 : 00 이후) 열람하고 싶다면 "재판(경매)기록 열람등사청구서"로 일정 부분을 특정하여 복사 신청하면 된다.
5	낙찰 된 후 소유자가 경매취하 하려면 최고가매수인의 경매취하동의서(인감증명서 첨부) 받아야 하는데 되팔도록 원하면 응하는 것이 좋다. ⇒ 경매취하는 채무를 변제하고 경매취하서를 제출하여야 한다. 낙찰 된 후 채무자나 소유자가 경매취하를 원하면 낙찰자의 경매취하동의서도 첨부하여야 하므로 소유자로부터 제의가 오면 적극 검토하여 응하는 것이 좋다. (경매취소는 남을 가망이 없을 경우, 공매가 법원경매에 앞서서 진행되고 공매 매수인이 먼저 잔대금납부시, 채무자가 부채를 청산할 경우 경매취소 된다) ⇒ 경매취하를 원하는 소유자가 최고가매수인(낙찰자) 동의서를 받지 못할 경우는 채무를 전액 변제하고 채권자의 변제증명서 또는 말소된 부동산등기부등본을 첨부하여『경매개시결정에 대한 이의』를 신청하여 취소가능하나 잔대금납부전까지 서둘러 추진하여야 한다.
6	대금지급기한통지서(채권상계신청후 "대금지급기한 및 배당기일통지서") ⇒ 낙찰후 2주가 지나면(즉시항고 등이 없다면) 2008.10.15 대금지급기한통지서를 우편으로 받는다.(보통 낙찰후 15일 이후 인터넷에 게시 또는 우편발송되며 2008.11.7. 14 : 00 등) 매우 저렴하게 낙찰되어 경매취하, 취소 등 우려된다면 통지서 받고 바로 납부하면 소유권이전 효과가 있다.
7	대출가능 한도율 ⇒ 잔대금 90% 중 일정부분(예 40%~90%)을 경매잔금대출받아 충당한다. 탁상감정가 120,000,000원 × 60%×5/6 = 60백만원 대출한도가 나온다(각 행마다 조금씩 다름). 유치권 포기각서(공정증서 또는 인감증명서 첨부)를 받아야 대출이 가능하다.
8	체납관리비 ⇒ 체납관리비의 전용부분이 아닌 공용부분 2백만원은 낙찰자가 추가 해결(또는 부담) 하여야 한다.
9	등기촉탁서, 소유권이전등기 촉탁시 구비서류 ⇒ 잔대금 납부 후 말소 촉탁 및 소유권이전 및 당일 1순위 근저당권 설정(39,000,000원) 하여야
10	취득세 · 등록세(창업후 2년이내 제조업종 등 면제) ⇒ 경매 취득시 취득세와 등록세로 주택 85㎡ 이하는 2.20%(단, 국민주택규모 85㎡초과는 2.70%), 상가, 공장 등은 4.60%(예 : 낙찰가 1억에 460만원 취등록세), 농지 3.40% 부담하여야 한다. 제조업종 등 해당되며 창업후 2년내 취득한 사업용자산에 대한 취득세, 등록세 면제한다.
11	설정비용 · 감정료 · 국민주택채권 ⇒ 소유권 이전시 설정비용, 감정료(아파트 제외), 국민주택채권 매입에 따른 실비를 부담하여야 한다.
12	법원보관금 납부명령서받아 은행에서 잔금 납부해야 한다(보통 법무사가 대행) ⇒ 잔대금 납부시 법원보관금 납부명령서를 경매계에서 받아 법원 내 은행에 제출하고 법원보관금 영수증서(납부자용)를 경매계장한테 제출하여야 한다.
13	대금지급기한 지나 납부시 연체일자에 연20% 지연이자 부담하여야 한다. ⇒ 재매각기일 3일전까지(실무상 하루전까지도 가능) 납부하여야 한다(만약 재매각기일에 유찰 되었다면 종전 낙찰자가 납부를 원하면 지연이자 부담조건으로 납입 받아준다.)
14	배당기일통지서 접수 후 배당기일가지 연체이자 계산한 채권계산서를 다시 제출해야 한다. ⇒ 잔대금 납부 후 4주안에 배당기일이 지정되며 배당기일통지서가 접수되면 채권계산서를 다시 제출하여야 한다. 배당기일 3일전에 배당여부를 사전 문의하는 것이 좋다.

15	주택은 주민등록등본(전입세대열람내역), 상가는 등록사항 등의 현황서를 제출하여야 한다. ⇒ 주택 임차인은 주민등록등본이 배당요구종기일까지 전입이 되어 있어야 하며, 상가는 "등록사항 등의 현황서"에 등재되어 있어야 한다 (단, 주택은 금액, 월세에 제한이 없으나 상가, 공장 등은 환산보증금이 2002.11.1부터 2002.8.20까지 담보물권에는 1억 4천만원(2008.8.21 2차 개정시 1억5천만원) 이하만 보호 가능하나 대부분 무배당이 많다. 임금채권 10백만원은 최우선배당된다.
16	명도확인서 ⇒ 임차인이 소액보증금을 받기 위하여 매수인은 인감증명서를 첨부한 명도확인서를 발급하여 주어야 법원에서 소액보증금을 받을 수도 있다.
17	부동산 인도명령신청 ⇒ 부동산인도명령신청을 하면 부동산인도명령결정이 점유권원없는 모든 사람(소유자, 임차인 등)에게 발송된다. 명도가 어려우면 집행관한테 강제집행신청을 하여야 한다. ※인도명령 신청은 대금납부 후 6월안에 신청해야 한다.
18	점유이전금지 가처분신청 ⇒ 인도명령신청과 동시에 점유자 변경(B⇒C로) 대비하여 점유이전금지가처분도 함께 하는 것이 좋다
19	최고서(강제집행실시 최고) ⇒ 집행관은 강제집행 하기전에 사전 미리 최고를 한다.(10일 이내 비워야 한다 등)
20	양도소득세 ⇒ 양도소득세는 기본적으로 1년 미만 매도시 양도차익에 50%, 1년 이상이면 40%, 2년 이상이면 9%~36% 누진세 적용된다(단, 비사업용토지는 양도차익에 60%와 주민세 6%를 양도소득세로 납부)

Ⅲ. 결 론

경 · 공매부동산의 함정과 대처방법, 사례별 연구 등에 대하여 나름대로 요약을 하여 보았으나 수많은 법의 개정과 대법원 판례와 신법의 탄생으로 대다수 일반인들이 쉽게 대처할 수는 없으나 사안별로 꾸준히 연구하려는 자세가 요구된다.

법원 경매부동산의 경매절차는 그 동안 경매법과 민사소송법을 거쳐 2002. 7. 1일 경매신청사건부터는 민사집행법의 적용을 받아야 한다. 경매주택의 임차인에 대하여는 1981년 주택임대차보호법이 시행된 이후 많은 대법원 판례를 탄생시키며 개정되어 오다가, 2002.11. 1일부터는 상가건물임대차보호법이 시행되고 있어 주택은 물론 상가, 공장의 임차인도 특별법의 보호를 받도록 확대되었다. 그러나 다수의 일반인들은 애매모호한 조항이 많아 구법은 물론 신법도 잘 알고 있어야 경매부동산의 사고를 줄일 수 있다.

구법(민사소송법)에서 매수신청보증금은 응찰가격의 10%, 배당요구 및 철회는 경락기일이전까지, 항고 시 채권자와 임차인은 항고보증금이 필요 없었으나 2002. 7. 1일부터 시행된 신법(민사집행법)은 매수신청보증금으로 최저매각가격의 10%, 배당요구종기일까지 배당요구, 임차인을 포함한 모든 항고인은 매각가격의 10%를 항고보증금으로 법원에 공탁하도록 변경되었다. 잔금납부 후 구법의 매수인은 경매부동산의 임차인에 대하여 건물명도 소송 후 건물을 인도 받았으나 신법은 권한이 없는 모든 점유자(주로 후순위 모든 임차인 해당)도 인도명령신청 대상이 되도록 확대하여 소유자와 임차인에 대하여도 신속한 인도명령이 가능하여 졌다.

각 지방법원의 지원별로 법해석을 달리하고 있는 경우가 많아 세심한 조사와 지속적인 연구가 필요하다. 매수인이 재매각기일의 3일 이전까지 대금과 그 지급기한이 지난 뒤부터 지급일까지의 대금에 대한 대법원규칙이 정하는 이율에 따른 지연이자(민사소송법 648조의 4항)에 관하여 소송촉진 등에 관한 특례법(연25%)에 따라 2003. 6월 연20%로 변경되었으며. 잔금 미납 등으로 다시 경매가 진행되는 재매각의 경우에도 대부분 매수신청보증금의 20%를 특별매각조건으로 하고 있으나 30%를 적용하는 법원도 있고 아예 특별매각조건 없이 보증금을 10%로 진행하는 법원도 있다. 농지취득 시 농지취득자격증명 미제출시에는 매수신청보증금을 반환하는 법원이 있는 반면 몰수하는 법원도 있는 등 법원 별 해석을 달리 하는 경우도 많다.

배당에 관하여 당해세와 사용자의 총재산에 대한 임금채권의 최우선 배당문제, 소액보증금과 국세에 관한 문제, 동시배당과 이시배당, 차순위권자의 대위권 문제 등 복잡하고도 난해한 배당절차 문제가 대두된다.

법 위에 잠자는 자는 보호받을 수 없듯이 결국 경매부동산의 함정에 대한 대처방안은 경매관련서적을 많이 접하던지, 법원 경매전문가와 상담한 후 응찰 또는 수수료를 지불하더라도(수석이라고 낙찰받은 물건이 돌멩이인 경우가 허다하므로) 매수신청 대리를 위임하는 것도 경매함정을 줄이는 최선의 방안으로 보인다.

본서가 경매로 대박을!, 평생 (국민)연금을 경매로 취득하는데 큰 도움이 되길 기대한다.

참고문헌

Ⅰ. 단행본

1. 「법원실무제요 강제집행 상, 하」 법원행정처, 1993
2. 「법원실무제요 민사집행 2권」, 법원행정처, 2003
3. 「민사집행규칙해설」 법원행정처, 2002
4. 「알기 쉬운 민사집행과 채권관리」 한국금융연수원, 2003
5. 「부동산경매 이론과 실무1, 2」 한국공인중개사협회, 2006
6. 「부동산경매 · 공매 이론과 실무」 전국부동산중개업협회, 2002
7. 「부동산권리분석론」 한국부동산교육협회, 2001
8. 「부동산경매컨설턴트 전문과정 1,2,3권」 건국대학교 사회교육원, 2000
9. 「민사집행실무1.2」 법원공무원교육원, 2005
10. 김명채, 「알고하자 권리분석」 & 「알고하자 부동산경매」 미래와 경영, 2002
11. 김점수, 「LBA법률중개분석프로그램」 LBA부동산경제연구소, 2008
12. 서 훈, 최정열, 「경매부동산의 권리분석과 배당사례」 백영사, 1999
13. 윤 경, 「부동산경매(입찰)의 실무」 법률정보센타, 1999
14. 신동훈, 「부동산(주택)권리분석과 임대차보호법」 도서출판 청 산, 1993
15. 편득인, 「부동산경매교과서」 중앙M&B, 2000
16. 김재권, 「부동산 경매 法테크 」 매일경제신문사, 2007
17. 강은현, 「경매야 놀자」 매일경제신문사, 2006
18. 황동용, 「부동산경매실무上, 下」 ㈜한국경영법무연구소, 2005
19. 안종현외 「돈되는 부동산 경매」 Union, 2004 & 랜드스쿨 2005
20. 김진호, 「경매부동산의 배당과 권리분석의 연구」 법률서원, 2004
21. 신용철, 「부동산경매」 청년정신, 2006
22. 김봉석, 「법원경매 부동산의 권리분석과 배당」 한국학술정보㈜, 2005
23. 최문진, 「누드경매」 박문각, 2004
24. 윤완중, 「민사소송 부동산경매실무 」 한국금융연수원, 1996
25. 남우현, 「부동산공법, 길벗」 , 2005
26. 김봉석, 「법원경매부동산의 권리분석과 배당」 , 2005
27. 신동훈, 김현호, 박성훤 「부동산으로 돈 버는 법」에듀나인, 2005
28. 우형달, 김종덕 「부동산경매 권리분석 노하우」 원앤원북스, 2006
29. 우형달, 김진 「땅! 경매……수익률 1,000%」 TRC, 2006
30. 정승열, 「입찰대리실무」 육법사, 2004
31. 손진홍, 「부동산권리분석과 배당」 2008
32. 신방수, 「부동산 稅(세) 테크」 2008
33. 김영남, 「농지114 2007」
34. 윤재호, 「부동산투자101가지」 , 국일증권경제연구소, 2005
35. 강형구, 「이틀이면 경매박사」 , 매일경제신문사, 1995
36. 강형구, 김점수, 「당신도 이틀이면 경매박사」, 매일경제신문사, 1999
37. 김점수, 「<김점수>의 이것이 부동산이다」, 키출판사, 2003
38. 박수진, 「나는 쇼핑보다 경매투자가 좋다」, 다산북스, 2007
39. 이철용, 「금융기관 민사집행실무」 한국금융연수원, 2004
40. 안종현 · 이현준 · 박윤모 공저, 「실전경매」 부자마을 2007

41. 최종우, 「강제집행절차 1, 2」 KOSAT 한국사회능력개발연구원, 2002
42. 윤 경, 민사집행(부동산경매)의 실무, 육법사, 2008
43. 최광수, 경매부동산의 권리분석, 도서출판 중외, 2008

Ⅱ. 논문 및 기타자료

석사학위논문
안승문, 공동저당 건물의 재건축과 법정지상권, 영산대학교 법무대학원, 2003

Ⅲ. 주요 인터넷 사이트

대법원(판례, 법령, 예규, 선례)	http : //www.scourt.go.kr
법원경매정보	http : //www.courtauction.go.kr
인포케어	http : //www.infocare.co.kr
굿옥션	http : //www.goodauction.co.kr
탑옥션	http : //www.topauction.co.kr
지지옥션	http : //www.ggi.co.kr
디지털 태인	http : //www.taein.co.kr
스피드옥션	http : // www.speedauction.co.kr
온비드 공매	http : //www.onbid.co.kr
대한법률구조공단	http : //www.klac.or.kr
국세청	http : // www.nts.go.kr
토지이용규제시스템	http : //luris.moct.go.kr
토지이용계획확인서	http : //www.onnara.go.kr
대한민국 전자정부	http : //www.egov.go.kr
국토해양부(아파트실거래가)	http : //www.moct.go.kr
지자체 조례	http : //www.elis.go.kr
전자관보(행정안전부)	http : //www.mopas.go.kr
조세심판원	http : //www.ntt.go.kr
법제처	http : //www.moleg.go.kr
농지	http : //www.nongji114.com

저자 황 경 진

경매잔금대출 2,000여건 이상 취급, 경매 강의 100회 이상
○ 동아대학교 상경대학 졸업, 경남대학교 행정대학원 법무학과(부동산전공) 재학중
○ 전, 신한은행 본점 여신관리부 법원경매담당(7년),
신한은행 마산역지점장 역임
○ 신한은행내 (경매부문)지식전문가 임명, 이틀이면 경매박사Cop 리더
○ 창신대학 부동산학과 외래교수, LBA겸임교수,
한국공인중개사협회 매수신청 대리 경매과정 전임교수
○ LBA 법률중개사, 공인중개사, 경매분석사,
○ LBA경제연구소 內 "이틀이면 경매박사" 클럽 시샵(회장)
○ 대한치과의사회, 스피드뱅크, 신세계백화점(문화센터), 마창교차로신문(문화센터),
창원대학교(평생교육원), 가야대학교 (최고경영자과정) 경매 재테크 초청 강사
○ 신한은행, 농협, 현대캐피탈 등 경매 재테크 초청 강사
○ (창원지방법원 정문 앞) 황경진공인중개사사무소(055-274-9400) 소장
○ 전국은행연합회 소속 은행대출상담사
(저자 E-mail: hwangtrio@hanmail.net)

부동산경매 권리분석과 실전 노하우

1판 1쇄 찍음 • 2009년 2월 20일
1판 1쇄 펴냄 • 2009년 2월 25일

저 자 • 황 경 진
발행인 • 정 현 걸
발 행 • 신 아 사
인 쇄 • 소망인쇄

출판등록 • 1956년 1월 5일 (제9-52호)
서울특별시 은평구 녹번동 28-36 2F
전화 (02)382-6411 • 팩스 (02)382-6401
홈페이지 • www.shinasa.co.kr
E-mail • shinasa@chol.com

* 저자와의 협의로 인지를 생략함.

ISBN 978-89-8396-634-6

정가 *35,000*원